杭海城际铁路
工程总结【上】

主编 ◎ 邓建林　钟庆华　葛佳佳

策划 ◎ 浙江杭海城际铁路有限公司

西南交通大学出版社
·成都·

图书在版编目（CIP）数据

杭海城际铁路工程总结. 上 / 邓建林，钟庆华，葛佳佳主编. —成都：西南交通大学出版社，2023.4
ISBN 978-7-5643-9249-9

Ⅰ. ①杭… Ⅱ. ①邓… ②钟… ③葛… Ⅲ. ①城市铁路－铁路工程－总结－浙江 Ⅳ. ①U239.5

中国国家版本馆 CIP 数据核字（2023）第 065618 号

Hang-Hai Chengji Tielu Gongcheng Zongjie（Shang、Xia）

杭海城际铁路工程总结（上、下）

主　编 / 邓建林　钟庆华　葛佳佳　　　　责任编辑 / 王同晓
　　　　　　　　　　　　　　　　　　　　封面设计 / GT 工作室

西南交通大学出版社出版发行
（四川省成都市金牛区二环路北一段 111 号西南交通大学创新大厦 21 楼　610031）
发行部电话：028-87600564　028-87600533
网址：http://www.xnjdcbs.com
印刷：成都蜀通印务有限责任公司

成品尺寸　210 mm×285 mm
总印张　69.5　　总字数　1997 千
版次　2023 年 4 月第 1 版　　印次　2023 年 4 月第 1 次

书号　ISBN 978-7-5643-9249-9
套价　600.00 元
（上、下）

图书如有印装质量问题　本社负责退换
版权所有　盗版必究　举报电话：028-87600562

参编单位

主编单位：浙江杭海城际铁路有限公司
　　　　　中铁（上海）投资集团有限公司
参编单位：中铁第四勘察设计院集团有限公司
　　　　　浙江省交通规划设计研究院
　　　　　中铁二院工程集团有限责任公司
　　　　　北京城建勘测设计研究院有限责任公司
　　　　　浙江省交工集团有限公司
　　　　　浙江高速物流有限公司
　　　　　中铁一局集团有限公司
　　　　　中铁三局集团有限公司
　　　　　中铁四局集团有限公司
　　　　　中铁八局集团有限公司
　　　　　中铁十局集团有限公司
　　　　　中铁大桥局集团有限公司
　　　　　中铁隧道局集团有限公司
　　　　　中铁电气化局集团有限公司
　　　　　中铁武汉电气化局集团有限公司
　　　　　中铁上海工程局集团有限公司
　　　　　中铁北京工程局集团有限公司
　　　　　天津城建集团有限公司
　　　　　中国铁路设计集团有限公司
　　　　　中铁第五勘察设计院集团有限公司
　　　　　广州中咨城轨工程咨询有限公司

编写委员会

主　　任：刘冠水

副 主 任：姜保权　江　盈

主　　编：邓建林　钟庆华　葛佳佳

副 主 编：邱琼海　章建明　李　科　周逊泉　陈剑伟
　　　　　陆业传　羊海俊　尹紫红　夏春新　张会坚

编　　委：刘福生　徐汪豪　宋雪飞　阳　凡　包学海
　　　　　孟俊峰　金　立　涂智溢　徐立明　李　强
　　　　　张文华　陈丹锡　马锡海　张云飞　赵盟奇
　　　　　王长春　包　晨　袁　昊　朱蓓蕾　王飞龙
　　　　　辛国强　康彦龙　陈佳玲　张治国　许华平
　　　　　黄建伟　吴　飞　温金虎　李　洋　袁　涛
　　　　　周彦磊　陈　洋　刘存牛　孟　标　邱　俊
　　　　　江耿鑫　韩平良　厉春波　李文杰　刘嘉斌
　　　　　查晔跃　龚东时　孙承军　吴军槐　苟向元
　　　　　张　伟　戴育江　汪旺龙　严剑锋　程润良
　　　　　范润东　马　彪　杨敏龙　李小平　王勤峰
　　　　　徐照普　周　强　陈泰振　羊　勇　牛要闯
　　　　　苏　强　陈建军　舒冬林　宋　技　冯　林
　　　　　李小军　景俊林　赵赞迎　王　璟　张远帆

图1 2016年8月17日，浙江省交通集团与海宁市签署杭州至海宁城际铁路项目战略合作框架协议

图2 2017年1月3日，杭海城际铁路开工仪式举行

图 3　2017 年 2 月 13 日，浙江杭海城际铁路有限公司正式挂牌成立

图 4　2018 年 1 月 29 日，全线首个明挖区间主体结构封底

图5　2018年4月29日，杭海城铁项目架桥机完成首榀箱梁架设

图6　2018年5月8日，首台盾构机"杭海1号"始发

图 7　2019 年 1 月 18 日，杭海城际铁路全线首根接触网组立

图 8　2019 年 5 月 16 日，杭海城际铁路首段轨道铺设

图9 2019年8月8日,杭海城际铁路全线箱梁架设完成,圆满实现"桥通"

图10 2019年12月12日,杭海城际铁路全线"洞通"

图 11　2020 年 4 月 17 日，杭海城铁首列电客车到达盐官车辆基地

图 12　2020 年 8 月 12 日，杭海城际铁路全线轨道铺设完成，实现"轨通"

图 13　2020 年 10 月 30 日，杭海城际铁路全线"电通"

图 14　2020 年 12 月 29 日，杭海城际铁路全线系统联调启动

图15　2021年6月28日，杭州至海宁城际铁路建成通车

前　言

杭海城际铁路是财政部第一批政府和社会资本合作（PPP）示范项目、浙江省首批轨道交通 PPP 项目，线路全长 48.18 km，总投资 141.92 亿元人民币，设站 13 座，起于杭州余杭高铁站，止于海宁碧云站，其中浙大国际校区站至碧云站区间及碧云站暂时缓建。目前通车的临平南高铁站（原余杭高铁站）至浙大国际校区站，全长 46.38 km，设站 12 座，分别为临平南高铁站、许村站、海宁高铁西站、长安（东方学院）站、长安东站、周王庙站、盐官站、桐九公路站、斜桥站、皮革城站、海昌路站、浙大国际校区站（其中临平南高铁站、皮革城站、海昌路站、浙大国际校区站为地下车站，其余 8 座为高架车站）。正线最高运行速度 120 km/h，采用 B 型车 4 辆编组，直流 1 500 V 架空接触网供电方式。项目于 2017 年 9 月 12 日全面开工建设，2021 年 6 月 28 日正式开通运营。

本项目采用 PPP 组织模式，政府方为海宁市交通局（建设期为杭州至海宁城际铁路建设指挥部），社会资本方为浙江省交通投资集团有限公司、中铁（上海）投资集团有限公司，设计单位为社会资本方联合体成员，施工单位在社会资本方中择优选用，第三方服务单位采用社会公开招标确定。征地拆迁由杭州至海宁城际铁路建设指挥部负责，按照"统一部署、统一政策、经费包干、限期完成"原则实施，全线实现无障碍施工。项目安全质量监督工作统一由海宁市住房和城乡建设局承担。项目公司按照"六位一体"管理目标，进行顶层设计和筹划，编制指导性施工组织并实行动态调整；建立主要领导负总责，分管领导标段包保责任制和重点、难点清单销号制，挂图作战、多措并举，及时解决堵点、难点、痛点；定期召开设计、施工、监理等工作例会；建立立功竞赛体制机制，激励考核并举，并结合实际情况开展"建设百日攻坚""奋战四个月，打赢攻坚战""四保""奋战百天"等形式多样专题活动；与海宁市指挥部构建"高层战略协商、中层对口联系、基层全面落实"的一整套沟通协作机制，每月定期召开专题协商会，推进项目难点问题解决。全体参建单位以"努力建好'红船'旁的城际铁路"为目标，坚定守好"红色根脉"，不断赓续"红船基因"，充分发扬"两路精神"，抢抓工程进度，聚力克难攻坚，跑出了杭海城铁建设"加速度"。轨道交通 PPP 模式在杭海城铁项目开花结果，创造了交通基础设施建设领域的"海宁速度"。

本书全面客观地记载和反映了整个项目的筹备、勘察、设计、建设、管理、施工、运营、科研等工作情况和创新成果，总结了建设过程中取得的成功经验，也反映了建设过程中存在的不足和体会。本书记载内容全面翔实，数据准确完整，是全体建设者智慧与力量、优良精神风貌和精湛技术水平的集中体现。

希望通过本书为完善及规范我国城际轨道交通建设技术标准和管理标准，进一步提高城际轨道交通建设水平起到借鉴和参考作用。

董事长：（签名）

2022 年 9 月 19 日

术语定义和名词解释

城际铁路	指浙江省发展和改革委员会《关于杭州至海宁城际铁路工程可行性研究报告的批复》（浙发改交通〔2016〕602号）中提及的杭州至海宁城际铁路起于余杭高铁站、终于碧云站，沿线经过了杭州市余杭区、许村镇、长安镇、周王庙镇、盐官镇、斜桥镇、海宁主城区，线路总长约47.722 km，设站12座。为避免疑义，城际铁路包括城际铁路先行段
城际铁路先行段	指浙江省发展和改革委员会《关于杭州至海宁城际铁路工程先行段初步设计的批复》（浙发改设计〔2016〕119号）中提及的城际铁路桥长9.123 km的先行段
项目设施	指前期工程、土建工程、轨道、车站地面建筑、主变电所（包括土建、楼宇设备和装修）、人防门（防淹门）、疏散平台（绝缘复合材料）、电工程、车辆、装修与标识和电缆支架等
市政府	指海宁市人民政府
实施机构	指海宁市交通运输局，是经市政府授权的本特许经营项目实施机构
市交投	指海宁市交通投资集团有限公司
政企基金	指中国政企合作投资基金股份有限公司
基础设施基金	指海宁市基础设施投资基金有限公司
省交投	指浙江省交通投资集团有限公司
中铁上投	指中铁（上海）投资集团有限公司
项目公司	指浙江杭海城际铁路有限公司，由市交投、政企基金、基础设施基金和省交投、中铁上投所组建的项目法人
特许经营期	特许经营期包含建设期和运营期，特许经营期为二十九年，其中建设期四年，运营期二十五年
建设期	指初步设计批复之日起至批复之日第4个周年结束之日
运营期	指开始试运营日起至开始试运营日第25个周年结束之日
初步设计文件	指适当政府主管部门所批准的关于城际铁路的初步设计文件及其任何补充和修改
施工图设计文件	指由项目公司设计的关于城际铁路的施工图设计文件
设计文件	包括初步设计文件、施工图设计文件及其变更文件
试运行	指工程初验合格后，有关政府主管部门根据有关规定批准的城际铁路项目设施不载客调试和安全运行
试运营	指城际铁路项目所有设施设备验收合格，整体系统可用性、安全性和可靠性经过试运行检验合格后，在正式运营前所从事的载客运营活动
正式运营期	指自试运营届满的次日起至特许经营期最后一日止的期间

CONTENTS 总目录

第一篇 综　述 ······1
第一章 综　述 ······1
第二章 工程概况 ······11
第三章 综合评价 ······20

第二篇 建设管理 ······23
第四章 建设管理模式 ······23
第五章 建设管理机构 ······25
第六章 标准化管理体系 ······29
第七章 设计管理 ······54
第八章 质量与安全 ······56
第九章 施工组织 ······63
第十章 测量控制系统 ······81
第十一章 投资控制 ······99
第十二章 征地拆迁 ······108
第十三章 环境保护 ······112
第十四章 工程监理 ······115
第十五章 工程咨询 ······128
第十六章 工程强审 ······139
第十七章 信息化管理 ······149
第十八章 物资设备管理 ······152
第十九章 架子队管理 ······159
第二十章 精神文明建设 ······163
第二十一章 建设协调 ······165
第二十二章 工程验收 ······167

| 第二十三章 | 杭海城际铁路 PPP 项目实践与思考 | 174 |
| 第二十四章 | 经验体会与问题探讨 | 185 |

第三篇 勘察设计 194

第二十五章	综　述	194
第二十六章	地质勘察	199
第二十七章	大型临时设施设计	209
第二十八章	线路及行车设计	218
第二十九章	高架区间设计	246
第三十章	地下区间设计	282
第三十一章	高架车站结构设计	294
第三十二章	地下车站结构设计	301
第三十三章	车站建筑与装修设计	320
第三十四章	车辆基地设计	352
第三十五章	轨道设计	368
第三十六章	供电设计	397
第三十七章	通信设计	407
第三十八章	信号设计	421
第三十九章	综合监控设计	429
第四十章	低压配电与照明设计	437
第四十一章	给排水与消防设计	440
第四十二章	通风空调	449
第四十三章	车站设备	462
第四十四章	环境保护	481

第四篇 工程施工 491

第四十五章	大型临时设施施工	491
第四十六章	高架区间	522
第四十七章	地下区间	641
第四十八章	高架车站	743
第四十九章	地下车站	759

第五十章	装饰装修施工	817
第五十一章	车辆基地施工	830
第五十二章	轨道工程	855
第五十三章	供电系统施工	876
第五十四章	通信系统施工	903
第五十五章	信号系统施工	917
第五十六章	综合监控系统施工	940
第五十七章	低压动照施工	953
第五十八章	给排水与消防施工	966
第五十九章	通风空调系统施工	981
第六十章	电梯、自动扶梯施工	996
第六十一章	站台门施工	1002
第六十二章	联调联试施工与试运行	1007

第五篇 科技创新 1034

  第六十三章 科研项目的立项与组织实施 1034

  第六十四章 科研项目对工程的指导作用和成果的工程化应用 1050

  第六十五章 取得的科技成果 1064

附 录 1069

  附录一 大事记 1069

  附录二 参建单位 1074

CONTENTS 本册目录

第一篇　综　述 ··· 1
　第一章　综　述 ··· 1
　　第一节　建设目的和意义 ·· 1
　　第二节　建设项目总体目标及成果 ··· 6
　　第三节　建设程序与决策 ·· 7
　第二章　工程概况 ·· 11
　　第一节　主要自然特征和地质概况 ·· 11
　　第二节　主要技术标准 ·· 13
　　第三节　主要工程特点和工程数量 ·· 13
　　第四节　主要建设过程 ·· 17
　第三章　综合评价 ·· 20

第二篇　建设管理 ··· 23
　第四章　建设管理模式 ·· 23
　第五章　建设管理机构 ·· 25
　　第一节　机构设置 ··· 25
　　第二节　机构职能 ··· 25
　第六章　标准化管理体系 ·· 29
　　第一节　管理制度 ··· 29
　　第二节　人员配备 ··· 32
　　第三节　现场管理 ··· 33
　　第四节　过程控制 ··· 52
　第七章　设计管理 ·· 54
　　第一节　贯彻设计规范情况 ·· 54
　　第二节　预可研和可研阶段 ·· 54
　　第三节　初步设计阶段 ·· 54
　　第四节　项目实施阶段 ·· 55

第八章　质量与安全 …… 56
第一节　质量管理体系的建立与运行 …… 56
第二节　质量问题的处理与闭合 …… 57
第三节　安全管理体系的建立与运行 …… 58
第四节　安全事故的调查与处理 …… 61
第五节　安全质量管理工作建议 …… 62

第九章　施工组织 …… 63
第一节　指导性施工组织设计 …… 63
第二节　指导性施工组织设计中工程重难点与重大调整 …… 68
第三节　控制工期与节点工期 …… 71
第四节　控制性工程工期管理 …… 75
第五节　节点工期对比 …… 80

第十章　测量控制系统 …… 81
第一节　测量控制系统的建立 …… 81
第二节　测量控制系统的管理程序 …… 94

第十一章　投资控制 …… 99
第一节　项目投融资体制 …… 99
第二节　技术标准与规模的确定 …… 101
第三节　合同管理 …… 101
第四节　验工计价管理 …… 102
第五节　财务管理 …… 103
第六节　变更设计管理 …… 105

第十二章　征地拆迁 …… 108
第一节　用地报批 …… 108
第二节　征地拆迁实施 …… 108

第十三章　环境保护 …… 112
第一节　环评水保批复 …… 112
第二节　环评水保实施 …… 112
第三节　环评水保验收 …… 113

第十四章　工程监理 …… 115
第一节　监理工作概况 …… 115
第二节　监理工作实施 …… 117
第三节　质量验收 …… 125

第十五章	工程咨询	128
第一节	咨询方式	128
第二节	主要咨询成果	131

第十六章	工程强审	139
第一节	审查工作组织	139
第二节	审查工作成果	143

第十七章	信息化管理	149
第一节	工程管理信息化	149
第二节	工程建设信息化	150

第十八章	物资设备管理	152
第一节	物资采购与供应	152
第二节	物资质量控制	155
第三节	物资设备供应商管理	157

第十九章	架子队管理	159
第一节	对专业队伍要求	159
第二节	岗位培训	160
第三节	劳务使用	161
第四节	架子队实施效果	162

第二十章	精神文明建设	163

第二十一章	建设协调	165

第二十二章	工程验收	167
第一节	验收方式	167
第二节	单位工程验收	167
第三节	项目工程验收	170
第四节	竣工验收	171
第五节	安全评估	172

第二十三章	杭海城际铁路PPP项目实践与思考	174
第一节	PPP项目概况	174
第二节	项目的实践及创新	176
第三节	PPP项目评价	181
第四节	PPP项目的思考	183

第二十四章	经验体会与问题探讨	185

第三篇 勘察设计 194

第二十五章 综述 194
第一节 工程概况 194
第二节 设计工作历程 195
第三节 设计创新点 195
第四节 社会效益 198

第二十六章 地质勘察 199
第一节 主要勘察过程 199
第二节 勘察工作量 199
第三节 勘察方法及手段 200
第四节 各类工程勘察技术要求 203
第五节 专项地质工作及主要结论 206

第二十七章 大型临时设施设计 209
第一节 设计概况 209
第二节 制梁场设计 209
第三节 管片预制厂设计 211
第四节 铺轨基地设计 213
第五节 混凝土拌和站设计 216
第六节 本章小结 217

第二十八章 线路及行车设计 218
第一节 设计概况 218
第二节 线路主要技术标准 220
第三节 线路平面设计 221
第四节 线路纵断面设计 232
第五节 配线设计 233
第六节 线路施工图调线调坡设计 236
第七节 行车组织设计 236
第八节 车辆与限界设计 238
第九节 本章小结 243

第二十九章 高架区间设计 246
第一节 设计概况 246
第二节 主要设计标准及原则 249
第三节 区间桥梁设计方案 255
第四节 上部结构设计 263
第五节 下部结构设计 274

第六节　本章小结 …………………………………………………………………………………… 280

第三十章　地下区间设计 ……………………………………………………………………………… 282
　　第一节　设计概况 …………………………………………………………………………………… 282
　　第二节　盾构隧道设计 ……………………………………………………………………………… 282
　　第三节　明挖隧道设计 ……………………………………………………………………………… 286
　　第四节　联络通道设计 ……………………………………………………………………………… 288
　　第五节　中间风井设计 ……………………………………………………………………………… 289
　　第六节　本章小结 …………………………………………………………………………………… 292

第三十一章　高架车站结构设计 ……………………………………………………………………… 294
　　第一节　设计概况 …………………………………………………………………………………… 294
　　第二节　基础结构设计 ……………………………………………………………………………… 294
　　第三节　主体结构设计 ……………………………………………………………………………… 296
　　第四节　附属结构设计 ……………………………………………………………………………… 298
　　第五节　盐官站防飘雨专项设计 …………………………………………………………………… 299
　　第六节　本章小结 …………………………………………………………………………………… 300

第三十二章　地下车站结构设计 ……………………………………………………………………… 301
　　第一节　设计概况 …………………………………………………………………………………… 301
　　第二节　围护结构设计 ……………………………………………………………………………… 301
　　第三节　主体结构设计 ……………………………………………………………………………… 316
　　第四节　附属结构设计 ……………………………………………………………………………… 318
　　第五节　本章小结 …………………………………………………………………………………… 319

第三十三章　车站建筑与装修设计 …………………………………………………………………… 320
　　第一节　设计概况 …………………………………………………………………………………… 320
　　第二节　地下车站建筑与装修设计 ………………………………………………………………… 321
　　第三节　高架车站建筑与装修设计 ………………………………………………………………… 332
　　第四节　车站导向系统设计 ………………………………………………………………………… 341
　　第五节　本章小结 …………………………………………………………………………………… 347

第三十四章　车辆基地设计 …………………………………………………………………………… 352
　　第一节　设计概况 …………………………………………………………………………………… 352
　　第二节　总平面布置 ………………………………………………………………………………… 352
　　第三节　车辆基地设计方案 ………………………………………………………………………… 353
　　第四节　本章小结 …………………………………………………………………………………… 364

第三十五章　轨道设计 ………………………………………………………………………………… 368
　　第一节　设计概况 …………………………………………………………………………………… 368
　　第二节　正线轨道主要技术标准 …………………………………………………………………… 368

       第三节　轨道工程重、难点分析 …………………………………………… 370
       第四节　正线轨道设计方案 …………………………………………………… 370
       第五节　车辆段轨道设计方案 ………………………………………………… 387
       第六节　本章小结 ……………………………………………………………… 393

第三十六章　供电设计 ……………………………………………………………………… 397
       第一节　设计概况 ……………………………………………………………… 397
       第二节　系统设计方案 ………………………………………………………… 398
       第三节　系统设计特点与重难点 ……………………………………………… 401
       第四节　本章小结 ……………………………………………………………… 403

第三十七章　通信设计 ……………………………………………………………………… 407
       第一节　设计概况 ……………………………………………………………… 407
       第二节　设计原则及执行技术标准 …………………………………………… 407
       第三节　系统设计方案 ………………………………………………………… 409
       第四节　设计联络 ……………………………………………………………… 418
       第五节　通信系统设计重难点分析 …………………………………………… 418
       第六节　本章小结 ……………………………………………………………… 418

第三十八章　信号设计 ……………………………………………………………………… 421
       第一节　设计概况 ……………………………………………………………… 421
       第二节　设计原则及执行技术标准 …………………………………………… 425
       第三节　设计联络 ……………………………………………………………… 426
       第四节　信号系统设计重难点分析 …………………………………………… 426
       第五节　本章小结 ……………………………………………………………… 427

第三十九章　综合监控设计 ………………………………………………………………… 429
       第一节　工程概况 ……………………………………………………………… 429
       第二节　系统组成与功能 ……………………………………………………… 429
       第三节　主要技术参数 ………………………………………………………… 429
       第四节　系统选型 ……………………………………………………………… 431
       第五节　技术特点、难点解决以及技术创新 ………………………………… 432
       第六节　本章小结 ……………………………………………………………… 435

第四十章　低压配电与照明设计 …………………………………………………………… 437
       第一节　概述 …………………………………………………………………… 437
       第二节　设计范围 ……………………………………………………………… 437
       第三节　设计原则 ……………………………………………………………… 437
       第四节　系统设计方案 ………………………………………………………… 437
       第五节　技术难点及技术创新 ………………………………………………… 439

| 第六节 | 本章小结 | 439 |

第四十一章　给排水与消防设计 440
　　第一节　概述 440
　　第二节　系统构成及功能 440
　　第三节　主要技术标准和系统形式 441
　　第四节　技术难点及技术创新 444
　　第五节　本章小结 445

第四十二章　通风空调 449
　　第一节　工程概况 449
　　第二节　系统构成 449
　　第三节　隧道通风系统 450
　　第四节　车站通风空调系统 452
　　第五节　技术难点及技术创新 456
　　第六节　本章小结 459

第四十三章　车站设备 462
　　第一节　电梯、自动扶梯 462
　　第二节　站台门 469
　　第三节　自动售检票系统 475
　　第四节　本章小结 478

第四十四章　环境保护 481
　　第一节　设计概况 481
　　第二节　环境保护设计 483
　　第三节　本章小结 488

第一篇 综 述

第1章 综 述

第一节 建设目的和意义

一、项目建设背景

杭州都市经济圈以杭州市区为中心，湖州、嘉兴和绍兴三市市区为副中心，杭州市域5县（市）及德清、安吉、海宁、桐乡、绍兴、诸暨等杭州相邻6县（市）为紧密层，呈现以杭州市区为中心，杭宁、杭沪、杭甬、杭金衢高速公路以及G104、G320国道为主要交通走廊为轴线的圈层状结构，成为全省高新技术研究开发与产业化的核心区域、高附加值传统优势产业发展的枢纽区域。规划的区域总面积34 585 km²，约占长三角洲地区区域的1/3。

随着区域基础设施网络的日趋完善，杭州、湖州、嘉兴、绍兴四市之间资源共享、优势互补进一步增强，将加速形成以区域网络化功能为基础的都市经济圈发展格局。顺应这一趋势，按照功能协调互动、产业相对集聚、操作适度弹性、生态环境和谐的布局原则，突出都市经济圈总体定位和整体特色，强化各市优势功能和个性特征，以沿路、沿湾、沿湖区域为重点，形成"一主三副两层七带"的网络化总体布局框架，促进产业、城市、生态融合发展。

2010年《杭州都市经济圈发展规划》获浙江省政府批复，标志着杭州都市经济圈将建设成为长三角地区的重要板块。同时，杭州市域总体规划中将空间发展战略定为：加强杭州与周边相邻县（市）的合作发展，构建以杭州主城区为核心、以杭州市区为重心、以杭州市域为主体，以德清、安吉、海宁、桐乡、绍兴、诸暨六个县（市）为节点，连接湖州、嘉兴、绍兴三市的杭州都市经济圈。杭州都市经济圈发展规划如图1-1所示。

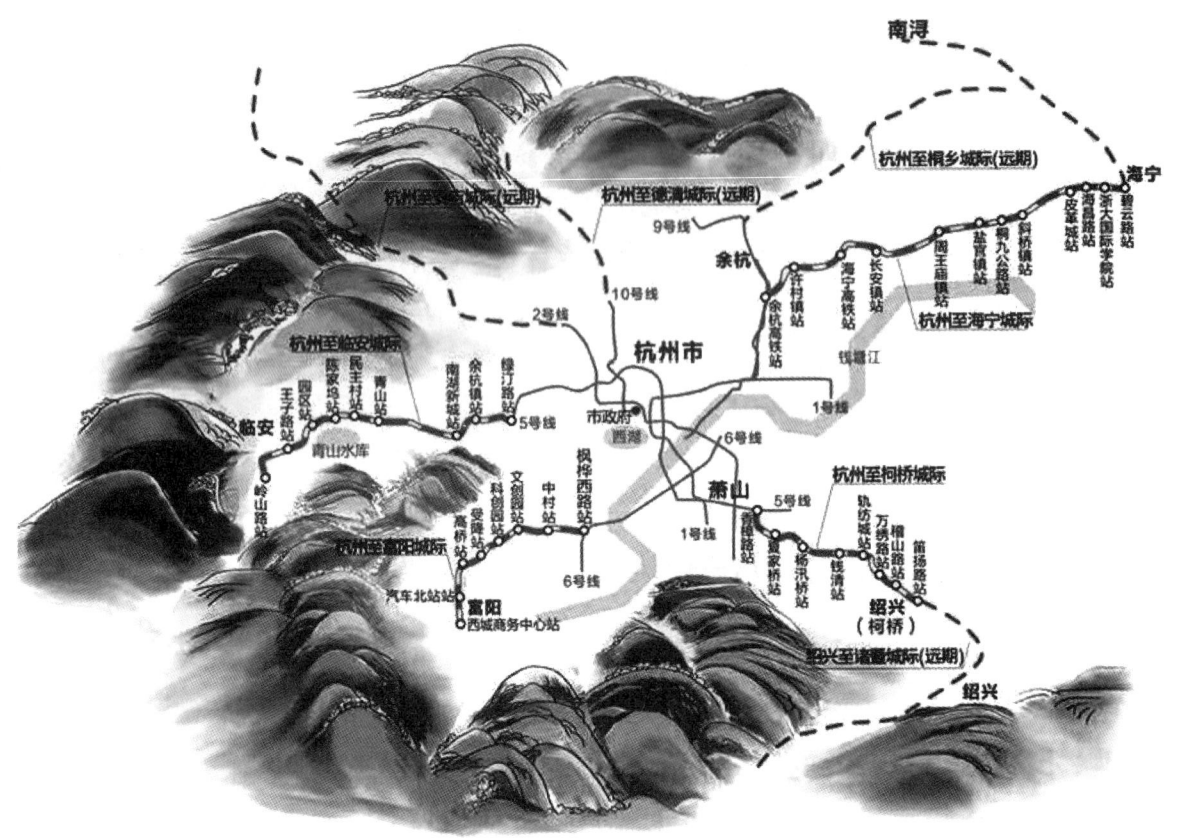

图 1-1　杭州都市经济圈交通规划

海宁市位于杭州都市经济圈的紧密层，应充分利用邻近极核城市的优势，全面融入杭州大都市发展，推进分工协作和资源共享，实现产业发展与城镇空间的有机交融，形成体现网络化大都市建设整体要求、高效运行的发展架构。

海宁作为浙江省嘉兴市代管的县级市，经济较为发达，为全国最具实力的县（市）之一，近年来，海宁城乡居民收入稳步增加，消费水平不断提高，产业结构及规模不断扩大，屡创历史新高，全市经济社会发展呈现良好局面。经济活动必然伴随着人口流动，以人口方面为例，根据第七次人口普查公报，海宁具有常住人口107.6万人，较第六次人口普查的80.70万人相比增长33%，高速的人口增长从侧面印证了海宁县域极为活跃的经济发展。

人口的高速发展对海宁县域的交投格局提出了新的要求与挑战，海宁的地理格局限定了交通发展趋势，海宁市地理上整体呈东西分布，主城区位于辖区东部，辖区西部的许村镇、长安镇与杭州临平区（原余杭区）紧密相连。海宁市作为杭州都市圈的紧密层，承担着杭州大都市产业"东进"转移的重要功能，为加强海宁东西县域的连接，更好地融入杭州都市圈的发展，杭州至海宁城际铁路工程被提上日程。

二、项目建设必要性

（一）引导海宁城镇一体化发展，促进海宁快速融入杭州都市经济圈

党的十八大报告提出推动城乡发展一体化即加大统筹城乡发展力度，促进城乡共同繁荣，与此同时国家发改委正协同有关部门，编制中国城镇化发展规划，其编制思路是"以人口城镇化为核心、以

城市群为主体形态、以综合承载能力为支撑、以完善体制机制为保障"。杭州至海宁城际铁路的建设正是加快区域交通一体化的重要基础设施，也是引导城镇一体化发展的重要契机，对海宁融入杭州和经济一体化发展具有重要意义，是区域经济、城镇和交通一体化综合发展的迫切需要。对于海宁地区来说，从区域角度看，它地处长三角核心区域，为加强与杭州、宁波以及其他城市经济、金融、贸易、信息等方面的合作，应主动接受辐射，与长三角经济发展圈实现联动和功能互补。而在杭州—海宁地区建设城际铁路，并与客运专线、干线铁路以及城市轨道交通等交通方式换乘，将有利于拉近海宁地区与杭州乃至长三角地区其他城市的关系，并有利于海宁地区借助区域经济的力量加快城市化的进程，也有利于杭州和海宁地区发挥其在区域经济中的作用，支持区域经济的发展和城镇一体化的形成。

（二）符合杭州都市圈轨道交通线网规划，促进杭州都市圈经济发展

长三角综合交通规划提出形成不同功能层次运输通道，即"承接国家通道，服务全国""强化区域骨干城际通道，服务长三角""构建都市圈交通通道，增强辐射功能"。杭州至海宁城际铁路工程项目（以下简称"杭海城际铁路项目"）正是综合交通规划中第三层面——都市圈城际交通通道的组成部分，符合都市圈构建"以轨道交通为骨干的交通通道，支撑都市圈的形成与拓展"的目标。浙江省城际铁路网规划将城际轨道线网分为了"国家客运专线""省域城际轨道网""都市圈（城市群）轨道网"，杭海城际铁路项目属于第三层面"都市圈（城市群）轨道网"的范畴，承担中心城市与卫星城镇以及组团之间客流，是短途城际客流达到一定强度后的交通方式的必然选择。杭州都市圈城际铁路网规划新建杭州至海宁、杭州至临安、杭州至富阳、杭州至绍兴等9条城际轨道交通；杭海城际铁路线路作为杭州都市圈9条城际轨道线路之一，与其他线路一起承担区域内中心城市之间、中心城市与重要城镇之间及都市圈内部的城际客流运输任务，是杭州都市经济圈综合交通运输体系的重要组成部分，同时衔接快速铁路网与城市轨道交通，构筑完善的区域轨道交通系统；为实现杭湖嘉绍地区经济一体化、引导城镇体系健康发展提供必需的基础设施。由此可见，杭海城际铁路项目与长三角综合交通规划、浙江省城际铁路网规划等上位规划是相吻合的。

（三）构建多层次综合交通走廊，完善杭州与海宁地区综合交通网络

杭州至海宁地区间综合运输网络目前由公路、铁路构成，其中以公路承担的客货运量为主，运输方式单一，经营管理和服务水平不高，城际铁路建设严重滞后，因此运输方式缺乏选择和必要的竞争。通道内轨道交通未来将形成国家干线沪杭客专、沪杭既有线，区域干线沪乍杭铁路以及都市圈城际杭州—海宁城际铁路三个层面的轨道交通系统，并与通道内高速公路、国省道共同打造多层次综合交通走廊，满足客货不同层面的需求。随着杭州、海宁地区间经济交流的日益密切，地区间人流、物流急剧增长，预计远期地区间全社会断面城际客流接近12万人次/日。根据前述"与其他交通方式的关系"的分析，既有沪杭铁路、沪杭客专能力利用率接近饱和；通过客流分析，杭州—海宁城际中沿线城镇与杭州市区、海宁中心城区的客流需求占到全线总客流量的70%左右，既有沪杭铁路及沪杭客专两线在海宁境内设站较少，仅能承担少量杭州至海宁间城际客流，不能较好兼顾沿线城镇的城际客流需求。综上，杭海城际铁路项目除了承担杭州与海宁及周边地区间的城际联系功能，同时也是海宁地区间各城镇间沟通的重要交通方式。为提升杭州及海宁地区的综合实力，必须交通先行，优化运输结构，运输方式向多样化、快速化方向发展，超前规划建设速度快、安全性好、密度高、运能大的城际铁路系统，对提高商务办公效率，吸引休闲旅游和探亲访友客流，适应杭州与海宁地区间快速城市化的客流增长是十分必要与迫切的。

（四）提升海宁地区在杭州大都市圈中的职能地位

大都市的城市交通必须是一个快捷、便利、可靠的网络体系，唯有建立这样一个体系，大都市的

各个功能组团之间才能建立真正的联系，形成一个整体，使各个功能组团之间协调发展，发挥集团作用。近年来杭州实施"城市东扩，旅游西进，沿海开发，跨江发展"战略，海宁作为杭州都市圈的重要组成部分以及杭州的"后花园"，建立海宁与杭州两市之间快速客运体系将是都市圈交通体系的骨干子系统，也是海宁主动服务杭州、支援杭州的需要，只有建立这一联系，整个网络才能真正形成。海宁应主动融入杭州、提高市民出行的便利，享受杭州的同城效应。要提升海宁地区在杭州大都市圈的职能地位，必须加快基础设施支撑体系建设，建设现代化交通、能源、水利和信息基础设施，推进跨区域重大基础设施一体化建设和管理机制创新，形成完善的现代化基础设施体系。建设现代化综合交通体系，重点建设畅通、可靠的交通运输网络和便捷、高效的综合运输枢纽，为城乡居民提供均等、体面的出行服务，为经济发展提供安全、快速的货运与物流服务。交通运输的现代化，必须构建以城际铁路交通为骨干的交通网络，全面提升交通网络化服务水平。

海宁"十二五"时期总体目标是：到2015年率先建成更高水平的全面小康社会，向2020年率先基本实现向现代化迈进。到2015年户籍人口人均生产总值超过12万元，达到高收入国家和地区水平。海宁基本完成现代化目标的实现，需要进一步加快交通基础设施的建设，提升海宁的现代化水平。而杭州至海宁城际铁路是杭州都市圈城际铁路网的重要组成部分，项目的建设对于实现交通运输的现代化有着重要的支撑和引领作用。同时建设杭海城际铁路符合海宁跨越行政界线，实现郊县变郊区，杭州海宁同城化发展的发展目标，打造杭州—海宁1小时城市圈，能够提升海宁在杭州大都市圈的职能地位；同时可以诱导人们远离杭州市中心前往海宁城际沿线居住，从而促进海宁人口的增加。

（五）满足海宁地区内外客流交流需要，并促进地区旅游、商贸业发展

海宁市域城市总体规划中提出按照"资源共享，生态优先，城乡兼顾，择优集中"的原则，构筑"两核四区一带"网络型城乡协调发展的空间结构。城市交通将在其发展过程中起到关键性作用，必须加强海宁市域各区域之间的交通联系，进而促进海宁网络化都市区的形成与发展。而杭海城际铁路项目沿线经过地区正好位于海宁的北部城镇发展带，将"两核四区一带"中的"两核"——中心城区、长安镇，"四区"中的三区——东部中心城片区、中部小城镇片区、西部连杭片区有效衔接，线位走向与海宁市城镇空间结构相吻合，有助于城镇空间结构的构架。未来的公共交通系统在战略层面必须着重提高系统的效率和能力，尤其要具备速度快、服务水平高、运量大等方面的优势，杭海城际铁路项目在承担杭州至海宁地区间城际客流的同时，能够兼顾海宁地区内部城镇间、城镇与市区间快速增长的客流交换。杭海城际铁路项目连接了海宁、余杭两个高铁站，可以吸引上海、杭州等长三角甚至全国的游客进入海宁观潮、购物等，从而促进海宁皮革、家纺、观潮、经编等商贸、旅游业的发展，为海宁皮革城、海宁火车站、海宁高铁站、盐官等客流集散点快速集散客流。

（六）实现区域可持续发展

2008年9月国务院发布的《关于进一步促进长江三角洲地区改革开放和社会经济发展的指导意见》中提出"推进资源节约型和环境友好型社会建设，全面提高可持续发展能力"。杭海城际铁路项目沿线地区人口密集，土地和环境承载压力巨大。面对沿线居民巨大的交通需求和环境污染的压力，只有发展绿色大能力的公共交通才能够解决两者之间的矛盾。城际铁路在土地、节能、环保等方面具有其他交通方式无法比拟的优越性。经济效益方面，城际铁路可以节约现存土地资源，并使原有地面交通用地得到增值；生态环保方面，城际铁路不需要消耗汽油等不可再生的资源，使用电力作为终端能源，使用方便、清洁，属无碳燃料，对环境基本没有污染。同时党的十八大报告提出建设"美丽中国"——即"把生态文明建设放在突出地位，融入经济建设、政治建设、文化建设、社会建设各方面和全过程，努力建设美丽中国，实现中华民族永续发展"。因而，杭海城际铁路线路的实施符合长三

角对环境保护和生态建设的要求,与"美丽中国"的目标是吻合的,必将促进沿线地区可持续发展,是建设美丽杭州、美丽海宁,建设和谐社会的需要。杭州、海宁两市地处环杭州湾地区,社会经济发展快,为节约稀缺的土地资源和石油资源,保护山清水秀的生态环境,优先选择建设杭海城际铁路对促进经济社会可持续发展具有重要意义,是实现区域可持续发展的切实需要。

三、项目建设的意义和作用

(一)项目建设意义

杭海城际铁路以市域快速轨道交通的方式联通海宁沿线乡镇,从杭州市临平区经海宁许村镇、长安镇、周王庙镇、盐官镇、斜桥镇至海宁城区,横贯海宁市的西、中、东部,并于杭州市临平区与杭州地铁9号线、沪昆客运专线临平南站实现客流换乘,在海宁市许村镇与沪昆客运专线海宁西站实现客流换乘,同时与杭州地铁网络相连。杭海城际铁路不仅承担着杭州城区与海宁城区的跨区域客流,也兼顾了海宁许村、长安、周王庙、斜桥、海宁高铁西站等乡镇间的通勤客流。将承担起杭州与海宁及周边地区间的城际联系功能,并发挥海宁地区内部公交骨干体系功能,在两市的城市轨道交通中发挥着重要意义。

杭海城际铁路项目的建设,将突破行政区划上的隔阂,以物理接入的方式将海宁各乡镇融入杭州都市,不但能有效吸引跨区域中长距离的城际公交出行,同时利用轨道交通能够将杭州都市圈内的医疗、教育、商贸等公共服务共享于海宁人民。杭海城际铁路是加快区域交通一体化的重要基础设施,也是引导城镇一体化发展的重要契机,能够有效促进海宁融入杭州与经济一体化发展,是区域经济、城镇和交通一体化综合发展的迫切需要。杭海城际铁路项目的建设对于加快海宁县域内发展,使海宁充分接受杭州都市圈外溢效应,使海宁人民加深享受杭州都市圈的整体资源、公共服务等具有十分重要的意义。

杭海城际铁路是海宁市为适应新型城镇化发展需要和满足人民群众更便捷出行需求,主动接受大城市辐射、积极参与区域一体化、推动经济社会更好更快发展的重要战略举措。作为海宁历史上投资规模最大的交通基础设施项目,对完善综合交通网络、促进产业发展、改善城市面貌,进一步提升城市能级具有重要战略意义。

(二)项目建设作用

作为海宁历史上投资规模最大的交通基础设施项目,杭海城际铁路不仅架起了海宁连接杭州的交通"新干线",而且将承担起未来海宁经济社会发展的主轴线角色,一路串联起沿线的浙大国际科技小镇、皮革时尚小镇、盐官度假区的潮韵小镇、长安的花艺小镇、许村的布艺小镇等以及海宁高铁站、盐官度假区、海宁中国皮革城、浙大国际联合学院等一批重要节点,加速资源要素的集聚与流通,进一步带动当地皮革、家纺、旅游、商贸等产业发展。杭海城际铁路的建成,有效提高了杭州都市圈外围的城镇化进程,极大地带动了海宁市当地的经济发展。

(1)杭海城际铁路将承担杭州中心城区与海宁及周边地区间的城际公交出行的骨干功能。结合海宁及周边地区与杭州地区未来关系及交通出行特点,联系两个区域的城际铁路应起到主体作用,形成以城际铁路为主体,其他交通相结合的复合交通系统。杭海城际铁路应承担海宁中心城区及沿线各街镇等周边地区与杭州地区间公共交通出行的30%以上。两区域间城际铁路主要承担海宁及周边地区到杭州中心城之间的点到点的长距离出行,满足海宁及周边地区与杭州中心城区间城际铁路在乘时间1小时交通圈;以及沿线城镇带之间的组团间中距离出行。从而缩短两区域间的时间距离,进一步加强海宁及周边地区与杭州的联系,有助于海宁越来越多地承接杭州的城市功能。

（2）协调支持海宁及周边地区发展，缓解未来地区内部交通压力。海宁内陆面积 700.5 km^2，现辖 8 个镇、4 个街道，拥有 3 个省级经济开发区。在项目沿线分布有海宁主城区、斜桥镇、盐官镇、周王庙镇、长安镇、许村镇等街镇，并串联起海宁皮革城、海宁火车站、海宁高铁站、余杭高铁站等客流集散点，同时还能吸引海宁周边桐乡、海盐部分至杭州地区的客流。杭州至海宁城际铁路应兼顾海宁地区内部交通联系，提供海宁地区内部中、长距离出行的公共交通供给，从而协调海宁地区整体发展，缓解未来海宁地区片区之间的交通压力。

（3）引导海宁市域城镇发展，加强与杭州市的协作联系。海宁市市域总体规划明确提出要加强与杭州市的协作联系，配合杭州东扩战略，协调好许村与临平地区、盐仓与下沙地区的规划、建设和管理。同时随着杭嘉湖绍城市群一体化的发展趋势，未来几年，将形成以杭州为核心，以周边德清、安吉、桐乡、海宁、绍兴、诸暨、临安、富阳等县市为纽带，连接嘉兴、湖州、绍兴的杭州大都市经济圈，全面提升杭嘉湖绍地区的整体实力，使杭州都市经济圈成为真正意义上的长三角"金南翼"。杭州至海宁城际铁路则顺应了总体规划的发展需求，串联海宁东部中心城片区、中部小城镇片区、西部连杭片区等，加强海宁与杭州的协作关系。

综上，杭海城际铁路线路将既承担杭州与海宁及周边地区间的城际联系功能，也发挥海宁地区内部公交骨干体系功能。

第二节 建设项目总体目标及成果

浙江杭海城际铁路有限公司坚持以科学发展观为指导，全面落实和谐铁路建设要求，牢固树立铁路建设新理念，以标准化管理为主线，全面落实"安全、质量、工期、环境保护、投资、稳定"六位一体的管理要求，对建设项目实施了全方位、全过程的目标化管理。以打造精品工程、安全工程为总目标，实现了建设管理的各项管理目标。

1. 建设总体目标

实现"两个示范"：全省 PPP 项目示范和企地合作示范。

2. 投资目标

杭海城际铁路项目总投资控制在经批准的初步设计概算总额内。

3. 工期目标

计划开工日期：2017 年 9 月 12 日；计划竣工日期：2021 年 9 月 11 日。

实际竣工日期：2021 年 6 月 5 日；全线通车试运营日期：2021 年 6 月 28 日。

4. 质量目标

杭海城际铁路项目全部工程达到国家、铁路、浙江省现行的工程质量验收标准，检验批、分项、分部工程施工质量检验合格率 100%，单位工程一次验收合格率 100%，主体工程质量零缺陷。

5. 安全目标

严格控制生产安全一般事故，杜绝发生生产安全较大及以上事故；重伤率控制在 0.01% 以内；职业病发生率控制在 0.01%；施工现场安全达标。全面执行《浙江省建筑安全文明施工标准化工地管理办法》；施工现场按照住房和城乡建设部《城市轨道交通工程质量安全检查指南》评定达到"合格"标准。

6. 文明施工目标

全面按照《浙江省建筑施工现场安全质量标准化管理实用手册》《杭州市和海宁市建设工程文明施工管理规定》执行。

7. 环保目标

符合国家和浙江省对环境保护的有关规定。无集体投诉事件，环境监控达标。环境保护设施与主体工程"同时设计、同时施工，同时投入使用"；土地利用节约资源，节能、水保措施落实到位。使水体功能（地表水、河道、地下水）以及施工过程防止水土流失得到有效控制，做到环保设施与工程建设"三同时"。

（1）噪声排放目标：施工现场场界噪声达到排放标准，符合杭州市与海宁市的规定要求；
（2）生产生活污水排放目标：生产生活污水排放达到国家二级排放标准；
（3）固体废弃物目标：节约材料，控制废弃物的产生，废弃物分类堆放，提高废弃物的回收率；
（4）扬尘目标：施工扬尘符合规定要求；
（5）运输目标：市内施工运输无遗洒；
（6）泥浆排放目标：固化处理率80%以上。

8. 维护稳定目标

创建平安工地，无拖欠农民工工资行为，未发生群体性上访事件。

9. 廉政建设目标

工程优质，干部优秀。通过杭海城际铁路项目，培养出了一支业务精干、廉洁自律的管理团队。

10. 技术创新目标

BIM技术全线应用取得成果，科技创新取得成果，《区域城际轨道交通工程施工技术指南》《轨道交通工程建设BIM应用研究与实践》编写完成，浙江省轨道工程质量验收评定标准编写完成，争创"省科技进步一等奖"。

第三节　建设程序与决策

一、立项

2014年12月16日，国家发展和改革委员会以《国家发展改革委关于浙江省都市圈城际铁路规划的批复》（发改基础〔2014〕2865号）同意了浙江发展改革委报送的浙江省都市圈城际铁路近期建设规划。其中，杭州至海宁城际铁路为当时规划的杭州都市圈4条城际铁路之一。

2014年12月23日，浙江省发展和改革委以《转发国家发展改革委关于浙江省都市圈城际铁路规划的批复的通知》（浙发改交通〔2014〕1068号）向有关方面转达了国家发展和改革委员会的意见，至此杭州至海宁城际铁路工程正式立项。

二、可行性研究

2014年12月21日，杭州至海宁城际铁路工程前期工作领导小组组织召开《杭州至海宁城际铁路工程客流预测》专家评审会；

2015年2月2日，浙江省国土资源厅以《关于杭州至海宁城际铁路工程用地范围无重要矿床压覆的证明》（浙土资储压字〔2015〕3号）批复了压覆矿证明；

2015年5月13日，浙江省安全生产监督管理局对杭州至海宁城际铁路安全预评价报告进行了备案；

2015年8月17日，中国地震局以《对杭州至海宁城际铁路项目工程场地地震安全性评价报告的批复》（中震安评〔2015〕125号）对杭海城际铁路工程地震安全性出具了评审意见；

2015年9月30日，嘉兴市经济和信息化委员会以《关于杭州至海宁城际铁路工程节能评估审查意见的函》（嘉经信函〔2015〕52号）对杭海城际铁路节能评估报告出具了评审意见；

2015年12月14日，《杭州至海宁城际铁路项目工程建设项目选址审查意见》（浙规选审字第〔2015〕089号）获浙江省住房和城乡建设厅批复；

2016年8月11日，浙江省国土资源厅以《关于杭州至海宁城际铁路项目建设用地的预审意见》（浙土资源〔2016〕005号）批复了项目建设用地；

2016年10月11日，浙江省环境保护厅以《关于杭州至海宁城际铁路工程环境影响报告书的审查意见》（浙环建〔2016〕47号）批复了杭海城际铁路工程的环境影响及保护方案；

2016年12月5日，浙江省水利厅以《浙江省水利厅关于杭州至海宁城际铁路工程水土保持方案的批复》（浙水许〔2016〕64号）批复了杭海城际铁路工程的水土保持方案；

2016年9月20日，浙江省发展改革委以《省发展改革委关于杭州至海宁城际铁路工程可行性研究报告的批复》（浙发改交通〔2016〕602号）批复了可行性研究报告。

三、PPP协议

2016年8月17日，海宁市人民政府与省交投集团签订《杭州至海宁城际铁路工程项目战略框架协议》，以特许经营模式与省交投集团合作，签约仪式如图1-2所示。

图1-2 浙江省交通集团与海宁市签署杭州至海宁城际铁路项目战略合作框架协议

2017年1月24日，海宁市交通投资集团有限公司、中国政企合作投资基金股份有限公司、海宁市基础设施投资基金有限公司、浙江省交通投资集团有限公司、中铁（上海）投资有限公司，签订《出资协议书》成立浙江杭海城际铁路有限公司。

2017年2月13日，浙江杭海城际铁路有限公司正式挂牌成立，如图1-3所示。

2017年3月31日，海宁市交通运输局与浙江杭海城际铁路有限公司签订《PPP合作协议》。

四、初步设计

2016年10月17日，浙江省发展和改革委以《杭州至海宁城际铁路工程先行段初步设计的批复》（浙发改设〔2016〕119号）对杭海城际铁路先行段工程进行初步设计批复；

图 1-3　浙江杭海城际铁路有限公司正式挂牌成立

2017年9月12日，浙江省发展和改革委以《关于杭州至海宁城际铁路工程初步设计的批复》（浙发改设计〔2017〕69号）批复了杭海城际铁路工程的初步设计。

五、施工图设计

（一）设计单位现场机构

设计单位为中铁第四勘察设计院集团有限公司（下面简称"中铁四院"）和浙江省交通规划设计研究院（现为数智交院）联合体，中铁四院作为勘察设计总包牵头单位，组建杭州至海宁城际铁路设计项目部，下设项目经理、总工、总体，统筹各线路、桥梁、隧道、站场、房建、地路、工经等专业。

（二）工程咨询、强审单位组织机构

全线工程咨询单位为中铁二院工程集团有限责任公司，咨询内容包括初步设计及施工图咨询、统筹设计管理、出图计划、图纸优化及审核等，咨询单位建立咨询总体组，负责项目设计咨询工作。

强审单位为北京城建勘测设计研究院有限责任公司，负责全线的施工图强审工作，建立施工图审查项目部，负责项目施工图强审工作。

六、工程施工及运营节点时间

2016年12月15日，杭海城际铁路项目先行段正式动工；
2017年1月3日，杭海城际铁路项目举行开工仪式；
2017年6月7日，杭海城际铁路首幅地下连续墙正式开工；
2017年9月26日，杭海城际铁路项目全线开工；
2017年10月18日，杭海城际铁路全线第一片预制箱梁成功浇筑；
2017年11月2日，杭海城际铁路首榀箱梁完成浇筑；
2018年1月29日，全线首个明挖区间主体结构封底；
2018年4月29日，杭海城际铁路项目架桥机完成首榀箱梁架设；
2018年5月8日，首台盾构机"杭海1号"始发；
2018年8月7日，杭海城际铁路公司与省轨道运营集团正式签订委托运营框架协议，标志着杭海城际铁路运营筹备工作正式全面启动；

2019年1月16日，杭海城际铁路首条盾构区间双线贯通；
2019年1月18日，杭海城际铁路全线首根接触网组立；
2019年5月16日，杭海城际铁路首段轨道铺设；
2019年8月8日，杭海城际铁路全线圆满实现"桥通"；
2019年12月12日，杭海城际铁路全线地下隧道贯通，实现"洞通"；
2020年1月9日，杭海城际铁路项目单位工程验收启动；
2020年4月11日，杭海城际首列电客车到达盐官车辆段；
2020年5月14日，余杭高铁站2#基坑主体结构顺利封顶，全线车站主体结构工程全部完成；
2020年6月4日，杭海城际铁路项目最后一条联络线通道贯通；
2020年6月17日，杭海城际铁路首个单位工程通过验收，开启了项目全线单位工程验收的序幕；
2020年8月12日，杭海城际铁路全线轨道铺设完成，实现"轨通"；
2020年10月30日，杭海城际铁路全线"电通"；
2020年11月10日，杭海城际铁路开始动车调试；
2020年11月18日，杭海城际铁路完成车辆基地、正线周王庙站至斜桥站区段接触网热滑试验；
2020年12月25日，杭海城际铁路工程完成全线热滑试验；
2020年12月29日，杭海城际铁路启动全线系统联调；
2021年2月5日，取得信号第三方的独立安全评估报告和安全认证；
2021年3月5日，杭海城际铁路全线开始试运行；
2021年6月28日，杭海城际铁路建成通车，对外售票进入初期运营。

第二章 工程概况

第一节 主要自然特征和地质概况

一、地形地貌特征

杭州至海宁城际铁路，呈近东西走向，沿线地处杭嘉湖平原区，地势平坦宽广，起伏不大，地面高程一般为 3～5 m。线路经过地区，河渠交错，港汊纵横，湖泊水塘密布，是典型的水网化平原。沿线人口稠密，公路、铁路、水运和航空立体交通发达。

二、工程地质特征

（一）地层岩性

沿线均被深厚的第四系地层覆盖，沉积厚度超过 45 m，钻孔揭露的地层自上而下主要为：

（1）全新统上组（Q_4^3）：主要为冲湖积粉质黏土，局部为黏土或粉土，分布在平原区表部，呈软～可塑状，一般厚约 2～3 m，通常称为硬壳层。

（2）全新统中组（Q_4^2）：分布广泛，岩性、岩相变化较为复杂，有海相、冲海相等。岩性为海积淤泥、淤泥质土，软～流塑状粉质黏土等，局部相变为粉土，厚度一般 2～15 m 不等，为第一软土层。

（3）全新统下组（Q_4^1）：上部为冲海积硬塑状黏性土，含铁锰质结核，该层局部缺失，为第一硬土层。其下以海积淤泥质粉质黏土或软塑状粉质黏土为主，部分相变为粉土，或与粉质黏土呈互层状，为第二软土层。

（4）上更新统上组（Q_3^2）：有两组冲湖积硬土层发育，富含铁锰质结核，上部硬土层（第二硬土层）分布稳定，下部硬土层（第三硬土层）部分缺失。其余多为冲海积粉细砂、粉土、海积粉质黏土等。

（5）上更新统下组（Q_3^1）：为冲湖积的可～硬塑状粉质黏土，下部为粉细砂，圆砾。

（6）泥盆系上统（D_3^x）：泥质粉砂岩，分为中风化泥质粉砂岩、强风化泥质粉砂岩、全风化泥质粉砂岩。

（二）地质构造

测区前第四纪地质构造被第四纪沉积层所覆盖，下部基岩构造特征，据现在既有的区域地质资料表明，测区地质历史上经历过多种构造和复合，形成一幅较为复杂的由华夏系、新华夏系以及东西向多种构造体系组成的构造图案。

1. 新华夏系构造

区内新华夏系主要表现为对基底构造的迁就和继承及新华夏系与华夏系重叠复合构造。

2. 东西向构造

由于区内东西向构造的发育和发展是多期间歇性的，并呈断续条带分布，在吴兴、嘉兴之间为明显的侏罗系及古生界地层组成的吴兴—嘉兴东西向隆起,在它的北侧为太湖南缘凹陷,凹陷的东西两端形成次一级的油车港凹陷,其间堆积了白垩系和第三系地层。主要断层有吴兴—嘉善等东西向压性断裂。由于工作区第四系地层巨厚,故隐伏断裂对工程无直接影响。

(三) 不良地质分布范围和基本特征

测区不良工程地质主要为区域地面沉降,特殊性岩土主要为软土。

1. 区域地面沉降

场地为杭嘉湖平原区,地势平坦宽广,地面沉降是一种渐变性、累进性的地质灾害,具有范围大且不可逆的特点。

2. 软土

杭海城际铁路工程位于杭嘉湖冲湖积平原亚区,上部有多层软土分布,第一软土层一般埋深 2.00~5.00 m,厚 1.30~16.00 m 不等,局部缺失,第二软土层一般埋深 14.20~23.60 m,厚 1.00~8.00 m 不等;主要为③₁、⑤₁层的淤泥、淤泥质粉质黏土等,全线路段均为软土路段。

软土压缩性较大,强度较低,固结时间长,分布在地基压缩层范围之内,做路基时易产生侧向路堤滑移、不均匀沉降、过量沉降、路堤失稳及桥头跳车等现象。各主要软弱土层性质及埋藏条件见表2-1。

表 2-1 软土主要物理力学性质一览表

层 号	土名	含水量 ω	天然密度 ρ/(g/cm³)	天然孔隙比 e	压缩系数 a_{1-2}/(MPa⁻¹)	压缩模量 E_{s1-2}/MPa	黏聚力 C_q/kPa	内摩擦角 φ_q/(°)
第一软土层 ③₁	淤泥质粉质黏土	41.0%	1.79	1.149	0.755	3.27	8.3	2.6
第二软土层 ⑤₁	淤泥质粉质黏土	37.3%	1.83	1.058	0.534	4.24	17.4	8.4

3. 砂土

砂土渗透变形一般是在基础施工过程中因水力坡度所引起的,工程施工中深基坑开挖会出现涌水流砂导致周边地面和建筑物裂缝的情况。但沿线深基坑开挖过程中均采用了较好的支护措施,未发现因特殊类岩土灾害导致基坑失稳问题。杭嘉湖冲湖积平原亚区软土埋深一般小,一般建筑物会触及该软土层,较重要建筑物一般采用的桩基础,穿越该软土层,对建筑物的危险性小。

三、气象

铁路所经地区地处亚热带季风区,气候温和,四季分明。年平均降水量在 1 148.1~1 400.7 mm 之间,降雨多集中在春雨期(3—6月)、梅雨期(6—7月)及秋雨期(7—10月)。6—9月为台风活动期,台风经过时,常形成大风大雨的灾害性天气。秋季又常产生阴雨绵绵的情况。10月开始,冷空气势力加强,气候干寒,多偏北风。

气温:杭海城际铁路项目区全年平均气温 14.3~16.8 ℃。最高月平均气温 33.2 ℃,极端最高气温 42.1 ℃;最低月平均气温 0.6 ℃,极端最低气温-12.1 ℃。平均年无霜期 200~250 d。最大冻土深度为 12 cm 左右;年平均相对湿度 75%~84%。

风力及风向:春季及冬季多东北或西北风,汛期多东南风,台风最大风力达 12 级。

四、水文

海宁市境内河流分属上塘河水系和运河两大水系,市域内河道总长度 1 865.4 km。海宁地处钱塘江北岸,海岸线长 55.9 km,水域 21 730 hm^2。上塘河水系呈狭长形,紧靠钱塘江,属该水系的河流主要有上塘河、新塘河。属运河水系的主要河流有麻泾港、辛江塘、洛塘河等。杭嘉湖南排工程长山河,在境内长约 7 km。

杭海城际铁路项目区内的河流主要为上塘河、斜郭塘、平阳堰港、麻泾桥港,水位变化较小,属平原性河流,比降小,流动慢。详见表 2-2。

表 2-2 沿线河流分布一览表

序号	穿越河流名称	里程桩号	河宽/m	水深/m	河床标高/m
1	上塘河	DK9+701～DK9+745	44	2.0	0.14
		DK15+137～DK15+178	41	2.0	0.14
		DK18+818～DK18+868	50	2.0	0.18
2	斜郭塘	DK25+680～DK25+763	83	2.5	-0.10
3	平阳堰港	DK41+066～DK41+105	39	3.1	-0.57
4	麻泾桥港	DK43+776～DK43+808	32	2.8	-0.30

第二节　主要技术标准

(1) 铁路等级:客运专线;
(2) 正线数目:双线;
(3) 速度目标值:120 km/h;
(4) 正线最小线间距:一般为 4.2 m;
(5) 最小平面曲线半径:一般 800 m,困难条件下 700 m,下穿沪杭客专处因条件受限左线采用 440 m 半径、右线采用 460 m 半径;车站正线 1 500 m,不设屏蔽门时不应小于 800 m;
(6) 最大坡度:区间正线不大于 30‰;
(7) 牵引种类:电力;
(8) 列车类型及编组:B 型车 4 辆编组;
(9) 站台有效长度:80 m;
(10) 列车运行控制方式:采用自动控制系统,同时还应具备 ATO 功能;
(11) 运输调度指挥方式:采用自动监控系统 ATS。

第三节　主要工程特点和工程数量

一、工程范围

杭州至海宁城际铁路呈东西走向,线路西起于杭州余杭高铁站,与杭州地铁 9 号线换乘,线路出站后经由站前路→联杭路→人民大道→海宁高铁站→下穿沪杭高铁、沪杭高速公路→青年路→学院路→长安路→周王庙镇→上跨南排河→跨观潮大道→硖许公路→海州西路进入海宁市主城区,经中国皮革城后沿海州东路至碧云路，设终点站碧云站。线路西端预留向西延伸条件，远期与杭州南北快线衔接换乘，东端预留向东延伸条件。其中建成通车的余杭高铁站至浙大国际校区站（含）段线路长约 46.38 km，设站 13 座（含 1 座高架预留站、2 座高架越行站），其中地下车站 4 座，高架车站 9 座，全线于盐官镇郭店村附近设车辆基地 1 座，控制中心设于车辆基地内，共设置主变电所 2 座，分别位于长安镇站和斜桥镇站附近。其走向如图 2-1 所示。

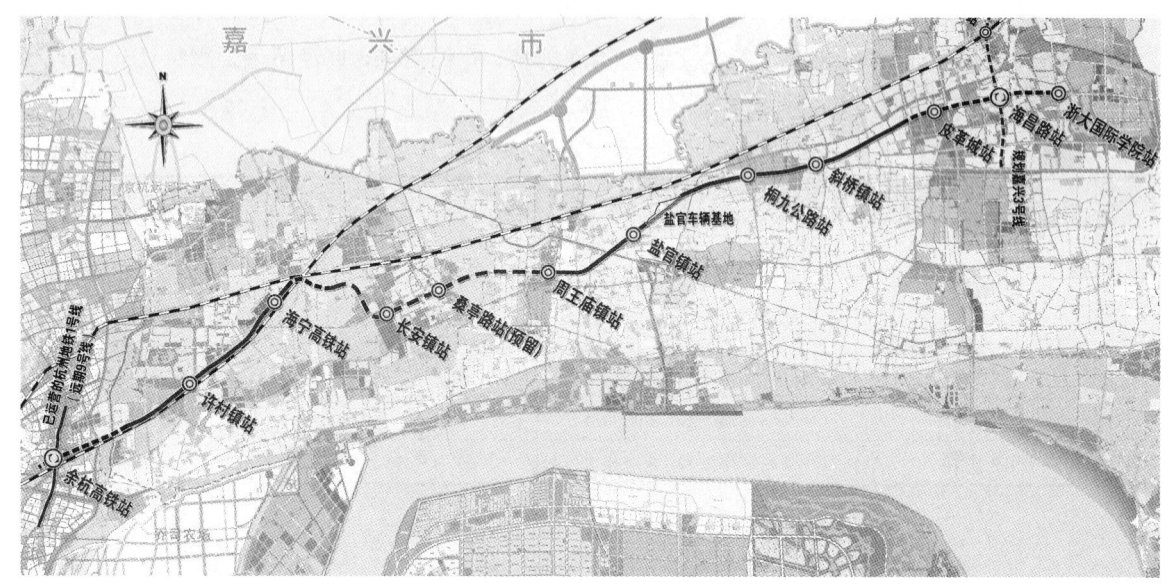

图 2-1 杭州至海宁城际铁路走向

土建工程主要包括地下车站、高架车站、区间隧道、区间桥梁、车辆段、停车场、主变电站、高架区间牵引变电站、控制中心、轨道铺设、消防站、派出所、P+R 停车场等；机电设备工程主要有供电系统、通信系统、信号系统、综合监控系统、火灾报警系统（FAS）、车站设备监控系统（BAS）、自动售检票系统（AFC）、车站及区间风水电系统、站台门、自动扶梯和电梯、门禁系统、车站安检系统、人防门及防淹门、车辆、车辆段和停车场的车辆检修机电设备等。

二、主要工程特性

杭海城际铁路工程主要工程特性详见表 2-3。

表 2-3 主要工程特性

	一、项目基本情况				
1	项目名称	杭州至海宁城际铁路工程			
2	建设地点	杭州市临平区、嘉兴市海宁市		所在流域	杭嘉湖
3	工程类型	城际铁路	4	工程性质	新建
5	建设单位	浙江杭海城际铁路有限公司			
6	投资单位	该项目为 PPP 项目，资本金 68 亿元由政府和社会资本按 PPP 协议约定比例出资，其余资金通过融资和上级补助资金解决			
7	设计标准	最高运行速度 120 km/h			
8	总投资	1 419 214.43 万元	9	土建投资	937 822 万元
10	建设期	2017 年 9 月 12 日至 2021 年 9 月 11 日			

续表

二、项目组成及主要技术指标					
项目组成		工程名称	数量/规模	工程内容	类型
	线路工程	桥梁工程	33.448 km	高架线 33.448 km	地上
		隧道工程	12.689 km	地下线（含过渡段 U 形槽）长度 12.099 km，下穿高铁段地面线 U 形槽长 0.590 km。 备注：不含车站长度及暂缓段一站一区间长度	地下
	车站工程	地下站	4 座	临平南高铁站（余杭高铁站）、皮革城站、海昌路站、浙大国际校区站（浙大国际校区站）	地下
		高架站	8 座	许村镇站（许村站）、海宁高铁西站、长安路站（东方学院站）、桑亭路站（长安东站）、周王庙镇站（周王庙站）、盐官镇站（盐官站）、桐九公路站、斜桥镇站（斜桥站）	地上
	车辆段与综合维修基地		1 处 28.52 hm²	车辆段与综合维修基地 1 处，位于盐官镇郭店村	地上

三、主要工程数量表

杭海城际铁路项目主要工程数量详见表 2-4～表 2-6。

表 2-4　车站主要工程数量

序号	站 名	车站型式	站台宽度/m	总建筑面积/m²	建筑面积（主体）/m²
1	余杭高铁站	地下三层岛式车站	13	37 314	31 036
2	许村镇站	路中高架三层侧式车站	7.5+7.5	8 307	3 732
3	海宁西高铁站	路侧高架三层侧式车站	7.5+7.5	6 511	3 732
4	长安镇站	路中高架三层侧式车站	7.5+7.5	7 978	3 558
5	桑亭路站	路中高架三层侧式车站	7.5+7.5	7 240	3 340
6	周王庙镇站	路中高架三层侧式车站（越行站）	7.5+7.5	8 783	4 809
7	盐官镇站	路侧高架二层侧式车站	7.5+7.5	7 133	5 617
8	桐九公路站	路中高架三层侧式车站	7.5+7.5	7 217	3 208
9	斜桥镇站	路中高架三层侧式车站（越行站）	7.5+7.5	8 891	4 809
10	皮革城站	地下二层岛式站车站	12.6	21 982	17 490
11	海昌路站	地下二层岛式站车站	14	13 088	8 975
12	浙大国际学院站	地下二层岛式站车站	12.6	24 151	19 565

表 2-5　隧道主要工程数量

序号	区间名称	工法及断面形式	里程范围及长度	附属建筑	施工组织及筹划
1	余杭高铁站—余许区间形槽（含），共计 3 725.55 m	盾构段，管片外径 6.7 m，内径 6.0 m	右 DK0+437.570～DK3+563.849，长 126.279 m	设中间风井 1 座，联络通道 6 座，1 座与中间风井合建	采用 2 台土压平衡盾构分别从许村镇站侧盾构井向余杭高铁站掘进，在余杭高铁站接收。

续表

序号	区间名称	工法及断面形式	里程范围及长度	附属建筑	施工组织及筹划
1		明挖暗埋段，单层框架矩形结构	右DK3+513~DK3+750，长237 m		
		明挖U形槽段	右DK3+750~DK4+122，长372 m	设区间跟随所	
2	下穿高铁段起点—下穿高铁段终点（海宁高铁站—长安镇站），共计1 767 m	明挖U形槽段	右DK12+264~DF12+610，长346 m		采用1台土压平衡盾构从海宁高铁站侧始发，至长安镇站侧接收，先施工盾构左线，贯通后吊出转场至海宁高铁站侧始发井二次始发掘进。
		明挖暗埋段，单层框架矩形结构	右DK12+610~DK12+757，长147 m		
		盾构段，管片外径6.2 m，内径5.5 m	右DK12+757~DK13+403，长646 m	联络通道1座	
		明挖暗埋段，单层框架矩形结构	右DK13+403~DK13+725，长322 m		
		明挖U形槽段	右DK13+725~DK14+031，长306 m	设区间跟随所、消防泵房	
3	斜桥镇站—皮革城站	明挖U形槽段	右DK39+364~DK39+737，长372 m		
		明挖暗埋段，单层框架矩形结构	右DK39+737~DK39+923，长186 m	设雨水泵房1座	
		盾构段，管片外径6.7 m，内径6.0 m	右DK39+923~DK40+890，长967 m	设联络通道1座	采用2台土压平衡盾构分别从明挖段盾构井始发，向东掘进，在皮革城站接收。
4	皮革城站—海昌路站	盾构段，管片外径6.7 m，内径6.0 m	右DK41+283~DK43+440，长2 156 m	设联络通道3座	采用2台土压平衡盾构分别从海昌站向皮革城站掘进，在皮革城站接收。
5	海昌路站—浙大国际学院站	盾构段，管片外径6.7 m，内径6.0 m	右DK43+631~DK45+860，长2 228 m	设联络通道3座	采用2台土压平衡盾构分别从浙大国际学院站向海昌站掘进，在海昌路站接收。

表2-6　桥梁主要工程数量

序号	区间名称	起点里程	终点里程	区间桥长/m
1	余杭高铁站—许村镇站	右DK004+122.056	右DK006+758.256	2 636.20
2	许村镇站—海宁高铁站	右DK006+844.106	右DK011+477.006	4 632.90
3	海宁西高铁站—下穿高铁起点	右DK011+562.806	右DK012+265.056	702.25
4	下穿高铁终点—长安镇站点	右DK014+031.640	右DK017+077.890	3 046.25
5	长安镇站—周王庙站	右DK017+163.740	右DK23+858.440	6 694.70
6	周王庙站—盐官站	右DK23+944.140	右DK27+778.740	3 834.60
7	盐官站—桐九公路站	右DK27+864.440	右DK32+924.640	5 060.20
8	桐九公路站—斜桥站	右DK33+010.340	右DK35+831.340	2 821.00
9	斜桥站—皮革城站	右DK35+917.040	右DK39+364.340	3 447.30

第四节　主要建设过程

一、任务划分

根据杭州至海宁城际铁路工程规模和专业进行任务划分。

工程内容包含车站、区间、轨道、通信、信号、供电、综合监控、防灾报警、环境与设备监控、安防及门禁、通风、空调与采暖、给排水与消防、自动售检票、车站辅助设备、运营控制中心、车辆段及综合基地、人防等，根据联合体的施工资质和类似工程施工业绩情况，结合杭海城际铁路项目各标段的规模和特点，综合考虑杭海城际铁路项目施工过程中的安全、质量、进度和接口协调等因素进行初步施工任务划分。施工标段划分详见表2-7～表2-9。

表2-7　土建工程标

序号	标段	规模	主要工程范围
1	1标	1站	余杭高铁站（与杭州地铁1号线非付费区通道换乘、地下三层）
2	2标	1区间	余许区间（下穿杭州地铁1号线，盾构、明挖暗埋+U形槽段）
3	3标	2站3区间	许村镇站、海宁高铁站、余许区间、许海区间、海长区间（高架）及1号梁场（3标高架范围）
4	4标	1区间	海长区间（下穿沪杭高铁盾构及U形槽）
5	5标	2站2区间	海长区间（高架）、长周区间（高架）
6	6标	2站2区间	周王庙镇站、盐官镇站、长周区间、周盐区间（高架）
7	7标	1站2区间	桐九公路站、盐桐区间、桐斜区间（高架）
8	8标	1站1区间	斜桥镇站、斜皮区间（高架）
9	9标	1站1区间	皮革城站、斜皮区间（盾构及明挖段）
10	10标	1站1区间	海昌路站、皮海区间（盾构）
11	11标	1站1区间	浙大国际学院站、海浙区间（盾构）
12	12标	2号梁场	梁的制、提、运、架（5、6、7、8标高架范围）
13	13标	车辆段综合标	站场、房建（含控制中心）、轨道、机电、车辆段工艺设备
14	铺轨Ⅰ标	轨道Ⅰ标	余杭高铁站（含）—长安镇站（不含），正线铺轨工程
15	铺轨Ⅱ标	轨道Ⅱ标	长安镇站（含）—斜桥镇站（不含），正线铺轨工程
16	铺轨Ⅲ标	轨道Ⅲ标	斜桥镇站（含）—浙大国际学院站（含），正线铺轨工程

表2-8　机电工程标

序号	标段	规模	主要工程范围
1	1标	供电安装工程1标	主变电所、变电所、电力监控等设备安装工程
2	2标	供电安装工程2标	正线接触网、环网电缆、杂散电流防护、疏散平台工程等设备安装工程
3	3标	通信安装工程标	通信、AFC、综合监控等系统设备安装工程
4	4标	信号安装工程标	信号系统设备安装工程
5	5标	安装装修Ⅰ标	余杭高铁站—海宁高铁站、三站二区间，风水电设备安装及装饰装修工程

续表

序号	标段	规模	主要工程范围
6	6标	安装装修Ⅱ标	海宁高铁站（不含）—盐官镇站（含）三站三区间风水电设备安装、电扶梯安装及装饰装修安装工程
7	7标	安装装修Ⅲ标	盐官镇站（不含）—皮革城站（含）三站三区间风水电设备安装、电扶梯安装及装饰装修安装工程
8	8标	安装装修Ⅳ标	皮革城站（不含）—浙大国际学院站（含）、二站二区间，风水电设备安装及装饰装修安装工程

表2-9 监理标

序号	标段	规模	主要工程范围
1	1标	土建监理Ⅰ标	土建工程1标、2标
2	2标	土建监理Ⅱ标	土建工程3标、4标
3	3标	土建监理Ⅲ标	土建工程5标（先行段）
4	4标	土建监理Ⅳ标	土建工程6标、7标、8标、12标
5	5标	土建监理Ⅴ标	土建工程9标、10标、11标
6	6标	土建监理Ⅵ标	土建工程13标
7	7标	轨道监理标	轨道Ⅰ标、轨道Ⅱ标、轨道Ⅲ标
8	8标	强电监理标	机电Ⅰ标（供电工程标）
9	9标	弱电监理及设备集成管理标	机电2标（通信工程标）、机电3标（信号工程标）
10	10标	安装装修监理Ⅰ标	机电5标（安装装修Ⅰ标）、机电6标（安装装修Ⅱ标）
11	11标	安装装修监理Ⅱ标	机电7标（安装装修Ⅲ标）、机电8标（安装装修Ⅳ标）

二、建设过程

2012年12月19日，与余杭区区政府对接了杭州至海宁城际铁路余杭区段线站位方案，取得了线位、站位的书面意见，余杭区人民政府同意在余杭高铁站与杭州地铁1号线（远期9号线）衔接换乘；

2013年1月—3月编制完成《杭州至海宁城际铁路预可行性研究报告》及客流预测、投融资方案专题报告；

2013年4月27日，海宁市人民政府在海宁主持召开了《杭州至海宁城际铁路工程预可行性研究报告》专家预评审会；

2013年12月27日，杭州至海宁城际铁路前期工作领导小组办公室在海宁市主持召开了杭州至海宁城际铁路项目交通制式等相关专题评审会；

2014年12月，国家发改委批复了《浙江省都市圈城际铁路近期建设规划（2014—2020年）》（发改基础〔2014〕2865号），杭州至海宁城际铁路是其中批复的11条线路之一；

2014年12月，杭州至海宁城际铁路工程可行性研究评估会在海宁举行，会议由浙江省发改委委托中国国际工程咨询公司组织开展，邀请了来自北京、上海、广州、深圳、天津等地的12位国内资深专家组成专家组对杭海城际铁路工程进行评审；

2016年5月，海宁市启动重大项目集体决策程序，就杭州至海宁城际铁路项目规划建设征求各界意见；

2016年8月17日，与浙江省交投集团签订项目战略合作框架协议，以特许经营模式与省交投集团合作；

2016年8月30日，海宁市第十四届人民代表大会第六次会议召开，会议听取和审查了市人民政府关于杭州至海宁城际铁路规划建设情况的报告，会议以举手表决的方式，通过了关于同意建设杭州至海宁城际铁路的决定；

2016年9月20日，《杭州至海宁城际铁路工程可行性研究报告》获得浙江省发改委批复（浙发改交通〔2016〕602号）；

2016年10月18日，杭州至海宁城际铁路工程先行段（9.123 km高架区间）初步设计获得省发改委批复（浙发改设计〔2016〕119号）；

2016年12月30日，先行段工程（9.123 km高架区间）开工建设；

2017年4月10—12日，杭州至海宁城际铁路工程初步设计评审会在海宁举行，会议由浙江省发改委组织，邀请了来自北京、上海、天津、广州等地的26位国内资深专家组成专家组对杭海城际铁路工程进行评审；

2017年9月12日，杭州至海宁城际铁路工程初步设计获浙江省发改委批复（浙发改设计〔2017〕69号）；

2017年9月26日，杭海城际铁路全面开工；

2018年4月29日，全线首片箱梁架设；

2018年5月8日，全线首台盾构机"杭海1号"盾构始发；

2018年12月14日，全线最大跨度跨河连续梁主跨合龙；

2019年3月29日，杭海城际铁路正线接触网第一杆成功组立；

2019年5月16日，轨道铺设全面开工；

2019年8月8日，全线箱梁架设完成，实现"桥通"；

2019年12月12日，全线隧道掘进完成，实现"洞通"；

2020年4月17日，杭海城际铁路首列电客车到达盐官车辆基地；

2020年5月14日，杭海城际铁路全线车站主体结构工程完成；

2020年8月12日，全线轨道铺设完成，实现"轨通"；

2020年10月30日，全线实现"电通"；

2020年12月29日，实现全线系统联调；

2021年3月5日，启动全线试运行；

2021年6月28日，全线通车初期运营。

第三章 综合评价

一、对全国城际铁路的建设具有里程碑式的意义

杭海城际铁路项目作为第一批次国家级 PPP 示范项目，第一批次浙江省级示范项目，同时作为海宁历史上投资规模最大的交通基础设施项目，全国第一个由县级层面实施运营监管的轨道交通项目，在项目立项、审批、建设和最后运营的过程中，攻克了数个难题，开创了多个第一次，对我国的城际铁路建设有着里程碑式的意义。

杭海城际铁路项目的运作，可以推进长三角区域经济一体化，构筑重点产业新布局，帮助推进海宁大都市区发展，打造融杭"一小时通勤圈"。在城镇一体化发展上，推动构建"立体式"综合交通走廊，加速沿线城镇有机更新进程。杭州—海宁城际铁路所经城镇将构筑起以城际铁路网站为中心的"串珠式"区域空间布局，和以城际轨道交通为轴的区域空间一体化布局，陆续推进城市有机更新。

二、促进海宁市融入杭州都市圈，加速长三角一体化发展

海宁地处长三角核心区，是杭州都市圈的紧密层和重要节点，建设杭州至海宁城际铁路是海宁市适应新型城镇化发展需要和满足人民群众更便捷出行需求，主动接受大城市辐射、积极参与区域一体化、推动经济社会更好更快发展的重要战略举措。

从杭州都市圈轨道交通线网规划看，杭州—海宁城际铁路作为杭州都市圈九条城际铁路轨道线路之一，承担中心城市与卫星城镇以及组团之间的客流，将与其他线路一起承担区域内中心城市之间、中心城市与重要城镇之间及都市圈内部的城际客流运输任务。同时，衔接快速铁路网与城市轨道交通，构筑完善的区域轨道交通系统。

杭海城际的成功通车运营，意味着快速便捷、畅达安全的"1小时通勤圈"建起。海宁全面融入杭州都市圈，为杭海两地居民带来理想生活新方式。

三、改善居民出行条件，改善海宁市生活与居住环境

杭海城际铁路的建设，提高了海宁市市政基础设施水平，使海宁市的交通事业进入新的发展阶段，城市（城际）交通结构调整日趋合理，节约能源的公共交通得到快速发展。

杭海城际铁路项目也进一步改变了市区的公共交通结构及市域城际出行交通结构，能够有效节省市民去往周边以及杭州的时间，缩短工作通勤时间，提高劳动者的工作效率，进而提高劳动生产率。同时，杭海城际铁路的开通，能够给市民提供一种新的交通方式，一定程度上减少了机动车的使用，从而改善城市环境质量，创造更适宜的生活与居住环境。

四、提升海宁市全社会劳动生产率，优化投资环境

杭海城际铁路建成后，与沿线交通一起构成多层立体公共交通结构，大大提高了海宁市区人口向外疏散的能力，缩短了外围的空间距离。项目有利于杭州城市向海宁方向的拓展，从而使城际铁路所沟通的城市布局更加合理，拓宽城市产业发展空间。

杭海城际铁路项目提高了沿线地块的商业价值，促进了沿线物业开发以及商业、金融业、旅游及餐饮业的发展，带动了其他相关产业发展并增加就业，同时也改善了海宁市的投资环境，为招商引资创造有利条件。

五、加强城市间的"外联"能力，有效带动海宁产业的协同发展

杭海城际铁路项目串联起了海宁皮革城、海宁高铁站、余杭高铁站等客流集散点，可以吸引上海、杭州等长三角甚至全国的游客进入海宁观潮、购物等，从而促进海宁皮革、家纺、观潮等商贸、旅游业的发展，并为海宁皮革城、海宁高铁站、盐官等客流集散点快速集散客流。

杭海城际铁路的全线运转，带动区域内资源要素、产业要素和人才要素的加速流动，逐步形成科创走廊、经济走廊，深入推进海宁在规划、基建、产业、平台和社会事业等各方面与杭州的全面合作，带动产业提升、沿线旅游、就学就医、通勤出行等经济社会高质量发展。

六、拓宽劳动就业空间，培养了一支专业技术人才队伍

我国劳动力供给量大，整体劳动力供求矛盾依然没有得到实质性缓解，劳动力就业问题成为社会可持续发展、和谐社会建设的关键问题。杭海城际铁路项目建设期为社会提供包括建筑、运输等环节的短期就业机会，项目经营期为社会提供大约1 500多个长期专业技术人员就业机会，并带动运输、动力供应等相关产业创造间接就业机会，项目的就业乘数效应明显。

七、促进区域经济发展，构筑重点产业新布局

杭海城际铁路项目建设进一步推动区域经济的发展，有力地支撑了当地经济、社会、文化事业的发展。

从完善区域经济格局看，海宁地处长三角核心区域，为加强与杭州、宁波以及其他城市经济、金融、贸易、贸易、信息等方面的合作，应主动接受辐射，与长三角经济发展圈实现联动和功能互补。建设杭州-海宁城际铁路，并与客运专线、干线铁路以及城市轨道交通等交通方式换乘，将有利于拉近海宁市与杭州乃至长三角地区其他城市的时空距离，有利于城际间的快速联系，有利于海宁市借助区域经济的力量实现产业协同发展。

从提升区域经济竞争力看，城际铁路可以有效提高海宁市在长三角经济区域的区位优势，拉动内需，刺激市场，增加投资吸引力，带动海宁市地区对优势资源的开发利用，形成新的优势产业。此外，城际铁路安全、准点、运量大的优点，也将促进区域之间人才、信息和资源的交流与合作，形成产业服务一体化。

从促进项目沿线开发利用看，城际铁路是城市用地布局的骨架，可结合项目建设进行网站周边地块综合体、地下空间开发等，以轨道交通带动沿线以网站为核心的组团式开发，促进沿线产业布局调整，提升沿线土地价值及房地产价格，促进海宁经济发展。

八、推进可持续发展，建设低碳高效的节约型社会

项目沿线地区人口密集，土地和环境承载压力巨大，城际铁路在土地、节能、环保等方面具有其他交通方式无法比拟的优越性。经济效益方面，城际铁路可以使原有地面交通用地得到增值；土地利用方面，在相同运量条件下，城际铁路占用的土地资源仅为公路的1/3；生态环保方面，城际铁路以电力牵引代替石油等不可再生能源，有效减少对环境的污染。

与此同时，随着海宁市城市有机更新的进一步深入，若在沿线各城镇旧城改造同时进行杭海城际铁路项目的开发建设，能够避免未来对城镇的二次改造，避免大量的重复建设与拆迁，节约建设成本。

第 二 篇
建设管理

第四章 建设管理模式

一、建设管理主体

  杭州至海宁城际铁路项目（以下简称杭海城际铁路项目）建设管理主体系浙江杭海城际铁路有限公司（以下简称杭海城铁公司），是海宁市政府与社会资本的合作项目。浙江省政府为增强公共产品和服务供给能力、提高供给效率、拓宽融资渠道，通过特许经营方式，与社会资本建立利益共享、风险共担的长期合作关系，通过公开招标方式确定社会资本投资人，采用政府与社会资本合作模式实施杭海城际铁路项目（PPP 项目）。

  海宁市轨道交通投资建设有限公司（以下简称海宁交投）受海宁市政府的授权和委托，与政企基金、基础设施基金及通过公开招标方式选定的承担投资职能的浙江省交通投资集团有限公司（以下简称浙江省交通集团）、中铁（上海）投资集团有限公司（以下简称中铁上投）共同出资设立杭海城铁公司。根据协议中的约定，实施机构与杭海城铁公司就杭海城际铁路项目开展 PPP 合作，授予杭海城铁公司城际铁路的特许经营权。杭海城铁公司在特许经营期内，根据该协议约定的合作范围，建设、运营城际铁路，并在约定的期限内向实施机构移交城际铁路。杭海城铁公司按该协议约定取得客运收入、非客运服务业务收益以及市政府提供的补贴作为其回收投资和获得投资回报的方式，浙江省交通集团、中铁上投也可在不影响城际铁路项目稳定运营且遵守该协议及杭海城铁公司章程的前提下，适时通过结构化融资、对外股权投资、股权转让、股东借款等方式回收投资。

  杭海城际铁路项目的社会影响范围大，建设期和运营期长。特许经营期将面对法律、政策变化，技术和服务标准调整，市场环境改变，利率物价波动及其他不确定因素，项目双方本着诚实守信的原则履行该协议，最大限度地维护公共利益和公共秩序，并维护双方合法权益。

二、管理体制

  杭海城铁公司建立"三会一层"法人治理结构，设置股东会、董事会、监事会和经营层，同时设置党委会，对公司和项目建设重大事务做出决策。公司在决策事项时，董事会作为决策机构严格按照《公司法》《公司章程》切实行使职权，贯彻股东会各项决议，对公司重大事务做出决策；监事会对公司重大决策的形成、股东会决议执行、公司规范运作等进行监督；经营层执行董事会决议，全面管理、推进公司日常工作，聚焦打造全省 PPP 项目、企地合作两个"示范"目标，有效提升公司法人治理水平和可持续发展能力。多年来，公司运作健康稳定，项目建设持续向好。截至 2022 年 2 月底，杭海城铁公司共召开 9 次股东会、11 次董事会、5 次监事会。

第五章　建设管理机构

第一节　机构设置

杭海城际铁路建设期间，杭海城铁公司共进行过3次机构设置和调整。一是根据2017年第一届第二次董事会审议通过的《浙江杭海城际铁路有限公司部门机构职能设置方案》，设置综合部（党委办公室）、财务部、工程部、机电设备部、计划合约部、安全质量部、经营开发部、纪检监察审计室，共计"7部1室"。二是2020年3月，分设综合部、党委办公室（纪检监察审计室），并增设运营资产管理专项工作组，形成综合部、党委办公室（纪检监察审计室）、财务部、工程部、机电设备部、计划合约部、安全质量部、经营发展部、运营资产管理专项工作组，共计"8部1工作组"。三是2021年7月，根据杭海城际铁路项目建成通车、进入试运营的实际情况，合并工程部、机电设备部为工程管理部，设置运营资产管理部，形成综合部、党委办公室（纪检监察审计室）、财务部、工程管理部、计划合约部、安全质量部、经营发展部、运营资产管理部8个部门。

第二节　机构职能

一、公司的主要管理职责

根据PPP合作协议，杭海城铁公司取得投资、融资、勘察、设计、建设、运营、管理和维护城际铁路的特许经营权。并通过各方合作，根据PPP合作协议及其他相关协议，投资、融资、建设、运营、管理和维护城际铁路，提高管理水平，为市民提供优质的客运服务，并以收取可用性服务费、票款、可行性缺口补助及非客运业务的经营收入进行最大程度的盈利分配，偿还贷款及回收投资，使各方获得的经济利益最大化。

二、公司董事会管理职责

董事会成员共7人，其中董事长1名，副董事长1名，董事4名，职工董事1名。浙江省交通集团推荐3名董事，海宁交投推荐2名董事，中铁上投推荐1名董事，以上董事由股东会选举产生。董事长由浙江省交通集团委派，副董事长由海宁交投委派，职工董事由公司职工通过职工大会或职工代表大会选举产生。杭海城铁公司董事会对股东负责，在事先充分听取公司党委意见情况下，依法自行或者经过有关报批手续后决定公司重大事项。董事会在法律、法规规定和公司章程范围内行使下列职权：

（1）召集股东会会议，并向股东会报告工作；
（2）执行股东会做出的决议；

（3）决定杭海城铁公司的经营计划；
（4）制订杭海城铁公司的年度财务预算方案、决算方案；
（5）制订杭海城铁公司的利润分配方案和弥补亏损方案；
（6）制订杭海城铁公司增加或者减少注册资本以及发行公司债券的方案；
（7）制订杭海城铁公司合并、分立、解散或者变更杭海城铁公司形式的方案；
（8）决定杭海城铁公司内部管理机构的设置；
（9）决定杭海城铁公司为建设杭海城际铁路项目进行的融资方案；
（10）决定杭海城铁公司的总经理、副总经理、财务总监的聘任、报酬事项；
（11）决定杭海城铁公司按照PPP合作协议的约定进行的对外股权投资事项；
（12）决定杭海城铁公司与股东之间的借款事项；
（13）决定增加杭海城铁公司人员编制；
（14）对杭海城铁公司在运营期单笔交易金额达到1 000万元人民币以上的关联交易做出决议；
（15）决定杭海城铁公司为杭海城际铁路项目成立、注销分支机构；
（16）制定杭海城铁公司的基本管理制度；
（17）拟定杭海城铁公司章程修改的方案；
（18）拟定杭海城铁公司注册资本的增加或减少的方案；
（19）拟定杭海城铁公司的合并、分立和变更组织形式的方案；
（20）拟定杭海城铁公司解散和清算的方案；
（21）审定经审计的年度财务报告；
（22）决定杭海城铁公司签订履行期限覆盖过渡期杭海城铁公司的董事会认为应由董事会表决的城际铁路日常服务、运营以外的合同、协议或其他任何有法律约束力的文件；
（23）为杭海城际铁路项目之目的，决定杭海城铁公司单笔1000万元人民币以上的资产采购；
（24）决定对杭海城际铁路项目建设工程提起重大变更、政府补贴方案、票价补偿方案、客运服务要求及其调整方案等重大事项的申请；
（25）决定对PPP合作协议附件七中机电设备资产重置计划一览表中设备的更新维护事项；
（26）出资协议、章程或全体股东一致授权的应由董事会决议的事项。

三、公司监事会管理职责

监事会由5名监事组成（含监事会主席1名）。监事会设主席由中铁上投推荐，监事会选举产生，其他监事会成员由海宁交投推荐1名监事，浙江省交通集团推荐1名监事，由股东会选举产生；2名职工监事由杭海城铁公司职工（代表）大会选举产生。监事会是杭海城铁公司的监督机构，并根据公司章程规定监督杭海城铁公司的相关事宜。监事会在法律、法规规定和公司章程范围内行使下列职权：
（1）检查杭海城铁公司财务；
（2）监事会发现公司经营情况异常，可以进行调查，必要时可以聘请社会有关中介机构协助其工作，费用由公司承担；
（3）列席党委会会议、董事会会议、总经理办公会议以及其他综合性会议和专题会议，并可对会议决议事项提出质询或者建议；
（4）对董事、高级管理人员执行杭海城铁公司职务的行为进行监督，对违反法律、行政法规、章程的董事、高级管理人员提出罢免的建议；

（5）当董事、高级管理人员的行为损害杭海城铁公司的利益时，要求董事、高级管理人员予以纠正；

（6）提议召开临时股东会会议，在股东会不履行本章程规定的召集和主持股东会会议职责时召集和主持股东会会议；

（7）向股东会提出议案；

（8）依照《中华人民共和国公司法》第一百五十一条的规定，对董事、高级管理人员提起诉讼；

（9）公司章程规定的其他职权。

四、公司经营管理机构职责

杭海城铁公司经营管理机构由 1 名总经理（由浙江省交通集团推荐并经董事会聘任）、5 名副总经理（其中 1 名副总经理由海宁交投推荐并经董事会聘任，3 名副总经理由浙江省交通集团推荐并经董事会聘任，1 名副总经理由中铁上投推荐并经董事会聘任）和 1 名财务总监（由海宁交投推荐并经董事会聘任）组成。公司经营管理机构负责公司日常经营和管理活动，除公司章程另有规定外，决定与杭海城际铁路项目投融资、勘察、设计、建设、运营、管理和维护有关的一切事宜。经营管理机构由总经理领导，总经理应负责组织建立高效、科学的管理团队。总经理在事先充分听取公司党委意见情况下，依法行使下列职权：

（1）主持杭海城铁公司的生产经营管理工作，组织实施董事会决议；

（2）组织实施杭海城铁公司年度经营计划和投融资方案；

（3）拟订杭海城铁公司内部管理机构设置方案；

（4）拟订杭海城铁公司的基本管理制度；

（5）制定杭海城铁公司的具体规章；

（6）提请聘任或者解聘杭海城铁公司副经理、财务负责人；

（7）决定聘任或者解聘除应由董事会决定聘任或者解聘以外的负责管理人员；

（8）根据法律、章程、公司管理制度的规定、股东会或董事会的授权履行其他相关职权。

五、公司各部门职能

（一）综合部

主要负责董事会、综合协调、综合统计、文秘信息、新闻宣传、企业文化与品牌建设、档案管理、外事管理；后勤保障、综治维稳、督查督办、行政类资产管理；人员招聘与配置、人才队伍建设、人力培训开发、综合绩效考核、职称评审、薪酬福利与社会保险管理、劳动管理等工作。

（二）党委办公室（纪检监察审计室）

主要负责党建与党委日常工作、思想政治、意识形态、统一战线、基层党组织与党建品牌建设、共青团工作；依法开展工会工作，组织开展职工教育培训和文化体育活动、技术比武；依法参与民主监督、民主管理及基层工会组织建设；党的纪律检查、内部审计、监事会日常事务；法务管理、风控体系建设等工作。

（三）财务部

主要负责财务管理、项目融资、资金管理、税收筹划、集中核算、运营核算、清产核资、全面预算管理、票证管理、民工工资监管、工商登记及变更等工作。

（四）工程管理部

主要负责工程项目建设管理、更新改造、维修养护；部门范围内的合同管理、工程计量、计划统计、招投标管理、物资管理；科技创新、创奖、国家工程实验室浙江（杭海）实验基地建设、智能轨道、节能减排、阳光工程系统、信息化与网络安全、立功竞赛、工程技术培训及"四新"技术的推广和应用等工作。

（五）计划合约部

主要负责公司 PPP 合作协议履约管理，与实施机构洽商清算；工程项目计划统计、验工计价、工程价款结算；合同管理、工程变更、招投标管理等工作。

（六）安全质量部

主要负责安全生产、质量管理、标准化管理、SCORE 推广、检验检测、验收评定等工作。

（七）经营发展部

主要负责杭海城铁公司战略发展规划、经营性产业规划设计，做好城际铁路沿线资源综合开发、新项目拓展、投资管理等工作。

（八）运营管理部

主要负责杭海城际铁路项目运营资产管理，与浙江轨道集团及海宁地方政府对接协调，与杭州地铁集团互联互通，做好资产管控、涉铁项目管理、票务统计及项目设施设备管理等工作。

第六章　标准化管理体系

第一节　管理制度

一、工程建设管理

为了使杭海城铁公司各项工程建设项目管理标准化、制度化、规范化，保证工程建设项目的工期、质量、安全，全面提高管理水平。杭海城铁公司结合杭海城际铁路项目实际情况，制定工程建设管理制度。规定了工程建设项目的管理机构与职责、管理内容与程序、检查与考核，使公司工程建设项目管理逻辑关系清楚，程序规范严格，责任主体明确，投资风险可控，工程质量可靠。工程建设管理制度适用于杭海城铁公司范围内的工程建设项目（土建工程、机电工程、装修工程等）管理工作，明确工程质量管理及验收的内容、程序等方面。

二、设计咨询管理

为了提高杭海城际铁路项目工程设计咨询质量，规范设计咨询行为，确保符合国家和行业有关规定，促进设计咨询工作有效开展，杭海城铁公司结合杭海城际铁路项目工程特点，制定设计咨询管理制度，并依照 PPP 合作协议的有关规定，对工程勘察设计工作进行管理，加强对工程设计的施工图管理，合理控制设计及设计变更，减少因设计、设计变更而带来的造价增加或延误施工工期等问题，推进设计配合工作标准化。设计单位严格执行有关设计标准，根据批准的设计文件开展施工图设计，对工程勘察设计质量负责。咨询单位科学、公正、独立、自主地开展单项技术咨询、设计文件和施工图审核工作。

三、安全质量管理

杭海城铁公司紧紧抓住安全质量这条工程建设生命线，建立健全安全生产责任制，严格落实"管行业必须管安全、管业务必须管安全、管生产经营必须管安全"的要求和"党政同责、一岗双责、齐抓共管"的安全管理格局，防范化解重大安全风险，筑牢安全防线，截至 2022 年，公司共制定 51 项安全质量制度并汇编成册，并每年修订更新，达到了安全质量制度全覆盖

四、计划财务管理

为规范公司的会计行为和财务管理，保证公司资金支出的安全合规，保证公司会计资料和会计信息的真实、完整和公司资产安全，促进公司财务管理和经济管理水平的提高，杭海城铁公司于 2017

年3月,制定了《浙江杭海城际铁路有限公司财务管理办法(试行)》。

为加强公司工程项目内部控制和建设工程资金管理,保障资金使用安全合规,防范工程项目管理中的财务风险,规范资金收支行为,杭海城铁公司于2017年10月,制定了《浙江杭海城际铁路有限公司工程项目资金管理办法(试行)》。

为进一步规范公司各项经济活动,加强发票管理和财务监督,防范税务风险,杭海城铁公司于2021年11月,制定了《浙江杭海城际铁路有限公司发票管理办法(试行)》。

截至2022年,杭海城铁公司共制定各项制度共87项,见表6-1。

表6-1 杭海城际铁路制度汇总表

序号	制度名称
1	关于印发浙江杭海城际铁路有限公司2017年度安全质量重点工作意见的通知
2	浙江杭海城际铁路有限公司开工条件标准化管理办法
3	杭海城际铁路工程安全质量检查标准化管理办法
4	浙江杭海城际铁路(土建)工程首件验收办法
5	浙江杭海城际铁路建设工程监理管理办法
6	杭海城际铁路工程建设安全生产管理办法
7	杭海城际铁路工程标准化工地建设实施细则
8	杭海城际铁路文明施工标准化管理手册
9	杭海城际铁路工程道路交通安全管理办法(试行)
10	杭海城际铁路工程建设突发事故应急预案
11	杭海城际铁路工程视频监控系统管理办法
12	关于上报杭海城铁各标段样板示范段的通知
13	关于公布杭海城铁各标段样板示范段的通知
14	关于轨道交通工程施工关键部位影像记录留存的通知
15	浙江杭海城际铁路有限公司基坑开挖施工许可证制度
16	杭海城际铁路工程试验室标准化管理办法
17	杭海城际铁路工程"质安文化进工地"实施方案
18	关于开展标准化项目部、监理部及标准化工地季度评比活动的通知
19	浙江杭海城际铁路有限公司岗位安全职责
20	杭海城际铁路对施工单位进场主要管理人员资质要求
21	杭海城际铁路工程施工项目部安全生产台账标准化管理办法
22	杭海城际铁路工程混凝土拌和站和工地试验室信息化管理办法
23	关于印发浙江杭海城际铁路有限公司2018年度安全质量重点工作意见的通知
24	杭海城际铁路工程监理项目部监理人员考勤管理办法
25	浙江杭海城际铁路有限公司劳动保护用品管理办法
26	浙江杭海城际铁路有限公司安全生产费用计提(计列)和使用管理办法
27	浙江杭海城际铁路有限公司安全生产管理目标考核管理办法
28	杭州至海宁城际铁路"品质工程"创建实施方案
29	杭海城际铁路建设工程施工企业信用评价实施细则
30	杭海城际铁路工程实行监理旁站清单制管理办法

续表

序号	制度名称
31	关于实行关键工序挂牌公示的通知
32	关于全面推行杭海城际铁路工程"架子队"模式管理的通知
33	关于规范杭海城际铁路工程施工工点检查记录的通知
34	杭海城铁工程强化安全质量履约检查实施意见
35	杭海城际铁路工程项目标准化管理绩效考评实施细则
36	杭海城际铁路工程监理企业信用评价实施办法
37	杭海城际铁路有限公司安全生产领域举报奖励办法
38	关于切实加强施工现场扬尘污染防治工作的通知
39	关于印发浙江杭海城际铁路有限公司2019年度安全质量重点工作意见的通知
40	关于切实加强施工现场扬尘污染防治工作的通知
41	杭海城际铁路有限公司"三防"应急预案
42	浙江杭海城际铁路有限公司突发事件总体应急预案
43	浙江杭海城际铁路工程专业验收管理办法
44	浙江杭海城际铁路有限公司轨行区管理办法
45	关于发布涉及工程线作业"八条禁令"的通知
46	浙江杭海城际铁路有限公司城铁建设期保护区管理实施办法
47	关于杭海城际铁路工程高架车站施工严格落实"六个必须"安全措施的通知
48	关于印发《杭海城铁工程强化安全质量履约检查实施意见》补充规定的通知
49	关于印发浙江杭海城际铁路有限公司2020年度安全质量重点工作意见的通知
50	浙江杭海城际铁路有限公司新冠肺炎疫情防控工作应急预案
51	关于印发浙江杭海城际铁路有限公司2021年度安全质量重点工作意见的通知
52	浙江杭海城际铁路有限公司开工报告管理办法
53	浙江杭海城际铁路有限公司征地拆迁管理办法
54	浙江杭海城际铁路有限公司测量工作管理办法
55	浙江杭海城际铁路有限公司工程咨询管理及考核办法
56	浙江杭海城际铁路有限公司工程勘察设计管理及考核办法
57	浙江杭海城际铁路有限公司文物保护管理办法(试行)
58	浙江杭海城际铁路有限公司水土保持管理办法(试行)
59	浙江杭海城际铁路有限公司环境保护管理办法(试行)
60	浙江杭海城际铁路有限公司工程技术管理办法(试行)
61	浙江杭海城际铁路有限公司施工现场设计配合管理办法(试行)
62	浙江杭海城际铁路工程施工组织设计管理办法(试行)
63	浙江杭海城际铁路工程监测管理办法(试行)
64	浙江杭海城际铁路工程接口管理办法(试行)
65	浙江杭海城际铁路工程调度管理办法(试行)
66	浙江杭海城际铁路有限公司铁路建设物资采购供应管理办法(试行)
67	杭海城际铁路隧道工程管片管理办法(试行)

续表

序号	制度名称
68	杭海城际铁路工程地下管线施工及保护管理办法（试行）
69	浙江杭海城际铁路有限公司施工图审核及施工图预算审查管理办法（试行）
70	杭海城际铁路建设工程施工企业信用评价实施细则（试行）
71	浙江杭海城际铁路有限公司BIM技术应用管理办法（试行）
72	杭海城际铁路项目争奖创杯实施方案
73	浙江杭海城际铁路有限公司隧道工程管片管理办法（试行）
74	浙江杭海城际铁路有限公司架子队管理办法（试行）
75	浙江杭海城际铁路有限公司铁路建设物资采购供应管理办法（修订）
76	浙江杭海城际铁路有限公司计划管理办法
77	浙江杭海城际铁路有限公司统计管理办法
78	浙江杭海城际铁路有限公司验工计价管理办法
79	浙江杭海城际铁路有限公司合同管理办法（修订）
80	浙江杭海城际铁路有限公司合同结算管理办法
81	浙江杭海城际铁路有限公司招标投标（采购）管理办法（修订）
82	浙江杭海城际铁路有限公司非招标方式采购管理实施办法
83	浙江杭海城际铁路有限公司工程变更管理办法（修订）
84	浙江杭海城际铁路有限公司工程项目分包管理办法（试行）
85	浙江杭海城际铁路有限公司财务管理办法
86	浙江杭海城际铁路有限公司工程项目资金管理办法
87	浙江杭海城际铁路有限公司发票管理办法

第二节 人员配备

一、总体思路

根据杭海城铁公司的功能定位，进一步明确公司本部机构和职能，最大限度优化公司机构和职能，高效落实并推动杭海城际铁路项目的各项工作及要求，打造一支能干事、干成事、敢担当、会担当的杭海铁路队伍，为公司"两个示范"提供有力支撑。

二、设置原则

（一）适应新的功能定位

主动承担杭海城际铁路项目建设，实现工程建设推进与部门职责、人员及业务工作相统一，全面提升作为全省和集团首个PPP示范项目的形象和要求，努力做到示范引领和样板。

（二）强化公司管控职能

通过明确机构职能，强化杭海城铁公司各部门的管理职能，以分类管控为导向，优化管控模式，清晰职责界面，确保管理权责合理分配、业务界面无缝衔接，提高各业务的管控成效。

（三）坚持因事定岗、以岗定人

坚持因事定岗、按需设岗、以岗定人，优化人员结构，提高人岗适配度，使在岗人员人尽其才、才尽其用，打造精干、高效的杭海铁路队伍。

三、机构设置

根据杭海城铁〔2021〕107号文件，杭海城铁公司设置综合部、党委办公室（纪检监察审计室）、财务部、工程管理部、计划合约部、安全质量部、经营发展部、运营资产管理部8个部门。

四、部门职责及编制

截至2021年底（建设期），杭海城铁公司人员编制72人，在编人员69人。其中，公司领导9人，总经理助理1人，中层正职8人，中层副职3人，中层以下员工48人。部门人员定员如下：

（1）综合部：9人；
（2）党委办公室（纪检监察审计室）：7人；
（3）财务部：4人；
（4）工程管理部：15人；
（5）计划合约部：6人；
（6）安全质量部：5人；
（7）经营发展部：7人；
（8）运营管理部：6人。

第三节　现场管理

杭海城铁公司为把杭海城际铁路打造成为"全省PPP项目示范和企地合作示范"。自工程开工以来，一直努力探索、创新管理模式，总结出较为系统的"一三六一"工作法。即以"打造一流城际铁路品质工程"的新理念引领质量安全标准化管理；以"工厂化为基础、机械化为手段、信息化为支撑"的"三化建设"推进质量安全标准化管理；以"抓开工必优、抓样板引路、抓材料源头、抓流程控制、抓监理工作、抓绿色环保"的"六项关键"提升质量安全标准化管理；以"推进红线管理、强化激励考核、严格责任考核"的"一大考核"落实质量安全标准化管理。并以"一三六一"工作法，形成具有杭海特色的《区域城际轨道交通工程标准化施工图册》，如图6-1所示。涵盖了施工项目部标准化、监理项目部标准化、钢筋加工场标准化、混凝土拌和站标准化、工地试验室标准化、盾构管片预制场标准化、预制梁场标准化、桥梁下部结构施工标准化、桥梁上部结构施工标准化、路基工程施工标准化、明挖区间施工标准化、盾构区间施工标准化、房建施工标准化、轨道工程施工标准化、弱电工程施工标准化、强电工程施工标准化等16个标准化施工管理程序。

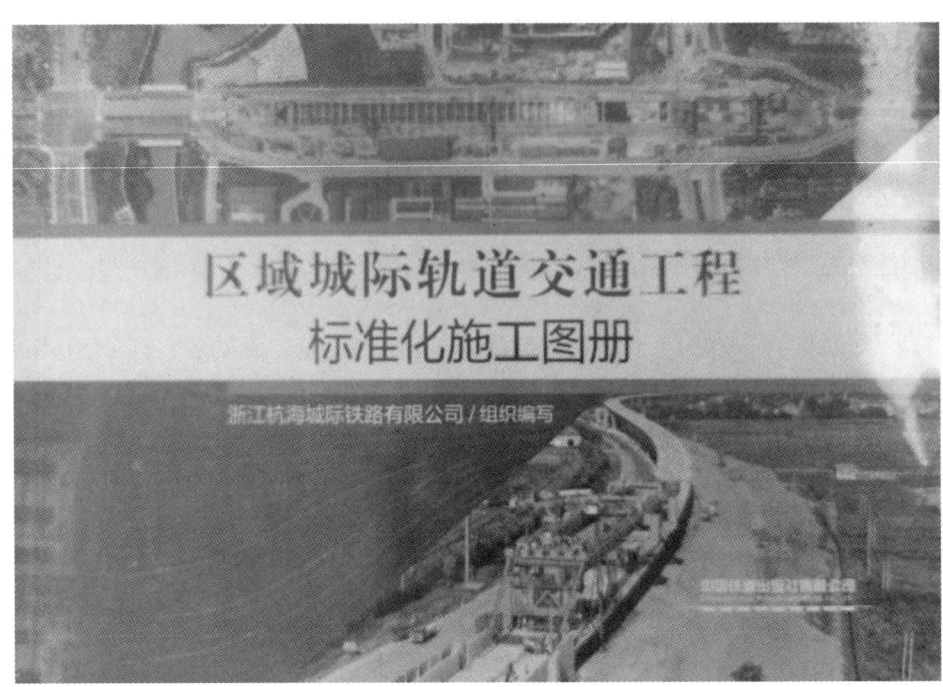

图 6-1 区域城际轨道交通工程标准化施工图册

一、施工项目部标准化

施工项目部标准化如图 6-2～图 6-7 所示。

图 6-2 项目部布局鸟瞰图

图 6-3 施工围挡张贴宣传标语图

图 6-4 标准归档资料室图

图 6-5 定期安全质量宣传图

图 6-6　项目篮球活动场图

图 6-7　项目部职工书屋

二、监理项目部标准化

监理项目部标准化如图 6-8～图 6-10 所示。

图 6-8　监理人员统一着装

图 6-9　设备进场验收

图 6-10　危大工程三级交底

三、钢筋加工场标准化

钢筋加工场标准化如图 6-11～图 6-18 所示。

图 6-11　标准化布局钢筋加工场地

图 6-12　设置废料区

图 6-13　质安文化宣传

图 6-14　数控钢筋弯箍机

图 6-15　数控套丝打磨机器人

图 6-16　每日安全班前讲话

图 6-17　进场作业人员技术交底

图 6-18　钢筋成品验收

四、混凝土拌和站标准化

混凝土拌和站标准化如图6-19～图6-27所示。

图 6-19　合理布局混凝土拌和站

图 6-20　标准化七牌两图

图 6-21　全封闭式料仓

图 6-22　全封闭式混凝土拌和楼

图 6-23　设置拌和站污水处理系统

图 6-24　原材料添加监控系统

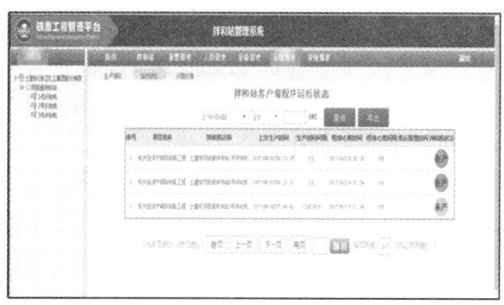
图 6-25　拌和站质量管理系统

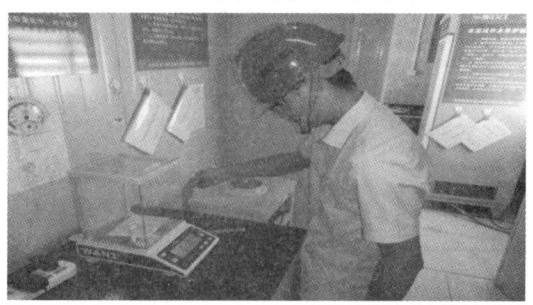
图 6-26　原材料进场检测

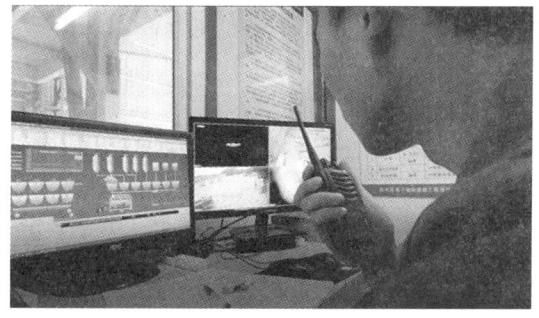
图 6-27　自动化混凝土拌和操作系统

五、工地试验室标准化

工地试验室标准化如图6-28～图6-30所示。

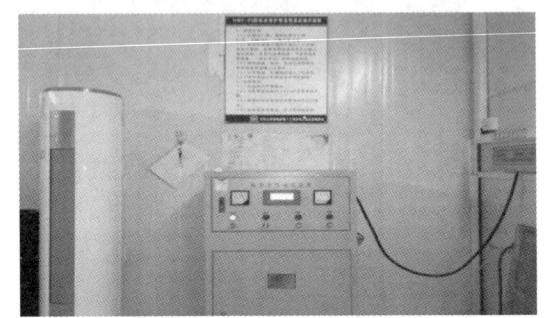
图6-28 混凝土标养室恒温监控系统

图6-29 试验室力学试验

图6-30 原材料集料检测室

六、盾构管片预制场标准化

盾构管片预制场标准化如图6-31～图6-38所示。

图6-31 现代化管片生产场地布置

图6-32 预制厂房内标准化安全通道

图6-33 管片生产钢筋作业区标准化防护

图6-34 盾构管片模板自动化作业区防护

图 6-35　标准化管片堆放

图 6-36　模块化钢筋笼组装、吊装入模

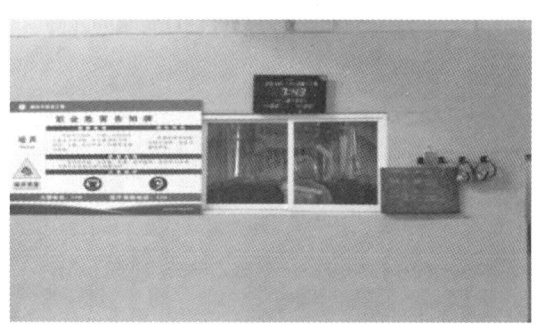

图 6-37　混凝土自动化振动台

图 6-38　盾构管片标准化水池养护

七、预制梁场标准化

预制梁场标准化如图 6-39～图 6-54 所示。

图 6-39　全封闭料仓

图 6-40　自动监测、喷雾降尘系统

图 6-41　混凝土试块标准化制作试验室

图 6-42　混凝土力学试验室

图 6-43 预制梁成品化钢筋堆放

图 6-44 钢筋半成品标准化堆放

图 6-45 预制梁全自动智能喷淋养护系统

图 6-46 作业厂区视频监控系统

图 6-47 自动化内模液压系统

图 6-48 智能化提浆整平机震动提浆

图 6-49 保温棚自动化加蒸汽养护

图 6-50 预制梁智能张拉设备

图 6-51 自动化孔道压浆车

图 6-52 信息化梁板"身份证"

图 6-53 标准化梁板运输

图 6-54 智能化梁板架设

八、桥梁下部结构施工标准化

桥梁下部结构施工标准化如图 6-55～图 6-62 所示。

图 6-55 标准化的施工便道

图 6-56 自动化钢筋笼焊接

图 6-57 环刀法切除桩头

图 6-58 承台钢筋定位绑扎

图 6-59 冬季承台混凝土自动控温养护

图 6-60 墩身钢筋胎具上工厂化生产

图 6-61 工厂化墩身钢筋整体吊装

图 6-62 便捷式墩身操作平台

九、桥梁上部结构施工标准化

桥梁上部结构施工标准化如图 6-63～图 6-66 所示。

图 6-63 标准化人员上下通道

图 6-64 统一规范临边防护

图 6-65 标准化的过路防护棚

图 6-66 自动化预应力孔道压浆

十、路基工程施工标准化

路基工程施工标准化如图 6-67～图 6-75 所示。

图 6-67　原地面腐殖土铲除

图 6-68　原地面碾压及设置路拱

图 6-69　碾压搅拌桩场平

图 6-70　严格测量桩位中心并定位

图 6-71　土工格栅铺设及搭设要求

图 6-72　设置填料方格网

图 6-73　路基放样并设置路拱中心线

图 6-74　路基试验段碾压

图 6-75　沉降观测点设置保护

十一、明挖区间施工标准化

明挖区间施工标准化如图 6-76～图 6-83 所示。

图 6-76　智能化电子门禁系统

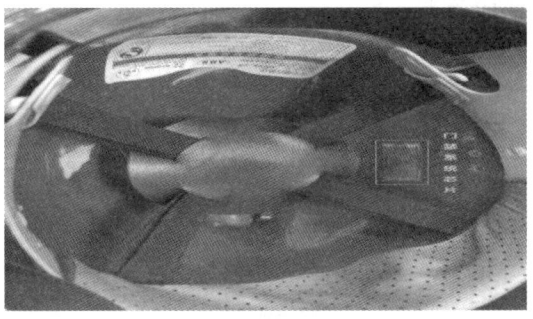

图 6-77　智能化安全帽配备门禁系统感应芯片

图 6-78　标准化支撑梁防护

图 6-79　全自动环保雾炮

图 6-80　自动洗车平台

图 6-81　智能化地连墙成槽机

图 6-82　智能化超声波成孔检测　　　　图 6-83　钢筋绑扎线型标准化控制

十二、盾构区间施工标准化

盾构区间施工标准化如图 6-84～图 6-93 所示。

图 6-84　BIM 模型场地布置　　　　　图 6-85　始发井口轨行区与人行道隔离

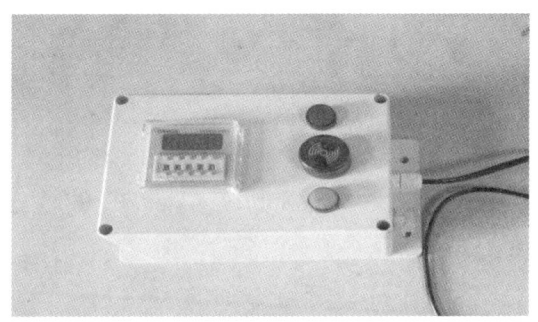

图 6-86　电瓶车防溜装置"螳螂钩"　　　图 6-87　电瓶车防瞌睡定时报警装置

图 6-88　工地大门口设置自动冲洗设备　　图 6-89　地面监控室

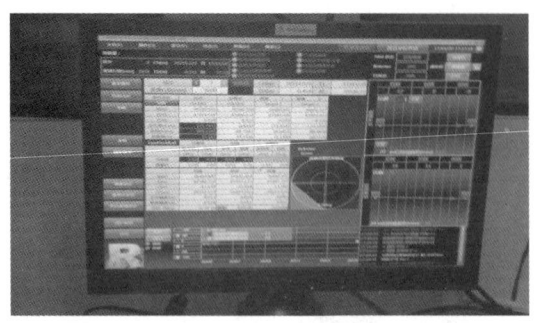

图 6-90　盾构姿态监测

图 6-91　全自动线性监测

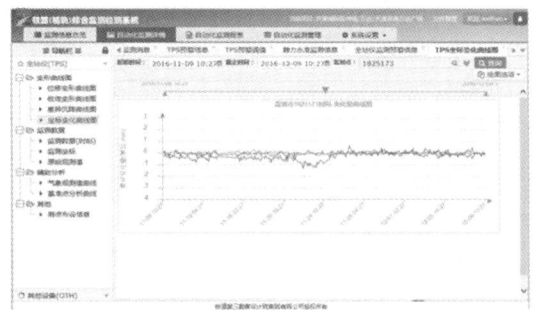

图 6-92　智能数据分析

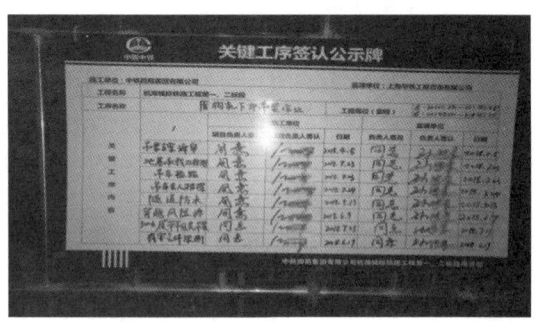

图 6-93　关键工序公示牌

十三、房建工程施工标准化

房建工程施工标准化如图 6-94～图 6-102 所示。

图 6-94　设置木工操作棚

图 6-95　模板加工设置精密式推台锯

图 6-96　设置空气质量监测系统

图 6-97　规范配电箱防护

图 6-98 规范脚手架搭设

图 6-99 危大专项方案专家评审

图 6-100 关键工序作业指导书

图 6-101 对入场工人进行安全教育培训及考核

图 6-102 施工工序影像资料分类管理

十四、轨道工程施工标准化

轨道工程施工标准化如图 6-103～图 6-112 所示。

图 6-103 钢轨标准化存放

图 6-104 轨枕分区存放并设隔离

图 6-105　铺轨基地钢轨存放区设置物资标识牌

图 6-106　轨排存放整齐有序

图 6-107　原材取样送检

图 6-108　铺轨龙门吊设置自动报警系统

图 6-109　扣件采用薄膜包裹保护

图 6-110　智能轨检小车对轨道状态进行精调

图 6-111　标准化伸缩缝灌缝

图 6-112　自动化闪光焊机

十五、弱电工程施工标准化

弱电工程施工标准化如图 6-113～图 6-124 所示。

图 6-113　室外材料摆放区域加盖防水雨棚

图 6-114　物资库房内分区设置货架

图 6-115　电缆间线缆标准化盘留

图 6-116　标准化悬挂标识标牌

图 6-117　标准化线架安装

图 6-118　标准化机柜摆放

图 6-119　电源、信号线标准化绑扎

图 6-120　蓄电池安装、配线便于维护检修

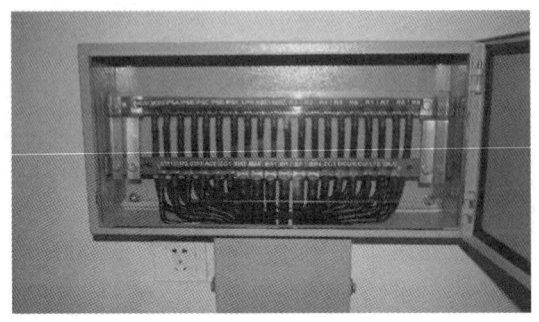

图 6-121　地线箱内标识

图 6-122　PIS 屏安装牢固、稳定

图 6-123　ISCS 系统机电排布位置

图 6-124　售票机及其他设备布置留足空间

十六、强电工程施工标准化

强电工程施工标准化如图 6-125～图 6-140 所示。

图 6-125　仓库货架分类标识清晰

图 6-126　基础浇制采用定型钢模

图 6-127　支柱组立符合设计要求，外观整齐美观

图 6-128　登高安全作业，安全防护到位

图 6-129　棘轮间隙为 10 mm，补偿绳长度

图 6-130　作业车进行承导架设

图 6-131　标准化设置电连接驰度及并沟线夹力矩

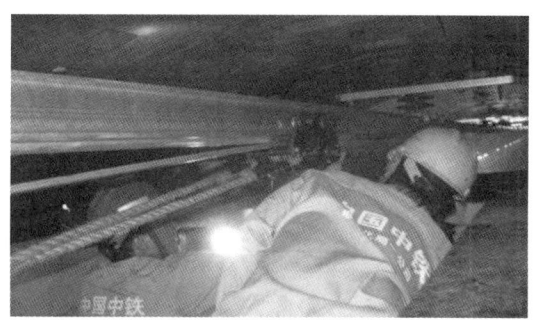

图 6-132　接触线嵌入汇流排与汇流排贴合紧密

图 6-133　标准化刚柔过渡

图 6-134　桥梁标准化电缆敷设

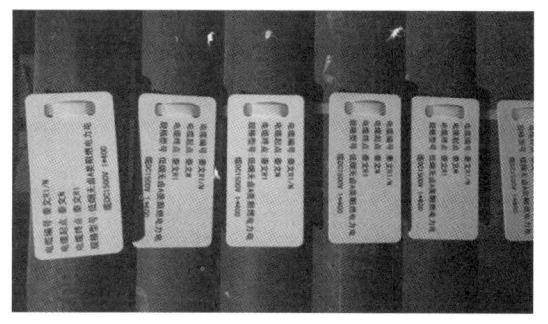

图 6-135　标准化电缆标识

图 6-136　标准化 35 kV 开关柜摆放

图 6-137　标准化 DC 1 500 V 绝缘柜摆放

图 6-138　标准化 400 V 配电柜摆放

图 6-139　标准化电缆敷设

图 6-140　标准化验收

第四节　过程控制

为全面打造杭海城际铁路品质工程，杭海城铁公司以安全质量标准化管理为核心，严格落实安全质量管理"八项"措施，进一步完善安全质量管理体系，强化全员安全生产责任意识，全面推行架子队管理模式；加大参建单位合同履约考核力度，全面排查事故隐患，落实整改措施；加强全线安全质量高风险点分析管理，实行危大工程挂牌公示制度；严格按规范和专项施工方案要求组织施工，经施工单位技术负责人和项目负责人审查签认通过后，报监理单位复核，经监理单位负责人审批签字认可后，方能进入下道工序作业。通过各项安全质量管控措施的有效落实，全面提升安全质量标准化管理水平。

一、安全质量检查标准化管理

为促使日常检查行为进一步制度化、规范化、标准化，提高现场安全质量检查工作效率，切实强化施工现场安全质量管理，特制定《杭海城际铁路工程安全质量检查标准化管理办法》。明确了检查方式、检查流程、检查人员及检查要点、具体要求，并明确了安全质量检查扣分考核表、杭海城际铁路安全质量检查问题整改通知单、杭海城际铁路安全质量检查问题整改回复单，以及杭海城际铁路工程安全质量检查工作流程。

对监理单位下发了《杭海城际铁路工程实行监理旁站清单制管理办法》，明确监理旁站的内容及范围、监理旁站程序、监理旁站职责，并下发了杭海城际铁路工程监理旁站范围清单。

二、落实人员配备和现场管理标准化

杭海城铁公司明确参建各方部门、岗位职责分工，制定具体的岗位任职标准，选配素质和能力达标的人员，确保岗位设置满足管理需求，人员素质满足岗位要求。定期检查各施工、监理人员到岗情况，要求各参建单位兑现投标承诺，保持骨干队伍的稳定。将施工单位组建和管理架子队的有关情况，纳入标准化管理考核和施工单位信用评价考核。杭海城铁公司在全线开展创建"三好"架子队活动，鼓励创建"规范管理好、安全质量好、文明施工好"的架子队，通过强化架子队管理提升工程质量管理水平。

将现场布局和临时设施建设、施工组织安排和资源配置、现场检查、技术管理、内外协调等现场管理工作的内容和方法具体化、定量化，制定统一标准，实现规范管理、文明施工。加强制梁场、混凝土搅拌站、钢筋加工场建设管理，建立各项管理标准和要求。在梁场、搅拌站、钢筋加工场等大型临时设施弃用时，做好与地方政府及相关部门的沟通，同步考虑恢复原生态；路基工程统一设计绿化方案，统一规划栅栏埋设地点，预留埋设条件，做到融入生态、绿色环保。

三、工程过程的"三阶段"工作重点

根据施工进展，不同阶段检查重点也不尽相同。施工准备阶段：主要检查各参建单位安全质量管理组织构建、管理目标及其细化分解、规章制度建立、保障体系建设、资源配置、实施性施工组织设计、岗前教育培训、安全技术交底以及监理规划及实施细则编制等。施工实施阶段：主要检查标准化文明工地建设，保障体系的运转，安全质量措施落实，重大技术方案编制、审核和审批，阶段性工作计划及控制重点，各类突出隐患处理，原材料、实体质量检测，构配件及各类机械设备验收、使用，工序确认、检验批及分部分项工程验收，工程例会、教育培训等。竣工验收及保修阶段：主要检查静态验收、动态验收、安全评估存在问题或缺陷的整改，设备移交，保修期责任落实等。

四、盯控施工安全关键，确保安全持续稳定

结合杭海城际铁路项目施工实际，每月更新发布高风险工点、安全重点工作及检查计划。重点加强营业线、隧道、路基、连续梁、运架梁、深基坑、四电接口施工等重点风险控制。并建立危大工程台账，动态更新危大工程清单，进一步细化落实风险防范控制措施，明确包保责任人，落实安全关键盯控，确保关键环节安全受控。

同时实行关键工序挂牌公示，对深基坑开挖及支撑架设、支撑拆除、高大支模架施工、挂篮施工、盾构掘进、联络通道施工、预制箱梁施工、预制箱梁架设、墩身作业、钢结构安装、邻近既有线作业、盾构机下井、出井吊装作业等均实施关键工序挂牌公示，确保工程质量和施工安全。未严格执行的情况一经发现纳入季度考核及信用评价考评。

第七章 设计管理

工程开工后,杭海城铁公司积极创造条件,督促设计单位及时开展补勘工作,加快推进特殊工点的施工图设计并抓好施工图的咨询优化。并与设计院制定供图计划,确保施工图供应满足先期工程、重点工程和分步展开的施工需要,为全线工程正常、持续推进提供设计保证。要求设计单位根据相关变化,及时修改图纸。公司坚持每月召开设计协调会,对设计供图、设计配合、设计方案进行协调解决,并结合设备管理单位使用意愿提出设计优化建议。根据工程进展情况,每年至少组织一次设计现场回访工作,组织专家组赴现场指导解决现问题,及时、集中地解决施工现场存在的设计问题,满足施工进度需要,保证各项工程持续推进。

第一节 贯彻设计规范情况

勘察设计单位在工程设计阶段严格贯彻设计规范及相关规程,密切跟踪相关设计规范的变更信息,保证设计标准的有效性、时效性。

第二节 预可研和可研阶段

根据 ISO 9001 质量管理程序的要求,按照事前指导、过程控制和成果审查的思路开展设计管理工作。通过事前制订计划、设定目标等有意识的管理行为来指导下一步的编制工作。围绕实现工程良好的运营效果这一目标来对项目的客观规律进行分析和研究,从而实现对可研行为的有效控制,达到可研报告成果的可靠性、适用性和经济性。

在项目实施过程中,项目管理推行"三控制、两管理、一协调"的科学管理方式。通过严格的文件编制、审查、会审和广泛征求各方意见来确保可研报告成果文件的质量;通过科学、严密的技术和行为的管理,确保可研报告编制工作有序、高效,为项目实施创造良好的条件。

第三节 初步设计阶段

初步设计阶段的主要工作是稳定各项设计及工程规模、投资规模;稳定设计内、外部的各项接口;稳定前期工程设计及其可实施性;稳定主体工程用地条件及其可实施性。

组织参建单位现场踏勘,了解现场情况,落实边界条件并开展方案设计,与外部部门协调边界条件,以稳定设计方案。

组织初步设计方案审查,包括必要的方案比选及详细技术解释。组织各专业落实审查意见,修改完善初步设计方案。

第四节　项目实施阶段

一、施工图设计阶段工作思路

施工图设计的开展标志着工程建设进入实质性实施阶段。施工图设计的工作特点是设计周期长、内容翔实具体、任务繁重。施工图设计应确保设计质量、设计进度、投资限额、设计安全。

按计划完成杭海城际铁路项目所有专业满足深广度要求的施工图。在此阶段，积极组织各单位补充落实工程设计的外部边界条件；根据初步设计审查意见结合技术设计的情况审查落实施工图设计技术要求、文件组成与内容、设计通用图，检查初步设计的落实情况，对施工图设计过程中提出的涉及总体性的技术问题进行会审，并提出合理的对策。

完成建设工程规划设计方案批复，完成消防、人防、气象和卫生施工图设计文件审查工作并获得批复，完成交通影响评价审查工作。完成建设用地规划许可证（含临时和永久）报批工作；完成建设工程规划许可证报批工作。

二、配合招标工作思路

（一）招标配合工作

根据工程推进需要制订招标计划，督促设计单位按时完成招标技术文件（技术规格书等），不因招标文件的提交时间及文件质量影响招标进程。

（二）主要工作措施

为进一步规范施工管理，深入推进设计配合过程标准化控制，结合工程实际情况，杭海城铁公司制定了《设计配合管理办法》，并严格按办法进行设计配合。

（1）制订招标配合工作管理办法及工作计划并督促各设计单位严格执行；
（2）严格执行招标技术文件审查制度，保证招标技术文件质量；
（3）跟踪招标信息，及时组织合同谈判及设计联络；
（4）将配合招标工作纳入考核范围，及时总结，持续改进。

第八章 质量与安全

第一节 质量管理体系的建立与运行

一、质量管理体系的建立

（一）认识质量管理体系的重大意义

杭海城铁公司意识到要抓好城际铁路的质量管理工作，必须有一个完善的、可行的，而且必须在实际管理工作中贯彻执行的质量管理体系。对质量管理体系的作用和意义认识到位，是做好一个建设项目质量管理工作的基础。

（二）确立质量管理目标和方针

杭海城铁公司结合项目建设实际，确立质量管理总体目标和方针：符合国家有关标准、规范及设计要求，无一般及以上工程质量事故。

（三）质量方针

坚持一流目标，严格质量标准；优化设计集成，规范施工管理；借鉴先进经验，发挥样板作用；加强过程控制，强化监理职能；硬化合同管理，建设精品工程，争创优质工程、绿色工程。

二、质量管理体系的运行

杭海城际铁路项目建设期间，质量管理体系持续有效运行，质量管理工作顺利推进，整体工程质量始终处于受控状态，出现的质量问题能够及时发现并加以整改闭环，未发生质量事故。

（一）人员管理

设计单位按照勘察设计合同要求，组建精干、高效、专业齐全的设计队伍以保证设计质量，并设立现场设计代表机构。现场设计代表机构应做到专业配套、人员充足稳定，负责人由项目设计负责人担任。

咨询单位按照工程委托合同要求，投入相应的专业咨询人员、质量控制人员和综合管理人员。咨询人员数量和素质必须满足合同要求和咨询工作需要。

监理单位按照工程建设委托监理合同的要求，建立健全组织机构及质量保证体系，配备相应的监理工程师和监理人员。保证监理人员的数量和素质满足监理工作的需要。

施工单位项目部必须建立健全质量管理机构，部门职责分明，责任到人，按施工合同的要求投入相应的管理人员、专业技术人员和施工人员。人员的数量和素质必须满足合同和工作需求。

第三方检测单位按照建设委托检测合同的要求，配备相应的检测人员，满足合同规定需要。

（二）施工设备管理

施工单位必须严格按照合同规定投入足够的施工机械设备，施工设备的规格、数量和性能必须满足施工生产需要。建设单位、监理单位定期或不定期核查施工设备的进出场情况以及施工设备对工程施工和质量的保证能力。

（三）工程材料管理

严格按设计文件对材料供应单位进行资质审查，选择有质量保证能力的材料供应单位。由施工单位采购的材料、设备，采购前必须向监理单位报送产品有关资料，经监理单位考察确认。所有进场材料（不含地材）必须具有出厂合格证，经检验质量检验报告合格后方可使用，不合格的必须立即清退出场。严禁不检验就使用、先使用后检验成使用不合格的材料和设备。对工程中采用的新材料、新设备，均要求提供技术鉴定资料。经建设、设计、监理单位审查批准后方可使用。

（四）施工管理

施工单位的实施性施工组织设计，必须合理安排施工流程，优先采用先进的施工工艺和方案，并规定相应的质量保证技术措施。对于杭海城际铁路项目的关键工程，坚持试验为先、首件认证、样板引路。施工单位严格按照审批的施工组织设计组织施工，严格过程控制，严禁施工中擅自改变工法，严禁偷工减料，确保施工工序质量和工程质量。监理单位对批准的施工方案按规定检查和监控，全方位监督和控制施工质量。

（五）试验检测管理

施工、监理和检测单位按照投标书和合同的要求，建立健全试验检测机构，配齐试验检测仪器设备，满足施工试验检测工作需要。试验检测机构必须具备相应资质条件，试验人员持证上岗，试验仪器设备按有关规定检验、标定，严格按标准、规范和规程进行试验和检测，确保试验数据及时准确，真实可靠。

第二节　质量问题的处理与闭合

一、质量问题处理规定

杭海城铁公司根据《铁路建设工程质量管理规定》界定了各相关单位的质量责任，施工单位的内控体系得到建立健全，制定了《杭海城际铁路工程质量管理办法》《杭海城际铁路工程试验室标准化管理办法》《杭海城际铁路工程视频监控系统管理办法》《铁路与轨道交通建设项目质量安全红线管理规定》《杭州至海宁城际铁路"品质工程"创建实施方案》《杭海城际铁路工程实行监理旁站清单制管理办法》等质量管理办法制度，对工程建设质量实施控制，严格按规定要求对质量问题进行处理与闭合。在明确公司及各单位应负的工程质量责任的同时，我们将质量责任层层分解到岗位、到人，并建立完整的质量责任档案和全面系统的质量信息反馈体系，实现质量责任的可追溯性。各参建单位在配齐配足技术、试验、测量、质检人员的条件下，按照"横向到边，纵向到底"的原则，细化了质量责任，重点加强作业层的质量控制措施，强化了技能培训。

（一）施工质量缺陷处理

在施工过程中或完工后，工程存在着质量缺陷，根据其性质和严重程度，按如下方式处理：当因施工引起的质量缺陷处在萌芽状态时，及时制止，并根据质量缺陷产生原因采取根除措施；当因施工引起的质量缺陷已出现时，立即停工，施工单位立即采取足以保证质量的有效措施，并对质量缺陷进行处理，经监理工程师认可后，方可复工；当质量缺陷发生在某道工序或单项工程完工后，而且质量缺陷的存在将对下道工序或分项工程产生严重影响时，质量缺陷产生的原因及责任做出了判定并确定了补救方案后，再进行质量缺陷的处理和下道工序或分项工程的施工。

（二）竣工验收后质量缺陷处理

工程在质量保修期内发现质量缺陷时，杭海城铁公司按保修书规定及时发出保修通知，由施工单位或其委托的维保单位进行整改。

（三）质量缺陷的修补及加固

质量缺陷的修补和加固不降低质量验收标准及原设计要求，质量缺陷由责任单位无条件修复。

（四）质量问题的处理

发现质量问题时，施工单位立即停止施工并采取有效的安全措施；杭海城铁公司安全质量部牵头组织设计、监理、施工等相关单位，必要时邀请相关专业的专家共同进行调查分析，分析原因、责任，提出初步处理意见，报公司质量领导小组、安全质量部。根据公司领导小组提出的处理意见，安全质量部牵头召开专题会议，落实对质量事故的处理意见。工程质量问题的责任划分和处理，按浙江省交通集团现行规定办理，凡对质量事故隐瞒不报、拖延处理或处理不当的，对责任单位追究责任，加重处罚。

二、质量问题的闭合管理

杭海城铁公司注重质量管理工作的闭环管理。在工程建设中建立问题库，实现闭环销号管理制度，较好地控制了工程质量，体现了质量管理工作闭环的重要性。针对现场检查发现的一般质量问题，安排执行、落实责任人，并在规定的时间内整改闭环，公司将考核单位的整改情况纳入企业信用评价管理范围内。公司各部门对质量工作需体现建设管理的责任，并对相关参建单位的落实效果进行检查指导。

对于在质量管理体系运行过程中，通过公司质量自控体系及上级单位检查发现的质量问题，均全过程进行记录。在分析原因的基础上，制定有针对性的纠正和预防措施，并跟踪整改效果。保证质量偏差得以纠正，并防止同类问题再次发生。现场项目部认真抓现场质量问题的整改，对质量监督站、公司、行项目公司管部门、监理检查中发现的施工质量问题实行建档管理，限期闭合销号。对质量问题的闭合管理执行"发现问题+提出整改要求+进行整改+复查+整改结果回复+整改备案"的程序进行，确保问题处理情况实现闭合。

第三节 安全管理体系的建立与运行

一、建立安全管理体系，落实安全生产责任制

根据《中华人民共和国安全生产法》（以下简称《安全生产法》）有关安全生产方面的规定，杭海

城铁公司制定了《杭海城际铁路工程建设安全生产管理办法》，完善安全管理体系，逐级逐层落实安全生产责任。

（一）安全管理目标

以人为本，建立全方位的安全保障机制，全面加强施工管理，强化施工现场作业控制，有效控制惯性事故，实现施工安全隐患控制的管理目标。

（1）杜绝一般及以上施工安全事故；

（2）杜绝一般及以上火灾爆炸事故；

（3）杜绝因建设引起铁路交通一般D类及以上事故。

（二）安全生产管理机构

为加强对工程建设安全管理的组织领导，严格落实各项安全措施和各级安全生产责任制，公司成立工程建设安全管理委员会作为安全生产领导机构。

（三）安全生产管理制度

1. 安全生产责任制度

各参建单位必须按照《中华人民共和国安全生产法》、国务院《安全生产管理条例》等有关规定，建立健全安全管理体系，制定相关制度、措施，明确各级领导和部门的安全职责。依据安全生产管理目标，对安全生产责任，层层分解细化，签订安全生产责任状（或书），将安全责任落实到人。

2. 安全生产教育培训制度

各参建单位必须按照《安全生产法》规定，建立健全安全生产教育培训制度，制定年度安全生产培训计划，落实培训资金，分期分批分阶段开展参建员工（含劳务工）安全教育培训，并对参训员工进行考核，考试合格后方可上岗。

3. 特种作业持证上岗制度

从事机动车驾驶、电气焊、起重、高空、爆破等特殊作业人员，必须参加专业机构组织的安全技术培训，考试合格后取得特种职业上岗证，并持证上岗。建设、监理单位将其纳入现场安全检查内容，对特种作业持证上岗情况进行经常性抽查，并对违规上岗行为进行查处。

4. 安全技术交底制度

工程开工前，参建单位各级技术负责人应逐级开展"三级"安全技术交底，交底内容应包括：工程概况、施工内容、施工方法、安全技术要求、可能危害、安全防护措施等，并履行签认手续。

5. 危险源评估管理制度

施工单位应按规定开展危险源辨识工作，建立对应标段的危险源管理档案，完善各项安全技术措施，明确管理责任人；定期开展安全检查与风险评估，有效防范施工安全风险。

6. 作业安全书面告知制度

各单位应将杭海城际铁路项目所从事工作的安全防护措施、安全操作规程、违章操作危害、紧急避险和逃生方法等内容以书面形式告知作业人员。

7. 专项安全技术方案审批制度

盾构工程、（邻近）铁路营业线、公路交叉跨越工点、连续现浇梁、穿越500kV高压线桥梁施工等重要工程，施工单位必须编制专项安全技术方案和防护措施，报总监理工程师审核、公司批准后，方可施工。

8. 起重机械、自升式移动模架检验检测制度

施工起重机械、提升模架、移动模架等自升式架设设施，其装拆必须由具有相应资质的单位承担，

经特种设备检测机构检测合格后,方可使用;并接受特种设备安全监督部门的监督管理。

(四)安全生产检查考核制度

参建各方应建立安全生产检查考核制度,定期或不定期开展安全生产检查,及时发现并整改安全隐患。

(1)杭海城铁公司按照国家、浙江省、浙江省交通集团有关安全管理活动要求,结合建设工程实际情况,对施工现场开展安全专项检查。

(2)日常安全检查:各施工单位项目部每月组织不少于一次内部全面安全大检查,并对检查内容做好记录。监理单位应加强对施工单位的日常安全检查工作,由总监牵头每月进行不少于一次管辖标段施工现场全面安全检查,并及时将检查结果报杭海城铁公司安全质量部。各参建单位每月要对检查记录进行收集、核查、归档、梳理、分析安全生产过程中存在的突出问题及处理、整改的情况,建立安全问题库,问题库要形成闭环管理,着力抓好问题的整改,整改到位的进行销号,杜绝同类问题重复发生。

(3)安全检查实行"首查负责制",实行闭环管理,确保每个检查出的问题都得到及时整改。

(4)杭海城铁公司按照有关信用评价及激励约束考核等办法,对检查、发现问题的情况定期进行综合评比考核。

二、加强安全措施管理,确保安全体系的运行

抓住安全关键环节,突出安全重点工作。杭海城铁公司根据项目建设特点,对安全控制工程进行梳理与细化,主抓安全关键环节,明确安全风险管理为安全控制的重点工作。

具体表现在以下几方面:

(一)细致落实安全风险管理

按照《建设工程安全风险管理办法》,针对杭海城际铁路项目实际情况,编制了工程安全风险管理实施细则。组织对全线风险工程进行风险等级论证评估,按风险等级将各项工程纳入风险工程进行管理,制定风险对策措施,落实责任人,对重难点工程、关键性工程强化方案研究,组织专家论证评审,全面优化施工技术方案和安全专项方案。同时制定应急预案,并进行演练。全线控制性工程,高风险工程的施工方案,杭海城铁公司明确必须经过专项论证后才能进入正式方案评审程序的要求,从而确保这些工程在实施前,施工安全措施得到落实,各管理层面做到对施工的重点、难点的把控。

(二)深基坑、盾构隧道、大坡度架梁施工安全管理

针对地下车站工程深基坑作业安全风险高的特点,杭海城铁公司一抓深基坑、盾构隧道、大坡度架梁的安全防护方案的编制和落实,杜绝无方案盲目施工行为;二抓方案落实管理,严格工序管理,上一道工序未经监理验收不得实施下一道工序;三抓施工过程控制,在确保安全的基础上,狠抓原材料管理、混凝土配合比、钢筋绑扎、模板定位、混凝土养护等环节,严格落实"安全第一、质量至上"的建设方针。

(三)隐蔽工程管理

为保证工程建设中的隐蔽工程质量的可追溯性,制定专项制度,对隐蔽工程施工过程留存影像资料,规定影像资料要有实物、检验人、部位名称、检查时间等,并存档备查,实现责任的可追溯。通过制度的落实,规范施工和监理人员的管理行为。

(四)防台风防洪工作管理

杭海城际铁路项目地处台风多发地,围绕工程施工实际情况,杭海城铁公司多次强调防汛、防台安全工作,要求落实防汛、防台措施。各参建单位积极响应,认真准备,在迎战台风的战斗中各参建单位认真执行防汛值守制度,24 h不间断值班,认真执行雨前、雨中、雨后检查制度,认真准备落实车辆、材料、设备等防台用品。

(五)预防施工起重机械、脚手架等坍塌事故

为落实浙江省交通集团相关专项整治文件精神,结合杭海城铁公司整治活动要求,对施工起重机械、模板脚手架等易发生坍塌事故的工程开展专项整治活动。公司制定分阶段整治方案,明确整治重点和范围、要求,对专项整治结果进行通报,并逐一完成安全整治。通过专项整治工作,落实参建各安全主体责任,强化施工生产安全管理,以进一步遏制工程建设领域施工坍塌事故为目标,提高全员安全意识和责任心,及时消除工程建设中一切安全隐患,使施工起重机械、模板和脚手架等坍塌事故得到有效预防控制。

(六)加强安全教育培训,提高安全管理意识

杭海城铁公司深刻认识到导致安全事故、质量事故发生的众多因素中,最关键的因素是人为因素。人的业务能力和素质是影响工程建设安全质量最基础的部分,加强管理人员尤其安全岗位人员的教育培训至关重要。

针对杭海城际铁路项目的开工建设,杭海城铁公司及时组织了施工技术培训,增强参建人员对城际铁路的认识和加深对城铁建设使命感、责任感,使沪杭海城际铁路项目参建单位对施工规定有了更深刻的了解,安全意识得到提高。针对杭海城际铁路项目建设标准高、新技术、新工艺等特点,公司组织梁场认证、安全事故通报等学习培训班。各施工、监理单位结合现场实际,采取请专家讲课、开办民工学校的形式开展城铁施工知识培训。针对目前工程建设领域作业人员变化频繁,人员流动大,作业人员业务能力参差不齐,安全质量知识薄弱,自我保护能力不强的现状,结合各阶段施工特点,公司多次开展组织专业知识考试,强化安全知识熟悉程度,取得良好的效果。

第四节 安全事故的调查与处理

一、安全事故报告、调查与处理规定

在杭海城际铁路项目建设中,杭海城铁公司及各参建单位在质量安全管理工作方面给予了高度的关注和重视,并制定了安全事故的调查与处理制度及相关规定,投入了大量的管理资源及精力,使得全线安全状况持续稳定,安全处于受控状态,取得比较明显的安全管理成绩。

(1)施工现场发生安全事故时,按照《生产安全事故报告和调查处理条例》(国务院令第493号)的规定进行处理。施工单位应立即停工并如实向杭海城铁公司和当地安全生产监督管理部门报告,并在规定时间内提交书面报告。不得隐瞒不报,谎报或者拖延不报,不得故意破坏事故现场,毁灭有关证据。

(2)事故报告内容应包括时间地点、施工内容、涉及人员、简单概况、有无人员伤亡、现场负责人及通信号码、当前处理情况等。

(3)建设项目发生安全事故后,施工单位应严格保护事故现场,采取有效措施抢救人员和财产,防止事故扩大。需要移动现场物件时,应做出标志并做好书面记录,现场重要痕迹应当拍照或录像,妥善保管好有关物证。

（4）事故调查应按"四不放过"要求组织进行，并做好记录。

（5）对出现安全生产事故而隐瞒不报的或存在重大安全隐患的，杭海城铁公司将追究施工、监理等相关单位及人员的责任。

二、安全事故处理

安全事故发生后，按照规定报告并启动相应应急预案，减少损失，防止事故扩大。处理事故时，对负有责任的相关单位和个人按照安全事故处理办法的相关规定进行处罚。同时深入分析事故原因，做到举一反三，避免同类事故再次发生。

第五节 安全质量管理工作建议

自杭海城际铁路开工建设以来，公司始终以习近平新时代中国特色社会主义思想为指导，全面贯彻落实党的十九大和十九届六中全会精神，以及习近平总书记关于安全生产重要论述精神，坚持"以人为本、生命至上、安全发展"的理念，以"三同"家文化为引领，全面落实"六个有""十个一"及"12568"管理要点的要求，以安全质量标准化为工作主线，以努力"建好红船旁的城际铁路项目"为目标建设杭海城际铁路项目。在公司领导的正确带领下，杭海城铁未发生一起安全质量生产责任事故，未发生一起环境污染事件，未发生一起职业卫生健康事件，未发生一起感染新冠事件，公司安全质量生产达到了预期目标。现将杭海城铁安全质量管理工作几点建议概要如下：

（一）各施工、监理单位每月开展施工安全质量排查工作

主要检查是否按照批准的施工方案施工、现场防护措施、安全警示标志、防护用品数量和状态等是否符合规定要求应急预案要求。

（二）加大对设备的防护

查进场设备的报验手续，操作人员持证情况，教育培训等，以及现场设备周围设置醒目的安全警示标志。施工、监理单位要将监理监管责任落实到人，确保现场施工安全有序。

（三）加强施工把关，落实岗位责任

根据风险施工的等级，监理、施工单位要做好把关，同时强化工作作风建设，并且要根据专业配置得力人员，在现场对施工过程进行盯控，督促处理施工过程中遇到的突发事件，确保施工作中安全有序可控。

（四）加强施工前的检查督促

全力做好施工安全风险控制，认真履行监理、施工单位的职责，认真执行管理的规定。监理单位在每次施工前预想充分、调查充分、准备充分，确保施工顺利完成。通过建立和不断完善安全质量管理体系，强化运行机制，完成杭海城际铁路项目的建设任务的同时，切实有效地达到"保安全，保质量"的目标。

（五）安全管理的资金保障

安全管理的资金投入保障是成本控制、工程效益目标管理至关重要的因素。现在安全事故的成本越来越高，一旦发生重大安全事故，将会付出百万、千万的成本，我们在管理中要对安全管理的专项资金进行专项审核。

第九章 施工组织

杭海城际铁路是市区城际（市域）重要组成部分，对形成以杭州为核心的1小时城际交通圈，加强与海宁及周边地区联系，全面提升杭嘉湖整体实力具有重要作用。

《指导性施工组织设计》是建设单位编制的指导性施工组织设计，是具有指导性、管理性的技术经济文件，是项目管理的重要依据。在技术上、组织上和管理手段上阐明工程投资、工程工期、工程质量、工程安全四大目标的合理性、可行性。在指导性施工组织设计的基础上，设计单位编制设计大纲及出图计划，施工单位编制了《实施性施工组织设计》并遵照执行，监理单位编制《监理大纲》《监理细则》。

按照争创工程示范、企地合作示范的目标要求，全力推进杭海城际铁路工程建设，再掀交通基础设施建设高潮，打好综合交通建设大会战。

第一节 指导性施工组织设计

2017年10月，杭海城铁公司根据有关设计文件及标准等文件，结合现场踏勘调查情况，组织编制了《杭州至海宁城际铁路项目指导性施工组织设计》；2018年4月，对指导性施工组织设计进行了修编（第一次修），经浙江省交通集团审查，批准实施；2019年3月，杭海城铁公司根据项目推进情况，对指导性施工组织设计进行了二次修编（第二次修），并经浙江省交通集团再次进行了审查。

一、编制依据和编制原则

（一）编制依据

（1）国家、浙江省、杭州市、海宁市有关法律、法规、条例、规定；

（2）国家现行有关设计、施工及验收规范、规程、质量技术标准，以及杭州、海宁市安全文明施工、环境保护、交通组织等方面的规定；

（3）杭州至海宁城际铁路工程可行性研究报告等相关资料；

（4）《省发展改革委关于杭州至海宁城际铁路工程可行性研究报告的批复》（浙发改交通〔2016〕602号）；

（5）《省发展改革委关于杭州至海宁城际铁路工程先行段初步设计的批复》（浙发改设计〔2016〕119号）；

（6）《省发展改革委关于杭州至海宁城际铁路工程初步设计的批复》（浙发改设计〔2017〕69号）；

（7）《海宁市人民政府关于授权杭州至海宁城际铁路PPP项目实施机构的通知》（海政发〔2016〕40号）；

（8）《海宁市人民政府关于同意杭州至海宁城际铁路PPP项目实施方案的批复》（海政发〔2016〕

153号）；

（9）杭海城际铁路PPP项目协议；

（10）《省发展改革委关于杭州至海宁城际铁路项目法人变更的批复》（浙发改交通〔2017〕681号）；

（11）杭州至海宁城际铁路工程勘察、设计服务合同；

（12）《杭州至海宁城际铁路工程施工图设计》；

（13）城市轨道交通工程中的建设经验和研究成果，及现有的管理水平、技术水平、科研水平、人力资源能力；

（14）《铁路工程施工组织设计规范》（Q/CR 9004—2015）；

（15）《关于印发〈轨道交通建设项目施工组织设计管理办法〉的通知》（浙交投〔2017〕164号）；

（16）相关设计标准及规范等。

（二）编制原则

1. 节约资源和可持续发展的原则

贯彻"十分珍惜，合理利用土地和切实保护耕地"的基本国策，依法用地、合理规划、科学设计、少占土地、保护农田。

2. 符合性原则

必须满足建设工期和工程质量标准，符合施工安全、环境保护、水土保持和地质灾害防治等要求。

3. 科学、经济、合理的原则

树立系统工程的理念，统筹分配各专业工程的工期，搞好专业衔接；合理安排施工顺序，组织均衡、连续生产；以关键线路为中心，建立科学模型进行工期、资源优化；管理目标明确，指标量化、措施具体、针对性强。

4. 引进、创新、发展的原则

积极采用研发新技术、新材料、新工艺、新设备，提高工程技术和施工装备水平，保证施工安全和工程质量，加快施工进度，降低工程成本。

二、管理模式和建设组织

（一）管理模式

杭海城际铁路项目为PPP项目，由海宁市政府和社会资本方合资建设，各出资方共同组建成杭海城铁公司（实施主体），负责项目建设和经营管理，另外海宁市应征地拆迁、政策处理等需要，组建杭州至海宁城际铁路建设指挥部，受海宁市交通局（实施机构）委托，负责项目建设中的征地拆迁、管线改迁、三改工程等。

杭海城铁公司的党委会、股东会、董事会、监事会共同决策公司的重大事项，职能部门按照专业分工做好工程计划、招投标、合同、安全质量、技术、资金、验工计价等各个环节的管理、协调、服务。

（二）设计、监理、咨询强审及施工单位现场组织机构

1. 设计单位现场机构

设计单位为中铁第四勘察设计院集团有限公司（以下简称中铁四院）和浙江省交规院（现为数智交院）联合体，中铁四院作为总包牵头单位，中铁四院组建杭州至海宁城际铁路设计项目部，下设项目经理、总工、总体，统筹各线路、桥梁、隧道、站场、房建、地路、工经等专业。

2. 咨询强审单位组织机构

全线咨询单位为中铁二院工程集团有限责任公司（以下简称中铁二院），咨询内容包括初步设计

及施工图咨询、统筹设计管理、出图计划、图纸优化及审核等，咨询单位建立咨询总体组，负责项目设计咨询工作。

强审单位为北京城建设计研究院有限公司，负责全线的施工图强审工作，建立施工图强审项目部，负责项目施工图强审工作。

3. 监理标段划分及现场机构

杭海城际铁路项目全线共设置11个监理标，监理单位根据要求设立现场监理项目部，总监全面负责，下设副总监、专监等，配备各类检测及试验、办公、交通和通信设备，代建设单位按照合同要求对杭海城际铁路项目施工期间的工程质量、安全、工期、投资和环水保等实施监督管理。

4. 施工单位现场机构

根据"同股同权"原则，浙江省交通集团、中铁上投等各方承担各自比例内的施工内容，其中中铁上投组建了杭州至海宁城际铁路项目部，主要负责土建工程（含铺轨）及装饰装修管理及机电安装工程的辅助管理，其下属各个分部、浙江省交工集团及天津城建集团承担根据施工内容采取扁平化管理模式组建项目经理部，设置工程管理部、安全质量部、物资设备部、计划财务部、综合管理部、实验室，下设作业队、架子队。

三、施工组织方案

（一）施工标段划分

根据杭州至海宁城际铁路工程规模和专业进行任务划分。

工程内容（包含车站、区间、轨道、通信、信号、供电、综合监控、防灾报警、环境与设备监控、安防及门禁等），根据联合体的施工资质和类似工程施工业绩情况，结合杭海城际铁路项目各标段的规模和特点，综合考虑杭海城际铁路项目施工过程中的安全、质量、进度和接口协调等因素进行初步施工任务划分，见表9-1和表9-2。

表9-1 土建标划分

序号	标段	规模	主要工程范围
1	1标	1站	余杭高铁站（与杭州地铁1号线非付费区通道换乘、地下三层）
2	2标	1区间	余许区间（下穿杭州地铁1号线，盾构、明挖暗埋+U形槽段）
3	3标	2站3区间	许村镇站、海宁高铁站、余许区间（高架）、许海区间（高架）、海长区间（高架）及1号梁场（3标高架范围）
4	4标	1区间	海长区间（下穿沪杭高铁盾构及U形槽）
5	5标	2区间	海长区间（高架）、长周区间（高架）
6	6标	4站1区间	长安镇站、桑亭路站、周王庙站、盐官镇站、周盐区间（高架）
7	7标	1站2区间	桐九公路站、盐桐区间（高架）、桐斜区间（高架）
8	8标	1站1区间	斜桥镇站、斜皮区间（高架）
9	9标	1站1区间	皮革城站、斜皮区间（盾构及明挖段）
10	10标	1站1区间	海昌路站、皮海区间（盾构）
11	11标	1站1区间	浙大国际学院站、海浙区间（盾构）
12	12标	2号梁场	梁的制、提、运、架（5、6、7、8标高架范围）
13	13标	车辆段综合标	站场、房建（含控制中心）、轨道、机电、车辆段工艺设备

续表

序号	标段	规模	主要工程范围
铺轨Ⅰ标	铺轨Ⅰ标	轨道Ⅰ标	余杭高铁站（含）—长安镇站（不含），正线铺轨工程
铺轨Ⅱ标	铺轨Ⅱ标	轨道Ⅱ标	长安镇站（含）—斜桥镇站（不含），正线铺轨工程
铺轨Ⅲ标	铺轨Ⅲ标	轨道Ⅲ标	斜桥镇站（含）—浙大国际学院站（含），正线铺轨工程

表9-2 机电标划分

序号	标段	规模	主要工程范围
1	1标	供电安装工程Ⅰ标	主变电所、变电所、电力监控等设备安装工程
2	2标	供电安装工程Ⅱ标	正线接触网、环网电缆、杂散电流防护、疏散平台工程等设备安装工程
3	3标	通信安装工程标	通信、AFC、综合监控等系统设备安装工程
4	4标	信号安装工程标	信号系统设备安装工程
5	5标	安装装修Ⅰ标	余杭高铁站—海宁高铁站（含）三站二区间，风水电设备安装及装饰装修工程
6	6标	安装装修Ⅱ标	海宁高铁站（不含）—盐官镇站（含）四站四区间风水电设备安装、电扶梯安装及装饰装修安装工程
7	7标	安装装修Ⅲ标	盐官镇站（不含）—皮革城站（含）三站三区间风水电设备安装、电扶梯安装及装饰装修安装工程
8	8标	安装装修Ⅳ标	皮革城站（不含）—浙大国际学院站二站二区间，风水电设备安装及装饰装修安装工程

（二）总体施工顺序

（1）经过对工程特点的分析和多种施工组织方案的比较，征地拆迁、余杭高铁换乘站和余许区间土建盾构工程是影响工程建设的关键因素。

（2）总体顺序按照"前期准备→土建→轨道→系统机电设备安装调试和车站装修→系统联调联试→通车试运行"六个大阶段进行，做好各阶段的有序衔接。

（3）优先安排重点控制工程的征地拆迁、三电迁改、管线迁移及三通一平工作，创造良好的开工条件。然后进行一般性工程的征地拆迁，但也要在规定的期限内完成，避免造成一般性工程变为控制性工程。

（4）轨道工程：影响铺轨的因素很多，主要采取以下措施：尽早开展铺轨基地建设、提前储存钢轨，保证铺轨和轨道部件制造（订货）有足够的时间；铺轨前进行施工设备调试及试运转，配备相应的保养维修队伍，做好燃料储备及保养维修准备工作，确保铺轨设备的正常运转；对于高架地段可以在局部控制工点多投入设备，采用多工作面同时作业，减少控制时间。

（5）机电安装工程主要施工区域在车站及区间，车站土建工程成型后立即安排相关机电安装单位接手车站区域，进行土建预留检查及相关后续工作。地下盾构区域及高架成型后紧跟铺轨专业进行相关光电缆敷设、接触网安装等施工工序。

（6）联合调试、试运行：联合调试、试运行的工期本身是不确定的，为此，联合调试在站后各系统的制式选择，系统开发、设备招标、设备生产、运输、安装、培训等各环节需加强控制与管理。

（7）运营单位提前介入：是工程顺利完成建设向运营过渡以及安全运营的重要环节，从施工图设计、施工及验收等环节，从设计合理性、可操作性、方便实用性等方面，提前发现问题配合建设部门进行处理，以确保工程实现设计功能和投入使用后的稳定运行，保证开通质量和运营安全。在设计和施工准备阶段，运营单位发挥运营管理的经验，针对初步设计中的功能布局、商务服务、客服系统、设备选型的设置方案提出优化建议，充分满足乘客的心理需求，合理体现运营需求。在施工阶段，运营单位进行工程介入，全面掌握施工质量，以最大限度满足使用者和乘客的需求。

（8）工程验收：验收分为工程实体验收、档案资料验收及实体与资料的移交，工程实体验收分为土建结构、设备安装、车站装修、系统设备工程、车辆段。其中规划、工程质量、工程竣工决算审计、劳动安全、消防、环境保护、卫生防疫、人防、供电、统计、工程竣工档案等十一项内容由政府有关部门做专业验收。已完成验收的单元逐个移交，由运营单位接管。当整个系统移交完成后，即进行管理权移交，全线属地管理权、调度权、指挥权由杭海城铁公司向运营单位移交。

四、工程进度计划

（一）总体工期计划

开工日期：2017年9月12日；计划竣工日期：2021年9月11日；全线通车试运营日期：2021年6月30日。主要节点工期见表9-3。

表9-3　主要节点工期

序号	事　项	日　期
1	全线洞通	2019年10月13日
2	全线桥通	2019年8月15日
3	全线无缝线路完成（轨通）	2020年6月30日
4	机电设备安装调试和车站装修工程	2020年12月27日
5	全线送电	2020年10月27日
6	全线系统联调联试	2020年11月28日至2021年2月28日
7	全线通车试运行	2021年3月1日至2021年5月27日
8	通车试运营评估	2021年5月28日至2021年6月29日
9	全线通车试运营	2021年6月30日

（二）施工准备和建设协调

1. 机构招标完成情况

根据杭海城际铁路项目的建设规模、工期和专业要求等需要，对各机构按需求进行招标，相关机构招标情况如下：

土建监理机构：2017年9月21日招标完成。监测机构（2个）：2017年12月份招标完成。测量机构（1个）：2017年12月份招标完成。机电监理机构：2019年4月完成招标。机电设备集成管理（1个）：2018年4月招标完成。

2. 施工图供图计划

杭海城铁公司与设计单位签订《供图协议》，明确责任，按专业提供施工图，其中的红线图、控制性工程、一般工程的顺序分批次提供施工图以满足施工图审核需要。严格按照《供图协议》的要求，满足施工需要。

3. 征地拆迁

杭海城际铁路项目征地拆迁工作量大。征地拆迁工作政策性强，牵扯面广，难度大，特别是工矿企业的拆迁应提前做好拆迁方案和计划并及时组织实施。重点工程的征地拆迁应高度重视，确保工程顺利实施，应尽早制定对策，督促相关单位做好征地拆迁工作。征地拆迁以保证控制工期工程按时开工为首要工作，依序解决影响线下、电气化等工程施工的迁改问题。拆迁工作要突出顺序、统一、一次到位的原则，杜绝二次拆迁、重复拆迁。

4. 备料

与供料单位签订供应合同，提前备料，保证工程进度需要。在施工布局阶段，应合理规划砂石料场的容量，在施工高峰期，做好砂石料的储备工作，以便保证施工所需。

轨道工程备料是控制铺轨工期的主要因素之一，应在铺轨开始前按照铺轨基地承担铺轨任务计算备料，保证铺轨按期完成。

5. 临时工程

应尽早完成临时用地协议、三通一平和临时辅助设施建设，确保正式工程的开工及进度要求。临时设施项目在保证正式工程合理工期的前提下，按工期节点要求逐一完成。如施工便道的引入，制（存）梁场、临时电力线的接入、临时房屋修建等都要在相关正式工程开工前建成投入使用，以免影响总工期。因临时用电线路、便道工程以及沿线的制（存）梁场涉及方面广，及早与当地政府有关部门签订临时用地和其他各项协议，确保工程建设能尽快开工。

第二节　指导性施工组织设计中工程重难点与重大调整

一、指导性施工组织设计中工程重难点

杭海城际铁路项目工程涉及 12 站 11 区间、1 处车辆段与综合基地、2 处主变电所工程，线路全长约 46.38 km。工程规模大、线路长，沿线穿越地质条件复杂，尤其是征拆、协调工作量大，极可能带来潜在的工期压力。

（一）经济发达地区环境条件下施工干扰大、社会关注度高、影响面广

杭海城际铁路项目沿线穿越既有铁路、公路、地铁、河道、桥梁、输电干线和城镇区各类建筑物、道路、地下管线，周边环境复杂。施工过程影响市政交通、居民出行、商业物流各方面正常运行；做好协调配合、尽量减少干扰，有效沟通，创造良好的工程环境是工程顺利实施的重要前提条件。

（二）城际铁路专业接口多、系统配套要求高

土建、轨道、装饰装修、机电安装等，涉及专业接口，牵扯面广，对项目综合能力要求高。

（三）工程地质以软弱地层为主，线下基础设施的位移变形直接影响安全行车

车站基坑范围内主要为杂填土、残积黏性土、淤泥质粉质黏土、淤泥质粉质黏土夹薄层粉砂等地层；区间沿线分布粉质黏土、淤泥土层、淤泥质粉质黏土等地层；场地范围内地质情况复杂多变，增大了围护结构、基坑开挖、盾构掘进施工难度和安全风险。

（四）雨季、台风对施工的影响较大

所在区域降雨多集中在春雨期（3—6月），梅雨期（6—7月）及秋雨期（7—10月）；6—9月为台风活动期；对施工进度和安全影响较大，加强与地方气象部门联系；拟定防汛、防台风专项措施，保证工程顺利进行。

（五）文明及环保施工要求高

穿越余杭境内、海宁主城区，驻地建设、工地围挡、淤泥渣土运输、噪声控制、文明施工、环境保护等要求高。须保证施工每个环节均与杭州市或海宁市优美环境相协调，树立良好的文明、环保施工形象。

（六）轨道专业任务重、轨道类型多、施工干扰因素多

（1）铺轨任务重：轨道铺轨工程划分3个标段，正线设置4处正式铺轨基地，承担了杭州至海宁城际铁路工程正线的铺轨施工任务，铺轨范围长、任务重。标段铺轨施工项目多，有正线、辅助线及配线铺轨、无缝线路施工、钢轨焊接、道岔及交叉渡线铺设，设备及护轨安装，线路附属工程等。

（2）轨道工程类型多：正线一般地段采用长轨枕整道床，减振地段根据减振效果分一般减振、中等减振、高等减振和特殊减振，对应施工道床类型分别为：弹条Ⅱ型分开式扣件和WJ-2A型扣件、双层非线性减振扣件整体道床、橡胶隔振垫减振整体道床、钢弹簧浮置板整体道床，车辆段库外线一般采用碎石道床，库内线采用整道道床或工艺轨。

（3）地下线铺轨施工干扰和制约因素多：地下线除洞内空间小，多专业、多工序施工干扰大，相互制约因素多外，更重要的是，结构的工后沉降对轨道的平顺性将造成很大影响，同时还存在照明、通风、排水等问题，铺轨施工还应考虑与其他专业、单位的协调配合。

（4）高架桥整体道床夏季施工：夏日高温，高架桥上温差大，钢轨热胀冷缩，对轨道状态及现浇的混凝土影响很大，整体道床的施工质量控制是技术重点。

（5）高架桥地段安全防护：位于城郊接合部，道路交通压力大，而且高架桥地段处于露天施工，受环境条件制约，确保道路运输畅通、施工安全防护、环境保护、人身安全、材料及设备安全是杭海城际铁路项目工程施工的一个重点。

（6）轨道铺设期间的轨行区安全控制：轨道工程涉及与土建、牵引供电、电力、信号、人防门和防淹门、给排水、车站及停车场安装装修等专业的交叉平行施工，给轨行区的安全施工管理带来很大的隐患，确保轨行区的安全施工是杭海城际铁路项目的重点。

（七）装饰装修工程重难点

装饰工程专业接口多、专业间协调要求高；工程量大，工期紧，工程质量要求高，装饰工程包括11个车站、10段区间及1处车辆段与综合基地的装饰装修、动力照明系统安装、通风空调系统安装、给排水及消防系统安装的设备材料采购、施工安装、调试、验收等相关工作；同时工期较紧，受土建工期制约大；工程施工点多分散，施工管理难度较大；物资需求量大，对设备材料要求严格；材料管理、成品及半成品保护困难；地下施工的防火、疏散、环境控制要求高。

（八）机电设备安装工程重难点

机电设备安装受到土建、铺轨、装饰装修等工程的影响较大，需与装饰工程交叉施工，施工干扰多，安装类型多，要求多，安装后的成品保护要求高。

二、施工组织的调整优化

在杭海城际铁路项目建设中，由于技术标准的逐步确定及各方对项目的认识不断加深等各种因素，原施工组织已不能完全满足需要，必须对其进行不断调整和优化。根据工程进展和建设工期总目标要求，先后进行了二次调整。

（一）第一次调整（2018年4月）

第一次调整主要是在原来的基础上，由于PPP项目的逐步谈判，在原指导性施工组织设计的基础上进行了再次明确，对各专业开工日期及完成时间进行了略微调整。调整后施工工期见表9-4。

表9-4　第一次调整后工期

序号	事　项	日　期
1	全线洞通	2019年6月30日
2	全线桥通	2019年6月30日
3	全线无缝线路完成（轨通）	2020年1月15日
4	机电设备安装调试和车站装修工程	2020年6月27日
5	全线送电	2020年4月27日
6	全线系统联调联试	2020年5月28日至2020年8月27日
7	全线通车试运行	2020年8月28日至2020年11月27日
8	通车试运营评估	2020年11月28日至2020年12月27日
9	全线通车试运营	2020年12月28日

（二）第二次调整（2019年3月）

1. 调整原因

杭海城际铁路项目由于征地拆迁滞后、下穿运河二通道等因素影响余杭高铁站、余-许盾构隧道关键线路重难点工程工期及周王庙车站设计变更，影响整个工期较大。按照浙江省交通集团《轨道交通建设项目施工组织设计管理办法》（浙交投〔2017〕164号），对指导性施工组织进行第二次修编。

（1）余杭高铁站。

一是海宁市和余杭区两地政府由于其他项目合作事宜牵制导致余杭高铁站交地进程拖延缓慢，实际直到2018年3月底才局部开工；二是因交地问题导致位于基坑内自来水管改迁路径不确定，直至2018年10月9日割接后才具备全面施工条件；三是2018年12月15日，1号基坑发生承压水突涌事件，承压水处置制约基坑正常施工推进。

（2）余-许地下区间。

一是盾构下穿京杭运河二通道，为了保护城铁隧道，需待京杭运河二通道航道开挖卸载后，盾构再下穿，原计划盾构下穿时间2018年6月10日，直至7月24日满足下穿条件，等待1.5个月；二是余许盾构区间在掘进施工过程中，频遇有害气体，最终定性为低瓦斯隧道，盾构掘进进度受限；三是盾构下穿民房引起房屋开裂，对民房基础进行加固影响盾构掘进进度；四是受余杭高铁站进度影响，盾构接收条件延后。

（3）斜-皮地下区间。

右线盾构刚始发50环遭遇PE材质的废弃给水管道，搅碎的碎块堵塞螺旋机的出土口导致盾构机无法继续推进，需进行掌子面加固后，人员常压状态下进入土舱清除异物，影响工期3个月。

（4）皮-海地下区间。

一是因海昌路站围护结构地连墙施工质量问题，停工整顿1.5个月，进而造成始发段结构直至2018年8月中旬满足盾构机下井条件；二是"杭海七号"盾构机参加浙江省交通集团与中国中铁战略合作项目下线仪式，进场时间滞后1.5个月；三是区间盾构场地位于海宁主城区，海昌路开通后，场地狭小，周围交通流量大，渣土外运、管片运输等需避开高峰时段受到极大制约，导致进度缓慢。

(5) 2号梁场架梁。

一是盐桐区间 D31-D77#墩因土地未批复，导致墩身不能按时施工，影响架梁工期 2 个月；二是海宁市政府要求杭海城际周王庙镇站与铁路杭州萧山机场站枢纽及接线工程车站便捷换乘，预留增设周王庙东站引起工程变更，周盐区间 16-24#墩因变更设计暂停施工，影响工期约 3.5 个月；三是交工 6-8 标 6.13 事故，导致线下工程停工 1 个月，影响连续梁、高架车站等架梁节点交付；四是交工 6-8 标因资源配置不足，施工组织不到位，影响连续梁、高架车站等架梁节点交付。

(6) 周王庙镇站、桑亭路站。

一是由于杭绍台二期工程在周王庙镇增设高铁站与杭海城际换乘，需结合高铁线站位方案研究杭海城际周王庙镇加站或者移动车站方案，变更论证过程中周王庙站基本处于停工状态；二是交工 6-8 标资源投入不足，不能全力同时组织施工。

(7) 对指导性施组节点工期的影响。

由于以上关键线路重难点工程工期滞后，无法实现第一次修编的指导性施组，2019 年 6 月 30 日洞通、2019 年 7 月 30 日桥通、2020 年 2 月 20 日轨通及机电工程和全线通车等节点工期目标。

2. 调整后施工工期见表 9-5。

表 9-5 第二次调整后工期

序号	事 项	日 期
1	全线洞通	2019 年 10 月 13 日
2	全线桥通	2019 年 8 月 15 日
3	全线无缝线路完成（轨通）	2020 年 6 月 30 日
4	机电设备安装调试和车站装修工程	2020 年 12 月 27 日
5	全线送电	2020 年 10 月 27 日
6	全线系统联调联试	2020 年 11 月 28 日至 2021 年 2 月 28 日
7	全线通车试运行	2021 年 3 月 1 日至 2021 年 5 月 27 日
8	通车试运营评估	2021 年 5 月 28 日至 2021 年 6 月 29 日
9	全线通车试运营	2021 年 6 月 30 日

第三节 控制工期与节点工期

根据杭海城际铁路项目建设总工期要求，杭海城铁公司坚持以指导性施工组织设计为主线，完善施工组织工期的编制并适时优化调整，以关键工程为重点，落实节点工期目标，通过强化工期控制和建设管理的各项措施，确保实现建设工期总目标。

一、工期控制的主要措施

（1）派遣具有丰富的地铁、城际铁路施工经验的管理人员和专业技术人员组建项目部，建立精干、务实、高效的管理团队；

（2）快进场，快准备，边建点、边施工；加快前期工程进度，尽早进入主体工程施工；

（3）进度计划编制优先安排关键线路上的车站、盾构始发井、接收井等关键节点施工，确保里程碑工期；

（4）编制总体施工进度计划，合理配置各种资源，满足现场进度需要；

（5）杭海城际铁路项目采用标准化、工厂化、精细化管理，节约各工序验收及衔接时间；

（6）安排一名副经理负责杭海城际铁路项目全部的接口管理协调工作，减少施工干扰，提高现场施工效率；

（7）建立工程施工进度的预警机制，当关键线路上的任务预计滞后计划时，立即报警并分析原因，动态调整，制定相应赶工措施，确保节点工期目标；

（8）建立健全岗位责任制和绩效考核制度，提高管理人员和作业人员的工作积极性。

二、各专业节点工期

（一）土建工程施工工期

土建工程施工工期见表9-6～表9-9。

表9-6 地下车站工期计划

序号	车站名称		总长度/m	工期节点		工期	备注
				开始日期	完成日期		
1	余杭高铁站	主体	457.6	2018年1月15日	2020年4月30日	27.5个月	地下三层三跨岛式
		附属		2019年10月1日	2020年10月31日	13个月	7个出入口4组风亭
2	皮革城站	主体	225.8	2018年4月1日	2019年6月20日	15个月	地下两层两跨岛式
		附属		2019年7月21日	2019年12月31日	5.5个月	5个出入口2组风亭
3	海昌路站	主体	226.4	2017年9月26日	2018年10月6日	12.5个月	地下两层两跨岛式，已完成
		附属		2018年10月31日	2019年10月30日	12个月	4个出入口2组风亭
4	浙大国际学院站	主体	432.2	2017年9月26日	2018年11月3日	13个月	地下两层两跨岛式，已完成
		附属		2018年11月25日	2019年10月30日	11个月	5个出入口3组风亭

表9-7 高架车站工期计划

序号	车站名称	总长度/m	主体结构型式	工期节点			工期	备注
				开始日期	架梁完成日期	车站完成日期		
1	许村镇站	86	路侧高架三层侧式	2017年9月26日	2019年4月15日	2019年8月15日	22.5个月	2019年5月设备用房完成
2	海宁高铁站	86	路侧高架三层侧式	2017年9月26日	2018年12月7日	2019年5月31日	20个月	2019年5月设备用房完成
3	桑亭路站	86	路侧高架三层侧式	2017年11月1日	2019年5月20日	2019年11月30日	25个月	2019年9月设备用房完成
4	长安镇站	86	路中高架三层侧式	2017年11月1日	2019年6月18日	2019年11月30日	25个月	2019年8月设备用房完成
5	周王庙镇站	86	路侧高架两层侧式	2017年11月1日	2019年3月30日	2019年11月30日	25个月	2019年7月设备用房完成
6	盐官镇站	86	路中高架三层侧式	2017年11月1日	2019年1月20日	2019年11月30日	25个月	2019年6月设备用房完成
7	桐九公路站	86	路中高架三层侧式	2017年11月1日	2018年9月17日	2019年6月30日	20个月	2019年7月设备用房完成
8	斜桥镇站	86	路中高架三层侧式	2017年11月1日	2018年11月28日	2019年5月31日	19个月	2019年7月设备用房完成

表 9-8　地下区间工期计划

序号	区间名称		总长度	工期节点		工期	备注
				开始日期	完成日期		
1	余许地下区间	盾构	掘进施工	3 126 m	2018 年 4 月 30 日	2019 年 10 月 13 日	17.5 个月	2 台
			联络通道	6 个	2019 年 8 月 9 日	2020 年 2 月 29 日	6.5 个月	
		明挖暗埋+U 形槽段		609 m	2017 年 6 月 28 日	2018 年 5 月 30 日	11 个月	
2	下穿沪杭高铁地下区间	小里程明挖暗埋+U 形槽段		493 m	2017 年 6 月 28 日	2018 年 8 月 9 日	13.5 个月	
		盾构	掘进施工	646 m	2018 年 7 月 13 日	2019 年 1 月 16 日	6 个月	
			联络通道	1 个	2019 年 2 月 21 日	2019 年 4 月 25 日	2.5 个月	
		大里程明挖暗埋+U 形槽段		628 m	2017 年 10 月 10 日	2019 年 1 月 28 日	15.5 个月	
3	斜皮地下区间	明挖暗埋+U 形槽段		560 m	2017 年 9 月 26 日	2018 年 5 月 2 日	7 个月	
		盾构	掘进施工	996 m	2018 年 9 月 10 日	2019 年 6 月 30 日	9.5 个月	2 台
			联络通道	1 个	2019 年 7 月 13 日	2019 年 8 月 31 日	1.5 个月	
4	皮海地下区间	盾构	掘进施工	2 378 m	2018 年 6 月 15 日	2019 年 8 月 31 日	14.5 个月	2 台
			联络通道	3 个	2019 年 7 月 10 日	2019 年 11 月 10 日	4 个月	
5	海浙地下区间	盾构	掘进施工	2 223 m	2018 年 7 月 28 日	2019 年 3 月 15 日	7.5 个月	2 台
			联络通道	3 个	2019 年 3 月 10 日	2019 年 7 月 31 日	4.5 个月	

表 9-9　高架区间工期计划

序号	区间名称	总长度/m	工期节点			工期
			开始日期	架梁完成日期	桥面系完成日期	
1	余许高架区间	2 636	2017 年 6 月 28 日	2019 年 5 月 30 日	2019 年 8 月 31 日	26 个月
2	许海高架区间	4 633	2017 年 6 月 28 日	2019 年 4 月 15 日	2019 年 8 月 31 日	26 个月
3	海长高架区间	3 748	2017 年 6 月 28 日	2019 年 8 月 15 日	2019 年 11 月 30 日	29 个月
4	长周高架区间	6 680	2017 年 6 月 28 日	2019 年 6 月 18 日	2019 年 11 月 30 日	29 个月
5	周盐高架区间	3 785	2017 年 6 月 28 日	2019 年 3 月 30 日	2019 年 10 月 31 日	28 个月
6	盐桐高架区间	5 075	2017 年 6 月 28 日	2019 年 1 月 20 日	2019 年 7 月 15 日	24.5 个月
7	桐斜高架区间	2 806	2017 年 6 月 28 日	2018 年 11 月 28 日	2019 年 7 月 15 日	24.5 个月
8	斜皮高架区间	3 447	2017 年 8 月 23 日	2018 年 12 月 24 日	2019 年 4 月 15 日	19.5 个月

杭海城际铁路项目线路全长约 46.38 km，共设车站 12 座，其中地下车站 4 座，平均站间距约 4.15 km；全线设一座车辆基地。根据总体工期安排，杭海城际铁路项目划分为三个轨道施工标段。

铺轨Ⅰ标：余杭高铁站（含）—长安镇站（不含），包含余杭高铁站（地下站）、许村镇站、海宁高铁站，正线线路长度 16.7 km（铺轨长度 33.4 km），在余许区间 U 形槽设置 1 处铺轨基地；

铺轨Ⅱ标：长安镇站（含）—斜桥镇站（不含），包含长安镇站、周王庙站、盐官镇站、桐九公路站。线路长度 18.6 km（铺轨长度 37.2 km），全标段为高架线，在盐官镇站设置 1 处铺轨基地；

铺轨Ⅲ标：斜桥镇站（含）—浙大国际学院站（含），正线包含斜桥镇站、皮革城站、海昌路站、浙大国际学院站。线路长度 10.2 km（铺轨长度 20.4 km），在斜皮区间 U 形槽和浙大国际学院站各设置1处铺轨基地。

轨道工程施工采用以机械铺轨为主、散铺为辅的方式组织整体道床施工,在整体道床施工一段具备转线条件后采用移动闪光焊轨机焊接,然后采用滚筒法或拉伸滚筒法进行应力放散,最后采用连入法形成无缝线路。具体安排见表9-10:

表9-10 铺轨工期计划

铺轨Ⅰ标余杭高铁站(含)—长安镇站(不含),正线线路长度16.7 km（铺轨长度33.4 km）,铺轨基地在余许区间U形槽	工期节点	
	开始时间	完成时间
铺轨基地建设	2019年5月1日	2019年6月30日
钢轨铺设	2019年7月1日	2020年6月30日
铺轨Ⅱ标长安镇站（含）—斜桥镇站（不含）,线路长度18.6 km（铺轨长度37.2 km）,铺轨基地设在盐官镇站	工期节点	
	开始时间	完成时间
铺轨基地建设	2019年3月1日	2019年4月15日
钢轨铺设	2019年4月16日	2019年12月31日
铺轨Ⅲ标斜桥镇站（含）—浙大国际学院站（含）,线路长度10.2 km（铺轨长度20.4 km）,铺轨基地在斜皮区间U形槽和浙大国际学院站	工期节点	
	开始时间	完成时间
铺轨基地建设	2019年3月1日	2019年4月30日
钢轨铺设	2019年5月1日	2020年3月15日

车辆基地2017年9月26日开工,2018年完成除综合楼、公安楼、蓄电池间、危险品库、3个门卫外的11栋单体主体结构,二次结构完成50%,路基土石方及室外排水工程完成50%,桥涵工程施工全部完成。车辆基地土建及机电工程2019年12月31日全部完成。具体见表9-11。

表9-11 车辆基地工期计划

序号	单位工程	工期节点		备注
		开始日期	完成日期	
1	综合楼	2018年8月30日	2019年6月5日	
2	运用库	2017年12月5日	2018年10月15日	
3	检修库	2018年1月5日	2018年11月29日	
4	控制中心	2018年7月27日	2019年1月18日	
5	物资总库	2018年6月1日	2018年12月31日	
6	公安楼	2019年6月9日	2019年8月7日	
7	调机工程车库	2018年7月27日	2018年11月20日	
8	材料棚	2018年5月23日	2018年11月14日	
9	污水处理站	2018年10月20日	2018年12月15日	
10	牵引变电所	2018年11月5日	2018年12月29日	
11	动调试验间	2018年5月5日	2018年6月12日	
12	洗车旋轮库	2018年10月25日	2019年4月30日	
13	危险品库	2019年5月30日	2019年7月30日	项目部办公区域,最后施工
14	蓄电池间	2019年5月30日	2019年7月30日	项目部办公区域,最后施工

续表

序号	单位工程	工期节点 开始日期	工期节点 完成日期	备注
15	在线检修棚	2018年12月5日	2019年1月20日	
16	3个门卫房	2019年6月30日	2019年7月30日	
17	许白户桥	2018年12月10日	2019年3月30日	
18	涵洞	2017年12月30日	2018年6月15日	
19	路基	2018年3月8日	2019年6月1日	
20	给排水	2019年3月10日	2019年9月17日	
21	道路	2019年9月18日	2019年12月20日	
22	围墙	2019年3月15日	2019年9月30日	
23	装饰装修	2019年9月25日	2019年12月12日	

(二)机电安装工程施工工期

机电工程2017年9月份开始进行相关技术规格书编制、设备采购、设计联络、预留检查及配合站前施工单位的接口工作。施工工期为2018年10月15日—2020年12月27日,工期安排26.5个月。具体见表9-12。

表9-12 机电工期计划

序号	日期	责任单位	工作内容
1	2018.5.1—2019.6.30	机电部	设计联络
2	2018.6.1—2019.8.31	设计院	机电施工图完成
3	2018.10.15—2020.12.27	机电部	机电专业施工完成
4	2019.10.31	机电部	工程车到站
5	2020.9.5—2020.10.27	机电部	单机调试
6	2020.8.28—2020.10.27	机电部	接触网受电,变电所和配电柜送电
7	2020.10.28—2020.11.27	机电部	各专业子系统调试
8	2020.11.20—2020.11.27	机电部	全线热滑
9	2020.11.28—2021.2.28	机电部、安全质量部	联调联试、单位工程验收、三权移交完成
10	2021.2.27	机电部	全部列车到站
11	2021.3.1—2021.5.27	杭海城铁公司	试运行
12	2021.5.28—2021.6.29	杭海城铁公司	试运营前评估
13	2021.6.30	杭海城铁公司	试运营

第四节 控制性工程工期管理

一、地下车站

余杭高铁站为地下三层岛式车站,明挖基坑开挖深达28.7 m、长467 m、标准段宽21.7 m,基坑深度大,风险高,同时基坑距离杭州地铁1号线车站和区间较近,工程地质为粉土、粉砂层,地下水丰富、变形量大,保证基坑稳定性是施工重点。

（一）施工方法

1. 井点降水

基坑开挖前20天进行坑内预降水，以疏干地层加固土体。降水深度控制在开挖面以下1~2 m。通过降水及时疏干开挖范围内土层的地下水，有效降低被挖土体的含水量，使其得以固结，以提高土体强度和自稳性。

2. 围护结构

（1）严格保证地连墙的施工质量。

（2）靠近地铁1号线部分地连墙采用槽壁加固。严格控制地连墙接头施工质量，保证接头不漏水。

3. 基坑开挖

杭海城际铁路项目采用顺作法施工，施工前做好交通疏解，采取分块分段施工，分段长度不大于20 m。土方开挖根据地质情况采用纵向分段、水平分层、先撑后挖、严禁超挖、及时封闭的原则进行实施，严格控制基坑变形；主体结构采用纵向平分段、水平向分层、平行流水作业施工。

4. 变形监测

加强基坑变形控制，应对基坑开挖全过程进行监测，尤其对邻近地铁一号线进行实时监测；根据监测结果，及时优化、调整施工工序，做到信息化动态管理。基坑开挖期间，及时将监测数据反馈给管理人员。

（二）施工组织

车站按3个工作面同时施工。主要工装设备包括：成槽机2台、长臂挖掘机4台、钻孔桩机6台、220型挖掘机4台、120型挖掘机4台、码头吊设备3套、履带吊2台、三轴水泥搅拌桩机2台。

（三）工期安排

2018年1月15日—2020年4月30日主体结束。

（四）施工注意事项

（1）加强围护结构施工质量，保证止水效果；

（2）基坑开挖严格按照"竖向分层，纵向分段，先撑后挖"的原则，杜绝超挖现象；

（3）钢支撑必须设置防脱落措施；

（4）基坑开挖过程中设置水位观测孔，及时掌握水位变化；

（5）施工前，做好基坑防涝防汛预案，防基坑坍塌预案；

（6）合理组织，开挖到底后立即进行底板施工，尽快封闭，遵循时空效应原则；

（7）基坑距离地铁1号线端头较近，施工期间加强监控量测，做好信息化施工。

二、穿越杭州地铁1号线运营线

余杭高铁站—许村镇站区间隧道左右线分别于右DK0+435.562、右DK0+452.652和左K0+445.256、左K0+462.103处下穿杭州地铁1号线余杭高铁站—南苑站区间，已于2012年11月开通运营。区间隧道与地铁1号线隧道底部垂直净距为3.2 m。运营线如图9-1所示。

下穿杭州地铁1号线区间隧道，主要采取对地铁运营隧道下半部周边1.5 m范围实施双液浆注浆加固，同时对杭州地铁1号线隧道采取自动化监测，根据监测结果调整掘进参数；盾构下穿该区间时，控制盾构掘进施工参数：主要为土舱压力、推进速度、总推力、出土量、刀盘转速、盾构姿态、同步注浆量和注浆压力等参数，并通过自动监测数据科学合理地调整推进参数，来确保下穿地铁1号线产生的变形在可控范围内,最后盾构下穿通过后,在隧道内对穿越段范围内进行二次注浆,加固隧道外地层,防止长期滞后沉降。

图 9-1　穿越杭州地铁 1 号线运营线示意

(一) 注浆加固

穿越杭州地铁 1 号线之前须对已经在运营的隧道下半部周边 1.5 m 范围内进行双液浆注浆加固,提高加固范围内地层的抗渗能力和承载能力,以确保施工安全顺利进行。

根据地质情况分析,结合该区段地质变化大、地铁一号线正常运营的重要性等环境特点,采取钢花管注浆加固地层,并支护盾构上方土体,以达到盾构安全顺利穿越的要求。

采用钻机在管片预留注浆孔处钻孔,将带注浆孔的钢花管下入地层,封闭孔口,在监测的前提下,采取静压注浆措施,使水泥浆液在压力条件下,较均匀地渗入地层,从而提高地基承载力,降低地层的渗透能力,保证盾构机顺利穿越。

穿越 1 号线注浆加固材料为水泥:普通硅酸盐水泥 42.5 水泥;水玻璃:模数 2.6~2.8,波美度 39~48;浆液配比根据地层的改变进行及时调整,以满足地质条件需要,达到满意注浆效果。根据长三角地区盾构二次注浆的施工经验,注浆选用 1∶3 的比例用水稀释的水玻璃和水灰比为 1∶1 的水泥浆,再以 1∶1 的体积比混合而成的双浆液,浆液的凝胶时间为 30~60 s。

(二) 自动监测

在杭州地铁 1 号线上下行隧道内分别布置自动监测和人工监测系统,分别对垂直沉降、水平位移、轨道左右两侧高差、隧道断面收敛变形等进行详细监测,做到数据的快速采集和及时地反馈。自动监测使用两台徕卡全站仪,在地铁一号线上下行线分别观测 11 个断面,每个断面 5 个监测点,仪器每小时自动对各监测点进行监测,并将数据通过无线网络传送至地面,通过专用软件对数据进行处理分析。

下穿施工期间加强对地表及地铁一号线内部的监测力度:施工初期 3 h 测 1 次,穿越过程中 2 h 测 1 次,如遇变形超过报警值,将进行跟踪监测,并立即通知相关人员。

通过对每一次监测数据的分析和研究,判断盾构相关施工参数的是否正确,掌握地铁一号线隧道结构和轨道的沉降情况,及时地进行调整施参数和施工顺序,确保盾构通过时对一号线的不利影响降到最低。

(三) 盾构下穿施工措施

盾构施工的相关参数对周边地层影响程度非常重要,主要为土舱压力、推进速度、总推力、出土量、刀盘转速、注浆量和注浆压力等，掘进中随时根据地铁一号线内的自动监测数据以及地表的监测数据来科学合理地调整掘进参数，确保通过时地铁一号线变形在可控范围内。

（1）对前期掘进情况进行分析研究，找出适合该段地层特点的合同的各种推进参数和控制重点，选择符合施工情况的掘进模式。

（2）在穿越掘进过程中，严格控制出土量，详细记录每个土斗的出土量，以出土量控制为基准，确保每环出土量不大于标准值，根据土量的反馈情况，判断土体状况，选择合理掘进压力、刀盘转速，总体采用欠压方式推进。

（3）加强渣土改良，适当增加泡沫剂用量以及刀盘加水量，防止堵舱、泥饼现象发生。

（4）控制掘进速度。盾构下穿地铁1号线过程中，需严格控制掘进速度，避免出现的较大速度波动，防止由于速度过快造成土舱压力增大，注浆欠饱满等一系列问题，减少对地层的扰动。因此掘进时需制定适宜的掘进速度（根据施工经验保持在 35 mm/min），保证盾构机匀速地通过地铁一号线，把对地层的扰动减少到最小。

（5）对盾构掘进进行严格的线形控制和姿态控制，姿态调整不宜过大、过频，减少纠偏，姿态调整控制在±5 mm 范围内，避免对土体的超挖和扰动。

（6）确保同步注浆量，注浆措施主要作用为防止地表变形、提高结构的抗渗性、改善结构受力情况（在不均衡地层中）等，施工时应设定合理的注浆量和注浆压力，确保管片与围岩之间的间隙能被及时充填密实，每环注浆量为 4 m^3。

（7）加强盾构机的维护保养工作，避免盾构发生故障，同时增加盾构机的配件，尽可能减少盾构机停机时间。

（四）盾构下穿组织保证措施

（1）在盾构通过前对施工中使用的全部设备进行检修，确保门吊、砂浆搅拌机、二次注浆机、电瓶车等设备穿越时的零故障。

（2）在盾构通过一号线前选择合适的地层位置进行开舱检查，对刀具进行全面的检查，并进行刀具的更换。同时加强对盾构的其他部位维修保养，保证加压系统、泡沫系统、出渣系统在穿越施工时的运行良好。

（3）在施工过程中，保证盾构掘进、管片拼装、同步注浆等工序的有序衔接，以最短的时间通过地铁1号线既有隧道范围。

（4）施工过程中加强对地表以及一号线隧道内部的监测力度和频率。

（5）穿越过程中同运营管理部门、城市道路管理部门、交通管理部门等进行充分的协商，并组成联合值班小组，应对可能发生的突发事件。

三、穿越既有高铁和高速公路、邻近既有高铁施工

杭海城际铁路项目在地下段设计起终点里程为右 DK12+610～右 DK13+725 段，下穿沪杭高铁桐海特大桥、沈士大道、沪杭高速公路，保证高铁和高速公路正常运行是杭海城际铁路项目工程施工的关键和难点。

（一）施工方法

盾构下穿沪杭高铁桐海特大桥、沪杭高速公路主要采取以下方案和措施：

监测控制：在盾构通过前，将盾构掘进过程中所影响范围进行监测取值，根据收集的数据进行分析，确定该范围合理沉降值。并在盾构通过后，将实测值参照合理沉降值制定注浆方式。

掘进控制：在盾构通过中，根据地层情况控制好掘进参数、同步注浆压力与方量、在掘进范围内隧道拱顶适当注入双液浆，做到出土量稳定，管片密封到位。

注浆加固：在设计注浆里程范围内拼装注浆孔管片，在盾构通过后对管片壁后进行注浆，注浆参数按设计要求控制；盾构通过后根据地面监测情况，来确定是否进行地面钻孔注浆加固。

主要施工措施：

（1）对盾构机主机和配套设备进行全面检查、保养和维修，确保通过时不出现机械故障。

（2）盾构不停机匀速通过，掘进速度控制在 30 mm/min。穿越过程中尽量减少盾构纠偏量，使盾构均衡匀速施工，以减少盾构掘进施工对地层扰动的影响。

（3）做好掘进过程中的渣土改良工作，使盾构切削下来的渣土具有好的流塑性、合适的稠度、较低的透水性和较小的摩阻力，以达到理想的工作状况。

（4）严格控制出土量。盾构通过影响范围期间，派专人监控出土量，每环掘进 1.2 m 的出渣量控制在 37.8 m^3 以内，同时采用渣土称重方法判断出渣量是否符合规定要求。

（5）保证同步注浆饱满，在盾构下穿范围内，在隧道拱顶注入双液浆。注浆量控制在 5 m^3 以上，注浆压力大于 0.3 MPa，最大程度利用同步注浆填充满管片背后的间隙。

（6）盾构掘进施工的同时，进行洞内二次注浆，增强管片壁后回填效果，二次注浆的浆液采用单液浆。注浆位置位于盾尾后 4～6 环，注浆时间在盾尾脱出管片后 4～6 环的时刻。注浆点位主要在拱顶，要同时控制注浆压力和注浆量，注浆压力以不击穿盾尾密封和破坏成型隧道管片为限，并注意观察土舱内渣土情况，若有浆液流入土舱则立即停止注浆。

（7）穿越过程中轴线纠偏要做到"勤纠、少纠"，避免大幅度纠偏。同时要切实做好盾构推进过程中铰接千斤顶的使用，以此来减少因轴线纠偏而形成的土体超挖量，避免因超挖量过大造成土体损失、沉降。

（8）配备足够的维修人员 24 h 值班，及时处理盾构设备的故障，确保盾构顺利通过影响范围。

（9）加强对地表的监控量测，及时反馈信息。加强和相关产权部门联系，及时进行情况沟通，协同配合盾构通过影响范围期间的各项工作。

（10）与相关部门做好盾构通过期间的沟通工作，及时发现问题，提前进行相应处理。

（二）施工注意事项

（1）对下穿的建筑物委托有资质单位进行评估。

（2）提高掘进控制水平，及时调整盾构掘进参数，保证开挖面土体稳定。

（3）提高工作面渣土的止水性。通过向土舱注入膨润土或泡沫剂，改善渣土的流动性和渗透系数，防止螺旋输送机喷涌。

（4）提高盾尾的密封性能，通过采取多道盾尾刷防止泥土从盾尾进入隧道；向盾尾注入油脂，加强盾尾的防水性能。

（5）掘进时采取同步注浆和二次补充注浆，充填环内空隙，使管片衬砌尽早支撑地层，控制地表沉陷。

（6）必须做好施工监测，根据监测结果及时调整施工参数。

（7）对距离较近或较重要的建（构）筑物可以采用地表注浆加固或在隧道与建（构）筑物间设置隔离墙的措施进行保护。

（8）盾构施工时优选最佳施工参数，加强盾构的掘进参数管理和姿态控制，进行同步压浆与必要的补压浆措施来保证其安全；当地面荷载过大或者相距太近，还需采取补偿注浆的方式对隧道周围土体进行适当加固或对管片结构加强。

（9）沪杭甬高速公路为重要的交通要道，盾构施工时需注意盾构掘进姿态及掘进参数的控制，严格控制超挖量，控制好同步注浆及二次补浆。

（10）为减小区间施工对桐海特大桥影响，盾构施工前，桥墩桩邻近盾构一侧采用排桩加固。

（11）加强沉降监测，应对盾构穿越全过程进行监测，尤其对既有构筑物进行实时监测；根据监测结果，及时优化调整掘进施工参数，做到信息化动态管理。采用高精度的连通管自动监测的方法，对轨道做加密监测，区间施工期间，及时将监测数据反馈给管理人员。

四、高架区间

杭海城际铁路项目高架区间跨越既有道路、河流，大多采用连续梁通过，其中在桑梓公路周王庙下游约 2.1 km 处跨盐官下河，跨越处河面正宽约 68 m，线路与河流的夹角为 55°，为减少新建桥墩对河堤及堤上道路的影响，采用（70+120+70）m 连续梁方案，两主墩均位于河岸上。

该连续梁施工，采用悬灌法实施，由于跨度较大，受节段悬灌浇筑的影响，施工周期长，必须提早组织进场施工；部分节段跨域公路，施工期间安全防护压力较大；由于跨度较大，线性控制是施工的重点。

五、皮革城站穿越人行天桥

皮革城站下穿人行天桥，人行天桥下低净空地连墙的施工质量是该车站的关键。其施工注意事项包括：

（1）沉槽及吊装期间注意对天桥的保护。

（2）地连墙接头多，应保证接头的施工质量以及槽壁的清刷。

（3）地连墙尽量采用跳幅施工。

（4）天桥的桥桩基础位于基坑两边，采用的是摩擦桩。基坑开挖期间需严格控制基坑的变形以减小对天桥基础的影响。

第五节　节点工期对比

在项目公司的精心组织、科学统筹下，在全体参建单位的不懈努力下，克服重重困难，项目重要节点工期一个个得以顺利实现，2021 年 6 月 28 日项目顺利开通，比原计划提前 2 天，比PPP合作协议工期提前近 3 个月，节点工期实施情况见表 9-13。

表 9-13　节点工期对比

序号	事项	计划节点	实际节点
1	全线洞通	2019 年 10 月 13 日	2019 年 12 月 12 日
2	全线桥通	2019 年 8 月 15 日	2019 年 8 月 8 日
3	全线轨通	2020 年 6 月 30 日	2019 年 8 月 12 日
4	全线送电	2020 年 10 月 27 日	2020 年 10 月 30 日
5	全线通车试运行	2021 年 5 月 27 日	2021 年 6 月 5 日
6	通车初期运营评估	2021 年 6 月 29 日	2021 年 6 月 21 日
7	全线通车初期运营	2021 年 6 月 30 日	2021 年 6 月 28 日

第十章 测量控制系统

第一节 测量控制系统的建立

一、地面控制网检测

（一）GPS点控制网检测

1. GPS点控制网检测作业要求

GPS控制网难免受到城市建设的影响，存在测点间不通视、控制点丢失或发生位移、沉降等问题。GPS控制点是地铁土建施工阶段控制测量的起算依据，GPS控制点的精度将直接关系土建工程的精度，因此，必须对GPS控制网进行检测，以保证控制网在建设过程中的稳定性和可靠性。GPS点控制网的检测应遵循以下几点：

（1）GPS控制网在施工开工前进行第一次检测，之后根据工程需要及项目公司安排定期对控制网进行检测；

（2）根据控制点使用情况，对控制点变动的局部区域及时进行检测；

（3）检测的观测方法及技术要求应与首次测量时保持一致，并且尽量以原网的布网结构进行观测，避免因网形结构的改变而导致控制点成果的变动；

（4）检测结束后，通过将检测成果与原网数据对比，进行控制网稳定性分析，并提供最新的控制网数据；

（5）为保证控制网的稳定性、可靠性及满足施工需要，除敦促控制网维护单位对控制网进行定期和不定期检测外，还应经常进行控制网的巡视，并加强与使用单位进行信息交流，从而了解控制网点的现状，通过进行综合分析，对受到影响的控制点及时进行同精度恢复。

2. GPS点控制网的检测技术要求

卫星定位控制网的检测应满足下列技术要求：

（1）观测前，须对GPS接收机和天线等设备进行全面检验，以保证GPS接收机在良好状态下工作；

（2）观测前，编制GPS卫星可见性预报表，其内容应包括可见卫星号、卫星高度角和方位角、最佳观测卫星组的最佳观测时间、点位几何图形强度因子（PDOP）等确定最佳观测时间和时段，根据这些编制观测计划并严格执行；

（3）外业开机前检查设备的各种连接是否正确。观测过程中，作业人员不应离开GPS接收机，不得使用手机、对讲机等对信号有干扰影响的电磁器具；

（4）天线应精确地进行天线整平、对中，对中误差不大于1 mm；

（5）每时段观测前、后各量取天线高各一次，两次量高较差小于3 mm，取两次平均值作为最终成果；

（6）外业观测要求：卫星高度角≥15°；有效观测卫星数≥4；同步观测接收机台数≥3；几何图

形强度因子（PDOP）≤6；重复设站数≥2等；观测时段长度≥60 min；数据采样间隔≤10 s等；

（7）按《城市轨道交通工程测量规范》附录A表A.0.5的规定逐项填写外业观测手簿；

（8）外业关机前，应检查各种记录是否齐全正确。每一时段观测结束前，及时检查资料是否齐全。当天作业完成后，将存储介质上的数据进行拷贝保存，以防资料有误和丢失，并及时进行数据处理。

3．GPS点控制网的精度控制

根据《城市轨道交通工程测量规范》（GB 50308—2017）的相关技术要求，进行卫星定位控制网的检测。观测数据经过严密平差后，各项限差应满足表10-1中各项技术指标的要求。

表10-1 卫星定位控制网的主要技术指标

平均边长/km	最弱点的点位中误差/mm	相邻点的相对点位中误差/mm	最弱边的相对中误差	与原有控制点的坐标较差/mm	不同线路控制网重合点坐标较差/mm
2	±12	±10	1/100 000	≤50	≤25

4．GPS点控制网检测成果更新原则

按项目公司要求的时间进行GPS点控制网检测，在规定时间内提交成果报告。检测工作完成后，GPS控制点建议按以下原则取值使用：

（1）检测值与原测值互差绝对值<15 mm时，取原测值使用；

（2）15 mm≤检测值与原测值互差绝对值≤20 mm时，取原测值和检测值的均值使用；

（3）检测值与原测值互差绝对值>20 mm时，取检测值使用。

（二）水准控制网检测

1．水准控制网复测技术要求

地面水准控制网的复检测遵循以下几点：

（1）复测的观测方法及技术要求应与首次测量时保持一致，并且尽量以原网的布网结构进行观测，避免因网形结构的改变而导致控制点成果的变动；

（2）复测结束后，通过将复测成果与原网数据对比，进行控制网稳定性分析，并提供最新的控制网数据；

（3）为保证控制网的稳定性、可靠性及满足施工需要，除敦促水准控制网测设单位对控制网进行定期和不定期复测外，还应经常进行控制网的巡视，并加强与使用单位进行信息交流，从而了解控制网点的现状，通过进行综合分析，对受到影响的控制点及时进行同精度恢复。

2．二等水准控制网的观测方法及要求

按下列技术要求对高程控制网进行观测：

（1）观测前，先检测点位的稳固情况；

（2）进行二等水准观测时，应采用不低于DS1级的水准仪及铟钢水准尺进行观测；

（3）观测应固定仪器、固定观测人员、固定路线三固定原则；

（4）二等水准控制网测量观测视线长度≤60 m，前后视距差≤2.0 m，前后视距累计差≤4.0 m，视线高度≥0.3 m；

（5）当由往测转为返测时，两水准尺必须互换位置；

（6）使用数字水准仪时，应将有关参数、限差预先输入并选择自动观测模式，水准路线应避开强电磁场的干扰。

3．二等水准网数据处理及精度指标控制

外业观测结束后，采用中铁四院研发的《铁路工程精密控制测量数据处理系统》进行严密平差，并应计算每千米高差偶然中误差、高差全中误差、最弱点高程中误差和相邻点的相对高差中误差，其主要技术指标的精度见表 10-2。

表 10-2 精密水准测量的主要技术要求

水准测量等级	每千米高差中数中误差/mm		附合水准线路平均长度/km	水准仪等级	水准尺	观测次数		往返较差、附合或环线闭合差/mm
	偶然中误差 M_Δ	全中误差 M_w				与已知点联测	附合或环线	
二等	±2	±4	2～4	DS_1	铟瓦尺	往返测各一次	往返测各一次	±8

注：L 为往返测段，附合或环线的路线长度（以 km 计）。

4. 二等水准控制网复量成果更新原则

观测结束后，应按发包人要求的时间，及时提交地面水准控制网测量成果。地面高程控制点建议按以下原则取值使用：

一般检测值与原测值互差小于 2 倍中误差时，可用原测成果；若检测值与原测值互差大于 2 倍中误差或发现粗差时，则采取专项检测。

（1）检测值与原测值互差绝对值＜3 mm 时，取原测值使用；
（2）3 mm≤检测值与原测值互差绝对值≤5 mm 时，取原测值和检测值的均值使用；
（3）检测值与原测值互差绝对值＞5 mm 时，取检测值使用。

（三）精密导线网检测

1. 精密导线网的布设原则检查

精密导线网应沿线路方向布设，并应布设成符合导线、闭合导线或结点导线网的形式。导线网一般有以下特点：

（1）根据线路施工特点及线路沿线的通视条件，导线边不宜过长；
（2）为满足地铁施工的需要，地下线采用盾构法施工的区段，应适当加长各导线点间的距离；在高架线区段，适当地增设导线点；
（3）由于竖井附近的精密导线是进行平面联系测量的起算依据，而精密导线的精度及可靠性直接影响联系测量成果的好坏，所以每个竖井周围应布设不少于三个以上的精密导线点，形成小闭合环或结点网。闭合环或结点网间用光电测距单导线或 GPS 单导线连接，整个精密导线控制网形成多个节点网，这种做法可以增加竖井附近精密导线网的多余观测量，提高这些点的精度和可靠性。

根据以上原则和特点来评定导线网测设单位的成果。

2. 精密导线的布点原则及埋设要求检查

一般精密导线布点时应遵循以下原则：

（1）符合导线的边数宜少于 12 个，相邻边的短边不宜小于长边的 1/2，个别短边的边长不应小于 100 m；
（2）导线点的位置应选在施工变形影响范围以外稳定的地方，并应避开地下构筑物、地下管线等；
（3）楼顶上的导线点宜选在靠近并能俯视线路、车站、车辆段一侧稳固的建筑物上；
（4）相邻导线点间以及导线点与其相连的卫星定位点之间的垂直角不应大于 30°，视线离障碍物的距离不应小于 1.5 m，避免旁射折光的影响。

根据《城市轨道交通工程测量规范》（GB 50308—2017）及现场条件的不同，精密导线点分为地面精密导线点及楼顶精密导线点，具体的埋设方式见规范要求。

根据上述原则来评定导线网测设单位的选点埋石质量。

3. 精密导线观测方法

精密导线测量按下列方法进行观测：

（1）测站点只有两个方向时，采用左、右角各观测两测回，左右角平均值与360°之差小于4″；

（2）夏季导线观测宜在上午10:00以前或下午3:30以后进行，最好选取在阴天，无风或微风时进行，当太阳升到一定高度（9:00以后），下午4:30以前应给仪器设备打伞，保证仪器设备避免暴晒；

（3）前、后视距离相差较大时，注意调焦对测量成果的影响；

（4）每条边均往返距离，一次测回读数间差小于3 mm，单程各测回间较差小于4 mm；

（5）仪器加、乘常数及气象改正可根据全站仪的性能、现场设置的仪器气压、温度等相关资料，在测距时直接改正或记录相关资料内业平差计算前进行改正。

4. 精密导线测量的精度控制

根据《城市轨道交通工程测量规范》（GB 50308—2017）的技术要求进行精密导线测量作业，其主要技术指标见表10-3。

表10-3 精密导线测量的主要技术要求

平均边长/m	导线总长度/km	每边测距中差/mm	测距相对中误差	测角中误差/(″)	水平角测回数 Ⅰ级全站仪	水平角测回数 Ⅱ级全站仪	边长测回数 Ⅰ、Ⅱ级全站仪	方位角闭合差/(″)	全长相对闭合差	相邻点的相对点位中误差/mm
350	3	±3	1/80 000	±2.5	4	6	往返测距各2测回	±5	1/35 000	±8

5. 施工加密控制网检测原则

施工平面和高程加密控制网检测原则，平面按加密导线测量技术指标施测，高程加密控制网按二等水准测量技术要求实施。对施工加密控制网审查时，立即对施工加密数据进行现场检测，并对测量成果进行对比分析。加密导线点的双方坐标互差≤12 mm，方可进行下一道工序；加密高程点双方高程的互差≤3 mm，方可进行下一道工序。

二、联系测量

（一）首次联测测量时机

车站基坑开挖至底部，顶板封闭之前，应进行平面及高程传递测量，以免因顶板封闭视线受阻错失检测时机。联系测量的检测，根据工程施工进度，须按项目公司要求的时间及时完成。联系测量的内外业及成果精度，须满足《城市轨道交通工程测量规范》（GB 50308—2017）的有关要求。

（二）平面联系测量方法

联系测量一般在车站、区间竖井等部位进行，针对杭州至海宁城际铁路的特点将根据现场环境的调研，采用一井定向、两井定向、导线直接传递等方法。

1. 一井定向（联系三角形法）

采用一井定向方法时，地面、地下近井导线测量观测技术要求同精密导线测量技术要求。一井定向法示意如图10-1所示。

在同一竖井内悬挂二根钢丝组成联系三角形，如有条件时，悬挂三根钢丝组成双联系三角形。每次定向应独立进行三次，取三次平均值作为定向成果。

井上、井下联系三角形应满足下列要求：

（1）钢丝间的距离 a 应尽可能长；

（2）定向角、尽可能小，一般应小于1，呈直角三角形；

（3）b/a 及 b/a 的比值应尽可能小，一般应小于1.5。

联系三角形边长测量可采用光电测距或经检定的钢尺丈量，每次应独立测量三测回，每测回三次读数，各测回较差应小于 1 mm。地上与地下丈量的钢丝间距较差应小于 2 mm。钢尺丈量时应施加钢尺检定的拉力，并应进行倾斜、温度、尺长改正。角度观测应采用不低于Ⅱ级全站仪，用方向观测法观测六测回，测角中误差应在 2.5 之内。

联系三角形定向推算的地下起始边方位角的较差不应大于12，方位角平均值中误差应在8之内。

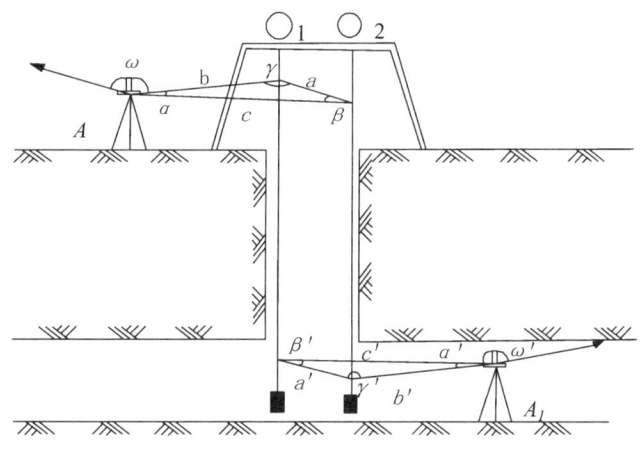

图 10-1　一井定向方法示意

2. 两井定向

当车站或区间竖井具备两井定向条件时，采用两井定向方法。此时在两竖井中各投测一个坐标点，井上井下将投点用导线连接，构成两井定向图形。连接导线测量观测技术要求同精密导线，如图 10-2 所示。

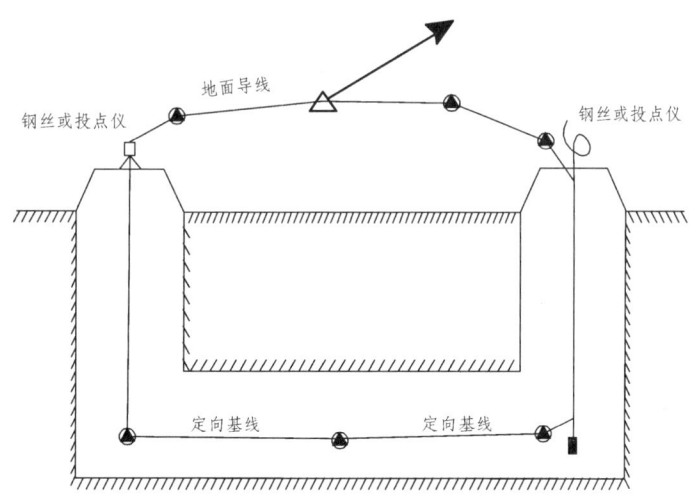

图 10-2　两井定向方法示意

3. 导线定向（导线直接传递测量）

通过车站开挖基坑、竖井、通道向隧道内传递坐标和方位时，可采用导线定向方法。导线定向测量观测技术要求同精密导线测量。

导线直接传递测量应独立测量两次，地下定向边方位角互差应小于12″，平均值中误差应小于8″。

导线直接传递测量应符合下列要求：
（1）采用具有双轴补偿的全站仪，无双轴补偿时应进行竖轴倾斜改正；
（2）垂直角宜小于30°；
（3）仪器和觇牌安置采用强制对中或三联脚架法；
（4）测回间检查仪器和觇牌气泡的偏离，必要时重新整平。

4. 投点定向测量

（1）利用施工竖井或区间钻孔向隧道底板投测二个或二个以上控制点，作为隧道内的起算控制点；
（2）投点定向测量独立进行两次，每次旋转基座120°三个位置各测一测回；
（3）投点定向测量观测技术要求同精密导线；
（4）投点误差小于3 mm。地下定向边方位角互差小于12″，平均值中误差小于8″；
（5）在区间隧道正线上采取钻孔投点的方式向隧道内投测控制点。投测的两点相互通视，其间距大于60 m。

5. 联系测量次数及联系测量的方法

由于联系测量精度与竖井位置、定向基线边的长短关系密切，将直接影响隧道贯通精度，而测量次数是提高联系测量精度和可靠程度最有效的方法之一。因此，根据竖井所处位置、定向基线边的长短及隧道贯通距离长短的实际情况确定测量次数。隧道贯通前的联系测量工作不应少于3次，宜在隧道掘进到100 m、300 m以及距贯通面100～200 m时分别进行一次。当地下起始边方位角较差小于12″时，可取各次测量成果的平均值作为后续测量的起算数据指导隧道贯通。

对于隧道长度超过1.5 km的区间，增加联系测量，以确保隧道贯通的精度。联系测量时需结合施工设计及工艺，根据首级网的布设情况，进行误差分析研究，确定联系测量的次数。

（三）高程联系测量方法

高程联系测量主要包括地面近井水准测量、高程传递测量和地下近井水准测量三部分。

1. 近井水准测量

按下列技术要求进行近井水准测量：
（1）地面近井水准以形成附合水准路线为宜；
（2）当井下水准基点即（高程）基点与高程传递所悬挂钢尺之间只测一站水准时，已满足高程导入的需求，不进行近井水准测量。当超过一站需增加临时点时，临时点与水准基点之间按《城市轨道交通工程测量规范》（GB 50308—2017）二等水准的技术要求作业；
（3）由于近井水准测量只能采用单点闭合或支线水准线路，故在同一次联系测量时，必须测量两次或多次，以保证测量数据的准确性。

2. 高程传递测量

高程传递测量常用的方法是悬吊钢尺和悬吊钢丝等的方法。由于地铁竖井一般较浅，因而地铁中的高程传递检测均采用悬吊钢尺的方法进行高程传递。

按下列技术要求进行高程传递测量：
（1）作业时，采用的钢尺必须是检定过的钢尺，并悬挂与检定相同质量的重锤；井上、井下两台水准仪同时观测；
（2）每次高程传递测量在井下至少联测三个水准（或高程）基点；
（3）测量时，独立观测三测回，测回间变动仪器高大于5 cm，且三测回间高差较差小于3 mm；高程传递的过程中，要测量井上、井下温度以便对钢尺进行（温度）改正；
（4）当竖井较深还要进行钢尺的自重等相关项目的改正或采用其他方法消除钢尺自重给高程传递

带来的误差。高程传递如图 10-3 所示。

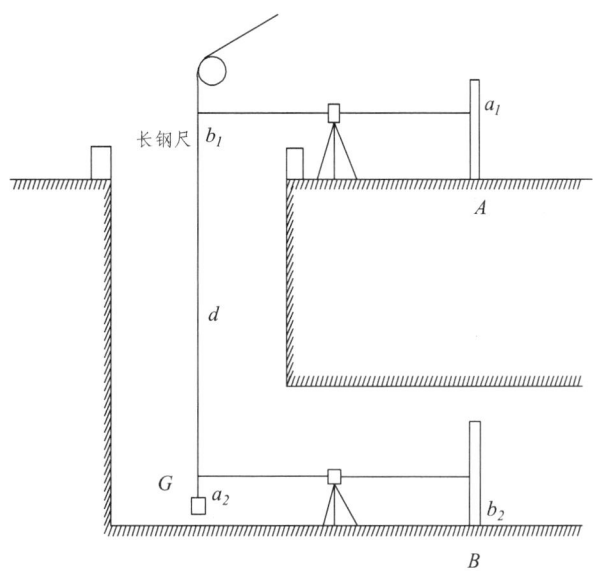

图 10-3 高程传递示意

3. 高程联系测量次数

高程联系测量的次数同平面联系测量的次数相同，即在一个竖井内至少独立进行三次。

三、盾构钢环安装位置检测

（一）盾构钢环检测完成工作量

标段内含有 12 个车站洞门，每个洞门中心放样和安装后安装检测需复核测量两次，全线共检测洞门 24 次。

（二）钢环圆心中心安装精度要求

洞门钢环在安装时及盾构始发前应报送测量资料，安装时误差应控制在 3 mm 内，盾构始发钢环中心三维坐标复测与设计值比较应不大于 50 mm。洞门钢环安装及复测宜采用联系测量成果作起算点。

（三）盾构钢环中心位置测量

盾构机始发井建成后，应利用联系测量成果加密控制测量点，满足中线测设、盾构机组装、反力架和导轨安装等测量需要。施工单位在进行完测量控制点交接桩后，应组织人员对交接桩点进行检测，如有问题应通知第三方测量单位进行复测。施工中根据工程需要对控制网进行加密，加密控制点需上报测量资料由第三方测量单位进行检测。

由于盾构区间距离一般较长，盾构施工区段的始发预埋环及接收预埋环的平面位置及高程精度将直接影响盾构机的就位和推进，因此需要对盾构始发井及接收井进行测量检测。

该检测遵循以下几项原则：

1. 检测外业测量时，均匀地采集盾构环上几点的三维坐标（采集点数量要多于 4 个，以增加检核条件）；
2. 盾构始发井、接收井（包括车站）的四角定位可采用极坐标法或双极坐标法检测；
3. 以其附近的控制点为起算依据，按一级导线的作业要求检核预埋钢环放样的精度和钢环安装的正确性。

四、地下控制测量及施工检测

(一) 地下控制测量完成工作量

地下控制测量频次紧随联系测量进行并同步完成盾构隧道的轴线检测分别在盾构掘进 100～150 m，300～400 m 处和距贯通面 150～200 m 处分别进行一次包括联测测量在内的隧道控制点检测。若单向开挖长度超过 1 km 时，根据需要适当增加检测次数，全线地下控制点检测为 140 次。盾构隧道轴线检测 140 次；车站底板在完成第一块底板施工后对底板左、中、右三处底板顶部标高进行检测，共检测车站底板 18 次；站台板和轨顶风道的左右线分别进行检测分别检测 36 次。

(二) 地下平面控制测量

地下平面控制点可按《城市轨道交通工程测量规范》(GB 50308—2017) 精密导线测量的技术要求进行检测。为提高隧道平面测量的精度，可采取下列措施：

(1) 尽可能加大导线边长，减少测站；

(2) 为避免旁折光的影响，视线距隧道壁要有一定距离，并将导线布设成 Z 形；

(3) 在单向贯通距离较长的盾构隧道内时，应设置强制对中标志或采用三联脚架法进行观测；

(4) 在单向贯通距离较长的盾构隧道内时，宜采用双导线或边角网形式布设施工控制网；

(5) 通过在不同的时间段进行观测，取其加权平均值作为最后成果；

(6) 经分析研究能有效减小测量误差的其他方法作业；

(7) 由于地下结构在施工期间非常不稳定，在控制导线向前延伸时，必须对已有的控制点进行复测，必要时从定向起始边开始复测，以保证已有控制点成果的可靠性及测量精度；

(8) 在隧道贯通前 100～150 m 处全面复检测一次，以保证隧道正确贯通。

地下平面和高程控制测量起算点，应利用直接从地面通过联系测量传递到地下的近井点，控制点标志根据施工方法和隧道结构形状确定，埋设在底板或两侧边墙上。

控制点间距 150 m 左右，曲线段不小于 60 m，平面控制测量采用导线测量方法。高程控制测量采用二等水准测量方法。

隧道贯通前控制导线点、高程点至少测量 3 次，并且与竖井定向、传递高程测量同步。相邻竖井或相邻车站之间隧道贯通后，地下平面控制点应构成符合导线，地下高程控制点应构成符合水准路线。

(9) 精度原则。

地下导线点的坐标互差：在近井点附近 ≤16 mm、在贯通面附近 ≤±25 mm；矿山法区间隧道单向掘进超过 1 km 时，过 600 m 后 ≤20 mm，盾构法区间隧道单向掘进超过 1.5 km 时，过 1 000 m 后 ≤20 mm；地下导线起始边 (基线边) 方位角的互差 ≤12″。

(三) 地下高程控制测量

隧道内高程控制点可根据《城市轨道交通工程测量规范》(GB 50308—2017) 二等水准测量的技术要求进行检测。可按下列方法进行隧道内高程控制点的检测：

(1) 随着隧道向前施工，高程控制点及时向前延伸。在向前延伸时，必须对已有的控制点进行复测，必要时从竖井内的高程起始点开始复测；

(2) 为保证隧道正确贯通，隧道贯通前 100～150 m 处全面复检测一次；

(3) 精度原则：明挖车站、明挖区间、矿山法竖井、盾构始发井：相邻高程点高差的互差 ≤3 mm；地下高程点高程的互差 ≤5 mm；区间隧道较长时，各地下高程点的高程较差：矿山法区间隧道单向掘进超过 1 km 时，过 600 m 后 ≤10 mm，盾构法区间隧道单向掘进超过 1.5 km 时，过 1 000 m 后 ≤10 mm；贯通前，高程较差 ≤10 mm。

（四）车站施工测量检测

1. 地面加密控制点测量

测量队在施工中根据工程需要对控制网进行加密，加密控制点需上报测量资料由第三方测量单位进行检测。在平面检测时需按《城市轨道交通工程测量规范》（GB 50308—2017）有关要求进行作业。起闭于卫星定位控制点或精密导线点或经检测合格的平面加密控制点；导线需布置成附合导线，布置成附合导线有困难时可布置成闭合导线；作业时应按要求对已知点进行检核，边、角观测值满足有关要求后，进行边长投影改正，严密平差求得各点坐标。

2. 车站开挖基坑、出入口围护结构控制桩测量

测量单位在车站开挖基坑角点、拐点、主要轴线交点放样完成后，收到上报测量资料后进行检测。承包商必须取得第三方测量单位的检测报告后，方可进行下一工序施工。

3. 车站内施工控制点测量

车站内施工控制点是后续贯通测量、中线测量的重要起算依据。在施工过程中，应通过联系测量传递平面坐标和高程，在车站内布设施工控制点。平面控制点左、右线每条线不应少于3个，高程控制点每个车站不应少于3个。

4. 施工竖井、出入口围护结构控制桩测量

车站施工竖井及出入口围护结构控制桩放样完成后，由第三方测量单位进行抽测。施工竖井、斜井等地面放样，应测设结构四角或十字轴线，临时结构放样中误差为±50 mm，永久结构放样中误差为±20 mm。围护结构可采用极坐标或双极坐标的方法进行检测，但控制点必须为附合或闭合导线中点。以不低于30%的比例进行围护结构的检测，但检测点必须包括地连墙的角点与拐点或者护坡桩的角桩与拐点桩。

5. 车站底板、站台板和轨顶风道的定位检测

基坑开挖见底，浇筑第一块地块后开始对底板标高进行检测；站台板施工后应及时对首件站台板顶部标高进行检测，轨顶风道施工后按设计图纸对首件轨顶风道的特征部位进行平面坐标和高程检测。

（五）区间施工测量

1. 盾构始发井、接收井围护结构控制桩测量

盾构机始发井建成后，应利用联系测量成果加密控制测量点，满足中线测设、盾构机组装、反力架和导轨安装等测量需要。施工单位在进行完测量控制点交接桩后，应组织人员对交接桩点进行检测，如有问题应通知测量单位进行复测。施工中根据工程需要对控制网进行加密，加密控制点需上报测量资料由测量单位进行检测。

由于盾构区间距离一般较长，盾构施工区段的始发预埋环及接收预埋环的平面位置及高程精度将直接影响盾构机的就位和推进，因此需要对盾构始发井及接收井进行测量检测。

2. 地下加密控制点测量

盾构机始发井建成后，应利用联系测量成果加密控制测量点，满足中线测设、盾构机组装、反力架和导轨安装等测量需要。

3. 隧道内施工控制点测量

盾构区间采用单向掘进，隧道贯通距离较长，在进行隧道施工控制点测量时，施工单位应采取如钻孔投点、布设双导线或边角网、加测陀螺定向边、采用强制对中装置等多种手段，严格控制横向误差。在隧道掘进至150 m处时、至300～400 m处时、至距离贯通面150～200 m处时分别进行1次进行包括联系测量在内的地下控制测量（平面、高程）；掘进至600 m后每500 m须增加一次包括联系测量在内的地下控制测量，并加测陀螺定向以校核坐标方位；如果盾构区间有中间风井，在与中间风

井贯通后，且中间风井处管片有拆除的，必须在始发井与中间风井之间进行"两井定向"，予以修正地下控制点坐标成果及导线方位。隧道内平面控制点间平均边长宜为 150 m，在曲线段尽可能长并不应少于 60 m。地下高程控制测量与传递高程测量同步进行，地下高程控制点可利用地下导线点，单独埋设时宜 200 m 埋设一个；地下高程控制测量的方法和精度应符合二等水准测量要求。盾构法施工测量的控制点设置在隧道顶部，以免受底板施工影响。

4. 轴线检测

隧道轴线测量是通过测量盾构隧道断面确定隧道中心位置是否符合限界要求，施工单位应逐环进行管片姿态检测第三方测量单位根据情况进行每 5～10 环抽测，每次检测前均应对地面控制点、联测测量点和洞内控制点进行检测。

盾构隧道分别在隧道掘进 150 m 处时、至 300～400 m 处时、至距离贯通面 150～200 m 处时分别进行 1 次管片姿态检测；掘进至 600 m 后每 500 m 须增加一次。管片拼装中心位置以小于设计位置 50 mm 为宜；大于 50 mm，小于 100 mm；应及时通报施工单位调整盾构机资料；大于 100 mm 时报请各方进行评价处理。

五、贯通测量

（一）贯通测量完成工作量

贯通测量按两站一区间的模式贯通，全线共测量贯通测量 24 次。

（二）贯通误差测量工作流程

在施工中，由于地面控制测量、联系测量、地下控制测量及细部放样等误差的影响，使得两个相向施工的贯通面、单向施工的贯通面与预留面的施工中线不能理想衔接，从而产生错开现象，产生贯通误差。贯通误差反映在平面位置上包括横向贯通误差和纵向贯通误差，反映在高程上为高程贯通误差。

结构贯通后，应及时进行平面及高程贯通误差测量工作，以检验测量工作是否满足精度要求，结构是否按设计要求准确就位。

贯通误差测量工作流程如图 10-4 所示。

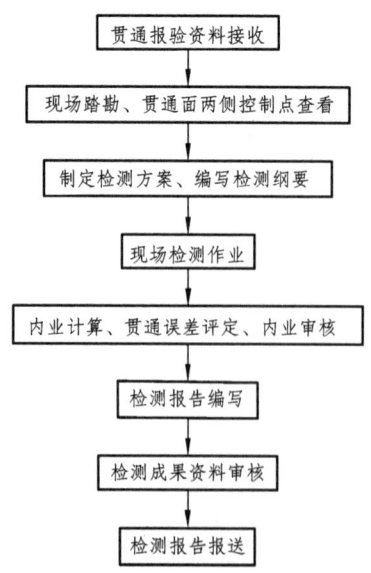

图 10-4　贯通误差测量工作流程

(三)平面贯通误差测量

盾构法施工隧道洞内平面贯通误差测量一般采用坐标差法或中线法,坐标法其具体方法为:在贯通面中线附近设置一临时点,由贯通面两侧导线分别测量该点坐标,该点的坐标闭合差分别投影至贯通面及其垂直的方向上,即为横向和纵向贯通误差。方位角贯通误差测量的方法为:利用两侧控制点测定与贯通面相邻的同一导线边的方位角较差确定。示意图如图10-5所示。

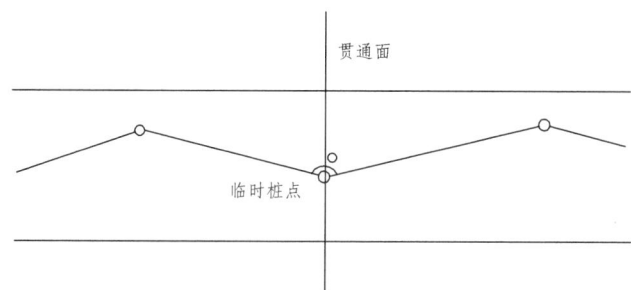

图 10-5　坐标法贯通误差测量示意

分标段施工的地段不同标段之间的结构贯通误差测量工作可根据实际情况,采用坐标法或中线法测定。

(四)高程贯通误差测量

高程贯通误差测量均以贯通面两侧的高程控制点为起算点,用水准测量联测到贯通面处的同一临时水准点上,其高程较差即为高程贯通误差。

(五)贯通误差要求

一般情况下平面和高程贯通误差必须满足:平面横向贯通中误差≤±50 mm,纵向贯通中误差小于$L/5000$(L为两开挖洞口之间的距离);高程贯通中误差≤±25 mm。具体见表10-4。

表 10-4　隧道贯通中误差分配值　　　　　　　　　　　　　　单位:mm

	地面控制测量	联系测量	地下控制测量	贯通中误差
横向贯通中误差	±25	±25	±35	±50
高程贯通中误差	±16	±12	±15	±25
纵向贯通中误差	$L/10\,000$(L为隧道贯通距离的长度)			

贯通测量的相关要求:

(1)贯通误差测量作业精度需满足《城市轨道交通工程测量规范》(GB 50308—2017)相关内容要求;

(2)贯通误差检测成果报告中,对土建承包商的成果提出审核意见,并按《城市轨道交通工程测量规范》(GB 50308—2017)要求进行分析评判;

(3)根据贯通误差测量结果,对满足贯通精度要求的区段将两侧控制点按精密导线测量的相应规定联测后,统一平差计算,平差计算后的控制点成果作为下一步测量工作的依据。

六、断面测量

(一)断面测量完成工作量

由于杭州至海宁城际铁路线明挖隧道、盾构隧道因施工误差、后期沉降变形等诸多因素影响,其现场实际平、纵断面与施工图相比必定存在差别，为避免贸然施工造成返工及对以后运营造成诸多的问题，有必要在铺轨前对实际施工的行车隧道区域进行测量，以便根据实际情况设计最适合的轨道平、纵断面，保证工程的合理性。断面测量成果为杭州至海宁城际铁路线线路调线调坡提供依据，测量范围包括杭州至海宁城际铁路线全线区间、车站、联络线和出入段线的行车隧道，断面测量长度左、右线共计95.723 km。全线共测得断面数19 200个。

（二）中线点测量

贯通测量后，施工单位应根据经贯通测量平差后的测量成果施放线路中线控制点。线路中线点包括直线段百米桩、岔区控制桩（岔心）、曲线要素点[ZH（ZY）、HY、QZ、YH、HZ（YZ）]。第三方测量单位对中线控制点进行检测并进行中线归化改正，中线检测和归化改正一般以两站一区间为单元进行。

线路中线调整测量利用检测结果，对线路中线控制点进行归化，使线路中线几何关系满足设计要求。线路中线调整的目的是在隧道贯通后进行中线（控制点）调整测量，重新建立统一的测量基准。

（三）断面测量要求

1. 断面测量间距

沿里程增大方向，明挖法施工（出入段线及车站）的直线段每隔6 m、曲线段（含曲线以外的20 m直线）每隔5 m测量一个断面。

沿里程增大方向，盾构法施工的直线段每隔6 m（管片5环）、曲线段（含曲线以外的20 m直线）每隔4.8 m（管片4环）测量一个断面，测点为管片接缝处的突出点。

曲线起点、缓圆点、中点、圆缓点、终点、联络通道、人防门（防淹门）门框两端、车站屏蔽门两端点、折返线（含渡线）范围内的中隔墙和立柱等断面突变处加测断面。

在道岔处，9号道岔，以设计岔心为原点，岔前后各24 m范围内（共48 m），沿设计线路每隔4 m测一个断面，每根立柱处加测一个断面。

在转辙机处，9号道岔，以设计岔心为原点，岔前11 m测一个断面。

2. 测量基准线、测点、横距、高程、坐标系统

（1）以施工图的设计线路中心线为测量基准线，左、右线均需要进行断面测量；

（2）测点距基准线的横距是指轨顶设计高程以上规定高度位置由基准线至隧道内壁的距离；

（3）顶部测点是设计线路中心线在隧道顶部内壁的投影点，底部测点是设计线路中心线在隧道底部内壁的投影点，均以高程表示；

（4）坐标系统均应采用轨道交通独立坐标，测量结果也应为轨道交通独立坐标。高程系统采用1985国家高程基准。

3. 测量使用仪器及测量精度

（1）结构横断面测量，可采用不低于Ⅲ级全站仪、断面仪等进行；

（2）测量断面点的里程纵向允许误差应在±20 mm之内，断面测量精度横向允许误差为±10 mm，矩形断面高程误差应小于20 mm，圆形断面高程偏差应小于10 mm。

七、设备安装测量

（一）隔断门、屏蔽门检测次数

车站屏蔽门左右线各检测1次共检测36次，隔断门每次安装均对其进行检测共检测72次。

（二）隔断门（屏蔽门）控制基准线测量

屏蔽门安装测量前须对车站隧道的结构断面进行测量。利用测设的控制基标及邻近的人防隔断门为依据，按设计要求进行屏蔽门控制基准线测量。

控制基准线数据计算根据设计提供的线路平面图、线路资料及铺轨基标调查成果，确定测量控制基准点的里程、控制基准点与控制基标及轨排的几何关系，并进行复核，确认无误后方可进行控制基准线测量工作。控制基准点的测量方法及测量精度为：

1. 平面以确定的铺轨控制基标及邻近的人防门为依据，根据已计算控制基准点的相对几何关系，使用不低于 2″级全站仪采用双极坐标的方法进行测设。控制基准点埋设完成后，对其进行检测，检测控制基准点夹角左、右角各测 2 个测回（左、右角之和与 360°之差不大于 6″），边长往返测各两个测回（测回差不大于 5 mm）。平差调线后，控制基准点直接折角与设计值比较，一般不大于 8″（或横向偏差不大于 5 mm）。

2. 两控制基准点间距离测量相对误差，直线段不大于 1/5 000。

3. 高程测量按《城市轨道交通工程测量规范》（GB 50308—2017）二等水准测量的技术要求实施作业，其水准线路闭合差小于 mm（为水准线路长度，以 km 为单位）。

（三）车站、区间设备安装、装修控制线测量及车站正负零标高点测量

根据设计提供的线路平面图、线路资料及纵断面图，利用车站及区间隧道内的基标或控制点，在车站及区间隧道内侧壁按设计的线路坡度测设水平控制线，并在车站各侧壁测设与站台中心线垂直的控制线。

装修控制线高程测量按四等水准测量的技术要求作业，并利用不同控制点对控制线高程进行检核。里程以基标或控制点为依据，采用视距法进行测量。控制线以墨线方式弹在隧道壁上，每百米标注隧道所在里程，并标注控制线的绝对高程。

车站正负零标高点测量是按四等水准测量的技术要求进行测量的。

（四）车站装修水准点测量

车站装修水准测量是按照《工程测量规范》（GB 50026—2007）四等水准测量的技术要求进行施测，并联测车站附近的 4～5 个水准点。

八、铺轨控制基标测量

（一）完成工作量

铺轨基标布设范围包括杭州至海宁城际铁路线全线区间、车站、联络线和出入段线的行车隧道，全线左、右线共计基标布设长度 99.234 km。

（二）铺轨基标布设原则及精度要求

铺轨基标根据铺轨综合设计图，利用调整好的线路中线点或贯通平差后的控制点进行测设。先对控制基标和加密基标进行测设。直线段每 100 m 设置一个，曲线段除在曲线要素点上设置外，曲线要素点间距较大时需每 50 m 设置一个。

控制基标埋设完后，须对其进行检测，检测内容、方法与各项限差应满足下列要求：

（1）检测控制基标间夹角和距离测量时，其左、右角观测各两测回，左右角平均值之和与 360°较差应小于 6″；距离往返观测各两个测回，测回较差及往返较差应小于 5 mm；

（2）直线段，控制基标间的夹角与 180°较差应小于 8″，实测距离与设计距离较差应小于 10 mm；

曲线段控制基标间夹角与设计值较差计算出的线路横向偏差应小于 2 mm，弦长测量值与设计值较差应小于 5 mm；

（3）控制基标高程测量，以施工高程控制点为起算点，布设附合水准线路测定每个控制基标高程，其高程实测值与设计值较差应小于 2 mm，相邻控制基标间与设计值的高差较差应小于 2 mm；

（4）各项限差满足要求后，应进行永久固定。对未满足要求的，应进行平面位置和高程的调整，直至满足要求为止。

第二节　测量控制系统的管理程序

一、测量关键环节的控制

第三方测量的核心任务是做好控制网的管理工作，因此第三方测量单位将做好如下几点工作：

（1）敦促首级网测设单位对地面控制网进行定期复测，重点区域要制定专项测量方案，同时加强对控制网的维护力度。

在首级控制网复测工作结束后还应该对该网做出评价，内容包含观测点网形的合理性、标石的埋设质量、成果的可靠性，以及后续该网可能存在的哪些变形问题，并提出相关建议。

（2）地下控制网的测量工作。

对地下控制网的测量，需把握关键节点，即盾构始发测量前、隧道贯通之前、联系测量时均要对地下控制网进行复测，并按《城市轨道交通工程测量规范》的要求进行成果调整、校核。

（3）地下掘进控制网、铺轨控制网的测量。

地下掘进控制网直接关系到盾构隧道是否顺利贯通，而铺轨控制网则关系到后期轨道的平顺性问题，因此，在施工过程中要加强对以上两网的测量。

二、测量工作组织设计

（一）项目部组织机构设置框架

杭海城际铁路项目第三方测量单位设项目部设项目经理 1 人，项目副经理 2 人（其中 1 人分管技术，1 人分管协调），下设现场负责人 2 人、质量负责人和资料审核人各 1 人，现场设 2 个测量小组，其他人员根据需要配备。具体机构设置如图 10-6 所示。

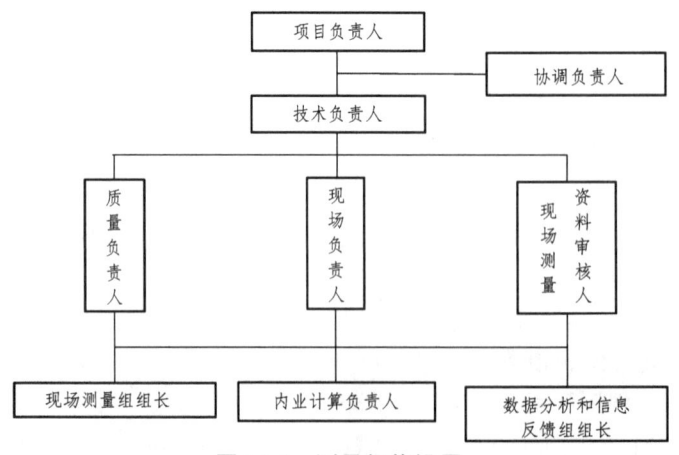

图 10-6　测量机构设置

（二）项目部主要仪器配备

根据项目部组织机构设置及双方洽谈确认，投入杭海城际铁路项目的设备仪器见表10-5。

表10-5　投入杭海城际铁路项目的设备仪器一览

序号	仪器名称	型号	产地	数量	标称精度
1	徕卡全站仪	徕卡TS30	瑞士	1台	0.5 mm级
2	徕卡全站仪	徕卡TS60	瑞士	1台	0.5 mm级
3	徕卡GPS	GS15	瑞士	6台	双频
4	天宝数字水准仪	DINI	美国	3台	0.3 mm级
5	小轿车	丰田RAV4	日本	1台	
6	商务车	别克GL8	美国	1台	
7	台式电脑	联想	中国	3台	
8	笔记本电脑	联想	中国	2台	

（三）主要管理人员职责

第三方测量项目部将严格执行质量保证体系的有关规定，并按相关的质量手册、程序文件及作业文件的有关程序进行操作，保证测量成果的准确性、科学性、公正性和可靠性

杭海城际铁路项目主要负责人岗位职责如下：

1. 项目负责人

（1）项目负责人是杭海城际铁路项目安全生产保证和进度控制的第一责任人，负责审定各种测量成果，建立健全安全生产保证体系，建立和实施安全生产责任制，确保各项安全活动的正常开展；

（2）项目负责人负责各种工程技术质量管理、工程协调、处理复杂问题等工作；

（3）项目负责人是有效开展杭海城际铁路项目各项活动的第一责任人，确立杭海城际铁路项目质量目标，组织编制实施性施工组织设计。对内组织该项生产活动、协调、调动相关人力资源，对外处理项目项目公司、监理、设计等单位的有关活动，负责对工程项目进行资源配置，保证质量体系有效运行及对人、财、物等资源的需要。项目负责人负责组织建立杭海城际铁路项目的质量管理体系，确立杭海城际铁路项目质量目标，组织编制实施性施工组织设计。

2. 技术负责人

（1）技术负责人负责贯彻执行国家方针、政策、法规，坚持全面质量管理，确保产品质量稳定提高，满足项目公司要求，争创名牌工程；

（2）审核测量项目详细技术方案、测量实施细则，指导项目的正确开展，负责杭海城际铁路项目的测量实施过程控制；

（3）对测量、现场巡视、安全风险管理等专项技术工作负领导责任并直接指导，解决测量过程中的技术疑难问题；

（4）对实施过程中可能存在的质量通病及其纠正、预防措施进行审核；

（5）审核向相关方提交的各种测量成果。

3. 协调负责人

（1）在项目负责人的领导下工作，对项目部的内外工作负责协调；

（2）协助项目公司管理测量检测项目，对整个项目进行统筹规划；

（3）对内安排好生产，协调各测量小组工作；

（4）协助项目负责人处理重大责任事故，并组织相关技术人员分析原因，提出改进措施。

4. 项目质量负责人

（1）在项目负责人、技术负责人的领导下工作，对项目部的质量管理工作负主要责任；

（2）负责杭海城际铁路项目管理体系文件的控制和维护，包括技术标准、技术法规和质量管理手册、程序文件和作业文件的管理。负责组织对测量质量的监督检查；

（3）管理杭海城际铁路项目涉及的各种测量仪器设备，督促各测量组及时检定测量仪器。

5. 现场负责人

（1）协助项目负责人开展现场测量工作的具体组织实施；

（2）负责指导和规范全线各测量组的测量工作；

（3）在现场开展"质量就是企业生命"的思想教育，严格执行质量方针，组织好质量检查和监督工作，确保测量质量和进度。

6. 现场测量资料审核人

（1）负责审核现场测量方案和测量数据；

（2）严格要求测量人员按规范和标准进行测量工作，有权制止违章操作；

（3）负责检查杭海城际铁路项目测量的原始记录、各种测量成果执行法定计量单位情况，以保证量值统一；

（4）审核各种测量成果，确保数据准确可靠。

7. 现场测量组组长

（1）对该测量项目组的整体工作负全责；

（2）宣传贯彻设计单位的质量方针、质量目标；

（3）认真组织全组人员完成相关的各项测量任务，做好本组内测量生产计划安排，掌握测量进度；

（4）负责向参加测量的人员进行测量工作量和技术交底；

（5）负责测量现场的组织、指挥工作；

（6）做好仪器设备的管理工作，具体负责定期对测量设备进行维护、保养和检定。

三、施工测量质量管理

（一）施工测量技术交底

正式开工前组织施工单位、监理单位参与技术交底会议，明确参建各方职责与要求、测量工作程序、测量项目、频率、测量方案、监理平行检验见证管理方案等以及工程开工前期所做的试验测量准备工作。通过技术交底，使施工、监理、测量形成了三级管理制度，确保测量工作的顺利开展。

承包商的测量工作是否规范、真实，直接关系到地铁工程质量，第三方测量单位把对承包商测量方案、监理单位的复测方案的审核工作作为一项重要工作来做。第三方测量单位认真学习设计文件和相应质量技术规范，确保审核通过的方案具有指导性、针对性。

第三方测量单位在施工中主要检查施工单位是否建立质量责任制、质量考核制度，测量技术人员是否具有相应资格证书，测量仪器设备是否满足精度要求，是否进行检定或校准，各种台账信息及测量报告是否齐全、真实、有效；检查监理单位是否编制监理平行检测、施工测量的复测检查，方案是否具有针对性和操作性，是否完成相关审批，监理施工测量检测台账数据是否规范真实、有效，对施工单位的测量方案，施工测量报验单及时批复，对需要返工和修正的部分及时跟踪落实。

积极配合地铁公司对施工单位和监理单位进行专项检查，响应地铁公司组织的百日安全检查，对发现的测量人员、测量仪器、作业程序存在的问题进行汇总整理，上报项目公司，加大整改力度，确保施工测量质量始终受控。

（二）技术服务内容

第三方测量单位按照合同约定，在项目运营期间协助杭海城铁公司进行全工程质量控制和技术服务等相关工作，加强对监理单位、施工单位试验测量工作的监督和管理，提高工程试验测量工作水平，明确各单位职责要求、测量工作开展程序、测量频率与测量项目等，为监理单位、施工单位顺利开展测量工作提供基础保障。在检查中，及时将发现的问题进行汇总，并告知相关单位，督促整改，及时将发现的问题解决。

具体工作主要是配合杭州地铁确定和统一杭海城际铁路项目的相关管理规定，深入现场，做好与建设、施工、监理等建设机构的沟通联系等协调、接待和服务工作，及时处理现场发生的各类问题。检查项目阶段性技术文件及测量资料的编制和整理工作，配合相关部门顺利通过各项成果评估。检查各标段建立的测量工作的各类规章制度贯彻实施情况。组织检查施工测量和放样测量工作的及时性以及测量质量的检查工作，主持制定纠正和采取预防措施，克服不规范的操作和跟踪检查整改落实情况。组织测量专业人员的培训和教育工作负责审查进度报表。及时处理建设、施工、建立有关单位发文件及邮件。督促相关人员落实并上报工作中的问题，及时与项目公司、监理单位、施工单位沟通，及时有效地从源头规避质量隐患。在施工过程中发现的与设计图纸施工不符的问题，也及时通知施工、监理及项目公司，督促施工单位及时纠正，保证工程质量。

编制测量方案，第三方测量单位对方案进行了严格审核，并在过程中检查方案实施情况，为工程质量控制提供了有力保证。

（三）现场巡查及现场测量

第三方测量单位对现场巡查和现场测量发现的问题会及时告知相关单位项目实施中，本着科学管理、优质高效的原则，利用最先进的测绘技术手段，组织优秀且具有实际经验的技术人员完成杭海城际铁路项目，工程中严把质量关，督促相关技术人员严格执行质量管理制度和有关技术标准，及时发现和解决在项目实施中的技术问题。

1. 外业观测质量

外业数据采集工作是为杭海城际铁路项目提供原始测量数据，它的精度高低和成果是否可靠，将对最终成果产生重大影响。因此，在精测网观测中按照工程的总体要求，精心设计、周密安排、认真实施、严格作业标准与规程、严格检验与检查、杜绝差错漏现象，确保高质量完成全部外业工作。

2. 数据处理质量

在数据处理工作中，做到一丝不苟，高度认真负责，对数据获取、基线解算、平差计算、资料校核或是成果提供等环节严把质量关，不允许资料有半点差错。

3. 施工生产安全

杭海城际铁路项目实施和完成，既要保质保量地完成工作任务，更要做到安全生产，文明施工，确保人身和仪器安全。

第三方测量单位对现场巡查和现场测量发现的问题会及时告知相关单位，督促整改落实，对测量误差较大的部分和控制桩的稳定性等问题，召开专题会议，分析原因，寻找根源，将测量控制和施工放样检测，增加频度，加强校核和附合路线，保证了工程测量质量和工程进度。第三方测量单位在巡查中发现的问题在周报和月报中反映，使项目公司能及时了解和掌握现场施工测量的进展和质量控制情况。

（四）配合工程验收工作

对已完工的分部、子单位工程、单位工程积极配合轨道站、项目公司、监理、施工单位的验收工作，并在验收前提前对测量资料进行检查，对所检查的问题跟踪整改落实情况。

在子单位工程、单位工程验收时，第三方测量单位参加了资料验收组和实体检查组。资料验收组主要是对施工、监理单位的工程档案资料进行检查。主要验收内容为：查看技术档案和施工管理资料是否完整；子单位工程所含（子）分部工程的质量验收是否合格；有关安全和功能的测量资料是否完整；主要功能项目的抽检和抽测结果是否符合相关质量验收规范的规定；施工、监理等单位签署的质量合格文件或质量评价意见是否齐全；子单位工程预验收时提出的相关问题是否已整改销项；对已完工的分部、子单位工程、单位工程积极配合轨道站、项目公司、监理、施工单位的验收工作，并在验收前提前对相关资料进行检查，对所检查的问题跟踪整改落实情况。

在子单位工程、单位工程验收时，监测中心参加了资料验收组和实体检查组。资料验收组主要是对施工、监理单位的工程档案资料进行检查。主要验收内容为：查看技术档案和施工管理资料是否完整；子单位工程所含（子）分部工程的质量验收是否合格；有关安全和功能的监测资料是否完整；子单位工程预验收时提出的相关问题是否已整改销项；建设行政主管部门及市轨道站等有关部门责令整改的问题是否已经整改完毕。实体检查组主要是对验收工程实体质量进行现场检查，主要验收内容为：混凝土外观质量是否符合相关质量验收规范的规定；结构是否有渗漏水现象，是否满足防水的相关质量验收规定；子单位工程预验收时提出的相关问题是否已整改销项。

第十一章 投资控制

第一节 项目投融资体制

一、项目总投资及融资

(一) 投资规模及其构成

根据《关于杭州至海宁城际铁路工程初步设计的批复》（浙发改设计〔2017〕69号）文件批复，杭海城际铁路项目总投资为人民币141.92亿元，包括：

（1）杭海城际铁路项目先行段的总投资：根据PPP项目合作协议规定，其竣工决算审计完成前指《初步设计》文件确定的总投资；其竣工决算审计完成后指经审计确认的总投资。

（2）杭海城际铁路项目除城际铁路先行段以外的其余部分的总投资：指浙江省发展和改革委员会就杭海城际铁路项目除城际铁路先行段以外的其余部分批准的初步设计文件项下确定的总投资。

(二) 资本金出资

1. 项目资本金出资及到位时间

经PPP项目合作协议约定，项目资本金明确为人民币68亿元，并按表11-1进度足额到位。

表11-1 项目资本金到位时间表

项目资本金到位时间	项目资本金到位金额
杭海城际项目有限公司领取营业执照后二（2）个月内	人民币20.4亿元
杭海城际项目有限公司领取营业执照后十四（14）个月内	人民币13.6亿元
杭海城际项目有限公司领取营业执照后二十六（26）个月内	人民币20.4亿元
杭海城际项目有限公司领取营业执照后三十八（38）个月内	人民币13.6亿元

在实施过程中，公司严格按照PPP项目协作协议规定执行，每年在规定的时间内要求各股东方按出资额度及时履行，各股东方也能及时按照规定时间、出资额度履行，在2020年4月中旬各股东方完成PPP协议规定的68亿元项目资本金足额到位。

2. 项目资本金出资方式及出资比例

杭海城际铁路项目出资采用货币出资方式，政府和社会资本方（联合体）按35：65的出资比例共同出资组建杭海城铁公司。其中：政府方由海宁市交通投资集团出资1.18%（现已变更为海宁市轨道交通投资建设公司），中国政企基金出资19.12%，海宁市基础设施基金出资14.7%，社会资本方浙江交通集团出资45%，中铁（上海）投资集团出资20%。

（三）项目融资及保证

1. 项目融资方案

根据 PPP 项目合作协议规定，杭海城际铁路项目所需资金除项目资本金外为金融机构借款融资，其中项目注册资本金为 68 亿元。

按照 PPP 项目合作协议规定，杭海城际铁路项目投资所需资金除项目资本金外，采用收费权质押、特许经营权收益权、资产抵押等方式向金融机构借款融资。根据省发改委批复的项目初步设计概算总额为 141.92 亿元，除项目资本金外需要借款融资。实施过程中经与银团（国家开发银行、浙江省工商银行、海宁市农业银行、海宁市建设银行）各行沟通交流，最终采用应收账款质押方式进行贷款融资，签订银团（银行）贷款合同，贷款合同金额为 73.92 亿元，贷款期限为 29 年，其中：宽限期 4 年。

2. 项目融资义务

（1）杭海城际铁路项目所需资金除项目资本金外向金融机构借款融资，杭海城铁公司对该部分的资金获得负全部的责任，并确保公司资本金比例符合适用法律和政府批准文件的要求；

（2）杭海城铁公司积极运用境内外适用和优惠的融资工具为本项目获得必要融资，以降低融资成本，海宁交投、实施机构及浙江交通集团、中铁上投均为杭海城铁公司的融资提供协助；

（3）杭海城铁公司仅限为杭海城际铁路项目之目的所采用收费权质押、特许经营权收益权质押、资产抵押等方式筹集资金，不得影响城际铁路的正常运行；

（4）杭海城铁公司各股东按照金融机构要求提供合规性材料，包括但不限于其公司基础资料、财务报表以及其他融资合规性文件等。

二、投融资监管

按照 PPP 项目合作协议规定，杭海城铁公司就以下相关内容向政府授权指定的实施机构备案或被监管：

（1）按照城际铁路项目投资、建设、运营的需要，编制资金筹措和使用年度计划，按年度向实施机构提交备案；

（2）采用货币出资方式出资资本金，按 PPP 项目合作协议规定分期足额到位，实施机构对资本金到位情况实施监管；

（3）确保资金用于杭海城际铁路项目，实施机构有权根据杭海城铁公司融资方案，通过过程审计以及其他适当方式进行监管；

（4）为杭海城际铁路项目融资之目的，以采用收费权质押、特许经营权收益权质押、资产抵押等方式筹集资金的，事先须经实施机构和财政部门批准，并要求在签订上述文件十天内将相关文件的副本报实施机构备案；

（5）在运营期内，根据项目实际需要制定更新改造等所需融资计划，须报实施机构备案；

（6）项目公司有权按照 PPP 项目合作协议及公司章程对公司资金进行调度使用。

三、投资控制责任

在符合 PPP 项目合作协议中关于杭海城际铁路项目的建设标准、质量标准和工期等规定的前提下，经相关财政部门批准的竣工决算，对确认的建设工程投资额超过初步设计文件所确定的建设工程投资总额的，超出的部分全部由浙江交通集团、中铁上投承担，但 PPP 项目合作协议另有约定的部分除外;对确认的建设工程静态投资额少于初步设计文件中确定的建设工程静态投资总额的,按初步设计文件总确定的投资概算金额与竣工决算金额差额部分扣除已支付的分年可行性缺口补助中的融资利息差额部分(融资利息差额指根据初步设计文件所计算的融资利息与根据竣工决算计算的融资利息的差额),平均分5次于下5期分年可行性缺口补助中相应增加。

第二节 技术标准与规模的确定

一、设计依据

杭海城际铁路项目主要技术标准:正线双线,速度目标值120 km/h;最小曲线半径800 m,困难地段700 m;最大坡度区间正线30‰,联络线、出入线最大坡度不宜大于35‰;车辆采用类B型车,4辆编组,行车组织采用两种方式:大站快车和站停;站台长度80 m,站台宽度按岛式和侧式站台分别计算确定;电力牵引,采用DC 1 500 V架空接触网供电;信号系统初、近期采用点式ATC系统,远期随着客流增长、行车速度加大,可升级为CBTC系统。

二、设计范围

杭州至海宁城际铁路,线路起于杭州余杭高铁站,与已建成的杭州地铁1号线临平支线(远期为9号线)换乘,线路出站后经由站前路、联杭路、人民大道、海宁高铁站、下穿沪杭高铁、学院路、长安路、周王庙镇、上跨南排河、观潮大道、硖许公路、海州西路进入海宁市主城区,经中国皮革城后沿海州东路至08省道,设终点站碧云站。沿线经过了杭州市余杭区、许村镇、长安镇、周王庙镇、盐官镇、斜桥镇、海宁主城区,全长约47.72 km,其中地下段及U形槽段长约13.17 km、高架线长约34.55 km。全线共设12座车站,平均站间距约4.28 km,在长安镇和斜桥镇分别设置主变电所,1座车辆综合基地(含控制中心)位于盐官镇郭店村。

杭海城际铁路项目拟占用土地 210.63 hm^2(主线用地 71.54 hm^2,车辆基地 24.78 hm^2,变电所 0.84 hm^2,配套站场用地 55.23 hm^2,安置用地 58.24 hm^2)。

根据《国务院办公厅关于支持铁路建设实施土地综合开发的意见》(国办发〔2014〕37号)文件规定,"支持新建铁路站场与土地综合开发项目统一联建",结合海宁市城乡规划局开发用地规划意见和海宁市国土资源局土地利用审查意见,拟占用沿线站场周边综合开发用地为544.33 hm^2,实行分批报批、分期实施。建设期限为2017—2021年。

第三节 合同管理

一、合同管理

加强合同管理,是为了提升公司经营管理水平,有效控制PPP项目建设成本,切实维护公司和股东的合法权益。因此杭海城铁公司特制定《合同管理办法》。

杭海城铁公司合同实行分级负责、统一管理制度。合同签订主体为管理责任主体,负责合同承办、履行的部门和人员为责任部门和直接责任人,各审核部门按照职责承担审核责任。

杭海城铁公司签订合同前必须按规定履行审批程序，未经审批的合同一律不得签订。严禁先履行后签订合同，严禁未签订合同先支付款项。

二、合同纠纷处理

发生合同纠纷，合同承办部门及时采取措施，防止损失扩大，并争取首先通过平等协商或调解的方式解决。

合同对方不履行合同义务或不按约定履行合同义务的，合同承办部门以书面形式向对方提出继续全面履行、采取补救措施、支付违约金、赔偿损失、解除合同等要求。

合同双方无法就纠纷达成一致意见或对方无意协商解决的，合同承办部门会同合约部等相关部门拟订处理方案，并及时收集各种证据材料，做好诉讼或仲裁准备。

三、合同档案管理

合同签订后2个工作日内，合同承办部门将合同原件交财务部、合约部存档。

合同承办部门建立合同台账，整理合同起草、谈判、审核、签订、履行、变更、解除、纠纷处理等全过程相关材料，包括发生法律效力的调解书、和解协议、裁决书、裁定书、判决书。

合同履行完毕后，合同承办部门及时将合同全过程相关材料妥善保管，不得随意处置。

合同涉及保密事项的，合同承办部门、审核部门及其他接触到合同信息的人员，应当严格遵守保密规定。

四、合同分类

公司合同分为生产经营类和综合管理类。工程施工、勘察设计、工程监理、机电设备安装、项目融资、工程保险、征迁迁改工程等为生产经营类，其编号为A；房屋租赁、办公设备采购等为综合管理类，其编号为B。

公司合同编号实行三级编码制，编码全称为HHCJ-A（B）-***，其中的HHCJ是杭海城际拼音的简称，A或B代表合同类别，***为顺序码。杭海城际铁路项目公司共签订A类合同135份，B类合同314份。

第四节　验工计价管理

一、验工计价管理

为加强建设项目投资管理，规范验工计价行为，合理确定和有效控制PPP项目工程建设成本，维护参建各方的合法权益。杭海城铁公司特制订《验工计价管理办法》。

杭海城铁公司负责建设管理的建筑安装工程、设备器具、征地及拆迁、其他工程等项目，均通过验工计价来确认已完工程数量和计算工程价款；勘察设计费、工程咨询费、监理费等其他投资费用通过验工计价来确认已完工作的数量和计价。

验工计价按照合同（或协议）约定方式或相关规定进行。建设项目实行固定总价承包的，按合同约定采用合同总价下的节点工期计价方式的,验工计价与合同约定的计价节点相对应。

验工计价的办理遵循实事求是原则,根据实际完成且质量合格的工程数量或工作内容进行验工计价。验工计价工作按先验工、后计价的原则进行,真实反映工程和投资完成情况。

二、阳光工程

(1) 为实现验工计价规范、系统且透明、阳光的要求,验工计价报表实行"工程管理信息平台"线上操作。施工、监理等单位必须统一使用公司工程管理信息系统中的"验工计价"模块进行填报、审核、审批,并进行电子签章确认,各相关单位必须按要求配备计算机软件和硬件设备。

(2) 验工计价报表、汇总表等各类报表,均采用电子签章,且各级签字必须齐全。

(3) 验工计价原则上要求采用电子版存储,分权限查询和管理。

第五节 财务管理

依据《会计法》《财政部关于印发企业会计准则解释第 14 号的通知》《政府会计准则第 10 号——政府和社会资本合作项目合同》《企业会计准则第 6 号——无形资产》《企业会计准则第 13 号——或有事项》《企业会计准则第 14 号——收入》《企业会计准则第 17 号——借款费用》《企业会计准则第 22 号——金融工具确认和计量》《企业会计准则第 16 号——政府补助》及建设部《建设工程价款结算暂行办法》(财建〔2004〕0369 号)的规定和 PPP 项目相关法律法规制度,结合浙江交通集团相关管理制度、杭海城铁公司相关管理办法等要求,按照"依法合规、科学统筹、示范引领、优质高效"的公司经营方针,规范轨道交通建设投资控制行为,提升建设项目财务管理水平,降低工程投资费用及各项经营风险,提高项目投资效益。

一、建立健全财务制度,规范财务管理

为规范项目财务管理,不断加强建设资金管理,确保建设资金安全、完整和资金使用依法合规。根据相关法律法规制度及相《企业会计准则》,结合浙江交通集团相关管理制度及公司的实际情况,杭海城铁公司制定了《项目财务管理办法》《工程项目资金管理办法》,签订项目资金监管协议,结合公司《公司行政费用管理办法》《验工计价管理办法》《工程价款结算办法》《招标投标管理办法》《计划管理办法》《统计管理办法》《工程变更管理办法》《合同管理办法》《薪酬管理办法》《绩效考核管理办法》等一系列相关办法,从制度上保证了项目建设资金的合理使用,确保工程建设项目的顺利推进。同时,为明确公司财务管理职能及各岗位职责,制定了《财务部工作职能》和《财务部岗位职责》,以明确工作流程,工作标准及责任人。

二、强化资金源头控制,规范建设资金使用

杭海城际铁路项目工程线路长,投资规模大,涉及范围广,为加强工程项目建设资金管理,保障资金收支安全,确保工程建设顺利推进,防范资金使用风险,管好用好项目建设资金,作以下规定:

(一)规范账户管理,确保专款专用

杭海城铁公司严格按照集团对银行账户开设管理规定,规范银行开户手续。同时为了项目资金集

中管理需要,在浙江交通集团财务公司开设结算账户,开展日常资金归集和结算。公司要求本项目各施工单位规范银行账户管理,对施工单位项目部资金使用签订三方(杭海城铁公司、施工单位项目部、开户银行)监管协议,并禁止多头开户,分散项目建设资金,严禁挪用、抽逃建设资金。公司对施工项目开展定期或不定期的资金检查,确保资金仅使用于杭海城际铁路项目建设,明确项目各参建单位严禁对外投资,拆借、担保或其他违规行为,从根本上规范建设资金使用管理。

(二)实行预算管理,满足项目资金需求

杭海城铁公司对资金使用实行预算管理,编制科学合理的资金预算,主要体现在两个层面。一方面是编制项目公司的资金需求预算。根据年度投资计划、施工组织方案,工程进度和节点工期安排,并考虑甲供料等各项因素,制定本年度资金预算;下半年根据实际变化情况及时调整资金预算,确保满足项目资金需求。另一方面要求各施工单位项目部每月向公司提报资金使用计划,根据各项目月度投资计划、进度结算,甲供材料等情况审核次月资金使用计划额度。施工单位项目部当月未完成下达的施工生产计划,对次月资金计划需求进行调整,做到月度资金预算动态管理,既满足施工现场对资金的需求,又能节约公司财务费用。

(三)强化合同管理,规范财务收支依据

一是参与合同条款的审查,从财务角度提出合同相关内容的合规性、合理性,既避免了合同税务、财务风险,又从降本增效角度控制费用开支;二是加强合同台账管理,实时动态更新;三是财务收支以合同作为依据之一,杜绝无合同拨付以及超合同拨付资金的情况发生,降低财务风险。

(四)强化项目部资金监管,有效防范资金风险

根据公司资金管理办法、资金监管协议等相关要求,建立了公司、开户银行和参建单位"三位一体"的资金监督体系。一是将项目建设资金监管内容、要求纳入工程施工承包合同;二是公司、施工单位和银行签订三方资金监管协议;三是执行中强化了建设资金流向监管。施工单位项目部对外支付结算款项(单笔及月累计 50 万元及以上),须向项目公司提交相关资料,经审核后方可支付款项;四是实行工程款和工资款"两条线"拨付,要求施工单位项目部必须设立农民工工资专项账户,对农民工工资支付实施银行监督支付,确保工资专户专款专用,保障农民工权益。

三、规范执行会计核算制度,提高会计信息质量

按照财政部规定要求,相关企业于 2021 年开始执行新强企业会计准则,我司也按规定执行新企业会计准则,主要执行涉及《企业会计准则第 6 号——无形资产》《企业会计准则第 13 号——或有事项》《企业会计准则第 14 号——收入》《企业会计准则第 17 号——借款费用》《企业会计准则第 22 号——金融工具确认和计量》《企业会计准则第 16 号——政府补助》企业会计准则。由于杭海城铁项目是浙江省首个 PPP 合作示范项目,项目公司根据财政部发布的《企业会计准则解释第 14 号》、会计处理原则及 PPP 项目合同社会资本方会计处理实施问答要求,本项目符合规定的"双特征"("双控制")特点,经会计师事务所认定,本项目采用金融资产模式进行核算。

四、强化税务筹划,降低项目税负

公司加强与税务局沟通,积极运用国家税收优惠政策,通过税务筹划大大降低了项目的税负,切实维护了公司及各方股东的权益。一是获得了对纳税信用等级评定的升级,从纳税信用 M 级调整为

B级，取得了进项税留抵退税资格；二是对运营缺口补助款项确认为免征增值税，对社会资本回报收入及分年贷款本息收入确认为不征增值税；三是根据国家税收优惠政策，企业所得税实行三免三减半优惠和城镇土地使用税免征政策；四是房产税通过困难减免申请，已获海宁市税务局批准；五是协调施工单位中建筑安装业跨省异地工程工作人员个人所得税实行查账征收方式，规避了核定征收方式带来的多缴税收，为本项目各施工单位降低了税负。

第六节　变更设计管理

一、公司工程变更定义及管理原则

（一）工程变更定义

工程变更是指施工图审核合格后至工程初步验收合格半年内的工程变更活动，也包括初步设计至施工图设计阶段需要对初步设计批复的重大内容调整或因实施机构原因需要调整的工程变更活动。

（二）工程管理原则

1. 加强源头控制

项目招标或发包前，工程部或机电设备部应组织专业技术人员对设计文件进行梳理和审查，从源头加强控制，严格控制设计变更；

2. 严格工程变更管理

树立先审后变的管理思想，控制非客观因素引起的变更，鼓励通过优化设计、施工方案来提高质量、缩短工期、节约成本的工程变更；

3. 变更申请按照不同专业、不同合同、不同类别编制工程变更建议书

建设项目各参建单位需要申请工程变更的，均应书面提交工程变更建议书和变更理由等依据性资料，上报至杭海城铁公司审查。

二、公司工程变更的划分和分类

（一）变更项目划分原则

变更项目划分以杭海城际铁路项目《浙江省发展和改革委员会关于杭州至海宁城际铁路工程初步设计的批复》（浙发改设计〔2017〕69号）为依据，以施工总承包合同的分部工程为单位，按下列原则确定：

（1）同一分部工程中同一原因引起的其内容不可分割的一次性变更，视为一项工程变更；

（2）同一分部工程中的没有因果关系的不同变更内容，同一原因或同一内容的不同分部工程的变更，应划分为不同的工程变更；

（3）同一原因或同一内容的同一分部工程的变更，隶属不同施工总承包合同的，应根据施工总承包合同划分为不同的工程变更。

（二）工程变更分类

杭海城际铁路项目工程变更分为两种：重大变更和一般变更。

1. 重大变更

重大变更由内容的重要性、技术复杂程度或增减投资额等因素而确定，符合下列情形之一者为重

大变更：

（1）对政府审批的设计文件中的建设规模、基本原则、技术标准、敷设方式、线位、站位、基本工法、设备系统的功能、运营条件等重大技术方案方面做出的重大变更，以及需通过调整工程总概算来处理其费用变化的工程技术变更；

（2）土建工程、设备采购、建筑装修和机电安装工程的变更，一次增减投资在500万元（含）以上或多次增减投资累计达到1 000万元（含）以上的变更；

（3）调整初步设计批准总工期的；

（4）相关行项目公司管部门相关规范、规定重大调整；

（5）PPP项目实施机构提出的工程变更；

（6）由杭海城铁公司承担或受益的单个增减金额300万元及以上的变更。

2. 一般变更

除重大变更以外的其他任何变更均为一般变更。

（三）工程变更费用分担原则

根据项目PPP合作协议（含补充协议）、承发包合同的约定以及引起变更的原因，工程变更费用的分担原则分为三类：实施机构承担或受益（A型工程变更）、杭海城铁公司承担或受益（B型工程变更）、实施单位承担或受益（C型工程变更）。

三、工程变更程序及计价与支付

（一）工程变更程序

工程变更程序：提报工程变更建议书→审核工程变更建议书→召开工程变更四方会审会议→编制工程变更设计文件→分类型审批工程变更程序→下发工程变更通知单等。

对突发事件、危及工程安全需要立即处理的工程变更，杭海城铁公司应立即组织设计、施工、监理单位现场制定应急措施，形成会审纪要并组织实施，在处理的同时按规定向初步设计审查单位、审批部门报告，并及时按程序补办工程变更手续。若有必要，由初步设计审查部门现场确定工程变更设计方案，杭海城铁公司先按确定的方案进行施工准备和应急处理。

（二）工程变更计价与支付

符合合同可调整总价约定的工程变更，在工程变更审批完成并签订补充合同或协议后，申请单位在验工计价中增列工程变更项目费用，完成实施后与项目同步验工计价、支付。

四、工程变更程序及计价与支付

（一）工程变更资料管理

工程变更资料由计划合约部管理，指定专人建立健全工程变更台账，按季对各变更项目、原因、工程数量、费用增减额进行统计、分析，并对相关审批资料登记、建档、存档。

杭海城铁公司相关部门及设计、监理、施工单位均应指定专人根据自身需要建立变更台账，加强对工程变更资料管理。

（二）工程变更资料内容

工程变更资料包括：工程变更建议书、工程变更会审纪要（B型、重大C型）或工程变更会审确认单（一般 C 型）、工程变更审批表（B 型、C 型）、工程变更通知单及相应附件。附件包括但不限于经审批的设计文件、施工方案、现场签证、影像、会议纪要、监理会议纪要、设计联系单、工作联系单等。

（三）工程变更责任

勘察设计单位、施工单位（代建单位）、监理单位、材料设备供应商、监测、检测和测量等参建单位工程变更未经申请和审查、审查手续不到位或先实施后报审的工程变更，造成的质量、安全及相关费用等由责任方承担。

五、工程变更成果

杭海城际铁路项目实施机构已确认 A 型工程变更 27 项，审核确认增加金额 69 255.45 万元，均已与实施机构签订 PPP 补充协议。

实施机构已备案 B 型变更 32 项共计 4 278.87 万元。

第十二章 征地拆迁

第一节 用地报批

杭海城际铁路项目自2012年开始规划，在进行选址及工可报批时，部分工作已开始进行，杭海城铁公司未成立前，由杭州至海宁城际铁路前期工作组进行项目用地报批工作。2017年杭海城铁公司成立后，根据PPP合作协议约定，土地报批及征地拆迁工作由杭州至海宁城际铁路建设指挥部实施（受海宁市交通局委托，履行建设期实施机构职责）；项目四证办理时，《建设用地规划许可证》由杭海城铁公司办理。

杭海城际铁路项目征地拆迁工作整体较为顺利，在项目初步设计审批前，征地拆迁工作基本结束，确保了项目的顺利推进，但杭海城际铁路项目用地报批及征拆工作也存在难点，主要体现在：

（1）项目全线共48.18 km，其中约2 km位于杭州余杭区（现临平区）境内，因两地政府相关政策谈判制约，临平段的征地拆迁工作滞后约6个月，造成临平高铁南站成为杭海城际铁路项目的关键工期；

（2）因项目跨越二地，土地报批时须完成首先取得两地的意见，统一上报至浙江省国土资源厅；

（3）因项目为海宁市第一个轨道交通项目，土地报批时，无先例可以参考，由海宁市政府协调，通过调研邻近线路杭绍线，同《建设工程规划许可证》《建设工程施工许可证》一起采取"容缺办理"模式进行了办理；

（4）配套工程土地同主线土地一起进行了报批，为后续站点开发创造了条件；

（5）划定红线图时，因海宁市无划定地下红线先例，红线主要范围包括地上建筑物外部一定范围，地下区间（盾构区间、地下车站）采取划定虚线形式。

用地报批时间主要节点：

2016年7月1日，完成海宁段土地初审；

2016年7月10日，完成余杭段土地初审；

2016年6月28日，完成浙江省占补平衡审批；

2016年8月11日，完成浙江省土地预审；

2016年8月16日，完成综合开发用地审批；

2018年4月24日，完成中华人民共和国自然资源部工程建设用地批复；

2018年7月10日，完成《建设用地规划许可证》办理。

第二节 征地拆迁实施

一、征地拆迁实施主体

根据PPP合作协议，实施机构"负责协调相关机构，按要求的时间节点及时完成拆迁工作"，受实施机构海宁交通局委托,杭州至海宁城际铁路建设指挥部履行实施机构项目拆迁工作,补充协议(二)约定,初步设计概算内费用支付给指挥部,包干使用。指挥部与各乡镇签订征地拆迁责任书,费用由指挥部拨付至各乡镇。

二、征地拆迁范围

杭州至海宁城际铁路征迁大致范围为主线 18 m 征地范围,即中心线两边各 9 m 的征地范围。征用土地 1 150 余亩(1 亩≈666.67 m²),拆迁房屋 319 幢,约 14 万平方米。沿线涉及许村镇、长安镇(高新区)、周王庙镇、盐官镇、斜桥镇、硖石街道、海洲街道 7 个镇街,共 35 个建制村(社区)含许村镇涉及前进村、胜利村、许巷村、景树村、海王村、南联村、许桥村、团结村、报国村、杨渡村;长安镇(高新区)涉及虹金村、新民村、老庄村、肖王村、城东村;周王庙镇涉及之江村、联民村、新建村、陈桥村、上林村;盐官镇涉及联丰村和郭店村;斜桥镇涉及斜西村、新农村、斜桥村、庆云村、华丰村;海洲街道涉及金龙村、民和村,新桥社区、海洲社区;硖石街道涉及南苑社区、群园社区、长田社区、西环村;另外,杭州段约 2.66 km 地下线,涉及余杭高铁站北广场、东湖公园部分设施拆建、补偿;全线管线迁改涉及电力、燃气、水务、通信、热力、军缆、基站等 2 705 条(处);杭海铁路征地拆迁分先行段(长安、周王庙)9.123 km 和全线两个步骤实施征迁。

三、征地拆迁实施

2016 年 8 月 23 日,海宁市人民政府设立"杭州至海宁城际铁路建设指挥部"并于海宁市交通局集中办公,开展征迁摸底、政策修订、起草文稿等前期工作;9 月 26 日海宁市人民政府下发《海宁市人民政府办公室关于印发杭州至海宁城际铁路建设工程征迁工作实施意见的通知》(海政发〔2016〕36 号);9 月 27 日晚,市委书记朱建军召集全市征迁启动暨任务包干签约大会,会议要求:2017 年 1 月底前完成全线交地,其中,周王庙、长安两镇先行段 2016 年 11 月底前交地。次日 9 月 28 日于周王庙镇新涧村(桑梓路西侧)苗木地启动全线实地放样工作,随即各镇(街道)、单位,积极行动、狠抓落实、明确责任、强化担当、攻坚克难,在规定时间内完成了指挥部交办的各项阶段性工作,尤其是先行段(长安、周王庙)2 个镇,在任务重、时间紧情况下咬定目标、克难攻坚、迎难而上,率先实现了"先行段 11 月底交地"目标,创造了海宁市征迁工作"海宁征迁新速度",为项目的如期顺利开工奠定了良好基础。

四、征地拆迁组织

(一)领导重视、靠前指挥

海宁市委市政府高度重视杭海城际铁路征迁工作,市委书记亲自把关并主持动员会议;时任市委常委姚敏忠常务副市长亲自指挥、许金夫常委亲自现场坐镇,市 5 个镇、2 个街道、和 10 余个管线产权单位主要求领导亲自上阵,市委组织部、市委督考办、市纪委纷纷参与,项目征地拆迁推进和考核工作,全市上下形成合力,紧紧围绕"先行段 11 月底交地,其他路段 2017 年 1 月底交地"的总体目标,胜利开展了一场"速战速决"的全民大会战。

(二)压实责任、执行坚决

期间指挥部加紧线型和设计方案的确定,各沿线镇(街道)迅速组建以主要领导为总指挥的征迁工作组，抽调精兵强将、制订工作计划、梳理征迁实施细则，强化动员和宣传发动，各镇（街道）工作重心下沉到基层，周王庙和斜桥镇，还专门在新建村和庆云村设立了指挥部工作人员脱产集中办公，为动员大会后设计方案落地放样和征迁工作准备打好了基础。市指挥部在市各部门抽调征迁人员，能充分发扬团结共事精神、发挥专业优势、形成统一的思想认识，以市线型工程补偿标准为蓝本，充分考虑各沿线单位的实际情况，修订了《征迁工作实施意见》《征迁工作实施计划》《征迁工作考核管理办法》等政策性文件。积极协助各镇（街道）、产权单位及时组建了征迁工作指挥部，建立起良好的组织架构，确保在全市征迁动员大会前落实各项准备工作，在动员大会后采用设计线型确定即放样，向所在镇（街道）下达任务的方式，为征迁工作的顺利开展做"实"了基础工作。

（三）克难攻坚、速战速决

杭海城际铁路征迁属线型工程，贯穿杭州临平南苑街道和海宁市东西向，涉及了众多单位、厂矿企业、建制村（社区），征迁工作牵涉面广、工作量大、交地期限时间紧，难度前所未有。杭海城际铁路征迁补偿有别于一般各镇（街道）项目与拆迁户按评估价全额补偿"兜底算"的做法。海宁市委、市政府明确：以全市平均中间价包干给沿线镇（街道）的要求，通过本项目要扭转个别单位"走样"的补偿方式。这就造成海宁市部分镇，需压缩原来惯有的补偿及安置方式，以达到全市层面平衡，而项目快速上马，设计上的线型不稳定、不确定性和控制性节点设计上的调整，更是杭海城际铁路征迁上的另一大难点。征迁一线的干部群众和党员同志充分发挥了吃苦耐劳，勇往直前的全民会战精神，克服工作任务集中、工作内容穿插等不利因素，全员投入、全力以赴，在海宁市历史上再次形成了80年代全民参与，开挖长山河兴修水利，90年代民众主动参加填土挑方修筑东西大道等感人场景，形成了良好的工作氛围。例如：长安镇征迁办工作人员，带组挨家挨户做拆迁户工作，为长安肖王村实现全线首个整村签约，打下了坚实的基础；周王庙镇村镇办老党员配合设计勘探、放样，下田间到地头，拉皮尺、撒石灰，带领镇村工作人员，全力以赴、忘我工作，服务村民拆房交地。这里还有许许多多广大征迁工作人员建立起了指挥部与各征迁实施主体间的沟通、交流桥梁。以快速推进征迁工作的进度，彰显政府重视城际铁路建设的坚决态度。

（四）严格把关、精准施策

在2016年近100多天的征迁工作中，各沿线镇（街道）做了大量的基础性工作，特别是镇村工作人员，各自发挥所长，在指挥部同志的带领下通过现状电子图套红线、现场挨家挨户走访排摸等工作方式的结合，精确地确定了征迁范围、数量，为每个拆迁户造册建档（照片、合同、评估报告），为征迁工作的严格把关、精确计量起到了决定性的作用。工作任务明确，计划一目了然，实现了"1张图1张表"直观地反映征迁现状，以做"精"征迁工作有效的促进了工作效率提升，对下一步此类工作的开展具有十分深远的借鉴意义。

五、征地拆迁工作措施

（一）阳光操作，和谐征迁，项目征迁可持续稳步开展

杭海城际征迁工作坚持做深做细各项基础性工作，坚持"为了群众、依靠群众"的征迁理念，规范征迁工作程序，实行"三公开、一监督"的阳光征迁机制，充分应用"市、镇、村"三级平台和网络，实行"每日走访、隔日统计、每周通报、每月总结"的工作制度，真正做到征迁政策公开、评估结果公开、征迁结果公开，形成各杭海城际征迁"比干劲、赛进度、促成效"的工作机制。加强与各级协调与联系，加强征迁补偿资金使用的管理，加强工作人员工作纪律教育，妥善处置群众来信来访，主动接受被征迁户和广大群众的监督，以"稳"作前提充分体现征迁工作的公信力。

（二）方案稳定，选线合理，项目征迁目标及早锁定

杭海城际铁路线型，一方面充分利用原有硖许公路、长安青年路、客专连接线等级公路中间绿化带，设立桥墩，采用高架线型设计，科学合理地布局、集约节约用地；另一方面，充分比较"工艺成本和减少政策处理征迁间的权衡"，对杭州段、穿既有铁路段、海宁段、海宁市区段采用了地下隧道穿越的方式，大大减轻了征迁工作量。经过对确定征迁目标的强化攻关，攻坚克难，顺利实现了各开工时间点的兑现。另外2016年10月17日，浙江省发改委批复了工程先行段初步设计。在批复文件中，城际铁路站点有所调整，将新增设一座桑亭路站（预留设站条件），新增设的桑亭路站是一座预留站等均及时予以明确，为征迁节点的顺利完成，建立了征迁工作以"技"作保障的前提。

（三）通力合作，各方支持，征迁统筹安排出成效

根据杭海城际铁路施工组织设计和实施性施组，征迁工作组织机构海宁指挥部，因地制宜，合理调配各产权单位施工力量，积极发挥地方政府和专业队伍，协调、组织、实施三方面作用，密切联系施工需求，尽力保障无障碍施工。2017年09月06日，杭海城铁海昌路站正式开始封闭施工；2018年3月10日，杭海城际铁路全线车站全部开工；2018年10月03日，杭海城际铁路余杭高铁站1号基坑正式开挖。

（四）精打细算、认真把关，项目征迁费用合理控制

杭海城际铁路征迁工作，是海宁市有史以来首个地方主导，沿线街镇包干，纳入政府考核的铁路征迁硬任务。由于地方补偿标准的差异和遗留问题、矛盾的不同，各地在补偿标准、安置方案乃至工作程序上均有不同。海宁市政府会同海宁市杭海城际铁路指挥部，做到有抓有放，抓征迁范围、抓征迁对象、抓征迁队伍，统一标准统一时间；放即是在各地开区域包干经费前提下，各地各行结算在建项目、补偿标准，制定补偿安置方案，一方面按要求顺利完成征迁任务，涉迁百姓权益得到有效保护，另一方面各地在工作推进和区域平衡方面，减少不必要的支出。指挥部在包干总额控制基础上，做好相互协调和指导工作，为节约费用奠定了基础。

第十三章 环境保护

第一节 环评水保批复

一、环保批复

2016 年初，受杭州至海宁城际铁路前期工作领导小组办公室委托，浙江省工业环保设计研究院有限公司编制了《杭州至海宁城际铁路工程环境影响报告书（报批稿）》，同年 10 月 11 日，获得浙江省环境保护厅批复。报批书中提出，因外电接入方案暂未稳定，环评报告中未包含电磁环评，后经协调由浙江问鼎环境工程有限公司编制完成了《杭州至海宁城际铁路工程外部 110 kV 供电工程环境影响报告》，2021 年 10 月 25 日，补充环评获嘉兴市生态环境局批复。

二、水保批复

2016 年 7 月，受杭州至海宁城际铁路前期工作领导小组办公室委托，中铁第四勘察设计院集团有限公司编制了《杭州至海宁城际铁路工程水土保持方案报告书（报批稿）》；

2016 年 10 月 12 日，浙江省水资源管理中心（省水土保持监测中心）在杭州主持召开了《杭州至海宁城际铁路工程水土保持方案报告书（送审稿）》技术审查会；

2016 年 12 月，浙江省水利厅以《浙水许〔2016〕64 号》文对工程水土保持方案予以批复；

2018 年 11 月，海宁市水利局对取消原方案 4 处弃渣场、新设 1 号斜桥弃渣场等变更备案；

2020 年 10 月，海宁市水利局对新设 2 号长安弃渣场、表土剥离工程量减少等变更备案。

第二节 环评水保实施

一、环保实施情况

2017 年，杭海城铁公司委托浙江省工业环保设计研究院有限公司开展本工程环保监理工作。工作期间，环境监理单位按照环评报告要求，针对施工过程中水环境、噪声和振动、大气和固体废弃物等方面进行监理，发现问题并及时下发整改通知单，编报环境监理报告季报 21 期、环境监理总结 5 期、下发整改单 79 份，未发现重大环境影响投诉事件。

二、水保实施情况

2017 年 9 月，杭海城铁公司委托浙江中冶勘测设计有限公司开展本工程水土保持监测工作。浙江中冶勘测设计有限公司成立监测项目部 9 月完成水土保持监测实施方案报送浙江省水利厅。2017 年 9 月至 2022 年 4 月，共编报水土保持监测季报 17 期、水土保持监测年报 5 期、监测总结报告 1 份，未发现重大水土流失事件。水土保持监测主要结论为：工程施工期间扰动地表面积基本控制在水土流失防治责任范围内；水土保持设施运行正常；迹地恢复、植物措施已落实。实施的各项水土保持措施及时到位发挥了较好的水土保持作用，工程区平均土壤侵蚀强度为微度，满足水土保持要求。水土流失防治指标均达到了批复水土保持方案设定的防治目标的要求，其中扰动土地整治率 99%，水土流失总治理度 99%，土壤流失控制比为 1.79，拦渣率 99%，林草植被恢复率 99%，林草覆盖率 48%。工程水土保持监测三色评价结论为绿色。

第三节　环评水保验收

一、环保验收

根据《城市轨道交通初期运营前安全评估管理暂行办法》（交运规〔2019〕1 号）、《建设项目竣工环境保护验收暂行办法》（国环规环评〔2017〕4 号）、《建设项目竣工环境保护验收技术规范城市轨道交通》（HJ/T 403—2007）的相关要求，杭海城际铁路项目环保验收分二阶段进行。

第一阶段主要为配合初期运营前安全评估工作编制初期运营前环保验收报告。2021 年 5 月 18 日，杭海城铁公司在海宁市组织召开了杭州至海宁城际铁路工程初期运营前环保验收会。参加会议的单位有：嘉兴市生态环境局海宁分局、中国电建集团华东勘测设计研究院有限公司（竣工环保验收调查单位）、浙江省工业环保设计研究院有限公司（环评及环境监理单位）、中铁四院和数智交院（设计单位）、中国中铁一局集团有限公司（施工单位）、浙江省轨道交通运营管理集团有限公司（运营单位），会议特邀 5 名专家，专家组进行了现场及相关敏感点踏勘，查阅了相关资料，听取了《杭州至海宁城际铁路工程初期运营前环保验收报告》（以下简称《验收报告》）的汇报，经认真讨论，形成验收意见如下：

《验收报告》内容较全面，重点较突出，编制较规范，结论总体可信，可为杭海城际项目工程初期运营前安全评估和后续开展工程竣工环境保护验收提供依据。按照国家环境保护管理的有关规定和要求，项目前期履行了环境保护有关手续，项目主要环境保护设施及措施基本落实，验收组原则上同意杭海城际项目初期运营前环保验收报告结论。

第二阶段为项目竣工环保验收，根据 2022 年 6 月 20 日杭海城铁公司与地方政府协调会精神，参照类似工程经验，于 2022 年 10 月底完成了验收。

二、水保验收

根据《浙江省水利厅关于印发浙江省生产建设项目水土保持管理办法的通知》（浙水保〔2019〕3 号）等有关规定，杭海城铁公司于 2022 年 5 月 22 日组织召开杭州至海宁城际铁路工程水土保持设施验收会议。参加人员包括杭州至海宁城际铁路建设指挥部；水土保持方案编制单位：中铁四院；水土保持监测和水土保持设施验收报告编制单位：浙江中冶勘测设计有限公司；设计单位：中铁四院和数智交院；监理单位：上海华铁工程咨询有限公司、上海地铁咨询监理科技有限公司、浙江江南工程管理股份有限公司、铁四院（湖北）工程监理咨询有限公司、广东铁路建设监理有限公司、西安铁一院工程咨询监理有限责任公司、浙江求是工程咨询监理有限公司；施工单位：浙江省交工集团有限公司（地下分公司、铁路分公司）、中铁一局集团有限公司、中铁三局集团有限公司、中铁四局集团有限公司、中铁十局集团有限公司、中铁隧道局集团有限公司、中铁大桥局集团有限公司、天津城建集团有限公司、中铁上投及特邀专家，会议成立验收组。水土保持设施验收报告编制单位提交了《杭州至海宁城际铁路工程水土保持设施验收报告》、水土保持监测单位提交了《杭州至海宁城际铁路工程水土保持监测总结报告》、监理单位提交了《杭州至海宁城际铁路工程水土保持监理总结报告》，上述报告为此次的验收提供了重要的技术依据。会议前部分与会代表查看了现场，验收组成员与会代表观看了工程影像，查阅了技术资料，听取了验收单位关于水土保持设施建设情况汇报，以及主体设计、方案编制、监理、监测、施工等单位的补充说明，形成验收结论，结论如下：

杭海城铁公司依法编报了水土保持方案，开展了水土保持后续设计、监测、监理工作，足额缴纳了水土保持补偿费；按照水土保持方案落实了水土保持措施；完成水土流失防治任务，水土保持措施工程质量合格，六项指标均达到了批复水土保持方案设定的防治目标。水土保持设施后续管理、维护责任已落实，项目水土保持设施具备验收条件。实施过程中落实了水土保持方案及批复文件要求，完成了水土流失预防和治理任务，水土流失防治指标均达到了水土保持方案确定的目标值，符合水土保持设施验收条件，水土保持设施验收合格，同意杭海城际铁路项目水土保持设施通过验收。

根据《浙江省水利厅关于印发浙江省生产建设项目水土保持管理办法的通知》（浙水保〔2019〕3号）等有关规定，2022年6月17日至7月14日在浙江省交通集团平台进行了公示，公示期间未收到相关反馈意见。

第十四章 工程监理

第一节 监理工作概况

工程建设中,按照国家相关法律,及行业法规及规定通过公开招标,全线监理标段的划分及对应的监理单位情况见表14-1。

表14-1 各标段划分及其对应监理单位情况表

序号	监理单位	标段名称
1	上海华铁工程咨询有限公司	土建监理1标
2	上海地铁咨询监理科技有限公司	土建监理2标
3	浙江江南工程管理有限公司	土建监理3标
4	铁四院(湖北)工程监理咨询有限公司	土建监理4标
5	广东铁路建设监理有限公司	土建监理5标
6	西安铁一院工程咨询监理有限责任公司	土建监理6标、轨道监理
7	杭州三方建设集团有限公司	供电监理、装修监理2标
8	北京现代通号工程咨询有限公司	弱电监理
9	浙江求是工程咨询监理有限公司	装修监理1标

杭海城际铁路项目全线主要分为土建监理和机电装修监理两大部分。土建监理共设7个标段,其中包括一个轨道监理标。主要负责全线深基坑开挖、主体工程、附属结构及附属用房、车辆基地、桥墩施工、桥梁架设、预制箱梁、盾构隧道等监理工作;机电及装修共设4个监理标段,供电监理业务主要包括接触网(含车辆段)、环网电缆、杂散电流腐蚀防护、疏散平台、声屏障、变电所(含车站、车辆基地、控制中心及区间变电所)、电力监控(含能源管理系统、可视化接地系统、车辆基地隔离开关集中监控系统)、主变电所所有相关工程(包括但不限于110 kV线路的土建及电气、主变电所内的电气、风水电安装、各类通信及监控系统、主变电所土建施工等)施工安装工程监理。

弱电施工监理范围包括:杭海城际铁路项目工程全线、主变电所、车辆综合基地、控制中心、城铁公安派出所等范围内的通信(专用、公安)、信号、站台门、AFC、ISCS、FAS、BAS、ACS、气体灭火、安检等系统施工及安装的监理工作,并配合其他土建、机电、装修施工监理共同做好有关专业的监理配合工作。其中集成管理服务范围包括:杭海城际铁路项目工程全线、主变电所(长城变和斜城变)、车辆综合基地、控制中心、城铁公安派出所等范围内的通信(专用、公安)、信号、站台门、AFC、ISCS、FAS、PSCADA、BAS、ACS、气体灭火、安检等系统的设备集成管理、单体调试、该系统联调、联调联试、试运行、协调、编制施工质量验收标准等工作。

供电系统监理部负责监理的标段涉及机电3个标段,存在诸多承上启下的关键环节,如机电2标车辆段接触网与机电3标正线接触网的衔接,机电4标变电所上网电缆与机电3标正线环网电缆的衔接等，监理部从中协调各工序的施工完成节点，施工工艺的统一，为供电系统的整体形成提供保障。

机电装修监理主要负责通风空调系统安装、给排水及消防系统安装、低压动力照明系统安装以及电扶梯安装、高架车站幕墙施工、出入口及紧急疏散通道钢结构（含玻璃）安装、车站装饰装修等所有施工内容的监理工作。

杭海城际铁路项目前期，杭海城铁公司将监理部人员履约到位工作摆在首要位置，总代、专业监理工程师等在公司的指导与认可下跑步进场，确保监理工作正常有序开展。依据监理工作规范以及相关法律法规，监理部制定了人员岗位职责、监理工作制度、监理工作守则等一系列管理制度，并对违反监理工作的行为制定处罚措施，从制度上形成规范性文件；针对杭海城际铁路项目工程线路长、重难点多的特点，轨道监理及机电装修监理部制定了"一部多点"的人员分配方式，即一个监理项目部，多个居住点；每周定期组织监理人员在监理部召开内部会议，汇报近期工作情况，下达下阶段工作指令，学习各类工程相关文件；另外，分别在长安镇、斜桥站、周王庙站、海宁市区设居住点，有效地节省了路途上的时间成本与经济成本，提高工作效率。

工程开工前，监理部进行了工作划分，针对各专业工程的专业特点，采用专监分管、总监负责的管理模式，从点到面，科学而严谨地开展监理工作。"工程开工，资料先行"一直是建设工程监理工作所奉行的程序，无论是单位工程还是分部分项工程，都需要相关资料的证明才能合理合规地开始施工，监理部同样按照该准则对施工单位的施工程序进行严格把关。根据杭海城铁公司开工标准化18条要求，开工前对施工单位18条完成情况进行检查，完成后报公司批准开工。过程中，严格审批施工单位上报的施工组织设计、（专项）施工方案、原材料报审、机械设备报审、检验批报审等相关工程资料，对施工组织设计及专项施工方案提出切合实际的审核意见，要求施工单位进行完善；对原材料经现场抽查，不合格的下发通知单要求退场。

施工过程是工程形成实体质量的决定性环节，过程施工质量控制和安全生产管理是监理工作的重中之重，监理部采用巡视、检查、旁站、见证取样、验收和平行检验等监理工作手段对工程质量进行控制。施工前，监理人员对施工图进行现场核对，实施过程巡视检查，及时做好检查记录和监理日志，对隐蔽工程和关键性工程派人进行旁站监督，并做好旁站记录，检查中发现的问题及时发出指令进行纠正，并跟踪验收。供电系统工程准备实施之前，监理部组织各专业监理工程师梳理监理范围内风险性较大的工序及作业部位，建立风险清单并分级管控。对危险性较大与质量要求极高的工作环节均进行重点管控，如主变电所高模板支撑体系、110 kV 主变压器顶推就位等"危大工程"按程序进行专家论证，严格按专家论证过的方案进行施工监理，要求施工单位反复整改，不断加强支撑体系的稳定性，最终在海宁市住建局及各参建单位的验收下通过，顺利完成混凝土浇筑过程；在长城外电源穿越G525国道施工过程中，针对工程变更后新增的道路沉降风险，监理部认真审查了专项施工方案，派多人对穿越过程进行现场盯控，每天两次复核路面沉降数据，经复核，道路沉降均在合理范围内，电缆拖拉管顺利实现下穿G525国道。按规定对杭海城际铁路项目实行首件制度，利用首件验收确定的施工方法和施工工艺，指导后续工作的开展，供电系统首件验收已全部顺利通过，并已用于指导后续施工过程施工。

机电工程进场施工晚于土建工程施工，受制于土建工程施工进度与土建施工质量，特别高架段的土建施工与机电施工交叉较多。为此，监理单位积极组织各相关施工单位与监理单位做好沟通协调工作，并到现场实地考察研究，召开多次施工协调会，会同施工单位制定了具体的交叉施工方法，针对土建工程遗留问题对机电施工带来的影响，主动与土建监理单位沟通，商讨解决措施，制定解决方案，为排除障碍提出了建设性意见，解决了诸多施工不利因素，同时在施工过程中也总结形成了许多可借鉴的经验。

第二节 监理工作实施

一、编写建设工程监理管理办法

为更好地发挥工程监理单位在工程建设实施过程中的监督、管理作用，落实监理委托合同及国家法律法规规定的责任及义务，确保优质完成杭海城际铁路项目的质量、安全、进度、投资的目标，根据国家、省、市的有关规定，结合实际，公司制定了《浙江杭海城际铁路建设工程监理管理办法》。办法中明确了管理机构与职责，明确了公司牵头管理部门，明确了如下主要管理内容。

（1）审查监理项目部、总监理工程师以及所属现场监理人员的资格；
（2）审查监理项目部《监理规划》和《监理实施细则》等文件；
（3）监督检查委托监理合同的履行情况；
（4）检查监理项目部的现场监理工作；
（5）负责对监理项目部进行考评；
（6）及时协调解决监理工作存在的问题；
（7）根据相关信用评价等考核办法对监理单位进行评价考核。

二、监理单位的主要职责

监理单位依据委托监理合同、国家和浙江省有关规定，负责施工过程中的"六位一体"以及各方关系的协调工作。

（1）按照投标承诺建立现场监理项目部，代表监理单位履行合同职责；
（2）按照招标文件、投标承诺、合同和公司的有关要求配足现场监理人员；
（3）按照招标文件、监理合同及投标承诺的要求，配备现场检验检测设备和交通通信设备，仪器设备的数量和型号应满足现场工作需要；
（4）根据批复的《监理规划》，编写《监理实施细则》并组织实施，认真开展现场监理工作，切实履行监理合同和投标承诺；
（5）现场监理人员必须做到年龄结构合理、专业配套、素质较高；并接受岗前培训，经考试合格后方可上岗；
（6）未经公司批准，不得更换监理人员，拟更换人员的资质和资历不得低于被替换人员；
（7）监理项目部应根据工程进展或公司要求及时安排相关监理进场、出场计划，人员不能按审定的计划实施时及时办理变更；
（8）人员进场、出场审批报告应经公司同意后，提前10个工作日报公司审批，审批报告应明确安全质量制度汇编整理人员进、出场时间，并严格按照批准后的时间实施；
（9）监理人员进场、出场不能按公司审定的计划实施的，要提前10天办理变更。总监理工程师、安全负责人员变更必须报杭海城铁公司初审，初审同意后报省交通集团公司职能部门审核，安全负责人经部门审核同意后下发批准《变更申请书》，项目总监理工程师变更经部门审核后，报浙江省交通集团分管领导审批。其他监理人员变更必须报监理项目部同意，报杭海城铁公司审核、备案。

三、监理项目部按时提交相关资料

（1）进场7天内，监理项目部将布置规划资料提交给公司，经杭海城铁公司安全质量部审定后实施；

（2）进场14天内，将实际进场人员名单和检测试验设备清单提交杭海城铁公司，经公司审定后进场。如有人员或设备更换，则需提交替换和被替换的对比资料，确保人员或设备更换不低于投标文件中的标准。人员设备进场后报公司审核、备案；

（3）根据合同、监理标段划分和工程特点，就工程监理、现场巡检和工程质量控制等提出监理规划。在进场21日内编制完成，经监理公司技术负责人审批，在第一次工地例会前7天内报公司安全质量部；

（4）监理细则以监理规划为依据，按工程专业类别或工序类别为单元分别编写，在开工前7天内编制完成，经总监批准后实施，其中关键工程或工序的实施细则向杭海城铁公司报核备。

四、监理工作的基本要求

（1）监理项目部必须按照委托监理合同和投标承诺组织人员、设备进场；
（2）监理工作应独立、生活自理，以文字为凭、数字为据；
（3）进场监理人员必须参加上岗培训经考试合格，并报公司审核后方可上岗；
（4）监理人员在施工现场应规范管理、统一标识，统一着装，穿戴统一安全帽；
（5）严禁监理人员委托施工单位代行检查、检验；
（6）监理项目部及监理人员要认真填写监理日志（记），内容翔实，时间连续，用语规范。

五、监理人员守则

（1）维护公司的利益，按照"守法、诚信、公正、科学"的准则执业；
（2）认真贯彻执行国家和浙江省有关工程建设的政策、法规、标准和规范，严格履行委托监理合同规定的责任、权利和义务；
（3）努力学习，不断提高自身的专业水平和综合素质；
（4）不得同时在两个以上监理单位注册和从事监理活动；
（5）不得在施工、材料、设备生产供应单位任职或兼职，严禁向所监理标段介绍施工队伍，指定建筑构配件、设备、材料的生产厂家；
（6）不泄露所监理工程各方认为需要保密的事项；
（7）监理工作独立，提供资料真实有效，力求以数据、图表说明问题；
（8）监理人员均须常驻现场，在岗率应在95%以上，其中总监理工程师离开现场，应提前3天将离开理由和其临时代理负责人书面报杭海城铁公司，经书面批准后方可离开；
（9）未经公司批准，不得更换总监理工程师、副总监理工程师、专业监理工程师；
（10）监理人员应自觉遵守职业道德，严格履行合同中规定的责任和义务；热情服务、秉公办事、平等待人；做到廉洁从业，不收受施工单位礼品、礼金及有价证券；不与施工单位同吃同住。

六、监理工作制度

项目监理机构建立了如下监理工作制度：
（1）监理人员岗前培训、持证上岗、岗位职责制度；
（2）设计文件、图纸和复测资料复查制度；
（3）施工图（资料）核对优化制度；

（4）施工单位技术（作业）交底书复审制度；
（5）实施性施组设计审核制度；
（6）变更设计审核制度；
（7）监理工地试验室管理制度；
（8）原材料、半成品、构配件、设备及工程实体检查复验制度；
（9）施工测量复核制度；
（10）监理试验工作中抽样、见证和平行检验制度；
（11）隐蔽工程检查签证制度；
（12）施工旁站监理制度；
（13）监理日记、例会、文档等资料及信息管理制度；
（14）工程质量检查管理制度；
（15）检验批、分项、分部、单位工程质量验收制度；
（16）安全生产管理制度；
（17）环保方案审批制度；
（18）对施工单位劳务用工审查制度执行情况；
（19）工程安全、质量事故报告和处理制度；
（20）施工进度、质量监督及报告制度；
（21）验工计价及投资监控制度；
（22）监理工作报告制度；
（23）工程竣工验收制度；
（24）监理工作考核及奖惩制度；
（25）监理工作廉政制度。

七、过程监督检查

监理人员严格把关对施工现场的检查、巡视和指令整改，特别是对关键施工工序和过程进行有效控制。

（一）监理行为

（1）监理程序是否规范合理，监理人员行为是否规范；
（2）现场监理人员是否按规定及时进行巡检、旁站和工序验收，平行检验和见证检验是否按要求进行，检验频率是否符合要求；
（3）监理日记（志）、检查记录是否规范，对问题整改情况是否进行验证，问题是否得到及时纠正和闭合管理；
（4）隐蔽工程检查记录须及时签认，上道工序的隐蔽工程检查合格经现场监理签认后，方可进入下一道工序施工。

（二）施工过程监理

主要监督工序质量、安全和文明施工是否得到有效控制。监理在进行巡检过程中现场发现的紧急问题及时告诉责任单位进行了整改，把问题解决在萌芽阶段。

八、监理培训工作

(1) 按照杭海城铁公司要求,对监理相关工作进行了专题培训;
(2) 按照标段监理工作实际情况,制定专项监理培训计划,公司审核后按计划进行了实施。

九、监理的工作内容、责任和权限

(1) 在杭海城铁公司的领导和授权下,自主开展工作,全面履行与公司签订的委托监理合同;
(2) 运用先进的技术,使用安全有效、适合杭海城际铁路项目建设的设施、设备、材料和方法,为项目质量管理系统的实施提供指导与协助;
(3) 编写项目监理规划、监理细则相关质量和安全管理等程序文件,并根据工程进度和公司要求不断更新完善;
(4) 按委托监理合同规定的工作范围、内容和约定的组织形式,确定监理机构人员的分工和岗位职责,形成质量安全控制体系;
(5) 编制施工现场工程质量、安全检查和巡视计划并实施,制订现场监理管理制度和切实可行的现场监理考核制度,及时发现和督促整改现场重大质量、安全问题,同时提供检查报告;
(6) 组织编写监理月、季、年报及监理工作总结;
(7) 检查施工单位的质量、安全控制文件及相关文档资料;
(8) 按照旁站监理方案,对关键重点工程的质量、安全进行全过程检查监督;
(9) 制定重点施工工程的进度与质量报告,参与重要技术问题和重点工程的技术方案咨询;
(10) 根据合同和有关工程建设监理程序要求,协调处理好内外关系,保证监理计划目标的圆满实现;
(11) 检查施工单位履约情况(包括人员、机械设备、仪器、检测试验设备等),有权对不符合要求的施工技术、管理人员提出更换意见;
(12) 对施工单位工地试验室进行验收,检查、指导工地试验室日常工作;
(13) 组织或参与工程质量检验、检查、评价,参加工程初验和竣工验收,签发工程移交证书,提交监理工程质量评估报告和监理工作总结报告;
(14) 负责工程质量缺陷责任期内的所有监理工作;
(15) 完成公司临时交办涉及工程质量、安全的相关工作。

十、监理人员现场监督检查职责,按规定对施工工序进行见证、平行检验、旁站

(1) 熟悉设计文件和相关标准要求,认真落实旁站监理方案;
(2) 检查施工单位现场质检人员到岗、特殊工种人员持证上岗及施工机械、建筑材料准备情况;
(3) 在现场跟班监督关键部位、关键工序的施工执行作业指导书、施工方案以及工程建设强制性标准情况;
(4) 做好旁站监理记录和监理日志,旁站监理原始资料交内业资料管理人员保存;
(5) 旁站监理人员认真履行职责,在旁站监理过程中及时发现并妥善处理出现的质量问题,如实准确地做好旁站监理记录;
(6) 旁站监理人员实施旁站监理时,发现施工单位有违反工程建设强制性标准行为的,有权责令

施工单位立即整改；发现其施工活动已经或者可能危及工程质量的，应当立即向专业监理工程师或者总监理工程师报告，由总监理工程师下达局部暂停施工指令或者采取其他应急措施；

（7）凡涉及建设工程结构安全的地基基础、主体结构和设备安装工程的关键部位施工过程均实行旁站监理；

（8）总监、副总监和专业监理工程师定期检查旁站监理人员的旁站记录，总监每月对全线旁站人员的记录检查一次，副总监每月对所管范围旁站监理人员的记录检查一次，并根据检查情况及时改进旁站监理工作；

（9）杭海城铁公司对监理单位的旁站监理工作进行定期或不定期监督检查，对于不按照该办法实施旁站监理的进行通报，责令整改，并纳入到对监理单位的业绩考核；对于不按照该办法实施旁站监理而发生工程质量事故的，除依法对有关责任单位进行处罚外，还要依法追究监理单位和有关监理人员的责任；

（10）杭海城铁公司负责对监理工作的管理：公司对全线监理人员实行监理人员违纪、违规、失职行为警示制度，红、黄牌程序格式参照公司质量安全日常检查与考核办法规定办理。

十一、设计文件、施工图（资料）核对优化管理

（1）监理项目部在收到设计文件、施工图纸后及时组织专业监理工程师进行熟悉和预审施工图；

（2）专业监理工程师必须了解关键部位的工程质量要求；

（3）在熟悉和预审施工图纸的基础上，监理项目部及时组织施工图纸会审，做好会审记录，并将提出的问题提交杭海城铁公司和勘察设计单位；

（4）在施工图会审的基础上，监理人员参加了由杭海城铁公司组织的设计技术交底会，并由总监理工程师会签会议纪要；

（5）施工图核对是施工准备阶段一项重要工作，是监理、施工单位明确设计意图和要点，充分了解设计内容，弄清图纸的疑问，统一认识的重要环节，有利于监理单位编制监理实施细则和施工单位编制实施性施工组织设计和施工计划，为工程开工打下基础；

（6）施工图纸核对的主要内容：

① 施工图纸合法性的认定：施工图纸是否经设计单位正式签署，是否按规定经有关部门审核批准，是否得到杭海城铁公司的同意；

② 图纸与说明书是否齐全，如分期出图，图纸供应是否满足工程施工需要；

③ 地下构筑物、障碍物、管线是否探明并标注清楚；

④ 图纸中有无遗漏、差错或相互矛盾之处，图纸的表示方法是否清楚和符合标准等；

⑤ 地质及水文地质等基础资料是否充分、可靠，地形、地貌与现场实际情况是否相符；

⑥ 在工程开工前，监理工程师监督施工单位进行施工图的现场核对工作。结合地形、地质条件，对施工图设计的合理性提出评判意见。

（7）施工图核对的实施：

① 总监理工程师组织了全体监理人员参加，熟悉施工图纸，并认真地核查，发现的问题做好详细记录，并交总监理工程师汇总，必要时应对发现的问题，组织讨论分析，并形成书面文字材料；

② 对上述监理、施工提出的施工图存在问题和疑问材料由监理项目部汇总统一上报杭海城铁公司，或在设计交底会上直接向设计单位提出，请设计给予解释；

③ 对于存在问题的工程在设计单位以书面形式进行解释或确认后，才能进行施工。

（8）施工单位技术（作业）交底书复审：

① 施工单位每道工序施工前，单位工程技术负责人编制技术（作业）交底书并对施工人员进行交底；

② 交底书由施工单位的项目技术负责人审核签发实施；

③ 对监理细则所规定的关键工序、重点部位的施工作业指导书，监理人员对其进行了复审；

④ 专业监理工程师负责人负责组织专业监理工程师审查施工单位提交的技术（作业）交底书并签署监理意见；

⑤ 技术（作业）交底书同意实施后，交底书的编制人员对施工作业人员进行现场交底，并形成纪要。

十二、工程材料、构配件、工程实体检查复验制度和设备监造

（1）运至工地现场的材料、构配件，必须具备出厂合格证，质量保证书或检验报告单，并送交给监理工程师审验；

（2）施工单位应对到场材料、构配件及时组织验收，并按批次取样进行复验，并将试验报告，送交监理工程师审查确认，方可使用；验收复验不合格材料、构配件，应立即清退出场；

（3）监理工程师应按验收标准规定的频率和方法对工程实体进行见证（取样）试验或平行试验；

（4）对需要在工厂加工的设备，根据委托监理合同或杭海城铁公司的要求进行驻厂监造；

（5）原材料、构配件进场以及工程实体过程验收要按照规定和要求进行平行监理、抽样和见证检验；

（6）监理工程师根据施工单位检测次数，按规范规定的监理见证取样试验或平行抽样频率进行监理单位检测；监理单位的见证试验一般在施工标段的试验室进行，平行检测送监理试验室或其他有相应资质的检测机构试验室进行；

（7）施工标段试验室不能进行的检测项目，由监理工程师见证取样，送杭海城铁公司为指定的试验室或其他有相应资质的检测机构试验室进行检测；

（8）试验数据、结论是否科学、准确、可靠与试验室技术水平密切相关。对试验室进行监督、检查是试验监理工程师的主要职责之一。

十三、安全教育培训

（1）总监理工程师定期对监理人员进行安全意识、劳动纪律、专业技能和安全知识教育培训；

（2）监理项目部结合施工特点，经常对监理人员进行有针对性的安全教育，努力提高队伍的整体素质，增强安全监管能力；

（3）监理项目部每月组织有关监理人员进行一次业务学习，时间不少于 2 h；

（4）安全监理工程师根据工程进展及特点和杭海城铁公司要求，及时对监理人员和施工单位有关人员进行有关安全知识培训或交底；

（5）安全重大方案审查：

① 监理项目部监督施工单位对危险性较大项目的施工，如：大型设备设施起重吊装、地下暗挖、深基坑开挖、高支模、桥梁架设等，应编制专项施工方案和专项安全技术措施，并经施工单位技术负责人审查批准；

② 危险性较大的施工方案、安全技术专项措施，须经专业监理工程师审核签认后，报监理项目

部安全监理工程师审核,并经总监理工程师批准方可下发执行;

③ 专业监理工程师督促施工单位逐级细化施工方案和措施,细化的施工方案措施必须针对性强,并具有可操作性;

④ 经过审查批准的方案措施必须由施工单位技术负责人组织逐级召开专题会进行交底,做到逐级交底签认,责任到人;

⑤ 监理人员参加施工单位召开的安全技术交底会议,并记入监理日记,对未进行安全技术交底的,不得同意施工作业;

⑥ 凡未达到以上要求、施工单位强行施工的,监理人员必须立即上报监理项目部,总监理工程师及时签发暂停令,暂停该工程施工、检查与验收,并上报杭海城铁公司。

(6) 监理日志:

① 监理项目部建立项目监理日志,由总监理工程师指定专人(专业监理工程师)负责记录每天的实施情况;

② 监理日志记录下列内容:当日施工情况;当日主要监理工作;其他有关情况;

③ 总监理工程师每月检查一次项目监理日志,按月整理,装订成册;

④ 监理分站按对应的施工标段分别记录或按专业记录;

⑤ 监理人员根据工地实际情况,如实填写,确保日记的真实性,监理日记包含以下内容:时间、地点、气候记录;施工进展情况记录,包括施工机械设备进、出场情况,施工人员动态,进场材料、构配件的数量及质量状况等;巡视检查及旁站过程中发现的问题及处理情况;工程试验或监测记录;发生索赔、合同争议及纠纷时承包单位的实际情形和处理意见;向承包单位发出的通知或口头指令,承包单位提出的问题及答复意见;上级指示或指令,杭海城铁公司的有关要求、质量监督机构的检查意见;尚需解决的问题;

⑥ 监理人员离开岗位时将监理日记交给监理项目部进行登记归档。

(7) 例行工地会议:

① 会议的组织:例行工地会议在施工期间每月召开一次,其时间一般定在每月25~30日期间召开,如果开会时间与其他重要活动或会议冲突,会议时间将顺延或另行通知。

② 会议参会人员:例行工地会议由总监理工程师或其授权代表主持。并在施工单位召开,每个单位会期半天。施工单位项目负责人、安全质量部、工程(机电)部、合约部负责人以及监理部专业监理工程师、现场监理工程师参加。

③ 会议议程及内容:例行工地会议按既定的例行议程进行。一般应由施工单位首先陈述本月施工情况(包括:进度、质量和投资等)以及施工中存在的问题,总监理工程师就存在的问题组织讨论并做出决定。例行工地会议应研究或讨论上次工地会议纪要所定事项的执行情况。

施工单位应就以下内容进行介绍:

工程进度:主要是关键线路上的施工进展情况和影响施工进度的因素及对策。

现场情况:现场机械、材料、劳力的数额及对进度和质量的适应情况,存在的问题及解决措施。

工程质量:自检体系运行情况,工程缺陷、质量事故、执行标准控制、施工工艺、检查验收等方面的问题及解决措施。现场安全生产、文明施工情况。其他有关问题或未尽事宜的解决方案和措施。需要杭海城铁公司、监理、设计单位解决的问题。

总监理工程师就施工单位执行合同和对安全、工程进度、工程质量、工程费用四大控制等情况进行评述并提出对策。

十四、监理工作报告制度

（1）监理项目部每月编写《监理月报》，以具体数字说明施工进度、施工质量、资金使用情况、重大安全质量事故情况、有价值的工作经验、社会环境情况、存在的问题及建议，形成的《监理月报》经总监理工程师审核后，按规定时间上报给杭海城铁公司。

（2）每年末，监理项目部根据各分站年度监理工作情况，对本监理标段的年度监理工作进行总结，并形成监理项目部年度监理总结上报给杭海城铁公司。

（3）对施工中出现的安全、质量事故以及在监理权限内难以解决的施工问题及时上报给杭海城铁公司。

（4）监理项目部认真落实上级下达的各项指令，监督承包单位完成下达的各项整改要求，并将整改完成情况及时上报给杭海城铁公司。

（5）当工程出现变更和影响施工进度的事项时，总监理工程师应组织专业监理工程师及时收集变更资料并分析原因，如实上报给杭海城铁公司。

（6）工程验收程序。

总监理工程师组织专业监理工程师参加杭海城铁公司组织的对本段的工程检查，达到初验的有关要求；总监理工程师参加有关单位组成的验收委员会；专业监理工程师参加对本专业工程的检验或检查；监理项目部应提交本段工程质量评估初步意见；总监理工程师参加验收委员会对本段工程进行的验收，会签竣工验收报告。

十五、监理工作廉政制度

（1）监理人员应严格遵守国家及地方的法律、法规和规章制度，按照"守法、诚信、公正、科学"的执业准则从事合同所规定权限内的监理工作。

（2）监理工作期间做到：

① 不向施工单位推荐分包商或材料供应商；

② 不以任何理由向施工单位索要回扣、好处费、感谢费等；

③ 不收受施工单位赠送的礼金、有价证券、贵重物品等；

④ 不"吃、拿、卡、要"和故意刁难施工单位；

⑤ 不接受施工单位安排的娱乐、旅游或疗养性活动；

⑥ 不向施工单位报销各种费用或以加班费、补助费等名目变相索费；

⑦ 不长期占用施工单位的交通、无线通信工具等设备。

十六、安全文明控制情况

（1）对施工方的安全文明施工进行全工程、全过程、全方位安全监控；对施工方的安全文明施工的措施方案进行严格审查、审核，发现有与安全法规不符的内容或与现场管理不相符合的方面，监理及时将措施、方案报审件退回施工方修改后重新报审，并在实施中监督执行。对三级及以上的施工作业，监理人员都及时到现场进行监理旁站，较好地克服了违章作业现象。每月开展了安全生产协调会，每月、每周通报工地安全生产情况，做到定期与不定期的安全巡视检查。

（2）对重要施工环节、高处作业、高危作业面监理进行安全、质量旁站。如基础浇筑、铁塔组立、导地线压接、附件安装等。

（3）设立材料堆放场，做到材料堆放定置化。

（4）建筑固体垃圾统一处理，做到能回收的则回收，不能回收的则统一销毁，真正做到环境影响最小化。

（5）督促施工方随时随地抓好施工现场安全标识、安全围栏、护栏、施工平台、防护网架，安全消防设施的完善工作，对过期的消防灭火器药品及时进行了更换。

（6）严格大中型、吊装、起重设备、施工设备的审批、报验制度，未经安全检测认证视为不合格，不许投入杭海城际铁路项目工程施工。

（7）建立和健全定期安全检查与不定期检查相结合，对施工现场进行实时监控。杜绝了安全事故的发生，做到了安全施工无事故。

（8）督促施工单位建立和健全安全应急管理机制，制定安全应急措施，实施应急预演练，落实安全应急管理预案。

十七、技术管理情况

（1）加强对专业监理人员的综合能力培养和业务素质的提高，以增强创优意识，了解工程创优目标和有关强制性条文的相关要求，指导施工方的技术人员掌握工作要点和工艺技术要求；

（2）开工前，督促施工单位按时申报工程项目验评划分表，经批准后实施；

（3）认真推行首基（项）试点工作制度，以统一施工工艺标准和技术要求，推行规范作业，监理应邀到场验评，发表相关的合理意见和建议，促进了杭海城际铁路项目工程工艺水平的提高；

（4）督促施工单位严格执行施工三级控制制度，加强过程控制，注重隐蔽工程监控、签证、验收（并数码拍照）、资料归档；

（5）定期（每周不少于一次，关键环节必查）对照工程创优要求对施工管理及实物质量进行检查、分析、发现不足及时采取必要的措施进行纠正，对个别突出问题在周例会、月例会上进行了通报批评，并形成闭环管理，做到对施工质量持续监控；

（6）在日常监理工作中，做到"事前控制为首要，事中控制为主要，事后控制为必要"，发现问题及时向施工方提出。

第三节　质量验收

一、质量控制情况

（一）事前监控

重点审核施工单位的施工组织方案，作业指导书编写内容是否符合法规、标准、规范和规程等依据引用正确，对杭海城际铁路项目有无指导作用，审批手续是否完善，内容是否完整。督促施工单位建立和健全质量保证体系和质量保证措施，完善技术人员、作业技工等专业人员的资质报审，使之适用于杭海城际铁路项目施工管理。督促施工单位在工程开工前搞好各专业安全、技术工艺标准，施工规范交底工作，并作好记录和报审。抓好材料进场检测、报审和设备开箱检验审查手续，现场监理抽测检验钢材、水泥、砂、石料、线缆等，把好原材料质量关，未经检测合格的发现有缺陷的材料，不许投入杭海城际铁路项目施工使用，同时责令将不合格的材料退出现场。见证材料取样，建立和审查、检验混凝土配合比、导线压接试验等相关监理制度。对重要施工部位及工序，监理事先叮嘱施工项目负责人向施工队（班组）负责人、技术人员交底，明确了应达到的工艺标准和质量要求，力求不返工或少返工，确保工程质量。

（二）事中监控

施工中做到腿勤、手勤、眼勤、嘴勤、脑子更要勤，针对关键部位（工序）、重要施工工艺、重要施工环节、重要工序旁站或勤巡视、勤检查，每日都有详细的日志记录工地施工情况，发现缺陷苗头勤批评、勤指正。用标准、规范、规程说服工人规范施工，以理服人。对施工图存疑处，勤阅图表、资料或咨询设计人员，使整个工程的每个分项、分部、单位工程做到"零缺陷"。要求施工队伍严格按设计、质验、工艺、技术标准及规程规范施工作业。对违反设计要求或不按质验标准和工艺技术规范施工的，严格责令返工，对现场发现的问题下发了监理通知单，督促施工单位整改到位，实行闭环销号处理。对关键部位的施工采取旁站监控，发现缺陷或出现差错，口头或书面及时通知整改，经复检后并实行闭环管理。对关键部位的施工工序采取旁站监控，发现缺陷或出现差错，口头或书面及时通知整改，经复检合格后允许转序。

加强对常规试验的监控，做到了不漏做、不虚报。每个主要设备、重要计量设施检测时，监理人员都到达现场旁站或巡视。

（三）事后监控

同一现场，不同专业的监理相互协作，发现工程质量缺陷，相互及时交流情报，传递工地施工情况信息源，使专业监理工作质量做得更好。与施工队伍"约法三章"，施工方在未经监理检查合格的施工部位不准擅自隐蔽，一经发现马上返工。每个需要隐蔽的部位、工序，监理都会及时到现场逐个、逐项检查，确认无误、无缺陷才允许实施隐蔽或转序作业。

做好工程缺陷消缺工作，对在检查、验收中发现的缺陷及未完成的尾工，以检查问题通知单下发给施工单位，进行整改和完善，责任落实到人，处理完后监理验证签认，实行了闭环管理。确保了工程质量无功能性缺陷交付投运并具备创优条件。

二、监理工作成效

（1）对上述工程自始至终进行全程安全、质量监控。

① 工程开工之初依据项目公司对该工程的要求和设计要求及规定、规范要求完成监理部自身的内业资料、文件的编审工作；

② 对施工项目部的报批报审资料文件进行严格的审批手续，并及时报项目公司批准后实施；

③ 依据要求对各分部分项重要工艺工序的作业指导书进行严格编审手续，对与实际施工不符合要求的退回重新编审。对现场发现的问题下达监理审查意见，并实行闭环管理，合格后实行签证手续。

（2）每月组织召开安全生产例会至少一次，多则两次。对关键部位、关键工序施工进行安全监理旁站，并作有记录。

（3）总监、安监、专监、监理人员经常组织安全巡视检查，及时发现问题，纠正问题，杜绝事故，发现隐患及时制止，责成施工方及时整改到位并实行闭环管理。

（4）杭海城际铁路项目做到了安全、质量无事故。同时做到各分项、分部工程合格，单位工程质量自评合格。

（5）对工程进度情况和安全文明施工两方面进行严格的审批、审核手续。按照规定严格控制了变更签证手续。使工程投资得到了有效控制。在上述基础上，监理部竭尽一切方法，使施工方力求跟上项目公司的进度要求。基本做到科学地、有效地按项目公司的工程计划（包括调整后的计划）要求完成了杭海城际铁路项目。

（6）监理部为了使监理人员及时了解上级精神，经常组织监理人员学习专业、安全知识、上级文件精神，现场进行安全培训考试，每个监理人员均参加学习考试评分。不断提高监理人员的自身素质与水平，这样一来有利于监理工作的顺利开展。

（7）由于监理部加强对监理人员的安全、质量学习培训工作，提高了自身的管理水平，健全了监理部的管理制度，现场监理责任心不断加强。监理日志、旁站、安全旁站、巡视记录齐全，同时也加强了对施工方的安全、质量监控管理，现场各单位、分部、分项工程的照片比较齐全；提高了各参建方的安全质量意识，因此杭海城际项目自始至终未出现安全、质量事故；对于出现的一般隐患都已及时进行了整改、消缺，并实行了闭环管理。工程质量均符合设计、验收规范要求，各分项、分部合格，单位工程质量合格。因此杭海城际铁路项目做到了无缺陷交付投运一次性送电成功，并得到了项目公司的高度好评。杭海城际铁路项目已达到优质工程水平，具备了创优条件。

三、工作总结

各监理部在监理工作中，严格遵守监理工作操作规范，严把质量关，不计时间，随时根据工程需要进行监理，积极与各方沟通，做到"监、帮"结合，耐心细致解决施工中的一些问题。监理部的质量措施计划等管理文件满足施工要求，具有实际指导性和可操作性，监理部根据规范及工程实际情况对施工单位编制的施工方案进行了认真的审查，并提出意见，对施工质量起到了积极作用。现场监理人员技能水平都能较好地完成本职工作，坚守岗位。协助项目公司管理好日常现场的管理工作，施工安全质量控制做到事前多交代，事中勤检查，事后抓验收，提高了基建施工"可控、能控、在控"水平。

监理项目部加强对监理人员的安全质量学习培训工作，提高了自身的管理水平。健全管理制度，现场监理责任心强，监理日志、旁站、安全旁站、巡视记录齐全，同时也加强了对施工方的监控管理，提高了各参建方的安全质量意识。在杭海城际铁路项目施工过程中监理始终贯彻落实"安全第一、预防为主、综合治理"的安全方针，一如既往地做好监督检查；严格按照国家工程建设规范，对各项施工质量进行了控制，质量是终身，抓实抓好；安全是重中之重，措施落实到位，确保了杭海城际铁路项目质量"零缺陷"、安全"零事故"移交。

第十五章 工程咨询

第一节 咨询方式

自2016年8月起至2020年6月杭海城际铁路项目正式开通运营,杭海城铁公司督促设计咨询单位中铁二院根据咨询合同要求开展咨询工作。咨询单位对设计单位提交的设计文件及图纸、项目公司提出的技术问题进行全面咨询,优化并完善工程设计,使之达到国内先进水平;保障项目设计的安全可靠、经济合理,督促设计进度和保证设计文件深度。以达到质量、工期、投资的最优组合,满足设计计划和项目工期要求。

一、工程咨询依据

(1)《杭州至海宁城际铁路工程K13+400~K22+700区间勘察、设计文件咨询》中标通知书;
(2)《杭州至海宁城际铁路工程设计咨询及勘察监理》中标通知书;
(3)浙江省铁路网规划(2011—2030);
(4)《浙江省都市圈城际铁路近期建设规划(2014—2020年)》及其批复文件(发改基础〔2014〕2865号);
(5)《杭州至海宁城际铁路工程可行性研究报告》及其批复文件(浙发改交通〔2016〕602号);
(6)海宁市域总体规划及长安镇、周王庙镇总体规划;
(7)《城市轨道交通工程项目建设标准》(建标104—2008);
(8)《地铁设计规范》(GB 50157—2013);
(9)《城市轨道交通技术规范》GB 50490—2009;
(10)《铁路桥涵设计基本规范》(TB 10002.1—2005);
(11)《铁路工程抗震设计规范》(GB 50111—2006)(2009年版);
(12)《公路桥涵设计通用规范》(JTGD 60—2015);
(13)《城市道路工程设计规范》(CJJ 37—2012);
(14)《浙江省涉河桥梁水利技术规定(试行)》(2008,浙江省水利厅、浙江省发展和改革委员会);
(15)《客货共线铁路桥涵工程施工技术指南》(TZ 213—2008);
(16)《高速铁路桥涵工程施工技术指南》(铁建设〔2010〕241号);
(17)勘察报告及海宁80坐标系、黄海高程的1:500地形图成果资料,沿线综合管线图;
(18)有关地方法规、标准等;
(19)有关会议纪要、公文及政府部门回复意见。

二、咨询机构的设置

设计咨询是对设计进行有效监管,确保设计有序、高效、高质量推进的重要环节。设计咨询项目组织机构和管理模式,是咨询工作的重中之重,"合适的组织机构,高效的管理模式"才能确保杭海城际铁路项目最终目标的完美实现。

为保证杭海城际铁路项目工程设计咨询服务按预期计划,高质量、高效率地推进,设计咨询项目部组建了有针对性的、高效的组织机构和选派具有丰富经验的技术和管理骨干投入杭海城际项目工作。项目部组织架构如图15-1所示。

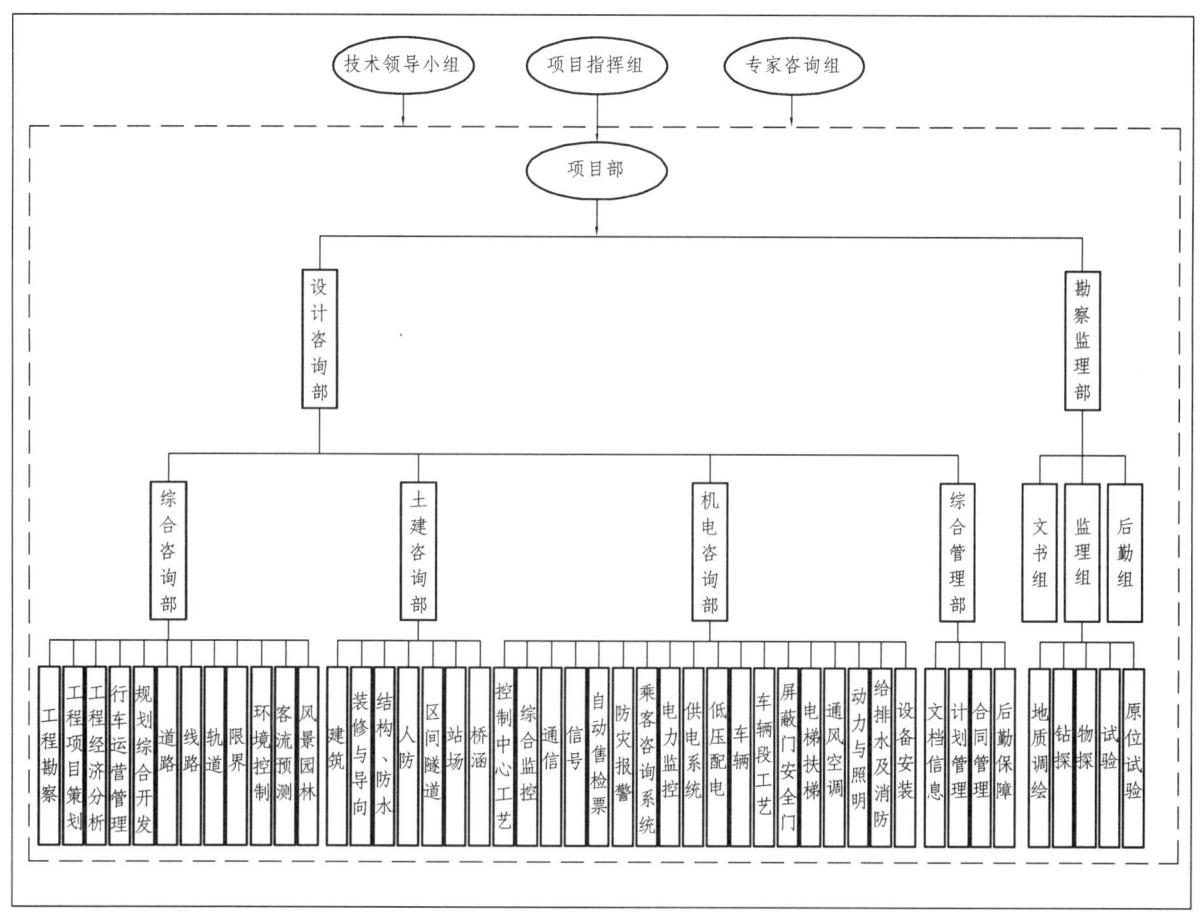

图 15-1　项目部组织架构

三、保证工程咨询质量的对策和措施

设计咨询单位作为向项目公司提供智力服务的独立机构,主要是从技术层面对杭海城际铁路项目的设计总体总包单位、各系统设计单位的设计文件进行技术咨询工作,并根据合同规定履行管理、协调义务。设计咨询单位与相关各方有着共同的工作目标:通过各方构筑的工作平台,共同提升杭海城际铁路项目的设计水平和质量,控制工程投资,确保工程设计的可靠性、适用性和经济性。为确保工程咨询质量,主要有以下几方面控制措施:

(一)发挥设计咨询单位技术和经验优势,实现总体最优的设计目标

杭海城际铁路项目不仅是城市客运工程,也是城市建设工程,关系到城市环境、建筑、市政、交

通、人防和景观效果等，工程设计和建设必须与城市建设总体规划密切结合。

设计咨询单位牢固树立系统观念和全局观念，发挥自身优势，通过多方努力，为项目公司提供一个功能合理、经济适用、安全舒适、环境协调的智能型系统。贯彻"近期结合远期、局部服从整体、设计服从规划"的设计理念和原则，协助项目公司和设计单位处理好杭海城际铁路项目与其他交通、客运功能与城市综合功能的关系，以及工程建设、使用和运营的关系，寻找规模、功能与造价的最佳耦合点，追求总体最优的设计目标，确保政府（规划、环保、防灾、交通）满意、项目公司（投资、建设、运营）满意、乘客满意。

（二）以"事前指导、过程控制、成果校核"为重点，实现设计质量、进度和投资三控制目标

设计咨询工作既要做到全过程、全方位，更要抓重点。紧密结合设计不同阶段的特点和主要矛盾，遵照设计咨询大纲要求，以"事前指导、过程控制、成果校核"为重点，确保设计工作有序、优质、高效推进，实现设计质量、进度和投资三控制目标。

（三）技术咨询与管理协调结合，设计咨询与设计优化并重

结合设计不同阶段的特点和主要矛盾，遵照设计咨询内容与服务要求，做到技术咨询与管理协调相结合，设计审图与设计优化并重，为项目公司提供具有成本效益的咨询服务。通过管理协调，推动设计工作有序、优质、高效开展，通过技术咨询和设计优化提高设计水平和成果质量。

（四）导入国际先进设计理念和管理方法，提升续建工程设计管理水平

在设计咨询工作中倡导"以人为本、方便运营、注重成本"的设计理念，吸收国内外的成熟经验，在运营组织、系统配置、车站形式、建筑规模、消防防灾、换乘预留、景观设计、施工方法等方面有所创新。

（五）平衡设计的先进性与适用性

在设计咨询过程中，在工程建设受到投资预算限制的前提下，合理选择相关技术标准，平衡设计先进性与适用性的关系。

（六）满足国产化要求，确保设备质量

工程建设的国产化率必须满足国家发改委的要求。在这个大前提下，必须保证设备的高技术水平和高质量。在设计技术咨询过程中，充分了解国内外的技术，实现优势互补，优先采用国内成熟的、有优势的技术。而对于国产化方面不成熟的设计，则要考虑采用国外成熟的技术，以保证设备质量。

（七）设计阶段对接口问题和运营要求的考虑

对各系统技术接口的协调性和适应性进行咨询，提出优化建议。控制工程规模和工程投资，同时有利于后期运营管理。

（八）重视现场调查，保证工程可实施性

杭海城际铁路项目穿越高速铁路、高速公路，对这些工程区段，作为咨询单位，实地调查研究，取得现场资料，结合设计单位技术方案，保证对工程的可控性和可实施性。

（九）正确处理与项目公司、设计合作方的关系，协调友好高效地工作

与各相关设计单位、及项目公司充分沟通，了解设计单位和项目公司的各项要求，结合咨询单位在城际铁路和市域铁路设计的成功经验，开展设计咨询工作。

四、工程咨询的主要工作方法和程序

（一）设计咨询工作方法

杭海城际铁路项目工程设计咨询贯穿于项目建设全过程，主要包括：初步设计（含招标设计）、施工图设计、施工配合、单位工程验收、项目工程验收、专项验收、竣工验收、试运行、试运营等各阶段。设计咨询单位根据工作计划和要求，实施对设计工作的"三控三管一协调"（质量、进度、投资控制、合同管理、安全管理、信息管理和全面的组织协调），包括对勘察设计单位设计的行为管理，对工程勘察设计进度情况进行检查和督促，对各设计阶段所有技术文件、设计文件（含概算）、专项设计文件和专题成果文件进行审查（文件编制深度、规范的符合性及技术方案、投资、接口合理性等）。根据限额设计要求和可研审查意见，督促设计单位开展总额限额设计，对项目及设计合同及信息进行全面管理，并根据项目公司的委托或指令，对工程设计实施协调管理工作。

（1）建立健全咨询审查组织机构，配备具有丰富城际铁路设计经验的审查人员；

（2）编制咨询审查工作大纲，明确工作任务和内容，细化审查工作要求；

（3）建立标准化审查工作程序和流程，编制审查工作技术、质量管理文件；

（4）强化咨询审查工作管理，保证质量管理体系的有效运行，执行严格的内部审签制度，提高审查工作质量；

（5）认真研读杭海城际铁路项目建设规划、工可报告、城市规划等资料，深入了解项目特点，听取项目公司对审查工作的意见和要求，保证审查工作的深度和质量；

（6）建立健全内部考核制度及岗位责任制，咨询审查人员要对工作质量负责，承担规定的审查工作质量责任；

（7）建立与项目公司、设计总体总包单位、工点及系统设计单位的日常联系机制，加强沟通和协调，密切配合，做好工作计划，使得审查工作高效顺利开展；

（8）做好现场调查核对工作，使审查结果符合现场实际情况，保证设计的可实施性，保证工程数量符合实际，严格控制工程投资；

（9）认真做好咨询审查工作记录，做好台账和来文记录，保证审查工作过程和结果的可追溯性；

（10）认真做好咨询审查工作总结，提高审查工作的闭合度和完成度，为工程建设全过程总结报告提供有利条件。

（二）咨询审查工作流程

根据工程实施计划，在咨询审查合同服务范围内，各设计阶段图纸提交咨询单位完成咨询审查。工作流程具体如图15-2所示。

第二节 主要咨询成果

一、咨询的主要内容

根据工程咨询审查合同，杭海城际铁路项目工程咨询范围为全线范围内车站、区间、轨道、通信、信号、供电、综合监控（主控）、防灾报警、环境与设备监控、安防及门禁、通风、空调与采暖、给排水与消防、自动售检票、车站辅助设备、运营控制中心、车辆段及综合基地、人防等工程的设计咨询。

（一）初步设计文件咨询审查主要内容

初步设计阶段主要审查技术标准落实、技术接口的协调、工程方案设计、系统构成与功能配置、工程筹划、工程概算等方面。各工点、系统设计单位在落实方案设计审查意见的基础上，进行多方案进一步深化比选、提出推荐方案，由设计总体组织方案审查，各设计单位根据审查意见修改深化设计方案，在此基础上完成初步设计。

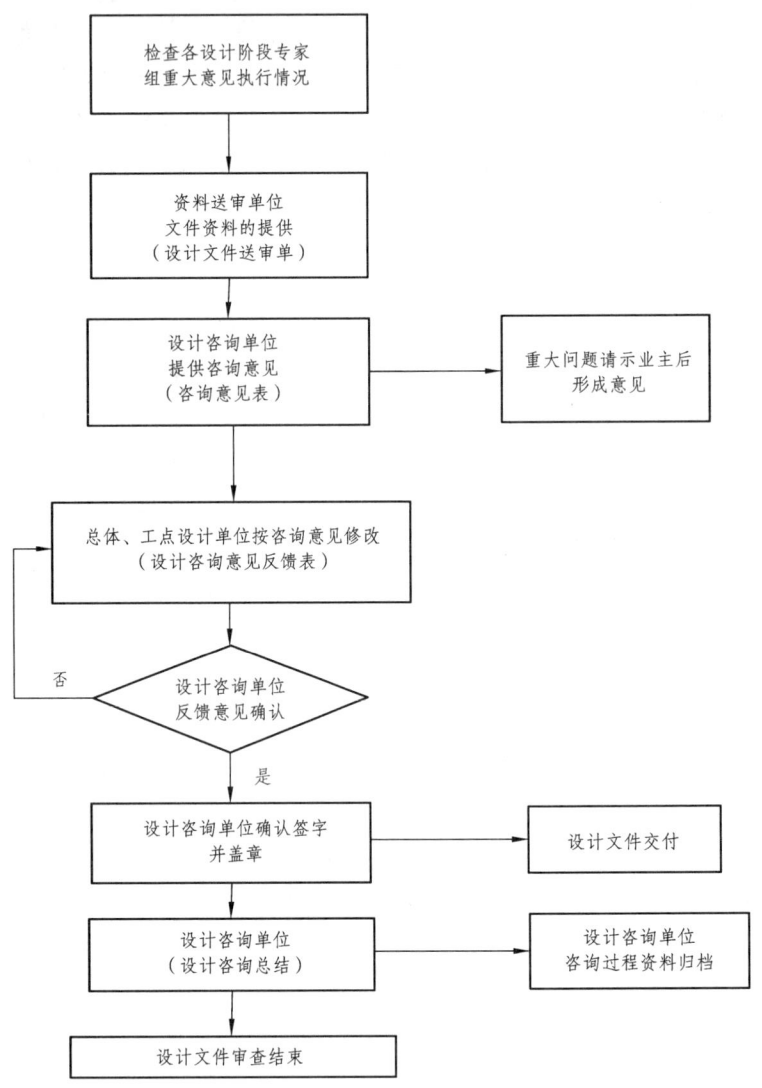

图 15-2 设计文件咨询审查工作流程图

设计咨询单位重点审查内容如下：

（1）行车组织和运营设计；

（2）限界设计；

（3）线路平面和纵断面；

（4）各车站设计方案；

（5）区间隧道设计方案；

（6）各系统设计原则、系统功能、系统构成及主要技术参数；

（7）车辆段设计方案；

（8）控制中心设计方案；

（9）工程筹划；

（10）工程概算。

（二）施工图设计文件咨询审查主要内容

施工图设计阶段主要审查初步设计审查意见的落实与方案优化、技术接口的落实与确认、机电设备系统功能配置与选型等方面。强化设计总体对其施工图设计的管理控制和质量把关，以杜绝工程质量失控而导致工程存在永久缺陷或隐患。

设计咨询单位重点审查内容如下：

（1）是否符合《工程建设强制性条文》和其他有关工程建设强制性标准；

（2）是否符合公众利益；

（3）是否达到勘察文件、施工图文件编制深度规定的要求；

（4）是否符合经政府有关部门批准的作为勘察、设计依据的文件要求；

（5）是否满足相关规范的要求；

（6）有关设计文件（目录、图纸、竣工验收标准、签署、出图章）完整性和深度；

（7）有关设计依据（包括工程地质补充勘察报告）、采用的设计规范、标准等；

（8）有关使用功能、安全性和质量是否满足、是否符合总体设计审查意见和批准的初步设计；

（9）对典型的结构进行计算，必要时对设计单位计算书进行审核（计算原则、模型、程序、公式、参数的选用是否合适，是否符合规范要求，输入数据是否准确）；

（10）对设计的平面和空间布置、主要尺寸、构造节点、设备选型和布置、管线管径确定、管线布置等进行审核；

（11）对初步设计较浅或直接由方案设计进入施工图设计时，应对具体的补充方案进行认证；

（12）设计总说明；

（13）设计的安全性、经济性和合理性；

（14）抗震设计及抗震设防的构造措施；

（15）套用的标准图是否陈旧或已作废，是否按具体情况作必要的说明和修改；

（16）总图设计与各子项、各专业设计在平面布置、开门方位、标高是否一致；

（17）结构等专业的平面图与建筑图的主要平面尺寸、标高和结构形式是否一致；

（18）结构图上重要的设备、管线预埋件、预留孔洞的位置、尺寸是否与相关专业一致；

（19）与消防及系统专业是否协调；

（20）各有关专业的图纸会签是否齐全。

二、主要咨询成果

设计咨询单位对杭海城际项目工程各阶段设计图纸进行咨询。主要针对设计文件和图纸的完整性、技术方案的合理性，以及差、错、漏、缺等进行审查工作。设计单位提交对咨询意见的回复报告，咨询单位对回复进行再次确认，确认完成后分阶段完成审查报告，主要咨询成果统计见表15-1。

表15-1 主要咨询成果统计表

序号	咨询成果	提交时间
1	杭州至海宁城际铁路工程设计咨询管理大纲	2016年9月
2	杭州至海宁城际铁路工程先期开工段初步设计咨询审查报告	2016年10月

续表

序号	咨询成果	提交时间
3	杭州至海宁城际铁路工程先期开工段施工图审查报告书	2016年12月
4	杭州至海宁城际铁路工程初步设计咨询审查报告	2017年4月
5	杭州至海宁城际铁路工程土建施工图审查	2018年6月
6	杭州至海宁城际铁路工程机电设备施工图审查	2018年12月
7	杭州至海宁城际铁路工程弱电系统设备施工图审查	2019年4月
8	杭州至海宁城际铁路工程盐官车辆基地施工图审查	2019年5月

三、主要咨询意见和落实情况

设计咨询对各阶段图纸提交咨询意见后,各设计单位对咨询意见均逐一进行了书面回复。回复及修改过程中,设计方与咨询方进行了多次交流,多数意见能达成共识。对少数存在分歧的意见,经过交流或召开专题会议讨论,仍无法统一的意见,由双方上报至项目公司处理。主要咨询意见和落实情况统计见表15-2。

表15-2 主要咨询意见和落实情况统计表

序号	专业	咨询意见内容	采纳情况	执行情况
先期开工段初步设计咨询				
1	客流	客流预测,应给出主要的客流数据图表,如各设计期的客流断面图等,建议补充	采纳	执行
2	行车	开行大站快车,虽可提高旅行速度,但需要增加车站配线,加大车站规模,复杂运营组织;且大站快车开行密度低,乘客等待时间较长,开行效果有待检验。建议对开行方案作多方案详细比选后,再予确定	采纳	执行
3	线路	建议线路过农科院地块后,由人民大道转入仰山路敷设,然后再由仰山路转入长安路,长安路站站位调整至仰山路路中。做以上调整主要基于以下几点: 1. 线路的线型较为有利,可改善海宁路站至长安路站的线型,曲线位于长安路站站端,对行车较为有利; 2. 仰山路为主干路,为双向6车道且有路中隔离带,仰山路轨道交通线路敷设条件较好,相对来说学院路规划道路红线较窄; 3. 长安路站站位靠近长安镇,对客流出行较为有利	未采纳	此方案为建设规划及预可方案,因仰山路转长安路地块没有进行轨道交通通道预留及控制,做可研报告的时候正在建佳源购物广场(目前已建成),因此工可阶段只能将长安路段线位调整至学院路布设
4	轨道	减振降噪设计应根据环评报告,补充不同减振地段要求所采用的轨道结构选型设计	采纳	执行
5	桥梁	1. 统一全线桩基检测方法,建议均采用声波透射法,施工中须按100%比例预埋声测管; 2. 节点桥补充现浇段支架现浇和落架要求、拆模、封锚施工注意事项,施工临时支撑技术要求	采纳	执行
6	概算	钻孔桩的泥浆外运数量和泥浆池建拆工程量的统一规定与定额中的工程量计算规则不一致,请核实	采纳	执行
先期开工段施工图强审				
1	桥梁	根据《公规》9.6.8条,桩间距大于3倍桩基直径,需设计吊筋,请核查桩间距	采纳	执行

续表

序号	专业	咨询意见内容	采纳情况	执行情况
全线初步设计咨询					
1	客流预测及行车组织	客流预测结果不仅应包括客流预测的定量数据，还应包括对数据的合理、充分的定性分析，以便使用者能充分了解客流数据的量级、高低起伏变化，客流出行特征等内容，从而加深对数据的理解和分析，便于工程设计的合理参考。建议补充相关客流数据的定性分析内容	采纳	执行
2	线路	线站位方案研究中关于余杭高铁站方案研究，起点站余杭高铁站设置站后折返线且为地下三层，规模较大，车站西端进入河道范围，需拆复建桥梁，工程规模较大，建议进行综合技术经济比选后确定推荐方案	采纳	执行
3	限界	缓和曲线地段矩形隧道建筑限界加宽建议根据《地铁设计规范》（GB 50157—2013）附录 E.0.5 办法进行处理	采纳	执行
4	轨道	减振措施选取需结合环评报告内容及环评报告书的批复意见进行设计，同时需考虑线路调整及沿线规划情况以及拆迁等动态设计。建议换乘车站、与重大管线交叉、与铁路、地铁交叉处增加减振措施	采纳	执行
5	车站建筑	1. 紧急疏散计算中，高架侧式车站应按单边站台验算，同时疏散方向为从上到下疏散； 2. 余杭高铁站应明确地下一层的使用功能，预留满足消防、人防、通风、照明等开发条件； 3. 海昌路站为预留通道换乘站，根据客流规模，14 m 站台规模偏大，建议优化调整； 4. 浙大国际学院站由普通站调整为终点折返站，应补充变化原因和详细说明	采纳	执行
6	车站结构	车站主体基坑周边的建筑均远离基坑 1 倍深度外，基坑变形等级定为 1 级偏严	采纳	执行
7	区间隧道	1. 下穿杭州地铁 1 号线隧道措施中应补充对运营隧道监控量测措施，并纳入设计概算； 2. 下穿规划河道和规划道路，设计应考虑必要措施，确保后期纵向沉降可控； 3. 全线内径 5 900 盾构范围最小平面半径为 1 000 m，有条件减少楔形量，提高拟合精度和管片拼装质量	采纳	执行
8	桥梁	1. 各图册应统一各类活载取值采用的规范和标准，同时补充施工临时荷载； 2. 应补充桥跨结构竖向挠度、自振频率、桥墩线刚度等控制标准	采纳	执行
9	工程筹划	地下车站主体结构施工与附属结构施工之间一般需改迁一次管线，请考虑其时间	采纳	执行
10	工程概算	1. 基坑土石方中，计算渣土消纳费时，建议扣除回填土部分； 2. 悬浇连续梁中钢筋应套用现浇钢筋子目，请修改	采纳	执行
11	站场及工艺	检查坑长度 82 m 偏短，请核实	采纳	执行
12	场段结构	1. 钢结构选型比选中，请补充两种屋面型式的用钢量的比选； 2. 针对多层及高层建筑应补充模型计算控制性指标列表	采纳	执行

续表

序号	专业	咨询意见内容	采纳情况	执行情况
全线初步设计咨询				
13	通风空调	1. 冷水机组选型制冷量不应乘以选型系数; 2. 应预留好车站配线上方商业开发及汽车库的风亭及通风空调机房等的土建条件	采纳	执行
14	给排水与消防	消防水泵控制柜应补充机械应急启动功能。应补充稳压系统的压力启停控制要求	采纳	执行
15	动力照明及低压配电	疏散指示标志灯间距不应大于 10 m	采纳	执行
16	信号	信号机点灯方案中,目前杭州已建线路采用 CBTC 常态点蓝灯方式,建议沿用杭州已建线路的点灯模式	采纳	执行
17	供电	建议每行钢轨的均流电缆设置与上下行钢轨的均流电缆设置一致	采纳	执行
18	接触网	车辆段供电分段示意图中,两供电分区之间的联络开关建议采用电动隔离开关	采纳	执行
19	站台门	站台火灾时如开启站台门辅助排烟,需明确采取预案防止乘客跌落车轨区造成二次伤害,且需确保进入区间的烟气不对上下行区间后续列车造成影响	采纳	执行
20	综合监控	请细化和明确城际线路中央级接入及管理方案	采纳	执行
全线施工图设计咨询				
1	限界	区间排水管宜布置在行车的左侧,避免过多管线过轨	采纳	执行
2	轨道	1. 补充轨道施工测量相关设计内容,如采用 CPⅢ技术,补充 CPⅢ轨道精密控制网设计内容; 2. 岔枕编号 5、6、10、11(转辙机拉杆槽处)外侧混凝土保护层厚度过小,建议加强处理措施,以避免后期该岔枕出现松动等病害	采纳	执行
3	车站建筑	1. 余杭高铁站在预留商业防火分区楼梯疏散宽度验算中,疏散距离可以借用相邻防火分区出入口,但疏散宽度不能重复计算; 2. 高架车站节能工程叙述过于简单,应完成杭海城际项目工程的节能计算书,再进行总结和梳理; 3. 浙大国际学院站防洪涝章节中,为何是杭州是百年洪水位?应按本地百年洪水位高程具体值。同时,应完成全线车站地面附属防内涝设计专题,明确防内涝高程,并核实各地面附属设计高程是否满足防涝要求	采纳	执行
4	车站装修及导向	1. 施工体系中应明确杭海城际项目工程所采用的所有类型膨胀螺栓的拉拔值;	采纳	执行

续表

序号	专业	咨询意见内容	采纳情况	执行情况
全线施工图设计咨询					
4	车站装修及导向	2. 墙面体系中消防栓伪装门应明显区别于周边墙面，并设置发光字体； 3. 其他章节中不锈钢栏杆说明部分应明确不同类型栏杆的横推力承载指标； 4. 地面花岗岩模数过小，影响整体效果，建议按照国内通用做法调整 800 mm×800 mm		
5	车站结构	1. 建议车站主体结构抗震构造措施均按抗震等级二级考虑； 2. 裂缝宽度计算控制值建议采用地铁规范中的要求	采纳	执行
6	通风空调	1. 危险品库防爆风机的防爆等级应标明，事故通风机应分别在室内及靠近外门的外墙上设置电气开关； 2. 电气设备用房多联空调室内机、冷媒管、冷凝管、新风口等可能产生冷凝水的设备、管线应避免设置在设备正上方	采纳	执行
7	给排水与消防	1. 按照《消防给水及消火栓系统技术规范》5.1.11 条要求，宜在消防水泵房内设置流量和压力测试装置； 2. 应补充气体灭火系统计算书（含水力计算）； 3. 有吊顶的房间应设吊顶上喷头，有防静电地板的房间当高度超过 0.3 m 时应考虑增设喷头或开孔措施	采纳	执行
8	动力照明及低压配电	风机就地控制箱中电动机保护控制器 GV2PM07C 兼具过载保护和短路保护功能，可不需要热继电器保护	采纳	执行
9	桥梁	1. 地基土层承载力设计参数建议值表中建议补充地基承载力特征值、桩侧摩阻力特征值等参数，去除说明中重复的部分； 2. 涉及大尺寸承台施工，应补充降低水热反应的相关施工说明	采纳	执行
10	区间隧道	1. 下穿高铁计算应考虑隔离桩施工的影响，计算结果应明确墩台的绝对沉降和相对沉降值，并提出施工控制地层损失率； 2. 管片最小保护层厚度不满足《地铁设计规范》要求，外侧钢筋保护层应不小于 35 mm	采纳	执行
11	变电（含主变电所电气部分）	交直流屏馈线开关额定电流与下级空开的额定电流需匹配	采纳	执行
12	供电	1. 补充说明微机综合管理系统安装位置； 2. 补充说明监测装置、排流柜、单向导通装置、轨电位装置电源来源	采纳	执行
13	接触网	1. 库中两列位间设置分段及隔离开关有无必要性？建议参考杭州在建线路的做法或及时与运营沟通； 2. 刚性悬挂安装图中采用的绝缘子还是瓷绝缘子，考虑到杭海城际项目工程 120 km/h 的速度值，建议核实	采纳	1. 已按不设置分段考虑； 2. 已考虑采用硅橡胶绝缘子

续表

序号	专业	咨询意见内容	采纳情况	执行情况
全线施工图设计咨询					
14	通信	核实每个电池架的重量，超过楼板的承载重量，应采取相应的散力架措施	采纳	执行
15	信号	1. 培训中心不应接入骨干网； 2. 室内设备地线连接应为星形连接	采纳	执行
16	综合监控	车辆段集成和互联的系统中应有 PA 和 CCTV	采纳	执行
17	FAS、BAS	1. FAS： （1）设计说明四-2-（2）中，感烟探测器保护面积应不大于 60 m²； （2）设计说明中应描述火灾自动报警主机和气体灭火主机的关系。 2. BAS： （1）设计说明三中，《电子信息系统机房设计规范》应调整为最新版本； （2）设计说明四-1中，"BAS 在车站 A、B 端各设置一套冗余的系统主控制器"，描述有误，与后面的主从关系不对应	采纳	执行
18	门禁	请核实参考规范与杭海城际项目工程的适用性，如 GB 50348—2018 中为出入口控制系统；请核实门禁系统的锁具及其安装是否由机电装修施工单位负责	采纳	已核实
19	安检	车站安检系统接口内容应与相关系统保持一致	采纳	已核实
20	自动售检票	请核实 AFC 系统和通信综合 UPS 的接口，并与设计说明保持一致	采纳	已核实
21	电扶梯	建议在说明中增加高架车站或电梯基坑下面有人的空间内的站内电梯需设置对重安全钳	采纳	已补充
22	站台门	《站台门设备室设备布置图》中"线槽中间设有隔板，隔离动力电缆和控制电缆。"不符合规范要求的配电和控制电缆线槽应相互独立	采纳	已修改
23	声屏障	1. 透明板厚度20 mm，增加"加筋"透明板； 2. 设计说明中橡胶为三元乙丙，工程数量表中为氯丁橡胶且厚度不足，请核实修改	采纳	已修改
24	控制中心	配电箱系统图画法中 PE 线不应经过断路器	采纳	执行
25	站场及工艺	1. 设计指标表，设计规模应该近/远期统计； 2. 核实两端咽喉道岔编号是否与行车、信号专业上下行方向一致	采纳	执行
26	场段结构	地下室埋深较大单体，需考虑基坑支护图纸	采纳	执行
27	场段装修及景观	《施工原则》1.3 条应明确杭海城际项目工程所用材料的燃烧性能应符合规范的某条标准，并将该标准列出在本图中；3.4 条中关于管线穿楼板及防火分区的做法应满足防火封堵要求	采纳	执行

第十六章 工程强审

第一节 审查工作组织

自2016年12月起至2021年6月杭海城际铁路正式开通运营，杭海城铁公司督促施工图审查单位北京城建院根据国家法律法规、施工图审查合同要求开展审查工作。强审单位对施工图全面审查，重点对文件中涉及公共利益、公众安全和工程建设强制性标准（含在设计标准、规范中有严格要求的条文）的部分进行审查，保证施工图设计文件符合现行法律、法规，保证工程建设安全和运营安全，且符合公共利益。

一、施工图审查依据

（1）《杭州至海宁城际铁路工程施工图审查咨询合同》；
（2）《杭州至海宁城际铁路工程初步设计文件》及批复；
（3）《建设工程质量管理条例》；
（4）《建设工程抗震管理条例》；
（5）《住房城乡建设部办公厅关于加强城市轨道交通工程施工图设计文件审查管理工作的通知》（建办质〔2012〕25号）；
（6）《关于颁发施工图设计文件审查要点的通知》（建质〔2003〕2号）；
（7）《城市轨道交通工程项目建设标准》（建标104—2008）；
（8）《市域铁路设计规范》（T/CRSC 0101—2017）；
（9）《地铁设计规范》（GB 50157—2013）；
（10）《建筑设计防火规范》（GB 50016—2014）（2018年版）；
（11）《地铁设计防火标准》（GB 51298—2018）；
（12）《人民防空工程设计规范》（GB 50225—2005）；
（13）《建筑抗震设计规范》（GB 50011—2010）（2016年版）；
（14）《建筑机电工程抗震设计规范》（GB 50981—2014）；
（15）《建筑结构荷载规范》（GB 50009—2012）；
（16）《建筑基坑支护技术规程》（JGJ 120—2012）；
（17）《混凝土结构设计规范》（GB 50010—2010）（2015年版）；
（18）《城市轨道交通地下工程建设风险管理规范》（GB 50652—2011）；
（19）《钢结构设计标准》（GB 50017—2017）；
（20）《建筑地基基础设计规范》（GB 50007—2011）；
（21）《轨道交通工程人民防空设计规范》（RFJ 02—2009）；

（22）《建筑给水排水设计规范》（GB 50015—2019）；
（23）《气体灭火系统设计规范》（GB 50370—2005）；
（24）《民用建筑电气设计标准》（GB 51348—2019）；
（25）《建筑防烟排烟技术标准》（GB 51251—2017）；
（26）《城市轨道交通通风空气调节与供暖设计标准》（GBT 51357—2019）；
（27）《铁路桥涵设计基本规范》（TB 10002.1—2005）；
（28）《公路桥涵设计通用规范》（JTG D60—2015）；
（29）《城市道路工程设计规范》（CJJ 37—2012）；
（30）《浙江省涉河桥梁水利技术规定（试行）》（2008，浙江省水利厅、浙江省发展和改革委员会）；
（31）有关地方法规、标准等；
（32）有关会议纪要、公文及政府部门回复意见。

二、施工图审查机构设置

北京城建院为杭海城际铁路项目配备具有丰富的轨道交通工程施工图审查经验的线路、车辆基地、建筑、结构、供电、机电、设备等专业技术骨干组成施工图审查项目组，同时成立"杭州至海宁城际铁路工程施工图强审项目部"，配置 1 名项目负责人，全面主持项目部工作，统一调度，由专家顾问组进行技术把关。

施工图审查工作将根据轨道交通专业设置的特点，为强化、细化工程施工图强审工作，更好地提供审查服务，项目负责人及主要审查人员将全方位、全过程、全面地提供服务；全面监督、审查、严格控制工程设计质量。杭海城际铁路项目的信息、合同管理、计划管理工作及后勤保障设专人负责。项目部组织架构具体如图 16-1 所示。

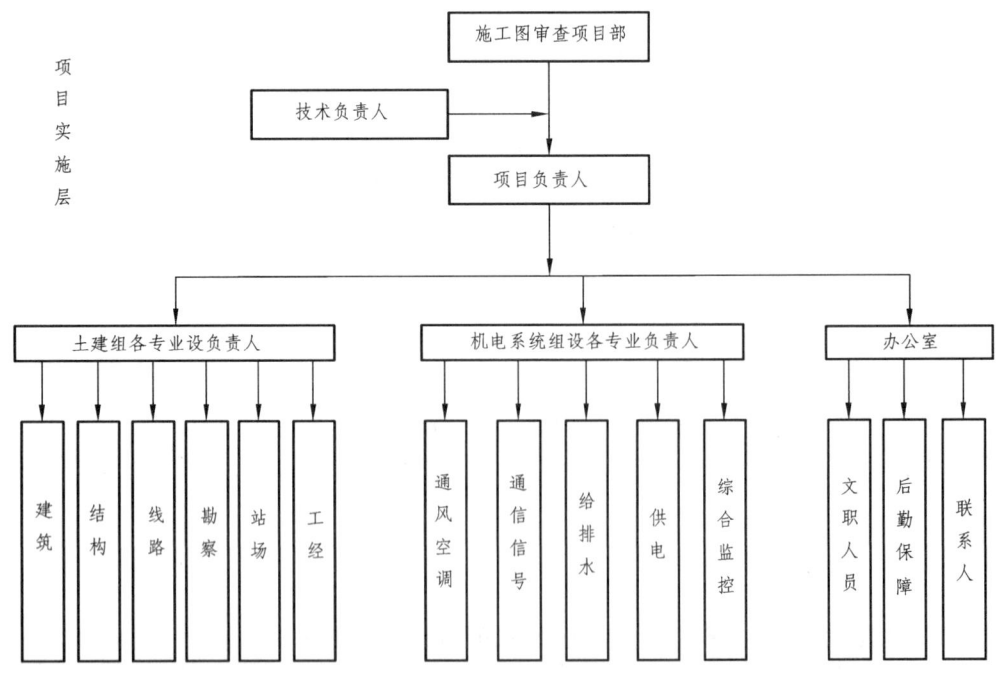

图 16-1　项目部组织架构

三、施工图审查质量保证措施

施工图审查采取项目管理与专业管理相结合的矩阵式管理模式，以质量为前提、以项目为核心、以专业为基础，成立施工图审查项目部，实行项目负责人负责制。为保证施工图审查质量，项目部采取了如下保证措施：

（一）加强人员管理

（1）为如期优质地完成施工图审查任务，施工图审查项目部对所有人员进行绩效考核，奖优惩劣，对于不合格的人员分别采取培训、警示、批评、替换等方式进行处理，坚决拒绝不符合任职要求的人员进入项目部；

（2）加强项目部人员的培训，项目实施前所有人员均需培训；

（3）项目部的人员管理严格按杭海城铁公司的要求执行。

（二）加强技术管理

（1）施工图审查大纲编制应严格执行现行规范规定及法规，当不同规范规定、标准发生不一致时，则以强制性条文和要求最为严格的规范规定、标准作为审查依据；

（2）施工图审查对所有专业施工图均进行严格的审查，对于重点难点问题除资深审查工程师进行审查外，还将组织专家进行会审；

（3）来往资料的交接、保存、使用规定与存档执行资料管理制度。

（三）加强沟通与汇报

为确保各级领导决策依据科学合理，及时、准确地进行信息传递已成为生产的重要组成部分，为此，施工图审查项目部制定了相应的沟通与汇报管理制度。

（1）所有参与施工图审查的主要现场管理人员必须24 h保持通信畅通；

（2）定期召开审查专题工作会；

（3）要求各设计单位根据会议的等级、内容选择合适的参会人员，参会人员需认真准备汇报材料、做好会议记录，并及时向领导汇报会议精神；

（4）施工图审查单位、设计单位及杭海城铁公司应保持密切联系，以便及时了解方案变更情况、工期变更要求等，并通过联系单的形式向相关单位传递，以便及时调整施工图审查工作计划；

（5）施工图审查过程中发现技术难题或对工程有较大影响的工程问题时，施工图审查单位应及时通知设计单位、杭海城铁公司等，必要时组织技术协调会予以解决。

（四）加强信息管理

在信息管理上设有专人执行杭海城铁公司的信息管理制度，并及时组织设计单位电子文件上网，审核其与纸质的一致性和录入审图的审查意见，并按档案管理规定提交归档文件。

（五）加强基础资料审查

基础资料既是设计的前提条件，也是设计的依据。在对重大设计原则与系统方案审查的同时，对设计基础资料的审查也将作为审查工作中的另外一项重要任务。

（六）规范审查意见落实

设计单位对技术审查意见的落实情况，主要通过设计对审查意见的反馈直接反映。设计及时反馈落实审查意见执行情况，是设计审查工作的一个重要环节，也是设计管理工作中一项重要内容。为了规范设计单位对技术审查意见落实情况的反馈，按照以下办法执行：

（1）在对送技术审查的设计文件进行审查后，提出书面技术审查意见给单位，设计单位按照设计审查提出的技术审查意见，认真消化理解、并逐项修改落实，最后书面反馈；

（2）审查人员对意见落实情况进行复审，在对施工图文件与图纸盖章确认前，先检查与查对设计落实各审查意见情况，若发现问题，退回设计文件。

（七）注重设计变更质量把关

1. 事前质量控制

审查设计是否满足杭海城铁公司提出的使用功能要求，按国家技术规范对工程图纸范围内的技术问题进行审查，审查设计的技术合理性，施工可行性和经济性，并提出合理化建议，节约投资。

2. 事中质量控制

在设计审查过程中，检查工程与合同文件、设计文件、国家标准的符合情况；按设计文件和质量标准，协助审查各安装承包商提交的系统调试大纲，以确保工程质量达到设计要求；严格控制设计变更的质量；参与质量问题、技术问题等专题讨论会，了解施工配合质量有关问题，总结经验，改进施工配合质量；对隐含的质量问题及时提出审查意见和建议，力求把质量事故消灭在萌芽状态。

（八）建立施工图审查质量记录

施工图审查过程中做好施工图审查质量过程记录，是保证过程质量控制的重要环节，是不断深化、持续加强的证据和基石，也是落实质量控制责任制的保证。

四、施工图审查工作流程

根据杭海城际铁路项目组织特点，强审单位制定了详细的施工图审查工作流程，如图16-2所示。所有审查工作全部在规定的时间内完成。

具体工作流程如下：

（1）接收杭海城铁公司的施工图设计文件审查委托书。

（2）接收杭海城铁公司的施工图设计文件出图计划，根据出图计划制定公司审图计划。

（3）登记验收杭海城铁公司送交审查的设计文件和有关资料。

（4）单位负责人审阅后会同总工程师确定项目负责人、项目联系人及有关专业负责人确定审查工作的项目审定人、审查人，公司下达施工图审查任务书。

（5）按专业将送审文件分发给审查人员。

（6）审查人员对施工图设计文件进行审查，审查人和审定人交换意见后，填写审查记录单，专业审查初审意见表并签字，审查单位盖章后报送杭海城铁公司；施工图审查意见一式8份（其中6份报杭海城铁公司，1份发总体总包，1份报工点设计）。对于急等施工的图纸（非批量），施工图审查必须在3个工作日内审完盖章下发施工，非紧急图纸根据工程推进需要完成审查，但最长时间不能超过10个工作日内。

（7）设计单位接到初审意见后应回复初审意见并盖章返回；各工点设计必须按必改意见和建议意见对设计文件进行修改，并尽快反馈处理意见（一式5份，3份报杭海城铁公司，1份发总体总包，1份报审查单位）。

（8）施工图审查单位在收到反馈意见和修改后的施工图纸后，由专业人员检查审图意见执行落实情况，确定是否予以通过。对未修改合格的图纸，审查人员提出复审意见，与初审意见汇总形成施工图设计文件审查意见书报送杭海城铁公司；

（9）设计单位报送按审查意见修改后的合格的施工图设计文件，经审查人员确认后加盖设计文件

"施工图审查出图审核专用章"。

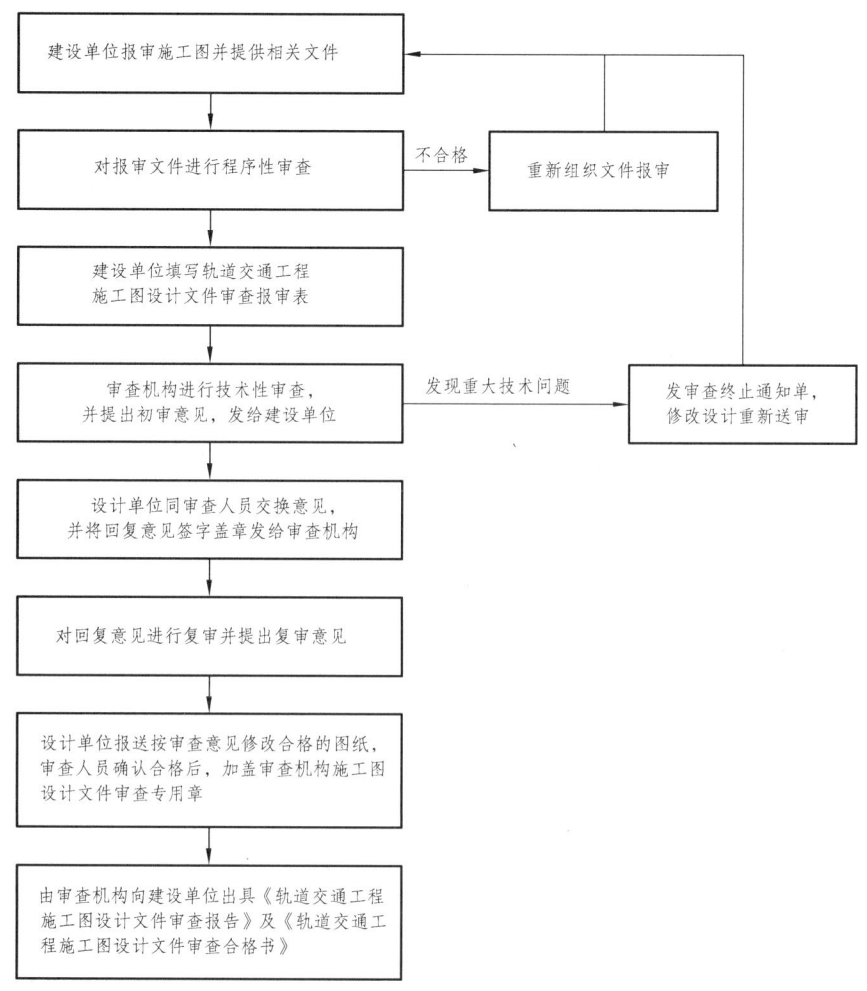

图 16-2 施工图设计审查工作流程

（10）施工图设计文件审查合格后，由审查人员填写《轨道交通工程施工图设计文件审查报告》和《轨道交通工程施工图设计文件审查合格书》，送杭海城铁公司并按建设行政主管部门的要求进行备案存档。

（11）月报与总结报告：强审单位每月定期编制施工图审查月报。施工图审查工作结束后一个月内，向杭海城铁公司提交施工图审查工作总结报告。

（12）文件资料归档：强审单位对来往的文件、图纸、资料进行编目、登记，规范保存，便于查询。按合同规定的份数和要求按时提交施工图审查报告，每半年对施工图审查意见汇总提交合订本，在全部施工图审查工作完成后，归还杭海城铁公司提供的送审施工图全部文件和施工图审查基础资料。

第二节　审查工作成果

一、施工图审查要点

施工图设计根据已批准的初步设计进行编制，内容以图纸和计算书为主，深度应达到能据以编制施工预算安排材料和设备订货,非标准设备的制作、进行施工和安装、进行工程验收。施工图设计阶段以对工程设计进一步优化,技术接口落实与确认、设备招投标为工作重点,控制施工图文件的总体性、完整性、正确性,以方便施工和安装、缩短工期、节省投资费用。重点审查"住房和城乡建设部13号令"中规定的相关内容,要点如下:

(1) 审查图纸是否符合工程建设强制性标准;
(2) 审查地基基础和主体结构的安全性;
(3) 消防安全审查;
(4) 人防工程(不含人防指挥工程)防护安全性;
(5) 抗震专项及防洪(如有)等各类专项;
(6) 审查勘察设计企业和注册执业人员及相关人员是否按规定在施工图上加盖相应的图章和签字;
(7) 法律、法规、规章规定必须审查的其他内容;
(8) 审查施工图设计是否贯彻和满足初步设计审查中提出的审查意见,是否符合现场情况,确保质量、工期和投资;
(9) 加强中间环节的审查,进一步优化设计,提高设计质量;控制设计质量,并进行跟踪管理,及时向委托人报告有关情况;组织施工图会审工作;协助并参与项目公司组织的专家会审和审查会议,提出初审意见。

二、施工图审查成果

强审单位共审查送审图纸667册,其中施工图443册,消防设计图224册,形成并提交审查成果见表16-1。

表16-1 主要审查成果统计表

序号	审查成果	提交时间	备注
1	杭州至海宁城际铁路工程施工图设计文件审查报告	2020年10月—2021年10月	每站1份报告
2	杭州至海宁城际铁路工程施工图设计文件合格书	2020年10月—2021年10月	每站1份报告

三、主要咨询意见和落实情况

审查工程师依据国家法律法规、规范标准,对送审的施工图设计文件的合规性、技术合理性进行了全面审查,提出初审意见;设计单位根据初审意见修改后,审查人员对送复审图纸进行再次审查。在审图工程师和设计人员的共同努力、相互配合下,设计人员对审图意见进行了认真的回复落实,大多数的审查意见被设计采纳,部分意见与审图人员进行沟通,设计人员的回复得到审图人员的认可。各专项目公司要审查意见及落实情况见表16-2。

表16-2 主要审查意见和落实情况统计

序号	专业	审查意见内容	采纳情况	执行情况
1	线路	1. 主要技术标准应补充最高运行速度、车型及编组、站台长度、道岔基本尺寸,否则无法判断曲线要素的配置是否合理、道岔位置是否满足要求。 2. 调线调坡内容不应纳入施工图。 3. 左线断链应标注在曲线尾,以便左右线平行段里程一一对应,特别是配线区域,下同。 4. 规划文正街隧道底板与车站顶板冲突、隧道顶板与乔司港河底冲突,规划文正街隧道在平面图中并没有标示在什么地方?	采纳	执行

续表

序号	专业	审查意见内容	采纳情况	执行情况
2	限界	图设计依据： 1. 车辆、线路、轨道等专业提资建议补充提资联系单号。 2. 建议增加《地铁限界标准》最新版，同时建议对采用已经作废的《地铁限界标准》（CJJ 96—2003）进行说明。 3. 建议补充《地铁设计防火标准》（GB 51298—2018）。 4. 建议补充车辆计算报告。 照明灯安装在疏散平台上方 2 000 mm 内，影响区间疏散，不满足《地铁设计规范》及《地铁设计防火标准》的相关规定。扶手安装高度不满足《地铁设计防火标准》的规定。曲线段建议补充偏移量表达，设备的定位标注均建议以线路中心线为基准，不建议以隧道中心线为基准，后期无法施工；建议补充设备限界距建筑限界最小距离标注，尤其是曲线段，核实是否满足 200 mm 间隙要求；盾构区间轨道结构高度是控制断面的布置的一个重要因素，建议将最小轨道结构高度和最大轨道结构高度都表达出来，以便核实设备布置是否合理。注释 5 和注释 6 应明确。需要核实站台门限界 1 570 mm 与车辆限界外放 25 mm 是否冲突，应有相应的说明	采纳	执行
3	轨道	1. 1.3《地下铁道工程施工及验收规范》（GB 50299—2018）名称有误，应为《地下铁道工程施工质量验收标准》。 2. 应补充隔振器刚度值及阻尼比。 3. 补充钢弹簧浮置板道床的减振效果。 4. 应补充隔振元件的主要部件、隔振器外套筒设计使用年限要求。 5. 4.1《混凝土结构工程施工质量验收规范》（GB 50204—2002）（2001版）应为（2015 年版）。 6. 5.3《钢筋机械连接技术规程》（JGJ 107—2010）应为（2017 年版）	采纳	执行
4	车站建筑	1. 便民服务设施平面图上只设置的"防盗卷帘门"，其一：不满足地铁规范防火分隔的要求；其二：未在该房间的合适位置设置另外的甲级防火平开门，不满足建筑设计防火规范的要求。 2. 地上与地下共用疏散用楼梯间，未见在首层用耐火时限 2 h 的隔墙、乙级防火门将上下联通部分完全隔开，不满足防火设计规范要求。 3. 环控机房和冷冻机房内最远点到安全出口的距离不满足规范不大于 22 m 要求。 4. 立面图未见标识消防救援窗口，应说明救援窗的尺寸、间距、标识、性能等均须满足规范要求。 5. 保温材料中采用的"玻璃棉板"，不满足规范要求	采纳	执行
5	车站结构、区间隧道	1. 部分上铁钢筋未标注钢筋大小，请补充完善。 2. KL11 第 1 跨非加密区，KL10 第 2 跨加密区非加密区箍筋不满足计算要求，核对修改。类似问题自查核对修改。 3. 根据《混凝土结构设计规范》8.2.1 条补充"构件中受力钢筋的保护层厚度不应小于钢筋的公称直径 d"说明。 4. KZ2 角筋 $\phi 18$ 不满足计算要求，核对修改。类似问题自查修改。 5. 缺少结构重要性系数	采纳	执行

续表

序号	专业	审查意见内容	采纳情况	执行情况
6	区间隧道	1. 下穿杭州地铁 1 号线隧道措施中应补充对运营隧道监控量测措施，并纳入设计概算。 2. 下穿规划河道和规划道路，设计应考虑必要措施，确保后期纵向沉降可控。 3. 全线内径 5 900 mm 盾构范围最小平面半径为 1 000 m，有条件减少楔形量，提高拟合精度和管片拼装质量	采纳	执行
7	桥梁	1. 图中仅示意现状地面线，后期是否涵洞下挖设置，排水路径应明确。 2. 部分涵节长度过大，核实地基处理措施能否有效控制不均匀沉降，或增强涵身顺桥向配筋	采纳	执行
8	站场及工艺	补充"杭州至海宁城际铁路工程初步设计及批复"。 库门股道编号白字蓝底应进一步明确底为圆形，并补充规格大小；喷涂位置位于库门中心线上方，并补充位置高度。 所有轨道线路应补充轨道中心线	采纳	执行
9	场段结构	1. 钢结构选型比选中，请补充两种屋面型式的用钢量的比选。 2. 针对多层及高层建筑应补充模型计算控制性指标列表	采纳	执行
10	通风空调	1. 厨房事故通风排风设备不应布置在地下室房间内，核实修改以满足强条 GB 50016—2014 第 9.3.9 条要求。 2. 负担两个及以上防烟分区的排烟系统，应在每个防烟分区排烟支管上设计排烟防火阀，核实补充以满足强条 GB 51251—2017 第 4.4.10 条要求。 3. 事故通风风道及其相关设备也应采用抗震支吊架，核实补充以满足强条 GB 50981—2014 第 5.1.4 条要求。 4. 多联机室外机 IPLV（C）值应满足强条 GB 50189—2015 第 4.2.17 条以及地方节能标准要求。 5. 排烟风机、正压风机、补风机等防排烟和补风设备，启停控制应满足规范 GB 51251—2017 中 5.1.2、5.1.3、5.2.2 条要求，补充控制要求	采纳	执行
11	给排水与消防	1. 消火栓的布置应保证每个防火分区同层有两支水枪的充实水柱同时到达任何部位。 2. 储存室外消防用水的消防水池应设置取水口。 3. 从生活饮用水管网向消防水池（箱）补水时，其进水管口最低点高出溢流边缘的空气间隙不应小于 150 mm。 4. 高位水箱应设置就地水位装置，并应在消防控制中心或值班室等地点设置显示高位水箱水位的装置。 5. 高位水箱最低有效水位应满足 GB 50974—2014 第 5.2.6（2）条强条的要求，请核实并明确标注	采纳	执行
12	动力照明及低压配电	1. VRV 室外机配电回路保护开关应设剩余电流保护，并宜整定 100 mA。 2. 消防线路与其他配电线路敷设在同一电缆井内时，应分别布置在电缆井的两侧。 3. 走道转角区疏散标志灯距转角不大于 1.0 m	采纳	执行

续表

序号	专业	审查意见内容	采纳情况	执行情况
13	信号	1. "电缆余量盘敷绑扎固定在设备附近电缆托架上并加设标记，"应修改为"电缆余量盘盘留固定在通号电缆间的电缆托架上并加设标记"。 2. 设计说明太简单，补充设计内容、设计规范及配线的要求：低烟、无卤、阻燃、防火等级。 3. 从通号桥架下引至信号设备室及信号值班室内的防静电地板下的线缆，缺少竖向防护措施及尺寸，请补充	采纳	执行
14	供电	变电所的每种设备，都应该有测控装置，请明确系统图中的单元测控装置的作用	采纳	执行
15	接触网	从系统中看出，可视化接地系统只对上网隔离开关进行可视化监控，是否就代表供电系统的接地系统？请落实，并在说明中进行明确	采纳	执行
16	站台门	1. 设计规范及标准中应增加 GB 51298—2018《地铁防火设计标准》。 2. 应采用最新版 GB 50217、GB 15763.4、JGJ 102、GB 7251。 3. 主要设备数量中应补充 PSL 的设置数量的原则	采纳	执行
17	综合监控	请细化和明确城际线路中央级接入及管理方案。	采纳	执行
18	通信	1. 视频监视系统数据配线系统图配线错误较多，多个摄像机应该是配置2芯光缆，却都配置成电源线，请核实修改。 2. G1-28#、G1-29#摄像机安装位置会被6-B轴的立柱遮挡，建议再向7轴方向平移2.5 m，避免立柱的遮挡，扩大摄像机的监视范围。	采纳	执行
19	FAS、BAS	1. FAS： （1）说明七、5 探测器设置于吊顶下或顶板下，或设置双层应按照吊顶镂空率进行设置。 （2）应增加说明与防火门监控系统、电气火灾系统、消防电源监控系统接口。 （3）按照 GB 50116，火灾自动报警系统应设置声光警报器，而非警铃。 2. BAS： （1）应考虑车控室 PLC 供电与接地。 至 BAS 模块箱的电源线是单相 220 V，为何采用 2 芯线？需核实。 应考虑防雷。 （2）《电子信息系统机房设计规范》GB 50174 版本号及规范名称应更新。 《智能建筑设计标准》版本号应更新。 BAS 实现部分的 FAS 部分功能，其备电时间应符合 FAS 系统要求。 车站说明应针对地上车站修改。 （3）BAS 实现部分的 FAS 部分功能，其备电时间应符合 FAS 系统要求。 应增加 BAS 的外线说明。 （4）强弱电线缆应分开敷设	采纳	执行
20	门禁	1. 设计依据应增加《出入口控制系统工程设计规范》GB 50396。 2. 弱电设备室自 UPS、IBP、接地引出线缆穿什么规格管应标注	采纳	已核实

续表

序号	专业	审查意见内容	采纳情况	执行情况
21	安检	补充改造实施及施工工序原则； 补充AFC闸机设备改移时，引起的地面破除及恢复工程量	采纳	已核实
22	自动售检票	请核实AFC系统和通信综合UPS的接口，并与设计说明保持一致	采纳	已核实
23	电扶梯	建议在说明中增加高架车站或电梯基坑下面有人的空间内的站内电梯需设置对重安全钳	采纳	已补充
19	站台门	《站台门设备室设备布置图》中"线槽中间设有隔板，隔离动力电缆和控制电缆。"不符合规范要求的配电和控制电缆线槽应相互独立	采纳	已修改
20	声屏障	1. 工程概况、设计范围、批复意见及执行情况应将和声屏障无关的部分删除 2. 中路基段声屏障排水道的大小、间距及定位要求需作要求	采纳	已修改
21	控制中心	顶棚、墙面的装修材料应为A级不燃材料，地面、隔断等可采用B1级，核实说明中十五.木结构工程、十六.油漆工程，所用部位是否能满足上述要求。 核实控制中心是否设自动喷水灭火系统，若不设则窗槛墙高度应≥1.2 m	采纳	执行

第十七章　信息化管理

随着社会经济的不断进步，IT产业已渐渐走进人们生活，信息化管理已经成为企业管理的主流趋势。杭海城铁公司建立之初，就积极推进项目管理信息系统建设工作，公司领导高度重视信息化建设工作，提出"网为我用"信息化建设标准、以后续项目信息化的工作可复制可借鉴要求进行公司信息化管理建设。

第一节　工程管理信息化

杭海城铁公司位于海宁市钱江大厦178号，共有2层。由于办公环境的影响，2017—2018年期间，在未建立专业机房的情况下，公司先后完成了阳光工程动态管理系统、项目工程视频监控系统、视频会议等系统的施工、调试、上线使用等工作。OA、财务、人力系统也严格按照浙江省交通集团统建系统进行规范操作。

公司先后建立健全了《浙江杭海城际铁路有限公司网络与信息安全管理办法》《浙江杭海城际铁路有限公司信息安全应急措施》《浙江杭海城际铁路有限公司网络安全保障方案》《关于成立数字化改革领导小组及工作专班的通知》等规章制度，明确公司各部门及各参建单位网络信息化职责。确保信息化工作组织有力、体系健全、职责明确。

一、阳光工程动态管理系统

杭海城际阳光工程动态管理系统是基于互联网，将信息化技术运用在铁路建设管理工作中，并把信息化技术、项目管理技术和专业技术服务三结合，以信息化动态管理平台为工具，实现全体参建单位在同一平台上开展信息交流、建设管理工作的系统。系统包括对项目立项、项目设计、合同招标等前期工作和施工建设期的计划进度、计量支付、质量、安全等建设项目的全生命周期管理。覆盖范围包括杭海城铁公司、设计单位、各征迁办、监理单位、施工单位等铁路参建单位。主要实现了系统管理、业务设置、项目信息、征地拆迁、招投标管理、合同管理、试验检测管理、质量管控、计量管理、安全生产、工程建设、进度控制、设计变更、科研申报、勘察设计管理、档案管理等模块，实现建设方关于项目动态管理工作的可行性管理方法，进行网上办公实施项目动态管理。

二、项目工程视频监控系统

近年来铁路安全生产事故时有发生，重点在于安全责任不明确，管理不到位。明确施工安全生产职责，强化施工安全管理，是维持铁路生产事业持续、健康和稳定发展的重要保证和基础。为规范施工现场管理，杭海城铁公司借助智能化视频监控技术手段实现施工监督管理的信息化，强化铁路施工监督执法部门的监管手段，实现工地场景全覆盖，对进出工地现场的人员、车辆、设备进行全方位监控。

三、视频会议系统

杭海城铁公司共设有两个视频会议室，基本解决大小型视频会议的需要，视频设备严格按浙江省交通集团要求进行购买。该系统具有在线通话、播放PPT、视频播放等功能，在疫情、台风等紧急情况中即时高效地传达重要决策、集团会议精神等。

四、办公系统

杭海城铁公司OA、财务、人力等系统由浙江省交通集团统一建设完成，各相关使用人员严格按照浙江省交通集团系统要求进行数据上报、填写、审核等工作。

第二节　工程建设信息化

一、皮革城智慧车站

皮革城智慧车站在"交通强国，城轨担当"以及"1811"智慧城轨发展蓝图的指引下，在浙江省交通集团的指导下，杭海城际铁路打造了省内第一个智慧车站示范项目。皮革城智慧车站基于物联网、互联网、三维可视化、大数据、人工智能等新兴信息技术，实现车站设备设施的全息感知、车站一键自动运行、设备智能巡检和移动运维，以及智慧乘客服务等相关功能，提升车站的运营管理水平和服务能力。

皮革城智慧车站1期建设基于"1233"，即1套系统、2个方向、3个乘客模块、3个运营模块的设计思路与目标，实现了全站式乘客信息出行服务，根据乘客在站内的行走路径，在不同的位置为乘客发布不同的出行信息（包括列车到站信息可视化、列车拥挤度、天气数据可视化、客流信息可视化、卫生间信息可视化、站外公交信息、车站三维全景可视化等），节省乘客出行时间，提高乘客出行体验。同时在运营管理模块，智慧车站结合BIM三维可视化模型，真实地理空间方式展现各个设施相关位置信息和属性信息，进而快速、准确地对设施进行查询和定位，实现了工作人员车站移动巡检，三维巡检、一键开关站、能耗分析、设施设备故障报警、维护提醒等功能，进一步提升了服务质量、管理水平以及旅客满意度，赋能运营全面发展。并着力在"交通强国，城轨担当"上争当表率，在新发展格局上争做示范。

二、杭海能源管理系统

在"双碳"目标的驱动下，构建安全可靠、高效节能的能源管控体系，面向水、电、气等能源，建设快速感知、实时监测、用能分析、报警管理、节能诊断的新型能耗管理系统；通过物联网、大数据等技术的应用，赋予用能主体可感知、可监测、可分析、可诊断的管理能力；采用数字化、可视化、智能化的能源管理平台，动态引入用能行业标准，建立灵活用能评价体系，实现精细管理、科学决策、降本增效。

三、杭海BIM平台

杭海城际铁路作为全国首个城际铁路PPP项目，为创新技术管理水平，实现降本增效目的，打造数字化杭海,在项目设计、建设阶段全线引入 BIM 技术应用。从 2018 年 3 月开始研发搭建"杭海 BIM 智慧建造管理平台",该平台是杭海城铁公司精细化管理的抓手,其核心是工程数据的采集、共享、协同。平台以 BIM 信息为载体,结合轻量化、移动互联、云计算等技术,将 BIM 与管理业务相结合,打通项目参与方在设计、建设阶段的信息孤岛,为各方共享信息,协同工作提供便利。杭海城铁公司统筹管控工程进度、投资、质量、安全、文明施工、监测等信息数据,做到"五控一管",使得项目建设可控制、可预知、可溯源。结合阳光工程系统和物联网技术,对施工现场进行监测监控,有效提高工程质量、降低成本和安全风险,最大范围内实现资源合理利用,提升项目的效益和效率,从而推动项目集约化、精益化、标准化管理的真正落地;同时,对建设期的过程管理、风险控制等数据集成链接,为运营阶段提供一套可视化的项目模型和动态技术档案,实现项目全生命周期管理。BIM 模型及相关成果,逐步形成《杭海城际项目 BIM 总体实施方案》《杭海城际项目智慧建造管理平台管理办法》《杭海城际项目 BIM 工作规章制度》《杭州至海宁城际铁路 BIM 建模与交付标准》和《杭海 BIM 标准和应用指南》等标准文件,明确各参建单位职责,确保 BIM 技术应用有章可循、有据可依。

杭海全线共完成围护模型 11 个,区间模型 17 个,车站模型 142 个;利用 BIM 模型进行管综发现 1 900 个碰撞点,形成碰撞报告 12 本;完成工艺模拟视频 9 个;装修漫游视频 4 个;三维技术交底 49 次。

设计阶段,设计单位采用 BIM 参数化进行设计,提高设计效率 30%;发现各类碰撞问题约 1 900 个,及时通知组织设计、施工单位通过 BIM 平台模拟提前解决碰撞问题。

施工阶段,利用模型分析实现三维技术交底、提前预制,减少现场加工浪费,实现高架车站节约材料 10%,地下车站节约材料 30%,节约人工 32%。

2018 年 4 月 19 日,BIM 管理系统上线运行,在项目建设期间,各参建单位均上线使用。根据平台数据统计,质量管理事件开累 448 个,安全管理事件开累 668 个,文明施工事件开累 188 个,物料追踪事件开累 2 294 个,工作汇报开累数据 25 000 余条。

项目建设期间,及时总结杭海全线 BIM 技术应用情况,积极参加国内 BIM 比赛,获得各类奖项共计 5 次,其中在中国铁建举办的"青创杯"中,获"一等奖";在中国勘察设计协会举办的"创新杯"中,获"二等奖";在中国图学会举办的"龙图杯"中,获"三等奖"。

第十八章 物资设备管理

第一节 物资采购与供应

一、物资设备分类

杭海城铁项目物资设备实行分类管理,所有物资设备分为三大类:

(1) 甲供物资设备:是指在工程招标文件和合同中约定的,由杭海城铁公司招标采购供应的专用物资设备。杭海城际铁路项目甲供物资设备的具体范围按照《中国铁路总公司关于发布铁路建设项目甲供物资目录的通知》(铁建设〔2015〕117号)及《轨道交通建设项目甲供物资采供指导意见》(浙交投〔2017〕168号)等相关管理规定文件执行。

(2) 甲控物资:是指工程建设中除项目公司采购供应外的对工程安全质量有重要影响,由承包人在合同约定的范围内自主采购,但需报项目公司批准同意并备案的材料(设备),主要包含钢筋、水泥、粉煤灰、钢绞线、锚具等。

(3) 自购物资设备:是指用于工程的除甲供物资设备外的招标文件和合同中约定的,由工程承包单位自行采购的物资设备。

二、物资设备计划管理

(一) 甲供物资设备计划

根据杭海城际铁路项目施工安排,在工程开工后,由公司工程管理部门(或物资代理公司)及时组织工程承包单位上报全部公司采购的甲供物资设备招标计划(分站前、站后两次上报),经公司物资设备招标领导小组批准后分批实施。

工程承包单位应组织相关技术人员对照施工图、招投标单项概算审核施工总承包合同内甲供物资清单、甲供设备清单。如施工图内甲供物资设备数量、规格型号与施工总承包合同中甲供物资设备清单不一致,但未超过施工总承包合同中甲供物资设备清单中对应的各专业总概算费用,应及时联系设计、监理和公司专业工程师,办理签证手续;如超过施工总承包合同中甲供物资设备清单中对应的各专业总概算费用,应及时按有关规定办理变更或施工图量差签证。如工程变更设计引起甲供物资设备数量、规格型号、概算费用发生变化,设计单位应根据变更设计文件提供甲供物资设备变更前后对比清单及概算费用。工程承包单位应按施工总承包合同内甲供物资设备清单和经设计、监理单位、公司专业工程师签证后变更清单上报招标计划(提前6个月)。

招标计划须经工程承包单位物资负责人、总工签字加盖单位公章,并经公司专项目公司管工程师及分管领导审核签字。公司工程管理部门根据审查后集中采购计划及时编制招标物资一览表,上报公司物资设备招标领导小组审查备案。物资代理公司协助做好招标计划的编制工作。

(二)甲控物资设备计划

由工程承包单位根据公司下发的甲控物资清单目录,各施工单位在项目进场后及时组织技术部门及物资部门人员审图,统计甲控物资设备采购清单,并根据施工方案和需求时间合理统筹确定批次招标计划。

(三)自购物资设备计划

由工程承包单位自购的物资设备,各施工单位在项目进场后及时组织技术部门及物资部门人员审图,统计自购物资设备采购清单,并根据施工方案和需求时间合理统筹确定批次招标计划。

三、物资设备采购管理

(一)甲供物资设备采购

杭海城际铁路项目甲供物资设备实行目录管理,目录由杭海城铁公司根据建设管理需要进行发布、调整。甲供物资设备由公司招标领导小组组织采购,公司根据杭海城际铁路项目施工组织设计安排,编制甲供物资设备招标计划,招标计划经批准后,才能实施甲供物资设备的招标采购工作。根据建设项目物资设备管理工作需要,公司可委托具有相应能力的物资代理公司协助进行物资设备采购、组织供应和质量监控等服务工作。甲供物资设备达到国家规定依法必须招标规模标准的,由公司作为招标人依法在浙江省公共资源交易市场采用公开招标方式招标采购。杭海城铁公司负责采购合同的签订和采购活动的执行,根据项目施工组织安排,组织编制甲供物资设备年度采购计划和批次采购计划,有序开展甲供物资设备招标采购工作。

甲供物资设备招标程序如下:

(1)根据杭海城铁公司招标领导小组批复的招标计划,公司(或物资代理公司)编制招标文件。招标文件应严格按照公司招标文件范本的要求编制。招标文件的资格设置应严格执行行政许可、认证管理、质量抽查等相关规定要求;各项技术规格应符合国家技术政策、铁路技术标准和公司相关技术文件的规定及设计文件要求。招标文件不得要求或者标明特定的生产供应者以及含有倾向或者排斥潜在投标人的其他内容。招标文件中可以设置最高限价。设置最高限价的应在招标文件中明确最高限价或者最高限价的计算方法,超过最高限价的报价应当被否决。招标文件中不得规定最低限价。

(2)杭海城铁公司计划合约部负责组织相关部门对招标文件的完整性、规范性进行审查,相关部门根据职责分工对技术、价格、支付条件、履约责任、资格条件等提出书面审查意见。计划合约部对除技术以外的审查意见进行复核。

(3)计划合约部(或物资代理公司)负责组织招标采购流程实施。负责公开招标的上网公告、招标文件出售、开标评标、招标结果公示、中标通知书的发送以及合同的签订工作。招标公告发布时间不少于5日,出售招标文件时间不少于5日,自出售招标文件开始日至投标人递交投标文件截止之日不少于20日。物资代理公司负责办理招标网上操作流程(包括招标公告、交易表格、评标结果公示等)。

(4)评标结果公示无异议后,由公司(或物资代理公司)核备后向中标人发放中标通知书。中标人在规定期限内与公司(或物资代理公司)签订采购合同。

(二)甲控物资设备采购

施工单位按照项目公司下发的甲控物资管理办法,实行目录清单化采购,其采购行为应符合国家招标规定和其他相关规定,项目公司督促施工单位依据国家、行业、公司以及施工企业相关规定,制定自购物资设备采购供应管理办法,规范自购物资设备采购供应行为,并督促施工单位根据施工合同约定及杭海城际铁路项目施工组织安排和自购物资需求，编制自购物资年度采购计划报公司工程管理部门核备。

（三）自购物资设备采购

除甲供物资外其他建设物资均为自购物资，自购物资由施工单位作为采购人自主进行采购，其采购行为应符合国家招标规定和其他相关规定，对于宜统一规格型号或制式的自购物资，提倡施工单位进行联合采购。

杭海城铁公司督促施工单位依据国家、行业、公司以及施工企业相关规定，制定自购物资设备采购供应管理办法，规范自购物资设备采购供应行为，并督促施工单位根据施工合同约定及杭海城际铁路项目施工组织安排和自购物资需求，编制自购物资年度采购计划报公司工程管理部门核备。

杭海城铁公司审核自购物资年度采购计划是否满足建设项目施工组织要求，对不符合要求的应及时要求施工单位予以调整。凡是国家、行业实行行政许可或强制性产品认证的物资，以及列入《铁路专用产品认证采信目录》的物资，必须要求供应商通过相应的许可或认证。对工程质量、安全有直接影响的自购物资采购，公司审核采购资格要求设定和技术要求等内容是否符合相关规定或要求，对不符合相关规定或要求的，要求施工单位予以更正。公司在工程施工合同中应要求施工单位在自购物资采购合同签订后10日内，将合同副本或主要合同信息报公司备案。工程承包单位作为自购物资设备的责任主体，对自购物资设备的采购、组织供应、质量监控和资金结算等工作负责。工程承包单位应依据国家、公司及施工企业相关规定制定自购物资设备采购供应管理办法，规范自购物资设备的采购供应行为。

工程承包单位作为自购物资设备的责任主体，对自购物资设备的采购、组织供应、质量监控和资金结算等工作负责。工程承包单位应依据国家、公司及施工企业相关规定制定自购物资设备采购供应管理办法，规范自购物资设备的采购供应行为。

工程承包单位根据施工组织设计节点工期和生产、运输、现场存储条件等因素，编制自购物资设备年度采购计划，报公司核备，重要自购物资设备的采购文件须报公司审批。工程承包单位上报公司前应加强初审，确保上报资料的真实、完整。

（四）应急物资设备采购

因招标采购未完成、流标、应急工程等原因，为不影响工期节点，避免造成更大的损失，可以启用应急采购。公司成立应急物资设备采购领导小组，统一协调工程急需物资设备的决策和采购以及相关会议的召集。公司主要领导任组长，土建及机电分管领导任副组长，各部门负责人任组员。

甲供物资设备应急采购须经集体研究同意后方可组织实施。应急采购方式为谈判采购或询价采购。应急采购根据工程应急的实际需求确定采购量，不得擅自扩大应急采购的范围。应急物资设备的供应商资质条件必须满足要求，所供应的应急物资设备质量及技术条件必须满足设计要求。招标采购工作完成后，应停止应急采购，迅速调整供货单位，及时与中标单位签订采购合同。公司对委托应急采购的甲供物资设备全过程进行监督，被委托单位的各阶段招标归档文件资料报公司核查备案。

四、物资设备供应管理

杭海城际铁路项目工程物资设备供应严格实行限额管理，杭海城铁公司严格按照图纸设计、现场施工进度和实际情况组织供应保障。

（一）甲供物资设备供应

甲供物资设备采购合同签订后，工程承包单位按照采购合同及工程进度，提前6个月提报甲供物资设备供应计划。涉及进口或行业统筹计划管理等生产交货周期比较长的物资设备，公司及物资代理公司应督促协调工程承包单位根据交货周期提前编制上报供应计划。

供应计划须经该单位物资负责人、总工签字并加盖该单位公章，同时须监理、设计院、集成管理和公司主管工程师审核签字确认。公司及物资代理公司根据工程承包单位提报的供应计划，经公司工程管理部审批确认后向中标供应商下达物资设备供应计划。

公司及物资代理公司根据建设项目施工组织节点工期安排和采购合同约定，及时组织编制并向物资设备供应商提出供货计划，督促供应商严格按照采购合同和供货计划组织物资设备生产和供应，跟踪物资设备生产制造、包装、装运等工作，组织对实行监造的物资设备实施驻厂监造。

甲供物资设备原则上实行限额供应。对施工单位超限额使用的甲供物资设备，按照工程承包合同约定由施工单位承担相关费用。对于施工中产生的甲供物资余料及合理损耗范围内节余的甲供物资，由杭海城铁公司负责统一回收处置，施工单位不得私自处理。

（二）甲控物资设备供应

各施工单位甲控物资设备采购合同签订后，根据现场施工进度和物资设备生产交货周期等条件需要，自行组织物资设备的供应保障。各施工单位应合理安排物资设备进场后的存放管理，确保仓储条件满足物资设备库存要求，避免物资设备积压出现变质和丢失等情况。

（三）自购物资设备供应

各施工单位自购物资设备采购合同签订后，根据现场施工进度和物资设备生产交货周期等条件需要，自行组织物资设备的供应保障。各施工单位应合理安排物资设备进场后的存放管理，确保仓储条件满足物资设备库存要求，避免物资设备积压出现变质和丢失等情况。

（四）应急物资设备供应

建立物资设备应急供应机制，制定物资设备应急供应预案，应对可能出现的自然灾害、事故灾难等突发不可抗力的紧急情况，保障杭海城际铁路项目建设物资设备供应需求。公司可组织项目内跨施工单位调剂物资设备供应，施工单位或被委托采购单位应积极做好配合工作。

甲供范围内物资设备，根据各使用单位库存及应急情况，由公司分管甲供物资设备的部门协调各施工单位之间进行调拨使用。调拨计划由各施工需求单位提报，由公司甲供物资设备分管部门统筹审批并协调落实。调拨使用的各项甲供物资设备均在杭海城铁公司采购范围，结算价格按照采购合同单价执行，调拨运杂费及相关安全责任由调入单位自行承担。

自购物资设备的应急调配供应由各施工单位自行组织协商，必要时公司相关部门协助配合协调，相关费用由各施工单位之间自行协商解决。

第二节　物资质量控制

杭海城际铁路项目建设物资设备实行从设计、生产、采购、供应、使用的全过程寿命周期质量管理，对进场的物资设备按规范和设计要求，实行由施工单位自检、监理单位平检、公司委托第三方抽检同步检验的质量管理方法，遵循物资设备必须进场检验合格才能使用的质量管理原则，以实现建设百年优质工程的质量管理目标。

杭海城铁公司建立质量责任制，明确物资设备采购供应管理中相应环节的责任人及其责任，严控设计、采购、生产、运输、验收等关键环节，杜绝不合格物资设备进入施工现场。未经验收或者验收不合格的物资不得使用，公司同时督促设计、施工、监理单位和物资设备供应商、物资代理公司，落实物资设备采购供应质量责任制要求。

一、甲供物资设备质量管理

杭海城铁公司从设计源头加强物资设备质量管理要求。对前期市场技术调研、招标文件技术规格要求编制、招标后组织合同谈判会议、三级设计联络会议、关联接口确认会议等管理环节，制定甲供物资设备技术标准，提高甲供物资设备质量和过程管理水平。

杭海城铁公司注重甲供物资设备生产环节的质量管理措施。定期对特定物资设备安排驻厂监造，不定期组织设计单位、集成管理等相关人员深入生产一线监管杭海城际铁路项目甲供物资设备的生产制造。严格执行甲供物资设备出厂验收管理制度，加强对定制型设备的出厂验收试验检查，严格对照合同及规范要求审查设备质量。

甲供物资设备供应商将物资设备运抵指定交货地点后，由杭海城铁公司督促施工单位和监理单位按规定及时组织物资进场验收。工程承包单位和监理单位依据合同约定对进场甲供物资设备的品名、规格、型号、数量、外观、检测报告、合格证书、质量保证承诺证（包括产品质量保证期、产品缺陷召回和经济损失责任赔偿的承诺等）进行检查验收，并按规定进行检测；未经检测或检测检验不合格的物资设备不得使用。需监造的物资设备，应同时检查是否有监造部门的监造手续。如属于许可认证的甲供物资设备，必须检查许可认证物资设备的许可认证文件。不合格的甲供物资设备由公司（或物资代理公司）负责处理。

存在数量、质量差异或与所签合同不符等问题时，由公司组织物资代理公司与供应商协商解决。不合格物资设备禁止进入现场，由供应商自行处置，并承担由此造成的损失。

采用新型的甲供物资设备，公司会要求设计单位说明其使用的必要性和依据，采用的新型物资应通过技术评审，有相应的验收标准，进场验收时应检查技术评审报告和产品质量检验报告，严禁使用未经技术评审和没有验收标准的新型物资。因产品存在不良质量行为被行政监督管理部门或公司禁止或暂停在铁路上使用的物资设备，不得采购和使用。

二、甲控、自购物资设备质量管理

杭海城铁公司要求工程承包单位和监理单位加强自购物资设备进场验收工作，严格按照验收程序和技术要求对进场物资设备进行检查和验收。按规定应进行现场质量抽检的物资设备，应按照技术标准要求，委托有资质的检测机构进行检测；属于需认证、许可或监造的物资设备，应具有相应的质量证明文件，确保进场物资设备的规格型号、数量和质量符合采购合同要求。未经验收或验收不合格的物资设备不得进场。

未按规定对进场甲控、自购物资进行验收及报验的，或使用未经检验及检验不合格自购物资的，公司按照相关工程质量安全管理办法对工程承包单位及监理单位进行考核。监理单位应在工程承包单位对甲控、自购物资设备检测合格的基础上，按照验收标准规定进行检查检测。检查不合格的物资设备不得使用，由工程承包单位运离施工现场。工程承包单位应做好甲控、自购物资设备的现场存储管理，确保物资设备的存储条件符合规范、消防、物资管理和文明施工的要求。

对未按规定程序采购甲控、自购物资的工程承包单位，以及未按规定履行采购合同，出现合同外采购的工程承包单位，公司在所辖范围内予以通报批评。对连续两次出现以上的行为，对工程承包单位物资分管领导、物资部长予以处罚，并纳入工程承包单位信用评价考核。

为加强对进场甲控、自购物资设备的质量检查，委托第三方检测单位定期对进场自购物资设备质量进行抽检，检测结果不合格的，检测费用由工程承包单位承担。不合格的物资设备立即清退出场，同时对施工、监理单位进行考核，考核结果纳入施工、监理单位信用评价考核。对供应商在物资设备供应中出现的不良行为,可按规定列入工程合作黑名单。

三、物资设备质量追溯管理

杭海城铁公司要求各工程承包单位建立健全物资设备质量跟踪、追溯制度。各相关单位在物资设备接转过程中必须填制物资设备质量记录单,全过程记录物资设备从厂家到施工现场最终使用的安装使用部位、批次和质量状况。公司建立并完善甲供物资设备采购及供应台账,掌握甲供物资设备的使用情况。

杭海城铁公司在项目建设过程中加强物资质量的监管,针对不同物资设备建立质量监测系统,特别是要做好技术引进的新产品、新设备、新系统的质量监测,建立物资设备质量问题台账,保证物资设备质量问题可追溯,并与供应商的信誉评价等挂钩。由于物资设备质量问题引发设备故障和事故的按有关规定进行责任追究和赔偿。

工程承包单位和监理单位应按规定频次、项目对进场物资设备进行查验检测,只有经检验合格的物资设备才允许进场,只有经过监理批准的物资设备才可投入工程使用。工程建设物资设备如在工程使用过程中,经任何一方检验、检查机构发现存在质量问题时,工程承包单位应立即停止使用,并不得进行下一道工序的施工,同时将有关情况报公司相关部门。供应商、工程承包单位对监理单位的质量检验结果有异议且不能达成一致时,由招标人选定的第三方质量检测机构做出最终裁定。

按照有关规定或公司批准进行过程监造的物资设备,应在合同中明确相关监造事项,监造机构负责制定监造方案,经采购人同意后实施。

四、物资设备成品保护管理

杭海城铁公司在工程施工合同中纳入物资设备保管要求,其中甲供物资设备交货验收合格后,由施工单位按规定存放、保管和安装使用。因搬运、保管或安装使用不当造成丢失或损坏的,按合同约定追究施工单位责任。同时,公司严格要求施工单位务必做好已安装物资设备的成品保护管理工作,确保已完工程交验顺利完成,因施工单位成品保护不到位造成物资设备丢失或损坏的,按合同约定追究施工单位责任。属于不可抗力原因造成物资设备丢失或损坏的情况,公司组织报保险公司现场审查,并开展相关索赔工作。

五、物资设备质保期管理

杭海城铁公司在甲供物资设备招标采购时制定鼓励延长产品质保期的管理措施。杭海城际铁路项目甲供物资设备质保期限均延长至少2年时间,有效提高杭海城际铁路项目寿命周期内甲供物资设备质量管理水平。公司加强质保期内物资设备的质量监督管理,要求各供应商及厂家严格按照合同约定履行产品质保期内相关责任。

第三节　物资设备供应商管理

为完善杭海城际铁路工程物资设备采供诚信体系,引导物资设备供应商诚信履约,防范物资设备采购风险,杭海城铁公司根据国家法律法规及相关规定,实施物资设备供应商评价管理制度,加强对供应商在物资生产供应、产品质量、合同履约等方面的管理。

杭海城铁公司定期组织技术、商务、监督、安装等单位对杭海城际铁路项目合作供应商的合同履约能力进行全过程评价活动。按照供应商表现情况评定为优秀、合格、不合格和黑名单四个等级，并制定了对应的奖惩激励制度。公司加强与行业相关单位的交流沟通，及时了解各供应商履约情况，建立供应商履约调查预警联动机制，确保杭海城际铁路项目物资设备全过程管理风险可控。

第十九章 架子队管理

第一节 对专业队伍要求

为进一步规范施工用工行为，确保劳务用工管理合法有序，实现施工现场管理层与作业层有机衔接和有效运作，确保杭海城际铁路工程质量和施工安全有序可控，经研究，决定在杭海城际铁路项目全线土建单位推行架子队管理模式。具体要求如下：

（1）架子队由施工企业管理、技术人员和生产骨干为施工作业管控层，以劳务企业的劳务人员和与施工企业签订劳动合同的其他社会劳动者（统称劳务人员）为主要作业人员的工程施工队。

（2）杭海城际铁路桥梁、路基、盾构、深基坑、铺轨、架梁、机电等工程施工，要全面采用架子队管理模式。架子队以小而精的专业化队伍为主要方向，设置要充分考虑项目大小专业划分、难易程度等具体情况，以架子队专业的科学性保证施工组织的有序性。

（3）为加强架子队管理的组织领导，强化过程控制、落实架子队管理责任，杭海城际铁路项目各标段必须成立以项目经理亲自负责的架子队管理领导小组，负责项目部架子队的现场管理及重大事项的研究和决策。

（4）架子队应具备以下基本条件：

① 架子队组建由施工企业负责，由一定数量懂技术懂管理的施工企业职工带领劳务人员，严禁借架子队之名变相使用包工头或委托施工劳务承包企业负责人组建架子队；

② 现场需要的基本施工机具和机械设备由施工企业负责配备；

③ 架子队的材料供应、调配等事项由施工企业自行管理，禁止包工包料、以包代管。

（5）架子队组织结构应按照"管理有效、监控有力、运作高效"的原则组成。架子队分管控层和作业层，管控层人员配置应满足"1152"（即架子队至少配置1名专职队长和1名技术主管，设置技术员、质检员、安全员、试验员、材料员5大关键人员，根据施工需要配备若干领工员、工班长），各岗位要明确职责，落实责任。作业层为架子队下设的作业工班，一般不宜超过5个。

（6）架子队作业层的组织形式主要分为混编型和劳务型两种。混编型架子队作业人员由施工企业正式职工和劳务人员组成；劳务型架子队作业人员由劳务人员组成。技术含量高的作业采用混编型架子队，劳动密集型的作业可采用劳务型架子队。

（7）架子队管控层由施工企业正式职工担任，应具有相应的作业技能并有一定工作年限，经岗位培训合格后持证上岗。作业层由施工企业职工及劳务人员组成，分为若干作业工班。领工员和工班长应具备相应的组织能力和丰富的施工实践经验，其人员数量应能满足施工现场生产管理、各施工环节和过程不间断监督的需要。架子队管控层主要组成人员在施工过程中应保持稳定和完整，确需更换的，应事先报监理和公司同意，作业班组用工数可根据施工组织安排及工程进度适时调整。

（8）架子队应建立和实行技术交底制度，技术负责人就工程作业工序和环节向领工员、工班长及全体作业人员进行书面技术和安全交底，书面交底资料要归档存档备查。领工员和工班长应在实施作业前对班组作业人员进行作业交底，安全员应在实施作业前对班组人员进行安全交底，强调作业要点和施工安全注意事项。架子队应按照技术规范和作业标准进行施工。

（9）施工单位要建立健全架子队作业人员管理制度，配备专职管理人员，对作业人员登记造册，记录其姓名、身份证号、所属架子队、班组、进退场时间、职业资格证书号、劳动合同编号以及业绩和信用等情况，并实行动态管理，定期将作业人员动态变化情况报监理单位备案。

第二节　岗位培训

杭海城际铁路项目各标段劳务作业人员进场施工前需接受项目部组织的安全三级教育，并在日常生产作业过程中定期接受安全教育培训考试。在架子队成立后各标段项目部组织管理人员及劳务人员专门进行了与架子队相关的教育培训及技术交底。

1. 杭海 1~2 标

开展安全教育 55 次，参加学习培训共计人 885 次；共计组织安全教育考试 55 次，参加教育考试共计 885 人，合格 885 人，合格率 100%；特种作业持证上岗人员共计 86 人，持证上岗率 100%。

2. 杭海 3 标

开展安全教育 133 次，参加学习培训共计 1 415 人次；共计组织安全教育考试 133 次，参加教育考试共计 1 415 人，合格 1 415 人，合格率 100%；特种作业持证上岗人员共计 318 人，持证上岗率 100%。

3. 杭海 4 标

开展安全教育 23 次，参加学习培训共计 286 人次；共计组织安全教育考试 8 次，参加教育考试共计 198 人，合格 198 人，合格率 100%；特种作业持证上岗人员共计 42 人，持证上岗率 100%。

4. 杭海 5 标

开展安全教育 19 次，参加学习培训共计 215 人次；共计组织安全教育考试 21 次，参加教育考试共计 102 人，合格 102 人，合格率 100%；特种作业持证上岗人员共计 12 人，持证上岗率 100%。

5. 杭海 6~8 标

开展安全教育 30 次，参加学习培训共计 849 人次；共计组织安全教育考试 45 次，参加教育考试共计 713 人，合格 713 人，合格率 100%；特种作业持证上岗人员共计 72 人，持证上岗率 100%。

6. 杭海 9 标

开展安全教育 78 次，参加学习培训共计 619 人次；共计组织安全教育考试 65 次，参加教育考试共计 513 人，合格 513 人，合格率 100%；特种作业持证上岗人员共计 92 人，持证上岗率 100%。

7. 杭海 10 标

开展安全教育 58 次，参加学习培训共计 567 人次；共计组织安全教育考试 58 次，参加教育考试共计 567 人，合格 567 人，合格率 100%；特种作业持证上岗人员共计 29 人，持证上岗率 100%。

8. 杭海 11 标

开展安全教育 10 次，参加学习培训共计 164 人次；共计组织安全教育考试 9 次，参加教育考试共计 38 人，合格 38 人，合格率 100%；特种作业持证上岗人员共计 54 人，持证上岗率 100%。

9. 杭海 12 标

开展安全教育 45 次，参加学习培训共计 604 人次；共计组织安全教育考试 45 次，参加教育考试共计 604 人，合格 604 人，合格率 100%；特种作业持证上岗人员共计 32 人，持证上岗率 100%。

10. 杭海 13 标

开展安全教育 99 次，参加学习培训共计 1 224 人次；共计组织安全教育考试 86 次，参加教育考试 576 人，合格 573 人，合格率 99.5%；特种作业持证上岗人员共计 14 人，持证上岗率 100%。

11. 管片预制厂

开展安全教育 15 次，参加学习培训共计 237 人次；共计组织安全教育考试 24 次，参加教育考试共计 221 人，合格 221 人，合格率 100%；特种作业持证上岗人员共计 55 人，持证上岗率 100%。

第三节　劳务使用

一、设置情况

杭海城际铁路项目全线按车站、隧道、桥梁、路基、房建等专业共设架子队 23 个，施工任务涵盖了所有工程内容。

二、数量和承担任务

（一）杭海 1~2 标共设置 2 个架子队

第一架子队承担余杭高铁站车站施工（场地文明施工、降水井施工、土方开挖及回填施工、支撑架设施工、防水施工、主体结构钢筋施工、支架施工、模板施工）。

第二架子队承担余许区间盾构施工（场地文明、土石方外运、盾构掘进、管片防水粘贴、管片运输拼装、盾构同步及二次注浆、盾构机及现场机械维保）及中间风井施工（场地文明施工、降水井施工、防水施工、主体结构钢筋施工、支架施工、模板施工）。

（二）杭海 3 标共设置 3 个架子队

第一架子队承担杭许特大桥 0#~75#墩，许村镇站许海特大桥 2#~26#墩桩基、承台、墩柱、垫石施工。

第二架子队承担许海特大桥 27#~91#墩桩基、承台、墩柱、垫石，跨规划世纪大道悬灌梁、跨杭甬高速许村互通匝道悬灌梁、跨天顺路悬灌梁、跨规划海王路悬灌梁、跨上塘河悬灌梁、跨规划锦绣路支架现浇梁；许村镇站主体结构施工。

第三架子队承担许海特大桥 92#~135#墩，海宁高铁站，海长大桥 2#~22#墩桩基、承台、墩柱、盖梁、垫石、支架现浇梁，杭海 3 标内箱梁预制、箱梁架设施工。

（三）杭海 4 标共设置 2 个架子队

第一架子队承担下穿高铁段大、小里程明挖段主体结构施工（场地文明施工、降水井施工、土方开挖及回填施工、支撑架设施工、防水施工、主体结构钢筋施工、支架施工、模板施工）。

第二架子队承担下穿高铁段盾构施工（场地文明、土石方外运，盾构掘进、管片防水粘贴、管片运输拼装、盾构同步及二次注浆、盾构机及现场机械维保）。

（四）杭海 5 标共设置 1 个架子队

承担 A5~A51 段桥梁下部结构、B66~B188 段桥梁下部结构，A52~B4 段桥梁下部结构及上部结构现浇梁，B5~B66 段桥梁下部结构及上部结构现浇梁施工。

（五）杭海 6-8 标共设置 2 个架子队

第一架子队承担跨桃源里连续梁、桐九公路站前后连续梁、E45、E80 段桥梁下部结构，跨盐官下河连续梁、C1～C65 段桥梁下部结构，盐官镇站前后连续梁，周王庙站、盐官镇站土建工程施工。

第二架子队承担跨丁屠公路、跨华森桥 3×32 桥梁，桐九公路站、斜桥镇站土建工程施工。

（六）杭海 9 标共设置 2 个架子队

第一架子队承担皮革城站施工（场地文明施工、降水井施工、支撑梁、冠梁施工、土方开挖及回填施工、支撑架设施工、防水施工、主体结构钢筋施工、支架施工、模板施工）。

第二架子队承担斜坡盾构区间施工。（场地文明、土石方外运、盾构掘进、管片防水粘贴、管片运输拼装、盾构同步及二次注浆、盾构机及现场机械维保）。

（七）杭海 10 标共设置 2 个架子队

第一架子队承担海昌路站施工（场地文明施工、防水施工、主体结构钢筋施工、支架施工、模板施工）。

第二架子队承担皮海盾构区间施工。（场地文明、土石方外运、盾构掘进、管片防水粘贴、管片运输拼装、盾构同步及二次注浆、盾构机及现场机械维保）。

（八）杭海 11 标共设置 2 个架子队

第一架子队承担浙大国际学院站施工（场地文明施工、土方开挖及回填施工、支撑架设施工、防水施工、主体结构钢筋施工、支架施工、模板施工）。

第二架子队承担着盾构区间施工（场地文明、土石方外运、盾构掘进、管片防水粘贴、管片运输拼装、盾构同步及二次注浆、盾构机及现场机械维保）。

（九）杭海 12 标共设置 2 个架子队

第一架子队承担 5～8 标预制箱梁的预制施工。

第二架子队承担 5～8 标预制箱梁的架设施工。

（十）杭海 13 标共设置 3 个架子队

第一架子队承担盐官车辆基地站场路基区域施工范围内路基填料及附属工程施工。

第二架子队承担盐官车辆基地室内、室外机电专业的施工。

第三架子队承担盐官车辆基地十八个建筑单体的施工。

（十一）管片厂共设置 2 个架子队

第一架子队承担海宁长安管片基地管片生产和运输供应。

第二架子队承担杨汛桥永和管片基地管片生产和运输供应。

第四节　架子队实施效果

经在土建单位推行架子队，实施效果十分明显，一是现场协调更加有效，项目部、架子队管理层、架子队作业层层级清晰，且将劳务队伍管理人员纳入架子队管理层，实现施工企业现场管理层与作业层的有机衔接和有效运作，现场协调更加顺畅；二是人员素质提升增速，架子队管理层中定人定岗，以老带新，使得年轻技术人员学习主动性增强，项目促进专业素质和施工经验的提升；三是现场管控力度加强，项目部内部职工作为现场监控层，对工班的工作效率和工作质量直接受控，项目部的指令落实力度增强，问题整改效果提高。

第二十章 精神文明建设

杭海城铁公司始终坚持以习近平新时代中国特色社会主义思想为指引，以培育和践行社会主义核心价值观为根本，以"红船精神"为引领，以努力建好"红船"旁的城际铁路为目标，内提干部职工素质、打造"杭海"文化；外树文明服务形象、提升"杭海"品牌美誉度；凝人心，鼓干劲，在精神文明建设的道路上迈出了坚实步伐。

一、党建引领，保障文明建设正确方向

以"红船精神"为引领，以习近平新时代中国特色社会主义思想为指导，在各类基础性党建工作的基础上，联合海宁地方指挥部、银企、全线参建单位等48家单位成立杭海城际铁路项目"党建联盟"，紧密结合行业实际开展各类实践活动，武装头脑、指导实践、推动工作。创建"清廉杭海"品牌，守住思想红线、底线，牢固树立"建好一条路不倒下一名"的清廉目标。

二、优化管理，推进企业发展提质增效

形成并持续健全一套行之有效的公司规章制度和考核机制，包括党建纪检、综合管理、群团工作、工程管理，计划合约、财务管理等大类；进一步明确经营层的职能、职责、权利、义务、工作程序等，加强综合绩效考核，细化业务考核办法，推进公司治理结构的制度化、规范化。杭海城铁公司运行机制高效有序，项目建设取得良好社会效益和经济效益。同时以"立功竞赛"为抓手，先后开展"百日攻坚""奋战四个月，打赢攻坚战"等专项竞赛，助推杭海城际铁路项目大干快上。

三、涵育文化，打造"杭海"企业文化体系

完善深化了一套与杭海城际铁路PPP项目建设相适应的企业文化内容，杭海"家"文化在项目全线已落地深植；打造了企业文化展示平台，构筑了精神文明建设的主要阵地；拓展了"三端一报"的杭海新闻宣传渠道，杭海城铁公司在中央电视台、新华网、浙江日报、浙江在线、学习强国等重要媒体刊发稿件近千篇，充分展示项目建设期间形象，弘扬项目建设正能量。总的来说，一套鼓干劲、振精神、强管理的行之有效的杭海文化体系已逐渐成熟，具有示范推广价值的实践成果已显现。

四、建立标准，施工影响降低至最低

杭海城际铁路沿线施工涵盖海宁主通道硖许公路、海昌路、浙大国际学院，均为闹市区、居民集中地，为在快速施工的同时将对居民生活影响至最低点，杭海城铁公司采取了一系列标准施工程序。标准化项目部：满足生产需要的同时，不影响城市整体美感；标准化工地：满足日常工程建设的同时，减少扬尘、噪声等污染；标准化人员管理：确保社会治安管理；标准化工艺管理：减少拌和站、钢筋

加工等造成环境污染等，采用夜间吊装等形式将对交通的影响减至最低。

从"洞通""桥通""轨通""电通"到全线通车，五年多来杭海城际铁路项目通过扎实有效的工作取得了丰硕的成果，涌现出了一大批先进典型，历练出了一支作风优良、能力突出的杭海铁路工程队伍。杭海城际铁路项目获财政部800万PPP国家级示范项目补贴，获国际劳工组织颁发的SCORE企业可持续发展证书，连续两年获省城际轨道质量安全专项监督检查评比综合排名第一，水利厅水土保持专项督查连续三年排名第一。先后获得"全国工人先锋号""交投工匠""海宁市最美职工"等20个荣誉，获"百日攻坚"优胜单位，"百日攻坚鼎力单位"等14个集体荣誉，充分展示了广大建设者一路走来肩负重托，拼搏创新的事迹，在嘉兴"红船"旁展现了使命担当。

第二十一章 建设协调

项目建设过程中、从征地拆迁、勘察设计与咨询、施工到验交投产等各个环节,涉及大量的建设协调工作,杭海城铁公司加强与行政主管、地方政府、各参建单位及其他相关单位和沿线群众的沟通与联系,做了大量的协调工作,保证了工程的顺利实施。

一、与行业行政主管部门的协调

因项目为全省第一个 PPP 轨道交通项目,项目实施过程中需省级、市级等各级行政主管部门协调帮助,公司积极向浙江省委省政府及省发改委、省重点办、省国土厅、省水利厅等有关部门汇报,争取最大支持,同时,因项目为嘉兴市、海宁市第一条轨道交通项目,在建设过程中,较多事宜无先行模板可参考,公司积极与当地住建、国土、人防、规划等部门沟通,保障了项目的依法合规和顺利实施。

二、与地方政府、股东协调

杭海城铁公司与海宁市保持密切沟通,商讨项目重要事项,研究症结性难题;杭海城铁公司与杭州至海宁城际铁路建设指挥部每月定期召开专题协调会,明确具体问题的责任主体、对策措施和完成时限。项目开工以来,通过双方共同努力,累计解决前期审批、施工组织、穿跨既有线、管线迁移等方面的难题270余个。同时,与中铁(上海)投资公司、中国政企合作投资基金等联合体成员和其他股东方强化"利益共享、风险共担、全程合作"的共同体关系,形成定期互访机制,通过发挥各自优势引入低成本建设资金,配强专业施工力量。

三、工程设计、咨询强审沟通与协调

杭海城铁公司编制了工程设计、咨询等管理办法,为加快工程设计与咨询强审,由公司工程部具体负责,定期召开设计例会,协助相关单位解决出图、施工中出现的问题。对分歧较大或难以解决的问题,公司及时组织召开设计、咨询、监理等相关单位参加的技术协调会议,必要时邀请专家参加,进行专题研究。通过上述措施,及时解决了设计与咨询强审中出现的问题,保证了现场的有效推进和实施。

四、施工中的沟通与协调

为加强施工管理,加强施工中的沟通与协调,杭海城铁公司制定了建设例会制度。每季度公司主要领导召开建设例会,每月分管生产副总经理召开工程例会,要求施工单位项目经理、监理单位总监、设计现场配合等相关人员参加。会议注重对上月计划落实情况进行分析,并对下月施工计划进行布置,强调安全重点。通过例会沟通与协调，及时解决了施工中存在的问题，有效地保证了施工进度。由工程部、安全质量部负责督促施工单位整改落实施工安全、质量和进度问题。

五、与运营公司协调

为确保项目投产顺利，公司提前谋划运营筹备工作，根据 PPP 协议约定，运营工作由浙江省轨道运营集团负责，2018 年运营工作已开始筹备，为此公司成立运管部，专门对接运营公司，建设期间，运营公司全程介入工程建设，包括工可研、初步设计、建设招标、设计联络、设备监造、工程施工、设备调试与系统联调、工程验收等工作。在集团公司的关心和指导下，圆满完成了运营筹备各项任务，保证了杭海线顺利实现开通运营。

第二十二章 工程验收

第一节 验收方式

杭海城际铁路区别于城市地铁和普通电气化铁路,介于两者之间,目前,国家还没有一套适用于此种城际铁路的验收统一国家标准、行业标准或者地方性验收办法。项目按照设计规范的相关要求,结合设计特点,结合城市轨道交通验收标准和普通电气化铁路验收的相关内容,依据就高原则,进行项目的验收工作。主要依据住房和城乡建设部《城市轨道交通建设工程验收管理暂行办法》(建质〔2014〕42号)相关规定,开展工程的验收工作。验收分为单位工程验收、项目工程验收、竣工验收三个阶段。单位工程验收前,需完成分部工程验收、分项工程验收、检验批验收工作。

第二节 单位工程验收

一、工程质量验收的基本要求

(1)工程施工质量符合城际轨道交通工程相关专业检验标准、工程建设强制性标准的要求;
(2)工程施工质量应符合设计文件的要求;
(3)工程质量验收均应在施工单位自检合格的基础上进行;
(4)参加工程施工质量验收的各方人员应具备规定的资格;
(5)工程施工质量检验应包括实体功能检查、观感质量检查、质量保证资料检查等内容;
(6)对涉及结构安全、节能、环境保护和主要功能的试块、试件及材料,应在进场时或施工中按规定进行见证检验;
(7)隐蔽工程在覆盖前应由施工单位通知监理单位进行检验,并形成检验文件;
(8)单位工程及涉及结构安全、节能、环境保护和使用功能的重要分部工程在验收前按规定进行抽样检验;
(9)工程观感质量应由检验人员现场检查,并共同确认。

二、工程验收的条件、程序及组织

(1)检验批、分项工程、分部工程、单位(子单位)工程验收时,需提供相应的验收记录表;
(2)当工程质量不符合要求时,按下列规定进行处理:
① 经返工或返修的工程,重新进行检验;
② 经有资质的检测单位检测鉴定能够达到设计要求予以检验;

③ 经有资质的检测单位检测鉴定达不到设计要求、但经原设计单位核算认可能够满足结构安全和使用功能的工程，可予以检验；

④ 经返修或加固处理的工程，满足安全及使用功能要求时，可按技术处理方案和协商文件的要求予以检验；

⑤ 经返修或加固处理仍不能满足安全和使用功能要求的分部工程及单位（子单位）工程，严禁检验；

⑥ 经处理的工程必须有详尽的记录资料、处理方案等，原始数据齐全、准确，能确切说明问题的演变、处理过程和结论，资料经施工单位技术负责人、项目经理，监理单位专业监理工程师、总监理工程师签字确认后，归入竣工档案中。

三、检验批验收

检验批质量验收由监理工程师组织施工单位专职质量检查人员等进行检验，对全部主控项目和一般项目进行检查。检验批验收质量合格应符合下列规定：

（1）主控项目的质量经抽样检验均合格；

（2）一般项目的质量经抽样检验合格；应采用计数检验时，有允许偏差的抽查点，除有专门要求外，合格点率应达到80%及以上，且最大偏差不得大于允许偏差的1.5倍；

（3）具有完整的施工操作依据、质量检查记录；

（4）施工作业人员质量责任登记情况真实、全面；

（5）涉及结构安全和主要使用功能的工程实体质量抽样检验结果应符合相应规定。

四、分项工程验收

（1）分项工程质量验收合格应符合下列规定：

① 分项工程所含的检验批质量均应检验合格；

② 分项工程所含的检验批质量检验记录完整。

（2）分项工程的验收由监理单位总监理工程师组织专业监理工程师、施工单位分项工程技术负责人等进行验收，杭海城铁公司相关人员参加，勘察、设计单位应参加降水、地表注浆加固、地基承载力、洞内注浆等涉及环保的分项工程验收。

五、分部工程验收

（1）分部工程质量验收合格应符合下列规定：

① 分部工程所含分项工程的质量均应验收合格；

② 质量控制资料完整、齐全；

③ 所含分项工程中有关安全、节能、环境保护和主要功能的检验资料应符合有关规定；

④ 涉及结构安全和主要使用功能的抽样检验结果应符合相应规定。

（2）分部工程完工后，施工单位应按照有关验收标准及规范全面检查工程质量，整理工程技术资料，提交监理单位审核。

（3）监理单位在7个工作日内对工程技术资料进行审核，并对工程实体进行检查，检查合格后，总监理工程师签署意见。

（4）分部工程由监理单位总监理工程师组织施工单位项目负责人、技术、质量负责人，监理单位专业监理工程师等共同进行检验，杭海城铁公司相关人员参加，分部工程检验时，勘察、设计单位应参加桥梁的地基及基础、墩台和梁部，隧道及地下车站的加固处理、主要结构、防排水等分部工程检验。

六、单位工程验收

单位工程验收是在单位工程完工后，检查工程设计文件和合同约定内容执行情况，评价单位工程是否符合有关法律法规和工程技术标准，符合设计文件和合同要求，对参建单位的质量管理进行评价验收，单位工程划分应符合国家、行业等现行有关规定和标准。

（一）单位工程验收具备的条件

（1）完成工程设计和合同约定的各项内容，对不影响运营安全及使用功能的缓建项目已经相关部门同意。

（2）质量控制资料完整。

（3）单位工程所包含的分部工程的质量均应验收合格。

（4）有关安全及功能的检测、监测和必要的认证资料完整，主要功能项目的检验检测结果应符合相关质量验收规范的规定，设备、系统安装工程需通过各专业要求的检测、测试或认证。

（5）有关勘察、设计、施工、工程监理等单位签署的质量合格文件或质量评价意见。

（6）观感质量应符合验收要求。

（7）地方质量监督管理部门及其委托的工程质量监督机构等有关部门责令整改的问题已整改完毕。

（二）单位工程预验

施工单位对单位工程质量自检合格后，总监理工程师应组织专业监理工程师，依据有关法律、法规、工程建设强制性标准、设计文件及合同，对施工单位报送的验收资料进行审查后，组织单位工程预验，单位工程各相关参建单位必须参加预验，预验程序可参照单位工程验收程序。单位工程预验合格、遗留问题整改完毕后，施工单位应向杭海城铁公司提交单位工程验收报告，申请单位工程验收。验收报告需经该工程总监理工程师签署意见。

（三）单位工程验收小组

工程验收由杭海城铁公司组织勘察、设计、施工、监理等参建单位项目负责人参加，组成验收小组。

（1）杭海城铁公司应对验收小组主要成员资格进行核查。

（2）杭海城铁公司应制定验收方案，验收方案的内容应包括验收组人员组成、验收方法等。方案应明确对工程质量进行抽样检查的内容、部位等详细内容，抽样检查应具有随机性和可操作性。

（3）杭海城铁公司应当在项目工程7个工作日前，将验收时间、地点及验收方案书面报送地方工程质量监督机构。

（四）单位工程验收的内容和程序

（1）建设、勘察、设计、施工、监理等单位分别汇报工程合同履约情况和在工程建设各个环节执行法律、法规和建设强制性标准的情况。

（2）验收小组实地查验个体质量，审阅建设、勘察、设计、监理、施工的工程档案资料，并形成验收意见，审查及审阅至少包括以下内容：

① 检查合同和设计相关内容的执行情况。

② 检查单位工程实体质量（涉及运营安全及使用功能的部位应进行抽样检测），检查工程方案资料。

③ 检查施工单位自查检测报告及施工技术资料（包括主要产品的质量保证资料及合格报告）。
④ 检查监理单位独立抽检资料、监理工作总结报告及质量评价资料。

（五）单位工程验收实施

根据住房和城乡建设部《城市轨道交通工程验收管理暂行办法》（建质〔2014〕42号）和交通运输部《城市轨道交通初期运营前安全评估技术规范》（交办运〔2019〕17号）有关规定，杭海城铁公司于2020年1月启动单位工程验收工作，全线共有单位工程验收100项，截至3月3日项目验收时完成87项单位工程的验收，剩余13项单位工程验收由于不影响试运行和行车安全工作，向海宁住建局申请进行缓验，于4月底完成全部验收。单位工程验收共计发现问题427个，3月3日项目工程验收前全部整改完成。

第三节　项目工程验收

项目工程验收是指各项单位工程验收后、试运行之前，确认建设项目工程是否达到设计文件及标准要求，是否满足城市轨道交通试运行要求的验收。

一、项目工程验收条件

（1）项目所包含单位工程均已经完成设计及合同约定的内容，并通过单位工程验收。对不影响运营安全及使用功能的缓建、缓验项目已经相关部门同意；
（2）单位工程质量验收提出的遗留问题、地方行政主管部门或其委托的工程质量监督机构责令整改的问题已全部整改完毕；
（3）设备系统经联合调试符合运营整体功能要求，并已由相关单位出具认可文件；
（4）已通过对试运行有影响的相关专项验收。

二、城市轨道交通建设项目工程验收

验收工作由杭海城铁公司组织，参建单位项目负责人及运营单位、负责专项验收的地方政府有关部门代表，组成验收组。
（1）杭海城铁公司应对验收组主要成员资格进行审查；
（2）杭海城铁公司应制定验收方案，验收方案的内容应包括验收组人员组成、验收方法等；
（3）杭海城铁公司应当在项目工程7个工作日前，将验收时间、地点及验收方案书面报送地方工程质量监督机构。

三、项目工程验收的内容和程序

（1）杭海城铁公司代表向验收组汇报工程合同履约情况和在工程建设各个环节执行法律、法规和工程建设强制性标准的情况；
（2）各验收小组实地查验工程质量，复查单位工程验收遗留问题的整改情况；审阅建设、勘察、设计、监理、施工单位的工程档案和各项功能性检测、监测资料；
（3）验收组对工程勘察、设计、监理、设备安装质量等方面进行评价，审查对试运行有影响的相

关专项验收情况；审查系统设备联合调试情况，签署项目工程验收意见；

（4）工程质量监督机构出具验收监督意见。

四、项目工程验收的实施

根据住房和城乡建设部《城市轨道交通工程验收管理暂行办法》（建质〔2014〕42号）和交通运输部《城市轨道交通初期运营前安全评估技术规范》（交办运〔2019〕17号）有关规定，杭海城铁公司于2021年3月2日至3日项目工程验收组，项目工程验收组下设土建小组、机电小组、站房小组、试运行小组等4个专业验收小组，项目验收组对全线土建、机电、车站站房工程及试运行准备情况进行了全面验收，各专业验收结果均满足设计和规范要求，工程实体质量合格。项目工程验收中发现的68个问题在规定的整改时限内全部完成整改销项。

第四节　竣工验收

一、竣工验收应具备的条件

（1）项目工程验收遗留问题全部整改完毕；
（2）有完整的技术档案和施工管理资料；
（3）试运行过程中发现的问题已整改完毕，有试运行总结报告；
（4）已通过规划部门对建设工程对合规划条件的核实和全部专项验收，并取得相关验收或认可文件。

二、城市轨道交通建设工程竣工验收

验收由杭海城铁公司组织，各参建单位项目负责人及运营单位、负责规划条件核实和专项验收的地方政府有关部门代表，组成验收委员会。

（1）杭海城铁公司对验收组主要成员资格进行核查；
（2）杭海城铁公司制定验收方案，验收方案的内容应包括验收委员会人员组成、验收内容及方法等；
（3）验收委员会可按专业分为若干专业验收组；
（4）杭海城铁公司应当在项目工程7个工作日前，将验收时间、地点及验收方案书面报送地方工程质量监督机构。

三、竣工验收的内容和程序

（1）建设、勘察、设计、监理、施工单位代表简要汇报工程概况、合同履约情况和在工程建设各个环节执行法律、法规和工程建设强制性标准的情况；
（2）杭海城铁公司汇报试运行情况；
（3）相关部门代表进行专项验收工作总结；
（4）验收委员会审阅工程档案资料，运行总结报告及检查项目工程验收遗留问题和试运行中发现问题的整改情况；
（5）验收委员会质询相关单位、讨论并形成验收意见；

（6）验收委员会签署工程竣工验收报告，并对遗留问题做出处理决定；
（7）工程质量监督机构出具验收监督意见。

四、杭州至海宁城际铁路工程竣工验收情况

2021年6月4日—5日，公司成立杭海城际铁路工程竣工验收委员会，委员会由建设、勘察设计、监理、施工、运营单位以及各专项验收的政府有关部门（杭海城铁建设指挥部、海宁市交通运输管理局、海宁市住房和城乡建设局、市场监督管理局、卫生健康局、自然资源和规划局、档案馆、嘉兴环保局海宁分局）代表组成，并形成土建小组、机电小组、试运行小组3个专业竣工验收小组。

验收小组依据住房和城乡建设部《城市轨道交通工程验收管理暂行办法》（建质〔2014〕42号），交通运输部《城市轨道交通初期运营前安全评估技术规范》（交办运〔2019〕17号），浙江省发改委《关于杭州至海宁城际铁路工程初步设计的批复》（浙发改设计〔2017〕69号），杭海城际铁路工程相关合同文件、审查合格的各专业（包括经批准的变更设计）文件、施工图，各专业施工质量验收标准、设计规范、施工规范、设备安装使用技术说明书等相关资料，国家和地方政府颁布的有关法律、法规等，土建小组实地查验全线桥梁、隧道、轨道、线路、站房及车辆基地等土建工程施工质量及相关工程档案资料；机电小组实地查验全线供电、通信、信号、站台门、电扶梯、消防和给排水、综合监控/FAS/BAS/控制中心、通风、空调与采暖、自动售检票等机电专业（包含车辆基地机电专业）工程施工质量及相关工程档案资料；试运行小组查验电客车验收及试运行阶段完成情况、初期运营前准备工作及相关资料。3个专业竣工验收小组对全线的100个单位工程、7个专项验收以及综合联调、项目工程、试运行等进行了综合的竣工验收，最终一致同意通过验收。

2021年6月5日，海宁市建筑业管理服务中心出具竣工验收监督意见，对杭州至海宁城际铁路工程竣工验收的程序、组织形式、执行标准、验收结论予以认可。

第五节　安全评估

由地方政府运营管理部门委托具有相应资质的第三方安全评估单位对城际铁路项目进行初期运营前安全评估工作，安全评估依据《国务院办公厅关于保障城市轨道交通安全运行的意见》（国办发〔2018〕13号）、《城市轨道交通初期运营前安全评估技术规范　第1部分：地铁与轻轨》（交办运〔2019〕17号）等国家有关法律、法规和技术规范。

一、评估人员组成

安全评估单位从全国轨道交通初期运营前安全评估专家库中随机抽取20名（根据工程实际特点，可适当增加人员）各类型的专家组成安全评估专家组，专家组根据各不同专业，分为土建组、车辆组、供电组、通信信号组、机电设备组、运营准备组等各小组（根据工程实际特点，可在此基础上增加相应的专业小组）。

二、评估采取的方式

评估方式主要包括：资料查阅、现场检查、实地踏勘、测试检测、人员问询等。

三、系统功能核验

系统功能核验包括但不限于：车辆超速保护测试、列车紧急制动距离测试、车门安全连锁测试、车门故障隔离测试、车门障碍物探测测试、列车联挂救援测试、相邻主变电所支援供电测试、变电所 0.4 kV 低压备自投测试、车地无线通话测试、列车到站自动广播和到发时间显示测试、与主时钟系统接口通信测试、换乘站基本通信测试、列车超速安全防护测试、列车追踪安全防护测试、列车退行安全防护措施、车站扣车和跳停测试、区间水泵安全运行测试、站台门乘客保护测试、列车车门安全防护测试、站台紧急关闭按钮安全防护测试、站台门安全防护测试、车门与站台门联动测试、列车折返功能测试、车站综合后备控制盘功能测试、车站公共区火灾工况联动测试、列车区间事故工况联动测试等。

四、安全评估

为确保杭海城际铁路安全评估少走弯路，在 2020 年 12 月 5 日公司组织交通运输部科学研究院主要参与验收标准制定的专家对安全评估办法、规范的解读以及他们验收中常见问题的解剖分析和编制评估报告的要点等进行了专项培训。

2021 年 2 月 25 日至 26 日，公司邀请交通运输部科学研究院及相关轨道专家，分土建组、供电组、车辆组、通信组、信号组、机电设备组、初期运营准备组，6 个组对杭海城际铁路的工程建设、运营筹备等相关工作的准备情况进行了检查，提前暴露出可能影响安全评估存在的问题，并及时妥善解决。

2021 年 4 月 28 日至 30 日，公司邀请交通运输部科学研究院及 20 位相关轨道专家，分土建组、供电组、车辆组、通信组、信号组、机电设备组、初期运营准备组，6 个组对杭海城际铁路的初期运营准备情况进行了安全评估预验收。

两次检查后，公司都将专家检查问题形成问题清单，针对每个问题，制定整改措施，制定节点，责任到人，并以节点落实倒逼工作落实，强化责任担当，每日召开消缺分析会，确保问题在 5 月底全面消除，6 月初进行初期运营的正式安全评估，以及 6 月 28 日的如期通车。

2021 年 6 月 8 日至 11 日，海宁市交通局委托的交通运输部科学研究院及 20 位相关轨道专家，分土建组、供电组、车辆组、通信组、信号组、机电设备组、初期运营准备组，6 个组分别对杭海城际铁路的线路与轨道，车站建筑，结构工程，车辆，供电系统，通信系统，信号系统，通风、空调与采暖系统，消防和给水系统，自动售检票系统，电梯、自动扶梯与自动人行道、站台门，车辆基地，控制中心建设情况，轮轨关系，弓网关系，信号防护，防灾联动，运营的组织架构，运营的岗位与人员，运营管理，运营的应急管理等准备情况进行了初期运营前的正式安全评估。并实地实操了车辆保护测试，列车紧急制动距离测试，车门安全联锁测试，车门故障隔离测试，车门障碍物探测测试，列车联挂救援测试，相邻主变电所支援供电测试，变电所 0.4 kV 低压备自投测试，车地无线通话测试，列车到站自动广播和到发时间显示测试，与主时钟系统接口通信测试，换乘站基本通信测试，列车超速安全防护测试，列车追踪安全防护测试，列车退行安全防护测试，车站扣车和跳停测试，区间水泵安全运行测试，站台门乘客保护测试，列车车门安全防护测试，站台紧急关闭按钮安全防护测试，站台门安全防护测试，车门与站台门联动测试，列车折返功能测试，车站综合后备控制盘功能测试，车站公共区火灾联动测试，列车区间事故工况联动测试等 34 个功能测验，最终共计提出 21 个初期运营前需整改的问题。6 月 17 日，交通运输部科学研究院及相关资深专家对 21 个问题的销号进行了复查，同意通过初期运营前的安全评估。

2021 年 6 月 21 日，交通运输部科学研究院出具杭海城际铁路初期运营前的安全评估报告，杭海城际铁路具备初期运营条件，2021 年 6 月 28 日，杭海城际铁路如期正式通车，为党的 100 周年献上贺礼。

第二十三章 杭海城际铁路 PPP 项目实践与思考

第一节 PPP 项目概况

杭海城际铁路是全省首个轨道交通 PPP 项目，作为建设管理单位，杭海城铁公司全力担当好全省轨道交通建设 PPP 项目的先行官和主力军角色，不断推进项目建设的提速和发展。交通建设，安全为重，品质为先，自项目开工以来，杭海城铁公司就将安全质量管理作为工作的重中之重。由于轨道交通 PPP 项目的特殊性，在统筹谋划、建设管理、科研创新等方面的要求比传统项目模式更高。

一、PPP 项目背景和目的

杭海城际铁路项目属大型城市基础设施，是市政府与社会资本合作项目（即 PPP 项目）。市政府为增强公共产品和服务供给能力、提高供给效率、拓宽融资渠道，通过特许经营方式，与社会资本建立利益共享、风险共担的长期合作关系，通过公开招标方式确定社会投资人，采用政府与社会资本合作模式实施城际铁路项目。

市交投受市政府的授权和委托，与政企基金、基础设施基金及公开招标方式选定的承担投资职能的省交投、中铁上投共同出资设立项目公司。实施机构与项目公司在《PPP 合作协议》中约定，实施机构与项目公司就城际铁路项目开展 PPP 合作，授予项目公司城际铁路的特许经营权。项目公司在特许经营期内，根据《PPP 合作协议》约定的合作范围，建设、运营杭海城铁，并在约定的期限内向实施机构移交城际铁路。项目公司根据《PPP 合作协议》约定取得客运收入、非客运服务业务收益，以及市政府提供的补贴作为其回收投资和获得投资回报，省交投、中铁上投亦可在不影响城际铁路项目稳定运营且遵守本协议及项目公司章程的前提下，适时通过结构化投资、对外股权投资、股权转让、股东借款等方式回收投资。

二、PPP 项目架构

PPP 项目架构如图 23-1 所示。

三、PPP 项目历程

PPP 项目历程如图 23-2～图 23-4 所示。

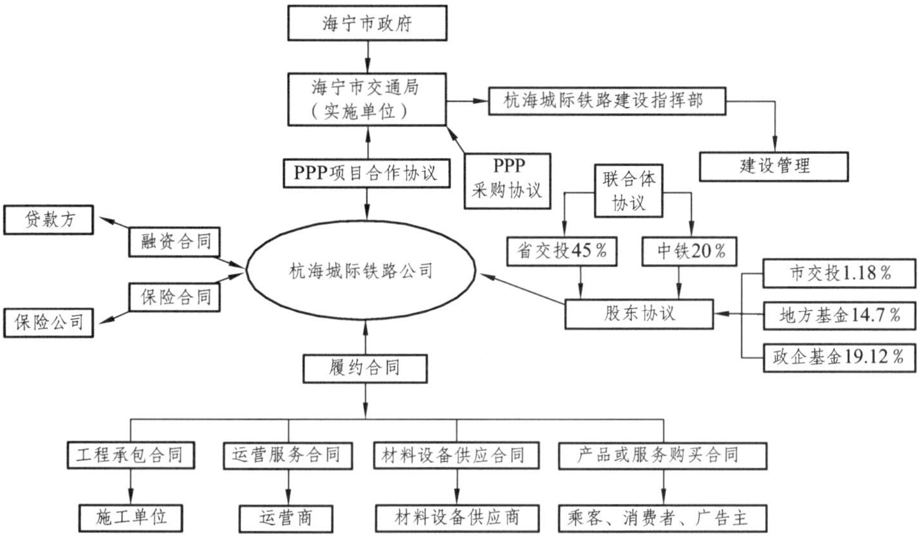

图 23-1　PPP 项目架构

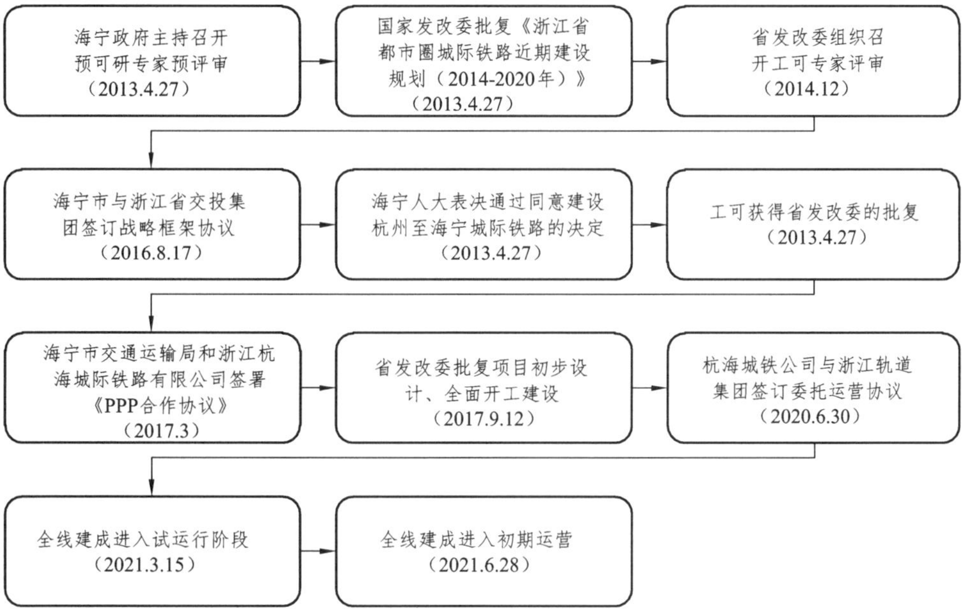

图 23-2　PPP 项目历程

图 23-3　2017 年 1 月，项目开工仪式

图 23-4　2021 年 6 月，项目通车仪式

第二节 项目的实践及创新

一、SPV 公司结构

SPV 公司是依法设立的自主运营、自负盈亏的具有独立法人资格的经营实体，承担项目建设单位职责，负责该项目投资、融资、勘察、设计、建设、运营和移交等事宜，并在项目合作期届满，将该项目及其全部设施无偿移交给海宁市交通运输局，并确保杭海城际铁路项目继续正常运营。SPV 公司结构示意如图 23-5 所示。

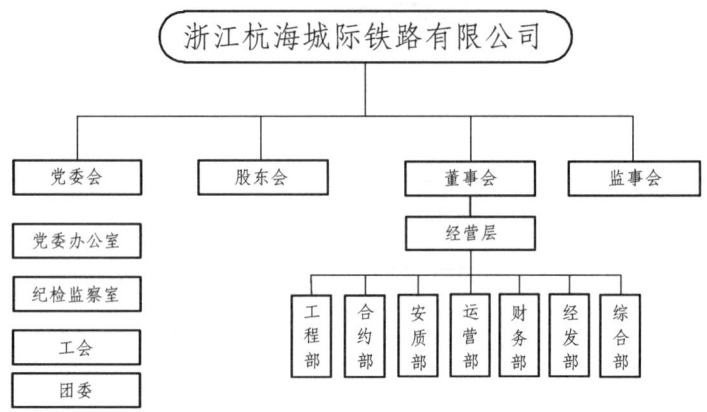

图 23-5　SPV 公司结构示意

二、项目投融资

杭海城际铁路项目建设资金由注册资本金与银团贷款组成。注册资本金 68 亿（社会资本方与政府出资），银团贷款 73.92 亿元。资金结构示意如图 23-6 所示。

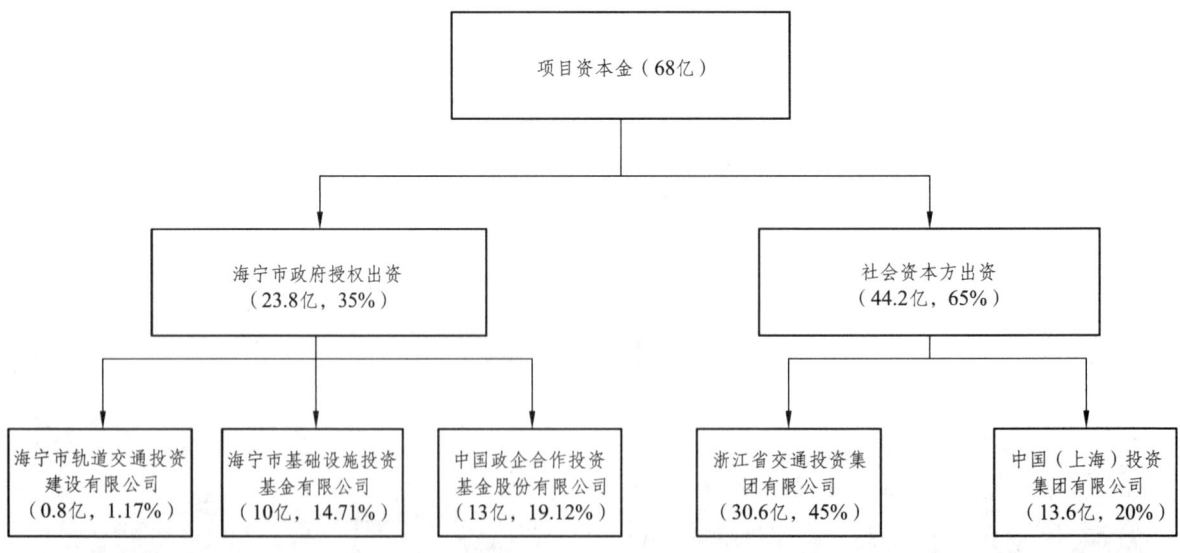

图 23-6　资金结构示意

三、建设管理

（一）标段化分

杭海城际铁路征地拆迁由海宁城铁建设指挥部负责；按照"同股同权"原则进行施工任务划分，其中土建标段13个，机电标段8个，铺轨标段3个；中铁上投成立杭海城际铁路项目经理部，负责管理中铁承包范围内的施工标段。具体划分见表23-1～表23-3。

表23-1 土建标段划分

标段	单位
土建1~2标	中铁四局二公司
土建3标	中铁三局
土建4标	中铁十局
土建5~8标	浙江交工
土建9标	中铁隧道局
土建10标	天津城建
土建11标	浙江交工
土建12标	中铁大桥局
土建13标	中铁一局

表23-2 机电标段划分

标段	单位
机电1标	中铁电化局
机电2标	中铁三局
机电3标	中铁电化局
机电4标	武汉电化局
机电5标	中铁上海局
机电6标	中铁十局
机电7标	中铁八局
机电8标	中铁北京局

表23-3 铺轨标划分

标段	单位
铺轨1标	中铁三局
铺轨2标	中铁上海局
铺轨3标	中铁四局

（二）招投标模式

（1）施工：按照"两招并一招"方式，施工单位直接从社会资本方择优选强。
（2）设计及咨询：沿用政府方选择的可研及初设单位进行施工图设计和咨询。
（3）监理及其他第三方服务单位：采用公开招标。
（4）运营：联合体成员（运营）单位。

(三)项目实施与管理

1. 进度管理

(1)征地拆迁。

由海宁市成立征拆指挥部,市政府主要领导挂帅,联村驻村办公,倒排计划,确保征拆按时完成。仅90天完成全部房屋、厂房拆除,120天完成全线1 786亩土地征收,实现无障碍施工。

(2)指导性施组。

按照"六位一体"立体化管理目标,进行全面、系统、科学的顶层设计和筹划,根据现场实际情况动态调整。现场的各项施工组织有序开展,保障了各项建设目标实现。

(3)标段包保。

建立主要领导负总责、分管领导标段包保责任制和重点难点清单销号制,挂图作战、多措共举,及时解决堵点、难点、痛点。累计解决涉铁、行政审批、不良地质、安全评估等重难点问题400余个。

(4)立功竞赛。

建立立功竞赛体制机制,激励考核并举,并结合实际情况开展"建设百日攻坚""奋战四个月,打赢攻坚战""四保""奋战百天"形式多样专题活动。充分调动全线参建人员积极性、主动性,形成"比学赶超"的良好氛围。

(5)工作例会。

在与海宁市指挥部构建协调推进机制的基础上,定期召开设计、施工、监理等工作例会,高效沟通、同步推进,及时有效解决工程实施过程中的设计、施工问题。

2. 安全质量管理

积极探索适应城际铁路项目建设管理体系,坚持质量与安全齐抓共管,进一步找准发力点和突破口,争创城际铁路样板工程,打响杭海品质品牌。

"1361"工作法:"1"打造一流城际铁路品质工程;"3"推行机械化、工厂化、信息化;"6"开工必优、样板引路、材料源头、流程控制、监理工作、绿色环保;"1"以一大考核引领安全质量标准化管理。

编制各类标准化施工作业图册14本、作业指导书77册;出版了涵盖城际轨道7个大专业、26个子专业。

引入BIM技术,通过对工程建模,规避施工组织问题,为后续运营提供一套可视化模型和技术档案。BIM模型示意如图23-7所示。

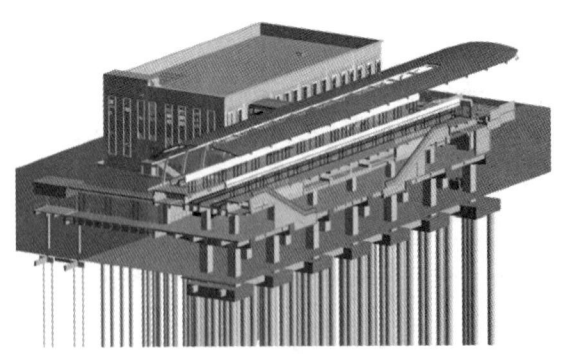

图23-7 BIM模型示意

3. 强化党建引领

(1)创新"党建联盟"品牌。

联合包括地方指挥部、参建单位、银企合作单位等49家单位创新开展PPP项目"党建联盟"。

（2）凝聚"红色"发展力量。

相继启动"三好三有"红色工地创建，启用"初心教育体验基地"，聚焦"红色城铁"理念，不断将强大的党建合力转化为建设动能。获评浙江省国企党建创新品牌奖，获浙江红船干部学院党建案例专项课题立项。

4. 合同与计量支付

（1）合同管理：在 PPP 协议框架下，以初步设计概算为基础，结合工程难易程度，采取不同降造后总价包干模式，创新采用"五方主体、八个合同"的机电合同新模式。

（2）计量支付：为确保现场施工所需材料储备、采取年度预付 10%，月度投资预付 60%（以上月实际投资完成率调整），季度验工计价支付模式。预付款结合季度验工计价情况扣回。

5. 设计变更

（1）设计变更按照"先批准，后变更；先设计，后施工"的流程实施；

（2）严格实行分类管理、分级审批、会勘会审、集体决策、第三方审价制度和变更设计问责制；

（3）A 类变更实施机构承担费用，B 类变更 SPV 公司承担费用。

6. 税务筹划

（1）杭海城际铁路项目建设期间，对增值税、城镇土地使用税、房产税、印花税、进项税留抵退税、建筑安装业跨省异地工程工作人员个人所得税进行税务筹划；

（2）主要利用国家税收及当地财税政策及税收优惠享受条件，通过与当地税务系统人员沟通交流，获得了对城镇土地使用税、部分印花税进行减免。

7. 竣工验收

严格根据住房和城乡建设部《城市轨道交通工程验收管理暂行办法》（建质〔2014〕42号）和交通运输部《城市轨道交通初期运营前安全评估技术规范》（交办运〔2019〕17号）有关规定进行验收。

（1）单位工程。

2020 年 1 月启动单位工程验收工作，全线共有 100 项单位工程，单位工程验收过程中发现问题 427 个，在规定时间内全部销项。

（2）项目工程。

2021 年 3 月 2 日至 3 日组织相关单位进行了项目工程验收，发现问题 68 个，在规定时间内全部销项。

（3）竣工验收。

2021 年 6 月 5 日项目通过竣工验收。

8. 试运行与初期安全评估

（1）高效试运行。

① 2021 年 3 月 5 日开始，试运行时间为 3 月 5 日至 6 月 4 日，共计 92 天。

② 全面检验车辆、轨道、供电、站台门、综合监控、信号、通信等系统和设备的可靠性与稳定性，检验运营各专业岗位协同配合工作能力经过试运行。

③ 列车运行图兑现率、列车正点率、列车服务可靠度、列车退出正线运行故障率、车辆系统故障率、信号系统故障率、供电系统故障率、站台门故障率八项指标均满足规范要求。

（2）初期安全评估。

① 2021 年 4 月 27 日至 30 日，交通运输部科学研究院组织对杭海城际铁路全线进行安全评估预检查工作，各类问题共计 268 项。

② 杭海城铁公司高度重视问题整改工作，每日召开问题整改会，落实推进问题整改工作，问题全部整改完成。

③ 2021 年 6 月 21 日顺利通过初期安全评估，具备进入开通初期运营条件。

9. 科技创新

（1）9 大科研课题。

部分科技创新成果见图 23-8～图 23-11。

图 23-8　数字化监控

图 23-9　国家实验室杭海基地

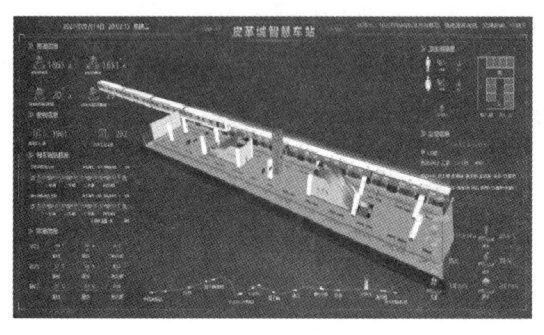

图 23-10　探索智慧车站

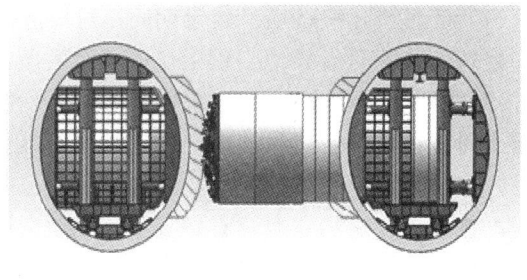

图 23-11　机械法联络通道

① 全自动运行系统在市域（郊）铁路中的研究及应用；
② 城际轨道交通运营能耗在线监测及节能管控技术研究及应用；
③ 城际列车牵引系统故障诊断与健康管理技术研究及应用；
④ 城际列车走行部在线监测及故障诊断系统研发及应用；
⑤ 非接触式障碍物检测系统在城际轨道交通中的研究与应用；
⑥ 城际铁路机械法联络通道关键技术研究；
⑦ 邻近接收端富水粉砂层中盾构小净距下穿地铁运营线安全控制技术研究；
⑧ 铁路无缝线路锁定作业信息系统应用研究；
⑨ 深厚软黏土地区城际铁路建造关键技术研究及其工程应用。

（2）7 大核心应用技术。

① 全过程 BIM 应用技术；
② 机械法联络通道的实施；
③ 粉砂层超深基坑的实施；
④ 盾构隧道穿越沼气地层；
⑤ 下穿重要基础设施；
⑥ 能耗在线监测及节能管控技术；
⑦ 智慧车站探索。

四、运营管理

（一）运营筹备

（1）运营工作提前介入，在项目初步设计期间编制完成《运营介入工作方案》，使运营筹备工作贯穿项目建设全过程，如图 23-12 所示。

图 23-12　2019 年 12 月 31 日，运营筹备协议签订

（2）积极做好试运行准备，组织编制《杭州至海宁城际铁路试运行方案》并报送实施机构备案，审核运营单位围绕各目标节点制定的推进计划及工作措施，并绘制运营筹备作战图，实行挂图作战。

（3）落实建设期涉及运营建议，重点协调运营需求，解决现场施工介入问题 893 条，受理工作联系单 15 份，组织运营公司参加设计联络会、出厂验收会、工程验收会共计 341 次，采纳运营公司意见 1 379 条。

（二）初期运营

自 2021 年 6 月 28 日开通初期运营以来，各项运营工作开展基本正常，截至 2022 年 5 月，全线累计客运量 635.80 万人次，平均日客运量达 2.49 万人次。

实施机构委托第三方评价机构，采用上门核查、站车现场检查、乘客满意度调查等方式对初期运营开展考核。截至目前，共开展季度考核 2 次，年度考核 1 次，2021 年三季度评价得分为 285.6 分，四季度评价得分为 285.7 分，年度汇总得分为 285.0 分。达到运营绩效标准符合服务考核标准。

第三节　PPP 项目评价

一、项目投资决策评价

（1）成为发展轨道交通产业板块的先导性项目，促进交通投资与产业链联动发展；
（2）成为优化轨道交通全生命周期成本的标志性项目，阶段性完成预期的投资回报；
（3）成为打造海宁新发展带的基础性项目，助推海宁加快融入杭州都市圈。

二、项目融资评价

（1）项目融资评价：基于深入研究和科学论证的初步设计和概算，为项目投资建设和造价控制打下坚实牢固的基础；

（2）有机结合：项目资本金及时足额到位，体现社会资本强大的投资能力和良好的契约精神；

（3）优势互补：实现了基于收益权抵押的项目融资，体现政府方良好的合规性支持和项目规范的运作机制。

三、项目建设评价

杭海城铁公司将优化设计、做好施工组织方案作为建立控制体系的基础工作，在此基础上出台各项目管理制度、创新管理方式，有效保障项目实施。项目造价、工期、质量和安全控制管理目标全部实现，成效优秀。

四、项目运营评价

总体来说，项目运营评价主要概括为"双低"，即行业领先的低运营成本、低于预期的客流量。一方面，项目运营期第一年的运营成本预计能达到社会资本投资决策的预期目标，同时从每公里运营管理人员、每年每公里运营成本两个评价指标来看，项目运营成本呈现出低价特点。项目初期运营期客流超初步设计如图 23-13 所示。

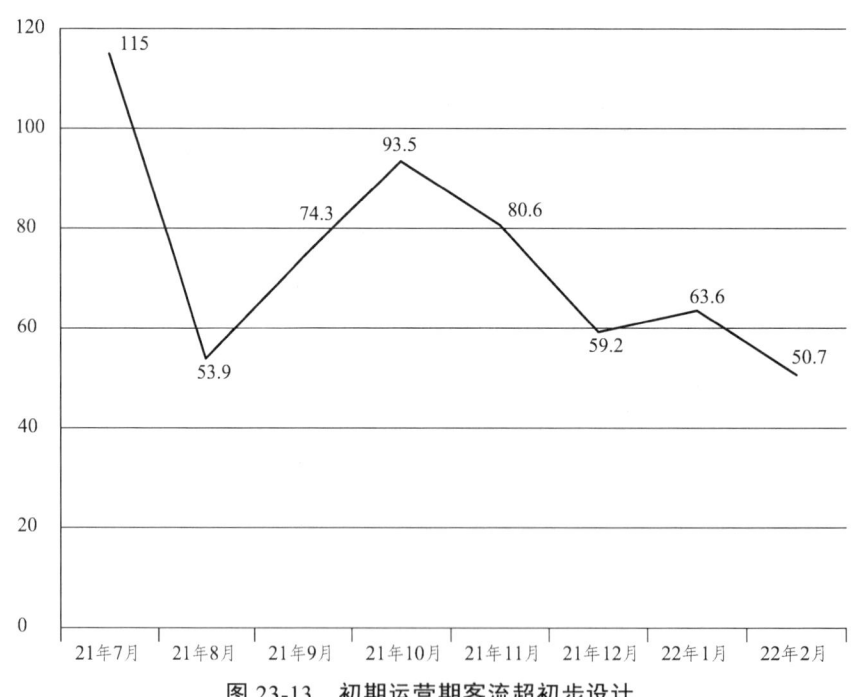

图 23-13　初期运营期客流超初步设计

五、社会效益评价

实现项目社会效益最重要的方式是基于项目的 TOD 开发，需要政府方谋划实施。从当前来说，杭海城际铁路项目实施后，居民出行条件得到极大改善、产业布局正在逐步调整、沿线居民资产实现明显提升，项目社会效益显著。城际铁路穿越村镇及城镇图片如图23-14和图23-15所示。

图23-14　城际铁路穿越村镇

图23-15　城际铁路穿越城镇

第四节　PPP项目的思考

一、项目成功关键因素

（一）企地强强联合

（1）企业与政府平等对话沟通机制；
（2）全国百强县+浙江省属第一大国企+超大型央企的投融资能力；
（3）专业咨询设计团队与优秀管理团队。

（二）地方政府高度重视

政府主要领导挂帅，成立指挥部负责建设期的协调推进，并负责前期征拆工作与地方协调工作。

（三）两招并一招

（1）确保优质施工单位进场；

（2）还需相关法律法规的支撑。

（四）实事求是、诚信合作

（1）A类变更及时确认；

（2）合同约定材料调差机制；

（3）专项资金池保证可行性缺口补助。

二、项目需要改进的方面

（1）SPV公司机构和人员配置偏多（72人编制），不利提高工作效率和发挥协同作用；

（2）施工标段划分过细，专业间接口管理界面不清；

（3）限额设计、施工图审查、变更管理还需加强；

（4）初步设计与概算包干：由于初步设计勘察深度不够或实施条件发生重大变化，引发B类变更，降低利润率。

第二十四章 经验体会与问题探讨

一、土建关键技术与实施效果

（一）下穿高铁桥梁

1. 重难点概况

杭海城际铁路下穿高铁段为海宁高铁站—长安镇站地下区间部分，分为盾构段和明挖段两部分，总长 1 777.3 m，盾构段长度为 646 m，两端明挖段总长 1 131.3 m。城际线路以小半径曲线形式（左线 460 m、右线 475 m）下穿沪杭高铁，城际线路与高铁线路夹角约 60°。

海宁高铁站—长安镇站区间于 CK12+840～CK12+900 处侧穿沪杭高铁桐海特大桥桩基，采用盾构法施工。隧道距离桐海特大桥桥桩净距最小值为 5.7 m。在盾构掘进前，于隧道与高铁桥梁桩基之间实施隔离桩防护措施，隔离桩采用 $\phi 800@1\,000$ 钻孔灌注桩，桩顶设置 800 mm×800 mm 冠梁，隧道两侧冠梁采用混凝土系梁支撑，两排隔离桩之间对盾构上下各 3 m 范围进行注浆加固。桐海特大桥及下穿示意如图 24-1 和图 24-2 所示。

图 24-1 桐海特大桥

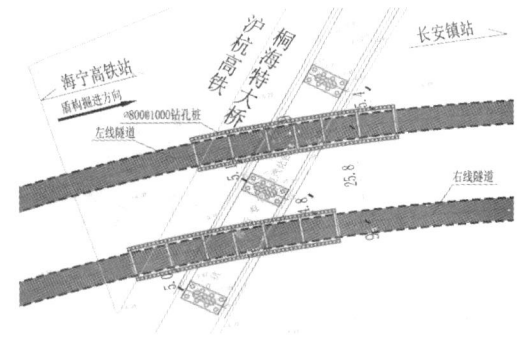
图 24-2 下穿桐海特大桥示意

2. 控制措施

（1）提前完成设计方案的风险评估工作（同济大学），调整完善设计方案；
（2）加强铁路部门沟通，提前办理涉铁审批，施工时定期清点；
（3）采取自动化监测，建立全面的沟通机制，实时进行降速；
（4）及时总结，单线贯通后，及时召开技术分析会，总结经验，确保施工安全和质量。

3. 实施效果

2018 年 10 月 15 日，随着海长盾构左线顺利贯通，标志着全线第一条隧道顺利贯通，也标志着下穿高铁工作圆满完成，根据对高铁桥墩、轨道等监测情况，符合安评报告中控制值要求，得到了上海铁路局方面的一致认可。

（二）下穿既有运营地铁隧道

1. 重难点概况

杭州至海宁城际铁路余杭高铁站—许村镇站区间隧道出余杭高铁站约 400 m 长段沿现状文正街

布置，隧道在距离余杭高铁站接收端约 44 m 位置下穿既有运营地铁 1 号线余杭高铁站—南苑站区间隧道。隧道覆土埋深 18.5 m，竖向净距 3.2～3.5 m，地铁 1 号线距离接收端头左线、右线分别为 53.8 m、44.6 m。下穿既有运营地铁隧道示意如图 24-3～图 24-5 所示。

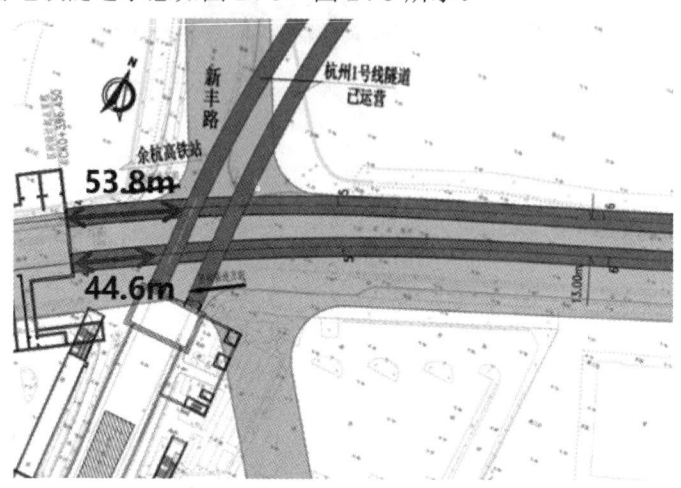

图 24-3　下穿既有运营地铁隧道示意

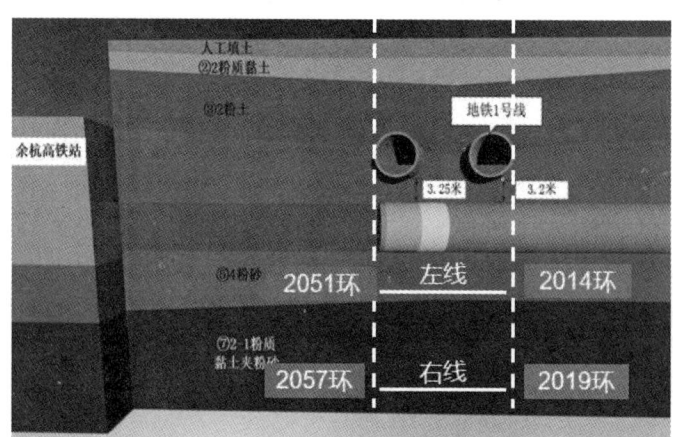

图 24-4　下穿既有运营地铁隧道示意

图 24-5　下穿既有运营地铁隧道示意

（1）既有线保护存在的风险：① 垂直最小间距 3.2 m；② 隧道覆土埋深约 18.5 m；③ 粉砂层。

（2）施工监测存在的风险：① 地面位于十字路口，车流量大；② 地面管线较多；③ 运营线内车次频繁。

（3）盾构接收存在的风险：① 接收端隧道覆土埋深约 18 m；② 盾构穿越地层主要为粉砂层；③ 左、右线距离接收端洞门分别为 53.8 m、44.6 m。

2. 控制措施

（1）既有线保护控制措施：① 1 号线该段区间进行限速运营，合理安排工期；② 通过试验段对盾构掘进参数优化；③ 采用克泥效进行跟踪注浆；④ 盾构掘进过程中，信息化反馈。

（2）施工监测控制措施：① 监测时路口专人防护，疏导过往车辆；② 运营线内采用自动化监测；③ 地铁停运后请点进入运营线内监测；④ 进入运营线内测量前做好安全交底。

（3）盾构接收控制措施：① 采用钢套筒辅助接收；② 接收端头 12 m 采用搅拌桩+旋喷桩加固+TRD+降水；③ 洞门凿除前进行水平探孔验证；④ 二次注浆打设环箍；⑤ 洞口设置拉紧装置。

3. 实施效果

在各方的共同努力下，2020 年 12 月 12 日，余许盾构区间全线贯通，从监测情况来看，运营的杭州地铁 1 号线道床沉降、道床高差、水平位移、隧道水平收敛均在预警之下，创造了类似施工对杭州地铁保护的历史最好成绩，得到了各方的一致认可。

（三）粉砂层超深基坑设计与施工

1. 重难点概况

余杭高铁站位于杭州市余杭区文正街。车站东侧邻近地铁 1 号线，北侧邻近已施工完成的地下停车场。文正街南侧为沪杭客运专线余杭高铁站前广场。

余杭高铁站为地下三层站，外包总长 457 m，标准段外包总宽 22.1 m。车站标准段基坑深度 26.5 m，小里程端头井基坑深度 28.5 m。

车站分为四个基坑，先施工 1#、3#、4#基坑，待 2#上方河道迁改至 1#基坑上方后，进行 2#基坑施工。其施工示意图及基坑支护示意如图 24-6 和图 24-7 所示。

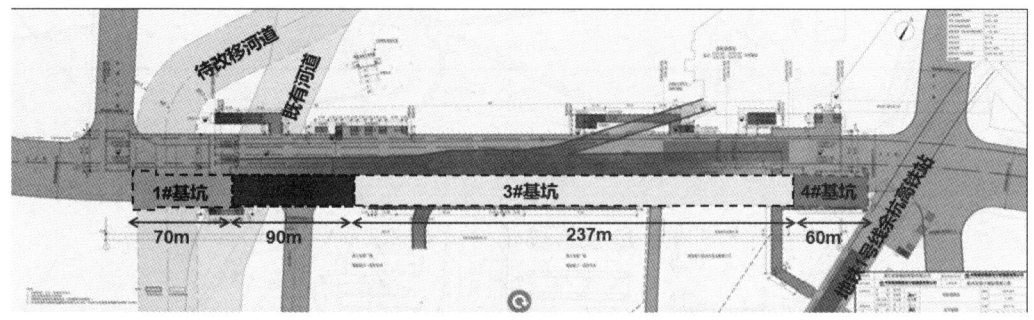

图 24-6　余杭高铁站施工示意

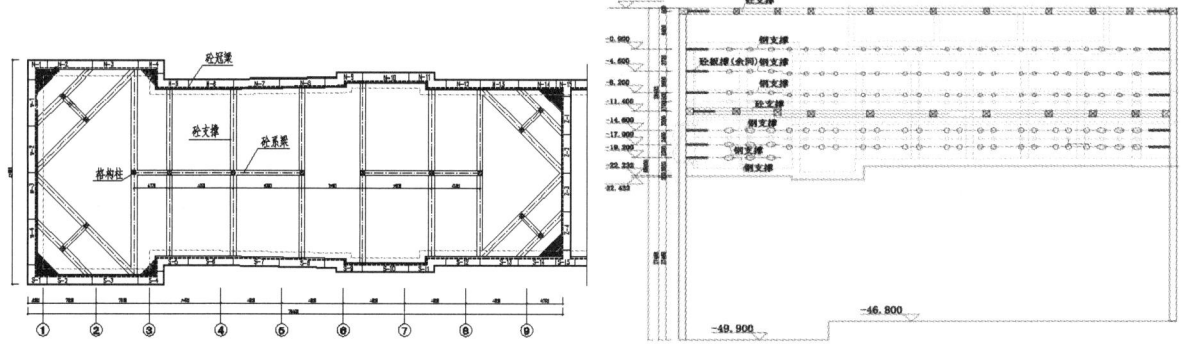

图 24-7　余杭高铁站基坑支护示意

2. 控制措施

车站基坑支护结构采用 1.0 m 厚地下连续墙+7 道内支撑（端头井 8 道）的支护方案，其中 1#基坑第 1、5 道为混凝土支撑，其余为钢支撑。连续墙深度为 52.0~56.0 m 不等。

3. 实施效果

车站 1#基坑施工过程中发生过突涌，其原因为地质钻探孔未进行有效封堵形成突涌通道，经过坑外降承压水及坑内注浆加固处理，后续施工顺利。其余基坑施工较为顺利，基坑变形均控制在允许范围内。

（四）盾构法隧道穿越沼气地层

1. 重难点概况

施工过程中共遇有害气体 9 次，左线 5 次，右线 4 次，有害气体最高报警浓度达到 9%，地面均处于鱼塘、菜地、农田，穿越遇有害气体主要地层为④$_1$淤泥质黏土、⑤$_2$粉质黏土夹粉砂、⑥$_2$淤泥质粉质黏土。盾构穿越沼气地层时间见表 24-1。

表 24-1 盾构穿越沼气地层时间

区间	时间	环号	浓度	地面
左线	6.19	106	6%	鱼塘
	8.21	419	6.9%	农田
	11.9	558	8%	
	11.15	572	1%	
	11.17	583	6%	
右线	9.25	105	9%	鱼塘
	10.1	111	6.2%	
	10.4	120	7.2%	
	11.5	388	6%	农田

2. 控制措施

根据煤矿工程施工经验，参考瓦斯隧道施工技术规范，该工程采用压入式接力通风。在车站中板上设置一个 2×37 kW 的风机，24 h 持续将风量压入隧道内台车尾部；在台车尾部放置一个 7.5 kW 的二次通风机，将风量直接压入盾构机拼装区域；在盾构机盾尾放置两个 7.5 kW 的轴流风机，将风量直接压入盾构机前端。同时，在成型隧道内每 80 环左右对称安装两个 0.37 kW 的轴流风机，确保隧道内通风质量，预防有害气体聚积。隧道内应急照明和台车照明均采用防爆式，并对盾构设备电器接头进行密封处理。隧道通风设备布置及有害气体检测如图 24-8 和图 24-9 所示。

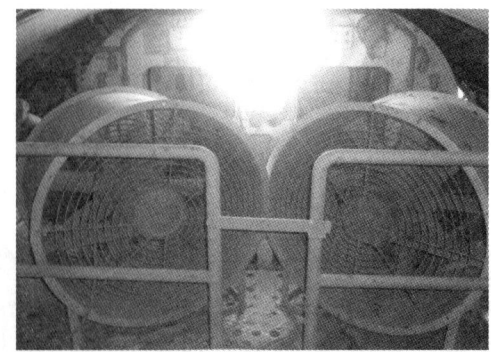

图 24-8 隧道通风设备布置

图 24-9　隧道内有害气体检测

（五）软弱地层盾构开舱关键技术

1. 重难点概况

某区间盾构推进至 928 环时，出现上位刀盘旋转动画不显示的问题。根据现场确认的现象初步判断：刀盘两半扣掉落，连接管路断裂。盾构机需进行原位停机检修完成满足继续掘进要求，再恢复盾构掘进施工。盾构开挖面位于淤泥质黏土、黏质粉土，覆土厚度约 17 m。盾构正上方布设有给水、燃气、通信、电力等地下管线。

2. 控制措施

土舱泥浆护壁形成泥膜后，带压进舱取出刀盘两半扣并修复问题。

3. 实施效果

在该地层采用盾构带压开舱安全可行。

二、建设管理的"得"与"失"

（一）管理体系

（1）杭海城际铁路项目采用 PPP 建设模式是相对比较成功的，充分发挥了参建各方的优势；

（2）征地拆迁工作由地方指挥部负责有利促进工程的推进；

（3）设计采用联合体形式可行，但牵头单位必须充分发挥组织协调作用；

（4）轨道交通牵涉的专业较多，总体应加强对各专业协调能力，各专业之间要加强沟通；

（5）设计人员变动大，配施力度需加强；

（6）未充分发挥咨询单位、施工图强审单位的作用；

（7）施工标段划分过小、过多，不利施工组织协调；

（8）应设立总师办，统一对设计和协调进行把关；

（9）土建和机电管理部门分置，对现场管理弊多利少。

（二）设计方案与优化

1. 高架站屋面板

（1）优化原屋面站厅层外侧正立面防雨百叶，改为镂空钢结构，既可以节约投资，也可以体现雨棚双曲面结构本身的构架韵律感；

（2）优化原站台层外立面防雨百叶，改为耐力板，既可以体现出结构构架美，又可兼顾站台层防飘雨需求。

高架站屋面板模型如图 24-10 所示。

图 24-10 高架站屋面板模型

2. 余杭高铁站

原初步设计车站西侧为乔司港河道，东侧为文正街与新丰路交叉口，北侧为东汀湖一期景观公园，南侧为余杭高铁站前广场。车站布置在规划文正街下穿车道下方。该站共设有 7 个出入口（含非付费区换乘通道）、4 个消防疏散口及 4 组风亭（含 1 组物业开发区新排风口），冷却塔布置在 2 号风亭西侧，路边绿化带内。

余杭高铁站为地下三层岛式站台车站，有效站台长度 80 m，站台宽度 13 m，有效侧站台宽度 2.7 m，车站总长 459.65 m，车站标准段宽度 22.1 m 设牵引降压混合变电所。

车站为地下三层车站。地下一层为预留商业开发区及相关配套设备服务用房；地下二层为站厅层，包含了公共区、设备用房、管理用房及少量预留商业开发空间；地下三层为站台层，含有少量的辅助用房。

换乘通道包括 1 个直达地面的主要出入口（C2），1 个车站付费区换乘通道（B2），1 个与余杭空间开发连通口（B1），一个地下一层开发疏散口（C1），3 个通道疏散口（6、7、8 号），1 组低风亭组（5 号），一部消防救援梯（4 号），一部车站公共区无障碍电梯（5 号无障碍电梯）。总建筑面积 4 465.37 m²。

3. 余杭高铁站换乘通道

结合杭海城际铁路与杭州地铁互联互通需要，对原方案进行了优化：

（1）付费区换乘。

杭海线余杭高铁站站厅层中部设有付费区换乘接口（B2），通过换乘通道与杭州地铁 1 号线站厅中部连接。

（2）出入口连通。

杭海线余杭高铁站设有直达地面的出入口（C2），将出入口转角处侧墙打开，即可实现与杭州地铁 1 号线余杭高铁站预留出入口的连通。

（3）防火及疏散要求。

为满足防火及消防疏散要求，付费区换乘通道与两线出入口连接通道间采用防火墙分隔，并设有 3 处直达地面的疏散口。同时在出入口连接通道内设两道防火卷帘，分别由杭海线和杭州地铁 1 号线控制。

（4）1 号线改造。

此方案需对杭州地铁 1 号线余杭高铁站进行局部改造，主要分为以下三点：① 在站厅层中部增加一处换乘接口（未预留）。② 站内闸机改造，付费区与非付费区镜像翻转。③ 原预留于西北角的出入口打开，与杭海线余杭高铁站 C2 号出入口连通。

4. 皮革城站

原初步设计皮革城站位为地下二层岛式站台车站，一层为站厅层，二层为站台层，设有 5 个出入口和 2 组风亭。根据海宁市政府要求，车站附属（出入口、风亭）与周边皮革城地下空间开发结合紧密，皮革城地下空间工程与杭海城际铁路同步设计、同步施工、同步开通，结合需求，调整完善了设计方案。

5. 地下站临轨墙

《城市轨道交通初期运营前安全评估技术规范第 1 部分：地铁和轻轨》（交办运〔2019〕17 号）第二十九条："地下工程（含车站、区间、出入场段等）临近轨行区旁的分隔墙，应经风荷载和振动荷载作用下结构的抗疲劳性、安全度和耐久性计算和分析，不宜采用砖砌墙。"

据调查，2019 年之后全国各地的地铁以及城际轨道交通，尚未施工的临轨墙均改为了混凝土墙。从结构受力上来说，砌体墙是几种离散材料粘合在一起，其抗疲劳计算方法不成熟，没有明确的疲劳应力限值的控制标准，更没有砌体墙耐久性的计算方法。从施工角度来说，临轨墙是二次结构，墙上设备开洞较多，若前期没有预留插筋，后期施工难度较大。

考虑到列车目标速度达到 120 km/h，本着提高标准，减少后续的维护工作量的目标，地下站施工图由砌体墙均改为了钢筋混凝土墙。施工现场如图 24-11 所示。

图 24-11　地下站施工现场

6. 问题与思考

（1）设计阶段需要考虑运营需求。

在运营公司对接过程中，运营提出了诸多问题，如海宁高铁西站增设"票务结算亭"、高架站检修爬梯、便民服务用房等，后续项目设计时应充分考虑运营需求，同时运营公司应在项目设计阶段提前介入。

举例：如高架站按运营要求设置检修爬梯，部分车站按运营要求增设便民服务用房。

（2）公共区建筑设计要充分考虑景观需求。

高架站屋面板内板未充分考虑景观需求，采用整体弧面方案，同时施工工艺不够精细，平整度较差，视觉效果不佳，后通过优化设计，增设分隔装饰梁。优化前后对比如图 24-12 所示。

（3）施工图设计阶段方案应考虑概算指标，进行限额设计。

举例 1：高架主体屋面分为三个部分组成：第一，铝镁锰合金板屋面系统；第二，两端为铝方通格栅；第三，为防止飘雨，在天沟以上、铝方通表面覆盖耐力板。高架屋面板施工图预算超出概算指标较多，后期在总体景观满足方案的前提下进行设计优化：① 原方案中铝方通取消，增加矩形钢管，作为固定耐力板的主龙骨；② 主体钢结构外露部分取消铝单板包边。通过优化，降低了造价，同时便于工程实施。优化前后对比如图 24-13 所示。

图 24-12　优化前后屋面板内板

图 24-13　优化前后高架主体屋面

举例 2：地下站出入口原方案造型优美、简洁，但曲梁跨度大，经过结构计算所需钢梁截面大，用钢量大，造价高，新方案通过增加钢柱、降低用钢量，室内吊顶取消、改为钢结构喷黑，玻璃分块减小、减小玻璃厚度；取消斜向钢柱外包的铝板、屋面铝板改为铝镁锰合金板等措施，在保留原方案的主要造型的前提下，降低了工程造价。优化前后对比如图 24-14 所示。

图 24-14　优化前后地下站出入口

（4）设计考虑要全面、超前，做好条件预留。

举例 3：盐官车辆基地屋面设置光伏偏晚，无法在大面积屋面设置，效益较低。

光伏发电是利用半导体界面的光生伏特效应而将光能直接转变为电能的一种技术。首次引入车辆基地光伏发电，结合围墙及空地布置，将新能源引入车辆基地建设中。但考虑前期设计并未提及，加之车辆基地中使用较少，大库顶部并未考虑相关荷载，无法在大面积屋面设置，目前仅在围墙及空地预留条件，效益较低。后期如考虑新能源建设，前期应进行充分论证，预留相关荷载条件。

（5）设计对规范的理解把握要全面，不仅严格执行国家和行业标准，也要注意地方法规和标准的执行。

举例 4：如盐官车辆基地车库地面漆颜色不满足海宁地方人防技术标准。

盐官车辆基地人防地下室涂装颜色为车位灰色、车道绿色。关于此部分颜色要求，调研杭州、绍兴等地类似段场工程车道颜色，并无统一要求，因此施工图设计时参照杭州地区一般做法设计。根据 2019 年 4 月 19 日的《关于完善人防工程区域内标识标牌工作的通知》（海人防办〔2019〕8 号），人防车位底色为绿色，车行通道灰色。该通知自发布之日起，未竣工的人防工程项目均应按上述要求进行。

（6）充分挖掘新技术的实际应用价值。

BIM 技术在设计和施工中没有得到预期效果，从全寿命周期的角度考虑较少。预制化、集约化程度有待进一步提升。

第三篇
勘察设计

第二十五章 综 述

2021年6月底杭州至海宁城际铁路（以下简称杭海城际铁路）工程通车试运营，杭海城际铁路作为浙江省都市圈城际铁路网中的一条放射型线路，主要承担杭州与海宁及周边地区间的城际联系功能，也发挥海宁地区内部公交骨干体系功能，是目前少见的跨不同地级行政区的都市圈快速轨道交通项目之一，杭海城际铁路的建成通车对海宁市域城镇一体化发展、促进海宁快速融入杭州都市经济圈及长三角城市群具有重要意义。

第一节 工程概况

杭海城际铁路呈东西走向，线路西起于杭州余杭高铁站，与杭州地铁1号线（远期9号线）换乘，线路出站后经由站前路→联杭路→人民大道→海宁高铁站→下穿沪杭高铁、沪杭高速公路→青年路→学院路→长安路→周王庙镇→上跨南排河→跨观潮大道→硖许公路→海州西路进入海宁市主城区，经中国皮革城后沿海州东路至碧云路，设近期终点站浙大国际学院站。线路西端预留向西延伸条件，远期与杭州南北快线衔接换乘，东端预留向东延伸条件，线路全长46.38 km，设站13座（含1座高架预留站、2座高架越行站），其中地下车站4座，高架车站9座，全线于盐官镇郭店村附近设车辆基地1座，控制中心设于车辆基地内，共设置主变电所2座，分别位于长安镇站和斜桥镇站附近。

土建工程主要包括地下车站、高架车站、区间隧道、区间桥梁、车辆段、停车场、主变电站、高架区间牵引变电站、控制中心、轨道铺设、消防站、派出所、P+R停车场等；机电设备工程主要有供电系统、通信系统、信号系统、综合监控系统、火灾报警系统（FAS）、车站设备监控系统（BAS）、自动售检票系统（AFC）、车站及区间风水电系统、站台门、自动扶梯和电梯、门禁系统、车站安检系统、人防门及防淹门、车辆、车辆段和停车场的车辆检修机电设备等。

第二节　设计工作历程

2012年12月19日，中铁第四勘察设计院集团有限公司与余杭区区政府对接了杭海城际铁路余杭区段线站位方案，取得了线位、站位的书面意见，余杭区人民政府同意在余杭高铁站与杭州地铁1号线（远期9号线）衔接换乘。

2013年1月—3月，中铁第四勘察设计院集团有限公司编制完成《杭州至海宁城际铁路预可行性研究报告》及客流预测、投融资方案专题报告。

2013年4月27日，海宁市人民政府在海宁主持召开了《杭州至海宁城际铁路工程预可行性研究报告》专家预评审会。

2013年12月27日，杭州至海宁城际铁路前期工作领导小组办公室在海宁市主持召开了杭州至海宁城际铁路项目交通制式等相关专题评审会。

2014年12月，国家发改委批复了《浙江省都市圈城际铁路近期建设规划（2014—2020年）》（发改基础〔2014〕2865号），杭州至海宁城际铁路是其中批复的11条线路之一。

2014年12月，杭州至海宁城际铁路工程可行性研究评估会在海宁举行，会议由浙江省发改委委托中国国际工程咨询公司组织开展，邀请了来自上海、广州、深圳、天津等地的12位国内资深专家组成专家组对杭海城际进行评审。

2016年5月，海宁市启动重大项目集体决策程序，就杭州至海宁城际铁路项目规划建设征求各界意见。

2016年8月17日，与浙江省交通投资集团有限公司签订项目战略合作框架协议，以特许经营模式与浙江省交通集团有限公司合作。

2016年8月30日，海宁市第十四届人民代表大会第六次会议召开，会议听取和审查了市人民政府关于杭州至海宁城际铁路规划建设情况的报告，会议以举手表决的方式，通过了关于同意建设杭州至海宁城际铁路的决定。

2016年9月20日，《杭州至海宁城际铁路工程可行性研究报告》获得浙江省发改委批复（浙发改交〔2016〕602号）。

2016年10月18日，杭州至海宁城际铁路工程先行段（9.123 km高架区间）初步设计获得省发改委批复（浙发改设计〔2016〕119号）。

2016年12月30日，先行段工程（9.123 km高架区间）开工建设。

2017年4月10～12日，杭州至海宁城际铁路工程初步设计评审会在海宁举行，会议由浙江省发改委组织，邀请了来自北京、上海、天津、广州等地的26位国内资深专家组成专家组对杭海城际进行评审。

2017年9月12日，杭州至海宁城际铁路工程初步设计获浙江省发改委批复（浙发改设计〔2017〕69号）。

2017年9月26日，杭海城际铁路全面开工。

2021年6月28日，全线通车初期运营。

第三节　设计创新点

一、配线设置灵活，满足大站快车开行需求

杭海城际铁路运营组织采用站站停、大站快车两种模式，设置两座越行站，满足大站快车越行需

求,同时在越行站站前设置单渡线,兼顾故障停车功能;建成通车的杭海城际全线长46.38km,设1座车辆基地,为方便收发车,采用"八字线"接轨型式。配线设置灵活,在不增加土建规模、投资的情况下,满足运营需求。

二、首创了都市圈轨道交通35 m大跨度预制简支梁设计、架设施工成套建造技术

2017年初步设计时首次在都市圈轨道交通项目上提出了35 m预制简支箱梁设计,采用"直腹曲面"的方法避免了常规直梁布置时曲线内外侧梁缝过大影响城市景观及伸缩缝难以设置的难题,同时解决了深厚软基、河网密集,道路众多的地区采用现浇梁占地多、速度慢、造价高、环境影响大、质量难以控制等问题。桥建合一高架站采用不设后浇带的预应力盖梁,满足运载620吨简支箱梁运梁车受力,同时大幅减少了运、架设备过站对车站施工的影响。通过将运梁车作为防溜车配重,加装制动电阻,调整运梁车前后轴线高度等方法即实现了28‰的大纵坡条件下箱梁架设。35 m大跨度预制简支箱梁较常规30 m跨现浇梁工程造价节省约4 200万元,产生了较好的社会经济效益,后续在滁宁城际铁路等项目上推广应用。

三、开创了在粉砂地层使用机械法施工隧道区间联络通道

首次在透水粉砂地层中采用圆形顶管机机械化进行联络通道开挖、采用装配式结构拼装,避免了粉砂地层人工开挖的涌水涌砂风险,解决了粉砂地层始发接收透水、掘进出渣喷涌等技术难题。

四、研发了基于多源数据的智慧化建设平台

搭建了基于BIM的杭海城际项目智慧化建造管理平台。该平台于2018年4月19日上线,在全线设计、征迁和工程建设环节成熟运用,大大提高了项目建设的科技化、数字化管理水平。该平台利用轻量化、坐标转换、自定义数据储存集成技术,实现多源数据(GIS、BIM、点云等)模型自动融合,集成了全线地质、地下障碍物、土建、车站模型且信息保存完整,提高了模型集成效率。模型与图纸二三维联动,实现了基于三维的可视化变更管理。平台结合物联网、LOT技术,实现可视化预警监测、盾构掘进、危险源预警与分析等管理,实现了建设过程的事前预判、事中处理、事后总结的智慧化管理机制。基于此建设管理平台在全国首次对都市圈轨道交通全线实现现场施工进度、安全、文明施工、监控、监测等管理,得到了施工单位、监理单位、设备厂商的切实应用,数据均在实时更新,保证了数据的准确性,后续在无锡、武汉、徐州等地进行了推广应用,并授权了7项软件著作权,出版专著1本,获得了各项BIM奖9项。

五、结合海宁本地元素,形成独具地方特色的车站外立面造型和内装修方案

杭海城际铁路设站13座,其中高架站8座,海宁高铁站、盐官站作为特色站,其他6座车站为标准站,设计过程中,根据海宁市政府要求,对外立面造型方案进行了网络投票,最终选定了极具海宁地方特色的外立面造型方案。

六、研发了云平台架构的综合监控、能源管理系统

杭海城际铁路工程综合监控系统采用了云平台技术,并从系统全生命周期考虑,在综合监控云平台上部署能源管理系统,对采集的能源数据进行全线智能化管理,并将相关信息在综合监控工作站上显示,实现系统总体节能。相比传统方案,工程投资增加少,收益较好,是全国第一条基于云平台架构的综合监控、能源管理系统的轨道交通线路。

七、践行绿色低碳理念,采用装配式高效冷水机房设计

杭海城际铁路工程采用装配式高效冷冻站,通过将冷水机组、水泵、管路阀件、控制系统等工厂化预制、系统化集成、智能化控制,实现冷冻站全生命周期高效节能运行。装配式高效冷冻站实时综合能效比达到 4.5 以上,实现节能 20%;工厂预制,现场拼装,施工周期仅为常规冷站的 30%,占地面积较传统冷站减少 30%;搭建基于全生命周期的智能化运维系统,为运营阶段能效保持提供可靠平台,做到高能效、智能化、可视化,减少运维工作量,降低运维成本,提高系统可靠性和运营管理水平,最终实现了无人值守全自动运行。

八、设计高度集成,打造机电一体化空调系统末端装置

杭海城际铁路工程所有地下车站采用组合式空调机组、回排风机、全新风阀、小型风阀、排风阀、回风阀及水阀,以及末端控制系统,均为集成化设计,在工厂预制成模块进行调试,进行现场拼装。杭海城际铁路工程将原本零散的末端打造为机电一体化的空调系统装置,较好地解决了回排风变频、组空变频、风阀水阀调节的协调性问题,有利于末端能效的提升。

九、研发了 1∶40 轨底斜坡的装配式检修立柱

杭海城际铁路项目为了加快工程进度,提高检修地沟轨道立柱的施工质量,依托杭海城际铁路工程研发了 1∶40 轨底斜坡的装配式检修立柱,利用 BIM 技术对装配式检修立柱进行设计,并模拟施工,解决了施工周期长、施工偏差较大、立柱严重偏斜、钢轨安装困难等问题。

十、设计研发了一种用于电缆支架的装配式遮阳罩

依托杭海城际铁路工程设计研发了一种采用装配式安装方法、固定安装在电缆支架上的保护罩,避免桥梁上的电缆长期受紫外线照射,具有固定牢靠、安全、安装及拆卸简单、美观等特点,并具有较高的耐腐蚀能力。

十一、结合 PPP 项目特点进行勘察设计及投资控制

该项目是财政部第一批 PPP 示范项目之一,浙江省首个轨道交通 PPP 项目,特许经营期为 29 年,其中建设期 4 年、运营期 25 年,政府方和社会资本方共同组建浙江杭海城际铁路有限公司,浙江省交通集团以 45% 的股权牵头社会资本方出资控股。全线按土建、装修、机电、轨道等专业划分施工标段达 25 个,施工合同为初步设计概算包干,对初步设计、施工图设计要求高,设计协调难度大。设

计中充分考虑了 PPP 项目特点，不断摸索 PPP 项目设计模式，在不降低功能的前提下，从源头上降低投资成本，同时考虑合理控制施工造价，优化项目资源配置，充分结合各方诉求、实施措施和综合经济分析，避免不必要的成本消耗，减少易产生后续运营期质量问题的隐患，并强化现场配合施工，做到了设计方案合理、投资及施工风险较小，施工费用没有超过批复概算，PPP 投资方获得了一定利润，实现了"努力建好红船旁的城际铁路"的目标。

第四节　社会效益

杭海城际铁路开通 1 个多月后，客流稳步增长，高峰日客流达到 7.25 万人次，日均客流达到 4 万人次，基本达到了客流预测值，轨道交通客运规模效益充分体现。

杭海城际铁路的开通适应了杭海同城化发展的需要，促进了沿线连杭经济区、周王庙镇、盐官镇、斜桥镇和中心城区的建设，实现了东西方向城乡一体化发展战略意图。

第二十六章　地质勘察

第一节　主要勘察过程

杭州至海宁城际铁路工程地质勘察由中铁第四勘察设计院集团有限公司（以下简称中铁四院）和浙江省交通规划设计研究院（以下简称交规院）共同承担，铁四院主要负责工程（右 DK0+000～右 DK19+008.099）段、海宁皮革城站、车辆段、主变所、制梁场等勘察工作，主要包括岩土工程初勘、详勘工作。交规院负责杭州至海宁城际铁路工程（右 DK19+008～右 DK48+200）段及桥梁拆复建等初勘、详勘工作。工程地质勘察监理由中铁二院工程集团有限责任公司和浙江省工程勘察设计院集团有限公司完成。

2016 年 9 月—2016 年 10 月，完成先开段（DK14+700～右 DK23+300）详勘工作；

2016 年 11 月—2016 年 12 月，完成全线初勘工作；

2017 年 3 月—2017 年 4 月，完成全线详勘工作；

2017 年 6 月，完成岩土工程勘察报告；

2017 年 8 月，完成全线详勘报告；

2017 年 8 月—2020 年 6 月，完成全线施工补钻、补勘及详勘工作。

勘察实施过程中，依据规范和杭海城铁公司相关要求，编制了勘察大纲，勘察工作全程接受监理监督管理，详勘报告通过了监理审查、强审和杭海城铁公司组织的专家验收评审，勘察成果真实、准确，满足勘察设计合同和有关规范要求。

第二节　勘察工作量

杭海城际铁路全线各阶段完成钻探工作量如下：

1. 铁四院

（1）初勘 169 孔/10 510.68 m；

（2）先开段详勘 122 孔/8 503.5 m，详勘 616 孔/40 287.53 m；

（3）补勘 161 孔/10 360.22 m，皮革城站补勘 55 孔/2 880.7 m，2019 年补勘 16 孔/920 m，2020 年职工宿舍楼补勘 12 孔/865.5 m；

铁四院全线合计完成 1 151 孔/74 328.52 m。

2. 交规院

（1）初勘 223 孔/16 397.59 m；

（2）详勘 612 孔/41 986.81 m；

交规院全线合计完成 835 孔/58 384.4 m。

全线各阶段完成钻探工作量详见表 26-1。

表 26-1　全线各阶段完成勘探工作量统计

项别	初勘		详勘		补勘	
	m	孔	m	孔	m	孔
铁四院	10 510.68	169	48 791.03	738	15 026.42	244
交规院	16 397.59	223	41 986.81	612		
合计	26 908.27	392	90 777.84	1 350	15 026.42	244

全线工程地质勘探工作量共计 132 712.53 m/1 986 孔。

第三节　勘察方法及手段

杭州至海宁城际铁路工程勘察期间采用多种勘察及测试手段开展综合勘探。在工程地质测绘的基础上，主要采用全孔取芯钻探、静力触探试验、标准贯入试验、圆锥动力触探试验、扁铲试验、旁压试验、螺旋板载荷试验、十字板剪切试验、波速试验及电阻率测试、水文试验、地温观测等测试手段。内业试验进行常规物理性土工试验指标、土的力学性土工试验指标、固结试验指标、热物理指标等测试，并进行地下水水质分析试验。具体方法如下：

一、测量

（1）勘探点测量：此次勘探点放样主要依据总体设计院提供的线路图（2016 年 3~10 版），将所布置勘探点进行坐标图解成理论坐标后，采用 RTK 设备卫星接收（动态 GPS 技术）定位控制支点，局部采用全站仪支站实地放样。施工结束后，测定实际施工孔位及孔口高程。整个过程严格按照有关规范、规程进行，测量成果达到设计要求。由于部分勘探孔孔位处分布有管线等其他场地制约因素，征得勘察管理组监理工程师的同意后，进行了适当移位。

（2）水位测量：根据钻孔测定潜水位埋深，采用钢卷尺或水位仪量测，测量精度满足规范要求。

二、钻探

此次勘探设备采用 XY-1 型或 XY-1B 型油压钻机，取芯工具用送水上提活阀式单套岩芯管钻具。

开孔前，对孔位进行人工开挖，结合物探探测，查明孔口附近地下管线的分布情况，对其进行避让或保护。下开孔套管，以防止浅部碎石土掉块和漏水，对取土起垂直导向作用。岩体部分取芯采用金刚钻送清水钻进，全孔取芯放入岩芯箱。钻孔孔径采用 ϕ130 mm 开孔，钻孔孔径不小于 ϕ110 mm，孔径满足岩石试样和波速试验要求，每回次进尺控制在 1 m 以内。钻孔后进行质量验收并进行全孔水泥灌浆封孔，所有钻孔均经监理验收合格。

场地勘探孔施工完毕后，采用班脱土（膨润土）与水泥按 1∶4 重量比配成水泥浆进行封孔，水泥浆采用导管输入钻孔底，由下到上进行全孔封孔，水泥浆的回灌高度将停留在离地面 1 m 深处，剩余的深度将用适当大小的干土块填充击实。在混凝土路面范围内，距离孔口 1 m 范围，按路面材料进行复原路面；在土质地面范围内，距离孔口 1 m 范围用施工前开挖的原土进行捣实回填。封孔填实后，马上进行施工现场的清理工作,由专门小组对现场进行清扫,对遗留的物品进行回收对施工现场进行打扫干净后用清水进行冲洗,恢复路面清洁。

三、静力触探试验

试验目的:采用静力触探试验测定黏性土、粉土、砂土的比贯入阻力、锥尖阻力、侧壁摩阻力等参数,确定土层划分,估算土的强度、压缩性等力学参数,确定地基承载力、选择桩基持力层,与钻孔资料进行对比,为工程设计提供充分的地质资料。仪器型号 SYW-15 型,探头编号 165303,率定系数 0.024。

静力触探孔布置与钻孔交错进行,其孔数视地质条件、工程设计而定。此次将在第四系全新统地层中布设,孔深按最大贯入能力控制。原始数据每天报备勘察管理组。

四、标准贯入试验

试验目的:在标贯试验孔的粉土、砂土和硬土层中进行标贯试验,确定地基土密实性,为评价砂土液化和地基土贯入度提供依据。

五、圆锥动探试验

试验目的:圆锥动力触探试验在所提示的碎石类土、各类基岩的全、强风化岩层进行,以评价地基土的密实性、风化岩层的风化程度。

六、扁铲侧胀试验

试验目的:确定黏性土的状态、静止侧压力系数、水平基床系数等。适用于软土、一般黏性土、粉土、砂土等。根据扁铲侧胀试验指标和地区经验,可判别土类,试验段的竖向间距宜为 0.5 m,试验设备采用 DMJ-W1 型扁铲侧胀试验仪。

七、旁压试验

试验目的:适用于确定黏性土、粉土、黄土、砂类土、软质岩石及风化岩石等地基的承载力及变形参数,试验间距不得小于 1 m。

八、螺旋板载荷试验

试验目的:评定地基土承载力,变形模量 E_0,竖向基床系数 K_v。螺旋板载荷试验适用于深层地基土或地下水位以下的地基土,要求每层土做 1 个试验点(人工填土除外),深度至车站及区间底板以下 3.0~5.0 m 或最大旋入深度。

九、十字板剪切试验

(1)十字板剪切试验适用于均质饱和软黏性土,试验深度不宜大于 30 m。

(2)试验点竖向间距可取 1~2 m，或根据静力触探试验等资料布置。

(3)十字板头插入钻孔底的深度不应小于钻孔或套管直径的 3~5 倍；插入至试验深度后，至少应静止 2~3 min，方可开始试验；扭转剪切速率宜采用 1°/10 s~2°/10 s，并应在测得峰值强度后继续测记 1 min；在峰值强度或稳定值测试完后，顺扭转方向连续转动不小于 6 圈后，测定重塑土的不排水抗剪强度，测试场地土的灵敏度时，应根据场地情况和工程选择有代表性的孔、段进行。每层土试验次数宜为 3~6 次。

十、物探试验

(1)波速试验目的：确定地基土的纵、横波速度，并求出土层的动弹性模量 E_d、动泊松比 v_d、等效剪切波速，判别岩层风化程度，估算场地的特征周期，为划分场地土类别、场地类型等抗震设计参数提供依据。

(2)电阻率试验目的：利用现有钻孔实测各岩土层电阻率值（测井法）与波速同孔测试，测试范围为底板结构埋深下 5 m 或进入中等风化基岩不小于 3 m。

十一、水文地质试验

在不同地质单元选择代表性钻孔进行水文地质试验。提供地下水位（承压含水层提供承压水头）岩土渗透系数、补给关系和地下水参数，计算隧道和基坑涌水量。根据不同含水层部位主要采用抽水试验。

抽水试验：一般采用稳定流法，必要时也可采用非稳定流法。在含水层复杂且富水性较强的区段，采用分层或分段抽水，分别评价不同含水层的渗透性。

试验目的：查明沿线场地含水层的水文地质参数，实测第四系孔隙承压含水层和基岩裂隙水单位涌水量和综合渗透系数等参数，为杭州至海宁城际铁路工程Ⅱ标段盾构设计施工、车站深基坑围护、开挖降水设计提供依据。

十二、取样

(1)原状土样：为保证各类样品的质量，满足工程设计需要，针对场地内的地层特征和工程的重要性，不同的地层采用不同的取样工具和取样方法。软土采用先进的薄壁取土器连续压入法采取，一般黏性土采用 HY 型上提活阀式取土器连续压入法或锤击法（硬土层）采取，砂土将采用专用环刀取砂器锤击法采取。原状土样取出后立即蜡封，并贴好标签装入防震箱，在运输和贮存过程中将采取防震、防晒、防水等措施。

(2)扰动样：采用塑料袋包装，扎紧，贴上样签。

(3)水样：在场地钻孔中或下渗泉等位置采取，每组水样取 2 瓶，其中一瓶做简易分析，体积不少于 1 000 mL，另一瓶加入水质稳定剂进行侵蚀性 CO_2 分析，体积不少于 500 mL。按要求密封并按规范填写标签，在规定时间内送实验室。

十三、室内试验

室内试验：包括土工试验、水质分析。

(1) 土工试验：常规试验、渗透试验、三轴剪切试验、无侧限抗压强度试验、高压固结等；
(2) 水质分析：简分析、侵蚀性 CO_2 等。

为保证岩石试验成果数据和水质分析测试数据的准确性，对采取的样品做到及时送样开样，试验操作过程严格按照规范、规程进行，数据可靠，资料齐全。

十四、地温测试

在地下区间布设地温测试孔作地温长期观测，采用埋设温度传感器法，测试点布设在隧道上下各一倍洞径深度范围，地温测量符合《铁路工程物理勘探规范》（TB 10013—2010）的有关规定。

第四节　各类工程勘察技术要求

一、地下车站、区间隧道、矩形结构与 U 形槽

（1）查明各岩土层的分布，提供各岩土层的物理力学性质指标及地下工程设计、施工所需的基床系数、静止侧压力系数、热物理指标和电阻率等岩土参数。

（2）查明不良地质作用、特殊性岩土及对工程施工不利的饱和砂层、卵石层、漂石层等地质条件的分布与特征，分析其对工程的危害和影响，提出工程防治措施的建议。

（3）在基岩地区应查明岩石风化程度，岩层层理、片理、节理等软弱结构面的产状及组合形式，断裂构造和破碎带的位置、规模、产状和力学属性，划分岩体结构类型，分析隧道偏压的可能性及危害。

（4）对隧道围岩的稳定性进行评价，按照规范进行围岩分级、岩土施工工程分级。分析隧道开挖、围岩加固及初期支护等可能出现的岩土工程问题，提出防治措施建议，提供隧道围岩加固、初期支护和衬砌设计与施工所需的岩土参数。

（5）对基坑边坡的稳定性进行评价，分析基坑支护可能出现的岩土工程问题，提出防治措施建议，提供基坑支护设计所需的岩土参数。

（6）分析地下水对工程施工的影响，预测基坑和隧道突水、涌砂、流土、管涌的可能性及危害程度。

（7）分析地下水对工程结构的作用，对需采取抗浮措施的地下工程，提出抗浮设防水位的建议，提供抗拔桩或抗浮锚杆设计所需的各岩土层的侧摩阻力或锚固力等计算参数，必要时对抗浮设防水位进行专项研究。

（8）分析评价工程降水、岩土开挖对工程周边环境的影响，提出周边环境保护措施的建议。

（9）对出入口与通道、风井与风道、施工竖井与施工通道、联络通道等附属工程及隧道断面尺寸变化较大区段，应根据工程特点、场地地质条件和工程周边环境条件进行岩土工程分析与评价。

（10）对地基承载力、地基处理和围岩加固效果等的工程监测检测提出建议，对工程结构、工程周边环境、岩土体的变形及地下水位变化等工程监测提出建议。

二、高架工程勘察技术要求

（1）查明场地各岩土层类型、分布、工程特性和变化规律；确定墩台基础与桩基的持力层，提供各岩土层的物理力学性质指标；分析桩基承载性状，结合当地经验提供桩基承载力计算和变形计算参数。

（2）查明溶洞、土洞、人工洞穴、采空区、可液化土层和特殊性岩土的分布与特征，分析其对墩

台基础和桩基的危害程度,评价墩台地基和桩基的稳定性,提出防治措施的建议。

(3)采用基岩作为墩台基础或桩基的持力层时,应查明基岩的岩性、构造、岩面变化、风化程度,确定岩石的坚硬程度、完整程度和岩体基本质量等级,判定有无洞穴、临空面、破碎岩体或软弱岩层。

(4)查明水文地质条件,评价地下水对墩台基础及桩基设计和施工的影响;判定地下水和土对建筑材料的腐蚀性。

(5)查明场地是否存在产生桩侧负摩阻力的地层,评价负摩阻力对桩基承载力的影响,并提出处理措施的建议。

(6)分析桩基施工存在的岩土工程问题,评价成桩的可能性,论证桩基施工对工程周边环境的影响,并提出处理措施的建议。

(7)对基桩的完整性和承载力提出检测的建议。

三、路基、涵洞工程勘察技术要求

(1)查明各岩土层的岩性、分布情况及物理力学性质,重点查明对路基工程有控制影响的不稳定土体、软弱土层等不良地质体的分布范围。

(2)评价路基基底的稳定性,划分岩土施工工程分级,指出路基设计应注意的事项并提出相关建议。

(3)查明水文地质条件,评价地下水对路基的影响,提出地下水的控制措施的建议。

四、车辆基地勘察技术要求

(一)车辆基地勘察技术一般要求

(1)详细查明不良地质作用的特征、成因、分布范围、发展趋势和危害程度,提出治理方案的建议。

(2)详细查明场地范围内岩土层的类型、年代、成因、分布范围、工程特性,分析和评价地基的稳定性、均匀性和承载能力,提出天然地基、地基处理或桩基等地基基础方案的建议,对需进行沉降计算的工程,提供地基变形计算参数。

(3)详细查明对工程有影响的地表水体的分布、水位、水深、水质、防渗措施、淤积物分布及地表水与地下水的水力联系等,分析地表水体对工程可能造成的危害。

(4)详细查明地下水的埋藏条件,提供场地的地下水类型、勘察时的水位、水质等水文地质资料,分析地下水对工程的作用。

(5)判定地下水和土对建筑材料的腐蚀性。

(6)分析周边环境与工程的相互影响,提出环境保护措施的建议。

(7)判定场地和地基的地震效应,查明软土震陷及可液化地层如饱和砂土和粉土的分布、埋深、厚度及性质,确定饱和砂土和粉土的地震液化可能性及液化等级,并计算液化指数,进行液化砂层分区,分析对建筑物稳定性影响及提出处理措施意见。

(8)根据供电系统设计需要,提供基底以下5 m内各类土层的电阻率。

(二)高架工程勘测特殊要求

(1)查明场地各岩土层的类型、分布、工程特性和变化规律;确定墩台基础与桩基的持力层,提供各岩土层的物理力学性质指标;分析桩基承载性状,结合当地经验提供桩基承载力计算和变形计算参数。

(2)查明可液化土层和特殊性岩土的分布与特征,分析其对墩台基础和桩基的危害程度,评价墩台地基和桩基的稳定性，提出防治措施的建议。

（3）分析桩基施工存在的岩土工程问题，评价成桩的可能性，论证桩基施工对工程周边环境的影响，并提出处理措施建议。

五、制梁场勘察技术要求

（1）详细查明不良地质作用的特征、成因、分布范围、发展趋势和危害程度，提出治理方案的建议。

（2）详细查明场地范围内岩土层的类型、年代、成因、分布范围、工程特性，分析和评价地基的稳定性、均匀性和承载能力，提出天然地基、地基处理或桩基等地基基础方案的建议，对需进行沉降计算的工程，提供地基变形计算参数。

（3）详细查明对工程有影响的地表水体的分布、水位、水深、水质、防渗措施、淤积物分布及地表水与地下水的水力联系等，分析地表水体对工程可能造成的危害。

（4）详细查明地下水的埋藏条件，提供场地的地下水类型、勘察时的水位、水质等水文地质资料，分析地下水对工程的作用。

（5）判定地下水和土对建筑材料的腐蚀性。

（6）分析周边环境与工程的相互影响，提出环境保护措施的建议。

（7）判定场地和地基的地震效应，查明软土震陷及可液化地层如饱和砂土和粉土的分布、埋深、厚度及性质，确定饱和砂土和粉土的地震液化可能性及液化等级，并计算液化指数，进行液化砂层分区，分析对建筑物稳定性影响及提出处理措施意见。

六、勘探孔平面布置原则

（一）钻孔编号

勘探孔（点）原则上按杭州至海宁城际铁路工程统一要求进行编号，地层代号按照《杭州地铁岩土工程勘察地层编号规定（2015年修编版）》进行编号。勘探孔编号规定如下：

勘探孔编号采用"HH—XK—YX—Z***"的形式，其中，"XK"代表详勘阶段；"YX"代表工点编号（余杭高铁站—许村镇站区间）；"Z"代表钻孔类型（W代表物探孔，J代表静探孔，D代表动力触探孔，P代表旁压试验孔，L代表螺旋板载荷试验孔），"***"代表勘探孔序号。

（二）勘探孔的平面布置

钻孔间距需根据所在标段的场地的复杂程度、工程类别及结构的埋深、断面尺寸等特点按《城市轨道交通岩土工程勘察规范》（GB 50307—2012）中表7.3.3综合确定。地质复杂地段和跨江、河地段适当加密钻孔。

（1）盾构区间勘探点在隧道边线外侧3～5 m范围内交叉布置；当上行、下行隧道内净距离大于或等于15 m时宜按单线分别布置的勘探点；勘探点间距不宜大于50 m。

（2）明挖区间勘探点可沿基坑两侧围护结构边线外3～5 m布置，规范要求中等复杂场地勘探点间距为20～40 m；主体结构部分勘探点间距按25～30 m进行控制。

（3）高架区间勘探点应布置于拟设墩台位置，且宜逐跨布置勘探点。地质条件简单时可适当减少勘探点。地质条件复杂或跨度较大时，可根据需要增加勘探点。

当围护结构线上两个钻孔地层起伏较大，对围护结构设计有影响时，进行钻孔适当加密处理。

七、勘探孔深确定原则

勘探孔深度的确定主要依据相关规范、技术要求及设计承载力要求,同时结合拟采用的桩型及前期岩土工程勘察资料为基础,预估勘探孔深度,应满足下列条件:

(一)高架工程勘探孔

满足沉降计算和下卧层验算要求,勘探机动钻孔均为取土钻孔和标贯兼动探试验孔,深度为 70 m。控制性钻孔不应少于勘探点总数的 1/3,取样、原位测试的勘探点数量不应少于勘探点总数的 2/3,物探孔分别进行波速试验和土壤电阻率测试。30~40 m 跨径高架桥墩一般性钻孔深度为 65 m,控制性钻孔深度为 70 m;40~60 m 跨径高架桥墩控制性钻孔深度为 75 m。当桥梁结构复杂或跨度大于等于 60 m 时,勘探深度需与桥梁设计专业研究确定。

(二)地下工程勘探孔

鉴于该地区上部为第四系松软土,钻孔应进入结构底板以下至少 30 m,孔深要求一般达到 60~70 m。

路基为满足稳定性分析,勘探孔、测试孔深度应钻至硬底或主要持力层以下 2~5 m;为满足沉降计算,勘探孔、测试孔深度不应小于地基压缩层的计算深度。

第五节 专项地质工作及主要结论

杭海城际铁路专项地质主要工作为余杭高铁站—许村镇站区间浅层有害气体的专项勘察和余杭高铁站补勘。

一、余杭高铁站—许村镇站区间浅层有害气体专项勘察

(一)余杭高铁站—许村镇站区间浅层有害气体专项勘察经过

2018 年 6 月 19 日,在杭海城际铁路工程余杭高铁站—许村镇站区间左线盾构推进至 106 环时,发现洞内气体异常,查看盾构机自带气体检测仪发现甲烷含量为 6%。结合该区间详勘地层资料和现场实际情况初步判断该区间存在有下浅层有害气体。浅层有害气体的存在,势必对工程建设造成安全隐患。余杭高铁站—许村镇站区间,设计起点里程为右 DK0+394.50,终点里程为右 DK6+758.256。其中地下区间里程为右 DK0+394.50~DK4+122.056,高架区间里程为右 DK4+122.056~右 DK6+758.256。

通过现场勘探查明余杭高铁站—许村镇站区间(右 DK1+800.0~右 DK3+520.0)范围两侧是否存在浅层有害气体,若存在则再通过现场测试的方法,查明该范围内浅层有害气体的成分、顶底板埋深、压力和流量大小、分布范围,为区间隧道下一阶段的设计施工提供浅层有害气体的状态参数,并对浅层有害气体影响盾构施工的区段提供有控放气及其他安全施工措施指导性技术方案。

余杭高铁站—许村镇站区间浅层有害气体专项勘察于 2018 年 8 月 6 日进场,至 2018 年 10 月 7 日结束外业工作,在持续的高温天气下,共完成浅层有害气体勘探孔 99 个,累计勘探进尺 3 610.8 m。

余杭高铁站—许村镇站区间有害气体专项勘察的勘探孔布置参照杭州地区已完成的杭州地铁 1 号线工程浅层有害气体勘察经验、相近的规范和标准、项目公司要求及招投标文件。

浅层有害气体勘探孔尽可能靠近原有纵断面上,与原勘探孔孔位错开,在隧道外两侧以及隧道净距中部各布置 1 排探气孔(共 3 排),呈梅花形布置,垂直投影间距为 25~30 m。

勘探孔深宜揭穿⑥$_2$层淤泥质粉质黏土进入⑦$_{2-1}$层粉质黏土夹粉土一定深度，或进入隧道结构底板以下15 m，据此确定浅层有害气体勘探孔深度为30～35 m。

（二）余杭高铁站—许村镇站区间浅层有害气体专项勘察结论

（1）浅层有害气体中主要成分是甲烷（CH_4），占90%以上，其次为氮气（N_2）和二氧化碳（CO_2），还有微量的一氧化碳（CO），其他各种烷类缺失。甲烷和空气成适当比例的混合物，遇热源和明火有燃烧爆炸的危险，其爆炸上限为15%（V/V），爆炸下限为5.3%（V/V）。甲烷对人基本无毒，但浓度过高时，使空气中氧含量明显降低，会使人窒息；当空气中甲烷达25%～30%时，可引起头痛、头晕、乏力、注意力不集中、呼吸和心跳加速、共济失调。若不及时脱离，可致窒息死亡；皮肤接触液化本品，可致冻伤。

（2）该区间揭露的地层中④$_1$层淤泥质黏土和⑥$_2$层淤泥质粉质黏土为富含有机质和提供厌氧微生物存在的场所，是良好的生气层；⑤$_2$层粉质黏土、⑤$_3$层黏质粉土和⑦$_{2-1}$层粉质黏土夹粉土中的粉土、粉砂夹层为主要储气层；含气层高低分布不均。

（3）余杭高铁站—许村镇站区间部分区域有地下浅层有害气体分布，浅层有害气体气囊呈鸡窝状分布，实测气压为0.02～0.1 MPa，大部分气囊的气量小、气压低，相邻气囊之间的连通性差。

（4）深度分布上，隧道沿线的含气层高低分布不一，区间隧道沿线浅层有害气体主要位于隧道结构顶板、顶板附近和隧道结构内。

（5）有害气体的危害

① 当浅层气突然大量涌出时，盾构隧道内部由于通风不畅，涌出的浅层气无法迅速稀释，其浓度迅速上升，当达到5%～15%的爆炸极限时，遇到明火，将发生剧烈的爆炸。

② 当泥水压力较高，且上覆土层较薄时，在开挖面上可能会出现泥水压裂地层的现象。压力泥水将沿开裂面涌出地表，在水底施工时，会造成泥水舱内与外界水联通，切削面上的压力难以控制，从而影响切削面的稳定。如果土层中的浅层有害气体气压力、气量较大时，可能沿开裂面溢出，气体的迅速溢出形成渗透破坏而造成土层的大范围扰动，严重影响隧道的安全。

二、余杭高铁站地质专项勘察

（一）初步设计阶段勘察设计概况

杭海城际全线初勘大纲于2016年11月2日评审，初勘外业工作开始于2016年11月8日，结束于2016年12月5日。由于政策原因，勘察单位无法在余杭高铁站场地范围内进行勘探作业，初步勘察报告勘探点平面布置中余杭高铁站布置的4个钻孔无法实施，原定该区域内的现场试验（波速、电阻率、旁压试验、载荷试验）未能实施。初步设计阶段基坑设计采用位于车站东边的两个原杭州地铁1号线临平高铁站勘探孔勘察数据。

（二）施工图设计阶段勘察设计概况

余杭高铁站详勘钻探工作于2017年4月3日进场施工，至2017年4月20日结束外业工作，完成24个钻探孔，部分勘探孔无法实施。2017年7月完成《杭州至海宁城际铁路工程余杭高铁站右DK-0+068.750～右DK0+395.250岩土工程勘察报告（详细勘察阶段）》，本次勘察中有14个钻孔因场地及协调困难原因导致无法施工及方案调整后期增补。2017年10月19日后根据余杭区与海宁市两地政府签订《杭海城际余杭高铁站实施界面划分及投资分割协议》。2017年11月底，勘察单位进场对余杭高铁站前期无法实施的钻孔进行重新布置和补充勘察外业工作，根据补勘成果提供了承压水水头资料及桩基、基坑设计参数，供施工图设计使用。

三、勘察参数分析

初步设计阶段基坑设计采用位于车站东边的两个原地铁1号线勘探孔,初步设计批复后,根据详勘及补勘资料,地质情况与初步设计引用的地质资料差异较大。

地质资料主要差异如下:根据《杭海城际铁路初步勘察报告》中提供的引用钻孔 Z11pgt-09 揭露,场地范围内主要地层自上而下分别为①$_2$素填土、③$_2$粉质黏土、③$_2$黏质粉土、⑤$_4$粉砂、⑦$_2$粉质黏土、⑦$_{2-1}$粉质黏土夹粉土、⑧$_3$粉质黏土夹粉土、⑨$_3$粉细砂、⑨$_4$圆砾。车站主体结构主要位于⑤$_4$粉砂层中。

根据详细勘察揭露,场地范围内主要地层自上而下分别为①$_2$素填土、③$_2$黏质粉土、⑤$_4$粉砂、⑦$_{2-1}$粉质黏土夹粉土、⑦$_{3-1}$粉质黏土夹粉土、⑧$_3$粉质黏土夹粉土、⑨3粉细砂、⑨4圆砾、⑳$_{1-1}$全风化泥质砂岩、⑳$_{1-2}$强风化泥质砂岩。勘探深度范围内存在孔隙微承压水,主要存在同一承压水层的⑨$_3$粉砂、⑨$_4$圆砾土,水头绝对标高-0.467 m,距离地面 6 m。车站主体结构主要位于③$_2$黏质粉土层、⑤$_4$粉砂层中。初勘和详勘地层参数对比见表26-2。

表26-2 初勘和详勘地层参数对比表

地层名称	初勘参数					详勘参数				
	内摩擦角 $\varphi/(°)$	黏聚力 c/kPa	K_0	K_h/(MPa/m)	K_v/(MPa/m)	内摩擦角 $\varphi/(°)$	黏聚力 c/kPa	K_0	K_h/(MPa/m)	K_v/(MPa/m)
①$_2$人工填土				10	10					
②$_2$粉质黏土	18.56	30.40				—	—			
③$_2$黏质粉土	24.26	15.57	0.39	10	12	28.24	10.71	0.78	15	18
⑤$_4$粉砂	29.84	8.09	0.37	15	20	28	0	0.5	25	28
⑦$_2$粉质黏土	20.83	39.86				—	—			
⑦$_{2-1}$粉质黏土夹粉土	20.14	28.26				23.3	11.64			
⑧$_3$粉质黏土夹粉土	19.31	35.77				19.23	35.45			

四、余杭高铁站专项勘察结论及变更处理

初步设计阶段,海宁市、余杭区两地政府就余杭高铁站投资分批、界面划分、余杭区段补偿等相关政策尚未谈定,受政策影响,余杭高铁站勘察工作受阻,车站场地范围内无法开展初勘钻孔工作。因此引用杭州地铁1号线余杭高铁站钻孔资料编制全线初勘报告,并依此开展初步设计。

初步勘察报告提出余杭段部分勘探孔因政策原因,原定区域内的钻孔均无法实施。余杭高铁站既定的4个勘探孔未能实施。初步设计说明提出了本站点存在的问题,地勘报告中本站的钻孔由于现场无法进场作业,钻孔距离站中心较远,下阶段需详细补充。初步设计余杭高铁站图纸中提出,由于周边环境原因,初步设计阶段勘察无法进场勘探,目前的勘探孔距离车站中心约100 m,待后续勘察补充之后调整设计。

经过详勘及补勘工作,发现承压水水头、m 值、K_0 值等设计参数相比初步设计引用参数有较为明显的变化,由此导致基坑围护结构深度增加、主体结构强度加强等设计变更。

根据2022年6月20日《杭州至海宁城际铁路协调对接会专题会议纪要》(2022年第1期)精神,余杭高铁站因无初勘而产生的相关费用由杭海城铁公司承担,指挥部配合出具"因当初余杭区相关工作难以协调,导致无法开展初勘钻孔的说明"。

第二十七章 大型临时设施设计

第一节 设计概况

杭海城际铁路工程正线高架段长约 32.869 km（不含高架车站），桥线比约为 71.0%，另外，还有盐官车辆段西出入线单线高架段 0.98 km、盐官车辆段东入段线单线高架段 0.299 km，框架小桥 1 座 23.9 m，涵洞 2 座 490 横延米。

高架区间标准跨采用 35 m 简支箱梁，30 m 简支箱梁主要用于配跨。简支箱梁采取集中预制，架桥机逐孔架设，全线设置两座大型临时设施梁场。

地下段共 5 个地下区间，区间长（双线延米）共计 9 113.55 km，管片供应量共计 12 369 环，其中 6.7 m 外径管片 11 292 环、6.2 m 外径管片 1 077 环。

正线主要有地下线、高架线两种土建结构形式，全线铺轨包括正线 46.381 双线公里，铺道岔 54 组（60-9 号单开道岔 52 组、5 m 交叉渡线 2 组），配线 2.21 铺轨公里，设置铺轨基地 5 处。

杭海城际区间桥梁的简支箱梁及连续箱梁、垫石采用 C50 混凝土；墩台、墩身采用 C40 混凝土；承台及桩基础采用 C35 混凝土。高架车站主体采用 C40 混凝土，承台、钻孔灌注桩采用 C35 混凝土。全线共设拌和站 4 座。

第二节 制梁场设计

一、梁场场地方案

正线高架区间标准跨采用 35 m 简支箱梁，30 m 简支箱梁主要用于配跨。简支箱梁采取集中预制，架桥机逐孔架设，需要设置大型临时设施梁场。

（一）梁场选址原则

（1）桥群集中地段设置梁场。一般选择在预制梁集中地段的中心附近。

（2）临时工程量小。制梁场的场址应选择在地质条件较好、地基承载能力高且稳定的地方，尽量减少土石方工程和基础加固的工程量，降低工程费用。

（3）征地拆迁量少。制梁场的选址在满足制梁工期和存梁的前提下，少占用耕地，减少拆迁量。

（4）梁场设置应考虑拟供应范围内控制工程的情况。如工期、净空高度、宽度等，梁场供梁范围内应无箱梁运输过程中不能通过的构造物。

（5）应尽量利用永久工程的基本设施，减少临时工程费用。如考虑是否可以利用永久工程中新建车站的货场、站坪等。

(6) 交通便利。尽量与已有公路或施工道路相连，利于大型设备和大量材料的运输。

(7) 施工条件优越。场地附近当地物料料源丰富、稳定、运距短，充分的水源和可靠的电源，电信通信顺畅、无盲区。

(8) 考虑防洪排涝、确保雨季施工安全。梁场应避免设置在滑坡体以及山洪影响的地带。

(9) 供应半径双线不大于 20 km，并满足总工期要求。

(10) 岔线平面布置应满足运梁列车进出方便、对既有运营线路干扰小的要求。

（二）梁场场地调查及布置

因线路下穿沪杭客专，将高架段桥分为两个特大桥，且两个特大桥间架桥机无法通过，综合工期及梁场选址原则，杭海城际铁路项目共投建两处桥梁预（存）制场地，分别为海宁制梁场和盐官制梁场。

海宁制梁场设于海宁西高铁站西侧，中心里程为右 DK11+000，承担右 DK04+122～右 DK12+264 范围内 211 片简支箱梁的预制架设，其中 30 m 箱梁 52 片、33 m 箱梁 1 片、35 m 箱梁 158 片。根据大、小里程侧箱梁的数量及沿线节点桥梁的布置，先往大里程方向架设，架设 24 片后至终点，架桥机返回至梁场位置，再往小里程方向架设，需架设 187 片，架梁区段线路最长约 8 km。根据总工期的要求，海宁制梁场 2017 年 6 月 1 日开始进场，2018 年 12 月 20 日完成区间施工，推算梁场的月生产能力应在 22 片才能满足总工期要求。制梁场布置制梁台座 6 个，存梁台座 45 个，最大存梁能力为 96 片（含 6 个制梁台座存梁，双层存梁），占地 83.7 亩。

盐官制梁场设于盐官车辆基础附近，中心里程为右 DK29+000，承担右 DK14+031～右 DK39+394 范围内 600 片简支箱梁的预制架设，其中 25 m 箱梁 5 片、30 m 箱梁 137 片、35 m 箱梁 458 片。根据大、小里程侧箱梁的数量及沿线节点桥梁的布置，以及小里程侧 120 m 节点桥梁的施工影响，先从梁场位置开始往大里程方向架设，合计 248 片。架设至终点后，架桥机返回至梁场位置，从梁场位置往小里程方向架设，合计 352 片，架梁区段线路最长约 15 km。根据总工期的要求，推算出梁场月生产能力需在 45 片左右才能满足总工期要求，因此制梁场布置制梁台座 12 个，存梁台座 86 个，最大存梁能力为 184 片（含 12 个存梁台座，双层存梁），占地 182.4 亩。

二、梁场建设

海宁制梁场选址于海宁西站附近，施工区域范围内多为荒地，梁场建设前需对场地进行平整，对施工区域内的河道、池塘等进行开挖换填。根据工程筹划要求，2017 年 6 月 1 日开始进场，2018 年 12 月 20 日完成区间施工。制梁场布置制梁台座 6 个，存梁台座 45 个，最大存梁能力为 96 片（含 6 个制梁台座存梁，双层存梁），占地 83.7 亩。

盐官制梁场选址于盐官镇郭店村编组站小里程侧，中心里程为 DK29+000。根据总工期的要求，推算出梁场月生产能力需在 45 片左右才能满足总工期要求，因此制梁场布置制梁台座 12 个，存梁台座 86 个，最大存梁能力为 184 片（含 12 个存梁台座，双层存梁），占地 182.4 亩。

梁场内设置干道、材料存放及钢筋集中加工场、制梁区、存梁区、轮胎式搬梁机走行通道、运梁通道、架桥机拼装及掉头区。

三、箱梁预制

在制梁台座上铺设底模，两侧安装侧模，在钢筋绑扎胎模上整体绑扎钢筋，通过龙门吊机整体抬吊钢筋入模，安装内模及端模后综合质量验收，合格后进行混凝土浇筑、养生，混凝土强度达到设计要求后分批次进行梁体预张拉和初张拉，完成预初张拉的箱梁通过轮胎式搬运机将梁体搬运至存梁台座继续养生,待梁体混凝土强度、弹模、龄期达到设计要求后完成终张拉、压浆以及后续的封锚和防水工作形成成品梁入库。预制梁施工工艺流程图如图 27-1 所示。

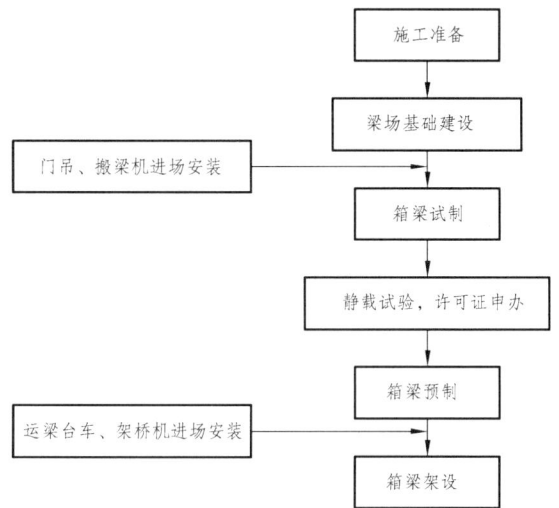

图 27-1 预制梁施工工艺流程

箱梁在预制场制造形成成品梁后架设前通过梁场内的搬运机搬运箱梁至场内运梁车上,由场内运梁车输送箱梁至桥址处的提梁区,通过龙门吊机提梁上桥放置在桥上的运梁车上,由桥上运梁车运送箱梁至待架孔位的架桥机处,采用 800 t 上导梁架桥机通过喂梁、起梁、落梁、过孔等工序完成箱梁架设工作。

四、箱梁架设

箱梁采用两台 450 t 跨墩龙门吊机组成的提升站提梁至桥面运梁台车上,桥面运梁台车在已施工桥面上驮运箱梁,至架桥机处通过上导梁式架桥机逐孔完成架梁工作。

海宁制梁场中心里程为右 DK11+000,位于架设区段线路 1/10 的位置,架梁区段线路最长约 8 km。小里程方向预制梁合计 187 片,大里程方向预制梁合计 24 片。根据大小里程侧箱梁的数量及沿线节点桥梁的布置,先往大里程方向架设,架设 24 片后至终点,架桥机返回至梁场位置,再往小里程方向架设,需架设 187 片。

盐官制梁场中心里程为右 DK29+000,位于架设区段线路 2/5 的位置,架梁区段线路最长约 15 km。根据大小里程侧箱梁的数量及沿线节点桥梁的布置,以及小里程侧 120 m 节点桥梁的施工影响,先从梁场位置开始往大里程方向架设,合计 248 片。架设至终点后,架桥机返回至梁场位置,从梁场位置往小里程方向架设,合计 352 片。

高架区间节点桥采用悬灌或支架浇筑的方式施工,而桥梁预制架梁最长需要时间约 15 个月,因此,节点桥必须按工筹时间安排开工,避免由于拖延导致预制梁无法架设,从而影响整个工期。

第三节 管片预制厂设计

一、管片预制厂概况

杭海城际铁路工程地下段共 5 个地下区间,区间长(双线延米)共计 9 113.55 km,管片供应量共计12 369环,其中6.7 m外径管片11 292环、6.2 m外径管片1 077环。主要工程内容详见表27-1。

表27-1 管片预制厂主要工程内容表

序号	区间名称	区间长/双线延米	管片外径/环宽/壁厚	环数
1	余杭高铁站—许村镇站	3 117	6.7 m/1.5 m/350 mm	4 156
2	海宁高铁站—长安镇站	646	6.2 m/1.2 m/350 mm	1 077
3	斜桥镇站—皮革城站	967	6.7 m/1.5 m/350 mm	1 289
4	皮革城站—海昌路站	2 156	6.7 m/1.5 m/350 mm	2 875
5	海昌路站—浙大国际学院站	2 228	6.7 m/1.5 m/350 mm	2 972
	合计	9 114		12 369

鉴于杭海城际铁路工程采用内径6 m、外径6.7 m盾构管片,且工程量较大,海宁及周边城市地下工程未使用此类型管片,无现成的管片预制厂及模具,异地购买存在运距长、成本高、供应不及时、管片质量管控难度大等问题,管片供应制约盾构连续施工,危及工程安全,影响工程的顺利实施。综上所述,管片预制厂建立是非常有必要的,且十分迫切。

管片预制厂选址需综合考虑周边环境、运距、存储场地、原材料的运输等因素,经充分研判,管片预制厂选址位于海宁市长安镇G60和辛陆路交会处,北靠京杭运河,东邻辛陆路,如图27-2所示。管片预制厂地点位于杭海城际铁路项目全线(西侧)1/3位置。能较好地辐射该项目的整体施工区域,具备良好的运输经济性。同时,预制厂基地附近配置有水运码头,紧邻沪杭高速公路,水运陆路都比较便利。

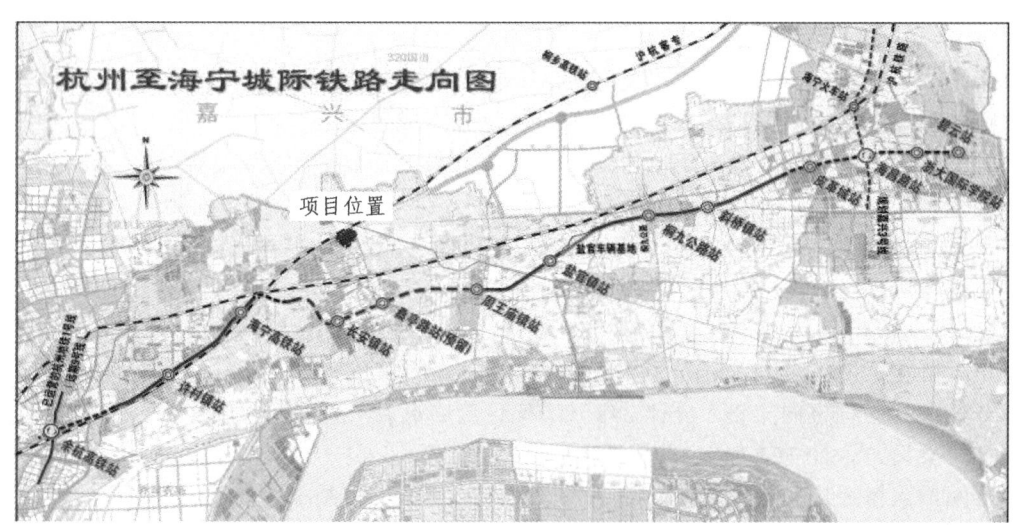

图27-2 管片预制厂位置示意

二、工程特点

杭海城际铁路项目管片生产供应具有运输便利、供应点集中、环保要求严格等特点。

(一)管片运输便利

管片预制厂地点位于杭海城际铁路项目全线(西侧)1/3位置,能较好地辐射该项目的整体施工区域，具备良好的运输经济性。同时，预制厂基地附近配置有水运码头，紧邻沪杭高速公路，水运陆路都比较便利。

（二）管片供应点集中

管片供应点主要集中在余杭高铁站、许村高铁站、长安镇高铁站、皮革城高铁站和海昌路高铁站五个位置，能更有效地对项目管片供应进行管理。

（三）环保要求严格

项目管片预制厂位于海宁市水源二级保护区范围，对于生产废水和场地雨水排放要求严格。对噪声控制、文明生产、环境保护等要求高，须保证生产作业期间与海宁市长安镇相关部门进行协调，树立良好的文明、环保生产形象。

三、厂区平面布置

管片预制厂占地约 48 亩，设置五大功能区域：生活办公区、生产车间区、水养及试验区、搅拌站与砂石料区、管片存放区。

（一）生活办公区布置

生活办公区按照 160 人设计，配置办公室 12 间，宿舍 56 间，同时配套食堂、浴室、活动室、阅览室、职工夜校等各项设施。

（二）生产车间区布置

管片生产车间为长 160 m，宽 48 m，高 13.5 m，分为 2 跨，每跨宽 24 m 的轻型钢结构厂房，主要分为 2 个区域，南侧作为钢筋加工区，北侧作为流水生产区。

（三）水养池区布置

规划管片水养池 7 个，单层养护，单个 30 m×20 m，面积共约 4 200 m²，池深为 1.8 m、埋深 1.5 m，池间通过 300 mm 钢筋混凝土墙隔开。池内设有垫梁，完全能满足生产需求。

（四）管片存放区布置

管片存放区暂定分为 3 个区域，占地约 8 000 m²，可存放 3 000 环管片。其中 1#堆场面积 4 235 m²、2#堆场面积 1 980 m² 按借地方案暂定，3#堆场面积 1 800 m² 已位于预制厂内。

（五）拌和站、料仓区布置

管片混凝土供应采用一套 120 拌和站供应。管片预制场设置粗细骨料料仓共六个，单个面积为 20 m×16 m。原材料仓搭建彩钢雨棚。由专业厂家设计安装。顶面及三面用彩钢围护。

第四节　铺轨基地设计

杭州至海宁城际铁路工程正线主要有地下线、高架线两种土建结构形式，全线铺轨包括正线 46.381 双线公里，铺道岔 54 组（60-9 号单开道岔 52 组、5 m 交叉渡线 2 组），配线 2.21 铺轨公里，共设置铺轨基地 5 处。

一、铺轨基地分类、设置原则及要求

(一) 铺轨基地分类

铺轨基地一般分为车辆段用铺轨基地、正线用铺轨基地、焊轨基地。

无缝线路焊轨施工一般采用现场移动式闪光接触焊直接焊接,技术成熟,国内低速轨道交通一般未再单独设置焊轨基地。

(二) 铺轨基地设置原则

1. 车辆段用铺轨基地

铺轨基地可直接紧靠车辆段旁边空地,就地铺设车辆段轨道,面积约 3 000~5 000 m^2。

2. 正线用铺轨基地

正线用铺轨基地一般沿线路走向按 10~14 双线公里设置一处铺轨基地,主要负责正线及其配线整体道床施工,重点要保证地下线施工铺轨基地的设置,当铺轨工期紧张或受到其他不确定因素影响时,高架线铺轨工程必要时可采用散铺架轨法展开多个工作面进行铺轨作业,以增加铺轨工作面。

正线用铺轨基地及轨排井下料口土建预留接口一般要求如下:

(1) 有条件时可在出入段线旁地面(优选地面)或隧道敞开段旁设铺轨基地,负责出入段线及部分地下正线铺轨。若选在隧道敞开段,土建应负责对敞开段两侧结构进行加固设计。铺轨基地与线路平行方向长度不少于 100~150 m,宽度不少于 30 m,总面积约 3 000~5 000 m^2。

(2) 高架线有条件可在紧靠桥一侧空旷地带,搭建高架线用铺轨基地,也可跨桥两侧空旷地带设铺轨基地。铺轨基地与桥平行长度不少于 150 m,宽度不少于 30 m,周边交通方便或可接入临时施工便道。

(3) 地下线:可利用车站端部土建或盾构施工场地完工后,交轨道作为正线铺轨基地,并应在左、右正线正上方分别预留轨排井下料口。铺轨基地位置选择要求:隧道埋深浅、纵坡小、平面直线或大半径地段,交通方便,不影响 25 m 钢轨运输,土建前期施工与地方交管部门达成的交通导改或疏解条件,铺轨时可以继续协调利用。

(4) 单线轨排井下料口尺寸:长 28~30 m(25 m 轨排下井+3~5 m 安全富余量),宽度一般 5 m,若为明挖段,下料口宽度可与隧道等宽。一般左、右线应分别留轨排井下料口,即双口,以满足双线四个工作面双向同时施工要求。轨排井口待铺完轨后再行封堵。铺轨基地地面应开阔,要求净高 15 m;每处地面面积:3 000~8 000 m^2;与线路平行方向长度 100~200 m(沿线路方向)、宽 30~80 m。

需设铺轨基地土建工点,按铺轨基地面积及轨排井下料口尺寸及荷载加固要求,进行接口预留设计,并保证铺轨时结构牢固安全。

二、铺轨基地设置方案及优化

初步设计阶段:结合工程总筹划铺轨工期统一安排,杭海城际铁路工程正线需设置四处铺轨基地,分别设在 CK12+350(结合 U 形槽敞开段设置)、CK19+500(高架段)、CK31+000(高架段)、CK39+400(高架终点 U 形槽敞开段),车辆段内设 5 处铺轨基地,主要用于车辆段铺轨。轨道施工分为一般整体道床、道岔和浮置板道床铺设、无缝线路长钢轨焊接等。

施工图设计阶段,结合铺轨标段初步划分及地下线铺轨难以下料的特点,对铺轨基地设置方案进行优化,考虑到线路末端 U 形槽敞开段至线路终点有 7 双线公里地下线铺轨施工,结合线路终点浙大国际学院站双折返线道岔较多的特点，后期铺轨可能压力较大，增加浙大国际学院站双折返线配线正上方轨排下料口（长28 m、宽8.5 m）设置，作为备用铺轨基地。备用铺轨基地周边路网发达，交通疏解方便，施工时该备用铺轨基地得到了较好的利用。

DK39+400（高架终点U形槽敞开段）铺轨基地位于硖许公路正中央，如图27-3所示。由土建设计结合土建施工及铺轨基地设置的需要，施工图设计及时优化稳定了铺轨基地围挡与道路交通疏解关系，关系如图27-4所示。

图27-3　DK39+400——高架终点U形槽敞开段铺轨基地

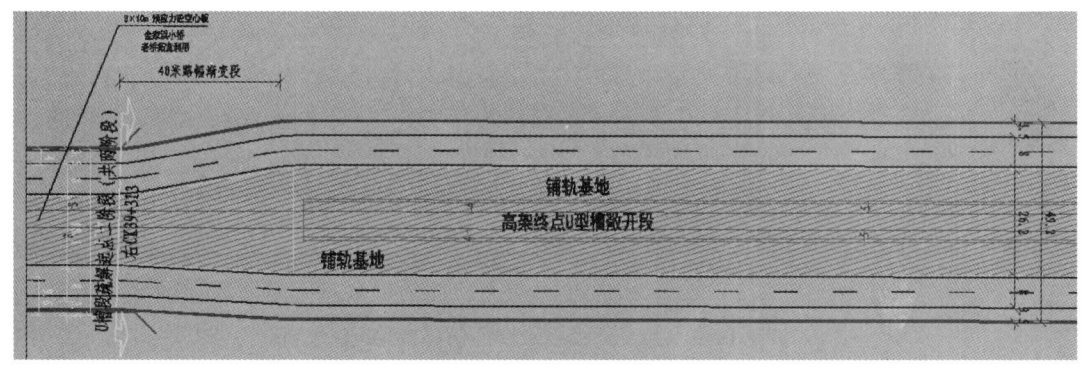

图27-4　DK39+400——高架终点U形槽敞开段铺轨基地布置与交通疏解关系

施工阶段，结合杭海城际铁路正线铺轨标段的划分，DK0+000～DK17+077.99为正线铺轨1标施工范围，包含起点地下段4.173双线公里，及中间地下段1.777双线公里，其余均为高架段铺轨，保留一处铺轨接地，铺轨基地由DK12+350（U形槽敞开段起点）移至DK12+660（U形槽敞开段终点洞口）结合隧道顶部土建施工留下的较大场地设置铺轨基地，以充分利用前期土建施工已有的接水接电条件进行协调移交，如图27-5所示。该铺轨基地靠近人民大道，交通方便、场地开阔，有利于铺轨轨料运输、存放和铺轨施工组织。

图 27-5　DK12+660——U 形槽敞开段洞口正上方铺轨基地

正线铺轨 2 标施工范围为 DK17+077.99～DK35+874.49，均为高架段铺轨，高架段铺轨组织相对灵活，工期压力一般较小，土建施工即使存在非贯通断点，高架段铺轨也可以跳跃单独散铺，结合铺轨施工可以较好利用已施工的桥下空间进行围挡堆放铺轨材料。铺轨基地优化为一处设置在东出入段线与正线衔接处 DK30+270（高架段）地面设置，如图 27-6 所示。线路左侧紧邻硖许公路，钢轨等材料运输方便。占地面积 3 500 m²。

图 27-6　DK30+270——高架段铺轨基地

第五节　混凝土拌和站设计

杭海城际区间桥梁的简支箱梁及连续箱梁、垫石采用 C50 混凝土；墩台、墩身采用 C40 混凝土；承台及桩基础采用 C35 混凝土。高架车站主体采用 C40 混凝土，承台、钻孔灌注桩采用 C35 混凝土。

桥梁和高架车站的设计使用年限 100 年，耐久性年限 100 年，均是预应力混凝土结构。混凝土的配合比执行《铁路混凝土结构耐久性设计规范》（TB 10005—2010）。具体要求是混凝土氯离子总量（包括水泥、矿物掺和料、粗骨料、细骨料、水、外加剂等所含的氯离子含量之和）不应超过胶凝材料总量的 0.06%，不得使用含有氯化物的防冻剂和其他外加剂，每方混凝土的含碱量不得大于 3.0 kg，混凝土的三氯化硫含量不应超过胶凝材料总量的 4.0%。

对胶凝材料用量的要求为：

C50 混凝土的最大水胶比为 0.36，最小胶凝材料用量为 360 kg/m³，最大用量为 480 kg/m³；

C40 混凝土的最大水胶比为 0.45，最小胶凝材料用量为 320 kg/m³，最大用量为 450 kg/m³；

C35 混凝土的最大水胶比为 0.50，最小胶凝材料用量为 300 kg/m³，最大用量为 400 kg/m³。

通过对浙江嘉兴地区市场上的商品混凝土进行调研，该区现有商品混凝土搅拌站的产品性能无法满足上述要求，而且供货能力与工程需求相差较大，近期也无法通过技术改造或者满足工程建设需要。鉴于杭海城际铁路施工工期紧，高性能混凝土用量大，当地市场商品混凝土无法保障质量及施工进度的需要，急需自建混凝土搅拌站，专门生产用于杭海城际工程的混凝土。

为了满足该工程建设需要，根据工程特点及结合现场的实际情况，配备 HZS120 型混凝土拌和站 3 套，通过建设物联网信息化混凝土拌和站来控制工程建设中所使用的混凝土生产、质量。

自建混凝土搅拌站应按高规格、高标准进行建设。生产的混凝土技术及配合比应严格按《铁路混凝土》（TB/T 3275—2011）的相关要求进行，并报质量监督部门审查认可。

自建混凝土拌和站，极好地保障了杭海城际建设对高性能混凝土的需求，确保了按时按需供货。通过建设过程中混凝土试块等各项检测试验，证明了自伴混凝土质量可靠，各项性能优良，满足标准规范要求。此外，通过对造价进行综合对比分析，自建混凝土拌和站有效降低了建设成本。

第六节　本章小结

一、梁场建设优化

制、存梁台座在承受外部荷载时，要求其基底不能产生 2 mm 的工后沉降。而梁场位于杭嘉湖冲积平原河网化地区，区内广布滨海相沉积的淤泥、淤泥质黏性土及黏性土等软土层，层厚 0.5~17.9 m，分布连续性较差，土质均匀性较差，层厚变化较大。软土层具有强度低、压缩性高，低渗透性等特点，为确保预制箱梁的施工质量，制、存梁台座设计合理选用了 AB 型 ϕ500 mmPHC 预应力管桩，PHC 管桩较钻孔灌注桩节省造价，较高压旋喷桩或水泥搅拌桩保证了质量，在梁场实践过程中得到充分的验证。

二、设计优化

海宁制梁场预制梁长度有 35 m，33 m，30 m 三种类型，盐官制梁场有 35 m、30 m、28 m、25 m 四种类型，为尽量减少制、存梁台座，设计优化将 35 m 与 33 m，35 m 与 25 m，30 m 与 28 m 合并为一个制、存梁台座，以节省工程费用。

三、拌和站建设

杭海城际铁路属于城际轨道交通项目，对结构构件混凝土外观色差要求高，绝不允许不同原材产地、不同原材厂家、不同检验批次、不同配合比、不同性能的混凝土混合使用。全线预制箱梁数量大，混凝土方量多；混凝土强度等级、坍落度、扩展度、含气量、耐久性等指标要求高；最大单片箱梁混凝土为 233.5 m³，且梁体混凝土须 6 h 内连续浇筑完成。综上所述，由于全线混凝土用量大、指标高，故需设置拌和站，采用专业混凝土配比，单标号混凝土生产，使混凝土生产能力受控、运输距离短，受交通状况影响因素小，性能稳定、能连续供应，有利于统一调度，从根本上保证梁体质量和工期要求。

第二十八章 线路及行车设计

第一节 设计概况

一、设计范围

杭海城际铁路工程线路长约 46.381 km，设站 13 座（含 1 座预留站），其中地下站 4 座，高架站 9 座（含 1 座预留站），设车辆综合基地 1 座。正线设计范围如下：

线路右线里程范围：右 DK0+000.000～右 DK46+319.280，线路长 46.381 km（含断链）；
线路左线里程范围：左 DK0+000.000～左 DK46+319.280，线路长 46.408 km（含断链）。

二、线路走向

杭海城际铁路工程起于杭州余杭高铁站，与杭州地铁 1 号线（远期 9 号线）换乘，沿规划文正街进入海宁境内，主要经由规划连杭路→人民大道→海宁高铁站→下穿沪杭高铁、沪杭高速公路→青年路→学院路→长安镇→周王庙镇→上跨南排河→跨观潮大道→硖许公路→海州西路进入海宁市主城区，经中国皮革城后沿海州东路终于 08 省道处的碧云站，其中浙大国际学院站（不含）至碧云站暂缓实施，此次实施终点站为浙大国际学院站，预留延伸条件。线路走向如图 28-1 所示。

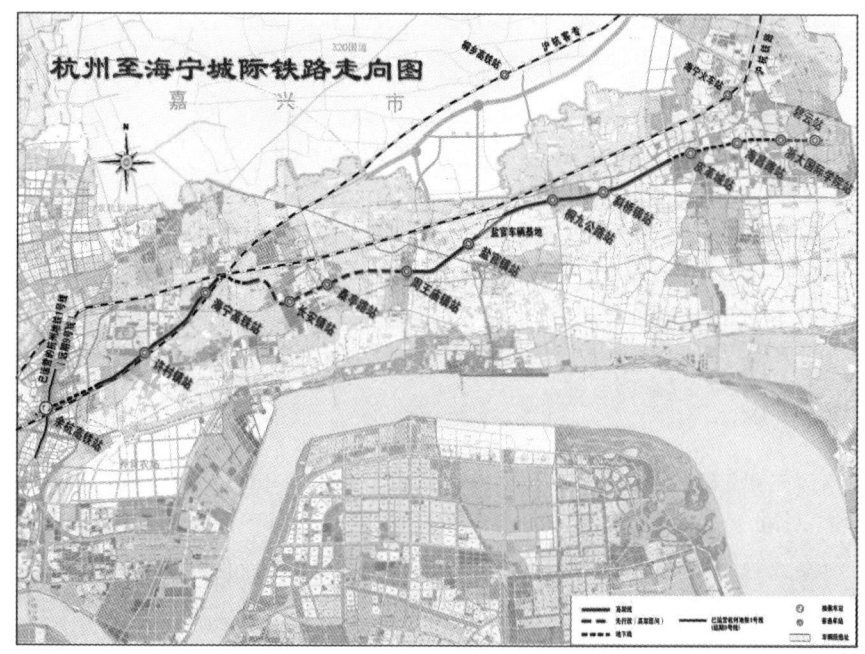

图 28-1 线路走向

三、车站分布

杭海城际铁路工程线路全长 46.38 km，其中地下线 11.537 km，高架线 33.416 km，过渡段长 1.428 km（含 U 形槽段），设站 13 座（含 1 座预留站），平均站间距 3.81 km。设越行站 2 座，分别为周王庙镇站、斜桥镇站。

车站分布和站间距离见表 28-1。

表 28-1　杭州至海宁城际铁路工程车站分布和站间距表

序号	车站名称	中心里程	站间距/m	车站型式	备注
1	起点	DK0+000			
			363.57		
2	余杭高铁站	DK0+363.570		地下三层岛式	与沪杭高铁余杭站、杭州1号线换乘，小里程端设双折返线
			6 488.75		
3	许村镇站	DK6+852.042		高架三层侧式	小里程端设单渡线
			4 718.7		
4	海宁高铁站	DK11+570.742		高架三层侧式	小里程端设单渡线，站后设双停车线
			5 611.23		
5	长安镇站	DK17+120.790		高架三层侧式	大里程端设单渡线
			2 275.75		
6	桑亭路站	DK19+396.540		高架三层侧式	
			4 494.75		
7	周王庙镇站	DK23+891.290		高架三层侧式	设两侧越行线，大里程端设单渡线
			783.85		
8	周王庙镇东站（预留）	DK24+675.140		高架三层侧式	预留条件
			3 189.55		
9	盐官镇站	DK27+864.690		高架二层侧式	接车辆基地
			5 145.9		
10	桐九公路站	DK33+010.590		高架三层侧式	
			2 906.7		
11	斜桥镇站	DK35+917.290		高架三层侧式	设两侧越行线，大里程端设单渡线
			4 977.6		
12	皮革城站	DK40+894.890		地下二层岛式	大里程端设单渡线
			2 716.61		
13	海昌路站	DK43+611.500		地下二层岛式	
			2 362.21		
14	浙大国际学院站	DK45+973.710		地下二层岛式	大里程端设双折返线兼停车线
15	终点	DK46+319.280			

第二节　线路主要技术标准

一、线路平面

（1）正线数目：双线；
（2）轨距：1 435 mm；
（3）设计最高行车速度：120 km/h；
（4）最小曲线半径：
① 区间正线：一般 800 m，困难条件下 700 m，限速地段不低于 450 m；
② 配线：一般 200 m，困难条件下 150 m；
③ 车场线：150 m；
④ 车站：不宜小于 1 500 m（设站台门）；
（5）圆曲线和夹直线最小长度：一般 80 m，困难 40 m。圆曲线位于车站两端加、减速地段及限速地段一般条件下不小于 $0.6v$，困难条件下不小于 $0.3v$ [v 为列车通过圆曲线或夹直线的运行速度（km/h）]，特别困难条件下不得小于一个车辆的全轴距；
（6）道岔应设在直线地段，道岔基本轨端部至曲线端部的距离不宜小于 5 m；道岔宜靠近车站设置，但道岔基本轨端部至车站站台计算长度端部的距离不小于 5 m，并应满足设置信号机的要求；
（7）折返线、停车线宜设在直线上，困难情况下，除道岔区外，可设在曲线上，并可不设缓和曲线，超高应为 0~15 mm，但在车挡前宜保持不少于 20 m 的直线段。

二、线路纵断面

（1）区间正线：最大坡度宜采用 30‰；
（2）联络线、出入线：最大坡度宜采用 35‰（均不考虑各种坡度折减值）；
（3）车站：地面和高架站坡度宜采用平坡，困难条件下可设在不大于 3‰ 的坡道上，地下车站站台计算长度段线路坡度宜采用 2‰；
（4）道岔宜设在不大于 5‰ 的坡道上，在困难地段应采用无砟道床，尖轨后端为固定接头的道岔，可设在不大于 10‰ 的坡道上；
（5）竖曲线
① 相邻坡段的坡度差大于或等于 2‰ 时，应以圆曲线型竖曲线连接；
② 竖曲线半径一般为 10 000 m，困难情况下 5 000 m；车站端部 5 000 m；配线为 3 000 m；
③ 车站站台计算长度范围、道岔范围内不应设置竖曲线，竖曲线离开道岔端部的距离不应小于 5 m；
④ 碎石道床线路竖曲线不得与平面缓和曲线重叠；
⑤ 相邻竖曲线间夹直线长度不宜小于 50 m。

三、钢轨与道岔

（1）钢轨型号：正线、试车线及配线均采用 60 kg/m 钢轨，车场线采用 50 kg/m 钢轨。
（2）道岔：正线及配线采用 9 号单开道岔（60 kg/m 钢轨），车场线采用 7 号道岔（50 kg/m 钢轨），试车线上的道岔标准与正线相同。

第三节　线路平面设计

一、重要方案概述

（一）下穿高铁段方案比选

1. 总体情况说明

线路出海宁高铁站后，向东沿人民大道—青年路进入长安镇，杭海城际铁路线与既有沪杭高速铁路、沪杭高速公路等存在立体交叉关系。交叉段附近分布有既有沪杭高速铁路、沪杭铁路、沪杭高速公路、人民大道-青年路、沈士大道、500 kV 高压走廊、农科院杨渡基地、燃气管、给水管、电力管、污水管等控制因素，需对该段线路方案进行详细的比选。杭海城际穿越沪杭高铁和沪杭高速公路示意如图 28-2 所示。

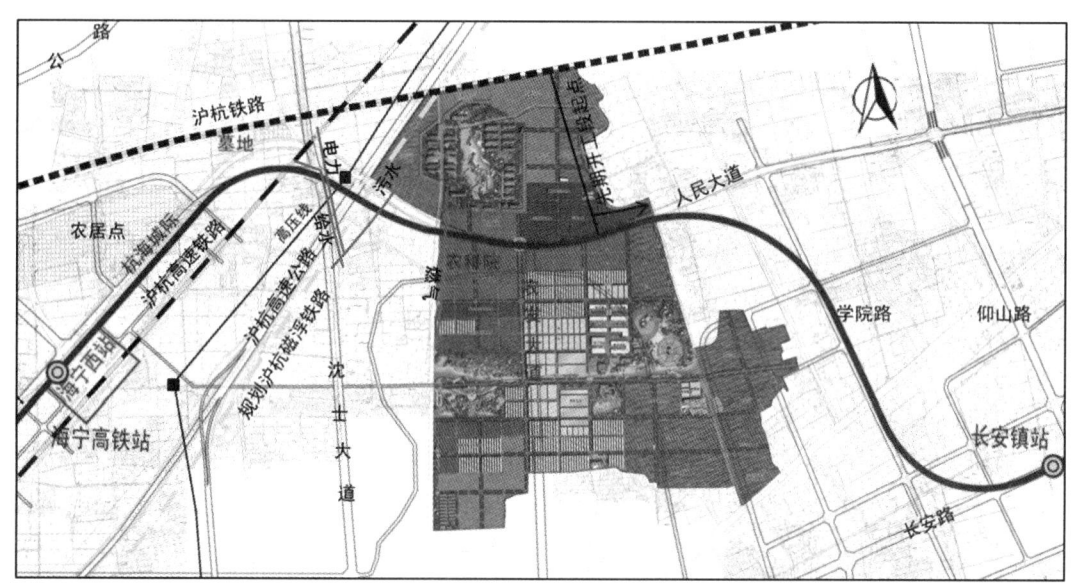

图 28-2　杭海城际穿越沪杭高铁和沪杭高速公路示意

2. 控制性因素分析

（1）沪杭高速铁路：连接上海与杭州，是中国"四纵四横"客运专线网络中沪昆客运专线的一个组成部分，最高设计时速为 350 km/h。

（2）沪杭高速公路：为沪昆高速一部分，公路设计宽 26 m，双向 4 车道，车速 120 km/h。

（3）沪杭铁路：铁路全线都是复线并于 2008 年开始实施电气化改造。目前已经与浙赣铁路、湘黔铁路和贵昆铁路合并为一条铁路，称为沪昆铁路，是中国中南部地区的一条东西向铁路干线。最高设计时速 160～200 km/h。沪杭高速铁路和沪杭高速公路如图 28-3 所示。

（4）人民大道—青年路：是通往海宁高铁西站的一条重要公路，道路红线宽 50 m。

（5）沈士大道：是沈士镇的一条南北向公路，与人民大道、沪杭高铁立交，采用箱涵型式位于最下侧，道路红线宽 40 m。沈士大道现状如图 28-4 所示。

（6）500 kV 高压线路：高压铁塔位于青年路与沪杭高速公路立交口东侧，紧邻道路，高压线路距离地面较高，可满足净空要求。

（7）沿线其他控制性因素：目前线路附近有部分民房、墓地、给水管、污水管、燃气管等，需考虑适当避开，同时下穿高速公路后进入农科院规划地块，需考虑减少对农科院地块的影响。

图 28-3　沪杭高速铁路和沪杭高速公路

图 28-4　沈士大道现状

3. 线路方案研究

根据与上海铁路局对接意见、同济大学初步评估成果，综合考虑对既有已运营沪杭高铁的影响、对既有道路的影响、工程实施难度、工程造价等因素，主要深化研究了三种方案，即沿道路南侧U形槽下穿方案和沿道路南侧隧道下穿方案、沿道路北侧隧道下穿方案。杭海城际穿越沪杭高铁线路比选方案示意如图 28-5 所示。

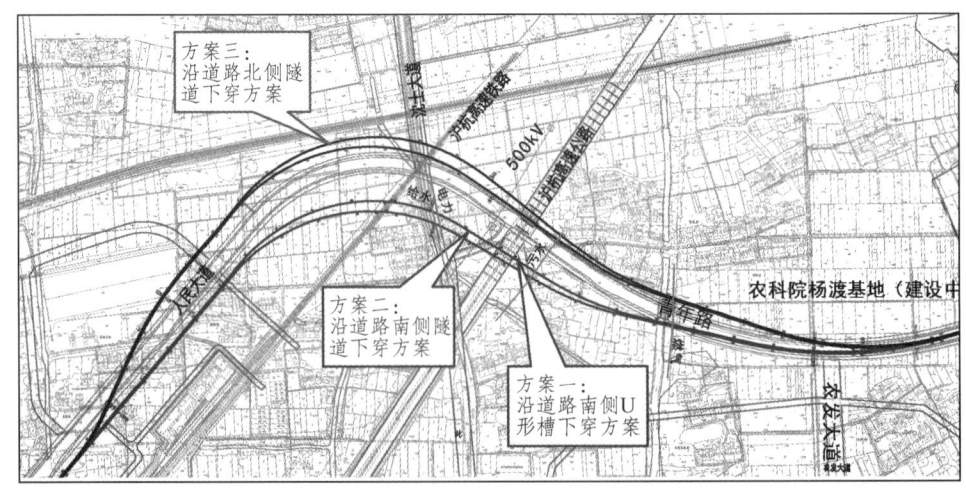

图 28-5　杭海城际穿越沪杭高铁线路比选方案示意

（1）方案一：沿道路南侧U形槽下穿方案。

线路出海宁高铁站后沿人民大道南侧继续前行至沪杭高铁处，左右线拉开距离分别从沪杭高铁和沪杭高速两跨下穿越，穿越沪杭高铁处最低梁底标高为9.63 m，地面标高为4.8 m，穿越沪杭高速公路处最低梁底标高为8.2 m，而地面标高为4.27 m，为了保证线路下穿净空要求，轨面至梁底按5.8 m控制，该线需局部相对既有地面降低穿越段的轨面标高，下挖部分地面约4 m，以U形槽形式下穿沪杭高铁，同时以框架桥梁形式上跨沈士大道，然后继续以U形槽形式下穿沪杭高速公路，之后线路随即以28‰的坡度出地面至高架并转入青年路路中走行。

根据已收集到的沪杭高铁桥梁桩基资料和沪杭高速公路桩位资料，该方案左右线分别从高铁桥墩和高速公路桥梁两跨中穿过，右线采用$R=475$ m的半径、左线采用$R=460$ m的小半径曲线，线路中心线距离沪杭高铁桥墩承台最近距离为8.55 m、距离沪杭高速公路桥墩承台最近距离为8.66 m，均满足行车安全要求。

该方案对人民大道和青年路影响较小，工程投资较少；但由于道路通行的净空要求，此方案需改造沈士大道，将此段的道路U形槽改为局部暗埋隧道，需迁改500 kV高压线路、给水管、污水管、电力管、燃气管等，另外该方案将会阻断沈士大道和人民大道的规划连接道路。

（2）方案二：沿道路南侧隧道下穿方案。

线路出海宁高铁站后沿人民大道南侧继续前行，并逐渐转入地下，至沪杭高铁处，左右线拉开距离分别从沪杭高铁和沪杭高速公路两跨下穿越，为减少对高速铁路和高速公路的影响，该方案下穿段采用盾构法施工，同时加大隧道埋深下穿沈士大道，之后线路转入青年路路中后由地下出地面转为高架。

根据已收集到的沪杭高铁桥梁桩基资料和沪杭高速公路桩位资料，该方案左右线分别从高铁桥墩和高速公路桥墩两跨之间穿过，右线采用$R=475$ m的半径、左线采用$R=460$ m的小半径曲线，线路中心线距离沪杭高铁桥墩桩基最近距离约为8.55 m、距离沪杭高速公路桥墩基础最近距离约为8.66 m，均满足盾构施工安全要求。

该方案采用双线双洞盾构下穿沪杭高铁和沪杭高速，对既有高铁、高速公路、人民大道及沈士大道的影响较小，在青年路路中设置U形槽后转为高架走行，对周边地块影响较小；但U形槽设置于路中，需拓宽青年路路幅，且增加地下线长度约1.5 km（含U形槽），工程投资较大。

（3）方案三：沿道路北侧隧道方案。

线路出海宁高铁站后向东转入人民大道北侧继续前行，至沪杭高铁处，于既有青年路的北侧，左右线采用盾构分别从沪杭高铁和沪杭高速公路两桥跨下穿越。经研究，该方案在下穿高铁处曲线半径较上述方案无改善，且线路长度增长约53 m，对新搬迁至高铁北侧的大面积墓地影响较大，同时对南侧的农科院地块影响较大，较上述两方案无优势，故不再对该方案进行深化比选。

（4）方案比选与推荐。

下穿高铁段方案比较见表28-2。

表28-2 下穿高铁段方案比较

项目	方案一 （沿道路南侧U形槽下穿方案）	方案二 （沿道路南侧隧道下穿方案）
对京沪高铁、京沪高速公路的影响	U形槽施工时对桩基有一定的影响，需进行安全评估	盾构从桩基间下穿，需进行安全评估
对沈士大道的影响	沈士大道需加大埋深，局部改为暗埋隧道	从沈士大道下方盾构穿过，影响小
对人民大道—青年路的影响	阻断沈士大道与青年路的规划连接道路，高架转入青年路后需改造道路路幅	在青年路上设U形槽需改造道路路幅

续表

项目	方案一 （沿道路南侧U形槽下穿方案）	方案二 （沿道路南侧隧道下穿方案）
对周边地块的影响	沿人民大道南侧走行，转入青年路前对地块有一定的影响	隧道两侧U形槽需占用用地，影响较小
对省燃气管道的影响	上跨燃气管道，需采取保护措施	需改移燃气管道
工程可实施性	需进行安全评估，对沈士大道改造及管线迁改有一定的实施难度	需进行安全评估，但对道路、管线影响较小，工程可实施性好
工程投资	工程投资较小，沈士大道改造、管线迁改等投资较大	地下线约 1.75 km（含过渡段），土建工程投资较大
综合比选		推荐

经与上海铁路局、同济大学等相关单位多次对接，专项评估后，综合考虑区段工程费用、对既有道路的影响、管线迁改、对沪杭高铁和沪杭高速公路的影响、区段运营费用及工程实施难度等因素，推荐采用方案二，即沿道路南侧盾构下穿方案。

（二）杭嘉高压输气管道处线路方案比选

1. 总体情况说明

杭海城际线路下穿沪杭高铁、沪杭高速公路后，进入青年路，并逐渐转为高架走行。浙江省杭嘉高压输气管道走向为南北向，横穿青年路，与沪杭高速公路呈平行关系，位于笕河港东侧，与杭海城际线路为交叉关系。周边现状为农田、拆迁安置小区和在建省农科院杨渡基地。

2. 控制性因素分析

（1）杭嘉高压输气管道。

杭嘉高压输气管道是"川气东送"的配套管线，为浙江省第三条省级输气干线。始于嘉兴秀洲区新塍镇，途经申嘉湖高速、乍嘉苏高速、沪杭高速至杭州经济技术开发区，全长 87.7 km，共设分输站 4 座，线路截断阀室 4 座，年输气规模约 27 亿 m^3。与城际铁路交叉处夹角约为 99°，管顶埋深约 1.20 m，输气管道外径 D=813 mm，设计压力 6.3 MPa，地区等级四级。

（2）省农科院杨渡基地。

杨渡基地位于海宁市许村镇，现有土地面积 867.43 亩，基地内科研设施和附属配套已日趋完善，形成具有江南特色，设施先进、功能多样、生态系统良性循环、城乡一体景观优美的新型农业科研创新与示范基地。

（3）青年路（客专线）。

青年路是与人民大道连通的道路，为长安镇通往海宁西站的一条主要道路，现状为双向四车道，道路红线宽 40 m，路中绿化带宽 2~3 m。

（4）笕河港及公路桥。

笕河港为一条南北向的河道，现状河道宽约 20 m。笕河港及公路桥、杭嘉输气管道如图 28-6 所示。

3. 方案研究

根据中国石油集团工程设计有限公司对杭嘉输气管道评估的初步意见和与浙江省天然气公司的对接初步成果，综合考虑对省农科院杨渡基地的影响、对杭嘉高压输气管道的影响、现状道路河流及工程投资等因素，主要深化研究了两种方案，即青年路路中高架线方案和青年路南侧地下线方案。线路平面方案比选如图 28-7 所示。

图 28-6　笕河港及公路桥、杭嘉输气管道

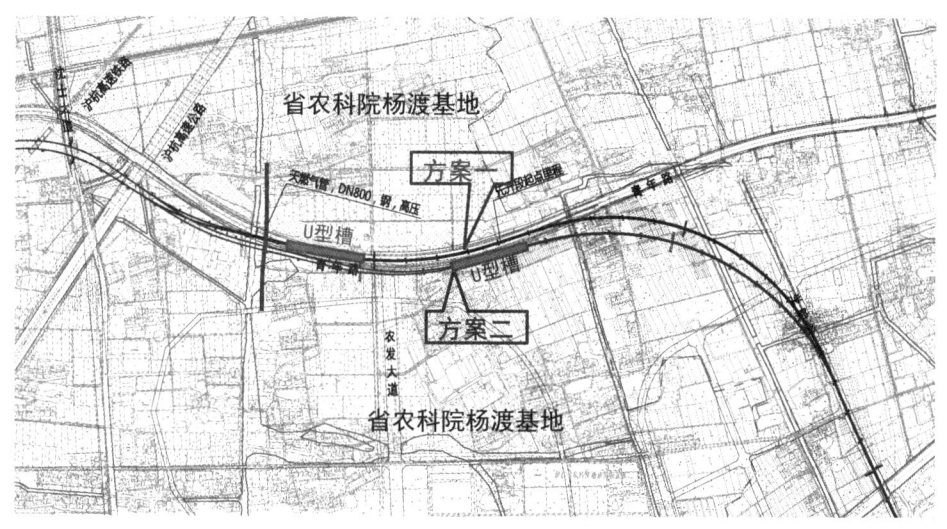

图 28-7　线路平面方案比选示意

（1）方案一：青年路路中高架线方案。

线路下穿沪杭高铁、沪杭高速公路后，随即转入青年路路中，并逐渐转为高架走行，至农科院规划大门位置满足桥下 4.5 m 净空要求，之后向南转入规划学院路路中走行。

该方案线路位于青年路路中，对省农科院杨渡基地影响较小；下穿高速公路后，随即转入青年路路中高架走行，U 形槽位于路中绿化带内，用地较少；地下线长度短，工程造价低；对先行段工程无影响，有利于先行段的建设。但该方案 U 形槽位于青年路路中，需局部改移青年路路幅，改造费用约 1 200 万；明挖段需改移笕河港，拆除笕河港桥，改河费用约 284 万；需改移杭嘉输气管道，迁改费用约 1 030 万。

（2）方案二：青年路南侧地下线方案。

线路下穿沪杭高铁、沪杭高速公路后，继续沿青年路南侧走行，下穿杭嘉输气管道，满足结构净距 15 m 要求，过农科院杨渡基地规划大门位置后线路逐渐转为高架走行，之后向南转入规划学院路路中走行。

该方案线路下穿杭嘉输气管道，仅需采取部分防护措施；线路位于青年路南侧，对青年路影响较小；对笕河港无影响。但该方案 U 形槽设置于青年路南侧、规划农科院杨渡基地大门东侧地块内，对农科院有一定的影响，且用地较多；地下线较方案一增加约 650 m，工程造价增加约 4 000 万；下穿高铁为小盾构限速地段，地下线延长后，限速区域增加；影响先行段范围约 1 400 m，需重新出施工图，补充征地约 32 000 m²，增加拆迁约 10 户。

（3）方案比选与推荐。

青年路路段方案必选见表 28-3。

表 28-3　方案比较表

项目	方案一 （青年路路中高架线方案）	方案二 （青年路南侧地下线方案）
线型及运营条件	地下区间较短，限速段少	地下区间较长，限速段较多
对农科院杨渡基地的影响	线路位于青年路路中，对农科院影响较小	线路位于路南侧，U 形槽位于农科院门口东侧，有一定的影响
对青年路、笕河港的影响	需改造青年路，费用约 1 200 万；改移笕河港，费用约 284 万	影响较小
对杭嘉输气管道的影响	需改移杭嘉输气管道，费用约 1 030 万	下穿输气管道，需采取防护措施
对先行段的影响	无影响	影响范围约 1 400 m，重新出施工图
征地拆迁	线路位于青年路路中，占地较少，转学院路拐角处征地拆迁已完成	征地拆迁量较大，增加征地约 3 200 平方，增加拆迁 10 户
工程投资	道路改造、河道改移、燃气管改移费用约 2 514 万	工程费用增加约 4 000 万，征地拆迁增加费用约 1 200 万
综合比选	推荐	

综合分析，方案一虽需改造青年路、改移河道及杭嘉输气管道，但地下线较短，工程造价低，限速段短，对农科院影响较小，不影响先行段施工图及征地拆迁，结合相关部门意见，推荐方案一，即沿青年路路中方案。

（三）500 kV 秦由线处线路方案研究

1. 总体情况说明

线路出周王庙镇站后，向东上跨桑梓中路、规划钱江通道北接线，下穿 500 kV 秦由 5415 线后，转向东北侧上跨富邦大道、南排河、观潮大道后，于郭店村与观潮大道之间地块内设盐官镇站。沿线周边现状多为农用地、厂房和民房等，高压线较为密集，规划多为非建设用地、居住和商业用地。

500 kV 秦由 5415 线为秦山核电站内两机组输出三回路线路，位于规划钱江通道北接线东侧，136# 塔塔顶标高约 101.5 m，高压线悬高约 28～44 m，135# 塔、136# 塔与 137# 塔均位于独立耐张段内，其中 136# 塔与 137# 塔之间两回路有接头，根据规范要求不允许铁路从下方穿过。规划钱江通道北接线为双向六车道高速公路，设计时速 120 km/h，路基宽度 33.5 m，与城际铁路交叉处路面设计高程约为 7.6 m，已完成施工图设计，尚未开工建设 500 kV 秦由线如图 28-8 所示。

图 28-8　500 kV 秦由线

2. 线路方案研究

综合考虑线路条件、对周边环境的影响、与 500 kV 秦由线的关系、与钱江通道北接线的关系和工程投资等因素，主要研究了三种方案，即北侧地下线方案、南侧 50 m 高架线方案和南侧约 100 m 高架线方案。500 kV 秦由线处线路方案比选如图 28-9 所示。

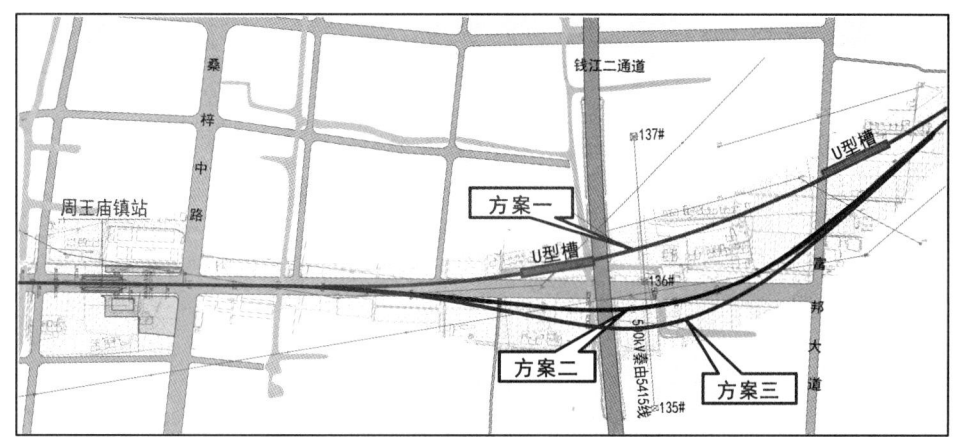

图 28-9　500 kV 秦由线处线路方案比选

（1）方案一：北侧地下线方案。

线路出周王庙镇站后，随即以 28‰ 的坡度向下于规划钱江通道北接线前转至地下敷设，并在地块内以 2 500 m 半径转向东北，下穿 500 kV 秦由线、富邦大道后，随即以 28‰ 的坡度向上转为高架走行。

该方案线路平面较为顺直，线路长度短；对规划钱江通道北接线、500 kV 秦由线影响较小。但该方案增加两处 28‰ 的坡度，增加长大坡段约 1 630 m，运营条件较差，舒适度差，且不利于节能；增加区间隧道及 U 形槽长度约 1 200 m，比选范围内线路建安费约 17 500 万；拆迁约 3 000 m²，拆迁量大；U 形槽位置需改移河道和现状村道。

（2）方案二：南侧 50 m 高架线方案。

线路出周王庙镇站后，以 2 500 m 半径偏向南后，再以 800 m 半径转向东北，上跨规划钱江通道北接线，从 135# 塔至 136# 塔之间下穿 500 kV 秦由线，之后上跨富邦大道。

该方案线路纵断面较为平缓，运营条件较好；对周边影响较小；拆迁约 690 m²，拆迁量较小；比选范围内线路建安费约 8 600 万，工程投资较小；上跨规划钱江通道北接线、下穿 500 kV 秦由线均满足标高净距要求。但该方案线路平面增加两处大半径曲线，线路长度较方案一长约 76 m；与 136# 塔距离 50 m，不满足倒杆距离要求，仅满足困难情况下不小于 30 m 的要求，需电力部门同意。

（3）方案三：南侧 100 m 高架线方案。

线路出周王庙镇站后，以 1 200 m 半径偏向南后，再以 800 m 半径转向东北，上跨规划钱江通道北接线，从 135# 塔至 136# 塔之间下穿 500 kV 秦由线，距离 136# 塔满足倒杆距离要求，之后线路上跨富邦大道。

该方案线路纵断面较为平缓，运营条件稍好；比选范围内线路建安费约 8 795 万，工程投资较小；下穿 500 kV 秦由线满足规范中净距、倒杆距离要求。但该方案线路平面增加两处大半径曲线，线路长度较方案一长约 120 m；南侧靠近居民区，拆迁 1 350 m²，拆迁量较大；因高压线中部悬高较低，为满足规范要求需下压城际铁路纵断面，规划钱江通道北接线路面设计标高需调降约 2.1 m。

3. 方案比选与推荐

500 kV 秦由线处线路方案比较见表 28-4。

表 28-4　500 kV 秦由线处线路方案比较

项目	方案一 （北侧地下线方案）	方案二 （南侧 50 m 高架线方案）	方案三 （南侧 100 m 高架线方案）
线路条件	线路平面条件好，纵断面条件较差	平面增加两处大半径曲线，纵断面较为平缓	平面增加两处大半径曲线，纵断面较为平缓
线路长度	比选范围内线路长 1 250 m	比选范围内线路长 1 326 m	比选范围内线路长 1 367 m
对 500 kV 秦由线的影响	无影响	不满足倒杆距离要求，满足规范困难情况下大于 30 m 要求；需改为双悬挂绝缘挂钩	需改为双悬挂绝缘挂钩，其他均满足规范要求
对规划钱江通道北接线的影响	无影响	上跨规划钱江通道北接线，影响较小	需调降规划钱江通道北接线设计标高约 2.1 m
对周边村道、河道的影响	两端 U 形槽切割村道、河道较多	影响小	影响较小
征地、拆迁量	征地约 22 500 m²，拆迁约 3 000 m²	征地约 23 814 m²，拆迁约 690 m²	征地约 24 354 m²，拆迁约 1 350 m²
工程建安费	17 500 万元	8 600 万元	8 795 万元
综合比选			推荐

综合分析，经与电力部门多次对接，现场核实 136#塔强度后，要求城际铁路高架满足倒杆距离，方案三虽征拆量稍大，需降低钱江通道北接线路面设计标高，但其在运营条件、工程投资及工程可实施性等方面均具有优势，推荐方案三，即南侧 100 m 高架线方案。

二、曲线分布及小半径

1. 曲线分布情况

正线共设曲线 77 个，其中右线 38 个，曲线长 18 025.670 m，占右线全长的 38.86%；左线 39 个，曲线长 18 204.939 m，占左线全长的 39.23%。右线、左线采用的曲线半径、数量、长度及偏角见表 28-5 及表 28-6。

表 28-5　右线曲线半径、长度及偏角表

| 交点号 | 偏角 | | 半径/m | 缓长/m | 曲线全长 L/m | 长短链/m |
	左偏	右偏				
JD1		11°01′17.1″	800	65	218.888	
JD2	5°16′43.4″		2 000	85	269.262	
JD3		2°11′51.9″	4 000	40	193.431	0.278
JD4	10°06′39.3″		1 400	115	362.056	
JD5		9°42′13.8″	1 500	110	364.046	
JD6	11°22′13.2″		1 204.2	135	373.973	

续表

交点号	偏角		半径/m	缓长/m	曲线全长 L/m	长短链/m
	左偏	右偏				
JD7	5°22′53.8″		3 504.2	50	379.139	
JD8		5°12′52.7″	2 000	85	267.026	
JD9	1°49′00.7″		4 004.2	40	166.975	
JD10	1°59′17.4″		4 004.2	40	178.947	
JD11	5°04′53.7″		2 004.2	85	262.753	
JD12	17°46′16.5″		1 804.2	95	654.603	
JD13		12°04′55.4″	2 000	85	506.744	
JD14		80°29′20.0″	475	70	737.278	61.181
JD15	18°41′55.9″		750	130	374.768	
JD16	31°03′27.3″		1 004.2	130	674.334	
JD17		82°30′17.1″	730	130	1 181.185	
JD18	88°50′22.1″		554.2	75	934.31	
JD19		24°55′11.5″	4 000	40	1 779.734	
JD20		11°59′22.7″	1 200	135	386.11	
JD21	58°43′43.2″		804.2	145	969.312	
JD22		8°07′32.6″	1 500	110	322.731	
JD23		14°24′49.4″	1 000	145	396.567	
JD24		1°09′44.9″	6 000	30	151.734	
JD25		9°58′37.4″	1 500	110	371.199	
JD26		1°40′52.6″	5 000	35	181.718	
JD27		5°53′20.2″	2 000	85	290.563	
JD28	9°27′44.7″		4 004.2	40	701.295	
JD29	14°19′20.6″		4 004.2	40	1 040.941	−0.005

续表

交点号	偏角 左偏	偏角 右偏	半径/m	缓长/m	曲线全长 L/m	长短链/m
JD30		16°07′25.5″	2 400	70	745.39	
JD31	4°26′04.6″		3 000	55	287.196	
JD32		10°25′02.8″	3 000	55	600.456	
JD33	10°17′27.0″		1 200	135	350.531	
JD34		4°18′28.8″	2 100	80	237.897	
JD35	0°21′19.2″		10 000	20	82.017	0.03
JD36		12°48′39.1″	1 800	95	497.465	
JD37		5°13′02.8″	2 000	85	267.123	
JD38	5°11′04.2″		2 000	85	265.973	

表28-6 左线曲线半径、长度及偏角表

交点号	偏角 左偏	偏角 右偏	半径/m	缓长/m	曲线全长 L/m	长短链/m
左JD1		11°01′17.1″	800	65	218.888	
左JD2	5°16′43.4″		2 000	85	269.262	0.303
左JD3		1°44′57.7″	5 000	35	187.66	
左JD4		0°46′43.4″	7 500	25	126.936	
左JD5	8°13′25.7″		1 500	110	325.299	
左JD6		7°29′11.0″	1 500	110	305.993	
左JD7	11°22′13.2″		1 200	135	373.14	-0.668
左JD8	5°22′53.8″		3 500	50	378.744	
左JD9		5°12′52.7″	2 004.2	85	267.408	
左JD10	1°49′00.7″		4 000	40	166.842	
左JD11	1°59′17.4″		4 000	40	178.801	
左JD12	5°04′53.7″		2 000	85	262.381	
左JD13	17°46′16.5″		1 800	95	653.3	-0.686

续表

交点号	偏角 左偏	偏角 右偏	半径/m	缓长/m	曲线全长 L/m	长短链/m
左 JD14		12°04′55.4″	2 004.2	85	507.629	
左 JD15		82°55′32.7″	460	70	735.77	82.900
左 JD16	21°08′08.6″		750	130	406.666	
左 JD17	31°03′27.3″		1 000	130	672.057	
左 JD18		82°30′17.1″	734.2	130	1 187.233	
左 JD19	88°50′22.1″		550	75	927.798	1.827
左 JD20		24°55′11.5″	4 004.2	40	1781.56	
左 JD21		11°59′22.7″	1 204.2	135	386.989	−2.836
左 JD22	58°43′43.2″		800	145	965.007	
左 JD23		8°07′32.6″	1 504.2	110	323.326	
左 JD24		14°24′49.4″	1 004.2	145	397.624	
左 JD25		1°09′44.9″	6 004.2	30	151.819	1.997
左 JD26		9°58′37.4″	1 504.2	110	371.93	
左 JD27		1°40′52.6″	5 004.2	35	181.841	
左 JD28		5°53′20.2″	2 004.2	85	290.994	−0.262
左 JD29	9°27′44.7″		4 000	40	700.602	
左 JD30	14°19′20.6″		4 000	40	1 039.891	
左 JD31	1°47′14.1″		4 000	40	164.773	2.966
左 JD32		17°54′39.6″	2 500	70	851.515	
左 JD33	4°26′04.6″		3 000	55	287.196	
左 JD34		10°25′02.8″	3 000	55	600.456	
左 JD35	10°17′27.0″		1 200	135	350.531	−0.003
左 JD36		4°18′28.8″	2 100	80	237.897	3.004
左 JD37		12°27′19.9″	1 500	110	436.085	
左 JD38		5°13′02.8″	2 000	85	267.123	
左 JD39	5°11′04.2″		2 000	85	265.973	

2. 小半径曲线设置情况

全线曲线半径小于 800 m 的曲线共 4 处，均位于海宁高铁站—长安镇站区间。

（1）线路下穿沪杭高铁、沪杭高速公路处，因相交角度较小，为满足与桥桩的净距要求，线路左线采用了 460 m、750 m 的曲线，右线采用了 475 m、750 m 的曲线。

（2）线路由青年路转入规划学院路处，为减少对地块的切割、降低拆迁难度，线路采用了 730 m 的曲线。

（3）线路由规划学院路转入长安路处，距离长安镇站较近，为减少对地块的切割，满足路口西侧设站条件，采用了 550 m 的曲线。

第四节　线路纵断面设计

一、大坡度设置情况

全线采用坡度大于 25‰ 的地段见表 28-7 所示。

表 28-7　大坡度设置表

区间	最大纵坡/‰	长度/m	设置大坡度理由
余杭高铁站— 许村镇站区间	28.000（右线）	1450	线路下穿京杭运河二通道后，逐渐由地下转为高架，并上跨规划公路桥。
	28.000（左线）	1450	
海宁高铁站— 长安镇站区间	28.000（右线）	920	线路出海宁高铁站后，为下穿沪杭高铁，由高架转为地下。
	28.000（左线）	920	
	27.915（右线）	731.181	线路下穿沪杭高速公路后，由地下转为高架。
	27.915（左线）	732.900	
斜桥镇站— 皮革城站区间	28.000（右线）	960	线路进入海宁主城区前，由高架转为地下。
	28.000（左线）	960	

二、车站坡度

地下车站均采用 2‰ 坡段，高架站均采用平坡。

三、纵断面设计数据统计

杭海城际铁路工程左、右线线路设计的坡度和坡段长度统计分别见表 28-8 及表 28-9 所示。

表 28-8　右线纵断面坡段分布

坡度（绝对值）范围/‰	坡段数/个	坡段长度/m	占全长百分比
$0 \leqslant i < 10$	52	36 616.74	78.95%
$10 \leqslant i < 20$	8	3 962.84	8.54%
$20 \leqslant i < 25$	6	1 740.00	3.75%
$25 \leqslant i < 28$	1	731.181	1.58%
$28 \leqslant i < 30$	3	3 330.00	7.18%
$30 \leqslant i < 40$	0	0	0

表 28-9　左线纵断面坡段分布

坡度（绝对值）范围/‰	坡段数/个	坡段长度/m	占全长百分比
0≤i＜10	52	36 642.75	78.96%
10≤i＜20	8	3 962.84	8.54%
20≤i＜25	6	1 739.33	3.75%
25≤i＜28	1	732.90	1.58%
28≤i＜30	3	3330	7.17%
30≤i＜40	0	0	0

第五节　配线设计

一、配线设计原则

配线的设置应以满足运营需要为前提，根据站点分布、车站间距、近远期行车交路及联络线设置等，结合线路平纵断面条件从全线全局统筹考虑，同时需考虑车站施工方法、工程投资、工程实施难易等因素，其设置原则如下：

（1）满足运营功能需求，并考虑一定的运能余量及运营管理的灵活性。
（2）配线设置需从远期全线统筹考虑，初、近、远期的设置相互结合，尽量减少废弃工程。
（3）有条件时与各规划轨道交通线预留设联络线条件。
（4）根据列车运行交路，设置必要的渡线和折返线。
（5）为满足故障运行工况，正线应每隔 5 座～6 座车站（约 15 km）设置停车线，其间每相隔 2 座～3 座车站（约 5～8 km）应加设渡线。
（6）为方便列车出入车辆段，应设有必要的渡线和出入段线。
（7）考虑遇到紧急情况或非正常情况时，能够提供采取相应的列车运行模式的线路条件。

二、配线设计方案

（一）行车交路

研究开行两种列车：大站快车和站站停列车。
（1）大站快车：余杭高铁站、海宁高铁站、皮革城站、海昌路站、浙大国际学院站。
（2）站站停列车：每站皆停。
根据杭海城际铁路线特征并结合客流特点，全线列车运行交路只开行余杭高铁站—浙大国际学院站一个列车运行交路。行车交路方案如图 28-10 所示。
初期高峰小时：3 对大站快车+3 对站站停；
近期高峰小时：4 对大站快车+9 对站站停；
远期高峰小时：5 对大站快车+17 对站站停。

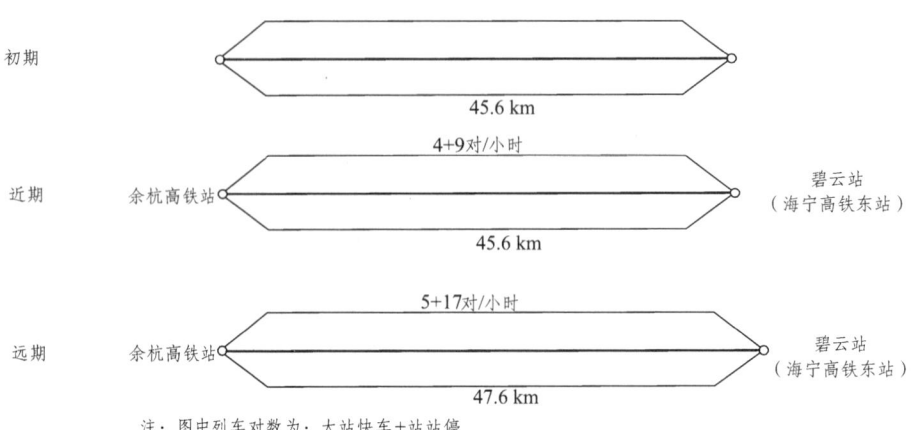

图 28-10 行车交路示意

（二）配线方案研究

1. 越行方式的选择

根据杭海城际铁路线客流需求特征、时间目标要求及工程条件，推荐杭州至海宁城际铁路开行大站快车和站站停两种列车，采用组织大站快车越行、站站停列车的运输组织模式。

对于大站快车高架站越行方式主要考虑中间越行和两端越行两种方式。

工程重难点：合理确定越行站越行方式。

中间越行和两端越行两种方式分别如图所示，两者在工程规模与剖面形式、越行速度上有所区别。两种越行方式的平面如图 28-11 所示。

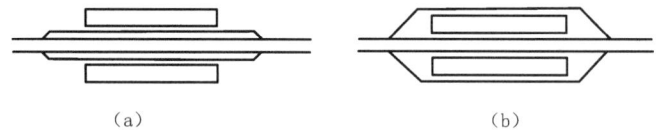

图 28-11 两种越行方式的平面示意

以该工程为例，周王庙镇站和斜桥镇站两座越行站均位于路中，两种越行方式的高架车站均需在中部和两端共设置三个墩柱，车站剖面上无明显的比较优势；但两端越行方式的高架车站两侧区间较宽，工程规模较中间越行方式的较大；此外，两侧越行线路均靠近车站，越行列车需限速通过。

综上所述，为了越行方便，不限制越行速度，同时减少工程规模，推荐采用中间越行方式。

2. 配线布局

杭海城起自余杭高铁站，终至浙大国际学院站，线路总长约 46.381 km，共设站 13 座（含一座高架预留站），平均站间距为 3.81 km，全线设配线的车站共有 9 处。

全线配线设计见表 28-10。

表 28-10 全线配线设计表

序号	车站名称	里程	车站示意图	配线	配线间距/m	停车线间距/m
1	余杭高铁站	DK0+363.57	余杭高铁站（高架三层站）	与沪杭高铁余杭站、杭州 1 号线换乘，小里程端设双折返线，并预留远期延伸条件。	6 488	11 207

续表

序号	车站名称	里程	车站示意图	配线	配线间距/m	停车线间距/m
2	许村镇站	DK6+852.042	许村镇（高架三层站）	小里程端设单渡线	4 719	
3	海宁高铁站	DK11+570.742	海宁高铁站（高架三层站）	小里程端单渡线，大里程端设双停车线	5 611	12 381
4	长安镇站	DK17+120.790	长安镇站（高架三层站）	大里程端设单渡线	6 670	
5	周王庙镇站	DK23+891.290	周王庙镇站（高架三层站）	设两侧越行线，小里程端设置单渡线	3 973	3 973
6	盐官镇站	DK27+864.690	盐官镇站（高架二层站） 车辆段	大里程端设单渡线，接盐官车辆基地	5 377	5 377
7	斜桥镇站	DK35+917.290	斜桥镇站（高架三层站）	设两侧越行线，小里程端设置单渡线	4 987	
8	皮革城站	DK40+894.890	皮革城站（地下两层站）	小里程端设单渡线条件	5 079	10 057
9	浙大国际学院站	DK45+973.710	浙大国际学院站（地下两层站）	站后设双折返线兼停车线并预留远期延伸条件		

第六节　线路施工图调线调坡设计

杭海城际铁路全线区间土建、车站主体施工完成后,第三方测量单位对全线进行了贯通断面测量,共 12 个车站和 11 个区间(含出入线区间)(左、右线),根据贯通断面测量成果,以及限界、轨道等专业的反馈意见,线路施工图调线调坡情况如下:

(1)余杭高铁站至许村镇站高架区间:部分区段竖向偏差较大且起伏较大(最小-94 mm,最大+53 mm),为满足轨道结构高度要求,右、左线纵断面局部进行了调坡;

(2)海宁高铁站至长安镇站区间:右线盾构段(DK12+809～DK13+453)普遍下沉(最大约 197 mm)较大,左线盾构段(DK13+432～DK13+478)结构面偏低约 70～117 mm,结合施工阶段现场需求,为满足限界、轨道结构高度要求,右、左线平、纵断面均进行了调线调坡;

(3)斜桥镇站至皮革城站区间:左线 U 形槽段结构面普遍偏低 20～50 mm,左线盾构始发后左偏(最大约 244 mm)及下沉(最大约 192 mm)均较大,左线盾构 DK40+016～DK40+096 处隧道上浮(最大约 168 mm)较大,为满足限界、轨道结构高度要求,左线纵断面进行了调坡。

经过上述调整,杭海城际铁路全线基本满足限界及轨道要求。

第七节　行车组织设计

杭海城际铁路是浙江省都市圈城际网中的规划线路,是国内提出较早的都市圈轨道交通线路之一。在设计过程中对运输组织模式、车辆选型与编组、列车运行交路等都进行了深入的研究和完善。

一、运输组织模式

在运输组织模式的分析中,设计组织开行大站快车与站站停两种模式列车,进一步缩短海宁城区与杭州之间的时空距离,可更好地满足杭海城际铁路线长距离出行乘客的需求,同时较公交、小汽车出行具有较大优势,有利于全线客流的培育。同时,远期高峰小时组织开行 5 对站站停列车,将乘客等待大站快车的时间也考虑在内的情况下,相比站站停列车仍具有时间上的优势,因此,杭海线组织开行大站快车是十分具有竞争力的。

二、车辆选型

车辆选型方面,首先从客流规模、国内地铁车辆发展趋势、杭州市轨道网的列车类型等方面考虑,推荐该线采用城市轨道交通 B 型车,选择采用 3 动 1 拖的 4 辆编组列车,可以较好地适应该线的客流需求,同时考虑线路平均运距超过 20 km,运距较长,因此建议增加车厢内座位数量,采用"2+1"横排座形式。车厢内站席站立密度站站停列车采用 5 人/m^2,大站快车采用 3 人/m^2,依据目前相关设计规范,在确定线路设计运输能力时,车厢内有效空余地板面积上站立乘客标准宜按 4 人/m^2 计算,该条规范非强制条款,依据该规范,重新核定列车定员再对线路设计输送能力进行校核,按 4 人/m^2 计算,4 辆编组列车定员约 527 人/列,杭海线远期高峰小时开行 22 对列车,运能约 1.16 万人,运能余量 6%,可保证高峰小时车厢内拥挤度不超过 4 人/m^2,乘客乘车舒适度较高。

三、列车运行交路

杭海城际铁路线远期高峰小时客流断面变化较为平缓，断面流量值多在 0.7 万～1.09 万人之间，占全线 70%左右。断面流量不存在量级上的断面落差，适宜采用单一运行交路，远期高峰小时均开行列车 22 对/h，其中大站快车 5 对/h，站站停列车 17 对/h。

初、近期客流特征与远期相似，全线按一个交路运行，高峰小时分别开行列车 6 对/h、13 对/h。列车运行交路设置如图 28-12 所示。

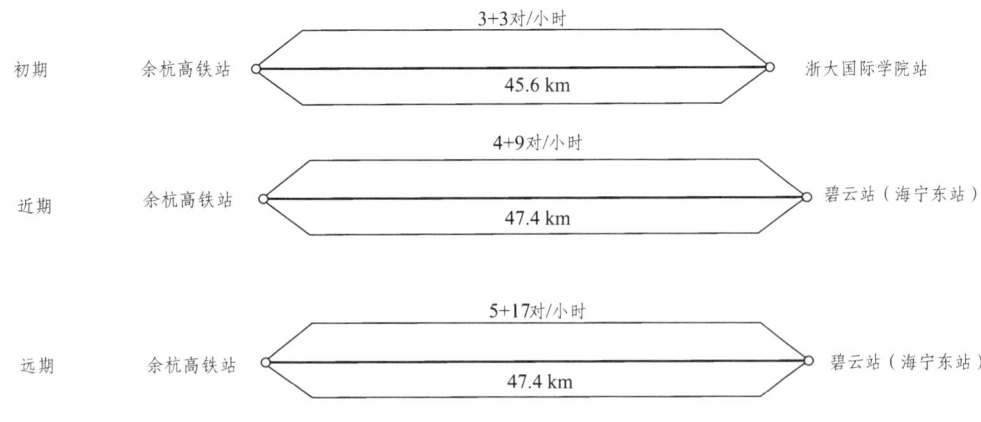

图 28-12　杭海线设计行车交路图

四、系统设计输送能力

杭海线工程系统设计综合能力见表 28-11。

表 28-11　系统设计输送能力

年度		初期	近期	远期
高峰小时单向最大断面客流量/人		2 700	6 100	10 900
列车编组/辆		4	4	4
列车定员/人	大站快车	444		
	站站停	610		
高峰小时列车对数	大站快车	3	4	5
	站站停	3	9	17
	计	6	13	22
高峰小时单向输送能力/(人/h)		3 162	7 266	12 590
运用车数/(列/辆)		13/52	23/92	35/140
配属车数/(列/辆)		17/68	28/112	42/168
设计运能富余量/%		14.6%	16.0%	13.4%

第八节 车辆与限界设计

一、概述

杭海城际铁路工程初、近期、远期采用最高运行速度 120 km/h 的 4 辆编组 B 型车。

（一）列车编组

B 型车，初、近、远期均为 3 动 1 拖 4 辆编组形式。

（二）车辆自重和载客量

列车载客量及车辆重量见表 28-12 及表 28-13。

表 28-12 列车载客量

自重、载客量		Mc	Mp	全列车（4 辆编组）
坐席（个）		50	48	196
载客量	定员（坐客+3 人/m^2 站客）	109	113	444
载客量	定员（坐客+5 人/m^2 站客）	149	156	610
载客量	超员（坐客+9 人/m^2 站客）	228	242	940

表 28-13 车辆重量

载荷	Mc	Mp	列车总重（4 辆编组）
空车/t	34	32	132
定员载荷（3 人/m^2）/t	40.54	38.78	158.64
定员载荷（5 人/m^2）/t	42.94	41.36	168.6
超员载荷/t	47.68	46.52	186.4

注：每乘客重量 60 kg，最大轴重：（超员载荷 AW3）≤14 t。

（三）车辆主要结构尺寸

车辆主要结构尺寸见表 28-14。

表 28-14 车辆主要结构尺寸

车钩连接面之间长度	头车	19 520+ΔL mm
	中间车	19 520 mm
列车总长		≤78 080+2ΔL mm
车辆宽度		2 800 mm
车辆高度（车顶到轨面高度、新轮）		3 800 mm
车辆地板面距轨面的高度		1 100 mm
客室内净高		≥2 100 mm
客室侧门		每侧 3 个
客室门净开度（宽×高）		1 300 mm×1 850 mm
贯通道（宽×高）		1 300 mm×1 900 mm
受电弓落弓高度（距轨面）		3 810 mm

续表

车钩高		660 mm
车辆固定轴距		2 200 mm～2 300 mm
车辆定距		12 600 mm
轮对内侧距		1 353±2mm
车轮直径	新轮	840 mm
	半磨耗	805 mm
	全磨耗	770 mm

（四）列车动力性能

车辆主要性能参数见表28-15。

表28-15　车辆主要性能参数

设计结构速度		135 km/h
最高运行速度		120 km/h
平均初始加速度（0～60 km/h）		$\geqslant 1.0$ m/s²
平均加速度（0～120 km/h）		$\geqslant 0.5$ m/s²
常用制动平均减速度		$\geqslant 1.0$ m/s²
紧急制动平均减速度（120 km/h～0）		$\geqslant 1.2$ m/s²
平稳性		$W \leqslant 2.5$
转向架的安全性指标	脱轨系数	$Q/P \leqslant 0.8$
	轮重减载率	$\Delta P/P_{st} \leqslant 0.6$
	倾覆系数	$D = P_d/P_{st} \leqslant 0.8$

（五）供电条件

1. 接触网悬挂类型

（1）地下区段，接触网采用架空Π形刚性悬挂；

（2）地面及高架、车辆段出入段线采用全补偿简单链形悬挂；

（3）车辆段内其余线路采用补偿简单链形悬挂；

（4）地下区段刚性悬挂与地面区段柔性悬挂之间设置刚柔过渡段。

2. 接触网悬挂组成及线材张力

各地段接触网悬挂组成及线材张力见表28-16。

表28-16　各地段接触网悬挂组成及线材张力

线别		悬挂类型	悬挂组成	架空地线	悬挂额定张力
隧道内	正线	架空Π形刚性悬挂	1×HL2213+1×CTAH150	1×JT150	无
地面及高架	正线	全补偿简单链形悬挂	2×JT150+2×CTAH150	1×JT150	2×12kN+2×12kN
	渡线	全补偿简单链形悬挂	1×JT150+1×CTAH150	1×JT150	1×12kN+1×12kN
车辆段	出、入段线	全补偿简单链形悬挂	2×JT150+2×CTAH150	1×JT150	2×12kN+2×12kN
	试车线	全补偿简单链形悬挂	2×JT150+2×CTAH150	1×JT150	2×12kN+2×12kN
	其他线路	补偿弹性简单悬挂	1×JT150+1×CTAH150	1×JT150	1×12kN+1×12kN

注：架空地线最大工作张力为12 kN。

3. 接触网系统电压

接触网系统额定电压为 DC 1 500 V，最高电压为 DC 1 800 V，最低电压为 DC 1 000 V。

4. 接触线悬挂高度

（1）地下区段刚性悬挂悬挂点处接触线距轨面的高度一般为 4 050 mm，最低高度不小于 4 040 mm。

（2）地面区段柔性悬挂悬挂点处接触线距轨面的高度一般为 4 600 mm，最低高度不小于 4 400 mm（出入段线除外）；库内接触线最高悬挂高度 5 000 mm。

二、限界设计

（一）限界设计概述

1. 区间建筑限界

（1）区间圆形隧道建筑限界。

圆形隧道建筑限界根据全线盾构段平面最小曲线半径、最大超高值以及空气动力学要求来确定。杭海城际铁路全线有两种盾构半径，其中大盾构半径下圆形隧道的建筑限界直径 5 700 mm，疏散平台设置在行车方向左侧，疏散平台边缘至线路中心线的距离为 1 600 mm。

海宁高铁站附近下穿高铁区域限速 100 km/h，为小盾构半径，圆形隧道的建筑限界直径 5 200 mm，疏散平台设置在行车方向左侧，疏散平台边缘至线路中心线的距离为 1 550 mm。

在曲线地段采用隧道中心线往曲线内侧偏移的方法解决轨道超高造成的内外侧不均匀位移量。

（2）区间矩形隧道。

杭海城际铁路全线设置两种矩形隧道。

① 限速 100 km/h 地段矩形隧道，直线地段行车方向左侧墙至线路中心线的距离为 2 300 mm，行车方向右侧距线路中心线的距离为 2 100 mm，建筑限界轨面以上高度为 4 500 mm。疏散平台位于行车方向的左侧，平台到轨顶面距离为 900 mm，直线地段宽度不小于 700 mm，曲线地段在直线建筑限界的基础上计算加宽。

② 不限速地段矩形隧道，直线地段行车方向右侧。直线地段行车方向左侧墙至线路中心线的距离为 2 600 mm，行车方向右侧距线路中心线的距离为 2 400 mm，建筑限界轨面以上高度为 5 250 mm。疏散平台位于行车方向的左侧，平台到轨顶面距离为 900 mm，直线地段宽度不小于 700 mm，曲线地段在直线建筑限界的基础上计算加宽。

（3）U 形槽区间建筑限界。

直线地段线间距为 4 200 mm，线路中心线至接触网立柱间的距离不小于 2 300 mm。两线间设置疏散平台，直线地段疏散平台边缘距离线路中心线 1 600 mm，疏散平台宽度一般情况下为 1 000 mm。曲线地段在直线建筑限界的基础上按计算加宽。

（4）高架区间建筑限界。

高架区间双线桥，直线地段线间距为 4 200 mm，线路中心线至接触网立柱间的距离不小于 2 300 mm。两线间设置疏散平台，宽度不小于 1 000 mm，疏散平台边缘至线路中心线的距离为 1 600 mm。曲线地段在直线建筑限界的基础上按计算加宽。

2. 车站建筑限界

（1）高架侧式车站建筑限界。

直线地段高架侧式车站区域内，站台边缘至线路中心线距离为 1 500 mm，站台面至轨面垂直距离为 1 050 mm，站台设置站台门系统，站台门外侧边缘至线路中心的距离为 1 530 mm。

（2）地下岛式车站直线地段站台计算长度内建筑限界。

直线地段地下车站区域内，线路中心线至侧墙的距离为 2 100 mm，计算站台边缘至线路中心线的距离为 1 500 mm，站台面至轨顶面的距离为 1 050 mm，建筑限界轨面以上高度为 4 500 mm。站台设置站台门系统，站台门外侧边缘至线路中心之间的距离为 1 530 mm。

（3）地下直线地段车站站台计算长度外站台区建筑限界。

站台计算长度范围外站台边缘至线路中心线 1 700 mm。直线地段车站用房侧墙建筑限界：车站用房侧墙没有设备或管线时，车站用房侧墙距线路中心线的距离为 1 800 mm；车站用房侧墙有设备或管线时，车站用房侧墙距线路中心线的距离为 2 100 mm。

（4）高架越行站建筑限界。

直线地段高架越行车站区域内，为四线并行，两侧线路停站，中间两线越站。站台边缘至停站线路中心线距离为 1 500 mm，站台面至轨面垂直距离为 1 050 mm，站台设置站台门系统，站台门外侧边缘至线路中心的距离为 1 530 mm。停站线路距离越站线路线间距为 5 000 mm，越站线路线间距为 4 200 mm。

3. 出入段线建筑限界

（1）出入段线单线桥地段建筑限界。

出入段线单线桥线路中心线至接触网立柱间的距离不小于 2 300 mm，不考虑设置疏散平台，两侧设置信号机。

（2）出入段线与正线分割时四线桥建筑限界。

出入段线与正线分割时，为四线并行，两侧为牵出线，中间两线为正线。正线线间距为 4 200 mm，正线与牵出线线间距为 5 000 mm，线路中心线至接触网立柱间的距离不小于 2 300 mm，正线中间不设置疏散平台，两侧均设置信号机。

4. 车辆段车场线建筑限界

车辆段车场线建筑限界应符合下列规定：

（1）车辆基地库外限界应按区间限界规定执行；

（2）车辆基地库内检修平台的高平台及安全栅栏与车辆轮廓线之间，应留有 80 mm 安全间隙，低平台应采用车站站台建筑限界；

（3）受电弓车辆升弓进库时，车库大门应按受电弓限界设计。

5. 缓和曲线地段及道岔区建筑限界

（1）缓和曲线地段建筑限界参照《铁路隧道设计规范》（TB 10003.2—2005）中新建铁路曲线地段加宽办法计算确定。地下区间曲线超高地段超高采用提高外轨和降低内轨各一半的方法，曲线地段圆形及马蹄形隧道中心线相对于线路中心线向曲线内侧偏移的方法补偿轨道超高产生的附加偏移量。高架及地面线采用全超高的方法。

（2）道岔区建筑限界应在直线地段限界的基础上，根据车辆的有关尺寸以及道岔的有关参数、过岔速度进行计算。

9 号曲线尖轨道岔的转辙机在隧道内原则上沿行车方向右侧预留转辙机安装洞。单渡线区转辙机安装在导曲线内侧，若不具备条件，置于外侧需要加宽。交叉渡线区一台转辙机安装在两线中间，另一台安装在线路外侧，安装在线路外侧时需加宽。加宽范围为：沿线路中心线岔心至岔尖方向 3 000～13 000 mm，建筑物边缘距线路中心线 2 800 m；垂直轨面方向轨面以上 2 000 mm 至轨面以下 400 mm 范围内不得有建构筑物。两台辙机安装洞之间连通，安装区域底平面平整，道岔区域不应有上翻梁，不应有加腋。

6. 人防隔断门限界

人防门（防淹门）限界宽度按设备限界加不小于 100 mm 间隙量确定，直线地段人防门（防淹门）边缘距离线路中心 1 900 mm，建筑限界高度和区间矩形隧道建筑限界高度相同；曲线地段人防门宽度尺寸及位置应根据曲线进站情况，分别选用对应门框宽度。人防隔断门侧面到道岔岔心的距离不小于 18 m。

（二）限界会签

施工图限界会签从 2017 年下半年开始至 2020 年年中，完成所有车站、区间、车辆段等限界设计会签工作。现场车站、区间施工过程中未出现因限界会签引起的相关调整。

（三）调线调坡情况

调线调坡工作于 2019 年年中启动，2020 年年中完成，所有区段经过线路专业、限界专业、轨道专业、接触网专业联合完成水平及竖向侵限检查工作。调线调坡此部分无限界设计相关问题，现场部分出现施工侵限事宜，均协调解决。

三、车辆优化与创新

杭海城际铁路车辆造型线条流畅，车辆颜色以蓝白相间为主，内装外饰高雅、美观大方，为 120 km/h 的 B 型车，运营速度快。车辆实物如图 28-13 所示。

图 28-13　车辆实物图

客室内座椅采用 2+2 横排列布置，采用软包全布座椅，考虑杭海城际铁路全线长度较长，充分提高乘客舒适度。车辆总体布置如图 28-14～图 28-26 所示。

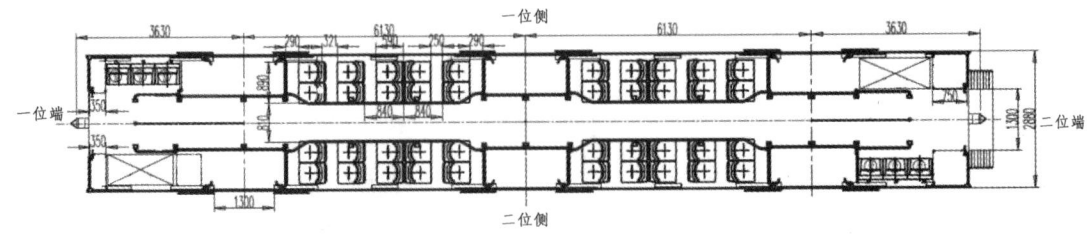

图 28-14　Mp 车总体布置

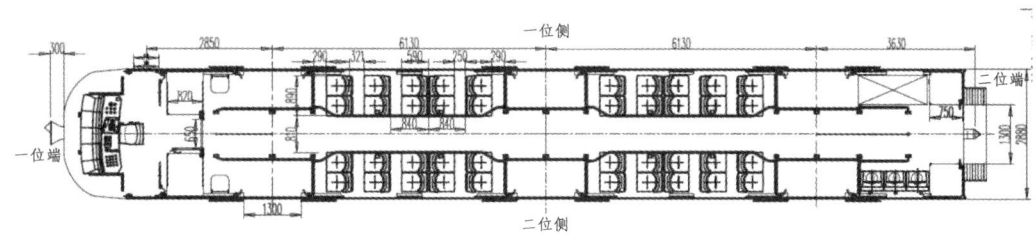

图 28-15　Mc 车总体布置

图 28-16　车内布置实景

防火方面，采用低烟、无卤、难燃、阻燃的电线电缆，车内设置多个烟雾传感装置，能对客室、司机室、空调回风口及车内电气设备柜等进行有效探测。

车辆配置先进的空气净化装置，释放出的光等离子体随空气流动到环境中，能有效杀灭细菌及病毒，净化空气。

LCD 屏的布置兼顾更多乘客看到原则，在三排横排座椅前端的屏风上布置 LCD 屏，在侧墙上布置 LCD 屏用于站立乘客观看，具体布置如图 28-17 所示。

图 28-17　LCD 屏幕布置方案

第九节　本章小结

一、工程特点及设计创新点

（1）杭海城际铁路是浙江省都市圈城际铁路网中的一条放射型线路，它从杭州城市轨道交通线网中已运营的1号线临平支线（远期9号线）衔接换乘后串联了嘉兴海宁市的临杭经济区（许村镇、长安镇）、周王庙镇、盐官镇、斜桥镇及海宁主城区，主要功能是承担杭州与海宁及周边地区间的城际联系功能，也发挥海宁地区内部公交骨干体系功能，是目前不多见的跨不同地级行政区的都市圈市域快速轨道交通项目之一。

（2）杭海城际铁路线与已运营杭州地铁1号线形成良好的换乘和衔接关系，线路设计保证了换乘节点合理、换乘方式灵活，考虑了对运营车站使用的影响。

（3）线路设计时速120 km/h，平面设计尽量选取了大半径，线路平顺，线性指标好。

（4）采用快慢车运行模式，开行大站快车和站站停列车，全线共设置两处越行线，越行车站采用"两台夹四线"型式，提高越行列车通过速度。

（5）线路长距离并行沪杭高铁（约12 km），距离最近处约16.9 m，采用小半径（460 m）侧穿沪杭高铁桥墩。

（6）车站与沪杭高铁余杭站北广场地下空间、皮革城地下空间一体化开发，且同步建设实施。

（7）首、末车站均存在线路延伸，预留了延伸条件。

二、设计总结

（一）顺应规划布局，优化站位选择

在杭海城际铁路全线站位选择过程中，充分搜集沿线规划资料，积极征求余杭区、海宁市规划部门及沿线各乡镇意见，并充分考虑了近期重点发展片区。线站位的选择考虑了客流覆盖、交通接驳、换乘便捷、工程投资等因素，进行了多方案比选。线路路径选择合理，站位设置效益较高，充分照顾了沿线高密度客流出行区。

（二）充分把控沿线控制点，深入细化工程方案，合理进行选线设计

（1）杭海城际铁路是连接杭州市余杭区与海宁市主城区的一条跨行政区的都市圈城际轨道交通线路，串联沿线乡镇，工程重难点多。线路敷设形式包括地下线、过渡段、高架线，4处过渡段位置的确定，过渡段与所处道路、周边的控制物的平面关系，均是线路设计中重点考虑的问题。

（2）线路长距离并行沪杭高铁，下穿已运营杭州地铁1号线、京杭运河二通道、沪杭高铁、沪杭高速公路、沈士大道、皮革城商业天桥，上跨沪杭高速公路匝道、钱江通道北接线、南排河，都是线路设计重要控制节点。

（3）线路下穿杭嘉高压燃气管、三回路500 kV秦由线及多处高压走廊，沿线与军用光缆多次交叉，线路平面设计需考虑尽量绕避，纵断面设计需满足与高压燃气管和500 kV高压线的安全净距要求。

（4）杭海城际铁路线高架段沿长安路、硖许公路敷设，两侧现状及规划建筑较多，考虑景观影响，根据桥梁美学经验梁高和跨度比例为1∶3左右时景观效果最佳，桥下净空选取在9～12 m范围。

（三）结合车辆基地用地与正线的关系及接轨站条件，设置八字形接轨

盐官车辆基地选址位于线路中段，且为杭海城际铁路唯一车辆基地，出入线接轨方案尽量满足两端均可收发车的条件，减少车辆空走距离，均衡线路上下行运营服务水平；同时结合该车辆基地用地与正线线位平行，采用贯通式布局，保证了收发车的均衡性；为降低工程投资，采用了"2+1"八字形出入线接轨形式。

（四）线路起终点需要进行综合考虑

线路起终点需结合杭海城际铁路在线网中的定位，考虑是否预留延伸条件，若确需延伸，起终点

设计时应尽可能提高延伸灵活性。根据线网规划方案及相关会议精神，杭海城际铁路起终点均预留了延伸条件，起点站预留向西延伸与杭州地铁 3 号线衔接换乘，便于杭海城际铁路线与杭州地铁线网形成多点换乘；终点站预留向东延伸至规划中海宁东站，因海宁东站选址未确定，终点站设为浙大国际学院站，浙大国际学院站（不含）至碧云站段暂缓实施，提高了线路延伸的灵活性。

（五）加强协调，解决疑难

针对项目工程特点、难点，设计中应加强对外、对内协调、沟通，尤其对于施工过程中的出现的问题，应及时解决，不留后患。

第二十九章 高架区间设计

第一节 设计概况

一、桥涵分布

杭州至海宁城际铁路工程正线高架段长约 32.828 6 km（不含高架车站），桥线比约为 71.0%，另外，还有盐官车辆段西出入段线单线高架段 0.98 km、盐官车辆段东入段线单线高架段 0.299 km，框架小桥 1 座 23.9 m，涵洞 2 座 490 横延米。

高架区间标准跨采用 35 m 简支箱梁，30 m 简支箱梁主要用于配跨。简支箱梁采取集中预制，架桥机逐孔架设，需要设置大型临时设施梁场。区间桥涵分布表 29-1 所示。

表 29-1 区间桥涵分布

序号	区间名称	起点里程	终点里程	区间桥长/m
1	余杭高铁站—许村镇站	右 DK004+172.892	右 DK006+809.092	2 636.20
2	许村镇站—海宁高铁站	右 DK006+894.942	右 DK011+527.842	4 632.90
3	海宁高铁站—下穿高铁起点	右 DK011+613.642	右 DK012+315.892	702.25
4	下穿高铁终点—长安镇站点	右 DK014+031.640	右 DK017+077.890	3 046.25
5	长安镇站—右 DK19+008.64	右 DK017+163.740	右 DK019+008.640	1 844.90
6	右 DK19+008.64—周王庙站	右 DK019+008.640	右 DK023+848.44	4 839.80
7	周王庙站至盐官站	右 DK023+934.140	右 DK027+821.84	3 887.70
8	盐官站至桐九公路站	右 DK027+907.540	右 DK032+967.740	5 060.20
9	桐九公路站至斜桥站	右 DK033+053.440	右 DK035+874.440	2 821.00
10	斜桥站至皮革城站	右 DK035+960.140	右 DK039+302.390	3 342.25
11	西 1 号出入线（单线）	RDK0+019.137	RDK0+558.187	539.05
12	西 2 号出入线（单线）	CDK0+019.137	CDK0+438.187	419.05
13	东出入线特大桥（单线）	1RDK0+018.085	1RDK0+317.140	299.06
14	许百户小桥	1RDK0+607.285	1RDK0+629.915	22.63
15	JDK0+819.00	1-2.0×3.0 m 框架涵		横向 218.18
16	JDK1+162.00	1-2.0×3.0 m 框架涵		横向 143.40

二、桥梁勘设过程

2016 年 9 月 20 日，《杭州至海宁城际铁路工程可行性研究报告》获得浙江省发改委批复（浙发改交通〔2016〕02号），同步启动初步设计，高架区间开展先行段工程。

2016年9月—10月，先后完成了先行段工程（右DK14+407.840～右DK23+702.440）桥长9.123 km（不含车站）的定测及初步设计。

2016年10月，先行段初步设计经过专家评审。评审专家提出增加试桩环节，对架桥机应做好前期试验工作、考虑到海宁属多台风地区，应增大接触网构件风荷载受力强度等级等意见，均在设计文件中落实。

2016年12月，完成了先行段施工图并顺利通过了咨询、强审。

2016年10月—11月，完成杭海城际铁路全线高架区间的定测及总体设计，主要为总说明书、土建工程、投资估算等相关内容。其中跨桑亭路及上塘河桥梁方案及跨南排河（盐官下河）等两处大跨进行了方案比选。

（一）跨桑亭路及上塘河桥梁方案比选

采用（54+85+85+54）m连续箱梁及（32+50+32）m连续梁+25 m+35 m简支箱梁进行比选。连续梁和简支箱梁平面布置如图29-1及图29-2所示。

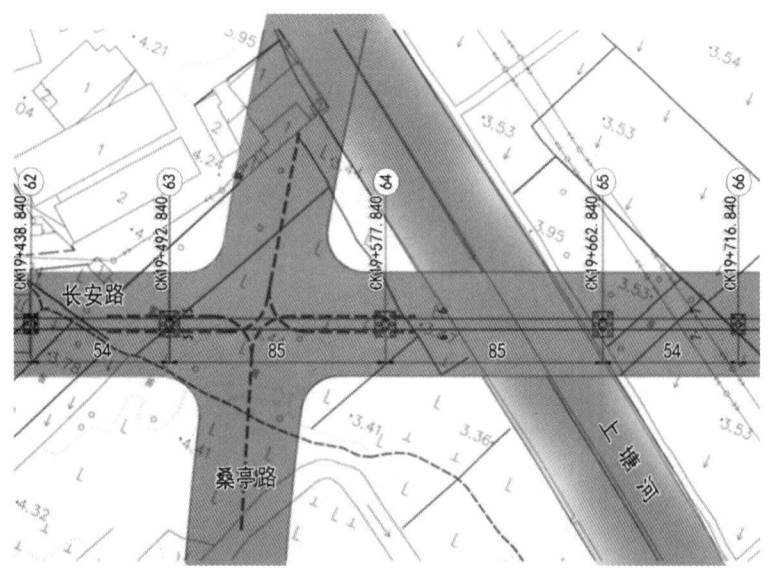

图29-1 （54+2×85+54）m连续梁平面布置

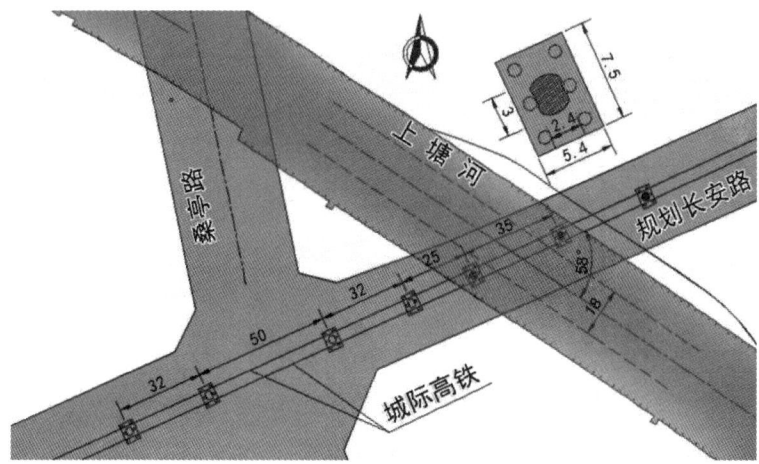

图29-2 （32+50+32）m连续梁+25 m+35 m简支箱梁平面布置

经过比选，（54+85+85+54）m 方案造价比比较方案多出 274 万元，但其施工方便，对桥下道路及河流基本无影响。比较方案水中设墩，阻水面积不满足《浙江省涉河桥梁水利技术规定》（试行）中桥墩阻水面积百分比不得超过 8%的规定。经征集相关主管部门意见，采用（54+85+85+54）m 方案。

（二）跨南排河（盐官下河）方案比选

采用（75+120+75）m 连续箱梁及（35+60+35）m 连续箱梁，跨南排河节点桥平面布置图及跨南排河比较方案桥平面布置如图 29-3 及图 29-4 所示。

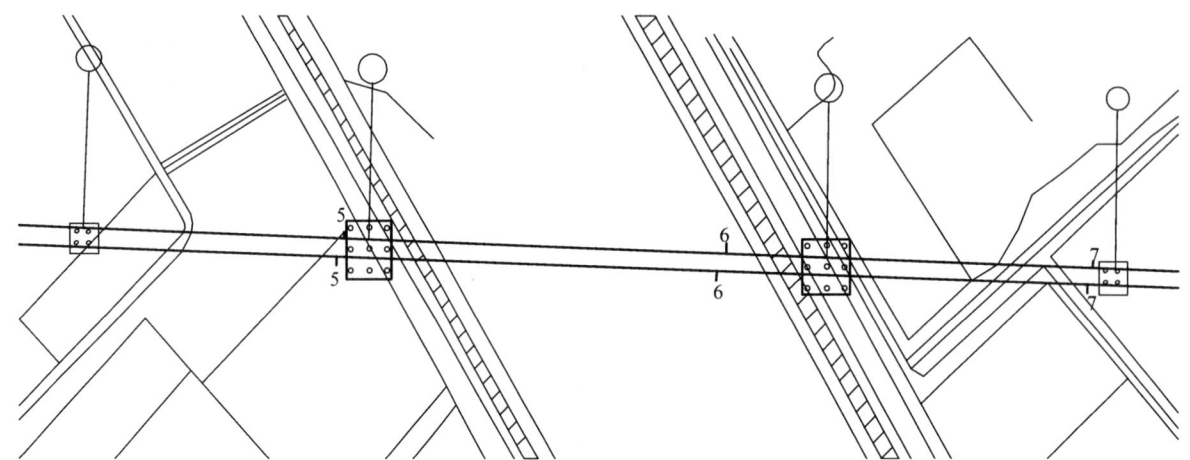

图 29-3　跨南排河节点桥平面布置

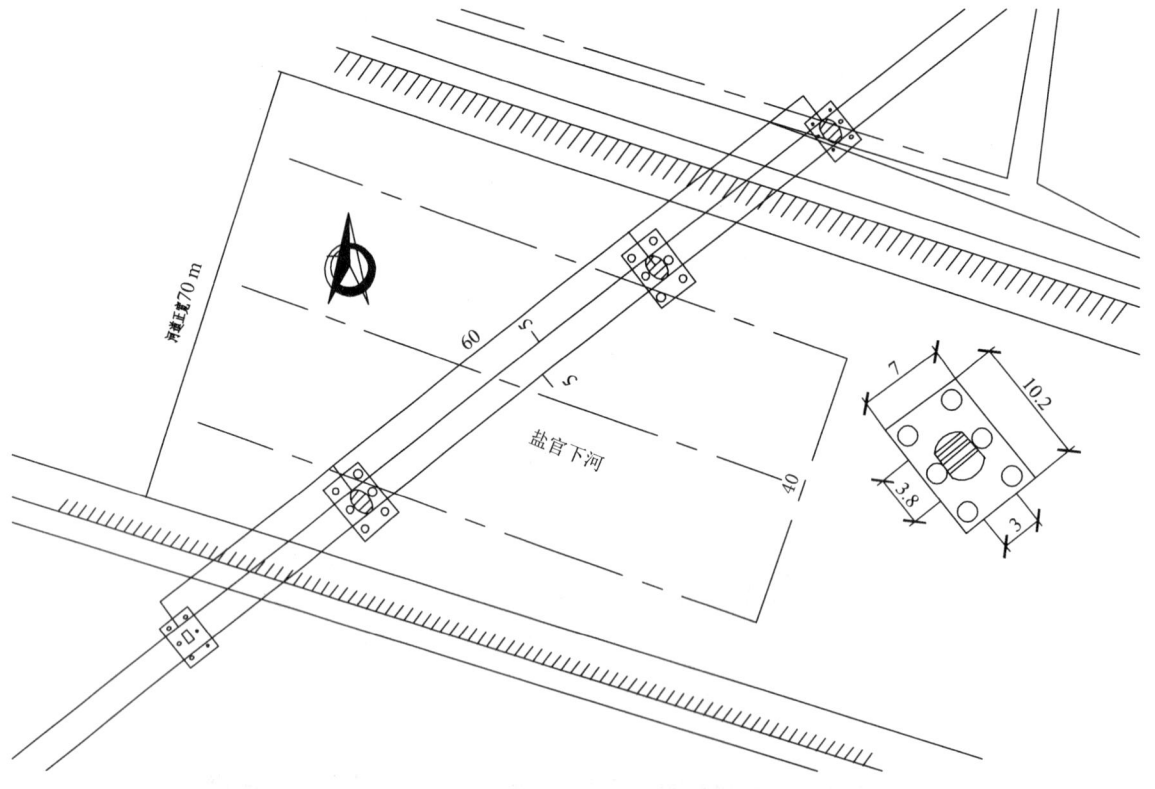

图 29-4　跨南排河比较方案桥平面布置

经过比选，（75+120+75）m 连续箱梁比比较方案多出约 393 万元，但其施工方便，不涉及水中墩，对桥下河流基本无影响。比较方案水中设墩，不满足《浙江省涉河桥梁水利技术规定（试行）》

中桥墩阻水面积百分比不得超过8%的规定。经征集相关主管部门意见，采用（75+120+75）m方案。

2016年12月—2017年4月，完成杭海城际铁路工程高架区间初步设计（不含先行段）。2017年4月10—12日，初步设计评审会在海宁举行，会议由浙江省发改委组织，邀请了26位国内资深专家组成专家组对杭海城际进行评审。评审专家意见14条，主要意见为：

（1）结合杭海城际铁路特点，标准梁选用整孔预制架设是合理可行的，建议进一步落实35 m跨度简支梁运架设备，完善全线施工筹划和指导性施工组织设计；

（2）标准梁桥墩墩高12 m与12.5 m墩身尺寸级差偏大，建议优化；

（3）主跨45~60 m连续梁跨中和边支点梁高偏高，建议优化，与标准梁梁高一致，以利美观；

（4）连续梁顶底板普遍偏厚，建议优化；

（5）全线连续梁桥相同跨度的结构形式应统一，分级应根据跨度和墩高确定并分类；

（6）单线简支梁挑臂偏短，可适当加长；

（7）单线桥墩横向尺寸偏大，应优化；

（8）120 m跨连续梁中支点梁高偏高，建议优化；中支点横向距离4.2 m偏小，应适当加宽。

除第（2）、（4）条基本无优化空间，第8条增大中支点横向距离但维持原设计梁高外，其余均已落实并执行。

2017年4月—2017年8月，完成了初步设计审查后修改。

2017年9月12日，杭州至海宁城际铁路工程初步设计获浙江省发改委批复（浙发改设计〔2017〕69号）。

2017年9月—2018年6月，完成了杭海城际铁路高架区间全部施工图。

第二节　主要设计标准及原则

一、主要设计标准

（一）采用洪水频率

桥梁跨越防洪河流时，按1/100洪水频率标准进行设计，技术复杂、修复困难的大桥、特大桥按1/300洪水频率标准进行检算。排洪涵洞按1/100洪水频率标准进行设计。

（二）线路主要技术标准

（1）正线数目：双线。
（2）设计最高运行速度：120 km/h。
（3）正线线间距为4.2 m。
（4）线路平面正线的最小曲线半径为550 m。
（5）最大坡度：28‰。

（三）设计活载

地铁B型车，4辆编组，轴重$P \leqslant 140$ kN。

（四）桥梁结构设计使用年限

桥涵主体结构按100年正常使用年限进行设计。

（五）道路、通航净空及建筑限界

（1）跨越道路时桥下净空应满足公路限界要求。

（2）跨越通航河流时，桥下净空应根据航道等级，满足现行国家标准《内河通航标准》（GB 50139）的有关规定。

（3）在满足道路、通航河流净高的同时，应考虑桥梁施工时，设置支架、防护棚架等对桥下净空的影响。同时，应关注桥墩顶帽是否侵入桥下限界问题。

（4）杭海线建筑限界参照《地铁设计规范》（GB 50157）。

（六）抗震设防烈度

抗震设防烈度为7度。

二、主要设计原则

（1）在满足使用功能的前提下，高架桥设计应遵循安全适用、经济合理、美观耐久、施工简洁的原则。

（2）高架桥设计应尽可能标准化，便于工厂化、机械化施工，以利于控制工程整体质量，缩短施工工期，利于运营期间的维修养护。

（3）高架桥梁结构应具有足够的纵向刚度、横向刚度和抗扭刚度，并具有良好的动力特性，符合轨道稳定性、平顺性要求，满足列车运行安全性和旅客乘坐舒适度的要求。

（4）桥梁孔跨布置一般以35 m简支箱梁等跨布置，30 m、25 m简支箱梁跨用于调跨。简支梁主要采用预制架设法施工，局部小曲线半径采用现浇支架法施工。布孔时，桥梁基础应尽量避开地下管线；不能避开时，应尽量将管线迁改量降到最低或管线迁改风险最小。

（5）当跨越公（道）路、通航河流等，采用常用梁跨无法通过时，视情况选用大跨度连续梁或其他特殊桥梁结构。预应力混凝土连续梁跨度一般采用（35+50+35）m、（40+60+40）m、（50+80+50）m等。

（6）跨越道路时，桥梁结构不得侵入道路建筑限界。跨越交叉路口时，原则上不在路口立墩，以保证桥下道路顺畅。

（7）跨越通航河流时，桥式方案应满足《内河通航标准》（GB 50139）及有关部门的规定和要求，其通航水位、桥下净高、孔跨、通航孔数及墩位布置等尚应征求航运部门的意见，并取得书面意见或签订协议。

（8）跨越排洪河流时，桥式方案应满足相关规定及要求。桥梁孔径必须保证满足设计洪水要求，并考虑桥前壅水、冲刷等对上、下游的影响。

（9）桥梁跨越防洪（河）堤时，桥墩应设于堤岸坡脚以外。并根据堤岸迎水坡坡脚外桥墩周围水流对堤岸的影响，采取相应的防护措施，以确保堤岸安全。

（10）桥墩除应满足地铁结构自身受力要求外，需着重从景观视觉上加以考虑。经比选，采用紫薇叶形独柱墩。

（11）邻近既有建（构）筑物时，原则上应予以避让。应加强对既有建（构）筑物的调查及资料收集，避免杭海线桥式布置影响既有建（构）筑物的结构安全。

（12）位于配线范围内的多线桥当梁部、墩身及基础可分建时，可设计成几座单线桥或双线桥，否则设计成多线桥。

（13）铺设无缝道岔的桥梁结构以及桥上道岔布置应符合《铁路无缝线路设计规范》（TB 10015）的相关规定。

（14）高架桥应预留设备的安装、检修和更换条件，并应满足养护、维修的要求。

（15）有关桥上声屏障、电气化立柱、电缆槽、综合接地、轨道等接口与有关专业统筹设计，并根据环保、防灾等要求配备相关设备。

（16）对于软土地区，因其具有强度低、压缩性高，低渗透性等特点，高架桥设计应全面考虑其影响，并适当加深钢护筒、加强钢板桩防护等工程措施。

三、主要设计荷载

高架结构设计荷载分类见表 29-2。

表 29-2　高架结构荷载分类

荷载分类		荷载名称
主力	恒载	结构自重
		附属设备和附属建筑自重
		预加应力
		混凝土收缩、徐变影响
		基础变位影响
		土压力
		静水压力及浮力
	活载	列车竖向静活载
		列车竖向动力作用
		列车离心力
		列车横向摇摆力
		无缝线路纵向水平力
		列车活载产生的土压力
		人群荷载
附加力		列车制动力或牵引力
		风力
		温度影响力
		流水压力
特殊荷载		无缝线路断轨力
		船只或汽车撞击力
		地震力
		施工临时荷载
		列车脱轨荷载

（一）主力

1. 恒载

（1）结构自重。

（2）二期恒载。

二期恒载重量包括钢轨、扣件、轨道板、混凝土基座等线路设备，以及防水层、钢栏杆或声屏障、防护墙及检修通道等附属设施重量。不设置屏障地段二期恒载为 94 kN/m,设置 3 m 直立式声屏障地段二期恒载为 111 kN/m。

(3) 预加应力按《铁路桥涵混凝土结构设计规范》(TB 10092—2017)处理。

(4) 混凝土收缩和徐变的影响力按《铁路桥涵混凝土结构设计规范》(TB 10092—2017)处理。

(5) 土的重力和土的侧压力按《铁路桥涵设计规范》(TB 10002—2017)处理。

2. 活载

(1) 列车静活载。

车辆荷载:轨道交通 B 型,四辆编组。

两线按活载总和的 100%计,三线按各线活载总和的 75%计,对受局部活载的构件,则均应为该活载的 100%,各线均采用同样情况的最不利活载。

(2) 列车竖向动力按《地铁设计规范》(GB 50157—2013)处理。

(3) 列车离心力按《地铁设计规范》(GB 50157—2013)处理,设计速度为 120 km/h。

(4) 列车横向摇摆力按相邻两节车四个轴轴重的 15%计,以集中力形式作用于轨顶面处。

(5) 活载土压力按《铁路桥涵设计规范》(TB 10002—2017)处理。

(6) 无缝线路长钢轨伸缩力、挠曲力按照轨道专业提供力进行检算。

(7) 人群均布荷载按 4 kN/m² 计算,桥梁疏散平台人群活载不与列车活载同时计算。

(二)附加力

1. 制动力或牵引力

按竖向静活载的 15%计算,当与离心力同时计算时,按竖向静活载 10%计算。区间双线桥应采用一线的制动力或牵引力;三线或三线以上的桥应采用二线的制动力或牵引力。高架车站及与车站相邻两侧 100 m 范围内的区间双线桥应按双线制动力或牵引力计,每线制动力或牵引力值为竖向静活载的 10%。

2. 风力

风力按《铁路桥涵设计规范》(TB 10002—2017)办理,基本风压按 W_0=800 Pa 计取。

3. 温度力

无砟轨道结构形式,梁部顶板非线性升降温按 10 ℃ 考虑,在顶板厚度范围内按梯度变化,结构均匀温差按±20 ℃ 考虑。

横向计算,可按升温,降温两种情况,考虑温度变化的影响力,其计算模式如图 29-5 所示。

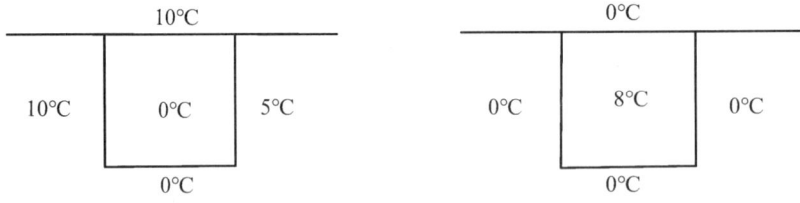

图 29-5 温度力计算模式

4. 水平推力和竖向压力

高架结构的挡板结构,除考虑其自重及风荷载外,尚应考虑水平推力和竖向压力,该项荷载作为附加力可与风力组合。水平推力作用于桥面以上 1.2 m 处。

(三)特殊荷载

1. 无缝线路长钢轨断轨力

单线或多线桥仅计一根长轨的断轨力。

2. 汽车对桥墩撞击力

墩柱有可能受到汽车撞击时，应设置坚固的防护工程。当无法设置防护工程时，必须考虑汽车队墩柱的撞击力。撞击力顺行车方向应采用 1 000 kN；横行车方向应采用 500 kN，作用在路面以上 1.20 m 高度处。

3. 地震力

地震力按《铁路工程抗震设计规范》（GB 50111—2006）（2009 年版）办理。

4. 脱轨荷载

（1）车辆集中力直接作用于线路中线两侧 2.1 m 以内的桥面板最不利位置处，检算桥面板强度。

（2）列车位于轨道外侧但未坠落桥下时，检算结构横向稳定性。

5. 施工临时荷载

施工临时荷载按《铁路桥涵设计规范》（TB 10002—2017）办理。

根据杭海城际铁路项目运架梁机械调研情况，考虑安全性，选取相应运架吨位的 DF6000 型架桥机，定点起吊架设模式，运架工况荷载情况如图 29-6 所示。

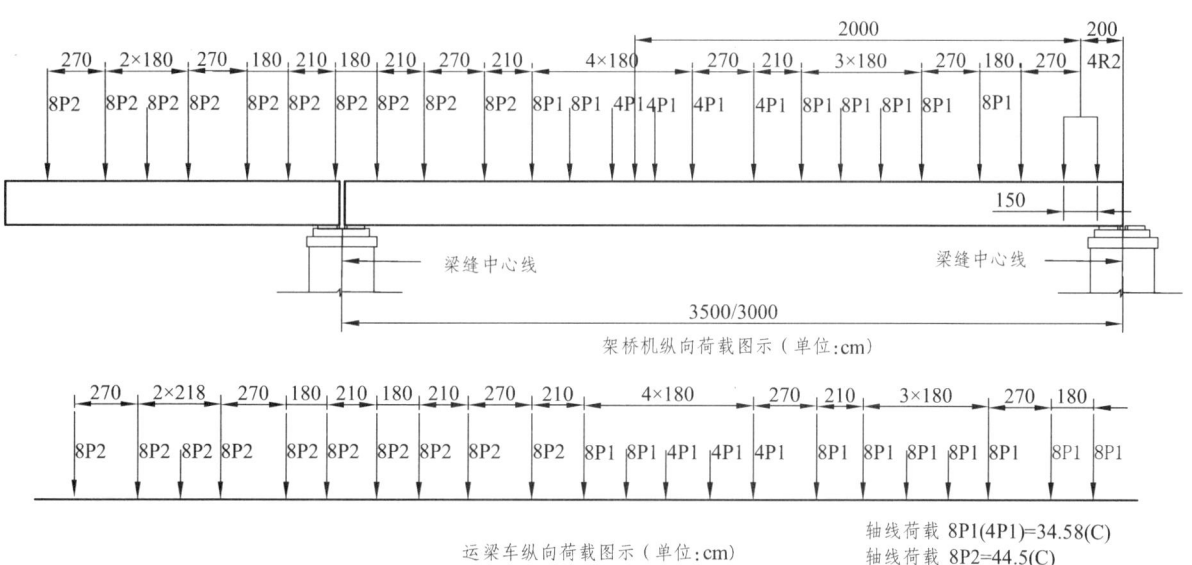

图 29-6　运架梁工况荷载图示（单位：cm）

（四）荷载组合

按可能的最不利组合情况进行计算。桥梁设计时，仅考虑主力与一个方向（顺桥向或横桥向）的附加力相组合，特殊荷载不相互组合。

四、主要设计控制指标

（1）强度、抗裂性、稳定性的安全系数按《铁路桥涵混凝土结构设计规范》（TB 10092—2017）办理。

（2）梁部均按后张法预应力混凝土构件设计，运营阶段下缘拉应力不得超过 $0.7f_{ct}$。

（3）运营荷载作用下预应力筋的最大应力 $\sigma_p \leqslant 0.6f_{pk}$，其应力幅应不大于容许值。对钢绞线应不大于 140 MPa。

（4）预拱度设置：无砟轨道的桥跨结构结构恒载及静活载引起的竖向挠度大于 5 mm 时，桥跨结构应设预拱度，其曲线与恒载及 1/2 静活载所产生的挠度曲线基本相同，但方向相反。

(5)梁式桥跨结构在列车静活载作用下：

① 跨度 $L \leqslant 30$ m 时，挠度容许值 $L/2\,000$；

② 跨度 $30 < L \leqslant 60$ m 时，挠度容许值 $L/1\,500$；

③ 跨度 $60 < L \leqslant 80$ m 时，挠度容许值 $L/1\,200$；

④ 跨度 $L > 80$ 时，挠度容许值 $L/1\,000$。

结构检算指标表见表29-3。

表29-3 结构检算指标

检算项目		控制条件
设计安全系数	强度安全系数（不考虑普通筋）	$K_{主} \geqslant 2.0$
		$K_{主+附} \geqslant 1.8$
	抗裂安全系数	$K_{主} \geqslant 1.2$
		$K_{主+附} \geqslant 1.2$
预应力钢绞线应力（MPa）	锚下控制应力	$\sigma_{con} \leqslant 0.75 f_{pk}$
	传力锚固时控制应力	$\sigma_p \leqslant 0.65 f_{pk}$
	运营荷载作用下	$\sigma_p \leqslant 0.60 f_{pk}$
	应力幅	$\Delta \sigma_p \leqslant 140$ MPa
混凝土应力（MPa）	传力锚固时压应力	$\sigma_c \leqslant 0.75 f_c'$
	传力锚固时拉应力	$\sigma_{ct} \leqslant 0.70 f_{ct}'$
	运营荷载下压应力（主+附）	$\sigma_c \leqslant 0.55 f_c$
	运营荷载下拉应力	$\sigma_{ct} \leqslant 0.70 f_{ct}$
	运营荷载下梁体最大剪应力（无竖向预应力）	$\tau_c \leqslant 0.17 f_c$
	抗裂荷载下主压应力	$\sigma_{cp} \leqslant 0.60 f_c$
	抗裂荷载下主拉应力（无竖向预应力）	$\sigma_{tp} \leqslant f_{ct}$

注：对于制造工艺不符合工厂制造条件的构件，上表中所列主力及主力加附加力作用下的各项强度安全系数均应增大10%。

(6)梁式桥跨结构的横向自振频率应不小于 $90/L$，L 为跨度（m）。

(7)高架桥墩墩顶的弹性水平位移应符合下列规定：

顺桥方向：Δ（mm）$\leqslant 5\sqrt{L(\mathrm{m})}$

横桥方向：Δ（mm）$\leqslant 4\sqrt{L(\mathrm{m})}$

(8)梁端转角限值：在列车静活载作用下，轨道梁单端竖向转角不得大于2‰。

(9)水平挠度限值：在列车横向摇摆力、离心力、风力和温度力作用下，梁体水平挠度应小于等于计算跨度的1/4 000。

(10)后期变形控制。

配合无缝线路设计，桥上采用短轨枕纵向承轨台式整体道床。桥面附属设施应尽量在轨道铺设前完成。轨道铺设后，无砟桥面预应力混凝土简支梁桥后期徐变上拱值不宜大于10 mm；无砟桥面预应力混凝土连续梁轨道铺设后的后期徐变量，应根据轨道专业的要求控制。

(11)墩台、基础设计。

① 桥墩强度、刚度、稳定性、预应力帽梁抗裂性等检算按《铁路桥涵混凝土结构设计规范》(TB 10092—2017)办理。

② 墩身裂缝按受弯构件计算：按《铁路桥涵地基和基础设计规范》(TB 10093—2017) 第 5.2.8 条及第 5.2.9 条计算，主力 $W_f \geqslant 0.2$ mm，主加附提高 20%。

③ 桥梁墩台桩基的沉降计算采用《铁路桥涵地基和基础设计规范》(TB 10093—2017) 之等效作用分层总和法。

a. 对于静定结构，其墩台基础工后沉降量，不应超过：墩台均匀沉降量容许值 20 mm，相邻墩台沉降量之差容许值 10 mm。

b. 对于超静定结构，其相邻墩台沉降量之差除应满足上述规定外，还应考虑沉降差对结构产生的附加应力的影响。

第三节　区间桥梁设计方案

一、主要设计思路

（1）区间高架梁采用广泛应用简支梁、连续梁梁式体系，其中一般地段采用简支梁，在交叉道口、通航河流、既有线和道岔区等简支梁无法跨越地段采用连续体系结构。

（2）通过对相交叉的道路、河道孔跨进行方案研究，结合地质条件进行经济技术比较，比选一般简支箱梁跨度，尽量减少连续梁跨度，以保证桥梁结构方案经济合理。

（3）在道路中央绿化带布置桥墩，可最大限度地减小对道路两侧建筑的影响，对城市道路两侧的地块规划影响较小，下净空满足道路对车辆通行净高的要求。

二、梁型比选

国内轨道交通高架桥常用跨度简支梁的截面形式有：组合 T 形、单箱形、双箱形、槽形等，各梁型特点如下。

（一）T 形梁

T 形梁抗弯性能好，可在工厂或现场预制。桥梁结构可由几片 T 形梁相互联结而成，吊装重量轻，施工方便，且构件容易修复或更换。T 形梁具有施工速度快、对既有道路交通干扰少和工程造价相对较低等优点，在普通铁路中应用较多，如图 29-7 所示；但其横向抗扭刚度小，外观欠美观，在我国城市轨道桥梁中很少采用。

图 29-7　普通铁路 T 形梁桥

（二）单箱梁

单箱梁外观简洁，是目前国内城市轨道交通和客运专线铁路应用最广泛的梁型。它具有闭合断面、截面抗弯及抗扭刚度大，整体受力性能和动力稳定性好等特点。单箱梁可采用整体预制架设、现浇施工等，工法较灵活，并可满足小半径曲线桥梁运架施工条件。此外，单箱梁底板横向宽度较窄，与之匹配的桥墩尺寸亦小，桥梁整体景观及经济性均较好，如图29-8所示。

图 29-8　城市轨道交通单箱梁桥

（三）双箱梁

双箱梁由两个单箱组合而成，在两单箱之间现浇横向连接，一般采用预制吊装法施工。单片箱梁体量较小，运架设备或吊装设备吨位较小，运架或吊装速度快。但分片架设完成后需现浇横向连接缝及横隔板，施工工序较多，景观性较单箱梁稍差。此外，双箱梁总体底宽较大，与之匹配的桥墩尺寸也相对偏大。城市轨道交通双箱梁桥如图29-9所示。

图 29-9　城市轨道交通双箱梁桥

（四）槽形梁

槽形梁最大优点是桥面结构建筑高度可以做得较低，为桥下提供更高的空间，且两侧梁板可起到隔声作用，降低轮轨噪声对周边环境的影响。但其结构受力复杂、梁体抗扭刚度小、施工复杂，工程造价略高。国内轨道交通、干线铁路主要在结构高度受控制地区或噪声敏感区采用这种形式。城市轨道交通槽形梁桥如图29-10及图29-11所示。

图 29-10　城市轨道交通槽形梁桥（双线）

图 29-11　城市轨道交通槽形梁桥（单线）

（五）综合比较

各种截面形式梁的综合比较见表 29-4。

表 29-4　各种梁型性能对比

受力特性	T 形梁	单箱梁	双箱梁	槽形梁
主要特点	经济，节省圬工	闭合截面	闭合截面	节约净空，降噪效果好
受力性能	受力明确，整体性差	整体受力性能好	受力性较好	自重大，抗扭不利
配套墩型	T 形墩	单柱居多	双柱墩、Y 形墩	T 形墩、双柱墩
适宜施工方法	一般采取预制	预制、现浇	分片预制架设、吊装	移动模架、支架现浇
建造经验	技术成熟，普通铁路桥中应用较多	技术成熟	技术成熟	使用范围较小
景观性	显得零乱、景观性差	线条流畅、造型美观	较单箱梁略差	腹板很高，显得庞大

经综合比较，杭海城际铁路常用跨度简支采用单箱梁。

（六）简支梁常用跨度比选

城市轨道交通高架桥跨越的城市道路、河道较多，为便于稳定桥跨布置方案，常用跨度简支梁一般采用 25 m、30 m、35 m 系列。经济跨度根据梁部制架方案及地质条件比较确定，地质条件较好的地区桥梁基础工程投资相对较小,常采用 25 m 作为标准跨度(如:武汉、天津、南京等地);深厚软土地区,桥梁基础工程投资相对较大,常采用 35 m 作为标准跨度(如:无锡、温州等地);北京、上海地区的城市轨道交通桥梁,25 m、30 m 跨度简支梁的经济性差别不大,这两种跨度都有选用。

杭海城际铁路桥址范围内软土广泛分布,承载能力较差、压缩模量大,桥梁基础持力层深度一般在 50 m 左右。桥梁基础工程的费用较大,且铁路沿线相交叉的道路、河道较多且宽,控制线路走向的建筑物也较多。为减少对既有地貌影响,经技术经济比较,简支箱梁的标准跨度采用 35 m,30 m 梁用于局部的孔跨调整。

三、墩型比选

高架桥墩型的选择除必须满足上部结构的受力要求,满足结构本身强度、刚度和稳定性外,还应配合地面道路交通和规划的要求,与上部结构及周边环境和谐统一,并注重当地人文景观的特点。

根据地面布设桥墩的条件,主要可分为独柱与双柱两种形式。独柱墩从立面形式上有紫薇叶形、伞骨形、Y 形、菱形等,墩身可以采用开槽、镂空等形式,以增加美感。通过对国内外轨道交通桥梁墩型的研究、分析,提出了下面五种适应推荐梁型及配套墩型。各类桥墩方案示意如图 29-12 所示。

(a)紫薇叶形桥墩伞骨形桥墩

(b)Y 形桥墩菱形桥墩

（c）双柱形桥墩

图 29-12　各类桥墩方案示意

桥墩采用现浇施工，在满足结构受力及结构安全的前提下，综合考虑高架结构景观以及梁型的匹配，杭海线箱梁采用紫薇叶形独柱墩，线条优美、造型简洁、占地少，圬工方较省，其实景如图 29-13 所示。

图 29-13　紫薇叶形桥墩实景

四、桥面布置方案

城市轨道交通工程是涉及多专业的系统工程，包括机车车辆系统、轨道系统、电力系统、通信信号系统。在线路高架地段，这些系统的设备均需设置在桥梁结构上，桥面宽度及其布置形式不仅要满足限界要求，还要满足桥面构造措施。杭海城际铁路采用接触网供电，结合在建及已运营项目经验，桥面宽度 10.6 m 可满足结构要求。

若从减少桥梁造价角度考虑,可以仅在有接网立柱的梁段附近局部加宽桥面,即可满足安装要求;若从景观角度考虑,宜采用整体桥面均加宽方案(即桥面按 10.6 m 等宽布置)。杭海城际铁路主要沿城市主干道高架敷设,景观要求比较高,桥面等宽方案对工程造价增加较少,但景观效果好很多,因此推荐等宽桥面方案。

五、施工方案研究

(一)简支梁施工方案研究

简支箱梁施工方法主要有整孔预制架设、节段预制拼装和支架现浇三种方法,三者之间的对比见表 29-5。各不同施工方法如图 29-14~图 29-16 所示。

表 29-5 简支箱梁施工方法比较表

施工方案	方法概要	主要优点	主要缺点	施工速度	经济比较	适用情况
现浇	满布支架或移动模架现场施工	①整体性好,可适应各种梁型;②可多段同时开工;③不需大型设备;④对连续结构施工无体系转换	①对城市环境、桥下交通响较大;②需大量支架;③施工场地占地多;④施工期较长	施工速度最慢。每孔梁采用支架现浇大约需要 15~20 d;当采用动模架施工大约需要 10~15 d	由于不需要投入大型造桥或架桥设备,对于中短距离桥梁施工费用最省	适用于项目量少的中小桥或斜弯桥
预制架设	在预制场整孔预制、运至现场架桥机架设	对城市环境、交通影响较小;②施工场地占地少;③利于大规模生产,质量外观好;④上下部结构可同时施工,施工速度快;⑤节省大量模架	工程施工前期投入较大	施工速度最快。每天可架设 2 孔梁	前期投入预制场的费用较高,梁体本身施工成本可降低,对长大桥梁有优势	适用于大规模中小桥简支梁工程
节段拼装	在工厂分段预制、运至现场架桥机组装架设	对城市环境、交通响较小;②施工场地占地少;③工厂化生产,施工工艺简单易行;④从预制场至工地的地面运输相对容易实现	①施工前期投入较大;②施工技术难度较大;③质量及外观不容易控制;④施工工序多,施工速度较慢	施工速度介于两者之间。每孔梁大约需要 3~5 d	前期投入预制场的费用较高,梁体材料指标最高,对超长桥梁有优势	适用于大跨工程项目或长大特殊桥梁

图 29-14 整孔预制施工

图 29-15　整孔支架现浇施工

图 29-16　移动模架施工

杭海城际铁路线路区间桥梁 2 座共计全长 32.8 km，整体走向沿道路中央绿化带敷设，沿线多为耕地、少量住宅区或者厂房，施工场地较空旷，城市道路宽度多为 30 m 及以下。若采用支架现浇施工，虽可多点同时开工，不受节点控制，但在较软地层上施工需要大量的支架，并且需要预压，施工进度较慢，对城市环境和桥下交通影响较大。采用预制架设法施工，制梁条件好、梁部质量易于保证；制梁台座和模板等设备可重复使用；架梁作业效率高，速度快；运梁、架梁均在桥面上进行，对桥位处周围环境影响小，且上部结构与下部基础可以同时施工，可以大幅缩短施工周期。

考虑到杭海城际铁路高架桥梁比重较大（约 70%），车站均采用侧式车站，站间距相对其他轨道交通项目也略大，节点桥梁相对较少，比较适合采用整孔预制架设法施工。因此，杭海城际铁路标准简支梁采用整孔预制架设法施工。

通过调研郑州大方桥梁机械有限公司、秦皇岛天业通联重工股份有限公司和中铁工程机械研究设计院等运架设备制造厂商，目前我国常见的铁路桥梁架桥机设备技术参数见表 29-6。

表 29-6　国内常用架桥机设备技术参数

项目名称	客运专线	城际铁路	广珠城际	莞惠城际	宁高城际	单线箱梁	单线T梁
架设梁型	32 m 简支箱梁	32 m 简支箱梁	32 m 简支箱梁	30 m 简支箱梁	30 m 简支箱梁	32 m 简支箱梁	32 m 简支T梁
额定起重量/t	900	900	700	700	450	450	190
最小架设曲线/m	2 000	2 000	2 000	1 000	1 500	2 000	600
架设最大纵坡/‰	20	20	20	30	24	30	20
整机重量/t	568.8	536.8	510	514.7	340	360	195

运架设备需根据工程项目的最小曲线半径、最大纵坡以及所架梁体的梁重、截面形状、梁长等参数单独设计，杭海城际轨道交通推荐采用 35 m 标准跨，与国铁 32 m 有较大区别，与正在实施的宁高城际荷载也较大，尚没有现成的运架设备可直接应用于杭海城际铁路，需要重新设计制造或者在现有的运架设备上进行改造。

根据以往的经验，并咨询多家运架设备制造厂家，初步认为对于杭海城际铁路项目的 35 m 简支梁，可在一些既有运架梁（如大方 DF550）设备基础上改进，可满足该项目的 35 m 简支箱梁的运架要求，施工时实际也是改造后研制出 SH700 型架桥机。

对杭海城际铁路项目曲线半径 550 m 困难条件下的地段，里程范围为右 DK016+167.840～右 DK016+972.840，共计 30 m 简支箱梁 7 孔，35 m 简支箱梁 17 孔，架桥机无法架设，但可以运梁，因此通过支架现浇的方式进行解决。施工时采用单端张拉形式，逐孔施工，原位现浇。

（二）连续梁施工方案研究

连续梁施工方法有支架现浇法和悬臂施工法。支架现浇施工方法同简支梁，悬臂施工法一般分为悬臂浇筑法和悬臂拼装法，两种方法各有特点，分别叙述如下：

1. 悬臂浇筑法

悬臂浇筑法又称挂篮法，是以已经完成的墩顶节段（0 号块）为起点，通过挂篮的前移对称地向两侧跨中逐段灌筑混凝土，并施加预应力悬出循环作业，每节段长一般为 2～5 m。悬臂浇筑法施工法的特点有：

（1）连续梁桥在悬臂施工时，由于墩梁铰接而不能承受弯矩，需要采取措施临时将墩、梁固结，待施工至少一端合龙后恢复原结构状态；

（2）不需要大量施工支架和临时设备，不影响桥下通航、通车，施工不受季节、河道水位的影响；

（3）每中墩有两个工作面平行作业，几个中墩可同时施工，有利于缩短工期；

（4）悬臂现浇施工周期受混凝土养生时间限制，因此缩短施工周期的关键在于混凝土早期强度上得快，减少混凝土的养生时间；

（5）梁段施工都在挂篮上进行，不受外界气候影响，便于养护；操作重复，有利于高效率工作和保证施工质量；同时，还便于在施工中不断调整阶段误差，提高施工精度。

2. 悬臂拼装法

悬臂拼装法是将预制好的节段，用支承在已建成悬臂上的专门悬拼吊机，悬吊于梁位上逐段拼装。悬臂拼装的预制长度，主要取决于悬拼吊机的起重能力，一般以 2～5 m 为宜。悬臂拼装法施工法的特点有：

（1）悬拼施工法要求构件各节段尺寸准确，外表光洁，钢束管道或主筋位置正确，接缝处理方便，钢束管道压浆及非黏结钢筋的防锈可靠。

（2）节段预制质量，关系这梁段悬拼施工的质量与速度，因此需严格控制梁段断面和形体的精确度。

由于施工过程中悬臂拼装法要求精度更高，施工更严，占地较大，周转不便，工期相对较长，因此杭海城际铁路项目悬臂施工法推荐采用悬臂浇筑法。

连续梁各工点具体施工方案应结合工期及施工条件，经综合比选后合理选择悬臂浇筑法或支架现浇法。

第四节　上部结构设计

一、简支箱梁

杭海城际铁路整孔箱梁具有受力简单、明确、形式简洁、抗弯和抗扭刚度大等优点，是目前我国设计时速 120 km 城际铁路桥梁的主导梁型。

为便于铁路设计、施工的标准化，加快施工进度，节省投资，对杭海城际铁路项目简支箱梁优先采用预制架设几种施工方案。预制架设方案可以工厂化生产，能保证箱梁制造质量，加快了施工进度并且提高了工效。

杭海城际铁路项目曲线半径 550 m 架梁困难条件下的地段，共计 30 m 简支箱梁 6 孔，35 m 简支箱梁 18 孔，采用支架现浇法。现浇梁轮廓同预制架设简支箱梁。施工时采用单端张拉形式，逐孔施工，原位现浇。

杭海城际铁路项目盐官出入线单线简支梁总计 39 孔，其中 35 m 简支箱梁 19 孔，30 m 简支箱梁 20 孔，无其他节点连续梁桥。单线箱梁片数较少，最小曲线半径仅为 250 m，宜采用支架现浇法施工。施工时采用双端张拉形式（与正线相接 1 孔采用单端张拉），逐孔施工，原位现浇。

（一）双线预制简支箱梁

1. 标准跨简支箱梁

区间 35 m 标准跨度双线简支箱梁梁长 34.9 m，梁顶宽 10.6 m，计算跨度 34 m，梁高 2.0 m，高跨比为 1/17。箱梁悬臂长度为 2.7 m，箱梁底宽 4.5 m。跨中截面顶板厚 0.25 m，底板厚 0.27 m，腹板 0.35 m。梁端支座点截面顶板厚 0.45 m，底板厚 0.70 m，腹板厚 0.7 m。梁端设置横隔梁，横隔梁厚 1.2 m。

区间 30 m 标准跨度双线简支箱梁梁长 29.9 m，梁顶宽 10.6 m，计算跨度 29 m，考虑桥梁景观要求，梁高依然采用 2.0 m，高跨比为 1/14.5。

曲线简支梁布跨采用右线准则，桥梁立面按右线展开。该梁梁缝采用 10 cm，梁缝中心线垂直右线。该梁腹板及底板按直线梁布置，顶板按桥面线性布置，通过调整左右悬臂板长度来实现。箱梁支座横向中心线与梁端线平行，左右支座距梁端距离相等。施工放样时应相应调整梁体轮廓、普通钢筋、预应力钢束及管道。

考虑桥梁景观及施工方便性等，直、曲线地段统一桥面宽度为 10.6 m，底部宽度为 4.50 m，每个支点设两个支座，支座横向中心线距离 3.1 m。如图 29-17 和图 29-18 所示，成桥照片如图 29-19 所示。

在考虑梁体自重，二期恒载按 89.8～107.7 kN/m 包络计算情况下，分别以主力、主力+附加力进行组合，取最不利组合进行设计。

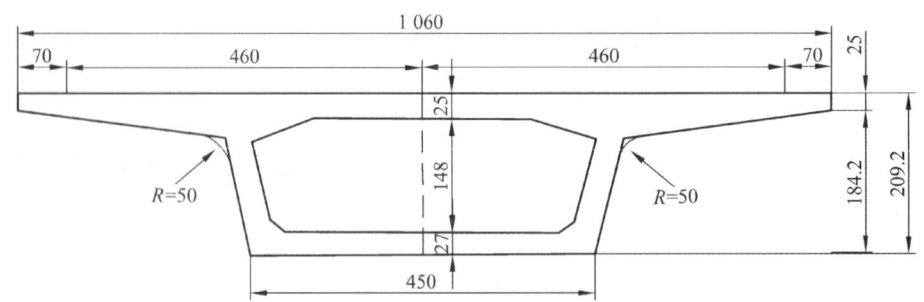

图 29-17 标准双线简支梁跨中截面（单位：cm）

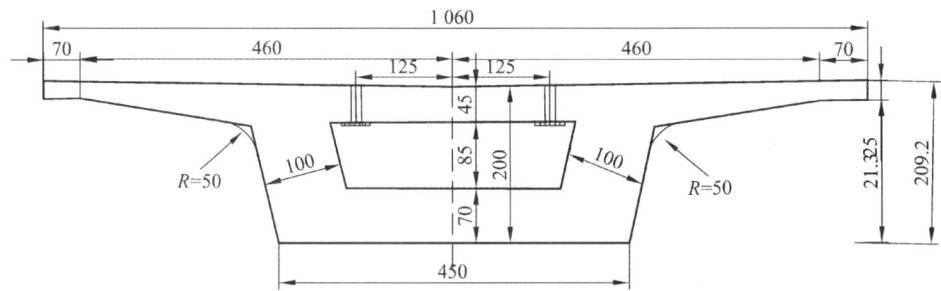

图 29-18 标准双线简支梁支点截面（单位：cm）

图 29-19 标准双线简支梁成桥照片

2. 非标跨简支箱梁

杭海城际铁路正线许村镇站至海宁西高铁站区间里程 27～28 号墩（右 DK007+759.892～右 DK007+792.892）、80～81 号墩（右 DK009+609.892～右 DK009+642.892）因避让控制点，共计 2 孔采用跨度为 33 m 的无砟轨道后张法预应力混凝土简支箱梁，预制架设施工。

杭海城际铁路正线桑亭路站至周王庙镇站区间里程 183～185 号墩（右 DK23+702.440～右 DK23+752.440）、盐官镇站至桐九公路站区间 82～85 号墩（右 DK30+637.740～右 DK30+712.740）、桐九公路站至斜桥镇站区间 80～81 号墩（右 DK35+753.440～右 DK35+778.440）、斜桥镇站至皮革城站区间 57～58 号墩（右 DK37+861.140～右 DK37+886.140）、91～92 号墩（右 DK39+046.140～右 DK39+071.140）因避让控制点，共计 8 孔采用跨度为 25 m 的无砟轨道后张法预应力混凝土简支箱梁，预制架设施工。

考虑桥梁景观要求，25 m、30 m 跨度双线简支箱梁依然采用 2.0 m 的梁高，梁体采用单箱单室箱梁，梁长分别为 24.9 m 和 32.9 m，顶宽 10.6 m，底宽 4.5 m，梁体顶面布置及附属工程与 35 m 标准梁图相同。

3. 变线间距简支箱梁

杭海城际铁路在海宁西高铁站至长安镇站区间下穿既有沪杭高铁采用两个单线隧道，出隧道后两个单线并行成双线，于里程 DK14+037.890～DK14+317.940 起桥处线间距由 4.837 变化至 4.20 m，共涉及 8 孔 35 m 简支箱梁。

在考虑梁体自重，二期恒载按 97.8～108.5 kN/m 包络计算情况下，分别以主力、主力+附加力进行组合，取最不利组合进行设计。

（二）现浇简支箱梁

区间 35 m、30 m 双线现浇梁顶宽 10.6 m，梁高 2.0 m，高跨比为 1/17。箱梁悬臂长度为 2.7 m，箱梁底宽 4.5 m，每个支点设两个支座，支座横向中心线距离 3.1 m。梁体顶面布置及附属工程与 35 m、30 m 预制梁图相同，曲线梁布置方式同样与预制梁一致，采用右线准则，桥梁立面按右线展开，腹板及底板按直线梁布置，顶板按桥面线性布置，通过调整左右悬臂板长度来实现。

在考虑梁体自重、二期恒载情况下，按现浇梁及各阶段应力控制计算，分别以主力、主力+附加力进行组合，取最不利组合进行设计。

（三）单线现浇简支箱梁

盐官车辆段东、西出入段线工程为正线引入车辆基地联络线，杭海城际铁路有 3 条单线引入，分别为西出段线、西入段线、东入段线。三条线均与正线并行，区间正线桥梁标准跨度采用 35 m、30 m 梁，而出入段线距离正线较近，为统一及对孔布置，单线高架桥的标准跨度采用 35 m、30 m 单箱单室简支箱梁对孔布置。

出入段线 35 m 跨度单线简支箱梁梁长 34.9 m，梁顶宽 6.0 m，计算跨度 33.8 m，梁高 2.0 m，高跨比为 1/16.9。箱梁悬臂长度为 0.87 m，箱梁底宽 3.4 m。跨中截面顶板厚 0.25 m，底板厚 0.27 m，腹板 0.35 m。梁端支座点截面顶板厚 0.50 m，底板厚 0.50 m，腹板厚 0.6 m。梁端设置横隔梁，横隔梁厚 1.1 m，支座横向中心线距离 2.5 m，如图 29-20 所示。

出入段线 30 m 跨度单线简支箱梁梁长 29.9 m，梁顶宽 10.6 m，计算跨度 28.8 m，考虑桥梁景观要求，梁高依然采用 2.0 m，高跨比为 1/14.4，梁体顶面布置及附属工程与 35 m 梁图相同。

曲线简支梁布置方法：按曲梁曲做方式设计，位于曲线段时，梁体轮廓、预应力筋、普通钢筋均以线路中心线为基准，根据曲线要素沿径向进行调整，支座按曲线径向布置。标准单线简支梁跨中、支点截面如图 29-21 所示。

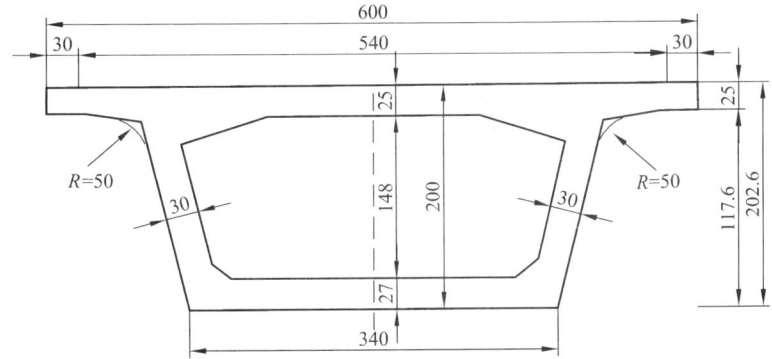

图 29-20　标准单线简支梁跨中截面（单位：cm）

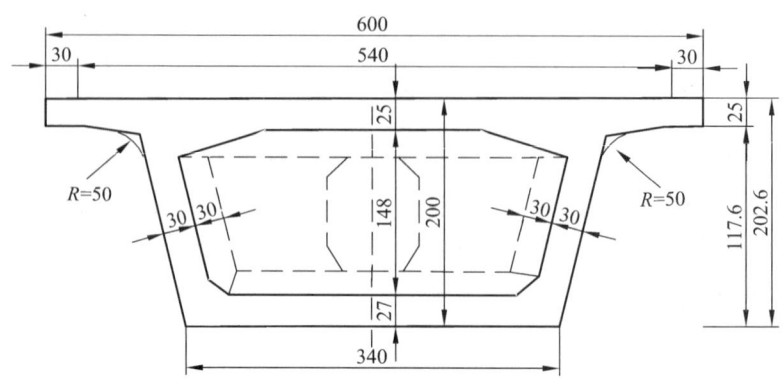

图 29-21 标准单线简支梁支点截面（单位：cm）

在考虑梁体自重，二期恒载直线无声屏障按 60.7 kN/m，曲线单侧声屏障按 69.0 N/m 包络计算情况下，分别以主力、主力+附加力进行组合，取最不利组合进行设计。

（四）简支箱梁统计

杭海线正线简支箱梁孔数统计见表 29-7。

表 29-7 杭海线正线简支箱梁孔数统计

项目		孔数
预制无砟轨道双线整孔箱梁（线间距 4.2 m）	35 m 跨度	569
	30 m 跨度	212
	33 m 跨度	2
	25 m 跨度	8
预制无砟轨道双线整孔箱梁（线间距 4.2～4.85 m）	35 m 跨度	8
现浇无砟轨道双线整孔箱梁（线间距 4.2～4.85 m）	35 m 跨度	18
	30 m 跨度	8
正线双线简支箱梁共计		823 孔
现浇无砟轨道单线整孔箱梁	35 m 跨度	16
	30 m 跨度	22
	25 m 跨度	1
出入线单线简支箱梁共计		39 孔

二、连续梁

（一）常用跨度连续梁

1. 概述

连续梁具有技术成熟，抗弯和抗扭刚度大、造价相对较低，施工方法灵活，也不受线路平、纵断面约束，因而在跨度不大于 100 m、结构高不受控制、采用一般简支梁难以跨越的工点，优先采用连续梁。

节点桥一般采用连续梁，需根据桥址位置实际情况采用支架现浇或挂篮悬臂浇筑法施工。一般情况下跨越通航河流、交通繁忙的城市主干道，较厚的软土地区连续梁推荐采用悬臂浇筑法施工，避免影响交通运输或搭设支架基础产生的费用。

2. 常用跨度连续梁设计

铁四院高架区间工点沿线主要上跨规划世纪大道、规划锦绣路、杭甬高速许村匝道、天顺路、上塘河、新港铁路站场、站前道路、上塘河、仰山路和修川路，以上节点采用预应力混凝土连续箱梁跨越，其他高架区间以简支梁上跨，各连续梁的主要特征及其分布见表29-8所示。

表29-8　铁四院节点桥设计情况

高架区间	序号	起点桩号	终点桩号	跨径组成/m	施工工法	备注
桥隧分界—许村镇站	1	右DK006+359.192	右DK006+539.192	50+80+50	挂篮施工	规划世纪大道
	2	右DK006+689.192	右DK006+809.092	35+50+35	支架现浇	规划锦绣路
许村镇站—海宁西高铁站	3	右DK007+862.892	右DK007+994.892	38.5+55+38.5	挂篮施工	杭甬高速许村匝道
	4	右DK007+994.892	右DK008+134.892	40+60+40	挂篮施工	天顺路
	5	右DK008+469.892	右DK008+509.892	40+60+40	挂篮施工	规划海王路
	6	右DK010+177.892	右DK010+317.892	40+60+40	挂篮施工	上塘河
	7	右DK011+437.892	右DK011+527.842	30+30+30	支架现浇	站前道路
海宁西高铁站—长安镇站	8	右DK015+997.940	右DK016+137.940	40+60+40	挂篮施工	上塘河
长安镇站—桑亭路站	9	右DK017+163.590	右DK017+363.640	40+2×60+40	挂篮施工	仰山路
	10	右DK018+763.640	右DK018+903.640	40+60+40	挂篮施工	修川路

交规院高架区间工点沿线主要上跨规划桑亭路及上塘河、桑梓中路、钱江通道北接线、观潮大道、斜郭塘、严家小桥、河石村桥、桐九公路、桃园里桥、规划丁庆公路、华森桥、规划丁屠公路和九曲港桥，以上节点采用预应力混凝土连续箱梁跨越，其他高架区间以简支梁上跨，各连续梁的主要特征及其分布见表29-9。

表29-9　交规院节点桥设计情况表

高架区间	序号	起点桩号	终点桩号	跨径组成/m	施工工法	备注
桑亭路站—周王庙镇站	1	右DK19+830.455	右DK19+940.455	54+2×85+54	挂篮施工	规划桑亭路及上塘河
周王庙镇站—盐官站	2	右DK24+030.140	右DK24+170.140	40+60+40	支架现浇	桑梓中路
	3	右DK24+980.140	右DK25+120.140	40+60+40	支架现浇	钱江通道北接线
	4	右DK27+701.840	右DK27+821.840	35+50+35	支架现浇	观潮大道
盐官站—桐九公路站	5	右DK30+712.740	右DK30+852.740	40+60+40	支架现浇	斜郭塘
	6	右DK32+082.740	右DK32+202.740	35+50+35	支架现浇	严家小桥
	7	右DK32+827.740	右DK32+967.740	40+60+40	支架现浇	河石村桥
桐九公路站—斜桥镇站	8	右DK33+053.440	右DK33+193.440	40+60+40	支架现浇	桐九公路
	9	右DK35+258.440	右DK35+378.440	35+50+35	支架现浇	桃园里桥
斜桥镇站—皮革城站	10	右DK36+486.140	右DK36+626.140	40+60+40	支架现浇	规划丁庆公路
	11	右DK37+641.140	右DK37+761.140	35+50+35	支架现浇	华森桥
	12	右DK38+021.140	右DK38+161.140	40+60+40	支架现浇	规划丁屠公路
	13	右DK39+071.140	右DK39+191.140	35+50+35	支架现浇	九曲港桥

各连续梁的主要特征及其分布如下：

(1) (35+50+35) m 支架现浇梁。

(35+50+35) m 支架现浇梁主要分布在余杭高铁站—许村镇站，周王庙镇站—盐官站、盐官站—桐九公路站、桐九公路站—斜桥镇站、斜桥镇站—皮革城站五个区间，主要跨越规划道路、河流及道岔区采用该结构。

箱梁顶宽 10.6 m，底宽 5.0～4.466 m（不考虑中支点梁底局部加宽），横断面采用单箱单室斜腹板变截面箱梁；中支点梁高为 3 m，边支点和跨中梁高均为 2.25 m，梁高变化段梁底曲线采用 $R=241.596$ m 的圆曲线，中支点直线段长为 3 m，边支点直线段长为 10.9。翼缘板端部厚 25 cm，与腹板外侧采用 $R=1$ m 圆弧过渡。跨中截面顶板厚 35 cm，底板厚为 32 cm，腹板厚 45 cm。中支点墩顶截面底板加厚至 65 cm，中、边腹板加厚至 80 cm 及 65 cm。梁端设 150 cm 厚横隔墙，中支点设 240 cm 厚横隔墙，中、端支点支座横向支撑间距 4.0 m。

(2) (40+60+40) m、(40+2×60+40) m 悬灌现浇梁。

(40+60+40) m 悬灌现浇梁主要分布在许村镇站—海宁西高铁站、海宁西高铁站—长安镇站、长安镇站—桑亭路站三个区间，(40+2×60+40) m 仅有 1 联分布在长安镇站—桑亭路站区间，以上连续梁主要跨越道口、规划道路、通航河流。

箱梁顶宽 10.6 m，底宽 5.0～4.108 m（不考虑中支点梁底局部加宽），横断面采用单箱单室斜腹板变截面箱梁；中支点梁高为 4.0 m，边支点和跨中梁高均为 2.25 m，梁高变化段梁底曲线采用 $R=216.946$ m 的圆曲线，中支点直线段长为 3 m，边支点直线段长为 10.9 m。翼缘板端部厚 25 cm，与腹板外侧采用 $R=1$ m 圆弧过渡。跨中截面顶板厚 35 cm，底板厚为 46 cm，腹板厚 48.5 cm。中支点墩顶截面底板加厚至 70 cm，中、边腹板加厚至 80 cm 及 65 cm。梁端设 150 cm 厚横隔墙，中支点设 240 cm 厚横隔墙，中、端支点支座横向支撑间距 3.9 m 及 4.0 m。单个悬臂设 7 个悬浇节段，悬浇节段长度分别为 3.0 m 及 3.5 m，中支点处设 12 m 现浇 0#块，边支点处设 8.9 m 边跨现浇段，悬浇与现浇段之间设 2 m 合龙段。其施工如图 29-22 所示，成桥如图 29-23 所示。

图 29-22　许海特大桥（40+60+40）m 连续梁施工

图 29-23 许海特大桥（40+60+40）m 连续梁成桥

（3）（40+60+40）m 支架现浇梁。

（40+60+40）m 支架现浇梁主要分布在周王庙镇站—盐官站、盐官站—桐九公路站、桐九公路站—斜桥镇站、斜桥镇站—皮革城站四个区间，主要位于架梁通道上，因工期原因需采用支架现浇，以上连续梁主要跨越道口、规划道路、河流等。

箱梁顶宽 10.6 m，底宽 5.0~4.108 m（不考虑中支点梁底局部加宽），横断面采用单箱单室斜腹板变截面箱梁；中支点梁高为 4.0 m，边支点和跨中梁高均为 2.25 m，梁高变化段梁底曲线采用 R=216.946 m 的圆曲线，中支点直线段长为 3 m，边支点直线段长为 10.9 m。翼缘板端部厚 25 cm，与腹板外侧采用 R=1 m 圆弧过渡。跨中截面顶板厚 35 cm，底板厚为 35 cm，腹板厚 48 cm。中支点墩顶截面底板加厚至 85 cm，中、边腹板加厚至 110 cm 及 100 cm。梁端设 150 cm 厚横隔墙，中支点设 240 cm 厚横隔墙，中、端支点支座横向支撑间距 3.9 及 4.0 m。

（4）（50+80+50）m 悬灌现浇梁。

（50+80+50）m 悬灌现浇梁全线仅一联，分布在余杭高铁站—许村镇站区间，跨越规划世纪大道所设。

箱梁顶宽 10.6 m，底宽 5.5 m（不考虑中支点梁底局部加宽），横断面采用单箱单室直腹板变截面箱梁；中支点梁高为 5.208 m，边支点和跨中梁高均为 2.608 m，梁高变化段梁底曲线采用 R=271.733 m 的圆曲线，中支点直线段长为 3 m，边支点直线段长为 10.9 m。翼缘板端部厚 25 cm，与腹板外侧采用 R=1 m 圆弧过渡。跨中截面顶板厚 35.8 cm，底板厚为 37.5 cm，腹板厚 50 cm。中支点墩顶截面底板加厚至 75 cm，中、边腹板加厚至 80。梁端设 150 cm 厚横隔墙，中支点设 240 cm 厚横隔墙，中、端支点支座横向支撑间距 4.4 m。单个悬臂设 9 个悬浇节段，悬浇节段长度分别为 3.0 m、3.5 m、4.0 m，中支点处设 15 m 现浇 0#块，边支点处设 8.9 m 边跨现浇段，悬浇与现浇段之间设 2 m 合龙段。其施工如图 29-24 所示，成桥如图 29-25 所示。

（5）（54+2×85+54）m 悬灌现浇梁。

（54+2×85+54）m 悬灌现浇梁全线仅一联，位于桑亭路站—周王庙镇站区间，跨越规划桑亭路及上塘河所设。

箱梁顶宽 10.6 m，底宽 4.108~5.0 m（不考虑中支点梁底局部加宽），横断面采用单箱单室直腹板变截面箱梁；中支点梁高为 6.0 m，边支点和跨中梁高均为 3.0 m，梁高变化段梁底曲线采用

R=268.167 m 的圆曲线，中支点直线段长为 3 m，边支点直线段长为 12.4 m。翼缘板端部厚 25 cm，与腹板外侧采用 R=1 m 圆弧过渡。跨中截面顶板厚 32 cm，底板厚为 32 cm，腹板厚 50 cm。中支点墩顶截面底板加厚至 160 cm，中、边腹板加厚至 120 cm 及 70 cm。梁端设 150 cm 厚横隔墙，中支点设 200 cm 厚横隔墙，中、端支点支座横向支撑间距 4.2 m。单个悬臂设 10 个悬浇节段，悬浇节段长度分别为 3.0 m、3.5 m 及 4.0 m，中支点处设 13 m 现浇 0#块，边支点处设 10.4 m 边跨现浇段，悬浇与现浇段之间设 2 m 合龙段。

图 29-24　杭许特大桥（50+80+50）m 连续梁施工

图 29-25　杭许特大桥（50+80+50）m 连续梁成桥

3. 常用跨度连续梁统计

全线采用主跨不大于 85 m 的多种跨度双线预应力混凝土连续梁种类及结构见表 29-10。

表 29-10　全线主跨不大于 85 m 连续梁种类及结构

跨度/m	梁高/cm	支座高度/m	型号	半梁缝/cm	偏心/cm
30+30+30	225/330	0.120/0.150	CGQZ-B-L-Ⅲ-3500/7000	5	0
35+50+35	225/330	0.120/0.200	CGQZ-B-L-Ⅲ-3500/15000	10	0
38.5+55+38.5	225/400	0.125/0.200	CGQZ-B-L-Ⅲ-4000/15000	10	0
40+60+40	225/400	0.125/0.200	CGQZ-B-L-Ⅲ-4000/15000	10	0
40+2×60+40	225/400	0.125/0.200	CGQZ-B-L-Ⅲ-4000/15000	10	0
50+80+50	260/520	0.135/0.300	CGQZ-B-L-Ⅲ-5000/25000	10	0
54+2×85+54	300/600	0.150/0.315	CGQZ-B-L-Ⅴ-6000/27500	10	10

全线采用主跨不大于 85 m 的多种跨度双线预应力混凝土连续梁数量统计见表 29-11。

表 29-11　全线主跨不大于 85 m 连续梁联数统计

项目	联数
无砟轨道双线（30+30+30）m 预应力混凝土连续梁	1
无砟轨道双线（35+50+35）m 预应力混凝土连续梁	6
无砟轨道双线（38.5+55+38.5）m 预应力混凝土连续梁	1
无砟轨道双线（40+60+40）m 预应力混凝土连续梁（悬灌现浇）	5
无砟轨道双线（40+60+40）m 预应力混凝土连续梁（支架现浇）	7
无砟轨道双线（40+2×60+40）m 预应力混凝土连续梁	1
无砟轨道双线（50+80+50）m 预应力混凝土连续梁	1
无砟轨道双线（54+2×85+54）m 预应力混凝土连续梁	1
全线共计常用跨度连续梁	23 联

（二）大跨度桥梁

1. 概述

杭海城际铁路正线全线主跨 100 m 及以上的大跨度连续梁桥仅有 1 联，为周王庙镇站至盐官镇站周盐特大桥跨盐官下河主桥（70+120+70）m 预应力混凝土连续梁。

盐官下河在桥位处现状水面宽度约 70 m，为规划Ⅴ级航道，通航净空 40×5 m。两侧河岸以浆砌块石驳坎护坡，河岸岸坡稳定性好。河水流向由西北至东南，流速缓慢，勘察期间河水水位标高一般在 2.3~2.6 m，最终汇入钱塘江。盐官下河河道现状如图 29-26 所示。

图 29-26　盐官下河河道现状

周盐特大桥主桥跨越盐官下河，铁路与河流交角 60°，盐官下河为Ⅵ级航道，通航净高要求 5 m，通航净宽 40 m。河道管理单位要求一跨跨河，为满足净宽、净空及河道行洪要求，主桥采用了（70+120+70）m 连续梁结构形式，如图 29-27 所示。

图 29-27　（70+120+70）m 连续梁合龙照片

该桥地基为粉质黏土夹有淤泥、粉土、细砂层，基底为圆砾。主桥采用紫薇叶形桥墩，基础采用直径为 1.8 m 的钻孔桩，桩基 12 根，桩长 85 m；边墩采用紫薇叶形桥墩，基础采用直径为 1.5 m 的钻孔桩，桩基 5 根，桩长各为 65 m。

2. 结构构造

桥跨布置为（70+120+70）m，梁端至边支座中心 0.65 m，梁体全长 260 m。梁体为单箱单室、变高度、变截面结构，箱梁顶宽 10.6 m，底宽 6.6 m。各控制截面梁高分别为：端支座处及边跨直线段和跨中处为 4 m，中支点处梁高 8.2 m，梁高按抛物线变化；顶板厚 35 cm，腹板厚分别为 60 cm、80 cm、100 cm，底板厚由跨中的 50 cm 按抛物线变化至中支点梁根部的 120 cm，中支点处加厚到 190 cm；全梁共设 4 道横隔梁，分别设于中支点和端支点中截面。中支点处设置厚 3.0 m 的横隔梁，边支点处设置厚 1.50 m 的端隔梁，中支点隔板设有孔洞，供检查人员通过。梁体截面布置见图 29-28 和图 29-29。

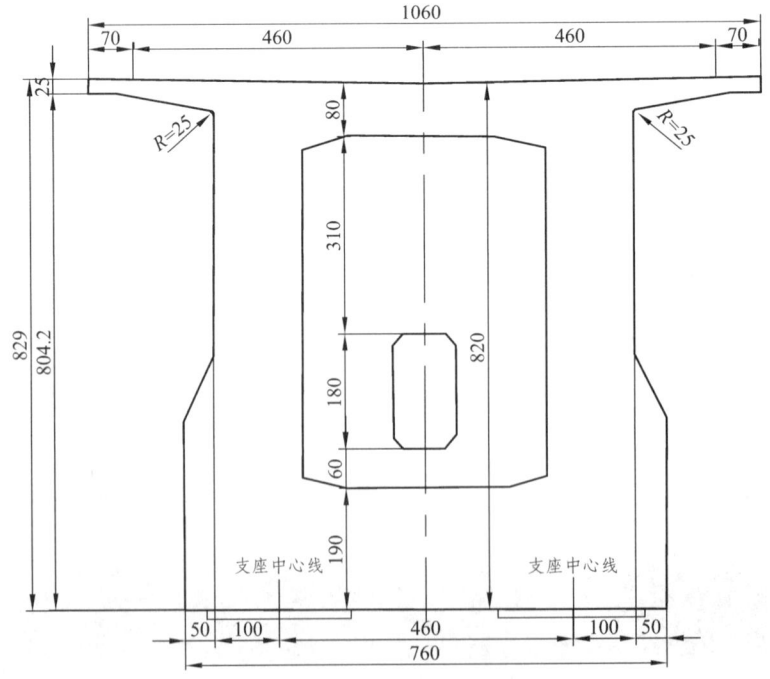

图 29-28　（70+120+70）m 连续梁跨中截面（单位：cm）

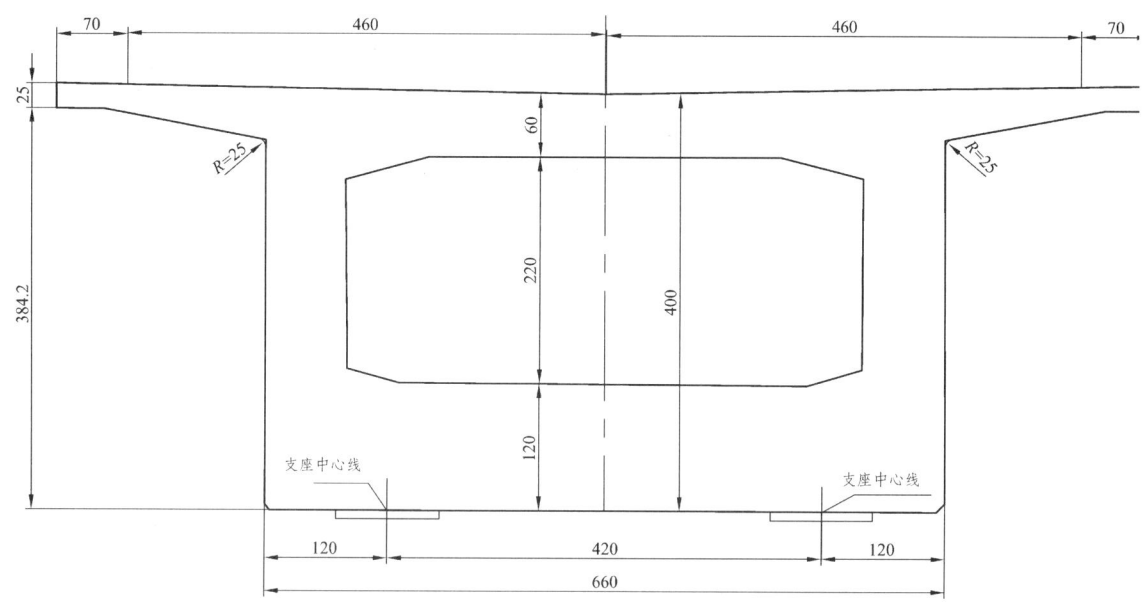

图 29-29 （70+120+70）m 连续梁跨中截面（单位：cm）

梁体采用纵、横、竖向三向预应力体系。

3. 道岔连续梁

受车站布置、联络线从正线出叉影响，无缝线路道岔上桥已不可避免。杭海城际铁路桥梁上多处设置了道岔，设计有海宁西高铁站～下穿高铁起点 1～4 号墩、6～9 号墩采用（33.5+33.5+33.5）m 四线道岔连续梁，周王庙镇站和斜桥镇站两个越行站两侧采用（3×32）m 双线变四线道岔连续梁、盐桐特大桥 1～3 号墩采用（37+37）m 双线夹渡线道岔连续梁，盐桐特大桥 80～82 号墩及斜皮特大桥 4-6 号墩采用（35+35）m 双线夹渡线道岔连续梁、盐桐特大桥出入段线接主线处 3～6 号墩采用（3×31.2）m 双线变四线道岔连续梁、77～80 号墩采用（30.8+31+30.8）m 道岔连续梁。

道岔连续梁设计均配合道岔形式，结构较为复杂。另外，道岔布置位置和支座布置形式对系统受力和变形影响很大，设计难度较大。变宽梁只能采用支架现浇法施工，混凝土方量较大，施工难度较大。设计中采取多种措施，使全桥受力合理，施工尽可能方便。具体要求如下：

（1）道岔位置：避免道岔布置在梁的端部并且尽量让道岔导轨与梁体反向伸缩。

（2）支座布置：合理布置纵、横向固定支座位置，减小梁体变形对无缝道岔的影响。

（3）施工阶段：全桥分阶段支架现浇，减少支架不均匀沉降对主梁的影响，并确保大体积混凝土有合理的施工工期。

全线道岔梁设计种类统计具体见表 29-12。

表 29-12　全线道岔梁梁设计种类统计

项目	联数
无砟轨道（33.5+33.5+33.5）m 四线道岔连续梁	2
无砟轨道（3×32）m 预应力混凝土道岔连续梁	4
无砟轨道（35+35）m 预应力混凝土道岔连续梁	2
无砟轨道（37+37）m 预应力混凝土道岔连续梁	1
无砟轨道（3×31.2）m 预应力混凝土道岔连续梁	1
无砟轨道（30.8+31+30.8）m 预应力混凝土道岔连续梁	1

第五节 下部结构设计

一、墩台设计

正线桥台采用双线矩形空心台,正线及出入段线桥墩采用单柱紫薇叶形实体桥墩,梁桥下道路与线路夹角很小时,局部采用了预应力混凝土门式桥墩。与车站相接部分,采用了钢筋混凝土双柱墩。

二、正线墩台设计

(一)正线矩形空心桥台

正线桥台采用双线矩形空心桥台,台顶宽10.6 m,纵向长度6.25 m,台身6.3 m,纵向长度8.55 m,内空尺寸4.75 m×1.9 m。台身采用C35混凝土,并设置护面钢筋;垫石采用C50钢筋混凝土。台帽顶设进人洞,台身内设检查梯及安全栏杆。为与台尾隧道U形槽相接以示美观,桥台顶面做成梯形,通过悬臂板长度调整,如图29-30所示。

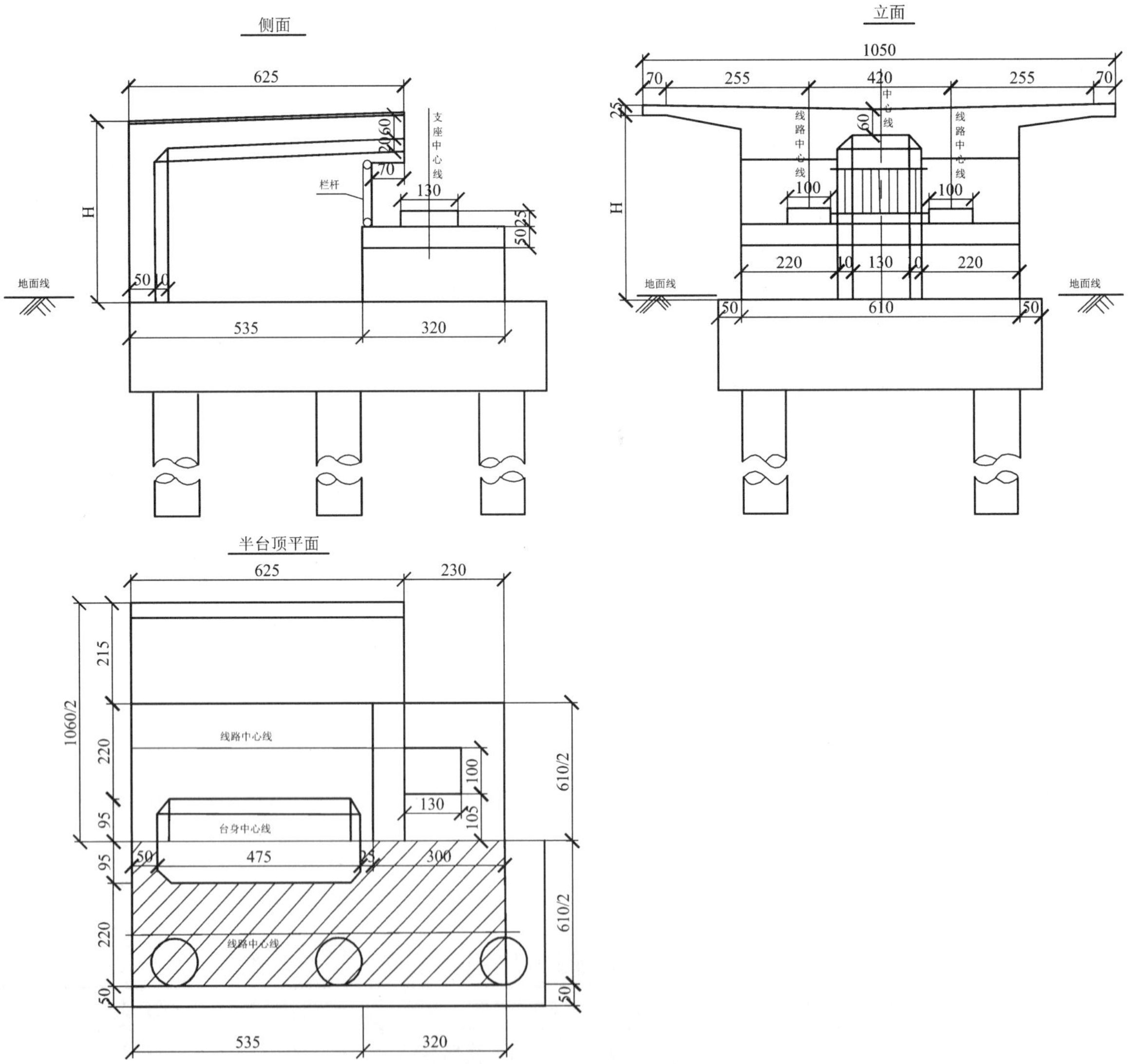

图29-30 双线矩形空心桥台布置图(单位:cm)

(二)正线紫薇叶形实体桥墩

正线预制箱梁段采用的单柱紫薇叶形实体桥墩,设计采用钢筋混凝土桥墩,由计算配置钢筋。根据杭海线桥墩高度范围及地质资料情况,正线桥墩分为三种不同墩身尺寸,详见表29-13。

表29-13 正线桥墩尺寸

墩高 H/m	墩底截面尺寸/m	墩顶尺寸/m
A 型 2.5≤H≤8	1.6×2.8	2.3×5.278
B 型 8<H≤12	1.9×2.8	2.3×5.278
C 型 12.5<H≤18	2.4×3.0	2.8×5.278

其中,B型桥墩布置如图29-31所示,成桥如图29-32所示。现浇箱梁因采用单端张拉,桥墩墩身厚度可与预制梁保持一致,连续梁用紫薇叶形墩根据梁体支座布置及墩顶刚度要求再对墩身厚度及宽度进行调整。墩身采用C35混凝土,垫石采用C50钢筋混凝土,墩顶设置检查孔。

(三)正线门式墩

许村镇站至海宁西高铁站区间线路绕行至既有人民路中绿化带、海宁西高铁站至长安镇站区间线路绕行至既有人民路中绿化带及规划学院路路中绿化带、盐官镇站至斜桥镇站区间线路绕行至既有硖许公路路中绿化带,线路出入既有道路时斜交角度均较小,设计采用了预应力混凝土门式墩。门式墩帽梁采用C40预应力混凝土结构,墩身采用C35钢筋混凝土,支架施工。门式墩帽梁及墩柱尺寸根据计算结果采用,基础的布置可根据要求进行旋转调整,门式墩帽梁布置按垂直道路以利于公路行车美观。典型门式墩布置如图29-33所示,成桥如图29-34所示。

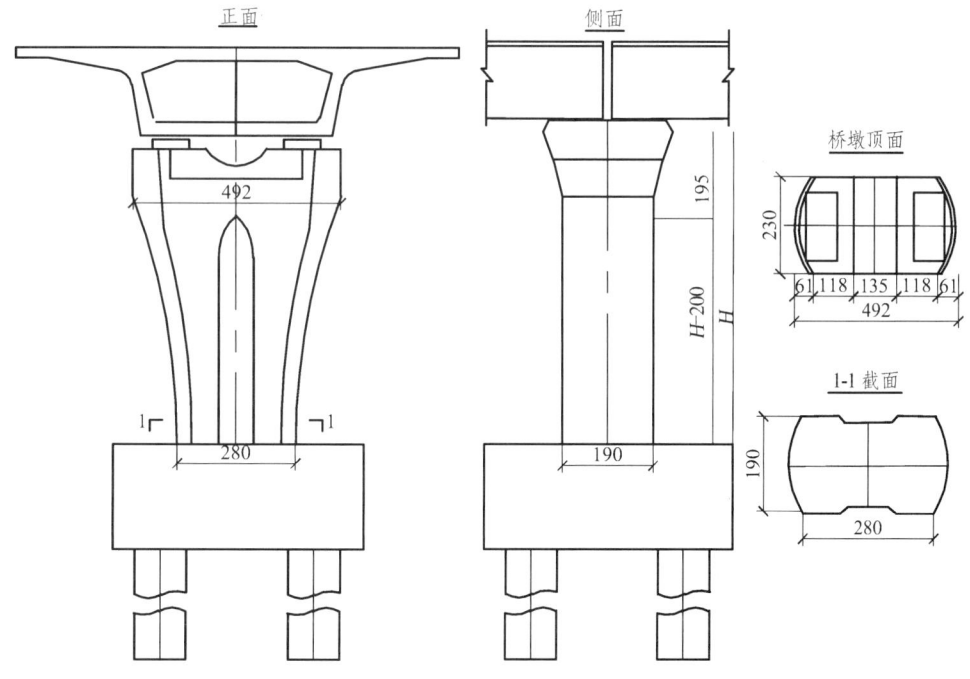

图29-31 双线梁紫薇叶形桥墩(单位:cm)

图 29-32　双线梁紫薇叶形桥墩成桥

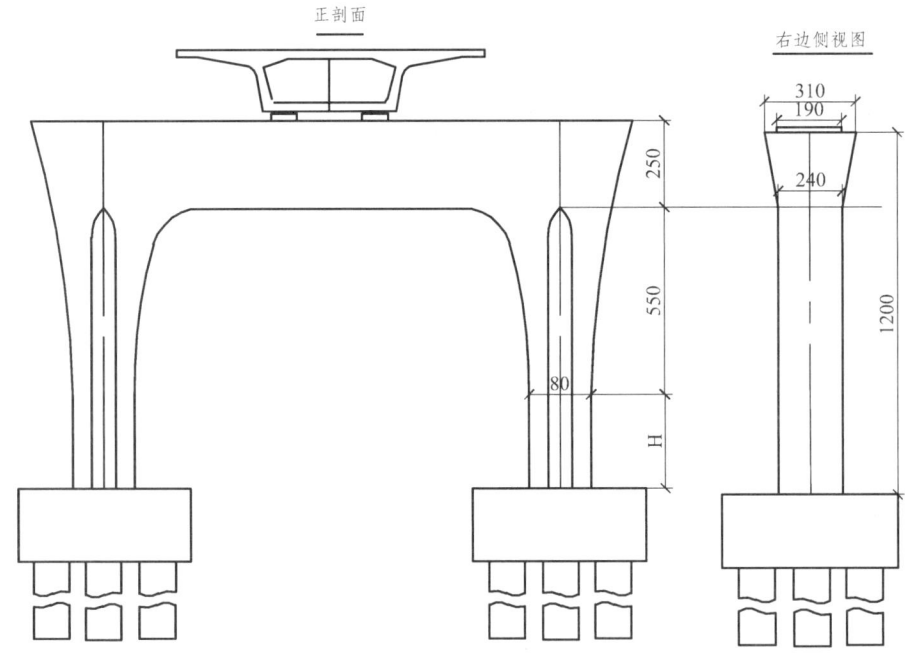

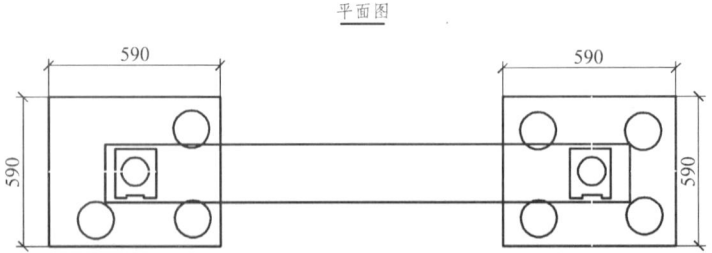

图 29-33　双线门式桥墩设计（单位：cm）

图 29-34　双线门式桥墩成桥

（四）正线双柱墩

桥梁区间与部分车站相接的桥墩，如许村镇站、海宁西高铁站等、海宁西高铁站至桥隧分界区间四线桥，设计采用了钢筋混凝土双柱墩。双柱墩帽梁及墩身采用 C35 钢筋混凝土，支架施工。双柱墩帽梁及墩柱尺寸根据计算结果采用，采用钻孔桩基础，典型门式墩布置如图 29-35 和图 29-36 所示。

图 29-35　与车站相接双线双柱桥墩

图 29-36　四线桥双线双柱桥墩

三、出入段线墩台设计

（一）出入段线矩形空心桥台

出入段线桥台采用单线矩形空心桥台，台顶宽 6.0 m，纵向长度 4.0 m，台身 4.3 m，纵向长度 5.6 m，内空尺寸 2.55 m×2.5 m。台身采用 C35 混凝土，并设置护面钢筋；垫石采用 C50 钢筋混凝土。台帽顶设进人洞，台身内设检查梯及安全栏杆。单线矩形空心桥台布置如图 29-37 所示。

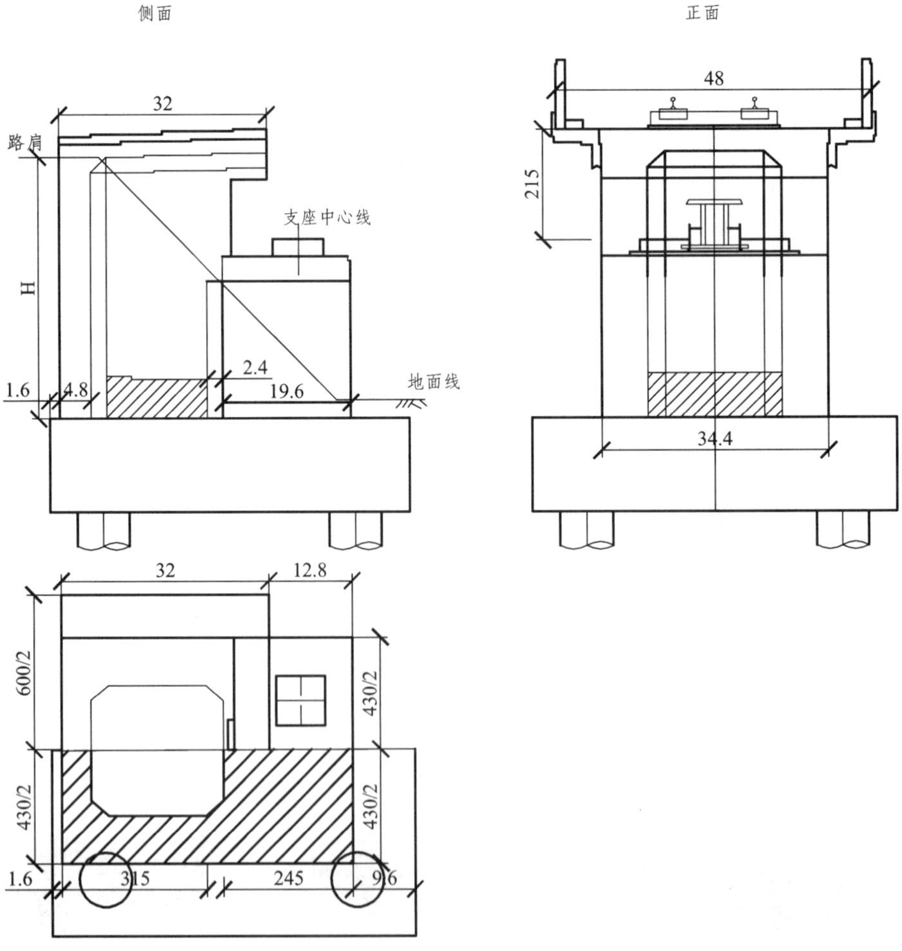

图 29-37　单线矩形空心桥台布置（单位：cm）

（二）出入段线墩台设计

出入段线简支箱梁共计 39 榀，最大墩高 11.50 m。由于总数较少，从节省模板等考虑，采用一种类型桥墩，同时保持与正线桥墩景观一致，采用的单柱紫薇叶形实体桥墩，墩顶尺寸 2.4 m×3.83 m，墩底截面尺寸 1.6 m×2.40 m。

出入段线简支箱梁采用支架现浇法施工，因此墩顶需预留张拉空间。由于尺寸较小，墩顶不设置检查孔，改为箱梁底部靠近桥墩附近设置进人洞。单线桥墩设计采用钢筋混凝土桥墩，由计算配置钢筋。

四、基础工程

桥梁基础形式主要有桩基础、预应力管桩基础等，以桩基础为主。钻孔灌注桩有竖向承载力大、刚度大、工艺成熟、适应性强、环境影响相对较小等优点，因此杭海线桥梁多采用钻孔灌注桩基础，部分小桥涵采用管桩基础。

当基底位于基岩时，不检算基础沉降；基底持力层为承载能力比较小（如粉砂层）或压缩性较大（如黏土层等）地基时，检算桩基工后沉降量。

五、基础埋深

（1）一般地形基础（承台）顶面低于地面 0.20～0.50 m。

（2）在杭嘉湖东部平原河网化地区，内涝水位为主控因素，河道水力坡降小，水流速度小，基础（承台）埋深根据《杭州至海宁城际铁路工程防洪影响评价报告》中相关要求办理，无要求的水域河流，为减少结构对水流的阻碍作用，基础（承台）顶面一般平河底，位于水塘中时可露出塘底但不高于常水位。

（3）跨等级公路的桥墩，公路路基两侧有水沟，如基础（承台）阻水，则基础（承台）顶面低于沟底 0.2 m。

（4）位于道路中间绿化带时，承台横向尺寸不超过中央隔离带范围时，承台顶距公路路面最小深度按不小于 0.5 m 控制，超出隔离带范围时，承台顶至公路路面的最小距离不应小于 1.5 m。

六、桩基础

（一）桩基础设计

（1）梁桥桩基的桩径采用根据不同桥跨、墩高、地质条件选用 ϕ1.0 m、ϕ1.25 m、ϕ1.5 m、ϕ2.0 m 或更大桩径钻孔桩；

（2）桩基承台厚度按刚性角确定。一般情况下承台厚度应不小于 2 倍桩径。承台采用六面配筋。当桩基布置不满足刚性角要求时，承台配筋应按撑杆体系进行计算并按计算结果进行配筋；

（3）为减少沉降，桩底置于承载力较好的持力层。计算采用桩长桩底位于某地层，桩底距下一地层不到 1 倍桩径时，进入下一地层；

（4）桩基础布置形式：桩基础布置是根据墩台纵、横向刚度，承载力，基础沉降，承台刚性角综合确定，在满足刚度、承载力、沉降的前提下，优先采用桩数少、圬工省的桩基布置；

（5）正线桥台台后接隧道U形槽，前襟边根据承台刚性角采用较大尺寸。

（二）桩基配筋原则

（1）桥墩与承台（含加台）、承台与桩的连接为重点部位，采取措施予以加强。

① 加强墩身与承台的连接：墩身的竖向钢筋伸入承台有足够的锚固长度，且与承台底部钢筋连接。

② 承台采用六面配筋，顶面钢筋采用 ϕ16 mm（HRB400 钢筋）、间距 15 cm；承台底面的钢筋设置根据受力需要确定，其余四面按构造要求配筋。

（2）加强承台与桩的连接：钻孔桩桩头 3.0 倍桩径长度范围内加密箍筋，其间距不大于 10 cm，直径不小于 10 mm，桩身纵向钢筋的配筋率不小于 0.5%。

（三）桩基检测

所有桩均需进行检测，满足以下条件之一的桩采用声波透射法进行检测，其余桩采用低应变反射波法检测。

（1）所有桩基直径 $D \geq 2.0$ m 的桩；

（2）所有桩基长度 >40 m 的桩。

第六节　本章小结

一、主要设计优化

自 2017 年 9 月初步设计批复以来，铁四院桥梁专业积极响应公司的号召，在施工阶段对施工方案进行优化，优化内容主要有：

（1）余杭高铁站—许村镇站区间杭许特大桥优化桩基及配筋，相比初步设计减少约 300 万元。

（2）海宁高铁站—下穿高铁起点四线连续梁由初步设计门式墩方案优化双柱墩方案，并优化桩基设计。

（3）根据浙江杭海城际铁路有限公司《杭州至海宁城际铁路工程桥梁下部结构配筋设计优化会议纪要》，在依法合规、保证安全质量的原则下，对全线桥梁下部结构的墩身、承台钢筋设计进行优化。

二、总结

1. 顺应线站布置，比选合适桥梁方案

杭海城际铁路线路曲线半径均较大，车站均为侧式站，桥址范围内软土广泛分布，相交叉的道路、河道较多且宽，桥梁基础持力层较深（大于 50 m），基础工程费用较大。根据以上特点，为减少对既有地貌影响及节省造价，杭海线经技术经济比较，首次在都市圈轨道交通项目上提出了 35 m 预制简支箱梁设计，采用"直腹曲面"设计方案，避免了常规直梁布置时曲线内外侧梁缝过大影响城市景观，同时解决现浇梁占地多、速度慢、造价高、环境影响大、质量难以控制等问题，取得了较好的经济效益。35 m 简支梁预制架设如图 29-38 所示。

2. 注重景观、与车站协调统一

杭海城际铁路高架站 8 座，分别为许村镇站、海宁西高铁站、长安镇站、桑亭路站、周王庙站、盐官站、桐九公路站以及斜桥镇站，其中斜桥镇站与周王庙镇站设计为越行车站，其他车站为标准侧式车站。标准侧式车站区间桥梁相接，由于受力各不相同，高低也不相同，因此立柱与桥墩分开设计，中间设置 10～15 cm 梁缝，共用桩基础。为保持外观统一，立柱与桥墩均采用双柱式，经充分优化对其尺寸进行了协调统一，同时对四角进行倒角处理，景观相对较好，如图 29-39 所示。

图 29-38　35 m 简支梁预制架设

图 29-39　车站立柱与双柱墩协调统一

第三十章 地下区间设计

第一节 设计概况

杭海城际铁路工程共计 5 个正线地下区间,其中 2 个全地下区间,采用盾构法施工;另 3 个为地下与高架过渡区间,地下部分采用盾构法+明挖法施工。根据地层条件,结合周边环境及盾构设备的通用性,杭海城际铁路工程盾构区间均推荐采用土压平衡盾构。全线地下区间明挖段长度约为 2 290 双线米,盾构段长度约为 9 119 双线米。全线区间共设置 14 个联络通道,其中 5 个与泵房合建,1 个与风井合建。

第二节 盾构隧道设计

一、管片设计

全线地下盾构区间隧道采用两套不同内径盾构管片,其中海宁高铁站—长安镇站区间下穿高铁盾构段采用内径 5 500 mm、外径 6 200 mm 的标准环+转弯环管片,其余盾构区间均采用内径 6 000 mm、外径 6 700 mm 通用环管片。管片参数见表 30-1。贯通后的盾构隧道如图 30-1 所示。

表 30-1 管片参数

参数	型号(一)	型号(二)
内径/mm	5 500	6 000
外径/mm	6 200	6 700
环宽/mm	1 200	1 500
楔形量/mm	49.6	40
管片类型	标准环+转弯环	通用环
螺栓类型	弯螺栓	弯螺栓
衬砌厚度/mm	350	350
使用范围	下穿高铁段	全线(除下穿高铁段)

图 30-1 贯通后的盾构隧道

二、盾构机选型

根据沿线工程地质与水文地质条件、地层特性、地面环境等因素。建议选择加泥式土压平衡盾构施工。盾构机应具备以下功能：

(1) 盾构机应采用加泥式土压平衡盾构机，应根据地质情况等因素合理设计刀盘及刀具系统，保证盾构机能够适应该区间地层的掘进；

(2) 有先进的同步注浆及二次注浆系统；

(3) 盾构机配备超前地质钻机等超前地质预报系统，遇到不良地层，能够有改良的能力，不发生喷涌或堵塞；

(4) 盾构机的铰接系统应能适应该标段工程，安全可靠；

(5) 遇到异常情况发生时能自动报警；

(6) 有先进的导向系统；

(7) 盾构机应具备刀具磨损检测系统，刀具磨损超过一定限度后能够自动提示；

(8) 盾构机须具有可靠的舱压选择、控制、调节性能，确保开挖面稳定下的顺利掘进；

(9) 盾构机设置三道盾尾密封并附加紧急止水装置以确保密封性能。

三、区间重难点

（一）下穿既有 1 号线运营盾构隧道

余许隧道在距离余杭高铁站接收端约 44 m 位置下穿地铁 1 号线余杭高铁站—南苑站区间隧道。隧道覆土埋深 18.5 m，竖向净距 3.2～3.5 m，穿越区域位于⑤$_4$粉砂层，关系如图 30-2 及图 30-3 所示。

工程风险等级为Ⅱ级，为降低风险，采取主要措施如下：

(1) 盾构穿越前全面检修盾构机，穿越时控制掘进速度，确保连续匀速穿越；

(2) 盾构穿越过程中，加大开挖面泡沫注入量，改善开挖面土体和易性，防止泥饼现象出现，减少对前方土体的挤压作用，同时辅助克泥效工法；

(3) 盾构穿越时应注意掘进参数的控制，严格控制超挖量，控制好同步注浆及二次注浆；

(4) 穿越段管片增设注浆孔，根据监测情况及时进行注浆；

(5)制定有效的应急预案,穿越期间加强与相关部门联系,并加强监测,根据监测结果调整施工参数;

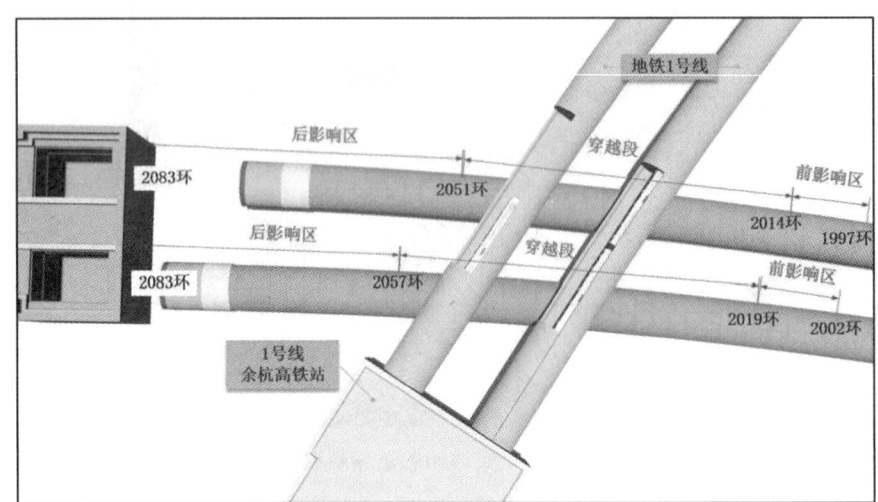

图 30-2　余许隧道与既有 1 号线平面关系

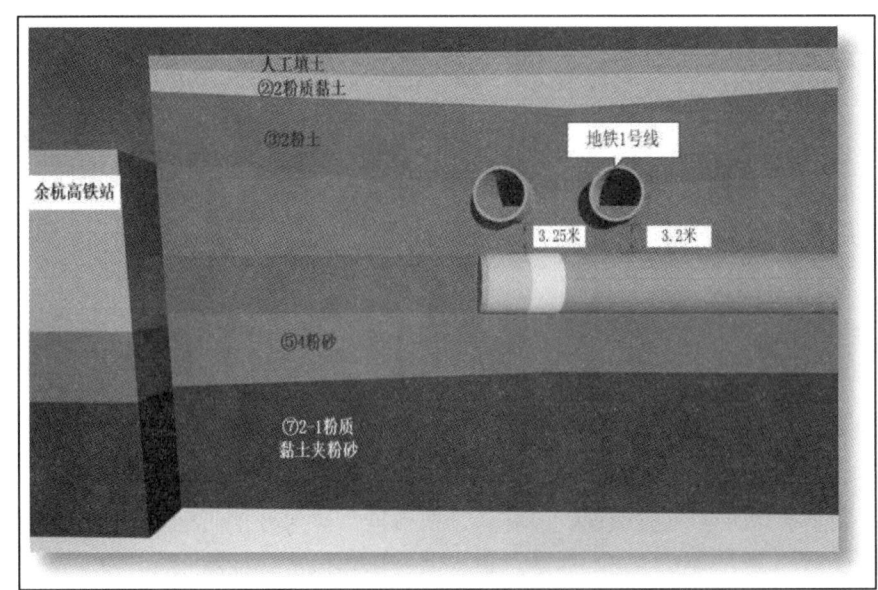

图 30-3　余许隧道与既有 1 号线剖面关系

(6)加强下穿 1 号线节点范围管片采用 A 级配筋,混凝土强度等级为 C55,并添加聚丙烯纤维,螺栓等级为 8.8 级,盾构施工地层损失率要求为不大于 3.5‰;

(7)盾构掘进下穿杭州地铁 1 号线期间采用全自动化监测手段;

(8)盾构下穿前与相关部门对接,进行安全评估确定控制指标,下穿前合理划分试验段及下穿段,结合试验段参数优化下穿掘进参数。

(二)余许区间接收方案

根据工筹计划,盾构机由明挖段工作井始发,掘进至余杭高铁站接收。余杭高铁站为地下三层站,且邻近既有杭州地铁 1 号线隧道,工程风险高,风险等级为 Ⅱ 级,为降低风险,主要措施:

(1)设置性能良好的密封止水装置;

(2)端头井地面采用 850 mmTRD 设置止水帷幕,深度为隧底以下 11 m,进入 ⑦$_{2-1}$ 粉质黏土夹粉土层 2 m；帷幕内采用 ϕ850@600 三轴搅拌桩加固，搅拌桩与围护间 500 mm 空隙采用双排 ϕ800@450 三重管旋喷桩加固，加固厚度为隧道外轮廓 3 m，长度为 12 m；止水帷幕内打设若干应急深井降水；

（3）盾构接收内设置钢套筒辅助接收；

（4）接收期间对地铁 1 号线隧道自动化监测，结合监测及时采取措施。

（三）海长区间侧穿高铁桥梁桩基

区间线路于右 DK12+910.396～右 DK12+928.432 下穿沪杭高铁，该段隧道采用盾构法施工，盾构隧道外径为 6.2m。区间隧道下穿沪杭高铁段范围为桐海特大桥，受影响桩基为 577 号、578 号、579 号共 3 根桥桩（运营里程 DK129+461.518～DK129+526.918），577 号～579 号桥桩承台尺寸为 10.08 m（长）×5.1 m（宽）×2 m（高）。577 号桥桩为 8 根 ϕ1 000 钻孔桩，桩长 85 m；578 号桥桩为 8 根 ϕ1 000 钻孔桩，桩长 70 m；579 号桥桩为 8 根 ϕ1 000 钻孔桩，桩长 69 m。相互关系如图 30-4 及图 30-5 所示。

鉴于工程风险较高，采取相关措施降低风险，具体措施如下：

（1）盾构施工前在隧道与沪昆高铁桥之间打设隔离桩；

（2）盾构穿越前全面检修盾构机，穿越时控制掘进速度，确保连续匀速穿越；

（3）施工前进一步核实建筑物基础资料及与区间隧道相互关系；

（4）盾构穿越过程中，加大开挖面泡沫注入量，改善开挖面土体和易性，防止泥饼现象出现，减少对前方土体的挤压作用；

（5）盾构穿越时应注意掘进参数的控制，严格控制超挖量，控制好同步注浆及二次注浆；

（6）隧道下穿桐海特大桥和沪昆高速公路桥范围内加强管片配筋，并增设注浆孔；

（7）加强施工监测，施工期间，对桥桩附近一定范围土体，桥桩承台、墩台及轨道进行动态化监控量测；

（8）盾构穿越铁路安全保护区期间，沪昆高铁按限速 200 km/h 考虑，防护桩及注浆加固施工期间，根据监测数据变化情况及时调整沪昆高铁限速。

实施期间，科学组织，结合监测动态调整盾构掘进参数，顺利穿越。盾构施工完成后，桥墩竖向位移和水平位移较小，未超过预警值。

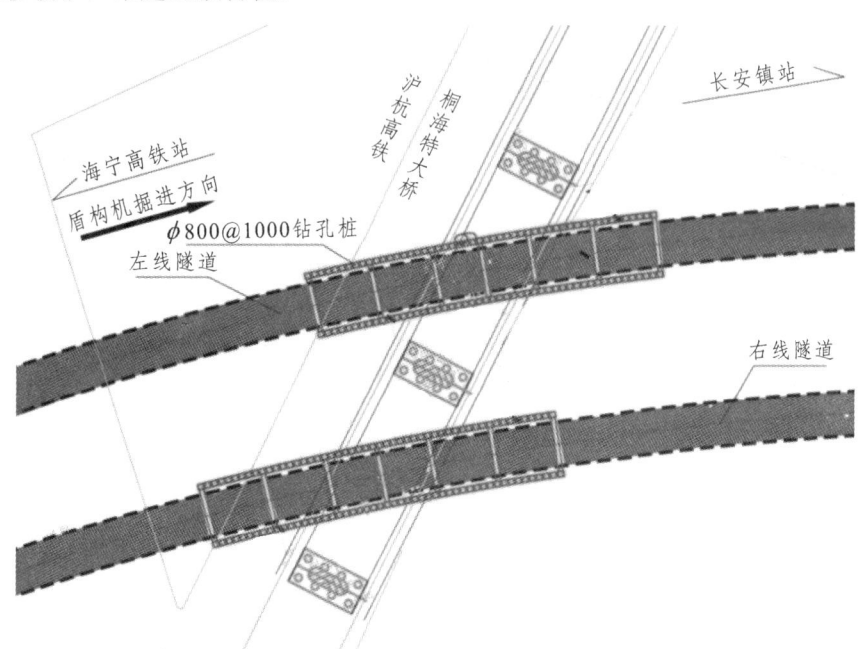

图 30-4　下穿高铁桥桩平面关系

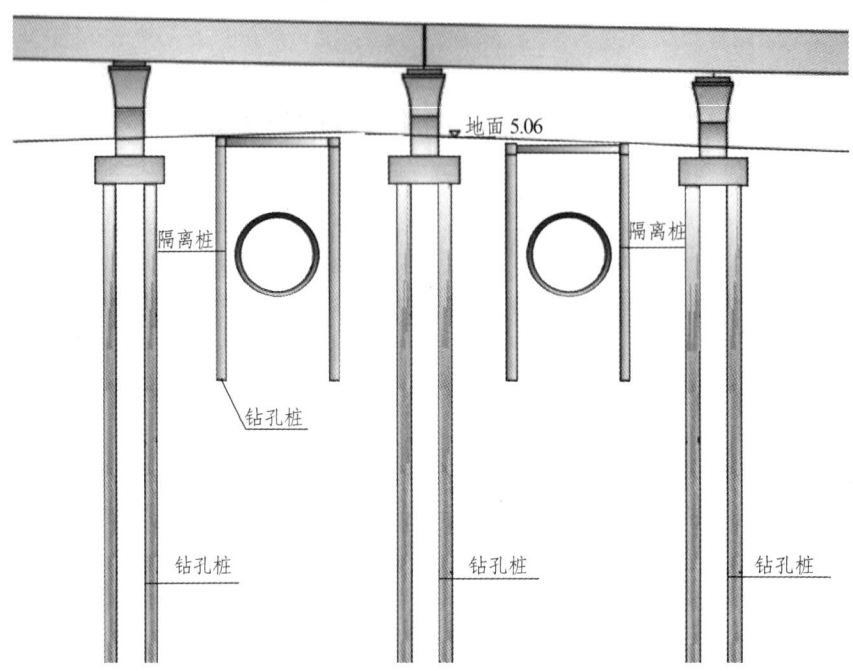

图 30-5 下穿高铁桥桩剖面关系

第三节　明挖隧道设计

一、围护设计

明挖及 U 形槽段结合周边环境、地质、基坑深度及宽度合理选取围护结构及支护参数。

（一）设计原则

1. 根据区间的周边环境、基坑深度、宽度及地质条件，按照相关规范合理确定基坑等级；

2. 围护结构采用荷载-结构模式，按"荷载增量法"进行计算分析；

3. 围护结构满足整体稳定性、抗滑移、抗倾覆、基底土体抗隆起及抗管涌稳定性验算要求，围护结构构件受荷后不发生强度破坏；

4. 进行内力、位移分析及稳定性分析。基坑内侧土对围护结构的作用采用一系列弹簧模拟，水平向基床系数按 m 法确定；

5. 结构设计应按最不利情况进行抗浮稳定性验算，在进行抗浮稳定性验算时，各荷载分项系数均取 1.0。在不考虑侧壁摩阻力时，其抗浮安全系数不得小于 1.05；当计及侧壁摩阻力并采用标准值（极限值）时，其抗浮安全系数不得小于 1.15；

6. 地下结构中的主体结构和使用期间不可更换的结构构件，应根据使用环境类别，按设计使用年限为 100 年的要求进行耐久性设计。围护结构使用年限为 2 年。

（二）围护设计要点

1. 根据基坑深度不同，由浅至深，开挖依次采用放坡、工法桩围护、地墙连续墙围护等不同形式的围护结构。

2. 暗埋段结构坑底位于淤泥质黏土层,厚度约 10 m,坑底采用抽条+裙边加固,一般段加固深度为坑底 3 m,对于淤泥层厚度较大位置,适当增加加固深度。

二、结构设计

(一)设计原则

(1)地下结构中的主体结构和使用期间不可更换的结构构件,应根据使用环境类别,按设计使用年限为 100 年的要求进行耐久性设计。使用期间可以更换且不影响运营的次要结构构件,可按设计使用年限 50 年的要求进行耐久性设计。

(2)区间结构中设计使用年限为 100 年的构件的安全等级为一级。在按荷载效应基本组合进行承载能力计算时,相应的结构构件重要性系数 γ_0 取 1.1;设计使用年限为 50 年的构件的安全等级为二级,重要性系数 γ_0 取 1.0;临时构件安全等级为三级,重要性系数 γ_0 取 0.9。按荷载效应的偶然组合(考虑地震或人防荷载)进行承载力计算时,结构重要性系数取 1.0。

(3)该工程敞开段环境类别及作用等级为Ⅰ-C,暗埋段环境类别及作用等级为Ⅰ-B。

(4)地下结构按抗震设防烈度为 7 度,设计基本地震加速度为 0.10g,设防分类属于交通运输类,相当于地面乙类建筑,抗震等级为二级。在结构设计时采取相应的构造处理措施(构造提高一度为 8 度),以提高结构的整体抗震能力。

(5)结构构件在永久荷载和基本荷载组合作用下,应按荷载标准组合并考虑长期效应组合的影响进行结构构件裂缝验算,按下表数值进行控制。当计及地震、人防或其他偶然荷载作用时,可不验算结构的裂缝宽度。

(6)结构应按最不利情况进行抗浮稳定验算。在不计侧壁阻力时,抗浮安全系数不得小于 1.05;当计入侧壁摩阻力时,其抗浮安全系数不得小于 1.15。当结构抗浮不能满足要求时,应采取相应的工程措施(如压重、顶部压顶梁或底部抗拔桩等),当采用压顶梁抗浮措施时,应采取措施保证压顶梁耐久性,同时须对结构浮力工况进行检算。

(7)地下结构中承重构件的耐火等级为一级,其他构件应满足相应的室内防火规范要求。

(8)该工程防洪设防标高为 3.25 m,敞开段挡墙高度应比防洪设防标高高出 500 mm。

(9)地下结构设计应根据现行《地铁杂散电流腐蚀防护技术规程》采取防止杂散电流腐蚀的措施。钢结构及钢连接件应进行防锈处理。主体结构要分段实现主筋的纵向可靠焊接及设置测防端子;相邻结构段之间须绝缘;主体结构的防水层应有良好的电器绝缘性能。

(二)结构设计要点

(1)明挖区间分为暗埋段和 U 形槽段。暗埋段根据线间距采用双跨或三跨单层箱型结构。

(2)杭海城际铁路工程最大运行速度 120 km/h,相对于最大运行速度为 80 km/h 的地铁隧道,为缓解列车行驶过程中的空气动力学效应、满足乘客舒适度要求,在车辆限界要求的基础上,补充断面净空要求:一般暗埋段区间结构轨面以上净空面积不小于 26 m²;在洞口处设置过渡段,长度不小于 120 m,过渡段结构轨面以上净空面积不小于 36 m²。

(3)为严格防止桥梁过渡段的差异沉降,出地面过渡段采用箱型框架结构,并设置桩基。

(4)U 形槽位于道路中隔断,为保证城际铁路结构安全与正常运营要求,结构外侧增设防撞墩,并在四周设置隔离网,满足地铁封闭式运营的要求。

第四节　联络通道设计

全线地下区间联络通道结合周边环境、埋深、结构形式等，分别采用机械法顶进、冻结加固+矿山法及地面加固+矿山法施工。

一、机械法联络通道

余许区间设六座联络通道，其中一座联络通道与风井合建，1#、2#、3#联络通道所处地层为粉质黏土夹粉土、粉砂，采用机械法顶进施工。

（一）机械法联络通道修建成套技术基本特点

（1）微加固：采用可切削洞门和特殊结构设计，实现微加固施工；
（2）全封闭：套箱始发、接收，实现施工过程全封闭，提高安全性；
（3）强支护：采用机械化支撑体系，确保施工全过程结构安全；
（4）集约化：实现狭小空间全机械化施工。

机械法联络通道施工概念如图30-6所示。

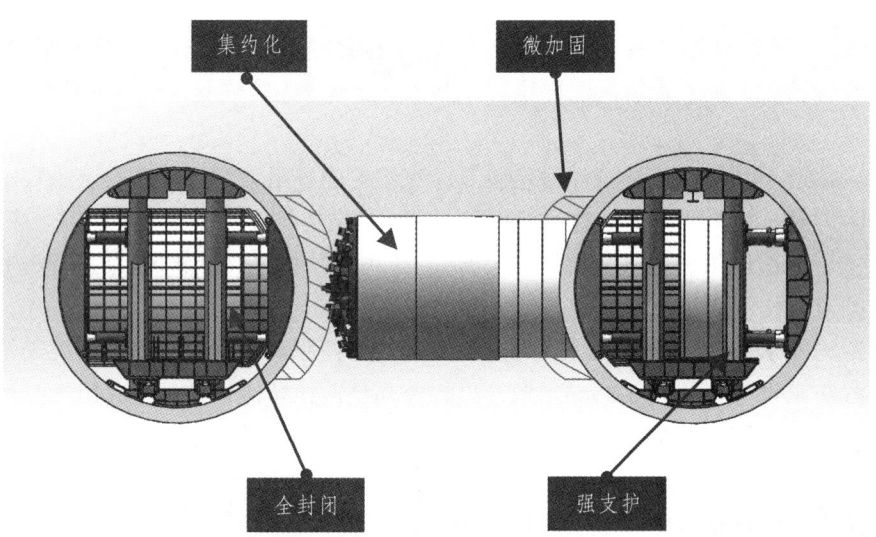

图30-6　机械法联络通道施工概念

（二）联络通道管节设计

（1）联络通道采用钢管节和钢筋混凝土管节，其中始发和接收分别采用一环钢管节，施工单位根据现场测量通道实际长度后，与设计确认是否需要增加用于调节通道长度的钢管节，钢管节环宽均应控制600～900 mm；其余采用钢筋混凝土管节，管节宽900 mm；

（2）管节内径为2 760 mm，外径为3 260 mm，厚度为250 mm，每环管节纵向共10只M24螺栓，环向共10只M24螺栓；

（3）管节间错缝安装，无楔形梁；

（4）管节分上、下两块预制，单块重量最大约3.2 t，施工单位需针对管节的生产制作、吊装、运输采取有效措施以保证施工质量及安全。

二、冻结法联络通道

其他联络通道所处地层为⑥₂淤泥质粉质黏土、⑦₂₋₁粉质黏土夹粉土，采用冻结法加固地层，矿山法施工。

联络通道初期支护厚约 0.3 m，二次衬砌顶板厚 0.5 m，底板厚 0.7 m，侧墙厚 0.45 m；联络通道内设置两道甲级防火门，防火门向疏散方向开启。

联络通道采用水平冻结法加固地层，设计冻结壁厚度≥2.3 m（喇叭口处 2.0 m），冻结壁平均温度≤-10 ℃。初期支护采用工 20 b 型钢支撑，间距为 300～400 mm，钢材及型钢材料为 Q345B 钢，焊条为 E50XX 系列焊条。

施工期间，在通道口设一扇 2 m×2 m 的钢结构防护门。在左、右线隧道联络通道口两侧各架 2 榀隧道预应力支架，在联络通道两侧沿隧道方向对称布置，采用型钢加工的通用隧道多边形支撑。

第五节　中间风井设计

地下区间结合行车、周边环境及事故排烟等因素，合理设置区间中间风井，杭海城际铁路地下区间相对较短，仅余杭高铁站—许村站区间地下段设置中间风井。

余许区间风井位于浙江省海宁市东湖南路与杭甬高速交口西北侧，地下四层，地上一层，局部设置电缆夹层。拟建场地东侧为前进小区，西侧为西环河及部分民房。场地地面高程 4.14～4.55 m。拟建风井距离前进小区约 42.3 m，距离西环河约 25.6 m，距离西侧 1～4 层建筑最小约 55.9 m。拟建场区周边以农田和待开发地块为主，地下管线较少。风井地下部分起讫点里程为右 DK2+761.000～右 DK2+774.250，结构底板埋深约 25.63 m，底板持力层为⑦₂₋₁粉质黏土夹粉土。风井主体采用地下连续墙和内衬墙组成的叠合结构。

一、围护设计

风井基坑平面尺寸 17.25 m×29.90 m（含围护墙厚），开挖深度约 24.538 m。综合考虑基坑深度、周边环境及场地特性，采用地下连续墙和内衬墙组成的叠合结构，地下连续墙厚度 1.0 m，地下连续墙墙趾进入⑧₃粉质黏土夹粉土。基坑采用顺作法施工，沿基坑深度方向设置两道混凝土支撑、四道钢支撑及一道钢换撑，其中第二、三道支撑采用$\phi 609\times 16$钢管，第五、六道支撑采用$\phi 800\times 16$钢管。

施工阶段，围护结构按施工过程进行受力计算分析，开挖期间围护结构作为支挡结构，承受全部的水土压力及地面超载引起的侧压力。结构的位移及内力采用弹性地基梁有限元方法计算，考虑分步开挖施工各工况实际状态下的位移变化。运营阶段与主体结构共同承担全部荷载。计算结果表明：围护结构内力分布合理，配筋率在合理范围之内，变形满足要求；各项稳定性系数满足要求。计算结果见表 30-2。

表 30-2　基坑稳定性验算表

计算项目	允许值	计算值
支护结构最大水平位移	0.14%H	34
整体稳定性	1.35	1.65

续表

计算项目	允许值	计算值
坑底抗隆起稳定性	2.2	2.22
墙底抗隆起稳定性	1.8	2.96
抗倾覆稳定性	1.25	1.69
抗渗流稳定性	1.6	2.41

二、结构设计

风井为地下四层矩形框架结构，底板厚 1 300 mm，地下一层内衬墙厚 600 mm，地下二、三层内衬墙厚 800 mm，地下四层内衬墙厚 1 000 mm，中板厚 400～500 mm。

（一）计算荷载与参数

作用于结构上的荷载可分为永久荷载、可变荷载和偶然荷载。

1. 永久荷载

（1）结构自重：标准值根据结构构件的设计尺寸计算确定；钢筋混凝土容重取 25 kN/m^3，钢材容重取 78.5 kN/m^3。

（2）地层压力：竖向压力按计算截面以上全部土柱重量计算。水平压力施工阶段按主动土压力计算；使用阶段按静止土压力计算，水土分算。

（3）水压力及浮力：按静水压力计算，施工阶段按实际降水情况计算，使用阶段按可能发生的最高水位和最低水位情况计算。

（4）混凝土收缩及徐变影响：按降低温度的方法计算，对于整体浇筑的钢筋混凝土结构相当于降低温度 15 ℃。

（5）设备重量：8.0 kN/m^2。

2. 可变荷载

（1）地面超载：施工阶段 30 kN/m^2，使用阶段 20 kN/m^2。

（2）地铁车辆荷载：按地铁车辆的实际轴重和排列计算，并计入车辆的动力作用，车辆轴重取 140 kN。

（3）人群荷载：4.0 kN/m^2。

（4）温度变化影响：根据杭州地区温度情况及施工条件所确定的温度变化值通过计算确定。

3. 偶然荷载

地震作用：按抗震设防烈度 7 度计算地震作用。

（二）受力计算

风井主体结构采用 Midas GEN 有限元软件，荷载-结构模式，按三维模型进行风井结构体系的受力分析，结构与土层的相互作用采用弹簧模拟，计算模型如图 30-7 及图 30-8 所示。计算结果如图 30-9～图 30-14 所示。

图 30-7 三维整体计算模型

图 30-8 主体梁板柱模型示意

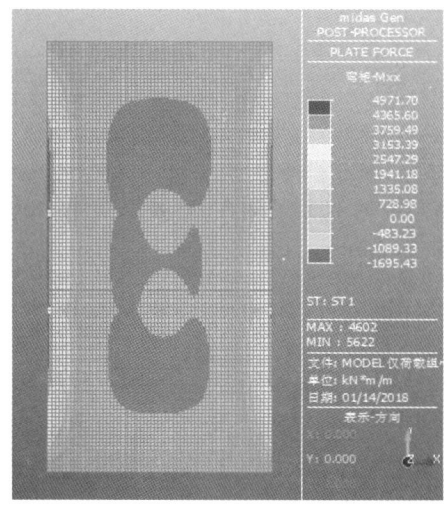

图 30-9 底板弯矩 M_x（单位：kN·m）

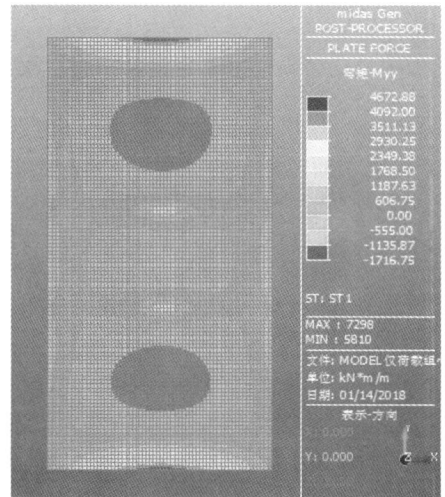

图 30-10 底板弯矩 M_y（单位：kN·m）

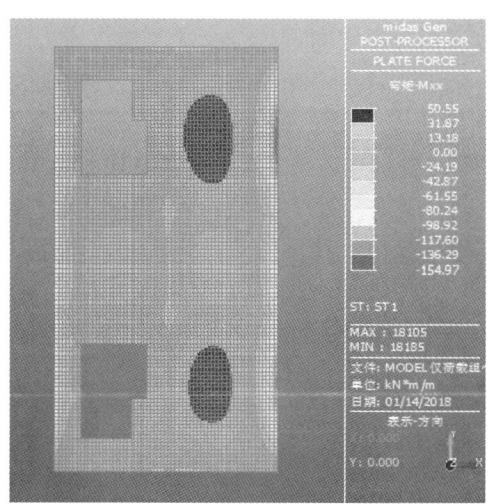

图 30-11 中板弯矩 M_x（单位：kN·m）

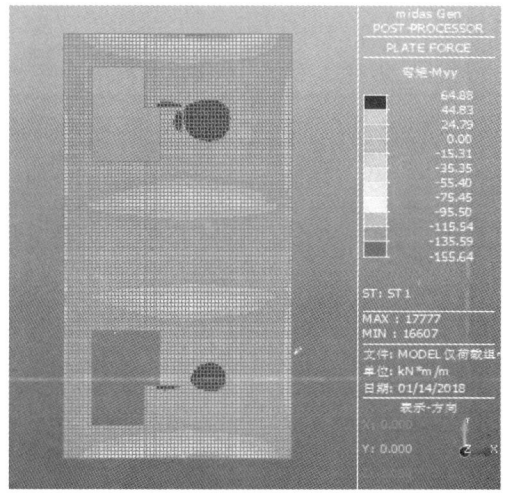

图 30-12 中板弯矩 M_y（单位：kN·m）

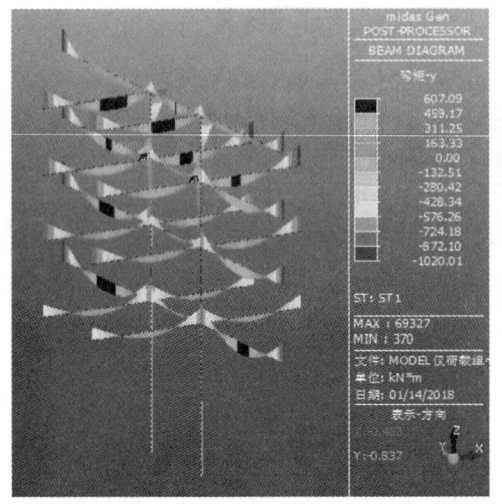 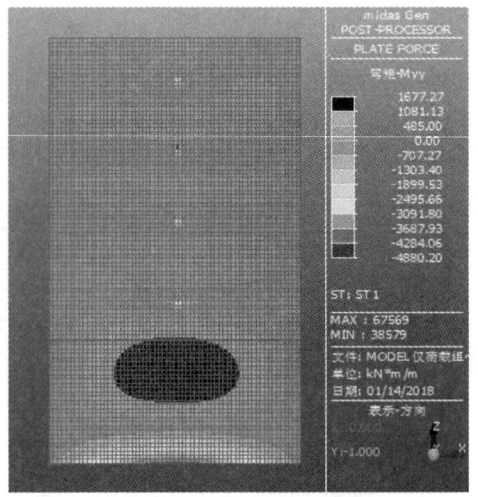

图 30-13　框架梁、柱弯矩 M（单位：kN·m）　　　图 30-14　内衬墙弯矩 M（单位：kN·m）

第六节　本章小结

结合实施期间边界条件变化，经参建各方共同研究分析，局部进行设计优化，具体如下：

（1）鉴于余许区间接收端加固区埋深较大，深约 30 m，且位于深厚的⑤₄粉砂层，邻近东湖，盾构接收施工风险高。综合考虑加固工艺设备参数、周边环境及施工风险等因素，地墙与三轴搅拌桩加固体之间嵌缝加固由高压旋喷桩调整为 MJS，提高嵌缝加固体的可靠度，确保了加固效果，保证了盾构接收安全。

（2）余许区间出余杭高铁站约 44 m（右 DK0+482.965）位置下穿地铁 1 号线余杭高铁站—南苑站区间隧道，竖向净距 3.2~3.5 m，穿越区域位于⑤₄粉砂层。经参建各方充分研究论证，并结合试验段掘进参数验证，优化了叠交区域 MJS 地面加固，通过洞内渣土改良、精细化控制掘进参数、细化注浆参数等措施，实现了粉砂地层盾构小间距顺利穿越。

（3）联络通道设计应充分考虑地质、周边环境、工期及造价等因素，合理选取施工工法。余许全长 3 126 m，设 5 座联络通道，联络通道所处地层及周边环境各不相同。综合考虑工期、周边环境及地质等因素，余许区间 1#~3#联络通道采用机械法联络通道，解决了深厚粉砂地层始发接收透水、掘进出渣喷涌、地面沉陷等技术难题；海长区间地下段联络通道主要位于淤泥层，覆土层，周边环境空旷，由传统的冻结法优化为地面垂直加固，土体加固改良达到预期效果，确保了联络通道顺利实施，很好解决了后期融沉注浆周期长的问题。

（4）海长区间明挖区间 U 形槽段位于规划道路中间绿化带内，城际铁路设计期间，该段市政道路设计方案未稳定，特别是路面规划标高，工程实施后绿化带两侧路面存在高差，影响了 U 形槽防护及景观效果。经参建各方充分研究讨论，U 形槽两侧增设绿植遮挡。后续项目遇到类似情况，应做好接口对接，稳定外部接口要求，实施期间抓好落实。

（5）区间隧道绕避市政桥梁。原线路沿海州路下方行走，穿越王家桥、胡家桥，需拆除两座桥梁、废除隧道范围内桩基、重建桥梁，还涉及地面交通疏解、管线迁改、河道围堰。通过优化平面布置，增设曲线，绕避桥梁，绕避后隧道桥梁桩基最小净距约 2 m。绕避桥梁的区间隧道平面布置如图 30-15 所示。

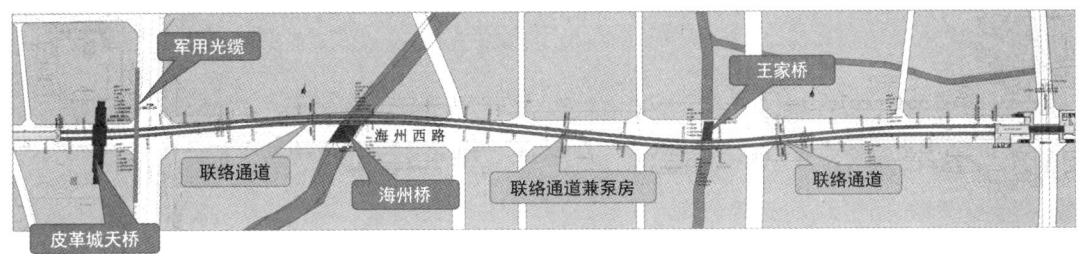

图 30-15　绕避桥梁的区间隧道平面布置

（6）浅埋联络通道冻结法加固调整为搅拌桩加固。斜皮区间联络通道及泵房位于市政道路下方，联络通道结构底部最大埋深约 24 m，开挖范围内地层主要为黏质粉土和淤泥质黏土。为避免交通疏解和管线改迁，原方案采用冻结法加固。后期现场条件发生变化，联络通道处已先期完成交通疏解和管线改迁，具备地面加固条件，为避免采用冻结法融沉阶段需长期注浆，缩短工期、降低工程造价，加固方案调整为搅拌桩加固。施工阶段加固效果良好，联络通道开挖安全、顺利进行。联络通道开挖面如图 30-16 所示。

图 30-16　采用搅拌桩加固的联络通道开挖面

第三十一章 高架车站结构设计

第一节 设计概况

杭海城际铁路工程设站13座（含1座高架预留站、2座高架越行站），其中地下车站4座，高架车站9座。其中许村镇站、长安镇站、桑亭路站、桐九公路站为标准造型高架车站，双柱"开"字型路中侧式车站；海宁高铁站、盐官镇站为特色站，海宁高铁站为双柱"开"字型路中侧式车站，盐官镇站为四柱落地三跨侧式车站；周王庙镇站、斜桥镇站为越行站，造型同标准站，三柱两跨侧式车站。周王庙东站为预留高架车站，为桥建分离式车站，预留后期建设条件。

高架车站于2016年9月启动施工图设计，分主体部分、车站雨棚、车站附属用房、天桥出入口4个主要部分出图。高架车站主体按设计使用年限100年进行设计，建筑结构安全等级为一级，结构重要性系数为1.1，抗震类别为重点设防类。根据《建筑抗震设计规范》（GB 50011），抗震设防烈度为7度，抗震措施按8度考虑，主体钢筋混凝土框架的抗震等级为二级（框支梁、框支柱为一级）。根据《地铁设计规范》（GB 50157）及《铁路工程抗震设计规范》（GB 50111），盖梁及基础按能力保护原则设计。

附属用房、天桥出入口按设计使用年限50年进行设计，建筑结构安全等级为二级，结构重要性系数为1.0，抗震类别为标准设防类。

考虑到杭海城际铁路车站位于台风频发区域，车站雨棚设计时，风荷载重现年限按100年一遇，金属屋面及檩条承载力计算时，考虑风荷载放大系数为1.1。

第二节 基础结构设计

根据勘察报告，杭海城际铁路工程场地地处钱塘江北岸，地貌类型属钱塘江冲海积平原，地貌类型单一，地势开阔，地形平坦，受人类活动影响，场地在微地貌上地形稍有起伏，场地标高一般为2.57~4.86 m（1985国家高程）。拟建工程场地地基土类型为软弱土—中硬土，建筑场地类别为Ⅲ类。

场区分布有大量耕地、水塘及少量菜地。场地沿线不良地质作用主要作用为区域地面沉降。特殊性岩体为软土、填土。特殊性气体为浅层气体（沼气）。工程沿线不存在可液化的土层，设计时可不考虑砂土液化问题。

该场区河网密布，地表水丰富。孔隙潜水主要为第四系松散土类孔隙潜水，主要赋存于场区浅部人工填土及黏性土层内，勘察测得稳定水位埋深为地面下0.0~4.7 m。表部填土含水层组其富水性和透水性具有各向异性，透水性良好，下部黏性土层含水层组其富水性和透水性具有各向同性，透水性弱。孔隙微承压水主要赋存于下部的⑦$_{3-1}$粉砂、⑨$_3$粉砂及⑨$_{3-1}$细砂层中，上覆黏性土层构成了相对隔水层，勘察调查可知大部分区域上述含水层之间的水力联系密切，各含水层之间局部分布无相对隔水层，上下两层含水层之间或直接接触或存在越流补给，因此可视为同一承压含水层。

根据区域水文资料分析成果，在Ⅱ类环境类型影响下，场地内浅部潜水对混凝土结构具微腐蚀性；在干湿交替环境条件下对钢筋混凝土结构中的钢筋具微腐蚀性。场区内孔隙承压水在Ⅱ类环境类型影响下，对混凝土结构具微腐蚀性，在长期浸水环境条件下对混凝土结构中的钢筋具微腐蚀性。

根据地质情况，经过比选研究，确定的基础形式如下：

（1）许村镇站：采用直径 1 200 mm 的钻孔灌注桩，以⑨$_4$圆砾层为持力层，抗压承载力特征值 5 600 kN，桩长约为 58～60 m。

（2）海宁高铁站：采用直径 1 200 mm 的钻孔灌注桩，以⑨$_{3-1}$细砂层为持力层，抗压承载力特征值 5 700 kN，桩长约为 62 m。

（3）长安镇站：采用直径 1 200 mm 的钻孔灌注桩，以⑨$_2$粉质黏土为持力层，抗压承载力特征值 5 300 kN，桩长约为 58～62 m。

（4）桑亭路站：采用直径 1 200 mm 的钻孔灌注桩，以⑪$_{4-1}$、⑬粉质黏土为持力层，抗压承载力特征值 5 400 N，桩长约为 66～69 m。标准站基础布置如图 31-1 所示。

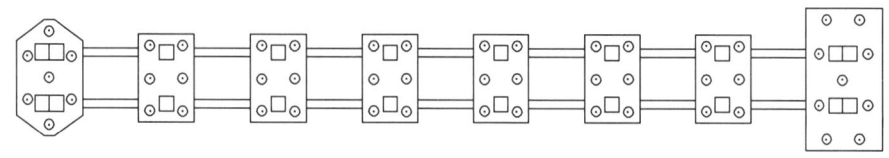

图 31-1 标准站基础布置

（5）周王庙镇站：采用直径 1 200 mm 的钻孔灌注桩，以⑫$_4$中砂为持力层，抗压承载力特征值 5 600 N，桩长约为 69～73 m。越行站基础布置如图 31-2 所示。

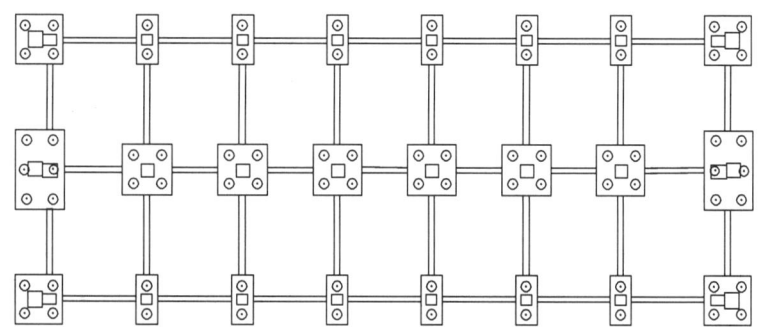

图 31-2 越行站基础布置

（6）盐官镇站：采用直径 1 200 mm 的钻孔灌注桩，以⑨$_2$、⑨$_3$、⑨$_{3-1}$层为持力层，抗压承载力特征值 4 250 N，桩长约为 60 m。

（7）桐九公路站：采用直径 1 200 mm 的钻孔灌注桩，以⑪$_1$粉质黏土为持力层，抗压承载力特征值 5 400 N，桩长约为 59～63.5 m。

（8）斜桥镇站：采用直径 1 200 mm 的钻孔灌注桩，以⑩$_2$粉质黏土为持力层，抗压承载力特征值 5 300 N，桩长约为 64～68 m。

高架车站主体采用直径 1 200 mm 钻孔灌注桩基础，桩基及基础设计等级为乙级。桩基完整性检测采用声波透射法，每桩预埋设 3 根 50 mm 直径声测管。桩基承载力检测采用静载试验，检测数量及方法需满足相应规范要求。杭海城际铁路项目所在地土层上部存在较厚淤泥质土层，强审单位提出部分站桩基承载力计算需考虑土层负摩阻力作用，设计采用规范判定中性点简易方法考虑负摩阻力影响。

第三节 主体结构设计

1. 许村镇站、长安镇站、桑亭路站、桐九公路站

许村镇站、长安镇站、桑亭路站、桐九公路站为标准高架车站，主体结构采用轨道梁与车站主体结构刚接的建-桥完全合一的结构型式，"开"字形双柱双悬挑结构。预应力混凝土悬臂梁最大悬臂长度8.0 m，纵向柱距12 m，横向柱距5.6 m。车站总长85.6 m，车站结构总宽21.6 m。雨棚采用圆弧形刚架结构体系，屋面部分采用轻型金属屋面板，部分采用铝格栅板。钢结构雨棚全长108 m，横向跨度约21.1 m。标准站主体结构如图31-3所示。

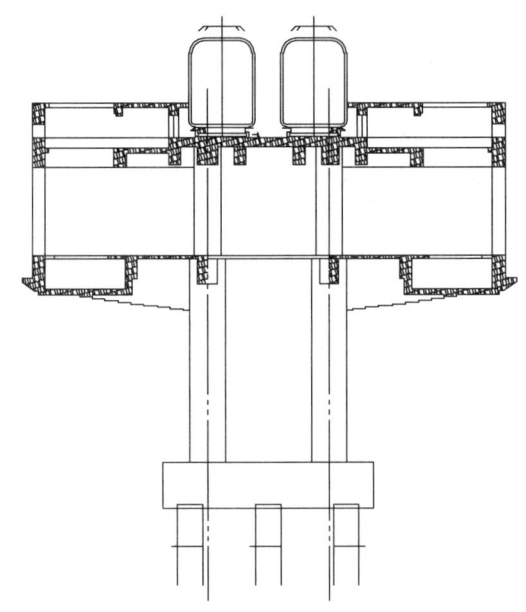

图31-3 标准站主体结构

2. 海宁高铁站

海宁高铁站主体结构采用轨道梁与车站主体结构刚接的建-桥完全合一的结构型式，"开"字形双柱双悬挑结构。预应力混凝土悬臂梁最大悬臂长度8.0 m，纵向柱距12 m，横向柱距5.6 m。车站总长85.6 m，车站结构总宽21.6 m。雨棚采用门式刚架结构体系，屋面部分采用轻型金属屋面板，部分采用夹胶安全玻璃。钢结构雨棚全长91.6 m，横向跨度约21.1 m。

3. 周王庙镇站、斜桥镇站

周王庙镇站、斜桥镇站为越行车站，主体结构采用轨道梁与车站主体结构刚接的建-桥完全合一的结构型式，横向三柱两跨框架结构。混凝土框架纵向柱距12 m，横向柱距15.9 m。车站总长85.6 m，车站结构总宽33 m。雨棚采用圆弧形刚架结构体系，屋面部分采用轻型金属屋面板，部分采用铝格栅板。钢结构雨棚全长108 m，横向跨度约34.6 m。越行站主体结构如图31-4所示。

主体轨道接触相关传力构件在满足建筑结构规范同时，均需采用铁路相关规范采用容许应力法进行验算。车站上部钢结构屋盖除盐官镇站、海宁高铁站外，支座均落于二层站厅层侧边牛腿。盐官镇站钢结构与车站主体脱开，地面做独立基础，结构覆盖车站主体。钢结构屋盖采用圆弧形横断面，纵向端部悬挑12 m，纵向中部区域采用类门式刚架结构，端部悬挑区采用框架结构，越行站横向中部设两排柱，标准站横向端部设柱。车站主体纵向较长，混凝土部分原设计留设后浇带，施工过程中部分站由于工期严重滞后，影响全线运架梁施工。经专家论证，部分站主体站台下层后浇带改为膨胀加

强带，将延误工期造成的影响降到最低程度，具有一定的经济效益。高架站钢结构屋面及标准站钢结构模型如图 31-5 及图 31-6 所示。

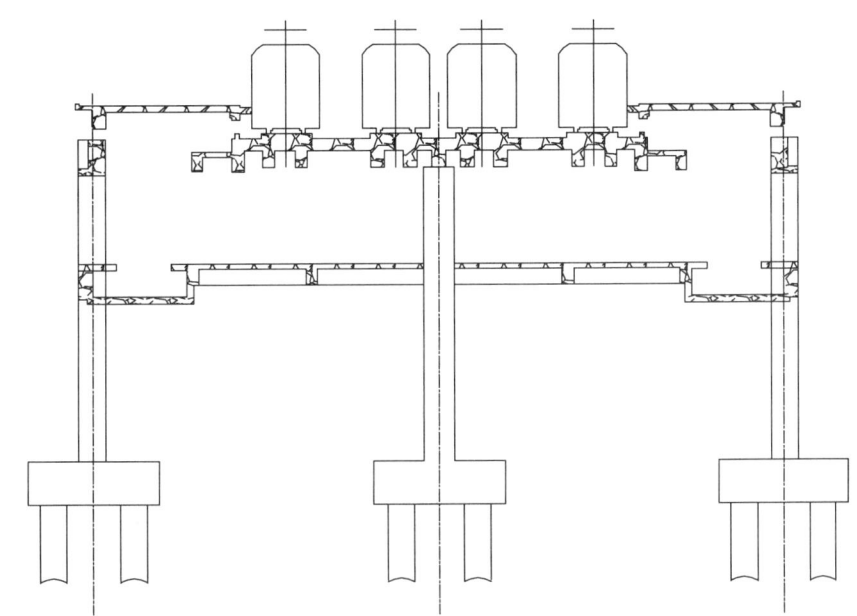

图 31-4　越行站主体结构

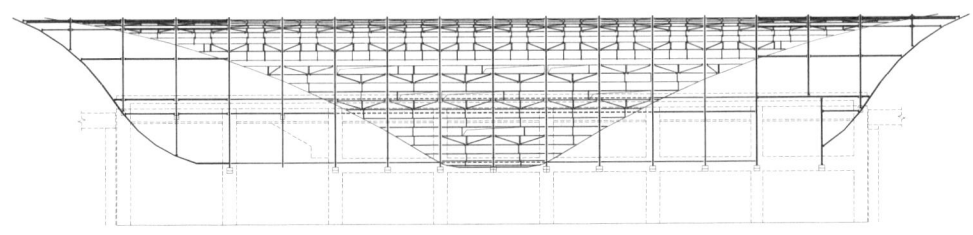

图 31-5　高架站钢结构屋面

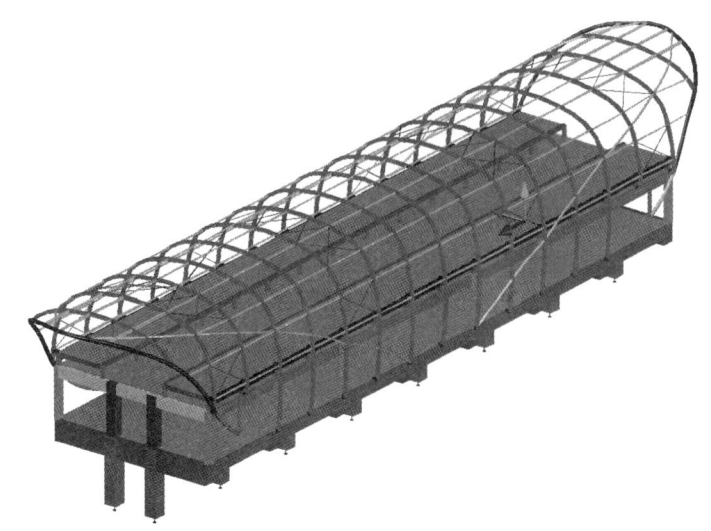

图 31-6　标准站钢结构模型

第四节 附属结构设计

1. 许村镇站

许村镇站为地上 3 层混凝土框架结构。长度为 48 m，宽度为 24 m，高度 12.9 m。

基础采用直径为 600 mm 预应力管桩，桩长一般为 36～39 m。桩端持力层为⑦$_{2-1}$粉质黏土层。

该站设两个天桥出入口，天桥采用钢箱梁，跨度分别为 17.7 m，24.7 m。

2. 海宁高铁站

海宁高铁站位于海宁市许村镇海宁高铁站站前广场高架桥梁下，为地上 2 层混凝土框架结构。长度为 56.6 m，宽度为 19.6 m，高度 9.65 m。

基础采用 600 钻孔灌注桩，设计桩长 32 m，桩端持力层为⑦$_2$粉质黏土层。单桩承载力特征值为 1 400 kN。

该站设两个天桥出入口。天桥采用钢箱梁，跨度分别为 15.4 m，15.4 m。

3. 长安镇站

长安镇站为地上 3 层混凝土框架结构。长度为 48 m，宽度为 24 m，高度 12.9 m。

基础采用直径为 600 mm 预应力管桩，桩长一般为 36～39 m。桩端持力层为⑦$_{2-1}$粉质黏土层。

该站设两个天桥出入口，天桥采用钢箱梁，跨度分别为 17.7 m，17.2 m。

4. 桑亭路站

桑亭路站为地上 3 层混凝土框架结构。长度为 48 m，宽度为 24 m，高度 12.9 m。

基础采用直径为 600 mm 预应力管桩，桩长一般为 38～42 m。桩端持力层为⑦$_4$粉质黏土或⑧$_3$粉质黏土夹粉土层。

该站设两个天桥出入口，天桥采用钢箱梁，跨度分别为 11.98 m，19.42 m。

5. 周王庙镇站

周王庙镇站为地上 3 层混凝土框架结构。长度为 48 m，宽度为 24 m，高度 12.9 m。

基础采用直径为 600 mm 预应力管桩，桩长一般为 38～39 m。桩端持力层为⑦$_4$粉质黏土或⑧$_3$粉质黏土夹粉土层。

该站设两个天桥出入口，天桥采用钢箱梁，跨度分别为 12.5 m，19.5 m。

6. 盐官镇站

盐官镇站为地上 1 层混凝土框架结构。长度为 67.7 m，宽度为 22 m，高度 7.3 m。

基础采用直径为 800 mm、1 200 mm 钻孔灌注桩，桩长一般为 30、60 m。桩端持力层为⑨$_{3-1}$、⑨$_2$、⑦$_2$层。

该站无天桥出入口。

7. 桐九公路站

桐九公路站为地上 3 层混凝土框架结构。长度为 48 m，宽度为 24 m，高度 12.9 m。

基础采用 600 mm 预应力管桩，桩长一般为 38 m。桩端持力层为⑦$_4$粉质黏土或⑧$_2$层。

该站设两个天桥出入口，天桥采用钢箱梁，跨度分别为 26.562 m，22.897 m。

8. 斜桥镇站

斜桥镇站为地上 3 层混凝土框架结构。长度为 48 m，宽度为 24 m，高度 12.9 m。

基础采用直径为 600 mm 预应力管桩，桩长一般为 39～42 m。桩端持力层为⑧$_2$粉质黏土或⑧$_3$层。

该站设两个天桥出入口，天桥采用钢箱梁，跨度分别为 18.5 m，29 m。

附属用房结构采用多采用单层、多层框架结构，结构形式相对较简单。重点在于功能性用房较多，与其他专业衔接的预留预埋等内容较多，对结构设计精细程度提出一定要求。基础管桩采用浙江省标先张法预应力混凝土管桩 PHC-600-AB-110，桩身完整性检测采用低应变法，桩基承载力检测采用静载试验，检测数量及方法需满足相应规范要求。桐九公路站附属管桩沉桩困难，经多方会商决定采用压桩力控制为主，桩长控制为辅施打工程桩，静载荷试验满足设计要求。天桥及出入口部分，天桥连接主体与附属用房或出口，天桥采用钢箱梁，跨度较大时下设柱墩，出入口采用框架结构。天桥钢箱梁吊装施工具有一定风险性，桐九公路站北侧天桥吊装完成后发生倾覆侧翻，造成一定的财产损失，为我们安全生产敲响警钟。

第五节　盐官站防飘雨专项设计

在初步设计阶段、公示以及施工图设计阶段，秉承轻盈优雅、现代时尚、水墨钱塘、浪潮律动的理念，特色站盐官站的外立面建筑造型借鉴海宁潮文化，对海宁潮形态进行抽象，营造一种连绵起伏、轻灵律动的波浪感建筑意境。原方案盐官镇站外立面效果图如图 31-7 所示。

图 31-7　原方案盐官镇站外立面效果图

车站外立面两侧镂空，设计挑檐长度为 3.7 m，最高点处挡雨角度为 26.85°、最低点为 34.72°，根据海宁地区风速，经不同大小雨水下落速度分析可得，屋面整体挑檐可防住大雨和暴雨。高点出处无法防住毛毛雨和小雨，最低点处无法防住毛毛雨，毛毛雨及少量小雨飘入仅会对地面造成湿润，不会形成大面积积水流淌的情况。

2021 年，在台风"烟花"12～14 级强台风的状态下，雨水被大面积吹入站台，然后通过开孔及缝隙渗入站厅层。作为百年工程，为了车站更好地投入使用，有效应对极端恶劣天气，提出了以下调整方案：

（1）在两侧竖琴造型处加设耐力板，有竖向格栅处仅增设耐力板，没有竖向格栅处需增设钢梁、竖向格栅，耐力板下边缘与站台栏杆扶手齐平，距离站台装修完成面 1.2 m；同时站台端侧的广告灯箱、消火栓等全部用铝板连接，并加高到 3.5 m 左右，阻挡端部飘入雨水。

（2）考虑车站站台层端头在极端恶劣天气情况下，雨水角度过大，可能会随强风飘入站台，如水量过大、站台地漏排水不及时，雨水可能在站台层楼扶梯口部顺着孔洞及缝隙流入站厅层，因此在所有楼扶梯、双扶梯及折跑楼梯口部增设横截沟。增设防飘雨耐力板后的盐官镇站外立面效果图如图 31-8 所示。

图 31-8　增设防飘雨耐力板后的盐官镇站外立面效果图

通过调整方案，解决了盐官镇站站台层在强台风恶劣天气下雨水飘入站台的问题，且基本不影响车站外立面造型效果。本站防飘雨设计对于类型工程有一定的借鉴意义，尤其是沿海地区采用侧式站台的高架站，外立面设计需充分考虑强台风天气条件下的防飘雨措施。

第六节　本章小结

杭海城际高架车站施工图设计过程中，铁四院积极进行设计优化，较好地控制了工程造价，缩短了施工时间，确保了工程质量，总结如下：

（1）高架车站主体设计时考虑运架梁施工阶段分析，采取一些临时的措施满足架梁工况受力的要求，保障了运架梁的顺利进行，节省了建设时间和工程投资。

（2）海宁高铁站：轨行区顶上雨棚为玻璃，施工图设计时在玻璃下铺设钢丝网，防止玻璃自爆坠落。

（3）部分车站附属用房的桩基由钻孔灌注桩优化为预应力管桩，采用静压法施工，时间成本及经济成本改善明显。变电所地下夹层优化为地上夹层，充分利用地上一层的层高空间，节省了工程造价。

（4）桐九公路站为区间桥梁架设重要时间节点车站，该站原设计后浇带封闭时间较长，经多轮协商并组织专家论证，优化后浇带为膨胀加强带，时间效益明显，有效保证了区间桥梁的运架梁作业。

第三十二章 地下车站结构设计

第一节 设计概况

杭海城际铁路工程共设 5 座地下站,余杭高铁站、皮革城站、海昌路站、浙大国际学院站,碧云路站(预留未建)。经综合比较,结合海宁市的地质条件、线路条件,从节约工程投资考虑,均采用明挖法施工。当地面交通等受到限制时采用盖挖法施工。

主体结构型式:余杭高铁站采用三层三跨箱形框架结构;皮革城站、海昌路站、浙大国际学院站采用双层三跨箱形框架复合墙结构。

围护结构型式:主体围护均采用地下连续墙加内支撑;标准站地下一层附属围护采用 SMW 工法桩加内支撑,深度超过地下一层的附属围护采用地下连续墙加内支撑。地下车站结构概况见表 32-1。

表 32-1 地下车站结构概况

序号	车站名称	施工方法	车站结构形式	基坑深度/m	围护结构类型
1	余杭高铁站	明挖顺作	三层三跨结构框架	25.6	地下连续墙
2	皮革城站	明挖顺作	双层三跨复合墙结构	16.4	地下连续墙
3	海昌路站	明挖顺作	双层三跨复合墙结构	16.7	地下连续墙
4	浙大国际学院站	明挖顺作	双层三跨复合墙结构	17.7	地下连续墙

第二节 围护结构设计

一、围护结构设计原则

1. 基坑围护设计

(1)围护结构设计内力和变形计算,可沿车站纵向取单位长度按弹性地基梁或板计算,坑内开挖面以下地层对墙底的约束用一系列的弹簧支座模拟。

(2)计算时应考虑支撑点的位移,施工工况及支撑刚度等对结构的内力和变形的影响,按照"先变形,后支撑"的原则,最终控制设计的位移与内力值应为各工况计算结果的包络值。

(3)土体的弹性抗力应根据地基土的性质、施工方法、施工参数(挖土方法、支撑设计、混凝土垫层、结构底板的浇筑时限等)选取适当的水平、竖向基床系数。

(4)基坑稳定应按承载力极限状态验算,含以下内容:

①围护结构绕最下一道支撑为圆心的圆弧滑动抗隆起稳定性验算;

②基坑底部土体的抗隆起稳定性与抗渗流、抗承压水稳定性验算;

③ 围护结构抗滑移、抗倾覆稳定性验算；

④ 各类稳定安全系数的取值应根据环境保护要求参照地区经验确定：

a. 围护结构的抗倾覆稳定性验算，其安全系数 K_f 对于一级基坑取为 1.20；二级基坑取为 1.15；三级基坑取为 1.10。

b. 围护结构底部土体的抗渗流或抗管涌验算，其安全系数 K_s 取为 1.5～2.0；基坑底土为砂性土、砂质粉土或黏性土与粉性土层中有明显薄层粉砂夹层时取大值。基坑底部土体抗承压水头的稳定性验算（基坑开挖面以下有承压水层时）；其安全系数 K_y 取 1.05。

（5）深基坑支护结构及其构件应满足强度和稳定、变形的要求。当采用降水措施时，应严格控制地表沉降量，以确保邻近建筑物和重要管线的正常使用，并根据安全等级提出监测要求。截水帷幕应控制不致因渗漏而引起水土流失。

地铁基坑变形控制保护等级标准见表。按场地的地质状况、周边环境安全的重要程度和坑内永久性结构变形允许条件等因素，对基坑支护工程划分为三个级别。沿基坑整个长度上，地质条件和周边环境可能有较大变化，可按具体情况对基坑的不同区段确定不同的等级，但相邻段的等级最多相差一级。基坑变形控制保护等级见表 32-2。

表 32-2 基坑变形控制保护等级

保护等级	地面最大沉降量及围护结构水平位移控制要求	基坑和环境保护要求	重要性系数
一级	（1）地面最大沉降量≤0.1%H （2）围护结构最大水平位移≤0.14%H （3）K_L≥1.8	（1）离基坑周围 1H 范围内有地铁、煤气管、大型压力总管等重要市政设施及重要建筑物必须确保安全； （2）开挖深度≥18 m，且在 1.5H 范围内有重要建筑、重要管线等市政设施或重要建筑物	1.1
二级	（1）地面最大沉降量≤0.2%H （2）围护结构最大水平位移≤0.3%H （3）K_L≥1.6	（1）离基坑周围 1H～2H 范围内有重要干线、在使用的大型构筑物、建筑物或市政设施； （2）开挖深度≥14 m，且在 3H 范围内有重要建筑、重要管线等市政设施或建筑物	1.0
三级	（1）地面最大沉降量≤0.5%H （2）围护结构最大水平位移≤0.7%H （3）K_L≥1.4	基坑附近 2H 范围内没有重要或较重要的管线、建（构）筑物	0.9

注：表中 H 为基坑开挖深度；K_L 为抗隆起安全系数（以最下一道支撑点为圆心的圆弧滑动计算公式计算）。地面最大沉降量、围护结构最大水平变形值应满足周边环境正常使用要求。当坑底以下为软土时，应按《建筑基坑设计规范》，计算最下层支点为轴心的圆弧滑动稳定安全系数 K_r，安全等级为一级、二级、三级的支挡式结构，K_r 分别不应小于 2.2、1.9、1.7。

2. 明挖法施工

当基坑周围具有放坡场地，且土质较好、地下水位较低时，应优先考虑采用放坡开挖方案。当不具备放坡开挖条件时，可采用连续墙、钻孔桩、钻孔咬合桩、SMW 工法桩等作为基坑开挖的围护结构。围护结构应以工程地质和水文地质条件、基坑宽度和深度为依据，考虑与主体结构的相互关系、防水要求、对周边地面建筑物和地下构筑物的影响、施工难易程度、基坑安全性等方面，经全面经济技术比较确定。

3. 紧邻建筑物

基坑深度大于 14 m 时，围护结构宜采用地下连续墙，墙厚不宜小于 800 mm；当基坑深度不大于

12 m 时，围护结构可采用 SMW 工法桩或钻孔咬合桩；当基坑深度小于 5 m，周边无紧邻建筑物及重要管线且土质条件较好时，可采用放坡、土钉墙等支护方式。

紧邻建筑物或重要管线等对环境保护要求较高的车站主体或附属结构，基坑深度小于 14 m 时，围护结构宜采用地下连续墙。

4. 地下连续墙的设计

（1）单元槽段的长度和深度，应根据建筑物的使用要求和结构特点，工程地质和水文地质、施工条件和施工环境等因素确定。

（2）地下连续墙的施工接头应满足受力、防渗等要求，并要求施工简便、质量可靠。杭州地铁常用的接头形式主要有三种：柔性锁扣管接头、工字型预制接头和刚性（工字钢或十字钢板）接头。

地下连续墙墙段之间可采用锁扣管接头，根据地层地下水情况设置锁扣管接头止水桩（砂性土地层接缝外宜设置 2~3 根旋喷止水桩）。当周边环境有较高时，接头构造应满足传力和防水要求，一般采用 H 型钢接头或十字钢板接头。

（3）地下连续墙的受力钢筋宜采用 HRB400 级钢筋，直径不宜小于 20 mm，水平钢筋及构造钢筋可采用 HPB300 或 HRB400 级钢筋，直径不宜小于 16 mm，钢筋间距应能使混凝土在泥浆中稳定流动，有利于保证混凝土与钢筋的握裹力，竖向主筋最小净距不小于 75 mm，水平构造筋间距宜为 200~300 mm。

（4）按照《杭州地铁土建工程若干技术指导意见（试行）》的要求。杭海城际铁路工程砂性土地层围护墙（桩）插入比不宜小于 0.7，深厚软土层中插入比不宜小于 0.9~1.0，岩石地层的围护墙（桩）插入比不应小于 0.2。

5. 支撑设计

明挖法施工的围护结构的支撑系统宜采用内支撑系统，根据实际情况可选用混凝土支撑、钢支撑及其组合形式，内支撑必须采用稳定的结构体系和连接构造，其强度、刚度、稳定性要满足计算要求。

（1）地下车站主体围护第一道支撑应采用混凝土支撑。当基坑周边环境复杂、地质条件较差（当基坑深度大于 18 m、宽度大于 20 m 或如有重载车通、建构筑物距离基坑较近时）宜设置两道或多道混凝土支撑，当支撑长度大于 20 m 时，应根据计算考虑设置必要的中间竖向支撑体系。当基坑形状不规则时，支撑宜设置围檩体系，并增加混凝土支撑道数；端头井采用排桩支护时，应采用混凝土腰梁。

车站附属结构基坑，当基坑深度大于 12 m、基坑不规则或周边条件复杂时，第一道支撑应采用钢筋混凝土支撑。

（2）为减少围护结构在基坑开挖期间的位移，对钢支撑及锚杆应施加预应力，预加力值宜取支撑轴向压力标准值的 0.5~0.8 倍，基坑最下一道支撑距离坑底宜控制在 3 m 左右。

（3）对于 ϕ609、壁厚 16 mm 钢管支撑，设计轴力应根据其强度及稳定性等计算确定，且不大于 3 000 kN；当支撑设计轴力大于 ϕ609 钢支撑承载力且布置困难时，可采用 ϕ800 的大直径钢支撑。

钢支撑体系的稳定性应进行计算复核，钢支撑设活络头时，设计应提供详细的节点详图，活络头截面强度不得低于钢支撑截面强度，并确保节点等强度传力。

6. 基坑降水及加固设计

（1）位于饱和砂性土地层的基坑，在保证周边管线和建筑物安全的前提下，宜采用坑位控制性降水方案。坑位降水应按照"按需降水"的原则，对于 13~16 m 的深基坑，当不考虑周边环境的情况下，坑内降水 8~10 m 为宜。

（2）针对需要处理承压水的基坑，采取的办法主要有降低承压水位、隔断承压水和基底加固等三类，承压水降水方案确定之前，需要有可靠的承压水抽水试验，并根据抽水试验评价降水影响的范围、引起的地部沉降及水位恢复等，并做隔水、降水技术经济对比，最终确定处理承压水方案。

（3）是否采用基坑内地基加固应结合具体工点的环境条件、地质条件、围护结构体系及施工工艺方法等综合确定。

针对深基坑坑底以下为④层、⑥层淤泥质土层（流塑或软塑的淤泥质黏土），坑底加固方案宜选用搅拌桩或高压旋喷桩加固。其加固方式可分为裙边式加固或抽条对撑式加固。加固方式一般为裙边加抽条形式。抽条加固体一般宽3 m，加固深度不宜大于4 m（一般采用3 m）。施工工艺可分为双轴机搅拌桩和三轴机搅拌桩，当加固深度超过12 m时，不宜采用双轴机搅拌桩。采用二重管高压旋喷桩加固时，桩径一般为800~1 000 mm。

对坑底上局部存在高灵敏度的淤泥质土，经技术经济比较后，可适当考虑对扰动土的处理措施。

当基底处于黏土、粉砂层时，宜选用降水措施。仅采用降水超前加固基坑底部土体时，其降水深度不应小于基底以下3 m。

二、典型地下车站围护方案

（一）余杭高铁站

1. 设计概况

杭州至海宁城际铁路余杭高铁站是杭州至海宁城际铁路第一座车站，位于杭州市余杭区文正街下方，沿文正街北侧呈东西走向布置。车站为地下三层双柱三跨结构，地下三层为站台层，地下一层是停车场及商业开发区、地下二层为站厅层（含少量地下车库）、地下三层为站台层。车站主体全长459.65 m，标准段宽22.1 m。总建筑面积约为34 600 m²。车站共设置10个出入口（含接驳地铁1号线换乘通道），4个风亭，出入口及风亭分布于车站南北两侧。车站主体采用明挖法施工。车站有效站台中心里程为右DK0+363.570，起讫里程右DK0-20.080~右DK0+437.570。基坑标准段底板埋深约26.05 m，端头段深约28.40 m。周边规划以交通枢纽、公园绿地、商业用地为主。余杭高铁站位置如图32-1所示。

图32-1　余杭高铁站位置示意

车站站址北侧为东湖项目，车站西侧部分范围紧邻乔司港河道，并且现状河道横穿车站，车站施工期间需将河道临时西移。另外北侧目前正在施工东湖地下停车场，地下室深度约7 m。采用桩基础，距离车站主体结构约12.6 m。

站址南侧为高铁余杭站站前广场，车站距站房结构约150 m。该地块为规划的地下空间开发，地下空间开发项目基坑深度约为7 m，待该站主体全部完工之后，和车站附属结构一起施工。

车站东端头位于文正街与新丰路路口西侧，临近杭州地铁1号线余杭高铁站，此次施工车站距离地铁1号线车站最近31.32 m，距离1号线区间最近43.45 m，地铁1号线余杭高铁站为双柱三跨地下两层站，侧墙为复合墙，围护结构采用30 m长，800 mm厚地下连续墙。

杭州至海宁城际铁路余杭高铁站基坑总长度459.65 m，基坑整体分4个分坑实施。分坑沿车站方向长度依次为70 m（含西端头）、130 m、197 m、62 m（含东端头）。围护结构采用1 000 mm厚地下连续墙+7道内支撑（端头井处8道）+2道换撑，其中第1、5道为钢筋混凝土支撑，其余为钢支撑。坑内设1排D1000 mm钻孔灌注桩作为格构柱基础或抗拔桩，桩底进入⑨$_4$圆砾层。基坑标准段基坑宽度为22.1 m，深度为25.96～26.79 m，地下连续墙长度52.5 m。盾构井段宽度为27.4 m，深度为27.4～28.4 m，地墙长度53.7～55.9 m。结构底板坐落在⑤$_4$粉砂层。分坑封堵墙采用1 000 mm地下连续墙。

乔司港位于2号分坑，施工时，需先施工1、3、4号分坑，1号分坑顶板以上预制箱涵。待1、3、4号分坑施工完成，河道迁改至箱涵后，原河道位置需采用黏土回填，并分层碾压后，2号基坑方能进行地连墙施工。

基坑开挖前二十天采用内井点对坑底进行预降水、疏干，以加固坑内土体。基坑内采用管井降水，降水深度应控制在基底以下1 m，必须保证降水效果。降水井在顶板覆土完成后方可封闭。基坑外侧四周距离基坑2 m处沿车站长度方向每隔10 m左右布置一口降水井，此井作为坑外降水井兼水位观测井，在地连墙沉槽以及基坑开挖期间可以控制性降水，在地铁1号线100 m范围内不进行坑外降水。

为保证靠近地铁侧地墙成槽质量，车站东端头段地墙施工采用槽壁加固措施。加固采用ϕ850@600三轴搅拌桩，水泥掺量为20%，加固从地面至地面以下1 m。坑外阳角采用ϕ850@600三轴搅拌桩加固，加固深度为地表至基坑底下3 m，水泥掺量为20%。

2. 工程地质情况

场地地基岩土划分及其特征见表32-3。

表32-3　场地地基岩土划分及其特征

层序	成因时代	岩土名称	层顶板标高/m	厚度/m	岩土特征简述	对应地铁地勘土层编号
①$_2$	Q_4^{3ml}	素填土	4.14～7.18	0.5～6.7	杂色，松散，以碎石、沥青为主，为道路填筑物	①$_2$
③$_2$	Q_4^{1al+l}	黏质粉土	0.18～5.40	1.7～23.8	浅灰色，中密，稍湿，含云母片，局部夹薄层状黏性土，摇振反应中等，切面粗糙	③$_2$
⑤$_4$	Q_4^{1al+l}	粉砂	−20.37～−1.09	6.4～22.4	浅灰色，中密，饱和，含云母片，局部夹薄层状黏性土，切面粗糙，多呈松散状	⑤$_4$
⑦$_{2-1}$	Q_3^{2al}	粉质黏土夹粉土	−37.43～−22.22	1.9～20.1	黄褐色，可塑，为粉土与粉质黏土互层，具层理，干强度及韧性中等，摇震反应缓慢	⑦$_2$
⑦$_3$	Q_3^{2al+m}	粉砂	−13.5	13.8	粉砂：黄灰色、灰褐色，含云母片，饱和；中密，主要成分由长石、石英、云母等组成，含少量黏性土及贝壳碎片，磨圆度好、分选性好	⑦$_3$

续表

层序	成因时代	岩土名称	层顶板标高/m	厚度/m	岩土特征简述	对应地铁地勘土层编号
⑦$_{3-1}$	Q_3^{2al+m}	黏质粉土	-35.52~-30.45	2.0~5.0	青灰色,稍密~中密,饱和,含少量云母片,局部夹黏性土,韧性低,摇振反应迅速	⑦$_{2-1}$
⑧$_3$	Q_3^{2m}	粉质黏土	-43.64~-35.69	3.1~18.8	灰褐~蓝灰色,可塑,含少量有机质,夹薄层粉土,干强度及韧性中等,摇震反应无	⑧$_3$
⑨$_3$	Q_3^{2al}	粉砂	-52.32~-47.39	1.1~6.6	灰色,密实,饱和,砂质不纯,多夹粉土薄层,局部为互层状,分选性好,颗粒均匀,可见长石、石英、云母等矿物	⑫$_1$
⑨$_{3-1}$	Q_3^{2al}	细砂	-53.44~-43.18	1.9~9.5	灰色,密实,饱和,砂质不纯,分选性好,颗粒均匀,见长石、石英、云母等矿物	⑫$_1$
⑨$_4$	Q_3^{2al}	圆砾	-56.26~-51.10	2.0~6.5	灰黄色,饱和,密实,颗粒不均,砾石成分以石英岩、花岗岩、砂岩为主,矿石成分未风化,可见石英、长石、云母等矿物岩心呈散状	⑫$_4$
⑳$_{1-1}$	K_1^c	泥质砂岩(W_4)	-60.59~-51.10	0.6~2.6	泥质砂岩(W_3):紫红色夹白色条纹,风化剧烈,岩芯大部分风化成土状	⑳$_{1-1}$
⑳$_{-2}$	K_1^c	泥质砂岩(W_3)	-62.19~-57.91	0.5~6.4	泥质砂岩(W_3):紫红色,强风化,泥砂质结构,中厚层状,泥质胶结,风化强烈,岩芯多呈碎块状、块状,节理裂隙很发育,裂隙面多有铁染现象	⑳$_{1-2}$
⑳$_{1-3}$	K_1^c	泥质砂岩(W_2)	-60.98~-59.82	2.6~3.0	泥质砂岩(W_2):紫红色,弱风化,泥砂质结构,中厚层状,泥质胶结,风化强烈,岩芯多呈碎块状、块状,节理裂隙很发育,裂隙面多有铁染现象	⑳$_{1-3}$

地下水因含水介质、水动力特征及其赋存条件的不同,其补、径、排作用和水化学特征均各不同,根据钻探揭露:勘探深度范围内地下水类型主要可分为第四系松散土类孔隙潜水和孔隙微承压水。孔隙潜水稳定水位埋深为地面下 1.2~3.5 m,动态变幅一般在 1.0~1.5 m。孔隙微承压水主要赋存于下部的⑦$_3$粉砂、⑨$_3$粉砂、⑨$_{3-1}$细砂、⑨$_{3-2}$砾砂、⑨$_4$圆砾土层中。

3. 设计关键问题

该站设计关键问题主要是 4#基坑对既有 1 号线的影响。现对既有结构的影响进行分析。土体本构模型采用摩尔库伦模型;已建车站、地铁车站围护及内部结构采用 C35 混凝土实体弹性材料模拟,已建隧道采用 C50 混凝土实体弹性材料模拟,地铁 1 号线车站已施工部分中柱等效为墙体处理。土体强度参数采用《杭州至海宁城际铁路工程余杭高铁站(右 DK-0+068.750~右 DK0+395.250)岩土工程勘察报告(详细勘察阶段)》,运算所用到的土体弹性模量 E 按照经验值取 3 倍土体压缩模量(E_s)。初始模型如图 32-2 所示,模型单元个数为 52 814,节点数 52 953。模型空间关系如图 32-3 所示。

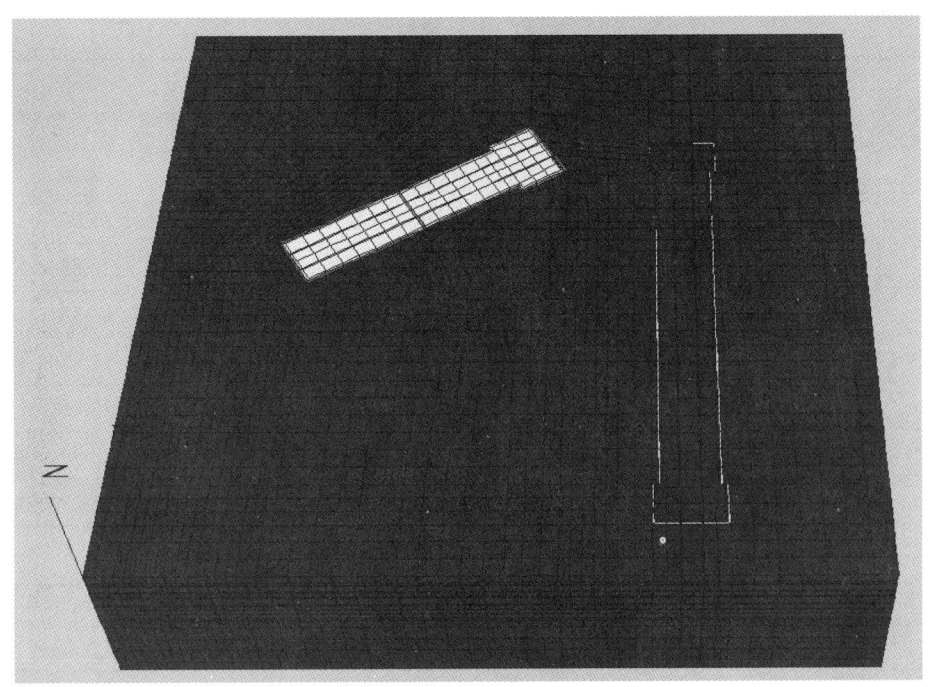

图 32-2　初始模型

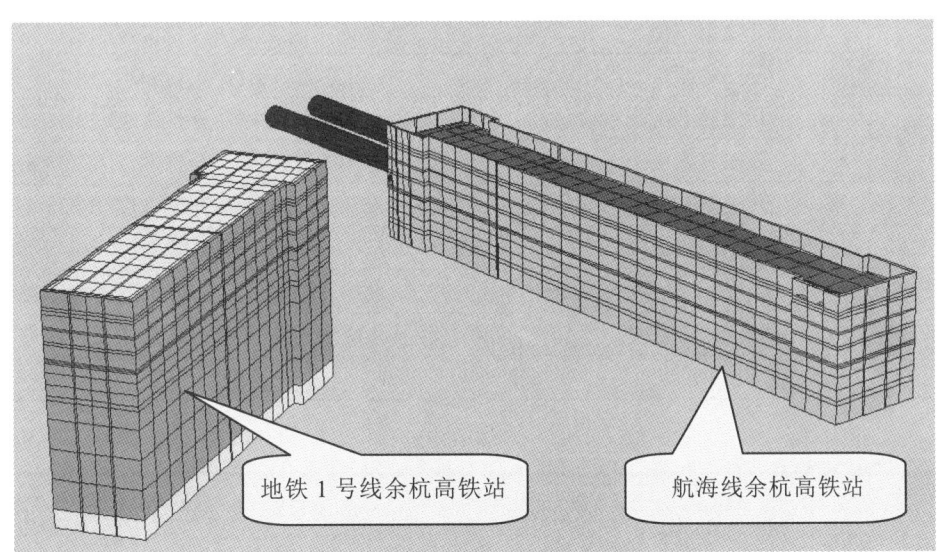

图 32-3　模型空间关系

地铁 1 号线余杭高铁站及杭海线余杭高铁站均为复合墙结构。地铁结构围护墙深度取 32 m，杭海线余杭高铁站围护墙长度取 55 m。此次开挖基坑深 27.35 m，坑内共设置 7 道支撑。杭海线余杭高铁站基坑设计方案共分 4 个基坑，考虑基坑施工影响范围，此次计算共建立靠近过地铁车站的 2 个分坑进行三维仿真模拟。靠近地铁车站的分坑（端头段）长 60 m，外侧基坑长 50 m。综合考虑基坑施工进度规划，此处 2 个分坑采用同步挖土的施工步序，进行仿真计算。土层参数见表 32-4，工况设置及施工内容工程概况见表 32-5，仿真计算云图如图 32-4～图 32-10 所示。

表32-4 土层参数

土层	重度/(kN/m^3)	压缩模量 E_S/MPa	弹性模量 E/MPa	泊松比 υ	内聚力 c/kPa	摩擦角 γ/(°)	体积模量 K/MPa	剪切模量 G/MPa
填土	18	5.00	15.00	0.30	8.00	10.00	12.50	5.77
黏质粉土	19.1	10.00	30.00	0.30	8.74	29.70	25.00	11.54
粉砂	19.4	10.50	31.50	0.27	6.22	31.90	22.83	12.40
粉质黏土	19.2	5.20	15.60	0.35	37.60	20.40	17.33	5.78
粉质黏土夹粉土	19	5.00	15.00	0.36	35.45	19.28	17.86	5.51
圆砾	21	30.00	90.00	0.23	5.00	35.00	55.56	36.59
C35混凝土	25	—	3 150	0.2	—	—	1 750	1 312.5
C50混凝土	25	—	3 450	0.2	—	—	1 920	1 440

表32-5 工况设置及施工内容

工况设置	施工内容	备注
工况一	初始地应力状态	
工况二	既有车站、隧道施工	位移置零
工况三	开挖第一层土	架设第一道支撑（开挖深度-5.7 m）
工况四	开挖第二层土	架设第二道支撑（开挖深度-9 m）
工况五	开挖第三层土	架设第三道支撑（开挖深度-13.35 m）
工况六	开挖第四层土	架设第四道支撑（开挖深度-17 m）
工况七	开挖第五层土	架设第五道支撑（开挖深度-20.35 m）
工况八	开挖第六层土	架设第六道支撑（开挖深度-23.35 m）
工况九	开挖第七层土	架设第七道支撑（开挖深度-27.35 m）
工况十	回筑底板	拆除第七道支撑
工况十一	回筑地下二层板	架设第六道换撑，拆除第五、六道支撑
工况十二	回筑地下一层板	架设第四道换撑，拆除第二、三、四道支撑
工况十三	顶板回筑	

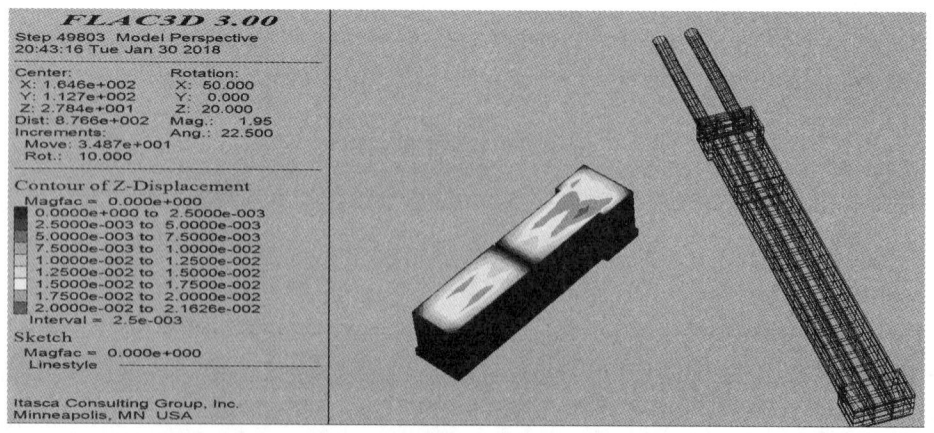

图32-4 土体竖向位移云图（顶板回筑）（单位：m）

顶板回筑完成，坑底隆起 21.626 mm（底板以下土体）。

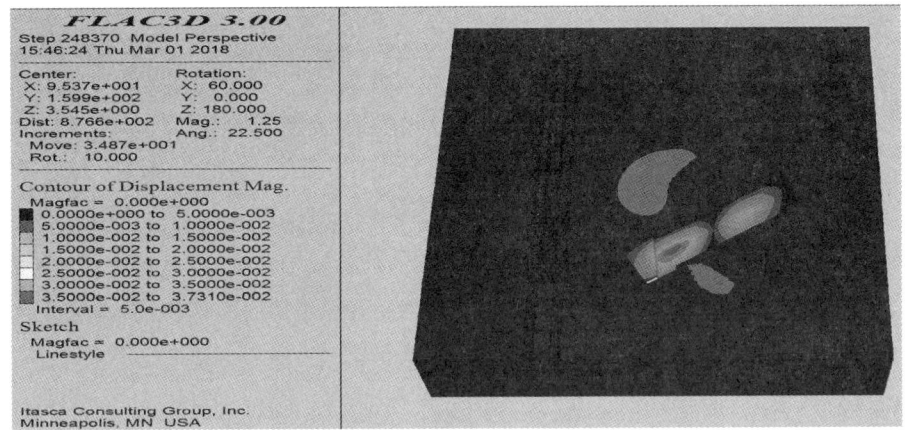

图 32-5　土体水平位移矢量云图（顶板回筑）（单位：m）

顶板回筑，土体最大水平位移 37.310 mm。

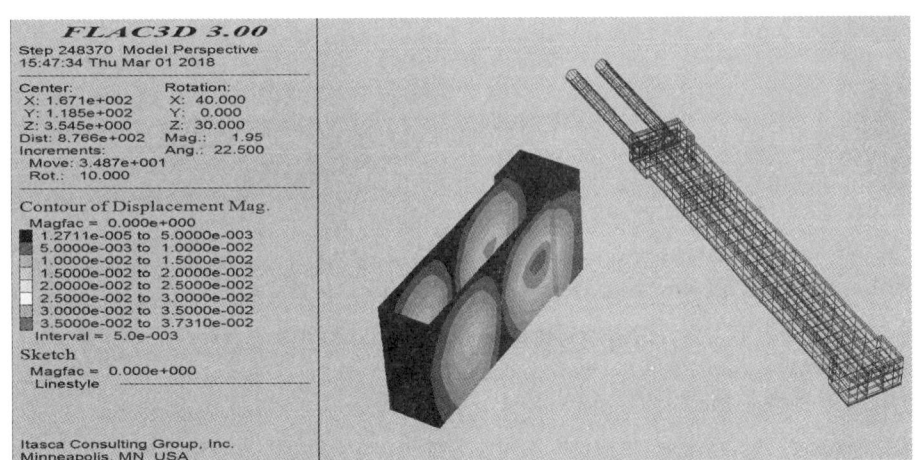

图 32-6　围护水平位移矢量云图（顶板回筑）（单位：m）

工况十三围护结构最大水平位移 37.310 mm。

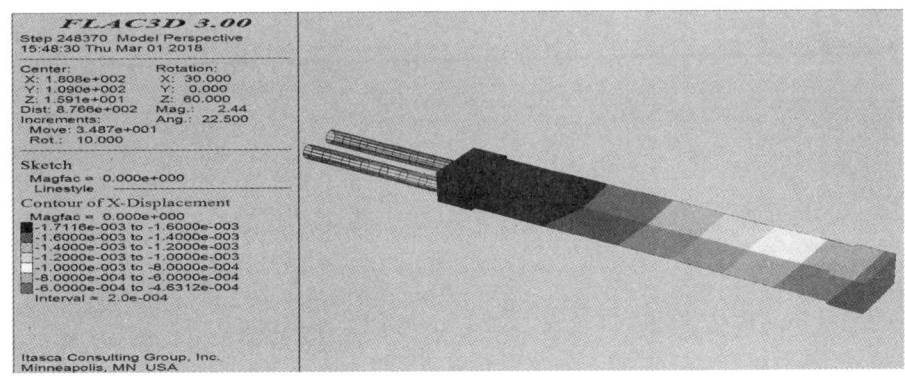

图 32-7　车站水平位移云图（顶板回筑）（单位：m）

工况十三车站最大水平位移 1.712 mm。

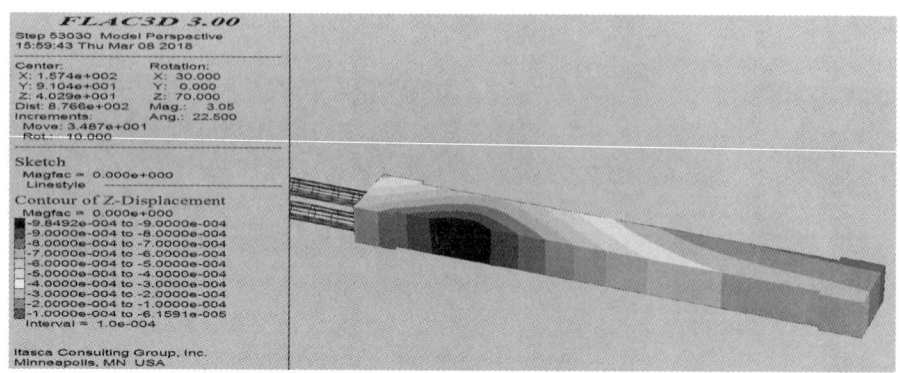

图 32-8　车站竖向位移云图（工况十三）（单位：m）

工况十三车站最大竖向位移-0.985 mm。

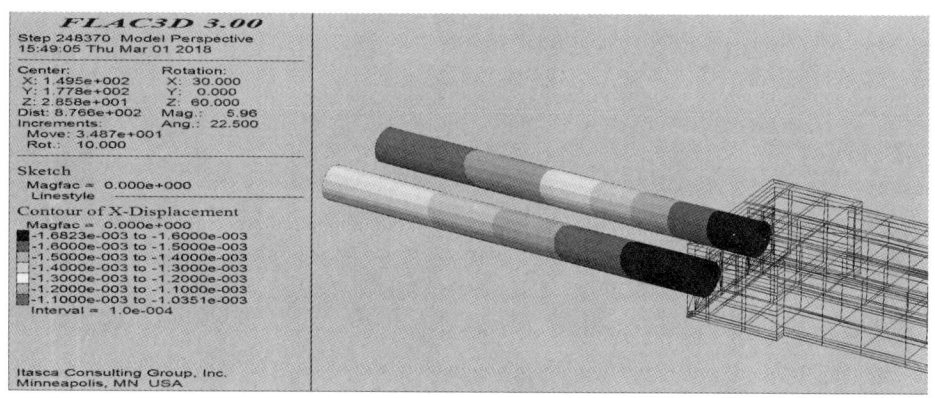

图 32-9　隧道水平位移云图（顶板回筑）（单位：m）

顶板回筑隧道最大水平位移 1.682 mm。

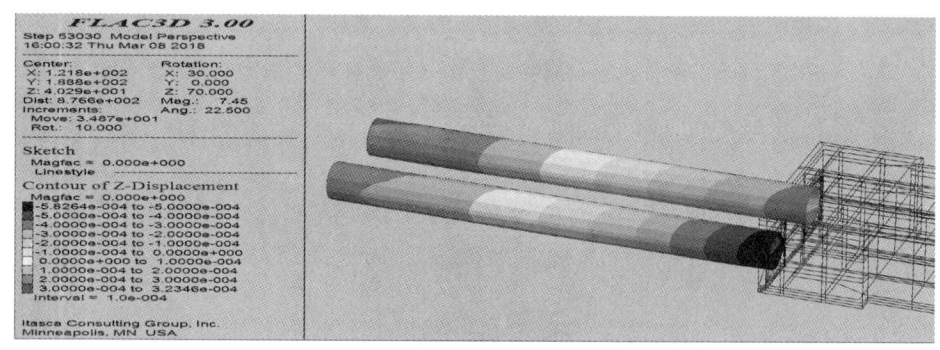

图 32-10　隧道竖向位移云图（顶板回筑）（单位：m）

顶板回筑隧道最大下沉-0.583 mm。

小结：杭海线余杭高铁站顶板回筑完成，坑底土体隆起 21.626 mm，土体水平位移 37.310 mm，围护结构水平位移 37.310 mm。1 号线车站水平位移 1.712 mm，最大竖向位移-0.985 mm。隧道最大水平位移 1.682 mm，最大竖向位移-0.583 mm。

各工况下，隧道变形情况见表 32-6。

表 32-6　各工况位移结果统计表　　　　　　　　　　　　　　　　单位：mm

工况/计算结果	施工内容	土体竖向变形	土体水平变形（围护变形）	车站水平位移	车站竖向位移	隧道水平位移	隧道竖向位移
工况一	初始应力	——	——	——	——	——	——
工况二	既有车站、地墙施工	0	0	0	0	0	0
工况三	开挖第一层土（深 5.7 m）	1.811	3.952	0.074	0.120	0.080	0.130
工况四	开挖第二层土（深 9 m）	3.594	7.245	0.229	0.222	0.239	0.214
工况五	开挖第三层土（深 13.5 m）	6.279	13.112	0.797	-0.360	0.758	-0.248
工况六	开挖第四层土（深 17 m）	8.310	20.554	1.105	-0.400	1.055	-0.337
工况七	开挖第五层土（深 20.35 m）	11.600	27.166	1.163	-0.519	1.108	-0.350
工况八	开挖第六层土（深 23.35 m）	13.339	30.002	1.269	-0.724	1.217	-0.423
工况九	开挖第七层土（深 27.35 m）	24.691	37.526	1.739	-0.903	1.705	-0.525
工况十	回筑底板	22.589	37.453	1.796	-0.917	1.765	-0.534
工况十一	地下二层板回筑	22.215	37.432	1.756	-0.937	1.731	-0.548
工况十二	地下一层板回筑	21.962	37.371	1.716	-0.952	1.697	-0.559
工况十三	顶板回筑	21.626	37.310	1.712	-0.985	1.682	-0.583

注：水平位移为向坑内位移。竖向位移栏"-"表示下沉。

通过对杭海线余杭高铁站基坑施工各工况进行三维数值模拟可知，各开挖工况下，上部土体卸载造成坑底上浮，围护向坑内位移。工况九（开挖第七层土，深 27.35 m）施工完成后，围护结构及地铁结构变形趋于稳定，坑底最大隆起 24.691 mm，围护最大变形 37.526 mm。1 号线车站最大下沉 0.903 mm，最大水平变形 1.796 mm，隧道最大下沉 0.525 mm，最大水平位移 1.765 mm。最终工况下，车站最大水平位移 1.712 mm，隧道最大水平位移 1.682 mm，车站最大下沉 0.985 mm，隧道最大下沉 0.583 mm，隧道最大收敛 0.016 mm。

由计算结果可知此次盾构施工对车站变形影响较小，地铁变形值均在控制值范围内，风险可控。

（二）皮革城站

1. 设计概况

皮革城站为地下两层岛式站台车站，布置于海州西路与广顺路交叉路口，沿海州西路南北两侧东西向布置。车站下穿既有皮革城天桥，车站西端头为斜一皮盾构区间接收工作井。

车站起点里程为右 DK40+819.890，终点里程为右 DK41+078.690，车站为地下两层双柱三跨箱型框架结构，车站外包总长 258.8 m，标准段外包总宽 21.3 m、深 16.45～16.95 m，端头井外包总宽 26 m、深度 17.97～19.47 m，有效站台宽 12.6 m，车站共设 5 个出入口、2 组风亭。皮革城站总建筑面积 15 957 m²，其中车站主体建筑面积约 10 304 m²，附属面积约 4 653 m²。车站共设 5 个出入口、2 组风亭。

皮革城站设计概况见表 32-7，皮革城站平面布置如图 32-11 所示。

表 32-7　皮革城站设计概况表

项目		设计概况
车站主体	基坑长度	258.8 m
	基坑宽度	21.3 m（标准段）、26 m（端头井）
	基坑深度	标准段：16.45～16.95 m；端头井：17.97～19.47 m
	围护结构	800 mm 厚地下连续墙，墙深 37～40 m

续表

项目			设计概况
	桩基础		ϕ 900 mm 钻孔桩，C35 水下混凝土
	地基加固		加固形式（天桥以外）：ϕ 850@600 三轴搅拌桩（深度：基底下 3 m） 端头井：满堂加固，标准段：裙边+抽条加固 参数：基底下 3 m 水泥掺量 20%；基底上水泥掺量 7% ②加固形式（天桥下）：ϕ 800@600 双重管旋喷桩满堂加固 加固深度为基底下 3 m，水泥掺量 25% 加固指标：28 天无侧限抗压强度 $q_u \geq 1.0$ MPa
	支撑	道数	标准段：1 道钢筋混凝土支撑+3 道钢支撑+1 道钢管换撑 端头井：1 道钢筋混凝土支撑+4 道钢支撑+1 道钢管换撑 天桥下：1 道钢筋混凝土支撑+4 道钢支撑+1 道钢管换撑（中板以上，第一、二道支撑之间增加 1 道钢支撑）
		材料	第一支撑：C30 钢筋混凝土支撑 第二道及以下支撑：ϕ 609 mm，t=16mm 钢管支撑
		断面	第一道为 800 mm×1000 mm 混凝土支撑 第二道及以下为 ϕ 609 mm 钢支撑
		水平间距	混凝土支撑间距约 9 m，钢支撑间距约 2～4 m
	主体结构	结构形式	双柱三跨钢筋混凝土箱型框架结构
		层高	负二层 6.25 m，负一层 4.85 m（净高）
		板厚	底板：900 mm；中板：400 mm；顶板：800 mm
		侧墙	端头井 800 mm，标准段 700 mm
防水设计	结构混凝土		C35、P8 混凝土
	变形缝		中埋式钢边橡胶止水带+外贴式止水带
	施工缝		环向：中埋式镀锌钢板止水带 水平：中埋式镀锌钢板止水带
	结构外防水	顶板顶面	2.5 mm 厚单组分聚氨酯防水涂料
		侧墙和底板	1.2 mm 厚高分子（P 类）预铺式冷自粘防水卷材

该工程场地范围内主要地层自上而下分别为①$_2$ 人工填土、②$_2$ 粉质黏土、④$_2$ 淤泥质黏土、⑤$_1$ 粉质黏土、⑤$_2$ 粉质黏土、⑥$_2$ 淤泥质黏土、⑦$_{3-1}$ 黏质粉土、⑦$_2$ 黏质粉土、⑦$_{2-2}$ 粉质黏土、⑦$_3$ 粉砂、⑧$_3$ 粉质黏土、⑨$_3$ 粉砂。

皮革城站基坑开挖范围主要为①$_2$ 人工填土、②$_2$ 粉质黏土、④$_2$ 淤泥质黏土、⑤$_1$ 粉质黏土、⑤$_2$ 粉质黏土、⑥$_2$ 淤泥质黏土，其中④$_2$ 淤泥质黏土、⑥$_2$ 淤泥质黏土层厚度分别为 2.8～13 m 和 3.5～6.4 m，车站主体基底位于⑤$_2$ 粉质黏土、⑥$_2$ 淤泥质黏土层（主要为车站东端基底处于⑥$_2$ 地层中）。

由于该地层自稳能力差使基坑开挖时受到的侧压力较大、围护结构变形增大，易造成地表沉降，进而影响到周边建（构）筑物和管线安全；在该地层中基坑降水效果较难保证，将导致在淤泥质土中基坑开挖的难度增大，效率降低；则该工程需采取有效措施解决淤泥质土地层中基坑开挖的安全、质量风险。

2. 设计关键问题一：皮革城天桥保护

（1）皮革城站主体与西天桥的位置关系。

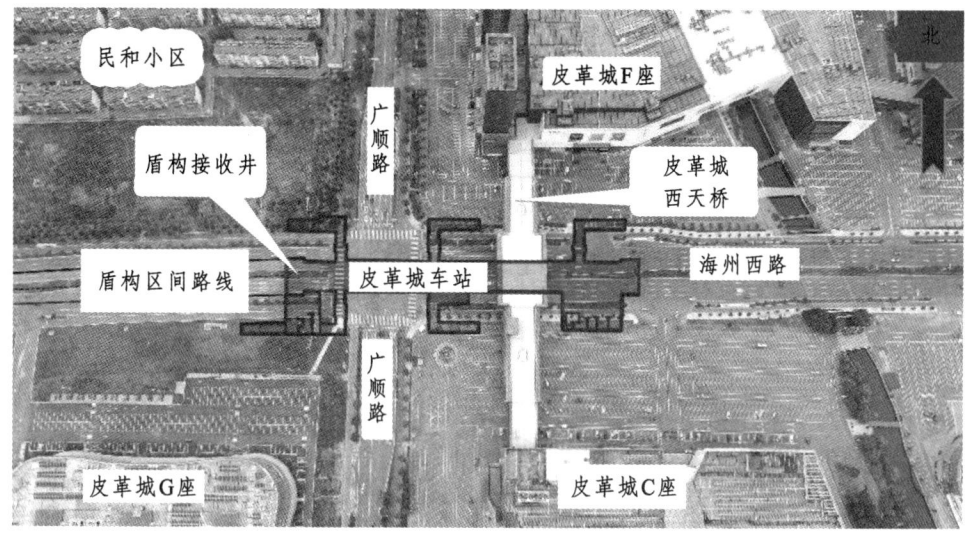

图 32-11　皮革城站周边环境示意

皮革城车站东段基坑（约 31.2 m 长度范围）位于海宁皮革城西天桥下方，天桥下净空约 8.68 m（天桥底部至地面），车站基坑边距天桥主墩桩基水平距离约为 7.7～8 m，天桥下车站主体连续墙深度为 37 m，基坑开挖深度约 16.8 m。

皮革城西天桥上部结构为钢结构，西天桥内两侧均为商铺。

（2）皮革城站对西天桥的影响分析。

① 不利地质条件下施工对皮革城西天桥的影响。

基坑开挖范围主要处于以④$_2$淤泥质黏土地层为主的流塑状地层，该地层直剪摩擦角约 3.7°，平均标贯值仅为 1.3，具有流塑状、高含水量、低渗透性、自稳能力差、易蠕变等特点，属于对地下基坑工程施工极为不利地层，并在该地层基坑施工时，基坑变形较难控制，进而可能引起周边地层沉降带动影响周边建（构）筑物安全。

② 地下连续墙施工对皮革城西天桥的影响。

皮革城西天桥下车站主体围护连续墙深度约为 37 m，幅宽为 6 m，受天桥下低净空影响（天桥至地面净空为 8.68 m），共有 14 幅地下连续墙需采用低净空成槽机进行成槽施工，常规连续墙循环作业时间约为 1 d，而采用低净空设备施工时，每幅连续墙作业循环时间约为 4 d。低净空成槽施工存在成槽效率低、成槽时间长等缺点，加上连续墙所处地层较大范围为对地连墙施工不利的淤泥质黏土层，成槽阶段对土体扰动影响较大，连续墙槽壁暴露时间过长，槽壁极易坍塌，因此易造成周边地层沉降和位移，从而对天桥的安全性及稳定性造成一定影响。

③ 基坑开挖对西天桥的影响。

皮革城天桥下主体基坑宽度为 21.3 m，开挖深度为 16.8 m，天桥桩基与车站基坑边最小处为 7.7 m；由于天桥与路面的净空只有 8.68 m 左右，土方开挖无法直接采用长臂挖机施工（常规长臂挖机最小工作高度约 10 m），需采用小挖机进行开挖并将渣土倒运至天桥影响范围外后再采用长臂挖机装土外运。因此，天桥下基坑开挖及钢支撑架设效率将大大降低、作业时间大大增加，产生土方开挖时间长、基坑支撑架设不及时等问题，从而造成基坑暴露时间过长、基坑变形大、地面沉降大等安全风险。

（3）对策。

① 现状天桥安全评估。

皮革城站施工前，委托有资质的第三方检测单位对现状的天桥安全状态进行检测、评估，通过现状天桥安全检测结果以及对天桥下车站主体基坑支护、开挖、支撑受力转换及主体结构回筑等多种工况进行模拟、分析，对施工期间可能产生的影响作出分析与评估，并在分析与评估的结果上提供对西天桥进行加固方案的实质性和合理化建议。同时，由项目公司单位针对第三方出具的皮革城西天桥安全评估报告组织召开专家审查会议，通过现状天桥安全评估结果及专家审查会意见，由设计单位出具天桥相关保护方案，确保皮革城西天桥在施工前、施工期间及施工完成后均处于安全、可控状态。

② 确定天桥监测预警值和控制值。

施工前做好皮革城西天桥第三方安全鉴定和评估，根据评估结果明确天桥沉降、位移监测预警值和控制值，以便在车站施工期间对皮革城西天桥进行实时监测提供依据，为确保天桥安全提供保障。

③ 拟定天桥保护方案。

根据皮革城西天桥安全评估结果及专家组审查意见，建议在车站基坑施工前针对皮革城西天桥加固方案采取以下几种措施进行保护施工：

a. 针对天桥下低净空连续墙施工中存在的成槽效率低、成槽时间长等特点，以及连续墙所处的自稳能力差、流塑状不利地层影响（④$_2$淤泥质黏土、⑥$_2$淤泥质黏土），易发生槽壁坍塌、周边地层沉降过大等安全风险；为确保施工期间天桥主体沉降处于可控范围，采取在地下连续墙成槽前，对受天桥影响长度范围内 12 幅连续墙槽壁进行单排 $\phi 800@600$ mm 高压旋喷桩槽壁加固施工，加固深度为地面至地面以下 26 m，水泥掺量为 25%。

b. 对天桥下 50 m 范围内的车站主体基坑采用 $\phi 800@600$ 高压旋喷桩满堂加固施工，加固深度为基底以下 3 m，水泥掺量为 30%，有效控制基坑开挖过程因围护结构出现"踢脚"情况对邻近天桥造成的不利影响。

c. 在车站主体基坑开挖过程中，于基坑第二道支撑上部增加一道临时钢管支撑，有效控制基坑在开挖过程因应力释放及围护结构变形造成的周边土体位移、沉降，从而减少因基坑土方开挖对皮革天桥的产生的影响。

d. 皮革城西天桥下车站主体基坑两侧主承台、桩基，均采用钢筋混凝土筏板基础托换支撑的措施进行保护，钢筋混凝土筏板基础与天桥主承台采用植筋连接；在施工筏板基础时，开挖土方务必分块分段，严禁大开挖。

④ 加强施工过程监测。

在皮革城车站围护结构、天桥加固处理、基坑开挖、支撑体系及主体结构施工期间，由第三方专业监测单位对皮革城西天桥主体结构及周边环境进行实时跟踪监测，建立监测数据反馈制度、三级应急管理制度，及时反馈数据、调整施工参数。同时，由第三方天桥评估单位对西天桥可能出现的沉降、倾斜、裂缝及主体结构变形情况进行过程监测。

⑤ 车站完工天桥安全评估。

皮革城站土建工程完工后，对天桥的最终安全状态进行评估、鉴定。

3. 设计关键问题二：皮革城西天桥低净空下车站基坑设计

皮革城天桥将皮革城站围护结构、主体结构切割成 3 个互相独立的施工区域，施工组织难度大，若要保证施工工期，各施工区域均需单独投入设备进行施工，施工组织难度较大。同时受天桥净空的限制，天桥下地下连续墙、钻孔桩（格构柱）、高压旋喷桩及基坑开挖施工过程中均不能采用常规工艺和常规设备施工，必须采用低净空下的施工工艺和非常规设备施工。车站围护结构期间主要施工机械高度与天桥净空对照见表 32-8，皮革城西天桥与车站主体基坑位置关系实景如图 32-12 所示。

表 32-8　车站围护结构期间主要施工机械高度与天桥净空对照

施工工艺	机械	机械高度/m	天桥下净空/m	备注
地下连续墙	GB34 成槽机	15.65	8.68	天桥东、西两侧施工时，需进行设备调转运输（拆除、运输、二次拼装）
	180～200 t 履带吊	55		
钻孔灌注桩	GPS-18 回旋钻机	11 m 以上		

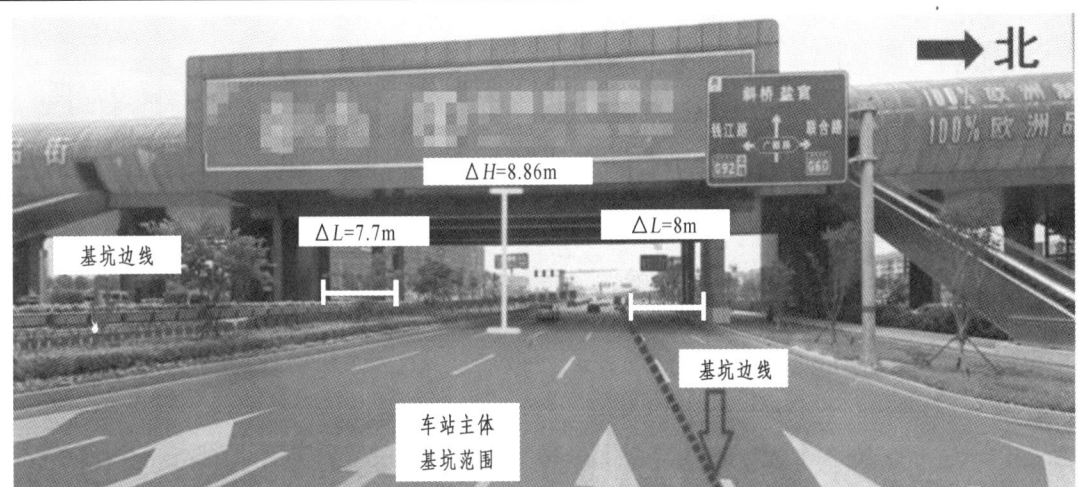

图 32-12　皮革城西天桥与车站主体基坑位置关系

根据对国内低净空地连墙施工设备的调查，拟选用低净空成槽设备进行天桥下地下连续墙施工，并配套解决相关工艺。

天桥下车站主体地下连续墙成槽施工，拟选用 1 台上海金泰 SG40L 型低净空连续墙液压抓斗设备，该设备是在常规成槽机的基础上改制而成的一种定制化产品，将桅杆高度降低的同时对常规成槽机的提升/下放系统和液压/传动系统进行重新匹配，并在保证成槽质量和地层适应性的前提下，最大限度地满足低净空作业要求，该设备净高度不足 6.5 m，成槽厚度 600～1 200 mm，单槽宽度为 2 800 mm，其他配套设备与常规成槽设备一致。经调查，上海金泰 SG40L 型低净空成槽设备具有在武汉轨道交通 8 号线、长沙地铁 5 号线等多个标段成功施工案例。根据现场实践案例，该设备性能可满足该工程地层条件成槽施工，如图 32-13 所示。

图 32-13　低净空成槽机

(三)海昌路站

围护结构方案应遵循"安全、经济、方便施工"的方针,并综合施工方法、地形及地质条件、与主体结构的关系、防水方案等因素,该站采用明挖法施工,围护结构采用800 mm厚地下连续墙,与主体形成复合式结构,采用现浇法施工。

标准段基坑深约17.05 m,设置一道800 mm×1 000 mm钢筋混凝土支撑+第二、四道ϕ609×16 mm钢管支撑+第三道ϕ800×16 mm钢管支撑+一道ϕ609×16 mm钢管换撑,竖向共五道支撑。西端头井基坑深约18.551 m,设置一道800 mm×1 000 mm钢筋混凝土支撑+第二、四道ϕ609×16 mm钢管支撑+第三道ϕ800×16 mm钢管支撑+一道ϕ609×16 mm钢管换撑,竖向共五道支撑。东端头井基坑深约18.775 m,设置一道800 mm×1 000 mm钢筋混凝土支撑+第二、四道ϕ609×16 mm钢管支撑+第三道ϕ800×16 mm钢管支撑+一道ϕ609×16 mm钢管换撑,竖向共五道支撑。混凝土支撑纵向间距一般为9.0 m,临时铺盖段混凝土支撑纵向间距为6 m,钢支撑纵向间距一般为3.2 m。

(四)浙大国际学院站

浙大国际学院站:标准段基坑深约16.92 m,设置一道800 mm×1 000 mm钢筋混凝土支撑+三道ϕ609×16 mm钢管支撑(局部为一道ϕ609×16 mm钢管支撑+两道ϕ800×16 mm钢管支撑)+一道ϕ609×16 mm钢管换撑(局部为ϕ800×16 mm钢管换撑),竖向共四道支撑。西端头井基坑深约17.71 m,设置一道800 mm×1 000 mm钢筋混凝土支撑+一道ϕ609×16 mm钢管支撑+两道800 mm×16 mm钢管支撑+一道ϕ800×16 mm钢管换撑,竖向共四道支撑。东端头井基坑深约18.55 m,设置一道800 mm×1 000 mm钢筋混凝土支撑+两道ϕ609×16 mm钢管支撑+两道ϕ800×16 mm钢管支撑+一道ϕ800×16 mm钢管换撑,竖向共5道支撑。混凝土支撑纵向间距一般为9.0 m,钢支撑纵向间距一般为3.2 m。

该站设置压顶梁,内部结构与地连墙共同抗浮,在接附属大开口处,底板下设30 m深ϕ1 000抗拔桩。

第三节 主体结构设计

一、主体结构设计原则

(1)地下结构应分施工和正常使用阶段,进行结构强度的计算,并相应地进行刚度和稳定性计算。对于混凝土结构,必须进行裂缝宽度验算。当计入地震荷载或其他偶然荷载时,不需验算结构的裂缝宽度。结构计算应说明采用的软件和相应计算参数的选择,并判断计算结果的合理性。

(2)结构宜按底板支承在弹性地基上的结构物计算,结构宜简化为平面问题进行分析并计入支座宽度、斜拖的影响,采用逆作法施工的还应计入柱子施工时产生的偏心和不均匀沉降对水平构件产生的不利影响。当围护结构与内衬墙共同受力时,应根据围护结构与内衬间的构造形式和结合情况,选用与其传力特征相符的计算模型。

(3)最大计算裂缝宽度允许值按荷载效应准永久组合并考虑长期作用影响,按表32-9数值进行控制;对于处于侵蚀环境的不利条件下的结构,其最大计算裂缝宽度允许值应根据具体情况从严控制。

(4)当车站纵梁受车站净空限制时,可采用十字反梁;当必须采用扁宽梁设计时,应根据各层板与梁的刚度比,考虑板在纵向内力分配的不均匀性,以确定跨中板带与柱上板带的内力分配系数进行配筋设计。

表 32-9 最大计算裂缝宽度允许值

结构部位	允许值	附注
底板、侧墙、顶板的迎土面	0.2 mm	顶板、侧墙、底板、纵梁外侧
底板、侧墙、顶板的背土面	0.3 mm	顶板、侧墙、底板、纵梁内侧
中楼板、站台板、楼梯等内部结构、地下墙（叠合墙、考虑压顶的复合墙）	0.3 mm	含站台板、楼梯、电梯井

注：裂缝宽度计算时，当保护层厚度超过 30 mm 时，按 30 mm 取值。

（5）主体结构板宜按纯弯构件计算配筋，墙、柱等竖向构件按压弯结构计算配筋，荷载组合应取最不利组合。换乘站结构中直接承受列车荷载的楼板等构件，其计算及构造应满足现行《铁路桥涵钢筋混凝土和预应力混凝土结构设计规范》的要求。

（6）结构应按最不利情况进行抗浮稳定验算。在不计侧壁阻力时，抗浮安全系数不得小于 1.05；当计入侧壁摩阻力时，其抗浮安全系数不得小于 1.15。当结构抗浮不能满足要求时，应采取相应的工程措施。对整体结构按设防水位或规划地下水回灌水位进行抗浮验算。

二、主体结构设计概况

根据车站总体建筑布置，结合沿线地形及地质条件综合考虑，余杭高铁站采用三层三跨箱形框架结构；皮革城站、海昌路站、浙大国际学院站采用双层三跨箱形框架复合墙结构。主体结构侧墙为地下连续墙加内衬墙的复合结构，地下连续墙是施工期间的基坑支护结构，同时也兼作永久结构受力构件，地下连续墙与内衬墙之间设置防水隔离层，主体结构设全包防水层。标准二车站结构尺寸见表 32-10。

表 32-10 结构尺寸参数

类别		尺寸/m
车站主体结构标准段	顶板（顶纵梁）	0.8（1.1×2.0）
	中板（楼板梁）	0.4（1.0×1.0）
	底板（底纵梁）	0.9（1.1×2.3）
	侧墙	0.7
车站主体结构端头井	顶板（顶纵梁）	0.8（1.1×2.0）
	中板（楼板梁）	0.4（1.0×1.0）
	底板（底纵梁）	1.0（1.1×2.3）
	侧墙	0.8
站台板		0.2
框架柱		0.8×1.3、0.7×1.0

三、人防结构设计概况

（1）杭海城际铁路工程所有地下车站和区间均为人防工程，共划分人防防护单元 4 个，汇总见表 32-11。

表 32-11　人防工程人防防护单元汇总表

序号	车站名称	站型	一站一区间	设防等级
防护单元 1	余杭高铁站	地下三层岛式	余杭高铁站、余杭高铁站牵出段	一般设防
防护单元 2	皮革城站	地下二层岛式	皮革城站牵出段、皮革城站	重点设防
防护单元 3	海昌路站	地下二层岛式	皮革城站—海昌路站区间、海昌路站	一般设防
防护单元 4	浙大国际学院站	地下二层岛式	海昌路站—浙大国际学院站区间、浙大国际学院站	一般设防

（2）战时功能定位：杭海城际铁路工程在拟定的核武器、生化武器、常规武器袭击和袭击后的城市次生灾害作用下，具有保障人员安全交通、转移和物资运输的功能，车站战时可作为紧急人员掩蔽部，也可作为物资储备场所。

（3）每个车站战时直通地面的人员出入口（不含风井、连通口）应不小于两个，其中至少有一个为战时主要出入口。战时主要出入口要求位于倒塌范围之外（地面建筑为钢筋混凝土结构时可不考虑倒塌影响）或有相应防倒塌措施。在战时出入口密闭通道两端设置防护密闭门、密闭门各一道，防护密闭门、密闭门均向外开启，防护密闭门外设洗消污水集水井。

（4）每个车站平时进、排风口部兼作战时进、排风井的口部，每个车站应有进、排风口各两个，其他通风口战时封堵。在进、排风口采用一道带有消波、滤尘、密闭功能一体的门式清洁式通风防护密闭门。

（5）设防标准：甲类人防工程，工程防核武器抗力级别 6 级，防常规武器抗力级别 6 级，一般设防站防化等级丁级，重点设防站防化等级丙级。

（6）线路区间下穿京杭大运河时，在大运河余杭高铁站一端设置立转式防淹防护密闭门，该设备可同时满足战时人防和平时防淹两种功能的需要。设置有防淹门的部位，除计算人防荷载作用外，尚应根据《水工混凝土结构设计规范》（SL/T 191—2008）计算水荷载作用。

（7）地铁内的人防设施，一次规划设计，分步实施。凡是不影响列车正常运行部位，需要设置防护密闭门，密闭门或预埋件均应一次施工到位。影响列车正常运行部位的人防设施，均按战时封堵构件及临战加固的钢结构构件预埋，可在临战前施工。

（8）结构选材混凝土强度等级为 C35，设计抗渗等级不小于 P8，受力钢筋采用 HRB400 级钢，板、墙拉筋采用 HPB300 级钢。在动荷载与静荷载同时作用下，或在动荷载单独作用下，材料的动力强度设计值取静荷载作用时的材料强度设计值乘以材料综合调整系数。材料综合调整系数按现行国家标准《轨道交通工程人民防空设计规范》（RFJ 02—2009）中第 5.2.3 条规定确定。

（9）在核爆和常规武器动荷载作用下的动力分析采用等效静载法，进行结构强度计算。结构各个部位抗力应协调，在人防荷载作用下，保证结构各部位（如出入口、主体结构）都能正常工作。战时荷载按核武器一次作用和常规武器非直接命中，包括地面空气冲击波超压荷载、各口部的超压反射荷载以及岩土介质中的压缩波荷载。在战时荷载作用下，只验算结构承载力，不验算结构变形、裂缝开展以及地基承载力与地基变形。

第四节　附属结构设计

围护结构方案应遵循"安全、经济、方便施工"的方针，并综合施工方法、地形及地质条件、与主体结构的关系、防水方案等因素，该站附属结构采用明挖法施工，围护结构采用 $\phi 850$ mm@600 SMW 工法桩，采用现浇法施工。

车站附属基坑深约 10 m，竖向设置 2~3 道支撑，其中第一道为 700 mm×800 mm 或 800 mm×800 mm 钢筋混凝土支撑，第二、三道为 $\phi 609×16$ mm 的钢管支撑，局部设置一道 $\phi 609×16$ mm 钢管换撑。混凝土支撑纵向间距一般为 6.0 m，钢支撑纵向间距一般为 3.2 m。

车站附属结构为地下一层结构，底板埋深约 10 m。结构尺寸参数见表 32-12。

表 32-12 结构尺寸参数

类别	尺寸/m
顶板	0.6/0.7
底板	0.7/0.8
侧墙	0.6/0.7
框架柱	0.7×1.0

第五节　本章小结

（1）结合周边地块开发需求做好结构预留。为进一步完善相关站点、上盖物业开发条件，在地下车站建设时应预留好地下车站和周边待开发区块上盖物业之间的联络通道。海昌路站、浙大国际学院站通道预留由项目实施单位书面提出通道预留数量，设计单位按照通道预留个数纳入施工图纸设计，以暗梁暗柱方式做好预留。该预留做法基本不增加工程投资，可为后续地块开发创造了良好的实施条件。

（2）结构设计应充分考虑建筑净空要求，增设梁柱体系等占用建筑空间的，需与相关专业进行协调。如车站扶梯孔增设下方孔边梁时，梁与扶梯踏板间的净高需满足建筑专业要求。

（3）根据 2019 年 2 月 1 日交通运输部办公厅关于印发《城市轨道交通初期运营前安全评估技术规范第 1 部分：地铁和轻轨》的通知（交办运〔2019〕17 号），第二十九条"地下工程（含车站、区间、出入场段等）邻近轨行区旁的分隔墙，应经风荷载和振动荷载作用下结构的抗疲劳性、安全度和耐久性计算和分析，不宜采用砖砌墙"。根据该文件要求，地下站、区间风井、区间跟随所的临轨墙由砌体墙改为钢筋混凝土墙，以确保轨行区的行车安全。

第三十三章 车站建筑与装修设计

第一节 设计概况

杭海城际铁路线路总长约 46.30 km,设站 12 座,分别为余杭高铁站、许村镇站、海宁高铁站、长安镇站、桑亭路站、周王庙镇站、盐官镇站、桐九公路站、斜桥镇站、皮革城站、海昌路站、浙大国际学院站,平均站间距约 4.15 km,其中地下车站 4 座(余杭高铁站、皮革城站、海昌路站、浙大国际学院站),高架车站 8 座。设越行站 2 座,分别为周王庙镇站、斜桥镇站。全线速度目标值为 120 km/h,采用 B 型车 4 辆编组、直流 1 500 V 架空接触网供电方式。于盐官镇郭店村附近设车辆综合基地一座,控制中心设于皮革城站附近,杭海城际铁路工程共设置主变电所两座,分别位于长安镇站和斜桥镇站附近。各车站主要特征、公共区主要设备数量详见表 33-1、表 33-2 和表 33-3。

表 33-1 杭海线工程车站建筑特征一览(一)

序号	站名	高峰小时预测客流/设计客流	站台形式宽度/m	车站层数	出入口数量(车站/物业)	总建筑面积(不含上盖)/m²	配线设置及换乘
1	余杭高铁站	6 337/7 405	岛式/13	3 层	2/6	42 984	站后双停车线
2	许村镇站	1 093/1 312	侧式/7.2	3 层	2/0	6 929.23	—
3	海宁高铁站	1 368/1 779	侧式/7.2	3 层	2/0	6 669.33	—
4	长安镇站	762/915	侧式/7.2	3 层	2/0	6 859.32	—
5	桑亭路站	1 470/1 764	侧式/7.2	3 层	2/0	6 401.58	—
6	周王庙镇站	480/577	侧式/7.2	3 层	2/0	7 852.64	站前单渡线
7	盐官镇站	540/668	侧式/7.4	2 层	2/0	6 498.98	—
8	桐九公路站	505/607	侧式/7.2	3 层	2/0	6 487.58	—
9	斜桥镇站	707/849	侧式/7.2	3 层	2/0	8 078.22	站前单渡线
10	皮革城站	4 505/5 857	岛式/12.6	2 层	5/0	16 349.28	大里程单渡线
11	海昌路站	4 446/5 780	岛式/12.6	2 层	4/0	13 448.6	—
12	浙大国际学院站	2 883/3 400	岛式/11	2 层	5/4	23 117.4	站后设停车线

表 33-2 杭海线工程车站建筑特征一览(二)

序号	站名	总长/m	标准段宽/m	车站高度(站中心轨面埋深)/m	主体建筑面积/m²	附属(含出入口)建筑面积/m²	备注
1	余杭高铁站	459.65	22.1	20.85(轨顶高度-18.000)	31 197.99	11 786	地下三层带停车线
2	许村镇站	85.6	21.6	13.600(轨顶高度 19.000)	3 697.92	3 231.31	标准站
3	海宁高铁站	85.6	21.6	23.9(轨顶高度 19.000)	3 697.92	2 971.41	标准站

续表

序号	站名	总长/m	标准段宽/m	车站高度（站中心轨面埋深）/m	主体建筑面积/m²	附属（含出入口）建筑面积/m²	备注
4	长安镇站	85.6	21.6	13.600（轨顶高度19.327）	3 226.08	3 633.23	标准站
5	桑亭路站	85.8	21.6	13.600（轨顶高度18.480）	3 226	3 175.58	标准站
6	周王庙镇站	85.6	33	13.600（轨顶高度18.950）	4 775	3 077.64	越行站
7	盐官镇站	86	22	19.72（轨顶高度14.527）	4 506.15	—	特色站
8	桐九公路站	85.8	21.6	13.600（轨顶高度18.000）	3 226	3 261.58	标准站
9	斜桥镇站	85.6	33	13.600（轨顶高度18.330）	4 775	3 303.22	越行站
10	皮革城站	258.8	21.3	13.600（轨顶高度-11.106）	10 364.08	4 985.20	地下二层带单渡线
11	海昌路站	226.4	21.3	13.2（轨顶高度-11.800）	10 075.44	3 373.16	标准站
12	浙大国际学院站	431.43	19.7	13.2（轨顶高度-10.975）	17 744	5 373.4	停车站上方设独立开发

表33-3　杭海线工程车站建筑特征一览（三）

序号	站名	自动扶梯		站厅至站台垂直电梯	出入口垂直电梯	进站闸机	出站闸机	宽通道闸机	自动售票机
		站台至站厅	出入口						
1	余杭高铁站	4	6	1	1	8	8	2	7
2	许村镇站	6	6	2	1	8	8	2	11
3	海宁高铁站	6	4	2	2	10	10	2	10
4	长安镇站	6	4	2	1	5	5	1	6
5	桑亭路站	3	4	2	1	5	5	1	6
6	周王庙镇站	3	2	2	1	5	5	1	6
7	盐官镇站	6	0	2	0	5	5	2	6
8	桐九公路站	3	4	2	1	5	5	1	6
9	斜桥镇站	3	4	2	1	5	5	1	6
10	皮革城站	4	8	1	1	8	8	2	8
11	海昌路站	4	7	1	1	8	8	2	8
12	浙大国际学院站	3	10	1	1	6	6	3	7

第二节　地下车站建筑与装修设计

一、地下车站建筑设计

（一）余杭高铁站

1. 站位及站址环境

余杭高铁站为杭海线第1座车站。车站位于文正街和新丰路交叉口西侧，沿文正街东西向设置。文正街为城市主要道路，道路红线宽36 m。车站周边规划为商业用地和公共设施用地。车站北侧为景观公园及东湖地下车库；南侧为余杭高铁站国铁站房和规划实施的北广场地下空间项目；西侧为乔司港河道；东侧为已运营杭州地铁1号线。车站环境如图33-1所示。

图33-1　车站环境

余杭高铁站的实施，可以更好地加强杭海城际与杭州地铁线路互联互通。

余杭高铁站为地下三层岛式站台车站，有效站台长度80 m，站台宽度13 m，有效侧站台宽度2.7 m，车站总长459.65 m，车站标准段宽度22.1 m。设牵引降压混合变电所。车站为地下三层车站，地下一层为预留商业开发区及相关配套设备服务用房；地下二层为站厅层，包含了公共区、设备用房、管理用房及少量预留商业开发空间；地下三层为站台层，含有少量的辅助用房。

2. 设计重点和控制因素

（1）与既有地铁1号线关系。

1号线余杭高铁站为地下两层站，杭海线线路出站后区间下穿已建成1号线区间，需满足安全距离要求。对1号线影响正在评估，杭海线余杭高铁站中心里程轨面绝对标高约为-18.000 m。受下穿1号线区间控制，车站埋深较深，为地下三层站。

（2）文正街改隧道与车站的关系。

根据道路规划要求，站前广场前东西向文正街改为地下段，以满足站前广场与北端规划公园平接的要求，地下段为机动车道。由于站前广场东侧，文正街与新丰路口下方有既有1号线已运营区间；站前广场西侧，文正街与良渚1号路东侧有乔司港河道（南北向行洪主通道），因此文正街地下段采用短隧道方案，位于两路口之间的局部范围，其中暗埋段位于站前广场正前方，长度约为100 m，西侧开敞U形槽范围长120 m，东侧开敞U形槽范围长135 m。文正街改地下后，满足余杭高铁站前广场与东汀湖一期南北连通的要求。

文正街段隧道及敞口段位于车站上方，不共建，车站顶板与隧道底板间最小处约为50 mm。

（3）与乔司港河道的关系。

文正街改隧道后，U形槽位于现状乔司港河道上方，需拆除既有乔司港桥，对河道一次性向西改移至U形槽范围外。

（4）远期延伸对车站的影响。

余杭高铁站预留远期向西延伸至3号线的条件，盾构井为避开U形槽及改移后的乔司港河道，车站西端主体加长（延伸）35 m左右。

（5）与东汀湖一期等周边环境的关系。

车站出入口及风亭的设置尽量与东汀湖一期规划方案协调，减小对东汀湖地面景观及周边环境的影响。各控制性因素分析如图33-2所示。

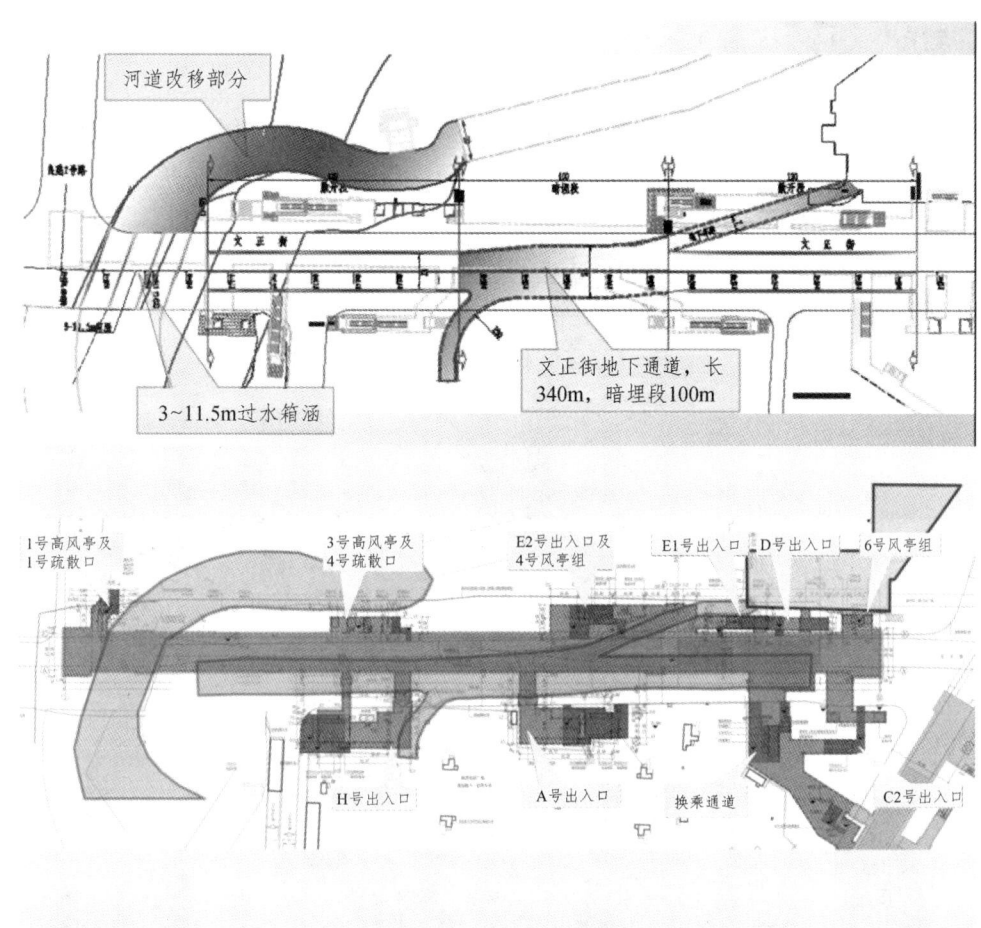

图 33-2 控制性因素分析

3. 车站周边开发

周边开发包含主要包含地下车库、换乘区商业开发等内容。

（1）南侧地下一层车库，地下车库总建筑面积约 20 745 m²，为地下一层。在西侧设南北向两个入口，出口出至下穿车道。南侧设楼扶梯与地面国铁进站厅相互换乘。停车总数 467 辆，层高 5 m，顶板覆土 1.5 m，满足北广场绿化的需求。具体如图 33-3 所示。

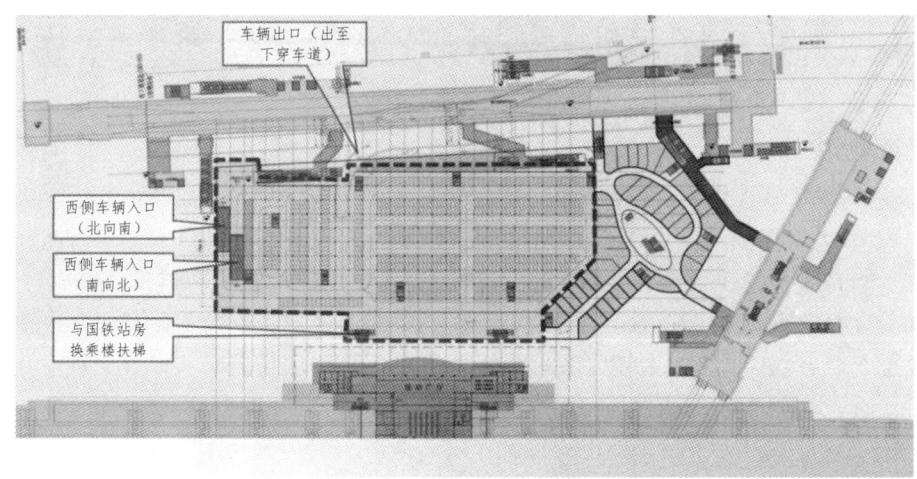

图 33-3 地下车库示意

（2）换乘厅商业开发：总建筑面积 8872 m²，为地下一层。分别承担了轨道交通 1 号线、杭海城际余杭高铁站、国铁站房三方的换乘通道，层高 5 m，顶板覆土 1.5 m，满足北广场绿化的需求，核心消防疏散通过下沉广场来实现，并结合地面广场景观实施。具体如图 33-4 和图 33-5 所示。

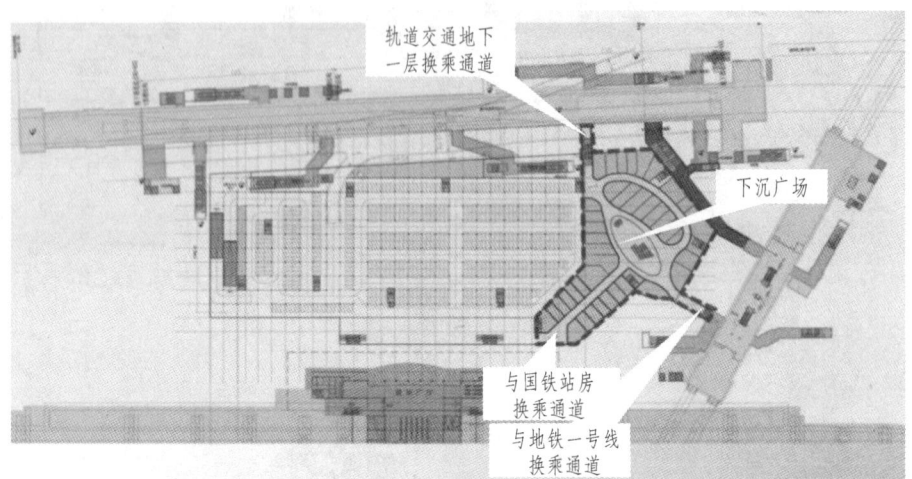

图 33-4　换乘厅示意

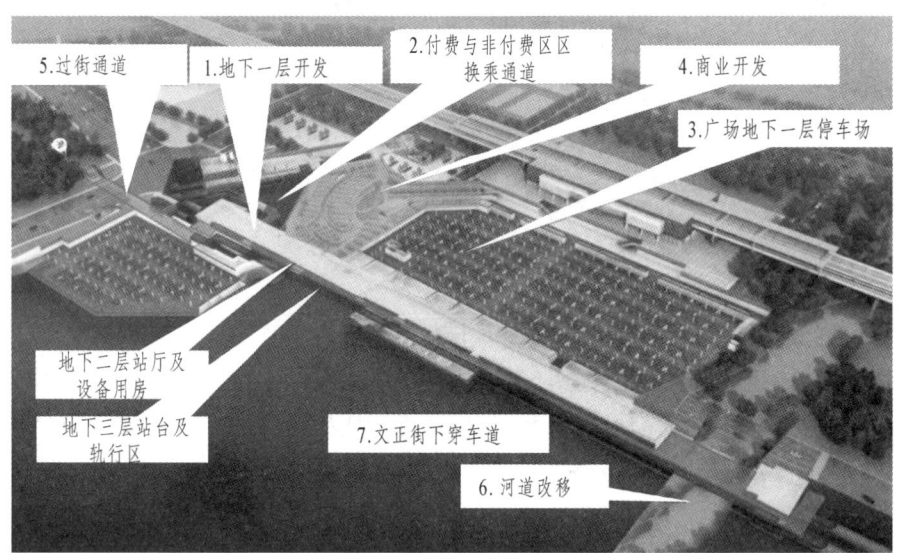

图 33-5　换乘厅鸟瞰模型

（二）皮革城站

1. 站位及站址环境

皮革站为杭海线第 10 座车站。皮革城站位于广顺路与海州西路交叉口东侧沿海州西路东西向设置。海州西路为城市主干道，道路红线宽 58 m。周边为已实施建构筑物和停车场。

车站主体位于海宁皮革城核心部位，周边商业发达，交通便捷。车站主体布置在皮革城两天桥之间，车站共设置 5 个出入口，车站大端区域端头区域留出两跨侧墙设置暗梁暗柱，预留与远期周边地块分期实施地下商业空间衔接的条件。

车站为地下二层岛式站台车站。地下一层站厅层，地下二层为站台层，站后设单渡线。车站中心里程为右 CK41+050.000，站台计算长度 80 m，站台宽度 12.6 m。车站主体结构外包总长 258.8 m，标准段外包总宽 21.3 m。

车站设置 5 个出入口，2 组风亭，其中出入口位于广顺路与海州西路交叉口的四个象限内，沿海州西路布置。C 号出入口仅设置一部疏散楼梯，用于车站公共区疏散，E 号出入口内设置有一部无障碍电梯。

1 号风亭与 A 出入口合建，1 号风亭为战时排风亭，临战时风井均采用门式封堵，2 号风亭组位于广顺路与海州西路交叉口东南象限内，沿海州西路布置，为战时新风亭。与地下空间部分共侧墙，临战时风井均采用门式封堵。皮革城站现场如图 33-6 所示。

图 33-6　皮革城站现场

2. 设计重点和控制因素

车站主体位于海宁皮革城核心部位，周边商业发达，交通便捷。车站主体布置在皮革城两天桥之间，车站共设置 5 个出入口，车站大端区域端头区域需要与周边地块分期实施地下商业空间预留衔接的条件。

3. 车站开发

海宁皮革城站位于皮革城核心区中心位置。车站东北侧为海宁皮革城 F 座，东南侧为海宁皮革城 C 座，西南侧为海宁皮革城 G 座，西北侧为明和小区。皮革城站车站与周边地下空间开发同步设计、同步建设、同步投入使用。车站位于海州西路与广顺路交叉路口，沿海州西路东西向布置。车站南北侧为皮革城商场，车站周围物业开发以社会停车和服务型商业为主。周边环境较为复杂，控制性因素较多。

海宁皮革城站地下空间项目即"摩街 201"项目，位于广顺路和海州西路的交叉口，直接接驳杭海城际铁路皮革城站，连接杭州。项目总投资 3.57 亿元，总用地面积 34.28 亩，商业面积约为 1.3 万 m^2。"摩街 201"集风情美食、艺术零售、乐活体验于一体，为小镇特色产业提供商业购物和便捷城际交通。

（三）海昌路站

海昌路站为杭海线第 11 座车站。车站位于海昌路与海州路交叉口沿海州路东西向设置。海州西路为城市主干道，道路红线宽 58 m。车站周边规划用地为商业用地和住宅用地。东北角为待开发地块、洛州小区、西北角为铜锣湾公寓、西南角为华庭现代城、上海外国语大学附属宏达高级中学，东南角为恒地奥林公寓。

车站周边为居住、学校用地，为方便周边居民、学生的出行，加强轨道交通与其他公共交通和周边地块的联系。

车站为地下两层双柱岛式站台车站。地下一层为站厅层，地下二层为站台层。车站有效站台中心里程为：右 DK43+611.500，站台计算长度 80 m，站台宽度 12.6 m。车站主体结构外包总长 226.4 m，标准段外包总宽 21.3 m。

车站共设4个地面出入口和1个消防疏散口,其中4出入口布置于海昌路与海州路交叉口的四个象限内,均沿海州西路布置。车站出入口解决了路口各象限行人过街的功能。安全疏散口位于海州路路中绿化带,A号出入口设置无障碍电梯。

车站共设置2组风亭,1号风亭组设置于海州路北侧靠路边的绿化带内,2号风亭组位于海州路路中绿化带,车站1号风亭组采用敞开低风亭,2号风亭组采用敞口高风亭,外部造型按建筑小品设计,并结合道路旁边绿地进行景观设计。冷却塔设置于2号风亭组边上,多联机均设置于排风井内。

(四)浙大国际学院站

浙大国际学院站为杭海线第12座车站,站后设停车线。车站位于海州东路与碧云南路交叉路口,沿海州东路呈东西向布置,道路红线宽51.5 m。车站周边规划用地为商业用地和住宅用地。路口东北侧为在建别墅区,西北侧为东方艺墅,西南侧为海宁市教育园区,东南侧为金钻天地。

车站周边为居住、学校用地,为方便周边居民、学生的出行,加强轨道交通与其他公共交通和周边地块的联系。

车站为地下两层单柱岛式站台车站,设备区为双柱三跨,地下一层为站厅层,地下二层为站台层。车站有效站台中心里程为:右DK45+973.710,站台计算长度80 m,站台宽度11 m。车站主体结构外包总长432.23 m,标准段外包总宽19.7 m。总建筑面积23 117.4 m²,其中主体建筑面积17 744 m²,附属建筑面积5 373.4 m²。

车站共设5个地面出入口和1个消防疏散口,其中5出入口布置于碧云南路与海州东路交叉口的四个象限内,均沿海州东路布置。车站出入口解决了路口各象限行人过街的功能。A号出入口与1号风亭组之间设置安全疏散口,位于车站东北侧在建别墅区绿化带,通过大端设备区消防通道疏散,A号出入口设置无障碍电梯。

浙大国际学院站共设置3组风亭,1号风亭组设置于海州东路北侧靠路边的绿化带内,2号风亭组位于海州东路与碧云南路西北侧绿化带,3号风亭设置于车站大端海州东路北侧靠路边的绿化带内,车站均采用敞开低风亭,外部造型按建筑小品设计,并结合道路旁边绿地进行景观设计。冷却塔设置于1号风亭组边上,多联机均设置于排风井内。大里程端物业开发部分预留4个出入口,一组风亭。

二、地下车站装修设计

(一)概述

1. 设计原则

(1)特点:标准站设计风格统一;特色站设计结合当地特色及文化。以主题图案凸显历史名城、文化资源及产业特点;具有可识别性。

(2)整体性:室内装饰与建筑风格、形态相统一,功能需求与装饰设计一体化保证空间的整体性及协调性。

(3)功能性:以人为本,功能配置及细部处理体现人性化考虑,保证功能性、合理性与便捷性,满足无障碍设计要求。

(4)标准化:采用标准化、系统性、模数化的设计原则,易于维修更换及维护;强调材质的耐久性、易于清洗及维护。

(5)绿色环保:采用环保的装修材料;地面与墙面的材料要求满足防滑、耐磨、抗冲击等物理特性。

装修风格:现代、时尚、文化。

装修主题:"都市新浪潮"以海宁最具代表性的"潮"文化为主题,寓意在新时代浪潮中发展的海宁，同时和海宁闻名的观潮文化也结合在一起。

2. 设计分析

（1）线路特征如图33-7所示。

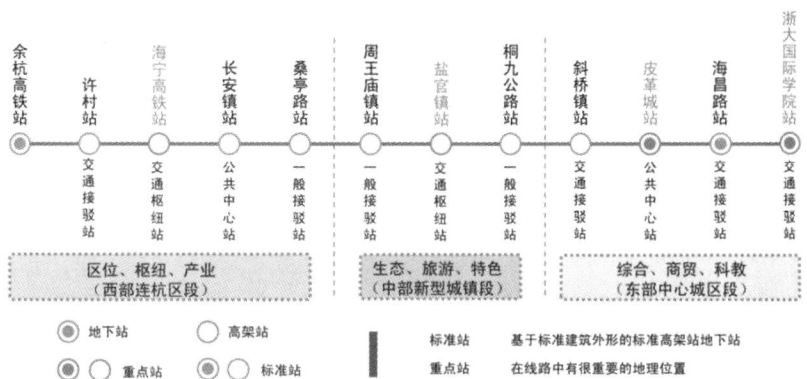

图 33-7 线路特征示意

（2）海宁市文化特征如图33-8所示。

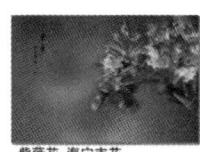

图 33-8 海宁市文化特征

（3）各站文化与自然元素提取如图33-9所示。

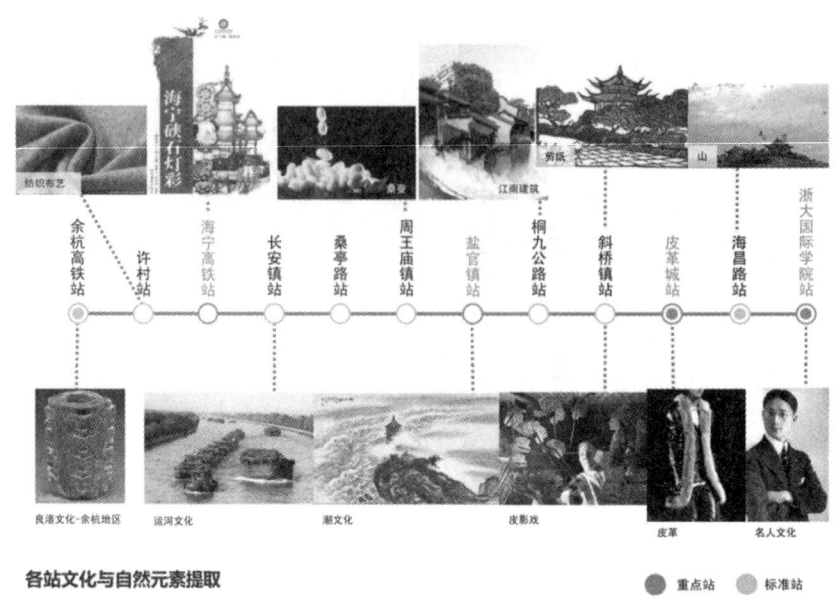

图 33-9　各站文化与自然元素

(二) 地下标准站装修（余杭高铁站、海昌路站）

地下标准站：余杭高铁站和海昌路站

1. 设计理念

余杭高铁站与海昌路站定位为地下站中的标准站，设计创意起点为钱塘江的交叉潮，主题图案为交叉折线。通过吊顶格栅的疏密变化、高低错落，结合由"交叉潮"演变而来的折线形态，线性的灯光处理，赋予空间丰富的变化和层次感；大范围木纹的使用使感官上更舒适、别具特色。站台层效果如图 33-10 所示，海昌路站、余杭高铁站现场分别如图 33-11 和图 33-12 所示。

装修设计标高，站厅层 3.2 m，站台层 3 m。

设计难点：高低格栅的交叉关系与暗藏灯槽的节点处理。

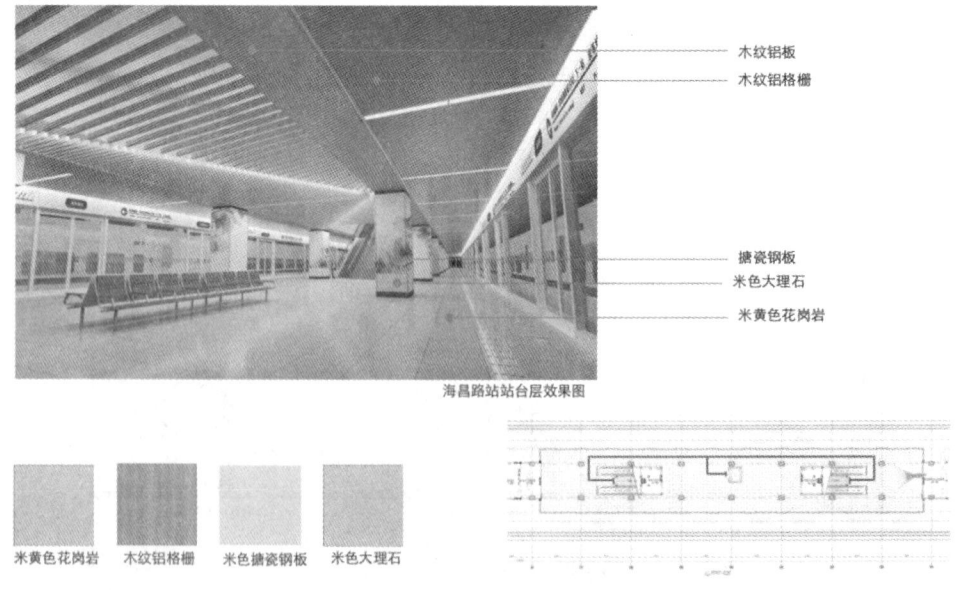

图 33-10　余杭高铁站、海昌路站站台层效果图

图 33-11 海昌路站现场

图 33-12 余杭高铁站现场

（三）皮革城站

皮革城站定位为地下站中的特色站，设计创意来源为波浪滚滚的新浪潮，寓意海宁以皮革城引领时尚之浪潮。黄色及白色弧形铝板挂片交错排列，形成波浪层层叠叠之感，叶型灯片的设计，波浪交叉形态的变化，颇具时尚感。

装修设计标高：站厅层 3.2 m，站台层 3 m。

设计难点：弧形叠加的铝挂片的节点处理；异型吊顶要具有易拆卸性以满足后期运营检修的要求；叶形灯片与铝挂片的无缝贴合工艺。皮革城站站台层效果如图 33-13 所示，现场如图 33-14 所示。

（四）浙大国际学院站

浙大国际学院站定位为地下站中的特色站，设计创意来源为层层涟漪。浙江大学是国内的一流高等学府，莘莘学子求学于此；设计立意以"读书"之石激起知识殿堂的层层涟漪，推动社会的发展。

波浪翻滚形态

交叉的曲线形态

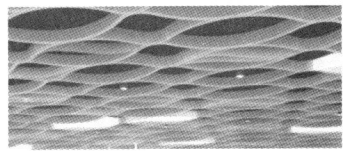

吊顶形态

（a）

设计说明：

黄色及白色弧形穿孔铝板挂片交错排列，形成波浪层层叠叠之感，穿孔铝板使得吊顶更加通透，层次感更强。

皮革城站站厅效果图

— 黄色铝格栅
— 白色铝格栅
— A级白色发光膜
— 白色铝格栅
— 米色搪瓷钢板转印花纹
— 灰色墙砖
— 文化墙
— 深灰色花岗岩

深灰色花岗岩　灰色墙砖　米色搪瓷钢板

（b）

皮革城站站台层效果图

— 黄色铝格栅
— 白色铝格栅
— 白色铝格栅
— 米色搪瓷钢板转印花纹
— 白色铝板
— 深灰色花岗岩

深灰色花岗岩　灰色墙砖　米色搪瓷钢板

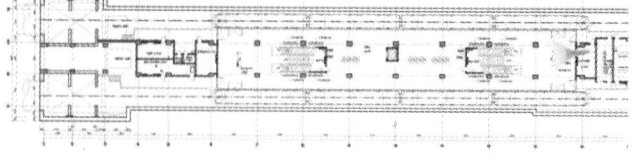

（c）

图 33-13　皮革城站站台层效果图

图 33-14　皮革城现场

吊顶环形铝格栅表现波纹涟漪扩散的形态，同时通过色彩变化使吊顶层次更加丰富，视觉上更具有扩散与张扬的气质。

装修设计标高：站厅层 3.2 m，站台层 3 m。

设计难点：吊顶的圆心定位、标高控制；环环相扣的铝挂片之间的交接处理；大圆环的分缝不能影响到吊顶的完整效果；吊顶要具有易拆卸性以满足后期运营检修的要求；圆形灯片与铝挂片之间的安装衔接工艺。浙大国际学院站站台层效果如图 33-15 所示，现场如图 33-16 所示。

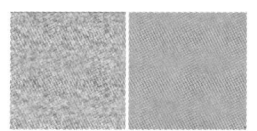

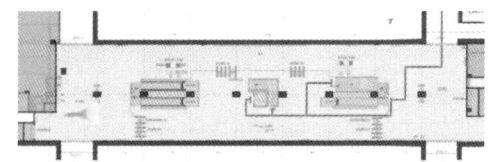

（a）

浙大国际学院站站台层效果图

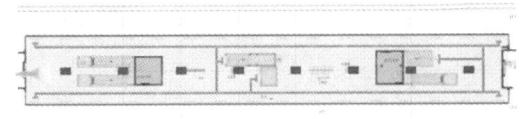

(b)

图 33-15　浙大国际学院站站台层效果图

图 33-16　浙大国际学院站现场

第三节　高架车站建筑与装修设计

一、高架车站建筑设计

（一）许村镇站

许村镇站为杭海线第 2 座车站，车站范围内未设置配线，线间距为 4.2 m。车站位于连杭路与锦绣路（规划）交叉口以东，站位呈东西走向。车站范围内规划连杭路道路红线宽 47.5 m，规划锦绣路道路红线宽 47 m，中央绿化分隔带宽度为 10 m。车站主体设于连杭路路中绿化带上，附属用房及出入口设于道路两侧，天桥出入口兼顾过街功能。车站站位周边现状为南侧为沪杭铁路客运专线，北侧现状为农田和鱼塘，道路及地块开发均未按规划实施完成。车站范围内无拆迁。

车站主体为桥建合一框架结构，路中高架三层侧式站台车站。地面一层为架空层，二层为站厅层，三层为站台层。车站有效站台中心里程为右 DK6+852.042，有效站台长度 80 m，侧式站台宽度 7.2 m，车站总长 85.6 m，总宽 21.6 m，总高 23.5 m。

路侧附属用房为地上两层框架结构，长 48.3 m，宽 24.6 m，建筑高度 13.4 m。

车站总建筑面积为 6 929.23 m²，其中，主体建筑面积为 3 697.92 m²，附属用房建筑面积为 2 720.38 m²（包含电缆夹层面积），天桥出入口建筑面积 510.93 m²。主体外立面效果和现场分别如图 33-17 和图 33-18 所示。

图 33-17　许村镇站主体外立面效果图

图 33-18　许村镇站现场

（二）海宁高铁站

海宁高铁站为杭州至海宁城际铁路工程的第 3 个车站，车站位于人民大道南侧，国铁海宁西站北侧广场中轴线上，与人民大道平行布置。人民大道宽为 52 m。车站主体在国铁海宁西站的正前方广场上，与海宁西站处于同一南北中轴线，东西分别与许村镇站、长安镇站相邻。车站站位在国铁海宁西站的正前方广场上，与海宁西站处于同一南北中轴线，车站北侧为待开发用地；南侧为已建国铁站前广场，车站出入口与国铁前广场平接。国铁海宁西站及广场已实施完成并投入运营，周边规划为商业用地、公园绿地等。

海宁高铁站主体为路侧高架三层侧式站台车站，有效站台长度 80 m，站台宽度 7.2 m+7.2 m，车站总长 85.6 m（不含钢结构），车站总宽 21.6 m（不含钢结构）；设牵引降压混合变电所。车站主体建筑面积为 3 697.92 m²，总建筑面积为 9 325.66 m²（含国铁配套用房面积 1 414.76 m²，站前广场连廊面积 1 241.57 m²）。中心里程为右 DK11+570.742。车站中心里程处轨顶绝对标高为 19.00 m。

附属设备用房为地上二层建筑，地下设置电缆夹层、消防泵房及消防水池。附属用房长 56.6 m，宽 19.0 m，附属用房总建筑面积为 2 139.3 m²，一层建筑面积为 950.9 m²，二层建筑面积为 950.9 m²，电缆夹层面积为 237.5 m²。车站鸟瞰效果和现场分别如图 33-19 和图 33-20 所示。

图 33-19　海宁高铁站鸟瞰效果图

图 33-20　海宁高铁站现场

（三）长安镇站

长安镇站为杭海线第 4 座车站，车站范围内未设置配线，线间距为 4.2 m。车站位于仰山路与长安路交叉路口以西，站位呈东西走向。车站范围内规划长安路道路红线宽 39 m，仰山路道路红线宽 40 m，中央绿化分隔带宽度为 10 m。车站主体设于长安路路中绿化带上，附属用房及出入口设于道路两侧，天桥出入口兼顾过街功能。车站站位周边现状为农田绿地、农科院用地，道路及地块开发均还未按规划实施完成。车站范围内无拆迁建筑。

车站主体为桥建合一框架结构，路中高架三层侧式站台车站。地面一层为架空层，二层为站厅层，三层为站台层。车站有效站台中心里程为右 CK17+120.790，有效站台长度 80 m，侧式站台宽度 7.2 m，车站总长 85.6 m，总宽 21.6 m，总高 23.5 m。

路侧附属用房为地上两层框架结构，长 48.3 m，宽 24.6 m，建筑高度 13.4 m。

车站总建筑面积为 6 859.32 m²，其中，主体建筑面积为 3 226.08 m²，附属用房建筑面积为 2 720.38 m²（包含电缆夹层面积），天桥出入口建筑面积 912.85 m²。

（四）桑亭路站

桑亭路站为杭海线第 5 座车站，车站范围内未设置配线，线间距为 4.2 m。车站位于规划桑亭路与长安路交叉路口以西，沿长安路东西向布置，桑亭路规划道路红线宽度 39.5 m，长安路规划道路宽为 40 m。车站主体设于长安路路中绿化带上，附属用房及出入口设于道路两侧，天桥出入口兼顾过街功能。车站站位周边现状为农居、农田、绿地、工厂，道路及地块开发均还未按规划实施完成。车站实施需拆迁部分现有建筑，拆迁面积 3 733 m²。

车站主体为桥建合一框架结构，路中高架三层侧式站台车站。地面一层为架空层，二层为站厅层，三层为站台层。车站有效站台中心里程为右 DK19+396.54，有效站台长度 80 m，侧式站台宽度 7.2 m，车站总长 85.8 m，总宽 21.6 m，总高 23.5 m。

路侧附属用房为地上两层框架结构，长 48.3 m，宽 24.6 m，建筑高度 13.6 m。

车站总建筑面积为 6 401.58 m²，其中，主体建筑面积为 3 226 m²，附属用房建筑面积为 2 751.88 m²（包含电缆夹层面积），天桥出入口建筑面积 423.70 m²。

（五）周王庙镇站

周王庙镇站为杭海线第 6 座车站，设置越行线，小里程端设单渡线，正线部分线间距为 4.2 m。车站位于桑梓中路与规划长安路交叉路口以西，沿长安路东西向布置，桑梓中路规划道路红线宽度 40 m，长安路规划道路宽为 52 m。车站主体设于长安路路中绿化带上，附属用房及出入口设于道路两侧，天桥出入口兼顾过街功能。车站站位周边规划为工业及商业用地，地块还未按规划实施，现状站位北侧为浙江万阳电子有限公司，站位南侧为农田及少量 3 层民房。车站实施需拆迁部分现有建筑，拆迁面积约 1 675 m²。

车站主体为桥建合一框架结构，路中高架三层侧式站台车站。地面一层为架空层，二层为站厅层，三层为站台层。车站有效站台中心里程为右 DK23+891.290，有效站台长度 80 m，侧式站台宽度 7.2 m，车站总长 85.6 m，总宽 33 m，总高 23.5 m。

路侧附属用房为地上两层框架结构，长 48.3 m，宽 24.6 m，建筑高度 13.6 m。

车站总建筑面积为 7 852.64 m²，其中，主体建筑面积为 4 775 m²，附属用房建筑面积为 2 751.88 m²（包含电缆夹层面积），天桥出入口建筑面积 325.75 m²。车站具体情况如图 33-21 所示。

图 33-21　周王庙镇站立面效果图

（六）盐官镇站

盐官镇站为杭州至海宁城际铁路工程的第 7 个车站，车站位于观潮大道和郭店西村交叉口东南侧地块内。车站周边规划以商业用地为主，现状为农田和简易民房。车站范围内规划观潮大道道路红线宽 26 m。车站主体设于观潮大道和郭店西村交叉口东南侧地块内，设备用房外挂布置桥梁之下。

车站为路侧高架两层侧式车站，框架结构，车站中心里程为右 DK27+864.690，车站设计起点里程为右 DK27+821.890，车站设计终点里程为右 DK27+907.490。站台计算长度 80 m，每侧站台宽度 7.4 m，车站主体总长 85.6 m，主体总宽 22 m，主体总高度为 20.55 m。

外挂附属用房为一层框架结构，长 67.7 m，宽 56 m，建筑总高度为 8.8 m。

车站总建筑面积为 6 498.98 m²，其中，主体建筑面积为 4 506.15 m²（包含站台板下面积），附属用房建筑面积为 1 992.83 m²（电缆夹层面积按一半计）。主体外立面效果如图 33-22 所示。

图 33-22　盐官镇站立面效果图

（七）桐九公路站

桐九公路站为杭海线第 8 座车站，车站范围内未设置配线，车站主体范围线间距为 4.2 m。车站位于硖许公路与桐九公路交叉路口以西，沿硖许公路东西向布置，硖许公路现状道路宽 30 m，规划道路红线宽为 58 m。车站主体设于硖许公路路中绿化带上，附属用房及出入口设于道路两侧，天桥出入口兼顾过街功能。周边规划为工业及居住用地，地块还未按规划实施完成。桐九公路站附属设备用房需拆除少量民房，拆迁面积约 947 m²。

车站主体为桥建合一框架结构，路中高架三层侧式站台车站。地面一层为架空层，二层为站厅层，三层为站台层。车站有效站台中心里程为右 DK33+010.590，有效站台长度 80 m，侧式站台宽度 7.2 m，车站总长 85.8 m，总宽 21.6 m，总高 23.5 m。

路侧附属用房为地上两层框架结构，长 48.3 m，宽 24.6 m，建筑高度 13.6 m。

车站总建筑面积为 6 487.58 m²，其中，主体建筑面积为 3 226 m²，附属用房建筑面积为 2 751.88 m²（包含电缆夹层面积），天桥出入口建筑面积 509.7 m²。主体外立面效果如图 33-23 所示。

（八）斜桥镇站

斜桥镇站为杭海线第 9 座车站，设置越行线，小里程端设单渡线，车站正线部分线间距为 4.2 m。车站位于硖许公路绵长港西侧，沿硖许路东西方向布置，硖许公路现状道路宽 30 m，规划道路红线宽为 68 m。车站主体设于硖许公路路中绿化带上，车站附属用房及出入口设于道路两侧，天桥出入口兼顾过街功能。周边为居住及商业用地，地块还未按规划实施完成。站位北侧现状为农田绿地，站位南侧为海宁沈记皮业公司、浙江倬瑜服饰公司。

图 33-23　桐九公路站立面效果图

车站主体为桥建合一框架结构，路中高架三层侧式站台车站。地面一层为架空层，二层为站厅层，三层为站台层。车站有效站台中心里程为右 DK35+917.290，有效站台长度 80 m，侧式站台宽度 7.2 m，车站总长 85.6 m，总宽 33 m，总高 23.5 m。

路侧附属用房为地上两层框架结构，长 48.3 m，宽 24.6 m，建筑高度 13.6 m。

车站总建筑面积为 8 078.22 m^2，其中，主体建筑面积为 4 775 m^2，附属用房建筑面积为 2 751.88 m^2（包含电缆夹层面积），天桥出入口建筑面积 551.34 m^2。

二、高架车站装修设计

（一）概述

1. 设计原则

（1）特点：标准站设计风格统一；特色站设计结合当地特色及文化。以主题图案凸显历史名城、文化资源及产业特点；具有可识别性。

（2）整体性：室内装饰与建筑风格、形态相统一，功能需求与装饰设计一体化保证空间的整体性及协调性。

（3）功能性：以人为本，功能配置及细部处理体现人性化考虑，保证功能性、合理性与便捷性，满足无障碍设计要求。

（4）标准化：采用标准化、系统性、模数化的设计原则，易于维修更换及维护；强调材质的耐久性、易于清洗及维护。

（5）绿色环保：采用环保的装修材料；地面与墙面的材料要求满足防滑、耐磨、抗冲击等物理特性。

2. 设计分析

高架车站装修设计分析与地下车站装修设计分析一致。

（二）高架标准站装修

高架标准站：许村镇站、长安镇站、桑亭路站、周王庙镇站、桐九公路站、斜桥镇站。

1. 设计理念

高架标准站设计概念为"钱江潮"。设计创意来源为"潮"的自然形态。提取海宁潮自然、流畅的曲线，应用到铝格栅天花设计之中，以高低错落的铝挂片，结合颜色的变化，形成优美的波浪形图案，呼应装修设计总体的"潮文化"主题。线型灯具也跟着弧形定位，在夜晚形成波浪形的灯光效果。

站台层尽量表现建筑原有形态，通过色彩变化表现空间不同的情感。装修设计标高，站厅层 3.2 m，站台层为建筑原有高度。高架标准站站厅层效果如图 33-24 所示。

图 33-24　高架标准站站厅层效果图

2. 设计难点

高架站站台层的无吊顶处理。高架站有很多综合管线以及设备，因站台层无吊顶只能明装，如何让它们有序且美观；装修设计中利用导向带的设计将综合管线桥架结合在一起，解决了灯具、喇叭、摄像头、PIS 屏的安装问题，且完整一体不散乱；站台层其他标识导向采用龙门架设置，也为部分楼梯口的摄像头解决了安装的支点；避免了从屋面板吊挂很多的吊杆支架。高架标准站站厅层和站台层实景如图 33-25 所示。

图 33-25　高架标准站站厅层和站台层实景

（三）高架重点站装修：海宁高铁站

1. 设计理念

海宁高铁站为高架站中的特色站，其设计概念为"海宁情"。建筑外观为中式、双重坡屋顶；室内延续建筑风格，吊顶形态灵感皆来源于海宁历史悠久的硖石灯彩造型，通过变形演化运用到平面设计当中；站厅层设计木柱木梁木格栅，中式对称藻井吊顶，结合彩色图案的六角形发光顶棚，别具特色，很好地演绎了海宁的古文化；主题灯饰为海宁市花"紫薇花"，结合泛光照明，凸显建筑美感。

装修设计标高，站厅层 3.2 m，站台层为建筑原有高度。海宁高铁站站厅层效果图如图 33-26 所示。

图 33-26　海宁高铁站站厅层效果图

2. 设计难点

设计难点一：硖石灯彩造型。"硖石灯彩"为海宁传统工艺，如何应用于现代材料与设计中，需要加工厂家与设计师密切配合进行二次深化设计，方能达到设计效果。

设计难点二：中式对称藻井吊顶的检修。吊顶上的造型与图案必须满足完整性要求，开检修孔必然会影响造型或图案的完整性；所以检修的设计与预留是施工图中的另一难点。

设计难点三：站台层屋顶钢结构里有很多小支架会影响到木梁或灯槽的造型，在施工图中要考虑节点的处理。海宁高铁站站厅层实景如图 33-27 所示。

图 33-27　海宁高铁站站厅层实景

(四)高架重点站装修：盐官镇站

1. 设计理念

盐官镇站为高架站中的特色站。盐官镇是海宁观潮的文化古镇，观潮文化在这里集中体现。装修设计充分利用建筑的层高，运用不同颜色的弧形格栅有机排列、相互穿插，形成极富层次的三维曲线效果；生动、形象地表现"冲天潮"的形态与气势，结合抽象形态的鱼群艺术挂件，使空间更富生机与活力。

装修设计标高，站厅层 3.5~5.5 m，站台层为建筑原有高度。盐官站站厅层效果图如图 33-28 所示。

图 33-28　盐官站站厅层效果图

2. 设计难点

设计难点一：非规则的、高低有较大落差的空间对空调与照明的设计是一个难点，一致性与特殊性均要满足要求。

设计难点二：吊顶铝格栅的三维曲线交错排列是另一个难点，需要加工厂家根据设计图纸在计算机上进行三维排版，通过数控技术对铝板进行加工，方能最终呈现设计效果。盐官站站厅实景如图 33-29 所示。

图 33-29　盐官站站厅

第四节　车站导向系统设计

导向标识系统设计包括：全线 12 个车站的站外 500 m 路引标识、车站站厅、站台、通道、出入口内公共区的导向标识牌（引导标识、确认标识、综合信息标识等）、警示提示类标识。

一、设计原则

系统性：从全线角度出发，全面规划，系统设计。
科学性：功能性强、规划设置合理、符合地铁空间特点要求。
艺术性：造型美观，体现城市属性。
规范性：图形、符号、英文翻译等符合相关规范要求。
安全性：标识的设置、产品的制作安装安全可靠。
经济性：标识的选材、工艺、技术指标等考虑建设期和运营期的成本。

二、概念设计

（一）系统功能构成

乘客在车站中的主要行为模式可划分为进站乘车、下车出站以及换乘三种基本的行为模式，每一种行为划分为不同的过程，而每一种行为的乘客在不同的过程和阶段有着不同的导向信息需求，为满足这些信息需求，须设置不同内容的标识，由此构成了导向系统设置的理论基础，并在此基础上考虑各站系统与全线系统标识的关系，构建整个导向系统的架构。

乘车：乘客通过车站周边 500 m 范围的路引标识到达车站，在车站出入口处设置标识柱、出入口门楣站名标识、运营时间标识，引导乘客通过通道进入站厅非付费区，由相应的乘车吊挂指引标识、票价、公告栏，引导乘客到达进站闸机，通过进站闸机到达站厅付费区。由付费区的楼扶梯标识进入到站台层，乘客到达站台层，通过乘车方向吊挂指引标识、线路图及屏蔽门标识确认上车，完成整个乘车行为。

出站：列车到达车站，乘客通过车站站名确认下车，通过站台楼、扶梯指引和定位标识进入到站厅付费区，由站厅出站出口分流指引标识和街区图确认出站口，经由出站闸机进入站厅非付费区，最后通过相应的出站通道指引出站。

（二）具体设计

车站站厅、站台、出入口通道及站外均设置醒目易识别的车站服务、导向标志和公告栏等设施，方便乘客快速有序地进出车站。

全线车站导向标示涵盖乘客导向和应急疏散导向，充分考虑地铁成网运营后换乘导向的需求，导向系统由各线路独立运营期"进、出体系"，升级完善为"进出、换乘体系"。

完善英文翻译，并对乘客易误解的导向标识进行了区分，加强了卫生间和无障碍的指向，方便客更快地疏散和找到指定位置。

高架站站台采用深灰氟碳喷涂龙门架整合导向、通信、信号、紧急呼叫等相关专业；在满足相关专业的衔接正常使用的条件下，同时也使装修风格更加清爽美观不受到影响。导向标识实景如图33-30所示。

图 33-30 导向标识实景

三、采用的技术标准

《地铁设计规范》（GB 50157—2013）
《城市轨道交通客运服务》（GB/T 22486—2008）
《铝合金建筑型材》（GB 5237—2017）
《建筑材料及制品燃烧性能分级》（GB 8624—2012）
《公共信息图形符号》（GB/T 10001）系列
《消防安全标识第1部分：标识》（GB 13495.1—2015）
《安全标识及其使用导则》（GB 2894—2008）
《建筑制图标准》（GB/T 50104—2010）
《建筑结构制图标准》（GB/T 50105—2010）
《消防应急照明和疏散指示系统》（GB 17945—2010）

四、导向设计特点

（1）造型：将"潮"元素运用到牌体造型中，展现海宁当地特色文化，采用直线的设计语言，体现轨道交通快速的属性，整体造型简洁、醒目，侧边倒角处理丰富视觉层次，体现精密制造工艺。

（2）色彩：标识底色采用深蓝色，信息白色进站，黄色出站，形成"白进黄出"的引导理念，从而达到了信息的清晰规整和醒目传达。

五、导向标识类型

（一）站外及出入口通道

1. 站外路引

用于引导乘客从站外通往车站出入口。尺寸，1 500 mm×3 200 mm×150 mm。

应设置在轨道交通车站周围500 m半径范围内的道路交叉口、人行道、商业设施、重要建筑出口、重要单位及公共场所出口、汽车站、公交站、大型交通枢纽等人流聚集的地区。以单边间距100～150 m的近距离连续设置，转弯路口需增设，具体位置可根据实际道路条件做适当调整。导向站外路引如图33-31所示。

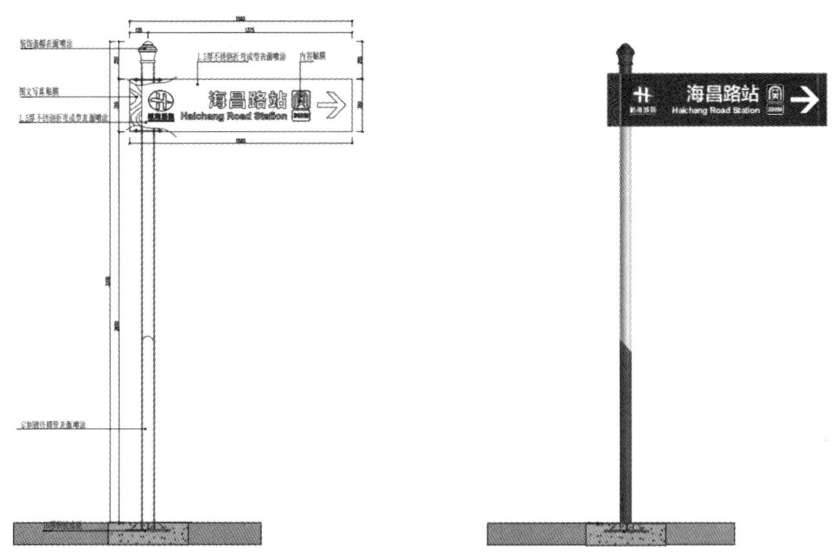

图 33-31　导向站外路引

2．标识柱

用于确认车站的站名、出入口位置、编号等，尺寸：900 mm×5 000 mm×300 mm。

设置在出入口附近10 m范围内，有上盖及无上盖建筑的出入口均应设置，设置时应靠近人行道一旁设置，应避免阻碍行人，具体设置位置应结合出入口小广场及周边的地面绿化进行设置，满足不同方向乘客辨识。

3．出入口站名匾

用于确认车站名称及出入口编号，尺寸：高450 mm。

居中设置在出入口及地面垂直电梯入口门楣位置。

4．运营时刻表

用于向乘客提供轨道交通的运营时间，尺寸：400 mm×600 mm。

设置在出入口口部。

5．通道指引标识

用于引导乘客进出站，设置于岔路口或长于30 m的通道。

6．公告栏

用于提供轨道交通系统中的运营制度、法规等信息，尺寸：1 200 mm×1 200 mm。嵌墙，有面板罩。设置在进站通道靠近站厅处的适宜位置。

7．站名大字

设置于高架站进站天桥两侧，便于行人在主道路上识别，尺寸：高1 500 mm。

（二）站内标识

1．吊挂式灯箱标识

标识高度350 mm，长度根据信息内容分为1 500 mm、3 000 mm、3 600 mm，设置高度原则距地2 650 mm，在安装条件不允许的情况下不低于2 400 mm。

2．票务信息标识

用于提供票价及购票须知信息，方便乘客购票。尺寸：1 100 mm×2 200 mm×150 mm。放置于自动售票机旁。

3. 电梯资讯标识

用于提供乘梯相关信息。尺寸：400 mm×600 mm。设置在电梯旁边。

4. 站厅综合资讯标识

用于提供完整的乘车、出站相关信息，包括线网图、车站空间示意图、车站周边信息等。尺寸：3 600 mm×1 800 mm。设置在站厅层的适宜位置。

5. 出口周边信息标识

用于提供车站当前出口周边道路、标志性建筑、学校、医院和旅游景点等信息。尺寸：1 200 mm×1 800 mm。设置在站厅与通道口连接处的适宜位置。

6. 列车运行方向标识

用于指引列车开往方向。尺寸：800 mm×1 600 mm。设置在柱面等的适宜位置。

7. 安全门标识

用于指引列车运行方向和提供杭海线线路该方向列车运行信息。含运行方向、线路图及车站站名。地下站尺寸：高 540 mm，长度根据安全门盖板尺寸定，设置在站台安全门盖板上；高架站尺寸：高 700 mm，长度根据导向带尺寸定，贴附于导向带上。

8. 站台站名标识

用于确认车站名称。尺寸：1 000 mm×500 mm。设置在站台柱面或相应位置的墙面等位置。

9. 站台综合资讯标识

用于提供线网图、车站空间示意图等信息。尺寸：1 200 mm×1 800 mm。设置在站台层正对楼扶梯口的适宜位置，以不阻碍客流为宜。

10. 站台门架式标识

标识高度 350 mm，长度根据楼扶梯尺寸定。设置在高架站站台楼扶梯处。站台层导向设计效果图如图 33-32 所示。

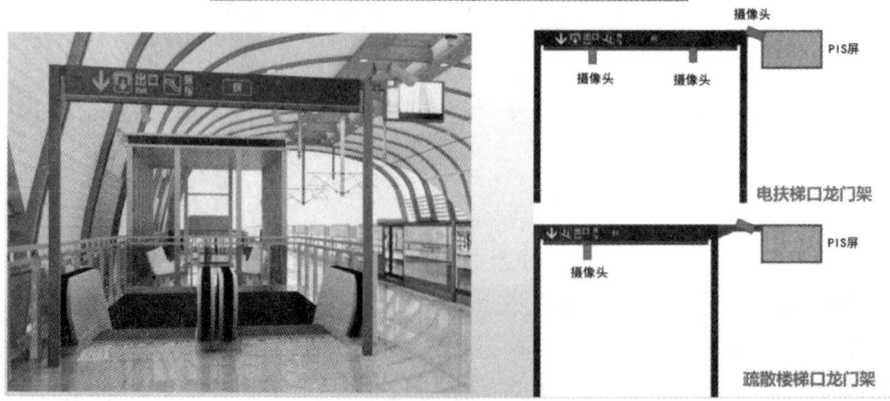

图 33-32　站台层导向设计效果图

（三）嵌入式蓄光消防安全标识

地面蓄光消防安全标识，采用不锈钢和稀土蓄光自发光材料。设置于地面，由屏蔽门出口位置沿疏散路线设置，构成连续的疏散指示带，设置间距为 2 400 mm。

楼梯蓄光消防安全标识，设置于楼梯的梯步面，梯步面间隔设置。当楼梯踏步宽度大于等于 1 800 mm 时每级梯板设置两块蓄光消防安全标识，标识中心距离踏步边缘 300 mm；当楼梯踏步宽度小于 1 800 mm 时每级梯板居中设置一块蓄光消防安全标识。高架站设置在踏步面。

六、材料与工艺

（一）材料

标识材料采用安全、环保、耐用、不褪色、防眩光的材料制作，站外标识材料的选择考虑其耐用性、耐候性，同时应考虑材料的经济价值，主要选用金属材料不锈钢和发光膜，防水 LED。

站内标识材料的选择须防火，质轻、耐用、安全的铝合金型材 PC 板材、不锈钢等。

（二）工艺

站外标识：金属件做防锈、防腐处理；内部照明的标识满足 IP65 的防护要求；标识的外观主要采用氟碳喷涂或烤漆工艺；外露的零构件如螺丝、锁等宜采用非标产品；较稳定的标识信息（如站名、线路名）等宜采用镂刻、丝印等工艺。

站内标识：金属件做防锈、防腐处理；内部照明的标识满足散热防尘的要求；标识的外观应采用氟碳喷涂；光源采用 LED；标识信息部分应采用贴膜工艺及可移背胶。

七、接口设计

（一）导向与装修接口

吊挂式导向标识在天花上的安装位置结合天花的造型和材料及布局确定。吊杆尽量设置于天花挂片的空隙中，减少对装饰效果的影响。

贴附式导向标识在墙面上的安装位置结合墙面的材料模数及铺装进行设置，贴附式标识的规格尺寸结合装修材料模数进行确定。

（二）与动照接口

标识配电分为三类，第一类标识为普通照明 220 V 电源，仅在正常运营需求状态下亮，主要用于吊挂式乘车导向标识与嵌入式车站周边信息图；第二类用于出口指示标识，在正常运营及紧急情况下需常亮。吊挂消防应急疏散指示标识，需按国家相关标准要求进行配电，此类标识为正常情况与紧急情况下必须常亮。第三类为正常运营状态白天不亮，晚上亮，用于站外标识。

进出站流线上需要内发光的标识，具体配电参数应与标识具体设计要求相吻合，包括电压及功率要求。所有配电由一般照明回路供电，多个导向指示牌可合用一回路供电。

（三）屏蔽门盖板标识与屏蔽门的接口设计

屏蔽门盖板标识与屏蔽门盖板的尺寸规格吻合，底色保持一致，盖板标识的版面设计应避开警示灯。

八、命名及翻译设计

地铁车站必须给乘客提供清晰、易懂、正确的导向系统和使用指引。"功能第一"是地铁交通导向标识设计的第一要素,迅速传达信息,导向明确无误,便于行动者准确快捷地判断是它的主要功能。导向标识系统的主要功能引导乘客安全、顺利及迅速地完成整个车站的旅程。过多、繁杂的信息,或是其他不相关信息的设置,容易误导乘客,引起使用者的不便,甚至造成混乱。杭海城际地铁导向标识系统采用了简单明了的名称和编号以及线形指示标识系统,统一使用地铁线路的颜色,所有车站采用标准图像、文字和颜色,每个标识种类均采用统一的图形及布置,结合车站空间的环境特点、乘客的心理及视觉要求进行科学设计,满足了乘客疏散的主要功能需求。

(1)车站出口中的字母编号以车站为中心,连接站厅层通道相对于车站中心所在的方向为准,东北方向为 A,按逆时针方向旋转依次编号。

(2)以有效站台对角连接的交点为中心,出口与站厅的连接处相对于中心所在的方向为准,当东北方向(第一象限)存在多个出口时,以最靠近正东方的出入口为起点。

(3)同一方向上存在两个或两个以上出口连接在同一进出站通道时,首先按字母编号原则确定出口的字母编号,再按出口与通道连接处离站厅的距离,由近及远进行数字编号。当多个出口与通道连接处至站厅的距离相等或相近时,面向出站方向上,按逆时针方向依次编号。

(4)对同一方向上某一出口通道又含分支的出口,采用小写字母逆时针依次进行编号。

(5)通道换乘站以各自站厅中心为中心按逆时针方向旋转依次编号,后开通线路车站的编号字母延续先开通线路车站,节点换乘或站厅换乘车站根据编号原则需整体考虑出入口编号。余杭高铁站换乘通道导向标识如图 33-33 所示。

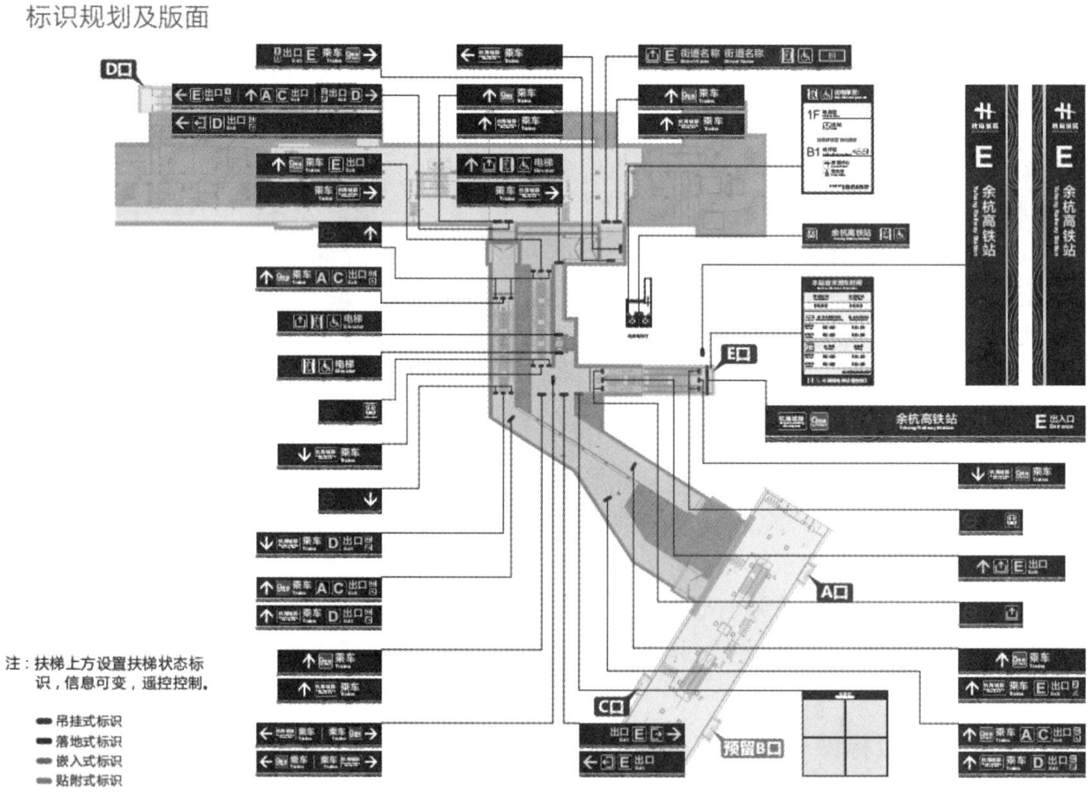

标识规划及版面

图 33-33 余杭高铁站换乘通道导向标识

第五节　本章小结

一、技术创新和工程亮点

（一）全线应用 BIM 技术，研发基于多源数据的智慧化建设平台

杭海城际铁路工程开展全线 BIM 应用，研发了基于多源数据的智慧化建设平台。搭建了基于 BIM 的杭海城际项目智慧化建造管理平台。该平台于 2018 年 4 月 19 日上线，在全线设计、征迁和工程建设环节成熟运用，大大提高了项目建设的科技化、数字化管理水平。

（二）双通道换乘便利，售检票系统与杭州地铁互联互通。

余杭高铁站与杭州地铁 9 号线换乘，为地下三层车站，地下一层为预留商业开发区及相关配套设备服务用房；地下二层为站厅层，包含了公共区、设备用房、管理用房及少量预留商业开发空间；地下三层为站台层，含有少量的辅助用房。为实现与杭州地铁互联互通，分别设置了付费区和非付费区换乘通道，售检票系统实现了与杭州地铁互联互通，可与杭州地铁"一票通、一卡通、一码通"，最大程度上方便乘客换乘，无需多次购票、多次下载手机应用程序、多次办卡，节约了乘客时间，降低了运营人员的劳动强度。为浙江省都市圈轨道交通的一体化票务创立了样板，促进了杭州都市圈轨道交通的一体化乘客服务，为未来浙江省轨道交通的"一码畅行"打下了先试先行的坚实基础。余杭高铁站换乘通道平面图如图 33-34 所示。

（三）践行"地铁＋物业"可持续发展战略

"地铁＋物业"是轨道交通可持续发展的重大战略。全线充分利用车站空间设置物业开发，并与周边地块开发友好衔接。地铁与物业结合，充分利用土地资源，提升土地价值，物业的收益将为该项目可持续发展提供必要的经济支撑。该项目全线结合车站有两个地下空间开发项目。

皮革城站位于皮革城核心区中心，利用其得天独厚的地理优势与皮革城周边地块开发结合，同步实施打造集科技、文化、交通、商务、消费于一体城市公共中心。海宁皮革城升级的核心在于时尚的力量，而时尚力的源头在于改革、探索、创新——以地铁商业翻开其文创型、文旅型、主题式、情境式商业的新篇章。皮革城站地下空间开发效果图如图 33-35 所示。

余杭高铁站作为临平区的重要节点，未来城市公共中心，也是进入余杭的门户。北至文正街，南至沪杭高铁，西至乔司港，东至新丰路，地理位置优越，是余杭区铁路枢纽，所以其形象作用不言而喻。该项目是集交通枢纽，城市广场，商业开发三位一体的建设任务，项目同时还承担着临平区门户形象展示的功能，设计期望通过特定的手法，充分挖掘综合交通枢纽地块商业资源和开发价值，通过合理的商业开发对周边环境提供积极正面的影响，进而推动周边地带的发展更新。将多种功能空间融为一体，成为市民喜闻乐见的"城市客厅"。余杭高铁站鸟瞰模型图如图 33-36 所示。

（四）汲取海宁地域风貌精髓，融入周边区域文化，打造特色车站

杭海城际设站 13 座，其中高架站 9 座（含 1 座高架预留站），海宁高铁站、盐官站作为特色站，其他 6 座车站为标准站，根据海宁周边区域文化特点，提炼独特的文化符号运用于空间的设计之中，力求以现代时尚的空间感受配合局部的艺术化设计，体现海宁历史文化名城的优雅细腻的空间氛围。设计过程中，根据海宁市政府要求，对外立面造型方案进行了网络投票，最终选定了极具海宁地方特色的外立面造型方案。

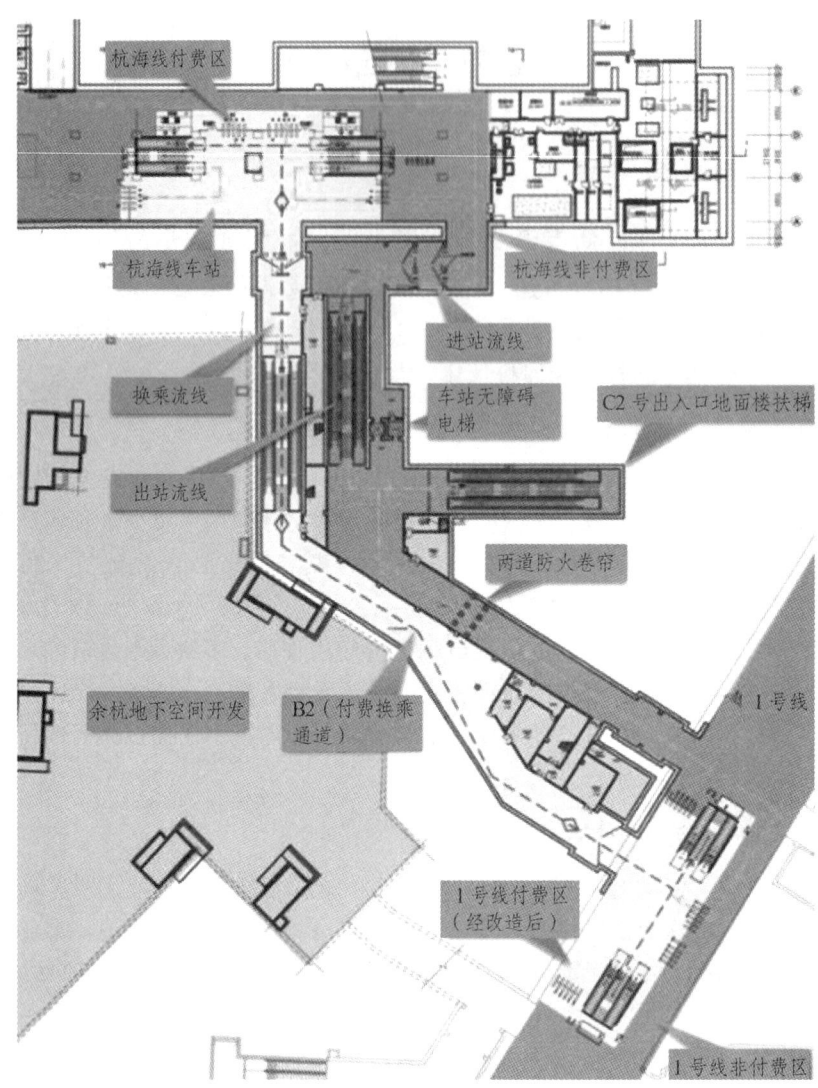

图 33-34 余杭高铁站换乘通道平面图

图 33-35 皮革城站地下空间开发效果图

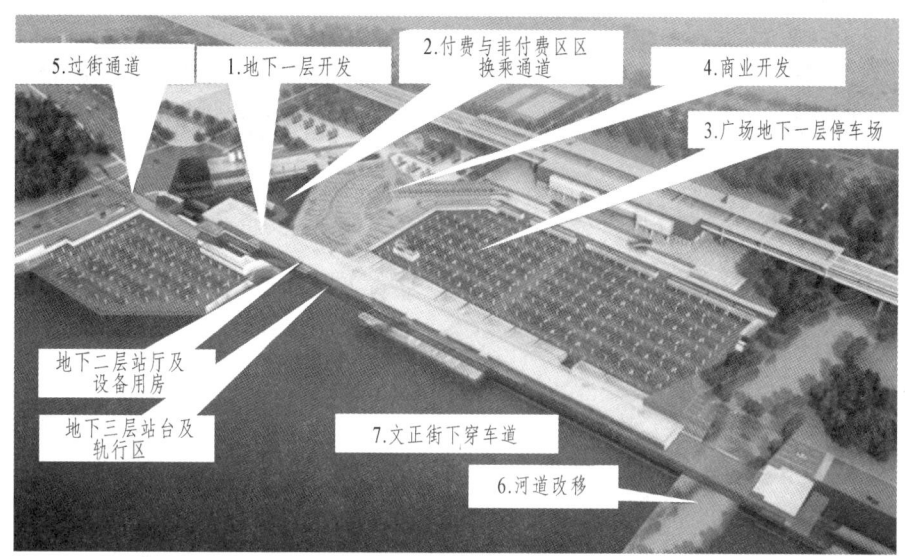

图 33-36　余杭高铁站鸟瞰模型图

海宁高铁站外立面造型借鉴钱塘水乡传统民居建筑意向，采用传统坡屋顶的建筑形态，与既有高铁站房遥相呼应。以其简洁的艺术表现手法彰显建筑特点及文化特色，在攫取现代潮流元素的同时亦不失东方大气恢宏之势。其魅力在于能让传统与时尚相互交融，让传统元素焕发出现代生机，运用现代建筑语言回应海宁钱塘水乡的场所精神。海宁高铁站外立面实景如图 33-37 所示。

图 33-37　海宁高铁站外立面实景

盐官站外立面造型借鉴海宁"潮"文化，对海宁"潮形态"进行抽象。它的设计灵感来自于钱江潮，通过波浪状线条，生动地表现潮水的形态和气势。盐官站外观恢宏大气，钢结构屋面直接落地布置，钢结构立面呈波浪状，充满生机和活力，灵动的曲线代表着盐官钱塘潮的形态，营造一种连绵起伏、轻灵律动的建筑波浪感意境。盐官站外立面实景如图 33-38 所示。

标准车站外立面造型体现时代特征为主，没有过分的装饰，一切从功能出发，讲究造型比例适度、空间结构图明确美观，强调外观的明快、简洁。体现了现代生活快节奏、简约和实用，但又富有朝气的生活气息夸张的外立面材质、色彩和造型，运用结构主义建筑语言，突出时代的气息和蓬勃的朝气。标准站外立面实景如图 33-39 所示。

图 33-38 盐官站外立面实景

图 33-39 标准站外立面实景

二、总结经验教训

（1）在杭海线的工程设计中，铁四院结合海宁本地文化、建筑等因素，进行了设计概念方面的创新和突破，以简单的材料运用达到了多元化和多艺术形态的造型需求，并基本达到了预期的设计效果。

（2）材料方面进行了相应的优化及考察，提取海宁潮自然、流畅的曲线，应用到铝格栅天花设计之中，以高低错落的铝挂片，结合颜色的变化，形成优美的波浪形图案，呼应装修设计总体的"潮"文化主题。线型灯具也跟着弧形定位，在夜晚形成波浪形的灯光效果。

（3）专业众多，相互协调提资不及时，如地面标高，车站净空间标高等，导致施工图纸的反复改动和协调工作难度大大增加，但我院积极配合各专业的问题衔接，积极配合问题整改，确保了在发现问题后最短的时间处理了问题，避免了在施工过程中造成的不必要损失。

（4）因为工期紧，各方意见较多等原因，导致在现场配合阶段有较多的问题存在。特别是在运营前的两个月，施工单位积压了大量的整改工作量，导致项目公司、总体、设计、生产及安装各单位的工作都极为被动且繁杂。针对这一状况，我院也在现场配合的工作上进行了相应的调整。在人员安排上进行了优化，以求第一时间处理现场问题，并且随时针对现场反馈的问题进行方案讨论，专业之间互相协调。

三、设计体会

（一）设计和配合施工过程存在的主要教训及改进建议

出图周期短是每个设计单位面临的最大的问题，没有合理的施工图设计周期，施工图质量必定不会高。项目公司往往急于招标而让设计单位在很短时间出图，这样施工图必定会出现很多错、漏、碰、缺的问题，各专业之间配合也不能很好地完成。在以后线路的开展及工作中需合理安排人员，尽量避免因工期问题导致的图纸质量问题，尽量在核心人员和工作方面严格把控，在相关规定时间内完成相关出图工作，且严格保证出图质量。

在施工配合过程中，根据各专业要求及项目公司要求，针对部分设计和施工可能存在的问题及与其他专业冲突等问题提出的相关意见，在设计配合和施工配合开展中，更紧密地与各专业沟通，根据各专业相关需求进行合理的判断和方案的优化，更紧密地与施工单位沟通，确保后期施工配合工作的顺利进行。

（二）与机电系统配合的问题

地铁站建设是一个庞大而复杂的工程，各个系统之间的关系错综复杂，不同的设计院、不同的施工单位、不同的施工周期和设计周期、不同的供应商、不同的管理团队，因此协调起来非常复杂。而建筑装修设计虽然只是其中很微小的一部分，却与很多专业都有交叉和接口问题。现场遇见的很多问题都和机电有关，因此一定要注重工程细节设计以及各专业的配合。

第三十四章 车辆基地设计

第一节 设计概况

杭海城际铁路工程线路全线设盐官车辆基地一处,车辆基地定位为大架修车辆基地,承担全线车辆大架修、定临修、周月检、停车列检等任务。设大架修1列位,定修2列位,临修1列位,周月检4列位,近期设停车列检24列位,远期预留15列位。车辆基地占地面积28.52 hm²,设置综合楼、检修库、运用库、物资总库等17个单体,总建筑面积9.16万 m²。

设计规模见表34-1。

表34-1 设计规模

设计年度	近期				远期			
	停车列检	双周三月检	定修	大架修	停车列检	双周三月检	定修	大架修
盐官车辆段	24	4	2	1	39	4	2	1

第二节 总平面布置

总平面布置如图34-1所示。

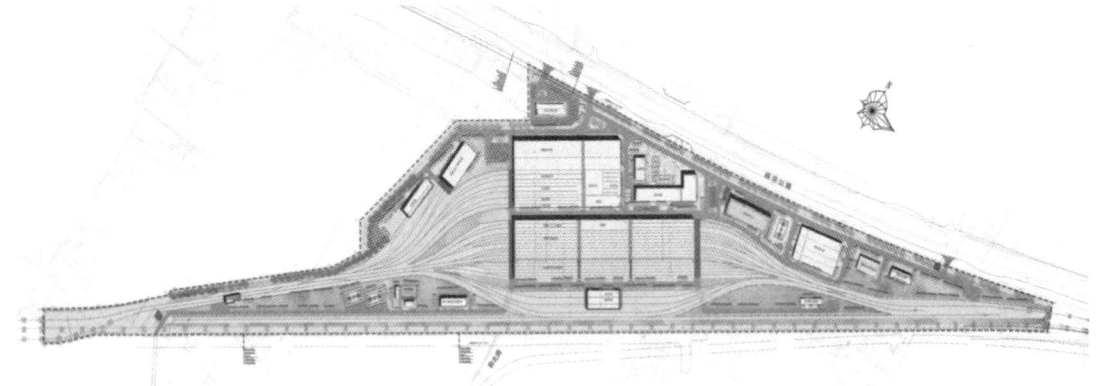

图34-1 总平面布置

(一)总体布置

运用库设置于用地中侧,为三列位贯通式车库。运用库由停车列检库、双周三月检库及辅跨组成。库内近期设停车列检24列位,远期预留15列位。双周三月检设4列位。

检修库横列式布置于运用库北侧,采用尽端布置方式,由大架修、定临修库、静调库、吹扫库、转向架轮轴间、车体库、移车台及辅助检修车间等组成。库内设大架修线、定修线、临修线、静调线、吹扫线。其中大架修列位，定修2列位，临修1列位，静调吹扫各1列位。

洗车库与镟轮库贯通式布置于运用库南侧，南侧设走行线1条。

试车线位于段址最南侧，长约1 400 m，基本满足B型车4辆编组80 km/h的试车要求。（满足120 km/h时速的试车线长度超过2.2 km，对地块影响较大，因此全速试车考虑在停运时间借助正线完成，在正线CK36+100～CK38+500区间试车）

结合总图布置情况，调机工程库、材料装卸线、材料棚、材料堆场位于检修库西侧，污水处理站及牵引降压变电所位于西咽喉区南侧，动调试验间位于车辆段最西侧。物资总库位于车辆段东侧，东咽喉北侧，危险品库及蓄电池检修间位于车辆段东侧。

综合楼、司机公寓、食堂集中设置于用地东北侧，靠近硤许公路布置，综合楼内集中设置车辆段办公、综合维修、浴室、食堂、宿舍等生产生活用房。

段内设有环行运输道路和消防道路，出入口设三处。车辆段主出入口设置于综合楼北侧，与北侧的硤许公路相接，出入口二设置于污水处理站北侧，同样与硤许公路相接，出入口三位于车辆段西南角，下穿正线后接改移道路，方便通往车站。

该方案车辆段结合周边条件，整体方案布局紧凑合理，办公区集中设置，工艺顺畅。总建筑面积91 649.16 m²（含控制中心），车辆基地占地约28.52 hm²（含部分出入线用地），围墙内占地面积约23.91 hm²。

（二）主要线路设置

该方案分别接轨于盐官镇站和正线区间，设出入段线3条；运用库为三列位贯通式，近期设停车列检线8线24列位，远期预留5线15列位；双周/三月检库设4股道，每线设1列位，股道按架空式布置。设镟轮线1条，供列车定期镟轮作业使用。设洗车线1条，供列车外部清洗作业使用；设静调线1条；设定修线2条；设临修线1条；设大架修线1条；设走行线1条，供段内车辆调车使用；设调机工程车停放线4条，停放调机车、轨道车、平板车等工程车辆；设材料装卸线1条，供装卸轨道等大件材料。设牵出线2条，供段内调车作业使用；设试车线一条，满足80 km/h试车要求。

第三节　车辆基地设计方案

一、库房功能区布置

（一）运用库

运用库由停车列检库、双周三月检库及辅助生产办公房屋组成。

1. 停车列检库

停车列检库轴线尺寸为306 m×42 m（长×宽）。停车列检库近期共设置库线8股道，一线三列位贯通布置，设停车列检24列位，远期预留15列位。

2. 双周三月检库

双周三月检库设双周三月检4列位，两侧设置，两侧中间设置运用库辅跨。每侧双周三月检库库长107 m，宽度15 m。中间设置运用库辅跨，设置班组用房。

3. 运用库辅跨

运用库辅跨设置于运用库北侧，双周三月检库中间，轴线尺寸为81 m×15 m（长×宽），共3层。

设有 DCC、综合监控设备室、信号设备室、通信设备室、车载信号设备室、日检工班、保洁工班等运用辅助房屋。同时设置检修中心、乘务中心、设备中心等检修辅助用房。

（二）检修库

检修库由大架修定临修库、静调库、吹扫库、车体检修间、转向架轮轴间及其他辅助检修车间组成。

1. 架临修定修库

由 1 条大架修线、2 条定修线、1 条临修线组成，轴线尺寸为 120 m×35 m（长×宽）。

2. 静调库

静调库轴线尺寸为 120 m×9 m（长×宽），库内设静调线 1 条。

3. 吹扫库

吹扫库轴线尺寸 120 m×9 m（长×宽），库内设吹扫线 1 条。

4. 检修车间

为完成列车定修检修各项流程，检修库内设有转向架轮轴间、车体检修间空调检修间、受电弓检修间、电机检修间、门窗检修间、机械检修间、备品备件间等检修车间。

（三）洗车镟轮库

洗车库与镟轮库合并设置，其中洗车库轴线尺寸为 54 m×9 m+54 m×4.2 m（长×宽），镟轮库轴线尺寸 54 m×11 m。

（四）调机及工程车库

调机及工程车库轴线尺寸为 75.9 m×27 m（长×宽），由 4 线组成。

调机及工程车库由主库和辅助生产车间组成。主库长 69 m，主库端部辅助生产车间长 6.9 m，共两层。

（五）蓄电池检修间

蓄电池检修间位于检修库的尾端南侧，轴线尺寸为 36.0 m×19.5 m（长×宽），用于对蓄电池进行清洗及容量测试。

（六）危险品库

危险品库位于出入段线北侧，轴线尺寸为 36.0 m×8.4 m（长×宽）。

（七）试车线

试车线长 1.4 km，动调试验间轴线尺寸为 36.0 m×8.0 m（长×宽），就近设置在试车线北端。

二、主要设备配置

主要设备配置见表 34-2。

表 34-2 设备配置

序号	设备名称	型号与规格	制造商/产地	数量	单位
车辆段设备 1 标（非标工艺设备，总包商：杭州中车，合同额：2 918 万元）					
1	轮对-受电弓动态检测系统		东莞诺丽	1	套
2	列车清洗机	非标	沃尔新	1	套
3	整体式地下架车机		青岛四方所	1	套

续表

序号	设备名称	型号与规格	制造商/产地	数量	单位
车辆段设备 1 标（非标工艺设备，总包商：杭州中车，合同额：2 918 万元）					
4	数控不落轮镟床		赫根赛特	1	台
5	公铁两用车	RTT-2000D	大连铁丰	1	辆
6	车底吹扫设备	非标	新联铁	1	套
7	静调电源柜		北京宏浩达	8	台
8	称重设备		梅特勒-托利多	1	套
9	移动式架车机组	4 编	青岛四机	1	套
10	限界检测装置	AW0	青岛四机	1	套
11	移车台		长春开得	1	套
车辆段设备 2 标（轨道工程车类，总包商：宝鸡中车时代，合同额：6 845.47 万元）					
1	内燃机车	DGY470 型	宝鸡中车时代	2	台
2	钢轨打磨车	LRG 型	宝鸡中车时代	1	台
3	网轨检测车	DZJ-80 型	宝鸡中车时代	1	台
4	轨道车	DGY470 型	宝鸡中车时代	2	台
5	接触网检修作业车	DJW 型	宝鸡中车时代	2	台
6	平板车	DPC30 型	宝鸡中车时代	3	台
7	随车吊	GT3D 型	宝鸡中车时代	2	台
8	电气试验车			1	辆
9	救援设备（含救援指挥车）			1	套
车辆段设备 3 标（带基础类设备，总包商：杭州中车，合同额：1 810 万元）					
1	自动化立体仓储	非标	沈阳飞机	1	套
2	转盘	非标	安徽瑞铁		
3	起重机	非标	河南矿山		
4	作业平台	非标	杭州中车		
5	登车梯	非标	杭州中车	48	个
6	五防设备	非标	长园共创	1	套
车辆段设备 4 标（工艺、工务、供电设备，总包商：浙江交投轨道，合同额：2 188.89 万元）					
1. 工艺设备					
2. 专用维修工具					
3. 供电车间					
4. 工务车间维修设备					
5. 汽车类					
车辆段设备 5 标（大架修类设备，总包商：杭州中车，合同额：2 218 万元）					
1	转向架升降工作台（含吊具）	非标	青岛四机	4	个
2	数控车轮车床	PN190-G	NSH-CTI	1	台
3	转向架静载试验台	非标	新联铁	1	台

续表

序号	设备名称	型号与规格	制造商/产地	数量	单位
车辆段设备5标（大架修类设备，总包商：杭州中车，合同额：2 218万元）					
4	轮对自动除锈清洗机	非标	杭州中车数字	1	台
5	轮对自动检测机	非标	新联铁	1	台
6	轮对轴承跑合试验台	DPH-130	青岛四机	1	台
7	轮对超声波自动探伤机	LAC-100	成都铁安	1	台
8	构架翻转机	非标	杭州中车	2	台
9	轴箱轴承分解组装机	非标	杭州中车	2	台

三、土建项目

（一）站场

1. 概述

盐官车辆基地位于杭海城际正线与硖许公路所夹地块内，采用的是三列位贯通式运用库，运用库与检修库平行布置于段场中部。段址由南向北依次布置试车线、镟轮库、洗车库、运用库、检修库。

检修库位于运用库北侧，采用尽端式布置，由大架修库、定临修库、静调库、吹扫库、转向架轮轴间、车体库、移车台及辅助检修车间等组成。

试车线位于段址最南侧，长度1 400 m。能满足B型列车4辆编组80 km/h试车要求。（满足120 km/h时速的试车线长度超过2.2 km，地块受限，因此全速试车考虑在停运时间借助正线完成）。

调机工程库、材料棚、材料堆场位于检修库西侧；段内设有完善的环行运输道路和消防道路，能保证运输和消防要求。出入口设三处，两个由入口与北侧的硖许公路相连，一个在西南角与规划道路相连。

2. 设计方案

（1）线路配置。

该方案分别接轨于盐官镇站和正线区间，设出入段线3条：运用库为三列位

贯通式，近期设停车列检线8线24列位，远期预留5线15列位；双周/三月检线设4股道，每线设1列位；设镟轮1条、洗车线1条、静调线1条；设定修线2条、架修线2条、走行线1条；设调机及工程车库线4条、材料装卸线1条、牵出线2条、试车线一条。

（2）盐官车辆段出入段线方案。

盐官车辆段位于线路的中部，出入段线在盐官镇车站和正线区间接轨。出入段线为2+1形式，出入线均设置安全线。盐官镇站设置为高架两层侧式站台车站。

（3）车辆段站场排水设计。

根据规范要求，站场内雨水应尽量排入自然水系。盐官车辆段内股道间排水主要经由渣底式纵向排水槽及穿越股道的横向排水槽引入设置在车辆基地基线JDK0+819、JDK1+162处涵洞。经涵洞收集的雨水排入段址南北侧改移河道及既有许百户河道中。道路排水由给排水专业设计。

（4）段场道路。

道路采用站场道路Ⅲ级标准《铁路站场道路和排水设计规范》（TB 10066—2000），单车道路面宽4.0 m（不含道路两侧路缘石宽度），双车道路面宽7.0 m（不含道路两侧路缘石宽度）。

段内一般道路采用沥青混凝土，库前平交道采用水泥混凝土，沥青混凝土面层依次为 4 cm AC-13C 细粒式沥青混凝土、6 cm AC-20C 中粒式沥青混凝土，基层采用 30 cm 厚 5%水泥稳定碎石，底基层采用 15 cm 厚 3.5%水泥稳定碎石。水泥混凝土路面面层采用 22 cm 厚 C30 混凝土，基层采用 20 cm 厚 6%水泥稳定碎石，垫层采用 15 cm 厚碎石。

3. 站场设计亮点及重难点

站场排水沟与接触网立柱施工时最好同步，可以避免后续工序对前续已施工结构的破坏。水沟与接触网立柱基础应避免交叉、碰撞。水沟与接触网并行区段施工时，应通知设计单位及时沟通现场配合。此次排水沟设计 N4-1/N6-1/N10-1 水沟起点段，N18 水沟终点段，N23 水沟中段与接触网立柱存在冲突，施工过程中应采取措施（接触网立柱基础埋管或减小水沟长度），其余纵向排水沟基础均基本已全部避开接触网立柱基础，若实际施工中仍存在冲突，可对水沟位置进行微调。预埋管管径需与接触网专业、站场专业协商确定。

4. 经验总结

考虑美观及工程造价盐官车辆基地水沟盖板采用高强复合盖板，盖板顶活载按 20 kN/m² 设计，施工过程中装载重车时有压坏高强复合盖板的情况，后续段场考虑采用钢筋混凝土盖板。

（二）路基

1. 概述

盐官车辆基地场坪路基设计范围：JDK0+024.2～JDK1+711.5，前接西出入段线桥（JDK0+024.2），后接东出入段线桥（JDK1+711.5），工点长 1 687.3 m。

场地属于钱塘江现代江滩地貌，属钱塘江冲海积平原，场地地面总体平坦，地势开阔，地面标高 4.0～6.0 m。场区覆盖层主要为表层冲积粉质黏土、中上部冲海积粉质黏土、淤泥质粉质黏土、粉土、粉砂及下部冲湖积粉质黏土，总厚度大于 40 m。

盐官车辆段场坪路基加固与防护工程主要工程数量：预应力管桩 58 014 m，旋喷桩 127 661 m，水泥搅拌桩 506 218 m，袋装砂井 2 356 549 m，真空预压 66 232 m²，C35 钢筋混凝土 7 824 m³，C25 混凝土 2 419 m³，浆砌片石 2 221 m³。

2. 设计方案

（1）路基面形状。

出入段线、试车线路基面形状为三角形路拱，由路基中心线向两侧设 4%的人字排水坡。

（2）路基面宽度。

路基面宽度根据线路的技术条件、正线数目、配线情况、线间距、路基面形状、曲线加宽、轨道类型、道床型式及尺寸、路肩宽度等经计算确定，且要满足轨道铺设和养护要求。

（3）路基基床。

路基基床分为基床表层及底层，基床表层厚 0.5 m，基床底层厚 1.5 m；基床底层的顶部和基床以下填料部位的顶部设 4%的人字排水横坡。

（4）路堤填料。

填料分类按《铁路路基设计规范》（TB 10001—2016）执行。基床表层采用 A、B 组填料，路肩设 C15 混凝土预制块加固；基床底层采用 A、B、C 组填料，当使用 B 组填料中砂黏土及 C 组填料中细粒土含量大于 30%时，其塑性指数不得大于 12，液限不得大于 32%；基床以下部分可选用 A、B、C 组填料。

路基各层压实标准按照应按照《市域快速轨道交通（120～160 km/h）技术规范》（T/CCES 2—2017）相关要求执行。

(5) 路堤浅层处理。

路堤填筑施工前应排水疏干地表，整平地面，清除表层种植土回填 A、B、C 组填料。

(6) 路堤基底深层加固处理。

整体道床路基、桥路过渡段路基、碎石道床与整体道床过渡段路基采用预应力管桩加固，桩顶设钢筋混凝土桩帽和碎石垫层（内夹铺土工格栅）或钢筋混凝土筏板；提梁区采用旋喷桩加固，桩顶设碎石垫层（内夹铺土工格栅）；管桩加固的过渡段外 30 m、提梁加固区外 10 m 及软土处理深度超过 15 m 时采用长板短桩加固处理（塑料排水板+双向水泥搅拌桩）；其余正线路基采用双向水泥搅拌桩加固处理；场坪地段采用插塑板或砂井+真空预压地基加固处理，顶铺设砂垫层（内夹铺土工格栅）。

(7) 路基边坡加固。

路基边坡坡率 1 : 1.5，采用 C25 混凝土空心砖内撒草籽+种灌木护坡，坡脚设 M7.5 浆砌片石脚墙。边坡 C25 混凝土空心砖植草段沿线路方向每隔 10 m，设置 C25 混凝土预制块排水槽，将水引至坡脚排水沟或侧沟。

3. 地基加固效果分析

盐官车辆基地冲海积成因软土发育，最大埋深 24 m，强度低、压缩性高，针对车辆基地内不同功能分区对工后沉降、地基承载力的要求不同，设计时分区域采取了不同的软基加固处理方案，场坪建成至今，沉降满足规范要求，地基处理效果良好。

4. 经验总结

路基设计应与建筑单体工程的立柱、承台等位置关系理顺、衔接好，确保路基施工顺利进行。

（三）桥涵

1. 概述

车辆基地桥涵工程有许百户小桥 1 座，涵洞 2 座。设计按照 1/100 的洪水频率进行设计，设计速度：小于等于 60 km/h，设计活荷载为地铁 B 型车，4 辆编组，设计使用年限 100 年。

2. 设计方案

(1) 许百户小桥。

孔跨布置采用 1～14 m 框架，中心里程 RDK0+618.600，桥全长 L=22.63 m，斜交角度 45°，顶板厚 100 cm，底板厚 110 cm，边墙厚 100 cm。桩基采用直径 40 cm 的 PHC 管桩，承台采用钢筋混凝土结构，厚 1.2 m。框身混凝土强度等级 C40，抗渗等级采用 P8。

(2) 涵洞工程。

箱涵 JDK1+162 里程，涵长 143.4 m。箱涵 JDK0+819 里程，涵长 218.18 m。两个涵洞涵宽 2 m，涵高 2.50 m，侧壁、顶板、底板厚 30 cm，均为钢筋混凝土结构。混凝土等级 C40，钢筋采用 HPB300 及 HRB400 钢筋。基础垫层为 0.1 m 厚碎石垫层，涵洞分为箱涵段和 U 形槽段。

(3) 系统设计亮点及重难点。

车辆段箱涵较长，每个涵洞横向隔一段距离设置检查井，方便检修。

(4) 经验总结。

杭海线框架结构均采用原位现浇施工，施工单位实际施工时模板采用对拉形式，留下较多预埋钢筋头，如图 34-2 所示，对主体结构存在一定的耐久性隐患。

后根据现场配合施工情况，要求模板预留钢筋钢筋应尽快割除并做防腐处理，保证了 U 形槽混凝土质量。在今后的设计中，需加强对模板的要求。

图 34-2　施工完成后预留钢筋

四、建筑单体

（一）建筑

1. 总图布置

方案采用三列位贯通式运用库，检修库与运用库呈横列式布置。段址大致呈东西向，由西向东依次布置材料棚、调机及工程车库、检修库、周月检库、运用库、洗车库、镟轮库、试车线。各建筑单体基本情况见表 34-3。

表 34-3　各建筑单体基本情况

编号	建筑名称	建筑面积/m²	层数	火灾危险性等级	耐火等级
1	综合楼	32 384.67	11层（局部8层）	一类高层	一级
2	运用库	20 030.95	1层（辅跨3层）	戊类厂房	二级
3	检修库	18 881.37	1层（辅跨3层）	丁类厂房	二级
4	洗车镟轮库	1 338.74	1层	丁类厂房	二级
5	动调试验间	257.02	1层	丁类厂房	二级
6	调机工程车库	2 274.1	1层（辅跨2层）	丙类厂房	二级
7	在线检测棚	162.44	1层	丁类厂房	二级
8	污水处理站	112.18	1层	丁类厂房	二级
9	材料棚	950.64	1层	丁类厂房	二级
10	蓄电池间	713.14	1层	甲类厂房	一级
11	危险品库	257.78	1层	甲类仓库	一级
12	物资总库	4 169.96	1层（辅跨2层）	丙类仓库	二级
13	牵引降压变电所	985.6	1/-1层	丙类厂房	一级
14	门卫一	70.24	1层	民用建筑	二级
15	门卫二	70.24	1层	民用建筑	二级
16	门卫三	70.24	1层	民用建筑	二级
17	公安派出所	3 614.84	5层	民用建筑	二级

车辆基地运用库设置于用地中侧,为三列位贯通式车库。运用库由停车列检库、双周三月检库及辅跨组成。

检修库横列式布置于运用库北侧,采用尽端布置方式,由大架修、定临修库、静调库、吹扫库、转向架轮轴间、车体库、移车台及辅助检修车间等组成。

洗车镟轮库位于运用库南侧,为贯通式布置。镟轮库外南侧设走行线。

试车线位于段址最南侧,靠近南侧用地红线,长约 1 400 m,能满足 B 型车 4 辆编组 100 km/h 的试车要求。(满足 120 km/h 时速的试车线长度超过 2.2 km,对地块影响较大,因此全速试车考虑在停运时间借助正线完成。)

调机工程库、材料棚、材料堆场位于检修库西侧;污水处理站、牵引降压变电所位于段址西侧,西咽喉区南侧;动调试验间位于东咽喉区东侧。蓄电池检修间、物资总库及危险品库位于段址东侧,东咽喉北侧。

综合楼(含办公、司机公寓、培训中心、食堂等功能)、集中设置于段址北侧,靠近硖许公路布置。

段内设有环行运输道路和消防道路,出入口设三处。两个出入口与北侧的硖许公路相连,其中一个出入口设置于综合楼西侧,一个出入口设置于危险品库东侧;另一个出入口设置车辆段西南角,与规划道路相连。

2. 建筑单体设计

(1)综合楼。

综合楼地面 11 层,公寓(副楼)8 层,培训中心(副楼)4 层,主要布置有办公、司机公寓、培训中心、食堂餐厅、浴室等功能。地下一层,主要布置人防车库及设备用房,如图 34-3 所示。

图 34-3 综合楼整体效果图

综合楼外立面材质主要采用灰色真石漆涂料+玻璃幕墙,如图 34-4 所示。通过竖向线条体现建筑的端庄挺拔的美观。建筑平面功能分区明确合理。

图 34-4 综合楼外立面材质效果图

（2）运用库、检修库、调机工程车库等主要库房。

运用库、检修库、调机工程车库均由主跨与辅跨两部分组成，主跨与辅跨单独形成独立防火分区，保障工作人员的消防安全；同时，在辅跨中合理布置办公及配套用房，有效地提升了员工的工作效率和便捷性。

3. 经验总结

（1）综合楼的平面功能经过与杭海城铁公司多次对接汇报，平面功能较为完善合理，但仍然有些功能未能满足公司领导的要求，导致综合楼施工完成后，对一楼部分空间进行了升级改造，增设了文化展示平台的功能。为避免类似问题在今后的设计工作中再次出现，应继续加强与项目公司，特别是公司领导的沟通汇报，稳定设计方案，避免工程施工完后又要进行改造，造成浪费。

（2）关于公寓楼的净高问题，由于前期设计建筑、结构及各系统专业缺少有效沟通，未对公寓楼走道净高进行研究。导致层高设计过低，走道梁高又无法缩减，导致走道安装完管线及吊顶后的净高较低，虽满足消防设计要求，但空间效果不佳。需在今后的工作中避免。

（3）关于对海宁地方标准研究不足导致工程变更的问题，如地下人防的标示标线及地面的颜色的要求未能满足海宁市人防办的规定及要求；段场内玻璃幕墙、普通的平开窗及轻钢玻璃雨棚未设置防坠落措施等，这些问题的出现都是因为做施工图设计过程中对当地特殊的设计标准研究不够透彻导致，在今后工作中需要引起重视，避免设计缺陷。

（二）结构

盐官车辆段工程所在场地为海宁市盐官镇和斜桥镇境内，总体呈东西向布置，硖许公路南侧。

该工程场地地处钱塘江北岸，地貌类型属钱塘江冲海积平原，地貌类型单一，地势开阔，地形平坦，受人类活动影响，场地在微地貌上地形稍有起伏，场地标高一般为2.57～4.86 m（1985国家高程）。拟建工程场地地基土类型为软弱土～中硬土，建筑场地类别为Ⅲ类。

场区分布有大量耕地、水塘及少量菜地。按设计标高，该场区属于深厚软土区，为填方区，需要重点考虑软弱地基的加固设计。设计时结合深厚软土区的特点，严格控制土方的回填、压实及检验要求。重点控制回填土加固质量及施工步骤。

盐官车辆段各单体柱下基础主要采用预制管桩+承台形式，桩身直径为600 mm、500 mm；整体道床、检修地沟及设备基础采用预应力管桩+筏板形式，桩身直径为400 mm；盐官车辆段库内填方区采用混凝土搅拌桩加固建筑地面。端承摩擦型桩，桩端持力层为⑦$_{2-2}$粉质黏土或⑦$_{2-1}$粉质黏土。桩基设计时应考虑软土沉降引起的负摩阻力，以及场地不均匀沉降的影响，对桩长控制采用最小桩长及贯入度控制的双控。压桩时以贯入度控制为主，桩长控制为辅，并控制最小桩长。

1. 设计经验与改进建议

（1）检修库与设备厂家关联性很强。为确保工期，设备基础按招标进度分批出图。

（2）规范化小单体的建筑设计。各设备专业应对小单体建筑功能布置尽量规范化、图集化，使建筑和结构省去很多设计工作，减少重复劳动。

（3）变电所和污水处理站，门洞高低不统一，门顶雨棚高低不统一，立面效果不好看，建议雨棚高度尽量统一。有的小单体体量较小，而雨棚反而较大，影响美观。

（4）在同一跨中，有窗户和门洞，洞顶标高不统一，设计时注意门洞上雨棚梁是否与窗户打架。如果打架，可在窗户和门洞之间设置梁上柱，梁上柱、柱高同雨棚梁面高。

（5）运用库主跨与辅跨之间设计应加强协调，主跨的联系梁避免挡住辅跨办公用房的窗户。

（6）在线检测棚设计，应该注意框架柱与检修走廊之间关系，框架柱避免把检修走廊净宽侵占。

（7）车辆段场内地基加固归地路专业和结构专业设计，各单体建筑房屋内地基加固归结构专业，建筑房屋外地基加固归地路专业。库内加固方案应跟库外进行对比，在方案上可以进行统一，由于库内道床沉降的较高要求，库内地基加固可在设计指标上进行控制。

2. 结构设计亮点

（1）盐官车辆段围墙设计，考虑预留了光伏发电的条件。

（2）检修库检修地沟小立柱，采用了工厂预制小立柱现场安装。避免出现偏柱、歪柱等现象，施工效果较好。

（3）检修库内的转向架升降台基坑深 5 m，在主体结构施工完成后，采用沉井法再进行施工，确保了主体结构的安全，又避免了复杂的围护结构施工，大幅节省了工程造价。

五、设计难点及处理方案

（一）暖通专业规范发生变化引起施工图变更

根据 2018 年 8 月 1 日实施的《自动喷水灭火系统设计规范》（GB 50084—2017）的相关规定，应用于高大空间仓库（物资总库）的早期抑制快速响应喷头仅有下垂安装，且要求下垂型喷头与顶板距离应在 150～360 mm。要满足该要求，盐官车辆段物资库的自喷喷头需由直立型调整为下垂型。且采用下垂型喷头后，若要满足喷头与顶板距离应在 150～360 mm 的要求，物资库需相应地增设吊顶。

根据 2018 年 8 月 1 日实施的《建筑防烟排烟系统技术标准》（GB 51251—2017）第 4.2.4 条，公共建筑走道宽度不大于 2.5 m 时，防烟分区的最大允许长度不应超过 60 m。

处理方案：物资库增加吊顶事宜。经过给杭海城铁公司汇报，同时与多家设计院沟通，集团公司内部汇报，明确物资库内增加吊顶，吊顶面积 2 900 m²。规范执行时，物资总部建筑施工图已提交，通过联系单给杭海城铁公司明确实施吊顶。

内走道挡烟垂壁事宜。根据 2018 年 8 月 1 日实施的《建筑防烟排烟系统技术标准》（GB 51251—2017），第 4.2.4 条："公共建筑、工业建筑中的走道宽度不大于 2.5 m 时，其防烟分区的长边长度不应大于 60 m"。运用库辅跨、检修库辅跨、综合楼、控制中心内走道长度均超过 60 m，按规范每层走道内需设置挡烟垂壁划分为 2 个防烟分区。挡烟垂壁长度 2 m，高度 0.5 m。共计 35 m²。

上述两个因规范变化引起的变更，鉴于 PPP 项目性质，相比初步设计有所变化，经汇报杭海城铁公司，上报设计变更。

（二）车辆段增加职工公寓楼引起变化

杭州至海宁城际铁路工程为浙江省交通投资集团有限公司海宁分公司运营，车辆基地设置司机公寓设置房间 72 间，除满足收发车之外，可提供部分房间作单身宿舍。但考虑杭海城际全线人数较多，请杭海城铁公司请示浙江省交投，决定在车辆段原危险品库位置新建职工公寓楼一处。职工公寓楼计划 2022 年底完成，比车辆段工期晚，造成车辆段部分设计内容需进行变更设计。

处理方案：经过给杭海城铁公司领导多次汇报后，明确职工公寓楼影响方案处理如下：

1. 危险品库还建事宜

职工公寓楼位置占用原危险品库位置，危险品库无法建设。前期给杭海城铁公司及运营沟通，同意不还建危险品库。根据杭州地铁车辆段上海市轨道交通专家验收意见，如不设置危险品库，则需运营书面说明危险品如何存储、如何运输、如何使用等。后杭海城铁公司反馈，杭州至海宁城际铁路验收组为交通运输部科学研究院，验收严格按照交通运输部办公厅印发的《城市轨道交通初期运营前安

全评估技术规范 第1部分：地铁和轻轨》（交办运〔2019〕17号）进行。其中第三章系统功能核验、第三节车辆基地中，第七十一条中提到"物资仓库、易燃物品库等建筑建成并具备使用条件，易燃物品库应独立设置，并按存放物品的不同性质分库设置"。

后经相关汇报，鉴于验收条件、运营公司要求，杭海城铁公司决定还建危险品库，鉴于危险品库甲类厂房间距要求、车辆基地工程已基本建设完成管线道路已施工完毕，在检修库及调机库中间位置还建90 m²危险品库一处。

2. 消防环网设置事宜。

新建职工公寓楼后，因工期相比车辆基地建设晚，考虑消防环网建设后会被开挖，此部分消防环网暂未施工。根据消防验收要求，车辆段消防管网必须成为环网。经汇报项目公司，此部分消防管网采用临时地面敷设方式，满足消防验收，后期待职工公寓楼完成后施工永久消防管网。

3. 门卫二设置事宜。

盐官车辆基地新建门卫共计三处，主门卫位于综合楼附近，与硖许公路相接。门卫二位于车辆段东侧，同样与硖许公路相接，门卫三位于车辆段南侧，与迁改道路相接。新建职工公寓楼后，原车辆段门卫二位置被占用，无法设置。职工公寓楼后期新建门卫一处、车行入口一处，且硖许公路开口限制，车辆基地建设过程中取消门卫二，在职工公寓楼建设中建设门卫。

同时根据《城市轨道交通初期运营前安全评估技术规范 第1部分：地铁和轻轨》车辆基地章节第六十九条："车辆基地应有不少于两个具备使用条件并与外界道路相通的出入口"，盐官车辆基地门卫三位置受制于道路改移，开通时尚未投入使用。经汇报项目公司，门卫二位置需先行开通入口，保证车辆段验收可通过，后期职工公寓楼建设时再行完善建设。

（三）PPP项目性质对车辆段施工图设计及配合施工影响

杭州至海宁城际铁路工程为财政部第一批PPP示范项目之一，也是第一批PPP城市轨道交通项目。PPP项目与一般城市轨道交通项目项目不同，大的建设流程如下：初步设计过程中已组建PPP参建方，初步设计及审查完成后会有专门的财审，财审完成之后初设批复，以批复的初设概算作为PPP合同方签订合同投资。鉴于初步设计专业设计内容较粗，出现较多漏项情况，此部分内容在施工图设计过程中多次给项目公司汇报。同时杭海城际运营方为浙江省轨道交通运营管理集团海宁分公司，与建设方杭海城铁公司不是一家单位，运营方介入较晚，因此运营介入之后需协调处理问题较多。

处理方案：

（1）施工图设计进行限额设计。根据杭海城铁公司要求，结合各专业设计情况，要求各专业开展施工图过程中进行限额设计，原则上在初步设计批复概算内开展设计工作，如超出相关批复概算，须进行汇报，汇报明确之后方可完善施工图。

（2）编制施工图预算。鉴于PPP项目性质，杭海城铁公司要求编制施工图预算，以此作为施工图设计支撑。初步设计虽有些漏项，但是仍有些数量预估较多，通过编制施工图预算，进行数量调控，满足项目要求。

（3）建立与运营现场配合协调机制。杭海线运营单位在车辆基地施工图完成之后介入，后于2020年7月运营进驻车辆段综合楼。因前期施工图运营单位没介入、加之进驻车辆段较早，运营单位提出较多现场问题。主要为施工类问题，但仍有设计类问题。经杭海城铁公司组织，建立现场配合机制，每个月定期组织现场问题协调会，建立问题库，逐条进行整改销项，同时建立问题协调群，保证车辆段运营所提问题及时解决。

第四节　本章小结

一、设计优化

车辆基地全专业 BIM 设计及工程应用：

盐官车辆基地设计过程中从管线三维设计、全专业 BIM 协同设计、基于 BIM 的模拟与仿真、基于 BIM 的建设与运维管理等全方面进行 BIM 技术应用，先后获得"2019 年中国铁建'青创杯'BIM 技术成果邀请大赛一等奖""'龙图杯'第九届全国 BIM 大赛综合组优秀奖""中国建筑协会建筑工程 BIM 大赛三类成果"等奖项。

1. 室外管线三维设计，实现管线零碰撞

针对室外管线种类繁多、敷设空间受限的特点，采用 BIM 协同设计平台，建立供电、接触网、低压配电、通信、信号、给排水、FAS/BAS、通风空调等 20 余个专业及系统室外管线的 BIM 模型。运用三维碰撞检查，提前发现设计过程中有关问题，及时解决。抽象的二维建筑描述通俗化、三维直观化，使得专业设计师和项目公司等对项目需求是否得到满足的判断更为明确、高效，决策更为准确。

利用 BIM 技术的三维可见性及模拟性，对室外综合线复杂处交叉进行施工综合调配及碰撞检查，确定施工顺序，避免二次开挖，优化施工方案，使得施工资源得到科学合理地利用，进而降低施工成本，缩短施工周期约 2 个月。BIM 效果图如图 34-5 所示。

图 34-5　BIM 效果图

2. 全专业 BIM 协同设计，实现 BIM 技术在工程全生命周期中的应用

针对车辆基地专业涉及众多的难题，开展全专业 BIM 协同设计，结合倾斜摄影+GIS 技术建立盐官车辆基地全专业 BIM 模型。盐官车辆基地 BIM 模型众多，基于编制的相关 BIM 标准，新建并封装工艺、建筑、结构、暖通、轨道、给排水等 20 余个专业的车辆基地 BIM 模型约 5 000 个，实现模块化、参数化建模。

通过搭建协同设计平台，制定 BIM 技术标准，研发多平台、多专业融合技术，提出了多专业协同解决方案。基于 ProjectWise 搭建协同设计基础平台，为全专业协同设计提供底层支持。制定了车辆基地 BIM 模型编码、设计、交付、实施等标准，以规范协同设计过程。车辆基地 BIM 效果图如图 34-6 所示。

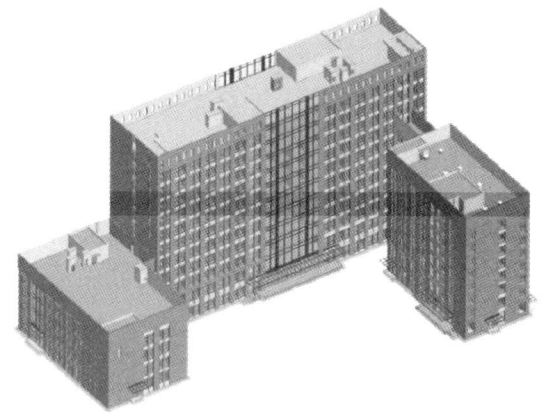

图 34-6　车辆基地 BIM 效果图

3. 进行工艺方案数字化仿真模拟，高效完成方案优选

（1）结合车辆基地的设计特点，我们开展了基于 BIM 的模拟与仿真应用。开展工艺仿真、物流仿真、施工模拟、基于 VR 技术的虚拟检修培训等应用。

工艺仿真：通过对检修和转运流程进行工艺仿真模拟，快速取得检修工艺路线和人员配置，确保工艺检修方案的合理性。

物流仿真：利用物流仿真模拟进行空间布置及测量，快速定义每个检修工位的节拍并反复核查，确保检修设备布置合理，工艺过程顺畅。

（2）开展施工模拟，提前进行施工组织及计划，做好人、机、物、料等资源的调配工作。

利用 VR 技术建立高仿真度虚拟检修环境，结合人机交互平台，真实模拟工艺检修、培训过程。辅助领导决策，提高方案决策的正确性。

利用 3D 打印技术获得车辆基地等比例物理模型，通过直观、立体的展示效果，辅助方案设计及领导决策，如图 34-7 所示。

图 34-7　车辆基地等比例物理模型

（3）首次在车辆基地建设中引入光伏发电，建设新能源车辆基地。

光伏发电是利用半导体界面的光生伏特效应而将光能直接转变为电能的一种技术。首次引入车辆基地光伏发电，结合围墙及空地布置，将新能源引入车辆基地建设中。

2018年开始，根据杭海城铁公司要求，进行光伏发电方案研究。一般车辆段适合进行光伏发电位置为检修库、运用库屋顶、场区空地位置、围墙顶部位置。鉴于开始进行光伏发电研究时，车辆段检修库、运用库桩基已施工完毕，相关荷载并未进行预留，经过研究在车辆段空地及围墙位置预留光伏发电条件，同时在车辆段室外综合管线中预留光伏管线接入条件，如图34-8所示。

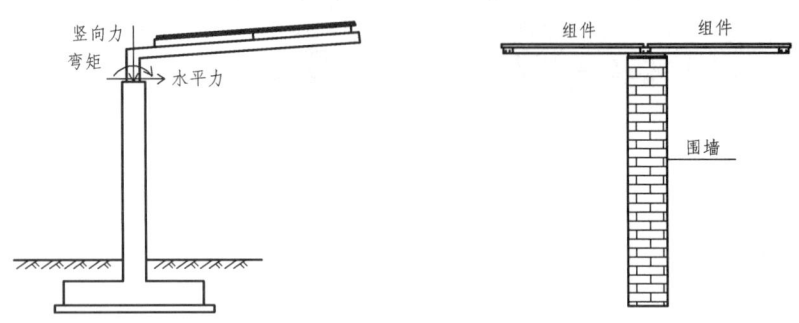

图34-8　预留光伏管线接入

（4）浙江地区首次采用预制检修立柱，提高施工效率及美观度。

部分柱式检查坑小立柱采用装配式施工，提高施工质量及美观。此预制检修立柱为我院设计车辆段中首次采用，目前已在杭州地铁范围内推广。

车辆段中检修立柱众多，列检库、月检库、静调库、吹扫库、定修库等均有检修立柱。检修立柱施工涉及钢筋绑扎、混凝土浇筑、扣件安置、调平等环节，施工周期久，精度要求高。

盐官车辆段定修库两股道检修立柱采用预制施工，前期将检修立柱在厂家预制完毕，运输至现场安装，方便快捷，精度高、美观度高，如图34-9所示。

图34-9　预制股道

二、设计总结

（1）注意PPP项目性质对设计影响。杭海城际铁路项目以初步设计阶段概算作为投资批复依据，初步设计阶段设计较粗，部分开项不全，导致施工图后期很多开项新增。后续类似项目，应在初步设计阶段细化设计，明确开项。

（2）在初步设计阶段应主动申请向项目公司方的高层领导及运营部门汇报，重点关注周边河道、高压线、拆迁等控制性因素的推进情况，以避免因主要控制性因素无法协调导致的设计方案翻盘。

（3）与政府相关部门，特别是规划部门的对接尽量提前，并取得设计方案规划咨询意见（正式稿），可有效避免后期方案大量调整。此外，需在初步设计阶段重点关注地方政府相关部门关于装配式、海绵城市、绿色节能、环保等方面的要求，并在概算中提醒相关专业予以考虑。

（4）站场专业设计按照每隔25 m一个横断面出图，施工单位通常按照25 m之间排水沟为直线进行施工，容易出现曲线段排水沟侵入道床的现象，通常站场排水沟先于轨道施工，易导致废弃工程。建议重点提醒站场专业在设计图纸或交底时提醒施工单位注意曲线段站场排水沟的施工。

（5）非标工艺设备招标尽量提前，相关接口图纸要进行纸质版签字并做好存档；施工现场设备相关内容实施前，提请项目公司组织设备厂家给施工单位交底，并形成会议纪要，同时要求设备厂家参与现场监督。杭海城际铁路项目按上述方式的实践表明：可有效避免设备基础或配套风水电接口不满足设备安装要求的问题。

（6）重点关注精装修设计和景观绿化设计，并通过精装修设计和景观绿化设计弥补土建及机电安装设计中的各种不足与缺陷，提升感观质量。

（7）施工图开展前，必须提醒相关专业重点调研并熟悉地方标准、规定、常规做法、材料供应及质监站验收相关标准。

（8）高度重视配合施工，按现场施工进度，分阶段重点充分调动建筑、结构、给排水、电力、通风空调专业的配施频率及质量，及早发现设计及施工中存在问题，并及时解决。

第三十五章 轨道设计

第一节 设计概况

杭州至海宁城际铁路工程线路起于杭州余杭高铁站,终于浙大国际学院站,轨道工程正线及高架出入段线设计范围概况见表35-1。

表35-1 正线及高架出入段线设计范围

工程类别		名称及里程范围	长度/m	备注
正线及高架出入段线	右线	右DK0+000~右DK46+319.28	46 380.76	含61.484 m长链
	左线	左DK0+000~左DK46+319.28	46 407.82	含88.542 m长链
	出入段线	高架部分	1 275.62	
下部基础土建类型		6 m内径盾构	17 450.536	
		5.5 m内径盾构	1 318.059	
		矩形暗埋段	1 668.351	
		U形槽及桩板结构段	2 857.407	4处8段
		高架段正线	66 823.763	
		地下车站矩形	2 667.28	4地下站
以上土建基础合计			92 785.396	
正线铺轨		正线铺轨	91 684.89	
		配线铺轨	2 210.307	
正线铺道岔		60 kg/m钢轨9号单开道岔	52组	其中4.2 m、4.5 m间距单渡线分别为11组、2组
		60 kg/m钢轨9号5 m间距交叉渡线	2组	
各类整体道床		一般减振长轨枕整体道床	68 586.567	
		中等减振扣件整体道床	23 388.63	
		钢弹簧浮置板轨道	1 920	3处

第二节 正线轨道主要技术标准

一、轨距

采用1 435 mm标准轨距,配线小半径曲线地段的轨距根据《市域快速轨道交通设计规范》

（T/CCES 2—2017）第 9.9.2 条中 B 型车的标准进行加宽：150 m≤R<200 m 的地段，轨距加宽 5 mm。

二、轨底坡

正线、配线均采用 1/40 轨底坡，道岔及道岔间不足 50 m 的地段不设轨底坡。

三、曲线超高

正线、出入线曲线地段最大超高值取 150 mm，未被平衡超高允许值一般不应大于 70 mm，困难时不应大于 90 mm。车站有效站台范围内曲线超高不应大于 15 mm。超高在圆曲线两端缓和曲线内递减，顺坡率不应大于 2‰。

地下线及 U 形槽地段超高按内轨降低超高值一半、外轨抬高超高值一半的方法设置（半超高方式）；高架线及出入段地面线超高按内轨高度不变、外轨抬高超高值的方法设置（全超高方式）；如曲线同时处在高架线及 U 形槽地段时，则采用全超高法设置。

道岔导曲线未设置超高，铺设时应避免出现反超高。

四、轨枕铺设数量

轨枕铺设数量：除钢轨伸缩调节器、道岔区地段轨枕布置间距以相应铺设图为准外，高架线整体道床铺枕一般采用 1 600 根/km，地下线及 U 形槽整体道床铺枕一般采用 1 667 根/km（轨枕间距 600 mm）。轨枕一般应按等间距均匀布置。

受高架梁长、泵房、消防过轨管预留槽处、结构缝、过轨管线等影响需要调整轨枕间距时，轨枕间距可在 500～700 mm 适当调整，相邻轨枕间距变化较大时应进行轨枕间距过渡，同一道床结构段内轨枕间距过渡级差一般不大于 50 mm。一般梁缝两侧相邻轨枕间最大间距不宜超过 725 mm。在跨大梁缝、人防密闭隔断门、防淹门门槛等处最大（扣件）轨枕间距不宜超过 760 mm。

五、轨道结构高度

轨道结构高度主要考虑钢轨、扣件及轨枕的安装高度，并考虑整体道床的稳定性、可施工性及一定的结构施工误差包容性，结合杭海城际铁路项目工程的实际情况，各地段轨道结构高度见表 35-2。

表 35-2　各地段轨道结构高度

序号	地段		轨道结构高度/mm
1	高架线	一般及中等减振	560
2	U 形槽敞开段	一般及中等减振	700
3	地下线	矩形隧道	一般及中等减振	650
4		圆形隧道（建限 5.2m 内）	一般及中等减振	740
5		圆形隧道（建限 5.7m 内）	一般及中等减振	800
6			高等及特殊减振	800

第三节 轨道工程重、难点分析

杭海城际铁路线路较长，站间距较大，行车速度要求高，大站快车及站站停运营模式，决定了沿线道岔（正线9#单开道岔52组、5 m间距交叉渡线2组）配线较多，线路存在4处地下线转高架线或高架线转换地下线的长大坡度（27.9‰以上坡度4处，其最小坡长731 m，最大坡长1 450 m）工况，线路专营客运的性质，对轨道平顺性、舒适性要求较高，正线无缝线路和道岔结构选型设计及施工是轨道工程的重、难点。现场施工如图35-1及图35-2所示。

图35-1 高架配线整体道床道岔

图35-2 无缝线路焊轨作业及焊轨后打磨

第四节 正线轨道设计方案

一、正线钢轨及其连接

（一）钢轨及60 N断面钢轨应用

正线及出入段线采用60 kg/m钢轨，钢轨定尺长度25 m，材质U75V。

无缝线路地段采用无孔新轨，普通线路地段采用有孔新轨。

杭海城际铁路项目工程铺轨期间甲供钢轨供货厂家停产检修，原供货的钢牌号材质为U75V的60 kg/m钢轨无法及时到货，结合供货厂家现有60 N断面钢轨备货的实际情况，为保证铺轨工作顺利进行，铺轨后期采用了新廓形60 N断面钢轨。

（1）新廓形60 N断面钢轨，钢牌号材质仍为U75V普通热轧钢轨，采用标准为国家铁路局以国铁科法〔2017〕75号批准发布铁道行业标准《高速铁路用钢轨》（TB/T 3276—2011）和《43 kg/m～75 kg/m 钢轨订货技术条件》（TB/T 2344—2012）修改单公告及其第1号修改单附件为准。

（2）60 kg/m 钢轨与 60 N 钢轨断面同材质可以焊接，焊接时应将 60 kg/m 钢轨打磨成 60 N 断面新廓形，建议 60 kg/m 钢轨轨端打磨过渡长度不少于 0.5 m。

（3）鉴于先前供货钢轨为 60 kg/m 钢轨断面，海长区间因小半径曲线集中出现，应采用 60 kg/m 钢轨断面形式，其他地段 60 kg/m 与 60 N 钢轨断面应注意避免新旧廓形断面钢轨分散采用。

（二）钢轨接头

1. 钢轨接头方式

无缝线路钢轨接头采用焊接接头。

为保证高架线道岔免受无缝线路纵向力和位移影响，高架线道岔直股两端与区间长轨条之间一般插入一根短轨（12.5 m 或 6.25 m）和钢轨伸缩调节器。长轨条与伸缩调节器基本轨之间采用焊接或冻结、插入短轨与伸缩调节器尖轨端之间采用冻结接头；插入短轨与道岔两端间要求采用高强度冻结接头。

伸缩调节器、道岔两端距离梁缝的距离不应小于 2 m。

地下线道岔与无缝线路长轨条之间插入一根 25 m 长标准轨，道岔与插入轨、插入轨与区间长轨条之间采用高强度冻结接头。

高架线和地下线道岔区内部直股均要求采用高强度冻结接头。

配线钢轨接头采用普通接头形式。钢轨接头采用悬空对接，配线半径不大于 200 m 的曲线地段钢轨接头应采用错接，错接距离不应小于 3 m。施工时若遇钢轨接头刚好处于规范规定禁设钢轨接头的位置时，应以长度不短于 6.25 m 的短轨调整钢轨接头位置。

液压缓冲滑动式车挡占用轨道长度范围内，不能设钢轨接头。

2. 接头夹板及零部件

（1）普通接头。

配线 60 kg/m 钢轨普通线路采用 60 kg/m 钢轨接头夹板，其型式尺寸符合《43～75 kg/m 钢轨接头夹板订货技术条件》（TB/T 2345—2008）的规定；采用 10.9 级高强度接头螺栓、10 级高强度螺母，型式尺寸符合《钢轨用高强度接头螺栓与螺母》（TB/T 2347—1993）的规定；采用符合《钢轨接头用弹性防松垫圈》（TB/T 2348—1993）规定的防松垫圈。

（2）冻结接头。

60 kg/m 钢轨无缝线路采用的冻结接头，为了消除接头轨缝和便于伤轨、伤损辙叉更换，在接头两端设置玻璃钢材或者同型号钢轨锯成的轨端片，以方便养护，如图 35-3 所示。

图 35-3　冻结接头

冻结接头的方案措施如下：采用 10.9SM27 螺栓及螺母，扭矩为 1 200～1 400 N·m；螺母、平垫圈性能等级应与螺栓相匹配；冻结接头施工一周之后，应复拧，确保螺栓扭矩在设计范围内，以后定期检查并复紧，使螺栓长期保持足够的张力，运营期间养护按《无缝线路铺设及养护维修方法》（TB/T 2098—2007）要求养护。相关图纸及施工注意事项详见"专线 9673-Ⅱ"。

冻结接头应尽量顶死，若存在轨缝也应不大于 2 mm。对于辙叉接头接厂制的 25 m 有孔轨相接时，允许通过筛入轨端片的方式消除轨缝。运营过程中轨缝超过 3 mm 时，应根据轨缝大小选择合适的轨端片插入，并重新冻结。每个轨缝插入的轨端片数量不得多于 2 片。

二、正线钢轨扣件及轨枕

除道岔区及伸缩调节器外，全线扣件共 4 种类型，分别与相应的轨枕配套使用。

（1）WJ-2A 型扣件，用于高架线一般地段，采用与 WJ-2A 型扣件配套的预应力混凝土长轨枕或与 WJ-2A 型扣件配套的钢筋混凝土 A 型短轨枕。

（2）ZX-2 型扣件，用于地下线及 U 形槽一般地段、钢弹簧浮置板。一般地段采用 ZX-2 型扣件及配套预应力混凝土长轨枕，钢弹簧浮置板地段采用 ZX-2 型扣件及配套特殊薄型钢筋混凝土短轨枕。地下线中心水沟顺坡地段采用 ZX-2 型扣件及配套的钢筋混凝土 B 型短轨枕。

（3）地下线中等减振地段采用与 ZX-2 型扣件配套的双层弹性垫板减振扣件及配套预应力混凝土长轨枕（轨枕规格与 ZX-2 型扣件配套长轨枕一致）。

（4）高架线中等减振地段采用与 WJ-2A 型扣件配套的双层弹性垫板减振扣件及配套预应力混凝土长轨枕。

（一）WJ-2A 型扣件及轨枕

1. WJ-2A 型扣件

该扣件为弹性分开式、无挡肩、小阻力扣件，采用研线 1114 标准图。扣件垂直静刚度为 25～35 kN/mm。扣件如图 35-4 所示。

图 35-4　高架线 WJ-2A 型扣件

铁垫板上设置 1∶40 轨底坡，铁垫板按是否设置锯齿型结构分为 Ⅰ 型和 Ⅱ 型，Ⅰ 型铁垫板螺栓孔周边位置不设置锯齿型结构，Ⅱ 型铁垫板螺栓孔周边位置设置锯齿型结构。直线地段或 $R>600$ m 曲线地段采用 Ⅰ 型铁垫板，$R \leqslant 600$ m 曲线地段采用 Ⅱ 型铁垫板。

扣件属小阻力扣件，扣件不采用松紧搭配方式布置，T 形螺栓安装前应涂油，T 形螺栓螺母扭矩 73～94 N·m，全线松紧程度一致，扣件受力均匀。轨距调整量一般为+4 mm、-8 mm，采用锯齿垫板时可达+24 mm、−28 mm，绝缘轨距块分 6、8、10 和 12 号，正常组装时钢轨外侧安装 8 号绝缘轨距块，内侧安装 10 号绝缘轨距块。当安装 6 号绝缘轨距块遇钢轨接头情况时，应采取特殊技术处理措施。可将弹条靠近钢轨处打磨 3 mm 以内，防止弹条与鱼尾板接触，扣件绝缘电阻（即钢轨与道床板间电阻）大于 108 Ω；水平调整量 40 mm，轨下垫板与铁垫板之间和铁垫板与绝缘缓冲垫板之间，轨下调高垫板按厚度分为 1 mm、2 mm、5 mm 和 8 mm 四种规格；铁垫板下调高垫板按厚度分为 5 和 10 mm 两种规格。预埋绝缘套管抗拔力大于 100 kN，锚固螺栓拧紧扭矩：300 N·m。扣件组装高度为 33 mm（复合垫板时高度为 34.2 mm）。

轨下弹性垫板（含复合垫板的弹性层）采用聚酯弹性体垫板，复合垫板上部复合部分要求采用高分子耐磨材料。

为适应高架线无缝线路的要求，无缝线路伸缩区及连续梁（大跨度连续梁含两端各 1~2 跨简支梁）上，采用小阻力复合垫板扣件。其他地段除各跨梁端每线各采用两对小阻力复合垫板扣件，中间均采用聚酯弹性体垫板扣件。一跨或一联梁内 WJ-2A 型扣件轨下垫板配置见表 35-3。

表 35-3　一跨或一联梁内 WJ-2A 型扣件轨下垫板配置

扣件纵向阻力	复合胶垫（聚酯弹性体垫板和高分子耐磨材料）	聚酯弹性体垫板	备注
Q_1	全部	0	伸缩区及连续梁
Q_2	梁端各 2 块	除靠近梁端各 2 块外，梁内全部	桥两端单股上各 2 块

2. 预应力混凝土长轨枕

预应力混凝土长轨枕长 2.1 m，混凝土强度等级为 C60，轨枕中部预留孔洞便于纵向钢筋贯穿。长轨枕应在工厂预制。

3. 钢筋混凝土短轨枕

高架线局部可能（岔间不足 50 m 不设轨底坡地段）采用 A 型短轨枕[500 mm×（270~290）mm×（150~170）mm]，混凝土强度等级为 C50，短轨枕预留伸出钢筋。短轨枕应在工厂预制。

（二）ZX-2 型扣件及轨枕

1. ZX-2 型扣件

该扣件为弹性分开式有螺栓弹条扣件，无挡肩，扣压件采用国铁Ⅱ形标准弹条，插入铁垫板式 T 形螺栓及 M22 螺母，轨下与铁垫板下可同时设调高垫板，并设轨距垫可调整轨距且起绝缘作用；可调整弹条的扣压力。扣件垂直静刚度为 20~40 kN/mm，一组扣件的轨距调整量为+24 mm、−28 mm，水平调整量 40 mm。扣件组装高度为 42 mm。地下线 ZX-2 型扣件如图 35-5 所示。

图 35-5　地下线 ZX-2 型扣件

轨下弹性垫板和铁垫板下弹性垫板均采用聚酯弹性体垫板。

安装注意事项：检查轨距方向，确认合适后安装弹条，使弹条中部前端下颚与轨距块刚好接触，不应过紧或过松。弹条中部前端下颚与轨距块离缝不应大于 1 mm，参考扭矩为 100～140 N·m，T 形螺栓安装前应涂油。现场安装前，可先取 10 组扣件进行安装，以测出弹条安装到位的实际扭矩，再按照实际扭矩的均值进行安装。以 200～250 N·m 扭矩拧紧锚固螺栓，固定铁垫板。

普通线路钢轨接头处扣件安装前，可先将接头夹板下部机加工切削 3～5 mm，保证夹板不与弹条、轨距块接触。切削后边倒圆角 R_2。

2. 预应力混凝土长轨枕

预应力混凝土长轨枕长 2.1 m，混凝土强度等级为 C60，轨枕中部预留孔洞便于纵向钢筋贯穿。长轨枕应在工厂预制。

3. 一般短轨枕

地下线中心水沟顺坡的地段采用 B 型短轨枕[500 mm×（280～300）mm×（145～165）mm]，混凝土强度等级为 C50，短轨枕预留伸出钢筋。短轨枕也应在工厂预制。

4. 薄型短轨枕

钢弹簧浮置板地段采用特殊缩小薄型短轨枕[450 mm×（280～300）mm×130 mm]。

（三）双层弹性垫板减振扣件及轨枕

1. 双层弹性垫板减振扣件

使用地段包括地下线及高架线中等减振地段。

双层弹性垫板减振扣件为无挡肩弹性分开式扣件。扣件一般节点静刚度为 12～18 kN/mm，动静刚度比不大于 1.40。普通 ZX-2 型扣件或 WJ-2A 型扣件轨道与中等减振扣件轨道之间应设置过渡段，采用增加减振扣件刚度（18～24 kN/mm）的办法过渡，过渡段长 15 m（25 对或 24 对过渡刚度减振扣件）。地下线双层弹性垫板减振扣件如图 35-6 所示。

图 35-6 地下线双层弹性垫板减振扣件

地下线及高架线用双层弹性垫板减振扣件配套的弹条、轨距垫、螺旋道钉、弹簧垫圈及尼龙套管等分别与 ZX-2 型扣件、WJ-2A 型扣件一致；地下线及高架线用双层弹性垫板减振扣件的安装钉孔尺寸、位置及与钢轨工作边的水平距离分别与 ZX-2 型扣件、WJ-2A 型扣件一致，以方便轨枕通用互换。

2. 轨枕

地下线用双层弹性垫板减振扣件配套的预应力混凝土长轨枕或短轨枕与 ZX-2 型扣件的一致，高架线用双层弹性垫板减振扣件配套的预应力混凝土长轨枕与 WJ-2A 型扣件有所区别。

（四）扣件的防腐处理

杭海城际铁路项目工程所采用的扣件金属零部件均采取防锈防腐处理。螺旋道钉、T形螺栓采用气体共渗加封闭层进行防腐处理，铁垫板采用静电喷涂处理，其余铁件均采用达克罗加封闭层的防腐工艺，经120 h中性盐雾试验（NSS试验）保护级不得低于5级，处理层应有足够的强度，在正常运输和安装不应出现脱落现象；处理后的部件要求正常使用10年以上。

三、正线整体道床

（一）高架线一般地段整体道床

铺设地段包括采用WJ-2A型扣件的一般地段及采用双层弹性垫板减振扣件的中等减振地段。

根据该地区情况，混凝土耐久性设计按碳化环境，作用等级为T2级和无砟轨道主体结构不少于60年设计使用年限考虑。高架线整体道床混凝土强度等级为C40。其混凝土原材料、配比、耐久性等应符合《铁路混凝土结构耐久性设计规范》（TB 10005—2010）和《铁路混凝土工程施工质量验收标准》（TB 10424—2010）的相关要求。粗骨料采用碎石，碎石的最大粒径不大于25 mm，钢筋保护层最小厚度35 mm。高架线一般长轨枕整体道床如图35-7所示。

图35-7 高架线一般长轨枕整体道床

非道岔及调节器区，一般情况下每道床块包含8根轨枕，道床块长5m左右，道床块之间设道床缝以利于排水，梁缝处、一般减振与中等减振、道岔道床、调节器道床等相接地段等道床块需断开的位置，最短道床块应至少包含3根（对）轨枕，并相应调整钢筋布置；梁两端（有泄水孔一端），道床块包含3根轨枕；一般地段道床缝宽120 mm，梁缝处地段整体道床应顶靠梁端布置。

在保证轨底至道床顶面净空大于70 mm的前提下，轨枕承轨面一般高出道床面30～40 mm。直线地段道床顶面中间部分为平坡，长轨枕道床顶面与轨枕面中间平齐，使道床中心形成一个较宽的行走平台，自轨枕断面变化处起向两侧方向设置2.5%的横向排水坡；曲线地段与由超高形成的横向坡度一致。

道床内设双层钢筋，纵向钢筋兼做排流钢筋。纵向钢筋根据排流面积要求设置相应截面钢筋数量；道床钢筋网施工时，应按杂散电流专业的要求焊接钢筋及施工有关防杂散电流端子。

为了加强道床混凝土与梁面的联结，梁面上预埋了钢筋钩。钢筋钩从梁两端以纵向间距600 mm布设，梁跨中部局部调整，单线横向每排设4个钢筋钩，联结筋采用直径12 mm的钢筋。

（二）地下线及U形槽一般地段整体道床

铺设地段包括采用ZX-2型扣件的一般地段及采用双层弹性垫板减振扣件的中等减振地段。

根据该地区情况，混凝土耐久性设计按碳化环境，作用等级为T2级和无砟轨道主体结构不少于60年设计使用年限考虑。U形槽整体道床混凝土强度等级为C40，其他地下线整体道床混凝土强度等级为 C35，钢筋保护层最小厚度 35mm。U 形槽一般长轨枕整体道床如图 35-8 所示。

图 35-8　U 形槽一般长轨枕整体道床

整体道床分段布置，伸缩缝间距一般不超过 12.0 m（含 20 根轨枕），U 形槽、隧道洞口向区间 48 m 范围及旁通道两侧各 24 m 范围内伸缩缝间距不超过 6.0 m（含 10 根轨枕），伸缩缝应位于两根轨枕中间，结构沉降缝处应设道床伸缩缝，施工缝应在伸缩缝处。伸缩缝以 20 mm 厚沥青木板填充，并以沥青麻筋封顶 30 mm。每段道床长度可根据结构变形缝设置、集水坑设置及过轨管线布置等情况适当调整，同时钢筋长度等相应调整。

在保证轨底至道床顶面净空大于 70 mm 的前提下，轨枕承轨面一般高出道床面 30～40 mm。直线地段道床顶面中间部分为平坡，长轨枕道床顶面与轨枕面中间平齐，使道床中心形成一个较宽的行走平台，自轨枕断面变化处起向两侧方向设置 2.5%的横向排水坡；曲线地段与由超高形成的横向坡度一致。

下穿高铁段小圆形隧道整体道床两侧采用半圆形排水沟，沟宽 250 mm，沟深为相邻钢轨轨顶下 400 mm；其他大圆形隧道整体道床两侧采用半圆形排水沟，沟宽 300 mm，沟深为相邻钢轨轨顶下 400 mm；U 形槽及矩形隧道整体道床两侧采用矩形排水沟，沟宽 300 mm，U 形槽（至雨水泵房段）、车站范围沟底深一般自轨顶下 450 mm，区间矩形沟深为相邻钢轨轨顶下 400 mm。

在两侧水沟设置困难地段、排水顺坡地段、区间泵房附近采用道床中心水沟，与长轨枕道床相接的地方通过设置横向沟（宽 200 mm）与两侧排水沟联通，道床顶面向中心沟设不小于 2.5%的排水横坡。为了满足紧急情况下乘客疏散要求，横向沟及中心沟上部加设镂空盖板，盖板材质为水泥基复合材料。

道床内设双层钢筋，纵向钢筋兼做排流钢筋。地下纵向钢筋根据排流面积要求采用直径 14 mm 或 16 mm 的钢筋（HRB400）；道床钢筋网施工时，应按杂散电流专业的要求焊接钢筋及施工有关防杂散电流端子。

各种预埋管线和预留沟槽均应注意与结构预留口的接口。

（三）钢弹簧浮置板整体道床

地下线钢弹簧浮置板道床地段采用 ZX-2 型扣件及配套薄型短轨枕。混凝土强度等级为 C40。每块浮置板道床长 15～25 m，中间以剪力铰连接。浮置板内纵向钢筋兼做排流钢筋，钢筋焊接及有关端子设置要求均与普通道床地段一致。浮置板道床钢弹簧隔振器的基底应满足浮置板铺设的要求，基底内布筋，并设中心水沟，水沟宽 350 mm。钢弹簧浮置板道床的下部水沟采用调整浮置板地段前后两侧水沟坡度的方式进行排水过渡。基底施工时，对基底混凝土上表面的高程和平整度的精度要求非常严格，具体施工误差控制要求：轨下净空（0，+5）mm，剪力铰安装、隔振器外套筒、浮置板宽度均为±5 mm，基底顶面标高一般±8 mm，隔振器位置（0，+5）mm；基底回填层标高（-5，0）mm，顶升高程±1 mm。

道床板施工时，注意轨枕周边及套筒周边混凝土的捣固，严格控制施工质量，避免混凝土开裂。

（四）整体道床排水过渡

为保证排水顺畅，地下线不同深度排水沟衔接时，当深水沟位于上坡时，浅水沟沟底需降至深水沟底并顺坡，采用道床混凝土一次浇筑形成顺坡层，顺坡层的长度根据不同地段的线路坡度而定，使最终纵向排水坡度一般不小于2‰。深水沟位于下坡时，一般不必顺坡。人防门地段的排水沟内侧边缘距离线路中心线的距离与一般地段不相等，相接处应注意水沟的顺接。

高架线需在6枕以上的道床块中间预埋一根外径90 mm的PVC-U管作为排水疏通孔，有过轨管线时，宜每隔两根轨枕中间埋设一根过轨管道，如过轨数量较多，可在每个轨枕空隙预埋一根管道；预埋管线注意在两轨枕之间居中设置，不应紧贴轨枕。

（五）隧道注浆孔整体道床的接驳

正线下穿高铁段区间盾构段范围内管片留有注浆孔，该地段范围整体道床需埋设管片注浆孔接驳管。上述范围内每环管片在道床范围内预留了3个注浆孔，接驳管与管片上预留的中间一个注浆孔螺纹连接。

接驳管长度要求无级可调（可调范围200～1000 mm），以满足施工误差、曲线超高等要求；接驳管材料为热轧结构用无缝钢管，材质为Q235，应满足GB/T 8162—2008的要求；接驳管截面及螺纹连接至少满足5 MPa注浆压力；接驳管机械加工或焊接后，表面平整，外观整洁，不得有毛刺、飞边、焊渣等缺陷；采用锌基铬酸盐涂层＋抗碱涂层防腐技术。

接驳管埋设必须拧入管片注浆孔深度40 mm以上，并保持与注浆孔同心，不得偏斜，需与道床结构钢筋或架设辅助钢筋绑扎以稳固接驳管。接驳管管口需用盖子封口且牢固，以免杂物堵塞。

接驳管埋入高度以与道床面齐平为准，不得高于道床面。

四、正线道岔、钢轨伸缩调节器及其轨枕和道床

正线及配线道岔采用60 kg/m钢轨9号系列道岔，包括单开道岔、4.2 m间距、4.5 m间距单渡线、5.0 m间距交叉渡线。

高架线正线道岔两端一般接一根（12.5 m或6.25 m）短轨、再接钢轨伸缩调节器。

道岔及钢轨伸缩调节器的钢轨件材质采用U75V。

全线道岔及伸缩调节器表详见表35-4。

表35-4　正线及配线道岔参数使用

序号	道岔名称及规格	左/右开	数量/组	说明
1	9号单开	3左3右	6	余杭高铁站，1左+1右单开道岔，合金钢尖轨及合金钢辙叉
2	9号5.0 m交叉渡线	2左2右（2斜腿）	1	余杭高铁站，采用合金钢尖轨及合金钢辙叉。
3	4.2 m单渡线	1	1	许村镇站1组单渡，均左开单渡
4	4.2 m单渡线	3	3	海宁高铁站3组单渡，均左开
5	9号单开	2右	2	海宁高铁站，2右单开
EJ	伸缩调节器		16	高架正线道岔前后设置

续表

序号	道岔名称及规格	左/右开	数量/组	说明
施工1、2标分界				
6	4.2 m 单渡线	1	1	长安镇1组单渡,均左开单渡
7	4.2 m 单渡线	1	1	周王庙镇站1组单渡,左开
8	9号单开	4左2右	6	周王庙镇站,4左2右单开
9	4.2 m 单渡线	1	1	盐官镇站近端1组单渡,左开
10	9号单开	2左2右	4	盐官镇站近端2左2右单开
11	4.2 m 单渡线	1	1	盐官镇站远端4.2 m单渡(右开)
12	9号单开	1左1右	2	盐官镇站远端
EJ	伸缩调节器		24	高架正线道岔前后设置
13	9号单开	2左1右	3	斜桥镇站前2左1右单开
施工2、3标分界				
14	4.2 m 单渡线	1	1	斜桥镇站后1组单渡,左开
15	9号单开	2左1右	3	斜桥镇站后,2左1右单开
16	9号单开	2左	2	皮革城站,2左单开
17	9号单开	1左1右	2	浙大国际学院站,1左+1右单开岔,合金钢尖轨及合金钢辙叉
18	9号5.0 m交叉渡线	2左2右(2斜腿)	1	浙大国际学院站,采用合金钢尖轨及合金钢辙叉
19	4.5 m 单渡线	1左1右	2	浙大国际学院站,1左1右单渡
EJ	伸缩调节器		4	高架正线道岔前后设置

注:未要求采用合金钢辙叉的道岔均要求进行爆炸硬化处理辙叉。

(一)道岔

1. 道岔类型

60 kg/m 钢轨9号单开曲线尖轨道岔全长28.30 m,道岔前长 a=12.57 m,后长 b=15.73 m。采用60AT 弹性可弯曲线尖轨(相离半切线型,相离值 10 mm)、固定型高锰钢辙叉及可调式护轨。正线60-9 弹性可弯曲线尖轨如图35-9所示。

图35-9 正线60-9弹性可弯曲线尖轨

60 kg/m 钢轨 9 号道岔 5.0 m 间距交叉渡线道岔转辙器与单开道岔相同。9 号 A（B）型辙叉、4.5 号钝角辙叉、4.5 号锐角辙叉采用高锰钢整铸辙叉或合金钢辙叉，辙叉两端钢轨接头为普通接头，采用槽型可调护轨。5.0 m 间距交叉渡线全长 L=70.140 m（a=12.57 m，L_D=45.0 m）。

杭海城际铁路项目工程在起点及终点站折返使用频繁的道岔采用合金钢尖轨及合金钢辙叉，其他未要求采用合金钢的其他所有高锰钢辙叉部件均要求采用爆炸硬化处理。

转辙器采用限位器结构，导曲线半径为 200 m，道岔直向容许通过速度为 120 km/h，侧向容许通过速度为 35 km/h。尖轨设两个牵引点，第一牵引点设计动程为 160 mm，第二牵引点设计动程为 80 mm，适用于分动外锁闭。

道岔导曲线未设计超高，道岔铺设时宜设 3～5 mm 的外轨超高，以避免出现反超高。道岔直股冻结接头、侧股普通接头如图 35-10 所示。

图 35-10 道岔直股冻结接头、侧股普通接头

为统一道岔订货及备件方便性，道岔内接头均为直股冻结接头，侧股普通接头，不设绝缘接头，道岔两端钢轨出厂均预留普通轨缝孔，与正线直股钢轨接轨冻结时，通过调整直股钢轨打孔位置实现冻结接头。

2. 道岔扣件及岔枕

正线整体道床用 60 kg/m 钢轨 9 号单开道岔、单渡线及交叉渡线的一般部位采用Ⅱ型弹条分开式扣件，转辙器及护轨部位采用弹片扣压钢轨。

一般道岔轨下及板下垫板采用聚酯弹性体材料制作；岔枕采用钢筋混凝土桁架式长岔枕。正线钢筋混凝土桁架式长岔枕如图 35-11 所示。

图 35-11 正线钢筋混凝土桁架式长岔枕

因道岔区及道岔间不足 50 m 的地段不设轨底坡，不设轨底坡地段可采用正线普通扣件及其对应短轨枕。道岔与两端钢轨间通过道岔两端外侧的第 2、3 根岔枕采用顺坡垫板实现轨底坡过渡。

3. 道岔区整体道床

（1）地下线道岔区整体道床。

地下线道岔区道床分段设置，设两侧水沟，伸缩缝设置、道床混凝土等级等与地下区间一致。道岔道床内设双层钢筋，纵向钢筋中的底筋兼做排流钢筋，钢筋焊接要求与区间一致。道床一般设两侧水沟，水沟宽 300 mm，道床面比短轨枕顶面低 20～30 mm，沟底面距轨顶的高度与相邻道床一致为 450 mm，03～15 岔枕道床表面应向水沟方向设 1% 单面坡，其余道床表面设 1%～2% 的人字形排水坡，并抹面平整。为了绕避转辙机坑，在转辙机坑处，道床水沟改为单侧，并用 200 mm 宽横向水沟联通两侧水沟，横向排水沟末端比始端低 10 mm，保证横向水沟无积水，然后在纵向水沟 10 m 范围内按 1‰ 顺坡，以保证排水通畅。地下线道岔区整体道床如图 35-12 所示。

图 35-12 地下线道岔区整体道床

转辙机基坑不与道床排水沟相连，为解决转辙机基坑内积水的排水问题，在一组道岔的两个转辙机基坑下游侧设置一处集水坑，集水坑具体位置根据道岔所处线路的坡向确定，应设于所在线路下坡向一侧的基坑旁，集水坑尺寸为：长 500 mm，宽 500 mm，深 600 mm（坑底距离轨面 600 mm）。两个转辙机基坑间、转辙机基坑与集水坑之间设置宽 200 mm 的连接水沟，转辙机基坑间的连接水沟采用 5‰ 下坡，转辙机基坑与集水坑之间采用 5% 下坡。上游转辙机基坑底面距离轨顶面 410 mm，下游转辙机基坑底面距离轨顶面 420 mm。

（2）高架线道岔区整体道床。

高架道岔区道床分段设置、道床缝（100 mm）设置、道床混凝土等级等与高架区间一致。高架线道岔区整体道床如图 35-13 所示。

图 35-13 高架线道岔区整体道床

高架道岔道床内设双层钢筋，纵向钢筋中的底筋兼做排流钢筋，钢筋焊接要求与区间一致。

（二）钢轨伸缩调节器

1. 钢轨伸缩调节器类型

高架线钢轨伸缩调节器如图 35-14 所示。

图 35-14　高架线钢轨伸缩调节器

高架正线道岔前后铺设钢轨单向伸缩调节器（图号：研线 1105，产品型号 DWH60-72-300），该伸缩调节器设计伸缩量为±300 mm，调节器全长 7.2 m，其中基本轨长 5.8 m，尖轨长 6.415 m，钢轨伸缩调节器尖轨固定不动，基本轨作相对伸缩。基本轨采用 60 kg/m 钢轨制造，尖轨采用 60AT 钢轨制造；尖轨尖端设 3 mm 藏尖。

钢轨伸缩调节器应铺设于直线地段及半径不小于 2 000 m 的曲线地段，且应保证伸缩调节器两端距离梁缝的距离大于 2 m，并不得跨越梁缝铺设。

伸缩调节器的基本轨一端与区间长轨条连接、尖轨一端与道岔两端的插入轨冻结连接。施工时应注意伸缩调节器的铺设方向。

2. 钢轨伸缩调节器扣件及轨枕

伸缩调节器铺设范围内，除尖轨跟端 1 根（对）轨枕采用与区间一致 WJ-2A 型扣件及轨枕外，其余地段采用伸缩调节器专用扣件及专用 C 型短轨枕。

调节器基本轨与长钢轨之间采用铝热焊连接，若采用冻结接头，需要将 1#位置扣配件更换成 WJ-2A 扣件小阻力复合胶垫挡扣件及短轨枕，以实现冻结夹板安装。

钢轨调节器铁垫板锚固螺栓图号为研线 9705-7（锚固螺栓Ⅰ型），配研线 9705-8（尼龙套管），以实现与高架线非岔区 WJ-2A 型扣件部件统一，便于维修管理。

3. 伸缩调节器道床

伸缩调节器专用扣件铺设范围的道床块单独设计，其道床块总长为 6～6.6 m，分两段（含缝宽 100 mm）长单元块，宽度 2.5 m，两端与区间整体道床块一致。

五、正线无缝线路

杭海城际铁路项目工程正线采用整体道床，高架线最小曲线半径 550 m，地下线最小曲线半径 460 m，出入段线高架段整体道床最小曲线半径 300 m，均符合铺设无缝线路的条件。其他配线铺设普通线路。

地下线道岔与无缝线路长轨条之间设一根 25 m 标准轨；高架线正线道岔直股两端插入一根短钢轨，再在插入短钢轨与区间长轨条间设置钢轨伸缩调节器。

（一）地下线无缝线路

根据国内地铁多年的隧道内轨温实测资料，地下线轨温变化幅度较小，整体道床最小曲线半径 460 m，适宜铺设温度应力式无缝线路，锁定轨温按 25±5 ℃ 考虑。

（二）高架线及地面线无缝线路

海宁室外轨温范围为-10.5～62.1 ℃，最大轨温差 72.6 ℃，高架线最小曲线半径 500 m，适宜铺设无缝线路，高架线无缝线路锁定轨温为（22±5）°C。

地上线与地下线之间的锁定轨温采用渐变的方式过渡。相邻单元轨条的锁定轨温差不超过 5 °C，相同位置的左右轨单元轨条之间轨温差不超过 5 °C，同一区间内最高、最低温差不应超过 10 °C。

（三）无缝线路轨条布置

单元轨节长度一般 1～2 km，施工时可根据施工组织情况进行合理调整。轨条布置时，除道岔里程不能改变外，应以施工中少锯轨为原则，将轨条的起终点在 25 m 范围内调整。

（四）位移观测桩设置

（1）对于包含多个单元轨节的无缝线路长轨条，应按单元轨节内等距离设置位移观测桩，桩间距不宜大于 500 m，单元轨节长不足 500 m 整数倍时，可适当调整桩间距离。

（2）单元轨节起讫点的位移观测桩宜与单元轨节焊接接头对应，纵向相错量不得大于 30 m，位移观测桩应与电务设备错开。

（3）长轨条应在起讫点、距长轨条起讫点 100 m 位置各设 1 对位移观测桩。

（4）长轨条长度 500 m 及以下时设 3 对观测桩，500～1 000 m 设 5 对观测桩。

（5）每组道岔应在道岔前、道岔后、尖轨尖端、尖轨跟端等 4 个位置处各设 1 对位移观测桩。

（6）坡段代数差大于及等于 20‰的变坡点、隧道与 U 形槽衔接处、高架桥两端应增设位移观测桩。

（7）位移观测桩应设置齐全，牢固可靠，易于观测。位移观测桩按里程前进方向顺序编号，编号方法可采用"×-×"，横线前数字为单元轨节的顺序号，横线后为单元轨条内桩号，编号均以阿拉伯数字标注。

（8）洞内整体道床观测桩采用膨胀螺栓 YG2 型 M16×120 制作，并在道床上安装牢固。可用位移观测点标记代替位移观测桩。可在钢轨底边及对应道床顶面画线，或埋置顶面刻有十字的钢筋头。高架桥上应将位移观测点标记于桥梁固定支座附近的道床上或桥面上，以便于位移观测。

六、正线轨道附属设施

（一）车挡

正线及配线终端均设置滑移式液压缓冲车挡，车辆受撞点为车钩，车挡滑移终端设配套的水平固定式挡车器。

地下线车挡额定撞击速度 15 km/h，地下线车挡占用线路长度 15 m。

高架线车挡额定撞击速度 25 km/h，占用线路长度 25 m，并增设防爬装置。

车挡撞击部位需与杭海城际铁路线车钩相关参数协调统一。

线路起、终点处的车挡安装应考虑远期轨道施工时不对工程运营造成影响。

（二）线路及信号标志钢轨标识

为方便运营管理，全线均设线路及信号标志。

线路标志主要有百米标、坡度标、曲线要素标、平曲线始终点标、竖曲线始终点标、控制基标位置标、道岔编号标等。信号标志（与工务有关的）有限速及解除限速标、停车位置标及警冲标等。

线路标志表面均采用反光材料，反光材料采用符合《道路交通反光膜》（GB/T 18833—2012）的Ⅲ类反光膜。

警冲标设在两线设备限界相交处，道岔编号标安装在尖轨尖端道床中心处，其余线路及信号标志设置于列车运行方向线路右侧，所有标志应不侵入设备限界。具体要求详见第一册第七分册《线路及信号标志图》。

工程竣工前，应按运营要求在钢轨上喷涂有关道岔标识：轨距、支距、查照间隔、护背距离等；曲线标识：轨距、超高、正矢、加宽；长轨条标识：长轨条的编号、单元轨节编号、钢轨焊头编号等。

（三）钢轨涂油器

在半径 $R \leqslant 550 \text{ m}$ 地段曲线外股钢轨内侧面（迎车一端）安装钢轨涂油器。涂油器采用厂制设备，8台钢轨涂油器具体安装位置见表35-5。

表35-5　钢轨涂油器安装位置里程

序号	右线交点	安装位置	半径	左线交点	安装位置	半径	备注
1	右JD14	DK12+470.000	475	左JD15	DK13+220.000	460	海长区间
2	右JD14	DK12+820.000	475	左JD15	DK12+860.000	460	海长区间
3	右JD18	DK16+120.000	554.2	左JD19	DK17+030.000	550	海长区间
4	右JD18	DK16+570.000	554.2	左JD19	DK16+570.000	550	海长区间

（四）防脱护轨

为了防止列车脱轨，高架桥上在以下地段设置防脱护轨装置，如图35-15所示。

图35-15　高架防脱护轨

（1）半径不大于600 m曲线地段的缓圆（圆缓）点两侧（端），其中缓和曲线部分不小于缓和曲线长的一半并不小于20 m、圆曲线部分20 m范围内曲线下股钢轨内侧。

（2）高架桥跨越城市干道、铁路及通航航道等重要地段，以及受列车意外撞击时易产生结构性破坏的高架桥地段及其以外各20 m范围内，在靠近双线高架桥中线侧的钢轨内侧，单线高架桥上述地段两股钢轨内侧。

（3）竖曲线与缓和曲线重叠处，竖曲线范围内两股钢轨内侧。

（4）防脱护轨应设置在钢轨内侧。

根据工程线路工况，高架线需要设置防脱护轨的地段汇总见表35-6。

表35-6　高架线防脱护轨安装位置

编号	左线起点里程	左线终点里程	左线		右线		右线起点里程	右线终点里程
			左股	右股	左股	右股		
1	DK4+620.000	DK4+730.000	110.000	110.000			DK4+620.000	DK4+730.000
2	DK6+390.000	DK6+500.000	110.000	110.000			DK6+390.000	DK6+500.000
4	DK7+710.000	DK8+120.000	410.000	410.000			DK7+710.000	DK8+120.000

续表

编号	左线起点里程	左线终点里程	左线 左股	左线 右股	右线 左股	右线 右股	右线起点里程	右线终点里程
5	DK8+495.000	DK8+550.000		55.000	55.000		DK8+495.000	DK8+550.000
6	DK8+550.000	DK8+650.000	100.000	100.000	100.000	100.000	DK8+550.000	DK8+650.000
7	DK9+635.000	DK9+720.000		85.000	85.000		DK9+635.000	DK9+720.000
8	DK10+200.000	DK10+455.000		255.000	255.000		DK10+200.000	DK10+455.000
9	DK14+510.000	DK14+690.000	180.000	180.000	180.000	180.000	DK14+510.000	DK14+690.000
10	DK16+158.716	DK16+208.716		50.000	50.000		DK16+152.200	DK16+202.200
11	DK16+946.514	DK16+996.514		50.000	50.000		DK16+946.510	DK16+996.510
13	DK17+860.000	DK17+930.000		70.000	70.000		DK17+860.000	DK17+930.000
14	DK18+790.000	DK18+870.000		80.000	80.000		DK18+790.000	DK18+870.000
15	DK19+485.000	DK19+570.000		85.000	85.000		DK19+485.000	DK19+570.000
16	DK22+930.000	DK23+015.000		85.000	85.000		DK22+930.000	DK23+015.000
19	DK25+350.000	DK25+490.000		140.000	140.000		DK25+350.000	DK25+490.000
20	DK26+100.000	DK26+200.000		100.000	100.000		DK26+100.000	DK26+200.000
21	DK26+550.000	DK26+680.000		130.000	130.000		DK26+550.000	DK26+680.000
22	DK27+680.000	DK27+805.000		125.000	125.000		DK27+680.000	DK27+805.000
23	DK28+615.000	DK28+685.000		70.000	70.000		DK28+615.000	DK28+685.000
24	DK30+750.000	DK30+830.000		80.000	80.000		DK30+750.000	DK30+830.000
25	DK33+080.000	DK33+180.000		100.000	100.000		DK33+080.000	DK33+180.000
26	DK35+705.000	DK35+775.000		70.000	70.000		DK35+705.000	DK35+775.000
27	DK36+170.000	DK36+250.000		80.000	80.000		DK36+170.000	DK36+250.000
28	DK36+525.000	DK36+620.000		95.000	95.000		DK36+525.000	DK36+620.000
29	DK38+090.000	DK38+170.000		80.000	80.000		DK38+090.000	DK38+170.000
30	DK38+460.000	DK38+540.000		80.000	80.000		DK38+460.000	DK38+540.000
31	DK38+815.000	DK38+885.000		70.000	70.000		DK38+815.000	DK38+885.000
32			280.000	2 945.00	2 945.000	280.000	6 450.000	合计

七、正线轨道减振降噪措施

地铁列车运行所引起的振动会影响沿线环境，城际铁路建设中需由各相关专业综合考虑，采取有效的减振降噪措施，以保证沿线敏感目标的噪声和振动，满足《声环境质量标准》（GB 3096—2008）及《城市区域环境振动标准》（GB 10070—88）的要求。

（一）减振级别划分

根据相关规范、《杭州至海宁城际铁路工程环境影响报告书》中的振动超标情况及目前的轨道减振技术，将减振级别划分为3级：中等减振（振动超标小于6 dB）、高等减振（敏感点距外轨中心线5～12 m或振动超标6～8 dB）、特殊减振（对于线路下穿敏感点距外轨中心线0～5 m或振动超标大于8 dB或二次结构噪声超标），对应设置相应的工程措施。

（二）减振地段

根据环评报告的要求，并结合相关工程运营经验，高架站按中等减振措施考虑。杭海城际铁路项目工程具体减振地段见表 35-7，工程主要为中等减振和特殊减振措施，无高等减振措施地段。

表 35-7 轨道减振地段

序号	敏感点	左线起点里程	左线终点里程	长度/m	右线起点里程	右线终点里程	长度/m	减振措施
1	与杭地铁1号线交叉	DK0+445.000	DK0+565.000	120	DK0+435.6	DK0+555.000	119.4	中等减振
2	火车浜	DK0+832.000	DK1+132.000	300	DK0+830.000	DK1+130.000	300	钢弹簧
3	夏家斗	DK1+230.000	DK1+710.000	480	DK1+230.000	DK1+710.000	480	中等减振
4	音香庵	DK2+542.000	DK2+732.000	190	DK2+540.000	DK2+730.000	190	钢弹簧
4-1	六栋长方形民房	DK2+732.000	DK2+950.000	218	DK2+730.000	DK2+950.000	220	中等减振
5	钱家门、假山桥	DK2+950.000	DK3+420.000	470	DK2+950.000	DK3+420.000	470	钢弹簧
6	联丰	DK4+250.000	DK4+370.000	120	DK4+250.000	DK4+370.000	120	中等减振
7	张家角、景树湾	DK4+800.000	DK5+000.000	200	DK4+800.000	DK5+000.000	200	中等减振
8	许村镇站	DK6+821.716	DK6+914.942	93.266	DK6+787.076	DK6+914.942	127.866	中等减振
9	倪家石桥	DK7+000.000	DK7+300.000	300	DK7+000.000	DK7+300.000	300	中等减振
10	倒庄里	DK7+950.000	DK8+400.000	450	DK7+950.000	DK8+400.000	450	中等减振
11	雁鹅浜	DK8+670.000	DK8+860.000	190	DK8+670.000	DK8+860.000	19	中等减振
12	南联村	DK8+860.000	DK9+100.000	240	DK8+860.000	DK9+100.000	240	中等减振
13	许村镇中学、吴家	DK9+475.000	DK9+825.000	350	DK9+475.000	DK9+825.000	350	中等减振
14	海宁高铁站	DK11+540.416	DK11+624.948	84.532	DK11+523.112	DK11+624.640	102	中等减振
15	下穿铁路地段	DK12+623.353	DK13+783.000	1 245	DK12+620.853	DK13+780.000	1 218	中等减振
16	陈家角	DK14+600.000	DK14+810.000	210	DK14+600.000	DK14+810.000	210	中等减振
17	杨木匠	DK15+400.000	DK15+640.000	240	DK15+400.000	DK15+640.000	240	中等减振
18	长安站	DK17+057.890	DK17+151.116	93.266	DK17+057.890	DK17+168.420	111	中等减振
19	杨朱毛、桑亭路站	DK18+120.000	DK19+550.000	1 430	DK18+120.000	DK19+550.000	1 430	中等减振
20	周家埭	DK19+850.000	DK20+050.000	200	DK19+850.000	DK20+050.000	200	中等减振
21	老虎漾	DK20+300.000	DK20+650.000	350	DK20+300.000	DK20+650.000	350	中等减振
22	钱家石桥	DK22+050.000	DK22+230.000	180	DK22+050.000	DK22+230.000	180	中等减振
23	周王庙镇站	DK23+828.490	DK23+954.090	125.600	DK23+828.490	DK23+954.090	125.600	中等减振
24	周王庙站配线	DK23+843.660	DK23+938.920	95.26	DK23+843.660	DK23+938.920	95.26	中等减振
25	唐家浜	DK24+810.000	DK25+010.000	200	DK24+810.000	DK25+010.000	200	中等减振
26	东斗门	DK25+810.000	DK26+210.000	396	DK25+810.000	DK26+210.000	400	中等减振
27	盐官镇站	DK27+801.840	DK27+895.016	93.176	DK27+801.840	DK27+912.320	110	中等减振
28	王家牌楼	DK28+700.000	DK28+950.000	250	DK28+700.000	DK28+950.000	250	中等减振
29	五圣汇	DK29+450.000	DK29+650.000	200	DK29+450.000	DK29+650.000	200	中等减振
30	蔡家埭	DK29+650.000	DK30+050.000	400	DK29+650.000	DK30+050.000	400	中等减振

续表

序号	敏感点	左线起点里程	左线终点里程	长度/m	右线起点里程	右线终点里程	长度/m	减振措施
31	姚家场	DK30+270.000	DK30+450.000	180	DK30+270.000	DK30+450.000	180	中等减振
32	斜桥中心小学	DK31+650.000	DK32+000.000	350	DK31+650.000	DK32+000.000	350	中等减振
33	铜九公路站	DK32+947.740	DK33+073.440	126	DK32+947.740	DK33+073.440	126	中等减振
34	斜桥站	DK35+854.440	DK35+980.140	126	DK35+854.440	DK35+980.140	126	中等减振
35	斜桥镇站配线	DK35+869.660	DK35+964.920	95.26	DK35+869.660	DK35+964.920	95.26	中等减振
36	宋家埭	DK37+010.000	DK37+200.000	190	DK37+010.000	DK37+200.000	190	中等减振
37	陈家埭	DK37+350.000	DK37+550.000	200	DK37+350.000	DK37+550.000	200	中等减振
38	念亩浜东	DK39+220.000	DK39+410.000	190	DK39+220.000	DK39+410.000	190	中等减振
39	市政府、工人文化宫	DK42+300.000	DK42+680.000	380	DK42+300.000	DK42+680.000	380	中等减振
40	住建局、烟草局	DK42+680.000	DK43+050.000	370	DK42+680.000	DK43+050.000	370	中等减振
41	海宁消防大队、丁香花园、博爱医院	DK44+350.000	DK44+750.000	400	DK44+350.000	DK44+750.000	400	中等减振
42	四季香榭、胡家门小区	DK44+750.000	DK45+250.000	503	DK44+750.000	DK45+250.000	500.03	中等减振
				12 623.12			12 685.51	25 308.63
	其中钢弹簧钢弹簧浮置板 1 920 m,中等减振扣件 23 388.63 m							

(三)全线综合性减振措施

(1)采用 60 kg/m 重型钢轨,减小钢轨的动力坡度,减小轮轨冲击。

(2)正线铺设无缝线路,减少因钢轨接头产生的振动和噪声。

(3)对钢轨顶面不平顺进行打磨,车轮定期进行镟圆,使轮轨接触良好,减少轮轨间的冲击力,起到减振降噪作用。

(4)在半径 $R \leqslant 550$ m 地段曲线外股钢轨侧面安装涂油器,不仅可减少钢轨侧面磨耗,也可减少由摩擦和不均匀磨耗引起的轮轨振动与噪声。

(5)整体道床地段采用弹性分开式扣件。

(6)运营期间,对轨道进行经常性的养护维修,保持其良好状态。

(四)中等、特殊减振地段

中等减振地段采用双层弹性垫板减振扣件、特殊减振地段采用钢弹簧浮置板。

(五)不同减振等级之间的过渡

杭海城际铁路项目工程采用的减振轨道结构主要有减振扣件整体道床、钢弹簧浮置板道床,为了保证轨道的弹性连续,在不同减振级别的衔接位置设弹性过渡段。

(1)一般减振地段与中等减振地段的过渡。

采用增加减振扣件刚度的办法过渡,过渡段长 15 m(24 对或 25 对过渡刚度减振扣件),过渡段减振扣件刚度 18~24 kN/mm。

(2)一般减振及中等减振地段与钢弹簧浮置板道床过渡段。

第五节　车辆段轨道设计方案

一、车辆段概述

车辆段设出入段线、试车线、库内线、库外线，站场线路总长度为 14 568.7 单线米（含道岔）。库外线道岔类型有 50 kg/m 钢轨 7 号单开道岔、50 kg/m 钢轨 7 号 5 m 间距交叉渡线。试车线位于段址最南侧，长 1 414.74 m（含车挡及道岔长），道岔为 60 kg/m 钢轨 9 号单开道岔。练兵线含一组 50 kg/m 钢轨 7 号单开道岔和一组 60 kg/m 钢轨 9 号单开道岔。

车辆类型为 B 型车，4 列编组，轴重 14 t，正线最高设计速度 120 km/h，车辆段库外最大行车速度 25 km/h，库内最大行车速度 5 km/h，采用架空接触网供电。

车辆段轨道结构设计为出入线地面段（含许百户有砟轨道框架小桥）、试车线及车辆段库内、外线的轨道结构设计。

二、车辆段轨道结构

（一）钢轨及其连接件

试车线、出入线及在线检测棚轮对踏面检测线区域采用 60 kg/m 钢轨，钢轨材质为 U75V 普通热轧钢轨。钢轨定尺长度为 25 m。出入线地面段铺设有缝线路，采用有孔钢轨；试车线除道岔两端各采用两对缓冲轨为有孔钢轨外，其余地段铺设无缝线路，采用无孔钢轨。

其他车场线采用 50 kg/m 钢轨，材质为 U71Mn 普通热轧钢轨。钢轨定尺长度为 25 m。库外线均铺设普通线路，采用有孔钢轨。

试车线 60 kg/m 钢轨与 50 kg/m 钢轨相接处设置 6.25 m 长 50～60 kg/m 异型钢轨，出入段线、练兵线 50 kg/m 钢轨与 60 kg/m 钢轨相接处设置 12.5 m 长 50～60 kg/m 异型钢轨。

出入段线及车辆段内线路为普通线路。普通线路地段钢轨之间需采用接头连接，一般直线地段采用对接接头，曲线半径≤200 m 地段采用错接接头，错接距离不小于 3 m，如图 35-16 所示。

图 35-16　接头连接

普通钢轨接头的工作边采用普通接头夹板，非工作边采用减振接头夹板。

（二）扣件及轨枕

除道岔自带扣件及轨枕外，盐官车辆段轨道共采用 6 种扣件类型，不同扣件与相应轨枕配套使用。

（1）60 kg/m 钢轨弹条Ⅱ型扣件及新Ⅱ型预应力混凝土长轨枕，如图 35-17 所示。

图 35-17　弹条Ⅱ型扣件弹条Ⅰ型扣件

（2）库外线 50 kg/m 钢轨弹条Ⅰ型扣件及新Ⅱ型预应力混凝土轨枕。
（3）库内线及库前 50 kg/m 钢轨整体道床 DJK5-1 型扣件及其混凝土短枕。
（4）试车线 60 kg/m 钢轨墙式检查坑地段Ⅱ型检查坑扣件及其配套轨枕。
（5）检查库称重设备基坑范围内钢轨及扣件由设备方提供。
（6）7 号道岔间不足 50 m 的地段铺设 7 号道岔件号 100 扣件及 1 号岔枕。

（三）道床

1. 试车线、出入线地面段碎石道床

出入段线地面段以及试车线碎石道床地段采用新Ⅱ型预应力混凝土枕碎石道床，道床为双层道砟，其中面砟厚≥0.25 m，采用一级及以上道砟标准，底砟厚 0.20 m，钢轨中心线处枕下道砟厚≥450 mm，最小轨道结构高度 845 mm；出入线小桥上采用单层碎石道床，钢轨中心线处枕下道砟厚≥300 mm，出入线轨枕外砟肩宽度 300 mm，半径<600 m 的曲线地段道床外侧应加宽 0.1 m，试车线轨枕外砟肩宽度 400 mm，2.5 m 长轨枕时道床顶宽 3.3 m，砟肩堆高 150 mm。道床边坡 1∶1.75。道床现场如图 35-18 所示。

图 35-18　道床现场

2. 库外线及练兵线碎石道床

库外线及练兵线铺设预应力混凝土枕碎石道床，钢轨中心线处枕下道砟厚度≥250 mm，最小轨道结构高度为 625 mm，道床为单层道砟，轨枕外砟肩宽度 200 mm，2.5 m 长轨枕时道床顶宽 2.9 m，半径 R≤300 m 曲线地段道床外侧应加宽 0.1 m，道床边坡 1∶1.5。碎石道床如图 35-19 所示。

图 35-19　碎石道床

3. 试车线检查坑整体道床

采用墙式检查坑整体道床，短轨枕。道床结构与库内墙式检查坑整体道床基本相同。轨道结构高度为 500 mm，墙宽为 550 mm，道床内设置钢筋，混凝土等级为 C35。试车线检查坑整体道床如图 35-20 所示。

图 35-20　试车线检查坑整体道床

4. 库内线整体道床

车辆段库内线采用与其工艺相适应的整体道床；库内线道床共分 4 种型式：

（1）立柱式检查坑道床：工艺专业要求的立柱式检查坑整体道床地段，采用 DJK5-1 型扣件，只是不设短轨枕，直接将尼龙套管按扣件尺寸预埋在立柱上部，以减小立柱截面尺寸。立柱顶面为 1∶40 轨底坡，立柱中心距为 1.25 m。要求立柱顶面标高误差不大于 2 mm，相邻立柱顶面标高误差不大于 ±1 mm，预埋尼龙套管位置误差为 ±1 mm，一般通过先架轨、后浇筑立柱的自上而下的施工方法来实现。立柱式检查坑道床墙式检查坑道床如图 35-21 所示。

图 35-21　立柱式检查坑道床墙式检查坑道床

（2）墙式检查坑道床：工艺专业要求的墙式检查坑整体道床地段，轨道结构高度为 500 mm，道床内设置钢筋，混凝土等级为 C35。

（3）一般短枕式整体道床及横通道整体道床：供列车停放或库内横通道地段采用，其钢轨轮缘槽两侧采用橡胶压条填充，不设检查坑。轨枕采用钢筋混凝土短轨枕，短轨枕长度为 310 mm，轨枕中预埋尼龙套管。其轨道结构高度为 500 mm，道床顶面与轨顶面平齐，道床混凝土强度等级为 C35，内布双层钢筋，短轨枕横断面为梯形，底部外露钢筋，以加强与道床的联结。道床每 6～7 m 左右设置伸缩缝，结构变形缝处也应设置道床伸缩缝。一般短枕式及横通道整体道床的钢轨轮缘槽两侧采用橡胶压条填充，如图 35-22 所示。

图 35-22　橡胶压条填充

（4）工艺股道采用直埋式整体道床：轨道结构高度 500 mm，预留轮缘槽，宽 80 mm、深 50 mm。每隔 200 mm 焊一对勾钉将钢轨埋入道床混凝土中，如图 35-23 所示。

（5）出入线及试车线检查坑两侧整体道床和碎石道床过渡段。

试车线检查坑整体道床与两侧碎石道床之间及车辆段出入段线高架整体道床与其地面段碎石道床之间设置弹性过渡段。结合国内同类工程经验，过渡段长度定为一节车长，采用 20 m 长度，且设在地面线碎石道床一侧。道床基础底部采用 C35 钢筋混凝土板，板长 19 900 mm，宽 3 100 mm，厚 100～200 mm（配合道砟厚度渐变）。钢筋混凝土板下设一层长 20 m，厚 100 mm 的 C20 素混凝土层，垫层边比钢筋混凝土板宽出 100 mm。

图 35-23　直埋式整体道床

（四）道岔及其扣件和道床

1. 50 kg/m 钢轨 7 号单开道岔

道岔主要结构：单开道岔全长 23.627 m，前长 a=11.194 m，后长 b=12.433 m，转辙器采用 50AT 曲线尖轨，跟端采用间隔铁式活接头联结。采用高锰钢整铸固定性辙叉；护轨为分开式。道岔导曲线半径 150 m。直向允许通过速度为 60 km/h、侧向 25 km/h。道岔一般部位采用有螺栓 ω 弹条，弹性分开式扣件，特殊部位进行专门设计；采用标准图为城轨 252《50 kg/m 钢轨 7 号单开道岔》。道岔设一个牵引点，牵引点动程 152 mm，适用于联动内锁闭。7 号单开道岔如图 35-24 所示。

图 35-24　7 号单开道岔

道岔采用碎石道床，钢轨中心线处轨枕下的道砟厚度不小于 0.25 m。采用预应力混凝土岔枕。

2. 50 kg/m 钢轨 7 号道岔 5 m 间距交叉渡线

50 kg/m 钢轨 7 号道岔 5 m 间距交叉渡线转辙器与单开道岔相同。3.5 号锐角辙叉、3.5 号钝角辙叉采用高锰钢整铸，其余与单开道岔相同。道岔采用碎石道床，钢轨中心线处轨枕下的道砟厚度不小于 0.25 m。采用预应力混凝土岔枕。

3. 60 kg/m 钢轨 9 号单开道岔

试车线用 60 kg/m 钢轨 9 号单开道岔全长 28.3 m，前长 a=12.57 m，后长 b=15.73 m，导曲线半径为 200 m，道岔直股允许通过速度不大于 120 km/h，侧股不大于 35 km/h，道岔角 α=6°20′25″；该道岔一般部位采用有螺栓 ω 弹条弹性分开式扣件，特殊部位作专门设计。

该道岔采用碎石道床，双层道砟，钢轨中心线处轨枕下的道砟厚度为 0.45 m（面砟 0.25 m，底砟 0.20 m），采用预应力混凝土岔枕。

练兵线上 9 号单开道岔采用轨枕下的道砟厚度为 0.25 m，为单层面砟。

（五）无缝线路

试车线铺设区间无缝线路，试车线 62 号、33 号两道岔岔后各铺设 2 根 25 m 标准长 60 kg/m 缓冲钢轨，62 号、33 号两道岔岔前各铺设 2 根 12.5 m 标准长 60 kg/m 缓冲钢轨，两端车挡前均设绝缘接头。无缝线路设计锁定轨温（27±5）°C。

（六）轨道附属设备

1. 线路、信号标志

车辆段内设置道岔编号标、警冲标、百米标、曲线要素标、试车线预告标、一度停车标等。线路、信号标志（除水准基点标外）均采用反光材料制作，标志均设置于线路前进方向右侧。

2. 车挡

线路终端均需设置车挡，不同位置的车挡类型如下：

（1）库内线车挡。

库内线主要采用摩擦式车轮挡，其车挡需在距轨末端 5.0 m 处安装，允许冲撞速度 5 km/h，如图 35-25 所示。

图 35-25　库内线车挡示意

调机工程车库共 4 股道、材料棚 L30 道按允许冲撞速度 3 km/h 考虑，车挡在距轨末端 2.0 m 处安装摩擦式车轮挡。

车体检修间采用 5 处月牙式车挡，距线路末端 1.0 m 处安装。

（2）库外线车挡。

库外车场线采用固定式液压缓冲挡车器，距钢轨末端 2.7 m 处安装。允许冲撞速度为 5 km/h。

牵出线车挡 31、32 采用液压缓冲滑动式车挡，并在线路终端配水平式固定车挡。车挡占用线路长度 15 m，允许冲撞速度 15 km/h。

试车线两端采用液压缓冲滑动式车挡，并在线路终端配水平式固定车挡。占用线路长度 25 m，允许冲撞速度 25 km/h。

3. 平交道口

库前平交道口采用钢筋混凝土整体道口。道口垂直线路方向宽 2.5 m，顺线路方向与站场道路同宽，如图 35-26 所示。

图 35-26　库前道口整体道床库外嵌丝橡胶道口板

其他库外线地段平交道口采用嵌丝橡胶道口板。这种道口型式简单美观，虽然橡胶道口板初期投资比混凝土道口板稍高，但其寿命长，经久耐用，基本免维护。

股道间的道路由站场道路专业负责设计与施工。

第六节　本章小结

一、设计总结与建议

（一）过轨管线宜提前筹划过轨路径，尽量应在土建设计阶段提前考虑过轨通道

各专业过轨管线应提前筹划过轨路径，应与土建施工图同步配套设计，不宜全提供给轨道专业在整体道床内过轨或钢轨底面空隙随意过轨，有条件的应尽量在土建结构层预埋过轨管线或预留过轨通道，如地下线折返车站，车站内过轨管线较多，甚至站内较多集中的动照过轨管线，也未提前预埋，后期提交给轨道专业设计要求预埋。

杭海城际铁路项目工程线路存在四处地下线转高架线或高架线转换地下线的土建工况，系统专业沿线路两侧布置管线在线路转换处，存在较多的过轨管线换边情况，需要系统专业提前向土建专业提资要求土建考虑管线过轨路径，在土建设计及施工阶段进行预留落实，一旦土建设计施工完毕，系统专业就只能向轨道专业提出过轨管线要求，较多的过轨管线在轨道整体道床内马蜂窝似地过轨，对整体道床断面造成了较大的削弱。

建议在 U 形槽终点后隧道洞内雨水泵房之后土建矩形隧道结构底板内分别设置集中过轨的强电、弱电过轨槽道。避免了大量过轨管线在整体道床过轨。

（二）铺轨工期与机电系统施工工期不宜间隔过长

杭海城际铁路项目工程土建施工进度推进较快，铺轨也紧随其后进行铺轨施工，部分标段很快完成铺轨工程，移交机电施工后，隧道内临时照明缺失，道岔转辙机未及时有效安装试配合，废水泵房机电专业抽水泵未及时启用，造成隧道内水淹道床、水淹钢轨时间较长，隧道潮湿、湿气较重，造成部分地段钢轨及扣件出现锈蚀，如图 35-27 所示。

图 35-27 水淹道床引起钢轨锈蚀

二、设计体会

杭州至海宁城际铁路工程作为跨不同地级行政区的都市圈快速轨道交通项目,设计速度较高,对线路行车平顺性、舒适性要求高,高架线占线路总长超过 72%,高架线轨道结构选型应结合线路功能需要进行合理选择。

高架线上轨道除需具备平顺性好、坚固耐久、少维修等特点外,还应满足外形美观、重量轻等特殊要求。整体道床具有线路平顺性好、整体性强、不易变形、易于清洗、维修工作量少等特点,与碎石道床相比,其外形整洁美观,二期恒载小,结合国内轨道交通建设经验,推荐高架线上采用整体道床。

高架线整体道床结构形式主要有如下两种方案:

(1)方案一:短轨枕承轨台式整体道床。

国内部分城市同等级速度的线路高架线轨道采用了短枕承轨台式整体道床结构,承轨台式道床结构轻巧,道床施工可采用架轨法,具有结构简单、轨道二期恒载小、施工灵活等特点,轨底坡需要靠施工工装保证,工程造价较低,曾在国内地铁高架线得到普遍应用,如图 35-28 所示。

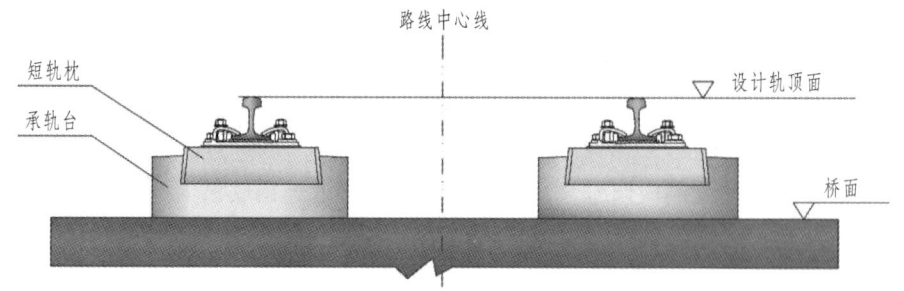

图 35-28 短枕承轨台式整体道床

(2)方案二:长轨枕式整体道床。

长轨枕式整体道床结构的钢轨支撑为预应力长轨枕。轨枕长度为 2.1 m,混凝土强度等级为 C60,轨枕上预留 5 个 $\phi 50$ 的圆孔,供道床纵向钢筋穿越,其道床整体性强、施工方便、利于轨底坡和轨距保持等特点,道床采用轨排法施工,铺轨精度易保证,施工进度快,技术成熟。

根据《城市轨道交通工程项目建设标准》(建标 104—2008)第三章第二十六条的规定和《城市

轨道交通技术规范》（GB 50490—2009）第 7.2.8 条的规定"区间线路的轨道中心道床面或轨道旁，应设有逃生、救援的应急通道"。以及《地铁设计规范》（GB 50157—2013）第 28.2.4 条的规定"道床面应作为疏散通道，道床步行面应平整、连续、无障碍物"。

杭海城际铁路项目工程高架区间站间距一般较大，轨道中心需要作为无障碍逃生与救援的主通道，长轨枕式整体道床有利于乘客紧急情况下疏散安全。此外，长轨枕本身无外露连接钢筋，较短轨枕和双块式轨枕结构，防杂散电流效果好，但与桥上短枕承轨台式道床相比，二期恒载较大，造价稍高。

（3）方案比选。

长轨枕式整体道床整体性好，技术成熟，轨底坡、轨距保持性较好，铺轨精度高，施工进度快。

短枕承轨台式道床结构轻巧美观、施工方便灵活，道床结构重量较轻，造价相对较低，适合在高架线上采用，但施工过程中，维持轨底坡、轨距能力较差，铺轨精度不易保证。

鉴于杭州至海宁城际铁路最高设计速度为 120 km/h，为保证轨道结构的可靠性、行车的平顺性，以及乘客紧急情况下疏散通道的功能需要，直流供电对防杂散电流特殊要求，高架线设计最终选择采用长轨枕式整体道床。

三、技术创新

（1）为保证载客正线线路行车平顺性、舒适性，最大限度地实现线路的无缝化，正线线路铺设无缝线路，为兼顾道岔的维修更换，道岔内及道岔两端与区间长钢轨采用冻结接头，最大限度地消除轨缝冲击的影响，实现跨区间无缝线路应用。

（2）道岔是铁路轨道的重要设备，直接影响列车的运行安全，也是线路的薄弱环节，应结合工程需要进行创新优化设计，杭海城际铁路项目工程正线采用我院自主研发的 60 kg/m 钢轨 9 号道岔，道岔总长较短，全长 28.3 m，为适应最高 120 km/h 速度的应用，对其转辙器区域轨道结构进行了优化设计，如图 35-29 所示。

图 35-29　优化转辙器区域轨道结构

60 kg/m 钢轨 9 号道岔（L=28.3 m）具有如下技术特点：

① 尖轨采用加宽技术，提高使用寿命。转辙器部位将与曲线尖轨密贴段的直基本轨工作边一侧刨切 3 mm，尖轨尖端为水平藏尖式；增加直线、曲线尖轨前部轨头粗壮度，提高尖轨的使用寿命；优化尖轨部位的设计线型，减缓顺向出岔对基本轨的冲击与磨耗。

② 轨距调整能力强。转辙器滑床板及护轨垫板设置偏心套，通过调整楔和偏心套共同调距，轨距调整范围为 -13~10 mm。

③ 调高量大。道岔区扣件轨下、板下采用调高垫板，实现道岔区大的调高量，调高量为 -4~+26 mm。

④ 正线道岔内可采用冻结接头，可实现正线铺设跨区间无缝线路。

⑤ 道岔区采用与区间扣件类似的弹性分开式扣件，增大道岔区轨道结构的稳定性。

⑥ 道岔区的整体刚度进行了均匀化处理，经过有限元建模计算，对道岔区两孔、三孔、四孔轨下及铁垫板下弹性垫板的刚度取值进行了划分、明确，优化了道岔区的整体刚度。

⑦ 道岔区采用桁架式预应力钢筋混凝土长岔枕，道岔铺设平顺性更容易保证。

（3）在起点及终点站折返使用频繁的道岔采用合金钢尖轨及合金钢辙叉，其他未要求采用合金钢的所有高锰钢辙叉部件均要求进行爆炸硬化工艺处理，出厂硬度不小于 320 HBW，硬化深度不小于 20 mm。有效提高了道岔关键部件使用寿命，杜绝了道岔辙叉部位过早出现裂纹、掉块、剥离等病害。

第三十六章 供电设计

第一节 设计概况

杭海城际铁路工程供电系统采用 110 kV/35 kV 两级电压集中供电方式，中压供电网络采用牵引和动力照明混合供电网络。全线设主变电所 2 座，分别位于长安镇站和斜桥镇站附近，设置牵引降压混合变电所 14 座，跟随式降压变电所 5 座。牵引网采用 DC 1 500 V 架空接触网供电，走行轨回流。

一、设计范围

杭海城际铁路工程供电系统主要设计范围如下：

（1）全线供电系统 35 kV 交流系统、1 500 V 直流系统设计及变电所内 0.4 kV 系统设计。

（2）全线牵引变电所、降压变电所设计。主要包括 35 kV 变电所主接线及运行方式、生产房屋及设备平面布置、35 kV 开关柜排列、直流开关柜排列、0.4 kV 开关柜排列、继电保护及自动装置、交直流自用电系统、设备过电压保护和防雷、接地系统的设计，以及与其他相关专业的接口配合设计。

（3）全线车站、区间、车辆基地的接触网系统设计。

（4）全线变电所综合自动化系统设计、控制中心中央监控系统功能设计以及供电车间复示系统功能设计。综合自动化系统主要包括 14 座牵引降压混合变电所的综合自动化系统设计。

（5）全线电能管理系统、可视化接地系统和车辆基地接触网隔离开关集中监控系统功能设计。

（6）全线杂散电流腐蚀防护系统、杂散电流监测系统及综合接地系统设计。

（7）全线供电设备运营管理、维护检修机构的设计。

二、主要设计原则

（1）供电系统应为规划共享线路或延伸线路预留供电条件。

（2）直流牵引供电方案和中压环网供电方案应针对工程的特点，结合规划线路延伸条件，遵循"统一规划、分期实施"的原则进行设计，并综合考虑供电的安全性、可靠性、工程投资经济性、工程实施方便性等多种因素。

（3）供电系统应满足安全可靠、经济、运行灵活的要求。

（4）供电系统设计在满足供电可靠性、投资合理的前提下，供电系统接线应尽量简单、统一，以利于工程实施及以后运营管理的方便。

（5）供电系统容量按远期高峰小时负荷设计，并留有一定的余裕。

（6）供电系统采用集中供电、110 kV/35 kV 两级供电方式，主变电所进线采用 110 kV，馈出线采用 35 kV；牵引降压混合变电所及降压变电所进出线均采用 35 kV；牵引供电制式采用 DC 1 500 V

架空接触网供电、走行轨回流方式。

三、采用相关标准及规范情况

《地铁设计规范》（GB 50157—2013）；
《城市轨道交通直流牵引供电系统》（GB/T 10411—2005）；
《城市轨道交通技术规范》（GB 50490—2009）；
《铁路电力牵引供电设计规范》（TB 10009—2016）；
《35 kV～110 kV 变电站设计规范》（GB 50059—2011）。

四、全线设备信息统计

具体统计信息见表 36-1。

表 36-1　设备信息统计

序号	施工标段	设备或材料名称	供货商名称
1	机电 04 标	35 kV GIS 开关柜	常州太平洋
2		DC 1 500 V 开关柜（含负极柜、OV）	上海拓及
3		动力变压器	顺特电气
4		整流变压器	顺特电气
5		整流器	中车永济
6		0.4 kV 开关柜	吉林金冠
7		交直流屏	杭州中恒
8		变电所综合自动化系统	南瑞继保
9		电能管理系统	浙大中控
10	机电 03 标	接触网隔开集中监控系统	南瑞继保
11		可视化接地系统	珠海优特
12		杂散电流监测系统	徐州中矿
13		35 kV 电缆	杭州电缆
14		遮阳罩	上海英基
15		电缆支吊架	江苏安荣

第二节　系统设计方案

一、系统构成

杭海城际铁路工程供电系统由主变电所、35 kV 中压供电网络、牵引变电所、降压变电所、接触网系统、电力监控及辅助监控系统、杂散电流监测系统等部分组成。

中压供电网络由 35 kV 电缆及其附件组成。

牵引变电所的设备主要由交流 35 kV 开关柜、直流 1 500 V 开关柜、交流 0.4 kV 开关柜、牵引整流变压器、动力变压器、整流器、变电所综合自动化系统、排流柜、钢轨电位限制装置、变电所交直流电源屏、可视化监控屏等组成（车辆基地牵引变电所内还包含隔离开关集中监控屏）。

降压变电所的设备主要由 35 kV 开关柜、0.4 kV 开关柜、动力变压器、变电所综合自动化系统、钢轨电位限制装置、变电所交直流电源屏等组成。

电力监控系统由控制中心的电力调度系统（集成到综合监控）、变电所综合自动化系统、通信通道和复示系统构成，综合自动化系统组网方案采用以太网、现场总线的混合组网模式。控制信号屏内配置通信控制器、智能测控单元；变电所综合自动化数据通过通信控制器分别上传至综合监控系统，各变电所自动化系统之间不进行数据交换。

二、系统功能及方案

（一）主变电所

1. 主变电所功能

主变电所接受电力系统提供的 110 kV 高压交流电源，经主变压器降压至 35 kV 中压交流电源，并通过 35 kV 中压网络将电能分配到车站和车辆基地内的牵引变电所和降压变电所；主变电所内设置了保护装置对系统运行进行保护，防止与减少系统故障，缩小系统故障范围。

2. 主变电所设置方案

杭州至海宁城际铁路工程新建两座主变电所，分别为长城主所和斜城主所。

全线由长城和斜城 2 座 110 kV/35 kV 主变电所供电，2 座主变电所分别向各自供电区域内的牵引及动力照明负荷供电。每座主变电所的两路 110 kV 电源进线和两台主变压器同时分列运行，负担各自供电分区的牵引负荷和动力照明负荷。

（二）中压网络

中压供电网络由 35 kV 电缆及其附件组成，具有向各变电所输送电能的功能。

杭海城际铁路工程共设 4 个供电分区，其中第 1、第 2 供电分区由长城主变电所供电，第 3、第 4 供电分区由斜城主变电所供电。

在周王庙站与盐官站牵引降压混合变电所之间设置环网分段开关。正常运行情况下，环网分段开关打开；当一个主变电所故障退出运行时，合上相应的环网分段开关，主变电所之间实现供电相互支援。

（三）牵引变电所

牵引变电所的功能主要是对主变电所引来的 35 kV 交流电源进行降压整流，变成 1 500 V 的直流电源，再将 1 500 V 的直流电源通过沿线设置的接触网不间断地给运行中的电动列车供电，以保证电动列车安全、可靠、快速、准时地输送旅客。同时牵引变电所内设置了保护装置对系统运行进行保护，防止与减少系统故障，缩小系统故障范围。

杭海城际铁路工程全线共设 14 座牵引变电所，其中正线 13 座（每座车站均设置 1 座牵引变电所，DK2+777 余许区间风井处设置一座区间牵引变电所），车辆基地 1 座。

（四）降压变电所

降压变电所的功能主要是将 35 kV 交流电源降压为 380 V/220 V 的低压电源，向车站和区间的各种动力、照明和系统设备供电，保证各种车站设备的正常运行，给乘客提供一个安全舒适的乘车环境。

全线每座车站、余许区间风井均设置 1 座降压所，与牵引变电所合建为牵引降压混合变电所。

全线共设置了 5 座跟随式降压变电所（简称跟随所），其中正线 2 座，分别位于 DK3+786 余许区间和 DK13+700 高长区间。车辆基地 3 座，分别为检修库跟随所、综合楼跟随所和控制中心跟随所。

（五）牵引网系统

接触网系统应满足杭海城际铁路工程运营初期、近期与远期的行车要求，安全可靠地向列车提供电能。接触网主要机电性能应满足有关规范和运行要求，车辆在正线最高运行速度 120 km/h、车场内最高运行速度 30 km/h 条件下，授流质量良好。

接触网电气分段和开关设置具有较高的供电灵活性和运营保障功能，设备技术成熟，运行可靠，制式先进，经济合理。在满足各项技术要求的前提下，优先选用国产设备。

（六）杂散电流防护

杂散电流防护设计原则是"以防为主、以排为辅、防排结合、加强监测"。利用道床排流钢筋作为排流网，车站结构钢筋作为监测网。

（七）电力监控

电力监控系统由变电所综合自动化系统、通信通道及供电复示系统组成。电力监控系统集成到综合监控系统。

变电所综合自动化系统通过通信接口与供电系统的 35 kV 开关柜、1 500 V 开关柜、0.4 kV 开关柜、牵引整流变压器、整流器、动力变压器、排流柜等配置的综合测控保护装置、智能采集装置连接实现集中监控。这些供电系统设备配置的综合测控保护装置、智能采集装置由设备自身配套。电力监控系统将采集到的信息送到现场后台工作站，工作人员通过工作站实现对变电所设备的监控功能。

三、系统运行方式

（一）直流牵引供电系统运行方式

（1）牵引供电系统正常运行条件下，正线接触网由相邻牵引变电所双边供电，车辆基地牵引变电所向车辆基地内接触网供电。

（2）正线任一牵引变电所解列（余杭高铁站和浙大国际校区站牵引变电所除外）由正线相邻牵引变电所越区"大双边"供电。

（3）余杭高铁站牵引变电所解列，由 DK2+777 区间牵引变电所单边供电。

（4）浙大国际校区站牵引变电所解列，由海昌路站牵引变电所单边供电。

（5）车辆基地牵引变电所解列，由正线盐官站牵引变电所向车辆基地内接触网供电。

（二）交流供电系统运行方式

1. 正常运行方式

全线由长城和斜城 2 座 110 kV/35 kV 主变电所供电，在周王庙站牵引降压混合变电所设置环网联络开关（周王庙站正常运行方式下位于第 2 供电分区），2 座主变电所分别向各自供电区域内的牵引及动力照明负荷供电。每座主变电所的两路 110 kV 电源进线和两台主变压器同时分列运行，负担各自供电分区的牵引负荷和动力照明负荷。

2. 故障情况下运行方式（N-1）

当主变电所一回进线电源电缆故障时，闭合主所 110 kV 内桥开关，由另一进线电源电缆承担该主变电所供电区域内的牵引及动力照明一、二、三级负荷。

当一台主变压器故障退出运行时，闭合该主变电所 35 kV 母联开关，由另一进线电源电缆承担该主变电所供电区域内的牵引及动力照明一、二级负荷。

当变电所任一路 35 kV 进线电缆故障退出运行时，合上该所的 35 kV 母联断路器，由另一路电缆负责全部负荷的供电。

当一台动力变压器故障退出运行时，切除该所的动力照明三级负荷，合上 0.4 kV 侧的母联断路器，由另一台动力变压器负担该所范围内的动力照明一、二级负荷。

3. 其他运行方式（N-2）

（1）主变电所运行方式。

杭海城际铁路工程任意一座主变电所（或两路 110 kV 进线电源）发生故障退出运行时，切除工程全线三级负荷，闭合设在周王庙站牵引降压混合变电所的环网联络开关，由另一座主变电所承担工程全线的牵引及动力照明一、二级负荷。

（2）中压环网运行方式。

不同区间的两回环网电缆故障时，隔离故障电缆，闭合故障电缆对应失电变电所的母联断路器，由另一回电缆负责该所及下级变电所全部负荷的供电。

第三节 系统设计特点与重难点

一、主变电所的设置

主变电所工程投资较高，每座主变电所投资达 1 亿～1.5 亿元。而且需要占用紧缺的土地和电力资源，同时每年的运营维护、管理费用也达数百万元。

主变电所的设置需结合杭海城际铁路工程的负荷需求、外部电源分布、主变电所选址等情况综合比较确定。

杭海城际铁路工程全线共新建 2 座主变电所：长城主变电所和斜城主变电所，分别位于长安站和斜桥站附近，长城主变电所由 220 kV 民谊变提供两回 110 kV 电源，斜城主变电所由 220 kV 祝东变提供 1 回专用，另 1 回由祝东-郭店线路 T 接。

二、牵引变电所布点方案

牵引变电所布点、数量、容量是否合理不但决定了牵引供电系统技术性能，也直接影响工程投资和运营成本，通过对不同牵引变电所布点方案进行模拟计算，结合牵引负荷分布特点、土建条件、分期开通运营等实际线路和运营组织情况，通过经济、技术综合优选，提出牵引变电所布点方案。

杭海城际铁路工程正线新建 13 座牵引变电所，车辆基地单独新建 1 座牵引变电所。正线牵引变电所分别设置在余杭高铁站、DK2+777 区间、许村站、海宁高铁西站、长安站、长安东站、周王庙站、盐官站、桐九公路站、斜桥站、皮革城站、海昌路站、浙大国际校区站。正线牵引变电所最大间距 5 611 m，最小间距 2 271 m，平均间距 3 806 m。其中区间牵引变电所 1 座，DK2+777 区间所与风井合设。

牵引变电所布置方案见表 36-2。

表 36-2　牵引变电所布置方案

牵引变电所	余杭高铁站	区间 DK2+777	许村站	海宁高铁西站	长安站
所间距/m		2 513	3 975	4 719	5 611	2 271
牵引变电所	长安东站	周王庙站	盐官站	桐九公路站	斜桥站
所间距/m		4 500	3 973	5 146	2 917	5 176
牵引变电所	皮革城站	海昌路站	浙大国际校区站		
所间距/m		2 499	2 372		

三、中压供电网络构成方案

在杭海城际铁路工程新建长城、斜城两座主变电所,结合车站设置、线路敷设方式及工程两端均预留的延伸条件等因素,确定设计的中压环网供电方案。

中压供电网络共划分为 4 个供电分区,具体方案如下:

第 1 供电分区:余杭高铁站、DK2+777 区间、许村站、海宁高铁西站,共 4 座变电所。

第 2 供电分区:长安站、长安东站、周王庙站,共 3 座变电所。

第 3 供电分区:盐官站、车辆基地、桐九公路站、斜桥站,共 4 座变电所。

第 4 供电分区:皮革城站、海昌路站、浙大国际校区站,共 3 座变电所。

正常运行时,第 1 供电分区和第 2 供电分区由长城主变电所供电,第 3 分区和第 4 分区由斜城主变电所供电。在周王庙站变电所内设置环网联络开关。当任一主变电所解列退出运行时,合上周王庙站变电所环网联络开关,由另一座主变电所支援供电。

四、主要设备容量的优化设计

在系统计算的基础上,结合杭海城际铁路工程的系统构成、运行方式等,对主变压器、整流机组、降压变压器等主要设备的安装容量进行分析和优化设计。

(一)整流机组容量配置

按《地铁设计规范》(GB 50157—2013)的规定,整流机组容量宜按远期负荷确定。杭海城际铁路工程远期高峰小时行车对数为 5+17 对/h,同时开行有大站快车,依据牵引供电仿真结果,各变电所整流机组具体设备容量见表 36-3。

表 36-3　整流机组容量配置表

牵引变电所	余杭高铁站	DK2+777 区间	许村站	海宁高铁西站
整流机组安装容量/kVA	2×2 200	2×2 200	2×2 200	2×2 200
牵引变电所	长安站	长安东站	周王庙站	盐官站
整流机组安装容量/kVA	2×2 200	2×2 200	2×2 200	2×2 200
牵引变电所	桐九公路站	斜桥站	皮革城站	海昌路站
整流机组安装容量/kVA	2×2 200	2×2 200	2×2 200	2×2 200
牵引变电所	浙大国际校区站	车辆基地		
整流机组安装容量/kVA	2×2 200	2×2 200		

（二）动力变压器容量配置

动力变压器容量选择原则如下：

（1）正常运行时，变压器负载率为70%左右，最大不宜超过85%。

（2）当一台动力变压器退出运行，另一台动力变压器承担全部一、二级负荷。

（3）满足低压母线的允许电压偏差要求。

（4）考虑未来负荷增加，预留备用回路。

（5）满足最大负荷的需要。

根据低压配电专业提供的各站的用电负荷，结合对不同用电负荷的调查，计算各站的动力变压器安装容量。各站的用电负荷及动力变压器安装容量见表36-4。

表36-4　动力照明负荷及降压变压器安装容量

序号	变电所名称	总负荷/kW	一、二级负荷/kW	动力变压器		
				安装容量/kVA	正常运行负荷率/%	单台运行负荷率（一二级负荷）/%
1	余杭高铁站	1 974	1 362	2×1 250	70	97
2	DK2+777区间	314	266	2×250	56	95
3	许村站	727	534	2×400	81	119
4	海宁高铁西站	772	542	2×500	69	97
5	长安站	704	511	2×400	78	113
6	长安东站	742	535	2×400	83	118
7	周王庙站	739	528	2×400	82	117
8	盐官站	676	483	2×400	75	107
9	桐九公路站	734	527	2×400	82	117
10	斜桥站	774	568	2×400	86	119
11	皮革城站	2 224	1 627	2×1 250	80	116
12	海昌路站	1 869	1 401	2×1 250	67	99
13	浙大国际校区站	1 804	1 285	2×1 250	64	91
14	车辆基地混合所	437	121	2×250	77	43
15	综合楼跟随所	4 017	1 041	2×1 600	98	51
16	检修库跟随所	3 519	559	2×1 600	97	31
17	控制中心跟随所	1 316	443	2×500	102	69
18	DK3+786泵房	377	338	2×250	67	120
19	DK13+700泵房	406	360	2×400	46	81

第四节　本章小结

一、经验教训

（1）杭海城际铁路项目工程高架区间长，高架区间设置了全封闭遮阳罩，可以有效保护电缆免受日照伤害导致的开裂等问题，但在轨旁设备布置协调方面，特别是可视化接地装置的设备安装位置有待优化，考虑到高架区间有限的空间以及设备操作时不能侵限，因此可视化接地装置安装在遮阳罩与桥梁挡板之间，这对后期运营人员的检修维护操作有一定的影响。如图 36-1 所示。

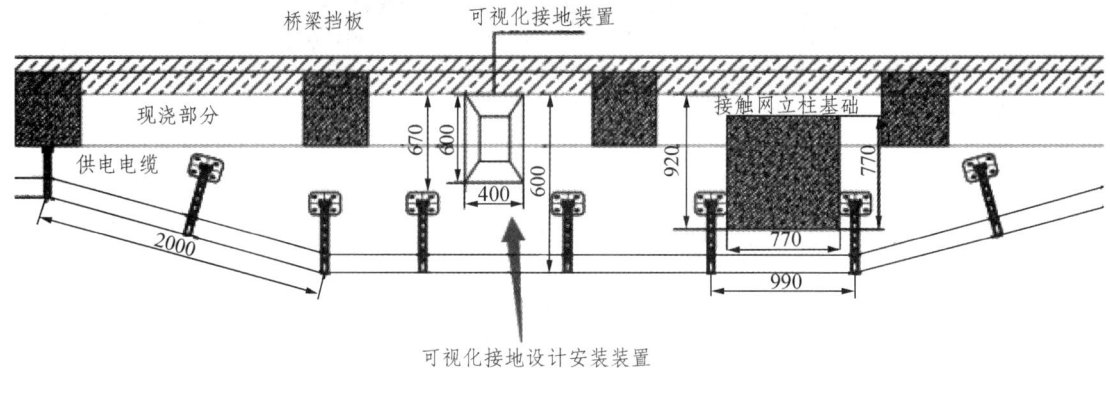

图 36-1 高架区间可视化接地系统

经验教训：全封闭遮阳罩的设置对区间轨旁设备的安装影响比较大，比如可视化接地装置、接触网隔离开关、区间检修箱等，在设计过程中应充分考虑各设备之间的联系以及后期运营检修维护的便利性。

（2）主所在投运初期，出现长城主变电所功率因数考核不达标和 SVG 室温度过高等问题。后项目公司牵头与供电公司协调沟通，将功率因数考核点调整至主变电所 110 kV 进线侧。同时电力设计院对 SVG 室的通风系统进行变更设计，解决了 SVG 室的散热问题。

经验教训：轨道交通工程部分设计内容与电力系统有差别，电力设计院对轨道交通工程设计不够熟悉，轨道工程部应加强与电力设计院的沟通与交流。

二、设计体会

（1）在前期初步设计过程中应细化设计方案、做好工程数量提资。杭海城际铁路工程采用 PPP 的建设模式，与传统的城市轨道交通线路有所区别，对初设概算的准确性要求更高。初步设计过程中应对设计方案尽可能地细化和完善，工程数量统计工作做到开项不缺项、不漏项。

（2）加强与运营沟通，全面征求运营意见，掌握用户需求，编好用户需求书。不同城市的运营需求也存在差异，必须与运营充分沟通，全面征求运营意见才能满足用户需求；将运营要求全面反映在用户需求书中，使供货商的设备能充分实现用户功能要求。因此用户需求书的编制就显得尤为重要，编制过程中要全面听取运营各个运营单位的意见。

（3）做好设计过程管理。设计过程中应严格遵守设计流程及设计细则要求，保存好设计过程文件，对重大调整或变更、会议等应将相关文件及时归档，便于后期查阅。施工图设计应严格按照送审流程，对审查提出的意见应积极沟通与回复。现场做好设计交底工作，对施工过程中可能存在的一些问题及时做好交底与提醒。

（4）加强与委外单位的沟通交流及管理工作。杭海城际铁路项目工程主变电所及外电线路设计委托嘉兴恒创电力设计院设计，嘉兴恒创电力设计院对轨道交通工程设计经验不多，在设计过程中也出现了一些问题，比如主所功率因数考核点与补偿参考点不一致导致功率因数考核不达标、主所 SVG 室夏天室内温度过高等问题。在主变电所设计过程中我们应加强与委外设计单位的沟通与协调，同时加强对相关文件及图纸的总体审查工作，及时发现并解决相关问题。

（5）积极配合施工，及时解决现场问题。工程建设施工进度快，各专业施工作业面接口较多，容易出现管线冲突、现场与图纸不符等问题，若不能及时解决，后期可能会出现较大的返工，费时费力。在现场施工过程中，应积极去现场进行施工配合，多与现场施工单位沟通，对现场的问题如高架车站站厅层各专业管线冲突问题、区间变电所地面做法问题等及时给予解决方案，发现早解决。避免出现返工等情况，影响施工进度。

三、技术创新

1. 具有市域铁路特色的牵引变电所设置方案

牵引变电所布点、数量、容量是否合理不但决定了牵引供电系统技术性能，也直接影响工程投资和运营成本。杭海城际铁路工程线路全长 46.38 km，正线设站 12 座，平均站间距 4.15 km。车辆采用 4B 编组，速度目标值 120 km/h。结合工程车辆编组小、速度目标值高、车站间距大等特点，正线新建 13 座牵引变电所，其中 12 座均与车站合建，1 座与区间风井合建，正线牵引变电所最大间距 5.611 km，最小间距 2.271 km，平均间距 3.806 km，相较于传统的地铁线路，工程牵引所间距增大，在满足供电需求的同时节约了工程投资。

同时，杭海城际铁路工程高架线路长约 33.45 km，约占整个线路长度的四分之三，结合工程高架区间多、牵引所间距大、初近期负荷较轻等特点，综合经济性与实用性考虑，全线不再设置再生制动能量回馈装置，系统配置与一般地铁相比有所简化。

2. 结合线路预留车站的牵引变电所预留方案

杭海城际铁路工程在周王庙站靠近大里程方向规划了周王庙东站，该站作为远期预留车站考虑，本期不实施。后期预留车站的实施会对全线牵引变电所设置方案产生比较大的影响，考虑初近期的负荷特点及车站分布特点，结合预留车站的条件及远期车站实施带来的影响，供电系统在预留车站位置预留了远期车站实施时增加牵引变电所的条件，包括接触网、杂散电流防护所需的预留预埋、环网电缆的拆解条件等。当远期周王庙东站实施时，在不改变既有牵引所设置方案的基础上，增设周王庙东牵引变电所，以满足新增车站后线路负荷增大的供电需求，同时最大限度地节约了投资成本。

3. 电能管理系统作为子系统集成到能源管理系统

杭海城际铁路工程在每个车站及车辆基地设置一套车站级电能管理系统。电能管理系统作为全线能管系统的一部分完成现场仪表数据的采集，通过综合监控光纤环网与中心级能管系统进行数据交换。实现对全线所有用电设备电能数据的在线监测、统计、分析、监管与诊断。

4. 节能型变压器的运用

为响应国家"建设节能型社会"要求，杭海城际铁路工程除变压器容量优化设计和设置电能管理系统外，结合工程特点，在 DK3+786 和 DK13+700 两个区间跟随所采用非晶合金变压器，非晶合金变压器理论上可以将空载损耗降低 50%左右，结合电能管理系统可以实现对全线电能更加合理地分配和利用。

5. 下穿高铁段电缆敷设方式的优化

杭海城际铁路工程在海宁高铁西站—长安站区间有约 1 km 的下穿高铁段（沪杭客专），按照常规设计，高架段供电电缆敷设于行车方向右侧，地下段供电电缆敷设于行车方向左侧，在下穿高铁段时电缆需过轨，这种设计导致强弱电电缆在 1 km 的区段内需交叉过轨 4 次，增加了施工难度及安全隐患。联合弱电各专业沟通协调后，提出下穿高铁段仍按照高架段敷设侧敷设，减少了过轨和交叉敷设，降低了后期运营的安全隐患，并征得了限界专业和项目公司的同意。

6. 设置遮阳罩解决高架区间电缆受日晒开裂问题

杭海城际铁路工程高架区段占了全线总长的约三分之二，高架区间环网电缆采用的是低烟低卤电缆，这种电缆在长期日晒条件下可能会发生外护套开裂问题，对供电安全有较大隐患。高架区间设置全封闭遮阳罩，可以有效保护所有电缆，降低了电缆在恶劣环境下破损影响供电质量及供电可靠性的风险，如图 36-2 所示。

图 36-2　全封闭遮阳罩

第三十七章 通信设计

第一节 设计概况

杭海城际铁路工程通信系统主要由专用通信系统、公安通信系统、安全技术防范系统、运营管理信息化系统以及民用通信系统组成。

专用通信系统由传输系统、无线通信系统、公务电话系统、专用电话系统、视频监视系统、广播系统、乘客信息系统、数字广告系统、时钟系统、信息网络系统、集中告警系统、集中录音系统、通信电源系统及接地等子系统构成。

公安通信系统由视频监视系统、公安/消防无线通信系统、公安数据网络系统、电源系统及接地等子系统组成。

安全技术防范系统包含公共安全技术防范系统和车辆基地安全技术防范系统。公共安全防范系统由室内入侵报警系统、电子巡查系统、安全检查及探测系统、人脸识别系统、安防集成平台等子系统组成。车辆基地安防系统由车辆基地视频监视系统和入侵报警系统组成。

运营管理信息化系统由计算机网络设备、信息化平台核心设备、企业管理及应用软件系统、网络安全设备及软件、信息化电源系统及接地等组成。

民用通信系统由运营商自建考虑,杭海城际铁路项目工程仅预留民用通信设备用房、外供电源和通信管路等条件。

第二节 设计原则及执行技术标准

一、专用通信系统设计原则

(1)专用通信系统为杭海城际铁路项目工程行车指挥及运营管理服务,应满足行车指挥、运营管理的语音、数据、图像等通信需求,同时可为其他自动化系统提供传输通道;在灾害或事故的情况下,专用通信系统可作为应急处理、抢险救灾的指挥手段,确保防灾、救灾的通信要求。

(2)专用通信系统应具有安全可靠、先进实用、经济合理、扩充方便、维护简单等特性,应尽量选用标准化的通用设备,以降低工程造价和将来的运营维护管理费用,并便于将来的扩容与改造。

(3)专用通信系统除满足杭海城际铁路线需求外,需考虑预留线路扩展和其他后建线路的接口条件。

(4)专用通信系统应具备完善的监控能力,以节省运营维护人员和费用。

二、公安通信系统设计原则

(1)公安通信系统应是海宁市公安有关网络在轨道交通范围内的延伸,公安通信系统应既满足轨道交通公安部门的通信指挥、监视和信息共享需求，又满足全国公安一张网的要求。

（2）鉴于公安通信系统的保密性和安全性，在轨道交通范围内采用相对独立的网络。

（3）公安通信系统必须考虑轨道交通环境中的强电磁干扰，保障通信所需的各项性能指标。

（4）公安通信系统应与轨道交通专用通信系统同步建设、同期开通。

三、公共安全防范系统设计原则

（1）系统设施应功能实用，人机界面良好，便于操作、管理、维护。

（2）系统设施应具备先进性，采用先进的安防技术和成熟产品。

（3）系统设施在满足功能需求的基础上优先选用国产设备。

（4）系统设施应结合轨道交通建筑和装修的情况，满足轨道交通的环境要求。

（5）系统设施采用的设备和缆线应满足国家对环境、安全及电磁兼容方面有关标准和要求；在使用、维护、报废处理时均不应对周围环境和人体健康产生不良影响。

四、运营管理信息化系统设计原则

（1）在应用统一平台之上采用模块化设计方法，提高软件模块及数据的复用性，在系统模块之间建立标准的访问接口，并尽可能采用业界成熟的数据和接口标准。

（2）在符合业务现状及需求的同时，具有一定的前瞻性，为未来业务发展后的管理提供支持。

（3）借鉴轨道交通行业其他企业的先进经验和失败教训，制定具有轨道交通行业特点，符合杭海城际铁路工程项目业务发展要求的应用架构，对于业务特殊性的需求，考虑一定程度的自行开发。

主要技术标准：

《城市快速轨道交通工程项目建设标准》（建标 104—2008）；

《地铁设计规范》（GB 50157—2013）；

《城市轨道交通技术规范》（GB 50490—2009）；

《数字集群通信工程技术规范》（GB/T 50760—2012）；

《综合布线系统工程设计规范》（GB/T 50311—2016）；

《公共广播系统工程技术规范》（GB 50526—2010）；

《城市轨道交通安全防范系统技术要求》（GB/T 26718—2011）；

《视频安防监控系统工程设计规范》（GB 50395—2007）；

《入侵报警系统工程设计规范》（GB 50394—2007）；

《智能建筑设计标准》（GB/T 50314—2015）；

《民用建筑电气设计规范》（JGJ/T 16—2008）；

《城市轨道交通公共安全防范系统工程技术规范》（GB 51151—2016）；

《视频安防监控系统技术要求》（GA/T 367—2001）；

《入侵报警系统技术要求》（GA/T 368—2001）；

《数据中心设计规范》（GB 50174—2017）；

《建筑物电子信息系统防雷技术规范》（GB 50343—2012）；

《城市轨道交通通信工程质量验收规范》（GB 50382—2016）；

工业和信息化部、公安部及原电子工业部、原信息产业部、原邮电部、原铁道部的有关标准；

国际电信联盟 ITU-T、ITU-R 的有关建议；

电气与电子工程师协会 IEEE 的标准；

欧洲电信标准协会 ETSI 的最新文件及标准；

电子工业协会 EIA 的有关标准；

浙江省有关地方性法规、标准等。

第三节 系统设计方案

一、专用通信系统

（一）传输系统

杭海城际铁路工程传输系统作为各种业务信息基础承载平台，为专用通信各子系统和其他自动控制、管理系统等提供控制中心、车辆段、车站之间的信息传送通道。

传输系统采用 OTN 的多业务接入系统（MPLS-TP 环网技术），选用华为技术有限公司的 MSOTN（多业务传送平台）光传输设备构建杭州至海宁城际铁路工程专用传输系统。线路级传输设备可直接提供 20Gbit/s 线路带宽，可支持升级扩展至 100Gbit/s 线路带宽。

传输系统在控制中心配置 1 套 20 Gbit/s 光传输设备 OSN 1 800 V，控制中心传输节点设备由 1 套主子架和 1 套扩展子架组成，主子架与扩展子架间通过 4 路 10GB 统一线路业务处理板互联；在各车站配置 1 套 20 Gbit/s 光传输设备 OSN 1 800 V，车站传输节点设备由 1 套子架组成。利用线路两侧分别敷设的 96 芯主干光缆，组成 1 个 20 GB/s 双向保护环，各环采用二纤 SNCP 保护 TDM 业务，采用二纤双向 MPLS-TP 环网保护分组业务。同时，在控制中心配置 1 套 NCE-T 网管系统（含 1 套控制中心网管交换机）以实现对杭海城际铁路工程传输设备的集中维护管理。

传输系统在控制中心设置 1 套时钟 BITS 设备，为传输系统的网络同步提供时钟源信号。

（二）无线通信系统

杭海城际铁路工程无线通信系统为城际铁路内部固定工作人员与移动工作人员及移动工作人员之间提供可靠的话音和数据通信服务。

无线通信系统采用 800 MHz 频段的 TETRA 数字集群系统制式，采用河北远东通信系统工程有限公司的 TETRA 设备。

专用无线通信系统在控制中心通信设备室设置一套 TETRA 无线中心设备，包含集群控制中心设备、调度服务器、网管服务器、全网录音服务器等设备，同时在该控制中心通信设备室设置一套三载频的无线基站。在控制中心网管室设置集群网管终端、二次开发网管终端、录音回放客户端和打印机等设备，在调度大厅 7 个调度席位各设置 1 套调度台。在控制中心通信设备室设置 1 套调度台。在车辆段运用库 DCC 室设置 2 套远端调度台。

专用无线通信系统在余杭高铁站信号备用控制中心设置 2 套行车无线调度控制台。在海昌路站乘务派班室设置 1 套行车无线调度控制台。在各车站通信设备室设置一套两载频无线基站，在车站车控室设置固定台。在列车两端各设置 1 套无线车载台。在区间敷设漏缆，长大区间增设直放站远端机。车站、区间风井、区间跟随所、主变电所及车辆段部分单体楼等区域设置功分器、耦合器、馈线、天线等无源器件。运营人员配备手持台。

余杭高铁站为与既有杭州地铁 1 号线换乘的车站，专用无线通信系统配置一套互联互通设备，用于完成该站系统与既有杭州地铁 1 号线互联互通的功能。互联互通设备设置在换乘通道靠近杭州地铁侧。

（三）公务电话系统

杭海城际铁路工程公务电话系统用于城际铁路内部的一般公务通信和内部用户与公用电话网用户的电话联络。在轨道交通专用电话系统出现重大故障时，公务电话系统可以作为专用电话的应急通信手段。

1. 中心子系统构成

杭海城际铁路工程在控制中心配置一套 AcroSwitchS6000 软交换系统，接口容量按初期 5 000 用户配置，实现控制中心、车站的公务电话通信，同时该系统可平滑扩展至 200 万用户，具备后续线路接入能力，并具有不同厂家之间的设备实现业务层互联互通能力。通过 1 000 M 以太网接口与配置的以太网交换机连接。

配置以太网交换机，通过传输系统的以太网实现对所有站点接入网关及 IP 电话的控制。

在控制中心配置 1 套 AcroPassM6512 综合媒体网关，提供中继网关、信令网关及接入网关的所有功能，其核心控制部分（ACU）采用 1+1 冗余热备设置，配置 2 块 4E1 数字中继板提供 8E1 数字中继；其中 4E1 与中国电信互联，2E1 与无线系统联网，2E1 为预留；配置 30 块 32 路模拟用户板共提供 960 个模拟用户接入，备用 2 块 32 路模拟用户板。

公务电话系统采用河北远东通信系统工程有限公司设备。

2. 系统构成

在各个车站配置 1 套 AcroPassA2064 综合接入设备，最大支持 64 个模拟用户接口，实现模拟用户的接入；AcroPassA2064 通过传输系统提供的以太网接口与核心信令控制设备的 AcroSwitchS6000 连接，AcroSwitchS6000 采用 H.248/MGCP 协议对 AcroPassA2064 进行控制。

（四）专用电话系统

杭海城际铁路工程专用电话系统是为城际铁路工作人员提供用于运营、管理、维修等业务的专用电话系统，主要由调度电话，站内、站间行车电话等设备组成。

控制中心、余杭高铁站和各个车站配置河北远东通信系统工程有限公司的 AcroIXPDS 调度系统。

为保证通道的安全，专用电话系统为双星形数字中继组网方式，每个站点分别与控制中心、余杭高铁站主设备采用 1 个 E1 点对点中继组网，控制中心与余杭高铁站主系统之间采用 2 个 E1 中继互联。通过 E1 组网实现每个车站节点均有 2 个方向的数字中继通道与中心调度系统互通，可保证任何单点传输通道中断，调度专用电话系统仍可正常工作。

控制中心设置总调台、行车调度台、电力调度台、环控（防灾）调度台、维修调度台等调度台，均支持双路 2B+DU 接口接入，通过用户电缆直接连接到控制中心和余杭高铁站的数字调度主系统设备。

专用电话系统采用河北远东通信系统工程有限公司设备。

（五）视频监视系统

1. 运营专用视频监视系统

视频监视系统从使用上应满足行车管理人员（中心级：行车调度员、环控调度员、总调度人员，车站级的车站值班员，列车司机）对相应的管辖区域进行监视。其中站厅区主要监视自动售检票、进出口闸机、上下站台的自动扶梯等情况；站台监视区主要监视乘客上、下列车及屏蔽门开、关的情况主要监视车站站台、站厅、出入口、隧道口、楼梯及自动扶梯、垂直电梯、乘客进出闸机、自动售检票闸机、监票补票室（乘客服务中心）、票务室等处。控制中心调度员可在各自的显示终端或大屏幕上任意调看全线任意摄像机的图像，其中环控（防灾）调度员主要监视车站的机电设备运营状态，客运人员主要监视车站票务室、乘客服务中心和监补票室。车站值班员可调看该站任意摄像机的图像。列车司机监视站台上旅客上下车情况。车站可根据需要同时对该站全部或部分多路视频图像进行存储。

视频监视系统采用海康威视公司的视频监控平台。运营专用视频监视系统和公安视频监视系统采用统一平台，整个系统纳入公安通信实施，具体情况详见公安通信视频监视系统。

2. 车辆段安防系统

为保障车辆段安全，在车辆段设置车辆段安防系统，车辆段安防系统包括闭路电视监视系统和入侵报警系统。

视频监视系统采用大华视频监视平台。视频监视系统主要在车辆段出入段线隧道口、出入段线周界、咽喉道岔区、车辆段周界以及停车列检库、联合车库、物资总库、工程车库、材料棚、镟轮库、洗车库、轮对检测棚、洗车吹扫库、运用库、综合楼等入口等设置监控摄像机，实现全天24 h监控。在其他位置视情况设置固定彩色摄像机或一体化球形摄像机。

在车辆段消防控制室、车辆段控制室、车辆段运转值班室设PC视频监视终端和后备控制键盘，实现值班员对车辆段内的监视。

入侵报警系统采用报警主机+电子围栏+激光对射探测器方案。在车辆段及车辆段出入段线围墙顶部设置电子围栏，出入口位置设置激光对射探测器。

车辆段安防系统独立设置UPS电源，供电范围包括车辆段安防系统及OCC弱电系统，蓄电池备用时长按不少于2 h考虑。

3. OCC弱电系统

视频监视系统与车辆段安防视频监视系统合设。

食堂消费系统主要由PC主机、通过RJ45接口连接的消费机、再由运行于PC主机的配套管理软件、与主机相连接的感应卡读写机、感应卡和网络连接电缆等组件构成。管理软件通过接入打印机，可打印各种记录和报表。

OCC综合布线主要提供网络信息点位及电话信息点位，采用双口面板，每个信息点位布放两条非屏蔽六类网线。采用桥架加管路暗敷方式布放线路。每个信息点位布放2条六类网线，提供1个网络信息点和1个电话信息点，采用双口信息面板插口提供使用。在每层楼宇配线间设置一个42U机柜。所有信息点位线路汇聚在综合配线机柜内。各层综合布线机柜提供12芯光缆上联，可根据需要配置网络交换机实现网络互联。

（六）广播系统

广播系统是控制中心调度员和车站值班员通过广播向乘客通告列车运行及安全、向导、防灾等服务信息，并可向工作人员发布作业命令和通知，发生灾害时可兼做救灾广播。

广播系统包括正线广播系统和车辆段广播系统。正线广播系统由控制中心广播系统和车站广播系统构成。

杭海城际铁路工程使用D-NET3000全数字化网络广播系统，系统采用以太网技术，基于标准TCP/IP协议，将音频信号以标准IP数据包的形式在网络上进行传送，音频信息、控制信息、状态信息和网管信息均为数字信号。除扬声器以外的所有设备均直接通过以太网连接，完全实现信号数字化处理、数字化传输。可实现网络远程管理、跨线路控制管理、实时监控、多线换乘和多用户管理。

正线广播系统包括控制中心广播系统及车站广播系统，两者通过传输系统提供的以太网通道连接，网管、语音和控制数据共用1路10 M/100 M以太网数据通道。车站单独控制该站广播，中心也可通过传输系统控制车站广播。系统内部所有设备之间也直接通过以太网连接，完全实现信号的数字化处理、数字化传输。

车辆段设置的广播系统为相对独立的系统，系统只接受控制中心管理，设备的状态信息纳入中心网管的统一管理。

广播系统采用天津北海通信技术有限公司的设备。

（七）乘客信息系统

乘客信息系统向乘客提供列车到站时间、运营信息、新闻、广告等公共媒体信息，使乘客通过正确的服务信息引导，安全、便捷地乘坐轨道交通。

杭海城际铁路工程乘客信息系统主要分为线路播控中心子系统、车站播控子系统、车载播控子系统、网络子系统。其中车载播控子系统由车辆专业完成，不在通信工程范围内。乘客信息系统由线路播控中心子系统经传输网络接收信息并转发各类数据至车站。由车站对信息进行筛选、播控。

1. 线路播控中心子系统构成

播控中心子系统主要由2套中心服务器（主备）、2套接口服务器（主备）、6套工作站（中心操作员工作站、网管及监控工作站、播出控制工作站、直播工作站、多媒体素材管理工作站、播表管理工作站）、1套音视频切换设备、2台直播数字电视编码器、1套视频流服务器、网络安全设备、6套播出监视器、4套视频监控终端、1套磁盘阵列、1套打印机和有关软件等设备组成。以上所有设备均满足1080P高清标准。

2. 车站播控子系统构成

车站播控子系统由车站乘客信息系统服务器、车站交换机、LCD播放控制器、LED播放控制器、LED显示屏、LCD显示屏（含OPS卡）及有关软件组成。

LED显示屏安装在与地铁运营相关的出入口处，每个出入口1台。

在站厅的自动/人工售票机处吊装的用于显示运营、媒体信息的显示屏采用55寸LCD显示屏。

在站台两侧吊装的用于显示运营、媒体信息的显示屏地下站台采用43寸LCD显示屏每站12台，高架站台采用42寸LCD显示屏每站12台，光纤直接进屏。

以上所有设备均满足高清标准。

为保证系统扩展需求及数字视频播放质量，车站LCD播放控制器至LCD屏之间全部采用光纤布线方式。

3. 网络子系统

网络子系统分为有线网络、车-地无线网络两个部分。有线网络利用通信传输系统为各车站、车辆提供之间的各种数据信息、视频信息和控制信息；车-地无线网络子系统采用华三通信技术有限公司提供的车载以及轨旁无线收发设备。系统采用5.8GHz频段，线路区间的信号覆盖采用空间波方式，覆盖范围包含全部正线区间和车辆段区域。

车载子系统负责接收车-地无线传输的信息，经处理后转发给车辆专业，以便其在列车客室内音视频播放，使乘客通过正确的服务信息引导，安全、便捷地乘坐轨道交通。

（八）数字广告系统

数字广告系统（DAS）由控制中心及5个车站组成。

每个车站DAS主要由1台网络交换机、1台媒体服务器、1台媒体工作站、3台播放控制器（盐官镇站两台播放控制器）、3块媒体显示屏（盐官镇站2块媒体显示屏）及相应软件等组成。

控制中心数字广告系统（DAS）主要由1台网络交换机、1台媒体服务器、1套非线性编辑设备、1台媒体工作站、1台播放控制器、1块27寸预览用媒体显示屏及相应软件等组成。

（九）时钟系统

时钟系统主要由一级母钟、二级母钟、系统网管、子钟、传输通道组成。时钟系统为城际铁路工作人员和乘客提供统一的标准时间，并为其他各有关系统提供统一的标准时间信号，使各系统的定时设备与该系统同步，从而实现城际铁路全线时间标准的统一。

在控制中心网管室配置一台时钟网管终端。在控制中心通信设备室配置一套 TS8000 一级母钟（含 3 台 RS422 扩展箱，5 台 NTP 扩展箱）。在各车站弱电设备室内各配置一套 TS8000 二级母钟（含 1 台 RS422 扩展箱及 1 台 NTP 扩展箱），二级母钟用于接收一级母钟的校时信号，并驱动子钟。

一级母钟及二级母钟负责为子钟提供校时信号，另外为专用通信及其他系统提供授时同步信号。

子钟设置在控制中心调度大厅、车站站厅、站长室、车站控制室、警务室、交接班室兼会议室、票务室、站务室、工务用房、屏蔽门设备及管理室、司机室及其他与行车有关的管理用房，车辆段设置在相关管理办公室及各大库等。

传输通道服务于一级母钟与二级母钟之间授时信号和故障告警信号的发送和接收。传输系统在控制中心、各车站分别为时钟子系统提供 2 路总线以太网传输通道，用于传送时钟信号；传送控制中心至各车站校时信号；各车站至控制中心的网络管理信号。

时钟系统采用浙江赛思电子科技有限公司设备。

（十）办公自动化系统

办公自动化系统是一个以办公自动化、企业资源管理为主的系统。办公自动化系统以云平台方式进行建设，采用基于虚拟化为核心的云平台技术构建系统软/硬件平台，为杭海城际铁路运营管理提供一个统一的内部通信平台，办公自动化系统整合整个企业的信息资源，强化信息资源共享，实现企业业务流程智能化，经营和管理信息化，为企业管理提供准确的决策支持，提高企业的工作效率和反应能力。

系统的网络架构按照三层结构建设：核心层、汇聚层和接入层，相应的各层节点分别为核心层节点、汇聚层节点和接入层节点。

控制中心设核心层节点设备和各线路的汇聚节点设备，车辆段设汇聚层设备及接入层设备，各车站设接入层设备。各站点采用 IEEE 802.3 标准交换式以太网，覆盖车站及车辆段的各个用户。

控制中心核心层节点设备由核心交换机 2 套、汇聚交换机 2 套、数据中心（含云平台交换机、数据中心各类应用服务器、数据库服务器、管理服务器和存储设备等）、相关安全设备等组成。

汇聚层节点设备为 6 套汇聚交换机，设置在控制中心、车辆段，与核心交换机采用 10 GE 接口连接。各车站设接入交换机，利用传输系统 GE 接口接入控制中心汇聚交换机，传输通道带宽定为 500 M。控制中心及车辆段用户较多，各楼层设接入交换机，汇聚后通过光纤直连方式接入汇聚交换机。

（十一）集中告警系统

集中告警系统是利用计算机网络技术和计算机本身的数据处理能力，对通信系统中的各子系统进行集中管理，将各系统的运行状态集中反映到某一计算机上，使通信维护人员能及时、准确了解整个通信系统设备的运行状况和故障信息，以便于及时处理故障。

整个系统在应用层采用模块化结构，向用户提供综合信息管理（信息接收和信息处理）、故障信息分析、安全管理、设备配置、拓扑管理等几个功能模块。系统由两部分组成：监测管理中心、系统数据接口部分。同时集中告警系统具有接入综合监控系统的接口，可以上报故障告警信息至综合监控系统。

控制中心通信设备室设置一套网络管理服务器、一套集中网络管理终端、一台 24 口以太网交换机、一套激光打印机等，用于采集、存储、处理各通信子系统的运行状态信息及告警信息；在车辆段设置一套集中网络管理终端，用于显示通信各子系统设备运行状态信息及告警信息。

（十二）集中录音系统

集中录音系统可确保控制中心、车辆段、各车站间调度指令和安全指令的正确录音保存，并能按照操作员的要求进行记录备份和准确回放。

在控制中心设置网络交换机；录音网管服务器；录音数据存储磁盘阵列；2 台（双机热备）64 通道集中录音设备，对公务电话、专用调度电话、广播、无线通信进行集中录音；在网管室设置网管终端和录音查询终端。

在余杭高铁站设置 2 台（双机热备）48 通道集中录音设备。在其他车站设置 2 台（双机热备）16 通道集中录音设备对公务电话、专用调度电话、广播、无线通信进行集中录音。

在集中控管方面，控制中心配置 HBFEC Smart MNS 综合网管系统，能够通过传输系统对控制中心、各车站实时进行集中维护，统一管理。

集中录音系统采用河北远东通信系统工程有限公司设备。

（十三）电源系统及接地

电源系统为不间断供电系统。电源系统的外供电源均按一级负荷供电，两路独立的三相交流电源经电源切换箱（低压配电专业提供，完成两路电源切换功能）后接入 UPS，经 UPS 输出的交流电源经交流配电屏分路后分配给各子系统设备。UPS 配备 2 组蓄电池组，在交流电源停电时，备用蓄电池组为各子系统提供所需备用电源。

控制中心、各车站及车辆段的电源系统设备的运行监控是各自独立的，但各车站的电源系统设备的运行状态及故障告警的信息将通过传输系统传送至控制中心电源网管系统，车辆段电源系统设备的运行状态及故障告警的信息将通过光缆直接传送至控制中心统一监测,同时电源网管系统输出告警信息至集中告警系统。

设在各车站的电源系统统一为专用通信系统、视频监视系统、办公自动化系统、ISCS 系统、FAS 系统、AFC 系统等提供电源；车站数字广告系统由低压配电专业提供电源。设在车辆段的电源系统统一为专用通信系统、车辆段安防系统、办公自动化系统、ISCS 系统、FAS 系统等提供电源。设在控制中心的电源系统只为专用通信系统、数字广告系统、视频监视系统和办公自动化系统提供电源。

采用综合接地方式，通信各子系统设备接地线引自通信设备室和通信电源室内的接地端子排（低压配电专业提供）。

（十四）停车场安防系统

停车场安防系统分为视频监视系统和周界告警系统，两个子系统可以联动，在报警探测器发现非法入侵行为时，视频监视系统应能做出联动响应，控制报警区域的摄像头对现场进行监视，并自动在视频监视工作站上显示，供值班人员对报警信号进行确认。

安防视频监视子系统由 1080P 高清一体化球型网络摄像机、1080P 高清固定式网络摄像机、视频编码器、视频解码器、视频服务器、视频存储磁盘阵列、视频数据管理服务器、以太网交换机、拼接屏系统、操控键盘、画面合成器、视频监控终端、网络管理终端等组成等设备。摄像机直接编码压缩通过光纤传送图像，安防值班人员通过控制键盘控制、调取停车场相关位置摄像机图像信息在监视器上显示，并可通过回放终端回溯视频信息，视频存储设备对所有图像进行录制，DCC 控制室调度人员也可通过视频监视终端对上传的图像进行显示和控制。

安防周界告警子系统由周界报警管理工作站、周界报警及控制主机、脉冲控制器、脉冲电子围栏、激光对射探测器、通信线缆等组成。激光对射探测器及脉冲电子围栏实现周界现场的隔离及防范及报警信号的采集触发等作用。根据地形地貌，把周界分成 50～200 m 不等的防区，每个防区布设 1 对激光对射探测器。前端脉冲控制器可区分入侵报警、故障报警、防拆报警并通过冗余的通信设备将这些报警信号传给周界报警及控制主机。报警及控制主机设置在安防通信监控室，可实现前端现场级报警信号的接入。安防通信监控室设置 1 套报警管理工作站，用来显示具体的报警点位，以及周界入侵防范系统的管理。

二、公安通信系统

（一）视频监视系统

杭海城际铁路工程运营专用视频监视系统和公安视频监视系统采用统一平台，在各车站合用前端图像摄取设备、图像处理设备、图像存储设备等，在各车站的警务室设置图像显示和控制设备，通过电缆或光纤接入视频监视系统车站级平台实现本地（警务室）的图像监视及调看功能。

视频监视系统采用异地远程监视（派出所、控制中心）和车站（警务站）本地监视方式，组成一个完整的视频监视两级监视网络架构。视频监视平台由图像摄取、图像解码、图像显示、图像存储、视频信号传输网络、网管等部分组成。

在车站设置高清摄像机、数字拾音器、视频解码器、视频监视终端、司机监视器、网络交换机、防火墙、视频服务器、存储设备等；在控制中心设置视频解码器、视频转码网关、视频监视终端、网络交换机、防火墙、视频服务器、视频管理服务器、网管服务器、存储设备等；在派出所设置高清摄像机、数字拾音器、视频解码器、视频转码网关、视频监视终端、液晶拼接屏、网络交换机、网络安全设备、视频服务器、视频管理服务器、网管服务器、存储设备等。

公安视频监视系统采用交换机直连的方式组网，在各车站设置1台以太网接入交换机S7710，在派出所设置2台以太网核心交换机S12708，通过敷设的公安通信主干光缆提供光纤将各站点接入交换机、派出核心交换机相连，组成一个独立的以太网环网。专用视频监视系统通过专用传输系统提供数据传输通道。在控制中心部署安全设备将视频监视网络与职能部门、其他专业网络进行隔离防护，派出所利用网闸设备将视频监视网络与公安的内部网络进行隔离。

余杭高铁站与杭州地铁线网采用互拉终端的方式实现互联互通。

（二）公安/消防无线通信系统

杭海城际铁路工程公安/消防无线通信系统由公安无线通信系统和消防无线通信系统组成。其中公安无线通信系统采用350 MHz数字PDT警用数字集群移动通信系统，采用优能公司的PDT设备。杭海城际铁路工程不另建设消防同频同播系统，共用公安无线的350 MHz数字PDT系统，同时通过在嘉兴市公安局PDT集群中心增加一套两通道网关与既有消防同频同播系统互联互通，实现地面消防部门在杭海城际铁路范围内的无线通信。

350 MHz数字PDT系统主要由网管终端、集群基站、固定台、手持台、车载台、直放站、天馈设备等构成。采用利用嘉兴市公安局既有350 MHz PDT集群交换中心，新建基站设备通过公安计算机网络系统在城际铁路派出所汇聚后，接入市公安局既有的PDT数字交换控制中心，完成对既有市局集群交换中心、网管中心、调度设备和录音设备的软硬件扩容及调试工作。同时在城际铁路派出所设置一套PDT网管终端用于对全线设备的状态监视。

在派出所和各车站的公安通信设备房内分别设置一套6个数字载频的集群基站，集群基站由基站控制器、信道控制器和信道机等设备组成。在全线各车站警务室和派出所值班室内设置固定台设备，同时为城际铁路警务人员和消防人员配置手持台，派出所的部分车辆配置车载台，用以完成相关区域无线通话功能。公安/消防无线通信系统覆盖范围包括地下区间、地下车站、高架车站和杭海城际铁路公安派出所。

（三）计算机网络系统

公安计算机网络系统采用交换机进行组网，为杭海线工程1个市公安局、1个派出所、12个车站之间的网络通信、无线通信、有线电话提供数字传输平台。计算机网络系统是海宁市公安计算机网络在轨道交通中的延伸，与市公安计算机网络互联，并与之进行数据信息交互。

计算机网络系统在各车站设置1台以太网接入交换机S7706，在派出所设置1台以太网核心交换机S7710，通过敷设的公安通信主干光缆提供光纤将各站点接入交换机、派出核心交换机相连，组成一个独立的以太网环网。在海宁市公安局新设一台以太网核心交换机S7710，环网与市公安局核心交换机的链路由市公安局考虑，实现海宁市公安计算机网络与计算机网络系统间的信息交换。

在派出所设置1套计算机网络系统网管设备，以实现对新设备的集中维护管理。

（四）电源系统及接地

公安通信电源系统由深圳科士达UPS、德克蓄电池、深圳科士达交流配电屏、福州超智电源集中监控系统等组成。

公安电源系统为不间断供电系统。电源系统的外供电源均按一级负荷供电，两路独立的三相交流电源经电源切换箱（低压配电专业提供，完成两路电源切换功能）后接入UPS，经UPS输出的交流电源经交流配电屏分路后分配给各子系统设备。UPS配备蓄电池组，在交流电源停电时，备用蓄电池组为各子系统提供所需备用电源，后备时间为2 h。

各车站及派出所的电源系统设备的运行监控是各自独立的，各车站的电源系统设备和公安通信各子系统设备柜内智能PDU的运行状态及故障告警的信息，利用交换机汇聚后，通过传输系统预留通道传送至控制中心统一监测。派出所电源系统设备和公安通信各子系统设备柜内智能PDU的运行状态及故障告警的信息利用交换机汇聚后通过光缆直接传送至控制中心统一监测。

杭海城际铁路工程采用综合接地方式，由低压配电专业在各车站公安通信设备室统一设置接地端子排。公安通信各子系统所需接地线由公安通信施工单位提供并接引至接地端子排各端子处。

三、公共安全防范系统

（一）安防集成平台

安防集成平台是通过统一的通信平台和管理软件对技术防范系统进行自动化管理实现各类智能应用的分层分布式计算机集成系统。

安防集成平台主要用于对视频监控系统、入侵报警系统、安全检查及探测系统（以下简称安检系统）、出入口控制系统和电子巡查系统各子系统的统一管理。安防集成平台采用两级管理三级控制的分层分布式体系结构。两级管理分别是线路中心级管理和站点级管理，三级控制分别是线路中心级控制、站点级控制和现场级控制。

安防集成平台由位于盐官车辆段的线路级控制中心安防集成平台、各车站（含车辆段）的站点级安防集成平台组成，平台采用C/S结构。安防集成平台主要由服务器、工作站、数据存储设备、打印输出设备、平台软件、通信接口设备和其他附属设备组成。线路级控制中心安防集成平台设置于车辆段综合楼的消防控制室。

（二）入侵报警系统

入侵报警系统主要利用传感器技术和电子信息技术探测并指示非法进入或试图非法进入设防区域的行为、处理报警信息、发出报警信息的电子系统。

入侵报警系统主要分为室外周界入侵报警系统和室内入侵报警系统。室外周界入侵报警系统主要设置于车辆段外部围墙、隧道口至梁区间的地面过渡段，该部分周界报警系统已由车辆段安防实施。室内入侵报警系统设置于车站及车辆段重要室内房间。

（三）电子巡查系统

电子巡查系统在各不同区域及重要地点独立安装不同编码的信息标签，安保巡检员持识读器按照事先规定的时间和线路进行巡查,同时用识读器触碰巡检线路上的信息标签,识读器将记录到达的地点及时间。

管理人员可以将识读器中的记录信息传至微机中,在屏幕上可清晰显示出巡检员的巡检地点及到达时间,根据事先确定的巡检班次和时间要求,计算机软件将自动统计出正点、误点及漏检报表显示在计算机屏幕上,并可通过打印机打印,为管理者提供重要管理信息。

(四)人脸识别系统

随着智能分析技术和人脸识别算法逐渐成熟,人脸识别系统越来越广泛地应用于轨道交通领域。轨道交通车站作为提供公共交通服务的场所,通常不强制要求登记人脸信息,称为"非配合"式人脸抓拍,通常将人脸识别布控点设置于出入口、换乘通道等位置处人员流动方向固定,人脸识别成功率高。

结合杭海线业务实际情况及海宁市公安局人脸识别分析及应用平台现状,人脸识别系统在全线各车站及盐官车辆段派出所设置人脸识别专用交换机进行独立组网,人脸识别摄像机视频流经交换机汇聚至车辆段派出所集中存储,车站人脸识别摄像机的图片流从前端直接推送至海宁市公安局。人脸识别系统接入海宁市公安局需扩容海宁市公安局人像解析服务器及图片存储设备,其中人像解析服务器及图片存储设备的扩容工作由杭海城际铁路工程负责实施,设备扩容所需电源及人像解析算法由海宁市公安局负责提供。

(五)安检系统

安检系统主要由通道式 X 射线检查仪、便携式液体检查仪、便携式炸药探测仪、手持金属探测器、毒气检测仪、辐射检测仪、防爆设备及辅助设备组成。每个安检点设置 1 台大型通道式 X 射线检查仪(含辅助设备)、1 张防爆毯、1 台便携式液体检查仪、2 台手持金属探测器及 1 台便携式炸药物探测器;防爆球/罐为每座车站设一只。

四、运营管理信息化系统

(一)计算机网络系统

计算机网络系统以云平台方式进行建设,采用基于虚拟化为核心的云平台技术构建系统软/硬件平台,为杭海城际铁路运营管理提供一个统一的内部通信平台。

(二)信息化安全系统

运营管理信息化系统与外部系统及网络的连接处属于区域边界,应进行边界防护、入侵防御等。系统内部由服务器、工作站、电脑终端组成,通过计算机网络连接至部署于控制中心的运营管理信息化云数据中心,设置相应的堡垒机、漏洞扫描等安全设备及策略,防止非法侵入,保证系统的安全性。

(三)信息化电源系统

信息化电源系统主要为控制中心运营管理信息化系统设备提供高质量、高可靠的不间断电源,按一级负荷供电,两路独立的三相交流电源经交流切换箱(电力专业提供)后接入 UPS,经 UPS 输出的交流电源经交流配电屏分路后分配给各交流供电的设备,如需直流供电,由系统自行转换。信息化电源系统由 UPS、交流配电屏、蓄电池及电源监控管理系统设备等组成。

(四)信息化管理软件系统

运营管理信息化系统符合开放原则,充分考虑各种业务需求的有机结合,建立完善的系统整体构架,可提供标准的接口实现与其他系统的集成。杭海城际铁路工程所采用的解决方案和系统的架构为主流技术标准，兼容性、开放性好，便于系统的升级维护，主要包含实物资产管理、设备维修管理、施工调度管理、安全管理、乘客服务管理、信息发布管理、物资管理、乘务排班管理八大模块。

第四节　设计联络

通信系统集成、采购及安装施工标段划分具体情况见表37-1。

表37-1　通信系统集成、采购及安装施工标段划分

标段名称	第1次设计联络	第2次设计联络	第3次设计联络
专用通信系统设备采购	2018.12.18—2018.12.26	2019.3.19—2019.3.21	2019.4.22—2019.4.23
公安通信系统设备采购	2019.5.30—2019.5.31	2019.6.27—2019.6.28	2019.7.31
PIS车地无线通信系统设备采购	2020.4.16	2020.5.26	2020.5.26
公共安全防范系统采购项目（货物）采购	2020.10.27—2020.10.28	2020.11.26—2020.11.27	2020.12.23—2020.12.24
运营管理信息化系统（货物）采购	2020.11.5—2020.11.6	2020.12.3—2020.12.4	2020.12.30
机电安装工程1标段	2019.7.19		

为了确保通信各标段项目能够按照工程进度及时间要求顺利执行，项目公司方针对各标段情况及实际需求组织相关参建方多次召开设计联络会议，通过设计联络完成通信各系统技术方案设计、系统设备安装及施工方案设计、系统图纸设计、系统技术规格书编制、系统接口谈判以及资料互提等工作。

第五节　通信系统设计重难点分析

1. 通信系统充分考虑资源共享，节约投资

杭海城际铁路工程为新建单一线路，但在前期设计时已充分考虑了通信各子系统的资源共享，比如：在车站专用通信、综合监控（含FAS、BAS）、AFC合用设备机房、共用集中UPS电源设备；专用无线通信系统与公安无线通信系统在区间合用漏缆，在车站合用天馈设备；由于控制中心设于车辆段内，对专用通信各子系统方案在保证系统功能完整性、可靠性及可实施性的前提下进行了整合优化，既有利于系统间的互联互通，同时节约了投资。

2. 结合特色站实际特点，通信设备优化设计方案

通信专业结合特色站的特殊建筑方案制定出针对性的通信设备布置方案，既满足了通信系统设备的功能需求，同时对特色站整体装修效果基本做到了无影响。

第六节　本章小结

一、经验教训

（1）通信设备室和公安通信设备室面积普遍较小，尤其公安通信设备室过小，导致后期机柜布置较为困难，只能勉强布置下各系统所设机柜，基本没有预留空间，后期扩容或是新业务建设较为困难。

经验教训：后续线路各车站按照通信设备室 80 m²、通信电源室 50 m² 控制，为系统的扩容改造适当预留条件。

（2）在前期专业间配合过程中，区间过轨提资不全面，通信管线多处需要过轨的地方未提资区间过轨预埋管，导致通信管线敷设困难，增加施工和防护难度。

经验教训：杭海城际铁路工程涉及高架、路基、U 形槽、地下等各种线路条件，同时有下穿高铁区段，区间电缆路径较为复杂，需与桥梁、隧道、建筑、限界、轨道专业的密切配合，提资和配合应该尽细致，并考虑全面。

（3）杭海城际铁路工程全线设置有 8 座高架车站，且全为侧式站台，站台净空较高且无吊顶，钢结构所加装屋面板为最终装修完成面，LCD、摄像机、扬声器等通信设备无法按照传统吊装或壁挂方式安装；而且屋面板由土建专业并非装修专业实施，由于施工工序不合理，土建专业未提前预留系统专业设备安装条件，而将屋面板提前全部加装，导致 LCD、摄像机、扬声器等通信设备安装件无法生根，且线缆无法暗敷隐藏。

经验教训：在前期土建配合和装修配合时应充分调研、借鉴其他类似的已开通项目的实施方案，积极配合装修及导向专业制定合理可行的设备安装及走线方案，应同时兼顾可操作性、可维护性、经济性以及美观性。

（4）各专业施工进度不一，部分专业为了赶工期存在施工工序不合理问题，且施工前未与相关专业进行相关协调，存在车站 PIS 屏、摄像机与综合管线、装修、导向等冲突问题，造成多次返工。

经验教训：设计时应加强与导向、装修的协调，施工阶段应施工配合、施工管理，合理安排施工工序。

二、设计体会

（1）加强与运营沟通，全面征求运营意见，掌握用户需求，编好用户需求书，地铁设计规范中通信内容较精简，相关技术条件与运营详细需求差距较大，不同城市的运营需求也存在差异，通信系统方案设计及系统设备招标前应与运营充分沟通，全面征求运营意见，确保通信系统最终方案及招标采购的系统设备能充分满足运营使用需求。

（2）设计输入资料准确，严格执行设计流程，注重工程细节设计，城市轨道交通设计单位较多，专业间互提资料多，设计修改多，必须注重细节设计，设计过程中一定要严把设计输入资料关，接收和提出的资料应严格遵照设计程序。

（3）做好配合施工工作，加强专业协调，及时解决现场问题，城市轨道交通由于施工作业面狭窄，专业工种多，施工作业顺序有严格要求，同时技术要求高，做好施工配合工作就显得尤为重要。特别是管线施工，专业间冲突时有发生，配合施工时就需要及时解决问题。对于设计层面的问题，需及时与相关专业设计人员沟通，及时进行设计变更，保证工期要求。对于施工层面的问题，及时指出要求相关施工单位更改，保证工程顺利且高质量推进。

三、技术创新

（1）办公自动化系统采用云架构方案，具有资源配置灵活、软件及应用部署方便、系统扩展性较强的特点。

（2）专用无线系统与公安无线系统在区间合用漏缆，在车站合用天馈设备，资源利用更大化，节省了工程投资。

（3）视频监视系统采用公专合用的模式，专用视频监视与公安视频监视全部共用设备，没有采用一般工程采用的两套设备，资源共享，大大节省了投资。视频监视系统前端摄像机采用前端分区供电及前端配线的方式。前端设置区域配电箱和光纤分线箱。此配电和配线方案，可使从设备室出去的线缆较少，便于施工和后期维护。

（4）通信设备机房内采用上下走线相结合的方式，通信系统机柜上方及地面分别设置走线架，通信系统电源线、接地线通过地面走线架布放，通信系统数据线及尾纤通过机柜上方走线架布放，实现数据线与电源线的严格分离，更好地满足设计规范要求。同时，通过线缆的分类布放并用金属理线器分层绑扎固定，使得机房内走线整洁、有序且美观，便于运营日常维护及问题排查。

（5）通信系统施工深化与BIM模型化设计相结合，利用BIM模型化设计对通信设备机房内上、下走线架的位置、缆线布放层次分布进行优化，提高机房整体布线的整齐度；对通信设备机房内的设备布置、缆线布放施工前进行提前规划模拟，保障检修空间，同时减少施工中返工情况，对施工具有一定指导意义；对模型中的布放各类缆线长度进行统计，对施工单位下料具有一定辅助作用。

（6）杭海城际铁路工程全线设置有8座高架车站，站台较高且无吊顶，对车站公共区美观要求较高，通信与装修导向密切配合，对通信专业摄像机、PIS屏、扬声器、紧急电话等终端设备的布置方案进行了优化设计。如高架车站站台层摄像机、PIS屏与扶梯口导向结合；扬声器与钢梁结合；紧急电话采用嵌装方式与紧急停车按钮、消火栓通过落地装饰箱盒统一包封，满足设备使用功能的同时使得高架站台公共区简洁美观。

第三十八章 信号设计

第一节 设计概况

一、工程总体描述

杭州至海宁城际铁路初期配置 17 列电客车，近期配置 28 列电客车，远期配置 42 列电客车。工程设计年度初期为 2024 年，近期为 2031 年，远期 2046 年。

杭海城际铁路工程初、近、远期列车交路及对数如图 38-1 所示

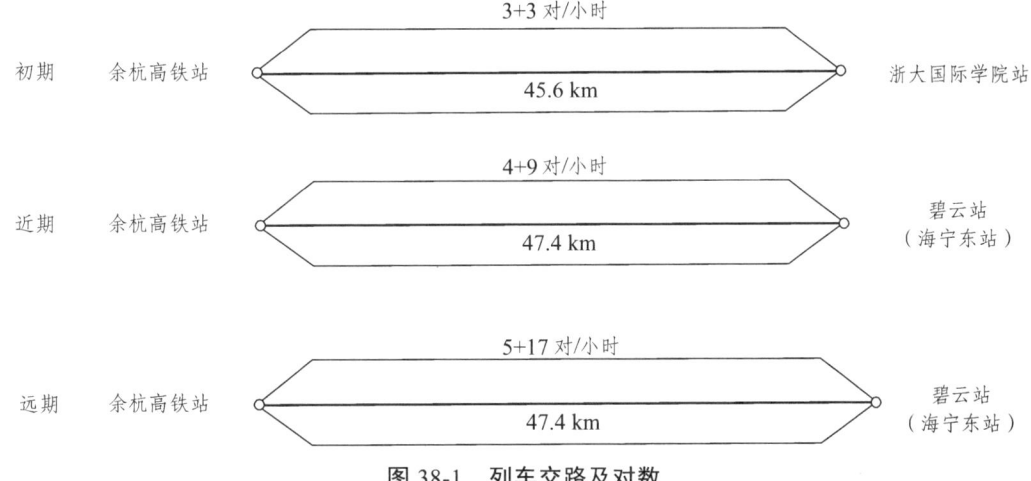

图 38-1 列车交路及对数

注："×+×"表示"大站+站站停"。

二、信号工程范围

（1）约 46.319 km 双线正线，以及正线范围内的折返线、渡线、停车线、正线与车辆基地之间的出入段线等。

（2）12 座正线车站（含桑亭路站）。

（3）1 座控制中心（设置在盐官车辆基地内）。

（4）工程初期配属 17 列、4 辆编组列车。

（5）1 座车辆基地（盐官车辆基地）。

（6）1 条试车线（设置在盐官车辆基地）。

（7）1 处维修中心（设置在盐官车辆基地）。

（8）1 处培训中心（设置在盐官车辆基地）。

三、系统配置要求

杭海城际铁路工程信号系统设备按地域划分为控制中心设备、备用控制中心设备、车站及轨旁设备、车载设备、车辆基地设备、试车线设备、培训中心设备和维修中心设备。

（一）控制中心设备构成及配置

控制中心的设备为 ATS 子系统的中央设备，其设备组成及功能应满足全线运营组织的功能需求。ATS 中央系统设备在容量和能力上，除满足此期工程需求，应考虑线路延长扩展需求，满足系统远期需求。

为提高 ATS 系统的可靠性和可用性，ATS 局域网采用 100M 以上双局域网冗余结构；对控制中心与正线车站、车辆段等地采用冗余组网方案。ATS 子系统的主要设备如各类型的服务器、网络交换机、数据传输设备需采用市场上的主流名牌高端产品，并冗余配置，调度员工作站在硬件和软件上应具有相同的结构，控制功能互为备用，当某一工作站发生故障时，可由另一工作站登录后代替。工作站人机界面对话窗口应包括以下几部分：列车监控，联锁控制，时刻表编辑，时刻表管理，列车调度管理，系统监测，现场信号状态再现、职责和授权、报警显示等。在相应的对话窗中可对对应的控制对象进行监控。

ATS 系统在控制中心与综合监控系统、时钟系统、无线通信系统接口，接口分界点在前述各系统的外线端子架。

（二）备用中央级 ATS 设备

备用中央级 ATS 设备是 ATS 的第三套设备，设置在余杭高铁车站。

主要设备配置如下：

1 套数据库服务器；

1 套应用服务器；

1 套通信服务器。

网络交换机、路由器等网络传输设备（双网冗余）；

1 套接口服务器；

1 台调度员工作站。

备用中央级 ATS 设备具备与控制中心的冗余热备和无缝切换，控制中心主要计算机设备须冗余配置，备用中央级 ATS 设备主要计算机设备单套配置，其网络冗余配置要求须与控制中心一致。

（三）正线车站与轨旁设备构成及配置

设备集中站和非设备集中站的 ATC 网络、总线采用冗余结构，信号系统所需的 ATC 信息通道和维护监测网络由信号系统自行构建。

正线需设置备用列车检测设备以满足系统降级运营模式以及非装备车载设备列车运行和混合运行的需要。系统采用后备模式运营时，按单向正向运行设计，并具有 ATP 防护功能。

试车线除装设与正线功能一致的轨旁设备和室内设备外，还装设与车辆段相同制式的空闲检测设备，纳入车辆段联锁控制。

所有载客列车均装设 ATP/ATO 车载设备，车载 ATP/ATO 设备应冗余配置，除车载 MMI（司机盘、有关操作按钮、指示灯）外，主、备车载设备应能互为冗余自动转换。转换时间应不影响列车正常运行或司机正常驾驶为原则（即无缝切换）。具体见表 38-1。

表 38-1 车站连锁设置

序号	设备集中站 既设置联锁也设置区域控制	被管辖车站	道岔数量	控制范围（约）/km
1	余杭高铁站	许村镇（设置联锁）、海宁高铁站（设置联锁）、长安镇站（设置联锁）	24	17.9
2	盐官镇站	桑亭路站、周王庙站（设置联锁）	26	17.57
3	浙大国际学院站	桐九公路站、斜桥镇站（设置联锁）、皮革城站（设置联锁）、海昌路站	20	15.53

在正线设备集中站信号设备室主要设置的设备有：正线联锁设备、ZC 区域控制器机柜、计轴室内机柜、LEU 设备、接口柜、继电器柜、防雷分线柜、DCS 有线网设备、LTE 通信室内机柜、维护工作站、智能电源屏、UPS 和电池等。

在正线非设备集中站信号设备室主要设置 DCS 设备、智能电源屏、UPS 和电池等。

在正线车站控制室内设置 ATS 车站级工作站、联锁现地控制工作站（仅设备集中站），并在由综合监控专业提供的紧急后备盘上设置"扣车/终止扣车"和"紧急停车/取消紧停"等按钮及相应指示灯，用于在车站值班员认为必要的情况下，通过按压紧急后备盘上的有关按钮，对停于车站股道上的列车实施"扣车"/"放行"操作，同时在该盘上还可进行紧急停车/紧急停车恢复的操作。

正线车站站台设备包括发车指示器、紧急停车按钮。正线车站轨旁设备包括转辙机、信号机、计轴轨旁设备、车-地通信设备（含无线通信和点式通信设备）、信号箱盒、光电缆。在运行交路的折返站站台处设有折返按钮，实现列车折返和车载设备驾驶端的自动转换。

（1）车站现地工作站及显示终端：信号设备集中站车控室设置的车站现地工作站，其为双套冗余配置，并按双显示屏配置，其用于实现 ATS 车站级监控功能及联锁进路控制功能。非设备集中站车控室设置 ATS 车站级工作站，其正常情况下只有监视功能，仅当设备集中站车站现地工作站故障的情况下，经一定授权后才具有控制功能。

（2）发车表示器：一般在每个车站正向出站方向的站台侧列车停车位置前方适当地点各设一个发车表示器，每站台 1 个，用于显示发车时机，建议采用 LED 显示屏。列车进站停稳后，指示器显示预定的停车时间。

（3）ATP/ATO 车站设备：ATP 设备是地铁 ATC 系统中保障列车运行安全的关键设备，ATO 设备是实现列车最佳运行控制的非安全设备，是系统中的高层次环节。根据工程实际情况，在设备集中站设置联锁及 ZC 区域控制器机柜，完成管辖范围内地面 ATP/ATO 及联锁功能。其应能接受车站值班员和 ATS 子系统的控制，并与相邻集中站的联锁及 ZC 区域控制器机柜交换信息。通过辅助的列车位置检测计轴设备，实现 ATP/ATO 地面设备故障时后备的列车位置检测功能。

控制与表示采用彩色显示器、键盘及鼠标器或其他方式，设置于车站综合控制室内，其也可同ATS 车站显示终端合设。彩色显示器应可显示联锁范围内的站型及区间线路。

（4）车-地通信设备：BBU、RRU、漏缆、LTE 轨旁光电交接箱等。

（5）站台紧急停车按钮：在车站的上、下行站台的适当位置和车站控制室内，分别设置站台紧急停车按钮，在有紧急情况下，乘客按压该侧站台处或车站值班员按压车控室的紧急停车按钮，使进入或驶出该站台的列车紧急停车。站台紧急停车功能的取消仅能由车站值班员在集中站车控室内取消。站台处紧急停车按钮的安装设置尽可能与通信的站台紧急电话统一考虑、面向乘客、方便操作，每侧站台设置 2 个。

（6）地面信号机：在 CBTC 模式下列车以车载设备显示作为行车凭证，地面信号机蓝灯；在点式模式下列车以车载设备显示作为主要行车凭证，地面信号机显示作为辅助行车凭证；在联锁级模式下列车以地面信号机显示作为行车凭证。在点式模式下和联锁级模式下信号机状态均为着灯，系统应具有信号机灯丝断丝检查功能。

（7）计轴设备：车站进、出站口、区间信号机、正线配线区域、和车辆基地等位置均设置计轴设备，使其在保证在点式模式下系统也能判断列车位置是在区间或是在车站的同时也减少了列车运行间隔。根据行车能力在部分车站出站信号机外方设置离去区段，作为车站接车进路的保护区段，以减少在点式模式下的列车运行间隔，使点式模式下最小列车运行间隔满足初期4min的要求。

（8）正线道岔转辙机：正线上道岔由于采用了曲线尖轨，采用二点牵引，需在轨旁转辙机安装位置对隧道局部加宽。

（9）有源应答器：有源应答器的布置原则为在正向进路的始端设置有源应答器，以满足点式模式下正向运行列车的ATP防护功能。

（四）车载设备的配置

每列车配置的ATP/ATO单元及其外围设备采用冗余配置，切换时不能影响列车的正常运营。外围设备包括但不限于：车载HMI、连续式通信天线、信标天线、测速传感器或测速雷达等。

（五）试车线设备配置

在试车线旁设置试车设备室、电源室和试车控制室，装设与正线相同的ATP、ATO室内设备，轨旁设备以及相应的试验设备。

试车设备室包括：ATP/ATO线路计算机设备、计轴室内设备、车地通信室内设备、继电器柜、防雷分线柜、与屏蔽门/安全门接口的模拟计算机设备。电源室包括电源屏、UPS和电池。试车控制室包括试车线工作站和控制盘。

室外设备包括计轴室外设备、车地通信设备（含无线通信设备和点式通信设备）、信号机、信号箱盒等。

试车线信号系统应按试车及正线系统功能要求进行闭塞分区的划分。

试车线上的道岔和道岔防护信号机均由车辆段联锁系统控制。作为信号楼联锁控制的一部分，试车线道岔区段的占用/空闲状态应安全、可靠地反映到信号楼的联锁系统。

在试车条件具备时，试车线控制室请求试车，信号联锁进行必要的操作和检查后，如试车线道岔锁定在直向，试车线上的防护信号机开放，联络线上防护信号机关闭等，列车便可在试车线上自由运行，对各项ATP/ATO功能进行测试。试车完毕后，试车线控制室通知信号楼，信号楼联锁系统收回对试车线道岔和相关信号机的控制权。

（六）培训中心设备的配置

信号系统在车辆段培训中心内配置一套模拟培训设备，以满足信号维修人员学习、技能培训的需要。培训系统根据正线系统制式选型，本着经济、实用原则设置ATC室内外模拟培训设备。培训设备应能至少体现正线区段内一个集中联锁区内的主要设备工作状态及一个ATP/ATO车载系统的工作状态，并使培训系统设备的工作状况最大限度接近ATC系统实际工作状况。

（七）维修中心设备的配置

测试维修设备包括通用设备和专用设备，专用设备由ATC系统配套提供。维修设备的配置应满足维修体制和维修能力的要求。

信号系统供货商应提供为维持系统正常运行所需的专用维修测试设备和专用工器具，主要包括：车载系统维修测试设备和工器具；ATP/ATO系统维修测试设备和工器具；车地通信系统维修测试设备和工器具；计轴器维修测试设备和工器具；应答器维修测试设备和工器具等。

为保证维修的及时和便利，还应为维修机构配置必要的交通运输工具。在控制中心设有维护服务器及工作站，并在维修中心综合调度室设置维护终端及打印机，以实现实时监测信号设备的使用情况，分析故障原因，统计故障时间，为实现信号系统设备"状态修"创造条件。

（八）车辆段设备的配置

室内联锁设备设置：联锁室内设备主要包括联锁机柜、微机监测机柜、微机监测工作站、接口柜、继电器柜、防雷分线柜等。电源室设有智能电源屏和UPS及电池。车辆段DCC设有计算机联锁控显终端设备，操作采用鼠标、键盘方式，同时设置ATS工作站，通过ATS工作站可监视出入段线和正线部分的列车运行情况。

室外设备主要有信号机、道岔转辙机、轨道电路及电缆箱盒等设备。在库内派班室内设置ATS显示工作站，用于辅助车辆调度人员安排用车计划和派班计划。

第二节　设计原则及执行技术标准

（1）信号系统采用完整的列车自动控制系统，其技术及结构应便于系统功能扩展和控制范围的延伸。系统应技术先进、符合国内外轨道交通信号技术发展方向，工作稳定可靠，具有较高的性能价格比和国产化率。

（2）系统应具有安全、可靠的降级运行控制模式，降级模式下行车间隔要求满足初期运营间隔的要求，设计间隔应预留一定的余量。要求点式控制模式下，在车站宜具有与站台门联动的功能。

（3）信号系统应具有控制中心自动控制、控制中心人工控制、车站自动和车站人工控制模式。通常采用中心自动控制，必要时中心调度员可实现人工控制，当中心设备或通道故障以及运行需要时可转为车站自动控制或车站人工控制。

（4）信号系统需具备完善的维护监测系统，对在线运行的信号设备进行维护管理和支持。在维修中心完成对列车运行的监视和整个信号系统所有设备的集中报警功能。

（5）信号系统的设备配置应有利于行车组织和运营管理，实现行车指挥的自动化和列车运行的自动化。信号设备应便于维修并尽量减少维修频度，便于测试、更换和降低运营成本。

（6）系统应考虑浙江省轨道交通线网建设和资源共享的要求，系统能力、容量、软硬件设计等均应预留工程线路延伸的条件。

（7）系统设备应具有良好的电磁兼容性，在列车、牵引供电等所产生的电磁干扰条件下，信号系统应安全可靠地正常工作。

（8）信号系统应满足国家对信息系统安全等级保护的相关标准和规定的要求。

（9）信号系统信息传输应保持相对的独立性和透明性，安全信息和非安全信息间的传输不得影响安全信息传输的有效性和实时性，并应采取有效隔离措施。系统网络必须保证信息传输速率和信息传输质量，并应采取冗余等措施提高信号系统的抗干扰能力。

（10）信号系统所有室外设备的安装必须满足工程设备限界的要求，车载设备严禁超出车辆限界，地面设备严禁侵入设备限界。在满足运营要求的前提下，设置于站台区域的设备应尽量与车站的装修布置相协调、设置于地面的设备应与城市景观相协调。控制中心、车站控制室内或值班室内、站台等处信号设备的设计要考虑与相关系统设备及环境协调、统一，设备的布置与安装应统筹考虑。

（11）信号系统采用的设备、器材应符合有关现行国家标准和有关行业标准的规定，应适应浙江杭州、海宁地处沿海地区的现场条件，具备防盐雾腐蚀要求。

（12）主要技术标准：

《城市轨道交通技术规范》（GB 50490—2009）；

《城市轨道交通信号系统通用技术条件》（GB/T 12758—2004）；

《建筑物电子信息系统防雷技术规范》（GB 50343—2012）；

《职业健康安全管理体系规范》（GB/T 28001—2011）；

《城市轨道交通信号工程施工质量验收规范》（GB 50578—2010）；

《电磁兼容—试验和测量技术》（GB/T 17626）；

《城市轨道交通试运营基本条件》（GB/T 30013—2013）；

《信息技术设备的无线电骚扰极限值和测量方法》（GB 9254—2008）；

《信息技术设备安全》（GB 4943.1—2011）；

《数据中心设计规范》（GB 50174—2017）；

《城市轨道交通工程项目建设标准》（建标 104—2008）；

《城市轨道交通基于通信的列车自动控制系统技术要求》（CJT 407—2012）。

第三节　设计联络

信号系统集成、采购及安装施工标段划分具体情况见表38-2。

表38-2　信号系统集成采购及安装施工标段划分

标段名称	第1次设计联络	第2次设计联络	第3次设计联络	第4次设计联络
信号系统集成采购	2018.11.19—2018.11.30	2018.12.07—2018.12.15	2019.03.11—2019.03.22	2019.05.13—2019.05.22
机电安装工程2标段	2019.7.19			

第四节　信号系统设计重难点分析

杭州至海宁城际铁路信号系统设计严格遵循国家政策、法律、法规，以信号专业的相关设计规范为依据进行设计，结合信号专业的现状和未来发展趋势，充分利用了信号当前发展的高新技术。

杭州至海宁城际铁路工程可评审时间为2014年底。杭海城际铁路为120 km/h和大站快车运行模式，当时LTE-M尚无成熟方案和开通案例。而初步设计为2017年，LTE-M承载CBTC业务已有成熟案例。因此在初步设计阶段，与项目公司、专家进行了充分的讨论，进行了点式ATC方案向CBTC-R方案的改变论述。

由于全线为城际都市圈性质，高架车站和高架区间达到了三分之二，因此对信号设备机房的防雷进行了专项设计，对信号设备室进行了法拉第笼的专项设计。

由于初步设计批复，杭海城际铁路工程进一步预留了向东段和西段进一步延伸的可能。结合ZC控制能力在东部和西段折返站均设置了区域控制器，在线路进一步延伸少量车站的场景下，可不增设ZC。在给线路未来延伸的同时，也包容了方案的灵活性，同时节约了工程投资。

针对都市圈城际信号系统没有标准计算原则的难点，设计单位结合最新颁布的土木工程协会标准

《市域快轨设计规范》，将高架段的保护区段长度设置为 60 m，并得到主流信号集成商的确认。

在施工设计的全过程中，加强与信号集成商及主要设备供应商合作，对集成商提供的各类技术资料严格审查把关，施工图设计文件符合现行国家颁布有关设计规范和规程要求，图纸内容完整全面、图纸清晰、设计表达准确，满足施工图设计文件深度及工程的各项要求，设计文件及图纸很好地指导了施工，工程顺利开通，系统运行良好，轨道公司及其他参建各方对工程设计给予了较高的评价。

第五节　本章小结

一、经验教训

（1）从造价和安全认证角度考虑，项目公司坚持正线应答器没有防护措施，对应急状态下的人员疏散存在安全隐患。在后续线路工程项目中应坚持在不影响应答器正常功能条件下增设应答器防护设施（如斜坡），消除安全隐患。

（2）在盐官车辆基地西侧的入段信号机，设置了车辆专业的在线检测棚，在线检测棚遮挡了入段信号机的显示。如果把入段信号机移至在线检测棚外侧，则会影响转换轨的平直性。建议后续和车辆专业以及出入段线统筹考虑入段信号机以及在线检测棚的设置方案，如果实在难以避免，可优化信号机倾斜角度或增加入段信号机的复式信号机。

（3）高架和地下车站区间的电缆均采用了低烟无卤阻燃电缆，统一了型号，也节约了成本。建议可学习供电专业，区间电缆托架进行进一步的细化设计，明确区间电缆托架承担电缆的种类和数量。

（4）盐官车辆基地检修库内，列车停车列位之间的信号机及计轴箱盒未在一条直线上，未形成最小宽度。后续线路设计时可优化此部分设备的设计安装，增加设备安装细节设计说明，最大程度上拓宽股道之间的走道宽度。

（5）对后期线路建设的建议：

① 在杭州至海宁城际设计工作的好的经验和做法应加以坚持和进一步完善；

② 强化各单位及设计环节的交流和沟通；

③ 各种例会、专题会应该准备充分，主题明确，提高效率，起到解决问题的效果；

④ 将杭州至海宁城际铁路信号系统施工过程中出现的典型问题补充更新至院内专业问题库内；

⑤ 做好各阶段设计图纸会签，落实对各专业要求；

⑥ 切实做好施工图的前期准备，完善和细化施工图的设计。

二、设计体会

（1）加强与运营的沟通，全面征求运营意见，掌握用户需求，编好用户需求书。市域快轨设计规范信号内容较精简，相关技术条件与运营详细需求差距较大，不同城市的运营需求也存在差异，必须与运营充分沟通，全面征求运营意见才能满足用户需求，将运营要求全面反映在用户需求书中，使供货商的设备能充分实现用户功能要求。因此用户需求书的编制就显得尤为重要，编制过程中要全面听取运营各个单位的意见，多召集专家进行论证和审查。

（2）设计输入资料准确，严格执行设计流程，注重工程细节设计，设计单位较多，专业间互提资料多，设计修改多，必须注重细节设计，设计过程中一定要严把设计输入资料关，接收和提出的资料要严格遵照设计程序，不能碍于情面未经核对接收了内容不全或内容错误的资料，设计会签时要仔细核实，有问题及时登记在会签问题记录或不签，等对方修改完图纸才可以签字确认。地铁的施工就是按图施工，未按图施工和未经设计确认则施工单位承担责任，责任明确，谁的错误谁承担责任，所以设计一定要注重细节设计，考虑问题一定要全面，切忌马虎，若设计有误施工过程中必须要纠正的，不要寄希望于施工单位来完善设计图。

（3）信号系统结构图和信号平面布置图要引起足够重视，图纸深度和内容较好地满足了工程施工安装要求，在设计过程中，信号系统图和信号平面布置图是信号系统功能实现的基础，必须认真核对和反复征求运营的意见，设计过程中应反复征求各个相关专业的意见，避免基础图纸错误造成后续工程返工。

（4）做好配合施工工作，加强专业协调，及时解决现场问题。工程由于施工作业面狭窄，专业工种多，施工作业顺序有严格要求，同时技术要求高，做好施工配合工作就显得尤为重要，特别是管线施工。专业间冲突时有发生，配合施工时就需要及时解决问题。对于设计层面的问题，需及时与相关专业设计人员沟通，及时进行设计变更，保证工期要求。对于施工层面的问题，及时指出要求相关施工单位更改，保证工程又好又快顺利进行。

各施工单位均按图施工，但难免出现各设计单位图纸版本不一致或是对各方安装工艺不了解造成的安装位置冲突等问题。施工单位应第一时间通知设计单位，确定实施方案。如果工期要求紧，施工单位可以与冲突单位现场协商，在不违反设计原则的前提下确定施工方案，提交设计、监理、项目公司认可后开展施工，并补齐施工调整方案的书面材料；一般情况下应提交施工监理、设计和项目公司，通过监理例会、现场协调会，或设计专项会议协商解决，将会议纪要作为施工的依据之一。

（5）加强参建各方技术交流，保证信息畅通；设计的主要定位应该是做好服务，为项目公司提供成熟、完整的设计方案。与项目公司的沟通与交流需要多方面、多种形式开展，同时要细致和深入。不清楚的地方应多解释、讨论；交流和沟通是双方面的，在交流中不断辨别有认识错误的东西，搞清楚有疑惑的东西，不断提高对设计对象的认识。在交流和协商的基础上，尽量多了解和认识清楚项目公司的想法，作好项目公司的参谋。在大多数情况下，尽量提供一些资料、素材和多种建议方案，也可以提交设计专题。最后的决策权还是在项目公司。

集成商及施工单位主要工作包括全面参与设计联络等详细设计阶段，设计院必须在确定了设备具体设计方案的前提下做好施工图和设计交底；全面配合现场设备安装及调试，出现问题及时响应，协商解决，帮助和协助集成商及施工单位保质保量完成系统施工。在设计过程中除了专项目公司管项目公司以外，与相关接口系统项目公司打交道也要特别注意。由于个人工作习惯、性格特点各不相同，不同的项目公司做事风格可能有很大的不同，因此要强调服务意识，多交流和协商。

三、技术创新

（1）信号系统采用中国城市轨道交通颁布的《城市轨道交通基于通信的列车运行控制系统（CBTC）互联互通系统规范》，采用国产 CBTC 系统，系统未来延伸拓展绑定性低，全生命周期性价比高。

（2）信号系统支持大站快车越行，旅行速度可超过 90 km/h。针对大站快车的旅行速度，信号系统在设备招标时充分参考借鉴了线路、车辆、信号系统之间速度匹配性的相关文件。通过专题研究措施，提高了列车旅行速度，具备非限速区段 ATO 速度达到 120 km/h，节约了开通后乘客的大量时间成本，取得了显著的经济及社会效益。优化后全线大站快车旅行速度可实现不低于 94.8 km/h 的旅行速度，与初步设计理想条件基本保持一致；折返能力大约可达到约 110 s，优于初步设计要求；在与初步设计同等用车条件下，每天运行图增发列车 33 次，提高了系统服务水平。

第三十九章 综合监控设计

第一节 工程概况

杭海线综合监控系统对12个车站、盐官车辆基地、控制中心,以及车辆段DCC布置工艺、控制中心调度大厅布置工艺等设计,以及培训仿真与软件测试平台、网络管理系统软件、维修管理系统等辅助系统的设计。

第二节 系统组成与功能

综合监控系统由控制中心综合监控系统(CISCS)、车站综合监控系统(SISCS)、车辆基地综合监控系统(DISCS)以及网络管理系统、软件测试平台、综合维修管理系统、培训管理系统等组成。这些系统通过网络连接起来构成全线综合监控网络系统。

杭海线综合监控系统硬件平台采用基于虚拟化为核心的云平台技术构建,中央级和车站级服务器均由位于中央的服务器群组虚拟实现。杭海线综合监控系统通过全线的主干网络将各车站监控网的监控信息直接汇集到控制中心的服务器群组从而实现杭海线内多系统的综合监控管理。

现场级是由SCADA、FAS、BAS、PSD、PA、CCTV、PIS、AFC、SIG、ACS等系统的现场层设备组成,这些系统与综合监控系统的车站级或中央级集成互联。它们位于各监控对象附近,起接口转换、信息采集、传送、汇聚、命令接收、执行和反馈作用,一般采用工业控制网络或现场总线,分散控制结构,自律式控制器保证系统的安全可靠。

通过对全线重要监控对象的状态、性能等数据进行实时收集及处理,在各种调度员工作站和大屏幕以图形、图像、表格和文本的形式显示出来,供调度人员控制和监视,并且根据一定的逻辑关系自动向分布在各站点的被监控对象或系统发送模式、程控、点控等控制命令,或由调度员人工发布控制命令,从而完成对全线环境、设备和客流信息的集中监控。综合监控系统采用两级管理三级控制的分层分布式结构,满足了运营中央级监控和调度指挥、车站级监视和控制的两级制监控和调度指挥的需求。

第三节 主要技术参数

一、主要技术参数

杭州至海宁城际线12个车站,1座车辆段,1个控制中心,考虑到线路的延伸,全线综合监控系统按50个车站级节点考虑,综合监控系统监控点数应按照每站不低于12 000点(物理点),总量不低于 60 万点（物理点）计算监控容量。具体见表 39-1。

表 39-1　互联系统的接入规模

序号	系统名称	接入位置	接入系统数据类型	数据交换频度
1	广播系统（PA）	OCC 车站	下传： （1）控制信息 （2）车站内 4 个分区	下传： （1）随机发送 （2）随机传送
2	视频监视系统（CCTV）	OCC 车站	上传： （1）车站及车载视频图像 下传： （2）控制信息	上传： （1）实时传送 下传： （2）随机传送
3	乘客信息系统（PIS）	OCC 车站	下传： （1）文本信息 （2）时钟信息 （3）运营时刻表信息	下传： （1）随机发送 （2）500 ms 发送一次 （3）时刻表初始和变化时传送
4	自动售检票系统（AFC）	OCC 车站	（1）各站客流 （2）重要设备故障	（1）各站客流每 15 min 传送一次 （2）设备故障每 500 ms 传送一次
5	信号系统（SIG）	OCC	时刻表、列车位置变化、重要设备故障等信息	（1）时刻表初始和变化时传送 （2）列车位置变化每 500 ms 传送一次 （3）重要设备故障每 500 ms 传送一次
7	时钟系统（CLK）	OCC	时间信息	每 500 ms 采集一次
8	电气火灾检测	车站	电气火灾相关报警信息	随机发送
9	车载 FAS	OCC	车载火灾报警信号；车载 FAS 设备故障信号	随机发送
10	车载视频	OCC	车载视频信号；车载视频设备故障信号	上传： （1）实时传送 下传： （2）随机传送
11	列车控制和管理系统	OCC	车辆状态信息	随机传送
12	能源管理	OCC	全线能源管理数据	实时传送
13	消防电源监控	车站	车站消防电源状态信息	随机传送

以上系统每 500 ms 与 ISCS 交换一次数据，ISCS 支持查询和事件触发方式与上述系统交换数据。其中 SCADA 含有数字量、模拟量和 SOE 量，BAS 含有模拟量、数字量。

设备状态更新时间（ISCS 从与相关系统的接口接收到信号开始，到工作站屏幕更新为止的时间）：

对于 ISCS 中心：

（1）所有数据变化刷新时间：≤3 s。

（2）重要数据变化刷新时间：≤2 s。

（3）重要报警信息的响应时间：≤2 s。

（4）数字量信息更新时间：≤2 s。

（5）模拟及脉冲量信息更新时间：≤3 s。
（6）操作站上画面刷新时间：≤1 s。

对于 ISCS 车站：

（1）所有数据变化刷新时间：≤2 s。
（2）重要数据变化刷新时间：≤2 s。
（3）重要报警信息的响应时间：≤2 s。
（4）数字量信息更新时间：≤2 s。
（5）模拟及脉冲量信息更新时间：≤2 s。
（6）操作站上画面刷新时间：≤1 s。

MTBF≥10 000 h；

MTTR＜1 h；

可用性指标应不低于 99.98%；

综合监控系统主干网络切换时间不大于 500 ms；各集成互联子系统，若为二层数据通信业务，网络接口切换时间不大于 500 ms；若为三层数据网络通信业务，网络接口切换时间不大于 5 s。

系统重启的时间应不大于 15 min。

二、主要设计接口

1. 中央级集成互联系统

中央综合监控系统互联下列各系统，并与中央级集成以及纳入中央级的 SCADA、BAS、FAS、ACS 等系统共同实现中央级系统间的联动功能，中央级互联的系统有：

广播系统（PA）、视频监视系统（CCTV）（含车载 CCTV）、乘客信息系统（PIS）、信号系统（SIG）、时钟系统（CLK）、自动售检票系统（AFC）、车载 FAS、列车控制和管理系统（TCMS）、通信集中告警系统、通信电源网管系统。

2. 车站集成和互联的系统

集成系统、变电所综合自动化系统（SCADA）、火灾自动报警系统（FAS）、环境与设备监控系统（BAS）、门禁系统（ACS）、站台门系统（PSD）、隧道感温探测系统（TFDS）、互联系统、电气火灾监测、广播系统（PA）、视频监视系统（CCTV）、乘客信息系统（PIS）、消防电源监控、防淹门、能源管理、杂散电流。

3. 车辆段集成和互联的系统

变电所综合自动化系统（SCADA）、火灾自动报警系统（FAS）、环境与设备监控系统（BAS）、门禁系统（ACS）、能源管理、杂散电流。

第四节　系统选型

一、硬件要求

（1）ISCS 是热备、冗余、可靠、模块化、易扩展的高可靠性系统。
（2）ISCS 的设备采用成熟的、可靠的、国内外知名品牌的产品。
（3）系统中所有同类别产品采用同一品牌产品。

（4）ISCS 在主/备（热备）两种工作方式下，均能对系统进行正常的操作，并能连续地自动检测系统的硬件和软件故障，在故障发生时能自动进行切换，自动地隔离故障单元，并且能建立一个新的有效的数据通道，使 ISCS 保持不间断的工作。

（5）主、备服务器集群能实时地同时更新数据。当故障切换时，热备服务器集群能取代主服务器集群。这个原则适用于任何冗余配置的设备，如通信服务器、网络设备、工作站等。

（6）故障情况下，主干网络切换处理时间不超过 200 ms，冗余 CPU 的切换时间不超过 5 s。在故障恢复后，故障点的正常监视和控制功能正常，且数据不会出现丢失。

（7）ISCS 的任何故障、电源故障或者故障切换都不引起被控系统的设备的误动作。

（8）ISCS 所有设备抗振动性能均满足 IEC 60068-2-6 标准相关要求。

（9）ISCS 所有设备抗冲击性能均满足 IEC 60068-2-27 标准相关要求。

（10）设计 MMI、OPS、IBP 时，采用人机工程学原理进行显示内容和画面的设计。

（11）ISCS 从冷启动到能正常操作，在 15 min 内完成。

（12）综合监控系统的光、电缆（线）的外护套是绝缘的。

（13）保证未来杭海线延伸扩展时，ISCS 在线增加任何硬件、软件等，对系统没有任何的影响，并且延伸扩展工作实施时不影响杭海线线路的正常运营。能通过培训仿真测试系统修改数据和创建画面并通过网络上载至 CISCS，各站点可在 CISCS 获取相应的软件并得到更新。

（14）ISCS 硬件内容包括：杭海线车站部分、车辆段部分和中央部分（含未来线路延伸系统扩容的预留）。

（15）ISCS 硬件包括但不限于下列内容：

操作工作站、云服务器集群、培训仿真测试服务器、交换机、打印机、通信前置机、防火墙、综合后备盘（IBP）及操作台、机柜、调度台、大屏幕。

二、软件要求

杭海线 ISCS 系统采用中控自主研发的具有自主知识产权的大型综合监控系统软件平台——MetroView。ISCS 系统软件体系建立在基于成熟工程经验的 MetroView 软件平台之上。MetroView 软件平台是 ISCS 系统软件体系形成的完整的、一体化指挥监控平台软件。它是实现 ISCS 监控功能、系统维护、信息资源共享以及多工种协同工作、数据管理以及专家库、决策库等建设的前提和基础。

综合监控系统的 C/S 工作站后台软件具有相同的功能，能够根据调度人员具体专业岗位及权限的不同，进行不同的用户配置，呈现出不同人机界面及管控权限。能够根据项目公司要求，可以全部开放成一样的权限，每台工作站上可以浏览及管理控制的功能均相同。

综合监控系统服务器采用 Linux 操作系统；数据库采用基于 Linux 成熟的大型商用数据库；工作站采用 Windows10 简体中文操作系统；通信处理机采用 Linux 操作系统。

第五节　技术特点、难点解决以及技术创新

综合监控系统集成方案、ISCS 构成方案、中央综合监控构成方案、车站综合监控构成方案、车辆段综合监控构成方案、辅助系统构成方案、网络方案、换乘站方案基本按初步设计推荐方案执行。由于控制中心设置在车辆段内，全线仅在控制中心设置一套云平台资源。根据运营需求，经杭海城铁公司《关于杭海城际铁路调度大厅布置优化设计的函》（杭海城铁函〔2018〕0012）明确在控制中心

四楼应急指挥平台增设 2 行×2 列 70 英寸 DLP 大屏幕,屏幕参数及接口要求与调度大厅大屏幕一致。

一、云平台方案

按照杭州至海宁城际铁路工程综合监控系统采用虚拟机处理技术,构建线路级综合监控业务企业级私有云方案。

(一)云平台服务器群组主要硬件设备介绍

杭海线综合监控云配置三个刀框,控制中心采用华为品牌的 FusionCube9000 产品作为云平台硬件基础设施(如图 39-1 所示)。

图 39-1　云平台硬件基础设施

每框提供 12U 空间,此次选用 CH222 2P 计算管理存储刀片及 CH242 4P 计算刀片。

云平台配置两台业务交换机 CE6810,配置 iStack 堆叠,iStack 堆叠是将多台设备通过堆叠口连接起来形成一台虚拟的逻辑设备,从功能和管理方面,可以作为一台设备来看待。

(二)系统架构

每个刀框配置两个交换模块 CX320,每个刀片通过 2 个 10GE 分别与两个 CX320 交换模块内部扣卡互连,每个模块通过 2 根 10GE 光纤连接到云平台交换机,三个刀框上共计 6 个交换模块与两台云平台交换机构成云平台内部网络,云平台内部网络完全采用万兆组网,为虚拟机迁移、共享存储等提供高速带宽。云平台组网如图 39-2 所示。

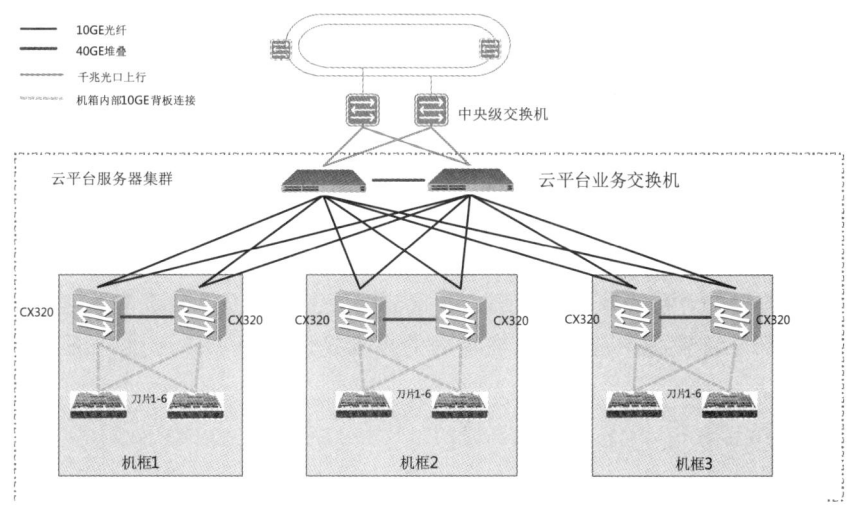

图 39-2　云平台组网

云平台服务器集群采用 3 框刀片服务器，每个刀框放置 6 个刀片，每框预留 2 个槽位作为后续扩容使用。刀框 1 和刀框 2 承载中央历史、中央实时以及 12 个车站和 1 个车辆段的服务器计算资源；刀框 1 和刀框 2 内的服务器通过 1+1 冗余部署，保证业务高可靠性。刀框 1 和刀框 2 上各部署一套云平台管理系统，保证管理业务高可靠性；刀框 3 主要为云平台提供共享存储空间，同时承载 WEB 服务器、能源管理服务器、网管服务器和维修告警服务器，并预留 1 个全宽高性能计算刀片作为热迁移空间。

云平台各刀片计算资源通过以下计算方式可得：

（1）业务系统可用 vCPU 数量=物理 CPU 个数×物理核数×超线程-虚拟化底层消耗 8vCPU（底层存储虚拟化消耗 6vCPU）（管理消耗 14vCPU）；

（2）云平台应用域可用内存=物理内存-管理域消耗内存；

（3）计算刀片应用域可用 vCPU 数量=4×10×2-8=72；

（4）存储&计算融合刀片应用域可用 vCPU 数量=2×10×2-8-6=26；

（5）计算&存储&管理融合刀片应用域可用 vCPU 数量=2×10×2-8-6-14=12。

云平台存储资源有效容量计算方式如下：

（1）磁盘自身软件消耗每磁盘消耗 5%，共计消耗 0.05×1.8×12×7=7.56 TB；

（2）元数据盘消耗 3 块 1.8 TB 共计 5.4TB；

（3）分布式存储管理软件预留每磁盘 0.02 TB，共计消耗 0.02×12×7=1.68 TB；

（4）存储池总容量：（151.2-7.56-5.4-1.68）/3=45.52 TB。

根据车站、车辆段、控制中心业务需求，各业务虚拟机（物理服务器）在刀片上的分布如下，中央历史库服务器采用 Oracle RAC 等集群方式进行部署，鉴于 Oracle 等大型数据库需要重载计算资源，此次进行物理部署如图 39-3 所示。

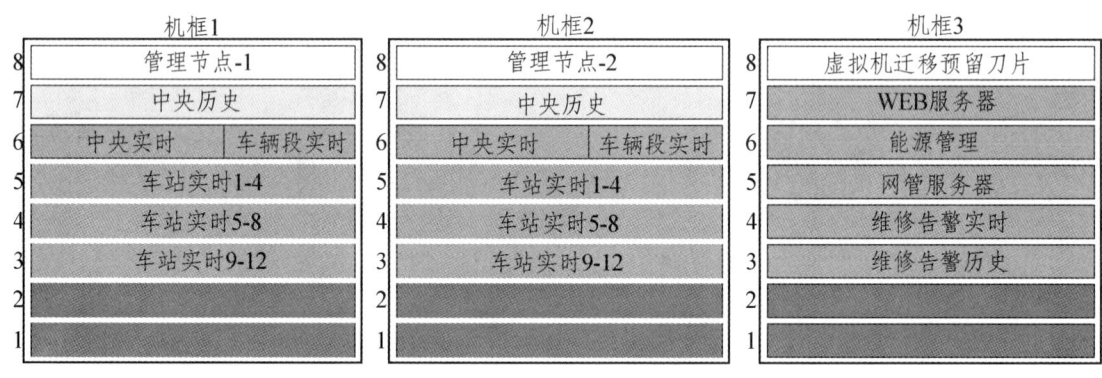

图 39-3　中央历史库服务器物理部署

构建云平台综合监控系统，综合监控系统的硬件资源和数据库以及存储资源不再拘泥于本地，可拓展到整个线路综合监控系统网络，有效地提高了服务器及存储设备的利用率，便于系统的拓展。

在技术的先进性上，云方案技术理念更加先进，服务器组群云化后便于未来的系统拓展，设备集中放置便于后期运营的维护、系统升级和管理，而且节约服务器数量；从现有轨道交通云技术发展角度来看，云平台方案符合当前发展趋势，具有更好的技术先进性。

二、能源管理

杭海城铁工程节能管理系统建设方案，从系统全生命周期考虑，创造性地采用了云平台架构，通过云平台资源池统一部署能源管理系统软件，实现系统总体节能，相比传统方案，工程额外增加投资小，收效较好。

轨道交通系统总能耗主要包括电力、燃气、燃油、水等能源，其中最主要为电力消耗，而电耗中列车牵引用电和车站通风空调用电较大，分别约占轨道交通总能耗的45%和40%，在高温期更长的南方城市，通风空调用电占总能耗的50%以上，其他各系统如电扶梯、照明等用能约占总能耗15%。列车牵引和通风空调用能最大，节能潜力最大，针对这两项节能优化技术的应用前景也最广阔。

虽然牵引能耗约占总能耗的45%，国内目前牵引节能控制实施成功项目不多，再生制动能源的循环利用在行车间隔小、运能大的地铁线路效果明显，杭海线行车间隔大、在线营运车辆少，不适用；而风水联动节能可实现厂家较多，做法较一致，具备较强的可实施性。因此，杭海城际铁路工程项目的能源管理系统的节能控制措施以风水联动为主，能源管理系统统计指标分析相关功能范围包含全线，综合监控仅提供节能控制柜与BAS系统PLC进行通信，节能控制执行功能由BAS实现。

在综合监控云平台上部署能源管理软件，对采集的能源数据进行全线的在线监测、统计、分析、监管和诊断，并将相关信息在综合监控工作站上显示。能源管理系统作为综合监控系统的一个子模块，通过系统接口实现与车辆、牵引、供电、风水电、信号、通信、AFC等各专业进行数据通信，获取各专业系统及设备能耗等相关信息用于能耗分析，形成一个基本覆盖杭海城铁全专业、全系统、全生命周期的一个综合能源管理平台，相关软件界面由综合监控系统集成，能源管理系统的车站级以上工作站由综合监控系统工作站集成。此外，电能质量管理系统不再单设，相关功能由能源管理系统实现，电能质量多功能表计不再增加。

目前杭海线云平台和能源管理进行软件自学习阶段，云平台+能源管理模式应用效果有待进一步验证。

第六节　本章小结

一、经验教训

（1）控制中心四楼应急指挥平台处，由于装修施工方理解图纸不到位导致未在墙体预留显示屏安装空间。

经验教训：设计时应加强与导向、装修的协调，并应加强施工配合。

（2）由于四楼应急指挥平台按无人值守房间设置灭火装置，四楼信息显示屏前后有喷头，后期启用喷头可能导致显示屏受损。

信息显示屏后检修区未按独立房间考虑，导致检修区无空调，影响屏幕及机柜散热，经与暖通专业沟通，在检修区增加一套空调设备。

经验教训：建议后续大屏提资时要求喷头尽量远离屏幕，若有独立的检修区应说明此处需设置独立的空调及照明设备。

（3）部分车控室内接地端子箱壁挂安装在静电地板上方，且照明空调等面板安装空间占用较多，导致后期组合柜安装空间不足。

经验教训：在施工前期需将车控室布置图提资给建筑装修设计，在装修设计阶段空调风口、灯具、面板按钮需避开IBP盘、组合柜、设备柜。配施过程中应与施工方强调按图安装且加强与装修单位的沟通，避免车控室设备安装时发生安装位置冲突的情况。

二、设计体会

（1）加强与项目公司的沟通，全面征求项目公司意见，掌握用户需求，为项目公司提供成熟、完整的设计方案，编好用户需求书。例如杭海线提出综合监控系统云平台+能源管理方案，国内暂无开通案例，前期由项目公司牵头组织与综合监控集成商和节能厂家技术交流，并多次召集供电、环控、通风空调、车辆等专业设计开展能源管理方案讨论，形成会议纪要，最终给项目公司提供能源管理系统优化方案报告，为后续能源管理系统招标提供依据。在此过程中需与多个相关接口系统项目公司设计打交道，要强调服务意识，多交流和协商。

（2）设计输入资料准确，严格执行设计流程，注重工程细节设计。城市轨道交通设计单位较多，专业间互提资料多，设计修改多，必须注重细节设计，设计过程中一定要严把设计输入资料关，设计会签时要仔细核实，有问题及时登记在会签问题记录或不签，等对方修改完图纸才可以签字确认。杭海线采用一体化车控室，涉及通信、信号、自动售检票、站台门、动力照明、通风空调、装修等专业设备的协调统筹，在前期需让各专业给综合监控提资明确车控室内设备数量及尺寸，根据各专业提资，综合监控专业需将车控室布置图反馈给各专业。后期会签动照、通风、装修图纸时仔细核实灯具、插座、风口、多联机等位置是否与车控室布置冲突。

（3）图纸深度需能较好地指导施工安装，在设计过程中，网络系统图、供电接地系统图和设备室车控室平面布置图必须认真核对和征求项目公司的意见确定，设计过程中应反复征求建筑、动照、通信等专业的意见，避免基础图纸错误造成后续工程返工。

（4）做好施工图设计交底和配合施工工作，加强专业协调，及时解决现场问题。城市轨道交通工程由于施工作业面狭窄，专业工种多，施工作业顺序有严格要求，同时技术要求高，做好施工配合工作就显得尤为重要。特别是管线施工，专业间冲突时有发生，配合施工时就需要及时解决问题。对于设计层面的问题，需及时与相关专业设计人员沟通，尽量减少设计变更，保证工期要求。对于施工层面的问题，及时指出要求相关施工单位更改，保证工程顺利进行。

各施工单位均按图施工，但难免出现图纸与现场不一致，造成的安装位置冲突等问题。施工单位应第一时间通知设计单位，确定实施方案。如果工期要求紧，施工单位可以与冲突单位现场协商，在不违反设计原则的前提下确定施工方案，提交设计、监理、项目公司认可后开展施工，并补齐施工调整方案的书面材料；一般情况下应提交施工监理、设计和项目公司，通过监理例会、现场协调会，或设计专项会议协商解决，将会议纪要作为施工的依据之一。

三、技术创新

（1）构建云平台综合监控系统，有效地提高了存储资源的利用率，便于系统的拓展及后期运营的维护、系统升级和管理。

（2）在综合监控云平台上部署能源管理软件，对采集的能源数据进行全线的在线监测、统计、分析、监管和诊断，并将相关信息在综合监控工作站上显示，实现杭海城际总体节能。

第四十章 低压配电与照明设计

第一节 概述

低压配电与照明系统采用三相四线制配电，并采用 TN-S 接地保护系统。车站用电负荷按其不同的用途和重要性分为一、二、三级负荷。动力设备供电方式以放射式为主；照明供配电采用放射式和树干式相结合的方式。环控设备由环控电控室集中供电，应急照明由集中电源 EPS 供电，消防设备采用矿物绝缘电缆供电。车站设置电气火灾监控系统、消防电源监控系统和智能照明系统。

第二节 设计范围

车站的低压配电与照明设计包括车站及两端相邻的各半个区间的动力配电设计、插座及插座配电设计、照明及照明配电设计、综合接地设计、动力与照明设备选型设计、动力与照明设备配电线缆选型、设备间的接口设计以及与其他相关专业的接口配合设计。

第三节 设计原则

低压配电与照明配电系统用电负荷按其不同的用途和重要性分为一、二、三级。一级负荷配电均从变电所不同低压负荷母线的电源供电，一用一备在末端配电箱处进行自动切换。二级负荷配电来自变电所其中一段母线，当变电所只有一路电源时，由低压母线分断开关切换以保证其供电。三级负荷配电来自变电所三级负荷母线，当变电所只有一路电源时，允许对其停止供电。

第四节 系统设计方案

一、照明配电

每个车站照明配电室内设两个总照明配电箱，电源分别由 0.4 kV 低压开关柜室的两段不同 0.4 kV 母线供电。两个照明总配电箱交叉向公共区工作照明、节电照明供电，公共区工作照明和节电照明不设配电分箱，由总箱直接供电。设备房照明由设置在照明配电室的设备房配电箱供电，配电箱电源取自 0.4 kV 低压开关柜室一段 0.4 kV 母线。

车站照明分为正常照明、应急照明、疏散指示标识照明。根据实际需要车站正常照明可分为公共区节电照明和工作照明,变电所电缆夹层、站台板下电缆通道安全照明,广告照明,导向标志照明。公共区节电照明和工作照明,两者比例为1:1,公共区的应急照明占公共区总照明的1/10,同时兼作值班照明,在夜间列车停运后,供内部人员通行和巡视时使用。应急照明包括疏散照明、备用照明,一般工作场所备用照明不应小于正常照明的10%。

疏散照明由安全出口标志灯、疏散指向标志灯等组成。在车站出口、站厅的出口和其他通向站外的应急出口处均设置安全出口标志灯。安装高度为2.2 m～2.5 m。在站厅、站台、楼梯、通道及通道拐弯处附近,均设置疏散指示标志灯,安装间距不大于10 m;安装高度为0.5 m。在站厅、站台、楼梯、通道及通道拐弯处附近、出入口、房间通道、风道、线路区间等处均设置应急照明灯;应急照明均匀地布置在公共区内,但在上下行扶梯和步行梯口、自动售检票设备安装处附近应考虑一定的照度,以确保旅客安全。

车站控制室、环控电控室、照明配电室,0.4 kV开关柜室、消防泵房等火灾时仍需工作的房间,应急照度为100%。

地下区间照明按照普通照明和应急照明间隔布置,每5 m设置一盏照明灯,应急照明24 h连续性工作,不设控制。

二、动力配电

在满足计量、维修管理要求的情况下,照明负荷与动力负荷分开配电,一、二级负荷与三级负荷分开配电,车站与区间分开配电进行设计。

通信系统、信号系统、火灾自动报警系统、电力监控系统、环境与设备监控系统、自动售检票系统等用电设备的配电自成系统,由0.4 kV低压开关柜室两段母排各出一个回路到现场进行切换供电。

送排风机、空调机、隧道风机等用电设备由环控电控室供电,集成冷站由变电所供电。

区间动力设备均直接由变电所供电。

环控电控柜设置一、二级负荷母线,分别向通风空调系统不同负荷等级的设备配电。一级负荷的通风空调设备均采用双电源进线自动切换后单回路供电至用电设备。二级负荷从环控电控室的二级负荷母线馈出单回路电源线路至用电设备。

电动机启动一般采用直接启动方式,对于集成冷站或隧道风机大容量设备采用软起动、变频或自带起动柜启动,或者根据通风空调工艺专业需要选用启动方式。

其他动力设备配电由0.4 kV低压开关柜室直接供电给现场各设备的配电箱或总配电箱,再供电至用电设备。

三、防雷接地

每座车站单独设置一个接地网,接地网的接地电阻不大于1 Ω。

车站内所有带电设备的金属外壳,金属管线均采用安全接地。在车站照明配电室、水泵房、环控电控室、通风空调机房、冷冻机房以及区间的水泵房、风机房内做等电位联结。

地下车站高风亭冷却塔做防雷接地,在室外冷却塔安装防雷装置,通过引下线引至地面下接地装置,车站弱电系统配电箱、双电源切换箱内安装浪涌保护器。高架车站、车辆段和主变电所等室外建筑物均设置避雷装置,通过引下线引至地面以下接地装置。

第五节 技术难点及技术创新

（1）杭海城际铁路为嘉兴海宁第一条市郊城际线路，高架站及高架区间众多。杭海城际铁路工程通过将车站站厅、站台、出入口、区间照明等统一纳入智能照明控制系统进行自动化管理。按照运营初期、高峰、节假日等模式，借助照明配电回路控制等多种手段对照明进行实时优化控制，达到节能效果。

（2）车站设置电气火灾监控系统、消防电源监控系统。提高了车站智能化监控水平，降低了风险隐患。车控室的布置打破常规的地铁车站车控室布置形式，统一全线车控室布局风格，将操控台、壁挂箱、文件柜等车控室内必要功能进行统一有机整合，为车站运营人员打造一处舒适、高效的办公环境，同时为运营形象打造出一张办公名片。

第六节 本章小结

一、部分场合线缆选型及敷设方式的改进

车站公共区照明、导向、广告、插座等配电线缆均引自设备区照明配电室相关照明配电箱，设计方案均选用铜芯导线穿管敷设。但由于未考虑单独设置照明用金属线槽，造成现场施工时将照明配电室、设备区走廊等配电线缆较为集中场所的电线直接与动力电缆等敷设在同一桥架中。容易因电缆敷设造成同一桥架内电线损坏。建议在照明配电箱、设备区走廊等处单独设置照明金属线槽，或将从配电箱至公共区第一盏灯具、插座、导向、广告牌的导线由电线改换为电缆。

二、与相关专业加强接口配合及确认

高架区间可用于安装设备的空间紧张，区间检修箱按固定于桥梁挡板的方案设计。由于供电专业与限界专业配合时未提供区间电缆支架外侧遮阳板安装形式，造成后期实施时发现高架区间检修箱被遮阳板阻挡，影响后期运营使用。建议将区间检修箱设置在遮阳罩外侧或设置在遮阳罩与接触网立柱立交界处的空间内。

第四十一章 给排水与消防设计

第一节 概述

杭海城际铁路工程用水采用城市自来水,全线设有消火栓给水系统和配置建筑灭火器。地下车站重要的电气设备用房设 IG541 气体自动灭火系统,车辆段内的控制中心、综合楼、物资总库、公安楼设置有自动喷水灭火系统,控制中心调度大厅设置高压细水雾系统。全线地下空间在低洼处设有排水系统,地下车站卫生间设有密闭污水提升装置排水。

第二节 系统构成及功能

一、系统构成

给水排水系统由生产、生活给水系统、排水系统组成;消防系统由消防给水系统、自动灭火系统和建筑灭火器装置组成。如图 41-1 所示。

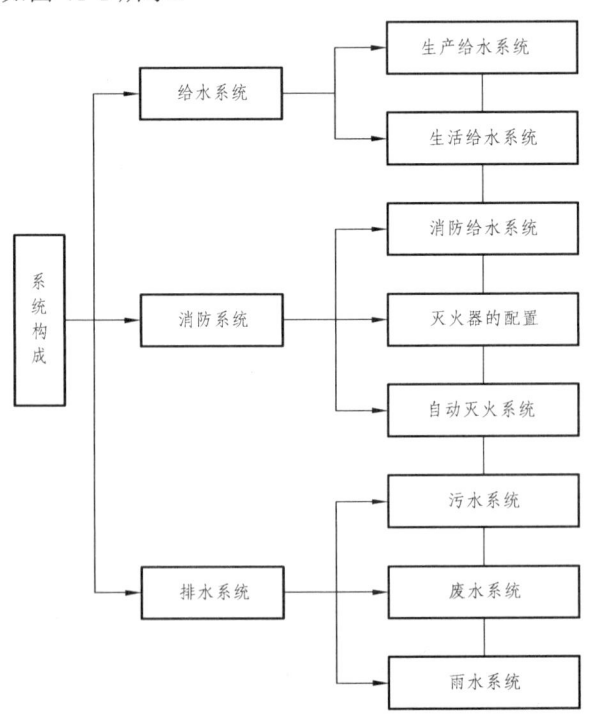

图 41-1 给排水系统构成

二、系统功能

1. 生产、生活给水系统

给水系统要求满足车站、区间隧道、车辆段及沿线附属建筑的生产、生活及消防设施的水量、水压和水质要求，对市政管网不能满足要求时，采取贮存、加压措施。

2. 排水系统的功能

排水系统要求能及时排除轨道交通运营过程中产生的各种污、废水和雨水等，各类污、废水的排放应符合武汉市和国家现行排水标准的规定。

3. 消防系统的功能

消防给水系统、自动灭火系统和灭火器具应能迅速有效地扑灭各类火灾，以确保轨道交通的正常运营。

第三节 主要技术标准和系统形式

一、主要技术标准

1. 生产生活用水量标准

（1）生活和清扫用水按《地铁设计规范》（GB 50157—2013）执行。

（2）生产设备用水量按所选设备、生产工艺的要求确定。

（3）不同类别的附属建筑用水量按《建筑给水排水设计规范》（GB 50015—2003）确定。

2. 消防用水量标准

（1）地下车站的消火栓用水量按 20 L/s 计；地下区间、地下折返线消火栓用水量按 10 L/s 计。

（2）车辆段、停车场和地下物业开发的建筑按《建规》和《消规》执行。

（3）消防按同一时间发生一次火灾计，消火栓火灾延续时间按 2 h 计算，自动喷水灭火系统按 1 h 计算。

3. 排水量标准

（1）卫生间和地面冲洗水等按《地铁设计规范》（GB 50157—2003）执行。

（2）生产设备排水量按所选设备，生产工艺的情况确定。

（3）消防废水量与消防用水量相同。

（4）结构渗漏水量根据施工方法而确定。

（5）隧道洞口、露天出入口及敞开通风口排水泵房的雨水排放设计按当地 50 年一遇暴雨强度计算，集流时间按 5 min。

（6）地面区间、地面车站、车辆段、车场等地面建筑的雨水排水量按设计暴雨重现期 10 年、10 min 的集流时间计算。

二、系统形式

（一）生活给水系统

（1）车站、区间以及沿线附属建筑的各项用水水源均采用城市自来水。

（2）车站以及沿线附属建筑给水系统应从各工程地点附近的城市自来水管网中引入，在站外水表井设置倒流防止器。根据水务部门要求，车站的生产、生活给水系统在站外与消防给水系统分开，分别设水表计量。

(3) 站厅、站台公共区两端设置冲洗水栓,满足公共区清扫用水要求。

(4) 车站污水泵房、废水泵、环控机房内设置给水龙头。

(5) 市政供水压力按 0.14 MPa 计,市政供水可满足地下车站生产、生活的用水量和水压要求。高架站站台层用水点标高在 15 m 左右,为保证供水压力,各高架站均设置有生活水箱和变频给水加压泵组,生活水箱和变频给水加压泵组设置在消防泵房内。

(6) 车辆段、车场均设置集中给水加压站,水源引自市政给水管网,在段、场内室外敷设环状供水管网,为各房屋供水。各单体给水管均从室外管网接入,并设置水表单独计量。

(二) 排水系统形式

1. 排水体制

粪便污水及厕所冲洗水等生活污水排至室外经化粪池处理后就近排入城市污水系统。

结构渗漏水、事故水以及生产和消防等废水排到室外后就近排入城市污水系统。

出入洞线、敞开式风亭、地面站以及车辆段等附属建筑的雨水应就近排入城市雨水系统或城市合流管网。

2. 车站排水系统

(1) 主排水泵站:各地下车站的最低点设置主排水泵站,一般每站至少设一处;主要排除车站的结构渗漏水、事故水、凝结水和生产、冲洗及消防废水等。

(2) 污水泵站:各地下车站设置污水提升站,主要排除卫生所的粪便污水及冲洗水,采用密闭污水提升装置排出至室外。

(3) 局部排水泵:敞口的无自动扶梯出入口、风井,其雨水、废水、结构渗漏水应尽可能设排水沟自流至站厅层横截沟。在自动扶梯机坑附近、车站局部低洼处、电梯井、敞口风亭、地面变电所的半地下电缆夹层、主变电所的电缆廊道及配线、车辆检修坑端部等不能自流排水而又可能积水的部位设局部排水泵。

3. 区间排水系统

(1) 主排水泵站:一般地下区间 V 形坡的最低点或超长区间分段承担排水均设置主排水泵站;主要排除区间的结构渗漏水、事故水、凝结水和生产、冲洗及消防废水等。

(2) 雨水泵站:出入地面的隧道洞口设置雨水泵站,排除洞口地下区间敞口段的雨水。

(3) 区间辅助排水泵:地下区间不能自流至主废水泵站集水池而设置的辅助提升排水装置。

4. 地面区间排水系统

地面区间的雨水有组织收集后就近排入沿线城市雨水管网。

5. 车辆段排水系统

车辆段、车场排水由生产、生活两部分组成。生活污水有粪便污水和一般生活污水及厨房含油污水。生产污、废水主要来源于车辆外部洗刷,内部清洗等作业,在运用库、调机工程车库的列车检修坑底部设有集水井,自流至室外收集管道进入集中处理设施,生产废水中主要含油和洗涤剂等,设有污水处理站,采用调节隔油气浮过滤处理工艺。

(三) 消防给水系统

1. 水源及消防水池

全线消防给水系统均从各工程地点附近的城市自来水管网中引入 1 条进水管,在站外水表井设置倒流防止器。根据水务部门要求,车站的生产、生活给水系统在站外与消防给水系统分开,分别单独设水表计量。

车站、车辆段均设有消防水池。其中车辆段、高架车站的消防水池存储室内、室外消防用水量，地下车站仅存储室内消防用水量。

2. 消防泵组及稳压

地下车站设置有室内消火栓加压稳压泵组，在消防水池进水管与消火栓系统管网间设置有连通超越管，不设置高位消防水箱。消火栓系统管网压力平时由市政压力和稳压泵组共同保证。

高架车站设置有室内消火栓加压稳压泵组和室外消火栓系统加压稳压泵组，不设置高位消防水箱。消火栓系统管网压力平时由稳压泵组保证。

车辆段室内外消火栓系统、自喷系统均设置有消防加压泵组和稳压泵组，并在综合楼屋顶设置有高位消防水箱。消防系统管网压力平时由稳压泵组和高位消防水箱保证。

3. 地下车站和地下区间系统形式

室内消火栓系统从消防泵组出水管环路上各接出 1 根消防干管，在室内连通形成环状供水管网。地下区间每条隧道分别从地下车站消火栓环状管网上引入一根消火栓给水干管，沿隧道一侧布置（行车方向的右侧），使地铁车站和区间形成环状消防供水管网。在进入区间前的消防管道上安装手动和电动蝶阀，蝶阀应安装在车站端部人员容易操作的地方。

车站室外消火栓分别从室外 2 路不同的市政给水管上引出，室外消火栓数量应满足火灾时供给消防系统全部流量。

车站室外设置消防水泵接合器，在距水泵接合器 15 m～40 m 范围内，设置对应的地上式室外消火栓。

4. 高架车站系统形式

（1）室内、室外消火栓系统分别独立设置。室内消火栓系统从消防泵组出水管环路上各接出 1 根消防干管，在室内连通形成环状供水管网；

（2）室外消火栓管网在室外埋地呈环状布置，环网上设室外消火栓，同时消防水池设有室外消防取水口，取水口和室外消火栓共同满足火灾时室外消防用水量，并保证 150 m 保护半径能覆盖车站全部范围。室外消火栓、取水口距路边不宜小于 0.5 m，并不应大于 2 m；

（3）室外设置消防水泵接合器，在距水泵接合器 15 m～40 m 内，设置对应的地上式室外消火栓；

（4）地面和高架区间的消防由沿线地面市政室外消火栓保证，不另设消防给水系统。

（四）灭火器的配置

（1）按《建筑灭火器配置设计规范》（GB 50140—2005）确定。

（2）车站手提灭火器配置场所的危险等级均按照严重危险等级计算。

（3）在站厅、站台层公共区和设备房区适当位置应根据实际计算布置灭火器，在车站设灭火器箱（内含 MF/ABC5 磷酸铵盐干粉灭火器 2 具），每个灭火器箱配置自救面具 2 套。

（4）手提灭火器其最大保护距离 A 类严重危险级为 15 m。

（五）自动灭火系统

（1）车站所选的灭火剂为 IG541，能及时扑灭电气设备火灾、且不对电气设备造成二次灾害外，无毒性对人的危害并满足环保等方面的要求。

（2）该自动灭火系统安全、成熟可靠、技术先进、经济且易于维护管理，系统由管网系统和操作、控制系统组成。自动灭火系统同时具有自动控制、手动控制和应急操作三种控制方式。自动灭火系统控制盘可采用独立控制或集中控制的方式。

（3）自动灭火系统的保护范围：全线各地下车站的通信设备室（含电源室）、信号设备室（含电源室）、环控电控室；变电所的控制室、0.4 kV 开关柜室、直流开关柜室、整流变压器室、自动售检票室等。控制中心的综合监控设备室、通信机房、信号机房、自动售检票机房、计算机数据中心、电源室等无人值守的重要电气设备用房。

（4）自动灭火系统的钢瓶布置靠近集中的保护区，门向外开启，并应直接通向室外或疏散走道，负担 8 个防护区的钢瓶间面积按 20 m² 进行设计。

（5）在气体自动灭火防护区内，设置喷射报警、警告标志、疏散指示标志并配套自救面具等以确保人员能迅速撤离和防止人员进入有害气体的场所。

（6）控制中心调度大厅设置有高压细水雾系统。

第四节 技术难点及技术创新

一、道床泵排水方案

（一）概况

余杭高铁站—许村站地下区间长度约 3.4 km，初步设计及配合土建施工图阶段在线路最低点结合联络通道设置区间废水泵房一处。施工图阶段，土建为规避联络通道施工风险，项目公司组织会议研究后要求将区间废水泵房处联络通道施工工法由传统矿山法调整为机械法，取消了联络通道内的废水泵房。区间排水方案调整为：在左右线最低点的道床下方各设置 1 个集水井，每个集水井内设置道床泵进行排水。

道床泵排水方案在杭州、宁波、天津等地铁线路均有应用，对排水来说不是很好的解决方案，受限于土建方案，属不得已而为之。该方案主要存在以下缺点：

（1）运营期间，泵房的检修需要在隧道内完成，检修较为困难，一旦出现突发状况积水，容易淹没道床，会导致限速运营或停运。

（2）有效水深比较浅，容易造成水泵频繁启动，水泵极容易损坏，且水位控制困难，极容易出现报警。

（3）泵的最低液位要求比较高，国内泵最低液位大多在 430 mm 左右，无法满足水泵安装尺寸和水位要求，水泵选型受局限，国内泵无法满足要求，国外泵造价偏高，且小流量大扬程泵设备选型困难。杭海城际的水泵厂家为上海连成，其水泵无法满足要求，后由上海连成外购赛莱默水泵。

（4）因道床下方集水井深度较浅，容易造成潜水泵顶部高于道床面，容易出现盖板比道床高的现象，影响道床疏散功能。

（5）设备安装精度要求比较高，需严格控制管道、阀门、仪表等安装不得侵占设备限界，以避免地铁车辆运营时发生事故。

（6）集水井设置在整体道床下方，导致道床底部始终存留部分积水，对整体道床防杂散电流长期不利。

（二）初步设计区间排水方案（常规方案）

结合联络通道设置有 1 个区间废水泵房，集水井深度约 2 000 mm，有效容积 10 m³，内设置 2 台潜污泵（流量 36 m³/h，扬程 55 m，1 个控制柜，1 控 2），一用一备，紧急时同时启动。废水通过一根 DN125 的压力排水管接至余杭高铁站，从余杭高铁站大里程段风井内直接排至室外市政管网。

（三）施工图区间排水方案（道床泵方案）

道床下方空间有限，道床下集水井深度为 650 mm，长度 14 m，宽度 0.8 m，有效容积 3.4 m³。左右线道床下方的集水井各设置 1 套泵组，每套泵组设 6 台小型潜污泵（流量 10 m³/h，扬程 H=25 m，

2个控制柜，1控3），每个集水井的6台水泵为4用2备，最大排水量40 m³/h。

因选用的潜污泵扬程较小，区间最低点与地面的高差约35 m，排水不能直接排至地面。因此左右线每个集水井的压力废水各通过一根DN125的排水管接至余杭高铁站站台层大里程端，在站台大里程端设置有一个接力废水泵房，左右线区间的排水先排至接力废水泵房集水井内。在接力废水泵房内设置2台潜污泵（流量40 m³/h，扬程32 m，1个控制柜，1控2），将集水井内的水接力提升至室外地面市政管网。

二、消火栓系统设计方案

杭海城际铁路工程余杭高铁站（中心里程右DK0+363.570）为地点站，线路由余杭高铁站引出地下敷设，向西走行出地面转为高架（洞口中心里程右DK3+800.772），再接至许村镇站。余杭高铁站—许村镇站地下区间设置中间风井一座，中间风井中心里程为右DK2+761.000。

中间风井为地下四层，地上一层框架结构，采用明挖法施工，建筑面积约2 550 m²。地面一层设置有牵引降压变电所、通信设备室、环控电控室、值班室等，面积870 m²；地下一层至地下四层主要布置为风道和楼梯间。

在区间由地下出地面的洞口处设置有区间跟随所，跟随所内设置有消防泵房和消防水池。

余杭高铁站—许村站地下区间消火栓系统设计的重难点在于：区间长度长（3.4 km）；中间风井需考虑设置室内外消火栓系统。杭海城际铁路工程通过分段和拆分中间风井室内外消火栓系统，给出了较合理的设计方案。

（一）地下区间消防分段方案

余杭高铁站—许村站地下区间长度约3.4 km，为减小水泵扬程，提高区间消火栓系统可靠性，区间消火栓系统以中间风井为界，划分为2段：

（1）余杭高铁站—中间风井段，区间消火栓系统由余杭高铁站消火栓泵组（水泵流量20 L/s）负责；

（2）中间风井段—洞口段，区间消火栓系统由洞口区间跟随所内的消火栓泵组（水泵流量10 L/s）负责。

（二）中间风井消火栓系统方案

为地下四层，地上一层框架结构，建筑面积约2 550 m²（其中地下四层均为风道，地面一层布置有跟随所、环控电控室等，地面一层面积870 m²，体积<5 000 m³），需同时考虑设置室内、室外消火栓系统。

考虑到中间风井地下四层均为风道，地面一层体积<5 000 m³。因此室内消火栓用水量按10 L/s计，室外消火栓用水量按15 L/s计，合计消火栓用水量为25 L/s。余杭高铁站消火栓泵流量为20 L/s，不能同时满足中间风井的室内外消火栓流量需求，因此将中间风井室内外消火栓系统分开设置：室内消火栓系统由洞口区间跟随所内的消火栓泵组（水泵流量10 L/s）负责；室外消火栓系统由余杭高铁站消火栓泵组（水泵流量20 L/s）负责。可以较好地解决流量匹配问题。

第五节　本章小结

一、设计优化

随着工程实施的推进，由于一些客观因素或外部条件的变化，常常会导致在实际工程实施的过程中，一些工况偏离原来的设计条件，从而产生一些需要通过优化设计的手段来解决现场实际问题的情况，以下为杭海城际铁路项目工程给排水与消防设计过程中现场所遇到的几个主要问题及其设计优化方法。

（一）信号转辙机坑积水

杭海城际铁路工程信号转辙机坑由轨道考虑排水，设置时考虑到转辙机坑四周比轨道排水沟高，轨道排水不会进入到转辙机坑，仅在转辙机坑内设置有1个150 mm深的小坑，以积存后期基坑本身的渗漏水。故未考虑设置专门的集水井机械排水，实际上这也是较多地铁工程的普遍做法。

试运行过程中，发现部分转辙机坑内渗漏水较多，严重时影响转辙机的安全运行，需要运营及时手动舀水。

受土建条件限制，目前无法增设普通排水泵，最终增设真空排水泵机械排水。建议在南方地下水较多的城市，转辙机坑按设置机械排水考虑。

（二）物资库喷头设计

根据《自动喷水灭火系统设计规范》(GB 50084—2017)的相关规定，应用于高大空间仓库（物资总库）的早期抑制快速响应ESFR喷头仅有下垂安装，（传统的ESFR喷头直立安装时，喷洒的水滴遇到类似钢梁等障碍物时，动量会大大降低，造成ESFR喷头灭火效能下降）且要求下垂型喷头与顶板距离应在150～360 mm。要满足该要求，盐官车辆段物资库的自喷喷头需由直立型调整为下垂型。导致物资库需相应地增设吊顶2 915 m²，初步设计阶段未考虑吊顶方案，导致施工图阶段产生了变更。

物资库喷头现场喷头及吊顶如图41-2所示。

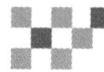

图41-2 物资库喷头现场喷头及吊顶

近年来，市场上新研制出了一种特殊应用型喷头（CMSA喷头），该类喷头可用于保护高堆垛与高架仓库，具有较大的水滴粒径、大流量低压等特点。CMSA喷头与ESFR喷头相比，最大的优点就是降低了喷头的工作压力，且障碍物对喷头洒水的影响较小。在给定的条件下，CMSA喷头具有与ESFR喷头同样的灭火效果，而且所需压力较低。为设计人员提供了除ESFR喷头外的另一种选择，后续类似工程可以考虑选用，避免增设吊顶。CMSA喷头设计参数见表41-1。

表 41-1 CMSA 喷头设计参数表

储物类别	最大净空高度/m	最大储物高度/m	喷头流量系数 K	喷头设置方式	喷头最低工作压力/MPa	喷头最大间距/m	喷头最小间距/m	作用面积内开放的喷头数	持续喷水时间/h
Ⅰ级、Ⅱ级	7.5	6.0	200	下垂型	0.15	3.7	—	15	1.0
			363	下垂型	0.07			12	
				立型	0.15				
			200	下垂型	0.25			20	
			363	直立型	0.15			12	
				下垂型	0.07				
	12.0	10.5	363	直立型	0.1	3.0		24	
				下垂型	0.2			12	
	7.5	6.0	200 363	下垂型	0.25	3.7		15	
				直立型	0.15			12	
				下垂型	0.07				
	9.0	7.5	363	直立型	0.15				
				下垂型	0.07				
	12	10.5	363	下垂型	0.2	3.0			
箱装发泡塑料	7.5	6.0	200	下垂型	0.25	3.7		15	
				直立型	0.07				

（三）其他问题

1. 屋面雨水界面问题

杭海城际铁路工程高架车站屋面雨水由建筑专业设计、土建施工单位实施，地面雨水管网由给排水专业设计、机电施工单位实施。在配合施工过程中，屋面雨水排放与地面雨水管网出现接驳不对应、界面不明确等问题。建议后期设计过程中对该处接口应重点关注。

2. 地下车站设备区暗装消火栓箱孔洞预留问题

杭海城际铁路工程地下车站墙体砌筑由土建施工单位实施，消火栓系统由机电施工单位安装。车站设备区走道内消火栓均为暗装，墙体和机电由不同的施工单位实施，导致大量消火栓暗装孔洞预留不准或遗漏，后期返工较多。建议后续工程应将设备区墙体砌筑与机电安装纳入同一施工标段。

3. 地下车站排水接驳问题

杭海城际铁路工程为 PPP 项目，施工采用初步设计概算包干的形式计价。初步设计阶段，车站室外接驳由当地水务部门负责设计，车站设计单位未与当地水务部门详细对接，在初步设计方案中，当地水务部门参照一般民用建筑做法，为每个地下车站只预留了一个排水接驳点。因地下车站一般设置在十字路口，各象限均有排水需求，一个接驳点不能满足要求，导致施工图阶段增加接驳产生大量变更。建议后续项目在初步设计阶段必须与当地水务部门对接好每个车站的排水接驳方案，并以纪要或文件的形式明确。

二、设计总结

（1）地下车站配线区转辙机坑内常常由于地下水丰富，导致结构渗漏水严重，长期囤积于转辙机坑内，对信号转辙机的运行造成安全隐患，从而影响行车安全，故对于地质条件含丰富地下水的地下车站配线区的转辙机坑处建议按设置固定泵进行机械排水设计。

（2）在对车辆段单体物资总库进行自喷消防设计时，在满足《自动喷水灭火系统设计规范》（GB 50084—2017）内相关条款时应注意边界条件的甄别，如储物类别、库房最大净空高度、最大储物高度、采用早期抑制快速响应喷头的流量系数及其对应的喷头设置方式、喷头最低工作压力等，若存在建筑形式超出规范要求的上限时，在满足工艺要求的前提下，可让建筑采取相应的措施（如增设吊顶）以满足消防设计要求。

另外，在满足消防审查和验收的前提下，可考虑采用市场上新研制的特殊应用型喷头 CMSA 喷头，在达到同样灭火效果的条件下，该喷头比规范里要求的大流量系数的早期抑制快速响应喷头（ESFR 喷头）具有喷头设置方式多样、喷头所需最低工作压力低等优点，拓宽了设计思路，并在一定程度上可以起到节约初投资和运行费用的效果。

（3）注重不同专业间设计界面和设计接口的确定性和统一性，注重土建施工标段和机电安装施工标段划分的合理性，注重车站室外给排水接驳方案设计时车站设计单位与相关市政部门的对接。

第四十二章　通风空调

第一节　工程概况

杭州至海宁城际铁路工程隧道通风系统按地下车站站台设置全封闭式站台门进行设计。

全线地下车站隧道通风采用分段式纵向通风设计，区间以双活塞模式为主（皮革城站小里程端的区间隧道通风系统采用单活塞模式），车站隧道采用单端排热，取消了轨底排热风道。地下车站空调冷源均采用水冷冷水机组+冷却塔方式分站供冷，机房冷源工程采用配置有节能控制系统的集成冷站方式；高架车站、车辆段、控制中心等地面建筑冷源采用多联空调系统供冷，控制中心部分重要房间根据系统专业需求设置机房专用空调。

第二节　系统构成

一、地下车站

地下车站通风空调系统包括隧道通风系统和车站通风空调系统。

（1）隧道通风系统又分为区间隧道通风系统和车站隧道通风系统两部分：区间隧道通风系统主要由隧道风机、射流风机、组合式风阀、消声器等设备和土建风道、风室所组成，采用的设备耐温要求均不低于 280 ℃，连续工作 0.5 h。车站隧道通风系统主要负担车站轨行区停车区域的排热兼事故状态下的排烟，并可协助区间事故通风排烟和车站站台的排烟，主要由隧道风机、轨顶排热风道、风量调节阀、防火阀、消声器等组成。

（2）车站通风空调系统分为车站公共区通风空调系统（简称大系统）、车站设备管理用房通风空调系统（简称小系统）以及空调水系统（简称水系统）。

二、高架车站

高架车站通风空调系统包括车站主体和车站附属两部分。

（1）车站主体主要包括站厅公共区和站台公共区，站厅公共区设置多联空调系统，采用自然排烟。站台公共区自然通风、自然排烟，其中空调候车室设置分体空调。

正常运营时站厅公共区应能为乘客提供过渡性舒适环境，站台空调候车室为乘客提供舒适环境。

当车站公共区发生火灾时，各防烟分区自然排烟窗开启，应能较快地排除烟气，保证清晰高度，为乘客安全疏散提供良好条件。

（2）车站附属主要布置为设备用房。弱电用房、管理用房均设置多联空调系统；变电所采用机械通风与多联空调系统相结合的方式，根据室外气象条件选择通风或空调降温；卫生间、消防泵房等设置机械通风。走道和房间优先采用自然排烟,没有自然排烟条件的设置机械排烟。

正常运营时通风空调系统为设备用房提供满足工艺要求的室内环境,为管理用房提供舒适环境。

发生火灾时,自然排烟窗或机械排烟系统开启,为运营管理人员安全疏散提供良好条件。

三、车辆基地

盐官车辆基地承担杭海城际铁路列车的停车、列检、双周检、三月检、清扫、洗刷和定期消毒等日常维护保养工作,部分乘务司机换班的业务工作,正线事故列车的救援任务,段内设备和机具维修及调机、轨道车的日常维修任务等。盐官车辆基地由控制中心、运用库、综合楼、检修库、物资总库、调机工程车库、洗车旋轮库、在线测试棚、动调试验间、牵引降压变电所、污水处理站、蓄电池间、危险品库、材料棚、门卫等生产、生活、办公房屋组成。

车辆基地(含控制中心)的通风空调系统不再细分,内容包含通风、供热、空调及冷热源的配置等所有内容。

系统主要功能包括:

(1)工艺设备用房通风空调系统。

为工艺设备用房提供合适的温度、湿度、空气含尘浓度等运行条件;火灾时能迅速转换到预先设定的火灾运行模式进行防排烟运行。

(2)舒适性通风空调系统。

正常运行时为工作人员提供一个舒适的工作环境。当发生火灾时能及时排除烟气,保障工作人员安全疏散;有条件时应尽量利用自然方式排烟。

(3)通风除尘系统。

各生产房屋、场所自然通风能达到要求的采用自然通风,自然通风达不到要求时设机械通风;对局部产生有害气体、粉尘、烟尘和余热的场所进行局部排风、除尘,满足人员的生产环境要求,同时满足排放标准要求。

第三节 隧道通风系统

一、区间隧道通风系统

全线隧道设置隧道通风、兼作防排烟系统,按纵向通风设计,并具备双向运行能力。线路总长约46.38 km,设站12座,平均站间距约4.15 km,其中地下车站4座。地下最长区间3 437.202 m,为余杭高铁站—洞口;地下最短区间1 053.818 m,为海宁高铁站—长安镇站(下穿沪杭铁路段)。各区间长度详见表42-1。

表42-1 地下区间长度

区间名称	地下区间长度/m
余杭高铁站—许村站(地下部分)	3 437.202
海宁高铁站—长安镇站(下穿沪杭铁路)	1 053.818
斜桥镇站—皮革城站(地下部分)	1 197.890
皮革城站—海昌路站	2 716.610
海昌路站—浙大国际学院站	2 362.240

（一）区间隧道通风系统配置基本原则

考虑到杭海线区间长度较长，为解决区间温度和新风量问题，推荐全线各车站优先采用双活塞通风模式。但对于位于洞口侧则采用单活塞，主要是因为洞口带进来的活塞风量要远大于活塞风井带进来的新风量，因此对于洞口侧，列车进洞侧不设活塞风井，出洞侧则设活塞风井。针对杭海城际铁路工程，皮革城站小里程端洞口侧隧道通风采用单活塞；余杭高铁站—许村站中间风井采用单活塞。其余各车站采用双活塞。

杭海线隧道盾构内径为 6 m，断面积约 25.6 m²，比一般地铁线路盾构隧道内径和断面积大，根据 SES 模拟计算，对于盾构内径为 6 m，断面积约 25.6 m² 的区间隧道的隧道风机风量设置为 70 m³/s。

（二）起、终点带停车线车站

关于起终点（余杭高铁站、浙大国际学院站）设置有停车线，且需考虑后期延伸，隧道通风系统设置稍有不同。余杭高铁站、浙大国际学院站的车站布置形式接近，余杭高铁站在小里程端设双停车线，浙大国际学院站在大里程端设双停车线，二者车站建筑布置、配线形式接近。

浙大国际学院站：小里程端设双活塞系统，小里程端隧道风机配置为单台风量 70 m³/s。大里程端靠近车站站台一端设双活塞系统，对应设置两台隧道风机。考虑大里程端双停车线在区间内，为满足双停车线的排烟要求，设计在双停车线中部设置一道隔墙，设置一道隔墙后一条停车线和一条正线的断面积约 60 m²，隔墙两侧左右线各设置两组 18.5 kW ϕ630 射流风机辅助通风，每组两台，射流风机采用侧墙安装方式。在双停车线端部设置一座 10 m² 风井，在线路未延伸前，用于双停车线排烟时补风。线路延伸后，通过组合风阀将此风井关闭。经过 SES 模拟，在线路未延伸前，大里程端隧道风机单台风量配置为 80 m³/s 时，启动大里程端两台隧道风机对配线区进行排烟可以满足排烟要求；当线路延伸时，通过延伸站的隧道通风系统和浙大国际学院站隧道通风系统的配合，可以满足配线区纵向排烟要求，纵向排烟风速约 2.2 m/s，大于临界风速 2.0 m/s。因此确定浙大国际学院站大里程端隧道风机单台风量配置为 80 m³/s，小里程端隧道风机风量单台配置为 70 m³/s。

余杭高铁站：大小里程端设双活塞系统，大小里程端隧道风机配置均为单台风量 70 m³/s。为满足小里程端双停车线的排烟要求，设计在双停车线中部设置一道隔墙，并在停车线上方设置有轨顶排烟风道，采用半横向排烟。在双停车线端部设置一座 10 m² 风井，用于双停车线排烟时补风。当线路向小里程端延伸后，余杭高铁站隧道通风系统与延伸站隧道通风系统可以满足延伸区间的通风、排烟要求。

（三）超长区间隧道

余杭高铁站—许村站地下区间长度为 3 437.202 m，根据行车专业牵引计算结果，远期运行时，该区间存在两列车追踪运行的工况。

为降低风险，需在区间中部设置 1 座风井，风井内设 2 台隧道风机，将长区间分为两个独立的通风区段，保证单个通风区段内只有一列车，中间风井设计采用单活塞，出洞侧设活塞风。隧道风机配置为单台风量 70 m³/s。

在该区间洞口（距离洞口 150 m）左右线各配置一组 ϕ1 120 可逆双向射流风机，每组两台。单台功率 55 kW，射流风机采用侧墙安装方式。

（四）下穿铁路区间隧道

海宁高铁站—长安镇站下穿铁路区间隧道，该区间隧道长度 1 053.818 m。在两端距洞口 120 m 处，对应左右线区间隧道各设置 1 组 ϕ1 000 可逆双向射流风机，每组两台，射流风机采用侧墙安装方式。

二、车站隧道通风系统

考虑杭海线列车为 B 型车 4 节编组，排热系统采用单端排热，又考虑到全线连续最长区间只有三站三区间，列车在区间行驶时散热及热量堆积较其他线路要小得多，因此设计对车站隧道排热系统取消了轨底风道。在取消轨底风道后，排热风机风量设置为 40 m³/s，采用单端排热，通过计算隧道内的温度可以满足设计规范要求。

车站隧道排风系统主要由排风（兼排烟，要求在 250 ℃ 下可连续工作 1 h）风机、轨顶风道和风道上设置的电动阀和排烟阀组成。排热系统采用单端排热，布置在车站一端设备房内，设一台风机，负责两条车站隧道的排风，气流组织采用轨顶排风，补风来自车站两端的活塞风井、相邻区间隧道和站台门开启时的漏风。

车站隧道排风系统风量为 40 m³/s，排风口的位置根据列车发热设备的位置确定。风道断面积按远期排风量控制。排热风机采用变频运行，在初近期低频运行，以达到节能运行的目的。

第四节　车站通风空调系统

一、通风空调大系统

（一）地下车站

大系统所服务范围为车站站厅、站台和出入口通道等供搭乘地铁乘客使用的公共区域，以及位于公共区内的便民服务中心、票务中心等。长度超过 60 m 的车站出入口通道设置空调（设计标准为干球温度 30 ℃/相对湿度不控制）和排烟设施。余杭高铁站、皮革城站、海昌路站大系统均采用该型式。

浙大国际学院站大里程段配线长，设备用房多，大里程端环控机房距离公共区较远，因此将大系统空调设备集中在车站小里程端设置，但排烟风机仍在车站两端布置。

（二）高架车站

大系统所服务范围为车站站厅公共区、站台空调候车室，以及位于站厅公共区内的便民服务中心、票务中心等。站厅公共区及区域内的便民服务中心、票务中心设置多联空调系统，室外机设置在地面或者两端的室外机平台，站台空调候车室设置分体空调。

站厅公共区一般设置 4 套多联机系统，设一套集中控制器。公共区与出入口连接处设置风幕。

二、车站通风空调小系统

小系统所服务范围为车站的设备、管理用房区域。设计应满足各功能系统的运营、工艺和运行时间的要求，其设计标准为《地铁设计规范》（GB 50157—2013）。

地下车站设置空调的设备管理用房采用全空气一次回风系统，具备空调小新风、全新风和全通风三种运行工况。系统气流组织一般采用上送上回方式。柜式空调器和回排风机均配置变频器，可变频控制。

高架车站设备用房中弱电用房、管理用房均设置多联空调系统；变电所采用机械通风与多联空调系统相结合的方式，根据室外气象条件选择通风或空调降温。

三、车站空调水系统

1. 供冷方式

杭海城际铁路工程各地下车站均采用分站供冷方式,冷源系统采用水冷螺杆机组+冷却塔的形式。对冷源系统的冷水机组、水泵、冷却塔、水处理仪、定压补水装置,末端的空调器及回排风机,水系统、风系统节能控制系统等系统化、智能化、集成化、在工厂预制生产而形成一个完整的装配式产品。

2. 装配式集成冷站设备采购模式

冷水机组、水泵、冷却塔、水处理仪、定压补水装置、机房内管道阀门等附件,末端的空调器、回排风机及水阀,以及水系统节能控制系统,均打包一起招标,要求在工厂预制成模块,现场拼装。建设方采购供货、运营维护均只对集成商一家协商,集成商对所提供的所有产品负责。

3. 装配式集成冷站设备配置特点

(1) 系统三维仿真、模块化设计。

结合各车站冷水机房面积尺寸,对冷水机房内所有设备管道进行三维仿真设计:

① 优化弯头、三通设计,优化阀件、水泵选型,减小水阻力。

② 设备管道布置紧凑化,结合机房尺寸尽可能减小占地面积的同时兼顾检修空间。

③ 结合运输条件和现场吊装孔尺寸,模块化设计。主要模块包括冷水机组(含管道阀件)模块、水处理仪模块(含管道阀件)、水泵模块(含管道阀件)、集水器模块(含管道阀件)、集水器模块(含管道阀件)及冷却塔模块。浙大国际学院站和余杭高铁站集成冷站三维图分别如图42-1及图42-2所示。

装配式集成冷站的能效系数(冷冻站单位时间供冷量与单位时间冷水机组、冷水泵、冷却水泵和冷却塔风机能耗之和的比值)高于 4.5 kW/kW。

(2) 高效冷水机组。

杭海城际4座地下车站,海昌路站采用磁悬浮冷水机组,其余3座车站均采用水冷变频螺杆机组,每个车站各配置2台机组。

设计时为保证冷站整体能效,适当地提高了冷冻水进出水温度,冷冻水进水温度为16 ℃,出水温度为9 ℃。

磁悬浮冷水机组见图42-3所示。

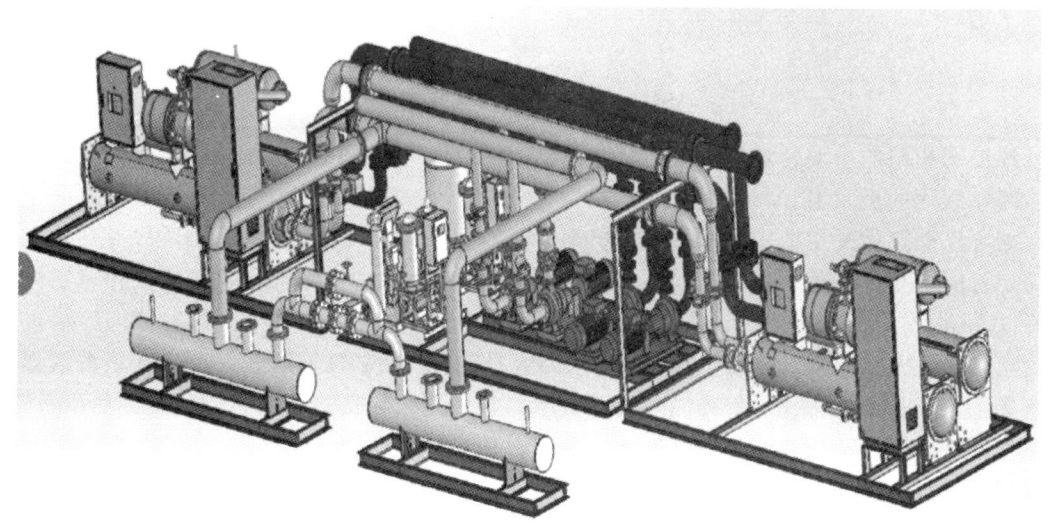

图 42-1 浙大国际学院站集成冷站三维图

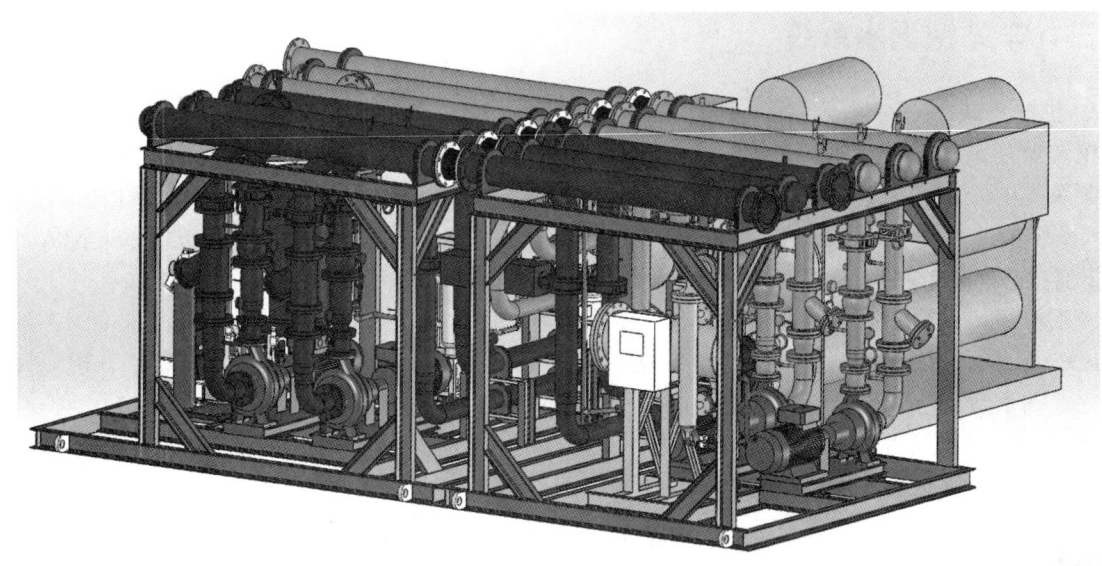

图 42-2 余杭高铁站集成冷站三维图

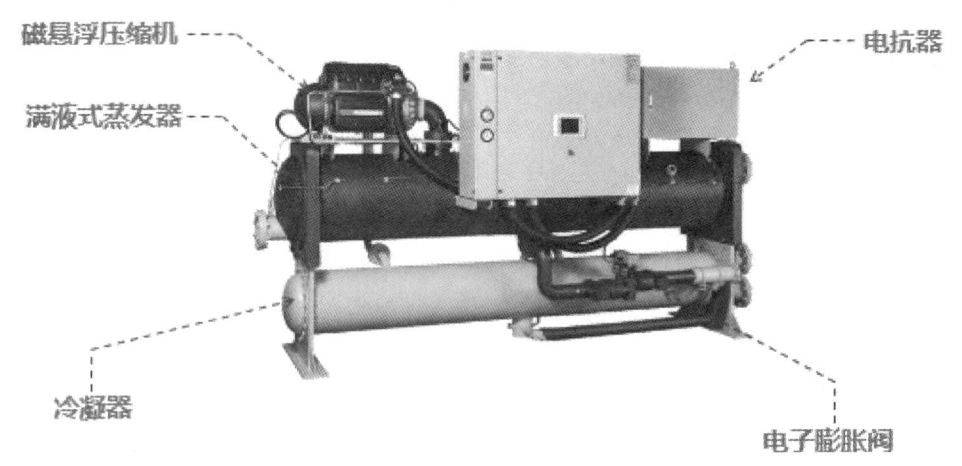

图 42-3 磁悬浮冷水机组

磁悬浮冷水机组的主要特点是能效高、体积小、噪声低,压缩机无油运转,运行无摩擦,无需润滑。海昌路站采用的机组 IPLV 可达到 11。

杭海城际铁路工程采用的水冷变频螺杆机组,可依照不同温域变化,适时自动调整压缩比,避免部分负荷运行时产生欠压缩以及过压缩,从而影响机组 COP 值,机组部分负荷能效相对定频螺杆机组可提升 7%~11%。蒸发器采用高效满液式蒸发器设计,总传热系数为干式蒸发器的三倍以上,机组能效比可提高 12%。冷冻水流动于管内侧,水垢容易清洗;低温蒸发管表面密集环状细缝形成了泡核沸腾所需的汽化核心,强化了管外侧的换热效率。管内侧强化传热肋增大了水侧扰动和紊流换热,可延缓结垢。变频螺杆冷水机组及其满液式蒸发器如图 42-4 所示。

杭海城际铁路工程选用的机组 COP 和 IPLV 均可达到一级能效。变频螺杆冷水机组性能曲线如图 42-5 所示。

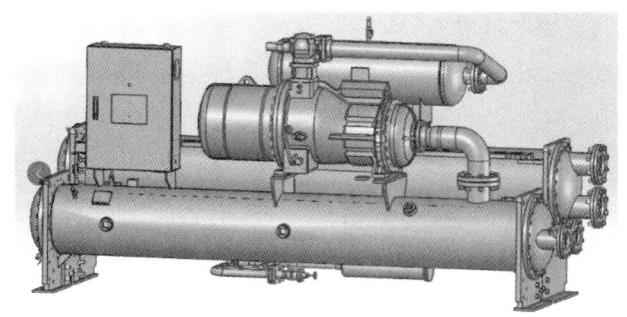

图 42-4 变频螺杆冷水机组及其满液式蒸发器

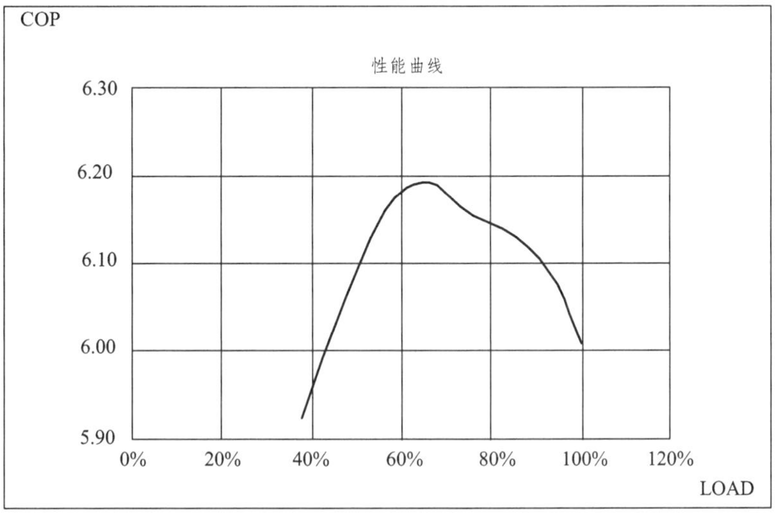

图 42-5 变频螺杆冷水机组性能曲线

（3）水泵、冷却塔合理配置。

每个车站各配置 2 台冷冻水泵、2 台冷却水泵，不设备用泵。冷冻水泵、冷却水泵的电机均采用变频电机（变频调节范围 6～50 Hz），转速低（转速≤1 450 转），电机防护等级不低于 IP55，绝缘等级为 F 级。水泵能效等级达到国家 2 级能效标准。

每个车站各配置 2 台冷却塔。为降低冷却塔的噪声，选用了超低噪声型变频变速风机（变频调节范围 6～60 Hz），电机采用变频电机。水泵和冷却塔的变频控制由冷冻站节能控制系统统一考虑。

（4）配套设备。

冷冻水及冷却水设计采用旁流式综合水处理器（系统不允许加化学药剂进行处理）。旁通处理水量为 1%～3%，处理器与水泵并联安装。处理器采用高效脉冲低压电场捕获水中垢离子并杀灭细菌，杀军团菌率、防腐蚀率均应达到国家标准。另为进一步加强水处理效果，每台冷却塔配置循环水在线吸垢器。

冷冻水定压采用定压补水装置，不设置膨胀水箱。定压补水装置设置在冷冻机房内，具备定压、排气、补水功能。

此外装配式集成冷冻站还配备有必要的电动蝶阀、旁通阀、传感器、闸阀等各类阀件。

（5）节能控制系统。

集成冷冻站节能控制系统通过对冷水机组、冷冻水泵、冷却水泵、冷却塔、系统管路调节阀进行实时控制，能实时连续监测冷水机组、水泵和冷却塔的功耗值，在设备安全运行范围内自动调整各单体设备的功率消耗，使冷水机组、水泵和冷却塔综合运行效率最高，整体冷冻站电能消耗最低。控制目的是在满足末端空调系统要求的前提下，使整个系统达到最经济的运行状态，使系统的运行费用最低，并提高系统的自动化水平、管理效率，从而降低管理人员劳动强度。集成冷站控制系统如图42-6所示。

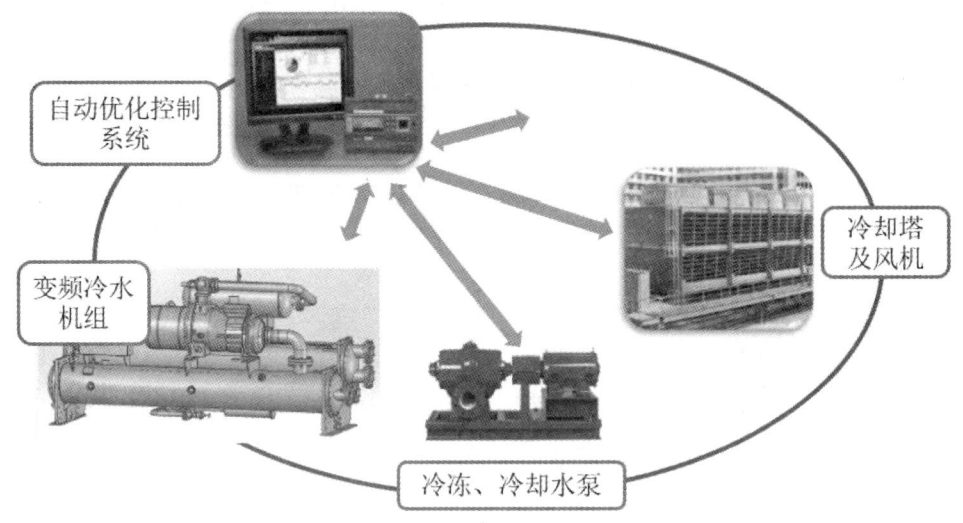

图42-6　集成冷站控制系统主要控制元素

控制系统常规功能包括自动加机、减机；自动维持稳定的水系统压力；冷水机与水泵、冷却塔、阀门联锁；设备自动轮循（冷冻机、水泵、冷却塔）根据需要监测冷冻机内数据；故障报警、恢复；运行报告等。

更重要的是控制系统内部具有丰富的工程管理经验数据库，系统具有自学习、自寻优和自适应的优化控制功能，通过综合分析冷水机组、冷冻水泵、冷却水泵、冷却塔的节能潜力，可以按照既定的控制策略，根据集中空调运行环境及负荷的变化择优选择最佳的运行参量和控制方案，使整个系统在满足末端负荷的情况下，系统综合COP时刻处于最高值。

第五节　技术难点及技术创新

一、装配式集成冷冻站

杭海城际铁路工程4座地下车站，均采用装配式集成冷冻站。主要创新点：一是将冷冻站内设备做到了模块化、工厂预制化；二是通过优化控制系统、设备选型管道阻力、换热器效率等将机房整体能效提高到4.5以上。

目前在我国轨道交通工程中，常规机房自动控制及管理水平下所运行的空调系统制冷主机房年平均能效比应为2.5~3.0。而美国ASHRAE指引要求为优秀的制冷机房系统全年平均能效比应高于5.0，低于3.5时则需要改进。新加坡的绿色建筑标准对不同等级的绿色建筑制冷机房能效比有最低的要求，对于使用中央空调的新建非居住建筑，最大制冷量≥500冷吨时，最低设计制冷机房能效比需≥5.0。

通过对比可知，我们轨道交通工程中制冷机房能效普遍偏低，有较大的提升空间。近年来国内新设计的线路，部分制冷机房年平均能效比已能达到4.2（如武汉地铁11号线），个别优秀的示范车站其制冷机房全年平均能效比能在5.0（广州地铁13号线新塘站）。杭海城际铁路工程在实施前，建设方、设计方一同对武汉、广州地铁进行了实地考察比较,最终提出以制冷机房能效 4.5 为设计目标,从目前开通试运营情况来看,实际运行能效在 4.7 左右,达到了预期效果。

1. 模块化、工厂预制化

杭海城际铁路工程制冷机房各设备真正做到了模块化设计、工厂预制、现场模块化拼装,有效控制了产品质量和安装质量、提高了现场安装速度、节约了机房占地面积,也有利于提高系统能效。余杭高铁站集成冷站三维图见图 42-7,集成冷站工厂拼装测试和现场拼装效果分别如图 42-8 和图 42-9 所示。

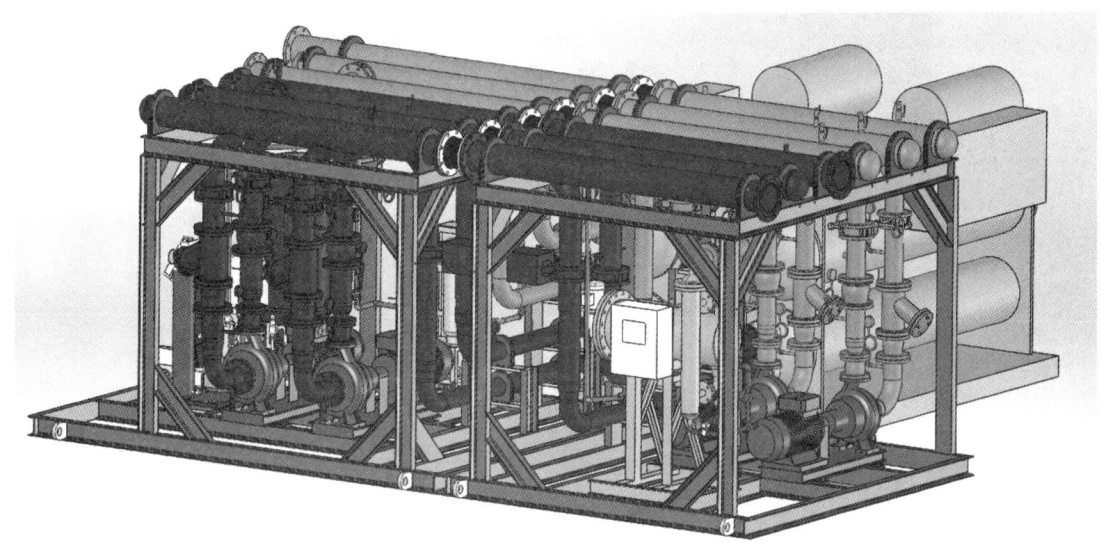

图 42-7　余杭高铁站集成冷站三维图

图 42-8　集成冷站工厂拼装测试

图 42-9　集成冷站现场拼装效果

2. 控制系统、设备选型、管道阻力及换热器优化

控制系统、设备选型、管道阻力及换热器优化是提升机房能效的关键。针对节能控制系统组织了专项评审。现场控制系统操作界面如图42-10所示，节能控制系统评审会如图42-11所示。

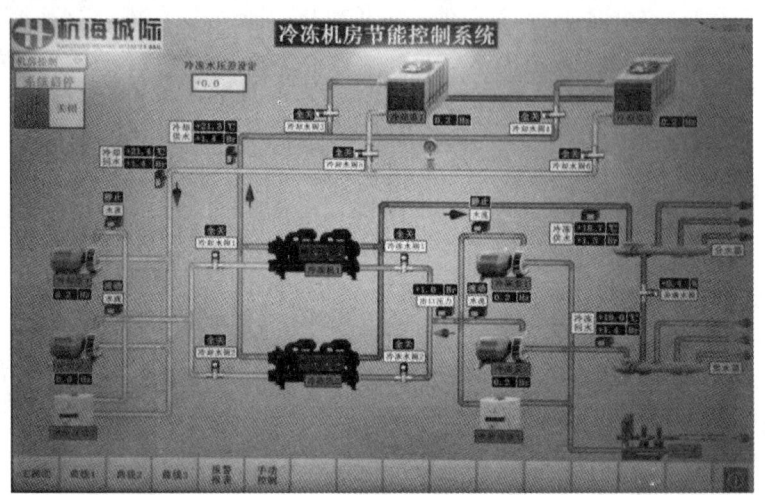

图 42-10　现场控制系统操作界面

图 42-11　节能控制系统评审会

二、一体化空调系统末端装置

杭海城际铁路工程地下车站将组合式空调机组、回排风机、全新风阀、小新风阀、排风阀、回风阀及水阀，以及末端控制系统，均集成化设计，在工厂预制成模块进行调试，现场拼装。将原本零散的末端打造为机电一体化的空调系统装置，可以较好地解决回排风变频、组空变频、风阀水阀调节的协调性问题，有利于末端能效的提升。一体化空调末端示意见图42-12，一体化空调末端现场安装如图42-13所示，一体化空调末端控制系统如图42-14所示。

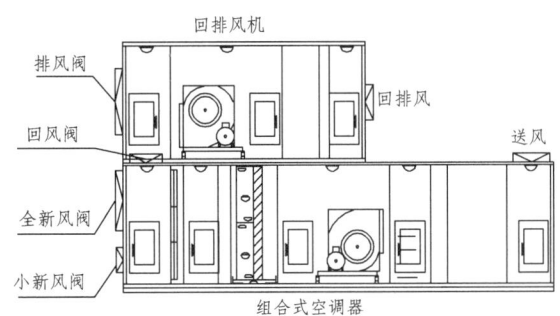

图 42-12　一体化空调末端示意

图 42-13　一体化空调末端现场安装

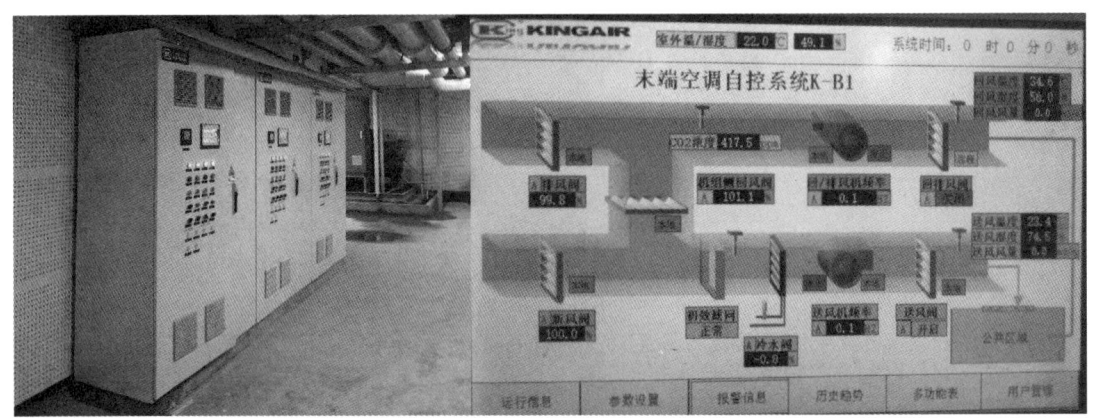

图 42-14　一体化空调末端控制系统

第六节　本章小结

一、设计优化

随着工程实施的推进，由于一些客观因素或外部条件的变化，常常会导致在实际工程实施的过程中，一些工况偏离原来的设计条件，从而产生一些需要通过优化设计的手段来解决现场实际问题的情况，以下为杭海城际铁路项目工程通风空调设计过程中现场所遇到的几个主要问题及其设计优化方法。

1. 阻塞模式下区间通风风向

杭海城际铁路工程隧道通风系统设计时，为简化控制模式，左右线区间在阻塞工况下隧道通风的风向均为从小里程向大里程端送风。试运营安全预评估时，专家对此提出疑义，为保证与杭州既有线路模式统一，后调整为通风方向与行车方向一致。

实际在《地铁设计防火规范》（GB 50157—2013）第 21.3.3 条，第 3 款条文解释中有如下表述："当列车在区间发生阻塞工况时，由 ATS 提供阻塞信息，由相邻车站 BAS 执行相应阻塞通风模式，隧道通风造成的气流方向应与列车运行方向一致，以满足阻塞工况列车新风量的要求"。建议后续线路按该要求执行，如改变设计原则，应进行合理论证。

2. 多联机室外机散热

综合楼部分室外机设置在室内平台上，平台高度有限，空间狭小，散热效果不佳，后增设导流出风弯头。多联机室外机现场安装如图 42-15 所示。

图 42-15 多联机室外机现场安装

3. 划分防烟分区

地下车站防烟分区过多，IBP 盘杂乱的地下车站出入口长通道，与物业开发连接的长通道、设备区走道均按《建筑防烟排烟系统技术标准》（GB 51251—2017）划分防烟分区。以余杭高铁站为例，有 16 个防烟分区，IBP 盘模式按钮太多盘面布置不下；且运营反映无法实际操作时，无法快速地将各防烟分区模式与要开启排烟风机对应。

经与 FAS/BAS、综合监控专业及运营单位沟通，将同一台排烟风机负责的防烟分区模式按钮合并，并注明对应需启动的排烟风机和补风机。

火灾工况下，FAS 主机自动启动火灾模式。如通过 IBP 启动模式和排烟风机，操作较为复杂，需 3 个步骤：

（1）IBP 盘按下对应的防烟分区模式按钮。

（2）现场手动开启对应的常闭排烟阀。

（3）IBP 上按下对应的防排烟风机。

4. 多联机室内机布置在设备机柜上方

施工图设计时，暖通专业根据相关专业的提资，室内机可以较好地避开设备机柜。实际上因通信、信号、综合监控等专业设备招标和设计联络实际滞后，设计联络后设备机柜位置往往有所调整，导致现场施工后出现室内机在设备机柜上方的情况，最后较多室内机因此进行了位置调整，造成施工反复。后续工程要注意要求强弱电专业设备布置图确定后，及时向暖通专业提资，暖通专业在设计交底和配施过程中予以明确。

5. 高架站公共区结露

杭海城际铁路工程高架车站站厅公共区采用铝方通格栅吊顶，空调采用多联空调系统，室内机布置在格栅吊顶上方，出风不可避免地直接吹向铝方通格栅。因高架站站厅层属于半开放空间，夏季相对湿度较大，当室内机与格栅吊顶过近时，易出现吊顶结露现象。

后通过关闭侧窗、适当调高室内设定温度等措施，避免了结露情况出现。在今后的新线设计中，建议装修吊顶在室内机位置断开，室内机高度保持与吊顶平齐，在满足视觉美观的同时，尽可能避免出现结露现象，另也可较好地满足运营检修的便利需求。

二、设计总结

（1）隧道通风系统在阻塞模式下的区间通风风向应保持与行车方向一致，若改变设计原则，应进行合理性论证。

（2）多联室外机的摆放位置应充分考虑散热效果，优先布置在通风状况良好且不影响景观的场所，若确因条件所限，需通过采取增设导流弯头、排风罩、增大百叶开口率等措施强化室外机的散热，确保机组正常高效运行。

（3）对于规模较大，通道较多的车站，防排烟设计按《建筑防烟排烟系统技术标准》（GB 51251—2017）划分防烟分区时，往往会出现因防烟分区较多，车控室内 IBP 盘模式按钮太多而盘面布置不下且不便于运营操作的情况，此时，可与相关专业和单位沟通，将同一台排烟风机负责的防烟分区模式按钮合并，并注明对应需启动的排烟风机和补风机，从而较大程度地优化了 IBP 盘的按钮布置，方便了火灾工况时启用后备方案时的运营操作流程。

（4）鉴于不同专业间的出图、设备招标和设计联络的时序有差异，往往会导致系统专业设备实际布置与暖通专业出施工图时不符的情况，因此需强弱电等系统专业在设计联络最终设备布置确定后，及时向暖通专业反馈，以便暖通专业及时通过设计交底或现场配施等形式补充明确，从而避免因多联室内机置于设备机柜正上方时造成的不必要的返工。

（5）对于高架车站站厅公共区设置多联空调系统时，建议将多联室内机的面板与装修吊顶平齐，既能较好地避免吊顶结露，又能方便运营检修。

第四十三章 车站设备

第一节 电梯、自动扶梯

一、设计概况

杭州至海宁城际铁路线路设站 12 座,其中地下车站 4 座(余杭高铁站、皮革城站、海昌路站、浙大国际学院站),高架车站 8 座。设车辆综合基地 1 座,控制中心 1 座设于车辆基地内。各车站均设置有自动扶梯和电梯,安装在车站内和出入口处,车辆段综合楼及控制中心设置电梯。自动扶梯和电梯是轨道交通系统的一个重要组成部分,要求安全、可靠地在杭海城际铁路项目工程特定的环境条件和载荷条件下长期工作。

二、设备系统构成

(一)自动扶梯

自动扶梯由机械和控制两部分组成。自动扶梯的机械主要包括:桁架、梯级、扶手带、驱动电机、不锈钢外装饰板等组成。自动扶梯控制系统采用微机控制。

1. 主要部件要求

(1)驱动主机。

① 驱动主机应运行平稳,传动效率高,低噪声,维修工作量小,使用寿命高。

② 节能速度:

a. 节能速度由变频器实现。自动扶梯上无乘客时,能自动转入节能速度,慢速运行,节约能源,减少机器的磨损。这种速度应可视需要方便地切除或联上;

b. 判断有无乘客的传感器宜设置在上、下水平段地板内或更合适的位置,以简化入口处的配置。其作用范围应可调,一般在离梳齿板 1.5 m 左右时起作用。

③ 减速机:减速机宜采用效率高、噪声小、传动平稳的齿轮传动。减速机的结构参数需要与所选用的电机功率相匹配。

④ 电机:

a. 型式:封闭式鼠笼感应电动机,自带风扇冷却式,滑差应不大于 4%;

b. 绝缘等级 F,电机防护等级室内型不小于 IP54,室外型不小于 IP55,电机的端子保护等级不应小于 IP65;

c. 功率因数 $\cos\varphi$、效率 η、转速 n、堵转电流/额定电流、堵转转矩/额定转矩,最大转矩/额定转矩等主要电机参数应满足国际电工委员会(IEC)对封闭式鼠笼感应电动机的标准要求,在轻载(30% 负载率)电机效率不应低于 80%。

⑤ 工作制动器：

a. 应全面符合 GB 16899—2011 要求；

b. 对在出入口工作的自动扶梯，应有防水措施，如主机上方加不锈钢盖板；

c. 应有制动器松闸监测装置，制动器未完全打开时，扶梯不能起动。

⑥ 驱动链：

a. 在主机与驱动轴之间可采用链条或齿轮传动，当采用链条传动时，链条至少为双排，安全系数≥8；

b. 对室外型的驱动链应有防水设计，如加不锈钢盖板。

（2）主驱动轴和梯级链张紧装置。

① 主驱动轴应有足够强度和刚度，各种链轮在轴上的固定应可靠。如采用焊接应作探伤检查。

② 各种链轮均采用优质钢材制造，链轮的工作寿命均应在 20 年以上。

③ 梯级链张紧装置应采用链轮张紧结构。

（3）扶手带驱动装置。

① 应能使扶手带在最不利的环境条件下正常工作，不打滑。

② 结构应合理，扶手带的弯曲半径不应太小，有利于延长扶手带使用寿命，还应使调整维修方便，扶手带驱动链的安全系数不应小于 8。

③ 对室外型，应考虑头部回转轮驱动或增加扶手带驱动装置确保雨天由于摩擦系数降低时不会出现打滑现象。

④ 扶手带上、下端回转部分设回转轮或托滚。

（4）桁架。

① 桁架用型钢制造，能承担自动扶梯自重、满载负荷、外包板重量、内部驱动机、控制柜和梯级等重量。

② 在 5 000 N/m^2 负载下，实测的最大挠度不应超过支撑水平距离的 1/1 500。

③ 表面处理：整体热镀锌，包括焊在上面的机器底座和桁架底板及导轨支撑件，镀锌层厚度不小于 100 μm，具有 40 年以上防锈寿命。对方型材制造的桁架，应保证型钢内腔也能镀上锌层。

④ 桁架上下水平段的底部封以 5～6 mm 厚的钢板，在下部水平段底部开有排水孔；自动扶梯在倾斜段的底部焊钢板密封；室内型在下机坑内配有垃圾自动清扫装置。室外型的排水孔设有油水分离器。

⑤ 桁架设计应考虑外包板的安装。外包板安装时，不允许在桁架上加焊任何构件。

⑥ 桁架分段合理。

（5）梯级与梯级滚轮。

① 梯级强度应满足《自动扶梯和自动人行道的制造与安装安全规范》（GB 16899—2011）的试验要求。

② 梯级的踏板面的槽和竖板作黑色粉末喷涂，踏板表面打磨。采用整体铝合金梯级。

③ 梯级滚轮应由轮缘、轮壳和轴承组成。梯级滚轮的轮缘应采用耐油、耐水、强度高的材料制造；轮壳应采用金属材料；采用免维护密封滚珠轴承，轴承和润滑油脂寿命应和梯级滚轮部件同寿命。滚轮的使用寿命应大于 8 年。

（6）梯级链与梯级链滚轮。

① 当载荷取 5 000 N/m^2，梯级链的安全系数不能小于 8，销轴比压不能大于 23 N/mm^2。链条的链片采用优质钢制造，并应经适当热处理，使晶粒细化，获得可靠的强度；销轴、轴套和滚子应用优质合金钢制造（如铬钼钢），并经合理热处理，以获得最合理的晶相组织和表面硬度。

②梯级链滚轮应在梯级链外侧。滚轮基本要求同梯级滚轮要求，但应有更高的承载能力，在结构上应考虑更换方便。

（7）导轨与支架。

①导轨具有良好的刚性，表面光滑，上、下导轨的曲率半径满足规定要求。

②导轨表面（工作表面除外）采用热镀锌。

③扶梯上端应设卸荷导轨，提升高度大于 10 m 时，上部返回处也应设卸荷导轨，卸荷导轨宜采用非金属材料，且应便于调节。

④导轨支架应有足够的强度和刚度，表面热镀锌。

（8）扶手带与扶手带导轨系统。

①扶手带破断力不小于 25 000 N，表面硬度合理，黑色。滑动层（内衬）采用合成纤维。

②室外型的扶手带，在雨天直接淋雨应能正常工作，并能抗阳光暴晒。

③扶手带能阻燃，即燃烧的扶手带移开火源后能自动熄灭。

④扶手带设有去静电的装置。

⑤扶手带导轨采用耐腐蚀材料制造（如挤压铝型材等），工作表面覆以低摩擦材料；对于室内、室外型扶梯扶手导轨均采用不锈钢制作。

⑥在上下端转弯处应有导轮，在上曲线段应有滚柱。

（9）自动润滑系统：全部需要用稀油润滑的零部件采用自动润滑。驱动链和梯级链的润滑系统，能独立调节油量和润滑时间。

（10）控制系统、控制柜及电气开关。

①控制系统采用微机控制。

②控制柜内全部电气元件均应符合 GB 16899—2011 要求。

③能向 BAS 系统（车站设备监控系统）发出自动扶梯的上行、下行、故障、左、右扶手带对梯级的速度差及出入口扶梯楼层板防盗等信号。

④在控制柜内留有与车站控制室急停开关的接口。

⑤控制柜柜体外壳保护等级：室外型不小于 IP55；室内型不小于 IP43。

⑥控制柜具有良好的通风设计，以保证微机系统及变频器正常工作；电子器件的平均无故障工作时间不小于 5 万 h。

⑦安全开关、钥匙开关、停止按钮、插座等电气器件的外壳保护等级应满足室内型自动扶梯、室外型自动扶梯相应的环境条件，室内型自动扶梯不小于 IP43，室外型自动扶梯不小于 IP54。

（11）室外型自动扶梯防盗、防水、防尘设计。

①室外型自动扶梯上下地板装设专用锁，能可靠防止非工作人员打开上下机房地板进入扶梯机房。

②室外型自动扶梯应有特别的防水、防尘设计，保证扶梯在全露天条件下，能全天候安全可靠地工作。

2. 安全装置

自动扶梯至少应具备如下安全装置：供电系统断相、错相保护装置、电机过载或短路保护、超速保护装置、意外逆转保护、梯级链保护装置、扶手带保护装置、扶手带速度监控装置、扶手带入口保护、梳齿板安全开关、梯级塌陷保护、梯级运行安全装置、裙板安全保护、驱动链破断保护装置、裙板防护、急停开关、接地故障保护等安全开关和相对独立的工作制动器和附加制动器。

（1）工作制动器。

工作制动器在下列情况下动作：

①电源失电；②电路失电；③安全装置动作；④制动器的制动距离应符合国标要求。

（2）附加制动器。

① 使具有制动载荷的扶梯有效地减速停止下来，并使其保持静止状态。

② 当梯速超过额定速度 1.4 倍之前或梯级改变其规定的运行方向时，附加制动器应与工作制动器同时动作。

③ 允许当电源发生故障或安全电路失电时与工作制动器同时动作，其制停距离应满足国标要求。

④ 当驱动链破断时，附加制动器单独动作时，应能保证乘客安全。

⑤ 应有制动器松闸监察装置，当制动器未打开时，扶梯不能起动。

⑥ 当与工作制动器同时动作时，附加制动器的启动时间应滞后于工作制动器一段时间，其滞后时间是可调的，可调范围 0～5 s。

（3）超速保护装置。

① 当自动扶梯速度超过额定速度的 15%时，工作制动器动作。

② 当自动扶梯速度超过额定速度的 20%时，保护装置切断电流，附加制动器也动作。

（4）欠速保护装置。

当自动扶梯在有载情况下，速度降低至额定速度的 80%时，工作制动器和附加制动器动作，防止逆转。

（5）防逆转装置。

在自动扶梯逆转前，工作制动器和附加制动器动作，使设备停止。

（6）梯级链保护装置。

① 当梯级链过度伸长达 2%时，保护装置动作使扶梯停止。

② 当梯级链破断时，保护装置动作使扶梯停止。

（7）扶手带断带保护装置。

当扶手带破断时使扶梯停止。

（8）扶手带速度检测装置。

① 当扶手带与自动扶梯速度差超过+2%并持续 10 s 时，向 BAS 系统发出报警信号；当这一速度差达到-5%～+5%时并持续 5 s 以上时，安全开关可使扶梯停止运行。该安全开关具有延时停车功能，延时时间在一定范围内可调，以防止此装置的滥用，防止乘客有意地拉扶手带，而引起自动扶梯的停止。

② 同时增设两个可选的速度挡，这三个速度监控挡在使用中可方便地选择。

（9）扶手带入口保护装置。

（10）梳齿板安全开关。

（11）围裙板防接触保护。

在裙板适当位置安装毛刷，以防止乘客无意接触裙板而被夹塞。

（12）围裙板安全开关。

按一定的直线间隔距离（≤10 m），安装于裙板后面，其数量不少于 2 对。当有不适当的压力或物体进入梯级与围裙板之间时，使扶梯停止运行。

（13）梯级防塌陷保护。

当梯级任何一部分下陷时能使自动扶梯停止运行。

（14）驱动链断链保护。

当驱动链过度伸长达 2%或断链时，附加制动器动作，使自动扶梯停止运行。

（15）梯级运行安全装置。

当两个梯级间隙插入异物，梯级滚轮运行轨迹异常时，使自动扶梯停止运行。

（16）错断相保护装置。

当供电电源错、断相时，使自动扶梯在运行时停止运行，启动时不能启动。

（17）电机过载安全保护装置。

① 电机每一相都应装有防止过载或短路的安全装置，一旦此安全装置动作，则切断电机供电。

② 如果是靠电机线圈温升来检测过载，此装置应在故障被排除和电机线圈温度充分降低的情况下，自动复位，但不能自动重新启动自动扶梯。

（18）电路接地故障保护装置。

当产生接地故障时，自动扶梯停止运行。

（19）急停开关。

自动扶梯紧急停止开关设置在自动扶梯上下扶手带端口部位、明显而易于接近的位置，当两个紧急停止开关距离大于 30 m 时，须在自动扶梯的中间位置装设 1 个。

（20）防静电装置。

（21）工作制动器开关。

能够防止自动扶梯在工作制动器未完全打开时被起动，即使起动也应立即停止。

（22）上、下地板安全装置。

在上、下地板下设有一安全开关，除维修模式外，地板打开时，自动扶梯停止运行。

（23）制动器安全装置。

该装置可监视制动器（工作制动）闸瓦的厚度，一旦测到任何不正常或不均匀的磨损，工作制动器里磨损指示器应在 LFIP（控制柜内的本地状态、故障显示板）上闪烁，以警告车站工作人员。

（24）水位安全开关。

当下机坑的积水超过警戒线后，自动扶梯不能起动或停止运行，并向 BAS 系统发出警报。

（二）电梯

电梯主要由主机、控制柜、牵引装置、轿厢、对重装置、导轨、门系统及各种安全装置等主要部件组成。

1. 主要部件要求

（1）轿厢。

① 无机房电梯的轿厢设计四壁设计应美观。轿厢内为残疾人设置扶手栏杆，栏杆用圆管形不锈钢制作，沿箱壁三面设置。

② 在轿门两侧各设一个操纵箱，操纵箱上设有警铃按钮、对讲机以及其他各种按钮，均应适应残疾人使用（包括轮椅和盲人，盲文应符合有关规定）。

③ 轿厢上部设吊顶，两侧设两台轴流排风机，风机的运转噪声不应导致轿厢内噪声超出限制值。

④ 轿厢底的设计应能适应载货时的集中载荷。轿厢底盘面板为不小于 4 m 厚的钢板，表面敷设花岗岩地板砖。

⑤ 轿顶上设检修箱，检修箱应有如下设置：手旋复位的红色停止按钮；检修开关；带护罩 36 V 检修照明灯；维修用插座（220 V，三脚）；检修运行按钮。

（2）无机房电梯的井道。

① 无机房电梯的井道分为透明井道、混凝土井道、四角混凝土柱井道。

② 透明井道、四角混凝土柱井道的透明面采用透明安全玻璃制造。

③ 透明井道中透明安全玻璃由电梯供货厂家负责供货安装，不透明面由土建专业完成。混凝土井道由土建专业完成。

（3）轿门、厅门。

电梯的轿门和公共区厅门采用门体透明材料门框不锈钢制造。设备层层门采用不透明防火材料制造。

（4）控制方式：微机控制系统，有故障显示装置。

2. 安全装置种类

电梯除具备《电梯制造与安装安全规范》（GB 7588—2003）规定的安全装置外，还应有如下安全保护功能：

（1）应急照明：当电梯在运行中发生电源被切断或中途停电故障时，应急照明自动启动，至少供 1 W 的灯泡用电 3 h。

（2）安全停靠：当电梯发生故障停止在非停靠位置时，自动进行故障诊断，以慢速运动至最近站层，开门疏散乘客。

（3）门光幕保护：以装在轿门上的红外线光幕作为关门安全保护。

（4）超载保护和满载直驶：轿厢超载时电梯不能起动，并在轿厢操纵箱上以声光信号警示；当轿厢以满载运行时，处于直驶状态，不应答层门信号。

（5）五方通话：可实现井道底坑、轿厢、轿顶、厅门控制柜和车站控制室五方通话。

（6）警铃：按下轿厢内的警铃开关，安装在井道的警铃鸣响。

3. 电梯井道温控方案

露天电梯上部采用透明井道，受阳光直射的影响，井道温度较高，容易造成电梯故障，影响乘客的使用。杭海城际铁路项目工程参考杭州地铁既有的做法，采用在井道顶部加装机械通风，将井道内热量带走；将电梯控制器由顶层下移至站厅层，远离热源，避免控制器因温度过高而不工作。

三、主要技术标准和设计原则

（一）主要技术标准

《地铁设计规范》（GB 50157—2013）。

《城市轨道交通工程项目建设标准》（建标 104—2008 号）。

《城市轨道交通技术规范》（GB 50490—2009）。

《自动扶梯和自动人行道的制造与安装安全规范》（GB 16899—2011）。

《电梯制造与安装安全规范》（GB 7588—2003）。

《电梯制造与安装安全规范》国家标准第 1 号修改单（GB 7588—2003/XG 1—2015）。

《电梯技术条件》（GB 10058—2009）。

《电梯主参数及轿厢、井道、机房的型式与尺寸》（GB/T 7025—2008）。

《电梯试验方法》（GB 10059—2009）。

《电梯安装验收规范》（GB/T 10060—2011）。

《电梯曳引机》（GB/T 24478—2009）。

《电梯 T 型导轨》（GB/T 22562—2008）。

《电梯用钢丝绳》（GB/T 8903—2018）。

《无障碍设计规范》（GB 50763—2012）。

《电梯工程施工质量验收规范》（GB 50310—2002）。

《建筑用安全玻璃　第 3 部分：夹层玻璃》（GB 15763.3—2009）。

《地铁防火设计标准》（GB 51298—2018）。

（二）设计原则

1. 自动扶梯

（1）在站内设置室内型自动扶梯，出入口设置室外型自动扶梯；

（2）自动扶梯采用重载荷公共交通型，其特点是安全、可靠、耐用；

（3）自动扶梯采用变频系统，能实现节能运行；

（4）自动扶梯载重条件：在任意 3 h 内，持续重载时间不少于 1 h，其载荷达到 100%制动载荷；其余 2 h 负荷率为 60%的制动载荷；

（5）自动扶梯上、下端部各设有 4 个水平梯级，每处水平梯级长度 1.6 m；

（6）室内自动扶梯桁架内设有自动垃圾清扫装置，且桁架底部采用钢板封闭；出入口自动扶梯桁架斜段底部留有清扫维修通道；

（7）站内扶梯按无渗漏水设计；出入口自动扶梯在扶梯坑外设集水井排水；

（8）出入口自动扶梯设置油水分离器，雨水等通过油水分离器后再排入集水井。

2. 电梯

（1）在站内站台层至站厅层、出入口设置垂直电梯。

（2）电梯采用无机房型。

（3）站内电梯设置在付费区，出入口电梯设置在非付费区。

（4）站内电梯厅门方向应与轨道方向平行布置，并面向设置有出入口电梯的方向。

（5）轿厢内按钮、厅门召唤设有盲文，轿厢壁设有扶栏。

（6）车控室能通过对讲电话与电梯轿厢内实现可视对讲功能。

（7）车控室能通过设置在电梯轿厢内的摄像头实现视频监控。

（8）站内电梯底坑按无渗水、无漏水设计，特殊情况出现底坑集水时，采用临时机械排水设施；出入口电梯底坑按无渗水、无漏水设计，底坑范围外设集水井，当有积水时采用自动式抽排水泵进行排水。

（9）电梯轿厢采用四面透明型；站内电梯井道四面透明型；出入口电梯分全混凝土井道型和上部透明，下部混凝土井道型。出入口上部透明、下部混凝土井道型电梯出地面井道采用四面透明型，地面以下井道为混凝土，负一层厅门为透明型。

四、系统接口划分

（1）与动力照明专业的接口：动力照明系统承包商按要求负责向自动扶梯、电梯系统提供二级负荷用电，并提供足够的容量和回路，满足自动扶梯、电梯系统设备用电要求。接口界面在自动扶梯、电梯系统的电源控制箱接口端子排，动力照明系统承包商负责将供电（照明）电缆敷设至自动扶梯、电梯系统的电源控制箱。

（2）与环境与设备监控（BAS）专业接口：BAS 系统负责对自动扶梯、电梯系统的状态监视。

自动扶梯系统负责将需要监视的状态信息（站内扶梯监视上行、下行、故障停梯、左、右扶手带对梯级的速度偏差和超载等 7 种监视信号；出入口扶梯监视上行、下行、故障停梯、左、右扶手带对梯级的速度偏差、踏板防盗和超载等 7 种监视信号）传送给 BAS 系统，并提供接口，配合两个系统之间的接口调试。接口界面在自动扶梯控制柜接线端子排。

电梯系统负责将需要监视的状态信息：上行、下行、轿厢门开/关状态、轿厢停靠位置、故障报警信号、轿厢报警、维修状态、消防状态等信号传送给 BAS 系统，并提供接口，配合两个系统之间的接口调试。接口界面在电梯控制柜接线端子排。

（3）与导向系统接口：导向系统负责显示自动扶梯的运行状态。扶梯需要向导向系统提供运行方向信号，接口分界点在自动扶梯控制柜接线端子排，导向系统负责导向装置至扶梯控制柜线缆的供货及敷设施工。

（4）与火灾自动报警（FAS）系统接口：FAS 系统负责实现电梯的应急停梯控制。

FAS 系统与电梯系统之间采用硬线接口进行连接，实现在火灾状态下，FAS 对电梯下发消防紧急控制"电梯回到疏散层并打开电梯门"的指令，电梯执行指令实现电梯回到疏散层（站内疏散层为站厅层，出入口疏散层为地面层）并打开电梯门；电梯向 FAS 系统的火灾报警控制器传回"电梯回到疏散层并打开电梯门"的状态信息。接口界面在电梯自带控制柜中，电梯系统负责在控制柜内预留接线端子，FAS 系统负责至电梯控制柜之间线缆的供货及施工。

（5）与通信专业接口：电梯可视对讲功能与通信专业存在接口。由通信系统负责车站组网终端的供货及安装，光纤（含两端的光电转换器）的供货、敷设及安装；电梯系统负责可视对讲终端的供货及安装、井道内线缆的敷设。

五、设计联络及配施过程

自动扶梯、电梯设备采购及安装施工标段划分具体情况见表 43-1。

表 43-1　自动扶梯、电梯设备采购及安装施工标段划分

标段名称	标段编号	第 1 次设计联络	第 2 次设计联络	第 3 次设计联络
自动扶梯、电梯设备采购标	HHCTHT-029	2019.08.19—2019.08.20	2019.09.10—2019.09.11	2019.10.30—2019.10.31

2019 年 8 月 19 日—20 日，杭海城际铁路有限公司组织召开自动扶梯、电梯设备第一次设计联络会，明确自动扶梯语音提示装置、润滑系统、隔离带设置、急停按钮及电梯控制柜设置位置、钢结构颜色、可视对讲系统、电扶梯样机参数等。

2019 年 9 月 10 日—11 日，杭海城际铁路有限公司组织召开自动扶梯、电梯设备第二次设计联络会，闭合一次联会开口项，确认电梯按钮布置形式、电梯设计细化方案、钢结构井道图纸、扶梯扶手带材质、急停按钮等具体方案。

2021 年 4 月 30 日，海城际铁路有限公司组织召开自动扶梯、电梯设备验收会，全线 12 座车站基本完成特种设备检验并取得相应检测合格报告。

自动扶梯中间支撑位置偏差，牛腿深度偏差，土建施工自动扶梯井道水平跨度偏大或偏小，正式电接线等需要整改的问题，经过施工班组整改，相关单位配合，已全部整改完成，无遗留问题。

主要变更内容包括：皮革城站自动扶梯规格变更、周王庙镇站出入口自动扶梯数量变更、站内电梯增加对重安全钳变更、长安镇站出入口自动扶梯数量变更。

第二节　站台门

一、概述

杭州至海宁城际铁路共设车站 12 座，其中高架站 8 座，地下站 4 座。杭海城际铁路项目工程采用 B 型车，4 节编组。车站站台门系统设置在站台边缘，门体按 4B 编组列车长度设置，以车站中心

里程为中心向两端对称布置，其纵向组合总长约为 75 m。每侧站台门设置 12 对滑动门与 4 辆编组的车辆乘客门相对应，设应急门 4 道，端门 2 扇。

二、系统构成

站台门系统由机械和电气两部分构成，机械部分包括门体结构和门机传动系统，电气部分包括控制及监视系统和电源系统。

（一）门体结构

门体结构是站台门系统中作为实现安全与节能功能的主要组成部分，因此，门体需要有足够的强度与刚度，以防止列车运营时的隧道风压与站台侧乘客的撞击所造成的破坏；并且需要选用低导热材料和采用适当的密封性能，降低地铁车站的冷风消耗，以达到节能的目的。门体结构除了完成站台门系统的安全与节能的功能外，还必须保证地铁列车的上下乘客的通道这一基本功能。另外，门体结构是站台门系统唯一外露的组成部分，高通透性的门体是站台门系统美观效果的重要保证。

站台门门体包括顶箱结构、支撑结构、门槛、滑动门、固定门、应急门、端门等。

1. 滑动门

滑动门关闭时可作为车站站台公共区与隧道区域的屏障；打开时，为乘客提供上、下列车的通道；也可作为在车站隧道区域发生火灾或故障时乘客的疏散通道。当列车停在站台，且位置正确时，滑动门将与列车车厢的客室门对准。

2. 固定门

固定门设置于滑动门之间，滑动门与端门之间，在站台公共区与隧道区域之间起站台作用。

3. 端门

每列站台门的两端设有站台门端门，门全开时向站台侧旋转 90°，端门的设置主要有以下三种功能：

（1）端门在车站宽度方向上将站台公共区与轨行区隔开，起到了站台作用；

（2）列车在区间发生火灾且无法驶入车站停车的情况下，乘客可从端门疏散到车站站台；

（3）站务或维修人员可从端门进入站台设备区和区间隧道。

4. 应急门

应急门除站台作用外，在列车进站停车时，由于列车故障无法将车门与滑动门对准时，为乘客疏散提供应急通道。应急门在轨道侧设有开门把手，紧急情况时乘客可从轨道侧按压开门杠杆解锁，向站台侧旋转 90° 推开应急门；站台上站务人员也可以用钥匙从站台侧打开。

5. 顶箱

高站台门设置顶箱，顶箱是安装在站台顶梁与站台门顶部之间的箱体结构，用于保护门机等设备，主要部件是顶箱盖板。

顶箱盖板是安装于站台边上部的盖板，主要用于遮盖门机结构，并可作为导向标志的设置处，盖板由固定的不锈钢底盖板和装有铰链的不锈钢或粉末涂喷钢盖板组成，为驱动、监测和配电设备提供安装空间及检修入口。

门机梁在轨道侧提供足够的保护。在设备盖板关闭的位置上保留一个锁，在打开时由支柱支撑。每个盖板的周边都有一条可压缩的硅酮密封条，当面板关闭紧锁时形成完全的密封。

6. 门槛

门槛是作为滑动门的底部导向和提供固定门安装的基础。

7. 侧盒

低站台门滑动门两侧设固定侧盒，其内设置安全门单元的驱动机构、门锁装置、门控单元（DCU），配电端子箱、门状态指示灯等部件。固定侧盒对以上部件应起密封保护作用，并应便于安装、调试、使用、维护和检修。

（二）门机

门机是站台门系统中的驱动滑动门进行开/关动作的关键部件，滑动门是站台门门体结构中唯一频繁运作的部件，其开/关动作是否正常直接影响地铁运营的效率，因此要求门机的安全性必须可靠，在无故障使用次数不小于 100 万次的前提下，还要降低门机的功耗与噪声，提高门机的运行精度；此外，为了保证乘客在上/下列车时不被滑动门夹伤，还要求门机有良好的运行曲线，和较小的夹紧力。高站台门每道滑动门设置 1 套门机，低站台门每道滑动门设置 2 套门机。

（三）电源系统

电源是站台门系统运行的动力能源，为了保证站台门系统在地铁运营中的高可靠性，站台门系统供电电源采用一级负荷，配置双电源切换箱，当一路电源损坏，将自动切换至另一路电源，保持对站台门系统的供电。站台门系统设置备用电源，驱动电源的后备电源容量应至少能在供电中断情况下，保证一列车的乘客疏散完成后，后备电源仍然能够使站台门处于关闭状态。因此驱动电源的后备电源容量应符合完成 30 min 内本站全部滑动门开关 3 次的需要，控制电源的后备电源容量应符合系统满负载持续工作 30 min 的需要。

1. 驱动电源

电源自动切换箱输出两路三相 380 V 电源，分别经驱动电源 UPS、三相隔离变压器与驱动电源屏连接，在驱动电源屏内经过断路器馈出 4 个供电回路，以交叉方式送至站台，向站台门驱动装置供电。两路驱动电源互为备用，当其中一路电源故障时，由另一路电源同时驱动两侧站台门；当两路交流电源均故障时，蓄电池组自动切入，保证整个系统的运营。

2. 控制电源

电源自动切换箱输出一路单相 220 V 电源，通过控制电源 UPS 和控制电源变压器（在 PSC 中）连接，经降压、整流后向单元控制器（PEDC）、就地控制盘（PSL）供电，当系统电源发生故障时，UPS 可保证用电设备连续工作。

PU 为站台门接收电源，并且将其分配到在门机内的 PEDC 和就地供电单元。

3. 配电设备

配电单元（PDU）：配电单元具有两个功能。它将 380 V 的电源沿站台分配到每个就地供电单元（LPSU），并通过变压及整流，提供 PEDC 所需的控制电源。

就地供电单元（LPSU）：LPSU 将 PDU 提供的电源转换后提供给门机及 DCU。若站台门出现故障时，LPSU 就提供一个就地的隔离和自动的保护。如果一个门出现故障就会导致那个门的断电器启动，使得仅仅只是故障门受影响，方便故障的诊断。

（四）控制系统

控制系统是站台门系统的中枢神经，滑动门开/关动作的准确性与及时性都必须由站台门控制系统来保证。

控制系统包括中央控制盘（PSC）、就地控制盘（PSL）、门控单元（DCU）和就地控制盒（LCB）以及控制局域网、软件、监视报警装置和网间通信协议转换器、安全继电器回路设备、通信介质及通信接口模块等。

1. 中央控制盘（PSC）

PSC 设置在站台一端的站台门设备室内，包括两个单元控制器，分别控制两侧站台的站台门。PSC

应能接收信号系统、IBP 或 PSL 的开/关门命令，并监视站台门系统的开/关门、故障情况，将站台门关闭且锁紧信号和互锁解除信号送入信号系统，并通过 PSC 内设置的编程/调试接口，对各 DCU 单元内的可编程控制器重新编程。PSC 提供站台门系统与信号、综合监控等系统的接口。

2. 就地控制盘（PSL）

PSL 设置于每侧站台的列车始发端站台上，方便列车司机和站台工作人员操作的位置。在系统级控制失效时，供列车司机或站台上的工作人员向各 DCU 发出开、关门指令，实现站台级控制。原则上每侧站台设置一套 PSL，对于有双向行车需求的站台，则在站台两端各设置一套 PSL。

3. 门控单元（DCU）

DCU 设置在站台门滑动门上方的顶箱内。

每道滑动门设 1 套，能够接收信号系统、IBP、PSL 各控制点发来的开/关门控制命令，控制门的运动，并采集和发送门状态信息及各种故障信息。

4. 就地控制盒（LCB）

LCB 包括自动/手动/隔离三位开关以及相应控制按钮（也可采用自动/手动关/手动开/隔离四位开关），每个门单元设置一套，位于 DCU 附近或与 DCU 结合设置。

5. 控制局域网及通信接口等

PSC 与控制系统的各部分以及与其他相关专业之间的连接方式可分别采用数据线连接、硬线方式、继电器方式。

站台门系统在工程上主要具有保护乘客安全、在运营过程中节约通风空调系统能耗的功能，体现"以人为本"的设计理念。除此之外，站台门系统对改善乘客候车环境、增进社会效益、节省劳动力资源方面均有贡献。

（五）基本功能

（1）提高地铁运营的安全性：站台设有站台门可防止乘客拥挤或意外掉下轨道，防止乘客因物品掉下轨道而欲跳下轨道拾物产生危险，同时也防止乘客蓄意跳轨自杀，保证了乘客候车安全。

（2）节能：高站台门设置在站台边将站台公共区与列车行驶隧道隔离开，避免了列车运行活塞风进入站台，减少了站台区域气流热交换，使车站空调负荷降低，节省年运营费用。

（3）提高车站环境的舒适度：高站台门将站台公共区与行车隧道隔开，车站空调范围与开/闭式系统比较要小得多，且气流相对稳定。空调负荷大大降低的同时，车站空调设计标准可比开/闭式空调系统提高，站厅和站台空调设计温度可低 1～2 ℃；减少了列车行驶噪声和活塞风对站台候车乘客的影响。站台环境条件的改善，使乘客感觉更舒适，地铁服务水平更高，更加吸引客流。

（4）因站台设置了站台门，避免了一些安全事故的发生，列车不会因人为因素而延误，从而大大提高了整个地铁系统的运营安全可靠性。

（5）站台设置了站台门后，列车可以用较快速度进站，为确保列车班次的准确性提供了有利条件。并为地铁实现无人驾驶创造了条件。

（6）站台门是站台上面积最大的装修，兼做站上导向牌。

滑动门（ASD）正常工作与否，对列车的正常运营影响甚大，因此，地铁站台门（PSD）系统设计有多种冗余系统来提高其可靠性，以便在紧急情况下使列车的工作不受影响。

（六）冗余系统

地铁站台门（PSD）系统中的冗余系统包括：

（1）应急门（EED）：在列车不能正确停靠或其他紧急情况时使用；

（2）就地控制盘（PSL）：在当信号系统的开关门指令受阻时，使用 PSL 进行站台门的开关控制；

（3）滑动门（ASD）的手动释放机构：在滑动门（ASD）不能自动打开时使用；

（4）电池：在车站电源发生故障时提供电源。

（七）监视系统

地铁站台门（PSD）系统中的监视系统主要包括以下功能：

（1）对发向综合监控系统接口的报警和状态信息的监视；

（2）在中央控制盘（PSC）上的报警及状态指示；

（3）在单个门单元上的站台门状态指示灯。

（八）安全功能

站台门（PSD）系统具有多项安全保障功能，从而为乘客提供安全的操作，这些安全功能为：

（1）使用高强度的门体结构材料及安全玻璃，以承受拥挤的乘客挤压力及列车活塞风压等载荷；

（2）障碍检测，以便采取相应安全对策；

（3）降低动能，避免可能对乘客的撞击；

（4）在关闭位置锁定，以保证安全。

（九）可靠性功能

高站台门（PSD）系统将能保证乘客的安全并降低空调能耗，从而为乘客提供优良和安全的候车环境。为达到这些目的，在设计地铁站台门（PSD）系统时将采用具有高可靠性及高性能的设备及零部件。

三、主要技术标准和设计原则

（一）主要技术标准

《地铁设计规范》（GB 50157—2013）。

《城市轨道交通工程项目建设标准》（建标 104—2008 号）。

《城市轨道交通技术规范》（GB 50490—2009）。

《城市轨道交通站台屏蔽门系统技术规程》（CJJ 183—2012）。

《城市轨道交通站台屏蔽门》（CJ/T 236—2006）。

《建筑用安全玻璃第 4 部分：均质钢化玻璃》（GB 15763.4—2009）。

《玻璃幕墙工程技术规范》（JGJ 102—2013）。

《低压配电设计规范》（GB 50054—2011）。

《低压成套开关设备和控制设备》（GB 7251—2013）。

《电力工程电缆设计标准》（GB 50217—2018）。

《可编程序控制器》（GB/T 15969—2008）。

《地铁杂散电流腐蚀防护技术规程》（CJJ 49—92）。

《地铁防火设计标准》（GB 51298—2018）。

IEEE 有关协议。

IEC870 相关标准。

电磁兼容相关标准。

（二）设计原则

（1）站台门系统满足"安全、实用、经济、高效"的总目标。

（2）站台门系统实现较高的国产化水平，达到项目要求的国产化率。

（3）站台门的设置能满足各种运营模式的要求，正常运营时方便乘客上下车，故障或灾害运营时，保证乘客能够安全地疏散。

（4）站台门无故障使用次数不小于 100 万次。

（5）站台门设置在车站有效站台长度范围内；站台门沿站台纵向总长度约 75 m，以有效站台中心线为基准向两端对称布置。

（6）站台门在站台边布置，其滑动门与列车每节车厢的乘客门一一对应，并且在列车停车精度为 ±300 mm 的情况下，滑动门全开不会受到阻碍。

（7）在乘客可以接触到的门体部分，贴绝缘膜或进行绝缘包覆。

（8）站台门门体轨道侧外轮廓线至轨道中心线的距离为车辆轮廓+不大于 130 mm 间隙。

（9）站台门底部安装与站台板结构相连，两端与站台设备房边墙或结构柱连接，站台门的顶部安装与站台顶梁结构连接，均采用后期打孔的形式安装。

（10）站台门的所有部件均能承受工程设计载荷规定，满足安装、调节、更换、维修方便的要求。

（11）站台门门体结构应适应车站现有条件，且首、末滑动门打开后不会影响列车司机门的全部开启和列车司机进入司机室。

四、系统接口划分

（1）站台门与信号接口：信号系统向站台门系统发出开门、关门命令，响应站台门系统的全部门关闭且锁紧信号或互锁解除信号。站台门系统响应信号系统的开门、关门命令，向信号系统反馈全部门关闭且锁紧信号或发出互锁解除信号。接口界面在站台门控制室内的中央接口盘的接口端子盘上，站台门提供与信号系统的接口端子，信号系统负责敷设传输信号所需的电缆。

（2）站台门与综合监控接口：综合监控系统负责对站台门系统的状态监视、故障报警、统计报表等工作。站台门系统负责将所有状态和故障信息传送给综合监控系统，并提供接口，配合两个系统间的接口调试。接口界面在综合监控设备室 FEP 接线端子处，站台门系统负责本系统至 FEP 的网络电缆敷设及接线。

（3）站台门与 IBP 盘接口：车控室综合后备盘（IBP）上设置站台门系统紧急开关门（整侧开关、首末单元开关）按钮及开关。IBP 盘及盘内开关和指示灯均由综合监控系统负责提供，接口界面在车站控制室 IBP 盘接线端子排外线侧，站台门系统负责敷设从站台门控制室到 IBP 盘的连接电缆。

（4）站台门与动照专业接口：动力照明专业负责向站台门系统提供一级负荷用电，并提供电源自动切换箱，提供足够的容量和回路，满足站台门系统设备用电。接口界面在站台门设备室的电源自动切换箱的馈出开关下口，动力照明专业负责将供电电缆敷设至双电源切换箱，站台门系统负责完成自电源切换箱到站台门系统用电设备的布线。

五、设计联络及配施过程

站台门设备采购及安装施工标段划分具体情况见表 43-2。

表 43-2　站台门设备采购及安装施工标段划分

标段名称	标段编号	第 1 次设计联络	第 2 次设计联络	第 3 次设计联络及样机验收
站台门设备采购标	HHCTHT-017	2019.04.09—2019.04.10	2019.05.13—2019.05.14	2019.09.23—2019.09.24

站台门系统门槛导槽未清理干净，影响门体正常动作，应急门门槛底部支撑件缺失，移交运营前全部清理完毕，补装应急门门槛底部支撑件，经调试复核确认牢固可靠，符合合同技术要求。

站台门系统部分车站应急门、端门开启时刮擦地面，请施工单位调整门体后，仍存在刮擦现象，协调公共区装修单位调整大理石标高，保证门体正常启闭。

第三节　自动售检票系统

一、工程概况

杭州至海宁城际铁路工程自动售检票系统由四层组成，分别为：

第一层：线路中心系统（LC）；

第二层：车站计算机系统（SC）；

第三层：车站终端设备；

第四层：票卡。

系统与杭州地铁清分中心连接，并预留与嘉兴市轨道交通的接口。

二、工程主要特点、难点及技术创新

（1）杭海城际 AFC 系统独立设置线路中央计算机系统 LCC，设置在盐官控制中心。LCC 主要由结算系统、线路运营管理系统、数据交换系统、报表管理系统、网络管理系统、网络设备及各部门操作工作站（包括：票务管理、财务管理、计划管理、审核管理等终端工作站）、打印机等组成。另外设置模拟仿真、维修及培训系统。初步设计评审方案杭海城际铁路与杭州地铁采用非付费区换乘，但是施工期间改为付费区换乘；AFC 系统调整为采用杭州地铁 AFC 线网标准，杭海城际 AFC 系统 LCC 接入杭州地铁 ACC 系统。

（2）杭海城际铁路与杭州地铁采用付费区换乘；AFC 系统遵循杭州地铁线网 AFC 系统标准，采用线网化人机操作界面，统一线网线路图，采用标准化的线网读写器。实现杭海城际、杭州地铁、杭绍线三地互联互通。

为满足杭海城际与杭州地铁互联互通需求，杭海城际接入杭州测试中心，便于后期运营测试管理，分别在杭海城际盐官车辆段以及杭州地铁七堡测试中心各设置一套杭海城际测试系统设备（包含机柜、通信服务器、车站服务器、监控工作站、三层交换机、自动售票机、半自动售票机、双向检票机、打印机、紧急控制箱、综合服务终端等）用于与杭州地铁售检票系统的测试模拟。

（3）杭州、杭海、杭绍三地互联互通，票务管理主要有以下特点：

① 单程票的发行全部归属杭州地铁管理，由杭州地铁发行单程票，杭绍跟杭海领用；

② 员工卡各自发行，由杭州修改密钥系统发行子密钥给杭海杭绍，杭海杭绍拿到子密钥 SAM 卡之后制作本区域员工卡（统一在 ACC 考虑票种区分），杭海杭绍制卡交易全部上送至杭州地铁统一处理；

③ 各自票价独立计算以换乘站为节点，跨区域票价多段区域价格累加（计费规则各地政府出），各区域段内票价提供后统一在 ACC 参数修改增加；

④ 跨区域的换乘站内同站不同车站节点进出收益各自承担一半。

（4）AFC 系统是唯一处理交易数据的系统，对系统安全性要求高。系统需要重点关注数据安全性。系统在控制中心配置二级等保设备，并通过密钥系统加强安全性，增加了系统的复杂程度。

三、系统构成及功能

（1）杭州至海宁城际铁路 AFC 系统主要由线路中央计算机系统（LCC）、车站计算机系统（SC）、车站现场设备（SLE）和车票组成。整个系统经由通信传输系统和网络设备连接构成。

（2）LC 主要包括线路中央计算机、清分应用服务器、通信设备及运营、维护、管理、财务、票务等 PC 工作站，并配置高速网络打印机。线路中心系统内部通过以太网相连，外部通过通信传输网与车站计算机系统相连。

（3）LC 在接入杭州地铁清分中心，同时保留部分清分中心系统的功能，主要包括：

（4）实现统一票务管理；完成轨道交通系统与市民卡系统间的清分、对账，完成线路的清分、对账以及数据处理；实现轨道交通专用票的统一发行及管理；实现轨道交通系统对外的信息服务；实现系统管理和系统安全管理；满足必要的运营要求。

（5）收集、统计、分析、查询运营数据；进行车票发放、调配、车票跟踪、回收及销毁等；完成内部及接入系统间的网络管理；提供测试平台系统；系统维护；提供系统标准时钟；生成、上传、下载黑名单；数据备份及恢复等。

（6）车站计算机系统（SC）由车站计算机、网络通信设备、紧急按钮及打印机构成，车站计算机与车站的各种终端设备通过工业以太网相连接。

（7）SC 接收 LC 管理指令，管理本站系统运行。SC 基本功能应包括：监视和控制车站终端设备运行状态，收集、传输、统计运营数据。接收 LC 车票调配指令，管理车站内车票流通。接收 LC 时钟信号完成时钟同步；数据备份及恢复，用户管理。根据需要启用降级或紧急模式。

（8）终端设备主要包括：自动售票机、半自动售票机、综合服务终端、自动检票机等。接受 SC 下传的参数及指令，完成规定操作及信息提示。生成并上传全部交易数据、审核数据、设备状态数据，同时按要求存储数据；设备故障自诊断，设备故障提示；当通信故障等条件下独立运行时，数据可通过外部媒体导出，故障恢复后数据自动上传。

四、主要设计接口

AFC 系统与其他系统的接口如下：

（1）AFC 系统与杭州地铁 ACC 系统的接口界面为七堡 OCC 的 ACC 系统配线架外侧。

（2）由通信专业提供各车站计算机系统 SC 至 OCC 的 LCC 之间的双通道 1 000 Mb/s 以太网通道，以及各车站综合 UPS 为 AFC 系统供电。AFC 系统与通信系统的接口界面为车站的通信系统配线架外侧；与通信综合 UPS 的接口界面在车站通信交流配电柜接线端子外侧及 UPS 网络接口外侧。

（3）AFC 系统与综合监控系统在 OCC 的工程分界点在综合监控系统设备房的配线架外侧。与综合监控系统及 FAS 系统在各车站的工程界面，在各车站 IBP 盘紧急按钮接线端子外侧。

（4）AFC 系统与低压配电系统的工程分界点在控制中心电源自动切换箱输出馈线端。AFC 系统与接地系统的接口界面为 OCC、车辆段及各车站 AFC 设备用房的接地箱。

五、主要设计参数及布置要求

（一）AFC 现场设备计算参数

AFC 现场设备计算参数见表 43-3。

表 43-3 AFC 现场设备计算参数

车站	TVM	EnG	ExG	RG（宽）	RG（标准）	ISM
余杭高铁站	7	6	6	2	4	2
许村镇站	5	6	6	2	0	2
海宁高铁站	7	6	6	2	0	2
长安镇站	5	3	3	2	3	2
桑亭路站	5	3	3	2	3	2
周王庙镇站	5	3	3	2	3	2
盐官镇站	5	2	2	2	5	2
桐九公路站	5	3	3	2	3	2
斜桥镇站	5	3	3	2	3	2
皮革城站	7	6	6	2	4	2
海昌路站	7	6	6	2	4	2
浙大国际学院站	7	6	7	2	0	2

注：（1）TVM 近期设备数量按 30%进站设计客流（高峰客流乘以超高峰系数）计算，并预留 10%的富余度，同时满足每个站 TVM 不少于 5 台的要求。
（2）远期设备数量按 20%进站设计客流计算，并预留 10%的富裕度。
（3）BOM 按每个车站设置 2 台考虑，每个客服中心按 2 台 BOM 预留安装条件。
（4）进站检票机、出站检票机的设置满足每站进、出检票机均不少于 4 台；双向检票机不少于 4 台的要求。进站检票机按进站设计客流计算，预留 30%的富裕度；出站检票机考虑行车密度因素，满足一般车站下车乘客 90 s 内全部出站的要求。
（5）ISM 按每站 2 台配置。

（二）AFC 现场设备布置原则

1. 设备布置要求

设备布置考虑以下需求：

（1）较少使用者：还不习惯 AFC 设备的操作和使用，因此设备的布置必须方便乘客顺序使用，使乘客的视线自然连接先后使用的设备；
（2）经常使用者：要求快速进出车站，因此设备的布置必须节约乘客使用时间；
（3）车站值班人员：要求提高工作效率，可操作性强，便于集中管理；
（4）设备维修人员：设备布置应考虑便于搬运设备部件，易于维护操作；
（5）客流：设备布置应满足快速疏通客流，且不造成客流的交叉。

2. 车站计算机系统

紧急按钮设置在 IBP 盘上。监控工作站放置在 IBP 盘台面上。SC 服务器和网络设备布置在 AFC 专用机柜内，机柜设置在弱电设备室内。

3. AGM

AGM 将公共区划分为付费区和非付费区，应垂直客流方向布置，进站检票机设在售票处至候车站台的客流流线上，出站检票机设在站台到出站通道的客流流线上。在摆放位置上，出检票机尽量正对或靠近步行梯，达到优先保证客流出站的目的，进检票机布置在两侧靠近出入口的位置，方便乘客购票入闸。在现场条件允许的前提下，AGM 布置尽量满足以下标准：

（1）AGM 正对步行楼梯时距步行楼梯第一级踏步之净距≥5 000 mm；
（2）AGM 正对售票机净距≥6 000 mm；
（3）AGM 前的通道宽度≥4 000 mm，车站面积较小时的 AGM 前的通道宽度≥3 000 mm；

（4）AGM 距车站出入口（无售票机）之净距≥5 000 mm；

（5）相对应 AGM 之净距≥8 000 mm；

（6）AGM 尺寸：机体 2 000 mm×280 mm（长×宽）（宽通道闸机为 300 mm）考虑，标准通道按 550 mm、宽通道按 900 mm。

4. TVM 及 TSM

杭州至海宁城际铁路工程 TVM 安装方式采用嵌入型的 TVM 布置方式。TVM 应设在客流不交叉，且干扰小的地方，TVM 前、后都应留有足够的空间。TVM 采用并排设置方式，一般沿进站客流方向纵向排列。

TSM 与 TVM 采用统一的安装方式。

六、存在的问题及处理措施方案

（1）墙式安装工艺复杂。TVM 采用嵌墙式安装，由装修单位完成外墙封装。需要与装修专业密切配合，在保证使用性的前提下保证安装效果。

（2）线槽防水等级要求高。AFC 站厅设备的走线方式为预埋电缆槽内通过，AFC 系统在站厅地面装修层预埋电缆槽，需要保证防水能力。工程线槽防水等级要求达到了 IPX7，特别是在交叉施工时，站厅层中盾构的冷凝水严重影响了 AFC 线槽的铺设。为了达到设计的防水标准，施工时会同步清理铺设路径上的积水并对线槽连接处进行防水测试。另外，电缆槽及分线盒的安装需与站厅地面装修层施工同时进行，需要与装修专业施工密切配合。

（3）外部接口多。AFC 系统与建筑、装修、低压配电、通信、ISCS、FAS 等专业存在较多接口。尤其是在站厅小头端安装双电源自切箱，由于没有 AFC 配线间，而照明配电间的空间较狭小，部分车站只能放到其他设备用房，影响了 AFC 线槽的布置和走线。需要与相关专业密切配合，发现问题及时处理。

桐九公路站自动售票机室墙体遮挡综合服务终端安装位置，导致综合服务终端无法安装，经各方协商将综合服务终端安装在预留售票机处。

皮革城站出站闸机安装位置与栏杆立柱距离过近，调整栏杆立柱位置避开闸机。

（4）AFC 系统的运行能力需要考虑客流情况，能满足高峰小时客流以及突发大客流的冲击。在试运营之前需要完成压力测试、跑票测试等多种系统测试，工作量及难度较大。

（5）施工场地制约因素多。AFC 线槽施工涵盖整个站厅及设备区内约 5 个房间，线槽铺设路径上时常会堆积其他施工单位的材料，因此只能见缝插针地进行铺设，这对整体工厂尺寸预制化线槽铺设增加了很大的难度。斜桥镇站 AFC 线槽敷设时，由于 AFC 线槽与售票机室墙体定位基准线不同，导致自动售票机处墙体定位与 AFC 线槽冲突，后续装修施工方采用与 AFC 施工同一基准线定位，预留出售票机安装空间。

第四节　本章小结

一、经验教训

（1）在编制用户需求书时部分必要设备开项有遗漏且未写明由哪一方提供，导致后期实施阶段集成商和施工单位均在推脱责任，只能让项目公司强行分拨。

在用户需求书的编制过程中，应大量收集市场上主流厂家各系统的技术资料、认真查阅各类技术规范,尽量做到文件中的各项技术指标、要求有据可依,同时能很好地满足可操作性、可实施性。技术方案、工程数量清单方面更是深思熟虑,避免缺项、漏项。

(2) 设计过程中与装修等专业明确接口,把握施工质量。

部分高架站站台板施工时并没预留绝缘层施工空间,需后期凿除上面水泥砂浆层,后续整平浇筑水泥砂浆时未做好隔挡,导致部分底座被水泥砂浆污染,影响绝缘;站台层地面疏散指示灯影响站台门应急门的开启。

(3) 优化高架车站站台门系统障碍物探测装置防雨水功能。

高架车站由于车站整体装修样式,两边延伸长度不够,导致雨天安装防护装置上有雨水,误报率提高。后由厂家进行优化设计,在障碍物探测装置上加装挡雨罩,误报率降低。

后续设计过程中,应在设计联络会阶段明确障碍物探测等安装防护装置的防雨等措施,避免后期加装影响进度。

(4) 优化自动扶梯、电梯排水措施,严格控制施工精度。

由于车站站内电扶梯底坑设置排水管,实际施工时土建施工存在偏差,排水管底标高要高于底坑标高,导致存在一定积水没法排除。

后续设计过程中,应明确施工精度,电扶梯底坑尺寸在满足包容性设计的前提下,考虑适当抬高设备底坑或明确底坑与外部排水沟槽之间的高差。

(5) 优化电梯搁机梁设置方案。

高架站车站附属用房内电梯采用圈梁加砌墙井道形式,电梯电机安装完成后除通风孔加挡雨百叶外,搁机梁处需要进行封堵。

后续设计过程中,应在设计联络会后根据厂家实际需求及时调整对土建技术要求,搁机梁处建议改为一侧贯通,方便电梯设备安装后由土建单位进行封堵。

(6) 优化自动扶梯中间支撑方案。

自动扶梯中间支撑位置偏差,牛腿深度偏差,土建施工自动扶梯井道水平跨度偏大或偏小等导致扶梯设备安装后中间支撑突出扶梯外包反范围,影响美观。

后续设计过程中,建议结合多个设备厂家桁架宽度等参加优化自动扶梯中间支撑设置宽度,与装修专业及时沟通设计方案,避免出现中间支撑突出影响装修收口问题。

二、设计体会

1. 重视总体总包单位的进度计划,并严格执行

为了保证项目顺利推进,我电扶梯、站台门系统项目部高度重视总体总包单位的计划安排,针对每次计划安排,积极进行相关提资配合,和相关专业沟通时摆事实,讲道理,最大程度上争取各专业的理解,使工程质量提高到一个新的高度。

2. 积极参加设计例会及其他协调会

积极参加总体总包单位组织的设计例会,并做好参会准备,提前一天把项目进展情况、存在问题及建议等相关会议资料准备好,并发总体总包单位,以便开会有的放矢,总体总包单位提前收到后相关人员也会提前考虑处理或配合措施。对项目公司的会议通知,也积极响应,做好服务工作。对施工单位的现场诉求以及电话沟通,也积极回应,积极向现场跑,力求现场解决问题,帮助施工单位协调索取其他相关资料,为施工进度创造有利条件。

3. 细化分解每步工作,及早检查调整

针对每步工作计划,项目会进行细化,项目进度精度能够控制在一周之内,保证每周均有新的进

展,目前项目推进和质量无问题,可满足相关要求。

三、技术创新

1. 站台门系统独立绝缘方案

杭州至海宁城际轨道交通站台门门体采用整体绝缘方案,具体包括:

(1) 站台门门体绝缘安装。

(2) 站台门门槛独立绝缘。

(3) 站台门立柱绝缘处理。

站台门系统保留传统的绝缘安装方案(绝缘垫片+绝缘套筒),另外增加了门槛独立绝缘和立柱绝缘处理。门槛采用不锈钢踏板+绝缘型材的方案,如图43-1所示。

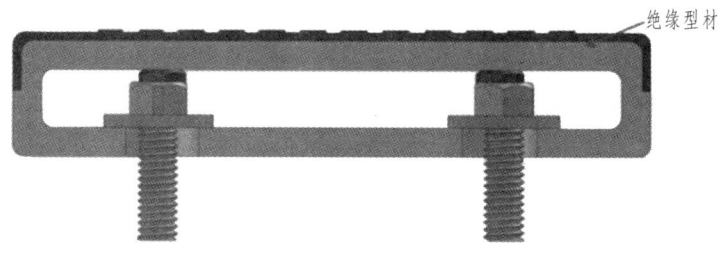

图 43-1　站台门独立绝缘门槛

门槛踏步面采用不锈钢,保证使用寿命和耐磨性。门槛下部及周边采用绝缘型材包裹、隔离,乘客可接触的立柱外露部分均粘贴绝缘膜,使站台门门体实现对站台板绝缘,后期可不受底座对站台板绝缘失效影响,保证运营和乘客安全。

2. 站台门多媒体系统

杭州至海宁城际轨道交通在4座地下站每侧站台设4套多媒体系统,共计32套。多媒体系统与站台门固定门结合设置,每处多媒体屏幕尺寸不小于 2 000 mm(高)×1 500 mm(宽),能够接收PIS系统信息,实时显示PIS系统相关信息,也可滚动播放录播视频,录播视频可根据运营需求随时更换,如图43-2所示。

图 43-2　站台门多媒体系统

这套多媒体系统在旅客最为方便的视角内,实时显示标准时间、列车到站信息、安全提示等动态服务信息,更好地满足乘客的需求,同时有效解决了列车进站视线受到遮挡的问题;充分利用了端门区域进行广告推广,增加了运营收入。

第四十四章　环境保护

第一节　设计概况

一、设计依据

（一）编制依据

（1）杭州至海宁城际铁路工程勘察设计合同；

（2）浙江省铁路网规划（2011—2030年）；

（3）《浙江省都市圈城际铁路近期建设规划（2014—2020年）》及其批复文件（发改基础〔2014〕2865号）；

（4）《杭州至海宁城际铁路工程可行性研究报告》及其批复文件（浙发改交通〔2016〕602号）；

（5）杭州市城市总体规划、海宁市域总体规划及相关城镇规划；

（6）《城市轨道交通工程项目建设标准》（建标104—2008）；

（7）《地铁设计规范》（GB 50157—2013）；

（8）《城市轨道交通技术规范》（GB 50490—2009）；

（9）全线勘察报告及海宁80坐标系、1985国家高程的1∶500地形图成果资料，沿线综合地下管线图；

（10）浙江省、杭州市、嘉兴市、海宁市有关地方性法规、标准等；

（11）有关会议纪要、公文及政府部门回复意见；

（12）相关专题研究及报告；

（13）《杭州至海宁城际铁路工程环境影响报告（报批稿）》（2016.8）；

（14）《关于杭州至海宁城际铁路工程环境影响报告书的审查意见》（浙环建〔2016〕47号，2016.10.11）；

（15）《浙江省发改委关于杭州至海宁城际铁路工程初步设计的批复》（浙发改设计〔2017〕69号，2017.9.12）。

（二）标准规范

（1）《钢结构设计规范》（GB 50017—2017）；

（2）《建筑结构荷载规范》（GB 50009—2012）；

（3）《热轧H型钢和剖分T型钢》（GB/T 11263—2017）；

（4）《钢结构焊接规范》（GB 50661—2011）；

（5）《涂装前钢材表面锈蚀等级和除锈等级》（GB 8923.1—2011）；

（6）《金属覆盖层钢铁制件热浸镀锌层技术要求及实验方法》（GB/T 13912—2002）；

（7）《混凝土结构设计规范》（2015年版）（GB 50010—2010）；
（8）《声屏障用橡胶件》（GB/T 30649—2014）；
（9）《铁路工程环境保护设计规范》（TB 10501—2016）；
（10）《铁路声屏障声学构件技术要求及测试方法》（TB/T 3122—2010）；
（11）《铁路声屏障工程施工质量验收标准》（TB 10428—2012）；
（12）《铁路防雷及接地工程技术规范》（TB 10180—2016）；

二、设计范围

设计范围为杭州至海宁城际铁路工程（余杭高铁站—浙大国际学院站），包含全线车站、区间、盐官车辆基地、主变电所及各配套系统。

杭州至海宁城际铁路工程西端起余杭高铁站，止于浙大国际学院站。线路总长46.30 km，设置车站12座（高架站7座，地下站4座，高架预留站1座），其中换乘站2座。在盐官镇设盐官车辆综合基地1座，控制中心设置在皮革城站旁地块内，全线设置2座主变电所。

三、环评范围及主要内容

（一）环境影响评价范围

1. 生态环境影响评价范围

（1）纵向范围：与工程设计范围相同。
（2）横向范围：综合考虑拟建工程的吸引范围和线路两侧土地规划，评价范围取线路两侧100 m。
（3）车辆综合基地及其他临时用地界外100 m。

评价过程中，将城市交通、社会环境等因子的评价范围扩大至工程可能产生明显影响区域。

2. 声环境影响评价范围

地下车站风亭、冷却塔、主变电所周围50 m以内区域；地上线路及车辆综合基地出入段线外轨中心线两侧150 m以内区域；车辆综合基地厂界外1 m，以及厂界外150 m以内的敏感点。

3. 振动环境影响评价范围

根据该工程轨道交通振动干扰特点和干扰强度，以及沿线敏感点的相对位置等实际情况，确定此次振动环境影响评价范围为轨道交通外轨中心线两侧60 m以内区域，室内二次结构噪声影响评价范围为隧道垂直上方至外轨中心线两侧10 m以内区域。

4. 地表水环境影响评价范围

此次评价范围为工程设计范围内的12个车站和车辆综合基地。

5. 大气环境影响评价范围

根据轨道交通地下段排风亭异味气体影响范围，确定该专题评价范围为轨道交通地下段排风亭周围50 m范围。

6. 固体废物环境影响评价范围

工程沿线车站及停车场产生的固体废物。

（二）主要内容

主要内容包括噪声、振动、水、空气、固体废物、电磁等污染物防治设计及生态环境设计。

四、相关批复意见及执行情况

1. 环境影响报告书及批复意见

浙江省环保厅于 2016 年 10 月 16 日以浙环建〔2016〕47 号文提出《关于杭州至海宁城际铁路工程环境影响报告书的审查意见》。审查意见中关于噪声治理的审查意见执行情况汇总于表 44-1 中。

表 44-1 环评批复意见及执行情况

审查意见	执行情况
落实噪声和振动污染防治措施。通过合理安排施工时段,选用低噪声施工机械和工艺,采用临时隔声等措施,降低施工期对周边敏感点的噪声影响。营运期结合噪声、振动等影响预测结果和工程拆迁后,对车站、线路两侧噪声预测超标的敏感建筑物,针对不同情况,采取优化车辆选型和轨道结构减振,及搬迁、功能置换、设置声屏障、安装通风隔声窗等措施,确保敏感点噪声达标或维持现状。加强噪声、振动敏感目标的跟踪监测,根据结果及时增补、完善环保措施,避免噪声和振动污染扰民。工程应预留充足的远期噪声治理费用,运营期对环境敏感点进行定期监测,超标点应及时落实隔声降噪措施。按照《报告书》要求,在高架线路两侧、风亭、冷却塔一定范围内,禁止新建学校、医院和集中居民住宅等敏感建筑	已按照环评报告提出的原则,落实相应防治措施及跟踪监测等

2. 工程可行性研究报告批复及执行情况

浙江省发展和改革委员会于 2016 年 9 月 20 日以浙发改交通〔2016〕602 号文《省发展改革委关于杭州至海宁城际铁路工程可行性研究报告的批复》对杭海城际铁路项目工程进行了批复。工可批复中无关于噪声治理的意见。

3. 总体设计审查意见及执行情况

2016 年 11 月 21 日—23 日在海宁市组织召开《杭州至海宁城际铁路工程总体设计》(以下简称《总体设计》)评审会,专家组提出了审查意见。审查意见中无噪声治理的相关意见。

4. 初步设计批复意见及执行情况

浙江省发展和改革委员会于 2017 年 9 月 12 日批复了杭州至海宁城际铁路工程初步设计(浙发改设计〔2017〕69 号),其中有关噪声治理的批复意见和执行情况见表 44-2。

表 44-2 初步设计批复意见及执行情况

审查意见	执行情况
消防、环保、节能及劳动安全卫生 消防设计应报消防主管部门审核,并按消防主管部门意见进一步优化。针对沿线环境采取相应的减振降噪措施,加强施工期的环境监测工作,确保污染物达标排放。各系统设计采取有效节能措施。切实落实国家和地方的劳动安全卫生措施	根据工程的环评报告书和批复要求,并结合现场的实际情况,设置了声屏障和减振措施等,落实了沿线的减振降噪等措施

第二节 环境保护设计

一、噪声污染防治设计

(一)保护目标情况

1. 环评阶段

根据《杭州至海宁城际铁路工程环境影响报告书(报批稿)》(2016.8),工程沿线噪声环境敏感点共为285处，其中高架线路两侧分布229处环境敏感目标；风亭区周边分布14处环境敏感目标；试车线附近分布12处敏感点；出入线附近分布14处敏感点；盐官车辆基地附近分布16处敏感点。

2. 实际情况

根据现场调查，工程沿线共涉及各类环境敏感点214处，其中高架线原声环境敏感点取消81处，新增13处，新建9处，共涉及敏感点170处。由于风亭区较环评审批进行调整导致周边原声环境敏感点取消9处，实际共涉及敏感点3处；试车线附近敏感点未发生变化，共分布敏感点12；出入线附近敏感点未发生变化，共分布14处敏感点盐官车辆基地附近原声环境敏感点取消1处，共涉及敏感点15处。

（二）环境保护措施

1. 环评报告及批复要求的保护措施

（1）高架段敏感点噪声治理工程。

① 高架区段全线预留声屏障设置条件。

② 工程主线需设置声屏障6处/2 706 m，声屏障高度2.15 m。试车线要求设置声屏障1处/370 m，声屏障高度2.15 m。出入线要求设置实心围墙1处/215 m，围墙高度3 m。

（2）地下区段敏感点噪声治理工程。

① 3处风亭区加设片式或阵列式消声器；

② 1处冷却塔采用超低噪声冷却塔，并加设片式或阵列式消声器。

（3）车辆综合基地噪声治理。

① 设备选型时选用低噪声设备和使用电机变频调节技术，设备安装隔振机座或减震垫，管道采用弹性连接，通风排气设备安装消音器等；

② 车辆综合基地西北侧（出入线C0+500～C0+800西北侧）采用3 m高实心围墙，长度为300 m。

（4）主变电所噪声治理。

长安主变电所和斜桥主变电所均设置隔声门窗，措施后主变电所周围敏感点环境噪声维持现状、厂界噪声达标。

2. 设计的环境保护措施

设计根据环评报告书（报批稿）、环评批复和初步设计批复，结合工程实际，施工图阶段全线共计设置声屏障16处/6 670 m，其中设2.15 m高直立式声屏障2 070.0 m、2.95 m高直立式声屏障600.0 m，桥梁采用2.15 m高直立式金属声屏障、路基采用2.95 m高直立式非金属声屏障。同时项目全线预留声屏障设置条件。

工程在设计考虑了合理布局风亭和冷却塔，调整皮革城站、海昌路站、浙大国际学院站等地下车站风亭组位置，全线所有风亭排风口与现有敏感建筑距离均大于15 m，所有风亭排风口未面向敏感点设置，同时各风亭均已安装2 m长片状消声器。

以上设计的环境保护措施满足环评报告及批复要求。

二、振动污染防治设计

（一）保护目标情况

1. 环评阶段

根据《杭州至海宁城际铁路工程环境影响报告书（报批稿）》（2016.8），工程沿线共有167个现状振动环境敏感点，其中有27个敏感点位于"居民、文教区"区域，其余140个敏感点位于"混合区、商业中心区""交通干线道路两侧"区域内。

2. 实际情况

根据现场调查,杭海城际铁路项目工程工期较长,由于线路调整,市场、经济、征地搬迁等因素变化,共涉及振动环境敏感点 93 处振动环境敏感点,原振动环境敏感点取消 95 处,新增 18 处,新建 3 处。其中有 29 个敏感点位于"居民、文教区"区域,其余 64 个敏感点位于"混合区、商业中心区""交通干线道路两侧"区域内,无文物古建筑。

(二)环境保护措施

1. 环评报告及批复要求的保护措施

(1)对于线路下穿(距外轨中心线 0～5 m)的音香庵、钱家门、假山桥等 3 处敏感点设置钢弹簧浮置板道床或减振效果更优的其他措施,共计单线 490 延米。

(2)对于距外轨中心线 5 m～12 m 或 6 dB<超标量<8 dB 的夏家斗、火车浜、四季香榭等 4 处敏感点采取橡胶道床垫浮置板道床,共计采取橡胶道床垫浮置板道床单线 810 延米。

(3)对张家角、景树湾等 33 处敏感点,采取 GJ-Ⅱ型减振扣件或具有同等减振效果的其他措施,共计单线 5 730 延米。

2. 实际情况

李家石桥、杜曹吴埭廊目前已拆迁;费家浜敏感点部分房屋拆除后与杭海城际铁路项目最近距离为 90 m,已移出现状振动敏感点;上海外国语大学附属宏达学校及海城名家公寓根据环评预测分别超标 0.2 dB 及 0.0 dB,项目实际采用了弹性较强的钢轨,较环评阶段采用的钢轨能减振 1～2 dB,采用该钢轨也能使上海外国语大学附属宏达学校及海城名家公寓振动达标。

工程实际设置钢弹簧浮置板 1 920 m,中等减振扣件 23 388.63 m,减振措施基本满足环评阶段提出的要求。

费家浜、上海外国语大学附属宏达学校、海城名家公寓等未安装 GJ-Ⅱ型减振扣件,其余工程环境振动和二次辐射噪声保护设施和措施均基本落实环评报告书及其批复要求。

三、水污染防治设计

(一)污染源情况

杭海城际铁路项目运营期的废水主要来自沿线车站和车辆综合基地,包括生产废水和生活污水。

(二)环境保护措施

1. 环评报告及批复要求的保护措施

工程应严格按《报告书》提出的措施合理处置施工生产、生活废水,洗车废水经隔油沉淀处理后回用或达到纳管标准后进入污水处理厂。

2. 实际情况

(1)杭海城际铁路项目工程各车站、车辆段生活污水经隔油隔渣、化粪池预处理后接入市政污水管网,进入污水处理厂处理。

(2)车辆综合基地检修废水经隔栅、隔油、气浮、过滤处理后排放,洗刷废水经隔栅、隔油、气浮、过滤、消毒后用于中水系统。

(3)原环评中 AK46+100～AK46+800 段自地下穿越紫薇平原水库(备用水库)水源一级保护区为预留段,暂不实施。

四、空气污染防治设计

（一）污染源情况

工程运营期的环境空气污染源主要为地下车站排风亭排放的异味、车辆段食堂油烟。

车辆综合基地食堂位于基地内，周边无环境空气敏感点。

调查发现，杭海城际铁路项目工程排风亭、活塞风亭周边存在共计 3 处环境空气敏感点。

（二）环境保护措施

1. 环评报告及批复要求的保护措施

环评报告书中建议：

（1）根据现阶段设计方案，评价范围内除硖石街道的东方艺墅距浙大国际学院站西端北侧风亭约 13 m、钱家汇距碧云路站西端北侧风亭约 5.53 m，其他敏感点距离风亭均能满足 15 m 以远的要求，可研设计单位明确在下一阶段设计中调整至 16 m。

（2）为更有效地减轻其异味影响，应在风亭周围种植树木、并将排风口不正对敏感点一侧。同时建议调整浙大国际学院站西端北侧风亭和碧云路站西端北侧风亭位置，确保其距离敏感建筑满足 15m 以远要求。

（3）地下车站应采用符合国家环境标准的装修材料，这样既有利于保护人群身体健康，又可减轻运营初期风亭排气异味对周围环境的影响。

（4）车辆综合基地食堂排气筒的高度应满足《饮食业环境保护技术规范》(HJ 554—2010) 的要求，即"经油烟净化后的油烟排放口与周边环境敏感目标距离不应小于 20 m；经油烟净化和除异味处理后的油烟排放口与周边环境敏感目标距离不应小于 10 m。单位所在建筑物高度小于等于 15 m 时，油烟排放口应高出屋顶建筑物高度大于 15 m 时，油烟排放口高度应大于 15 m"。

（5）杭海城际铁路项目工程车辆综合基地不设喷漆库、油漆库等油漆废气排放车间。

2. 实际情况

（1）杭海城际铁路项目工程根据环评及其批复中要求，对地下车站的风亭进行优化设计选址，优化选址后的风亭区 15 m 范围内无敏感点，风亭排风口均未直接朝向敏感点建筑，结合实际情况，工程对可绿化风亭尽量进行密集绿化，并种植吸附性能强的植物，减少风亭异味的影响。

（2）车辆综合基地食堂采用天然气作为燃料，燃烧安全、污染物排放量小。厨房炉灶产生的油烟净化装置处理后，通过天台烟井实现高空排放。

五、生态环境设计

（一）生态敏感点调查

杭海城际铁路项目工程主要生态环境敏感目标包括海宁市的基本农田保护区，以及城市绿地和城市景观。

（二）环境保护措施

1. 施工临时占地

杭海城际铁路项目工程占地分为永久性用地和临时性用地两类，其中车站出入口、沿线设施、房屋建设以及相关工程用地属永久用地范畴，而工程施工便道、施工场地、材料堆放地属临时用地。AK2+490～AK7+200、AK12+450～AK15+100、AK19+100～AK22+380、AK24+750～AK31+000 段以高架形式穿越海宁市基本农田保护区，对基本农田占用数量有限，工程施工时已将占用的基本农田表层 0.3～0.4 m 的耕作层土壤推到一侧，运至适当地点，由地方人民政府用于新开垦耕地、劣质地或者其他耕地的土壤改良。临时性占地在施工结束后将进行生态恢复，尽量使其恢复原貌。

2. 景观影响

杭海城际铁路项目工程作为人工交通廊道，其交通运输所发挥的纽带作用将沿线大量的居住区、商业区、交通枢纽、大型公建、科教单位等城市基本功能拼块结合为一个完整的结构体系，提高了沿线地区各功能拼块景观的通达性，使沿线功能板块之间各种生态流输入、输出运行通畅，从而保证了城市的高效运转，提高了城市景观生态体系的稳定性，确保了城市的健康发展。

轨道交通工程廊道由于在城区中从地下穿行，最大程度减少了对沿线各功能拼块的分割，不会因此增加城市景观的破碎性；而且与地面交通廊道无交叉干扰，加之大运量、快捷、舒适、准点的特点，在自身廊道通畅的同时，还可吸引大量地面人流，缓解地面道路廊道的堵塞现象。

此外杭海城际铁路项目工程沿线地下车站出入口、风亭、冷却塔、车辆综合基地等构筑物设置时，考虑了城市区域地块性质及土地利用格局，符合城市总体规划，注重历史的连续性和文脉的完整性，注重历史遗存与风貌的保护，新与旧的交替衔接和融合，做到与城市风格协调统一、平面布局清晰、空间展开序列完整以及形体、色彩、质感处理协调，从而构建与环境相协调，激发美感的人工景观，创建具有丰富文化内涵和时代特征的现代都市形象。

3. 小结

杭海城际铁路项目工程建设符合海宁市及临平区（原余杭区）城市总体规划、土地利用规划的要求，与海宁市及余杭区其他各相关规划总体协调。

杭海城际铁路项目工程线位未涉及自然保护区、风景名胜区、森林公园、湿地公园等生态敏感区。

工程以高架形式穿越海宁市基本农田保护区，对基本农田占用数量有限，同时已严格执行"占补平衡"基本农田补偿政策，工程建设和运营未对其造成破坏影响。该工程建成后提高了沿线地区各功能板块景观的通达性，使沿线功能斑块之间各种生态流输入、输出运行通畅，保证了城市的高效运转，提高了城市景观生态体系的稳定性，确保了城市的健康发展。

根据景观美学分析及类比调查分析，在设计中充分考虑海宁市独特的现代化城市性质及土地利用格局，并充分运用融合法、隐蔽法设计，可以使杭海城际铁路项目工程的车站进出口与风亭等地面建筑物与周边环境保持协调。

轨道交通的建设在节约土地资源和能源方面优势明显，且有利于海宁市土地资源的整合与改造，缓解区域土地利用紧张状况，提高土地利用效率；轨道交通采用电力能源，实现大气污染物的零排放，由于替代了部分地面汽车交通，减少了汽车尾气的排放，因而有利于降低空气污染负荷，符合生态建设要求。

六、固体废物污染防治设计

1. 固体废物来源调查

杭海城际铁路项目运营期固体废物主要为车站候车旅客及工作人员产生的生活垃圾，其主要成分为饮料瓶罐、塑料袋、果皮果核、车票残票、报纸及灰尘等；车辆综合基地列车清扫垃圾、生产人员产生的日常生活垃圾、废弃零部件、废油水混合物、沾染危险废物的包装容器和少量电力动车产生的废旧蓄电池等；生产人员、办公人员产生的日常生活垃圾。

2. 环境保护措施

（1）对沿线各车站及车辆综合基地产生的生活垃圾，运营管理部门在基地内合理布置垃圾箱（桶），安排管理人员及时清扫并进行分类后集中送环卫部门统一处理。

（2）车辆综合基地内产生的废弃零部件分类集中堆放，定期交由回收公司收购再利用，做到"资源化"回收利用。

（3）车辆综合基地产生的危险废物暂存于危废库，定期交由具有相应资质的单位进行统一处理。目前危废库正在施工，预计于2021年5月底完工。对于短期贮存在车辆综合基地内的危险废物，须遵循《危险废物贮存污染控制标准》（GB 18597—2001）的相关规定，禁止露天存放危险废物，避免日晒、雨淋，在贮存场地设置环境保护图形标志，地面做好防渗设计，避免对周边环境造成影响。

七、电磁污染防治设计

1. 主变电站设置情况

杭海城际铁路项目工程共设置主变电所2座，分别位于长安镇站和斜桥镇站附近。长安镇站主变电所位于长安镇站西北侧，周边用地现状为农杂地，周边用地规划为生产防护绿地、道路及城镇预留发展空间；斜桥镇站主变电所位于斜桥镇站东侧，周边用地现状为农田、宋家埭村民房、景香园小区，周边用地规划为公共绿地及居住用地。

根据现场踏勘，两座主变电所周围50 m范围内无敏感居民点，其产生的电磁辐射不会对外界造成影响。

2. 环境保护措施

（1）两座主变电所产生的工频电场、磁感应强度均满足相应标准限值要求，电磁辐射不会对外界造成影响。

（2）两座主变电所周围50 m范围内无敏感居民点，其产生的厂界噪声满足相应标准限值要求。

第三节　本章小结

一、工程特点和设计创新

（1）杭州至海宁城际铁路是浙江省都市圈城际铁路网中的一条放射型线路，它从杭州城市轨道交通线网中已运营的1号线临平支线（远期9号线）衔接换乘后串联了嘉兴海宁市的临杭经济区（许村镇、长安镇）、周王庙镇、盐官镇、斜桥镇及海宁主城区，主要功能是承担杭州与海宁及周边地区间的城际联系功能，也发挥海宁地区内部公交骨干体系功能，是目前不多见的跨不同地级行政区的都市圈市域快速轨道交通项目之一。

（2）线路设计速度120 km/h，采用快慢车运行模式，开行大站快车和站站停列车，全线共设置两处越行线，越行车站采用"两台夹四线"形式，提高越行列车通过速度。

（3）线路主要采用高架线的敷设方式，沿线地块正在开发或有待开发。

二、设计总结

（1）设计阶段经与建设单位沟通，设计对全线的高架段均预留声屏障的设置条件，为后续沿线地块开发和环境保护的协调发展提供有利条件，这个创新值得推广。

（2）根据设计分工，工程的环境保护措施分别由相应的专业进行落实，为了更好地落实环保措施以及进行后续的环保验收等工作，建议各专业在落实本专业的环境保护措施时，应对各个阶段的工程设计情况和环保措施落实情况与原环评阶段的情况进行对照梳理，并对发生变化的情况进行说明。若发生重大变更，则应及时告知建设单位尽早开始工程变更的环境影响评价，并报原环评审批单位审批；工程变更环评批复后，设计中应严格落实。

杭海城际铁路
工程总结【下】

主编 ◎ 邓建林　钟庆华　葛佳佳

策划 ◎ 浙江杭海城际铁路有限公司

西南交通大学出版社
·成都·

图书在版编目（CIP）数据

杭海城际铁路工程总结．下／邓建林，钟庆华，葛佳佳主编．—成都：西南交通大学出版社，2023.4
ISBN 978-7-5643-9249-9

Ⅰ．①杭… Ⅱ．①邓… ②钟… ③葛… Ⅲ．①城市铁路－铁路工程－总结－浙江 Ⅳ．①U239.5

中国国家版本馆 CIP 数据核字（2023）第 065619 号

CONTENTS 本册目录

第四篇	**工程施工**	491
第四十五章	大型临时设施施工	491
第一节	预制梁场	491
第二节	管片预制厂	499
第三节	铺轨基地	513
第四节	混凝土拌和站	517
第四十六章	高架区间	522
第一节	基础及下部结构	522
第二节	箱梁预制	537
第三节	箱梁架设	555
第四节	连续梁支架现浇	573
第五节	连续梁挂篮现浇	586
第六节	桥面系施工	610
第七节	声屏障施工	619
第八节	疏散平台	622
第九节	邻近既有线施工	629
第十节	桥梁沉降观测与评估	636
第四十七章	地下区间	641
第一节	明挖施工	641
第二节	盾构施工	659
第三节	监控监测	725
第四十八章	高架车站	743
第一节	主体结构施工	743
第二节	附属结构施工	756
第四十九章	地下车站	759
第一节	基坑围护结构施工	759
第二节	基坑降水	766
第三节	基坑开挖	770
第四节	主体结构施工	779

第五节　附属结构施工 …………………………………………………………… 798
　　第六节　余杭高铁站基坑涌水处理 ……………………………………………… 802
　　第七节　皮革城站天桥保护施工 ………………………………………………… 806

第五十章　装饰装修施工 …………………………………………………………………… 817
　　第一节　工程概况 ………………………………………………………………… 817
　　第二节　施工组织 ………………………………………………………………… 819
　　第三节　主要施工工艺及控制要点 ……………………………………………… 820

第五十一章　车辆基地施工 ………………………………………………………………… 830
　　第一节　工程概况 ………………………………………………………………… 830
　　第二节　路基施工 ………………………………………………………………… 831
　　第三节　桥涵施工 ………………………………………………………………… 835
　　第四节　主体结构施工 …………………………………………………………… 839

第五十二章　轨道工程 ……………………………………………………………………… 855
　　第一节　工程概况 ………………………………………………………………… 855
　　第二节　施工组织 ………………………………………………………………… 855
　　第三节　主要施工工艺及控制要点 ……………………………………………… 857

第五十三章　供电系统施工 ………………………………………………………………… 876
　　第一节　工程概况 ………………………………………………………………… 876
　　第二节　施工组织 ………………………………………………………………… 878
　　第三节　主要施工工艺及控制要点 ……………………………………………… 880

第五十四章　通信系统施工 ………………………………………………………………… 903
　　第一节　工程概况 ………………………………………………………………… 903
　　第二节　施工组织 ………………………………………………………………… 904
　　第三节　主要施工工艺及控制要点 ……………………………………………… 907

第五十五章　信号系统施工 ………………………………………………………………… 917
　　第一节　工程概况 ………………………………………………………………… 917
　　第二节　施工组织 ………………………………………………………………… 917
　　第三节　主要施工工艺及控制要点 ……………………………………………… 918

第五十六章　综合监控系统施工 …………………………………………………………… 940
　　第一节　工程概况 ………………………………………………………………… 940
　　第二节　施工组织 ………………………………………………………………… 943
　　第三节　主要施工工艺及控制要点 ……………………………………………… 944

第五十七章	低压动照施工	953
第一节	工程概况	953
第二节	施工组织	955
第三节	主要施工工艺及控制要点	956

第五十八章	给排水与消防施工	966
第一节	工程概况	966
第二节	施工组织	968
第三节	主要施工工艺及控制要点	969

第五十九章	通风空调系统施工	981
第一节	工程概况	981
第二节	施工组织	983
第三节	主要施工工艺及控制要点	985

第六十章	电梯、自动扶梯施工	996
第一节	工程概况	996
第二节	施工组织	997
第三节	主要施工工艺及控制要点	997

第六十一章	站台门施工	1002
第一节	工程概况	1002
第二节	施工组织	1002
第三节	主要施工工艺及控制要点	1002

第六十二章	联调联试施工与试运行	1007
第一节	工程概况	1007
第二节	项目准备	1008
第三节	综合联调	1015
第四节	动车调试	1020
第五节	应急演练	1026

第五篇 科技创新 ········ 1034

第六十三章	科研项目的立项与组织实施	1034
第一节	科技创新工作开展情况	1034
第二节	科研项目	1037

第六十四章	科研项目对工程的指导作用和成果的工程化应用	1050
第一节	BIM 技术应用	1050
第二节	皮革城智慧车站	1057

第三节　科研成果工程应用 …………………………………………………… 1058

　第六十五章　取得的科技成果 …………………………………………………… 1064

附　录 …………………………………………………………………………………… 1069

　附录一　大事记 …………………………………………………………………… 1069

　附录二　参建单位 ………………………………………………………………… 1074

第四篇

工程施工

第四十五章 大型临时设施施工

大型临时设施主要是为主体工程施工服务，根据《铁路大型临时工程和过渡工程设计暂行规定》（铁建设〔2008〕189号），并结合实际工程特点、进度要求和施工环境条件，对大型临时工程进行统筹规划，合理布局。杭州至海宁城际铁路（以下简称杭海铁路）大型临时工程主要有施工便道、临时驻地、梁场、混凝土集中拌和站、铺轨基地、管片预制场等，本章主要以代表性大型临时设施工程为例，介绍大型临时设施工程的建设方案和施工。

第一节 预制梁场

一、工程概况

杭海城际铁路下穿沪杭客专，此处如设置成一座特大桥，由于限界限制，架桥机无法通过，故将此段设计为两座特大桥。根据工期要求和梁场选址原则，在杭海城际铁路沿线共投建两处桥梁预（存）制场地，分别为海宁制梁场和盐官制梁场。

海宁制梁场（1#梁场）设于海宁西高铁站西侧，占地83.7亩，中心里程：DK11+000，承担右DK04+122～右DK12+264范围内202片简支箱梁的预制、架设，包括30m箱梁52片、33m箱梁1片、35m箱梁158片。根据大、小里程侧箱梁的数量及沿线节点桥梁的布置，架桥机先往大里程方向架设，架设24片梁至终点，返回制梁场位置，然后再往小里程方向架设，架设187片梁。架梁区段线路长约8公里。海宁制梁场于2017年6月1日开始施工准备工作，并于2018年12月20日完成区间施工，根据总工期的要求，推算出梁场月生产能力应在22片才能满足工期要求。制梁场布置制梁台座6个，存梁台座45个，最大存梁能力为96片（含6个制梁台座存梁，双层存梁）。

盐官制梁场（2#梁场）设于盐官车辆基础附近，占地182.4亩，中心里程：DK29+000，承担右DK14+031～右DK39+394范围内607片简支箱梁的预制、架设，包括25m箱梁5片、30m箱梁137

片、35 m 箱梁 458 片。根据大、小里程侧箱梁的数量及沿线节点桥梁的布置，以及小里程侧 120 m 节点桥梁的施工影响，架桥机先从梁场位置开始往大里程方向架设，架设 248 片梁。架设至终点后，架桥机返回制梁场位置，再从梁场位置往小里程方向架设，架设 352 片梁，架梁区段线路长约 15 公里。制梁场布置制梁台座 12 个，存梁台座 86 个，最大存梁能力为 184 片（含 12 个存梁台座，双层存梁）。

本节以杭海城际铁路盐官制梁场（2#梁场）为例对杭海城际铁路预制梁场建设情况进行总结。

二、梁场取证

本工程可研及初步设计批复文件中，技术标准为 120 km/小时，荷载采用 B 型车。初步设计专家组评审后，正线高架区间标准跨采用 35 m 简支箱梁，施工采用集中预制，逐孔架设。35 m 简支箱梁梁图专为杭海线设计，非国铁集团通用设计图（即非标梁）。鉴于本线技术标准下的 35 m 大跨度简支箱梁在国内城际铁路中首次使用，为确保预制梁的工程质量与施工安全，依据简支箱梁施工图设计评审专家意见，对海宁制梁场和盐官制梁场生产的预制简支梁，参照国家市场监督管理总局颁发的《预应力混凝土铁路桥简支梁产品生产许可证实施细则》进行静载试验等检验项目，全面核查梁场生产设备、工艺工装、检验设备、重要原材料能否具备生产合格产品的能力，以取得全国工业产品生产许可证，即是梁场认证。

通过引入梁场认证制度，能使梁场工装配备刚性化，生产作业流水化，管理过程流程化，全面规范企业生产标准化、提高生产能力及产品质量。

盐官制梁场 2018 年 4 月 10 日完成取证工作（海宁制梁场 2018 年 3 月 2 日完成取证）。

三、梁场布置

梁场平面布置主要包含生产区、项目经理部、协作队伍生活区、场内道路等。

1. 生产区布置

2#梁场生产区内设置干道、材料存放区、钢筋集中加工厂、制梁区、存梁区、轮胎式搬梁机走行通道、运梁通道、运梁车调头区、拌和站。

拌和站位于梁场东侧靠近预制场制梁区，占地 15 亩，场内布置 2 台 HZS120 搅拌站，4 台 400 kVA 变压器，并配备 2 台 400 kW 发电机作为备用电源，以确保施工生产过程中电力供应满足需求。因受场地限制，故将试验室布置在拌和站内，试验室内设有试验操作室、标养室、资料室、办公室等场所。

2. 项目经理部设置

项目经理部独立设置于场地最东侧，占地 11.4 亩，通过进场道路与拌和站、试验室、预制场相连。为减少资源投入，利用原有居民房作为项目部。项目经理部配置宿舍楼 4 栋、办公楼 2 栋、会议室 1 栋。

3. 协作队伍生活区

协作队伍生活区布置在梁场最西侧，采用活动板房，布置房间 80 间，配套厨房、卫生间等生活设施，满足 350 人生活需要。

4. 场内道路

梁场内施工道路的修建，本着便于运输、装卸方便、避免第二次搬运的原则，根据施工工序要求进行布置，并与进场施工便道相连。考虑施工道路有大型机械通过，故在梁场内横桥向布置一条宽度为 22 m 的运梁主干道，顺桥向修筑宽度为 9 m 的移梁道路至存梁台座，并与主干道连通。运梁通道和移梁通道地基采用旋喷桩+褥垫层+浇筑 20 cm 厚 C30 混凝土,除进场道路以外,场内道路换填后均浇筑 25 cm 厚 C20 混凝土。

四、人员、机械配备

(一)人员组织配备

健全组织机构是保证梁场临建工作有序、优质完成的基础,中铁大桥局集团第二工程有限公司成立了杭海城际铁路工程 2#梁场项目部,并根据中国中铁标准化要求以及现场需要组建项目部组织机构,项目部组织机构如图 45-1 所示。

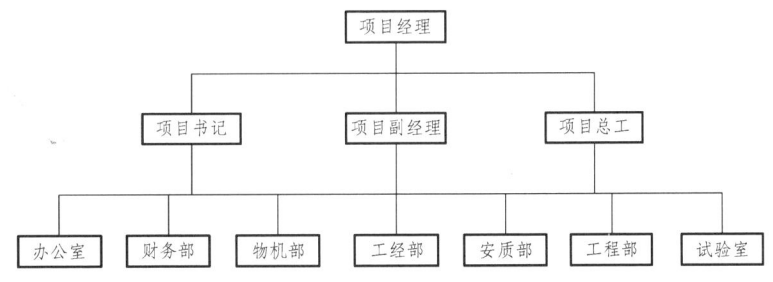

图 45-1 项目部组织机构

(二)物资机械配备

1. 物资采购

梁场临建物资主要为钢筋、混凝土、预应力管桩等。为增加资金流动性,采购按照施工进度计划逐批进场,并采用先到先用的原则。工程部按照进度要求,提前编制物资采购计划,物机部按照采购计划购买材料进场。

2. 机械设备配备

临建设备包括梁场建设所需设备以及具备制梁条件所需设备,根据工期安排,综合考虑成本控制,以略有富余为原则准备机械设备,主要机械设备见表 45-1。

表 45-1 梁场主要机械设备

序号	设备名称	规格型号	单位	数量	备注
1	发电机	400 kW/200 kW	台	各 1	
2	柴油打桩机	DD50	台	3	
3	旋喷桩机	ϕ 500	台	4	
4	钢筋成型设备	—	套	1	
5	混凝土浇筑设备	—	套	4	
6	打夯机	—	台	6	
7	运输车	40 t	辆	1	
8	汽车吊机	25 t	台	1	
9	变压器	1 000 kVA	台	1	
10	10 t 桁车	10 t	台	4	
11	50 t 龙门吊机	40 t	台	4	
12	700 t 搬运机	800 t	台	1	
13	混凝土拌和站	120 m³	台	2	

五、施工方案

（一）总体施工方案

制梁场布置制梁台座 12 个，计划月生产箱梁能力为 45 片；存梁台座 56 个，最大存梁能力为 180 片（含 12 个制梁台座）。2#梁场存梁台座最开始设计为双层存梁，受下部结构施工进度滞后影响，双层存梁方案不能满足生产需要。为保证满足全线箱梁架设工期要求，梁场采用经设计院检算的三层存梁施工方案，为全线上部结构按期贯通提供了坚实基础。

制梁台座以及存梁台座采用 ϕ500 预应力管桩基础，上部结构为钢筋混凝土基础；运梁通道、移梁通道均采用高压旋喷桩加固，上铺褥垫层，浇筑混凝土路面；吊机轨道基础采用钢筋混凝土结构。根据四种尺寸箱梁的数量、结构特点、分布位置进行制梁台座和存梁台座的细分，具体为：25 m、30 m、35 m 箱梁共用制梁台座 2 个，30 m 专用制梁台座 2 个，35 m 专用制梁台座 8 个；25 m 和 35 m 共用存梁台座 3 个，30 m 专用存梁台座 16 个，35 m 专用存梁台座 36 个，静载台座 1 个。

箱梁在制梁台座上制造。所需钢筋在钢筋加工区下料、成型后运送到制梁区的钢筋绑扎胎模上整体绑扎成型，再由 2 台 50 t 龙门吊机整体抬吊入模。安装端模、内模后便可进行混凝土浇筑，浇筑后进行养护、预张拉、拆模、初张拉，通过搬运机将箱梁搬运至存梁区存放，继续养护完成终张拉、压浆、封锚以及防水工作，最终形成成品梁。由于受场地限制，存梁区与线路之间有一定夹角，架梁时需由搬运机将梁体放置在场内运梁车上，由运梁车通过运梁通道将箱梁运送至提梁区，转向后进入提梁机下。

钢筋在钢筋加工车间集中成型，前期混凝土采用商混供应，后期拌和站建成后由拌和站供应。

（二）梁场建设施工工艺流程

梁场建设按照如下顺序进行：场地整平→办公生活区建设→拌和站建设→干道、搬运机通道以及运梁通道施工→管桩施工→制、存梁台座浇筑→龙门吊机轨道施工→场地硬化→龙门吊机安装。

（三）梁场临建主要工程数量

梁场临建主要工程量见表 45-2。

表 45-2　梁场临建主要工程量表

序号	名称	规格	单位	数量	备注
1	场地清表	0.1 m 厚	m²	12 426	清除表面颗粒土
2	土方回填		m³	122 403	
3	办公生活区建设		项	1	
4	拌和站建设		项	1	
5	预应力管桩	ϕ500	m	69 055	
6	高压旋喷桩	ϕ500	m	119 426	
7	排水沟		m	5 000	主、次
8	钢筋		T	509	HPB 和 HRB 合计
9	混凝土	C20/C30	m³	10 627/12 500	
10	进场栈桥	18 m	座	3	进场用

（四）主要施工方法

1. 三通一平建设

杭海城际铁路 2#梁场选址于砾许公路南侧、郭北路西侧，红线占地内存在 120 亩苗圃、33 户民房、1条马王桥港、数条三电线路、约570 m入户自来水管。

梁场红线内征地交接后开始三通一平建设。

项目办公、生活区域紧邻硖许公路建设，内设停车场、篮球场、旗台等。进场道路混凝土硬化；路面画设车行道标线、布设减速带、路旁种植常绿灌木。

梁体养护用水计划采用地下水养护，饮用水从硖许公路旁自来水管网引入。

设置两台变压器，郭北P209线改移至许百户河东岸后引入项目变压器，供项目部生产、生活需要。

2. 办公生活区建设

受场地限制，梁场办公生活区分三处布置，一处项目经理部，一处钢筋工生活区，一处制架梁工生活区，均采用活动板房。项目经理部布置办公楼、宿舍以及配套的会议室、停车场、食堂等，均采用单层布置，钢筋工生活区和制架梁工生活区布置双层宿舍，同时设置配套的生活设施，能满足350人生活需要。

活动板房基础采用混凝土条形基础，房屋考虑12级强风影响，增加地锚反压措施。区域内除了必要的绿化外均采用混凝土硬化。

3. 拌和站建设

（1）拌和站的建设工艺及建设要求。

总体工艺步骤为：总体规划施工进度安排→场地处理、基础建设→排水沟设置→设备安装、房屋建设→标志牌设置→场地硬化、路面硬化。拌和站布置如图45-2所示。

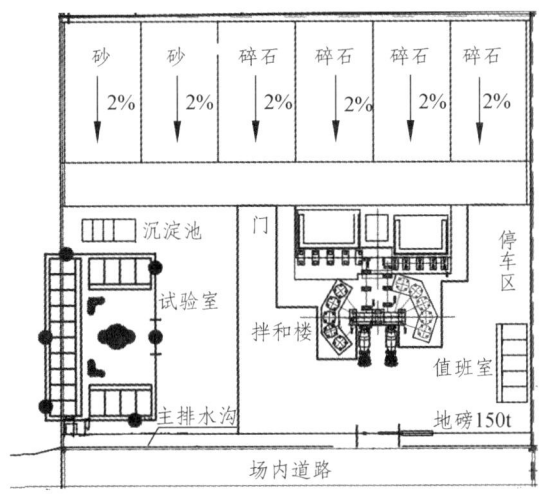

图45-2　拌和站布置

拌和站料仓采用墙体隔开、雨棚全封闭，并按砂、小石、大石进行区域划分，考虑已检和待检区域，布置存料满足15片梁生产需要。拌和站内配置必要的发电机、蒸汽锅炉、电子衡等装备。

拌和站粉罐基础、皮带传送机基础等均采用钢筋混凝土基础，地基采用旋喷桩加固，并对场内全部混凝土进行硬化处理。

（2）拌和站生产能力计划。

拌和站采用2台HZS120混凝土搅拌机，每台搅拌机额定生产能力为120 m³/h，单片箱梁混凝土方量最大为234 m³，按照6 h浇筑完成需要39 m³/h，生产能力满足要求。

4. 制存梁台座施工

（1）制梁台座。

制梁台座基础采用ϕ500 mm预应力混凝土管桩，端头设置端承台，中间设置底板，上部布置条形基础并设置横隔板。共用台座一端靠齐，另一端增加端承台以及桩基础。制梁台座共 12 个，采用"品"字形布置，桩长 35 m，基础采用 C30 钢筋混凝土。

（2）预应力管桩施工。

考虑后期沉降影响，管桩设计时桩端进入相对较好的持力层（粉质黏土以及粉质黏土夹粉土），桩的极限端阻力不小于 1 800 kPa。梁场存梁台座预应力管桩设计桩长均为 30 m，设计桩顶标高为+2.75；制梁台座预应力管桩设计桩长均为 30 m，底板管桩设计桩顶标高为+2.45；承台管桩设计桩顶标高为+3.45。预应力管桩施工流程如图 45-3 所示。

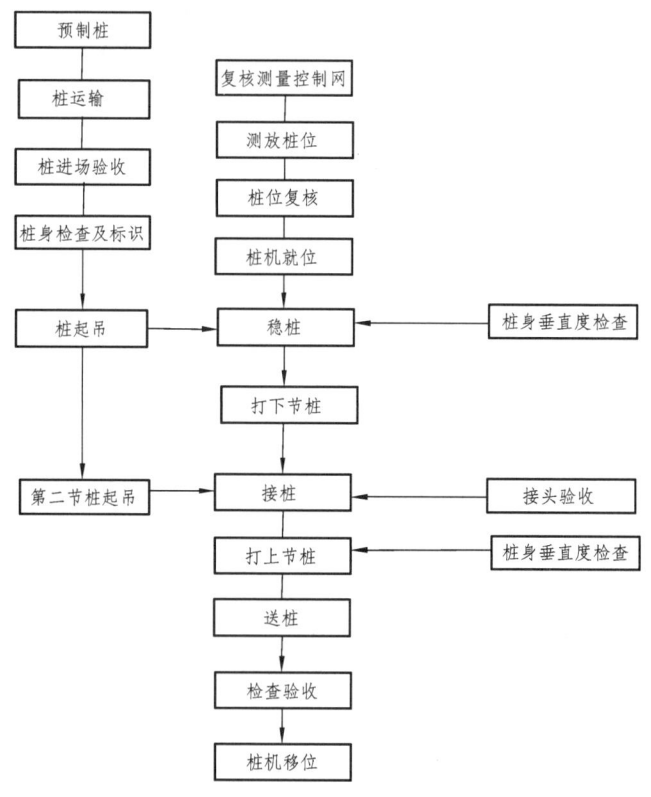

图 45-3　预应力管桩施工流程

管桩进场时质检人员对管桩质量进行验收，检查桩长是否合格，桩径和壁厚是否满足设计要求，查看桩身外观质量以及随车配带的桩身检测资料，必要时对桩身混凝土进行检测。

测量采用全站仪或 GPS 放样，放样后以桩中心为圆心用石灰洒出一个直径为 700 mm 的圆，管桩对位时以石灰圆为准，测量石灰圆与桩壁距离，并检查桩位对中情况，偏差不得大于 5 cm。

管桩接长采用 CO_2 气体保护焊焊接，焊缝应饱满，焊后敲除焊渣，检查焊缝质量。根据气体保护焊的特性，大风焊接时必须采用挡风装置。

桩顶标高采用水平仪控制测量，在送桩锤上标出刻度。送桩器、桩锤、PHC 桩中线重合时，开始锤击插打，在即将到位时采用水准仪进行观测，当送桩锤上刻度与水平仪的水平丝对齐时停止插打。必须严格控制桩顶标高，以保证桩头伸入承台有效长度。管桩采用震动打桩锤插打，严格按照设计桩长组织施工，插打过程中控制管桩垂直度、接头质量，即将到位时监测贯入度。管桩施工如图 45-4 所示。

预应力管桩的桩位偏差，必须符合表 45-3 的规定。斜桩倾斜度的偏差不得大于倾斜角正切值的 15%（倾斜角系桩的纵向中心线与铅垂线间夹角）。

图 45-4 预应力管桩施工

表 45-3 预应力管桩桩位的允许偏差

序号	项目	允许偏差
1	盖有基础梁的桩： （1）垂直基础梁的中心线 （2）沿基础梁的中心线	100 mm±0.01H 150 mm±0.01H
2	桩数为 1～3 根桩基中的桩	100 mm
3	桩数为 4～16 根桩基中的桩	1/2 桩径或边长
4	桩数大于 16 根桩基中的桩： （1）最外边的桩 （2）中间桩	1/3 桩径或边长 1/2 桩径或边长

注：H 为施工现场地面标高与桩顶设计标高的距离。

（3）钢筋。

① 钢筋加工。

将成捆钢筋按存梁台座钢筋图的要求量好长度，进行下料。切断后的钢筋应检验是否符合设计尺寸要求，加工后的全长允许偏差为±10 mm，经检验后按不同编号堆放并标识。钢筋下料时应根据制梁台座钢筋的编号和供料尺寸的长短统筹安排，以减少钢筋的损耗。钢筋的弯制半径和弯钩形状应符合规定。钢筋的焊接采用电弧焊焊接，焊接长度：双面焊接时，搭接长度为 5 d；单面焊接时，搭接长度为 10 d。

② 钢筋绑扎。

钢筋在台座垫层基础上进行整体绑扎，按设计放出基础的周边线。

钢筋绑扎时钢筋的交叉点，应用 0.7～2.0 mm 的镀锌铁丝按逐点改变绕丝方向（8 字形）的方式交错扎结或按双对角线（十字线）方式绑扎牢固，必要时可用点焊焊接。

箍筋与主筋垂直围紧，其偏差应在 50 mm 之内，箍筋与主筋交叉点处以铁丝绑扎；拐角处的交叉点全部绑扎；中间平直部分的交叉点，可按梅花形交错扎结，但每两个扎接点间距不得大于 200 mm。

箍筋的末端应向内弯曲，箍筋转角与钢筋的交接点均绑扎结实。

③ 质量控制要求。

所有临建工程钢筋在钢筋加工厂集中下料成型，运输车运送到现场后绑扎，现场必须按要求设置垫层，以免淤泥污染钢筋，钢筋采用扎丝绑扎，并检查钢筋规格型号，控制保护层厚度。

（4）模板安装。

制梁台座由于数量少、模板倒用次数少，故采用胶合板。选取优质竹胶板做面板，竖向木方做背带，横向采用钢管做横梁。安装拉杆时，木方、钢管以及拉杆间距需计算确定，以确保模板强度和刚度满足要求。存梁台座由于数量多，倒用次数频繁，采用钢模。钢模设计应通过计算确定面板厚度、纵横向背带以及拉杆间距，保证模板刚度和强度要求。安装时带线检查线型，吊线检查垂直度以及对位情况，测量结构尺寸，重点检查拉杆固定情况，不合格时禁止浇筑混凝土。

（5）混凝土浇筑。

由于梁场建设前期拌和站未建成，前期混凝土采用商品混凝土供应，汽车泵泵送入模，混凝土振捣棒振捣，浇筑完成后收浆养护。

浇筑分层进行，分层布料、分层振捣，分层厚度不大于30 cm。顶标高以模板验收时测量放样出的混凝土面标高为准，振捣应快插慢拔，以表面无气泡溢出，泛光为宜。浇筑后进行2次收浆，土工布覆盖洒水保湿养护，养护时间不少于14 d。混凝土浇筑时现场按照要求留置试件，检测强度必须满足设计要求。

5. 轨道基础施工

梁场布置10 t桁车4台、50 t门吊4台、450 t提梁机2台，基础均采用C30钢筋混凝土，其中10 t桁车和50 t门吊基础开挖换填处理，450 t提梁机基础采用旋喷桩加固。

旋喷桩施工基础：旋喷桩采用高压喷射施工，直径500 mm，桩长10 m，严格控制孔深、间距，施工前进行试验，确定旋喷桩水泥用量，保证桩身强度满足设计要求。现场调整桩机水平，插管时控制垂直度。

6. 地基处理

地基处理主要为搬运机通道、运梁通道以及提梁机处的喂梁通道。地基处理采用旋喷桩加固，旋喷桩直径500 mm、桩长10 m。施工完成后开挖基坑，露出桩头，铺填500 mm褥垫层。面层为C30混凝土。

7. 地面硬化

梁场范围内除搬运机通道、运梁通道、提梁机处的喂梁通道、存梁台座下必要的绿化外均进行混凝土硬化，混凝土硬化分为一般地区和场内通道，一般地区浇筑20 cm厚C20混凝土，进场道路浇筑35 cm厚C20混凝土，满足人员以及小车通行。场内道路浇筑35 cm厚C30混凝土，满足重载车辆通行，如砂石料运输车、钢材进场车辆以及混凝土运输车。

前期浇筑混凝土主要采用商品混凝土，混凝土浇筑前对场地进行整平，并将填土夯实，四周立模。混凝土浇筑采用大面积分块浇筑，并安装连接钢筋。将面层切缝，设置道路横坡排水，并对路面横向压痕。

由于施工时处于4～5月份，温度处于10 ℃左右，伸缩缝按照每30 m一条设置，设缝宽度为10 mm，满足混凝土30 ℃温度胀缝需要。

8. 场内排水

梁场整体从东往西、从南往北排水，利用现有许百户港和改建后的马王桥港作为排放点，按需要分为主排水沟和次排水沟，排水沟采用砖块砌筑，砂浆抹面，主排水沟采用 700 mm×600 mm 及 500 mm×600 mm 两种型号，次排水沟采用 300 mm×400 mm 型号。通向排放点设置一定纵坡，利于排放。在存梁区搬运机通道处为便于搬运机通行，设置混凝土管。

六、梁场建设保证措施

（一）质量保证措施

（1）加强宣传教育，增强全员的质量意识。各级领导高度重视梁场建设质量问题，牢固树立"质量第一"的思想,开展质量教育,加强全体施工人员"以质创优、以优取胜"的观念,在施工生产中严格执行保证质量的各项规定、规范、标准及《杭海城际指导性施组》要求。

(2)建立定期和不定期的施工质量检查制度,根据工程进展情况,及时对工程组织验收,做到质量体系严谨、责任明确、层层把关、奖惩分明,杜绝质量事故的发生。

(3)对购进的材料,逐批抽样检查,严格控制其质量。深化全面质量管理,有计划、有步骤、有目的地执行公司质量体系标准,提高企业整体素质,使工程质量管理和工程质量整体水平稳步提高。

(4)严格按试验规程制定切实可行的质量检查程序,使生产过程质量和产品质量处于受控状态,定期对各种试验仪器、计量器具和测量仪器进行检测,确保仪器精度,加强检测手段,严格执行"三检制"制度,对检测不合格的工程坚决返工整改。

(二)工期保证措施

(1)建立以梁场经理为核心的责任权利体系,建立强有力的高效运转指挥系统,统筹安排机械设备、材料供应、劳力调配,随时掌握施工形象进度。对控制工期的重点工程建立工期领导负责制,制定分阶段工期目标,认真落实,分解到人,对其他工程项目亦明确目标、定岗、定人、授权,各负其责。

(2)严格各方面规章制度,上令下行。各级组织机构要高质量高效率地运转,科学地安排施工控制工程,必须最大限度地安排平行作业,抓好工序衔接,做到环环相扣,有条不紊,加快工程进度。

(3)健全组织机构,项目经理部设项目经理1名、项目书记1名、项目总工程师1名及项目副经理2名,下设"五部二室",明确各部门工作职能。

(4)严格按照总工期要求,制定工程施工总进度计划,并对其科学性和合理性,以及能否满足合同工期的要求并有所提前等问题,进行认真审查。

(5)实行图纸会审制度,在工程开工前由项目经理组织有关技术人员进行设计图纸会审。实行技术交底制度,施工技术人员应在施工之前及时向班组做好详尽的技术交底,避免因认识或理解偏差造成返工而耽误工期,做好交底施工人员明确目标后也能在一定程度上提高工效,从而节约工期。

(三)文明施工及环境保护保证措施

(1)对所有施工人员进行文明施工教育,提高全体施工人员文明施工自觉性,增强文明施工意识,树立企业文明施工形象。

(2)施工现场的设备、场地、物品勤打扫,保持施工现场环境卫生、干净整齐、无垃圾、无污物并使设备运转正常。施工现场的临时用电和排水设施,规范安全可靠,施工现场设置醒目的安全警示标志、安全标语,创造良好施工环境,建设安全、文明、标准工地。

(3)各种物资材料标识正确醒目。标识内容包括:材料名称、规格型号、产地、合格证、自检状态等。工地上除设置施工公告牌外,还设置一些指路标志、减速标志、危险标志、安全标志等。

第二节 管片预制厂

一、工程概况

(一)管片预制场选址

杭海城际铁路工程管片预制厂位于海宁市长安镇 G60 和辛陆路交汇处,北靠京杭运河,东邻辛陆路,在杭海城际铁路全线(西侧)1/3 位置,如图 45-5 所示。选址于此处能较好地辐射全线的整体施工区域,具备良好的运输经济性。同时,预制厂基地附近配置有水运码头,且基地紧邻沪杭高速公路，距离长安收费站 200 m，水运陆路都较为便利。

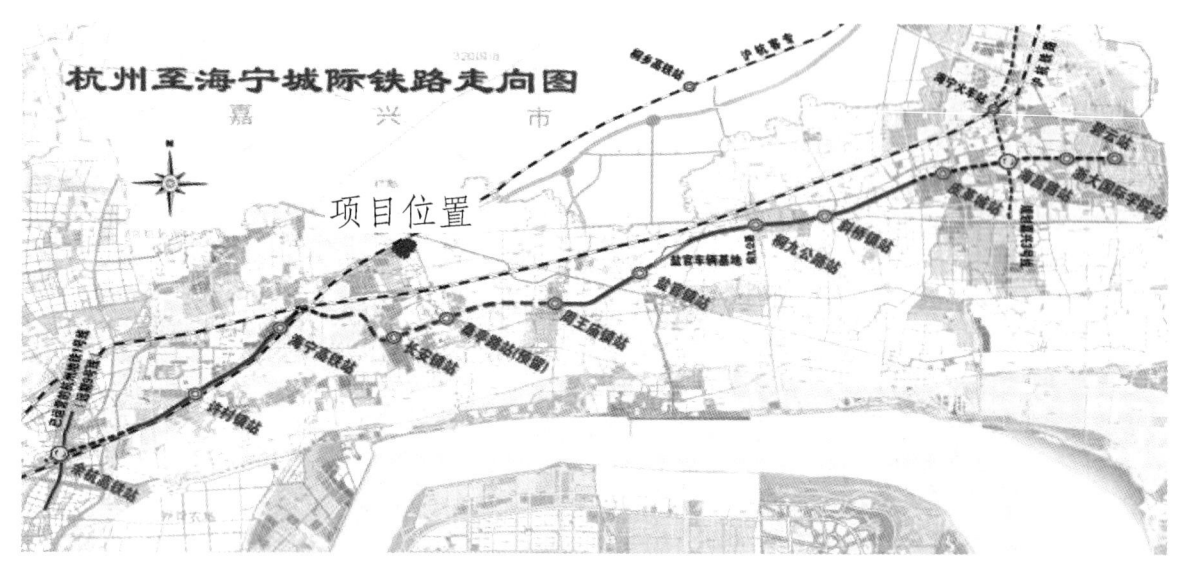

图 45-5　预制厂位置示意

（二）主要工程数量

杭海城际铁路工程地下盾构路段共 5 个地下区间，区间长（双线延米）共计 9 113.55 m，管片供应量共计 12 811 环，其中 6.7 m 外径管片 11 660 环、6.2 m 外径管片 1 096 环。主要工程内容详见表 45-4。

表 45-4　主要工程内容

序号	区间名称	起讫里程	区间长/双线延米	外径/环宽/壁厚	环数
1	余杭高铁站—许村镇站	CK0+400～CK3+342.5	2 942.5	6.7 m/1.5 m/350 mm	4 214
2	海宁高铁站—长安镇站	CK12+757.5～CK13+402.5	645	6.2 m/1.2 m/350 mm	1 096
3	斜桥镇站—皮革城站	CK40+017～CK40+662.237	645.237	6.7 m/1.5 m/350 mm	1 328
4	皮革城站—海昌路站	CK40+911.085～CK43+438.028	2 526.943	6.7 m/1.5 m/350 mm	3 200
5	海昌路站—浙大国际学院站	CK43+636.026～CK45+857.465	2 221.439	6.7 m/1.5 m/350 mm	2 973
合计			8 981.119		12 811

（三）工程特点

杭海城际铁路项目管片生产供应具有运输便利、供应点集中、环保要求严格等特点。

（1）管片运输便利。管片预制厂地点位于杭海城际铁路项目全线（西侧）1/3 位置，能较好地辐射全线的整体施工区域，具备良好的运输经济性。同时，预制厂基地附近配置有水运码头，且基地紧邻沪杭高速公路，水运陆路都比较便利。

（2）管片供应点集中。管片供应点主要集中在嘉兴海宁市许村镇假山桥、前进路与 742 乡道交叉口、海宁市许村镇獭狮坝、皮革城、海昌路站和浙大国际学院站五个位置，能更高效对项目管片供应进行管理。

（3）环保要求严格：项目管片预制厂位于海宁市水源二级保护区范围，对于生产废水和场地雨水排放要求严格。对噪声控制、文明生产、环境保护等要求高，需保证生产作业期间与海宁市长安镇相关部门进行协调，树立良好的文明、环保生产形象。

二、人员机械配置

（一）人员配置

按照精干高效、便于管理的原则组建项目部，配置管理人员27人，其中领导层设项目经理1人、副经理2人、总工1人，项目部管理人员配置详见表45-5。

表45-5 管理人员配置

序号	部室名称	人员配置
1	工程部	计4人：部长1人，技术员1人，调度员2人； 职责：技术管理、进度管理、售后管理。
2	安质部	计6人：部长1人，安全员1人，质检员4人； 职责：安全管理、质量管理。
3	试验室	计1人：试验主任1人； 职责：负责委外事宜、控制材料进场质量、试验管理等
4	物机部	计4人：部长1人，设备主管1人，材料员（兼做账）1人，库管员（兼过磅）1人； 职责：物资管理、设备管理。
5	工经部	计1人：部长1人。 职责：成本管理、合同管理。
6	财务部	计2人：部长兼会计1人，出纳1人； 职责：财务管理、税务管理。
7	办公室	计12人：部长1人，部员1人，司机2人，厨师5人，保卫2人，保洁1人。 职责：日常行政管理，后勤管理。
合计		27人（包括领导层4人，不含后勤临时工10人）。

（二）机械配置

生产厂区主要生产设备包括混凝土搅拌站、钢筋加工机械、管片生产模具、管片生产流水线、混凝土实验室、管片抗渗试验台、管片抗折试验台、管片拼装台、大型起吊设备等，能够满足生产能力的要求。其余设备在管片进行大规模生产之前进场，生产设备配置见表45-6。

表45-6 生产设备配置

序号	所属类型	设备名称	型号	数量
1	与混凝土生产有关	搅拌站	HZ120	1套
3	钢筋加工	切断机	GQ50	3台
		调直机	GT6/12	1台
4		弯曲机	WCD12D	1台
5		数控弯箍机	CW32	1台
6		二氧化碳电焊机	NB-350	14台
		电弧焊机	YK-405FL	2台
7		成型胎膜	6.7 M	2套
			6.2 M	2套

续表

序号	所属类型	设备名称	型号	数量
8	管片成型	管片模具	6.7	15套
			6.2	3套
9		布料斗	—	2个
10	管片养护	蒸汽锅炉	2 t	1台
11		蒸养系统	—	1套
12		蒸养窑	—	1间
13	吊运类	吊具	—	5套
14		管片运输叉车	16 t	2台
15		龙门吊	10 t	4台
16		桁吊	10 t×3 5 t×3	6台
17	成品检试验设备	三环拼装试验台	—	1台
18		检漏试验台	—	1台
19		抗拉拔试验装置	—	1套
20	配套类	空压机	75 kW	1台
21		管片翻转机	—	2台

三、厂区施工

（一）场地平整施工

（1）场地平整之前首先进行树木迁移、管线迁改及杂物清理，对于拆迁的建筑垃圾，除不能破碎的大块建筑垃圾外，其余垃圾原则上就地破碎，并碾压整平处理。

（2）按照填挖基本平衡的原则，全场根据场地实际标高，为减少借方工程量，分区域设置标高基准线。生产车间范围内的标高一致，堆场的标高可根据地形设置3‰的坡度。

（3）租赁挖掘机、推土机、装载机、压路机、自卸车等，进行土方的机械化作业，将厂区场地平整至设计标高。

（4）场平工作分区域进行，结合建场进展情况，首先进行生产区的场平作业，再进行存放区的场平作业。

（5）场内一处鱼塘均需清淤换填，将鱼塘淤泥全部清除至有一定承载力的土质层，然后分层换填宕渣，分层换填分层压实，换填厚度每层30～50 cm。

（二）土建工程施工

为加快施工进度，在自有拌和站建好前，土建施工所用的混凝土采用商品混凝土，混凝土罐车直接入模。

1. 基础施工

基础包括厂房基础、龙门吊基础、拌和站基础，均采用C30混凝土。拌和站主机、厂房及龙门吊基础采用凸型条形混凝土基础，拌和站水泥罐采用C30钢筋混凝土基础。

基础开挖采用挖掘机配合人工进行。地基处理采用 20 cm 级配碎石回填，回填后采用打夯机夯实。

① 门吊基础为 C30 混凝土，下设 100 mm 厚级配碎石垫层。基础混凝土浇筑分底层、顶层 2 次进行，基础开挖后及时进行静力触探，如基础承载力相对较小可视情况设 100 mm 厚级配碎石垫层加强地基承载力。底层基础直接使用土模、顶层基础采用立模灌注混凝土，模板使用竹胶板制作。浇筑上层基础前先将预埋件固定好，确保预埋件的标高在±5 mm 以内，固定龙门吊轨道的扣件按 80 cm 一道预埋设置。浇筑时采用振捣棒进行振捣，振捣间距不超过 200 mm，浇筑完成后及时覆盖塑料薄膜及棉被进行保温养护。

② 拌和站基础采用整体基础，基础顶面埋深 500 mm，基础为 C30 混凝土，厚度 800 mm，下设 300 mm 厚级配宕渣垫层。

基坑开挖前由技术人员放出土方开挖边线，基坑开挖采用机械开挖，开挖至设计深度 1.9 m，四周放坡 1.5 m，基础底部采用机械夯实。

基坑开挖后视情况采用相应地基基础处理方案。基础情况较好的可直接进入下一工序，基础有水外溢可采用相应的换填、防水措施后再进行下一工序。

基坑经相关单位检查合格后，铺填 30 cm 建筑垃圾并夯实作为底基层。建筑垃圾铺填完成以后，在基坑壁定出标高，浇筑混凝土，待混凝土达到初凝强度后可支基坑侧壁模板，进行拌和站基础浇筑。

拌和站粉料罐基础施工，采用预应力管桩加强承载力，桩上部采用整体扩大钢筋混凝土结构，以此补强承载力、抗倾覆力。

生产线基础根据厂家设计图纸，立模浇筑混凝土，并注意预埋相关预埋件、轨道等。

2. 道路及场地硬化施工

道路采用 20 cm 厚的 C20 混凝土，下设 20 cm 级配碎石垫层。场地硬化包括生产厂房内、拌和站周边、砂石料仓、试验区及存放区的硬化。其中生产厂房内采用 20 cm 厚的 C20 钢筋混凝土，下设 5 cm 碎石垫层；拌和站周边采用 20 cm 厚的 C20 钢筋混凝土；砂石料仓采用 20 cm 厚的 C30 混凝土；上料位置采用 20~40 cm 厚的 C30 混凝土；试验区采用 20 cm 厚的 C30 混凝土，下设 10 cm 厚的 C30 混凝土垫层；存放区采用 20 cm 厚的 C25 钢筋混凝土，下设 5 cm 碎石垫层。

道路及场地硬化施工前首先进行测量放样，测定标高符合设计要求后进行地基处理。地基处理采用换填建筑垃圾处理，用压路机碾压，碾压达到设计要求后，立模灌注混凝土。

混凝土分段间隔浇筑，采用 20/30 的槽钢作为模板，浇筑时采用振动梁及三辊轴整平机进行作业，确保混凝土施工质量。收面采用圆盘收光机进行收面，收面次数不少于 2 次。收面完成后及时盖上塑料薄膜及棉被进行保温养护。

道路混凝土终凝前使用刻纹机进行压纹。道路及场平混凝土达到 10 MPa 以后，及时使用切缝机进行切缝。切缝间距控制在 6~10 m。

3. 水养池施工

厂区共设置 7 个水养池，每个水养池长 20 m、宽 30 m、深 2 m（地下埋深 1.7 m），中间用一道 300 mm 厚钢筋混凝土墙隔开，并在隔墙上设置直径 100 mm 的连接孔，底板角落设置集水坑，以便于换水。水养池底板采用 C30 钢筋混凝土浇筑而成，上下双排螺纹ϕ12 钢筋网，钢筋间距 200 mm，底板底部浇筑 100 mm 厚 C15 混凝土垫层，侧墙采用厚 300 mm 钢筋混凝土。

水养池施工分为：基坑开挖、垫层浇筑、底板浇筑、侧墙浇筑。

基坑开挖前由技术人员放出土方开挖边线，基坑开挖采用机械开挖，开挖深度 2.2 m、宽度 22 m、长度 32 m，四周放坡 0.5 m，基础底部采用机械夯实。

基坑开挖后根据现场实际情况采用相应地基基础处理方案。基础情况较好的可直接施工下一工序，如果基础有水外溢可采用相应的换填、防水措施后再进行下一工序。

基坑经检验合格后，立刻进行垫层浇筑，垫层浇筑采用C15混凝土，浇筑厚度为100 mm，垫层浇筑前在基坑底部做好标高点，浇筑必须保证垫层平整，并覆盖塑料薄膜。

待垫层达到一定强度后进行水养池底板及侧板钢筋绑扎，绑扎严格按照施工图进行，钢筋搭接长度符合规范要求。底板采用300 mm厚的C30钢筋混凝土整体浇筑，侧板模板采用定尺竹胶板并固定牢固，并经质检人员验收合格后进行浇筑，浇筑采用抗渗等级P8的C30混凝土，浇筑必须一次成型，浇筑接缝设在高出底板300 mm侧墙上，在接缝处焊接止水钢板防止漏水，并及时覆盖保温养护。为保护管片安放平稳，在底板设置存放条，存放条采用20 cm×20 cm方木。

4. 养护窑施工

养护窑面积为864 m^2，窑内分静养区和蒸汽区，并设置蒸汽管道、监测仪器等。蒸养窑采用砖混结构，外墙为砖砌240 mm墙，窑顶采用现浇混凝土板，并作保温特殊处理。养护窑立柱截面尺寸为0.3 m×0.4 m，钢筋采用6根ϕ16钢筋；梁体截面尺寸为0.4 m×0.3 m，主筋采用ϕ12钢筋；顶板厚12 cm，采用两层ϕ12钢筋形成梁体框架结构。立柱和顶板采用同时浇筑施工方法。

立柱下采用1 m×1 m×0.5 m扩大基础，扩大基础施工前测量人员根据厂家提供图纸测量出立柱位置，施工时预埋立柱钢筋，为保证预埋钢筋位置准确，提前将预埋钢筋焊接牢固，再进行混凝土浇筑。顶板支撑采用满堂支架，支架布局1.2 m×1.2 m×0.2 m，支架上纵向采用5 cm×10 cm方木，间距0.5 m；横向采用3 cm×7 cm方木，间距0.2 m，方木上采用1.2 cm竹胶板。钢筋绑扎严格按照施工图进行，钢筋搭接长度和保护层符合规范要求。支架和钢筋模板经技术质检人员检查合格后浇筑混凝土，混凝土浇筑过程中安排专人观察支架模板。

混凝土浇筑后，养护窑内放置20个取暖器，混凝土顶部采用塑料布＋电热毯＋棉被进行保温养护方法，混凝土达到设计强度后拆除支架。

5. 沉淀池及排水设施施工

拌和站旁边设置一个3 m×3 m×3 m的三级沉淀池，沉淀池基础采用10 cm厚的C30混凝土，底板侧墙采用24红砖砌筑、M10砂浆抹面。排水沟使用红砖砌筑、砂浆抹面。

沉淀池及排水设施施工前首先进行测量放样，测定标高，符合设计要求后进行地基处理。采用小型震动机具夯实，达到设计要求后进行基础浇筑，待混凝土达到强度后进行侧墙红砖砌筑、砂浆抹面，沟底设置0.5%坡度。

（三）安装工程施工

安装工程涉及生产线、模具、厂房、拌和站、龙门吊等，具体由相关生产厂家负责安装，并编制专项施工方案，在此不叙述。管片厂负责做好监控工作，确保施工安全及安装质量。水、电、蒸汽设施及管线安装由专业人员负责，按照规定要求确保安装质量。

四、管片生产施工

管片的生产工艺主要包括钢模板检测、钢筋笼安装就位、混凝土浇筑、抹面、蒸养、拆模、修补、水养、堆场存放及外运至需要地。外径6.7 m管片与外径6.2 m管片的生产安排、模具使用和管片存放运输等均一致，仅存在模具尺寸差异。

（一）管片生产工艺流程

管片生产工艺流程如图45-6所示。

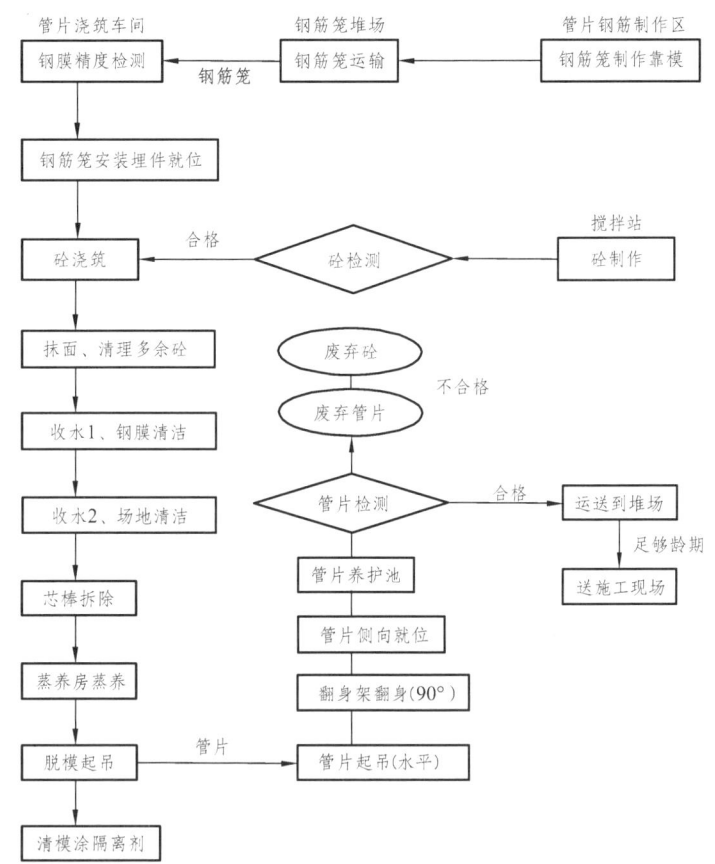

图 45-6 管片生产工艺流程

(二) 钢筋加工

1. 钢筋原材加工

(1) 钢筋配料及制作应严格按设计图纸要求，不得随意更改。钢筋的断料应先进行放样试切，经检测尺寸无误后方可连续断料。

(2) 钢结构调直应符合 GB 50204 的相关规定。钢筋加工尺寸允许偏差见表 45-7。

表 45-7 管片钢筋加工尺寸允许偏差

序号	项目	允许偏差 / mm	检验方法	检测数量
1	主筋和构造剪切	±10	尺量	同一设备加工的同类型钢筋每班抽验不少于 5 件
2	主筋折弯点位置	±10	尺量	
3	箍筋折弯尺寸	±5	尺量	

(3) 钢筋进入弯弧机时应保持平稳、匀速，弧形主筋加工时应防止平面翘曲，钢筋弯曲成型后不得出现裂纹、鳞落及撕裂现象，且成型尺寸正确。

(4) 钢筋的弯钩和弯折应符合 GB 50204 中的有关规定。

(5) 除焊接封闭环式箍筋外，箍筋的末端应作弯钩，弯钩形式应符合设计要求。当设计无具体要求时，应符合下列规定：

① 箍筋弯钩的弯弧内直径应符合 GB 50204 中的有关规定；

② 箍筋弯钩的弯折角度应为 135°，且弯后平直部分长度不应小于箍筋直径的 5 倍；

③ 钢筋焊接前须消除焊接部分的铁锈、水锈和油污等，钢筋端部的扭曲处应矫直或切除。施焊后焊缝表面应平整，不得有烧伤、裂纹等缺陷。

2. 钢筋骨架制作

(1) 钢筋骨架的组装、焊接应在符合设计的靠模上进行。

(2) 采用 CO_2 保护焊点焊方式施焊。焊接以保证焊接点牢固不伤主筋为标准,四周满焊,内部要求至少隔点点焊,不得漏焊、假焊,焊点表面不允许有气孔及夹渣。

(3) 每个钢筋骨架内主筋对焊焊接点数量不应超过 2 个,对焊焊接点的位置应在弧面钢筋层上且不在骨架最外层四周钢筋上,其他焊接质量还应符合 GB 50204 的规定。

(4) 检验合格的钢筋骨架应做好标识,以方便下一道工序使用。

(5) 钢筋骨架制作尺寸偏差应满足表 45-8 的要求。

表 45-8 骨架制作允许偏差

序号	项目		允许偏差/mm	检验工具	检查数量
1	钢筋骨架	长	+5,-10	钢卷尺	按日生产量的 3%进行抽检,每日抽检不少于 3 件,且每件检验 4 点
		宽	+5,-10		
		高	+5,-10		
2	主筋	间距	±5		
		层距	±5		
		保护层厚度	+5,-3		
3	箍筋间距		±10		
4	分布筋间距		±5		
5	环、纵向螺栓孔和中心吊装孔		畅通、内圆面平整		

3. 钢筋笼存放

钢筋笼焊接完成后,使用行吊提至钢筋笼运输车,经运输车运送至混凝土生产车间,临时存放在蒸养窑上方,等待入模。

(三) 模具要求

1. 模具进场检验

管片采用的模具为杭州铁牛机械有限公司生产的高精度模具。

钢筋混凝土管片精度是以钢模加工和合龙振捣后的精度作为保证的,因此钢模在正式投入管片制作前必须经过四阶段检测,即加工装配精度检测、运输到场钢模定位后的精度复测、试生产后的钢模精度同实物精度对比检测及管片三环水平拼装精度的综合检测,各项检测指标应均在标准的允许公差内,方可投入正常生产。

2. 模具定期检验

在正常生产状态下,对钢模实施两种检查的管理,即浇捣前的快速检查和钢模定期检查。钢模定期检查是保证钢模在允许公差之内进行管片制作。在常规情况下,检查周期以每制作 100 环管片作为暂定检查周期,如有特殊情况,可缩短其检查周期或作针对性检查,超标必须上报和及时修正,复检达标后方可继续进行管片制作。模板允许偏差见表 45-9。

表 45-9 管片钢模允许偏差

序号	项目	允许偏差/mm	检验方法	检验数量
1	宽度	±0.4	内径千分尺	6 点/个
2	弧长	±0.4	样板、塞尺	2 点/个,每点 2 次
3	内腔高度	-1~+2	高度尺	4 点/个

(四)混凝土生产

1. 混凝土生产工艺流程如图 45-7 所示。

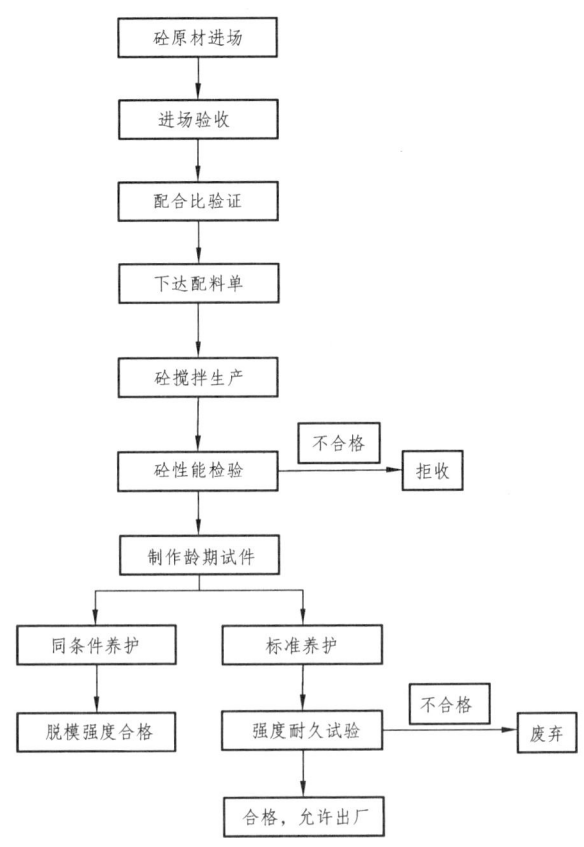

图 45-7 混凝土生产工艺流程

2. 原材料进场检验

搅拌站使用水泥、砂石、粉煤灰、外加剂采取双向验收原则,即物机部与搅拌站在同一时间共同验收原材料,具体由材料员负责通知试验员牵头组织取样,材料合格后方可投入现场使用。

(1)砂石到场后应实测实量,每车料的高度要求扒平后测量,水泥、粉煤灰、外加剂需供求双方人员共同到场过磅。数量确认后由试验员组织监理、试验室复核,并检查外观质量,由材料员与试验员做好相关材料进场验收记录。

(2)砂石料的质量验收:试验员按进场数量以不超过规范规定的检验批由监理人员见证抽样送试验室复检,合格后方可使用;平时质检员及试验员现场巡检,目测检查。搅拌站和物机部门验收人员目测检查,及时反馈信息至质检员,质检员组织试验员进行现场复查,对不合格原材料的处理原则为:粒径超标的细骨料,需经过筛砂机处理经检测合格后方可使用,否则予以清退;含泥量或泥块超标的粗骨料,需经洗石机处理检测合格后方可使用,否则予以清退。

(3)水泥、粉煤灰、外加剂的质量验收:供货商提供相应的质量证明文件,试验员按进场数量以不超过规范规定检验批由监理人员见证抽样送试验室复检,合格后方可使用,不合格的一律清退,保证原材料的质量。

3. 混凝土生产

(1)水泥、粉煤灰、外加剂、水和粗细骨料一经选用应视为厂家固定,不经试验室审批不得擅自更改,没有试验室试验合格报告不准对材料进行合格标识。

（2）对材料计划中的规格、型号、来源（生产厂）不明的材料，材料部门不准组织实施；对所进材料的规格、型号、来源（生产厂）不明、运单不清楚明了的，不准收料。

（3）对有连续浇筑要求的大体积混凝土构件，必须确认材料需求量全部准备到场后经试验合格后，才能向调度报送材料准备就绪信息。

（4）遇有连续浇筑要求的大体积混凝土构件的浇灌时。要对设备进行特殊过程控制，制定适宜的设备应急措施。

（5）搅拌站试验室提供的混凝土拌制配合比数据是混凝土拌制配料的唯一依据，必须做到准确、可靠。

（6）拌制混凝土投料顺序、投料时间、拌制时间以及混凝土拌制配合比的设定应由试验室主任核批，试验人员参与搅拌设备运行模式的设置。

（7）各种强度等级的混凝土，拌制第一盘混凝土的过程中，试验人员必须随机对混凝土进行检查验证，确认混凝土的含水率、和易性、坍落度、含气量、泌水率等合格后才允许装车。

（8）混凝土冬季施工措施。

当连续3天日平均气温低于5 ℃或最低气温低于-3 ℃时，应按冬季施工措施进行施工；原材料料场四周用篷布封闭严实，用于材料保温；宜选用较小的水灰比和坍落度；对拌和水进行加热，加热温度控制在60～80 ℃；水泥、外加剂不得直接加热；混凝土浇筑时入模温度不低于5 ℃。

（9）混凝土夏季施工措施。

当日平均气温高于30 ℃时，应按夏季施工措施进行施工；搅拌站对水泥、砂、石的储存仓，堆料场进行遮阳和防晒处理，并在砂石堆上喷水降温，以降低原材料进入搅拌机的温度；采用冷却装置冷却拌和水，对水管及水箱进行遮阳和隔热处理，同时在拌和水中加碎冰作为拌和水的一部分；拌和水进入搅拌机的温度必须小于40 ℃；搅拌站的料斗、储水器、皮带运输机、搅拌楼等加遮阳棚，以免被太阳暴晒；混凝土浇筑时，入模温度不宜超过30 ℃。

（10）制作各龄期试件。

坍落度检验合格的混凝土方允许用于制作管片。同时按检验要求制作各种龄期试件。对于测试脱模强度的试件要与管片同条件养护。用于管片28天强度和其他性能的试件，按规范要求进行养护。

（五）混凝土浇灌前准备工作

1. 清理钢模

所有钢模应在管片起吊后清理，除去杂物及混凝土渣，以保证钢模洁净及尺寸精度。清模可利用较柔软的铲及布把污渍除去，保持钢模表面光滑及洁净。

2. 涂脱模油

利用喷雾器和洁净的抹布把脱模油涂在钢模内，涂脱模油时必须均匀，避免脱模油不足或过多。

3. 安装钢筋笼

钢筋笼加工完成并经检查合格后运到生产车间存仓，然后使用专用吊具把钢筋笼吊进钢模内，吊入模具前，在钢筋笼内弧面及四侧面按照规定的位置安装保护层支凳和飞轮。员工在吊运期间必须注意钢筋笼是否发生变型，若有问题时不得使用并通知主管人员处理。

4. 安装预埋件

把芯棒及预埋件按要求组装在钢模内，两端用塑料顶盖封牢，以防止漏浆。

5. 合模

把钢模的四边组合，收紧螺丝，检查合模位置刻度，保证钢模尺寸符合规格。

6. 浇灌前检查

质检员作浇灌前最后检查,包括保护层厚度、钢模清洁、钢筋笼型号、芯棒及预埋件数量位置等。若所有项目合格便可盖下面板收紧螺丝并挂绿色牌标识。最后填写预制件制造视察记录。

(六)混凝土浇灌

(1)混凝土坍落度控制在3~7 cm,拌和完成的混凝土利用输送小车和料斗运输至生产厂车间,试验员确定是否须对该批混凝土进行取样,只有确认混凝土坍落度在允许范围内才可进行混凝土浇筑,然后利用混凝土料斗把混凝土浇灌在钢模内。

(2)混凝土先从钢模顶部中央位置下入钢模内腔两端,边下料边开动混凝土附着式振捣器振捣,振动器采用风动式振动器。混凝土从钢模中间下料向钢模内均匀进行布料,下料速度应同振捣效果匹配,尤其是在每块钢模即将布满时,更要控制布料速度,防止混凝土溢出钢模外。振捣是管片成型质量的关键工序,振动时间、混凝土坍落度、布料速度和振动器的效率等是构成振捣效果的四大要素。振捣方法:先下料模具高度一半进行振捣,振捣密实后再下料另一半振捣密实。

(3)振捣要求。

当混凝土出现下列现象时说明混凝土已密实了:

① 混凝土表面停止沉落或者沉落不显著;

② 混凝土表面气泡不再显著发生或在振捣器周围没有气泡冒出;

③ 混凝土表面呈水平,并有灰浆出现;

④ 混凝土已将模板边角部位填满充实并没有灰浆出现。

(4)混凝土光面。

掀开面板的时间应随气温及混凝土凝结情况而决定,一般以掀开中间的薄塑料布用手轻按有微凹痕为准。光面分粗、中、精三个程序,粗光面使用铝合金压尺,刮平除掉多余混凝土(或填补凹陷处),并进行粗磨;中光面待混凝土收水后使用灰匙进行光面,使管片外弧面平整、光滑;精光面使用长匙精工抹平,力求使表面光亮无灰印。

(5)混凝土从出料到入模的时间最长不得超过30 min,若超过时间则不能使用,同样混凝土在钢模内(因其他故障原因)未振捣好,从出料到入模的时间最长也不得超过45 min(在故障时间内立即报告),立即采取其他措施。

(七)管片蒸汽养护

流水生产线管片蒸汽养护在专用密闭、保温隔热的养护室进行。养护室按照蒸汽养护升温、恒温、降温的要求,分设三室对管片进行不同阶段的养护。养护系统是由热源、温度传感器、温度控制器组成。每个区域都在温度控制器上设定好温度范围,温度控制器根据传感器反馈回来的温度,中央控制系统自动控制各个区域的温度,来保证管片的蒸养条件。

管片成型到进入蒸养室这段时间为静停时间,静停时间宜4~6 h。为防止因温度升高导致混凝土各组分膨胀损害内部结构,蒸养温度采用45~55 °C,升温降温速度每小时不得超过10 °C,并设专人负责蒸养控制,每半小时观察一次中央温度控制器工作情况,必要时进行调整。

管片蒸汽养护必须严格分静停、升温、恒温、降温等四个阶段进行。升温速度每小时不超过10 °C,达到恒温温度45~55 °C时,保持恒温时间2~3 h,自然降温速度每小时不宜超过10 °C。管片恒温阶段相对湿度不得小于90%。蒸养制度具体见表45-10。

表 45-10　管片蒸养制度

条件	时间
升温	≤10 ℃/h
最高温度	≤55 ℃
恒温时间	2～4 h（根据季节定）
降温进度	≤10 ℃/h
脱模温差	≤20 ℃

（八）管片脱模

管片经蒸养后以同条件养护试件的抗压强度达到设计强度的 40%，养护设备内温度降到与外界 20 ℃ 的温差以内，混凝土强度在不小于 20 MPa 时方可进行脱模。按钢模技术操作规程顺序拆除侧板和端板螺栓，在脱模时严禁硬撬硬敲，以免损坏管片和钢模。松开模具侧模和端模，用机械夹具从模具中吊出管片。起吊前，起吊动作缓慢平稳，防止操作不当损伤管片或模具。管片起吊后需用翻身架翻身直立，翻身架与管片接触部位须用柔性材料予以保护。

（九）管片标识

管片脱模后，由管片标识人员按照图纸设计要求在每块管片标示代表生产日期、制造编号、管片分块号及配筋类型等不易被抹掉的标记。而管片的内弧面已由模具底模留下不会被磨损、清晰标注的分块号和相邻管片分块号等永久标识。

每块衬砌的内弧要清晰地标注不会被磨损的标志与编号，及生产日期。管片标志由分块号和生产日期组成。前半部分为分块号，后半部分为生产日期。编号统一标识与管片内弧面居中位置（避开预埋件），分块号及生产日期均采用 9 cm 高宋体。

（十）管片脱模后浸水养护

管片经蒸汽养护达到脱模强度后，进行管片脱模、翻片和必要的修补，再运输到养护水池进行全天 24 h 浸水养护，养护时间为 7 d，入池时管片与水的温度差不宜大于 20 ℃，在水养护时管片必须全部侵入水中。养护用水干净、清澈并定期更换确保符合规范要求。

五、重难点施工

（一）重难点分析

管片生产重难点主要是钢筋混凝土管片外观质量缺陷的控制。外观质量缺陷主要是管片混凝土表面在成型过程中由于人为原因操作不当或因外力造成而产生的质量缺陷，如裂缝、蜂窝、麻面、夹渣以及在吊运转堆过程产生的一些碰伤。常见的质量缺陷见表 45-11。

表 45-11　常见的质量缺陷表

名称	现　象	缺陷等级
露筋	管片内钢筋未被混凝土包裹而外露	严重缺陷
蜂窝	混凝土表面缺少水泥砂浆而形成石子外露	严重缺陷
孔洞	混凝土内孔穴深度和长度均超过保护层厚度	严重缺陷
夹渣	混凝土内夹有杂物且深度超过保护层厚度	严重缺陷
疏松	混凝土中局部不密实	严重缺陷

续表

名称	现　　象	缺陷等级
裂缝	可见的贯穿裂缝	严重缺陷
裂缝	长度超过密封槽且宽度＞0.2 mm 的裂缝	严重缺陷
外表	密封槽部位在长度 500 mm 的范围内存在直径 5 mm 以上的气泡 15 个以上	严重缺陷
连接部位	管片连接部位混凝土麻面、掉皮、掉角	一般缺陷
裂缝	非贯穿性干缩裂缝	一般缺陷
外形	棱角磕碰、飞边等	一般缺陷
外表	管片表面麻面、掉皮、起砂、存在少量气泡等	一般缺陷

（二）重难点实施对策

1. 管片裂缝处理

管片出现裂缝或破损往往是导致管片渗漏水的主要原因，因此在对管片裂缝及破损进行修补前，首先要对隧道管片渗漏水处进行堵漏，待不再有渗漏现象后方可进行管片裂缝及破损修补。

当裂缝宽度≥0.2 mm 时，使用（TK 型注缝胶）聚氨酯作堵漏剂，采用（封缝胶）双快水泥封缝，低压注浆法，也称针眼法进行堵漏。当裂缝宽度<0.2 mm 时，对表面直接涂抹防水材料处理，注浆嘴与骑缝粘贴式注浆；带有压环的注浆嘴与斜孔钻孔式注浆。

（1）针眼法堵漏材料。

粘嘴用浆：聚氨酯。

用料：TK 型注缝胶或双快水泥。

TZ 型封缝胶和封缝粉：按一定比例可配制粘嘴用浆和封缝用浆用于粘贴注浆嘴和封闭裂缝。表 45-12 为粘嘴用浆和封缝用浆参考配比。

表 45-12　粘嘴用浆和封缝用浆参考配比（重量比）

粘嘴用浆	封缝胶：封缝粉	1∶1.5～1∶2.5
封缝用浆	封缝胶：封缝粉	1∶1～1∶1.5

工具：齿轮油泵或 TQ 型注浆嘴。

（2）针眼法修补工艺。

低压注浆法即针眼法修补混凝土裂缝的工序如下：裂缝清理→粘贴注浆嘴和封闭裂缝→试漏→配制注浆液→压力注浆→二次注浆→清理表面。

① 裂缝清理。

缝中如被泥土粉尘堵塞，可用小型工业吸尘器吸出。沿裂缝两边约 5 cm 的混凝土表面要用湿布擦去尘土，但要注意缝中不得进水。

② 粘贴注浆嘴和封闭裂缝。

采用粘贴式注浆嘴粘合于缝上或钻小孔埋设于骑缝位置，钻孔时应特别注意管片内弧面的钢筋布置，钻孔前应通过钢筋探测仪或管片钢筋布置图探测内部钢筋的大小与分布，必须避开主筋，正确选定布孔位置与深度，避免过多、过大损伤管片的正常使用。注浆嘴应为楔入式或粘贴式的金属或硬塑料嘴，并必须有较低的注入压力（0.2～0.8 MPa）。注浆嘴宜用粘嘴，用浆骑缝粘贴，注浆嘴的间距与裂缝宽度有关，其间距参考表 45-13。

当裂缝数量较多时，具体做法如下：

首先,在预计要贴嘴的裂缝位置贴上医用白胶布,再用窄毛刷将封缝用浆沿裂缝来回涂刷,使裂缝封闭。大约10分钟后,揭去胶布条,露出小缝。

然后用粘嘴用浆将注浆嘴在预留的小缝处骑缝粘上,整个底座都要用粘嘴用浆包严,固化后周边可能有裂口,必须反复用封缝用浆补上,以免注浆时漏浆。注浆操作一般在粘嘴的第二天进行,若气温高的话半天就可注浆。

表45-13 注浆嘴间距参考

裂缝宽度/mm	0.2～0.3	0.3～0.5	0.5～1	1～3
注浆嘴间距/cm	10～20	20～30	30～40	40

③ 试漏:试漏要逐条裂缝进行。每条连通的裂缝,先将注浆嘴用铝铆钉堵上,留一个嘴用补缝器压气,在封闭的裂缝上涂肥皂水进行试漏。对于有经验的操作者,也可不必试漏。

④ 配制注浆液:注浆操作一般在粘嘴的第二天进行,气温在30 ℃以上时,半天时间就可注浆。注浆前先配注浆液,在塑料杯中分别倒入TK型注缝胶甲液和乙液,按重量比甲液:乙液=2:1混合均匀备用。

⑤ 注浆:用补缝器吸取注浆液,插入注浆嘴,用手推动补缝器活塞,使浆液通过注浆嘴压入裂缝,当相邻的嘴中流出浆液时,就可以拔出补缝器,堵上铝铆钉,将补缝器移到相邻注浆嘴重复注浆。垂直缝一般由下往上注浆,水平缝从一端向另一端逐个注浆。如果裂缝较细时,可以使用补缝器上的弹力装置对注浆液自动加压,此时一个人可以同时照看若干个补缝器。或采用齿轮油泵进行注浆,垂直缝一般由下往上注浆,水平缝从一端向另一端逐个注浆。注浆停止以浆液从裂缝另一端流出为标准。

⑥ 二次注浆:为了保证浆液充满,在注浆后约半小时,可以对每个注浆嘴再次补浆。

⑦ 清理表面:在对管片裂缝进行堵漏及封缝处理完成后,采用黑白水泥(配比现场配制)对处理部位表面进行抹面,标准为当水泥变干后,颜色同管片颜色一致。

⑧ 预防:还需以预防出现混凝土裂缝为主,通过严格控制混凝土配比、控制振捣质量、减少温差对混凝土的影响、加强现场管理等,来预防出现混凝土裂缝。

2. 管片破损修补措施

对于出现破损的管片,若由此导致了管片出现渗漏水,则必须对管片先进行堵漏,现场采用聚氨酯堵漏剂,双快水泥作封缝剂,采用针眼法进行堵漏,在无渗漏的基础上再对破损管片进行修补。

(1)对于管片表面缺损、松动、起壳部分,须凿除松动、起壳混凝土,将基面清洗干净。

(2)在基面上涂布界面处理剂,采用环氧树脂砂浆修补。

根据工程实际情况,补强砂浆应具备有两项必须指标,即在短时间内就能达到较高的强度及砂浆达到的最终强度应与混凝土管片的强度相差无几。

环氧树脂砂浆的配比及性能:原料为环氧树脂、中砂、稀释剂和固化剂,其中环氧树脂占12%～16%,中砂占73%～82%,稀释剂占1.5%～2.5%,固化剂占4.5%～8.5%,环氧树脂优选双酚A型E44环氧树脂,固化剂优选经过改性间苯二甲胺固化剂,中砂可以是河砂或石英砂,稀释剂可以是环氧丙烷丁基醚,所述间苯二甲胺固化剂的改性方法为将间苯二甲胺固化剂与单环氧基化合物化合反应,生产液态胺加合物,然后再用有机酸盐进行改性。该砂浆的力学性能和耐久性能好,强度高,特别是抗冲磨蚀性能、抗气蚀性能、抗化学腐蚀性能都明显优于现有常见的高强度砂浆,同时还具有良好的施工性能。

(3)管片修补完毕后,用黑白水泥混合(现场进行配比)对管片修补部位表面进行涂抹,标准为当水泥变干后,颜色同管片颜色一致。

六、管片质量控制和供应专题

杭州至海宁城际铁路隧道工程管片供应涉及 5 个标段，5 个盾构区间，9 台盾构机掘进施工，全线共需管片 12 785 环，其中 11 679 环/6.7 m、1 106 环/6.2 m 外径管片。各个标段盾构始发时间不一，各标段对管片的需要，质量要求也存在不同，因此管片的生产质量和供应也是本工程的一大难题。

（一）管片质量控制专题

1. 质量通病情况

质量通病：主要存在管片混凝土表面色差较大、气泡孔洞、蜂窝麻面、缺棱掉角、外弧面不平整等；管片修补较多且修补不规范；管片钢筋绑扎不规范，管片凹凸榫槽位置保护层过大；管片养护不规范等不足。

成品保护：管片堆放不合理，管片水平堆放各层垫块未位于在同一条直线上；管片成品保护措施欠缺，6.7 m 管片吊装倒运破损严重，6.2 m 管片成品有 80%不同程度破损。

2. 质量控制过程

为解决管片质量通病问题，杭海城铁公司分别组织召开了管片质量专题会（2018 年 5 月 18 日）、余许隧道区间管片质量分析会（2018 年 5 月 25 日）、管片质量提升专题会（2018 年 6 月 1 日）、管片施工质量和管片供应分析专题会（2018 年 6 月 22 日），对管片质量通病问题的全面分析，提出了相应的整改和加强措施；通过整改和加强，管片质量通病已有所减少。

（二）管片供应专题

2017 年 7 月 6 日开始长安管片厂建设，2017 年 9 月 15 日完成；2017 年 9 月 24 日试生产首环管片，2017 年 11 月 17 日通过生产线验收和管片型式试验。

根据施组要求的管片需求计划，2018 年杭海城铁公司下发了《关于下达管片计划的通知》（杭海城铁〔2018〕99 号文），2018 年 5 月 22 日杭海城铁公司书面再次下达了《关于要求严格按计划生产和供应杭海城铁隧道工程钢筋混凝土管片的函》（杭海城铁函〔2018〕015 号文）。但实施过程中，因管片生产和供应无法满足现场需要，2018 年 5 月 31 日，浙江交通资源投资有限公司上报了管片保供计划及保供措施，提出 6.2 米管片租用永和（杨汛桥）管片厂进行生产，部分 6.7 米管片外购 16 套钢模具并租用永和（杨汛桥）管片厂进行生产。保供计划确定后，6.7 米管片施工进展依然缓慢，保供措施执行力度不够，为防止管片需求缺口进一步扩大，6 月 19 日，公司第三次下达了《关于确保杭海城铁隧道工程钢筋混凝土管片供应和施工质量的函》（杭海城铁函〔2018〕018 号文），要求严格按照计划落实生产和管片质量的管控。

经杭海城铁公司多次专题协调，管片的生产和供应恢复正常，基本满足了项目推进，2019 年 12 月 12 日，余许盾构区间全线贯通，标志着杭海城际铁路全线"洞通"的同时，也标志着杭海城际铁路管片生产和供应任务的结束。

第三节　铺轨基地

杭海城际铁路轨道工程划分为 3 个标段，每个标段均设置 1~2 处铺轨基地，全线共 5 处铺轨基地，分别为余许区间 U 形槽段铺轨基地、盐官镇站高架段铺轨基地、斜皮区间 U 形槽铺轨基地、浙大国际学院站铺轨基地、盐官车辆基地。每处铺轨基地占地面积约 5 000 m²，布置满足存放轨料、轨排拼装、钢筋加工等施工需要，生产用房采用活动板房并设在铺轨基地内，各铺轨基地进行分区管理。

钢轨采用火车运输至杭州北货运站,然后利用汽车运输至铺轨基地。其他工程所需大型机械设备、轨枕、扣件及道岔等施工材料直接利用汽车运输至铺轨基地。

杭海城际铁路铺轨Ⅲ标段共设 2 处铺轨基地,分别位于斜皮区间 U 形槽处、浙大国际学院站,本节以铺轨Ⅲ标为例,总结铺轨基地施工工艺。

一、工程概况

斜皮区间 U 形槽铺轨基地建设占地面积约 5 400 m²,U 形槽宽度为 10.4 m,投入 2 台 16 t-27 m 龙门吊。浙大国际学院站铺轨基地建设占地面积约 6 400 m²,轨排井尺寸为 27.8 m×8.4 m,投入 2 台 16 t-23 m 龙门吊。两处铺轨基地主要工程量见表 45-14 和表 45-15。

表 45-14　斜皮区间 U 形槽铺轨基地主要工程数量

序号	名称	规格型号	单位	数量	备注
1	场地清理		m²	5 400	
2	场地局部硬化	C25	m²	300	靠近 U 形槽挡墙边未硬化,其余为沥青路面,200 mm 厚
3	存放钢轨混凝土台座	C25	m³	8	
4	龙门吊走行基础混凝土	C35	m³	140	
5	HPB300 钢筋	10 mm	t	2	
6	HRB400 钢筋	14 mm	t	4	
7	铺设龙门吊走行轨	60 轨	m	480	
8	钢筋加工棚		m²	90	
9	8m 双开大铁门		个	2	
10	围挡		m	25	
11	消防设施		套	1	
12	一级配电柜		个	1	
13	二级配电柜		个	2	
14	三级配电柜		个	4	
15	监控设备		套	2	
16	洗车池		处	1	
17	沉淀池		处	1	

表 45-15　浙大国际学院站铺轨基地主要工程数量

序号	名称	规格型号	单位	数量	备注
1	场地平整		m²	2 750	110×25=2 750 m²
2	碎石铺底		m²	2 750	110×25=2 750 m²,100 mm 厚
3	场地硬化	C25	m²	2 750	110×25=2 750 m²,200 mm 厚
4	存放钢轨混凝土台座	C25	m³	10	
5	龙门吊走行基础混凝土	C35	m³	101.5	

续表

序号	名称	规格型号	单位	数量	备注
6	HPB300 钢筋	8 mm	t	0.6	
7	HRB400 钢筋	14 mm	t	2.5	
8	铺设龙门吊走行轨	60 轨	m	290	
9	移动式钢筋加工棚		m^2	300	
10	围挡		m	180	
11	集装箱	3 000 mm×6 000 mm	个	4	
12	消防设施		套	1	
13	一级配电柜		个	1	
14	二级配电柜		个	2	
15	三级配电柜		个	4	
16	监控设备		套	3	
17	洗车池		处	1	
18	沉淀池		处	1	

二、资源配置

（一）斜皮区间 U 形槽铺轨基地主要资源配置计划

1. 根据施工生产需要，U 形槽铺轨基地机械配置计划详见表 45-16。

表 45-16 主要机械配置计划

序号	机械设备名称	型号规格	数量	备注
1	铺轨基地龙门吊	16 t-27 m	2 台	
2	电焊机	BX3-500	6 台	
3	钢筋弯曲机	GW40	1 台	
4	钢筋调直机	GT4-14	1 台	
5	钢筋切断机	GQ40	1 台	
6	锯轨机	HC355	2 台	

2. U 形槽铺轨基地筹建人员配置计划见表 45-17。

表 45-17 施工人员计划

序号	工种	单位	数量	备注
1	队长	人	1	
2	技术人员	人	1	
3	混凝土工	人	5	
4	模板工	人	4	
5	钢筋工	人	4	

续表

序号	工种	单位	数量	备注
6	普工	人	6	
7	专职安全员	人	1	
8	龙门吊司机	人	2	
9	龙门吊安装专业人员	人	5	
10	司索	人	2	
11	吊装指挥	人	1	

（二）浙大国际学院站铺轨基地主要资源配置计划

1. 根据施工生产需要该铺轨基地主要机械配置计划详见表45-18。

表45-18 主要机械配置计划

序号	机械设备名称	型号规格	数量	备注
1	铺轨基地龙门吊	16 t-23 m	2台	
2	电焊机	BX3-500	6台	
3	钢筋弯曲机	GW40	1台	
4	钢筋调直机	GT4-14	1台	
5	钢筋切断机	GQ40	1台	
6	锯轨机	HC355	2台	

2. 铺轨基地筹建人员配置计划见表45-19。

表45-19 施工人员计划

序号	工种	单位	数量	备注
1	队长	人	1	
2	技术人员	人	1	
3	现场带班	人	1	
4	混凝土工	人	10	
5	模板工	人	6	
6	钢筋工	人	4	
7	普工	人	8	
8	专职安全员	人	1	
9	龙门吊安装专业人员	人	5	
10	司索	人	2	
11	吊装指挥	人	1	

三、施工方案

1. 布置方案

（1）斜皮区间U形槽铺轨基地布置方案。

斜皮区间 U 形槽铺轨基地施工范围：承担斜桥镇站（含）至皮革城（含）站 5 组单开、1 组单渡线及 9.2 km 铺轨施工。

U 形槽铺轨基地占地约 5 400 m²，位于土建九标隧道局临建西侧，铺轨基地设有轨排拼装区、轨排存放区、钢轨存放区、轨枕存放区、扣件存放区、道岔存放区、周转料存放区、钢筋加工区。

存放能力：钢轨 1.5 km，轨枕 2.0 km，扣配件 2 km，轨排 0.3 km，道岔 5 组，钢筋 100 t。

（2）浙大国际学院站铺轨基地布置方案。

浙大国际学院站铺轨基地主要负责皮革城站（不含）至海昌路站（含）、海昌路站（含）至线路终点 2 组单开、2 组单渡线、1 组交叉渡线及 11.9 km 铺轨施工。

浙大国际学院站铺轨基地设置在浙大国际学院站明挖段站后，占地约 6 400 m²。现场人员办公室、材料室、标养室设置在该铺轨基地内。主要设置 3 个临时区域，分别为办公室、宣传区、生产区，其中办公室和宣传区域占地 1 200 m²，生产区占地 4 800 m²。办公室区和宣传区为既有老沥青路面，生产区为 C25 混凝土硬化地面。其中生产区主要设置钢轨存放区、轨枕存放区、周转料存放区、轨排拼装区、轨排存放区、扣配件存放区及钢筋加工区等，存放区间距为 1 m，配备 16 t-23 m 移动式龙门吊 2 台。日生产轨排 0.2 km，可存钢轨 3 km，轨枕 2 km，扣件 3 km，轨排 0.6 km。

2. 龙门吊走行轨安装方案

根据土建情况和预留轨排井位置，U 形槽铺轨基地龙门吊走行轨设置在既有沥青路面上；浙大国际学院站铺轨基地龙门吊走行轨设置在土建围护结构梁上和既有路面上，土建单位原龙门吊走行轨可利用一半。

3. 龙门吊走行轨基础

龙门吊走行线采用 P60 工具轨，斜皮区间 U 形槽铺轨基地龙门吊走行轨的轨距为 27 m，浙大国际学院站铺轨基地龙门吊走行轨距为 23 m。接头采用 P60 钢轨配套的接头夹板进行连接，龙门吊走形线地段采用 C30 混凝土，浇筑尺寸为 0.5 m×0.7 m，浇筑混凝土时，ϕ14 的螺纹作为纵向钢筋，上层 3 根，下层 3 根，用 ϕ10 的圆钢作为箍筋，间距为 0.5 m。然后铺设走行轨，预埋 ϕ20 的螺纹钢筋固定走行轨，间隔 0.5 m 设置一对。走行轨基础需每隔 5 m 预埋一根 ϕ50 mmPVC 管用于排水。

4. 存轨台座施工

斜皮区间 U 形槽铺轨基地存轨台座尺寸为 25 m×4 m，浙大国际学院站铺轨基地存轨台座尺寸为 25 m×7 m，间隔 3.1 m 设置一道 0.4 m×3 m 条形台座，内侧存放孔钢轨，外侧存放普通钢轨。

5. 临时围挡设置方案

施工围挡采用高度不低于 2.5 m 的夹芯板。

现场临时规划严格按杭海城铁公司统一要求办理。施工进出口大门处设洗车处，全部车辆出场前必须严格冲洗达标，现场排水沟可采利用原土建单位使用的排水沟。

施工过程中安排专人负责路面清扫，保证路面整洁，正常通行。

6. 轨排井防护栏

轨排井四周加设钢管防护栏，防护栏顶面高度距离地面不小于 1.2 m，上面悬挂安全警示标语。

第四节　混凝土拌和站

一、工程概况

根据杭海城际铁路施工工期要求，并考虑建设高峰期时段的混凝土最大供应能力，结合拆迁工程量、土建工程量、供料情况、运输条件、供应强度、拌和物使用的时间等因素，经技术经济比选后合理确定配置方案。根据以上原则，在全线建设 4 座混凝土拌和站，分别位于海宁高铁站（1#梁场）、沪昆高速公路长安收费站（管片厂）、盐官大道、车辆基地（2#梁场）附近，每座拌和站占地约 20 亩。拌和站内设生产区和生活办公区以及实验室。全线混凝土拌和站设置情况见表 45-20。

表 45-20　混凝土拌和站设置一览

序号	拌和站位置	拌和站名称	规模型号	占地面积/亩	供应范围	最大运距/km
1	海宁高铁站（1#梁场）	海宁制梁场拌和站	HLS-120×2 台	20	3 标内所有混凝土供应	8
2	沪昆高速公路长安收费站（管片厂）	—	—	—	—	—
3	盐官大道	—	HZS-120×3 台	20	5-8 标内土建工程	11
4	车辆基地（2#梁场）	2#梁场拌和站	HZS-120×2 台	16.3	梁场范围内预制梁及桥面附属施工	10

二、拌和站设立的必要性

杭海城际铁路属于城际轨道交通项目，对结构构件混凝土外观色差要求高，绝不允许不同原材产地、不同原材厂家、不同检验批次、不同配合比、不同性能的混凝土混合使用。全线预制箱梁 607 片，混凝土方量计 13.7×10^4 m³；混凝土强度等级、坍落度、扩展度、含气量、耐久性等指标要求高；最大单片箱梁混凝土为 233.5 m³，且梁体混凝土须 6 h 内连续浇筑完成。综上所述，由于全线混凝土用量大、指标高，故需设置拌和站，采用专业混凝土配比，单标号混凝土生产，使混凝土生产能力受控、运输距离短，受交通状况影响因素小，性能稳定、能连续供应，有利于统一调度，从根本上保证梁体质量和工期要求。

三、拌和站设立目标

1. 质量目标
（1）杜绝工程质量较大及以上事故，消灭工程质量一般事故，杜绝工程质量隐患，有效克服质量通病。
（2）保证混凝土质量达到设计要求。
（3）规范操作，数据真实，顾客满意。
2. 安全生产目标
（1）杜绝责任生产安全较大及以上事故，消灭责任生产安全一般事故。
（2）消灭机械设备、火灾、爆炸和道路交通事故。
（3）控制职业病，杜绝急性、群体性职业中毒事件。
3. 管理目标
（1）混凝土拌和站是指包括混凝土搅拌站、骨料存放区、试验检测区、保障系统、办公区、生活区、钢筋存放区等，具备混凝土生产、运输、试验等功能的综合区域。
（2）拌和站是"产品"的直接制造者，组织管理的好坏直接影响产品质量。项目部成立拌和站领导小组和组织机构负责拌和站生产管理,严格按照施工配合比进行生产,确保混凝土施工质量。

(3)认真贯彻执行拌和站相关技术标准,制定、落实拌和站管理标准、作业标准,建立信息化管理系统,接入铁路建设信息管理平台,通过数据采集、储存、传输、统计分析,达到监控混凝土生产过程及生产质量的可追溯性。

(4)创建标准化拌和站。

四、拌和站布置及施工

本节以2#拌和站为例,介绍杭海城际铁路拌和站建设情况。

(一)拌和站布置

1. 生产系统布置

(1)最大单片箱梁混凝土 233.5 m³,梁体混凝土须 6 小时内连续浇筑完成,平均 40 m³/h。混凝土按 2 m³/2 min,上料时间按 1 min 考虑,标准搅拌车 10 m³/车,单车混凝土生产时间 15 min,除去搅拌车倒车、出库、混凝土出仓等时间,有效工作时间内单个拌和站生产供应能力达到 45 m³/h。

综上所述,项目部设置 HZS120 拌和站 2 台,占地面积 10 814 m²,额定生产能力 240 m³/h,满足 2 片箱梁同时浇筑生产需要,互为备用。

每个拌和站配置 10 个储存罐,水泥罐:粉煤灰按 2∶1 比例配制,水泥(粉煤灰)罐安装避雷针,接地线。在拌和楼中安装除尘设备,在拌和机下方各设置一个沉淀池。

(2)拌和站基础。

为保证拌和站及早投入生产,基础用 C30 钢筋混凝土处理,并进行荷载作用下的承载力、抗倾覆等计算。

(3)粉罐基础。

粉罐基础采用 C30 混凝土浇筑及 PHC 管桩基础,管桩在硬化之前进行施工。

(4)地基施工时需设防雷接地装置,防雷接地应符合 GB 50057 有关要求,其接地电阻不大于 10 欧姆。

2. 站区场地

为了确保场地使用的耐久性及清洁环保,拌和站使用砂砾石作垫层,20 cm 厚的 C20 混凝土作面层。中车道路面采用 30 cm 混凝土面层。

场地四周设置 M7.5 砂浆抹面的排水沟,在紧连排水沟处设置 2 个地沟。

3. 砂石料场

场地堆放区根据现场实际情况,布置于场地靠南一侧,场地面积约 3 500 m² 并安排一台 CLG850H 型装载机上料。

拌和站原材料料仓共 6 个,满足 20 片箱梁存料需要,料仓地面混凝土硬化,全封闭雨棚,四周设置排水沟,保证砂石料含水量的稳定。

沙石料分料仓用大于"37"墙的方式砌筑,挡墙高度大于 2.2 m,用水泥砂浆抹面,墙下预留了排水孔。

4. 工地试验室

工地试验室,为彩钢板房结构,地面硬化,并根据需要砌筑养护池,配置必要的常用试验检测设备。

5. 工地生活、办公设施

站内所有房屋建设均采用钢彩板房,板房每间尺寸为 3.64 m×5.46 m,室内采用 5 cm 厚水泥砂浆硬化。板房门前设置消防器材和垃圾桶，将垃圾倒入垃圾桶后，再集中到垃圾池，然后由专车运到站外指定地点处理。

6. 磅房

现场准备安装150 t地磅一台，以保证原材料进场的准确量度，节约工程成本，高时高效做好后勤保证工作。

7. 施工用水

搅拌站生产及生活用水由当地自来水管网接入，水质经试验检测合格可满足施工用水要求（包括以后运行用水），便利可行。运行时利用蓄水池蓄水，水泵抽水满足搅拌机用水需求。

8. 施工用电

因梁场内施工用电设备较分散，安装箱式变压器成本过高，综合考虑后选择在梁场内安装4台400 kVA台式变压器，从东向西分别编为1#、2#、3#、4#变压器。

1#杆式变压器设在钢筋加工厂南侧，分三路地埋低压电缆线至用电设备处，主要供项目部生活区、HZS120混凝土搅拌站1套和钢筋加工区用电。

2#杆式变压器设在钢筋加工厂南侧（1#变压器旁10 m处），分三路地埋低压电缆线至用电设备处，主要供实验室、HZS120混凝土搅拌站1套和2台50 t门式起重机。

电力接引准备采用由当地低压电网就近搭接，后期准备安设一台250 kW的柴油发电机组发电作为后期运营的备用电源，保证混凝土不间断生产运营。

（二）人员、机械配备

1. 人员配备

杭海城际铁路拌和站人员配置情况见表45-21。

表45-21 拌和站人员配置

序号	工种	人数	备注
1	站长	1	
2	技术主管	1	
3	试验人员	2	
4	物资管理	1	
5	装载机司机	1	
6	搅拌车司机	4	
7	拌和站操作员	1	
8	拌和站水电工	1	
9	维修工	1	
10	保洁人员	2	

2. 机械配备

杭海城际铁路拌和站机械配置情况见表45-22。

表45-22 拌和站机械配置

序号	设备名称	型号	数量
1	搅拌站	HZS-120	2
2	输送泵	HBTS80.18.132GT	2

续表

序号	设备名称	型号	数量
3	装载机	—	1
4	搅拌车	—	4
5	水泵	—	2
6	发电机	400 kVA	1
7	布料机	HG19AG	4

（三）施工方案

1. 拌和站的建设工艺及建设要求

总体工艺步骤为：总体规划施工进度安排→场地处理、基础建设→排水沟设置→设备安装、房屋建设→标志牌设置→场地硬化、路面硬化。

（1）场地处理。

拌和站区域清表 10 cm，将原地表植物树根等杂物清理干净后整平碾压，采用 10 cm 碎石+20 cm 厚 C20 混凝土对场地进行硬化处理。

（2）拌和站基础施工。

为保证搅拌站及早投入生产，基础用 C35 钢筋混凝土处理，并进行荷载作用下的承载力、抗倾覆等计算。

粉罐基础采用 C30 混凝土浇筑及 PHC 管桩基础，管桩在硬化之前进行施工。地基施工时需设防雷接地装置，防雷接地应符合 GB 50057 有关要求，其接地电阻不大于 10 Ω。

（3）排水沟设置。

场地硬化按照立轴底、中心高的原则进行，面层排水坡度不小于 1.5%，场地四周设 30 cm×40 cm 排水沟，排水沟底面采用 M7.5 砂浆进行抹面，做到雨天场地不积水、不泥泞，晴天不扬尘。排水沟中水集中汇聚到沉淀池，沉淀池处理合格后才进行排放，混凝土运输车在规定地点进行清洗，污水经过三级沉淀池处理后循环利用，分离出的砂、石用于施工便道和临时场地硬化。清理出来的废料晾干后运输至指定地点处理。

（4）设备安装、房屋建设。

基础建设完成后，进行设备安装及房屋建设，并完成相关标志牌的设置。

（5）场地地面硬化。

采用 10 cm 厚碎石+20 cm 厚 C20 混凝土对场地进行硬化处理。非生产区域原则上绿化处理。所有道路采用道路专用模板立模浇筑，振动梁振捣，收光机抹面收平，切割机切缝，适当喷涂地面行车标识，标识清楚、美观大方。场内道路表面平整度、线型达到一级公路标准要求。

2. 拌和站生产能力计划

拌和站采用 2 台 HZS120 混凝土搅拌机，额定生产能力 120 m³/h，单片箱梁混凝土方量最大 234 m³，按照 6 h 浇筑完成需要 39 m³/h，生产能力满足要求。

3. 拌和站建设的质量控制要求

（1）拌和站荷载主要集中在粉罐、拌和站等位置，对粉罐基础及拌和站基础进行荷载验算。

（2）根据当地历年的天气情况，对料仓棚进行风荷载及雪荷载的验算。

第四十六章 高架区间

杭州至海宁城际铁路工程（以下简称杭海城际铁路）共有 8 座高架区间，上部结构优先采用简支箱梁，简支梁标准跨度采用 35 m，30 m 用于调跨；当跨越道口、河道、航道等简支梁无法跨越时，采用连续梁跨越。杭海城际铁路全线高架区间概况见表 46-1。

表 46-1 高架区间分布

序号	区间名称	起讫里程	区间长/双线延米	备注
1	余杭高铁站—许村镇站	右 DK4+122.000～6+758.256	2 636.26	高架桥的主要结构形式为预应力混凝土简支箱，标准跨径 35 m 和 30 m，采用预制架设法施工。其中余许、许海、海长、长周、周盐区间主跨 50、60、80、85、120 m 等连续梁，采用挂篮施工；盐桐、桐斜、斜皮区间主跨 50、60 m 连续梁采用支架现浇施工；全线道岔连续梁采用支架现浇施工
2	许村镇站—海宁高铁站	右 DK6+844.106～11+477.006	4 632.90	
3	海宁高铁站—长安镇站	右 DK11+562.806～12+264.000	701.19	
		右 DK14+031.000～17+077.890	3 046.89	
4	长安镇站—周王庙镇站	右 DK17+160.740～23+858.490	6 697.75	
5	周王庙镇站—盐官镇站	右 DK23+994.090～27+778.740	3 784.65	
6	盐官镇站—桐九公路站	右 DK27+864.440～32+939.900	5 075.46	
7	桐九公路站—斜桥镇站	右 DK33+025.290～35+831.390	2 806.10	
8	斜桥镇站—皮革城站	右 DK35+916.990～39+364.390	3 447.40	
合计			32 828.6	

第一节 基础及下部结构

杭海城际铁路高架区间桩基采用旋挖钻机和回旋钻机成孔、导管水下灌注混凝土施工方法；墩身采用大块钢模拼装一次浇筑成型。跨绵长港处高架桥下部结构与硖许公路新建绵长港桥同步施工。下部建筑结构工程数量见表 46-2。

一、桩基施工

（一）工艺流程图

钻孔灌注桩施工根据桩基分布、现场地质条件、设计桩长、桩径等情况进行钻机选择，采用旋挖钻、钢筋笼集中分节制作。

桩基施工工艺流程如图 46-1 所示。

表 46-2 杭海城际铁路下部建筑结构工程数量

序号	工程项目	单位	余许区间U形槽（不含）—许村镇站 数量	许村镇站—海宁高铁站 数量	海宁高铁站—下穿高铁段起点 数量	下穿高铁段终点—先行段起点 数量	先行段起点—长安镇站 数量	长安镇站—CK19+008.640（含） 数量	CK19+008.640（不含）—桑亭路站（不含）—先行段终点 数量	先行段终点—周王庙镇站—盐官镇站 数量	盐官镇站—桐九公路站 数量	桐九公路站—斜桥镇站 数量	斜桥镇区间U形槽（不含）数量
	下部建筑结构	桥面平方米	27 878.00	49 347.00	9 884.00	3 922.00	28 302.00	19 557.00	48 844.80	43 677.16	55 187.12	30 591.00	36 474.60
1	（一）土石方	m³	19 059.94	35 117.03	9 182.84	3 084.40	20 310.28	17 339.71	60 970.60	63 211.20	67 781.40	45 463.50	41 840.00
2	（二）基坑围护	t	4 254.17	8 905.84	1 984.36	819.93	4 654.18	3 917.44	10 362.00	10 246.70	11 685.80	8 093.70	8 315.50
3	1.水上钢板桩围堰	t											
4	2.陆上拉森钢板桩围护	t	4 254.17	8 905.84	1 984.36	819.93	4 654.18	3 917.44					
5	3.双壁钢围堰	t	0.00			0.00	0.00	0.00					
6	4.水上工作平台	m²	0.00			0.00	0.00	0.00					
7	（三）基础	m³	44 392.21	60 204.65	15 844.46	4 165.20	38 109.98	25 626.48					
8	1.钻孔桩	m³	31 596.50	44 076.50	11 140.20	3 077.50	28 319.70	19 050.40	55 101.27	59 970.96	62 855.92	36 441.97	47 301.82
9	2.承台	m³	12 795.71	16 128.15	4 704.26	1 087.70	9 790.28	6 576.08	18 293.00	20 107.37	22 295.10	12 796.10	15 296.00
10	3.扩大基础混凝土	m³							10 481.90				
11	（四）墩台	m³	7 189.95	11 591.38	2 911.45	585.29	7 333.43	3 930.54		12 074.40	20 592.50	7 384.70	8 653.70

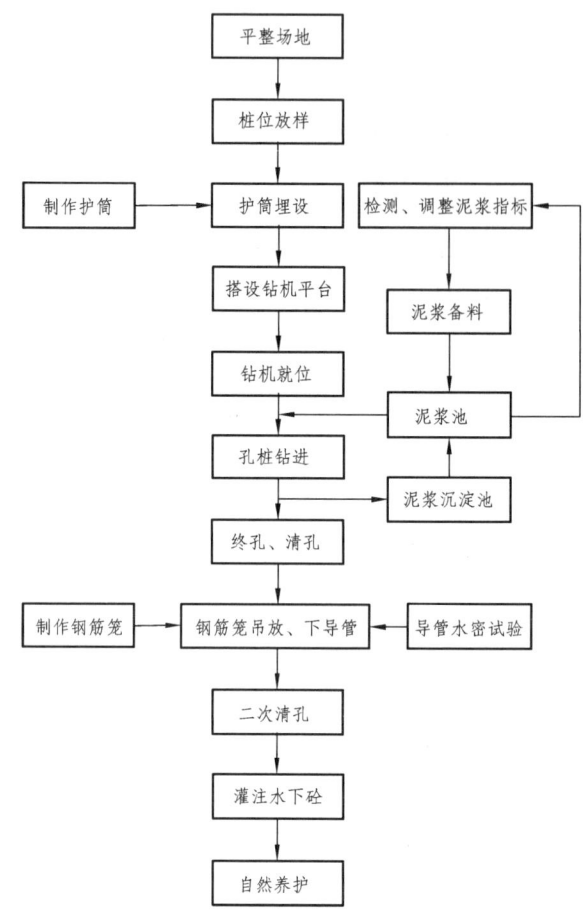

图 46-1 桩基施工工艺流程

（二）施工工艺

1. 测量放样

现场采用全站仪或 GPS 进行桩位精确放样，在桩中心位置打设木桩，桩径外设置十字交叉护桩，由现场主管技术人员进行复核，再经专业监理工程师复检，复检合格后进行下道工序。

2. 护筒埋设

护筒采用 8 mm 钢板在工厂加工卷制而成，直径比设计桩径大 30 cm，单根长度根据各个桩位的实际地质和地形情况决定，护筒长度一般不少于 2 m。

为加强护筒刚度防止两端头变形，在护筒两端外侧面各加一道 20 cm 长的 8 mm 钢板作为加强带，在加强带下方设置十字吊装孔，防止护筒在拔出时产生变形，如图 46-2 所示。

钢护筒起钻孔导向的作用，埋设前，利用旋挖钻在桩位处挖出比钢护筒外径大 30 cm 的圆坑，深度依据钢护筒长度而定，吊机进行护筒下放。通过十字护桩进行桩中心确定，调整护筒位置使护筒中心与孔位中心重合，同时用线锤检查并调好护筒垂直度。人工在护筒周围对称均匀回填黏土并夯实，夯填时要防止护筒倾斜。回填完成后，以钻头通过型钢对称传力将护筒向下压至高出地面 0.3 m 时停止；下压到位后应检查护筒平面偏位及倾斜状况，若平面偏位超过 50 mm 或倾斜率超过 1%，应拔出护筒重新定位下沉。

3. 泥浆制备及循环

根据桩基的分布位置设置制浆池、储浆池及沉淀池，并用循环槽连接。出浆循环槽槽底纵坡不大于 1.0%，沉淀池流速不大于 10 cm/min 以便于钻渣沉淀。

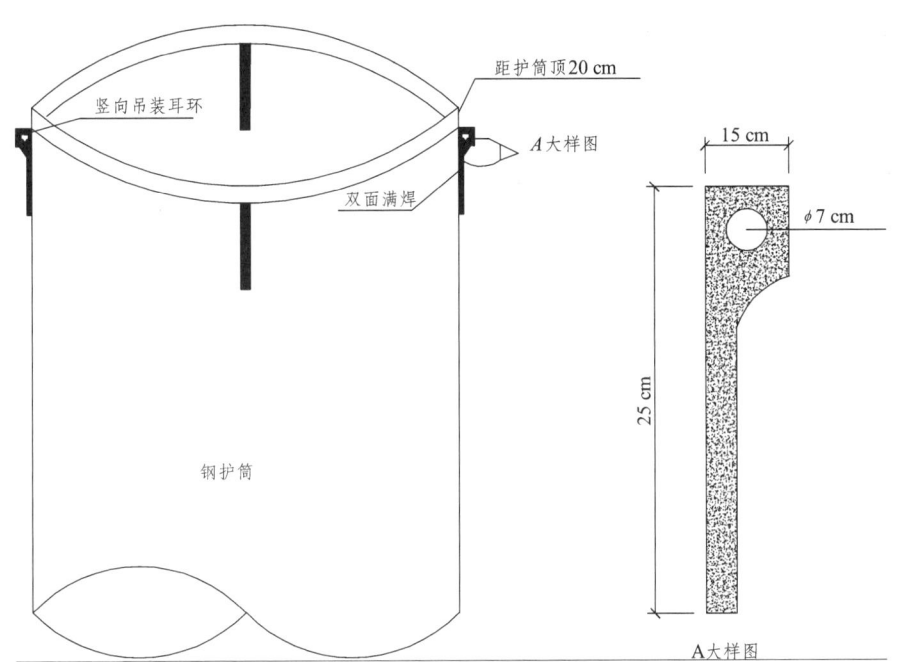

图 46-2 钢护筒制作与埋设

施工中钻渣随泥浆从孔内排出进入沉淀池,人工用网筛将石渣捞出。然后使处理后的泥浆经泥浆池净化后返回孔内,形成循环。钻孔弃渣(废泥浆)运输到指定地方,不得任意排放在施工场地内或直接向水塘、河流排放,以避免污染环境。

4. 钻孔

(1)钻机就位。

钻机就位前应对钻机各项准备工作进行检查,钻机就位后的底座和顶端应平稳,就位核对好中心后,连接泥浆循环系统,开动泥浆泵使泥浆循环 2~3 min,然后开始钻孔,在护筒底处应低压慢速钻进,钻至护筒底以下 1 m 左右后开始正常钻进。

(2)钻进。

操作人员随时观察钻杆是否垂直,并通过深度计算器控制深度,当旋挖钻头顺时针旋转钻头时,底板切削板和筒体翻板的后边对齐,钻屑进入筒体,装满一斗后,钻头逆时针旋转,底板由定位块定位并封死底部开口之后,提身钻头到地面卸土,开始钻进时采用低速钻进,钻土重量应控制在钻具重量的 20%,以保证孔位不产生偏差,在护筒下 3 m 以下可采用高速钻进。通过钻斗的旋转、削土、提升、卸土和泥浆支撑护孔壁,反复循环成孔,钻孔作业采用分班工作连续进行,钻进的过程中应经常对钻孔泥浆随时检验泥浆比重、黏度、含砂率等,并填写泥浆检测记录表和钻进地质记录表,泥浆比重指标不满足要求时应该及时调整,钻孔过程中还应经常注意地层变化,当地质情况与设计不符时应及时上报,不同地层应采用不同的钻进速度,旋挖钻施工如图 46-3 所示。

5. 清孔

钻孔达到设计要求深度后利用测锤测定孔深,孔深检查合格后,填写终孔检查记录,并经现场监理工程师确认,方可进行第一次清孔。

清孔时孔内水位需保持在地下水位以上 1.5~2.0 m,严禁用增加深度的方法代替清孔,当从孔内取出泥浆测定的数值与注入的净浆相近,测量孔底沉渣厚度符合技术规范要求及设计要求时,停止清孔作业(如图 46-4 所示),清孔后对泥浆试样进行性能指标试验,检测项目包括孔内沉渣的厚度、泥浆比重、泥浆黏度以及泥浆的含砂率等。

图 46-3　旋挖钻施工

图 46-4　导管及黑旋风清孔作业

6. 成孔检测

清孔后应立即进行成孔检测，并提前做好相关准备工作，采用武汉中岩 RSM-HGT（B）超声波检孔仪，对成孔深度及质量进行全面检测。

7. 钢筋笼安放

（1）钢筋、声测管加工。

钢筋原材必须具有出厂合格证，进场后按不同规格、等级、牌号及生产厂家分别验收，分别堆放，钢筋原材应平直、无损伤，表面无裂纹、油污、颗粒状或片状老锈。

声测管进场首先要检查管壁是否有破损，接头处是否合格。其次确定声测管的分段长度，分段长度根据钢筋笼的分段长度进行确定，不能过长或者过短，否则上下两节无法有效连接，声测管与钢筋笼采用加强筋固定。

桩基钢筋笼采用滚焊机在钢筋场内分段集中加工，出厂前，应由现场技术人员及监理验收合格后（如图 46-5 所示），佩挂钢筋笼检验合格证，标明使用部位、节段及检验状态等信息，经平板运输车运送至施工现场。

（2）钢筋笼安装

钢筋笼吊装就位采用 25 t 汽车吊，两点起吊，第一吊点在骨架的下部，第二吊点设在第一层加筋箍处（或根据钢筋骨架长度和施工现场具体情况确定），起吊时，先两点同时起吊，待骨架离开地面 1 m 左右后第一吊点停止起吊，继续起吊第二点，随着第二点不断上升，慢慢放松第一吊点，直到骨架同地面垂直，停止起吊。

图 46-5　钢筋笼自检

当骨架进入孔口后,应将其扶正徐徐下降,严禁摆动碰壁,钢筋固定好进行声测管气密性验收,无异常后其他节段钢筋笼依次吊装,节段连接采用焊接,焊缝长度、饱满程度符合规范要求,并经现场技术人员及监理工程师确认后,逐节下放至设计笼顶标高,下钢筋骨架的同时应取掉标示牌。

钢筋笼入孔就位后,采取 $2\phi16$ 的工字钢作为支承"串杆","串杆"放置在垫木上(垫木稍高于护筒顶),然后采用 4 根 $\phi20$ 钢筋作为钢筋笼吊筋与钢筋笼焊接在一起,然后采用"串杆"穿过吊筋的吊耳,用于固定钢筋笼,钢筋笼笼顶标高以护筒顶标高为基准进行控制。

(3)声测管安装要求。

① 桩径 0.6~0.8 m 应埋设双管;桩径 0.8~2.0 m 应埋设三根管;桩径 2.0 m 以上应埋设四根管,根据具体情况,桩基可埋设三根管。声测管内径宜为 50~60 mm。

② 声波检测管宜采用钢管、塑料管或钢质波纹管,其内径宜为 50~60 mm。检测管连接处应光滑过渡,管口应高出桩顶 100 mm 以上,且各检测管管口高度应一致,管的下端应封闭,上端应加盖,管内不得有异物,管身不得有破损。声测管应下端封锁、上端加盖、管内无异物;声测管衔接处应润滑过渡,管口应高出桩顶 500 mm 以上,且各声测管管口高度宜分歧。

③ 声测管可焊接或捆扎在钢筋的内侧,检测管之间应互相平行。

8. 导管安放

导管采用 $\phi25$~30 cm 钢管,每节 2~3 m,配 1~2 节 1~1.5 m 的短管,导管内壁应光滑、圆顺,内径一致,接口严密,导管使用前应进行水密承压和接头抗拉试验,进行水密试验的水压不应小于孔内水深 1.5 倍的压力,也不应小于导管壁和焊缝可能承受灌注混凝土时最大内压力的 1.5 倍。

导管安装时每节导管的接头处均涂抹润滑油,并上密封橡胶圈,导管安装后轴线偏差,不超过钻孔深的 0.5%并不大于 10 cm,导管安装长度按孔深和工作平台高度进行选取,导管底部距孔底控制在 20~40 cm,导管完成后进行二次清孔,待孔底沉渣厚度、泥浆各项性能指标均检查合格后,报现场监理工程师确认验收,方可进行混凝土灌注施工。

9. 混凝土灌注

(1)首灌混凝土。

料斗要满足孔桩混凝土封底最少方量,根据桩径,桩孔深度,导管与孔底的间距,导管的埋置深度及导管内混凝土的高度等因素。

桩基混凝土由拌和站集中搅拌,混凝土罐车运输至现场,灌注时,料斗内导管口应采用圆形钢盖板封堵严密,待混凝土装满漏斗后快速将盖板拉出料斗,随着料斗内的混凝土急速落下,罐车内剩余混凝土应继续连贯放入料斗内,同时灌注的时候需注意钢筋笼是否有上浮现象,如出现上浮,应放慢浇筑速度，并上下拉动导管。

（2）后续混凝土灌注。

首灌完成后，后续混凝土应紧凑连续进行，避免中途停工，在灌注过程中，应防止混凝土拌和物从漏斗顶溢出或从漏斗外掉入孔底，使泥浆内含有水泥而变稠凝结，致使测探不准确；应注意观察管内混凝土下降和孔内水位升降情况，及时测量孔内混凝土面高度，正确指挥导管的提升和拆除，导管的埋置深度应控制在2～6 m。

混凝土灌注到接近设计标高时，要计算最后补充的混凝土数量（计算时应将导管内及混凝土输送泵内的混凝土数量估计在内），通知拌和站按需要数拌制，以免造成浪费，为确保桩顶质量，在桩顶设计标高以上应超灌1 m。

拆除导管动作要快，时间一般不宜超过15 min，同时要防止螺栓、橡胶垫和工具等掉入孔中，已拆下的管节要立即清洗干净，堆放整齐。

有关混凝土灌注情况，在灌注前必须由试验人员进行首灌方量、坍落度检查，检测合格后才能灌注；在各灌注时间、混凝土面的深度、导管埋深、导管拆除，应指定专人进行记录、旁站。

（3）灌注混凝土测深方法。

灌注水下混凝土时，应经常探测孔内混凝土面至孔口的深度，以控制导管埋深，如探测不准确，将造成埋深过浅，导管提漏，埋管过深拔不出或断桩事故，测深用测绳需经过现场钢卷尺重新校核，以免测绳长度及标识存在错误及误差。测深时，使测锤通过泥浆沉淀层而停留在混凝土表面（或表面下10～20 cm），根据测绳所示锤的沉入深度作为混凝土灌注深度，此方法完全凭探测者手中所提测锤在接触混凝土顶面前后的不同重量及提拉时的感觉而判别，在测深桩，测锤快接近孔内混凝土顶面时，由于沉淀增加和泥浆变稠的原因，就容易发生误测，探测时必须要仔细，并与灌注混凝土的数量及理论上升高度校对以防误测。

二、承台施工

（一）工艺流程图

施工工艺流程如图46-6所示。

（二）施工工艺

1. 测量放样

按照基坑施工要求，清除地面堆土及妨碍基坑开挖的障碍物，对受开挖影响的架空线和地下管线，应采取迁改和保护，完成场地清理后，测量人员根据设计图纸对承台进行施工测量放样，如：承台中心、位置、标高进行测量放样，用木桩做好标记，为承台开挖提供保证。

2. 基坑开挖及防护

基坑开挖线根据各承台的基坑开挖深度，以确保边坡稳定、施工安全为原则，基坑的开挖放坡坡度参照（见表46-3）或直接采用打设拉森钢板桩防护；基坑底部比承台平面尺寸每边均不小于1.0 m进行放样，以保证基底四周排水沟与集水井的设置要求，当挖土挖至接近标高还差20 cm左右一层土时停止挖土，采用人工进行开挖，避免对基底扰动过大。

挖除土方远离基坑堆放，位于河道旁的承台，弃土不得淤塞河道，影响泄洪和造成水体及环境污染。

基坑顶面应设置防止流入基坑的设施，基坑坑壁坡度不易稳定并有地下水时，或放坡开挖受到限制、放坡开挖工程量大，应根据要求进行支护，设计无要求时，应结合实际情况选择适宜的支护方案（如图46-7和图46-8所示）。

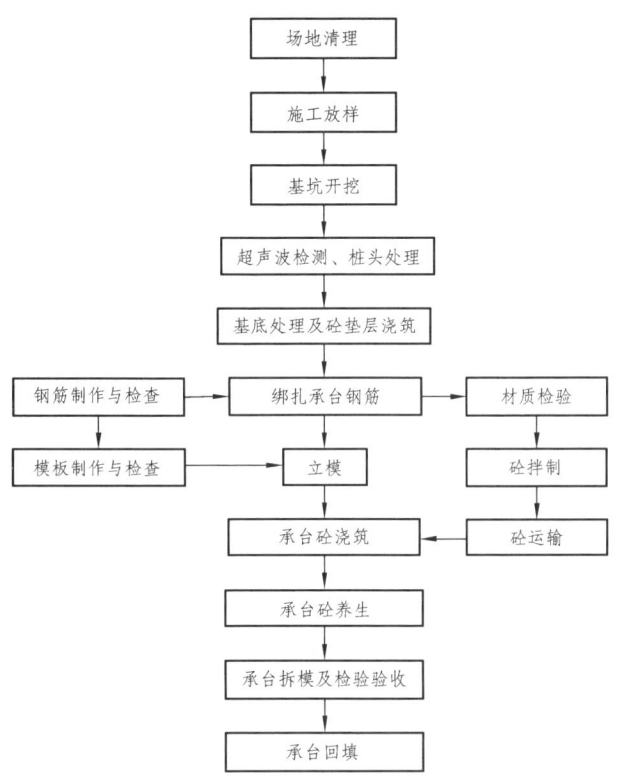

图 46-6 承台施工工艺流程图

表 46-3 基坑开挖坡度

坑壁土壤	坑壁坡度		
	基坑顶缘无载重	基坑顶缘有静载	基坑顶缘有动载
砂类土	1：1	1：1.25	1：1.5
卵石、砾类土	1：0.75	1：1	1：1.25
粉质土、黏质土	1：0.33	1：0.5	1：0.75
极软岩	1：0.25	1：0.33	1：0.67
软质岩	1：0	1：0.1	1：0.25

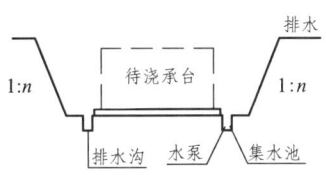

图 46-7 基坑开挖示意

图 46-8 基坑支护

基坑开挖应在枯水或少雨季节进行,开工前应做好计划和施工准备工作,开挖后应连续快速施工,基础的轴线、边线位置及基底标高应精确定位,检查无误后方可施工,开挖后应避免超挖,如超挖,应将松动部分清除,挖至设计标高后的基坑不得长期暴露、扰动或浸泡,并应及时检查基坑尺寸、高程。

基坑底及基坑顶四周设置排水沟,基坑底面尺寸每边较基础承台尺寸大 1.0 m 左右,有水基底四周挖排水沟,并留集水坑,用抽水机集中排水。

3. 桩头凿除

挖出桩后在桩身上作好凿除标志线,桩的平面位置,高程在自检和监理工程师检查合格后,按规定设计标高凿除桩头,凿除可采用风镐或人工凿除,但要保证桩身混凝土的完好性,钻孔桩桩头破除采用人工结合机械来进行,严禁机械对桩头猛敲猛打,人工凿平至设计标高后,清理混凝土碎屑,并将桩头表面清理干净。

桩基检测如下:

(1)桩身混凝土抗压强度应符合设计规定,对混凝土强度应取试件检验其标养条件下 56 d 龄期的抗压极限强度,每桩取试件不少于 2 组。

(2)对钻孔灌注桩采用风镐凿除桩头,首先在垫层顶面以上 25 cm 处转圈凿除桩头混凝土,再用人工凿平,不得留有松动混凝土块,修平到承台底标高以上 20 cm,此时桩身主筋长度应满足设计长度要求,如不满足,按设计要求接长,桩头截除以后,请检测单位及时做好超声波的检测工作,评定桩基质量等级,同时按设计要求测定桩中心位置,检定桩位偏移值是否超出允许范围,如果每根桩都符合设计要求,请监理签认后便可进行下一道工序。

(3)根据设计要求,桩身采用超声波无损检测,钻孔灌注桩质量检验结果应满足设计及规范要求。

(4)桩身检测完成后,需对每根声测管进行压浆封实,配置注浆浆液采用 P·O 42.5 普通硅酸盐水泥,水泥要求新鲜不结块,搅拌时间不少于 2 min。

4. 基底处理及垫层浇筑

(1)当挖掘机挖至接近设计标高以上 20 cm 左右时停止开挖,待基础层施工准备工作就绪后以人工开挖至设计标高,然后迅速检验,随即浇筑 20 cm 厚 C15 混凝土垫层(如图 46-9 所示),浇筑垫层混凝土前确保基坑底部无杂物、积水,施工时注意控制标高,保证不侵占承台结构尺寸,如挖得过深,不得用土回填,要用宕渣或低标号混凝土填至标高。

图 46-9 垫层浇筑

(2)垫层每侧比承台尺寸宽 10 cm,浇筑垫层时先放出承台位置,在距承台边缘 40 cm 处插入 50 cm

长的$\phi 25$ mm 钢筋，钢筋间距 1.0 m，并露出垫层 10 cm，以方便承台模板的固定。

5. 钢筋加工及安装

承台基坑开挖至设计基底高程经检验合格后，立即浇筑基础垫层混凝土，在垫层面上用墨线弹出钢筋的外围轮廓线，钢筋采用在钢筋棚加工成型，钢筋进场时每批量钢材必须附出厂检验合格证，进场后通过抽查合格后才能投入使用。采用现场绑扎安装的方法施工，钢筋安装由于承台钢筋用量大、层数多，面积大，除必要的架立钢筋外，为确保钢筋位置的准确性、各层面的平整性和钢筋的保护层厚度，增设钢筋定位筋。在钢筋安装过程中，桩基锚固筋与承台钢筋的位置冲突时，适当调整桩基锚筋，主筋对接应按规范进行搭接。

在基底处理和垫层铺设完成后，调整好桩头钢筋，开始进行承台钢筋的施工，钢筋预先在钢筋加工场地配料，弯制后运到现场一次绑扎成型，当桩中心距不小于 3 倍桩径时，须配置吊筋，间距 15 cm，配筋范围为桩中心一倍桩径以外区域；当桩中心距小于 3 倍桩径时，不配置吊筋，承台底须设置冷轧带肋防裂钢筋网片，直径$\phi 12$ mm，间距 10 cm。

承台钢筋绑扎时，钢筋保护层垫块支垫牢固，垫块在侧面和底面所布设的数量应不少于 4 个/m^2，侧壁钢筋和架立钢筋一次绑扎到位，绑扎底层和侧壁钢筋时绑扎铅丝头不得伸入承台保护层，以减少混凝土腐蚀通道，特别注意绑扎质量，严格控制钢筋保护层的厚度。

在承台钢筋绑扎的过程中，适时做好墩身钢筋的预埋、接地及各类预埋件的施工，预埋钢筋的平面位置、间距、标高应埋设准确，同时控制好竖向主筋的垂直度（如图 46-10 所示）。

图 46-10　承台钢筋绑扎

6. 模板安装

钢筋绑扎完成后，对钢筋绑扎质量进行自检，合格后报现场监理工程师，检验合格后方可组织模板安装。

模板采用定型钢模板，厚度为 8 mm，板间拉接采用栏杆拉结，承台模板采用吊机吊设，人工辅助安装，模板立设在钢筋骨架绑扎完毕后进行，采用挂线法调直，吊垂球法控制其垂直度，加固通过内支撑、对拉杆、四面加外撑与基坑四周坑壁挤密、撑实的办法控制，确保模板稳定牢固、尺寸准确，墩身预埋钢筋的绑扎在模板立设完毕后进行，根据模板上口尺寸控制其准确性，采用与承台钢筋焊接顶撑，形成一个整体骨架以防移位（如图 46-11 所示）。

7. 承台混凝土浇筑

混凝土浇筑前进行报检程序，混凝土采用集中拌和，自动计量，罐车运输，到达现场后进行混凝土坍落度、和易性检测，合格后方可进行浇筑作业。浇筑采用泵送或自卸浇筑施工，插入式振捣器振捣，混凝土分层浇筑，分层厚度控制在 30 cm 以内。振捣采用插入式振动器，梅花形分布插入振捣器振捣，按作用半径 1.5 倍确定插棒间距。振捣时严禁碰撞钢筋和模型，振动器的振动深度不超过棒长度 2/3～3/4 倍，振动时要快插慢拔，不断上下移动振动棒，以便捣实均匀，减少混凝土表面气泡。振动棒插入下层混凝土中 5～10 cm，与侧模保持 5～10 cm 距离，对每一个振动部位，振动到该部位混凝土密实为止，即混凝土不再冒出气泡，表面平坦泛浆（如图 46-12 所示）。

图 46-11　承台模板安装

图 46-12　承台浇筑

8. 养护

为保证已浇好的混凝土在规定龄期内达到设计要求的强度，并防止产生收缩裂缝，必须认真做好养护或保温工作。

（1）承台在浇筑完毕后的 12 h 以内对其加以覆盖和洒水，冬季则应该按相关要求做好保温工作。

（2）混凝土的洒水养护的时间：对采用硅酸盐水泥、普通硅酸盐水泥或矿渣硅酸盐水泥拌制的混凝土，不得少于 7 d；对掺用缓凝型外加剂或有抗渗性要求的混凝土，不得少于 14 d。

（3）洒水次数应能保持混凝土表面始终处于湿润状态，混凝土的养护用水与拌制用水相同。

（4）在已浇的混凝土抗压强度未达到 1.2 MPa 以前，不得在其上踩踏。

（5）为减少收缩裂缝，待混凝土表面无水渍时，进行二次收浆抹光。

（6）对大体积混凝土的养护，承台内设置降温管，并按需要测定浇筑后的混凝土表面和内部温度，将温差控制在设计要求的范围内；当设计无具体要求时，温差不宜超过 25 ℃ 拆模及验收。

承台混凝土强度达到 2.5 MPa 以上，混凝土芯部与表层、表层与环境之间的温差不大于 20 ℃，混凝土内部开始降温后方可进行承台模板的拆除。模板分块拆除。拆模时应注意对成品的保护，防止承台棱角受损，拆除后的钢模经清理打磨涂油后周转到下一承台的施工。

模板拆除后，应对承台外观质量进行检查，混凝土表面平整、施工缝平顺、棱角线平直、外露面色泽一致、蜂窝麻面面积不超过该面面积的 0.5%、混凝土表面出现非受力裂缝宽度不超过设计规定，施工临时预埋件或其他临时设施及时清除。

9. 基坑回填

混凝土达到设计强度后可进行基坑回填，回填前要请监理验收，合格后方可进行回填施工，及时拆除模板，再回填基坑，其回填材料和回填要求严格按照设计要求，基坑四周同步进行；承台施工期间超生的多余弃土用自卸汽车运至指定弃土地点堆放并用挖机平整场地，保持施工现场文明施工。

三、墩身施工

（一）测量放样

施工前，对施工场地进行清理，以利于测量放样、施工平台等施工作业面的展开，清理的施工作业平台应平整坚实，排水顺畅。

（1）在墩身开始施工前，用全站仪放样出墩身的两条轴线（即墩身顺桥向、横桥向的轴线）、墩身轮廓线及模板检查线（弹出墨线），墩的两条轴线供钢筋绑扎定位使用，墩身轮廓线及模板检查线供模板安装和模板检查使用。

（2）模板安装后，用全站仪对模板平面位置（平面坐标）、对其顺、横桥向轴线及四个角点进行检查与调整纠偏，确保墩身模板位置的精度。

（3）墩身模板顶面高程采用全站仪三角高程法校核。

（二）钢筋加工及安装

进场钢筋应具有出厂质量证明书，使用前需按规范要求抽检，符合规范要求的方能使用到工程中，连续进场的同牌号、同炉罐号、同规格每60 t应进行力学性能试验。

墩身钢筋笼在钢筋场内集中规范加工，钢筋棚进行标准化布置（如图46-13所示）。

图46-13 钢筋棚标准化加工

（1）墩身钢筋笼安装前，依据放样位置及钢筋笼的外部轮廓尺寸设置钢筋限位，在整体吊装钢筋骨架时，用垂球检查垂直度、控制定位，组装完毕后再进行测量校核。由测量组根据设计图纸在承台顶放出墩柱边线，然后利用加工完成的半成品箍筋确定墩柱的轮廓边线安装定位完成（如图46-14所示）。

（2）在墩身钢筋笼的内部靠近上部主筋位置设置吊装横梁，用吊车将钢筋笼整体吊装到运输平板车上，然后将钢筋笼运至施工现场安装墩位，采用汽车吊进行现场吊装（如图46-15所示）。

（3）盖梁钢筋骨架外侧绑扎高强混凝土保护层垫块，以保证混凝土保护层的厚度，垫块应相互错开、采用梅花型布置，且每横断面不少于6个。

图 46-14　使用全站仪进行插筋放样

图 46-15　墩身钢筋笼整体吊装

（4）在墩身顶部两端以及承台以上 1.5 m 处预埋热镀锌扁钢引出端子，端子与直径不小于 16 cm 的接地钢筋焊接。

（5）墩身混凝土浇筑拆模完成后在地面线以上 50 cm 位置钻孔预埋墩台观测标。

（三）模板安装

墩身模板在专业钢模板厂家定制而成，一套模板的分节尺寸：直线段由 50 cm、100 cm 的调节段和 200 cm 的标准节段组成；曲线段由 200 cm、250 cm 和 250 cm 三节变截面节段组成，模板由面板、竖肋、横肋、正面抱箍、侧面抱箍及拉杆构成，面板为 6 mm 厚的 Q235 钢板，墩身采用双槽钢［22 槽钢，竖楞为［10 槽钢，截面宽度 48 mm，高度 100 mm，材料均采用 Q235。

墩身钢筋整体施工完成并报检合格后，即可逐块安装模板，模板安装利用已搭建好的定制作业梯笼平台（如图 46-16 所示），模板按照"先远后近、不挡吊装视线"的原则安装，即根据吊车的位置，先安装远的一侧模板，这样能够保持良好的吊装视线，最后安装最近侧模板，确保模板安装的安全和准确。

模板拼接时要注意对角线要相等，宽窄尺寸符合要求，拼缝平整，误差不超过安装要求，当第一层模板尺寸调节好后，再拼装下一层，不得随意拼装堆起，到最后再调节，造成模板互相挤压，无法调整，立模过程中用全站仪进行测量定位，立模完成后用 GPS 进行复核。

图 46-16 梯笼作业平台

模板安装就位时,在其底部利用千斤顶、垂球、水平尺,将模板顶面调成水平,并且同层模板顶口基本处于同一高程上,相邻两块模板的顶面高差控制在 2 mm 以内,同时保证模板的垂直度达到板面上下边的平面偏差在 2 mm 以内。在这样的精度状态下,在模板底口与承台混凝土顶面之间的缝隙处用泡沫胶堵塞,将缝隙填塞密实,保证浇筑混凝土时不渗水、不漏浆。

模板在安装时,模板板块之间的连接缝用 5 mm 厚、30 mm 宽的双面胶带做密封带,即先将双面胶带贴到先安装的一块模板侧螺栓连接处,在另一块模板即将靠拢前再撕去双面胶带上的防粘纸,让两块模板对位后粘贴在一起,连接螺栓受力后,双面胶带经挤压起到密封作用,确保模板不漏浆。

模板微调完成后,立即用钢丝绳将模板牵拉固定在四周预埋的抗风缆预埋件上,以抵抗风力和混凝土浇筑时的各种水平冲击力。

(四)混凝土浇筑

墩身采用汽车泵或者吊车配合料斗进行混凝土浇筑,浇筑前对汽车泵或吊车进行检查,确保正常混凝土浇筑。

由于桥墩整体浇筑高度均大于 2 m,因此作业人员必须提前准备串筒,浇筑混凝土时由串筒下料,不得将混凝土直接灌入模板内。

为确保墩身混凝土质量,施工时需严格控制混凝土坍落度在 16~20 cm(满足高墩混凝土泵送要求),要求每车料进行现场坍落度试验。

浇筑时混凝土采用分层浇筑,分层厚度不大于 30 cm,混凝土振捣时振捣棒振捣混凝土以其作用半径为振点间距,均匀分布,振捣效果以不出气泡、混凝土不下沉及表面泛浆为准,振捣棒振捣当前层时,应将振捣棒插入至下一层 5~10 cm,振动完毕,应将振动棒缓慢提起;振捣棒应与侧模保持 5~10 cm 的间距,切记要避免振捣棒直接振动钢筋、模板以及预埋件。

混凝土浇筑过程中,应控制混凝土的浇筑高度,避免出现浇筑过快造成胀模,一般控制在 1~1.5 m/h 高度。

(五)模板拆除

混凝土浇筑完成后,待混凝土满足拆模强度,及时进行墩身模板拆除,在拆除过程中,拆除原则为:先上后下,先装后拆,后装先拆,并先拆距离吊机最近的模板,后拆除距离吊机远的模板。

模板拆除应有专人指挥,不得暴力拆除,对墩身表面造成破坏,同时也要保护好模板面板和整体结构,避免变形、破损,模板拆除后应按顺序整齐码放,并及时进行打磨防锈处理。

(六)墩身养护

墩身拆模完毕后,立即对其覆盖一层塑料薄膜,以防止混凝土表面水分蒸发较快而产生收缩裂缝(如图 46-17 所示)。

图 46-17 墩身覆盖薄膜进行养护

墩身拆模,按照混凝土强度不小于 2.5 MPa 和混凝土温度内外温差不大于 25 ℃ 的要求,进行拆模控制,墩身模板拆除后,立即将混凝土表面用清水浇湿,再用塑料薄膜把墩身包裹起来,包裹完成后认真检查塑料薄膜的密封情况,对搭接部位的缝隙和破口用胶带粘贴,保证塑料薄膜包裹有良好的密封性和养护效果,待满足混凝土养护龄期后方可拆除覆膜。

(七)垫石施工

墩身钢筋、模板安装完成后,应按照设计要求进行垫石钢筋的预埋工作,因墩身施工完毕后,要完成墩顶中线贯通测量需经历较长一段时间才进行支座垫石的施工,为防止垫石钢筋锈蚀,拟在垫石预埋钢筋上涂刷水泥浆防锈。

垫石施工时,先将位置处的混凝土表面进行充分的凿毛,并用清水冲洗干净,定位支座下腿预埋孔 PVC 套管,(套筒中心位置需满足后期支座安装要求)根据放样线进行模板的安装,施工前通知测量对垫石标高及平面位置进行测量,确保标高控制无误,且套管深度满足支座下腿安装,垫石混凝土采用 C50 混凝土,浇筑完毕后及时进行覆盖养护,防止垫石出现裂缝(如图 46-18 所示)。

图 46-18 垫石养护

第二节 箱梁预制

一、工程概况

1#梁场选址于海宁西站附近,占地83.7亩,中心里程:DK11+000,承担右DK04+122.056~右DK12+264.806范围内202片简支箱梁的预制架设任务;2#梁场选址于盐官镇郭店村编组站小里程侧,占地182.4亩,中心里程:DK29+000,承担右DK14+016.59~右DK39+394.84范围内607片简支箱梁的预制任务。

二、箱梁预制方案

制梁场采用高台位法制梁,侧模和底模固定在台位,内模和端模每两台座共用一套,钢筋在钢筋加工厂集中下料成型,在绑扎胎模上整体绑扎,通过2台50 t龙门吊机整体抬吊钢筋骨架入模后安装端模、内模以及预埋件,综合质量验收合格后进行混凝土浇筑,养生后强度满足要求拆除端模、内模进行预张拉和初张拉,初张拉完成后通过700 t搬梁机将箱梁搬运至存梁台座继续养护,完成终张拉和压浆、封锚工作形成成品梁。

三、施工工艺流程

(一)模板工程

施工工艺流程:模板进场验收、台座验收、模板拼装、整体验收、模板拆除、模板图纸。

为确保箱梁混凝土外观质量,保证箱梁预制周期满足总工期要求,箱梁模板均采用新制钢模。根据生产以及梁场布置要求,侧模和底模每1台座配置1套,内模每2台座配置1套,共配置侧模和底模各12套,内模6套,端模9套(共用台座)。模板制造时考虑2套底模和侧模,1套内模暂不加工备用,根据实际进度情况,合理安排制造契机。

1. 模板设计、制造

箱梁模板设计以刚度控制为主,确保模板在运输、倒用过程中不发生过大变形。模板选材力求采用优质钢板作面板,确保箱梁混凝土表面光滑、平整、色泽一致。模板设计结构形式上力求操作简单,装拆倒运方便,以节省工序时间。

以35 m箱梁为列,侧模分9块,布置为3.475+4×3+5+4×3+3.475=35.95 m,面板采用8 mm钢板,纵肋采用[12型钢,背肋采用[16型钢。底模宽4.34 m,分15块,布置为0.95+1.8×2+3×9+1.8×2+0.95=36.1 m,面板采用12 mm钢板,加筋采用16号工钢。内模采用液压方式安拆,加筋采用12 mm钢板辅助[10型钢。

2. 模板进场验收

模板进场后进行分块验收,检查结构尺寸、焊缝质量、平整度等。

3. 模板安装

(1)模板安装前必须对制梁台座进行验收,检查制梁台座是否按照设计要求进行施工。台座验收合格后进行标识,统一编号,明确各台座规格、型号以及对应生产的箱梁型号。

(2)总体拼装方案。

首先在制梁台座上进行底模铺设,然后在制梁台座两侧拼装外侧模,外侧模为桁架节段式结构,和底模通过底端调节大螺杆和连接螺栓固定；内模采用液压式节段结构，在内模拼装台座上组拼成整体，滑移进出相邻的箱梁钢筋笼；端模为箱梁两端头模板，端模落在底模上，钢筋骨架吊装入模后进行端模安装，待内模滑移就位后，连接端模和内模固定装置。

（3）底模安装。

① 底模宽 4.34 m，长 36.1 m（考虑端模落在底模上，同时应考虑曲线内外侧梁长不等时的增加量）。按照设计要求，梁底不设置反拱，底板按照水平布置，底板与台座之间通过垫板抄垫调平，并与制梁台座预埋角钢焊接；

② 底模清理：清除底模面板上杂物，对支座预埋板以及防落梁预埋板周边浮渣清理干净；

③ 检查底模的平整度等，尤其是四个支座处误差须在允许范围内；

④ 均匀涂脱模剂；

⑤ 底模安装完毕后，各部尺寸的施工误差应符合规定要求。

底模安装如图 46-19 所示。

图 46-19　底模、侧模安装

（4）侧模安装。

① 侧模和底模一样配置，每个台座 1 套，安装完成后需考虑梁体张拉压缩量，内、外两侧都用调节螺杆，侧模与底模采用大螺杆加小螺栓连接；

② 侧模安装时先将侧模底口与底模贴近，通过两侧调节螺杆调整模板标高以及顶口尺寸；

③ 侧模与侧模之间通过小螺栓连接，并保证侧模拼缝平整、严密。每侧侧模设附着式振动器，错开设置，在试验后尚须根据实际使用效果及时进行调整；

④ 通风孔制孔器及泄水管制作安装：通风孔处预应力筋保护层不小于 1 倍的预应力管直径，并在通风孔处增设环状钢筋。通风孔制孔采用在外侧模上开孔，制孔材料为钢管，一端顶住内模，另一端与外侧模固定，能有效保证腹板厚度；

⑤ 侧模立完后，检查侧模的如下尺寸：桥面宽度、桥梁高度（端头、跨中、1/4、3/4 截面）、桥面板下翼的平整度、桥面扭曲（桥面对角线尺寸）、桥面外侧偏离设计位置（与底模轴线比较）等；

⑥ 为便于拆模及提高表面光洁度，与混凝土接触表面均涂脱模剂。

侧模安装如图 46-19 所示。

（5）端模安装。

① 清理端模表面及密封胶条处混凝土浆，更换或维修损坏的密封胶条；

② 均匀涂刷脱模剂；

③ 安装锚垫板时，使垫板面与模板面贴紧，不同型号锚垫板不得混淆；

④ 端模吊装时，垂直靠拢前，应逐根将抽拔胶管从锚垫板中穿出，抽拔胶管贯穿锚垫板做好止

浆工作；

⑤端模到位后，将端模与侧模、底模进行连接和固定，在内模就位后安装端模与内模之间螺栓，最后检查各部位尺寸。

端模安装如图46-20所示。

图46-20 端模安装

（6）内模安装。

①内模拼装在内模拼装台架上进行，其内模系统流程：内模从箱梁内收起后整体拉出移至相邻内模拼装台架上→在台架上打磨、清理、涂刷脱模剂→整体拖拉内模进入钢筋骨架内→顶升内模油缸使主梁及顶模板到设计标高→进行体系转换（将内模支撑在托架上，避免油缸受力）→撑开上角模、下角模安装内模支撑→检查结构尺寸→混凝土浇筑及养护→收缩上角模、下角模→内模支撑油缸顶升使内模走行滚轮落在走形轨道上→拆除内模车托架、主梁及顶板降落→安装内模滑移轨道（与拼装台架连接）→将内模整体滑移至拼装台架上清理、整修→进入下一操作循环；

②梁体钢筋、端模安装完后，在底模上安装内模托架，托架与底模连接固定，托架位置对应内模主梁支撑位置。托架设计时考虑桥梁钢筋以及预应力管道位置，托架位置不得与之相冲突；

③上、下角模张开后检查校正内模的截面尺寸及外形尺寸，如误差超标，则需用调节支撑调整；

④为防止内模上浮，内模、内模托架以及底模连为一体，同时腹板浇筑时控制混凝土浇筑速度；

⑤内模的整体拼装尺寸必须保证梁体的外形尺寸，其单件制造误差应满足总体拼装后尺寸误差。内模拼装成整体后各部尺寸的误差应符合规定：内模全长±10 mm，全宽-5 mm，0 mm，全高-5 mm，0 mm；

⑥内模顶部每节预留灌注孔，该孔既能用于内模吊装，又能用于底板混凝土灌注。在灌注底板混凝土时将预留孔盖板挪开，将布料机软管插入灌注孔内，保证灌注底板混凝土时混凝土自由落体高度不大于2 m。

内模组装效果如图46-21所示。

4. 支座板安装技术要求

支座位置应在每次底模调整后检查，检查合格后利用螺栓固定在底模上。

5. 箱梁齿块模板安装

箱梁内齿块模板根据外观尺寸钢模制作、安装，预留钢束位置，橡胶管成孔。

6. 模板整体验收

模板进场后进行预拼装，并且将内模、端模安装到位，调试内模液压性能、收缩工况以及端模口的进出情况，拼装后检查模板各部位尺寸。

图 46-21 内模组装示意

7. 模板拆除

板拆除流程：拆除端模→松开内模→内模拖出→预应力束穿束→锚具安装→预、初张拉→搬梁机就位→起吊梁出台位。

混凝土强度达到 5 MPa 时拆除端模，清除锚口浮渣，安装预应力钢绞线以及锚具夹片；混凝土强度达到设计要求后收起内模、拖出，完成预张拉以及后续的初张拉。

拆模时梁体混凝土芯部与表层、箱内与箱外、表层与环境温差均不宜大于 15 ℃，并应保证梁体棱角完整。

大风或气温急剧变化时不应拆模。

模板拆除时禁止生拉硬撬，保证棱角完整，采用同步、对称进行。

（二）钢筋工程

1. 钢筋进场验收

（1）首先检查每批钢筋的外观质量，钢筋表面不得有裂纹、结疤和折叠、重皮、气孔、氧化、铁皮锈，表面的凸块和其他缺陷的深度和高度不得大于所在部位尺寸的允许偏差（带肋钢筋为横肋的高度）。

（2）每批钢材由同一生产厂家、同一级别、同一规格、同一进场时间组成且不大于 60 t。允许由同一牌号、同一冶炼方法、同一浇筑方法的不同炉罐号组成混合批，但各炉罐号含碳量之差不大于 0.02%，含锰量之差不大于 0.15%，混合批的重量不大于 60 t。对钢筋检验的抗拉强度、屈服强度、伸长率、冷弯性能项目进行检验。

（3）钢配件用的普通碳素钢，应符合《普通碳素结构钢技术条件》（GB 700—2006）的规定。有出厂合格证者可不再复检。

（4）钢材的存放要求：

① 钢材在运输时应有防雨遮盖措施，钢材应分批分类存放，并做好标识；

② 贮存应放在干燥地点，最低点离地面不小于 20 cm，严禁沾污油脂、酸、碱、盐等腐蚀物质；

③ 若露天存放钢材应对钢筋进行全面防雨覆盖，以防钢材锈蚀；

④ 钢材运输、贮存过程中，应防止锈蚀、污染和避免压弯。

2. 钢筋加工

（1）钢筋存放以及加工均在钢筋加工厂进行，钢筋加工厂两纵列式，钢结构厂房，宽度均为 20 m，占地面积约 2 300 m²，厂房内布置 4 台 10 t 桁车作为钢筋装卸、倒运用。

（2）钢筋采用数控弯曲和数控剪切线配以小型钢筋切断设备进行下料，为控制损耗，根据设计钢筋尺寸，配料下料，纵向钢筋采用盘螺，梁场钢筋均无接头。

（3）按设计要求将钢筋尺寸输入数控设备计算机内，每工班开始加工时试加工数件，并将加工的钢筋与地面 1:1 大样对比，偏差满足要求后方可批量生产。

（4）钢筋加工采用流水线进行，从钢筋存放场地至钢筋切割设备至钢筋弯曲设备至半成品存放处至出厂使用流水进行，避免二次倒运。钢筋加工厂平面布置如图 46-22 所示。

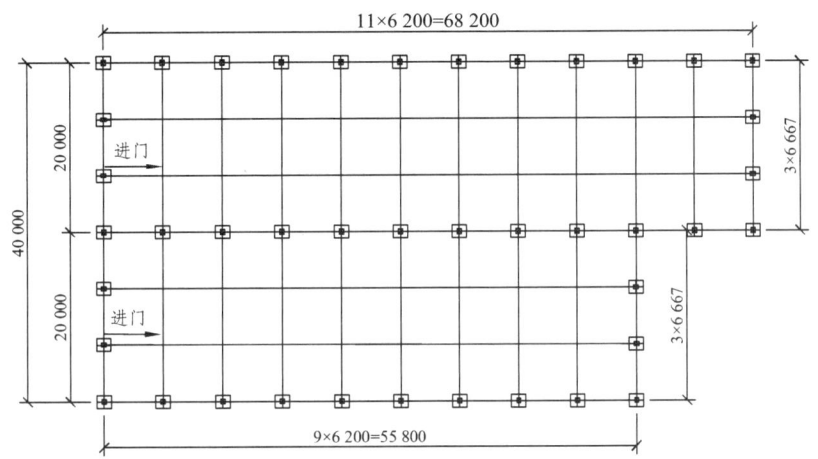

图 46-22　钢筋加工厂平面布置图（单位：mm）

3. 钢筋绑扎及安装

（1）梁体钢筋应整体绑扎，先进行支座预埋板、支座套筒定位钢筋、底板及腹板钢筋的绑扎，然后进行顶板钢筋的绑扎。梁体钢筋最小净保护层厚度均为 3.5 cm，且绑扎铁丝的尾段不应伸入保护层内。所有梁体预留孔处均增设相应的螺旋钢筋；桥面泄水孔处钢筋可适当移动，并增设螺旋筋和斜置的井字形钢筋进行加强；施工中为确保腹板、顶板、底板钢筋的准确位置，应根据实际情况加强架立钢筋的设置，可采用增加架立钢筋数量或增设 W 形或矩形的架立钢筋等措施。当采用垫块控制净保护层厚度时，垫块应采用与梁体同寿命的材料，且保证梁体的耐久性。

（2）箱梁钢筋绑扎在整体钢筋绑扎胎模上进行，绑扎完成后，通过 2 台 50 t 门吊及钢筋吊具整体吊装入模，完成吊装后安装端模，并在钢筋骨架底板处安装内模临时滑动轨道，内模通过卷扬机从相邻内模存放台座拖拉进入钢筋骨架内，撑起内模后检查钢筋保护层和钢筋间距，必要时增加垫块。

（3）钢筋胎模制造安装完成后用全站仪放出胎模中心线以及预埋件位置，水平仪检查胎模翼板、底板相对高差，并用尺量胎模的纵横向尺寸，对角线以及翼缘外侧偏离中线位置等。钢筋胎模如图 46-23 所示。

图 46-23　钢筋胎模

（4）钢筋绑扎完成后通过龙门吊机采用扁担吊装，钢筋吊装如图46-24所示。

图46-24 钢筋吊装

① 钢筋吊具制造完成后进行验收，检查焊缝质量，钢丝绳质量，每次吊装前均需对吊具进行检查，吊具无损方可进行吊装作业；

② 吊装采用2台门吊抬吊方式，吊装时必须有专职信号人员指挥信号，保证两台门吊同步进行，荷载均衡，吊装范围严禁站人。

（5）凡因工作需要而断开的钢筋当再次连接时，必须进行焊接，并符合《铁路桥涵施工质量验收标准及有关施工技术指南》的有关规定。因设置张拉锚槽被截断的钢筋，应在预应力束（筋）施工完成后等强度恢复。

（6）钢筋间距控制。

① 底板纵向和横向钢筋的间距按照图纸设计要求，在角钢竖直面的肢上、钢筋位置处开槽以便于钢筋定位和固定，以保证钢筋的绑扎质量；

② 在胎模的两外侧面，按翼板钢筋的高度及桥面宽度焊接一通长钢板，钢板顶面即是钢筋高度；

③ 下层钢筋间距控制是在胎模上按图纸设计间距要求在胎模角钢上相应位置开槽口，在绑扎时将钢筋卡在槽口内，上层钢筋与下层钢筋位置对应，采用"梳子卡"控制间距。

（7）钢筋绑扎顺序。

① 底腹板钢筋的绑扎顺序：

a. 铺设底板底层横向水平钢筋，安放腹板外侧竖向钢筋（或U形钢筋），在腹板底口范围内腹板竖向钢筋，用电焊与底板钢筋点焊；

b. 铺设底板底层纵向水平钢筋，腹板外纵向水平钢筋，在绑扎腹板外纵向水平钢筋的时候，要注意绑扎扎丝的尾部不得直放腹板外侧，应将扎丝尾端弯向腹板内侧；

c. 腹板内顶层纵向水平钢筋，需等顶板底层钢筋安装完成以后再穿入绑扎；

d. 焊接底板底层和顶层之间以及腹板两层网片间的钢筋支柱，钢筋支柱间距为1 m，两端适当加密，钢筋支柱的长度要准确，位置要和预留孔道的位置错开，并要焊接牢固，两端不得伸入保护层内；

e. 安装完支座位置的钢筋网片后，在钢筋支柱上焊接底板顶层横向水平钢筋（先将底板纵向钢筋放好），将预先放好的纵向水平钢筋采用"梳子卡"控制间距绑扎；

f. 绑扎底板顶层横向水平钢筋，从外到内逐层绑扎腹板钢筋；

g. 安装齿块钢筋。

② 顶板钢筋的绑扎顺序：

a. 铺设顶板底层横向水平钢筋；

b. 铺设顶板底层纵向水平钢筋；

c. 焊接顶板底层和顶层之间的钢筋支柱，钢筋支柱间距为 1 m，两端适当加密，钢筋支柱的长度要准确，并要焊接牢固，两端不得伸入保护层内；

d. 在钢筋支柱上焊接顶板顶层横向水平钢筋（先将顶板纵向钢筋放好），将预先放好的纵向水平钢筋采用"梳子卡"控制间距绑扎；

e. 绑扎顶板顶层横向水平钢筋；

f. 顶板倒角钢筋在顶板底层钢筋与腹板竖向钢筋固定后安装。

③ 顶板的预埋钢筋：

a. 接触网支柱预埋件（如果有）；

b. 声屏障基础预埋钢筋（如果有）；

c. 吊点孔处加强钢筋；

d. 综合接地钢筋和接地端子；

e. 桥面预埋钢筋（钢筋预先弯曲，梁面强度达到要求后凿出，箱梁架设完成后调直）。

（8）钢筋骨架以焊代绑，加快绑扎速度，增加钢筋骨架牢固性，防止搬运时变形。此外，焊接钢筋为扩散电流预留了通路，利于减少电位差存在的可能性。用铁丝绑扎时，铁丝应向里弯，不得伸向保护层；腹板的箍筋位置必须准确。

（9）钢筋根据图纸预先放样后，成型、安装。

（10）在钢筋与模板间设置保护层垫块。保护层垫块采用抗腐蚀能力和抗压强度高于梁体混凝土的带钢筋限位槽的细石混凝土垫块。垫块强度、耐久性达到设计要求。垫块绑扎在钢筋十字交叉处，以保证垫块绑扎后不会转动。垫块呈梅花形均匀布置，确保垫块每平方米不少于 4 个；模板安装和灌筑混凝土前，仔细检查保护层垫块的位置、数量及紧固程度，并指定专人作重复性检查以提高保护层厚度尺寸的质量保证率。

（11）钢筋安装完成后吊装前进行钢筋安装质量验收。

（12）定位网钢筋的制作和安装：

① 定位网钢筋采用 HPB300 钢筋焊接成钢筋网片，定位网孔尺寸满足预应力管道尺寸要求，允许偏差为符合允许偏差表要求；

② 底腹板定位网，根据胎模上设置的位置坐标控制点，将定位网通过和腹板钢筋焊接定位，焊接要牢固，不得发生变形和移位；

③ 为保证孔道位置准确，定位网钢筋间距设置按照设计图纸规定实施。

（13）橡胶抽拔管的安装：

① 抽拔胶管根据设计尺寸选用，外径允许偏差±5 mm，不圆度不超过外径公差；

② 抽拔胶管无表面裂口、表面热胶粒、胶层海绵。胶层气泡、表面杂质痕迹长度不大于 3 mm、深度不大于 1.5 mm，且每米不多于一处；不圆率小于 20%；硬度为 65±5；拉伸强度不小于 12 MPa，拉断伸长率不小于 350%，300%定伸强度不小于 6 MPa；

③ 抽拔胶管有较好的挠曲性能；

④ 抽拔胶管在试验拉力下胶层不脱层，放松后直径要能恢复原来的尺寸或不超过直径允许公差的残余变形；

⑤ 每根孔道制孔用的橡胶管分为两根，每根长度为预应力管道长的一半加上 1.2m，在中间接头位置外套 PVC 管，并用胶布裹紧，防止漏浆；

⑥ 胶管与钢筋相碰时，可适当移动梁体构造钢筋。

（三）混凝土工程

梁体混凝土为 C50 高性能混凝土，混凝土方量为 233.5 m³（梁长 35 m）混凝土由拌和站集中拌制，搅拌车送至制梁台位处，采用两台布料机对称布料浇筑，混凝土坍落度控制在（200±20）mm。

1. 作业准备

（1）混凝土所需材料（砂石料、水泥、减水剂、粉煤灰、矿粉、水等）进场前按规定要求的频率、数量取样进行检验，检验合格后方可使用。

（2）拌和站计量装置需进行校核，计量精度满足规定要求。

（3）试验人员现场测定砂石料含水量，根据设计配合比出具施工配合比提供给拌和站相关人员。

（4）落实现场设备（拌和站、搅拌车、布料机、振捣棒等）运转情况，现场供配电以及发电机准备情况，同时技术人员、试验人员、工班长以及现场作业人员准备就绪，了解天气气候情况，针对异常天气暂缓施工或采取预防措施。

2. 混凝土拌和运输

（1）混凝土原材料计量后，采用一次投料方式，搅拌时间 120 s。

（2）砂石料存放在厂棚内，冬季防冻，夏季防晒。夏季炎热时采用低温水搅拌混凝土等措施降低混凝土拌和物的温度，或尽可能在傍晚和晚上搅拌混凝土，以保证混凝土的入模温度不宜大于 30 ℃。混凝土原材料计量后，宜先向搅拌机投入骨料、水泥和矿物掺和料，搅拌均匀后，加水和液体外加剂。粉煤灰外加剂应与矿物掺和料同时加入。水泥的入机温度不应大于 70 ℃。

（3）混凝土拌和采用强制式搅拌机。

（4）冬季搅拌混凝土前，应先经过热工计算，并经试拌确定水需要预热的最高温度，以满足混凝土最低入模温度（不宜小于 5 ℃）要求。应优先采用加热水的预热方法调整拌和物温度，但水的加热温度不高于 80 ℃。当加热水还不能满足要求或骨料中含有冰、雪等杂物时，也可先将骨料均匀地进行加热，其加热温度不高于 60 ℃。

（5）根据单片梁 6 h 内灌注完的安排，要求混凝土供应能力为 40 m³/h，梁场布置了 2 台生产能力为 120 m³/h 的拌和站，拌和站生产能力有充分的储备。

3. 混凝土浇筑

（1）梁体混凝土采用一次性连续灌筑成型。单片梁混凝土灌筑时间不宜超过 6h。预制梁混凝土拌和物入模前含气量应控制在 2.0%～4.0%，模板温度宜在 5～35 ℃，混凝土拌和物入模温度宜在 5～30 ℃。

（2）浇筑原则：自下向上，先腹板后底板，最后至顶板，分层浇筑，对称布料，振捣密实。箱梁混凝土浇筑如图 46-25 所示。

图 46-25 箱梁混凝土浇筑

（3）浇筑顺序：2台布料机分别先从两梁端开始向梁中方向分层、连续、对称浇筑，浇筑顺序如图46-26所示，各部位浇筑时间划分如下：

① 先浇筑与底板交叉处的腹板至一半梁高，1~1.5 h；
② 浇筑底板、齿块，自内模顶的下料口处下料，0.5~1 h；
③ 继续浇筑腹板，1~1.5 h（防翻浆）；
④ 顶板混凝土浇筑，1.5~2 h。

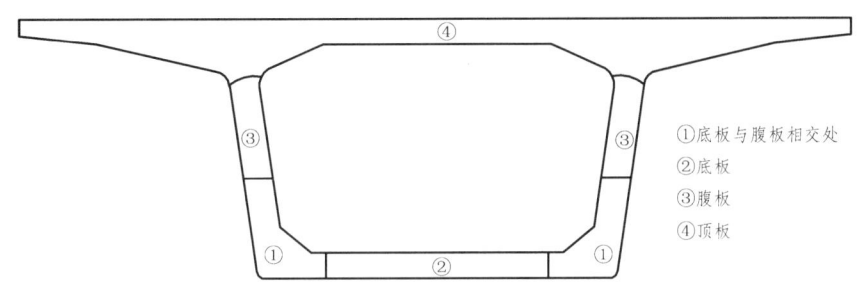

图46-26 箱梁浇筑顺序示意

（4）灌筑腹板梗斜处时，为保证底板交接部位及其附近区域混凝土密实，采用腹板往下振捣，底板往腹板方向振捣交叉，同时与附着式振动器相结合进行。底板混凝土的振捣以振捣棒振捣为主。振捣下梗肋处的底板混凝土时应特别小心，不得将振捣棒插入下梗肋下部，以免造成下梗肋上部形成空洞。腹板的下部混凝土以附着式振动器振捣为主，振捣重点为近模板处、预埋件（预留孔）处，预应力管道周围及锚下、钢筋密集处。

（5）腹板混凝土灌筑采用纵向分段斜向分层的方式，每层混凝土厚度不宜超过30 cm，层间时间间隔不宜大于1 h。两台布料机分别从两端向中间灌筑，但在跨中部位应交叉搭接，以防跨中部位形成水泥浆集中造成截面薄弱。

4. 混凝土收浆

（1）桥面混凝土应确保密实、平整、坡度顺畅，因此除应按规定进行振动外，还必须执行三次收浆抹平，以防裂纹和不平整。桥面振捣应采用振动式提浆机，提浆机应有足够的刚度在激振力及施工荷载作用下变形不大于5 mm。提浆机振动方式如下：桥面混凝土灌注一部分后用振捣棒先振捣密实初步摊平，将提浆机安装到两侧模翼板的提浆机走道上，开动提浆机使其上安装的附着式振动器产生振动力，提浆机在自重及激振力的作用下将混凝土摊平并再次振捣使混凝土表面提浆及密实。提浆机在移动时应缓慢平稳，其移动的速度及反复振捣的次数应视混凝土的坍落度而定。为便于提浆机振捣及收浆抹面，灌注桥面混凝土应从中部向两端灌注。

（2）振动式提浆机振动提浆完后，还要采用人工收浆平台进行人工收浆、抹平。人工收浆平台和振动式提浆机一体，收浆人员站在人工收浆平台上对箱梁顶面进行收浆抹面。收浆抹面后立即用塑料薄膜覆盖保湿。桥面一经收浆抹面初凝前不得践踏。桥面提浆机提浆如图46-27所示。

5. 混凝土养护

混凝土浇筑完毕后，对箱梁进行养护。一般情况下采取自然养护。当昼夜平均气温连续3 d低于5 ℃或最低气温低于-3 ℃时要按冬期施工处理，采取蒸汽养护。

养护期间，混凝土芯部温度不宜超过60 ℃，最高温差不大于65 ℃，混凝土芯部温度与表面温度之差、表面温度与环境温度之差不宜大于15 ℃，养护用水温度与混凝土表面温度之差不大于15 ℃。

图 46-27 提浆机收面

（1）自然养护。

① 混凝土自然养护采用智能喷淋养护系统，智能感应梁体环境温湿度自动喷淋养护，养护及时自动化高，节省劳动力，场地内设置排水沟，养护水通过排水沟流入沉淀池内，沉淀池净化后循环使用，节能环保；

② 养护用水采用检测合格的井水，安装 10 t 水塔，首先在主水池出口的主水管上安装管道增压泵、控制水泵开关定时的"多功能智能计测器"、水泵开关接触器和总电源开关，然后分别在每个支水管上装好电磁阀和时间继电器及和时间继电器配套使用的 3 个小型继电器；

③ 打开自动控制系统总电源开关，定好控制系统喷淋循环的总持续时间和等待时间，压力水泵开始工作。打开需喷淋台座电源开关，根据天气、温度情况和梁养护阶段来调节喷淋时间；

④ 继电器时间一般在 20～40 s，定好喷淋时间，时间到后自动停止喷淋，转到下一台座，循环一周后开始等待时间，等待时间根据测试梁体表面水分蒸发完毕时间和总循环时间来确认。当延时时间到后水泵再一次开启进入新一轮循环，如此周而复始直到养护期满为止。

（2）蒸汽养护。

① 梁场冬季箱梁施工养护采用蒸汽养护，配置 4 t 锅炉一台，用保温棚将梁体覆盖，棚内通过蒸汽锅炉输送蒸汽养护。

② 蒸汽养护过程：实施跟踪养护，使蓬温与锅炉功率相协调，温度保持稳定。蒸汽养护全过程分为静停、升温、恒温、降温四个阶段。

a. 静停期：静停期间应保持棚温不低于 5 ℃，浇筑完 4～6 h 后以静停期转向升温期，开始升温养护；

b. 升温期：温度由静停期升至规定的恒温阶段为升温期。升温速度不大于 10 ℃/h；

c. 恒温期：恒温时棚内温度为 30 ℃，梁体芯部混凝土温度不宜超过 60 ℃，个别最大不得超过 65 ℃；恒温期一般保持 8 h，具体时间可根据试验确定；

d. 降温期：按规定恒温时间，取出随梁养护的混凝土检查试件经试验达到混凝土脱模强度后，控制供汽速度，进行降温养护，降温速度不大于 10 ℃/h。如检查试件达不到脱模强度的要求，则按试验室的通知延长恒温时间，直至混凝土达到脱模强度后方能降温。降温后满足梁体表面温度与环境温度之差不超过 15 ℃ 时，方可撤除保温设施和测试仪表；

e. 当温差在 10 ℃ 以上，但小于 15 ℃ 时，拆除模板后的混凝土表面宜采取临时覆盖措施；

f. 蒸汽养护结束后，脱模后的保温保湿养护时间不少于 14 d。

③ 测温制度。

a. 在养护过程中，通汽以后应指定专人定时测温，并作好记录，及时绘制温度曲线图，当发现混凝土灌筑温度、内外温差或升降温速率出现异常时，立即报告，分析原因，采取措施；

b. 升温、恒温、降温时每 0.5 h 测温 1 次；

c. 棚内各部位的温差应尽量控制一致，梁体外两端与跨中及两侧，箱梁顶面与底面之间相对温差不宜大于 100 ℃；

d. 蒸汽养护结束后，应立即进入自然保湿养护，并按自然养护工艺办理。

（四）预应力工程

预应力采用符合 GB/T 5224—2003 的 1×7-15.2-1860 钢绞线。锚固体系采用自锚式拉丝体系，成孔工艺为抽拔橡胶棒成孔，张拉采用预张拉、初张拉和终张拉三步进行，采用智能张拉设备控制 4 台张拉千斤顶同步对称张拉，端模拆除后安装预应力筋以及锚具夹片，梁体混凝土强度达到设计强度的 60%，且拆除内模后进行预张拉，梁体强度达到设计强度的 80%后进行初张拉，梁体在存梁台座上养护，龄期不少于 10 天，混凝土强度和弹模满足设计要求后进行终张拉，终张拉完成 24 h 后观察滑丝断丝情况，合格后切割钢绞线，进行孔道压浆，完成后续封锚和锚头防水工作。

1. 施工准备

（1）张拉前模板端模必须拆除，内模必须松开，不得对梁体压缩造成障碍。

（2）张拉采用智能张拉，梁场共有 9 孔、12 孔、13 孔、17 孔型号的预应力索，根据要求，配置 200 t、300 t、400 t 千斤顶各 4 台，满足千斤顶量程为使用荷载的 1.2~1.5 倍要求，张拉时根据孔位合理选择张拉设备。

（3）核查千斤顶和油压表均已校正并在使用有效期内。其中，以下情况时要进行重新校正：千斤顶严重漏油；油压表和千斤顶使用期限达到校验的有效期；油压表指针不能回零；油压表使用时超过允许误差或发生故障。油压表选用精度等级为 0.4 级，最小分度值为 0.5 MPa，油压表盘直径大于 15 cm，表盘量程为 60 MPa。根据规定，油表、油泵与油顶配套校正、使用，其有效期为一个月且使用次数不超过 200 次。

（4）技术部门根据试验室提供梁体强度、弹模情况，查找相关资料确定龄期合格后填写张拉作业通知单下发给张拉班组，张拉班组根据通知单内容现场核实梁体编号以及存梁位置是否与通知单上相符，否则不允许张拉。

（5）现场实测钢绞线直径，根据实测直径在库房领取配套限位板，同时技术部门进行原材追溯，查找该孔箱梁使用的钢绞线弹性模量，根据试验弹性模量计算孔道理论伸长量提供给现场，张拉时能及时比较，及早发现问题。

（6）压浆采用真空辅助压浆，真空压力表以及压浆机压力表均已校验，并且在有效期内，搅拌机的计量装置已经校验，精度满足要求。

2. 预应力索下料安装

（1）钢绞线必须先经试验室检定合格后方能使用，材质不合格者单独放置，并插上不合格标识，不得混杂。不合格材料及早清退出场，以免用混。

（2）钢绞线散盘后要仔细检查表面质量，直径偏差，捻距和力学性能试验。钢绞线表面不得带有润滑剂，油污等降低钢绞线与混凝土黏结力的物质。钢绞线表面允许有轻微的浮锈，但不得锈蚀成目视可见的麻坑。其弯折度（弦与弧的最大自然矢高）不大于 25 mm，如发现有异常现象要及时向有关部门汇报并复检。

（3）钢绞线下料用切割锯片下料。钢绞线下料需用下料架，把钢绞线盘竖放下料架内，再切割包装带,并注意钢绞线头弹出伤人,下料要从内圈端头开始外拉。

(4)钢绞线下料长度在考虑工作长度、夹片、锚具、千斤顶等长度外尚应留有部分富余,穿索采用钢绞线专用穿索机。

(5)将钢绞线按顺直方向每根都要穿过锚具孔,使锚具靠近支承板;将夹片用橡皮圈捆住,使夹片沿钢绞线滑移到锚具孔内。夹片装完后,用一内径略大于钢绞线直径,长度约1200 mm的钢管将夹片捅捣整齐并打紧。

3. 预应力张拉

(1)管道摩阻以及锚口摩阻试验。

① 生产初期对2孔箱梁选择有资质的单位进行孔道摩阻和锚口摩阻试验,检验成孔工艺、预应力锚具的材料性能对孔道和锚口的摩阻影响,采集实际数据与设计对比,同时将实际数据提供给设计单位,作为是否调整终张拉控制应力的依据;

② 量预制后每100片箱梁进行一次孔道摩阻测试;

③ 管道摩阻采用高精度传感器进行,以一端为主动端,一端为被动端,测试管道预应力损失情况。

(2)张拉压浆采用智能张拉压浆设备,数控化、智能化施工技术在保证施工高效的同时,保证了预应力系统控制的质量。

(3)安装限位板及接长套,将钢绞线穿入油顶,使油顶、限位板、锚具、接长套尽量靠拢并对正。在油顶的后面安装工具锚及夹片。为使工具锚好退下,可在工具锚孔内涂油或在夹片上打蜡;再用内径略大于钢绞线直径的钢管将夹片捅捣整齐并打紧,以防滑丝。通过千斤顶上的倒链葫芦调整顶、锚成一条直线,并与孔道中心线尽量保持一致,做到"三同心"。

(4)张拉预应力钢绞线时,采用应力应变双控制,张拉程序为:0→初应力$0.10\sigma_{con}$(作伸长量标记)→σ_{con}持续5 min→锚固。预施力值以油压表读数为主,以预应力筋伸长值作校核,按预应力筋实际弹性模量计算的伸长值与实测伸长值相差不应大于±6%;实测伸长值以$10\%\sigma_{con}$作为测量的初始点。油压表读数以油压表与千斤顶配套标定所得线性回归方程进行计算所得。

(5)当实测伸长值与理论伸长值相差大于±6%时,应分析其不符的原因(如油压表不准、千斤顶内摩阻过大、预应力筋实际弹模偏高或偏低等)并进行处理。

(6)张拉顺序、张拉控制应力及总张拉力应严格按照设计要求进行。对于二次张拉的预应力筋,其终张拉的初应力等于第一次张拉锚固应力值。张拉应两端同时张拉、左右对称进行,最大不平衡束不得超过一束,张拉顺序严格按设计图纸进行。

(7)梁两端同时对千斤顶主油缸充油,使钢绞线束略为拉紧,充油时随时调整锚圈、垫圈及千斤顶位置,使孔道、锚具和千斤顶三者之轴线互相吻合,同时应注意使每根钢绞线受力均匀,随后打紧工具锚夹片开始张拉。张拉时两端千斤顶同步、匀速供油,供油速度不能过快,以保证两端伸长量基本一致。钢绞线束在达到σ_{con}时,持荷5 min,并维持油压表读数不变,然后主油缸回油,钢绞线锚固。最后回油卸顶,张拉结束。

(8)张拉过程中,严密注意钢绞线断丝及锚具滑丝情况,全梁断丝及滑丝数量不应超过预应力钢丝总数的0.5%,并不应处于梁的同一侧,且一束内断丝不得超过一丝。当一束出现单根滑丝时,可用张拉油顶进行单根补拉。当一束内出现多根钢绞线滑丝时,须放松钢绞线束并重新装夹片整束重拉。

(9)张拉完成后,在锚圈口处的钢绞线上做记号,以作为张拉后对钢绞线锚固情况的观察依据。张拉完毕24 h后复查,确认无新滑断丝即可进行钢绞线头的切割,切割处距锚具表面30~40 mm。

4. 孔道压浆

(1)张拉完成后48 h内完成压浆,压浆采用真空辅助压浆,第三代(砂浆加密封罩)封气方案。真空泵和压浆泵分别与同一管道的排气口和压浆口连接,排气口设在管道一端的上方,压浆口要设在管道另一端。压入管道的浆体应饱满密实，体积收缩率应小于 1.5%，初凝时间应大于 4 h，终凝时间应小于 24 h，压浆时浆体温度应不超过 35 ℃。

（2）压浆材料搅拌结束后，采用连续式压浆机尽快连续压注，搅拌至压入管道时间间隔不超过 40 分钟。压浆时及压浆后 3 d 内，梁体及环境温度不得低于 5 ℃。

（3）压浆前管道真空度稳定在 -0.06～-0.10 MPa 之间。当压浆管口流出的浆体浓度与压浆泵中的浓度一致时，连接管道的压浆口，开启压浆口阀门进行压浆。

（4）浆体通过透明管时，方可关闭真空泵排气口阀门。

（5）当排气管流出的浆体稠度与灌入前一致时方可关闭排气阀，并持续压浆使管道内压力上升至 0.50～0.60 MPa 后，持压 2 分钟关闭压浆阀。压浆最大压力不宜超过 0.6 MPa。

（6）同一管道压浆要连续进行，一次完成。

（7）在压浆后浆体初凝前所有的阀门不得打开。同一管道的压浆作业，如因故不能连续一次压满管道，其延续时间超过 40 min 时，应用压力水把管道冲洗干净，以备重新压浆。

（8）压浆时需制作试件，制作试件的水泥浆由出浆口提取，制作 40 mm×40 mm×160 mm 试件 4 组（7 d 标养试件 1 组，28 d 标养试件 2 组，同条件试件 1 组）。

（9）压浆后孔道内浆体强度满足要求之前不得移动梁体，不得在梁体上堆加荷载，以免影响浆体强度增长。

孔道压浆如图 46-28 所示。

图 46-28　孔道压浆

5. 封锚

（1）为防止水分及其他有害介质侵入梁体，腐蚀锚具及外露钢绞线，待孔道压浆工作完毕并经检查合格后，及时进行梁体封锚。封锚混凝土采用 C50 干硬性补偿收缩混凝土，混凝土原材料除微膨胀剂外全部采用梁体混凝土材料，其中掺入适量膨胀剂，掺量由试验室确定，同时适当减少用水量，降低水胶比，使混凝土坍落度满足施工要求。后张梁封锚前对锚具、锚垫板表面及外露钢绞线用聚氨酯防水涂料进行防水处理。在封锚之前先进行锚穴凿毛，凿毛在端模拆除之后进行，要充分均匀，凿毛面积不小于 90%。

（2）封锚施工要求如下：

① 凿毛后锚穴须清理干净，封锚灌注混凝土前用水清洗湿润；

② 绑扎封锚钢筋之前，先将锚垫板表面的粘浆和锚环上的封锚砂浆铲除干净，为加强后灌部分混凝土与梁体的连接，梁端锚穴处凿毛处理，并清洗干净，各处的浮浆、灰渣等杂物也要清理干净；

③ 锚圈与锚垫板间的接缝用聚氨酯防水涂料进行防水处理；

④ 绑扎封端钢筋；

⑤ 浇筑封锚混凝土，并捣实抹平；
⑥ 待封锚混凝土初凝后，用湿麻袋盖在上面进行养护，自动喷淋养护，根据干湿程度控制喷洒时间。

封锚效果如图 46-29 所示。

图 46-29　梁端封锚

6. 封端防水

（1）封端防水采用聚氨酯防水涂料，总涂膜厚度不得小于 2.5 mm，每平方米用量约 2.4 kg。封端前的锚具防水采用毛刷涂刷，封端后的混凝土防水采用刮板刮涂。

（2）施工方法及要求：

① 基层表面不得潮湿，采用薄膜覆盖 24 h 观察无水雾方可进行防水施工，严禁雨中施工；
② 涂料主剂（甲组份）、固化剂（乙组份）须按产品说明进行配制，每种组份的称量误差不得大于±2%；
③ 按照先主剂、后固化剂的顺序将液体倒入容器，并充分搅拌使其混合均匀，搅拌时间 3～5 min；
④ 搅拌时不得加水，必须采用机械方法搅拌，搅拌器的转速宜在 200～300 r/min；
⑤ 涂刷时应分 2 次进行，以防止气泡存于涂膜内。第一次使用平板在基面上刮涂一层厚度 0.2 mm 左右的涂膜，1～2 h 内进行第二次刮涂；
⑥ 配制好的涂料应在 20 min 内用完，随配随用。

（五）箱梁横移存放

（1）存梁台座采用立柱基础，4 点支撑，移梁采用 700 t 轮胎式搬梁机进行，搬梁机具备"提一过二"能力，存梁台座施工完成后对台座进行验收。

（2）检查合格的存梁台座进行标识，统一编号，台座标识如图 46-30 所示。

图 46-30　存梁台座标识

（3）简支箱梁初张拉完成后即可移至存梁台座存放。起吊梁、移梁时，梁体两端必须同时起吊、同步移动、同时落放，且整个移梁过程中必须保证梁体基本水平。箱梁横移如图46-31所示。

图46-31 箱梁横移

（4）搬梁机采用四点起吊三点平衡机构。避免箱梁受扭，同时也保证钢丝绳和吊杆受力均衡。

（5）搬梁机行走至轴线与箱梁轴线重合处，下放吊具。吊具必须是垂直于地面的。人工辅助将吊杆穿入吊装孔内，安装好垫板及螺母。注意四角螺杆外露长度要保持一致。此时搬梁机运行台车及起重天车均处于静止状态。

（6）准备工作就绪，提升箱梁10 cm左右检查梁体水平情况以及吊杆状态，一切正常后方可继续起升。

（7）移梁过程中，严禁在梁上堆放其他重物。当搬梁机提梁作业时，应派专人统一指挥，信号明确，以免出现事故。在搬梁机移梁行走过程中，若箱梁在空中晃动较大时，缓慢停车。等箱梁静止后才可启动搬梁机继续进行移梁施工。箱梁提起后，搬梁机下不得站人，在整个移梁过程中，应有专职安全员在现场监督安全施工，对可能出现的问题及时与现场负责人，避免各种不安全隐患的存在。

（8）箱梁双层存放，下层存放在四根顶标高平齐的存梁立柱上，上层存放在已存箱梁的梁面上，在已存箱梁梁面上对应支座处设置找平层，安放橡胶垫作为存梁支点。箱梁存放之前，先测量四点高差和十字中心线。如高差超过规定（不超过2 mm），则用钢板调平，之后放置橡胶垫，如果支座预埋板内陷≥2 mm，则需垫置胶皮或钢板调整。当搬梁机提梁至存梁台座并对位后，缓慢将箱梁放至在存梁台座上存放。箱梁存放如图46-32所示。

图46-32 箱梁存放

（9）简支箱梁在存放时，应使四支点受力均匀，四点相对高差不得大于2 mm。

（10）存梁台座应坚固稳定，并附设相应的排水设施，以保证箱梁存放期间不致因支承下沉受到破坏。

（11）简支箱梁存放时应按架梁顺序摆放，保证用梁方便。

（六）梁体静载试验

按照规范要求，预制箱梁每60片进行一次静载试验，同时梁场认证以及投产鉴定也必须进行静载试验，以检测梁体的抗裂安全性能以及挠度情况。

梁场采用自平衡反力架进行静载试验，存梁台座支撑点位于箱梁支座处，所以每个台座均可进行静载试验。

1. 反力架制作及安装

（1）反力架采用免开孔自平衡式，由型钢制作，分为主梁、横连、垫梁组成。静载试验架如图46-33所示。

图46-33 静载试验架

（2）根据箱梁静载试验参数以及加载点的位置初步计算所加荷载情况，按照荷载设计静载试验反力架，试验架在钢结构加工厂分节制造，制造完成后对加工尺寸、焊接质量检查验收，合格后方可涂刷油漆。

（3）垫梁安装后箱梁就位，箱梁底必须安装平坡支座，箱梁就位后在梁顶安放反力架，然后将垫梁与反力架用精轧螺纹对拉，采用扭矩扳手拧紧每根精轧螺纹钢筋，必须保证力矩相同。

（4）梁两端支座的相对高度差应不大于10 mm，同一端支座高度差应不大于2 mm。反力架横向位置必须满足加载图示要求。

2. 千斤顶安装

在各加载点上安装千斤顶，安装千斤顶前铺设500 mm×500 mm×50 mm细砂垫层和一块500 mm×500 mm×10 mm钢板；千斤顶安装完毕后，应检查油路，并在适当行程内试运行，检查其工作性能（注意：试运行时千斤顶不应发生反向、无油压、漏油等现象，如有此种现象发生需及时调整）。千斤顶吊车平稳吊装，吊装前应先做好上所述的垫层、垫板铺设工作，待测量人员监测出钢垫板水平后再吊入千斤顶。每台千斤顶须由此台千斤顶的操作司机和加载监控人员主装，其他操作司机或加载监控人员协同组装。

3. 挠度观测设备安装

梁体挠度测量装置应安装在跨中及支座中心两侧，测量挠度的支架应牢固、稳定、且不应受加载时试验台座变形的影响；不得与梁体，支座及台座接触，不得在试验中人为的发生触碰；试验过程中梁体挠度测量装置应保持稳定，不得产生位移。梁体挠度测量装置采用稳固支架定位；测量装置主体-

百分表由试验人员进行安装调试,静载试验前需对初读数微调。跨中百分表初读数不宜过大,两端初读数不宜过小。

4. 试验加载要求

(1) 加载时必须保证千斤顶加载同步,各千斤顶加载速度不宜超过 3 kN/s,且在限定的时间内达到规定荷载值。在各级持荷时间及在两个循环终级静停时间内,荷载值必须稳定、准确;

(2) 试验前应根据加载布置情况,梁体设计资料和试验时梁体未完成预应力等精确计算基数级荷载 kPa,由加载系数 K 计算各级加载值 P_K,并换算出相应的油压表读数作为加载依据。

(3) 加载程序。

① 加载前:

a. 由裂缝观察员用 10 倍刻度放大镜对在梁底面和梁体跨中两侧 1/2 跨度进行检查,并对初始裂缝(表面收缩裂缝和表面损伤裂缝)及局部缺陷用蓝色铅笔详细描出;

b. 由挠度测量员观测并记录各百分表的初始读数。

② 静载试验加载程序应分阶段进行预加载(第一循环)和正式加载(第二循环),预加载值不宜超过梁体开裂试验荷载计算值的 80%。

③ 全预应力梁各循环的加载等级:

第一循环预加载的最大试验荷载加至使用状态短期荷载值即 K_f=1.00 级。

初始状态→基数级(3 min)→0.80(3 min)→静活载级(3 min)→1.00 级(20 min)→静活载级(1 min)→基数级(1 min)→初始状态(10 min)

第二循环正式加载的最大试验荷载加至抗裂检验荷载,即 K_f=1.20 级。

初始状态→基数级(3 min)→0.80(3 min)→静活载级(3 min)→1.00(5 min)→1.05(5 min)→1.10(5 min)→1.15(5 min)→1.20(20 min)→1.10(1 min)→静活载级(1 min)→基数级(1 min)→初始状态

注:i 基数级大于 0.60 级,故取消 0.60 级;

ii 每级加载后均应测量梁体跨中和各支座中心截面两侧竖向位移变化;

iii 对每级加载下的实测挠度值,应仔细复核,发现异常立即查明原因;

④ 按③要求依次进行各级加载。

由负责人发布命令开始加载,每个千斤顶由油泵司机操作油泵进行加载,加载监控员配合油泵司机控制加载速度(3 kN/s)达到规定荷载值(各千斤顶宜同速、同步),并读取及记录千斤顶加载油表读数。梁上安排人观察千斤顶的行程是否到位及偏移。

⑤ 规定荷载值后,按规定时间持荷。在持荷时间内,由裂缝观察员仔细检查梁体下缘和梁底有无裂缝出现。如出现裂缝或(和)初始裂缝的延伸,应用红色铅笔标注,并注明荷载等级,测量裂缝宽度,同时做好记录;在持荷时间结束前,由挠度测量员观测并记录各百分表读数。

5. 试验合格判定

(1) 梁体刚度判断。

① 梁体刚度合格的评定方法。

实测静活载挠度值(f实测):为静活载级下实测挠度值减去基数级下实测挠度值。

实测静活载挠度值合格评定标准:$\psi \cdot f_{实测}/L \leqslant 1.05 \cdot f_{设计}/L$,等效荷载加载挠度修正系数 ψ 取 1.002 8。

② 梁体刚度不合格的评定。

当最后一轮加载循环时的实测静活载挠度值不满足全预应力梁抗裂合格要求时,则梁体刚度不合格。

（2）梁体抗裂判断。

① 全预应力梁抗裂合格的评定。

在 $K=1.20$ 加载等级下持荷 20 min，梁体下缘底面未发现受力裂缝或下缘侧面（包括倒角、圆弧过渡段）的受力裂缝未延伸至梁底边，评定全预应力梁合格；

② 当在某加载等级下（最大加载等级除外）的持荷时间内，梁体下缘底面发现受力裂缝或下缘侧面受力裂缝延伸至梁底边，按加载程序规定加至后一级荷载后，受力裂缝延长或在上述部位又发现新的受力裂缝，即评定在该加载等级与前一级加载等级的平均加载等级为抗裂等级，全预应力梁抗裂不合格；

③ 当在某加载等级加载至后一级加载等级的过程中，梁体下缘底面发现受力裂缝或下缘侧面受力裂缝延伸至梁底边，按加载程序规定加至后一级加载等级后，受力裂缝延长或在上述部位又发现新的受力裂缝，即评定该加载等级为抗裂等级，全预应力梁抗裂不合格；

④ 当在最大加载等级的持荷时间内，梁体下缘底面发现受力裂缝或下缘侧面受力裂缝延伸至梁底边，在持荷 20 min 后，对全预应力梁分级卸载至静活载级，按加载程序规定重新加载至最大加载等级。重新加载至最大加载等级过程中裂缝张开，即评定该加载等级为抗裂等级，全预应力梁抗裂不合格；

⑤ 梁体静载弯曲试验是否合格的判断。

对全预应力混凝土梁，梁体竖向刚度和抗裂合格，评定该梁静载弯曲试验合格，否则为不合格；

⑥ 不合格梁处理。

若该梁静载弯曲试验评定为不合格，对备用梁进行静载弯曲试验。两件备用梁静载弯曲试验均合格，仍可评定为该批梁静载弯曲试验合格（该静载弯曲试验不合格梁除外）。若加倍抽样静载弯曲试验仍有不合格，则要对该批梁逐片进行静载弯曲试验。

静载试验如图 46-34 所示。

图 46-34　静载试验

（七）产品质量验收

箱梁生产过程以及使用阶段均采用编号管理，生产过程中采用二维码管理，成品箱梁安装桥牌。并进行成品验收，合格的成品梁移交入库存放。

生产过程二维码编号如图 46-35 所示。

二维码扫码后显示内容涵盖梁场名称以及箱梁的基本信息，箱梁基本信息包括梁号、桥名、制梁日期、制梁台座号、张拉日期、压浆日期、封端日期、技术负责人、质量负责人、监理工程师等内容。

桥牌采用 3 mm 厚铝合金钢板，面色蓝色，固定字体白色，变动字体采用冲顶敲打，与固定字体颜色一致，采用膨胀螺丝锚固在梁端，桥牌如图 46-36 所示。

图 46-35　箱梁二维码编号

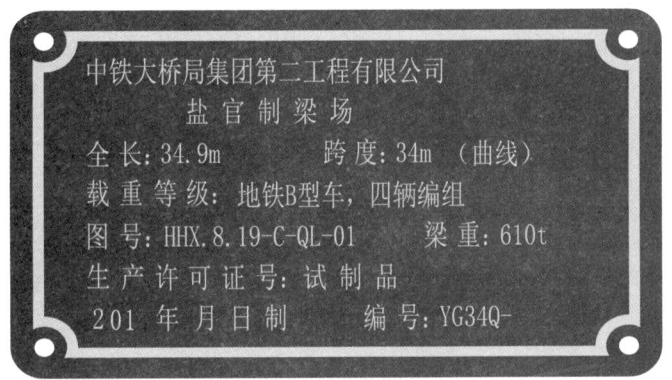

图 46-36　桥牌示意

第三节　箱梁架设

一、工程概况

杭海城际铁路全线箱梁架设共计变跨 115 次，经过连续梁 20 处（道岔连续梁、斜郭塘连续梁、新开河连续梁、河石村桥连续梁、桐九公路连续梁、桃园里桥连续梁、规划丁庆公路连续梁、华森桥连续梁、规划丁屠公路连续梁、九曲港桥连续梁、观潮大道连续梁、盐官下河连续梁、桑梓中路连续梁、上塘河连续梁、修川路连续梁、仰山路连续梁等），经过车站 6 个（长安镇站、桑亭路站、周王庙站、盐官镇站、桐九公路站、斜桥镇站），跨越河流 2 处（三里港、绵长港），如图 46-37 所示。

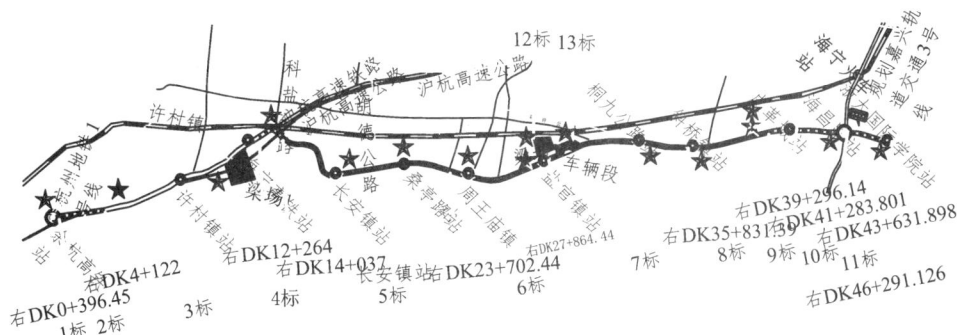

图 46-37　架设工程概况

二、箱梁架设方案

箱梁采用两台450 t跨墩龙门吊机组成的提升站提梁至桥面运梁台车上，桥面运梁台车在已施工桥面上驮运箱梁，至架桥机处通过上导梁式架桥机逐孔完成架梁工作。

1#箱梁预制场（海宁制梁场）的中心里程为右DK11+000，先从梁场向大里程方向架设24片，架桥机调头后，从梁场往小里程方向架设187片。

2#箱梁预制场（盐官制梁场）的中心里程为右DK29+000，位于架设区段线路五分之二的位置，根据大小里程侧箱梁的数量及沿线现浇箱梁的布置，考虑现浇箱梁的施工时间影响，先从梁场位置开始往大里程方向架设，合计248片。架设至终点后，架桥机返回至梁场位置，从梁场位置往小里程方向架设，合计352片。

箱梁架设前先由轮胎式搬梁机将箱梁从存梁区搬运至运梁台车上，运梁台车将箱梁从梁场运送至提升站下方，提梁机提梁上桥面运梁台车后，桥面运梁台车直接从已施工桥面运至架桥机处，由架桥机进行逐孔箱梁架设。

三、施工工艺流程

1. 移存梁施工工艺流程

移存梁施工工艺流程如图46-38所示。

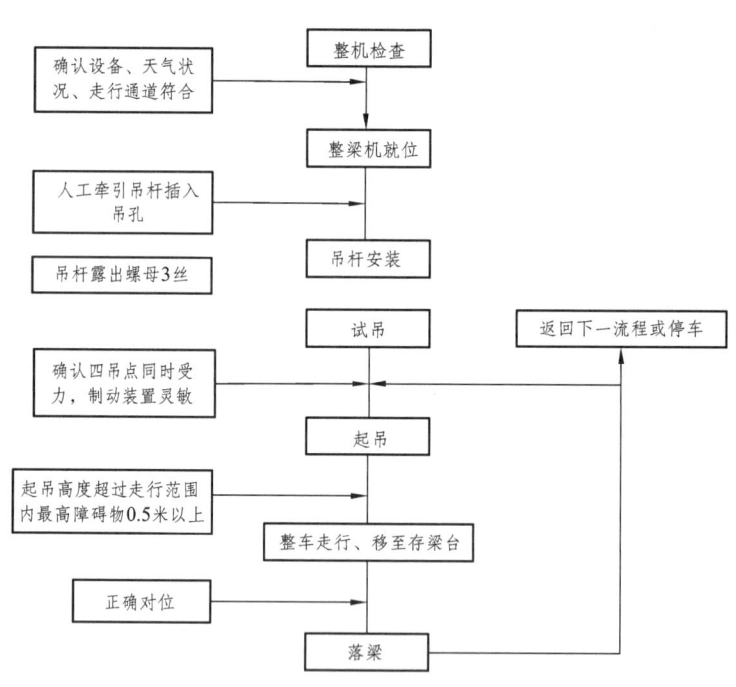

图46-38 移存梁施工工艺流程

2. 提梁作业施工工艺流程

提梁作业施工工艺流程如图46-39。

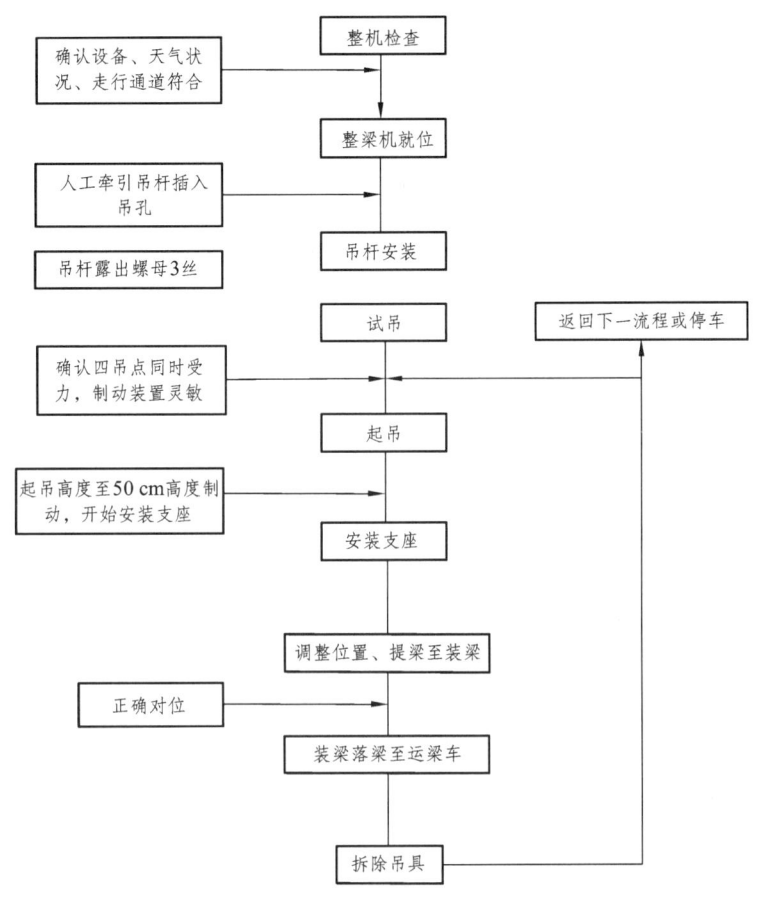

图 46-39　提梁作业施工工艺流程

3. 运梁工序工艺流程

（1）运梁车装载箱梁完毕，由控制室控制箱梁运输控制室和运梁车两侧设专人监控运梁车运行。运梁车要求沿线路中线行进。（注：运梁车负载时在线路上需匀速前进，空载小于 5 km/h；上下坡及弯道时速度小于 3 km/h，重载爬坡度要小于 3%。）

（2）运梁车前端面距架桥机后支腿 50 m 处时停车转换成爬行速度，并激活防碰撞保护系统，接着继续以爬行速度向架桥机靠近，当运梁车前端面距架桥机外侧 5 m 时报警、0.8 m 停车。停车对位后必须打好止轮器，支撑好运梁车前后支腿（必要时用楔形硬杂木或铁板找平）。

（3）在架桥机的控制下，1 号起重小车提起箱梁前部，1 号起重小车与运梁车托梁小车同步牵引箱梁，直至托梁小车到达 2 号起重小车取梁位置，然后 2 号起重小车提起箱梁后部。至此，箱梁全部由架桥机接管。收回运梁车支腿，运梁车以爬行速度退至距架桥机 8 m 处，根据待架下一孔梁的长度定位滑动小车，在 2 号控制室控制下继续以爬行速度退至距后支腿 50 m 外。至此，运梁车退出架梁作业区域，运梁车以正常速度返回制梁场装运下一孔箱梁。

4. 架梁工序工艺流程

架梁工序工艺流程如图 46-40 所示，架设过程如图 46-41 所示。

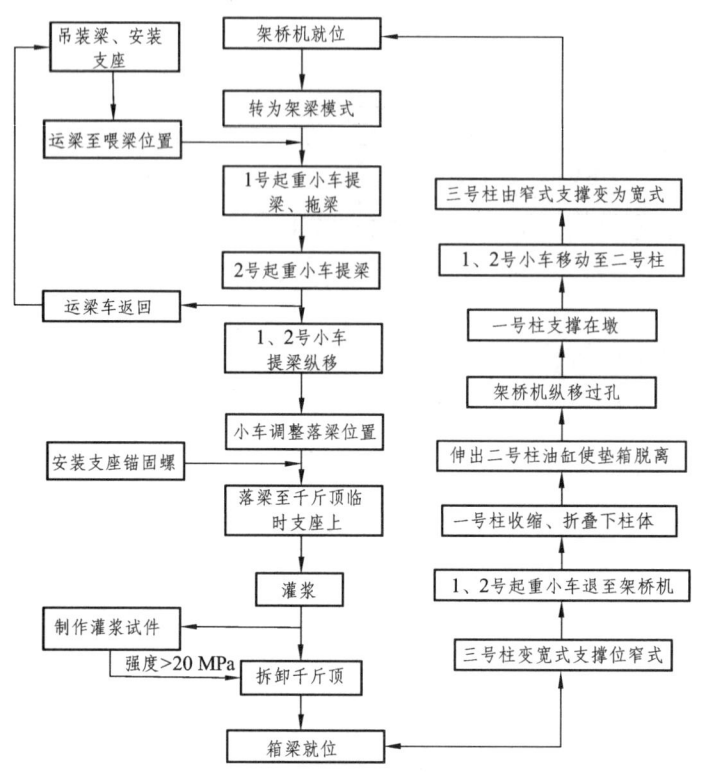

图 46-40 架梁工序工艺流程

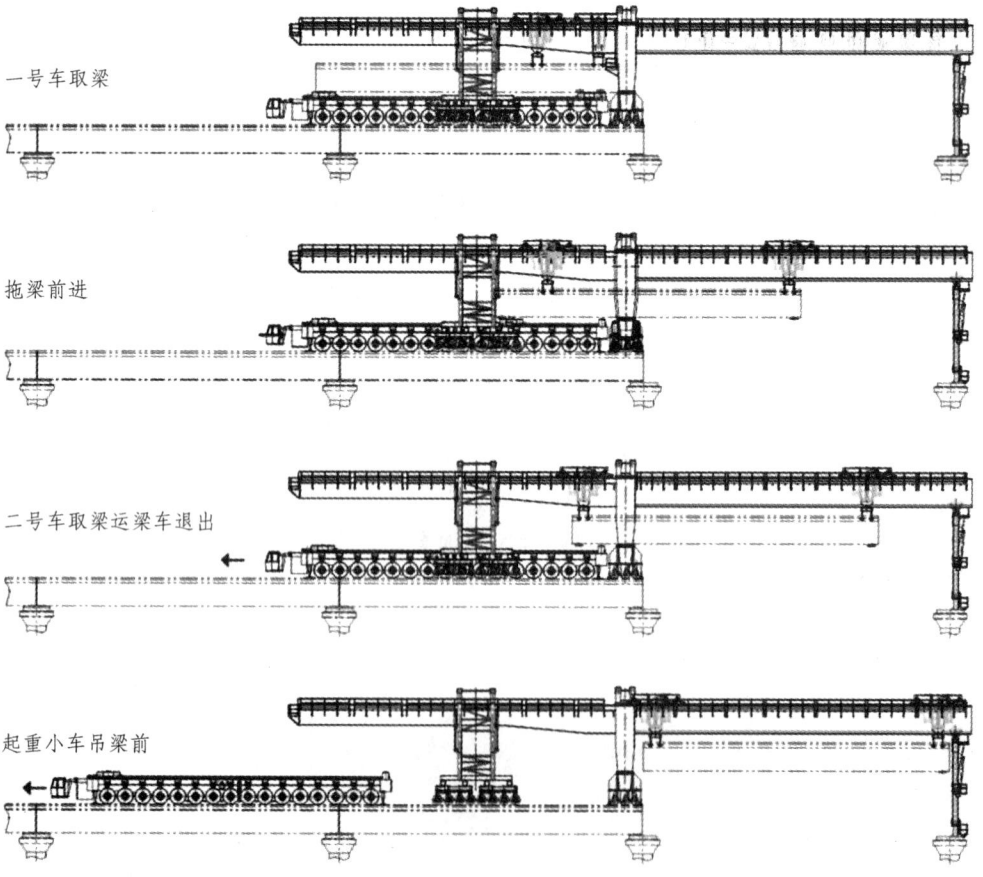

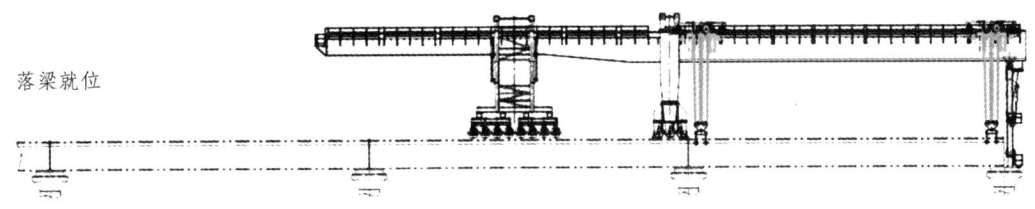

落梁就位

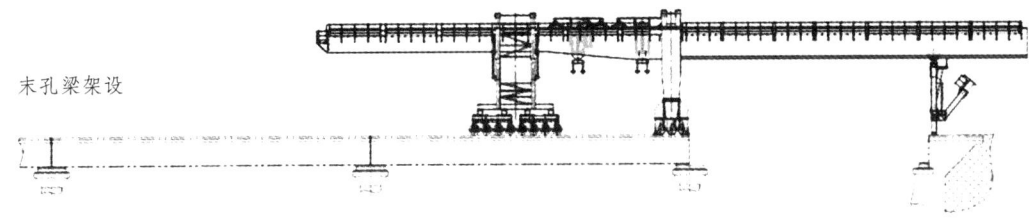

末孔梁架设

图 46-41 架梁过程

四、主要施工方法

（一）标准孔跨架设（以 35 m 箱梁为例）

步骤 1：运梁车运梁开进架桥机后跨下方，运梁车前端与架桥机二号支腿横梁对接。

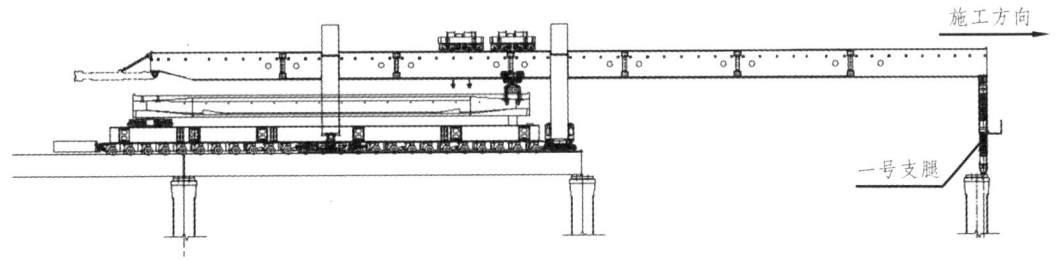

步骤 2：运梁车移梁小车携梁前移至指定位置，两天车移至 2 号腿后侧，前天车吊梁。

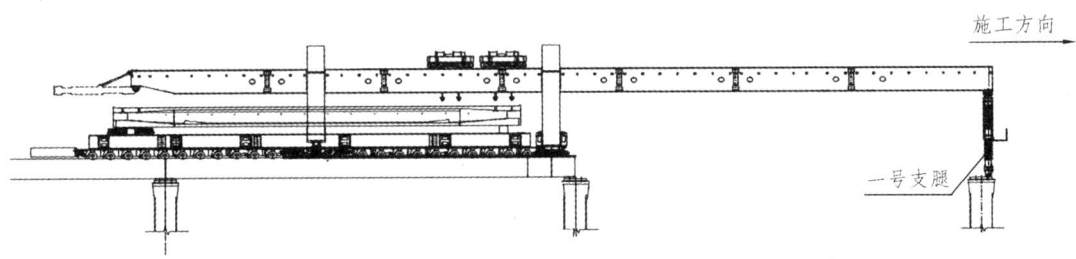

步骤 3：前天车及运梁车后移梁小车携梁前移至指定位置，后天车提梁。

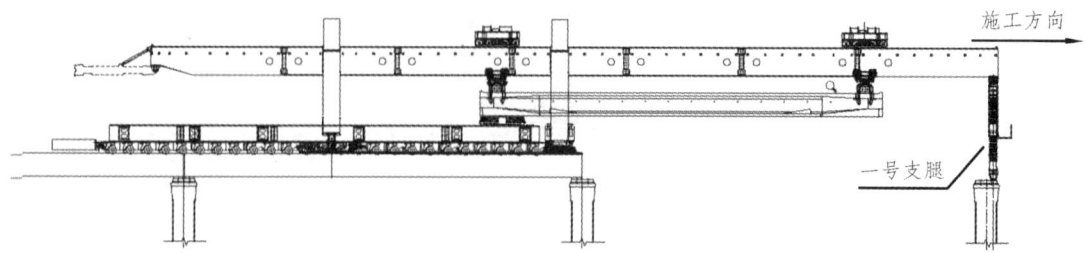

步骤4:两天车携梁前移至前跨指定位置,移梁小车退回到运梁台车上,运梁台车退出。

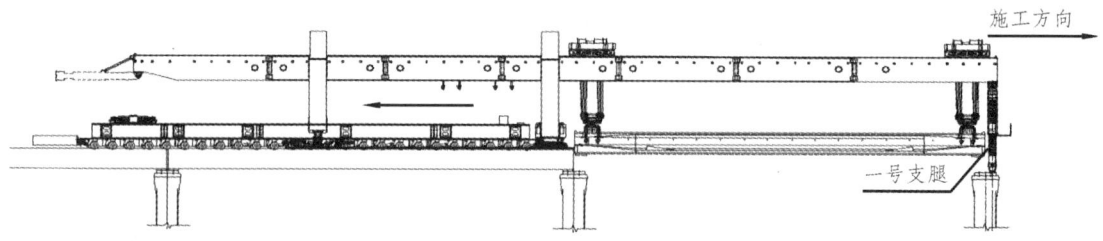

步骤5:两天车同步架梁,完成架设。

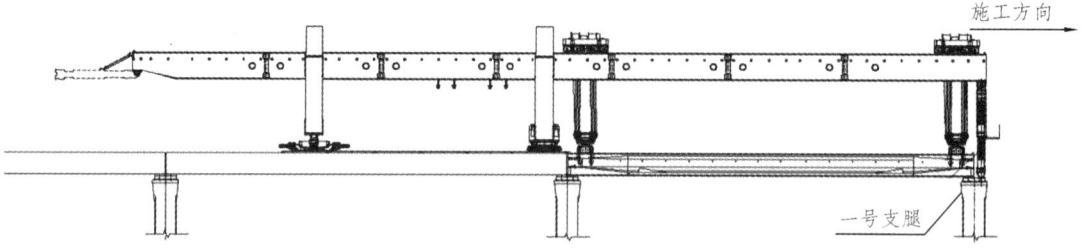

(二)箱梁变跨架设(以 30 m 变跨至 35 m 为例)

杭海城际铁路含 35 m、30 m、33 m 三种梁型,架桥机架梁存在 35 m~30 m、30 m~35 m、35 m~33 m、33 m~35 m、33 m~30 m 五种工况间的转换,变跨架梁作业时 1 号支腿需根据所架梁跨调整位置,根据所架梁跨的组合不同,2 号、3 号支腿在梁面上的纵向位置亦有变化,其余与架设 35 m 梁作业流程相同。下面以 30 m 变跨至 35 m 为例进行介绍:

步骤1:30 m 箱梁根据标准跨架梁步骤进行。

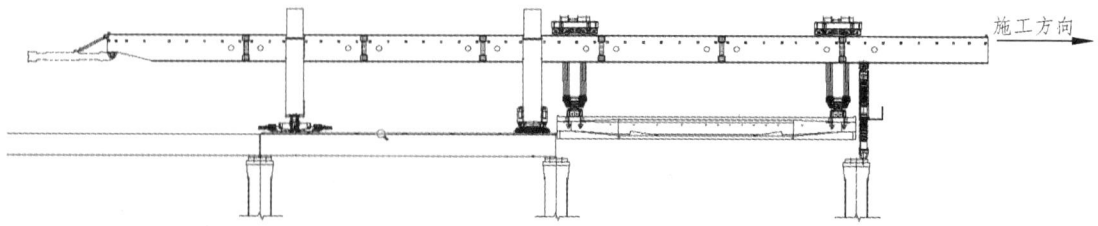

步骤2：箱梁精准定位后，解除天车吊具。

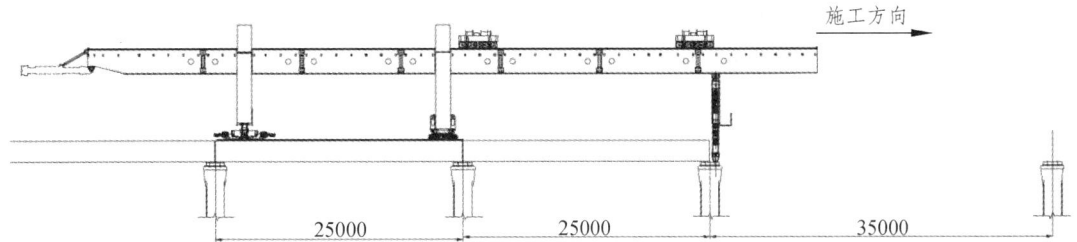

步骤3：按照架桥机过孔步骤进行架桥机过孔，在进行过孔过程中，调节1号支腿与2号支腿间距（由32.7 m调节至37.7 m）。

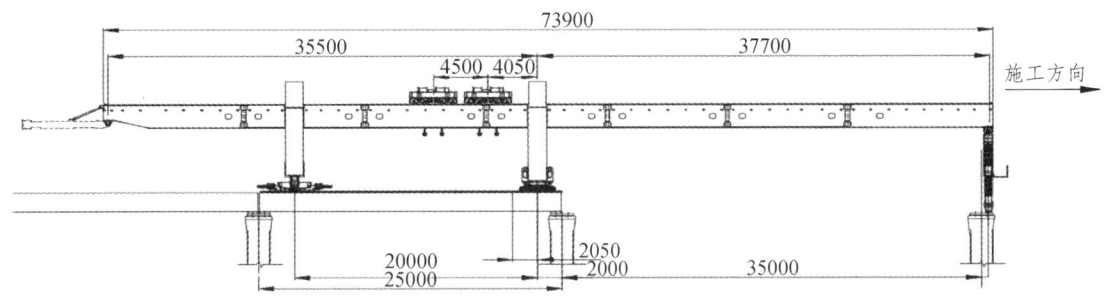

步骤4：完成架桥机过孔后，架桥机恢复至喂梁状态，准备箱梁架设施工。

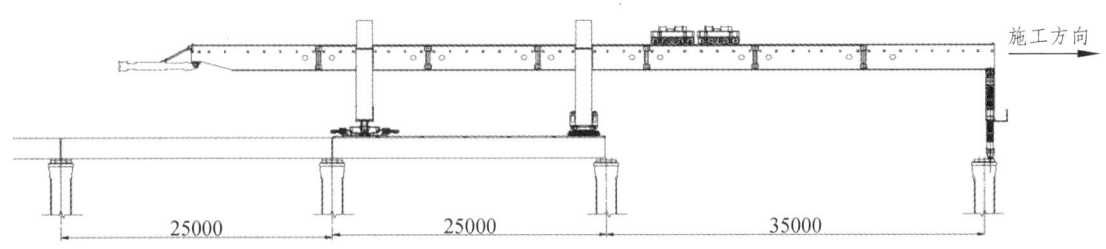

步骤5：按照孔跨架设步骤进行箱梁架设，完成箱梁变跨架设。

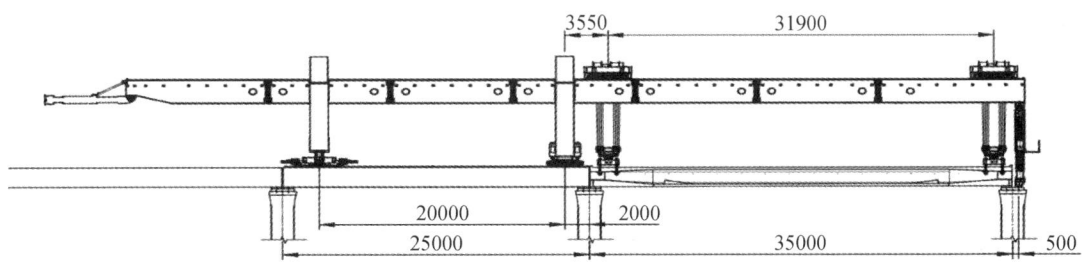

其他各种梁跨组合时架桥机各支腿在梁面站位示意见下图：
（1）35 m～30 m箱梁架设各支腿位置示意图。

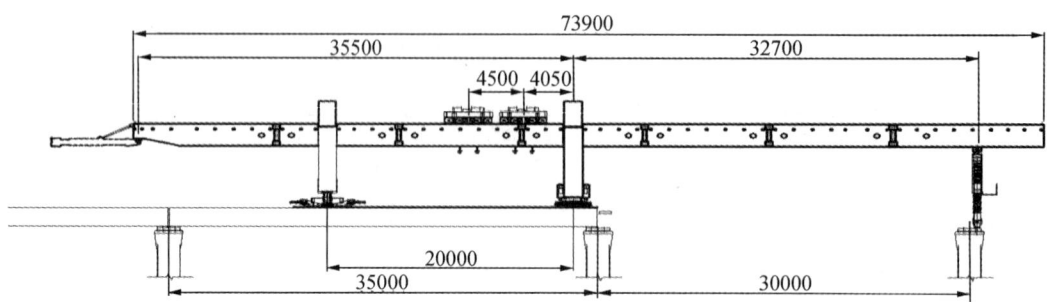

(2) 30 m～35 m 箱梁架设备各支腿位置示意图。

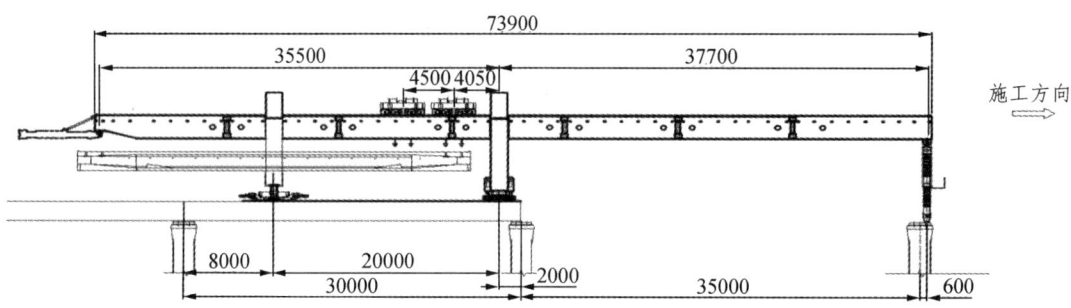

(3) 35 m～33 m 箱梁架设备各支腿位置示意图。

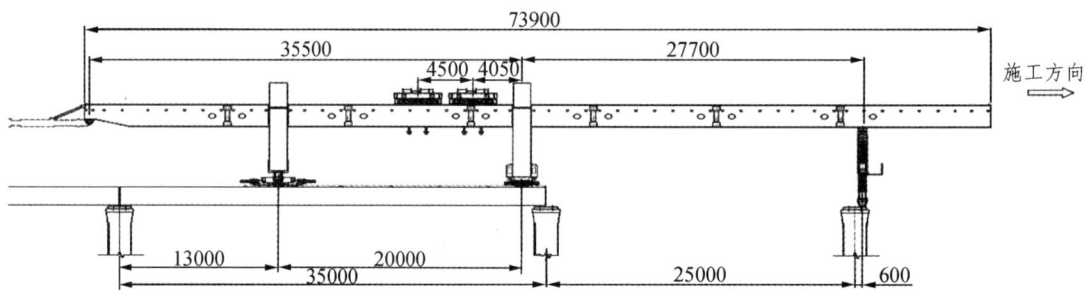

(三) 架桥机过孔

步骤 1：箱梁精确定位后，解除天车吊具。

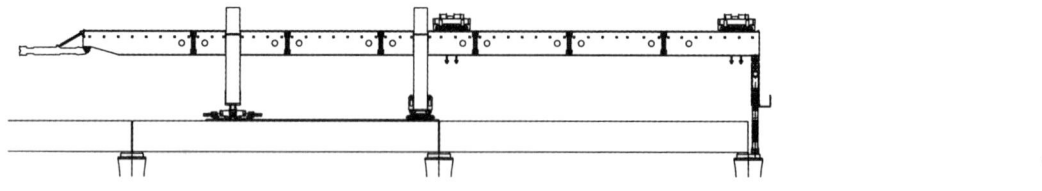

步骤 2：起重天车转移至主梁尾部配重；铺设桥面专用轨道完毕后，转移轨道止轮器至最前端安装；三号支腿油缸收回，转换为走行轮支承状态；二号支腿轮箱油缸继续顶升使一号支腿脱空，架桥机准备过孔走行。

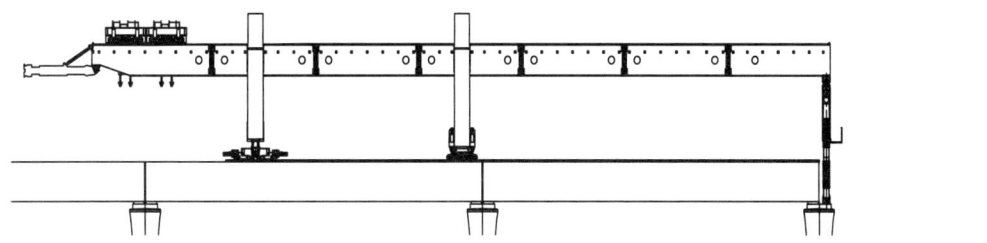

步骤3:架桥机走行一孔到位,一号支腿支承于前墩墩顶。

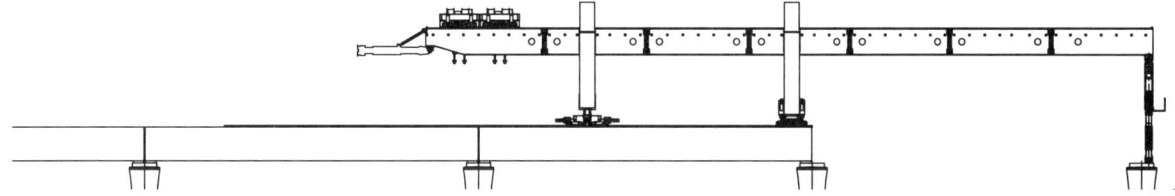

步骤4:两台天车走行至前跨跨中附近配重,架桥机恢复至喂梁状态,准备下一跨施工。

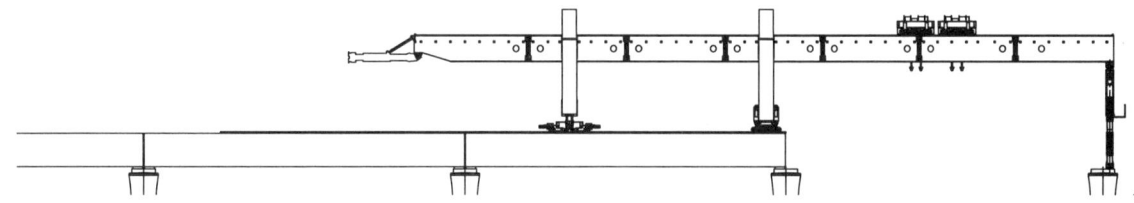

(四)过连续梁或车站首孔架设(以 35 m 箱梁为例)

步骤1:架桥机首跨架设施工时,将架桥机的2号、3号支腿支撑在连续梁或车站已施工完成段,1号支腿支撑到桥头垫石,2号、3号支腿支撑在铺设好的轨道上。3号支腿工架梁如图46-42所示。

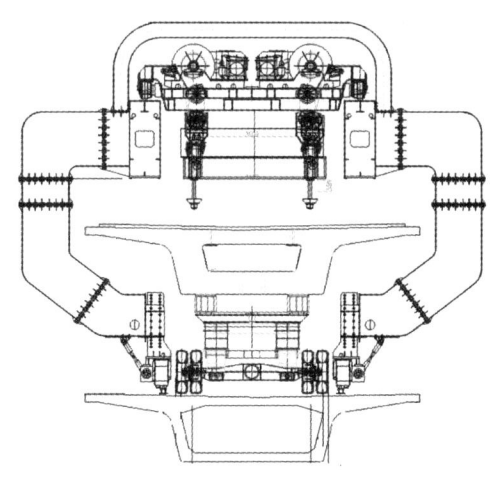

图 46-42　3 号支腿工架梁示意图

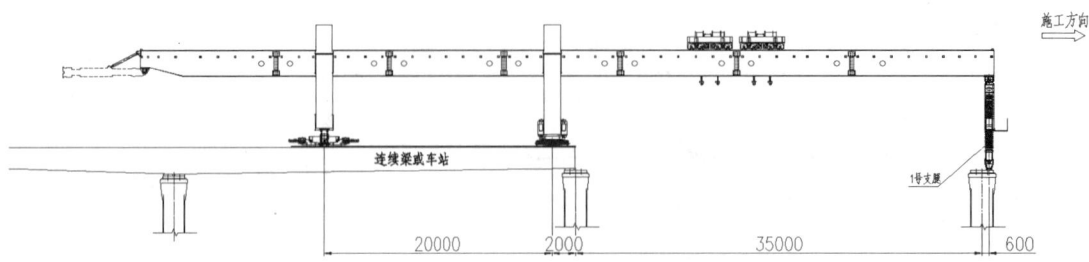

步骤二：按照标准孔跨架设步骤进行架设，完成首孔架设。

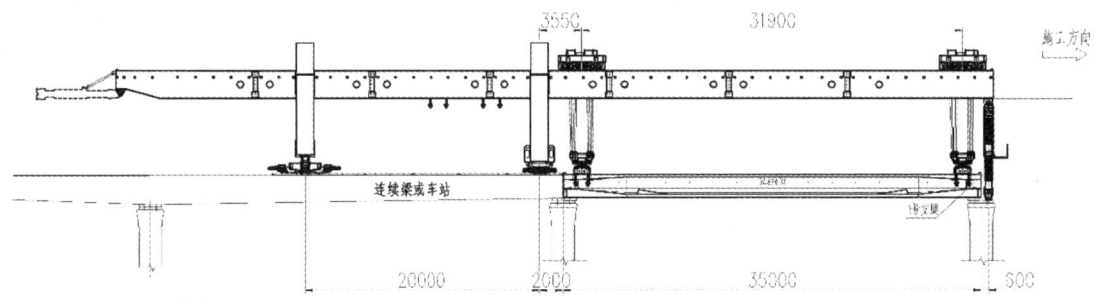

（五）曲线半径 1 204.2 m（标段内最小半径）箱梁架设

余许区间（里程线路 DK4+339.192～DK4+779.192 4 m）范围内 15 片箱梁位于曲线半径 R=1 204 m 上，常规架梁设备适用于曲线半径 R≥2 500 m，架梁曲线半径小，保证架梁安全是工程的重点和难点，架设时做好临时支腿转换前后的安全检查，确保安全。

曲线半径小时架桥机尾部偏离桥面中心，采用拖拉架梁方式，运梁车运梁时增加驮运小车，喂梁时运梁车支腿支撑于桥面。架桥机 4 号支腿翻起不用，其他支腿站位最大偏移量如图 46-43 所示。

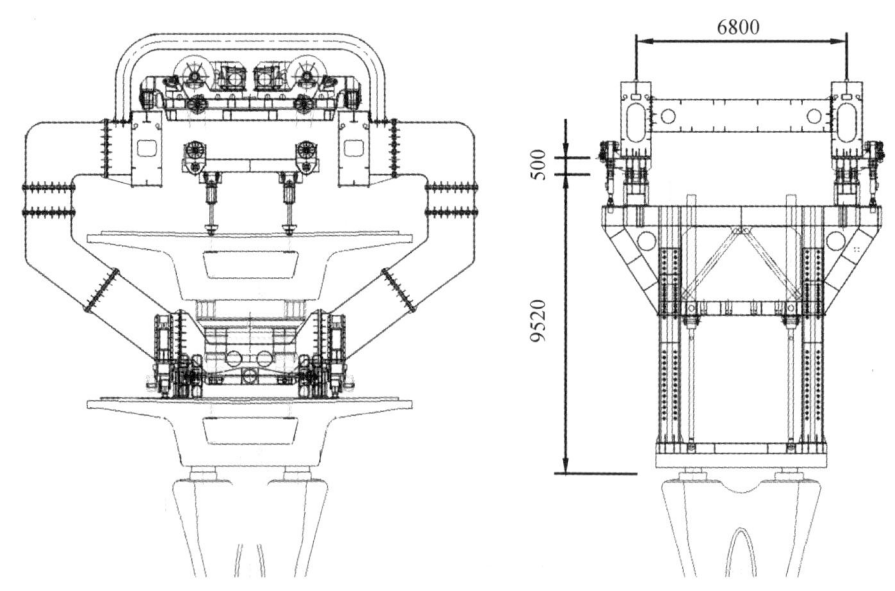

图 46-43 其他支腿站位最大偏移量

1. R=1 204.2 m 小曲线段架桥机架梁作业流程

步骤一：运梁车喂梁到位，支运梁车支腿，架桥机前天车吊梁。

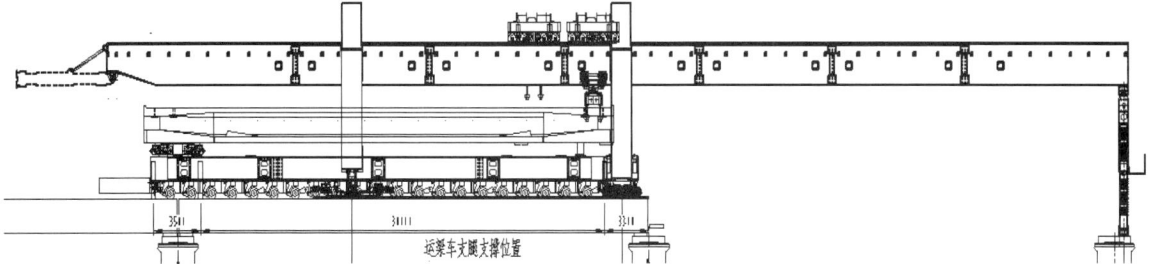

步骤二：前天车及驮梁小车携梁前移至指定距离，后天车吊梁。

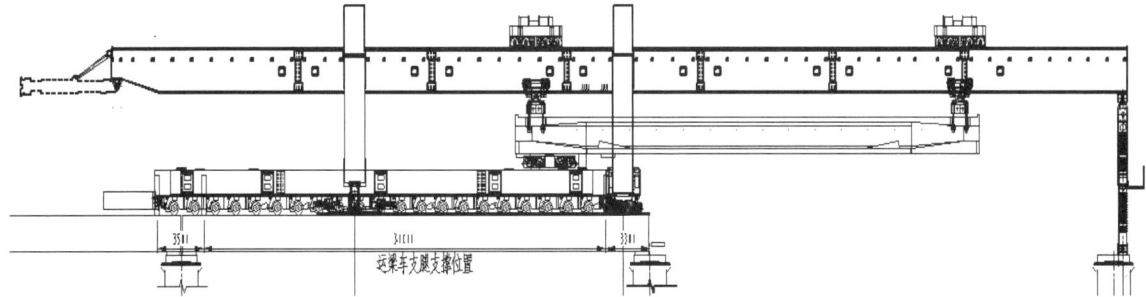

步骤三：天车前移到位，落梁到指定高度后，前后天车分别向左右横移对位安装。

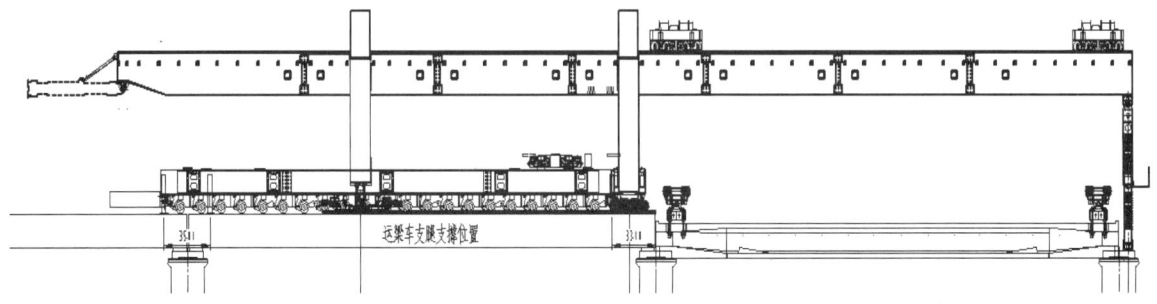

2. $R=1\,204.2$ m 小曲线段架梁过孔作业流程

步骤一：架梁完毕，安装3号支腿临时支架，临时支架油缸顶出，使3号支腿行走轮箱脱空，将其轨距调整为5.5 m。

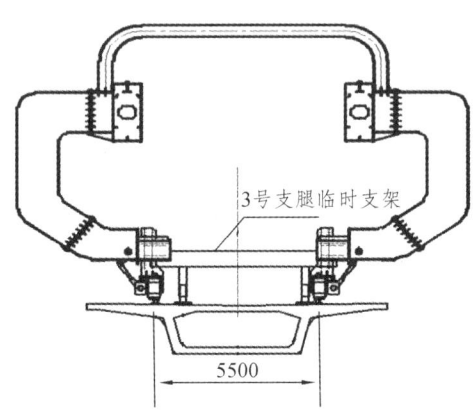

步骤二：3号腿临时支架油缸收回、2号支腿油缸顶出，使架桥机进入过孔行走状态。架桥机利

用轨道导向进行过孔，过孔后各支腿位置如下：

1号支腿向曲线外侧偏移300 mm、2号支腿向曲线内侧偏移250 mm、3号支腿向曲线外侧偏移245 mm。

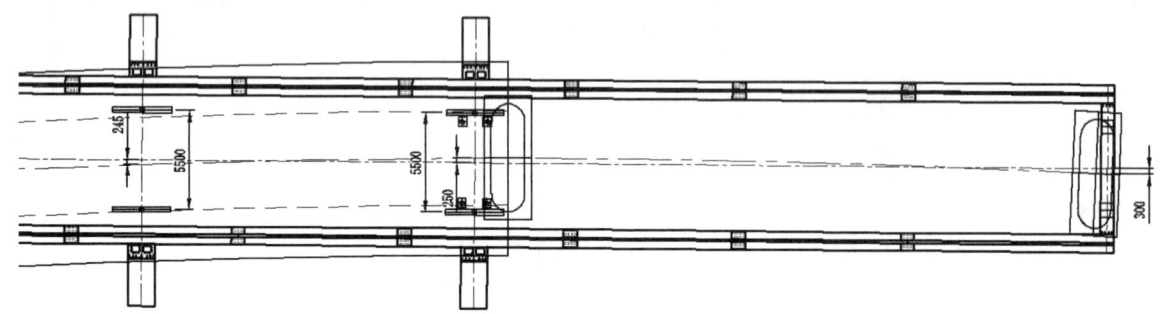

步骤三：架3号支腿临时支架油缸顶出，使3号支腿行走轮箱脱空，将其轨距调整为5.71m（喂梁状态支腿间距），然后拆除临时支架，准备喂梁。

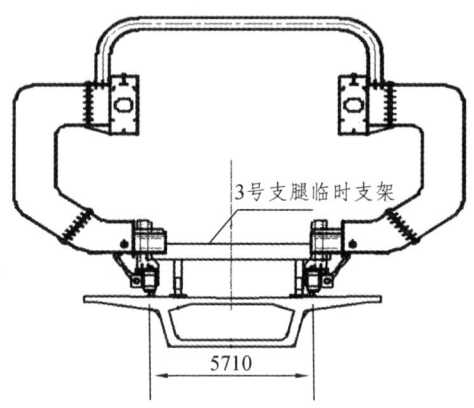

（六）架桥机过车站

箱梁架设施工途径海宁高铁站、许村镇站共计2个车站，过程中做好监控。

车站横剖面图及架桥机正常高度过车站示意如图46-44所示。

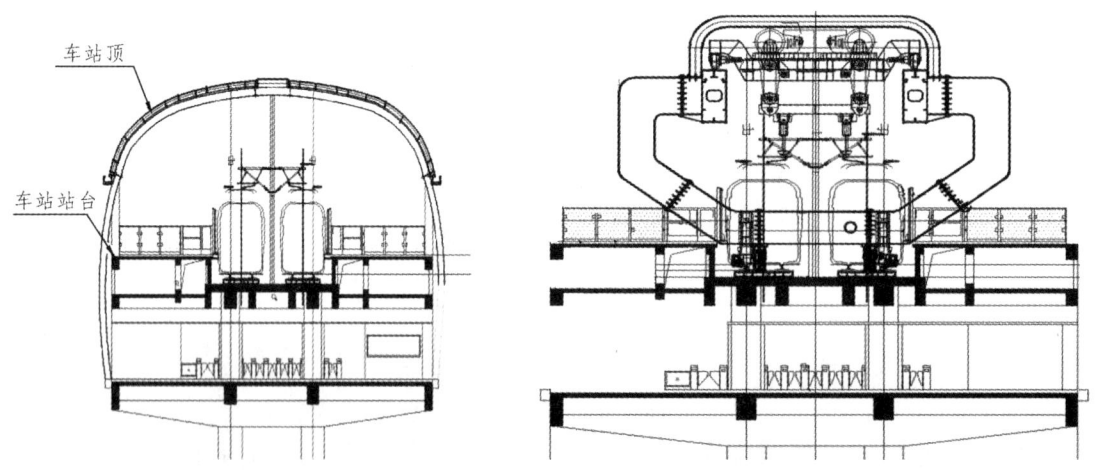

图46-44　高架站剖面示意

架桥机正常过车站时，车站顶钢结构暂不施工，站台处位置影响架桥机正常通过，此时站台层暂不施工，此时将架桥机通过车站，如图46-45所示。

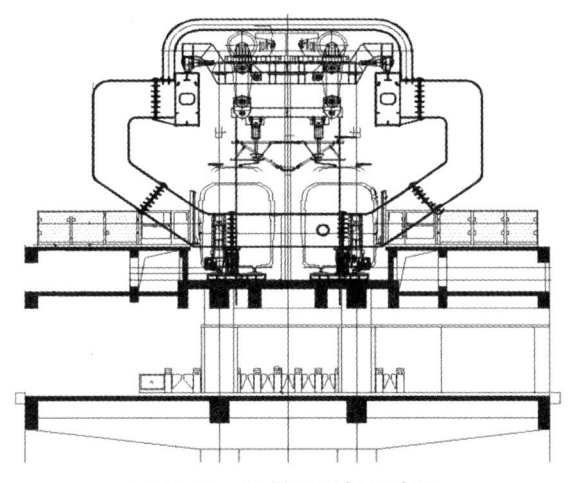

图46-45 架桥机通行示意图

（七）末跨架设（以35 m箱梁为例）

架桥机进连续梁末跨架设施工时，将架桥机的1号支腿支撑在连续梁桥面上，并抄垫钢板（800 mm×900 mm×10 mm）。需要利用1号支腿两侧的电动葫芦将支腿下节向两边翻转收起。以35 m箱梁为例，1号支腿位置如图46-46所示。

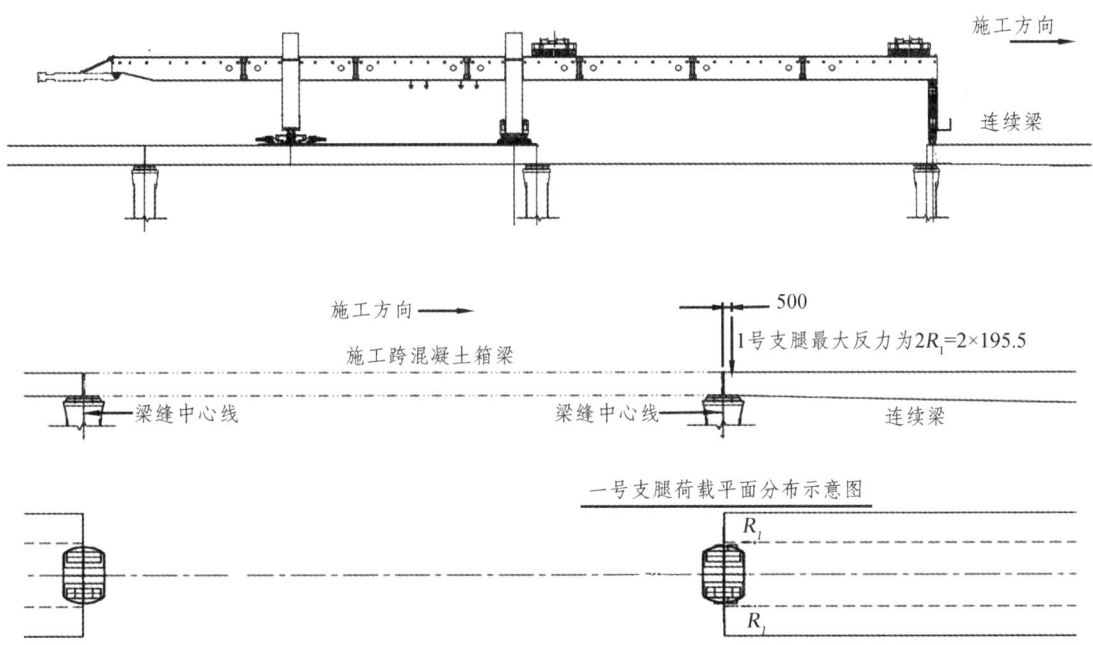

图46-46 末跨35 m梁跨架设架桥机荷载示意

（八）架桥机桥间转移作业方法

架桥机短距离转移作业方法有运梁车驮运转移和架桥机自行转移两种。

架桥机在首孔架梁前和末孔架梁后，均需要驮运转场或转移工点，此情况包括从首次上桥、过车站和过连续梁等。根据两桥梁间的关系，可采用不同的转场方案：

1. 桥间自行转场

当一区段桥架设完毕，下一区段待架设的桥梁距离较近时可采用整机自行转场的方案。其做法是：循环倒换 2、3 号支腿钢轨，脱空 1 号支腿，2、3 号支腿轮轨支撑，驱动 2、3 号支腿走行机构实现整机纵移转场。

2. 桥间驮运转场

当一区段桥架设完毕，下一区段待架设的桥梁距离较远（一般情况距离大于 500 m 时）采用自行转场效率较低时，可利用运梁车驮运转场的方案提高效率。运梁车驮运时应使用两个专用的高位驮运支架，具体做法如下：

步骤一：将 1 号支腿翻起，2 号和 3 号支腿拆除，在主梁尾部配重，与运梁车连接固定。

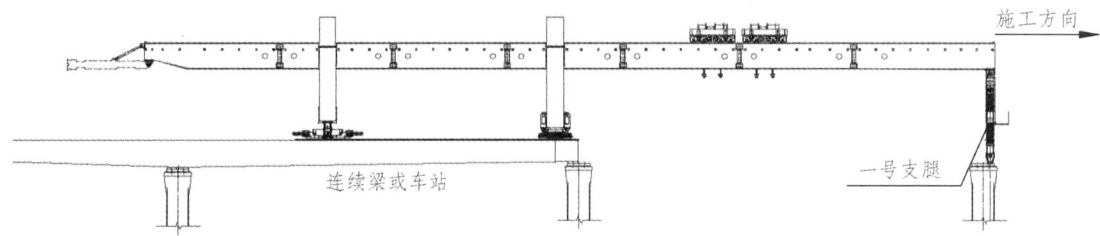

步骤二：运梁车驮运架桥机通过连续梁等已施工段，到达下一区段架梁后，通过托梁扁担将架桥机支起，安装 2、3 号支腿将架桥机调整为常规架梁状态，进行箱梁架设。

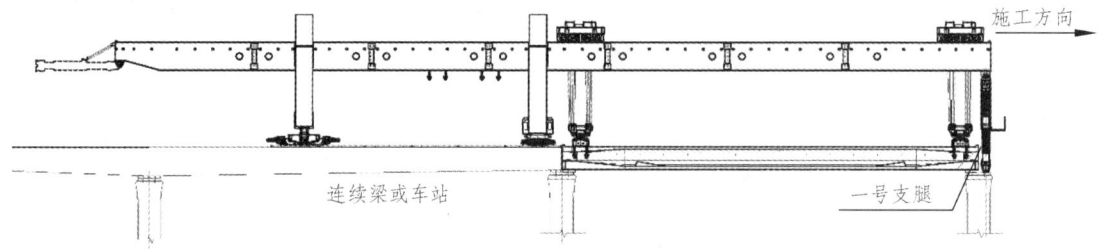

五、架梁作业程序

1. 喂梁作业

运梁车运送箱梁进入架桥机，通过三号支腿到达二号柱后方。运梁车运梁速度为 0.3～4.0 km/h，接近架桥机时应低速走行，停车时运梁车前端面距架桥机二号柱支腿侧面≤0.34 m。支撑好运梁车前后支腿，连接好运梁车与架桥机的电源接口。

施工技术要求：

（1）运梁车装梁时应确保箱梁在运梁车上的支撑位置符合箱梁支撑要求，箱梁支撑截面中心与运梁车中心线横向误差不大于±25 mm，支点纵向位置误差不大于±50 mm。

（2）应在架桥机二号柱后方画出运梁车喂梁运行指示线，方便运梁车对位运行。以架桥机中心线为中线画出运梁车走行轮胎走行位置线，长度应延长至三号柱后方一个运梁车车长位置。

（3）运梁车喂梁对位时，注意观察架桥机尾部有无障碍物与运梁车碰撞，运梁车前端通过架桥机三号柱后。运梁车对位时应低速行驶，速度控制在 3 m/min 左右。应在运梁车停车位置放置不低于 200 mm 高的止轮器，防止运梁车因操作不当等原因继续前进。

（4）应有专人观察运梁车与三号柱走行轮组间的侧向间隙，观察运送的箱梁与三号柱柱体间的侧向间隙，严禁冲撞架桥机。

2. 取梁、吊梁运行作业

运梁车运梁到位，前起重小车吊具下降，将吊杆插入箱梁前端吊孔内，安装垫块，拧紧吊杆螺母。前起重小车吊起箱梁前端，与运梁车拖梁小车协同作业，使箱梁呈半悬挂半支撑状态运行前进。当箱梁尾部到达后起重小车取梁位置时，后起重小车取梁，两台起重小车吊梁同步运行前进。

施工技术要求：

（1）前起重小车取梁位置为小车中心线距二号柱中心 2.1 m 处，后起重小车取梁位置为小车中心线距二号柱中心 4.6 m 处。

（2）前起重小车取梁吊起箱梁前端，使箱梁底面与支撑座顶面保持在 50～100 mm 距离。箱梁由前起重小车及运梁车拖梁小车拖动，以半悬挂半支承状态前进。待箱梁后端进入后起重小车取梁位置时，后起重小车吊起箱梁后端，两台起重小车同步吊梁前进，运行到位后开始落梁并对位安装箱梁。

（3）后起重小车取梁，安装好吊杆后将左右吊点分别点动起升，使钢丝绳稍微张紧，然后取出后小车均衡滑轮上的定位销再进行起升并检查制动。

（4）吊梁运行接近一号柱时，应以低速行走，并有专人在前端监视对位，严禁箱梁碰撞一号柱。必要时拉动一号柱上的急停开关，紧急停车。

（5）吊梁运行或落梁时，应保持箱梁左右水平，各吊点载荷偏差不大于 30 t。

（6）安装吊杆螺母时，吊杆端部螺纹应超出螺母端头 4～5 个螺距长度。

3. 箱梁就位安装

箱梁下降到安装位置后，安装箱梁支座锚栓，然后继续下降箱梁，并通过起重小车纵向和横向微调，精细调整箱梁位置，使之符合箱梁安装的有关技术要求。

施工技术要求：

（1）落梁就位时，严禁无约束地在纵向和横向顶、拉箱梁，防止意外事故发生。

（2）落梁就位，应严格按箱梁的安装技术要求进行。

4. 架桥机纵移过孔作业

箱梁安装完毕，三号柱由宽式支撑变换成窄式支撑，两台起重小车后退至机臂尾部。支撑二号柱悬挂油缸，架桥机纵移走行过孔，走行至距终点 5 m 时以低速行驶，并在行驶线路上走行轮组前后一定安全距离范围内放置好走行止挡。架桥机走行到位后收缩二号柱悬挂油缸。一号柱放下下伸缩柱，支撑一号柱。二台起重小车运行到二号柱前方，三号柱变换成宽式支撑。然后起重小车运行至取梁位置，架桥机完成纵移作业。

施工技术要求：

（1）安装好三号柱支撑横联，提升三号柱，摆动三号柱走行轮组，以窄式支撑形式支撑三号柱。

（2）拆除吊杆螺母，提升起重小车吊具，两台起重小车后退至机臂尾部。

（3）收缩一号柱下伸缩柱。

（4）支撑二号柱悬挂油缸，二号柱走行轮组和三号柱走行轮组支撑架桥机。

（5）安装三号柱横联撑杆。

（6）启动二号柱、三号柱泵站，架桥机开始纵移走行。行驶至距终点 5 m 处后以低速行驶。

（7）架桥机行驶到位，缩回二号柱支腿油缸。

（8）一号柱走行到前方墩台，伸出插销油缸，将一号柱定位插销插入机臂上定位支座。

（9）伸出下伸缩柱支撑油缸，使一号柱中心线位于桥墩支座中心处支撑。

（10）各伸缩柱升降到位，销轴穿入销孔后，必须点动回缩伸缩油缸，使销轴承受载荷，避免油缸过载。

六、架桥机特殊情况箱梁架设

1. 曲线段架设

(1) 架桥机在架设前对位时,架桥机中心线与直线桥保持轴线一致。
(2) 根据被架曲线桥的曲线半径计算出半径在桥墩间的弦线量。
(3) 调整横移微调机构,1号支腿站位使架桥机与曲线段的轴中心线保持一致。
(4) 运梁车喂梁,架桥机架设步骤与直线梁架设相同。
(5) 在曲线上架梁时由于前后支腿不在中心线上,运梁小车运梁时应注意方向,避免与支腿相碰。

2. 变坡时架设

(1) 变坡架设,通过调节架梁机1号支腿伸缩节和螺旋调节机构调整1号支腿高度,调整起重天车轨道的水平度,满足不同坡度的箱梁架设,一般要求前部适当高于后部。
(2) 加强防护,落梁速度不许超过 0.5 m/min 在变坡架设尤其是下坡架设应加强防护,增派专人监视安全防护装置状况。
(3) 导梁就位后,各支腿与墩台的锚固连接必须确认牢固可靠,2、3号支腿就位后须检查确认受力情况。

3. 特殊气候条件下架设

(1) 风力等级为4~6级时架梁:

① 架梁前与气象部门及时联系,掌握风力风向情况并配备风速仪;
② 当风力大于6级时,停止架设;
③ 作业人员在风中架设作业时,必须有可靠的安全措施,墩台顶面做好围栏,四周设置安全网;
④ 在风中架梁应区别顺风、横风、经常或间歇有风等具体情况,并应将吊梁行走、落梁选择在风力较小或顺风时。

(2) 暴雨后或长期霪雨中架设:

① 运梁前派人巡视桥梁有无病害,并进行加固或整治;
② 对电器线路、电气设备进行检查、防护,避免发生漏电和电器短路故障。

(3) 严冬季节时架设:

① 清除支撑垫石面上的冰雪,严禁将支座安放在带有薄冰层的垫石上;
② 灌注锚栓孔支座灌浆料应符合冬季施工有关规定,并采取必要措施;
③ 运架设备发动机液压系统采用冬季施工同等温度下的柴油、润滑油、液压油;
④ 在-15 ℃以下禁止架梁作业;
⑤ 运梁车装梁前必须清干净运梁车承梁台座的冰水和雪。运梁车行走路面的冰雪必须清理干净。

七、相关测量控制

1. 设备位置测量

运梁车驮梁位置放样,架桥机前、中、后支腿的设计位置放样。

2. 箱梁就位的纵横向控制和高程控制

(1) 架梁前进行桥墩复测。放样支座垫石中心线、螺栓孔中心线、桥面中心线及梁端线,对预留螺栓孔偏离设计位置的要进行凿除处理,确保支座螺栓的顺利就位。以支座中心线为准,梁端线校核。
(2) 高程控制对垫石标高进行水准复测,确认无误后在垫石内外侧的墩顶部设置标高点,并用红油漆作明确标识。架梁前布置千斤顶，使千斤顶油缸活塞伸出的顶面标高与梁底的设计标高一致，使得架梁工作落梁即到位。

八、架桥机落梁及支座安装

1. 支座选型

架梁段采用双线单孔箱梁安装，支座采用城市轨道交通简支梁桥球型支座，图号为 CGQZ-J。

根据城市轨道交通简支箱梁桥 CGQZ-J 球型钢支座安装图，35 m、33 m、30 m 箱梁均采用支座为 CGQZ-B-J-Ⅲ-3500 型。

简支箱梁架设，每孔双线箱梁采用固定支座（GD）、纵向支座（ZX）、横向支座（HX）和多向支座（DX）各一个，各支座布置相对关系如图 46-47 所示。

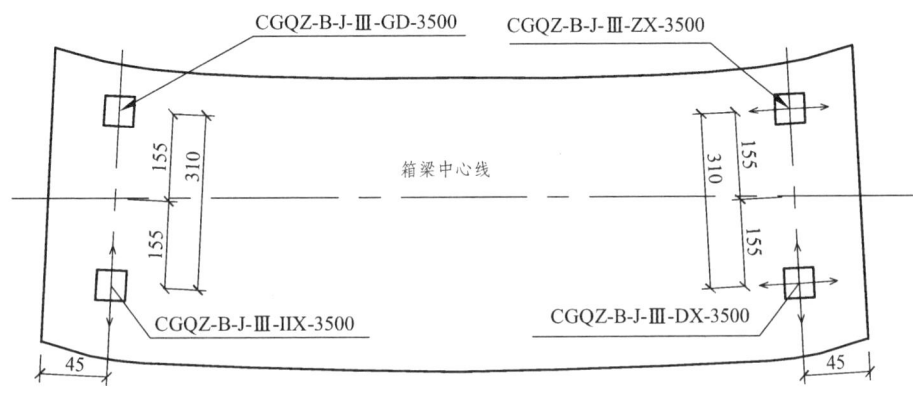

图 46-47 支座布置相对关系

支座坡度的选择：架设预制简支梁采用改变上支座板顶面坡度的方式以适应梁体的坡度要求，具体为：

（1）坡度为 0‰≤i<4‰时，不设坡度，代号为 $i0$；
（2）坡度为 4‰≤i<12‰时，预设 8‰坡度，代号为 $i8$；
（3）坡度为 12‰≤i<20‰时，预设 16‰坡度，代号为 $i16$。
（4）坡度为 20‰≤i<30‰时，预设××‰坡度，代号为 $i××$。

2. 支座安装

由于城市轨道交通简支梁桥球型钢支座在出场时已装配好，且用上下支座板连接螺栓成整体，预压 50 kN 压力。

支座运输和安装过程不得碰撞，不得松动连接螺栓，安装前要按规定详细检查支座质量，无质量问题后可以安装，挂装后的支座与梁底无间隙，螺栓紧固，支座中心线与梁底支座板中心对正，偏差符合规定要求。

梁体吊装前，注意查阅梁体使用相应墩位，并根据坡度要求将坡度匹配的支座安装在预制梁底部，上座板与梁体预埋钢板之间不能存在空隙，如有空隙，应采取注浆方式予以填充。

凿毛支座就位处的支座垫石表面，清除预留锚栓孔中的杂质，安装灌浆模板，采用预制钢模板（角钢），在模板四周铺设一层 4 mm 厚的砂浆，防止模板内灌浆料外漏，灌浆模板布置如图 46-48 所示。

吊装预制箱梁（带支座），将箱梁落在临时支撑千斤顶上，前后起重小车的钢丝绳完全卸载，但不拆除起重小车的吊梁装置。箱梁落在临时支点的支撑千斤顶上，观察支撑千斤顶的压力表读数，当压力表读数稳定后，记录每个千斤顶的读数，计算出四个支撑千斤顶的平均读数。按照每支点反力与四个支点反力的平均值相差不超过±5%来调整支撑千斤顶。

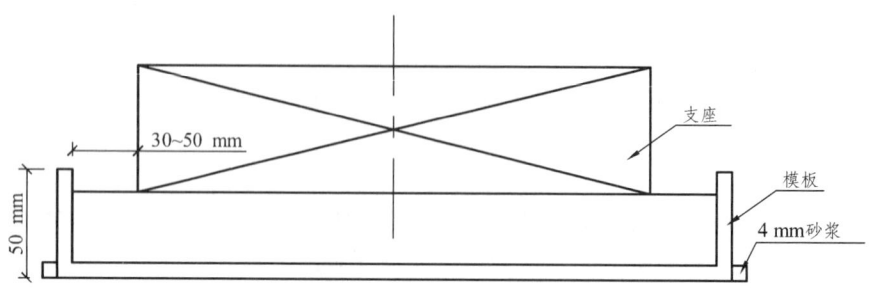

图 46-48 灌浆模板布置

支座就位后,在支座底板与桥墩支承垫石顶面之间应留有 20～30 mm 的空隙,用以灌注无收缩高强度灌浆材料(性能满足《铁路桥梁球型支座的要求》),采用重力灌浆方式,灌注支座下部及锚栓孔间隙,灌浆从支座中心部位向四周注浆,直至从模板与支座底板周边间隙观察到灌浆材料全部灌满为止。重力灌浆如图 46-49 所示。

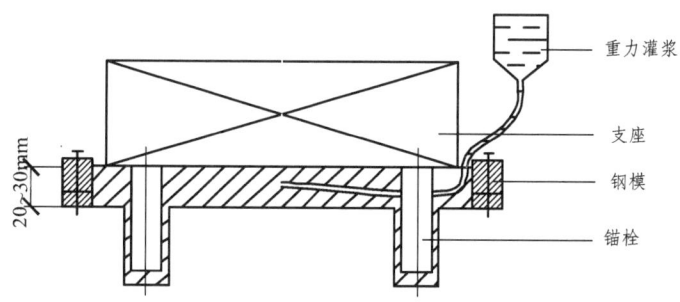

图 46-49 重力灌浆示意

灌浆前,计算所需浆体体积,使用浆体体积与计算所需相差不应过大,用以防止中间缺浆。

浆体强度达到 20 MPa 后,拆除钢模板,检查是否有漏浆处,必要时对漏浆处进行补浆,拧紧下支座板锚栓,并拆除各支座的上、下支座连接锚栓,并拆除临时支撑千斤顶。

3. 支座安装控制要求

(1)支座中心纵向位置偏差≤20 mm。
(2)支座中心横向位置偏差≤10 mm。
(3)支座板四角高差≤1 mm。
(4)固定支座上下座板的纵横错动量≤1 mm。
(5)活动支座中线的纵横错动量≤3 mm。
(6)支座中心线与墩台十字线的纵向错动量≤20 mm。
(7)支座中心线与墩台十字线的横向错动量≤10 mm。

4. 梁前检查

落梁前再次校核支座十字线,锚栓孔位置、孔径、深度,清除锚栓孔内的积水及杂物。

5. 安置支撑千斤顶要求

落梁前,在桥墩防落梁位置上放置支撑千斤顶,作为箱梁的临时支点,支撑千斤顶按架梁方向,后并联前串联放置。支撑千斤顶安置前后、左右必须要对称,以便确保测力准确。

千斤顶要提前调整好高程,高程严格按施工图和架梁核定参数、梁高等综合计算值和验标对支点高差要求等进行控制,确保落梁后 4 点受力和梁面高程符合验标要求。

6. 落梁

启动前后起重小车液压卷扬机以 0.5 m/min 低速、平稳、分 3 个步骤完成落梁：

（1）距支座垫石顶面 500 mm 时，液压卷扬机制动，安装支座下底板套筒和锚固螺栓，然后启动卷扬机徐徐落梁；

（2）距墩台支承垫石顶面 200 mm 左右时，采用线锤对中引导、监视并检查支座中心的位移量；

（3）距墩台支承垫石上水泥砂浆面 50 mm 左右时，液压卷扬机制动，利用架梁机起重小车纵、横移装置微量调整箱梁位置，预留出桥梁伸缩缝，箱梁精确对位，然后启动液压卷扬机，落梁到测力千斤顶上。

7. 浆体制备

（1）施工水料配合比 0.14∶1 计算，每袋砂浆质量为 25 kg，需要拌和水为 3.5 kg。

（2）砂浆搅拌时，采用手动搅拌枪进行搅拌。先将水加入搅拌桶中，开动搅拌枪，然后逐渐加入计量好的灌浆材料，同时进行搅拌，直至所需物料全部加完，搅拌时间约为 3 min，浆料均匀即可灌注。

（3）将搅拌好的浆料，倒入灌注槽中，缓慢倒入支座内自流平即可。

（4）每次搅拌量应保证在 40 min 内完成。未用完的浆料应丢弃，不得二次搅拌使用。

（5）严禁在灌浆料中掺入任何外加剂、外掺料。

（6）无法恢复流动性的浆料禁止再次加水混合搅拌再用。

8. 支座灌浆施工

（1）支座安装在箱梁底部后，应拧紧支座与梁体的连接螺栓，在支座与梁底预埋钢板之间不得有间隙，如有空隙，应采用注浆方式填充。

（2）架设箱梁时，箱梁应先落在临时支撑千斤顶上，支承垫石顶面与支座底面间隙应控制在 20～30 mm。采用重力灌浆方式，灌注支座下部及锚栓孔处空隙，待浆体填实并达到设计强度后，方可落梁。

（3）若灌浆层表面出现泌水现象，可布撒干料吸干水分。灌浆结束后不得调整螺栓。

（4）在注浆材料强度大于 20 MPa 时，方可拆除灌注模板及进行后续施工作业。

第四节　连续梁支架现浇

杭海城际铁路预应力混凝土连续梁跨度主要采用（35+50+35）m、（40+60+40）m、（50+80+50）m等，连续梁根据场地条件分别采用支架现浇或悬臂灌注法施工，其中盐桐、桐斜、斜皮区间主跨 50、60 m 连续梁采用支架现浇施工；全线道岔连续梁采用支架现浇施工。本节以（40+60+40）m 预应力混凝土连续梁为例介绍连续梁支架现浇施工工艺。

一、工程概况

杭海城际铁路（40+60+40）m 预应力混凝土连续梁，主梁采用 C50 混凝土，全长 140 m，桥面宽 10.6 m，正线线间距 4.2 m。梁体各控制截面梁高分别为：边跨直线段及中跨跨中截面特征点处为 2.25 m，中支点截面特征点处梁高 4.0 m，梁高按圆曲线变化，箱梁横截面为单箱单室结构。顶板厚 35 cm，腹板厚分别为 48 cm、80 cm、100 cm，底板厚由跨中的 32 cm 按抛物线变化至中支点根部的 70 cm，中支点处加厚到 85 cm；全桥共设置 4 到横隔梁，分别设置于中支点和端支点中截面。中支点处设置厚 2.4 m 的横隔梁，边支点设置厚 1.5 m 的端隔梁，中支点隔板设有孔洞、供检查人员通过，如图 46-50 所示。

连续梁采用满堂架施工，分为11个工序，各工序按照进度计划交叉连续施工。分别为地基处理、支架搭设、门洞搭设、支架预压、模板安装、底腹板钢筋及预应力筋安装、内模安装、顶板钢筋安装、混凝土浇筑及养护、张拉压浆、模板支架拆除。

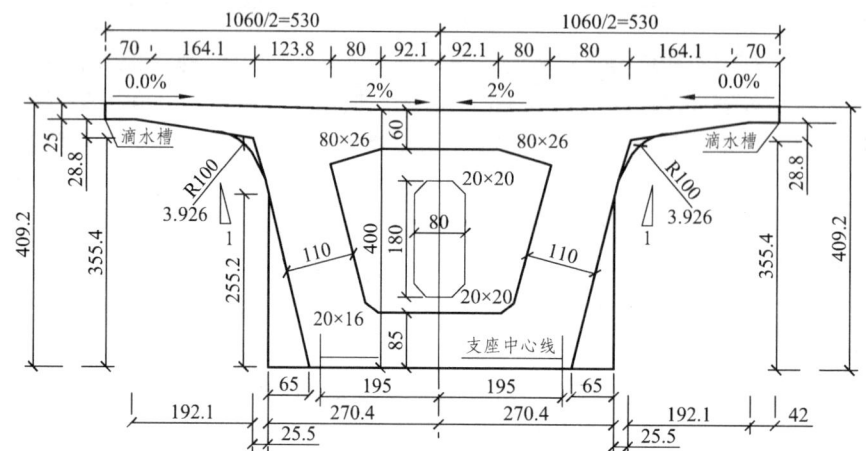

图 46-50 （40+60+40）m 连续梁中支点断面图

现浇梁施工示意如图 46-51 所示。

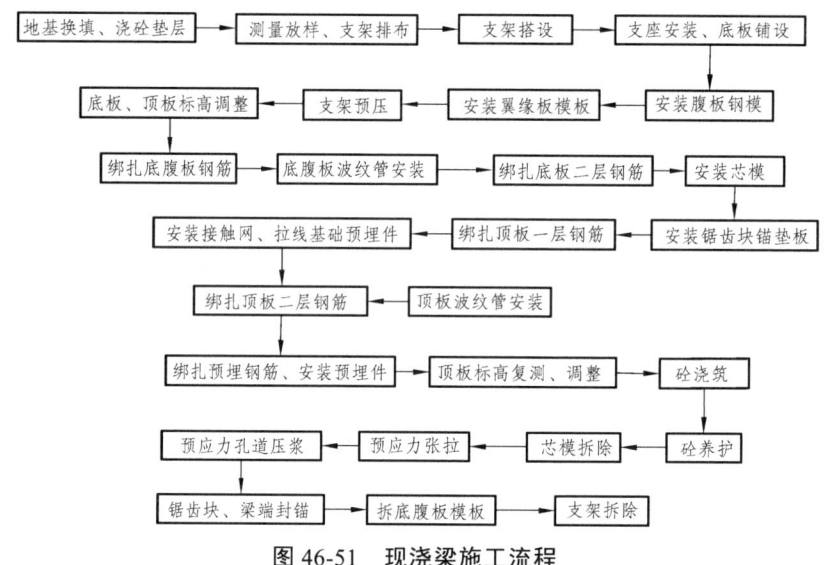

图 46-51 现浇梁施工流程

二、地基基础施工

1. 地基处理

地基处理前先对原地面用轻型触探仪做承载力试验，检测承载力是否满足施工要求。若不能满足施工要求，需对地基换填。

首先对支架范围内地面附着物和软弱土质应全部清除，清除过程中注意检验场地存在的泥浆池必须清理，然后采用建筑粒料分层回填 50 cm 以上，每层需采用 25 t 振动压路机碾压密实，每层厚度小于 15 cm，对碾压后的整个地基进行检测，地基承载力不小于 200 kPa，检测时监理全过程旁站，承载力达到要求后进入下道工序施工。

2. 地基预压的测点布置、观测频率以及观测内容

（1）结构跨径小于 40 m 时，纵向每隔四分之一跨径布置一个断面，横断面不少于 5 个（翼缘板两个、腹板两个点、底板一个）对称布置；跨径大于 40 m 时，纵向相邻观测点不大于 10 m。

每个单元内的地基预压荷载应为此单元内上部结构自重与钢管支架、模板重量之和的 1.2 倍，预压荷载在每个单元内宜采用均布形式。

（2）一次性加载，每 24 h 观测记录数据。数据内容包括：加载前测点标高 H_0、加载荷载后标高 H_j、每间隔 24 h 的标高 H_i、卸载后 6 h 后测点标高 H_c。

地基预压完成后，若最初三次各测点沉降量平均累计值小于 5 mm，则同类地基可不预压。全部预压荷载施加完成后，每 24 h 监测一次。当各测点沉降量小于 1 mm 或连续三次各测点沉降量累计小于 5 mm 时，方可进行验收。

三、垫层浇筑

地基合格后浇筑一层不小于 20 cm 厚度的 C20 混凝土垫层，垫层表面预留 1% 双面坡，垫层范围应比支架平面投影周边宽 100 cm 以上，垫层四周设置边坡排水沟，防止破坏地基。浇筑完毕的混凝土进行覆盖洒水养护，经检测混凝土强度达到要求后可搭设碗扣式脚手架。现场施工情况如图 46-52～图 46-55 所示。

图 46-52 地基处理

图 46-53 地基承载力检测

图 46-54 支架原材验收

图 46-55 支架底托定位

四、测量定位

支架体系安装前应对支架体系进行预排,用全站仪或 GPS 根据方案中立杆纵向和横向间距进行现场定位弹线。

按横向、纵向间距安放可调底座,以水准仪现场实际测设确定底座标高,调整好底座上可调螺帽位置,保证架体的统一平面。可调底座丝杆与螺母捏合长度不得少于 5 扣,可调螺杆插入立杆内的长度不得小于 15 cm 且不小于 1/3,伸出长度不得大于 15 cm 且不大于 1/3,螺杆应与立杆钢管上下同心。

五、满堂式支架搭设

(1)满堂支架所有材料使用前必须经第三方检测单位检测合格及现场监理对外观验收合格后方可使用。

(2)立杆间距和水平杆步距应根据支架所承受的荷载通过设计计算确定,并利于支架安装、拆除作业。

(3)立杆间距应按 30 cm 的倍数选取,且不得大于 120 cm。立杆纵向间距应根据梁体高度分段设置;横向间距对应梁体腹板、底板、翼缘板等不同部位分别设置。

(4)水平杆步距应按 60 cm 或 120 cm 选取;立杆底端和顶端的碗扣节点应设置纵、横向水平杆。支架搭设如图 46-56 所示。

图 46-56　支架搭设

(5)搭设支架时要保证立杆的垂直偏差不大于架体高度的 1/500 且小于 50 mm,待第一步架体拼装完成后,应调整所有立杆的垂直度和水平杆的平整度,待全部调整后方可拼装下一步支架。

(6)立杆底部距地面的高度应不大于 35 cm 处设置纵横扫地杆。在立杆最顶端碗扣处应设置一道水平杆作为封顶杆;立杆上端包括可调托撑杆伸出顶层水平杆中心线至支撑点的长度不应超过 65 cm。

(7)为确保支架在浇筑混凝土时纵向稳定性,支架搭好后,用碗扣架将支架端头与墩柱围成"回"形的抱柱结构措施,使支架纵向稳定性增强,层高和间距与支架相同。抱柱结构采用每 2 步一抱箍的形式进行拉结。支架与墩柱连接型式如图 46-57 所示。

(8)当立杆需要加密时,非加密区立杆、水平杆应与加密区间距互为倍数;加密区水平杆应向非加密区延伸不少于 2 跨。当架体搭设高度为 8~20 m 时,应将最顶上一个步距加密。

(9)安装顶层可调顶托。

为便于在支架上高空作业,安全省时,可根据梁底高程变化,分别设置翼缘板边线、底板线、翼缘板边线三条控制线,根据梁体高度粗调顶托伸出量,然后测量人员选取代表性截面点放样并标记,根据对应点位设计标高，依次调出每个顶托的高度，且保证可调顶托螺杆插入钢管内长度不得小于 15 cm，伸出立杆长度不得大于 30 cm，也不得小于 10 cm。

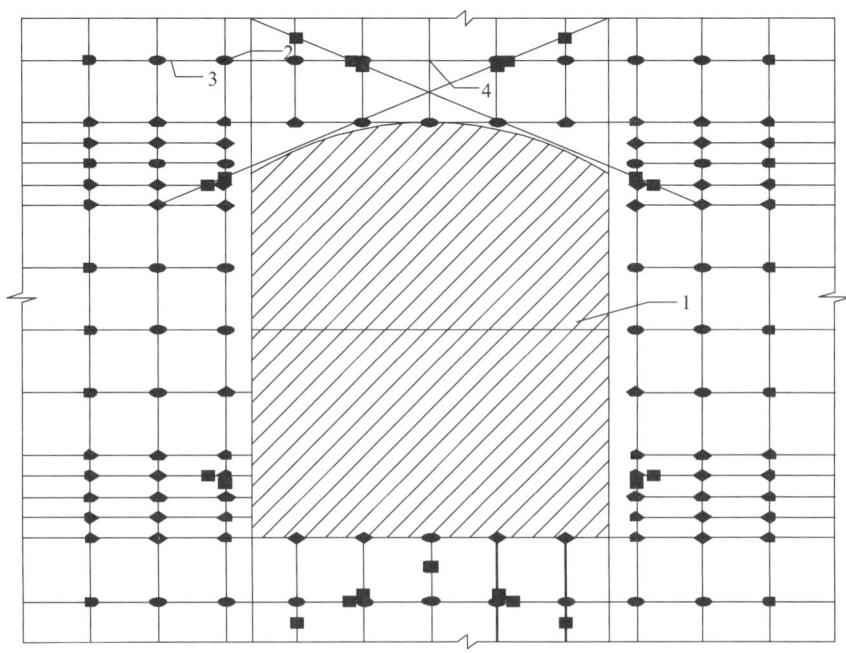

图 46-57　支架与墩柱连接型式

（10）主次楞安装。

顶托标高调整完后，在其上安放 10#工字钢横梁（翼缘下为 10 cm×10 cm 方木），然后在横梁上安放 10 cm×10 cm 方木次楞，次楞间距按腹板下 15 cm、箱室和翼缘下 20 cm 放置，且搭接长度不得小于 30 cm。铺设主次楞时，应注意将主次楞的接头错开，且在任何相邻两根方木接头不在同一平面上。

（11）剪刀撑布设。

剪刀撑采用专用剪刀撑杆，按固定长度卡在横杆对角线上，剪刀撑按照横向不超过每 4.8 m 布设一道；纵向不超过 4.8 m 布设一排，垂直方向布置 3 道，保证外表面必须有一排剪刀撑。剪刀撑安装位置距离节点距离不大于 100 mm，剪刀撑安装到位后，需要敲击锁紧剪刀撑。剪刀撑布置如图 46-58 所示。

图 46-58　剪刀撑布置

（12）支架顶面四周应设置宽度60 cm的作业平台，平台面应满铺脚手板并在四周设置高度不小于18 cm的挡脚板。

① 脚手板的长度宜大于2 m，并应支承在三根以上水平杆上，且与水平杆连接固定。

② 脚手板铺设宜采用搭接方式，搭接接头应设置在水平杆上，搭接长度应大于20 cm，接头伸出水平杆的长度不应小于10 cm。

③ 挡脚板应设置在支架立杆的内侧并固定在立杆上。

④ 作业平台的临空面应设置高度不小于1.2 m的防护栏杆，栏杆外应挂设安全网。栏杆的立柱与支架应连接牢固，立杆顶部和中部内侧应各设置一道水平杆。

（13）支架应设置人行梯架或坡道，梯架或坡道的构造应符合下列规定：

① 梯架或坡道应与支架连接固定，宽度不小于90 cm。

② 梯架或坡道两侧及转弯平台应按作业平台构造的相关要求设置脚手板、防护栏杆和安全网。

③ 梯架的坡度宜小于1∶1；坡道的坡度宜小于1∶3，坡面应设置防滑装置。

六、支架预压

根据设计要求和施工需要，支架体系搭设完成后，应进行支架体系的堆载预压。

1. 支架体系预压目的

（1）检查支架的安全性，确保施工安全；

（2）消除地基非弹性变形和支架非弹性变形的影响，有利于桥面线形控制。支架搭设完经检查验收合格后，铺设分配梁，根据设计要求进行预压，以检查支架的承载能力，减少和消除支架体系的非弹性变形及地基的沉降影响。

2. 加载方法

支架预压荷载应符合施工图纸设计要求；当设计无具体要求时，不应小于支架所承受最大施工荷载的110%。支架预压应选用重量稳定和易于计量、装卸的材料。

支架预压采用碎石袋进行预压，支架预压可按支架所承受最大施工荷载的60%、100%、110%三级进行，预压荷载分布应与支架施工荷载分布基本一致，加载时按设计要求分级进行逐级加载，加载重量偏差应控制在同级荷载的±5%以内。加载过程中如发生异常情况应立即停止加载，查明原因并采取措施保证支架安全后方可继续加载。当纵向加载时，从混凝土结构跨中开始向支点处进行对称布置；当横向加载时，从混凝土结构中心线向两侧进行对称布载。支架预压如图46-59和图46-60所示。

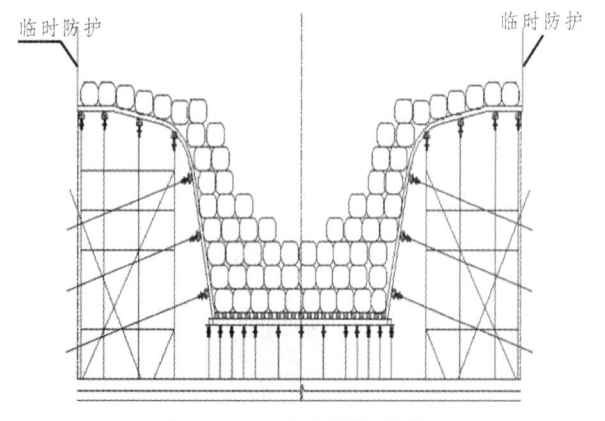

图46-59 支架预压示意

图46-60 支架预压

支架预压加载和卸载应按照对称、分层、分级的原则进行,严禁集中加载和卸载。

3. 支架监测点布置、观测频率以及观测内容

(1) 当结构跨径小于 40 m 时,纵向每隔 1/4 跨径布置一个断面;当跨径大于 40 m 时,纵向相邻观测点距离不应大于 10 m,横断面观测点不应少于 5 个(翼缘板两个、腹板两个点、底板一个),且对称布置;每组测点应在支架顶部和支架底部对应上的位置布置。

每个单元内的支架预压荷载应为此单元内上部结构自重及未铺设的模板重量之和的 1.1 倍,预压荷载在每个单元内宜采用均布形式。

(2) 每级加载完成后,每隔 12 h 对支架沉降量检测;当支架测点连续两次沉降平均值小于 2 mm 时,可继续加载。

加载数据包括:加载前测点标高 H_0、每级加载预压荷载值的(60%、100%、110%)后标高 H_j、加载后 24 h 标高 H_i、卸载 6 h 后测点标高 H_c。

(3) 全部预压荷载施加完成后,每 24 h 监测一次。当各测点沉降量小于 1 mm 或连续三次各测点沉降量累计小于 5 mm 时,方可进行验收。

七、支座安装

支座安装流程如下:全站仪放出支座中心点,弹线确定支座安装位置→凿毛支座就位部位的支承垫石表面并清除锚栓孔内中的杂物→安装支座并将支座调整到设计标高→安装灌浆用模板→支座灌浆→支座预埋钢板安装及 2 mm 环氧树脂的涂装。

(1) 根据设计文件,支座采用《城市轨道交通桥梁球型钢支座》(CJ/T 482—2015) CGQZ-B-L 系列球型钢支座。支座安装与底板模板安装应同步进行,支座安装前根据设计图纸确定每个垫石上的支座类型和安装方向,活动支座端应根据图纸要求设置支座预偏量。

(2) 支座安装前检查支座连接状况是否正常,不得任意松动上、下支座连接螺栓。根据支座具体参数在支撑垫石上施工锚栓孔,凿毛支承垫石表面,清除锚栓孔中的杂物,安装灌浆用模板,并用水将支承垫石表面浸湿。支座就位,用钢楔块楔入支座四角,找平支座,并将支座调整到设计标高,在支座底面与支承垫石之间应留 20~30 mm 空隙;仔细检查支座中心位置及标高后,宜采用重力灌浆法安装,灌浆材料宜使用无收缩高强度灌注材料灌浆,抗压强度不应小于 50 MPa。

(3) 灌浆宜采用重力灌浆方式,灌注支座底部及锚栓孔处空隙,灌浆过程从支座中心部位向四周注浆,直至全部灌满为止,灌浆前初步计算所需浆体体积,实际灌注浆体数量不得与计算值产生过大的误差,防止中间缺浆;灌浆材料终凝后,拆除模板及钢楔块,检查是否有漏浆处,对漏浆处进行补浆,并填堵钢楔块抽出后的空隙,拧紧下支座板锚栓,待灌筑梁体混凝土后,及时拆除上下支座板连接螺栓。

(4) 支座安装、固定完成后,直接在支座上安装梁底预埋钢板,梁底预埋钢板与支座上支座板螺栓连接稳固,同时须满足杂散电流要求,在支座上、支座板上、上钢板下底面及螺栓涂 2 mm 聚氨酯绝缘层,确保梁体与墩身电气隔绝。待端头底模拆除后,应对支座进行解锁,解锁方式采用砂轮机将支座支撑割断,支座解锁后,应及时将墩顶的垃圾清理干净,并给支座安装上防尘帘。

八、模板安装

1. 模板设计及加工

箱梁底模板 1.5 cm 厚高强度光面竹胶板。底板模板铺设 10 cm×10 cm 的方木,再铺上竹胶板,

板缝之间必须密贴,要求做到板缝横平竖直,无错台错缝;腹翼板100 mm倒角采用内径50 mm,壁厚4 mm钢管切割后取适当长度与竹胶板拼接成型,背肋应与方木固定并设置顶撑。

侧模板和翼缘板模板采用S形一体钢模板,根据测量放样定出箱梁底板边线,在底模板上弹上墨线,先安装固定S模的定型架然后安装S侧模板。侧模板与底模板接缝处粘贴海绵胶条防止漏浆个别地方用玻璃胶封堵。在侧模板外侧用双拼$\phi 48\times 3.5$ mm钢管连接,用以支撑固定整体钢模板。

连续梁内模及倒角均采用15 mm厚竹胶板拼装,5 cm×8 cm方木做纵肋,内膜采用整箱结构,采用5 cm×8 cm方木支座骨架,最大间距不超过90 cm设置,在骨架上铺设方木和面板。

为防止模板变形和移位,水平拉杆采用精轧螺纹钢拉杆,纵横向间距90 cm,如有水平拉杆与预应力管道冲突时,内、外模板采用直径为48 mm的钢管对撑,梁高大于2.5 m时横向对撑间距0.6 m,纵向对撑间距0.9 m。梁高小于2.5 m时横向对撑间距1.2 m,纵向对撑间距0.9 m。

2. 模板安装

模板安装严格按设计图纸尺寸进行安装,底板模板安装前应根据技术员放样的梁体中线、边线点在支架上带线确定模板边线后,再安装底板模板及侧模。内模安装应先搭设内模支架,铺设顶模,根据技术员放样的顶模中线确定模板位置准确,安装侧模。模板安装完成后应对模板的顶面标高、平面位置进行复测,确保模板安装偏差满足规范要求见表46-4。

表46-4 梁模板尺寸偏差和检验方法

序号	项目	允许偏差/mm	检验方法
1	侧、底模板全长	±10	尺量检查各不少于3处
2	底模板宽	0 +5	尺量检查不少于5处
3	底模板中心线与设计位置偏差	2	拉线量测
4	桥面板中心线与设计位置偏差	10	
5	腹板中心位置偏差	10	尺量检查
6	隔板中心位置偏差	5	
7	模板垂直度	每米高度3 mm	吊线尺量检查不少于5处
8	侧、底模板平整度	每米长度2 mm	1 m靠尺和塞尺检查各不少于5处
9	桥面板宽度	±10	尺量检查不少于5处
10	腹板厚度	0、+10	
11	底板厚度	0、+10	
12	顶板厚度	0、+10	
13	隔板厚度	−5、+10	
14	端模板预留预应力孔道偏离设计位置	3	尺量检查

九、钢筋、预应力管道安装

钢筋加工在钢筋加工场内集中加工。钢筋安装采用现场绑扎安装,先绑扎底板及腹板钢筋,待内模安装完成后再绑扎顶板钢筋。梁体钢筋净保护层厚度必须满足要求,且绑扎铁丝的尾段不应伸入保护层内。所有梁体预留孔处均增设相应的螺旋钢筋。为确保腹板、顶板、底板钢筋的位置准确,应根据实际情况加强架立钢筋的设置。

钢筋加工允许偏差见表46-5:

表 46-5 钢筋加工允许偏差

序号	项目	允许偏差/mm
1	受力钢筋全长	±10
2	弯起钢筋的弯折位置	20
3	箍筋内净尺寸	±3

当采用垫块控制净保护层厚度时，垫块采用与梁体同强度的材料，且保证梁体的耐久性。当绑扎钢筋与波纹管位置冲突时，应适当调整钢筋位置，确保波纹管位置准确；钢筋安装采用电焊及人工绑扎相结合的方法施工。梁底板及腹板钢筋直接在梁底模上绑扎，若在箱梁上对钢筋实施焊接施工，绑扎过程中须在底模上精确弹出底板主筋位置、间距并划线标注；箍筋位置直接标记在底板主筋上。

钢筋安装及钢筋保护层厚度允许偏差见表 46-6，钢筋绑扎如图 46-61～图 46-64 所示。

表 46-6 钢筋安装及钢筋保护层厚度允许偏差

序号	项目		允许偏差/mm	检验方法
1	受力筋排距		±5	尺量两端、中间各 1 处
2	同一排中受力钢筋间距		±10	
3	分布钢筋间距		±20	尺量连续 3 处
4	箍筋间距		±10	
5	保护层厚度	$c \geqslant 30$ mm	+10、0	尺量两端、中间各 2 处
		$c < 30$ mm	+5、0	

图 46-61 底板钢筋绑扎

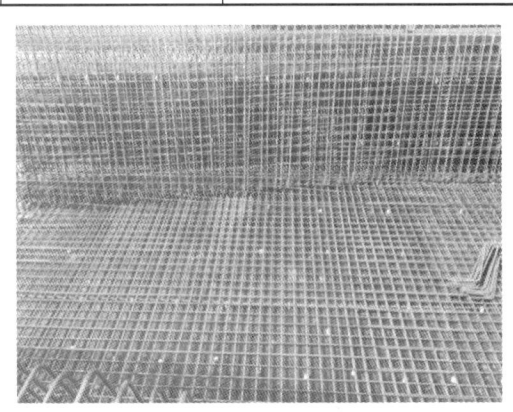

图 46-62 腹板钢筋绑扎

图 46-63 翼缘板底层钢筋绑扎

图 46-64 顶板底层钢筋

十、各类预埋件安装

（1）预埋必须位置准确且牢固，在混凝土灌注过程中，责成专人进行检查，一旦位置发生移动，立即进行矫正，做到预埋件位置、标高误差必须符合精度要求。

（2）综合接地设置：按照综合接地通用图要求设置好每段的综合接地钢筋和梁面的接地端子，尤其在每节段连接时要做好综合接地钢筋的焊接，测量综合接地系统电阻不得大于 1 Ω。

（3）遮板基础预埋钢筋安装时适当向梁的外侧移动 3～5 mm。

（4）注意每节段接触网立柱基础、下拉锚线基础的预留，当设计位置刚好和节段间分界线相互干扰无法预留时，可适当前后移动 0.5 m 位置，但要注意左右两个要与线路中心线垂直。

（5）安装钢筋过程中，应根据设计要求预埋泄水孔、接触网、钢栏杆、综合接地、无砟道床连接套筒等预埋件和预留孔洞。预埋件的材质、规格等均应符合设计要求，外露部分进行相应的防腐处理。预埋件安装位置应准确无误，预埋件安装完成后应采取一定的固定措置，保证在混凝土浇筑过程中不产生位移，预埋件安装允许偏差见表46-7，各类预埋件安装如图46-65～图46-70所示。

表46-7 预埋件和预留孔洞允许偏差

序号	项目		允许偏差/mm	检验方法
1	预留孔洞	中心位置	10	尺量
		尺寸	+10 0	尺量不少于2处
2	预埋件中心位置	中心位置	3	尺量
		外露长度	+10 0	

图 46-65 接触网支柱、下锚拉线

图 46-66 遮板钢筋

图 46-67 伸缩缝、挡水台钢筋

图 46-68 杂散电流端子

图 46-69 杂散电流

图 46-70 预埋轨道钢筋

十一、波纹管及预应力筋安装

1. 波纹管安装

波纹管采用金属波纹管,预应力钢绞线采用 $\phi^s 15.2$ 高强度低松弛钢绞线,标准强度为 1 860 MPa,弹性模量 1.95×10^5 MPa。波纹管及钢绞线进场后严格按规范要求分别对波纹管的外观质量、钢绞线的破断负荷、屈服负荷、弹性模量、极限伸长率进行试验,试验合格后方可使用。

在安装内侧模前技术员对波纹管的定位坐标、密封性等进行一次全面而细致的检查验收,以确保预应力孔道位置符合设计要求,防止波纹管漏浆堵塞孔道。波纹管安装如图 46-71 所示。

图 46-71 波纹管安装

2. 预应力筋安装

(1)钢绞线的下料长度按设计长度表中的下料长度进行下料;

(2)钢绞线下料采用砂轮锯切割,在切口处两端 20 mm 范围内用绝缘胶带绑扎牢,防止头部松散;

(3)按设计预应力钢束编号编束。编束前对钢绞线进行梳整分根,并将每根钢绞线编码标在两端,后用 18#~20#铁丝将其绑扎牢固,绑扎间距为 1~1.5 m,编扎成束的钢绞线应顺直不扭转。为便于穿束,可将穿入端用套管包裹成圆锥状,用肥皂加以润滑,以防穿坏波纹管。

(4)钢绞线穿束采用吊车配合,吊点宜牢靠,穿束人员作业平台提前搭设牢固。

十二、混凝土施工

1. 浇筑原则

混凝土浇筑采用全断面一次浇筑成型的方法,浇筑时纵向分段、竖向分层,分段长度原则上按

10 m划分为一个浇筑段。

2．混凝土浇筑

混凝土浇筑按水平分层、斜向浇筑、整体推进的方法进行施工。浇筑总顺序为纵向由低端向高端，横向由两侧向中间，交替进行，水平分层，往前推进。

（1）混凝土浇筑顺序。

① 竖向浇筑顺序。

从底板到顶板分为三步浇筑：

第一步浇底板和腹板根部，浇筑腹板根部时要封住下八字；

第二步浇筑腹板下八字至翼板掖下以上 5 cm；

第三步浇筑顶板和翼板。每步浇筑时水平分层，每层浇筑厚度不大于 30 cm。

② 纵向浇筑顺序。

按前一施工段的腹板根部及底板→腹板（翼板掖下以上 5 cm）到后一施工段的腹板根部及底板→腹板（翼板掖下以上 5 cm）的纵向浇筑顺序往前推进，推进的过程为斜向阶梯分布，彼此相差为一步左右。然后浇筑前一施工段顶板混凝土，依次类推，直到浇筑完成。

（2）混凝土浇筑方法。

梁体混凝土浇筑前应按施工组织安排，对施工场地布置、施工人员配置及职责分工、混凝土原材料储备、施工设备配置和应急预案进行检查落实，并认真做好技术交底，确保混凝土浇筑前施工连续不间断进行。

首先在箱梁顶部每 10 m 开设一个 1.0 m×1.0 m 通行孔，用于混凝土浇筑底板时泵车泵管伸入箱室内直接浇筑混凝土，避免混凝土从腹板灌入造成离析。还可用于后期锯齿块的预应力张拉压浆，待锯齿块封锚后封闭该通行孔。

底板混凝土直接由通行孔下料，人工摊平振捣并抹平，步距掌握在 10 m 左右，浇筑完成停止一段时间后，然后再按 30 cm 一层浇筑腹板。

底板混凝土中有一部分来自腹板因振捣而溢流的混凝土，不足部分由内箱顶部沿纵向预留的通行孔下料补齐，在浇筑顶板前将其封严。腹板分层浇筑到桥面翼板掖下上 5 cm 后，停止一段时间，再从腹板位置向两侧开始浇筑桥面板。浇桥面板时步距要小于腹板的步距。

梁体浇筑时，对于钢筋密集的支座顶部、预应力锚垫板周围和横隔梁等区域，应加强其混凝土振捣质量控制。

对于高度较大的梁体，其腹板与底板倒角区混凝土浇筑时，宜安排人员进入腹板进行混凝土捣固。混凝土浇筑完成后应及时采用保湿材料覆盖养护。

十三、预应力施工

1．预应力的下料

在两端钢绞线装上锚垫板，再将夹片按顺序套在钢绞线上，用 $\phi 20$ 的钢管将夹片轻轻打入锚板孔内（要求所有夹片基本整齐一致），再安装限位板。

把钢绞线束穿入千斤顶，锚具中心要与孔道中心对准，调整千斤顶位置，使千斤顶与孔道、锚板位于同一轴线上，并使千斤顶与限位板、锚板接触密贴后，在千斤顶端用工具锚将钢绞线临时固定。

预应力筋下料时，根据施工图所提供的钢束编号和下料长度采用切断机或砂轮锯切断，不准采用电弧切断，钢绞线下料不准散头，钢丝编束要梳丝理顺，每隔 1～1.5 m 捆扎成束，并作出编号标志；预应力筋在储存、运输和安装过程中，不准雨淋生锈和损伤。

预应力筋下料长度、预应力孔道的允许偏差和检验方法见表 46-8 和表 46-9。

表 46-8　预应力筋下料长度允许偏差和检验方法

序号	项目		允许偏差/mm	检验方法
1	钢丝	与设计或计算长度差	±10	尺量
		束中各根钢丝长度差	不大于钢丝长度的 1/5 000，且不大于 5	
2	钢绞线	与设计或计算长度差	±10	
		束中各根钢丝长度差	5	
3	预应力螺纹钢筋		±5	

表 46-9　预应力孔道允许偏差和检验方法

序号	项目	允许偏差/mm	检验方法
1	纵向孔道		尺量两端、跨中、1/4 跨、3/4 跨各 1 处
2	横向孔道	4	尺量两端
3	竖向孔道		尺量两端

2. 预应力的穿束

由人工在混凝土浇筑前进行钢绞线的穿束，穿束前检查锚垫板和孔道的位置正确，检查灌浆孔和排气孔是否满足要求，孔道内应畅通，无水分和杂物，锚具、垫板接触板面上的杂物要清理干净。钢绞线伸出锚垫板长度，工作长度为 80 cm。混凝土浇筑过程中，派专门班组负责钢绞线的拉动工作，以防波纹管漏浆后将钢绞线锚固。拉动钢绞线工作从混凝土面覆盖管道开始，到混凝土浇筑完成后 4 h 结束。

3. 预应力的张拉

张拉预应力筋采用两端同步张拉，并左右对称进行，最大不平衡束不超过 1 束；张拉顺序先腹板束，后顶板束，从外到内左右对称进行，并及时压浆；施加预应力采用双控，预施压力值以油表读数为主，以预应力筋伸长值进行校核。预施应力过程中保持两端的伸长量基本一致。预应力筋终张拉时，混凝土强度、弹性模量及龄期应符合设计要求；张拉顺序及控制力应符合设计规定。

十四、孔道压浆

压浆时，每一工作班应留取不少于 3 组试样，检查其抗压强度作为水泥浆质量的评定依据。

当气温或构件温度低于 5 ℃时，不得进行压浆。水泥浆温度不得超过 32 ℃。

压浆时，应自梁一端注入，而另一端流出，直至流出的稠度达到注入的稠度，管道应充满水泥浆。

水泥浆自调制至压入孔道的延续时间，一般不宜超过 30～45 min，水泥浆在使用前和压注过程中应经常搅动。

出气孔应在水泥浆的流动方向一个接一个地封闭，注入管在压力下封闭直至水泥浆凝固。压满浆的管道应进行保护，使在一天内不受振动，管道内水泥浆在注入后 48 h 内，结构混凝土温度不得低于 5 ℃，否则应采取保温措施。当白天气温高于 35 ℃时，压浆宜在夜间进行。在压浆后两天，应检查注入端及出气孔的水泥浆密实情况。

十五、封锚

张拉端采用 C50 混凝土封锚，混凝土间隙用 C50 补偿收缩混凝土水泥浆填封。混凝土浇筑前在新老混凝土结合面上凿毛,老混凝土面有杂物必须清除干净,之后用水冲洗干净并使新老混凝土接触面充分吸水后方可进行浇筑。

(1)孔道压浆完毕后立即将梁端水泥浆冲洗干净,同时清除支承垫板、锚具及端面混凝土的污垢,并将端面混凝土凿毛,以备浇筑封端混凝土。

(2)设置端面钢筋网。为固定钢筋网的位置,可将部分箍筋点焊在支承垫板上。

(3)固定封端模板,以免在浇筑混凝土时模板走动而影响梁长。立模后校核梁体全长,其长度应符合允许偏差的规定。

(4)浇筑封锚混凝土时,要仔细操作并认真振捣,保证锚具处的混凝土密实。

(5)新老混凝土接触面凿毛必须保证不破坏外观接触处,凿毛部位距离梁体轮廓边宜为2~3 cm。混凝土凿毛部位必须将其水泥浆凿完,直至露出碎石。

十六、模板、支架拆除

1. 模板拆除

混凝土达到设计强度且监理工程师确认后,方可拆除堵头模板、内模和拉杆,按设计顺序以及对称同步原则张拉预应力筋,压浆完成后拆除底模、侧模和满堂支架。底模板拆除如图46-72所示。

图 46-72 底模板拆除

2. 支架拆除

现浇梁混凝土浇筑完成、预应力张拉完成后方可拆除底模支架,根据不同的支架类型采用不同的拆除方法。并对操作人员进行技术交底,明确支架拆除顺序和安全措施

拆架程序应遵守由上而下,先搭后拆的原则,即先松顶托,使底梁板、翼缘板底模与梁体分离。拆架时一定要先拆箱梁翼板后底板或先外伸梁后主梁,并必须从跨中对称往两边拆。整个拆架过程中必须有技术人员跟班指挥与检查,以防拆架产生过大的瞬时荷载引起不应有的施工裂缝,多跨现浇简支梁应同时从跨中对称拆架。

第五节 连续梁挂篮现浇

杭海城际铁路高架区间跨越既有道路、河流,大多采用连续梁通过,其中余许、许海、海长、长周、周盐区间主跨为 50 m、60 m、80 m、85 m、120 m 等连续梁,采用挂篮施工。在桑梓公路周王庙下游约 2.1 km 处跨盐官下河，跨越处河面正宽约 68 m，线路与河流的夹角为 55°，南排河规划Ⅵ航道，为减少新建桥墩对河堤及堤上道路的影响，采用（70+120+70）m 连续梁方案，两主墩均位于河岸上，桥址处于水网河道中，下部施工较困难，为桥梁重点工程，本节以（70+120+70）m 悬臂现浇梁为例，对杭海城际铁路连续梁挂篮现浇施工工艺进行总结。

一、工程概况

（70+120+70）m 悬臂现浇梁，起点里程为右 DK26+481.840，终点里程为右 DK26+741.840，全桥长 260 m，属于超过一定规模的危险性较大的分部分项工程。连续梁上部结构为预应力混凝土连续梁，采用单箱单室变截面，腹板为直腹板形式。梁体各控制截面梁高分别为：边跨直线段及中跨跨中截面特征点处为 4.0 m，中支点截面特征点处梁高为 8.2 m，梁高按二次抛物线变化；全桥箱梁顶宽 10.6 m，箱梁底宽 6.6 m。顶板厚 35 cm，腹板厚分别为 60 cm、80 cm、100 cm，底板厚由跨中 50 cm 按抛物线变化至中支点梁根部的 120 cm，中支点处加厚到 190 cm；全梁共设 4 道横隔梁，分别设于中支点和端支点中截面。中支点处设置厚 3.0 m 的横隔梁，边支点处设置厚 1.5 m 的端隔梁，中支点隔板设有孔洞，供检查人员通过。

箱梁纵向悬臂浇筑分段长度为（4×3+10×4）m。箱梁墩顶现浇段（即 0#块）长度为 14.0 m，合龙段长度为 2.0 m，采用吊架施工；边跨现浇段长度为 8.85 m 均采用满堂支架现浇施工。（70+120+70）m 预应力混凝土双线连续梁计划投入 2 对挂篮。各节段箱梁混凝土均采用全断面一次浇筑，各单 T 箱梁浇筑至第 14 标准节段后，先浇筑边跨合龙段，再解除墩顶临时固结，并拆除所有支架后，浇筑中跨合龙段，完成体系转换，形成三跨连续箱梁。

二、总体施工方案

连续梁施工主要分为 0#块施工、悬浇段施工、边跨现浇施工、合龙段及体系转换施工。

三、悬臂施工工艺流程

悬臂施工工艺工艺流程如图 46-74 所示。

四、0#块施工

（一）工艺流程

主墩墩顶 0#块箱梁采用支架现浇法进行施工，其施工工艺流程详如图 46-75 所示。

（二）施工关键工序及技术要点

1. 钢管支架搭设

主墩 0#段长度为 14 m，支架直接坐落在承台上。支架采用钢管、工字钢、木方竹胶板拼装而成。翼板及箱室内支架采用钢管脚手架，同时与箱梁支撑连接以保证稳定性。

支架钢管柱预埋件为底部焊接带弯钩锚固钢筋的矩形钢板，钢板尺寸为 0.8 m×0.8 m×20 mm，锚固钢筋为 HRB335 的 ϕ16 mm 钢筋共计 8 根，锚筋长度为 0.4 m，弯起角度 90°，弯起长度 0.1 m。钢管与钢板焊接，钢管四周焊接 8 个 5 cm×5 cm×1 cm 的三角钢板加固。

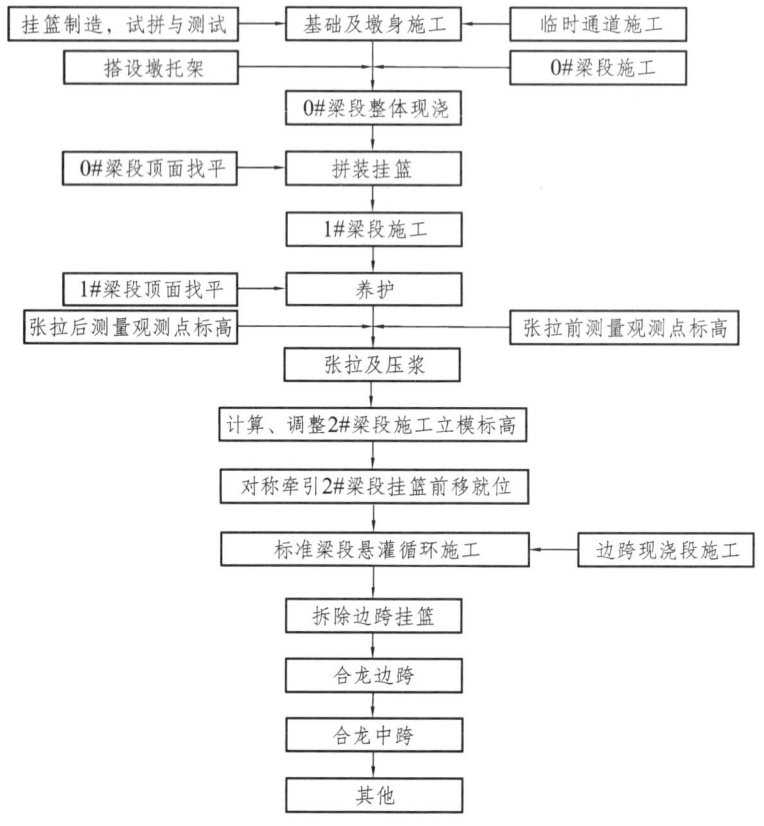

图 46-74 悬臂施工工艺

临时固结钢板尺寸加为 1.4 m×1.4 m×20 mm，锚固钢筋为 HRB335 的 ϕ16 mm 钢筋共计 8 根，锚筋长度为 0.55 m，弯起角度 90°，弯起长度 0.1 m，钢管柱内埋设 4 根 ϕ32 mm 精轧螺纹钢，螺纹钢伸入承台 3.5 m。

0#块托架钢管立柱采用 630 mm×8 mm 钢管。柱顶横梁采用双拼 HM600 型钢，双拼 HM600 型钢分配梁间距为 3.0 m。支柱顶为加大受力面，设置与承台预埋件相同的边长为 80 cm 的矩形钢板，每组型钢分配梁和钢管之间用钢板焊接成整体。

箱梁腹板和箱室下采用调坡梁，调坡梁采用 HN400 型钢。由于箱梁截面形式为变截面，故调坡梁布置间距需分为翼缘板、腹板及箱室三部分进行划分。翼缘板下采用纵向间距为 70 cm 的侧模支架，支架底楞采用 3 根 HN400 型钢，侧模支架底楞横向排布间距分别为 0.5 m、0.5 m 和 0.6 m；腹板下调坡梁 3 根，间距均为 0.35 m；箱室下调坡梁 6 根，间距 0.45 m、0.5 m 两种；同时为避开临时固结 ϕ1 200 mm×12 mm 钢管柱空间位置，需在箱室和腹板下调坡梁之间横向预留出 1.4m 间隔；调坡梁上采用铺设 10 cm×10 cm 方木和 15 mm 厚竹胶板。

翼缘板下侧模支架底楞采用 3 根 HN400 型钢横向排布组成，型钢间距分别为 0.5 m、0.5 m、0.6 m，侧模支架采用 10#槽钢焊接成小排架，侧模支架纵向间距为 0.7 m。

0#块底模采用钢模板，外侧模采用挂篮外模板，加工时分成四块，安装时组装成整体。0#块浇筑完成后，两块一拼分成两块作为挂篮侧模，侧模由专业厂家加工，现场组拼。支架、底模安装好后，进行支架预压，测量组进行相关测量观测工作，并做好记录，作为预拱度参考值。

内模以及部分内模倒角模板采用胶合板，内模架采用 10 cm×10 cm 方木进行搭设支撑骨架，架设纵向间距为 100 cm，横向间距为 60 cm，竖向步距为 100 cm。

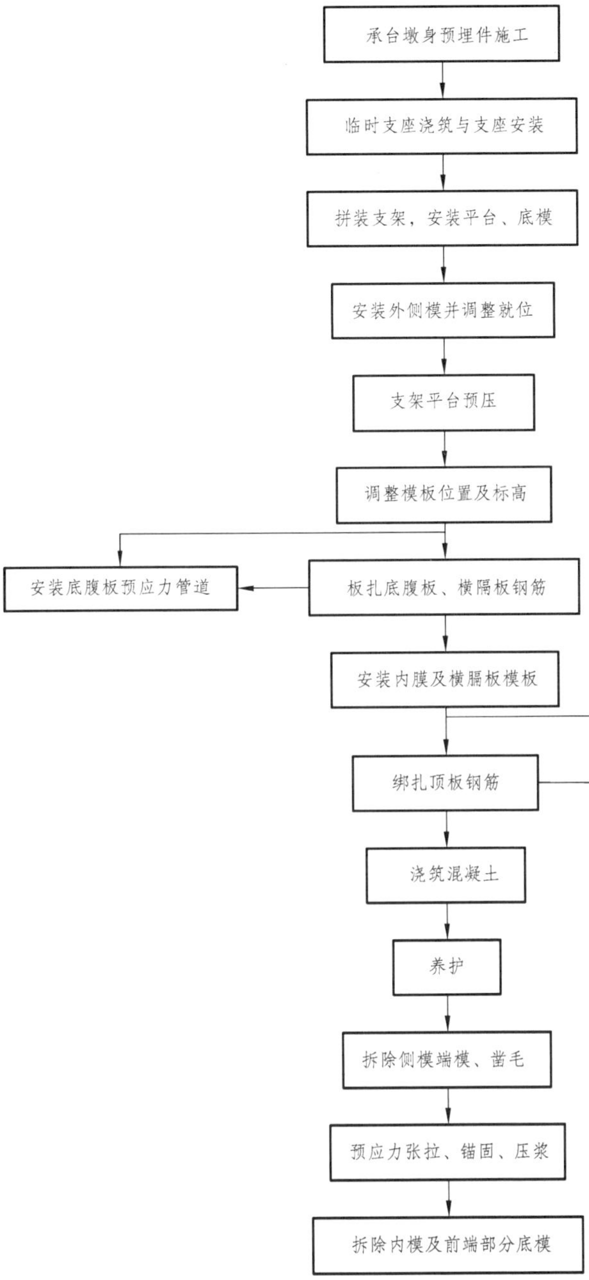

图 46-75 0#块施工流程

腹板两侧模板采用间距 90 cm 的 ϕ20 mm 钢筋拉杆进行对拉,并在竖向每隔 120 cm 设置一组 ϕ20 mm 钢筋拉杆对两侧腹板进行通拉固定。

底模采用竹胶板,现场加工而成。为保证底模下有足够的支撑,保证底模的强度、刚度、稳定性,在墩柱顶部用 HN600 型钢围成矩形,然后在墩顶与 0#块梁底之间填充细沙并洒水密实,不但能够起到足够的支撑作用且便于拆除。

支架、底模安装好后,进行支架预压,测量组进行相关测量观测工作,并做好记录,作为预拱度参考值。支架平面、0#块托架立面如图 46-76 和图 46-77 所示。

支架所用钢管桩的钢管是由厂家特别定做而成,运到现场可以直接使用不必进行焊接加工。

钢管桩总计 12 根，利用剪刀撑、管柱横向连接为一个整体，剪刀撑材料为双拼［10 槽钢，顶部横向连接件材料为双拼［20a 槽钢，其余横向连接件材料为双拼［10 槽钢。顶部横向连接构件距承台顶 4.4 m、底部横向连接构件距承台顶 1.4 m。

双拼［20 槽钢间焊接厚度为 10 mm，宽度为 300 mm，长度为 230 mm 的钢板，在双拼［20 槽钢与钢管柱焊接节点位置，额外加设 8 mm 厚的圆柱钢管抱箍，对焊接节点钢管进行节点加强，再将夹焊 10 mm 厚的双拼［20 槽钢焊接在抱箍上。其余位置钢管柱间横向连接，钢管柱间斜撑均采用双拼［10 槽钢。钢管柱间横向连接采用焊接双拼［10 槽钢连成整体，管柱与［10 槽钢间采用宽度为 200 mm，长度为 230 mm，厚度为 10 mm 的钢板作为节点板增大焊接面积；管柱上抱箍与双拼［20 槽钢间采用宽度为 230 mm，长度为 300 mm，厚度为 10 mm 的钢板作为节点板增大焊接面积；槽钢所有的焊接焊脚尺寸均大于 8 mm，且焊缝均匀饱满。钢管具体尺寸如图 46-78～图 46-80 所示。

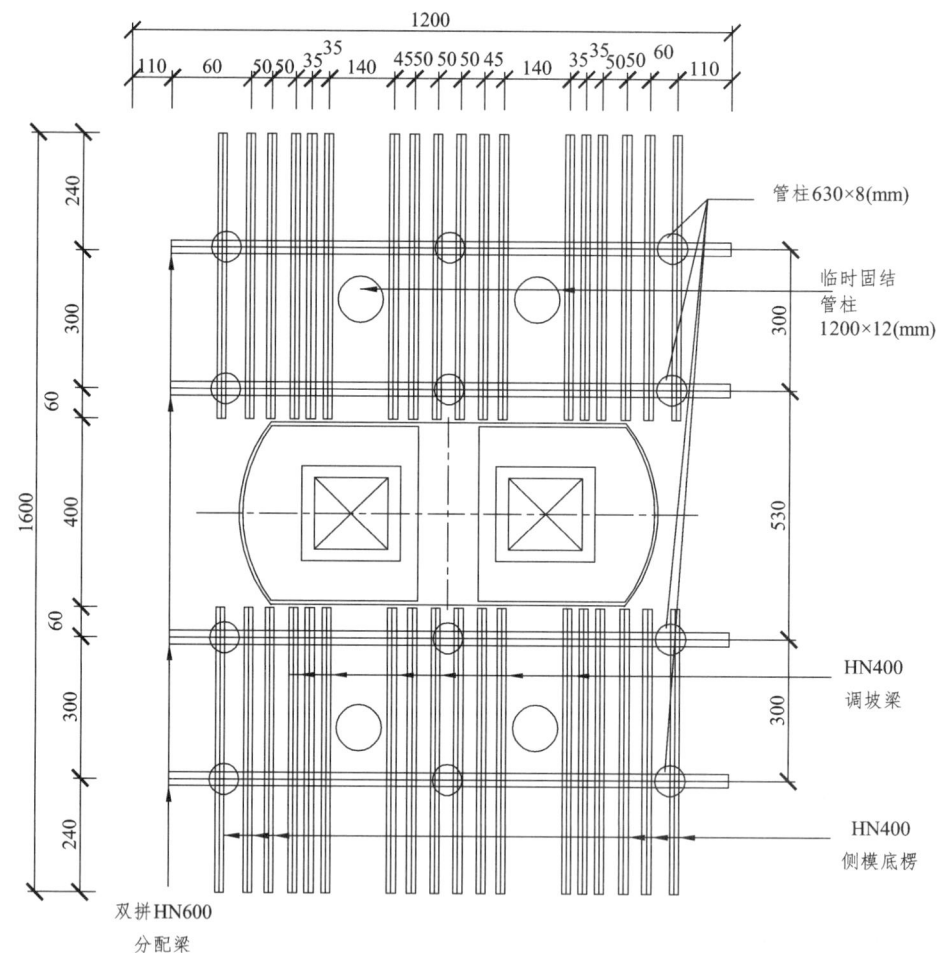

图 46-76 支架平面图

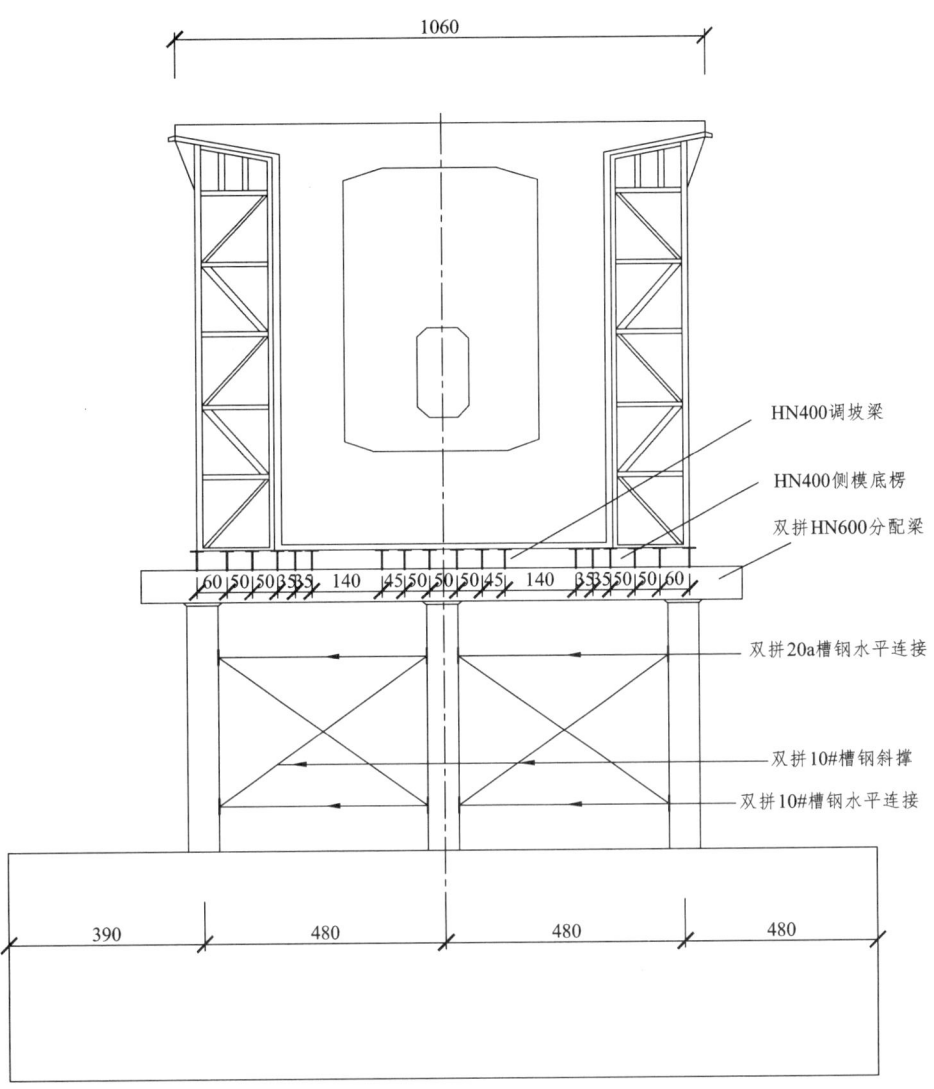

图 46-77　0#块托架立面图

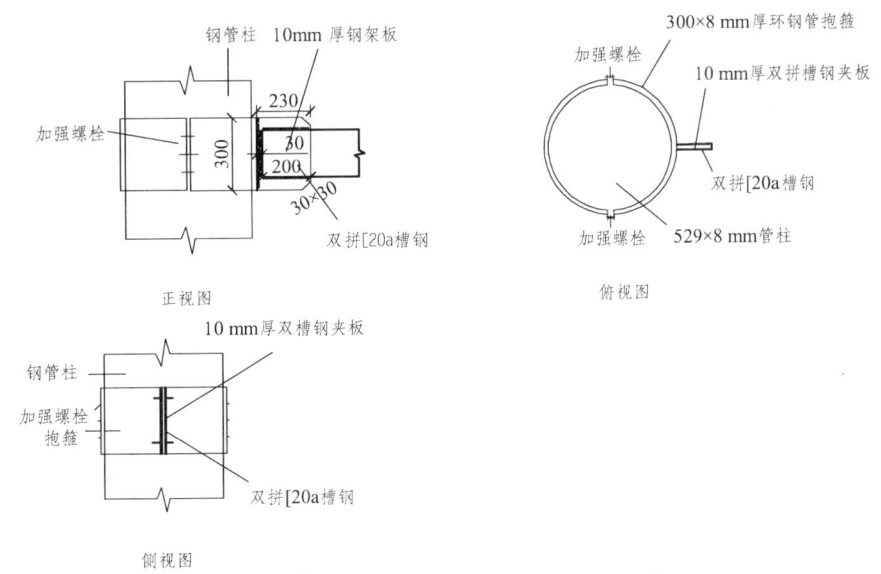

图 46-78　柱与双拼 [20 槽钢角焊缝示意

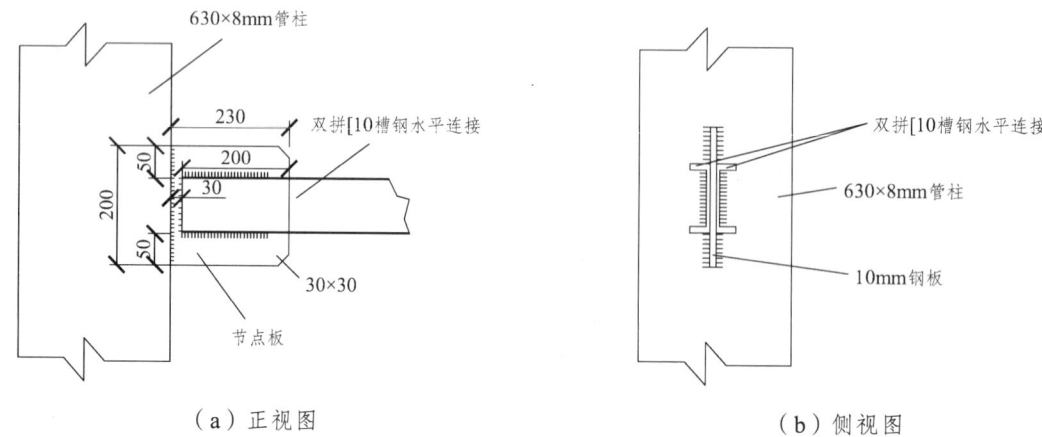

(a)正视图　　　　　　　　　　　　(b)侧视图

图 46-79　管柱与双拼 [10 槽钢水平角焊缝示意

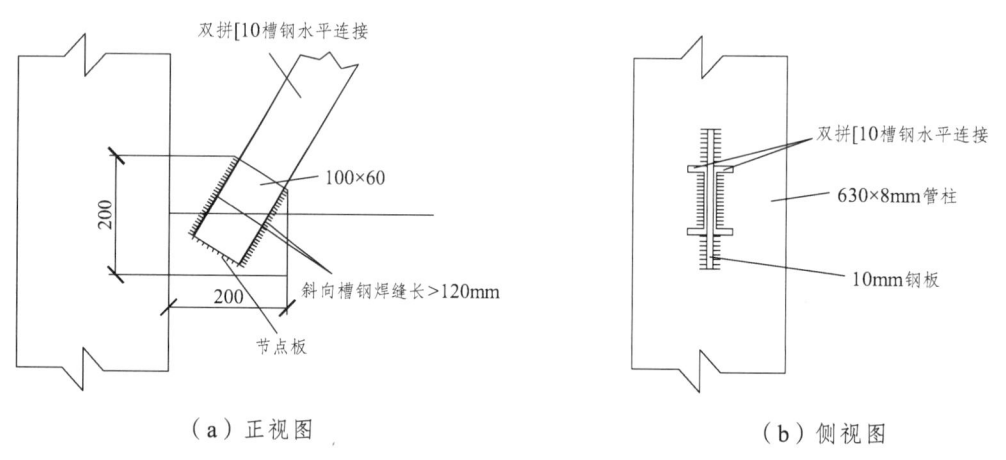

(a)正视图　　　　　　　　　　　　(b)侧视图

图 46-80　管柱与双拼 [10 槽钢斜向角焊缝示意

2. 临时固结

该桥箱梁设置的支座与墩身为铰接,为避免悬灌梁施工时前后梁段荷载不平衡产生倾斜,且不使永久支座过早受力,在悬灌梁施工过程中,在墩两侧对称设置四根钢管混凝土与 0#块固结。

临时固结钢管混凝土立柱支撑设置在承台上,采用 1 200 mm×12 mm 钢管,并在每根钢管内埋设 4 根 ϕ32 mm 精轧螺纹钢,钢管内用 C50 微膨胀混凝土填实。内部采用 ϕ32 mm 精轧螺纹钢,一端预埋入承台中 3.5 m,另一端伸入 0#块梁体并超过底板顶面一定长度满足张拉要求,在立柱顶与梁连接部分砌筑硫磺砂浆。

3. 支架预压

（1）支架预压及加载方法。

支架预压是为了消除地基的弹性及非弹性变形,确保支架的安全性。支架预压采用与实际 0#块重量 1.1 倍重的碎石袋进行预压,碎石袋规格为 1.8 t/袋,加载时使用汽车吊装,人工配合堆放,堆放时注意碎石袋不得将沉降观测点覆盖,加载时按设计要求分级进行逐级加载。

加载方法:根据《铁路预应力混凝土连续梁悬臂浇筑施工技术指南》中关于 0#块预压的相关说明,0#块预压的加载采用分级加载。预压按总荷载的 0→60%→100%→110%进行加载,检查各杆件焊缝有无开裂情况,同时记录加载施力和位移数据。支架预压如图 46-81 所示。

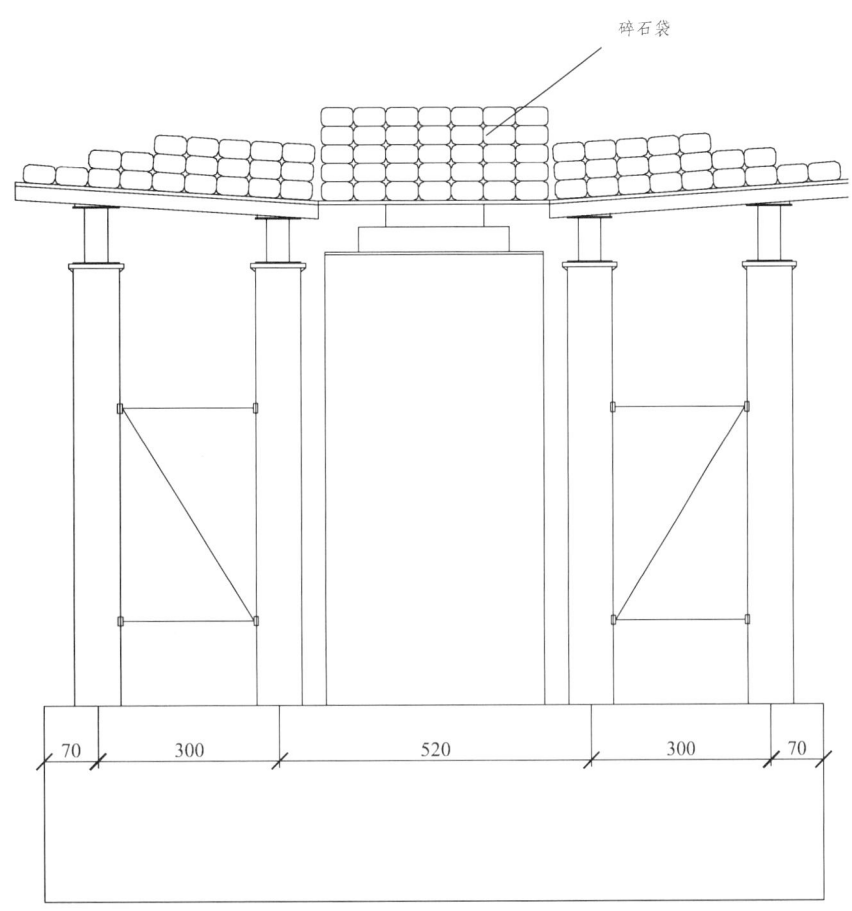

图 46-81 支架预压示意

（2）变形监测。

变形监测测量从支架顶顺立杆往下倒挂木尺设置，地面上的观测点直接在承台上做高程观测点。

0#段支架预压监测共布置 4 个观测断面，每个断面设置 5 个测点，各点分别位于箱梁的左右侧腹板位置、翼板及底板与腹板中线处。

预压前测量原始标高（支架顶标高为 H_0、地面标高为 h_0），预压过程中每天观测 1 次，直至一天内的累计沉降值不大于 1 mm 时，方可认为预压稳定，此时测量各沉降观测点的标高（支架顶标高为 H_1、地面标高为 h_1），然后方可卸载，并测量卸载完后各沉降观测点的标高（支架顶标高为 H_2、地面标高为 h_2）。

支架预压的总沉降量 $\delta = H_0 - H_1$、地基预压的总沉降量 $\delta = h_0 - h_1$，经计算，均满足设计规范要求。

4. 支座的安装

根据设计文件要求该桥支座采用《城市轨道交通桥梁球型钢支座》（CJ/T 482—2015）CGQZ-B-L 系列球型钢支座。

5. 模板安装

0#梁段支架标高调整正确，永久和临时支座就位后，即可安装底、腹模板；然后绑扎底板和腹板钢筋，安装腹板纵向波纹管和竖向预应力筋；再安装内模和横隔模板；绑扎顶板钢筋和安装横向波纹管道及预埋件，最后安装端头模板。内模支撑示如图 46-82 所示。

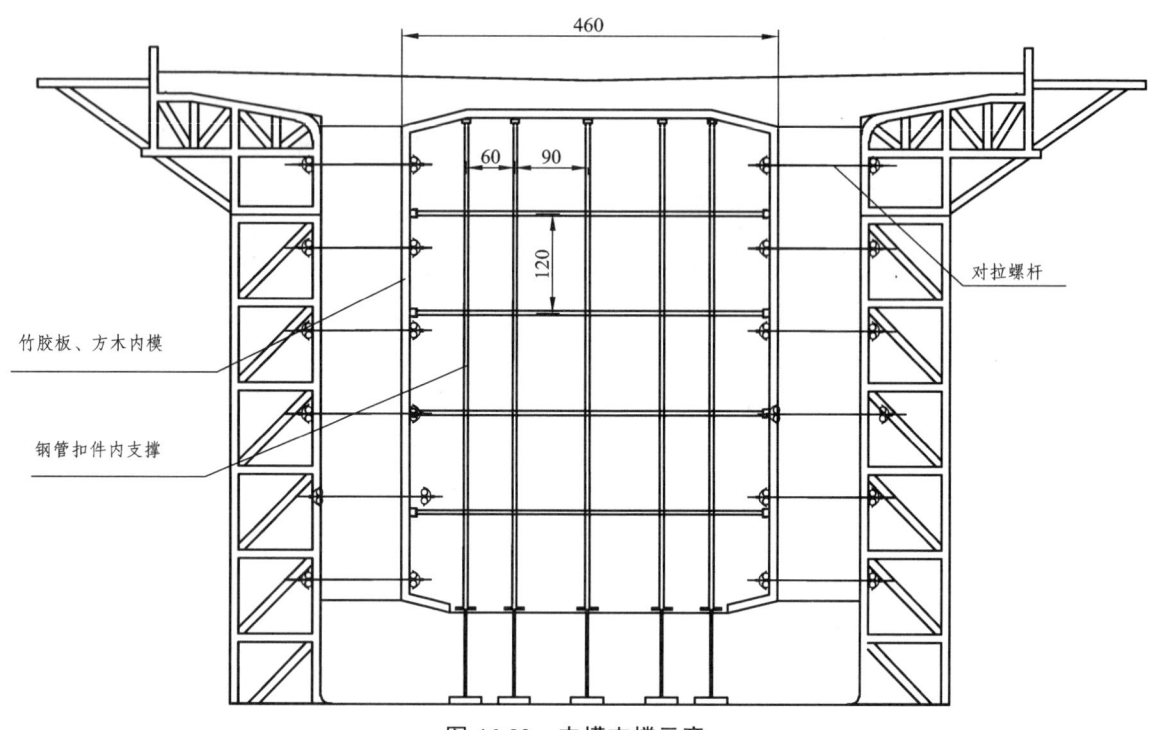

图 46-82 内模支撑示意

6. 钢筋绑扎

0#段所有的钢筋制作及加工均在钢筋加工场地按设计图纸和施工技术规范的要求对钢筋原材料进行下料、弯制，制作成型后挂牌分类堆放。由汽车运输，汽车吊吊上桥。

首先绑扎箱梁的底板钢筋、然后腹板钢筋及竖向预应力筋波纹管及横隔板横向预应力筋波纹管，待内模安装完毕后绑扎箱梁的顶板钢筋、顶板预应力筋波纹管和安装顶板预埋件。底板、顶板的底层钢筋的保护层采用混凝土垫块，用连接筋固定两层钢筋之间的距离。0#块钢筋绑扎、预埋钢筋绑扎如图 46-83 和图 46-84 所示。

7. 波纹管安装

（1）波纹管。

箱梁设计设置有纵、横、竖三向预应力筋，纵向预应力钢束采用 $\phi^s15.2$ mm 高强低松弛钢绞线，抗拉强度标准值 $f_{pk}=1\,860$ MPa，弹性模量 $E_P=1.95\times10^5$ MPa，波纹管采用内径 $\phi100$ mm 和 $\phi110$ mm 金属波纹管，锚具采用 M15-15 型和 M15-17 型；横向预应力钢束采用 $\phi^s15.2$ mm 钢绞线，抗拉强度标准值 $f_{pk}=1\,860$ MPa，弹性模量 $E_P=1.95\times10^5$ MPa，波纹管采用内径尺寸 $\phi90\times19$ mm 的扁形金属波纹管，锚具采用 BM15-5 和 BM15P-5 扁形锚具；竖向预应力钢束采用二次张拉回缩钢绞线短索，抗拉强度标准值 $f_{pk}=1\,860$ MPa，弹性模量 $E_P=1.95\times10^5$ MPa，波纹管采用内径 $\phi50$ mm 金属波纹管，锚具采用 YM15-2G 和 YMP15-2G 型。

（2）波纹管安装。

在箱梁底板及顶板底层钢筋绑扎完毕后，开始绑扎纵向预应力波纹管。首先把波纹管按正确位置摆放在底板及顶板底层的钢筋上，然后绑扎底板及顶板上层钢筋。

待底板及顶板钢筋绑扎好后，开始固定波纹管。金属波纹管套管的直径大于被连接管一个直径级别，其长度为 4~5 倍被连接管内径，且不应小于 300 mm。

图 46-83　0#块钢筋绑扎

图 46-84　预埋钢筋绑扎

波纹管的固定采用 ϕ10 mm 钢筋"井"型固定，直接挂在底板及顶板的箍筋上，然后用电焊将井字形钢筋点焊固定，定位筋的间距控制在 60 cm，曲线段间距控制在 30 cm，以使其不能上、下、左、右移动，从而确保波纹管位置的正确并使其顺直、圆顺、无死弯。

井字形定位钢筋的内径比波纹管的外径大 3～5 mm。竖向及横向波纹管采用同样的固定方法，喇叭管的中心线要与锚具垫板垂直，波纹管正确定位后，在波纹管内部穿一根 PVC 管，在浇筑混凝土时加强波纹管刚度，即使漏浆孔道已成型。

预应力筋管道采用塑料波纹管或铁皮管成孔。纵向预应力筋管道采用内径 ϕ100 mm 和 ϕ110 mm 金属波纹管。

横向预应力筋管道内径为 ϕ90×19 mm 扁形金属波纹管；竖向预应力筋管道采用内径为 ϕ50 mm 的铁皮管成孔。

预应力波纹管纵向采用咬口接缝，套接长度为 50 mm，为便于穿过预应力钢束，各管节头均采用同向套接，波纹管套接方向相邻悬臂段保持同向套接。

管道固定后严格控制管道位置及弯曲角度。

对腹板束、顶板束在 0#段管道中部设三通管，中跨底板在合龙段横隔板附近管道设三通管，边跨底板束在距支座约 10 m 附近管道设三通管，钢束长超过 60 m 的按相距 20 m 增设一个三通管，利于通气，保证压浆质量。

波纹管在每段端部位置准确性采用堵头模板控制，在堵头模板上将每个断面的波纹管的位置提前割出圆洞，然后将每个部位的波纹管对号放入，并采用海绵条堵塞缝隙防止漏浆。

所有管道均应设压浆孔，在最高点设排气孔，需要时还应在最低点设排水孔。压浆管、排气管和排水管应是最小内径为 20 mm 的标准管或适宜的塑料管,与管道之间的连接应采用金属或塑料结构扣件,长度应满足从管道引出结构物以外。

所有管道的压浆孔、抽气孔应设在锚座上,排气孔应设在锚具的附件上。

8. 0#块混凝土浇筑

该梁体混凝土强度等级采用 C55 高性能混凝土,混凝土生产运输严格执行《铁路混凝土工程施工技术指南》《铁路桥涵施工质量验收标准》《铁路混凝土工程施工质量验收标准》等有关规定。

混凝土采用自建搅拌站拌制混凝土,混凝土输送车运送,混凝土泵车泵送入模,插入式振捣器振捣的施工方法。

浇筑混凝土前应检查模板、钢筋及预埋件的位置、尺寸和保护层厚度,确保其位置准确、保护层足够。

根据箱梁特点,在混凝土浇捣过程中,应按照:底板→腹板→顶板的顺序进行浇捣。

在底板浇捣过程中应浇筑腹板下部底板,将腹板的下口封堵严实,且超浇 20 cm。

再浇捣底板中部,底板浇捣完后,开始浇捣腹板,腹板浇捣完毕后,安排工人将腹板下口超浇部分混凝土清理至设计标高,然后将底板面抹平。

在清理腹板下口混凝土的同时,浇捣顶板混凝土,待全部混凝土浇捣完毕后开始收面,收面应分两次进行。梁体浇筑顺序如图 46-85 所示。

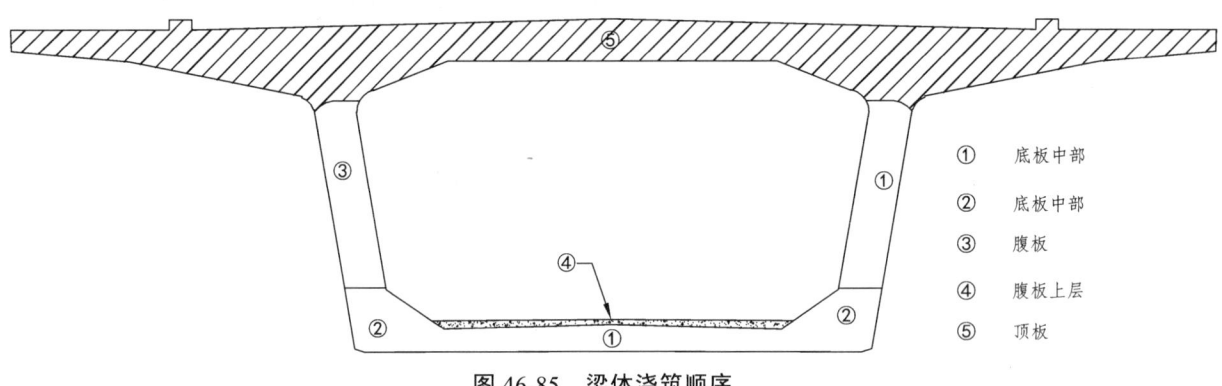

图 46-85　梁体浇筑顺序

9. 混凝土的拆模、养护和凿毛

(1)模板拆除。

非承重侧模在混凝土强度达到设计强度的 75% 以上时可进行拆除;承重模板在混凝土强度达到设计强度的 100% 以上方可进行。

拆模采用汽车吊、塔吊配合人工拆除。拆模时,要保证梁体混凝土表面及棱角不致因拆模而损坏。

拆模时梁体混凝土芯部与表层、箱内与箱表层与环境温差均不宜大于 15 ℃,若大于 15 ℃ 采取必要的保温措施。

拆模完毕后及时进行覆盖洒水养护。

(2)混凝土养护。

混凝土灌注完毕后,顶面采用土工布覆盖浇水养护,箱梁内顶、底板、侧墙和箱梁外底、腹板均采用洒水养护。

按照规范要求制作混凝土试件,同条件养护试件涉及到张拉混凝土强度及弹性模量的确定,必须保护好同养试件,并确保同条件养护。

混凝土养护采取自然养护和必要的降温措施相结合。

(3) 混凝土凿毛。

0#块第1次浇筑完成和梁段端部模板拆除后,人工及时凿毛混凝土表面,保证外露部分为新鲜的粗骨料,以利于下1次浇筑或下一节段混凝土更好地黏接。

等混凝土达到一定强度后,开始人工凿毛。必须将混凝土表面的浮浆全部凿出,并露出粗骨料,及新鲜的混凝土面。

10. 预应力的下料、穿束、张拉及孔道压浆

(1) 预应力的下料。

预应力筋下料时,根据施工图所提供的钢束编号和下料长度采用切断机或砂轮锯切断,不准采用电弧切断,钢绞线下料不准散头,钢丝编束要梳丝理顺,每隔1~1.5 m捆扎成束,并作出编号标志,搬运时,不准在地上拖拉;预应力筋在储存、运输和安装过程中,不准雨淋生锈和损伤。

(2) 预应力的穿束。

由人工在混凝土浇筑前进行钢绞线的穿束,穿束前检查锚垫板和孔道的位置正确,检查灌浆孔和排气孔是否满足要求,孔道内应畅通,无水分和杂物,锚具、垫板接触板面上的焊渣、混凝土等要清理干净。钢绞线伸出锚垫板长度,在张拉端为70 cm,非张拉端为40 cm。混凝土浇筑过程中,派专门班组负责钢绞线的拉动工作,以防波纹管漏浆后将钢绞线锚固。拉动钢绞线工作从混凝土面覆盖管道开始,到混凝土浇筑完成后4 h结束,拉动过程中应加强作业人员的安全防护。

(3) 预应力的张拉。

① 纵向预应力钢绞线张拉。

该段张拉均采用智能张拉。纵向预应力钢束在节段混凝土在梁体强度达到95%,弹性模量达到设计值的100%,且混凝土龄期不少于7 d,进行预应力张拉,张拉完成后方可前移挂篮。纵向预应力钢绞线的张拉顺序是:两端保持对称张拉,最大不平衡束不应超过1束,张拉顺序先腹板束,后顶板束,从外到内左右对称进行,并及时压浆。预施应力采用双控措施,预施应力值以油压表读数为主,以预应力伸长量进行校核。预施应力过程中应保持两端的伸长量基本一致。

在张拉时,千斤顶后面不能站人或从其后面穿过,以保安全。张拉时如果锚头处出现滑丝、断丝或锚具损坏,应立即停止操作进行检查,并做出详细记录。当滑丝、断丝数量超过容许值时,将抽换钢束,重新张拉。

张拉实测伸长量不应超过设计计算的±6%。当张拉力达到100%,伸长量能满足设计要求,持荷3~5 min,封锚。张拉时,应检查油表读数是否正确,钢束是否有滑丝断裂现象。若有,必须立即上报,不得擅自处理。

② 竖向预应力粗钢筋张拉。

竖向预应力张拉采用HBX中空自平衡预应力棒系统,张拉控制力为25 t。自平衡内力在指定台座上施加,施加到位后及时锚固锁定,并进行可靠密封,防止混凝土进入中空钢管内。

自平衡内力在指定台座上施加,施加到位后应及时锚固锁定,施加内力及说的过程中钢管两端严禁站人,防止反力棒弹出伤人,移动锁定后的预应力棒应轻拿轻放。锁定后的预应力棒应可靠密封,防止浇筑时混凝土漏入中空钢管内。将锁定后的预应力棒定位至设计位置,应精确放样,可靠定位。设井字形定位筋,间距不大于50 cm。预应力棒与纵向预应力管道位置冲突时,可适当调整预应力棒位置。等箱梁混凝土达到张拉条件时,将中空自平衡预应力棒系统解除限制,实现预应力的施加,解除限制后,及时压浆。

③ 横向预应力张拉

采用逐根张拉工艺,张拉端与锚固端在箱梁两端交错设置。张拉分两步加载到位,$0.1\sigma_k$(伸长

量记录 L_1）→$0.2\sigma_k$（伸长量记录 L_2）→$1.0\sigma_k$（持续 3～5 min 作伸长量记录 L_3），回油之后再作一次伸长量记录（在张拉之前和张拉之后要分别测量夹片外露的长度，以确定钢绞线回缩长度 L_4）。伸长量：$L=(L_3-L_1)+(L_2-L_1)$，张拉采用应力应变双控制，以应力值算出的油压表读数控制张拉数值，以钢绞线伸长量校核。终补拉时以油表读数控制，但必须按实记录伸长量。每一节段伸臂端侧最后 1 根横向预应力在下一节段横向预应力张拉时进行张拉，防止由于节段接缝两侧横向压缩不同引起开裂。

（4）预应力的压浆。

① 压浆前，应清除孔道内杂物、积水，切割锚具外留有一定长的钢丝。切割位置应在锚塞尾端 3～5 cm 处，切割钢绞线严禁采用氧气乙炔，须采用砂轮片进行切割。

② 用压力水（压浆泵供水）将管道冲洗干净，如有与相邻孔道串孔现象，应事先处理好才压浆；

③ 在压浆孔及出浆孔（排气孔）上，分别安装阀门管节，并接上压浆嘴。

④ 用专用拌浆机拌制浆液。把拌好的浆液经过筛后存放于储浆桶内，此时浆液仍应低速搅拌（防止沉淀），并经常保持足够的数量，以使每根管道的压浆能一次连续灌注完成。

⑤ 采取从一端压注的方法。浆液泵输出最高压力以保证压入管道内的浆液密实为准，并有适当的保压量。当压注的浆液从排气孔排出后，将排气孔堵塞，一直压注到另一端出浓浆后，关闭出浆阀门，待压力达到 1 MPa（长束管道）时，压浆泵停机，同时关闭进浆孔阀门，以保持浆液密实。

⑥ 孔道压浆完毕后，等待一定时间（夏季约 30 min，冬季则适当推迟 2～3 h），待浆液流动性消失后，拆除压浆孔及出浆孔的阀门管节，并冲洗干净。卸管时，应先检查孔道内浆液压力是否完全消失，可先稍扭开旋塞阀，观察是否有浆液"反溢"现象，如有浆液"反溢"，则应推迟拆卸时间。拆卸下来的阀门应及时冲刷，准备下次再用。

⑦ 夏季压浆施工时，水泥浆温度不应高于 25 ℃，冬季压浆应采取保温及其他措施，梁体及环境温度不得低于 5 ℃。

⑧ 孔道压浆工作宜在浆液流动性没有下降的 30 min 内连续进行。

⑨ 纵向及横向预应力钢束压浆在任一端进行均可，竖向预应力钢束须两根作为一组，从一根顶面压浆，另一根顶面排浆。

⑩ 纵向预应力孔道压浆前，须先用砂浆将锚具与钢绞线之间的缝隙填塞密实且强度满足不被水泥浆冲散时方能进行压浆作业。

11. 0#块模板支架拆除

现浇梁混凝土浇筑完成、预应力张拉完成后方可拆除底模支架，根据不同的支架类型采用不同的拆除方法。

0#块模板支架拆除：

（1）现浇筑箱梁支架拆除时，应按施工设计图的要求：结构物现浇混凝土强度达设计要求 100%，结构物灌浆强度达到 90%时，经过单位工程负责人、质量自检人员和监理工程师的检查验证，确认不再需要支架时，并由总监理工程师批准确认，方可拆除施工支架。

（2）0#块浇筑完毕后经过养护达到 75%设计强度时才允许内模脱模。当 0#段预应力束张拉完成后，开始拆除侧模，然后是底模。拆除侧模底模前，首先割除卸落楔块，使底板、侧模模板与梁体分离。

（3）拆架程序应遵守由上而下，先搭后拆的原则。拆除顺序：拆除 10 cm×10 cm 方木分配梁→HN400 型钢调坡梁→双拼 HM600 型钢柱顶横梁→钢管柱连接杆件（[10 槽钢、[20a 槽钢）→12 根 630×8mm 钢管柱。0#块支架拆除如图 46-86 所示。

图 46-86　0#块支架拆除

五、标准节段施工

(一) 工艺流程

该段悬浇连续梁分 14 个标准节段，采用挂篮对称悬臂浇筑，主要包括挂篮拼装、挂篮悬臂灌注施工（模板施工、钢筋施工、预应力施工、预埋件施工、工作孔布置、混凝土施工、混凝土浇筑时的监测、挂篮行走、挂篮拆除）。其施工工艺流程如图 46-87 所示。

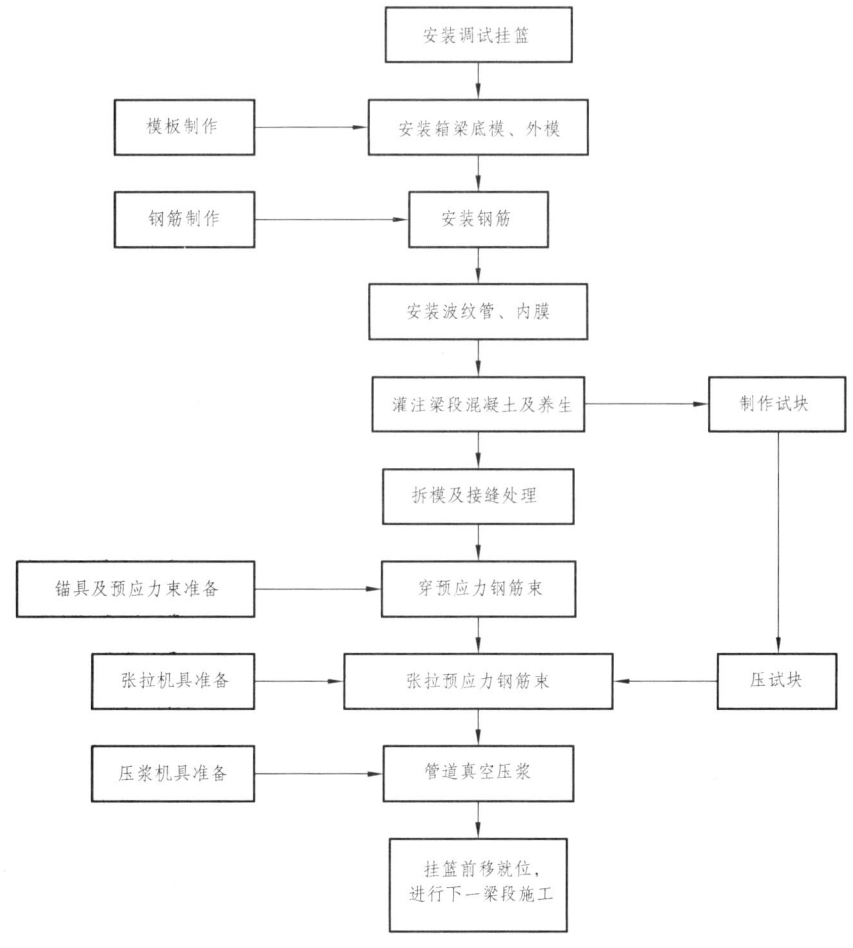

图 46-87　标准节段施工流程

（二）施工关键步骤及技术要点

1. 挂篮安装

1#～14#、1′#～14′#节段采用挂篮悬浇施工。在 0#块现浇完成后，在其顶面上拼装挂篮桁架。挂篮拼装完成并前移到位后，先进行压载试验（加载重量至 5#节段及模板重量的 1.1 倍），并观测数据，根据挂篮的弹性变形，获取各个节块不同质量时的挂篮和主梁、分配梁的弹性变形值，以便在施工过程中调整节段挠度控制值。挂篮纵、横断面图如图 46-88 和图 46-89 所示。

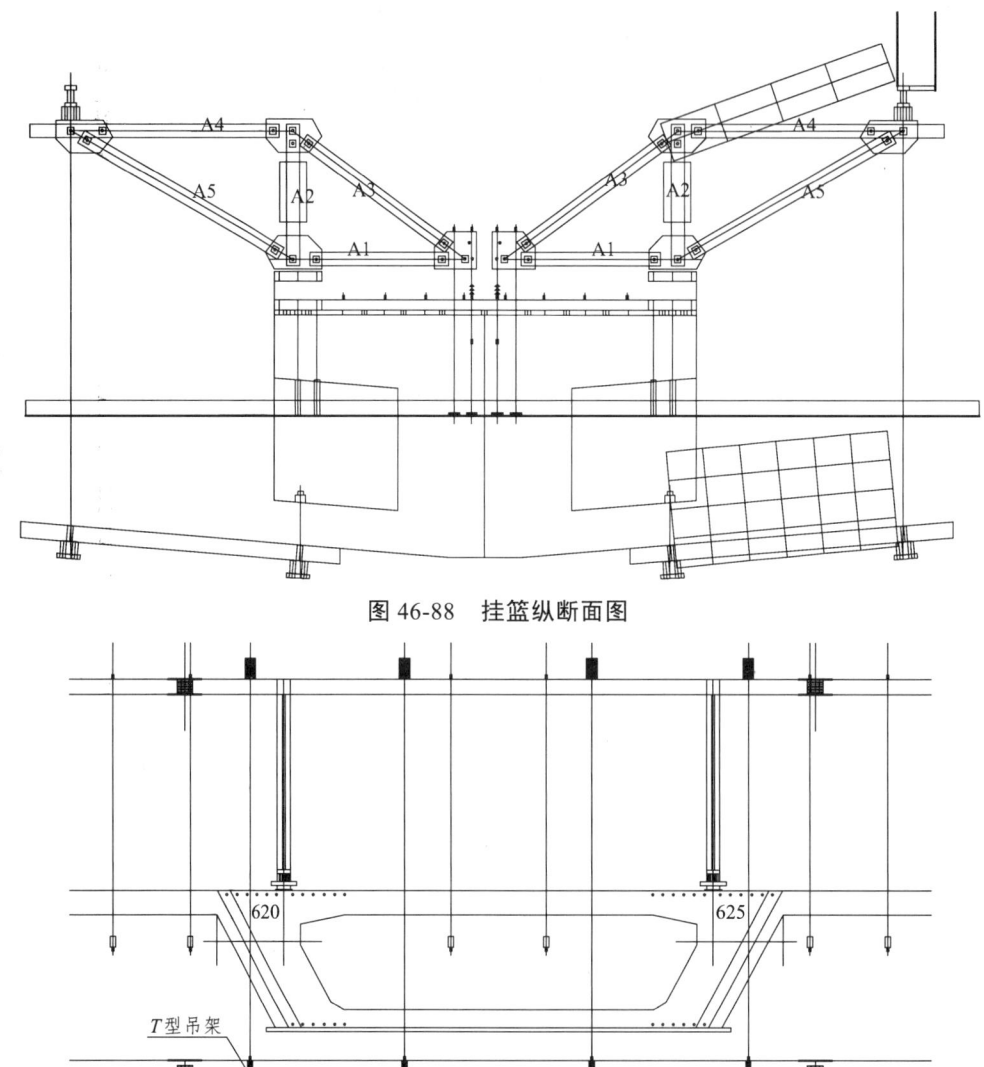

图 46-88 挂篮纵断面图

图 46-89 挂篮横断面图

行走及锚固系统：挂篮行走系统由钢轨和后勾装置组成。钢轨滑道下铺［20 槽钢并用竖向精轧螺纹钢筋锚固在桥面上。挂篮后锚固系统利用箱梁体预埋的 $\phi32$ 竖向精轧螺纹钢筋来实现。挂篮在行走时注意观察，观察挂篮沿箱梁中轴线对称方向两端，每前进 50 cm 作一次同步观察，以防止挂篮偏位和转角，造成挂篮受损。

内外模板系统：内模分顶模和内侧模。顶模和内侧模板由［6 和［8 槽钢组焊而成，顶模通过芯模滑道实现前移和调整箱室顶标高。外模由侧模板、翼板模板、底模板、对拉杆和外模支撑骨架组成。主梁由 $\phi32$ 精轧螺纹钢与轨道联接悬挂，达到翼缘板和底模板后端纵向移动的目的。安装模板时采用横向平铺，保证接缝平顺、密实且全部在同一条直线上，保证混凝土浇筑后表面的外观质量。箱梁腹板部采用对穿拉杆加固。腹板部对穿拉杆采用$\phi 20$精轧螺纹钢筋。另用$\phi 20$精轧螺纹钢在底篮纵梁下对侧模进行对拉固定，保证模板下部不漏浆、不走模。端头模板采用钢模板，安装时保证预应力孔道位置准确。

2. 挂篮拼装

根据现场情况，挂篮采用50 t汽车吊进行安装，安装按以下步骤进行：

挂篮拼装在0#块浇筑完成，预应力张拉完成，且支架拆除之后进行，挂篮的吊杆孔在0#块施工已经预留。挂篮拼装主要顺序如下：

① 挂篮的主桁架在施工场地上拼装完成；
② 安装挂篮底部轨道垫梁；
③ 安装行走轨道；
④ 安装轨道上压梁；
⑤ 安装反扣轮组合前支座；
⑥ 吊装主桁架；
⑦ 挂篮主桁架后端锚固固定；
⑧ 安装竖向平联支撑桁架、后锚平联和水平支撑；
⑨ 安装挂篮前上横梁；
⑩ 安装挂篮前吊杆：挂篮底篮吊杆，内、外滑梁吊杆；
⑪ 在地面上2#块底下拼装挂篮底篮：后下横梁、前下横梁、纵梁和底模板。

用提升设备将底篮提升到1#块下方接近设计标高，穿后下横梁吊杆和前下横梁吊杆，用千斤顶将前后下横梁带紧，底模的前端调整到立模标高，将后下横梁与1#块前端带紧。

将外侧模连同外滑梁和外导梁提升上去，后端用悬挂在翼缘板上的吊杆，与滚动吊架和承重吊架连起来，前端用前上横梁上的吊杆将外滑梁和外导梁前端吊起来，再根据立模标高调整外侧模的高度。

整个挂篮拼装完成后，检查挂篮的主桁架和平联是否安装牢固、行走和锚固系统，以及底篮和外侧的吊杆是否收紧，底模的后端与1#块底板之间的间隙是否满足要求，确认没有问题后，方可进行挂篮的荷载试验。

步骤一：安装主千斤顶及液压驱动装置。

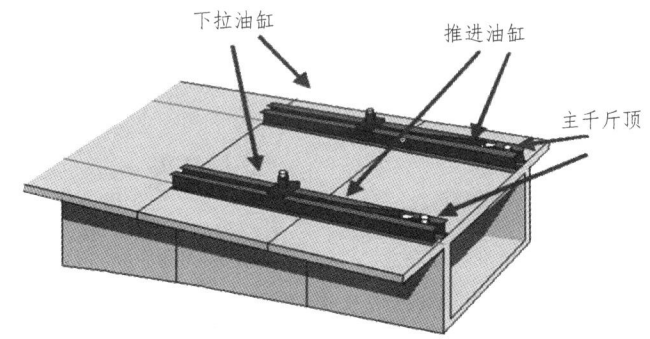

步骤二：在挂篮轨道上安装前后工作车和挂篮锚固装置。

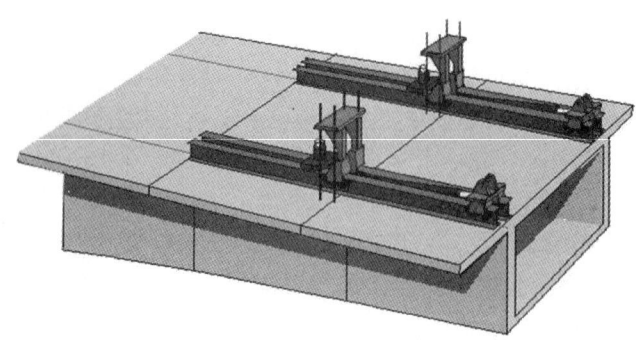

步骤三：安装主桁架。

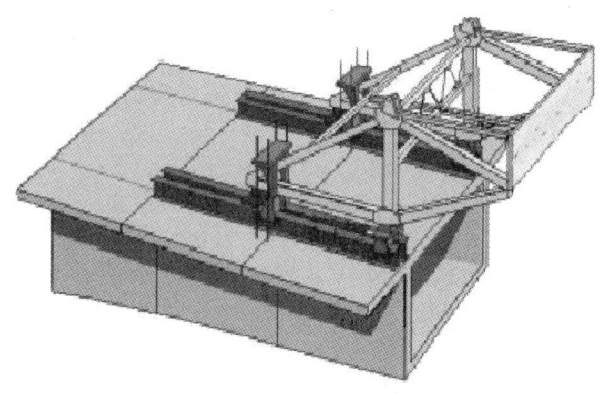

步骤四：安装内模滑梁和底模。

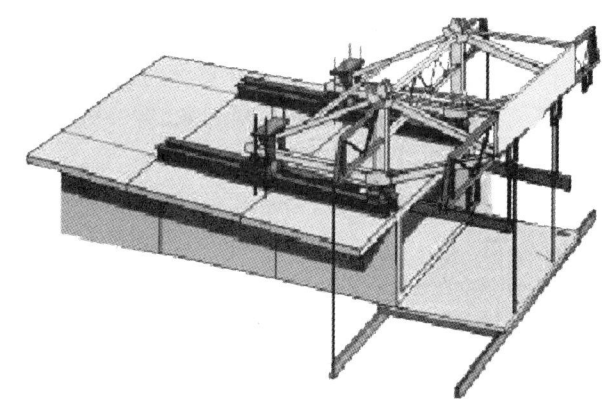

步骤五：安装外模滑梁和外模。

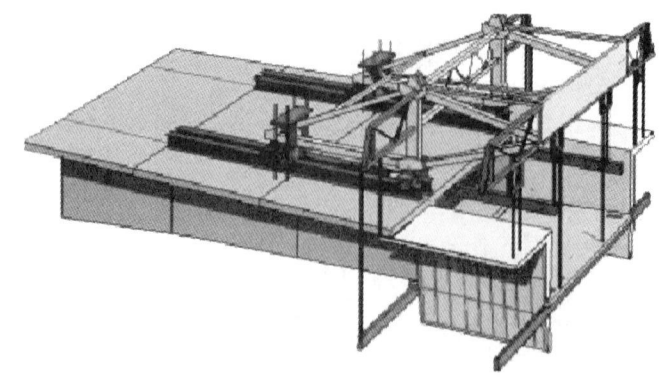

步骤六：当箱梁底板钢筋绑扎完毕，安装内模。

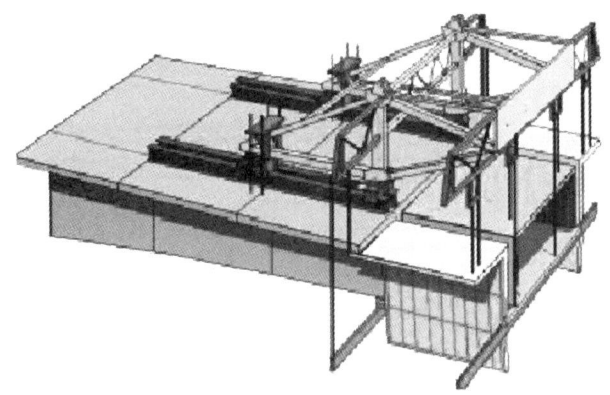

步骤七：安装工作台。

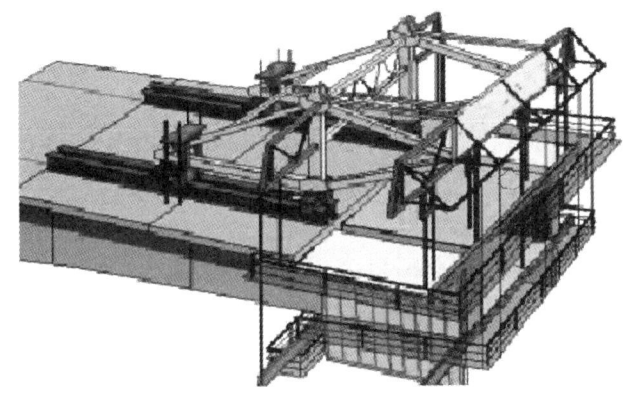

3. 模板安装

（1）底模板安装。

根据墩高以及桥位处现场场地条件，挂篮底篮安装先在地面上拼装好后整体吊装到位。或者先在主墩附近对应箱梁块段下，整平的地面上拼装底篮平台，再将纵梁临时点焊在前后下横梁上，形成一个平面整体。挂篮底篮拼装完成后用卷扬机或手拉葫芦配合提升挂篮底篮。待底篮提升到位后穿好底篮的前后吊杆，底篮吊到位后安装吊杆，铺设底模板完成挂篮底篮安装，调整好底篮高度。

（2）侧模板安装。

用起重设备提升侧模（提升前插入导梁）。提升到位后临时放在底篮的外侧纵梁上临时固定，穿好吊杆，把导梁、滑梁水平穿插在侧模板上；导梁前端吊在前上横梁上，导梁后端吊在箱梁上。后端有两只吊架（滚动吊架、承重吊架），承重吊架安装在前、滚动吊架安装在后，将侧模整体悬吊在外滑梁上。

（3）顶模和内模安装。

与侧模板同样安装方法安装顶板滑梁及内模板。顶板内滑梁与外侧导滑梁安装方法一致。

4. 挂篮预压

挂篮预压主要是主梁预压，目的是消除非弹性变形，测出弹性变形，作为调整预抛高的依据。按施工总载荷120%的安全系数进行预压。

挂篮预压试验在1#梁段位置进行，试验载荷按重量最大的5#梁块模拟，5#梁块钢筋混凝土+施工临时荷载总重为216.8 t。

荷载布置：挂篮加载系数取$K=1.1$，总的模拟加载力$F=1.2 \times 216.8=260.16$ t。挂篮预压采用碎石袋进行，每个碎石袋按 1.8 t 计，共需砂袋 145 个。碎石袋布置图如图 46-90 所示。

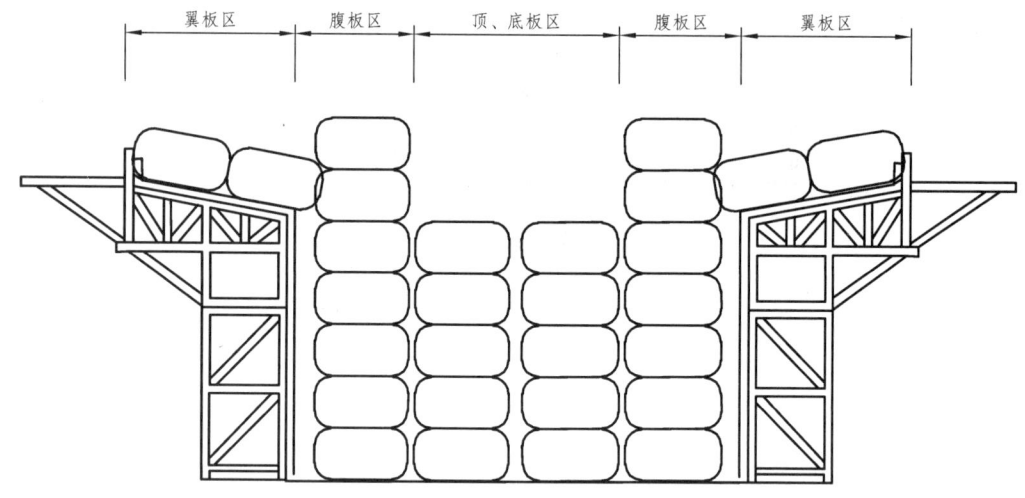

图 46-90　砂袋布置

加载和卸载：预压荷载分为三级进行加载，各级荷载大小分别为最大荷载的 60%、100%、120%。加载时，纵向从混凝土结构中间开始向两端进行对称布载；横向从混凝土结构中线向两侧进行对称布载。每级加载完成后，先停止下一级加载，并每隔 1 h 对支架沉降量进行一次监测，当最后两次测量变形之差小于 2 mm 时，进行下一级加载，全部预压荷载施加完毕后，每间隔 1 h 应监测一次并记录各监测点的标高，当最后两次测量变形之差小于 2 mm 时，即视为稳定并可进行卸压。

预压荷载进行一次性卸载，卸载时，纵向从两端向中间对称、均衡、同步进行；横向从两侧向混凝土结构中心线对称、均衡、同步进行。

5．挂篮移动

（1）脱模。

同步下放底篮后吊杆，使底篮脱离箱梁底 10~15 cm，再同步下放前吊杆，使前后下横梁顶面保持水平。

底篮脱离底板，调整好两下横梁高度后，前后下横梁放置水平、两横梁高差不大于 5 cm。挂篮底篮前端挂在前上横梁上，后端通过两外侧的吊杆挂在主桁的平联上或通过吊杆受力转换到滑梁上。同理下放外滑梁前后端吊杆 10~15 cm。内模同样下放 10~15 cm，模板系统与梁体就完全脱离。

（2）轨道安装。

对于挂篮首次行走，只需准确测放出挂篮前移轨道位置，按设计图纸铺设轨道垫梁和轨道。利用箱梁的竖向精扎螺纹钢、通过轨道压梁锚固轨道，完成轨道安装。

对于挂篮轨道设计为整体拖动前移的，在第二次移动挂篮时，需将挂篮前支点用两台 32 t 螺旋千斤顶或其他顶升设备顶起 3 cm，将轨道拖至测放好的位置，然后将轨道垫梁抄平垫实，同时利用箱梁的竖向精扎螺纹钢、通过轨道压梁锚固轨道，检查确认所有轨道锚固牢靠。轨道前移到位安放好后将千斤顶缓缓下放，使前支座作用在轨道上，完成轨道前移作业。

（3）行走吊杆安装及保险设置。

平联桁架两侧各安装 1 根吊杆吊住后下横梁，平联两侧上的吊杆垫梁应临时点焊在平联桁架下平杆或上平杆上，然后再拆除锚在箱梁上的其他后下横梁上的吊杆，拆除时如遇混凝土堵塞吊杆孔道，切割吊杆时应保证其他吊杆全部受力后再进行，以免吊杆受力不均引起安全事故。底篮后下横梁同时用钢丝绳、10 t 葫芦悬挂在侧模上的滑动导梁上加以保护。无法使用平联桁架吊住后下横梁的，在滑梁上安装吊杆吊住后下横梁，使底篮转换至滑梁上受力行走。

(4)滑梁吊架行走前转换。

各滑梁上后端的滚动吊架和承重吊架进行转换。先在箱梁上打紧滚动吊架吊杆,使滑梁后端的两种吊架同时受力,松开承受吊架吊杆,此时滚动吊架受力,承重吊架悬空在内外滑梁上完全不受力,注意承重吊架不拆除,在行走过程中作保险之用。

(5)后锚拆除。

在后锚压梁上利用32 t螺旋千斤顶缓慢放松主桁后锚杆,使反扣轮扣住轨道,检查各反扣轮与轨道是否接触紧密,反扣轮完全受力后,收回千斤顶,松开后锚杆,在外滑梁后端平台及箱内拆除后锚杆。在松开后锚前,应确认反扣轮前后的轨道压梁锚固牢靠。

(6)行走装置安装。

挂篮移动驱动装置分两种,第一种采用自备的穿心式液压千斤顶顶推行走,第二种采用配置的自动顶推式油缸顶推行走。

(7)挂篮行走。

在挂篮行走前,需再次确认行走吊杆是否锚固牢靠,各项保险是否安装齐备。行走前在轨道上从前支座处开始使用石笔每10 cm画一标记。挂篮行走时,需保持主桁架同步向前行进,挂篮行进时根据轨道上刻画好的尺寸,各片主桁前后行进位置偏差最大不得大于10 cm。挂篮行走过程中,应派人巡视是否有模板吊杆与混凝土或钢筋有刮碰现象。反扣轮行走至轨道压梁处时,先在反扣轮后压一根轨道压梁,然后将反扣轮前压梁拆除。主桁前移到位后,检查后下横梁箱室内预留孔、后锚预留孔是否与横梁吊具、后锚节点箱对齐。之后对挂篮后锚点进行锚固。安装底篮后吊杆、翼板吊杆(各滑梁上的滚动、承重吊具进行转换,使承重吊架受力),放松行走后吊杆,调整模板位置及标高。考虑箱梁绑扎钢筋施工方便,内模不需与挂篮同步行走的,将内模(顶板)用两台2 t以上手拉葫芦拉出就位,安装吊杆(承重吊具受力);解除内滑梁尾端滚动吊具锚固,移动滚动吊具到预留孔处,重新穿吊杆,等待下一次行走。第一次挂篮行走到位。

6. 挂篮拆除

(1)挂篮后退。

中跨挂篮完成施工任务后进行后退,挂篮内模及内导梁直接在箱内拆除,外侧模及外导梁、外滑梁采用手拉葫芦固定卷扬机直接拉至梁顶,挂篮主桁及底篮系统后退至安全区域后再进行拆除。

(2)挂篮拆除作业,具体过程如下:

在梁体顶面安装卷扬机将模板等构件吊装到梁面。

合龙段不使用的内模、滑道梁等构件在施工合龙段前全部拆除,余下构件可从梁顶入孔拆除。

挂篮主桁在梁顶分段拆除,逐个由该桥塔吊吊装下放。拆除时需对称拆除防止偏压。

拆除行走梁和垫梁。

整体下降时时刻注意四个吊点的下降速度及同步性,必须采用吊车或者其他辅助机械与挂篮的前上横梁及后下横梁进行链接起到安全制动效果。

六、边跨现浇段施工

(1)合龙段施工工艺流程如图46-91所示。

(2)合龙段外模及悬吊系统采用悬浇段侧模及底模系统(底纵梁、底横梁和底模)。连续梁14#段及14'#段浇筑时预留吊装孔,预留孔采用50 mm PVC预留,距悬臂端150 cm。张拉完成后,吊架两端分别固定于已浇筑梁段上,采用φ32精轧螺纹钢穿过箱梁预留孔锚固于梁体之上。

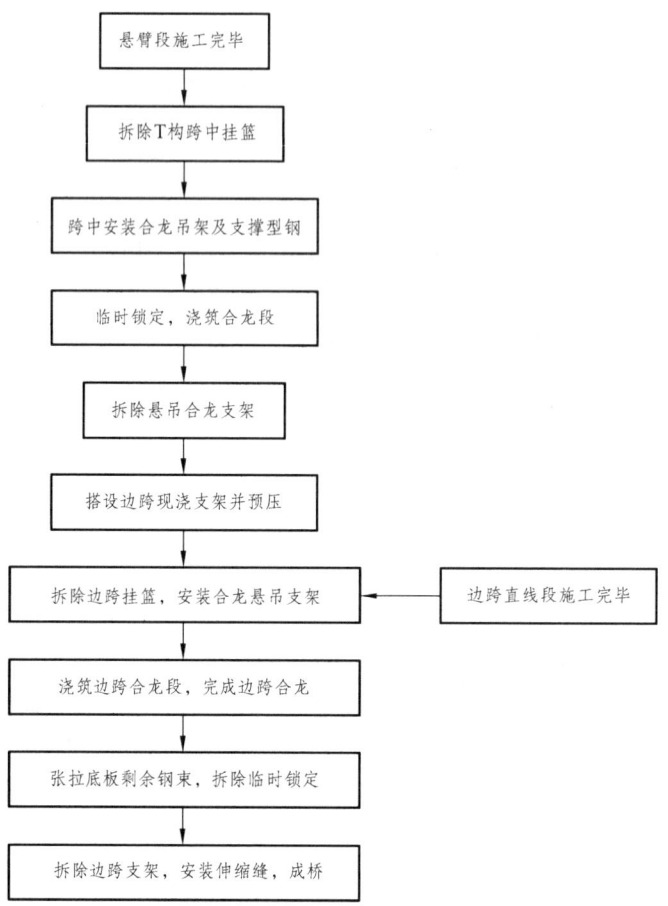

图 46-91 施工工艺框图

（3）悬吊系统锚固方式与挂篮锚固方式相同，详见连续梁悬浇段施工方案。预留孔及吊筋完全按照悬浇段挂篮吊点设置，在挂篮设计中已进行验算，此处不再另作验算。

合龙段内模设置与边跨现浇段相同。

（4）结构体系的转换。

① 边跨合龙段由临时钢接锁定，改挂篮为吊架，浇筑边跨合龙段混凝土，混凝土达设计强度后张拉预应力钢束，解除临时钢接。

② 拆除主墩的临时固结和临时支座，结构成为单悬臂体系。拆除边跨临时支架和边跨合龙段吊架。

③ 中跨合龙段由临时钢接锁定，改挂篮为吊架，浇筑中跨合龙段混凝土，待混凝土达到设计强度后张拉预应力钢束，解除临时钢接。

④ 拆除中跨合龙段吊架，完成体系转换。

七、中跨合龙施工

1. 施工准备

悬臂梁段浇筑完毕，悬臂挂篮后退至11#块位置。清除箱顶、箱内的施工材料、机具，用于合龙段施工的材料、设备放置有序。近期气温变化规律测量记录。边跨合龙施工步骤如图 46-92 所示。

2. 边跨合龙段支架及模板

边跨合龙段与边跨直线段梁体等高度现浇段一样，采用钢管桩支架支模施工。悬臂梁段浇筑完毕，挂篮后退，接长边跨等高度现浇段支架，搭设合龙段支架及悬臂段支反力支架，支架的搭设与现浇段要求一样。外模采用直线段定型模板，底模和内模采用竹胶板模板。

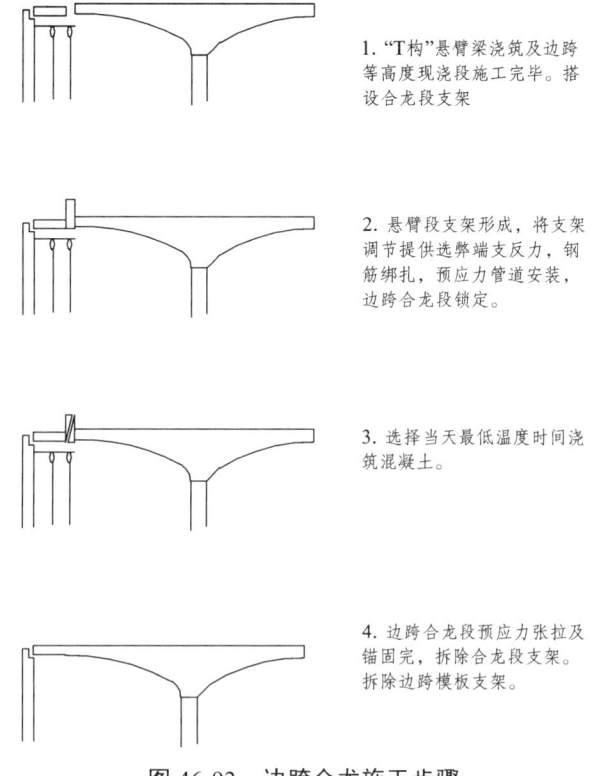

1. "T构"悬臂梁浇筑及边跨等高度现浇段施工完毕。搭设合龙段支架
2. 悬臂段支架形成，将支架调节提供梁端支反力，钢筋绑扎，预应力管道安装，边跨合龙段锁定。
3. 选择当天最低温度时间浇筑混凝土。
4. 边跨合龙段预应力张拉及锚固完，拆除合龙段支架。拆除边跨模板支架。

图 46-92　边跨合龙施工步骤

3. 平衡设置

采用在悬臂端的搭设满堂支架，由支架提供支反力作为配重，即将直线段脚手架接长至14#段，搭设同直线段支架搭设要求。

4. 普通钢筋及预应力管道安装

5. 合龙锁定

合龙前使悬臂端与边跨等高度现浇段临时连接，尽可能保持相对固定，以防止合龙段混凝土在浇筑及早期硬化过程中发生明显的体积改变，锁定时间按合龙段锁定设计执行，临时"锁定"是合龙的关键，合龙"锁定"遵循又拉又撑的原则，即"锁定"包括焊接劲性骨架和张拉临时预应力束。支撑劲性骨架采用"预埋钢板+连接工字钢+预埋钢板"三段式结构，其断面面积及支承位置根据锁定设计确定，合龙时，在两预埋钢板之间设置连接工字钢，并由联结钢板将连接工字钢与预埋钢板焊接成整体，同时注意焊缝应设在不同截面处。临时预应力束按设计布置，临时预应力张拉吨位按锁定设计确定，劲性骨架顶紧后进行张拉，临时束张拉锚固后不压浆，合龙完毕后将拆除。

6. 浇筑合龙段混凝土

合龙段混凝土浇筑过程中，合龙段混凝土选择在一天中气温较低时进行浇筑，可保证合龙段新浇筑混凝土处于气温上升的环境中，在受压的状态下达到终凝，以防混凝土开裂，混凝土的浇筑速度每小时 $10\ m^3$ 左右，3～4 h 浇完。

7. 预应力施工

合龙段永久束张拉前，采取覆盖箱梁悬臂并洒水降温以减小箱梁悬臂的日照温差。底板预应力束管道安装时要采取措施保证管道畅通，待合龙段混凝土达到设计规定强度和相应龄期后，先张拉边跨顶板预应力束，再张拉底板第一批预应力束，按照设计要求的张拉吨位及顺序双向对称进行张拉。横向、竖向及顶板纵向预应力施工同箱梁悬灌梁段施工。

8. 解除临时锚固

待混凝土强度达到95%、混凝土弹性模量达到100%时，张拉纵向、横向及竖向预应力及压浆。待水泥浆强度达到100%时，拆除临时墩柱位置的混凝土，钢筋采用气割枪割除，确保4个临时支座同时同步进行拆除，完成落梁。

9. 直线段支架下落，拆除模板及支架。

八、施工变形监测

桥梁变形监测内容包括：箱梁竖向变形监测、箱梁顶平面轴线位置监测。

1. 测点布置

在连续梁桥的每个施工梁段前端设一个测试断面，每断面顶面各设三个固定测点和临时测点。0#块顶部线形监测点、基准点和强制对中点布置如图46-93所示，一般节段线形监测点布置如图46-94所示。图中腹板处测点位置仅为布置示意，实际实施时根据施工单位挂篮布置情况以近腹板中心处且避开挂篮滑道为宜；一般节段底模临时测点仅为参考部位，实际位置以对应于顶板测点下方且避开挂篮吊带和接头钢筋为宜。

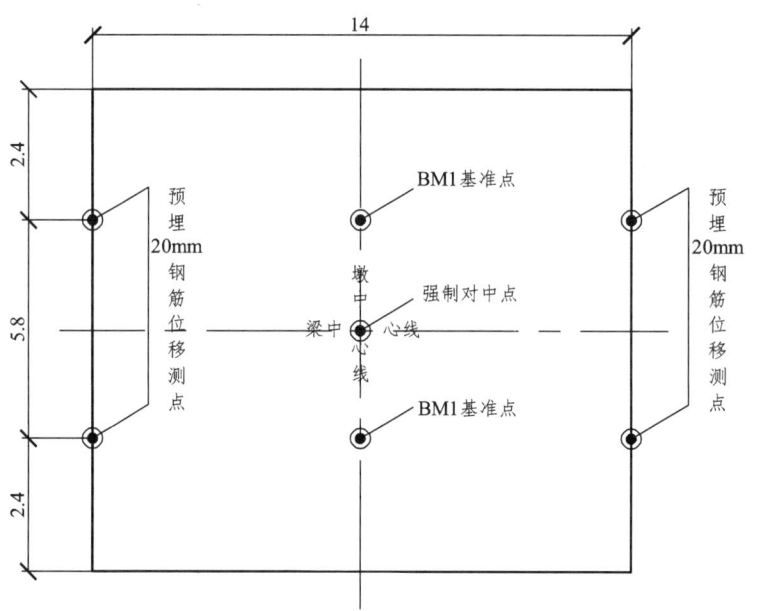

图46-93 0#块顶部测点布置

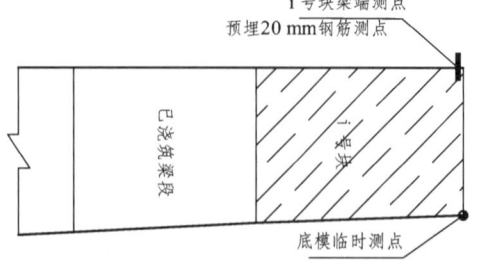 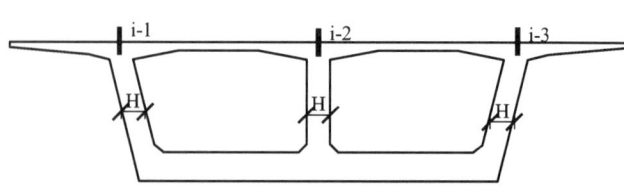

图46-94 一般节段线形测点布置

在施工 0#块时，应在箱梁顶预埋高程控制基准点和强制对中点。高程控制基准点用 20 mm 直径螺纹钢制作，共设 2 个，基准点点号为 BM_1、BM_2，上部加工磨圆并涂上红漆，基准点钢筋露出混凝土顶面约 1 cm，周围用钢筋设小围栏保护。强制对中点采用普通强制对中螺丝，强制对中点编号为 ZD。

挠度测点采用 20 mm 直径螺纹钢制作，长度为安装处混凝土厚度减保护层厚度加 1 cm，即安装时测点钢筋支承于底模保护层上，混凝土灌注完成后，测点钢筋应外露混凝土面 1 cm，测点安装时应在竖直方向与箱梁内的钢筋网电焊牢固，并要求竖直，钢筋头顶面应磨平并用红油漆标记。

2. 监测工况

在施工过程中，对每一个节段在混凝土浇筑前、混凝土浇筑后、预应力钢筋张拉后进行挠度测点观测和箱梁轴线偏差测量。

3. 监测方法

挠度监测采用 Leica NA2 自动安平水准仪+FS1 测微器，精度级别 S1，配备使用 2 m 的铟钢尺，按三等水准测量进行闭合测量。

挠度监测前，先复核高程基准点，无误后方可使用。进行测量时，按照三等水准测量的要求，采用附合导线测量法。对于基准点，要求与施工单位一起每隔两个月复测一次。

在箱梁施工过程中必须对每一个节段进行轴线控制，用钢尺测出当前施工节段前端的横向中点并做好标记，将全站仪架设在墩顶梁面强制对中点上，后视另一墩顶梁面强制对中点，用坐标放样法定出当前施工节段前端理论横向中心点的位置，用钢尺量出理论横向中心点与实际横向中心点的距离，钢尺读数即为轴线偏差值。

定期对墩顶梁面强制对中点进行复核，与地面导线控制点进行联测。

为了克服温度变化所引起的对结构变形的影响，固定观测时间十分重要，一般应选择在清晨 7:00（春、冬季）或 6:00（夏、秋季）以前完成外业测量。

4. 施工异常情况对策

通过施工监控，及时发现施工过程中存在的结构安全隐患。当监测发现结构应力、变形超出规范允许的误差范围或与理论计算值相差过大等异常情况时，将及时预警，通过分析评估，如通过调整可以恢复到正常情况，则进行相关调整。

如异常情况严重，通过一般措施难以恢复到正常情况，则发出暂停施工指令，并由施工控制领导小组组织设计、监理和施工各方，必要时聘请专家，召开专题会议，共同商议解决问题。

当施工过程中出现某项指标超过预定的限值，需要进行调整时，应始终坚持上述原则，确保施工过程中的结构安全，确保工程施工质量。

为确保监控达到预期的目标，应按以下方法进行施工监控：

（1）严格控制施工临时荷载，材料堆放要求定点、定量；

（2）变形测量工作由施工单位完成，根据情况监控单位进行独立测量或校核，监理确认，当监控单位对测量数据有疑问时，由监控单位进行复测；

（3）应力测量工作由监控单位在温度比较稳定时独立进行测量；

（4）所有观测记录必须注明工况（施工状态）、日期、时间、天气、气温、桥面特殊荷载和其他突变因素；

（5）每一施工工况完成后，由各有关单位进行相关测试，确认测试结果无误后方可进行下一工况的施工；

（6）各工况的变形测试工作应尽量选择在凌晨进行，以减小温度的影响；

（7）监控指令经有关方确认后方可执行，进行下一阶段的施工。

第六节 桥面系施工

本节以杭海城际铁路十二标段为例，总结桥面系施工工艺。

一、工程概况

中铁大桥局集团第十二标段项目部主要承担杭州至海宁城际铁路工程项目负责整线中下穿高铁站终点—先行段起点区间中 8 片 35 m、3 片 30 m 加宽箱梁、先行段终点—周王庙镇—盐官镇（DK23+702.44～DK27+821.84）、盐官镇站—桐九公路站（DK27+907.54～DK32+967.74）、桐九公路站—斜桥镇站（33+053.44～35+874.44）、斜桥镇站—斜皮 U 形槽（35+960.14～39+296.14）5 个区间共计 15.964 km 的桥面附属工程。

二、桥面系施工工序

1. 主要附属施工内容

遮板预制安装、遮板现浇带浇筑、接触网及拉线基础施工、挡水台、泄水管安装、伸缩缝安装、防水层、保护层。

2. 施工工序顺序

根据设计要求，桥面附属设施均在大里程箱梁架设完成，架桥机调头完成后在桥面上进行施工。遮板为预制构件，在预制场地预制好后由半挂车输送至使用孔位，通过桥下配备的 20 t 汽车吊机吊装遮板至桥面临时存放，采用叉车进行遮板安装作业。

在施工遮板安装时同时施工接触网施工、拉线基础施工、遮板现浇带浇筑、声屏障施工、泄水管的安装，完成后进行现浇无砟轨道整体道床施工（其他单位施工），施工完毕后进行挡水台施工并清理桥面后进行防水层、保护层施工及伸缩缝安装。

三、桥面系施工方案

（一）遮板预制、运输及安装

1. 场地布置

（1）存放区地基承载力计算（以标准段 1.99 m，2 块大小为 20 cm×200 cm×5 cm 方木超垫，存放 4 层遮板最不利荷载计算），根据《建筑地基基础设计规范》（GB 50007—2011）得出混凝土顶面地基承载力、三七灰土顶面地基承载力、基础底面地基承载力均满足要求。

（2）遮板预制拟采取固定模板法，遮板平躺在台座上浇筑，底模固定，端模、侧模拆除、安装，进行遮板吊装工作，场内吊装设置 3 个吊点，吊装通过预埋外露螺栓及插入预埋筋的钢管为吊点，垂直吊装拆模，场内布置预制区、存放区、钢筋加工存放区。

布置预制台座 108 个，模板 108 套，按照一日一倒，日生产 54 块，能满足大里程方向施工要求，小里程方向单日生产遮板要求 76 块，压缩遮板预制周期，提前生产，存放在桥上，另外仓库、锅炉房附近有预留场地，可以适当扩容。

北侧遮板混凝土浇筑以及遮板吊装通过搬运机通道。

设置遮板存放位，遮板预制区域布置69个存放位，另于锅炉房、仓库四周布置191个存放位，单个存放位可存放4层，共计可存放1 040块，分开存放合格标准节遮板及非标准节遮板，并预留专门车道。

设置钢筋加工车间，采用一部分钢筋棚固定（高棚，尺寸为13.5 m×24 m×4.5 m），一部分钢筋棚可推拉式（低棚，尺寸为12.5 m×24 m×4 m），便于钢筋原材吊装运输。

预制区周围设置明沟式排水沟，排水沟布置在台座周边，为避免重车走行压坏，重车通过区域采用20 mm厚钢板覆盖，排水方向至现场已有沟渠。

路面填筑采用三七石灰土厚50 cm，浇筑20 cm厚C20混凝土，注意设置1%横向排水坡。

2. 遮板预制、运输及安装

遮板为预制构件，在预制场集中预制后，根据工况运至需安装孔位进行安装。下面针对主要施工方法进行叙述。

（1）钢筋工程。

① 遮板钢筋为$\phi 8$，$\phi 20$（HPB300）和$\phi 16$（HRB400）三种；

② 遮板钢筋的原材、加工成型、安装等质量要求符合《铁路混凝土工程施工质量验收标准》（TB 10424—2010）的相关规定。

（2）模板工程。

布置预制台座108个，模板108套（其中标准模板98套，非标准模板10套），按照一日一倒，日生产54块，能满足大里程方向施工要求，小里程方向单日生产遮板要求76块，压缩遮板预制周期，提前生产，存放在桥上。

（3）混凝土工程。

遮板混凝土采用强度等级为C40的混凝土，在钢筋及模板验收合格后进行混凝土灌注。

（4）遮板存放。

场内遮板运输采用叉车，在转运过程中轻拿轻放，严禁损坏构件。堆码时，遮板存放按不同型号、规格分开堆放，每摞不超过4层，不同层之间用方木进行支垫，避免遮板在堆放期间受到损坏。

（5）遮板运输。

遮板场内倒运、存放、装车通过叉车进行，运输采用半挂车。

① 小里程方向采用桥上汽车吊吊装遮板上桥、安装，桥下半挂车运输。

② 大里程方向根据施工情况不同主要采用以下两种方案：

方案一：车辆基地范围在梁场提梁区或道岔梁附近定点吊装上桥，汽车吊桥上运输、存放。

方案二：沿线施工时，半挂车运输遮板至施工位置的桥下，直接采用吊机吊装至桥面上进行安装，汽车吊桥上运输、存放。

（6）遮板安装。

步骤一：遮板安装前，首先对遮板安装位置的杂物进行清扫。

步骤二：根据测量组放出的遮板线形点，施工工人根据遮板线形点弹出至少两片梁的遮板安装边线，施工人员再测量并对比两片梁的遮板边线到梁面边缘的距离，以较大值为基准，对于差别较大且不满足安装要求的遮板，需进行相应处理。

步骤三：复测梁体长度，考虑梁缝处遮板外伸长度，按照遮板配型表将遮板位置在梁面做好标记，同时注意声屏障基础是否与接触网基础、拉线基础位置冲突，如有冲突需对遮板位置进行调整。

步骤四：遮板安装高度由技术人员进行控制标高，在每块遮板两端位置使用M10砂浆找平桥面。

步骤五：在桥面弹出的边线垂直上空拉线，控制遮板面板线形，同时可事先在梁两端安装两块遮板进行线形控制。

步骤六：在安装遮板时，需注意保证遮板 1 cm 间隙均匀，伸缩缝位置需保证遮板伸出梁端，遮板间距不小于 4 cm。

步骤七：遮板按照事先做好的标记落于梁面后，调整遮板垂直度、线形及遮板底部与梁端的间隙（1 cm）。

步骤八：遮板通过吊装至预放置的地方后，梁体预埋钢筋与遮板埋设钢筋冲突，进行调整后进行安装，位置大致放稳后，用钢丝绳拉紧并焊两三个点，后续人员进行垂直度、线形的调整并补焊，确保遮板固定牢靠。

（7）遮板现浇带浇筑。

遮板现浇带尺寸为 350 mm×170 mm，如图 46-95 所示，现浇部分与箱梁表面相接，梁面进行凿毛处理，现浇带按照施工缝进行处理。

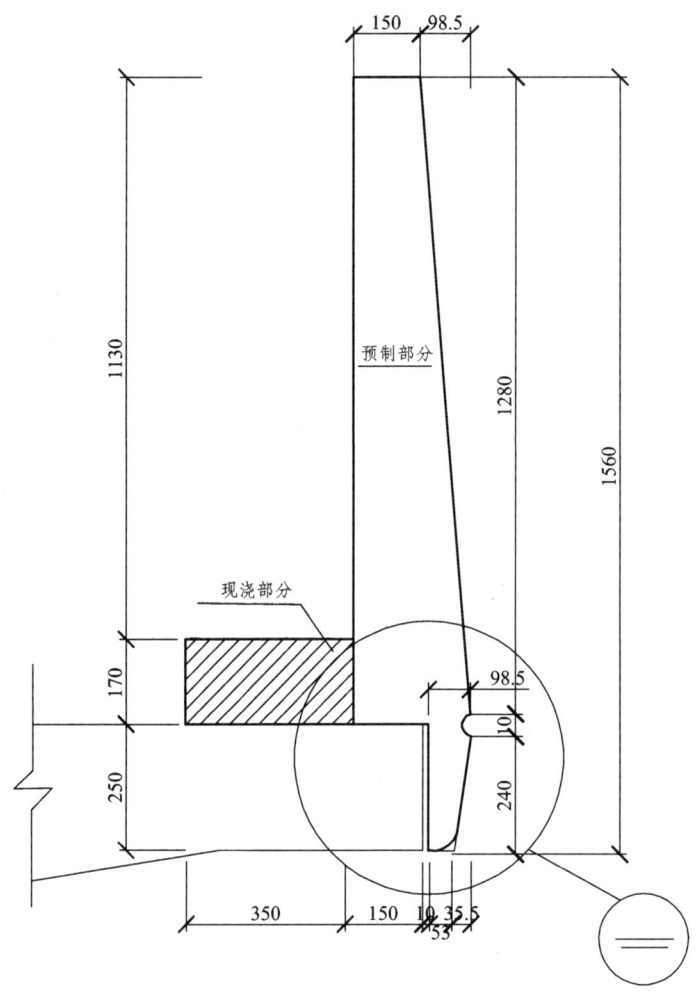

图 46-95 遮板现浇带示意

（二）声屏障基础施工

根据环评专业施工图纸要求，相应设置声屏障基础预埋件，左右侧声屏障立柱基础中心连线垂直于右线线路中心线，合同范围内仅施工声屏障遮板预埋件。预埋件布置情况如图 46-96 所示。

根据设计要求对 U 形螺栓做热镀锌处理。U 形螺栓安装时，螺栓的垂直度落差不大于 0.2%，外露螺杆长度误差±3 mm，遮板预留槽底高程误差±5 mm，螺栓横、纵向偏差±3 mm。预埋钢板安装时应紧贴模板，防止混凝土灌注时浆体流入，避免拆模后预埋板面有水泥浆污物。

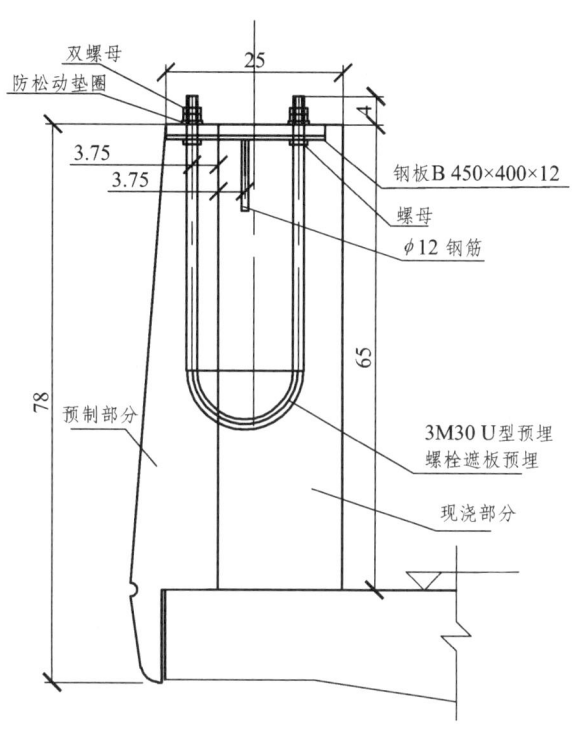

图 46-96 声屏障基础布置

钢板 B 与 U 形螺栓预埋于图示位置，U 形螺栓外侧预埋在声屏障遮板内，内侧待浇筑后浇带时，锚固在后浇带中。

经现场实际施工反映，在桥面浇筑声屏障基础的人工费及机械费用较高，后将声屏障基础改为遮板混凝土浇筑后在遮板预制模板中施工，模板、混凝土施工要求均与遮板预制要求相同。

（三）接触网及下拉锚线支柱基础浇筑

接触网支柱基础及拉线基础均为钢筋、预留锚栓、预埋钢板浇筑混凝土后组成的钢筋混凝土结构。

基础在箱梁制造时已经预埋了螺杆及部分钢筋，完善局部钢筋后安装顶口钢板并立模后，即可进行混凝土灌注（在遮板安装之后）。

桥面附属设施接触网及下拉锚线支柱基础施工工艺过程为模板工序和混凝土工序。

1. 测量放线

进行接触网支柱基础、下锚拉线基础结构尺寸放线，并复测基础中心到线路中心线的距离，距离根据平面位置确定。

2. 钢筋加工及绑扎

（1）钢筋绑扎前应对原梁体预埋钢筋进行除锈、调整。对基础与桥面接茬部分混凝土进行凿毛，露出新鲜混凝土面，并清理干净。

（2）钢筋原材的品种、规格、质量必须符合相关规范要求，保证原材的可使用性。

（3）钢筋应严格按照设计图纸及相关规范进行加工。

（4）钢筋绑扎必须牢固，保证横平竖直、间距准确，局部不得弯曲，垫块数量及保护层厚度满足设计要求。

3. 模板工程

接触网基础、拉线基础模板采用钢模，模板安装要求见表 46-10。

基础施工时允许偏差及检查方法见表 46-11。

表 46-10 模板安装主要检查项目、方法及允许偏差要求

序号	检查项目	规定值或允许偏差/mm	检查方法
1	中心位置	3	尺量
2	长度	±10	尺量
3	厚度	±3	尺量
4	平整度	2	1m靠尺、塞尺
5	垂直度	2 mm/1 m	吊线尺量
6	预留孔中心位置	10	尺量

表 46-11 接触网及拉线基础预埋件检查项目及偏差

序号	项目		要求	检验方法
1	中心位置		5 mm	尺量
2	长度		±15 mm	尺量
3	厚度		±5 mm	尺量
4	顶面高程		±10 mm	水准仪
5	顶面及侧面平整度		3 mm	1 m靠尺、塞尺
6	垂直度		3 mm/1 m	吊线尺量
7	预留孔中心位置		15 mm	尺量
8	基础预埋螺栓	螺栓外漏长度	+20 mm/0 mm	尺量
9		螺栓相互间距	±5 mm	
10		螺栓中心位置	±5 mm	
11		螺栓埋深	+20 mm/0 mm	

4. 混凝土工程

模板报验合格后即可进行混凝土工序。

（1）桥面附属设施接触网支柱基础为 C50 高性能混凝土，在施工前混凝土配合比必须经过审批合格，并根据理论配合比确定施工配合比。

（2）混凝土原材及各项控制指标必须符合规范要求。混凝土采用在拌和站集中拌制，混凝土运输车运输到施工现场。

根据现场施工条件，附属设施施工时在桥上设置汽车吊，混凝土由搅拌站拌制后运输至施工位置，搅拌车将混凝土卸入料斗，由汽车吊将料斗提至桥面，并将混凝土输送至待浇筑孔位进行混凝土灌注。

（3）混凝土的拌和、浇筑、养护等施工要求同遮板混凝土施工。

（四）梁端挡水台

1. 梁面凿毛

首先对挡水台浇筑范围内的梁面进行凿毛处理，凿毛深度 5~10 mm，凿毛痕的间距为 30 mm 左右，凿毛率不小于90%。凿毛完毕后，将浮渣和杂物清除用水冲洗干净，保证新旧混凝土的良好连接性。

2. 钢筋安装

将梁端预埋钢筋调起调直，横穿 N3 钢筋后与预埋筋 N1、N2 进行绑扎连接。

3. 模板安装

挡水台采用竹胶板，内侧采用方木顶实。模板安装时严格拉线立模。梁端侧竹胶板与梁端、伸缩

缝底面密贴,并在梁端侧采用木头楔块填充。为避免混凝土施工时漏浆,可在施工时在接缝处预先使用砂浆堵塞。

4. 挡水台浇筑

根据 TSY/HHX/联字〔2018〕096 号设计联系单要求,将 C40 细石纤维网混凝土变更为同保护层一致的 C40 细石纤维混凝土。

(五)防水层

待桥面道床施工完成后,进行防水层施工。防水层采用涂刷聚氨脂防水涂料。

(六)保护层

1. 混凝土施工

采用混凝土泵车进行浇筑入模,泵车停在桥梁下方的施工便道上,混凝土运输车将混凝土倾倒在泵车内,直接泵送到桥面。浇筑时从一端顺序浇筑至另一端,全幅宽度一次浇筑,并通过泵车的布料软管将混凝土均匀的铺在梁体的防水层上,用平板振捣器捣实。抹面固定专人进行,并按照设计要求设置排水坡。

2. 养护

养护时采用土工布覆盖,并随时保证土工布处于潮湿状态;冬季采取保温措施,方案为底层薄膜覆盖封闭,其上覆盖双层草帘保温,顶部采用彩条布进行覆盖。

(七)伸缩缝安装

1. 施工流程

伸缩缝安装流程如图 46-97 所示。

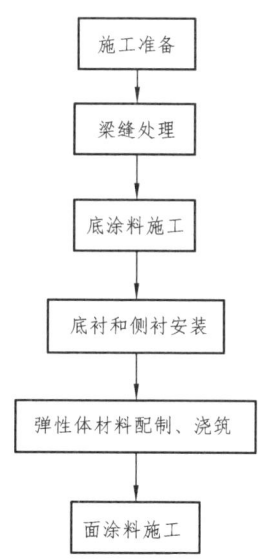

图 46-97 伸缩缝安装流程

(1)对梁缝进行顺直度、平整度、长度及宽度检查,确定测量梁面最低点,以确定浇筑尺寸的基准点、底衬定位尺寸与用料量,如图 46-98 所示。

(2)对混凝土水分含量进行检测(如图 46-99 所示),采用混凝土水分测定仪测量,横桥向每隔 2 m 测量一次,每条梁缝不少于 5 个测点,如果水分含量大于 20%,则需采用热风机对梁端进行烘干处理(图 46-100)。

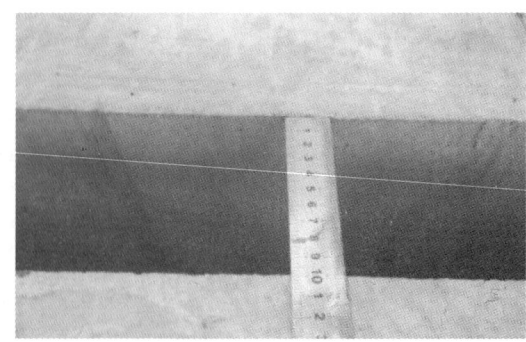

图 46-98　梁缝检测

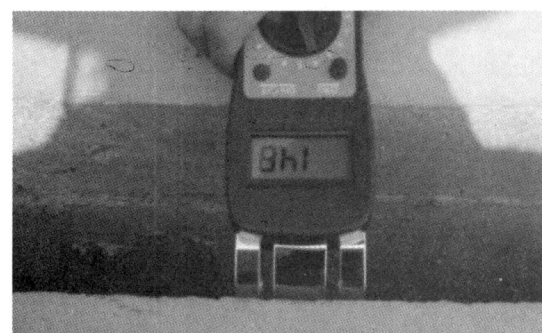

图 46-99　含水率检测　　　　　　　图 46-100　烘干处理

（3）采用砂轮机或打磨设备对梁缝进行打磨（如图 46-101 所示），对于有道床板和轨道板的位置，应对打磨设备进行加长后再打磨，保证梁端混凝土表面新鲜、密实，不应有空鼓、松动、蜂窝麻面以及脱模剂、油污等污物。

图 46-101　梁缝打磨

（4）采用扫帚对梁端浮渣进行清除处理，并采用电吹风机对打磨好的梁缝进行清理，将黏接面灰尘吹除干净，保证梁端混凝土表面清洁、干燥，不应有浮渣、浮土等污物，如图 46-102 所示。

2. 底涂料施工

采用胶带贴覆在挡水台表面上，防止混凝土表面污染，采用毛刷进行底涂料涂刷。底涂用量>0.4 kg/m^2，应涂刷均匀、不漏底面，不堆积。底涂干燥至不粘手即可进行下步工序。底涂料涂装在梁端（挡水台）混凝土表面，用以改善弹性体与混凝土基层界面黏结性能，如图 46-103 所示。

3. 底衬和侧衬安装

底衬准备（如图 46-104 所示），充气检查是否有漏气现象，采用水准仪进行梁面最低点定位，水平尺及深度尺对安装尺寸进行测量（如图 46-105 所示），定位完成后进行安装。衬垫安装误差应控制在±5 mm，保证弹性体材料浇筑过程中不下沉、不漏液。底衬安装时应保证弹性体最小厚度≥15 mm。

图 46-102　浮渣、浮灰清理

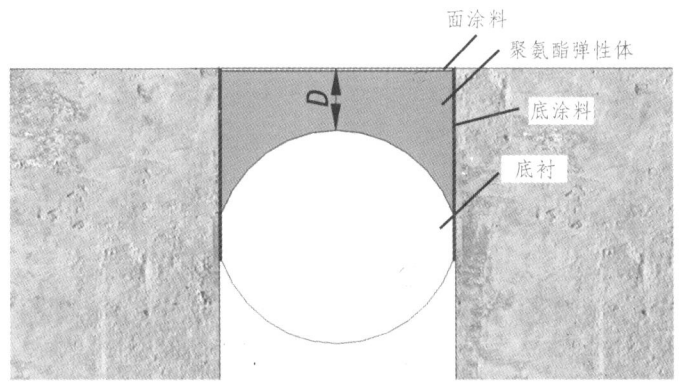

图 46-103　弹性体伸缩缝结构

图 46-104　底衬准备　　　　图 46-105　测量定位

4. 弹性体材料配制、浇筑

（1）A、B 组分配制前先对流速进行标定，标定物料重量不小于 200 g，每种组份的称量误差不得大于 1%，调整浇筑机参数，上料搅拌。

（2）将 A、B 组分别进行抽真空脱泡，混合均匀后进行浇筑，浇筑完毕后 5～10 min 后开始进行养护和消泡处理，直至不粘手。真空度≥-0.095 MPa；气温 15 ℃ 以上时出料温度不宜低于 30 ℃，气温 0～15 ℃ 时，出料温度不宜低于 50 ℃。浇筑如图 46-106 所示。

5. 面涂料施工

弹性体材料浇筑 12 h 以内，且胶面不粘手时，采用毛刷进行面涂料涂刷。

6. 浇筑后防护

表干前对弹性体进行覆盖，防止水、杂物落入弹性体表面；实干前应进行防雨保护，必要时用防水布进行遮盖；后续桥梁施工应对弹性体伸缩缝进行覆盖保护，禁止引起机械损伤；清除弹性体伸缩缝表面及附近的灰尘、碎石或杂物。

图 46-106　弹性体混合浇筑

（八）泄水管安装

安装泄水管前清理预留孔道，检查预埋孔道是否通顺，且上下是否在同一竖直线上。泄水管采用 UPVC 管，单根长度为 2 000 mm，直径为 160 mm。UPVC 管一端头连接铸铁格栅，并利用其固定于梁体中。施工期间应采取措施防止异物进入管内造成堵塞，如图 46-107 和图 46-108 所示。

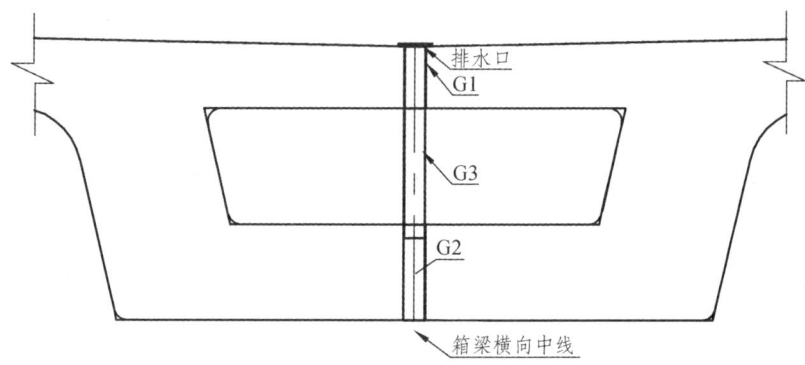

图 46-107　排水管布置图

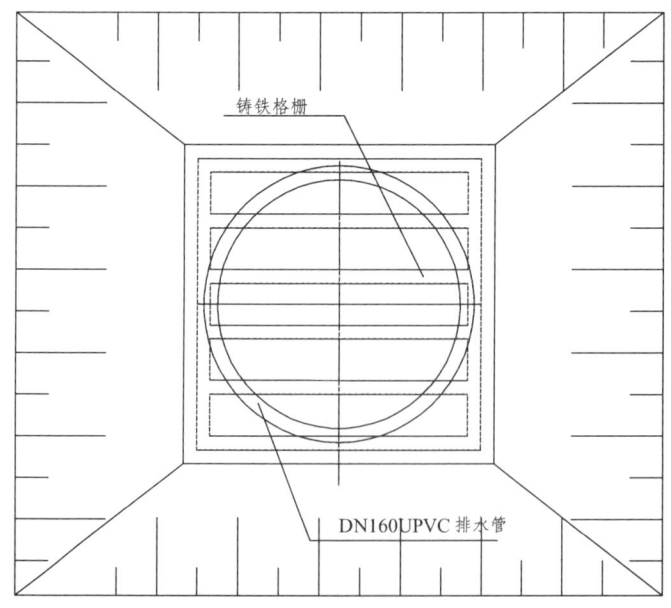

图 46-108　泄水管排水口大样图

第七节 声屏障施工

一、工程概况

杭海城际铁路声屏障施工是在桥梁遮板施工完成并达到龄期养护条件的前提下进行。施工方案依据《关于印发〈浙江杭海城际铁路（机电）工程首件验收管理办法（试行）〉的通知》（杭海城铁〔2017〕101号）编制，主要针对杭海城际铁路进行声屏障安装施工，全线声屏障立柱安装共计3 119根，屏体12 747 m²，见表46-12。

表46-12 声屏障主要工程数量

序号	工程项目名称	单位	数量	备注
1	H型钢立柱（2 150 mm）、加劲板钢底板	个	1 468	桥梁段
2	亚克力板铝合金框通透隔声板	m²	5 826.5	桥梁段
3	H型钢立柱（3 640 mm）、加劲板钢底板	个	153	路基段
4	非金属复合单元板	m²	1 800	路基段

二、施工工艺流程

杭海城际铁路声屏障施工工艺流程如图46-109所示。

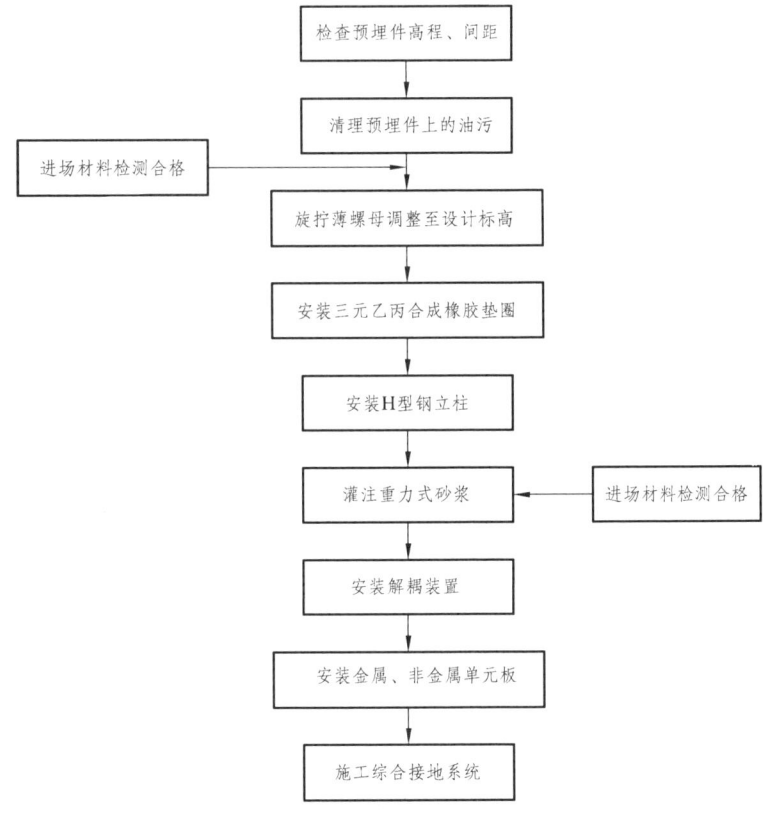

图46-109 声屏障施工工艺流程

三、施工控制要点

1. 预埋螺栓的检查

声屏障安装前,认真检查预埋螺栓间距是否符合要求,螺栓是否完全等问题,在安装前整改完成。螺栓间距检查可根据设计图纸螺栓间距,采用 5 mm 钢板制作一个卡具,卡具位置严格按照图纸制作,孔径尺寸略大于预埋螺栓 2 mm。如卡具能正常放入预埋件中,说明预埋螺栓位置正确。如无法放入,需要将影响的螺栓标记,进行调整。螺栓尺寸偏差在 3 mm 以内,采用略大于螺栓直径 2~4 mm 的长钢管插入螺栓后施力进行调整。超出范围过大或者被破坏的螺栓需要凿除螺栓重新预埋 U 形螺栓。

螺栓原施工中涂刷的黄油在安装前采用钢丝刷进行清理干净。

2. 薄螺母安装调平

经检查螺栓的外露长度,垂直度等均满足要求后,进行薄螺母的安装调平工作。薄螺母安装采用水平仪测量后在螺栓处划上标识,调整至标识位置后螺栓之间再用水平尺进行检查复核,保证薄螺母水平,然后在薄螺母上部安装三元乙丙橡胶垫圈。

3. H 型钢立柱安装

H 型钢立柱在工厂定做,立柱与底板、立柱与加强钢板的焊接必须按照设计要求在工厂内完成,垂直度应符合设计要求。板车运往现场吊装,采用汽车吊统一放于防护墙外侧。立柱安装采用汽车吊吊装安装。也可采用制作简易吊装架安装,在立柱的上端吊装孔上,采用滑轮将立柱缓慢吊起,人工扶正立柱的下端将空位与预埋螺栓位置对正后放下。立柱放下后,将四个角的 4 根预埋螺栓螺母安装上,并施拧至紧固即可。采用线垂及钢尺测量立柱的垂直度、轴线等是否满足要求。如满足设计要求,进行重力式砂浆灌注施工。如不满足要求,则需要重新调整到位。

单个立柱安装调整完成后,要将至少约一孔梁范围长度的立柱进行轴线调整,保证轴线顺直。

4. 灌注重力式砂浆

立柱标高、轴线等均调整到位后,灌注重力式砂浆。砂浆进场后在现场监理的见证下委外试验,施工按照配比进行砂浆的拌和,砂浆强度不小于 C40 混凝土的抗压强度。

重力式砂浆拌和采用手提电钻(转速约 400 r/min,功率约 800 W)拌和,正常使用水灰比为 0.15∶0.17,搅拌时间约 2~3 min,搅拌后静置 1 min,使搅拌时产生的气泡消失。灌注前首先洒水湿润柱槽,保证槽内清洁湿润,且不得积水。沿柱槽外采用竹胶板及胶带封堵,避免漏浆。采用重力式自流由一侧灌入,直至另一侧有砂浆溢出为止,待砂浆接近初凝时将表面多余的砂浆刮掉,抹平、压光。

重力式砂浆灌注完成后,采用棉被覆盖养护 1~3 d。重力式砂浆在灌注完成后 1 d 强度达到约 30 MPa,其初凝时间约 45 min,终凝时间约 90 min。在施工过程中注意控制施工拌和用量,在初凝前完成灌注工作。

重力式砂浆完成 1 d 后,将螺栓上的临时螺母拧下来,然后在下部安装防松动垫圈,防松动垫圈由两片组成一套,相对安装。

重力砂浆达到设计强度,防松动垫圈安装完成后,进行高强螺母的施拧,高强螺母的施拧需制作专用套筒,保证套筒有足够的长度进行施拧,M30 单个高强螺母的预紧力为 100 kN,采用响示扳手施拧时,扭矩为 450 N·m;单个高强螺母的预紧力为 80 kN,采用响示扳手施拧时,扭矩为 360 N·m,施工时不得漏拧、欠拧或超拧。第一个螺栓施拧到位后,再进行第二个螺栓的施拧。桥梁声屏障六个螺栓中中间的两个螺栓不需要施加预紧力,只要拧紧即可。

5. 安装解耦装置

立柱安装完成后,在两个立柱间铺设一根三元乙丙橡胶解耦装置,铺设平整,中心对准轴线,避免在单元板安装后产生外漏现象。

6. 安装单元板

单元板采取自下而上逐块插入的方式插入 H 型钢立柱之间，插入时注意避免破坏单元板与 H 型钢分割的单管橡胶垫。汽车吊吊装及辅助人工安装，插入时自上而下两侧同时水平插入，避免倾斜插入时损坏单元板。局部地段如单元板与立柱间缝隙较小无法插入，卡用橡胶锤轻敲缓慢插入。单元板安装注意颜色自上而下由浅变深，同时注意将单元板之间的弹性垫铺设平整。

单元板与单元板之间须加垫三元乙丙橡胶垫，安装时须注意吸声板的朝向和上下位置的正确性。固定用扁钢、单管橡胶垫（橡胶条）等，安装牢固，杜绝声屏障单元板与 H 型钢之间出现松动现象。

非标准段需要认真测量复核，及时统计。由厂家根据非标准段尺寸加工非标插板，根据立柱间测量间距不同，做好标识及编号，厂家在加工时贴上同样的标识，以保证现场安装正确。

综合接地安装：单元板安装完成后，安装接地设施。接地采用 335 mm×50 mm×5 mm L 形镀锌钢板及 50 mm×4 mm 镀锌扁钢与每根立柱的 1 个地脚螺栓相连后就近接入每孔梁的接地系统。5 块单元板之间通过 M8T 型螺栓固定 50 m 铜导线相连。扁钢及螺栓等所有外露金属构件均需采用热镀锌防腐处理。

声屏障接地扁钢焊接时注意搭接尺寸及焊接质量，焊缝处涂刷防锈漆处理。

四、工程实例照片

杭海城际铁路声屏障工程现场照片如图 46-110～图 46-112 所示。

图 46-110　声屏障立柱安装

图 46-111　声屏障接地安装

图 46-112　隔音板安装

第八节　疏散平台

一、工程概况

高架段根据桥面总体布置及限界要求，双线标准直线区间平台宽度一般为 1 m，圆曲线段根据曲线方向、半径的不同，疏散平台中心横向位置及宽度有相应调整，钢支撑间距按 1 m 设置，桥梁接缝处钢支撑按 2 m 设置，疏散平台基础采用强度等级为 C35 混凝土浇筑制作，疏散平台步板安装两端不得有悬空。在靠近轨行区一侧刷黄色警示条，疏散平台布置的起、终点设置钢结构楼梯，满足人员从平台下至道床面。

盾构段疏散平台一般设置在正线区间行车方向的左侧，单线平台最小宽度一般情况为 0.7 m，平台支架间距按 1.5 m 设置（特殊区段按 1.2 m 设置）采用 A 型钢梁。在设置钢梯处钢梁采用 B 型钢梁，锚固平台钢梁的螺栓采用定型化学锚栓，隧道区间疏散平台每隔约 300 m 及联络通道处设置一组钢步梯进行疏散，在平台面高 950 mm 处设置平台扶手，平台板与扶手均采用高分子复合材料。在区间疏散平台中点往盾构井方向，于道床每隔 30 m 设置疏散导向指示牌。

二、主要施工内容

疏散平台工程主要工程数量见表 46-13。

表 46-13　疏散平台工程主要工程数量

高架段疏散平台工程量清单				
序号	名称	单位	工程量	备注
1	T 型钢梁	根	31 047	
2	水泥基步板	块	31 047	
3	钢步梯	套	18	
4	接地扁钢	m	31 977	
盾构段疏散平台工程量清单				
序号	名称	单位	工程量	备注
1	盾构段钢梁	套	12 667	
2	复合材料板	m	18 683	
3	扶手	m	18 683	
4	盾构段钢梯	套	80	
明挖隧道段疏散平台工程量清单				
序号	名称	单位	工程量	备注
1	现浇疏散平台	m	3 114	
2	疏散平台栏杆	m	1 874	
3	现浇楼梯	处	2	
4	钢梯	套	8	

三、主要施工、工艺和技术措施

（一）高架段施工

1. 施工测量

（1）工序流程：测量基础位置→标记→结束。

（2）具体步骤：

① 用丁字尺放于钢轨之上，并保证测量尺与钢轨垂直，测量基础横向中心位置距线路中心的水平距离符合设计要求；

② 直线段每隔 6 m 进行一次测量并用记号笔标记，曲线段每隔 5 m 进行一次测量并用记号笔标记，用墨斗弹出明显标记线连接；

③ 根据施工图中的钢梁间距在弹线上标出基础位置；

④ 结束：当天完成施工任务，施工负责人填写施工记录。

（3）技术要求：

① 平台支架位置测量正确，两相邻平台支架之间的距离误差不大于 20 mm；

② 用墨线弹线时，应使墨线清晰；粉笔标出打孔位置时，应用一个"×"字型表示，使打孔位置清晰、明了；

③ 高架及 U 形槽段 T 形支撑，应根据现场放样确定位置和宽度，以保证锚栓完全安装于桥面预留的混凝土底座上，并保证限界安全；

④ 记录要整洁、清晰，不得涂抹，错误处可用铅笔划去，保持原始资料，以便核查。

2. 平台基础制作

（1）工序流程：限界复核→钢筋焊接→基础处桥面处理→模具支护及固定→基础浇筑→结束。

（2）具体步骤：

① 进行限界复核测量，测量完成后用水平仪测出线路标高确定处基础高度；

② 将 U 形定位螺栓焊接在桥面预留钢筋上（若预留钢筋尺寸不符合要求，还需重新种植钢筋）；

③ 焊接完成后将基础位置处混凝土表面凿毛，打成麻坑或沟槽；

④ 模板支护及校正；

⑤ 模具固定牢固后进行混凝土浇筑；

⑥ 基础浇筑完成后复核基础的中心连线是否在一条直线上，纵向间距是否为 1m，复核基础标高是否为测量值；

⑦ 结束：当天完成施工任务，收好设备，施工负责人填写施工记录。

（3）技术要求：

① 疏散平台钢梁顶面距钢轨顶面高差为 90 cm，基础顶面距离轨平面高差为 317 mm；基础浇筑时保证基础顶面水平，相邻基础偏差不得大于 10 mm；

② 基础外部尺寸为 400 mm×400 mm×300 mm；预埋 U 形地脚锚栓间距为 250 mm×250 mm，U 形螺栓螺纹外露 8 cm，误差控制在±5 mm；U 形螺栓外露部分应垂直，螺栓偏差应不大于 1°，基础浇筑前将螺栓外露部分进行涂油包裹防护，防止浇筑混凝土时污染螺纹；

③ 基础浇筑过程中采用振捣棒，基础不得出现麻面、气泡，表面应光洁平整；

④ 浇筑混凝土过程中每 50 m³ 做一组试块，少于 50 m³ 做一组试块；

⑤ 施工中产生的建筑垃圾应及时清理，做到人走料清。

3. 钢梁安装

（1）工序流程：确认钢梁→钢梁运输→钢梁安装→钢梁调整→结束。

(2)技术要求:

① 安装钢梁时应保证成排的钢梁在同一个垂直面,钢梁顶面应保证在同一水平面;

② 疏散平台金属钢梁均应进行接地连接。

4. 水泥步板安装

(1)工序流程:步板制作→步板运输→步板安装→步板调整→结束。

(2)技术要求:

① 水泥基步板:步板型号应根据现场情况进行制作;

② 为避免桥梁伸缩对疏散平台的影响,疏散平台角钢在桥梁缝处设置伸缩缝,伸缩缝不小于20 mm,疏散平台梁缝处一跨及梁缝两侧各两跨步板采用加长板。

5. 步梯安装

(1)工序流程:步梯数据测量→步梯运输→钻孔及种植螺栓→步梯安装→结束。

(2)技术要求:

① 在每段疏散平台的始点、终点、联络通道处必须安装平台步梯;

② 平台步梯高度根据安装位置、道床混凝土高度调整,安装时,保证平台步梯水平;

③ 钢梯需进行接地连接,接到区间电缆支架上的接地扁钢上。

(二)地下段施工

1. 测量及准备

(1)工序流程:轨面基准点确定→限界测量→确定模板中心→标记孔位→结束。

(2)技术要求:

① 在铺轨、调线后进行疏散平台的测量安装,需实测隧道尺寸及相对轨道中心线的位置,确定疏散平台的实际宽度;

② 定位划线时,定位孔距离伸缩缝或盾构片边缘不小于50 mm;钢梁沿隧道纵向间距为1.0 m,再特殊情况下可适当调整支架类型和间距,需考虑平台踏板的安装要求,平台支架应尽量与上方电缆支架对齐;

③ 记录要整洁、清晰,不得涂抹,错误处可用铅笔划去,保持原始资料,以便核查。

2. 钻孔及种植锚栓

(1)施工方法:孔位复查→钻孔、清孔→种植螺栓→结束。

(2)技术总结:

① 锚孔深度允许偏差为±10 mm,垂直度允许偏差为5°;

② 打孔时遇蜂眼或隧道壁渗水情况,应及时汇报监理单位和设计单位到现场协调解决,待联系相关单位处理后再进行施工;

③ 打孔前应采用钢筋探测仪进行探测管片钢筋,锚孔应尽量避开受力主筋。对于废孔,应用高强度等级的树脂水泥砂浆填实;

④ 药剂检查:有无破损、硬化现象,如有则为废品。化学药剂及螺杆置入毛孔后,在固化完成之前,应按照厂家所提供的养生条件进行固化养生,固化期间禁止扰动及承载。

3. 钢梁安装

(1)施工方法:确认钢梁→钢梁运输→钢梁安装→钢梁调整→结束。

(2)技术总结:

① 安装钢梁时应保证成排的钢梁在同一个垂直面,钢梁顶面应保证在同一水平面;

② 疏散平台金属钢梁均应进行接地连接。

4. 复合材料步板安装

（1）施工方法：步板运输→步板安装固定→钢梁挡板安装→结束。

（2）技术要求：

① 平台踏板沿纵向两端头确保踏板在钢梁上的长度符合设计要求，踏板两端头横向必须完全支撑在平台钢梁上，不允许悬空；

② 复合材料平台步板在固定前，需对步板边缘进行测量，保证线路中心到平台边缘的距离；复合材料平台步板安装完毕后，必须重新测量，保证不侵限，并检查每块步板安装是否牢固，并保证平台踏板不出现台阶；

③ 虑平台板伸缩量，两平台板间隙不得大于 20 mm；

④ 纵向疏散平台有效宽度一般地段不得侵入限界。

扣件绑扎及步板安装如图 46-113 和图 46-114 所示。

图 46-113　扣件及绑扎

图 46-114　步板安装

5. 扶手安装

（1）工序流程：定位划线→钻孔及种植锚栓→扶手固定件安装→扶手安装→结束。

（2）技术总结：

① 锚孔深度允许偏差为±10 mm，垂直度允许偏差为 5°；

② 高度定位误差 5 mm。

扶手安装如图 46-115 所示。

图 46-115　扶手安装

6. 步梯安装

（1）施工方法：步梯数据测量→步梯运输→钻孔及种植螺栓→步梯安装→结束。

（2）技术总结：

① 平台踏板沿纵向两端头确保踏板在钢梁上的长度符合设计要求，踏板两端头横向必须完全支撑在平台钢梁上，不允许悬空；

② 复合材料平台步板在固定前，需对步板边缘进行测量，保证线路中心到平台边缘的距离。复合材料平台步板安装完毕后，必须重新测量，保证不侵限，并检查每块步板安装是否牢固，并保证平台踏板不出现台阶；

③ 考虑平台板伸缩量，两平台板间隙不得大于 20 mm；

④ 纵向疏散平台有效宽度一般地段不得侵入限界。

步梯安装如图 46-116 所示。

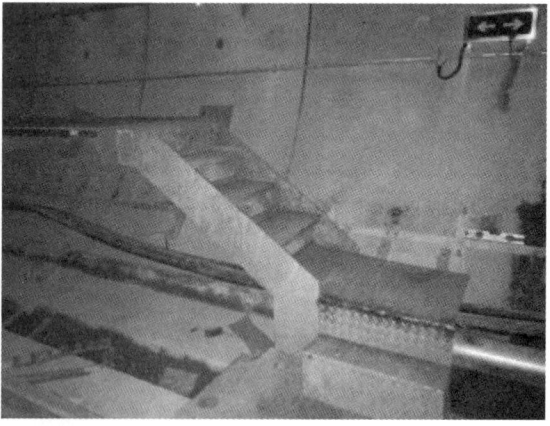

图 46-116　步梯安装

（三）地下段浇筑平台施工

1. 测量及准备

（1）工序流程：预留钢筋绑扎及焊接→测量限界及水平高度→模具支护。

（2）具体步骤：

① 预留钢筋绑扎及焊接；

② 用丁字尺测量模具距线路中心距离，确保符合设计要求；

③ 用水准仪测量平台顶面距钢轨轨面垂直距离，确保符合设计要求；

④ 测量时保证每 5 m 测量一次；
⑤ 模板支护用钢管固定，确保不移位；
⑥ 结束：当天完成施工任务，收好设备，施工负责人填写施工记录。

2. 平台浇筑

（1）工序流程：限界复核→基础浇筑→结束。

（2）具体步骤：

① 复测：利用丁字尺及水准仪测量模具限界及高度是否符合设计要求；
② 确定数据符合设计要求后开始浇筑；
③ 基础浇筑完成后复核限界及标高是否为符合设计要求；
④ 结束：当天完成施工任务，收好设备，施工负责人填写施工记录。

（3）技术总结：

① 基础浇筑过程中采用振捣棒，基础不得出现麻面、气泡，表面应光洁平整；
② 平台表面应设置凹槽条纹，增加防滑效果；
③ 浇筑混凝土过程中每 50 m³ 做一组试块，少于 50 m³ 做一组试块。

3. 栏杆安装

（1）施工方法：测量→栏杆安装→结束。

（2）具体步骤及技术要求：

① 依据施工设计图，以平台表面为基准标高。通过钢卷尺、水平尺等测量工具，确定栏杆在平台上的安装高度。

② 栏杆安装：

a. 根据预留件间距，现场加工出栏杆所需长度，将栏杆按顺序安装在预留件上；
b. 栏杆之间连接处均为满焊，焊接表面续光滑无明显突出；
c. 扶手的安装需牢固，安装完成后的栏杆不得晃动；
d. 扶手固定的边沿需进行磨边处理，防止划伤疏散人员。

四、工程实例照片

施工现场照片如图 46-117～图 46-125 所示。

图 46-117　钢梁安装

图 46-118　钢梁接地扁钢安装

图 46-119　步板安装

图 46-120　钢步梯安装

图 46-121　复合材料步板安装

图 46-122　扶手安装

图 46-123　地下段钢步梯安装

图 46-124　现浇段疏散平台

图 46-125　不锈钢栏杆安装

第九节　邻近既有线施工

随着经济快速发展及城市化程度提高,邻近既有线施工的工程也逐渐增多,具有鲜明的高风险性、高要求性,承担杭州与海宁及周边地区间城际联系功能连接的杭海城际铁路便是与沪昆高铁并行的具备鲜明特点的邻近既有线作业。并行段位于许村境内的许海区间,起止里程为右 DK7+494.892～DK9+932.892,并行长度 2.438 km,在施工过程中,如何采取措施,将对既有营业线的影响降至最低,避免对已有线路造成不可挽回影响,同时不影响行车安全,是营业线施工当中的重中之重。

一、工程概况

许海特大桥位于浙江省海宁市许村镇境内,起讫桩号为:右 DK6+894.942～右 DK11+527.842,总长 4 632.9 m。包含四座悬灌梁和一座支架现浇梁。按上铁运发〔2012〕586 文件规定距营业线线路中心 30 m 范围内铁路营业线施工为邻近营业线范围。确定邻近营业线施工的桥墩为 19#～90#墩,施工里程为右 DK7+494.892～右 DK9+932.892,并行段长度约 2.438 km。许海特大桥位于沪杭高铁北侧,如图 46-126 所示。

图 46-126　许海特大桥平面位置布置

许海特大桥全线与既有沪昆高铁线并行,其中右 DK7+494.892～右 DK9+932.892 段为邻近营业线施工,全长 2.438 km,主要工程为:桩基施工、承台施工、墩柱施工、悬灌梁施工及箱梁架设,见表 46-14。

表 46-14　许海特大桥主要工程数量表

序号	工程项目		规格	单位	数量	备注
1	主线长度			m	2 438	
2	桥梁工程	钻孔桩	ϕ 1 000 mm	m	8 883	
			ϕ 1 250 mm	m	14 350	
		悬灌梁	40 m+60 m+40 m	联	2	
		悬灌梁	38.5 m+55 m+38.5 m	联	1	
		预制箱梁架设	30/33/35	孔	62	

二、施工特点

杭海城际铁路邻近的沪昆高铁是《中长期铁路网规划》(2016年版)中"八纵八横"高速铁路主通道之一,是中国东西向线路里程最长、速度等级最高的主干线,且已通电运行,因此杭海城际铁路邻近既有线段具备施工难度大、作业要求高、安全风险大等特点,主要存在的风险有:设备机械侵线对既有线设备及运行列车造成影响、施工机械倾覆损害既有高铁设备、人员靠近接触网造成触电事故、易飘物,模板在大风天气或台风季飘往既有线,造成行车事故等。

三、基本保护措施

(1)施工前准备工作:施工前与分管沪昆高铁杭州段的东华公司报备并签订施工安全协议,上报邻近既有线专项施工组织设计,并按照东华公司管理措施上报施工计划表。

(2)根据铁路局要求制定专项施工方案,筛选施工机械,制定施工工艺,确定施工联络员、成立专项领导小组、防护小组、应急小组等,在铁路公司的指导和监管下有序开展各项工作。

(3)制定工序划分表,根据铁路要求制定专项防护措施并落实责任制。

(4)按照铁路公司要求开展施工人员专项培训及技术交底,施工过程中严格执行班前讲话制度、专职人员防护制度、日常机械检查维护保养等制度。

四、专项防护措施及施工工艺

(一)钻孔桩施工

钻孔桩施工流程如图46-127所示。

钻孔桩在施工过程中对营业线的安全影响主要体现在钻进过程中由于塌孔或者流沙对营业线结构造成影响,进而影响行车安全,除此之外,钻机由于失稳倾覆之后侵入安全界限对行车安全造成影响,为防止以上问题发生,主要从以下方面措施进行控制:

1. 塌孔防止措施

(1)泥浆池设置在在距营业线30 m外,泥浆选用不分散、低固相、高黏度的PHP优质膨润土化学泥浆;

(2)钻机由经验丰富、技术熟练的工人操作,交班时间不停钻,减少钻孔时间;

(3)钻孔成孔过程中,及时补充浆液量,水头高度不低于地下水高度。如遇特殊情况需停钻时,应提出钻头,孔口加盖,并增加泥浆比重和黏度,保持孔壁稳定;

(4)随时检查地质情况,根据地质情况控制钻进速度,根据不同地质情况调节泥浆比重和钻进速度,为防止塌孔,可以适当调高泥浆比重;

(5)清孔时严格控制泥浆孔底比重;

(6)施工过程中优先保证营业线的混凝土供应,尽可能缩短混凝土浇筑时间。

2. 机械防倾覆措施

首先分析桩基施工过程中最不利位置处钻机倾覆是否对营业线造成影响,以70#墩(右侧桩基距离营业线距离最近)为例,在安全限界外6 m;吊装高度按照11 m计算,钻孔桩施工以70#墩为例进行分析,如图46-128所示。

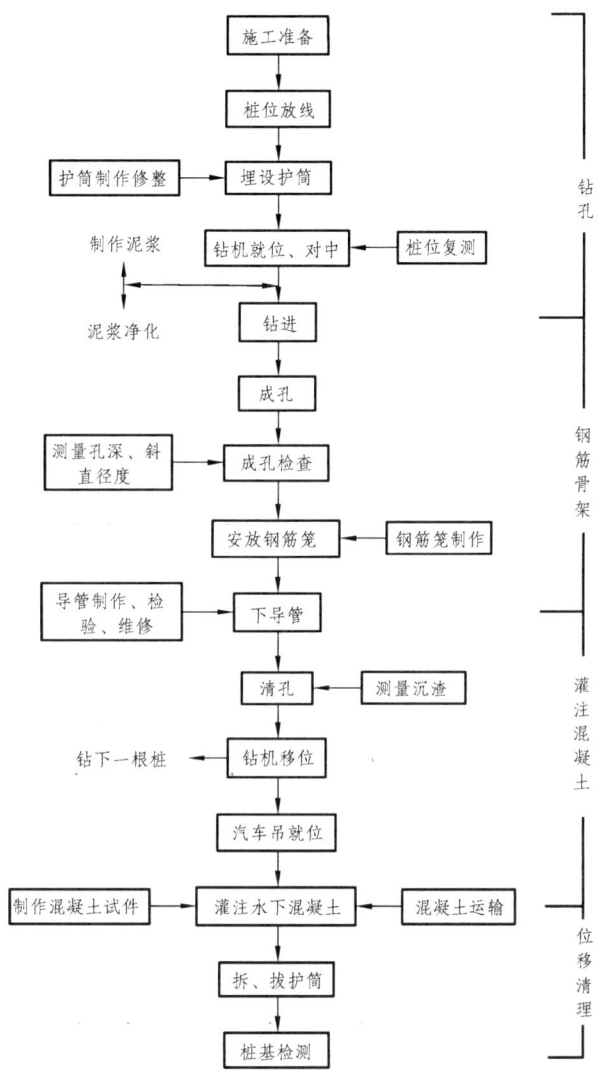

图 46-127 钻孔桩施工流程

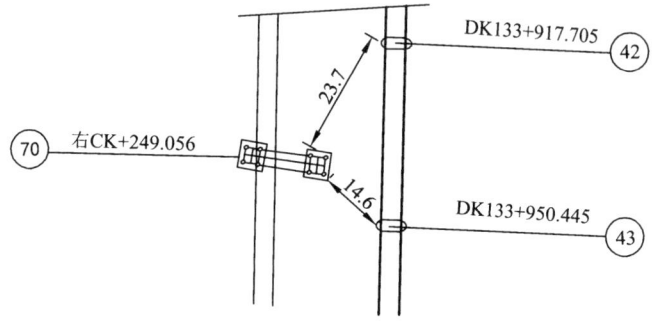

图 46-128 桩基施工界限

（二）承台施工

承台施工工艺流程如图 46-129 所示。

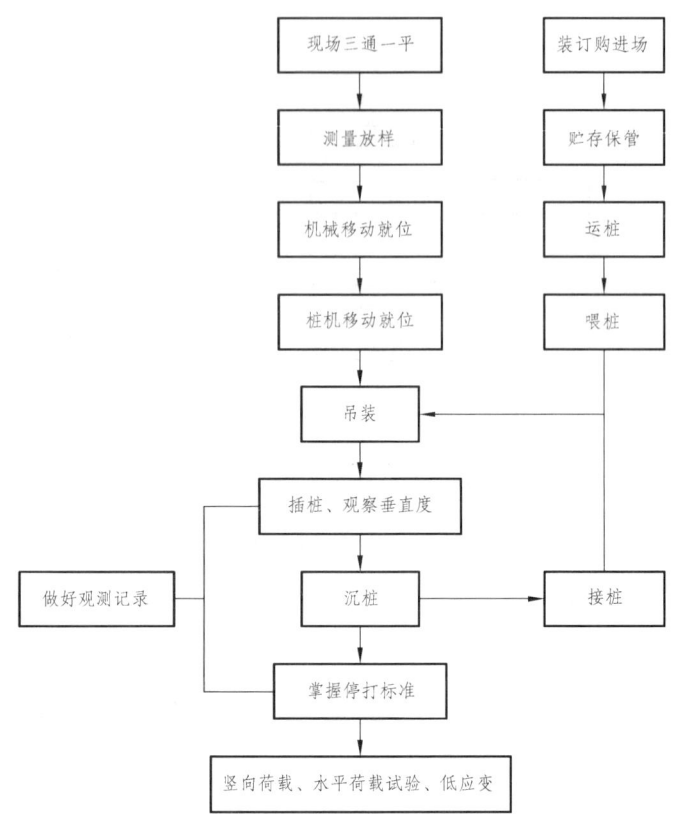

图 46-129 承台施工工艺流程

1. 钢板桩施工控制措施

所有承台开挖深度均未超过 3 m，所以经过检算确定采用 9 m 长 SP-Ⅳ型拉森钢板桩加一道内支撑进行基坑支护，钢板桩施工的时候从营业线内侧向外侧施工，钢板桩长 9 m，按照工作距离和安全距离共 2 m 计算，打桩机布置在远离营业线一侧。

2. 基坑开挖控制措施

基坑开挖采用人工配合挖掘机开挖，开挖土方禁止在基坑边缘堆放，及时采用自卸运土车倒运至指定地点。机械与营业线相对位置关系需要重点分析。

（三）墩身施工

墩身施工工艺流程如图 46-130 所示。

墩身施工对营业线造成的影响主要为墩身倾覆时侵入安全界限进而对营业线行车安全造成影响，墩身浇筑完成之后养护时易飘物飘至营业线对行车安全造成影响，主要从以下几个方面进行控制：

（1）墩身钢筋采用现场绑扎的方式进行施工；

（2）墩身模板均采用大块定型钢模。采用大块整体钢模立模浇筑，墩身采用一次立模浇筑。墩身模板标准段高度为 2 m，采用 25 t 吊车吊装安装；

（3）吊装时吊车停靠在远离营业线一侧的施工便道上；

（4）为了防止模板吊装过程中在空中摆动幅度较大，影响营业线行车安全，在吊装的模板底部拴上两根定位绳，人工控制模板的摆动；

（5）安排专人指挥，一机一人防护；

（6）模板安装过程中产生的垃圾需要及时清理，做到工清、料清、场清。防止漂移物飘至高铁线路上影响高铁运行；

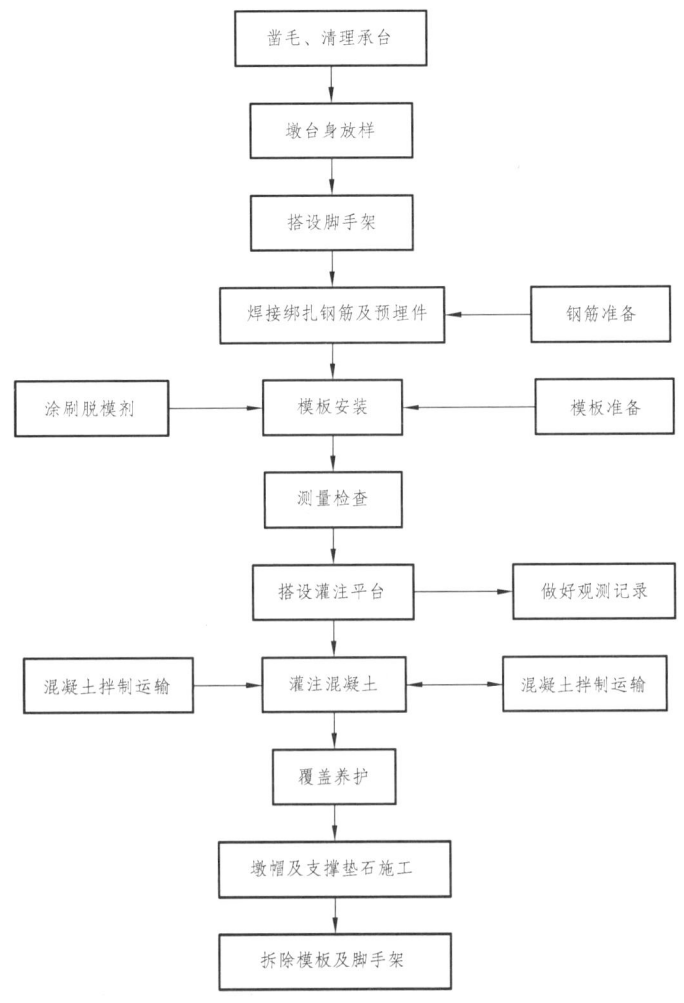

图 46-130 墩身施工工艺流程

（7）混凝土养护采用滴灌的方式进行养护，养护时间不少于 14 d，避免采用塑料薄膜养护；
（8）操作平台采用墩身防护架，墩身防护架有安全、高效、美观等优点。
墩身防护架效果如图 46-131 所示。

图 46-131 墩身防护架效果

（四）悬灌梁施工

悬灌梁施工工艺流程如图 46-132 所示。

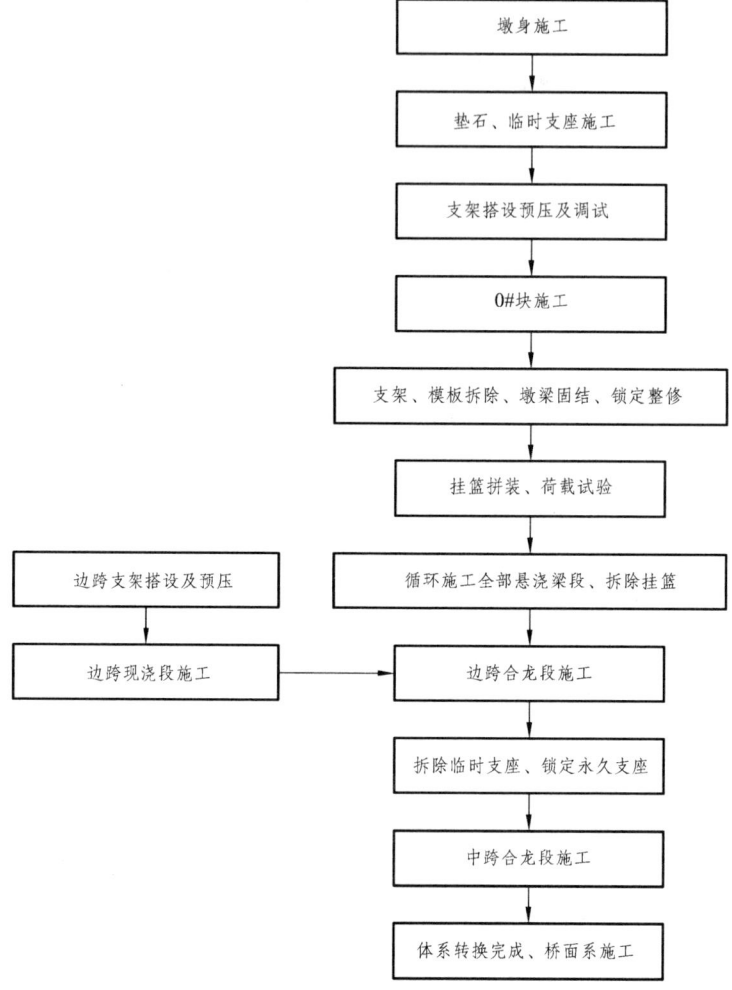

图 46-132　悬灌梁施工工艺流程

为保证连续梁施工安全，项目部采用吊车替换塔吊的施工方案，在具体施工过程中主要为机械倾覆侵入安全界限内，采取以下措施：

（1）吊车站位处挖除换填 1.0 m 厚石渣，确保吊机站位稳定；

（2）为了防止挂篮模板吊装过程中在空中摆动幅度较大，影响营业线行车安全，在吊装的部件底部拴上两根定位绳，人工控制摆动；

（3）施工过程中防护员全程旁站，防止小型机具及设备掉落在营业线路内侧；

（4）安排专人指挥吊车，并做到"一机一人防护"；

（5）梁部模板施工时，靠近营业线一侧围栏上警示灯必须点亮，而且现场防护员必须全程防护以确保营业线路和施工的安全。

杭海城际铁路与沪昆高铁界限如图 46-133 所示。

（五）箱梁架设

箱梁架设工艺流程如图 46-134 所示。

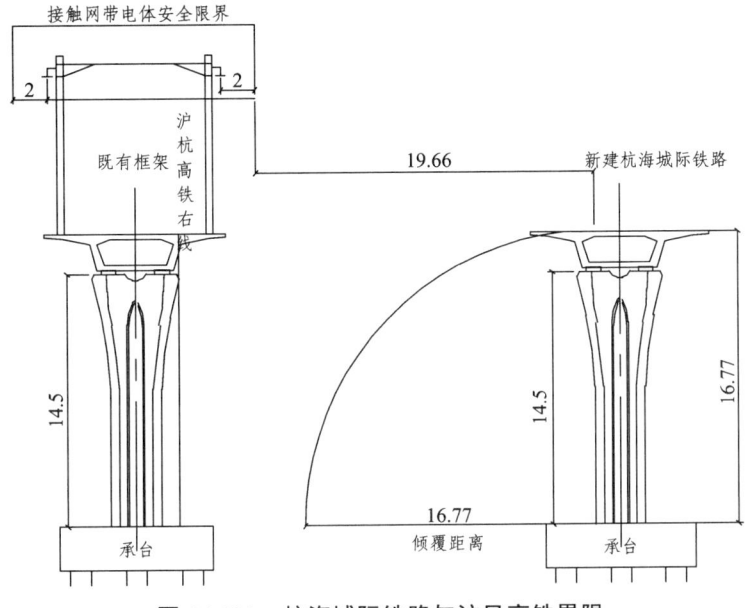

图 46-133　杭海城际铁路与沪昆高铁界限

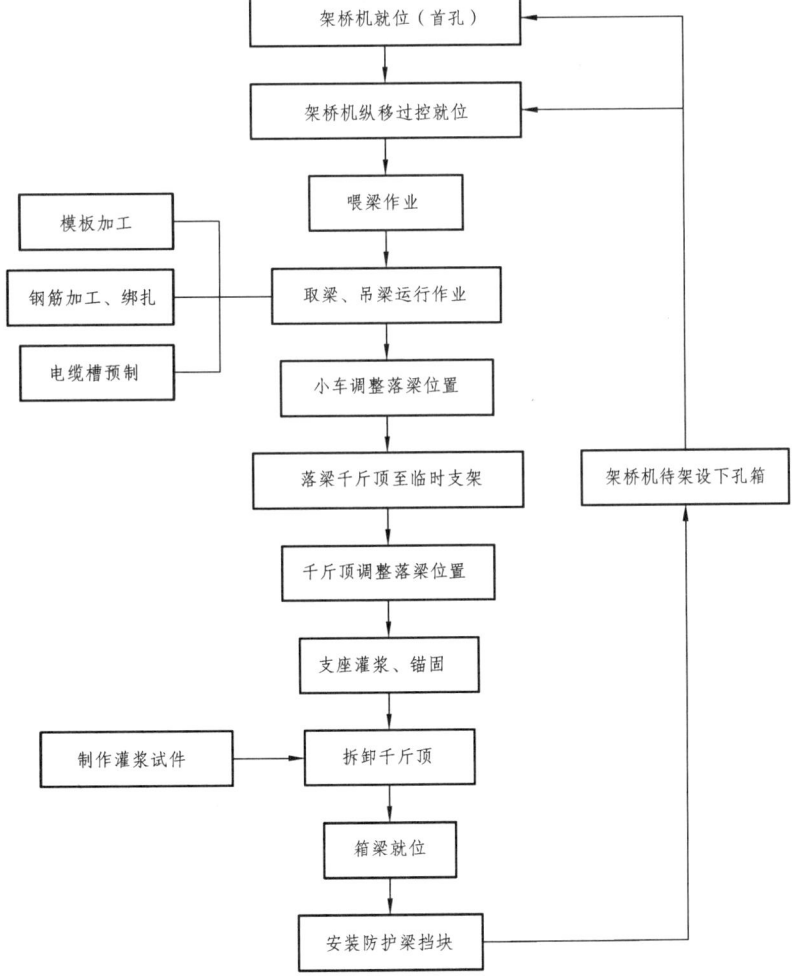

图 46-134　箱梁架设工艺流程

架梁过程中,主要为架桥机倾覆侵入安全界限对行车安全造成影响,在施工过程中需要对其进行有效分析,架桥机采用 S700 型号架桥机。箱梁在架设过程中以 29#处距离营业线路最近,架桥机与营业线路位置关系如图 46-135 所示。

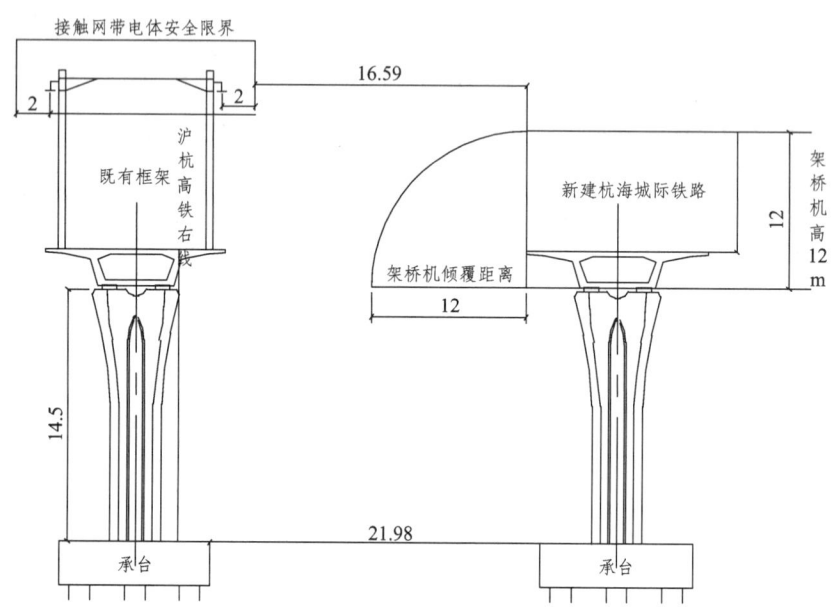

图 46-135 箱梁架设示意图

第十节 桥梁沉降观测与评估

一、监测目的

(1)促进轨道交通建设安全风险技术管理工作的系统化、规范化和信息化,最大限度地规避风险,避免人员伤亡和环境损害,降低工程造价和工期损失,为轨道交通工程建设提供安全保障。

(2)在土建施工过程中对周边环境、工程自身关键部位实施独立、公正的监测,验证施工单位的监测数据,为发包人、设计、施工、监理单位提供参考依据。

(3)为发包人提供轨道交通工程建设安全风险管理技术支持,通过安全监测、安全巡视工作及对监测单位管理,较全面地评价各工点的施工安全状态,为信息管理平台提供基础数据,对施工过程实施全面监控和有效控制管理。

(4)监测数据和相关分析资料可成为处理风险事务和工程安全事故的重要参考依据。

(5)积累资料和经验,为今后的同类工程设计提供类比依据。

二、监测工作原则

1. 重点监测原则

在监测实施过程中,对安全风险较大的"重点对象、重要部位、关键工序、重要时段"应加强监测、巡视和评估,其测点布设应加密,监测、巡视频率应加大。

将安全巡视中发现的风险和已经预警的风险工程或部位作为风险监测的重点,进行跟踪监测和巡视，扩大监测范围、增设测点、加密监测和巡视频率，必要时进行实时监测，为安全风险评估和处理提供可靠依据。

2. 注重现场巡视原则

根据现场安全巡视范围大、反应安全风险状况及时、全面的特点，在监测实施过程中，注重现场安全巡视，突出安全巡视的作用、加大安全巡视的力度，用巡视来指导监测，两者相结合，全面掌控在施风险工程的现状。

3. 与施工相结合原则

在监测实施过程中，随时与施工、监理等单位进行沟通，及时了解施工方案、工程准备情况、施工进度计划、设计变更等信息，做好监测和巡视计划和安排，进行风险预报，做到有重点和针对性地进行监测工作。

4. 同点监测原则

委托第三方监测的同时对第三方监测及施工监测提出要求，第三方监测项目、测点包含在施工监测范围内，使用施工单位埋设的监测点进行监测，并参与施工单位的监测点验收工作，与施工单位共同采集施工监测点的初始值，第三方监测与施工监测的数据能相互验证，同时起到对施工监测的监督和复核作用。

5. 综合分析评估原则

对风险工程状态要根据现场监测数据、现场巡视数据、现场施工状况以及工程地质、地下水等信息等进行综合分析，并结合咨询工程师经验等进行评估得出。

三、评估方法及标准

（一）沉降评估依据

（1）《地铁设计规范》（GB 50157—2013）；
（2）《建筑变形测量规范》（JGJ 8—2016）；
（3）《城市轨道交通工程测量规范》（GB/T 50308—2017）；
（4）《国家一、二等水准测量规范》（GB/T 12897—2006）；
（5）《城市轨道交通结构安全保护技术规范》（CJJ/T 202—2013）；
（6）《城市轨道交通工程监测技术规范》（GB 50911—2013）；
（7）《铁路沉降变形观测及评估技术规程》（Q/CR 9230—2016）；
（8）《杭海城际铁路线下工程沉降变形观测及评估实施细则》；
（9）杭海城际铁路有关设计文件；
（10）浙江杭海城际铁路有限公司下发的有关文件。

（二）沉降预测方法

根据《铁路工程沉降变形观测与评估技术规程》及《新建杭海城际铁路线下工程沉降观测实施细则》的要求，结合线下工程不同结构物和不同地质条件下的沉降观测情况，对沉降观测期、当前实测沉降量、后期沉降发展趋势、预测分析可靠性与稳定性等进行系统分析和评估，采用规范规定的多种曲线回归方法对工后沉降进行预测，总结沉降变形特点，采用两种方法对全线沉降观测数据进行拟合分析，一种为主选预测评估方法，另一种方法为对比验证，预测最终沉降量，并计算工后沉降。

（三）判断标准

根据前述的规范要求及相关专家会议意见，并结合工程具体实际情况，对于沉降变形评估，评估判断标准如下：

（1）根据实际荷载情况及观测数据，作不少于两种类型曲线回归分析及预测，综合确定沉降变形的趋势，曲线回归的相关系数不应低于0.92。

（2）轨道（道床）铺设前最终预测应符合其预测准确性的基本要求，即主体工程完工以后沉降和沉降预测的时间 t 应符合下式规定：

$$S(t)/S(t=\infty) \geqslant 75\%$$

式中，$S(t)$——预测时的沉降观测值（mm）；

$S(t=\infty)$——预测的最终沉降值（mm）。

（3）路基、涵洞、隧道断面工后沉降不应大于15 mm，桥梁断面工后沉降≤20 mm，相邻墩（台）工后沉降差≤5 mm。

（4）过渡段不同结构物间的预测差异沉降不应大于5 mm，预测沉降引起沿线路方向的折角不应大于1/1 000。

（5）如预测曲线回归相关系数小于0.92，且近3个月沉降变形观测值在2 mm以内、波动幅度小于3 mm时，同时最近超过100 d沉降速率小于0.01～0.04 mm/d，可根据勘察、设计、施工、量测资料及现场调查进行综合判断是否满足轨道铺设条件。综合判定为"通过"评估的，不予曲线拟合，可进行无砟轨道施工，但必须继续观测验证。

（6）在参考上述标准的同时，还需结合工程、地质具体情况，基础类型等条件综合判定是否通过评估。

（7）无砟轨道桥梁徐变变形评估判断标准如下：

① 无砟轨道桥梁的梁体竖向残余徐变限值应符合：$L \leqslant 50$ m 梁体徐变上拱度≤10 m；$L > 50$ m 梁体徐变上拱度≤$L/5\,000$，且不大于20 mm；

② 特殊桥跨结构的竖向残余徐变限值应符合设计文件要求；

③ 终张拉完成时，梁体跨中弹性变形不宜大于设计值的1.05倍；

④ 扣除各项弹性变形、终张拉60 d后，梁体跨中徐变上拱度实测值不应大于限值的70%；

⑤ 不能满足上述要求时，应根据梁体变形的实测结果，确定梁体的实际弹性变形及徐变系数。

四、线下工程沉降变形分析

杭海城际铁路线下工程第一份沉降评估报告于2019年11月完成，全部区段沉降评估报告于2020年5月完成，合计19份沉降评估报告。全线沉降评估报告完成情况如表46-15所示。

表46-15　杭海城际沉降评估报告完成情况统计

序号	报告编号	里程范围	完成日期	标段	施工单位
1	HHCJ-TSY-cJ001	DK35+959.190～DK39+302.540	2019/6/11	8标	浙江交工
2	HHCJ-TSY-CJ002	DK27+907.490～DK35+959.190	2019/8/2	7标	浙江交工
3	HHCJ-TSY-cJ003	DK39+302.540～DK39+810	2019/7/20	9标	中铁隧道局
4	HHCJ-TSY-CJ004	DK40+819.890～DK41+078.690	2019/10/18	9标	中铁隧道局
5	HHCJ-TSY-CJ005	DK23+934.140～DK27+907.490	2019/10/25	6标	浙江交工
6	HHCJ-TSY-cJ006	DK43+682.500～DK45+904.210	2019/11/26	11标	浙江交工

续表

序号	报告编号	里程范围	完成日期	标段	施工单位
7	HHCJ-TSY-cJ007	DK17+163.640～DK23+934.140	2019/12/5	5标	浙江交工
8	HHCJ-TSY-CJ008	DK14+031.640～DK17+163.640	2019/12/10	5标	浙江交工
9	HHCJ-TSY-cJ009	盐官车辆基地	2019/12/20	13标	中铁一局
10	HHCJ-TSY-cJ010	DK3+562.949～DK4+172.892	2019/12/31	2标	中铁四局
11	HHCJ-TSY-cJO11	盐官车辆基地出入线	2019/12/28	7标	浙江交工
12	HHCJ-TSY-cJO12	DK39+810.000～DK40+819.890	2020/1/15	9标	中铁隧道局
13	HHCJ-TSY-cJO13	DK45+903.210～DK46+335.640	2020/1/10	11标	浙江交工
14	HHCJ-TSY-CJO14	DK0+437.570～DK3+562.949	2020/4/2	2标	中铁四局
15	HHCJ-TSY-cJ015	DK43+459.000～DK43+683.300	2020/4/18	10标	天津城建
16	HHCJ-TSY-CJO16	DK41+077.890～DK43+459.00	2020/4/25	10标	天津城建
17	HHCJ-TSY-cJ017	DK12+315.892～DK14+031.640	2020/5/10	4标	中铁三局
18	HHCJ-TSY-CJO18	DK4+172.892～DK012+315.892	2020/5/15	3标	中铁十局
19	HHCJ-TSY-cJ019	DK0-020.08～DKO+437.570	2020/5/18	1标	中铁四局

本节以杭海城际铁路项目7标DK27+907.540～DK35+959.660（HHCJ-TSY-CJ002）段沉降评估情况为例介绍桥梁沉降观测情况，该标段全长8.052 km，主要工程项目为盐桐区间高架桥、桐斜区间高架桥（含高架车站2座桐九站、斜桥镇站），观测时间范围为2018年1月16日—2019年6月17日。

五、DK27+907.540～DK35+959.660（HHCJ-TSY-CJ002）段沉降评估情况

1. 沉降评估数据情况

盐桐区间高架桥，共158个墩台，观测断面数158个，观测点数158个，沉降观测点布设量满足相关要求，该段沉降变形统计见表46-16。

表46-16 该标段沉降变形总体统计

	沉降<3 mm	3 mm≤沉降≤10 mm	沉降>10 mm
测点数量	157	1	0
所占比例	93.7%	6.3%	0.0%

该桥梁墩身观测点累计沉降当前最大数据为3.08 mm（发生在测点0028945D1处），最小数据为：0.90 mm（发生在测点0032167D1处）。

桐斜区间高架桥，共92个墩台，观测断面数92个，观测点数92，沉降观测点布设量满足相关要求，该段沉降变形统计见表46-17。

表46-17 该标段沉降变形总体统计

	沉降<3 mm	3 mm≤沉降≤10 mm	沉降>10 mm
测点数量	28	64	0
所占比例	30.4%	69.6%	0.0%

该桥梁墩身观测点累计沉降当前最大数据为 4.28 mm（发生在测点 0033423D1 处），最小数据为：0.72 mm（发生在测点 0035778D1 处）。

该段梁体徐变评估对象为 DK27+907.540～DK35+959.660 段 7 孔简支梁和 28 孔连续梁均按要求进行徐变观测，徐变变形满足评估要求。

2. 测点沉降预测分析

该区段桥涵共 250 个测点。

（1）8 个测点经 GM（1，1）方法曲线拟合后，满足标准二"曲线拟合测点"，且用双曲线法对比验证后，两种预测的工后沉降最大差为 0.26 mm，说明了预测的可靠性。

（2）242 个测点，主体工程完工后观测期大于 3 个月，且近 3 个月沉降波动幅度在 3.0 mm 之内、沉降增量在 ±2 mm 之内、最后 4 次（且观测时间不少于一个月）观测数据未出现连续下沉现象时，同时最近超过 100 d 沉降速率小于 0.01～0.04 mm/d，综合判定通过此次评估，不予曲线拟合。

3. 结论

依据施工单位提交的观测数据反映的沉降现状，此次评估可得出如下主要结论：

（1）对于此评估区段的桥梁的 250 个有效测点，主体工程完工后，沉降观测时间满足评估要求，单点沉降通过评估；

（2）评估段相邻桥墩（台）预测工后沉降差满足评估要求，区段预测工后差异沉降最大为 0.74 mm 小于 10 mm，预测沉降引起沿线路方向的折角最大为 0.024/1 000 小于 1/1 000。

六、沉降评估总结

根据《新建杭海城际铁路线下工程沉降观测实施细则》和有关规范要求，在杭海城铁公司的强力支持下，在设计、监理、施工等相关单位的全面协作下，评估单位对施工、监理单位的测量人员从选点埋桩、测量、平差计算与数据管理、分析等各方面进行培训与指导，建立了沉降变形观测和评估数据库，统一了全线变形观测数据的统计整理模式，制定相关记录表格，及时进行分析、预测、评估，并对测量成果、数据是否真实可靠进行了实地抽检；在此基础上，通过综合评估，定性与定量分析相结合，相关数据总体满足评估工作需要和规范要求；工后沉降、不均匀沉降差、梁体徐变等指标在规定的允许范围值之内，满足规范和评估要求。

第四十七章 地下区间

杭海城际铁路工程共有 5 座地下区间,根据沿线的工程地质和水文地质、隧道埋深、周边环境,施工方法分为明挖法和盾构法。联络通道采用冷冻法加固后矿山法施工,中间风井采用明挖法施工。地下区间具体分布情况见表 47-1。

表 47-1 区间隧道分布

序号	区间名称	起讫里程	区间长/双线延米	轨面埋深	施工工法	断面形状
1	余杭高铁站—许村镇站	右 DK0+396.450～3+513.000	3 116.55	12.4～34.7 m	盾构	圆形
		右 DK3+513.000～3+750.000	237	12.4～9 m	明挖	矩形
		右 DK3+750.000～4+122.000	372.00	9～0 m	明挖	U 形槽
2	海宁高铁站—长安镇站	右 DK12+264.000～12+610.000	346.00	0～6 m	明挖	U 形槽
		右 DK12+610.000～12+757.000	147.00	6～9.9 m	明挖	矩形
		右 DK12+757.000～13+403.000	646.00	9.9～12.45 m	盾构	圆形
		右 DK13+403.000～13+725.000	322.00	6～10.7 m	明挖	矩形
		右 DK13+725.000～14+031.000	306.00	0～6 m	明挖	U 形槽
3	斜桥镇站—皮革城站	右 DK39+364.390～39+737.000	372.61	0～6 m	明挖	U 形槽
		右 DK39+737.000～39+923.800	186.80	6～11.21 m	明挖	矩形
		右 DK39+923.800～40+890.7	966.9	11.21～15.29 m	盾构	圆形
4	皮革城站—海昌路站	右 DK41+283.801～43+440.298	2156.5	15.25～30.55 m	盾构	圆形
5	海昌路站—浙大国际学院站	右 DK43+631.898～45+860.856	2 228.96	15.59～29.92 m	盾构	圆形
	小计		9 114.91		盾构	
			892.80		明挖暗埋	
			1 396.61		U 形槽	
	合计		11 404.32			

第一节 明挖施工

杭海城际铁路明挖区间从盾构工作井起始端至 U 形槽终点采用明挖法施工,明挖区间基坑深度约 6.09～11.21 m,U 形槽深度 0～6 m。明挖区间结构主体采用地下二层箱型框架结构+U 形槽结构。区间围护结构形式有地下连续墙、SMW 工法桩、高压旋喷桩、三轴水泥搅拌桩。围护结构参照明挖车站围护施工工艺施工。主体结构为地下二层箱型框架结构+U 形槽结构,均采用明挖顺作法施工,结构施工与支撑拆除、换撑配合进行，当下部已浇筑混凝土达到一定强度后，设置换撑，方可拆除部分支撑。

一、U形槽施工

此处以杭海城际铁路工程第四标段U形槽施工为例，介绍U形槽施工工艺。

（一）工程概况

杭海城际铁路工程第四标段下穿高铁段起点—下穿高铁段终点为海宁高铁站—长安镇站区间地下区间部分，设计起点里程为CK12+265.000，终点里程为右CK14+031.000。区间隧道线路纵断面呈V形，从小里程端高架区间以28‰下坡，到达最低点后再以4.3‰、27.7‰连续上坡，出地面后接入大里程端区间高架段。该区间隧道分为盾构段和明挖段两部分，总长1 767 m。其中U形槽全长622 m（小里程端U形槽为346 m，大里程端U形槽为306 m）。

（二）施工方案

小里程U形槽CK12+265～CK12+468里程和大里程U形槽CK13+845～CK13+923里程采用1∶2放坡开挖，边坡围护采用锚杆+喷锚形式。其余部位围护结构采用ϕ850 mm@600 mm工法桩套打一孔。支撑形式采用一道混凝土支撑+一道钢支撑的形式，其中钢支撑及钢倒撑均采用ϕ609（t=16 mm）的钢支撑。

加固方案采用坑内降水+三轴搅拌桩加固的形式，坑底加固采用抽条形式。三轴水泥土搅拌桩ϕ850@600，采用P·O 42.5级普通硅酸盐水泥，水泥掺量20%，坑内以上土体水泥回掺量为7%，外加剂的选用及用量应根据土质情况通过成桩试验确定，水灰比1.2～2.0，桩体28天无侧限抗压强度标准值不小于1.0 MPa，基坑开挖必须在地基加固达到设计强度后方可进行。

主体施工工艺流程（U形槽无顶板施工和土方回填）为：基底清理找平→底板垫层施工→防水保护层施工→底板结构施工→侧墙、顶板施工→顶板防水层铺设→土方回填。

U形槽围护结构见表47-2。

表47-2　U形槽围护结构表

序号	里程范围	基坑深度/m	基坑宽度/m	支护型式	支撑型式
1	右CK12+383.55～ 右CK12+468	0.60～3.00	9.7～10.8	放坡	喷锚
2	右CK12+468～ 右CK12+557	3.00～5.57	10.8～17.3	ϕ850@600 SMW工法桩	1道混凝土支撑
3	右CK12+557～ 右CK12+624	5.57～9.24	17.3～21.5	ϕ850@600 SMW工法桩	1道混凝土支撑+1道钢支撑
4	右CK13+725～ 右CK13+776	8.03～5.05	10.9～11.1	ϕ850@600 SMW工法桩	1道混凝土支撑+1道钢支撑 （局部混凝土撑）
5	右CK13+776～ 右CK13+845	5.05～3.00	11.1～10.6	ϕ850@600 SMW工法桩	1道混凝土支撑
6	右CK13+845～ 右CK13+923.6	3.00～0.80	10.6～10.3	放坡	喷锚

二、区间跟随所

此处以杭海城际铁路工程第四标段区间跟随所施工为例,介绍区间跟随所施工工艺。

(一)工程概况

该标段总体工程概况见上文 U 形槽施工工程概况,该区间在里程右 CK13+725.000 处设置一处区间跟随所兼联络通道,跟随所为地下一层结构,采用明挖法施工,主体结构外包尺寸为 35.6 m× 21.8 m×7.92 m(长×宽×高)。

(二)施工方案

跟随所围护结构采用 ϕ850 mm@600 mm,其中工法桩套打一孔,工法桩深度约 26.5 m,为了较好地控制地表变形及增强整体性,第一道支撑采用混凝土支撑。标准段采用一道混凝土支撑+两道钢支撑,钢支撑及钢倒撑均采用 ϕ609(t=16mm)的钢支撑。

加固方案采用坑内降水+三轴搅拌桩加固的形式,坑底加固采用抽条形式。三轴水泥土搅拌桩 ϕ850@600,采用 P·O 42.5 级普通硅酸盐水泥,水泥掺量 20%,坑内以上土体水泥回掺量为 7%,外加剂的选用及用量应根据土质情况通过成桩试验确定,水灰比 1.2~2.0,桩体 28 d 无侧限抗压强度标准值不小于 1.0 MPa,基坑开挖必须在地基加固达到设计强度后方可进行。

三、明挖暗埋

斜皮区间明挖段地处海宁市形象窗口皮革城一带,所在的海州西路、海涛路为城市主、次干道,交通繁忙,在施工期间如何把施工对周边交通及环境影响降到最小成为贯穿该工程施工全过程的一个控制点,此处以斜皮区间明挖段施工为例,对杭海城际铁路明挖暗埋施工方法进行总结。

(一)工程概况

斜皮区间明挖段接斜皮高架区间,起讫里程为右 CK39+259.440~右 CK39+784.488,全长 525.048 m,其中 U 形槽长 394.448 m(右 CK39+259.440~右 CK39+653.888)、暗埋段长 130.6 m(右 CK39+653.888~右 CK39+784.488)。明挖段整体沿硖许公路东西向布置,在金家浜西侧进入地下,沿硖许公路向东至海涛路路口西侧,如图 47-1 所示。

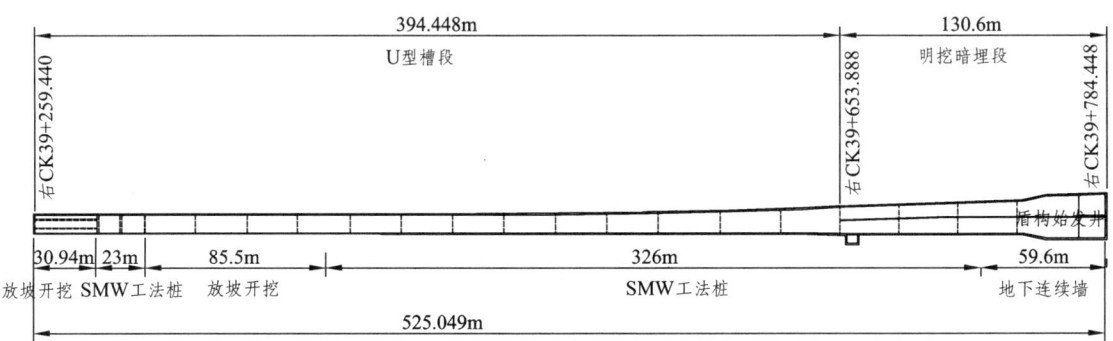

图 47-1 斜皮区间明挖段示意

(二)施工工艺

1. 地下连续墙施工工艺及流程

连续墙施工工序见表 47-3,施工流程如图 47-2 所示。

表 47-3 地下连续墙施工工序

序号	工作内容	示意图
1	导墙施工完成，槽段成槽	
2	液压抓头地连墙成槽	
3	吊放钢筋笼	
4	下放圆形锁口管	

续表

序号	工作内容	示意图
5	插入导管	
6	浇筑混凝土	
7	混凝土浇筑完成	
8	拔出锁口管	

序号	工作内容	示意图
9	单幅完成后剖视图	
10	新完成槽段示意	

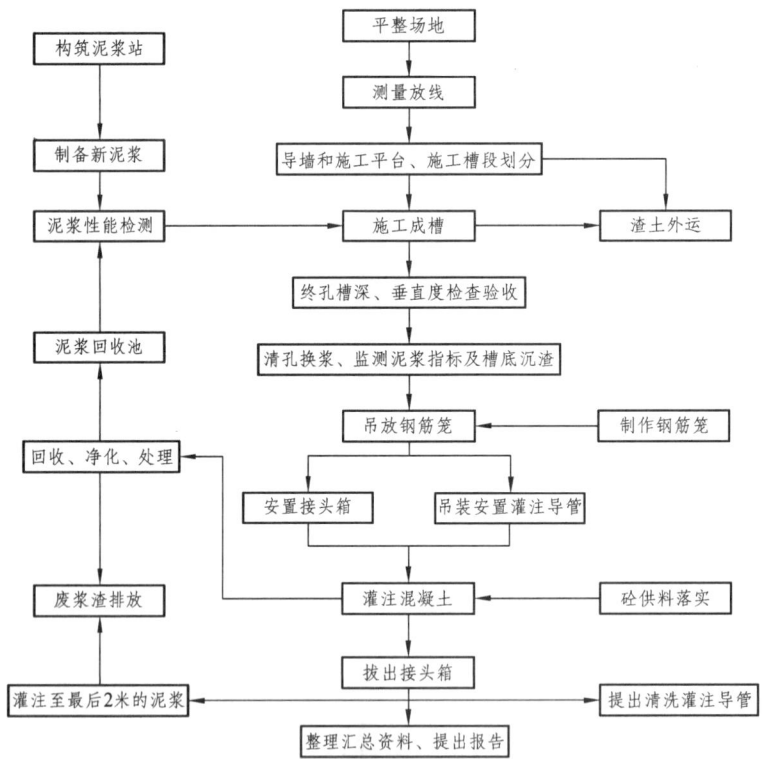

图 47-2 连续墙施工工艺流程

（1）施工方法。

① 导墙施工方法。

导墙采用 20 cm 厚"┓ ┏"型 C25 钢筋混凝土墙，根据连续墙施工误差的要求，导墙中心轴线需外移，两片导墙净间距比地下连续墙厚度大 5 cm，导墙结构如图 47-3 所示。导墙施工质量标准见表 47-4。

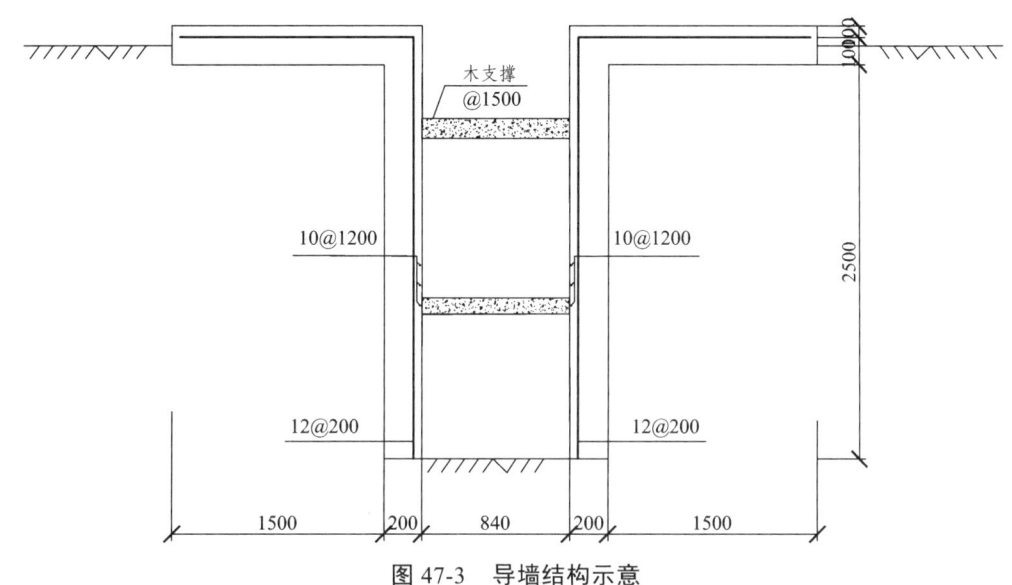

图 47-3 导墙结构示意

表 47-4 导墙施工质量标准

序号	项目	单位	质量标准
1	中心轴线平行度	mm	±10
2	导墙顶标高误差	mm	±10
3	内外导墙间距	mm	±10
4	导墙内墙面垂直度	%	0.3
5	导墙内墙面平整度	mm	3
6	导墙顶面平整度	mm	5

② 地下连续墙成槽施工。

地下连续墙成槽采用液压抓斗槽机三序成槽，优质膨润土泥浆护壁。

a. 成槽试验。

根据该工程地质条件，选择 6 m 的标准幅作为成槽工艺试验槽段。根据施工方案设计，地下连续墙施工前先进行试验槽段的施工，以核对地质资料，检验所选用的设备、施工工艺及技术措施的合理性，取得成槽、泥浆护壁等第一手资料。

b. 成槽施工。

ⅰ 槽段放样：根据设计图纸和杭海城铁公司提供的测量控制桩点布设测量控制网点，进行连续墙放样测量，在导墙上精确划出分段标记线。

ⅱ 槽段开挖：标准槽段地层采用液压抓斗槽机抓土，三序成槽，先挖两边，再挖中间，开挖过程中要实测垂直度，并及时纠偏。

ⅲ 槽段质量检查：槽段开挖结束后，检查槽位、槽深、槽宽及槽壁垂直度，合格后可进行清槽换浆。槽段开挖质量标准见表 47-5。

表47-5 槽段开挖质量标准

序号	项目	单位	质量标准	备注
1	槽壁垂直度	—	≤3/1 000	相邻槽段偏差不大于50 mm
2	槽深	mm	比设计深度深100~200 mm	同一槽段深度一致
3	槽宽	mm	0~+50	
4	槽段中心线纵向偏差	mm	±20	
5	槽段中心线横向偏差	mm	±50	

ⅳ 清底换浆：槽段的扫孔作业利用槽壁机液压抓斗有序地从一端向另一端进行，抓斗每次移动50 cm左右，将槽底的渣土清除干净。

再用压缩空气法（空吸法）吸泥清底，如清底后浇灌混凝土间隔时间较长，可利用混凝土导管在顶部加盖，用泵压入清水稀释或压入小的新鲜泥浆将槽底密度和含砂量大的泥渣置换出来，以保证墙体混凝土质量。

清槽结束后，测定距槽底20 cm处泥浆比重，泥浆比重不大于1.10，任何情况下泥浆比重不得小于1.04，并保持槽内泥浆均匀以利于混凝土灌注；淤泥厚度应小于20 cm。两槽段混凝土接头上的淤泥要认真细致地清刷干净。

③ 钢筋笼制作与吊装。

a. 钢筋笼制作。

连续墙钢筋笼按设计要求加工制作，在场地内设［16槽钢拼装而成的钢筋笼加工平台。为保证钢筋笼在起吊过程中具有足够的刚度，钢筋笼上增设钢筋桁架，连续墙钢筋笼内外侧各设X形剪力拉筋三道，桁架筋斜杆焊在钢筋笼上。所有钢筋连接处均采用焊接，最后焊接钢板定位垫块。钢筋笼制作质量标准见表47-6。

表47-6 地下连续墙钢筋笼制作的允许偏差

项目	允许误差 mm	检查方法
主筋间距	±10	任取一断面，连续量取间距，取平均值作为一点每片钢筋网上测四点
分部筋间距	±20	
笼厚度（槽宽方向）	0，-10	钢尺量，每片钢筋网检查上、中、下三处
笼宽度（段长方向）	±20	
笼长度（深度方向）	±50	
预埋件中心	±10	抽查

b. 钢筋笼吊装。

钢筋笼吊装采用两台履带式吊机，吊装时合理布置吊点，两台吊机同时工作，使钢筋笼逐渐离开地面，并改变其角度，直到垂直，履带吊机将钢筋笼移到槽段上，对准槽段的中部缓缓入槽，如图47-4、图47-5所示。钢筋笼与用φ32钢筋加工成的吊环焊接并用［16B槽钢作为扁担搁于导墙面上，控制其标高。为保证槽壁的完好性，在清槽后3~4 h内下完钢筋笼，并开始灌筑混凝土。

④ 水下混凝土灌注。

地下连续墙墙身混凝土采用导管法灌注水下混凝土，根据该工程地下连续墙的分幅情况，所有墙幅均采用两根导管进行灌混凝土。导管由灌注架或利用吊机提升，地下连续墙灌注方法如图47-6所示。

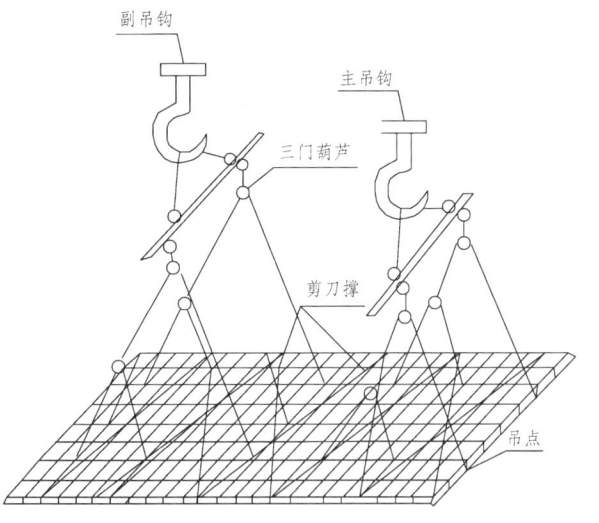

图 47-4　钢筋笼吊装示意

说明：
1、钢筋的吊放宜用主钩加横担配合起吊，通过葫芦功将钢筋笼吊直，并在入槽过程中依次拆除副钩上御卡。
2、吊点合理布置，使笼子受力均匀平稳提升。
3、主钩副钩收放缓慢，同时进行。

图 47-5　钢筋笼整幅起吊

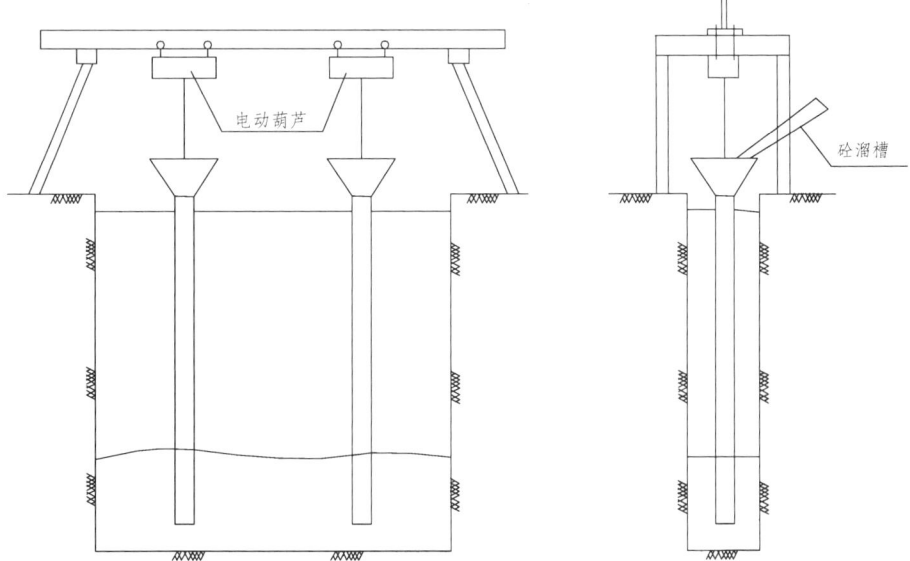

图 47-6　连续墙混凝土灌注方法示意

2. 工法桩施工方法及工艺

（1）施工工艺流程。

SMW 工法桩施工工艺流程如图 47-7 所示。

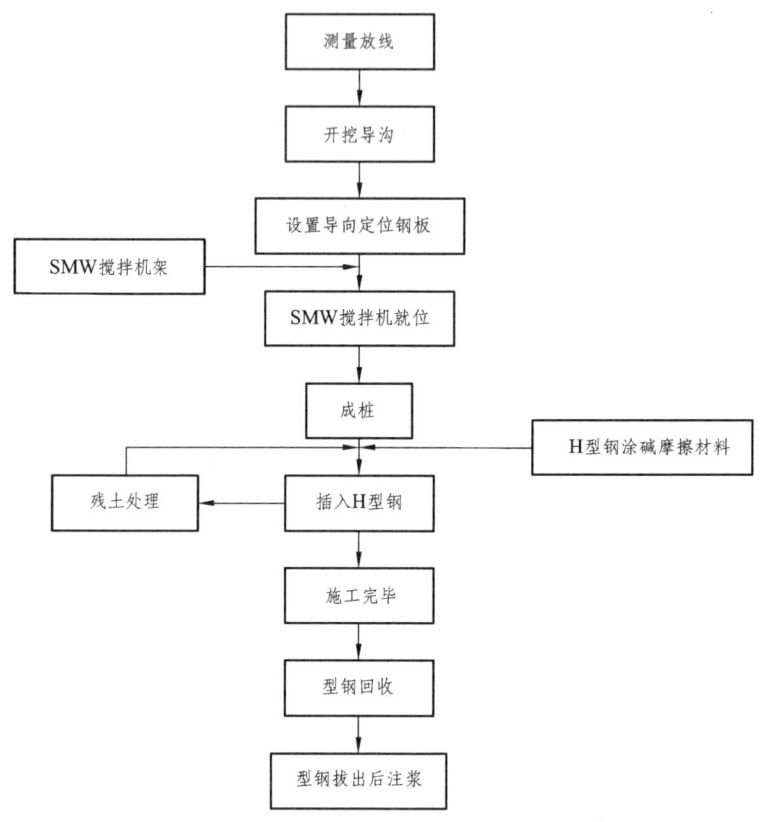

图 47-7　SMW 工法桩施工工艺流程

（2）SMW 工法桩施工方法。

施工前，必须先进行场地平整，清除施工区域的表层硬物，并用素土回填夯实，路基承重荷载以能行走 35 t 大吊车及 DH608 桩机（约 130 t）为准。

① 测量放线。

根据提供的坐标基准点，按照设计图进行放样定位及高程引测工作，并做好永久及临时标志。为防止搅拌桩向内倾斜，造成内衬墙厚度不足，影响结构安全使用，按设计和实际施工要求每边外放 10 cm，放样定线后做好测量技术复核单，提请监理进行复核验收签证。确认无误后进行搅拌施工。

② 开挖沟槽。

根据基坑围护内边控制线，开挖沟槽，并清除地下障碍物，开挖沟槽余土应及时处理，以保证 SMW 工法桩正常施工，并达到文明工地要求。

③ 定位型钢放置。

垂直沟槽方向放置两根定位型钢，规格为 200 mm×200 mm，长约 2.5 m，再在平行沟槽方向放置两根定位型钢规格 300 mm×320 mm，长约 8~20 m，H 型钢定位采用型钢定位卡。

④ 三轴搅拌桩桩位定位。

三轴搅拌桩三轴中心间距为 1 200 mm，根据这个尺寸在平行 H 型钢表面用红漆划线定位。

⑤ SMW 工法成桩施工顺序。

SMW 工法搅拌成桩一般采用跳槽式双孔全套复搅式连接施工顺序，如图 47-8 所示。其中阴影部分为重复套钻，保证墙体的连续性和接头的施工质量，水泥搅拌桩的搭接以及施工设备的垂直度修正是依靠重复套钻来保证，从而达到止水的作用。

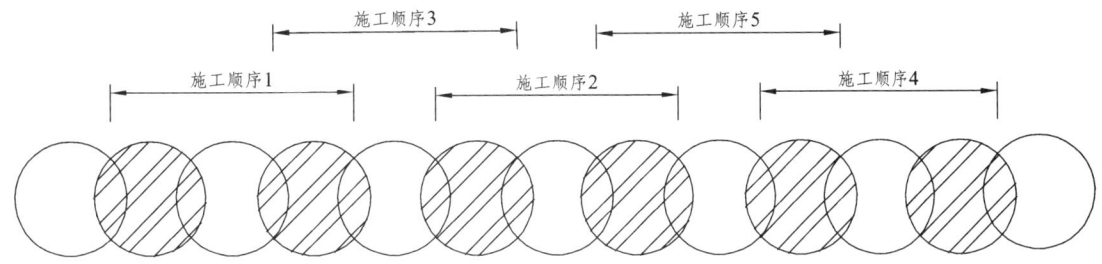

图 47-8　SMW 工法桩成桩施工顺序

⑥ SMW 工法桩成桩施工。

a. 桩机就位。

ⅰ 由当班班长统一指挥，桩机就位，移动前看清上、下、左、右各方面的情况，发现障碍物应及时清除，桩机移动结束后认真检查定位情况并及时纠正；

ⅱ 桩机应平稳、平正，并用经纬仪对龙门立柱垂直定位观测以确保桩机的垂直度；

ⅲ 三轴水泥搅拌桩桩位定位后再进行定位复核，偏差值应小于 2 cm。

b. 搅拌成桩施工。

ⅰ 搅拌桩成桩施工采用一次钻进一次提升的方法，对于桩底深度 2～3 m 以上范围提升 1～2 次；

ⅱ 钻进施工时为边注浆边充气搅拌，提升时为不充气只注浆搅拌。充气采用压缩空气，压缩机选用 BLT-75A 螺杆式空气压缩机，排气量/排气压力为 10.0/0.70～7.6/1.20 m³/（min·MPa）。

c. 搅拌速度及注浆控制。

ⅰ 三轴水泥搅拌桩在下沉和提升过程中均应注入水泥浆液，同时严格控制下沉和提升速度。避免因提升过快，产生真空负压，孔壁坍方。在桩底部分适当持续搅拌注浆，做好每次成桩的原始记录；

ⅱ 制备水泥浆液及浆液注入：SMW 工法桩水泥采用罐装水泥，电脑控制的自动拌浆系统拌浆，水泥浆液的水灰比为 1.5，每立方米搅拌水泥土水泥用量为 360 kg，拌浆及注浆量以每钻的加固土体方量换算，注浆压力为 1.0～2.5 MPa，以浆液输送能力控制；钻进搅拌时即连续压水泥浆，钻进时注浆量一般为额定浆量的 70%～80%，提升搅拌时注浆量为额定浆量的 20%～30%。

d. 减摩剂涂刷。

为便于 H 型钢回收，型钢须涂刷减摩剂后插入水泥土搅拌桩，结构强度达到设计要求后起拔回收。

减摩剂涂刷前必须清除 H 型钢表面的污垢及铁锈，减摩剂必须加热至完全融化，用搅棒搅时感觉厚薄均匀，才能涂敷于 H 型钢上，否则涂层不均匀，易剥落。

如遇雨雪天型钢表面潮湿，应先用抹布擦干表面才能涂刷减摩剂，不可以在潮湿表面上直接涂刷，否则将剥落。

如 H 型钢在表面铁锈清除后若不立即涂减摩剂，在以后涂刷施工前必须抹去表面灰尘。

H 型钢表面涂上涂层后，一旦发现涂层开裂、剥落，必须将其铲除，重新涂刷减摩剂。

基坑开挖后，设置支撑牛腿时，必须清除 H 型钢外露部分的涂层，方能电焊。地下结构完成撤除支撑，必须清除牛腿，并磨平型钢表面，然后重新涂刷减摩剂。

注压顶圈梁时，埋设在圈梁中是 H 型钢部分必须用泡沫板线将其与混凝土隔开，否则将影响 H 型钢的起拔回收。

e. H 型钢插入。

三轴水泥搅拌桩施工完毕后，吊机应立即就位，准备吊放 H 型钢。此工程 SMW 工法桩采用

700×300×13×24 的 H 型钢,型钢插入方式为隔一插二。

ⅰ 起吊前在型钢顶端开一个中心圆孔,孔径约 6cm,装好吊具和固定钩,然后用 50 t 吊机起吊 H 型钢,用线锤校核垂直度,必须确保垂直;

ⅱ 在沟槽定位型钢上设 H 型钢定位卡,固定插入型钢平面位置,型钢定位卡必须牢固、水平,而后将 H 型钢底部中心对正桩位中心并沿定位卡徐徐垂直插入水泥土搅拌桩体内;

ⅲ 根据高程控制点,用水准仪引放到定位型钢上,根据定位型钢与 H 型钢顶标高的高度差,在定位型钢上搁置槽钢,焊 $\phi 8$ 吊筋控制 H 型钢顶标高,误差控制在 ±5 cm 以内;

ⅳ 待水泥土搅拌桩达到一定硬化时间后,将吊筋与沟槽定位型钢撤除;

ⅴ 若 H 型钢插放达不到设计标高时,则采取提升 H 型钢,重复下插使其插到设计标高,并采用振动锤振动打入标高,下插过程中始终用线锤跟踪控制 H 型钢垂直度。

f. 弃土处理。

三轴搅拌机搅拌轴设有螺旋式搅拌翼,钻进时有一定排土量,占比 30% 左右,一般沉积在导沟内(为泥浆)。由于水泥掺量较大,排浆(土)经短时间即可固结,在施工时应及时用挖机(0.6m³)将导沟内的余浆挖出,集中堆放,固结后干土及时外运。

g. H 型钢回收。

待地下主体结构完成并达到设计强度后,采用专用夹具及千斤顶以圈梁为反梁,起拔回收 H 型钢。

h. 施工记录。

施工过程中由专人负责记录,详细记录每根桩的下沉时间、提升时间、注浆量和 H 型钢的下插情况,记录要求详细、真实、准确。及时填写当天施工的报表记录,隔天送交监理。

(三)工程特点、重难点分析

1. 工程特点

(1)斜皮区间明挖段全长 525.048 m,U 形槽长 394.448 m,暗埋段长 130.6 m,工程总体规模不大,重点是做好施工组织协调;

(2)基坑处于淤泥质黏土层,对工程实施较为不利;

(3)斜皮区间明挖段沿硖许公路布设,工程实施对周边社会交通影响较大,因硖许公路道路拓宽工程未完成,造成明挖段整体围蔽交通疏解不能实施;现状念亩浜、金家浜桥梁需拆除并由道路拓宽单位完成新建桥梁施工,以确保整体围蔽后社会交通。

2. 重难点分析

(1)控制淤泥质土中深基坑施工安全及确保深基坑降水效果是该工程基坑施工的重点之一。

① 分析。

斜皮区间明挖段基坑开挖范围主要为①$_2$ 人工填土、②$_2$ 黏土、④$_2$ 淤泥质黏土,结构底板约 320 m 坐落于④$_2$ 淤泥质黏土。其中④$_2$ 淤泥质黏土具有低强度、高含水量、高压缩性、自稳能力差、流塑状、易蠕变、标贯值极低、低渗透性的特点,属于对工程不利的软弱土层。

在该地层基坑挖土卸载产生地层扰动及地面动荷载影响下,极易引起基坑变形,进而影响到周边建(构)筑物和管线安全;同时在该地层中基坑降水效果较难保证,将导致在淤泥质土中基坑开挖的难度增大,效率低。因此,控制在淤泥质土地层深基坑施工中的基坑变形及确保降水效果是该工程基坑施工的重点之一。

② 对策。

构建以项目经理为首的经验丰富的高效团队,组织我公司有丰富类似工程经验的专业队伍组织施工。加强管理、制定科学的专项方案并经过专家评审。

开工前做好对不良地质现象的详细调查，并针对不良水文、地质制定相应的技术措施，确保基坑开挖过程的绝对安全。

确保围护结构施工质量控制，克服地下连续墙质量"通病"，主要控制措施如下：

a. 重视和确保地基加固质量。

基坑底加固是防止围护结构出现"踢脚"情况的有效措施。由于斜皮区间明挖段大部分基坑处于深厚的淤泥质土地层，基坑加固对控制基坑变形就显得尤为重要。明挖段主基坑均采用$\phi 850@600$ mm三轴搅拌桩裙边+抽条加固，明挖段抽条宽度 3 m，抽条间距 3 m，裙边宽度 3 m，加固基底以下 3 m，地基加固施工过程严格控制浆液配合比、水泥掺量以及注浆流量和压力等环节。地基加固全部完成并经抽样检测确认加固范围及加固体强度达到设计要求后才能进行基坑开挖。

b. 确保降水效果和有效管理。

高度重视基坑降排水管理，详细编制降排水专项方案，确保基坑降水的质量。按照设计要求布设降水井。

开挖前需提前一个月降水，并通过观测井进行水位观测，确认基坑内地下水位已降至基坑开挖分层面以下 1 m 后才能进行基坑土方开挖。在基坑开挖过程中，真空井点辅助降水及时跟进，以确保降水效果。降水井待基坑开挖到底后将底板面以上井管割除，改做泄水孔，待结构施工完成并且顶板覆土完成后再进行封堵。

降水井施工紧跟在基底加固后进行，降水开始后定期对水位观测井进行监测，检查降水效果，确保基坑土体达到预期的效果。

c. 处理好基坑开挖与支撑的关系。

在达到降水要求的前提下，基坑土方开挖严格按照"时空效应原理"，遵循"纵向分段（结构流水段加 4 m 为一段）、竖向分层（不大于 2 m）、横向分块（分为三块、先中间后两边开挖）、先支后挖、开挖坡度大于 1∶3、最后一道支撑以下预留土方，待上一结构流水段底板完成后方可开挖下一结构流水段预留土方"的原则，开挖过程中掌握好"分层、分步、对称、平衡、限时"五个要点，严禁超挖，及时施工钢筋混凝土支撑、钢管支撑、施加轴力。土方开挖以长臂挖机为主，小挖掘机坑内配合出土，严禁接力开挖，钢支撑架设后，做好防坠落措施，支撑通过钢系梁连接牢固，避免支撑扰动变形。

d. 落实结构底板施工的"四个关键"。

基坑开挖到底后应及时施作垫层混凝土封底，不允许长时间暴露，并应在最短的时间内将结构底板施作完毕，只有当结构底板混凝土有了一定的强度后，基坑安全才真正有了保障。这就要求在基坑施工时真正做到和落实将结构底板施工作为基坑安全高风险关键线路、关键工序、关键环节、关键部分来控制和组织。

e. 处理好拆支撑和结构混凝土施工的关系。

结构钢筋混凝土从下至上逐层施工，为配合结构施工支撑也需从下至上逐层拆除，此时应处理好拆支撑和结构混凝土施工的关系，施工中应注意：必须待结构混凝土有了足够的强度后才能拆除。

f. 严格控制基坑周边荷载。

g. 加强监测，认真做好回归分析，及时反馈信息指导施工。

h. 制定"基坑施工应急预案"，备好应急物资，做到有备无患。

（2）此区间明挖段涉及多条架空杆线及地下管线，且邻近 2 条 110 kV 架空高压线施工，确保施工安全是该工程施工的重点之二。

① 分析。

明挖隧道段下穿 1 道 10 kV 架空电力线、1 道 380 V 架空电力线、2 道架空通信线、1 道地埋通信线（移动，埋深约 5.1 m），地面距离 1 道 10 kV 高压线下净距约 11.4 m，此范围采用桩长 15.5 m 的 ϕ850@600 mmSMW 工法桩围护，且同样涉及基底工程桩和基底加固；地面距离 380 V 架空电力线净距约 7.4 m，此范围采用 800 mm 厚地下连续墙，连续墙深 24～31 m，且同样涉及基底工程桩和基底加固；两道通信线距离地面约 6.84 m、6.8 m，下方分别采用桩长 15.5 m、20 m 的 ϕ850@600 mmSMW 工法桩围护，且同样涉及基底工程桩和基底加固。此外，明挖段工作井临近 2 道 110 kV 架空高压线、1 道 10 kV 架空电力线，则因架空线对基坑施工安全带来了影响，确保施工安全是该工程施工重点之二。

② 对策。

a. 对架空线进行拆除、改移或改为地面线。

ⅰ 对基坑下穿的 2 道架空通信线+1 道 380 V 电力线（农电），因净空只有 6.8～7.4 m，且重要性较低，在"三电迁改"时直接拆除；

ⅱ 对基坑下穿的 1 道 10 kV 架空电力线，因净空只有 11.4 m（下方有工法桩、三轴搅拌桩地基加固、钻孔灌注桩施工），在"三电迁改"时迁改处明挖段基坑影响范围外；

ⅲ 对横跨基坑的地面通信线（移动），其埋深 5.1 m，且该通信线为连接桐乡的主线，经与产权单位对接后，该通信线不能拆除，施工期间将该通信线改为地面线，就地保护。

b. 明挖段临近 2 道 110 kV 高压线施工，应确保安全距离。

明挖段临近 2 道 110 kV 基坑高压线施工，高压线附近施工应严格满足平面和竖面安全距离的要求，见表 47-7、表 47-8。

表 47-7 在建工程与架空线路边线之间的最小安全操作距离

外电线路电压等级/kV	<1	1～10	35～110	220	330～550
最小安全操作距离/m	4.0	6.0	8.0	10	15

表 47-8 起重机与架空线路边线的最小安全距离

电压/kV	<1	10	35	110	220	330	500
沿垂直方向最小安全距离/m	1.5	3.0	4.0	5.0	6.0	7.0	8.5
沿水平方向最小安全距离/m	1.5	2.0	3.5	4.0	6.0	7.0	8.5

c. 施工过程控制措施。

ⅰ 受地层变形影响的地下管线：基坑工程施工不可避免地会引起周围地层的变形，对邻近基坑土层中的管线保护实际上就是控制施工引起的地层变形，并把管线的被动变形控制在允许的范围之内。

ⅱ 受地层变形影响的管线保护：对受地层变形影响的管线保护关键在于控制好施工过程中地层产生的变形及不均匀变形，因此确保基坑稳定是施工的重点。

（四）总结

以斜皮区间 U 形槽（含）—皮革城站盾构区间明挖段连续墙及 SMW 工法桩进行施工工艺及流程介绍。连续墙及 SMW 工法桩作为施工围护结构的重要环节，施工质量直接影响后续基坑开挖及主体结构施工。通过各施工工序、工艺流程的严格把控，应对其关键工序和薄弱环节设置质量控制点，对其施工质量进行重点管理和控制。工程施工进展顺利，施工过程严格按照工艺流程及相关规范要求。斜皮区间明挖段于 2021 年 1 月 9 日顺利完成单位工程验收。

四、中间风井

杭海城际铁路全线共 3 个盾构区间设置了中间风井,中间风井均采用明挖施工,根据工程筹划优先为两端盾构区间提供始发条件,均按照先两端盾构井后中间标准段的施工顺序进行施工。中间风井概况如表 47-9 所示。

表 47-9 中间风井概况

序号	区间名称	风井数量/个	备注
1	余杭高铁站—许村镇站	1	中间风井兼做联络通道
2	皮革城站—海昌路站	1	中间风井兼做联络通道
3	海昌路站—浙大国际学院站	1	中间风井兼做联络通道与泵房

此处以余杭高铁站—许村镇站盾构区间中间风井为例进行风井施工工艺介绍。

(一)工程概况

余许区间中间风井地下部分起讫点里程为右 DK2+761.000~右 DK2+774.250(左 DK2+763.089~左 DK2+776.339),平面尺寸为 17.25 m×29.90 m(含围护墙厚),结构底板埋深约 25.63 m,底板持力层为⑦$_{2-1}$粉质黏土夹粉土。基坑围护结构采用 1 000 mm 厚地下连续墙,地下连续墙标准幅宽 6 m,连续墙分一字形、L 形共 16 幅,地下连续墙槽段之间采用 H 型钢连接;标准墙深为 45.8 m,钢筋笼长为 45 m。主体结构采用地下连续墙和内衬墙组成的叠合结构,地下连续墙厚度 1.0 m,设置六道支撑,采用顺作法施工。

(二)围护结构地下连续墙施工

1. 施工工艺流程

地下连续墙施工工艺流程如图 47-9 所示。

2. 导墙施工

放线完成后,首先采用小型挖掘机沿连续墙轴线开始开挖沟槽,不足的地方采用人工进行修整,沟槽修好后,沟底需进行夯实,并浇筑混凝土垫层,然后再进行钢筋绑扎,立模时要控制好导墙净间距,混凝土浇筑完成 48 h 后可进行拆模,并每隔 1 m 用方木对撑防止导墙变形。

导墙施工控制要点:

(1)采用机械开挖导墙沟槽,严禁超挖;

(2)现浇导墙分段施工时,水平钢筋应预留连接钢筋与相邻段导墙的水平钢筋相连接;

(3)导墙的墙趾应插入未经扰动的原状土 30 cm 以上;

(4)导墙浇筑时要两侧对称均匀浇筑,并确保墙面净空尺寸及平整度。

导墙允许偏差及检查方式见表 47-10。

3. 槽段开挖

(1)成槽。

该工程槽段分为:一字形、L 形二种槽段,为了保证槽段的稳定,单元槽段成槽之间采取跳槽施工;

(2)刷壁、清底。

刷壁前应在成槽机吊斗上安装刮刀,对接头进行清理,然后再用钢刷进行刷壁,直至钢刷无泥为止,最后用液压抓斗清底,使槽底沉渣厚度小于 10 cm。

(3)成槽检测。

槽段开挖完成后,需对槽壁的垂直度、槽宽、槽深和槽位进行检查,检查采用全自动超声成槽检测仪,普通槽段超声波检测每幅不得少于 3 处。

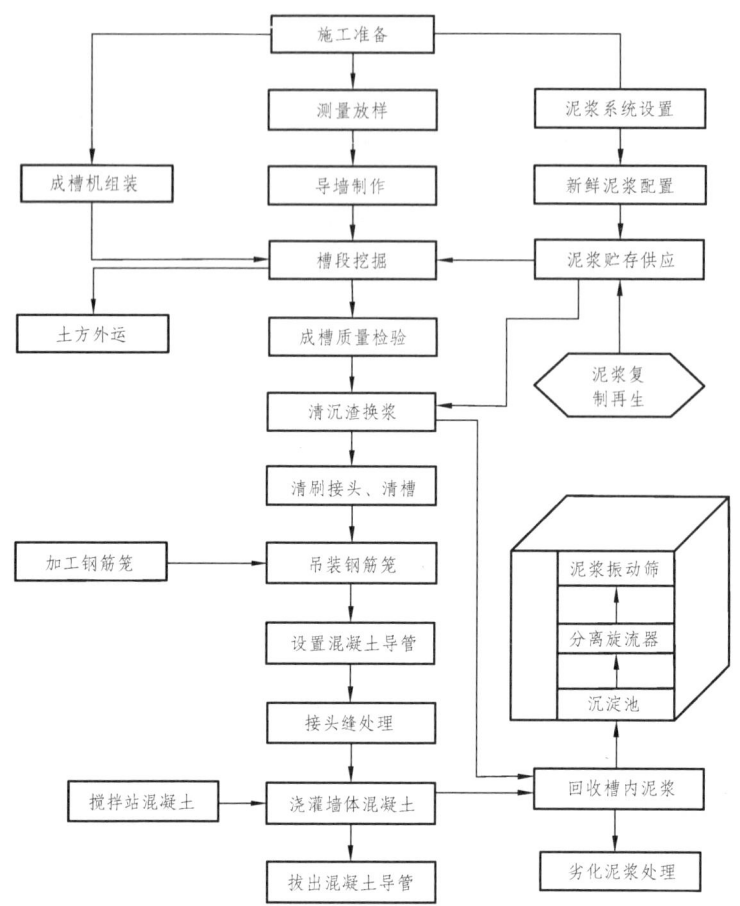

图 47-9 地下连续墙施工工艺流程

表 47-10 导墙检查标准

检查项目	允许偏差或允许值/mm	检查方法
顶面高程	±10	水准仪
内墙面平整度	<5	用钢尺量
内墙面垂直度	1/300	铅锤、钢尺
导墙内墙面静距	W+（40~60）	用钢尺量
导墙轴线	±10	用钢尺量

（4）钢筋笼吊装。

① 钢筋笼吊装。

该工程钢筋笼吊装设备采用 350 t 履带吊和 180 t 履带吊配合起吊，350 t 履带吊作为主吊下放钢筋笼，180 t 作为副吊。吊装时，主、副吊同时起吊，将钢筋笼水平起吊离开加工平台后，主吊逐步上升，副吊在上升的同时，向主吊运动，使钢筋笼由水平状态逐渐转成垂直状态。待主吊承受全部重量后，卸去副吊，最后下放入槽。

钢筋笼制作、吊装控制要点：

a. 钢筋笼桁架及钢筋笼吊点上下 1m 处需 100%点焊。钢筋笼纵向应预留导管位置，并上下贯通，钢筋笼底端应做收口处理。钢筋笼桁架筋及拉筋位置要避免与导管冲突。

b. 钢筋笼验收严格按照"六步验收法"进行验收。第一步——钢筋成品加工验收；第二步——底排钢筋验收；第三步——桁架钢筋验收；第四步——上排钢筋验收；第五步——吊筋、拉筋、预埋钢筋验收；第六步——钢筋笼整体验收。

c. 根据钢筋笼安装标高和导墙顶面的实际标高，确定吊筋长度，并将吊筋焊接在桁架的纵筋上，确保焊接质量满足要求。

d. 钢筋笼入槽时，一定要使槽段中心和吊点中心对准，不要使钢筋笼因起重臂的摆动或其他因素而发生横向摆动，致使横壁发生坍塌。

e. 吊放钢筋笼时，吊放速度要慢，不得强行压入槽内，发现受阻及时吊起经处理后重新吊放。

② 混凝土浇筑。

a. 开始浇筑时，先在导管内放置隔水球以便混凝土浇筑时能将管内泥浆从管底排出，隔水球最后通过在导管底端点焊两个内扣的小钢钉把它弄破，以免隔水球留在混凝土中影响质量。混凝土浇灌采用混凝土车直接浇筑的方法，初灌时保证导管埋深不小于 0.5 m。

b. 混凝土浇筑中要保持混凝土连续均匀下料，混凝土面上升速度控制在不小于 2 m/h，导管下口在混凝土内埋置深度控制在 2~4 m，整个浇筑过程，标准段浇筑时间控制在 2.5~5 h，端头井控制在 1~5 h。

c. 在浇筑过程中，导管不能做横向运动以防沉渣和泥浆混入混凝土中；不能使混凝土溢出料斗流入导沟。同时要注意观察混凝土的颜色是否有变化。

d. 置换出的泥浆应及时处理，不得溢出地面。

e. 混凝土浇筑应两根导管同时浇灌，确保混凝土面均匀上升，混凝土面高差小于 50 cm，以防止因混凝土面高差过大而产生夹层现象。

f. 浇筑过程中，每浇筑两灌车混凝土后量测一次混凝土面的高程，并计算导管的埋深深度，以便及时拆管。混凝土面至少在三处量测（已浇筑段附近，导管之间，槽口部位）。混凝土浇筑面应高出设计标高 300~500 mm。对混凝土浇筑过程的每一次量测要作好详细记录。

g. 后续槽段开挖后，应对前槽段竖向接头进行清刷，清除附着土渣、泥浆等物。

（三）基坑开挖施工

1. 施工技术参数

余许区间风井基坑开挖基坑深度约为 24.788 m，具体基坑开挖参数见表 47-11。

表 47-11 基坑参数

里程范围	基坑深度/m	支护形式
DK2+761.000~DK2+774.250	24.788	1000 地下连续墙；2 道混凝土支撑+4 道钢支撑，1 道换撑

2. 施工方法

根据该基坑的平面尺寸，采用水平分层、纵向不分段进行开挖，以支撑底面作为分层开挖底面，严格规定每层的挖土时间和钢支撑架设时间，以减少围护变形。

（1）第一层土方开挖：

① 开挖至第一道混凝土支撑底标高；

② 安排 2 台普通挖土机，在基坑内挖土，运土车辆从工地大门进出。

（2）第二、三层土方开挖：

① 分层开挖至钢支撑中心标高下 0.5 m，架设钢支撑；

② 开挖安排 2 台小型挖机配合一台长臂挖机，小挖机由基坑中央开始向基坑两侧倒土方，长臂挖机出土，运土车在基坑两侧便道上，运土车辆均从工地大门进出。

(3）第四层土方开挖：

① 开挖至第四道混凝土支撑下，施工混凝土支撑及角撑；

② 开挖安排2台小型挖机配合一台长臂挖机，小挖机由基坑中央开始向基坑两侧倒土方，长臂挖机出土，运土车在基坑两侧便道上，运土车辆均从工地大门进出。

（4）第五、六层土方开挖：

① 分层开挖至钢支撑中心标高下0.5 m，架设钢支撑；

② 开挖安排2台小型挖机配合一台长臂挖机，小挖机由基坑中央开始向基坑两侧倒土方，长臂挖机出土，运土车在基坑两侧便道上，运土车辆均从工地大门进出。

（5）第七层土方开挖：

采用抓斗分层开挖至基底以上0.3 m，由人工配合小挖机清底，防止超挖。土方开挖完成后及时组织验槽，快速施做接地网、垫层。

（四）主体结构施工

1. 主体结构施工部署

（1）中间风井主体结构施工总体部署按照"竖向分层，由下至上"的施工原则进行组织，减少施工缝设置，以利于结构防水。

（2）为满足风井主体结构施工节点工期要求，主体结构施工将充分利用已施工部位的混凝土养护及等抢时间施工下一部位，保证各施工部位形成流水作业。

2. 施工工序

纵向分层施工工序为：

垫层防水层施工→底板及底板梁施工→底板侧墙及立柱施工→地下三层板及板梁施工→地下三层侧墙及立柱施工→地下二层板及板梁施工→地下二层侧墙及立柱施工→地下一层板及板梁施工→地下一层侧墙及立柱施工→顶板及顶板梁施工

3. 主体结构施工重难点分析及对策

余许区间风井负四层主体结构支架搭设高度为8.6 m，搭设跨度为25.9 m，属于高支模工程，具有风险高、危险性大的特点；同时钢筋绑扎、混凝土浇筑、支撑拆除、机具使用及临时用电的一些不规范操作也可能导致安全隐患。

结合余许区间风井模板工程的施工内容、施工方式、施工环境等特点，模板支架工程施工的主要重难点有：

① 中板模板采用碗扣式满堂支架作为其支撑体系，支撑体系的安全性、牢固性及可靠性是该工程的重点；

② 模板及支架拆除过程中的安全控制是该工程的重点；

③ 框架柱模板采用15 mm厚木胶合板，立柱的垂直度控制是该工程的重点；

④ 模板安装过程中如何控制拼缝的整体性及模板之间的错台是该工程的重点；

⑤ 模板安装时模板线型、平面位置、保护层控制是该工程的难点。

（五）质量验收

质量验收包含：钢筋验收、模板支架验收及混凝土结构尺寸验收。

（六）工程实施及效果检验

该工程围护结构地下连续墙自2017年11月26日开始施工，2019年10月22日主体结构全部施工完成。工程施工进展顺利，未出现严重的钢筋笼吊装变形、基坑变形、模板支架坍塌等现象，整个施工过程严格按照标准规定执行，每道工序严格把控并形成过程记录，确保围护结构及主体结构施工质量。

第二节　盾构施工

杭海城际铁路工程共有 5 个盾构区间隧道，根据盾构工程筹划，共计投入 8 台 $\phi 6950$ mm、1 台 $\phi 6340$ mm 复合式土压平衡盾构机进行掘进施工。单台盾构平均掘进距离 2 025 m，单台盾构最大掘进距离 3 126 m、最小掘进距离 646 m。具体施工筹划如图 47-10 所示。

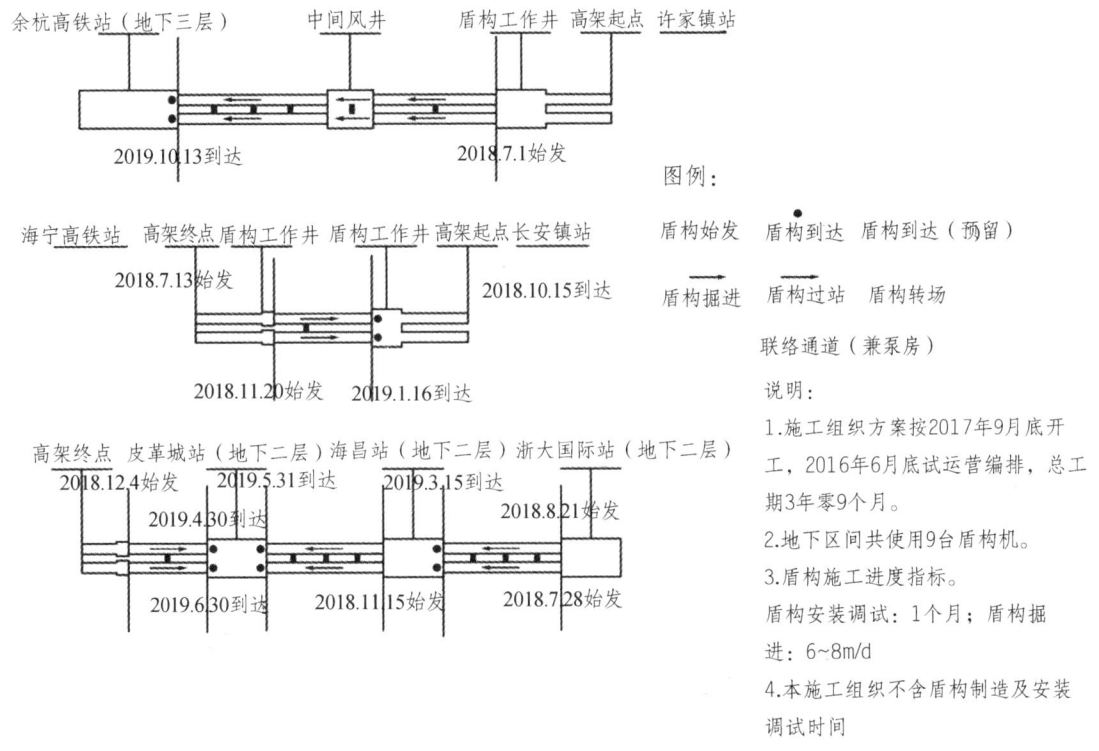

图 47-10　盾构具体施工筹划

一、盾构始发

以斜皮区间 U 形槽（含）—皮革城站盾构区间为例进行盾构始发施工工艺介绍。

（一）工程概况

1. 工程设计概况

斜皮区间 U 形槽（含）—皮革城站盾构区间左线起讫里程为：左 DK39+825.851～DK40+820.690，全长 997.805 m（含长链 2.966 m）；右线起讫里程为：右 DK39+826.800～DK40+820.690，全长 993.885 m（含短链 0.005 m）；区间设置一座联络通道兼泵站，中心里程为右 DK40+276.320。区间平面如图 47-11 所示。

盾构区间由明挖区间大里程始发井，沿海州西路由西向东敷设，依次下穿薛家浜桥、盛家浜桥（两座桥均需拆复建），然后进入皮革城站。线路周边近距离范围无建筑物，与建筑物距离均大于 100 m。

区间线间距为 11.36~15.6 m。隧道覆土 5.87~12.31 m，其中下穿薛家浜、盛家浜河处隧道覆土分别为 6.36 m、6.7 m（复建后桥梁）。

图 47-11　斜皮盾构区间平面示意

2. 区间线路平面设计

左线起点至左 DK40+664.629（838.778 m）位于 $R=2\,500$ m 右拐平曲线上，其余位于直线上。右线右 DK39+895.839 至 DK40+641.23（745.391 m）位于 $R=2\,400$ m 的右拐平曲线上，其余位于直线上。

3. 区间纵断面设计

区间纵断面采用 V 字坡，线路出区间明挖段后采用 28‰、11.5‰坡度下行至线路最低点，然后以右线 6.236‰、左线 6.203‰上行至皮革城站。

4. 管片设计

管片型式采用通用楔形环（单层衬砌6块），楔形量为 40 mm，管片厚度 350 mm，宽度 1.5 m，管片衬砌环采用 C50 钢筋混凝土，抗渗等级 P12。管片纵向和环向均采用弧形螺栓连接。管片设计见表 47-12。

表 47-12　管片设计情况

项目	特征
衬砌环直径	外径 $\phi\,6\,700$ mm，内径 $\phi\,6\,000$ mm
衬砌环分块	6 块（1 块封顶块+2 块邻接块+3 块标准块）
衬砌厚度	350 mm
衬砌环宽	1 500 mm
衬砌环型式	通用楔形环（联络通道处设特殊衬砌环）
楔形量	40 mm（双面楔形）
楔形角	0.342 06（角度）

续表

项目	特征
拼装方式	错缝拼装
接触面构造	环缝设置凹凸榫、纵缝设置定位棒
管片连接型式	弯螺栓（单头）连接（环缝：16 根 M^30；纵缝：12 根 M^30）
管片分度	22.50°
管片接缝防水	三元乙丙橡胶密封垫（变形缝增加遇水膨胀止水条）

5. 工程地质条件

根据勘察报告，该区间隧道所处地层主要为：④$_2$淤泥质黏土、⑤$_1$、⑤$_2$粉质黏土、⑤$_3$黏质粉土、⑥$_2$淤泥质黏土。其中DK39+825.851～DK40+130.000、DK40+710.690～DK40+820.690里程段（左右线区间始发后305 m、接收前110 m范围内），区间隧道全断面位于④$_2$淤泥质黏土层中。DK40+500.00～DK40+230.00里程段（联络通道前后约270 m范围），区间隧道底部均位于⑥$_2$淤泥质黏土层中。斜皮盾构区间地质纵剖面及盾构区间典型地质横剖面如图47-12～图47-14所示。

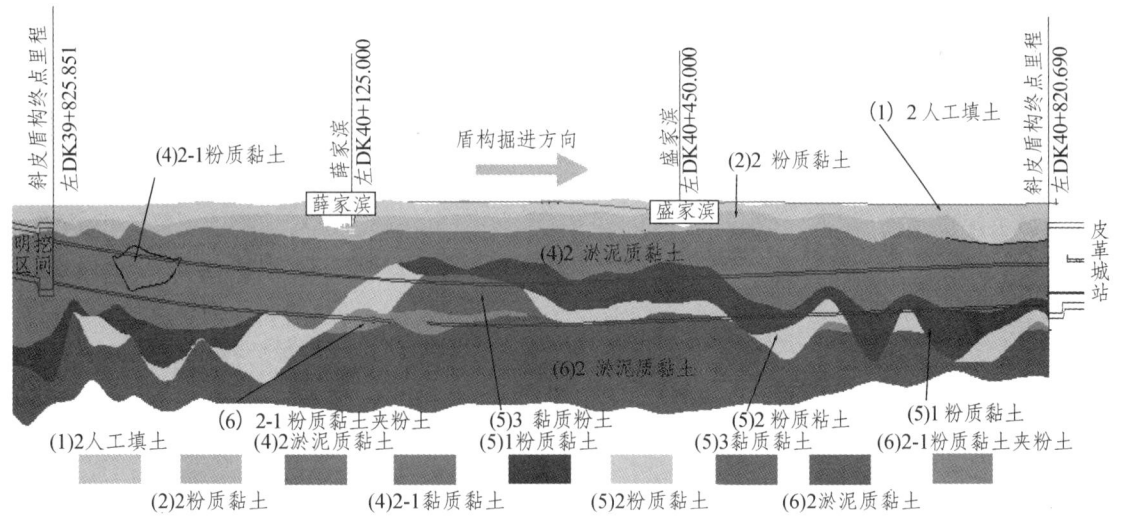

图47-12　斜皮盾构区间左线地质纵剖面

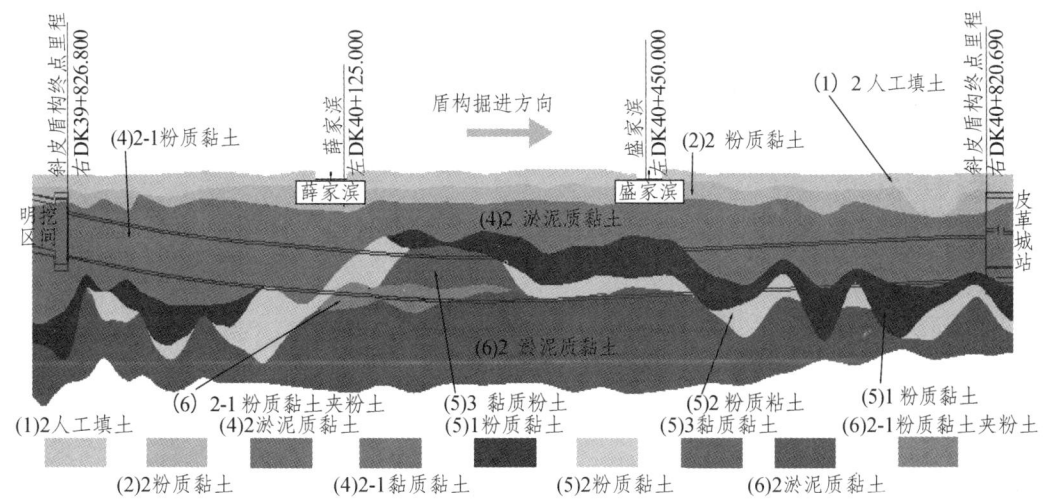

图47-13　斜皮盾构区间右线地质纵剖面

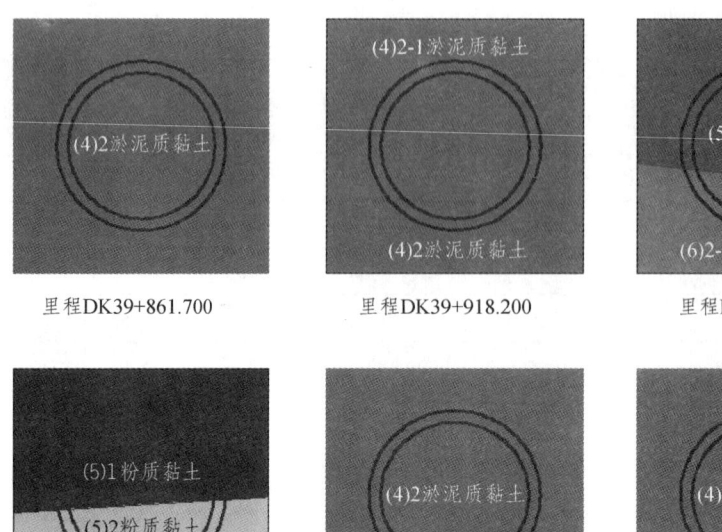

图 47-14　盾构区间典型地质横剖面

6. 盾构机简介

该区间右线盾构采用中铁装备 CREC069 号土压平衡式盾构机。盾体总重量约 550 t，变压器容量 2 600 kVA，总配置功率 1 977.85 kW。施工进出场和临电布置按照正常盾构施工配置。CREC069 盾构机刀盘额定扭矩 7 778 kN·m，刀盘最大（脱困）扭矩 9 720 kN·m，刀盘最快转速 3.6 r/min，最大推进力为 50 600 kN，最小水平转弯半径 250 m，爬坡能力 50‰。CREC069 盾构机为复合地层设计，推力和扭矩能够满足该标段地质条件的要求，最小转弯半径和爬坡能力满足该标段最小半径 2 400 m、最大坡度 28‰ 的线路设计要求。

（二）总体施工方案

斜皮盾构区间拟采用 2 台中铁装备 CREC069、CREC070 土压平衡盾构机完成斜皮区间隧道盾构掘进施工。在完成盾构始发前相关准备工作后，先后从斜皮明挖区间东端头井上、下行线始发，到达皮革城站接收、吊出。

保障盾构设备的正常运转，做到均衡施工。斜皮区间盾构施工总体筹划如图 47-15 所示。

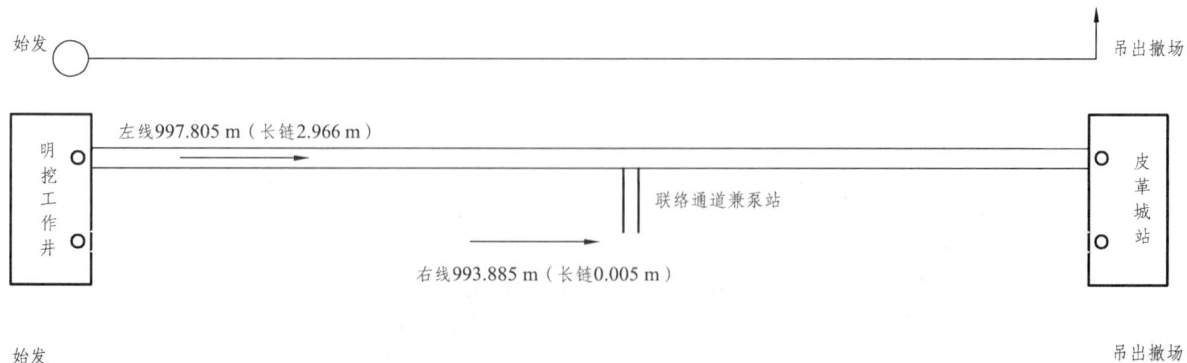

图 47-15　斜皮区间盾构施工总体筹划

斜皮盾构区间总体施工顺序流程如图47-16所示。

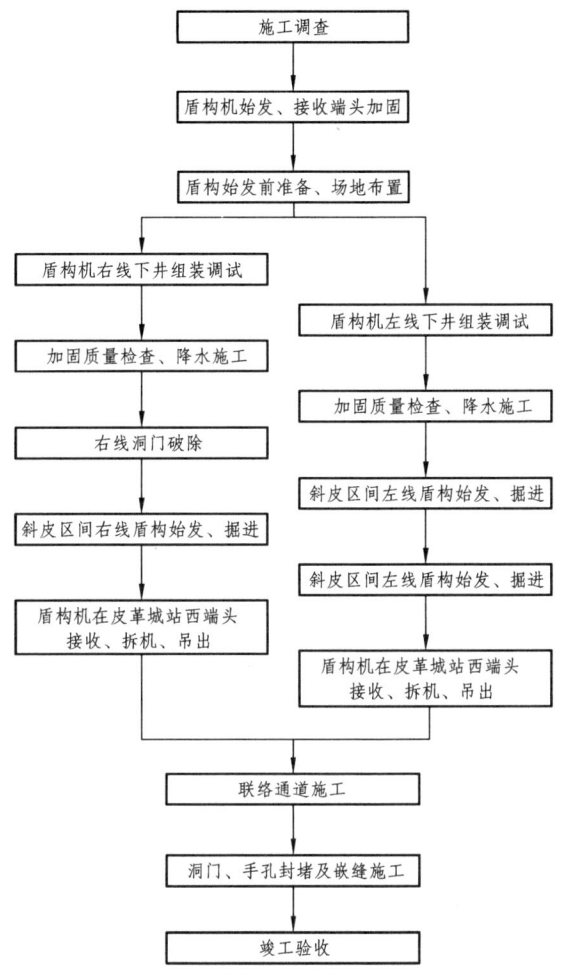

图47-16 区间总体施工顺序流程

(三) 盾构始发施工方法及工艺

1. 始发端头加固

(1) 工艺参数。

斜皮盾构区间端头井采用$\phi 850@600$三轴搅拌桩加固，搅拌桩与围护结构之间间隙200 mm，空隙采用$\phi 800@600$二重管旋喷桩加固。端头高压旋喷桩加固分两次施工，第一次加固在车站或明挖区间盾构工作井基坑开挖前施工，加固体与围护结构之间预留200 mm空隙；等端头主体结构施工结束后（主体结构到达设计强度）、盾构区间施工前，再施工旋喷桩补做之前预留的200 mm空隙。

盾构始发端头井加固长度9 m，到达端加固长度12 m。加固宽度为盾构外径两侧3 m，进出洞端头井横向加固范围为盾构管片外缘向上、下、左、右各3 m的范围（强加固区），隧道顶部以上3 m至地面为弱加固区。

加固指标：加固B区（弱加固）的水泥掺量为8%，加固A区（强加固）的水泥掺量为20%，采用P·O 42.5级普通硅酸盐水泥。弱加固区的强度不低于原状土的强度，强加固区土体加固强度指标：无侧限抗压强度$q_u \geqslant 0.8$ MPa，渗透系数$\leqslant 1 \times 10^{-7}$ cm/s；同时经加固后的土体应保证良好的均质性、整体性、自立性，且具有较好的堵水和防渗透功能。旋喷桩水泥掺量不小于35%，旋喷桩加固指标同对应区域搅拌桩。

在加固体外侧设置降水井 5～6 口，降水井应在盾构始发、到达前进行试抽水，确保降水井有效。

（2）加固工艺。

三轴搅拌桩施工采用二搅二喷工艺，即桩机下落、提升搅拌头均喷浆搅拌。在施工第一根桩时，须根据地质情况进行工艺试桩，以标定各项施工技术参数，主要包括：

① 搅拌机钻进、提升速度；

② 灰浆的水灰比，并测定比重；

③ 每米桩长的输浆量。

水灰比控制在 1.2～1.5，水灰比为 1.2 的浆液比重为 $1+[1/（1.2\times3+1）]\times2=1.43$，水灰比为 1.5 的浆液比重为 $1+[1/（1.5\times3+1）]\times2=1.36$，水灰比越大则搅拌桩水泥土强度越低；水灰比太小则搅拌施工困难；须根据施工试桩情况确定。其他各参数应以选择适当的搅拌下沉、提升速度为控制基准，以此控制水泥掺量，保证设计需要的水泥用量可均匀地喷入桩体中，并注意使下沉时的浆液用量在 70%左右。三轴搅拌桩一根的截面积为 $1.494\ m^2$，明挖区间东端头井、皮革城站西端头井强加固区水泥掺量为 20%，一米水泥的用量为 $1.494\times1\times1\,800\times0.2=537.84$（kg）。弱加固区水泥掺量为 8%，一米水泥的用量为：$1.494\times1\times1\,800\times0.08=215.14$（kg）。

2. 始发端头降水

（1）始发端头降水设计。

在加固效果满足始发要求的前提下，为更好地确保始发过程安全，防止涌水，在加固区周围施做 5 口降水井。

（2）始发端头降水施工方案。

为确保盾构始发安全，同时结合始发场地，双线共计在加固区附近布设 5 口降水井，降水后，水头标高低于盾构始发洞门一下 1 m，根据盾构区间地层渗透系数。井点构造如下：

① 井壁管：均采用钢管井壁管，降水井井壁管直径均为 $\phi260\ mm$。井壁管底口封死，防止井内沉砂堵塞而影响降水。

② 滤网：井壁管开孔处外包二层 60 目的尼龙网，尼龙网搭接部分约为 20%～50%，尼龙网包好后用铁丝捆绑牢实。

③ 潜水泵：根据单井出水量，潜水泵采用出水口径 50 mm，流量 $20\ m^3/h$，扬程 30 m，功率 1.5 kW 的 125QJ20-30 型潜水泵。

为保证降水效果，盾构始发时提前 10 天进行抽水，盾构始发期间，确保降水至隧道底 1 m 以下，每天监测两次并做好现场 24 h 值班工作。当盾尾全部进入洞门，在洞门注浆加固密封结束后，方可停止抽水。

3. 始发基座安装及加固

盾构始发基座为钢结构预制成榀，基座安装前，于始发基座与结构底板之间加筑 500～750 mm 厚的 C30 混凝土导台，在混凝土导台达到设计强度后开始进行始发基座的安装。由于杭海城际铁路盾构区间始发设计坡度为 28‰且盾构机自身重心靠前，为防止盾构推进时出现"栽头"现象，始发基座靠洞口端略高于设计轴线 10 mm 定位。基座平面位置严格根据设计线路中线进行定位，在安装过程中基座采用井字形水平支撑进行加固，始发基座底部要垫平稳，避免扭曲。盾构机主机组装时，在始发基座的轨道上涂硬质润滑油以减小盾构机始发推进时的阻力。结合该区间实际情况，盾构始发基座安装及加固分为以下四部分：

（1）始发基座轴线确定。

盾构始发基座具体布置时，应综合考虑盾构后续推进的偏离值，并兼顾始发井结构与盾构机的空间关系、盾构机后配套与主机间的刚性连接、盾构主机长度及始发加固区长度等因素。斜皮盾构区间右线始发段为直线段，左线始发段为 $R = 2\,500$ 的圆曲线上，左右线始发段设计坡度均为28‰，始发基座中心线沿隧道设计轴线反向延长线布置即可，当盾尾脱离加固区时，根据实测的盾构姿态报表等，再进行适当的纠偏。

（2）始发基座安装轴线测量。

始发基座在吊入始发井前，需采用全站仪对其轴线进行放样；轴线放样完成后，基座下井，对基座进行初步安放。在始发井圈梁上的轴线点架设全站仪，将轴线点投入始发井底部，对始发基座进行精调，使基座轴线与设计轴线位于同一竖平面内。

（3）始发基座安装高程测量。

根据始发洞门中心点高程、盾构机尺寸、基座尺寸，计算出盾构始发基座安装设计高程，用水准仪将基座设计高程放样在始发井两侧侧墙上，做6个高程标志点，6个高程点均匀分布在始发井侧墙的两侧。安装时，在相对应的高程点间拉线，进行始发基座的初步安装，初步安装完成后用水准仪进行精测，对基座高程进行微调。

（4）始发基座加固。

由于始发基座在盾构始发时需承受纵、横向推力以及抵抗盾构旋转的扭矩，受力状态复杂，为保证其结构稳定，盾构始发前须对始发基座四周进行加固。盾构始发基座采用20a工字钢对两侧及前后进行加固，基座前端距结构侧墙 1 000 mm，基座后端距底板台阶 3 000 mm；始发基座南北两侧工字钢支撑分别抵靠在侧墙和既有结构上，支撑间距 1.0 m；基座后部支撑抵靠在端头侧墙与始发井台阶处，支撑间距 1.5 m，如图47-17、图47-18所示。始发基座支撑应确保牢固，始发前应对支撑效果进行检查。

该标段盾构始发基座在洞门钢环内侧轨道延长处，设置短钢轨托架作为盾构导向轨道。始发基座安装就位后，将始发基座和混凝土导台的预埋钢板焊接，焊接定位之后，方能在始发基座上组装盾构机。

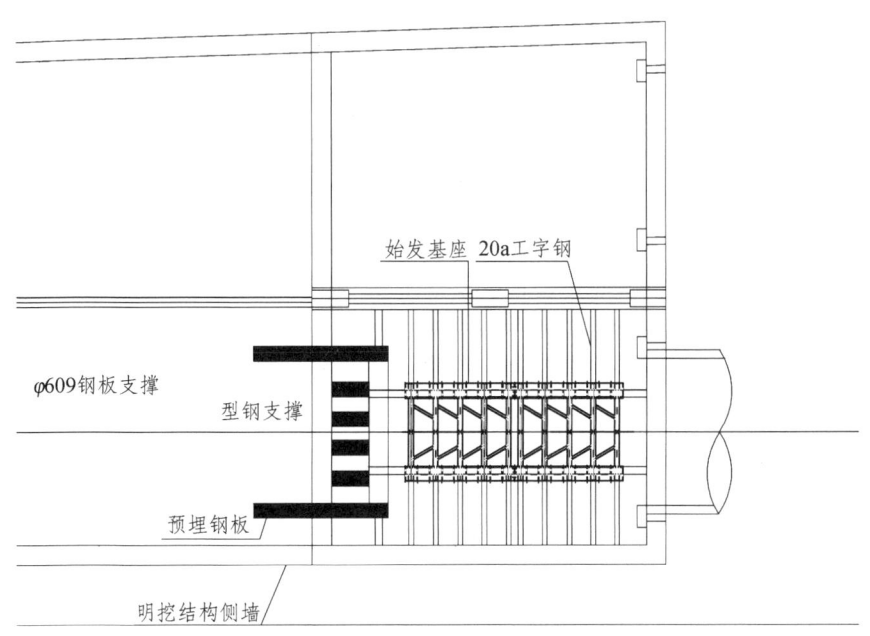

图47-17 始发基座加固平面图

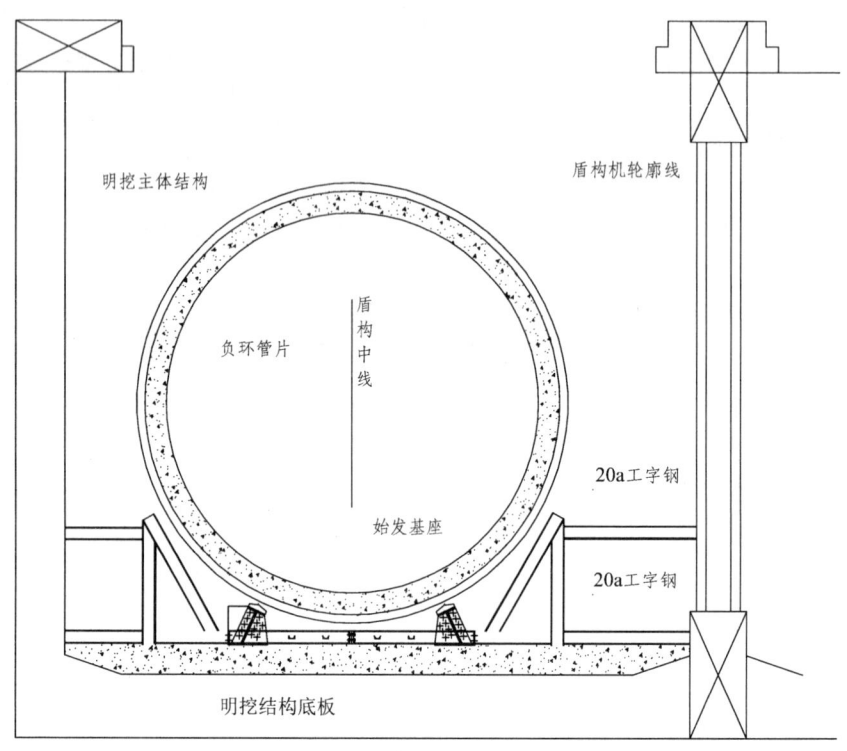

图 47-18 始发基座加固剖面图

4. 反力架安装及后靠系统的建立

（1）准备工作。

根据结构设计图纸，在反力架安装前要进行如下准备工作：

① 按照反力架实际高度，确定反力架安装位置，在立柱相应位置将预埋钢板提前固定在混凝土底板上，钢板与底板连接牢固，且应略大于反力架底座。

② 根据盾构隧道里程反算反力架位置，根据反力架宽度和斜撑角度在明挖结构内相应位置预埋钢板，钢板与下部拉筋采用锚焊连接。

（2）反力架位置确定。

反力架位置主要依据 0#环管片起始位置以及始发基座长度、具体位置进行确定。考虑到盾构机刀盘所能达到的位置，始发基座距离洞门结构边墙为 1.0 m，结合盾构机主体长度 9.50 m（含刀盘），始发基座长度 9m，左右线 0#环管片按照与洞门平齐考虑，因此整个始发基座范围内做多可容纳负环管片数量为：

左线：（9.5+1）/1.5=7 环，负环管片取 7 环。

右线：（9.5+1）/1.5=7 环，负环管片取 7 环。

同时考虑到实际施工中反力架斜撑等稳定性、可行性，最终确定左右线负环均取 7 环，因此反力架距离洞门结构边左右线均为 1.5 m×7=10.5 m。

另外，因该工程盾构区间始发段（含始发工作井内）隧道设计纵坡为 28‰，始发基座及负环管片按照隧道设计纵坡 28‰设置，反力架按照垂直于水平投影方向设置（考虑反力架垂直于 28‰隧道轴线，存在斜向上的水平分力影响）。反力架与负环管片间隙采用钢垫块填充密实。

(3)反力架安装。

在盾构主机与后配套连接之前,开始进行反力架的安装。安装时反力架与主体结构连接部位的间隙要垫实,以保证反力架脚板有足够的抗压强度。

由于反力架和始发基座为盾构始发时提供初始的推力以及初始的空间姿态,在安装反力架和始发基座时,高程偏差控制在±5 mm 之内。盾构姿态与设计轴线竖直趋势偏差<2‰,水平趋势偏差<±3‰。

(4)反力架支撑系统安装。

反力架支撑系统主要采用 Q235 钢板构成型钢骨架,钢管支撑构成斜撑。反力架由两根立柱两根横梁以及四根斜撑组成,立柱与横梁采用 M^{3}0 高强螺栓连接,所有节点均为刚性连接且不低于母材强度。反力架立柱及横梁截面尺寸均为 600 mm×800 mm,内设钢肋板,斜撑固定端分别与横梁及立柱焊接连接,反力架净空为 5 800 mm(高)×5 800 mm(宽),外边尺寸为 7 000 mm×7 000 mm。反力架四周与主体结构利用支撑系统进行连接,以提供足够的反力,反力架结构如图 47-19 所示、安装如图 47-20 所示。

反力架斜撑采用直径 609 mm、壁厚 12 mm 钢管支撑,钢管与主体结构预埋钢板焊接连接。

5. 洞门密封装置安装

洞门密封装置安装顺序为:洞门圈预埋钢环(提前预埋)→帘布橡胶板→折页压板→垫圈→螺母,洞门密封装置安装如图 47-19 所示。

洞门预埋钢环在始发井结构施工时进行预埋,要求其预埋螺栓的间距误差不大于 2 mm。

帘布橡胶板及折页压板严格按设计要求在专业加工厂加工制作,误差符合设计要求。安装要求:密封装置中心应位于盾构实际始发中心线上,误差不大于 10 mm。

在安装帘布橡胶板前先检查螺栓孔螺纹,螺纹检查合格后,安装帘布橡胶板;帘布橡胶板安装完成后安装折页压板,折页压板外侧加垫圈并以螺母拧结固定折页压板,施工时必须确保螺母拧结牢固。

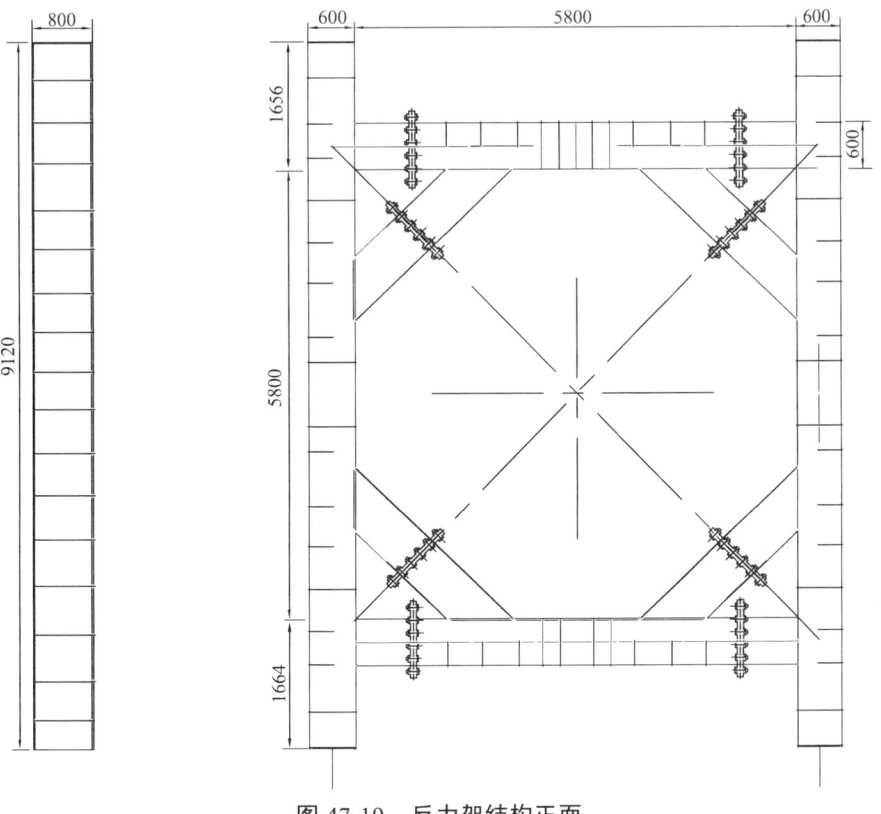

图 47-19 反力架结构正面

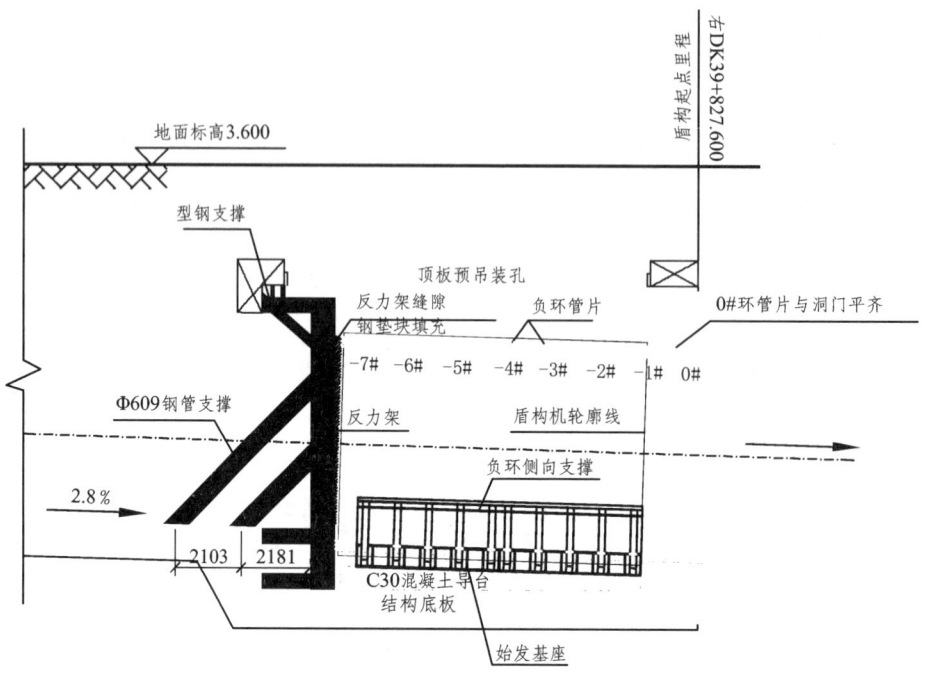

图 47-20 反力架结构及安装

为防止盾构机推进时,刀盘损伤帘布橡胶板,在盾构向前推进前应在帘布橡胶板外侧及边刀上涂抹黄油,并在刀盘完全通过帘布后,进一步确认帘布情况。

6. 盾构机组装及调试

(1)盾构机进场及验收。

盾构进场后,项目部组织相关技术人员进行验收,现场验收合格后,签字确认。

(2)盾构机组装、调试工艺流程。

盾构机组装、调试工艺流程如图 47-21 所示。

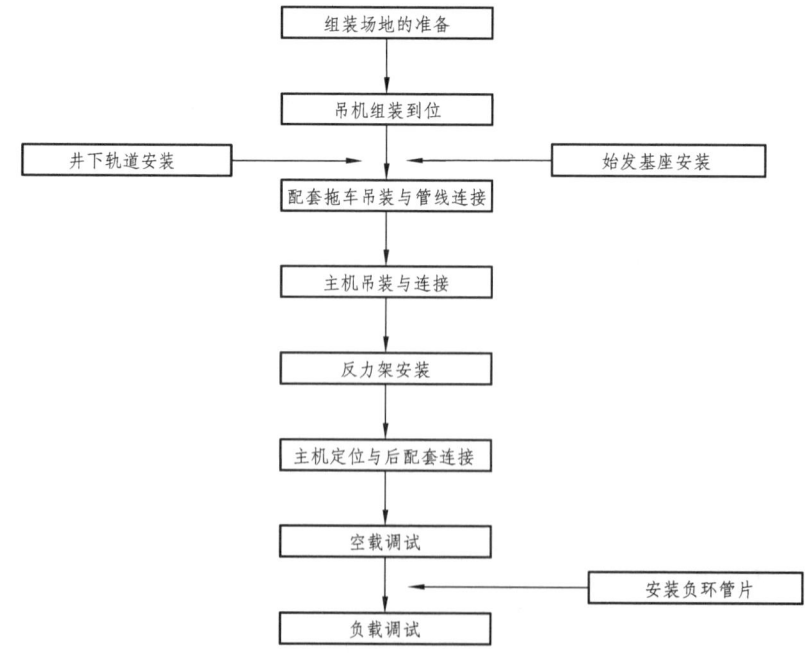

图 47-21 盾构机组装调试工艺流程

(3)盾构机调试。

① 空载调试。

盾构机组装和连接完毕后,必须进行各系统的空载调试,空载调试的目的主要是检查设备是否能正常运转。主要调试内容为:液压系统、润滑系统、冷却系统、配电系统、注浆系统以及各种仪表的校正。

电气部分运行调试:检查送电→检查电机→分系统参数设置与试运行→整机试运行→再次调试。

② 负载调试。

空载调试证明盾构机具有工作能力后即可进行负载调试。负载调试的主要目的是检查各种管线及密封的负载能力;对空载调试不能完成的工作进一步完善,以使盾构机的各个工作系统和辅助系统达到满足正常生产要求的工作状态。通常试掘进时间即为对设备负载调试时间。

7. 加固效果检查与洞门凿除

(1)端头加固效果检查。

在进洞凿除钢筋混凝土前,盾构节点验收阶段对盾构端头加固情况进行取芯检测,确保加固区的止水效果及加固强度;同时在洞门上,开设 9 个水平探孔观察加固效果(如图 3-11 所示),孔径 5 cm(注浆管设内径 2.5 cm),探孔深度 1.5 m。通过观察探孔的渗水情况来判断加固体质量。在确认加固良好的情况下,可进行洞门破除施工,破除前将各水平探孔安装注浆球阀,且在洞门外侧额外布设应急孔。水平探孔布置如图 47-22 所示。

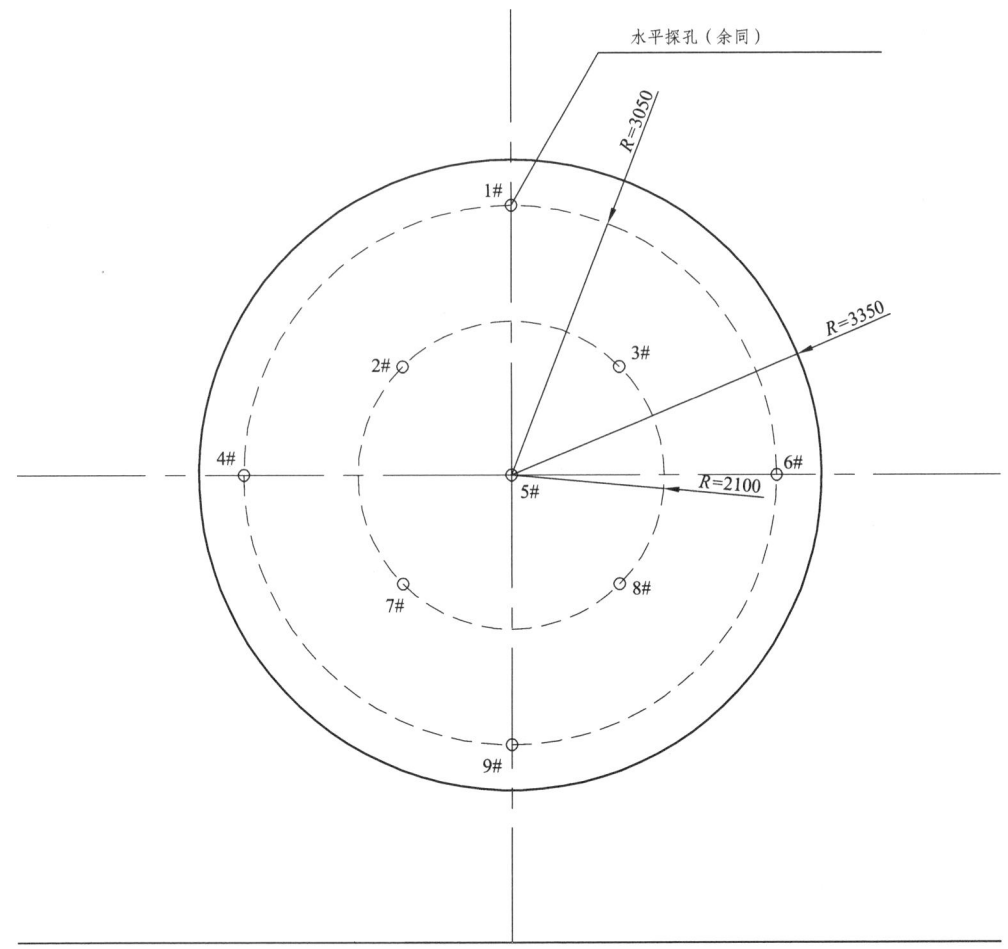

图 47-22 水平探孔布置示意

（2）洞门凿除

① 工作平台搭设。

洞门凿除工作平台采用$\phi 48\times 3.5$ mm 钢管扣件式双排脚手架搭设，双排钢管田字形搭设，宽度 0.8~1 m，洞门搭设3层平台，两道剪刀撑及4道斜撑，脚手架正面与盾构机支撑牢固，每层平台铺设方木模板，临边设置约1.2 m 高围护，并按要求挂设密目网及安全警示标识标牌。平台搭设层高及尺寸根据现场情况可进行微调，落地斜撑之间采用钢管连接固定，落地端需有牢固的地锚作用在结构底板上。

② 洞门凿除。

在确认加固良好的情况下由专业施工班组进行洞门凿除作业。斜皮区间明挖段端头井地连墙设计厚度为 800 mm，共分两阶段进行洞门凿除：

a. 在盾构调试期间，首先凿除内侧 300 mm 混凝土，并割除内排钢筋；

b. 待盾构调试完成，具备出洞条件后，再对剩余 500 mm 混凝土进行凿除，清理洞圈底部混凝土碎块，然后按照先下后上的顺序逐块割断外排钢筋。

洞门凿除根据围护结构地下连续墙的实际位置、吊出空间，采用分层分块、从里到外、从上到下的方式进行凿除，计划共分成16块，每块面积不大于3 m²，分块方式如图47-23所示。

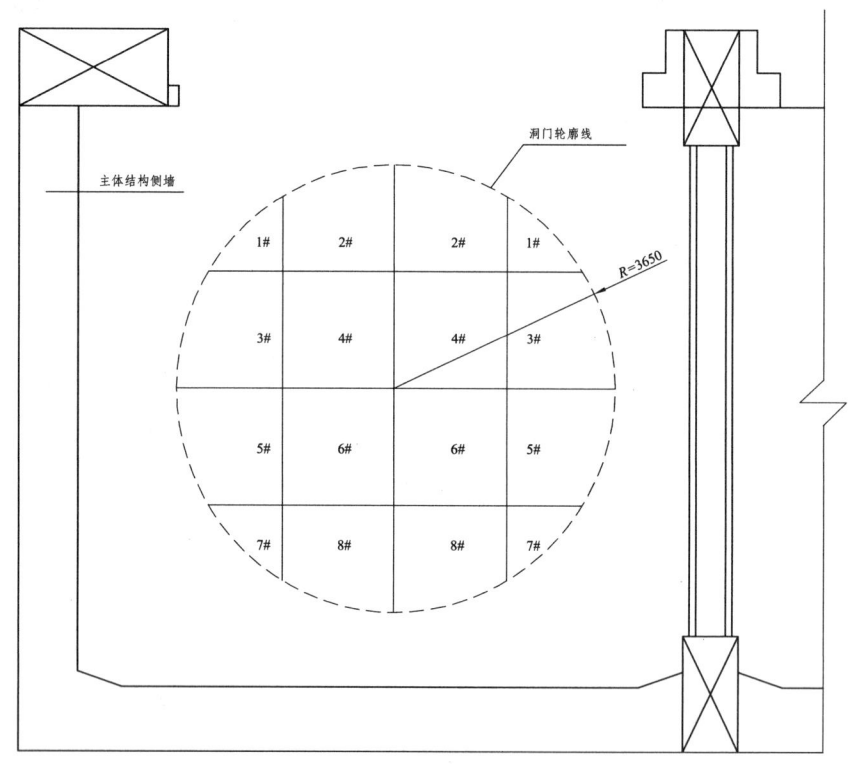

图47-23　洞门凿除分块示意

洞门凿除应保持连续施工，尽量缩短作业时间。整个作业过程中，由专职安全员进行全过程监督，杜绝安全事故隐患，确保施工安全，同时安排专人对洞口上的密封装置做跟踪检查。

8. 负环拼装

盾构调试完成后，进行负环拼装作业。斜皮盾构区间始发共设7环负环，分别为-1~-7环，所有负环管片均采用通用楔形环，负环管片采用错缝拼装。

斜皮盾构区间所使用盾构为两台$\phi 6\,950$土压平衡盾构，盾尾间隙65 mm，为保证管片拼装位置准确,在负环管片拼装过程中应在盾尾内安装支撑垫块,垫块采用 60 mm 槽钢,长为 1 200 mm,近油缸端的 300 mm 点焊于盾壳壳上,焊接位置为两千斤顶顶伸位置之间,在-6 环拼装前,可把槽钢割除。首块管片 A_2 在拼装时以水平尺进行确定,邻接块 B_1 和 B_2 的安装时,在盾尾盾壳上焊接吊耳,并用道链进行固定,以支撑管片并保证施工的安全,待封顶块纵向推插到位后,拆去道链,割除吊耳,紧固封顶块与邻接块的螺栓。

负环管片的螺栓与防水材料:负环管片只粘贴丁腈软木橡胶板,不粘贴三元乙丙橡胶垫和自粘性橡胶薄片,管片连接螺栓也不需加遇水膨胀橡胶圈,0、+1 环必须正常使用防水材料。

负环管片外侧支撑:在每环管片推出盾尾后,在管片底部和管片侧向支撑处加垫木楔子,每环管片加垫 8 个木楔子;同时,在管片推出盾尾后,应使用紧线器利用钢丝绳将管片外部拉紧,以防止管片外张,拉紧时应注意管片直径,避免过紧或过松。

9. 防扭装置安装

盾构机刀盘进洞切削掌子面时会产生巨大的扭矩,为防止此时盾构机壳体在始发导轨上发生偏转,可在始发导轨两侧的盾构机壳体上焊接防扭装置(采用工字钢加工而成)。防扭装置每隔 1.5 m 左右在盾构机两侧各焊接一个。随着盾构机的前行,当防扭装置靠近洞门密封时,将之割除,防止其破坏洞门密封。

(四)结合左右线始发,总结(缓和)曲线段割线始发控制要点

以左线为例,左线起点至左 DK40+664.629(前 838.778m)位于 $R = 2 500$ m 右拐平曲线上,其余位于直线段上。

区间纵断面采用 V 字坡,线路出区间明挖段后采用 28‰、11.5‰坡度下行至线路最低点,然后左线以 6.203‰上行至皮革城站。

盾构始发作为盾构施工的关键技术之一,主要内容包括:始发前竖井端头地层加固,盾构始发基座安装,盾构组装及调试,反力架安装,洞门临时墙及围护结构凿除,洞门密封装置安装,盾构姿态复核,负环管片拼装,盾构贯入土体土压的建立与试掘进。

始发时为 28‰下坡,属于缓和曲线段。此时隧道顶部埋深约 5.89 m,以混凝土管片内径 $\phi 6 000$ 计算。

管片超前量 $D = \Phi\sin\theta = \Phi\theta = 6 000 \times 28‰ = 168$(mm)($\theta$ 很小时,$\sin\theta \approx \theta$)。

始发阶段(负环管片拼装及试掘进段)每环拼装之前和拼装之后,用线坠量取管片超前量实际值,计算实时坡度,与设计坡度大小进行对比分析,为下一环管片的点位选取,盾构姿态的调整趋势方向做依据。

始发阶段盾构刀盘接触掌子面后,根据掘进速度,逐步建立土舱压力到掘进设定值。刀盘距离掌子面约 20 cm 时,开始转动刀盘,转速不超过 1.0 r/min。总体掘进速度不大于 10 mm/min。保证低速度,低贯入度,小推力。

始发阶段避免调整掘进方向,避免盾构姿态调整而导致洞门密封装置失效。

(1)第一块负环管片拼装时,在盾尾壳体内部安装管片支撑垫块,为管片在盾尾内部做好定位。

(2)在从下至上拼装第一环负环管片时,要注意管片的转角。

(3)拼装顶部 K 块管片时,由于管片支撑力不够,要进行及时加固。

(4)负环拼装刀盘未出加固区前,保持刀盘转速约 0.5 r/min,上部土压保持在 60~80 kPa,推进速度约 20 mm/min,总推力约 15 000 kN。

沿隧道径向分力 $F_r = F\sin\theta = 15 000 \times 28‰ = 420$(kN)($\theta$ 很小时,$\sin\theta \approx \theta$)。

考虑到盾构推进过程中的偏心力,以及管片脱出盾尾以后,防止管片自重影响而造成的管片下沉

和失圆，管片推出盾尾后，及时加垫木楔填塞负环管片与始发基座轨道的空隙，并用钢丝绳将成型管片环向紧固。

（5）盾构始发掘进时的总推力应严格控制在反力架的支撑能力之下，并确保在此推力下刀具切入到土体产生的扭矩小于始发基座提供的反扭矩。

（6）盾构推进进入土体建立土压的过程中，认真观察洞门密封，始发基座，反力架及支撑是否变形，若有异常适当降低土压，推力，速度等掘进参数。

（7）当盾尾完全进入到洞门密封后，调整盾尾密封，及时通过同步注浆对洞门进行注浆，封堵洞门圈，防止洞门密封处出现漏水漏浆现象。

（8）在始发及试掘进阶段，设备处于磨合阶段，注意对推力，扭矩等各类参数的控制与保持，做好记录，对比分析，为以后的正常段掘进做好准备。

（9）盾构在始发基座上滑行期间不得进行姿态纠偏。

（10）始发前盾尾钢丝刷必须用盾尾油脂进行涂抹，涂抹质量要饱满均匀，每根钢丝刷上都要有油脂粘黏。

二、盾构掘进

全线盾构掘进过程中有 3 个施工重难点：一是全线最长区间隧道为 3 166.55 m，且穿越建（构）筑群，对盾构机掘进的性能及地面位移沉降要求高；二是地下区间隧道（右 CK11+780～右 CK13+286.3）同时下穿沪昆高铁大桥、沈士大道、G60 高速公路，且邻近 500 kV 高压铁塔，在沪昆高铁、G60 高速公路、其他道路、高压铁塔不能停运的前提下，隧道施工风险及难度大；三是区间隧道（CK0+399.319）下穿杭州地铁 1 号线既有运营隧道，垂直净距约 3.2m，在杭州地铁 1 号线不能停运的前提下，隧道施工风险及难度大大增加。

（一）盾构下穿沪杭高铁施工

1．工程概况

（1）工程范围。

杭海城际铁路工程第 4 标段从海宁西站高架段接出，沿客专线向东敷设，沿线下穿沪杭高铁桩基和沪昆高速桩基接入长安镇站高架段。区间线路纵断面呈 V 形，从小里程端高架区间以 28‰下坡，到达最低点后再以 4.3‰、27.7‰连续上坡，出地面后接入大里程端区间高架段。盾构段覆土厚度约 5.8～8.4 m，两端明挖段隧道为单向坡，最大覆土厚度 5.5 m。

区间分为盾构段和明挖段两部分，总长 1 777.3 m。盾构段长度为 646 m；小里程端明挖段长度为 493 m，其中明挖 U 形槽为 346 m，明挖暗埋段为 147m；大里程端明挖段长度为 638.3 m，其中明挖暗埋段为 332.3 m，明挖 U 形槽为 306 m。U 形槽及暗埋段采用明挖法施工，联络通道处采用矿山法施工，其余采用盾构法施工。具体位置如图 47-24 所示。

（2）工程概述。

① 根据周边环境调查情况显示，除高铁桥梁外，地面无任何管线。盾构区间下穿高铁如图 47-25 所示。

② 沪杭高铁桐海特大桥桩基概况。

区间线路于右 DK12+893～右 DK12+944.6（左 DK12+928.4～左 DK12+980）下穿沪杭高铁，该段隧道采用盾构法施工，盾构隧道外径为 6.2 m，隧道距桩基最小水平净距约 0.7 m，埋深 5.1～5.6 m。

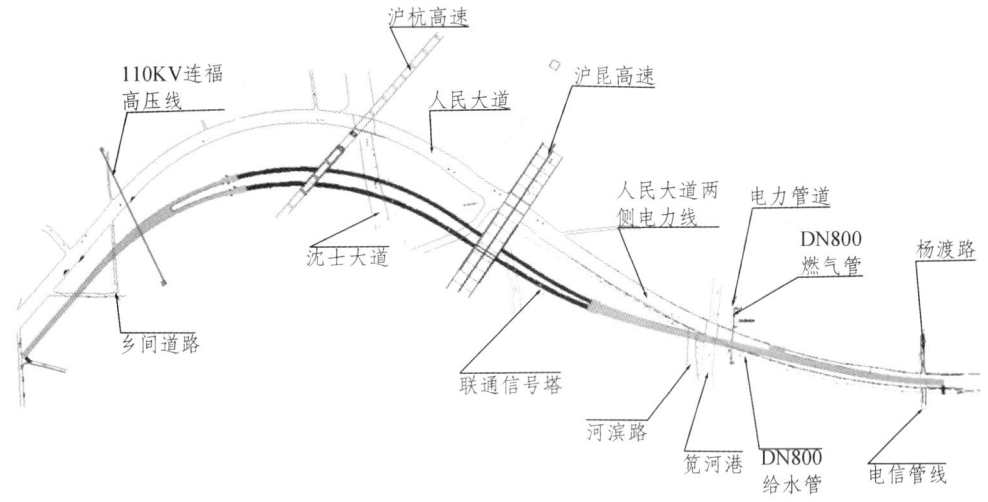

图 47-24　杭海城际铁路工程第四标段线路总平面图

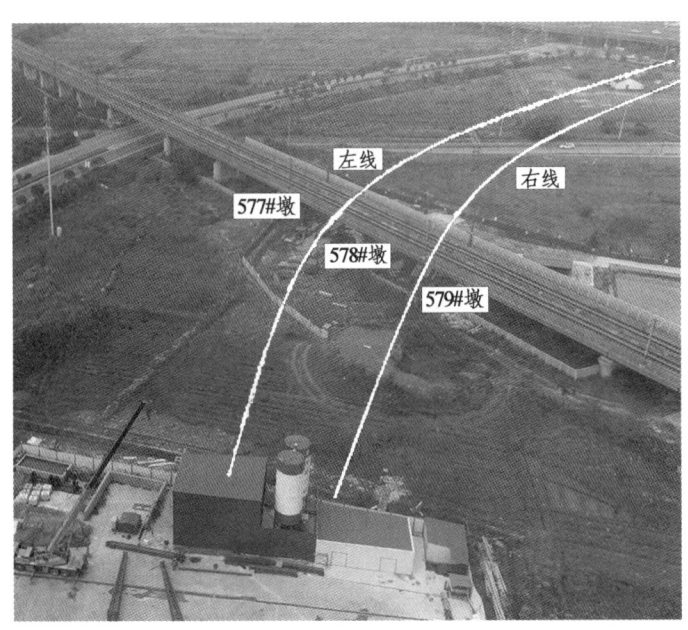

图 47-25　盾构区间下穿高铁示意

区间隧道下穿沪杭高铁段范围为桐海特大桥，受影响桩基为577#、578#、579#共3根桥桩（运营里程K129+461.518~K129+526.918），577号~579号桥桩承台尺寸为10.08 m（长）×5.1 m（宽）×2 m（高）。577号桥桩为8根ϕ1 000钻孔桩，桩长85 m；578号桥桩为8根ϕ1 000钻孔桩，桩长70 m；579号桥桩为8根ϕ1 000钻孔桩，桩长69 m。盾构区间与桥桩位置如图47-26所示。

（3）工程地质情况。

该工程场地地貌类型为长江三角洲杭嘉湖平原，地形平坦开阔，多为村庄、农田，现地面标高约3.2~6.3m。局部场地受城镇建设、河道水塘开挖与回填等人类活动的影响，场地微地形上略有起伏。该工程沿线河网密布，多呈网格状，纵横交错互相连通。

冲湖积平原形成于全新世晚期，由细粒土沉积形成，表部以基土层以冲湖积成因的灰黄色、黄灰色软可塑状粉质黏土为主，局部夹粉粒含量较高，呈黏质粉土状。地质剖面如图47-27所示。

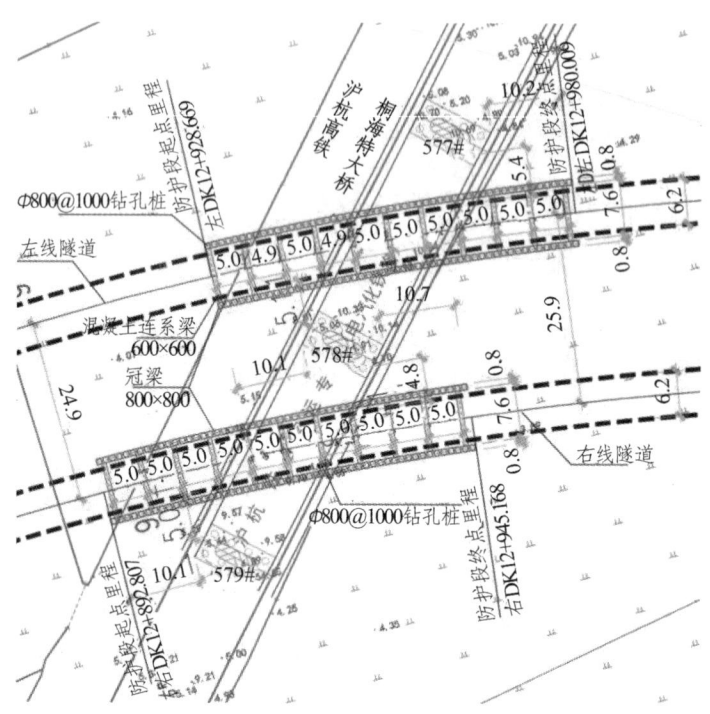

图47-26 盾构区间与桥桩位置图

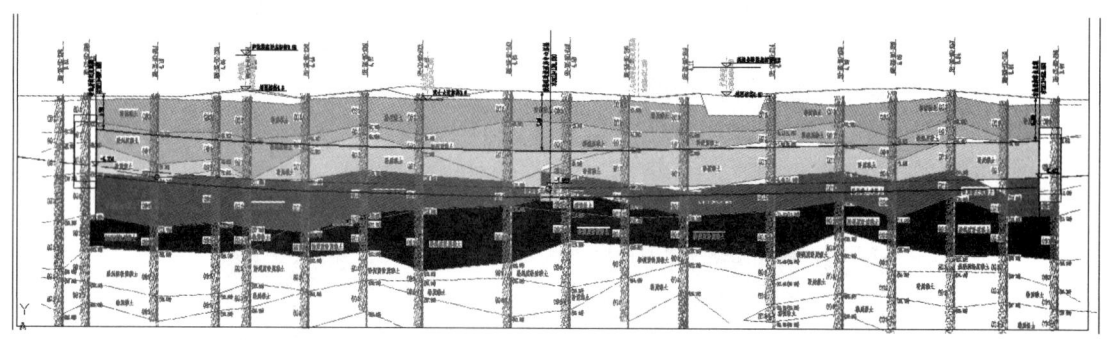

图47-27 地质剖面图

场区内为第四系覆盖层,岩性以冲海积、海积、冲积、冲湖积的黏性土、粉土或粉细砂为主。

按地质成因时代及其工程特征,场地沿线第四系地层空间竖向分布自上而下大致可分为:浅表层厚薄不一的填土或耕植土;其下为冲海积的黏质粉土、粉质黏土,海积的淤泥质黏土、冲湖积的黏性土、粉土、冲积的黏性土或粉细砂等。

(4)盾构下穿沪杭高铁施工控制难度大。

区间线路在右DK12+910.396~右DK12+928.432下穿沪杭高铁,该段隧道采用盾构法施工,盾构隧道外径为6.2 m,隧道距桩基最小水平净距约8.57 m,埋深5.1~5.6 m。区间隧道下穿沪杭高铁段范围为桐海特大桥,受影响桩基为577号、578号、579号共3根桥桩(运营里程DK129+461.518~DK129+526.918),577号~579号桥桩承台尺寸为10.08 m(长)×5.1 m(宽)×2 m(高),各个桥墩桥桩均为8根ϕ1 000钻孔桩,桩长69~85 m。

在保证既有铁路运营安全的前提下,盾构施工安全平稳地通过是重难点。

(5)施工要求。

杭海城际铁路工程第四标段盾构区间单线长为646 m,区间线路于右DK12+910.396~右

DK12+928.432下穿沪杭高铁桐海特大桥,盾构隧道外径为6.2 m,埋深5.1~8.02 m。区间隧道距高铁桥墩桩基最小水平净距约5.9 m,要求桥梁变形不得大于1 mm。区间埋深浅距离桩基最小距离于一倍盾构区间洞径,且在施工过程中必须保证既有高铁的运营安全。

2. 盾构施工前隔离保护措施概述

盾构隧道下穿沪杭高铁桐海特大桥前,在隧道与高铁桥梁桩基之间实施隔离桩防护措施,隔离桩施工里程为左线DK12+928.669~DK+12+980.009和右线DK12+892.807~DK12+945.168,隔离桩采用$\phi 800@1\,000$钻孔灌注桩,桩顶设置800×800冠梁,隧道两侧冠梁采用混凝土连系梁支撑,两排隔离桩之间对盾构上下各3 m范围地层进行注浆加固。左线注浆加固面积为1 880.32 m^2,右线注浆加固面积为1 926.40 m^2。左右线盾构隧道边缘距离隔离桩距离0.7 m。左线隧道距离577号桥桩最小距离为6.5 m,左线隧道距离578号桥桩最小距离为6.2 m。右线隧道距离578号桥桩最小距离为6.9 m,右线隧道距离579号桥桩最小距离为6.1 m。区间隧道与桐海特大桥桩基剖面关系如图47-28所示。

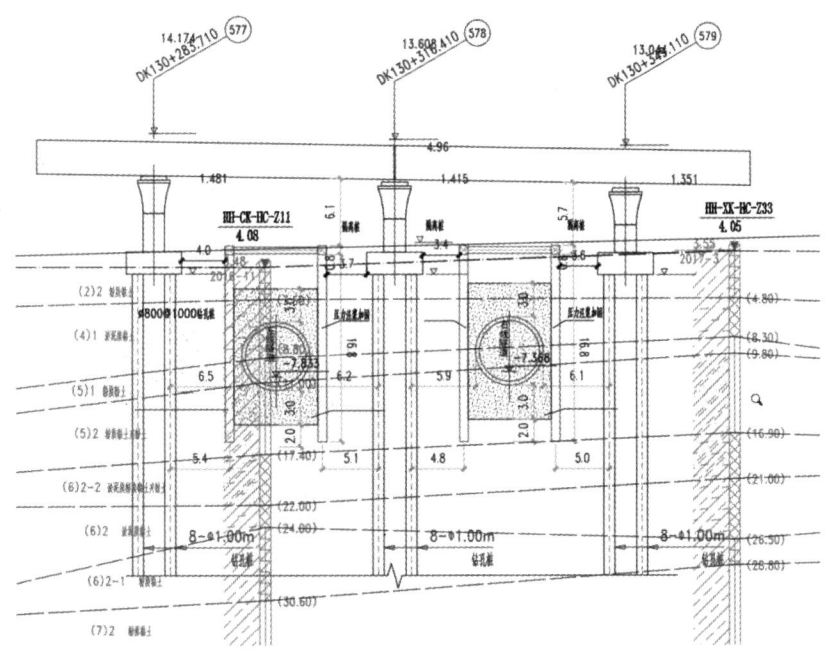

图47-28 区间隧道与桐海特大桥桩基剖面关系

3. 施工方案

(1)施工工艺流程:

施工准备→隔离桩施工→混凝土冠梁支撑施工→注浆加固施工→盾构掘进施工。

(2)隔离桩施工。

首先对盾构隧道下穿沪杭高铁桐海特大桥前,在隧道与高铁桥梁桩基之间实施隔离桩防护措施,隔离桩采用$\phi 800@1\,000$钻孔灌注桩,桩顶设置800×800冠梁。

盾构隧道在隔离桩防护段掘进时,措施如下:

a. 盾构推进前,应充分掌握施工影响范围内的周边环境情况;

b. 建立完善的监控量测系统,及时定期进行监测。

盾构区间与桥桩位置如图47-29所示。

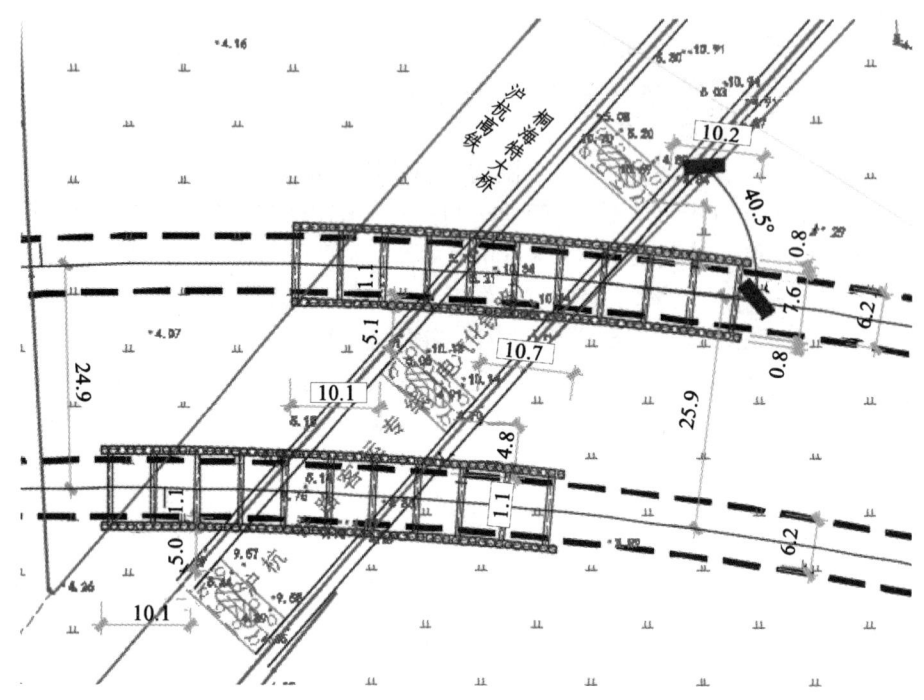

图 47-29 盾构区间与桥桩位置

（3）注浆加固施工。

首先盾构下穿沪杭高铁前完成地基加固，地基加固采取地面钻杆后退式注浆工艺，加固范围为两排隔离桩之间对盾构上下各 3 m 范围地层进行注浆加固，最外圈注浆浆液采用 1∶1 水泥水玻璃双液浆，其余采用 1∶1 水泥浆，采用 42.5 级普通硅酸盐水泥。

注浆加固平面如图 47-30 所示，区间隧道与桐海特大桥桩基剖面关系如图 47-31 所示。

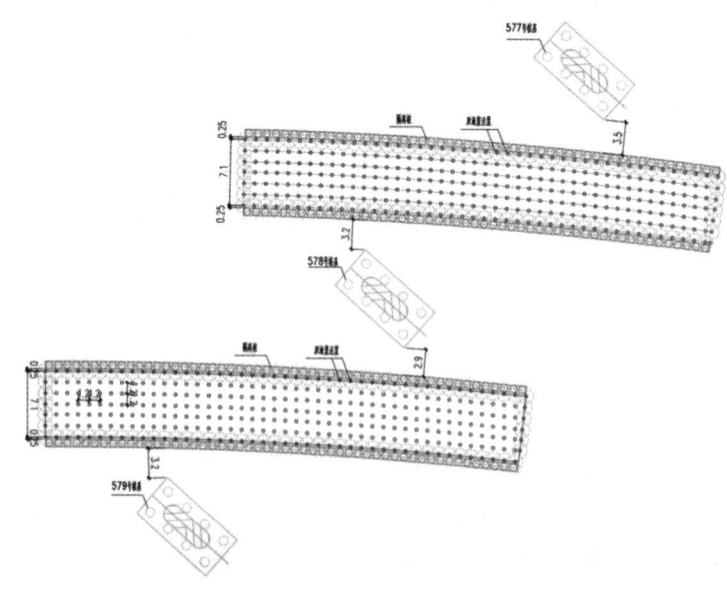

图 47-30 注浆加固平面图

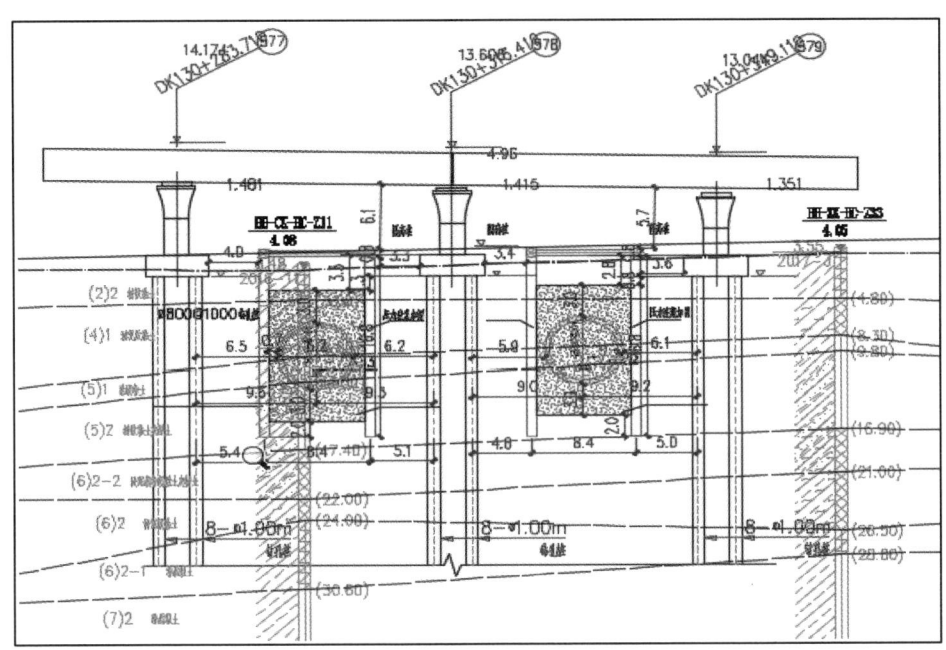

图 47-31　区间隧道与桐海特大桥桩基剖面关系

（4）盾构掘进施工。

施工时保证推进的匀速性，做好施工监测，包括对桥墩的变形、沉降的监测，根据监测结果及时调整施工参数，施工前进一步核实既有建（构）筑物基础资料及与区间隧道相互关系。

① 盾构机姿态控制。

盾构姿态具体指盾构现态位置（指盾构切口、盾尾两中心的高程、平面、轴线、纵坡），与已建隧道管片的相对关系如何，总的要求使隧道管片轴线和盾构轴线夹角最小，高程、平面偏差最小，盾壳与管片四周的间隙均匀，盾构的姿态优劣对建后隧道质量关系极大，因此在施工中做到勤观察、及时纠偏调整、认真操作、掌握盾构的性能，将盾构轴线控制在所需的位置，保证隧道建成后各个方面都达到标准。

初期掘进时轴线允许偏差：① 水平偏差 -10～-15 mm；② 垂直偏差 -15～-20 mm；③ 俯仰角小于 3 mm/m；④ 水平偏角小于 3 mm/m。

② 掘进管片拼装。

a. 施工过程中要严格管片选型程序（主要是封顶块点位的选择）以满足隧道线型为前提，保证管片拼装质量。严格注意盾尾间隙的变化进行适当调整。盾尾间隙标准值为 75 mm，在圆曲线段掘进时盾尾间隙变化较大，可将盾尾间隙保持在 (75±15) mm 范围内以防盾尾直接接触管片。

b. 管片安装必须从隧道底部开始，然后依次安装相邻块，最后安装封顶块。安装第一块管片时，用水平尺与上一环管片精确找平。

c. 安装邻接块时，为保证封顶块的安装净空，安装第 5 块管片时一定要测量两邻接块前后两端的距离（误差小于 10 mm），并保证两相邻块的内表面处在同一圆弧面上。

d. 封顶块安装前，对止水条进行润滑处理，安装时先搭接 700 mm 径向推上，调整位置后缓慢纵向顶推插入。

e. 管片块安装到位后，应及时伸出相应位置的推进油缸顶紧管片，其顶推力应大于稳定管片所需力，然后方可移开管片安装机。

f. 管片安装完后应及时整圆，并在管片脱离盾尾后对管片连接螺栓进行二次紧固。

③ 参数设定。

经过区间 80 环试验段的掘进，对施工主要参数进行了总结，以便于指导后期盾构下穿沪杭高铁桐海特大桥，具体总结参数见表 47-13。

表 47-13 参数值

序号	掘进参数	参数值
1	推力	8 000～12 000 kN
2	刀盘转速	1.0～1.5
3	扭矩	500～1 100 kN·m
4	推进速度	10～40 mm/min
5	土舱压力	60～80 kPa
6	注浆压力	200～300 kPa
7	螺旋机转速	7～10 r/min
8	注浆量	4～5 m³
9	每环出渣量	50±3 m³

4. 监测施工

（1）控制指标。

通常情况下铁路桥墩沉降变形是导致上方线路不平顺的主要原因，根据以往相似工程经验，高速铁路正线桥墩顶沉降量控制在 1 mm 以内；道岔区控制在 1 mm 以内。以上沉降量控制值是在高铁隔离保护施工完成后的限制值。

（2）施工监测。

① 监测目的和原则。

a. 施工期间对地表、盾构掘进参数进行监测和监控，有效地指导施工，保证行车安全。

b. 对于盾构穿越铁路对线路影响较大的地段，实行重点监控量测，增加量测点数和量测频率。

c. 及时计算、分析和整理数据，并把分析结果以图表的形式及时上报各有关单位和领导，以便指导施工。

② 监测点布设。

a. 地表沉降监测。

ⅰ 区间隧道轴线地面沉降监测点的布设：分别沿轴线布设，每 5 环（6 m）布设 1 点。

ⅱ 区间隧道轴线剖面监测点的布设：在轴线方向每 10 环（12 m）布设一个监测断面，每个监测断面布置 12 个点，左右轴线上各布设 1 个点；两轴线之间布设 4 个点；垂直轴线两侧各布 3 个点。两侧监测点布置为 5 米、10 米、15 米，在加固区和非加固区处增设一个监测断面。

b. 区间隧道内监测。

ⅰ 区间隧道内沉降点布设：

隧道内沉降监测点，即在上、下行线各 12 m（10 环）布置一个监测测点。区间隧道内沉降监测点和区间隧道地面沉降监测点在同一监测断面上。

埋设方法：借助于隧道管片底部的螺栓，螺栓表面呈弧形，必须保证螺栓不允许有松动。

ⅱ 警戒值及频率的确定：监测报警值如下：地表沉降值超过 30 mm；地表隆起值超过 10 mm；建筑物倾斜超过 2‰时；隧道掌子面施工通过一倍洞径，变位速率超过 5 mm/d，仍持续增加。

监测频率见表 47-14。

表47-14 监测频率

掘进面距监测断面 $L \leq 3D$	掘进面距监测断面 $3D < L \leq 5D$	掘进面距监测断面 $5D \leq L$
1~2次/天	1次/2天	1次/每周

③ 高铁桥梁监测。

在整个工程施工过程中,为确保桥墩的安全,在施工过程中需对桥墩进行动态监测。

a. 水平位移测点布设。

在盾构影响比较大,需要重点监测的576#、577#、578#三个桥墩墩顶各设置2个专用监测棱镜,左右对称布设,作为桥墩的水平位移变形监测标志。在两侧相邻的575#及580#桥墩墩顶各布设1个专用监测棱镜,作为该两桥墩的水平位移变形监测标志。水平位移采用高精度自动全站仪进行测量。在离施工影响范围外选择一个稳定处建立全站仪工作站,浇筑强制对中观测墩。观测时全站仪安置于工作站,后视控制点,对上述5个桥墩进行水平位移变形监测。

b. 竖向位移测点布设。

在盾构影响比较大,需要重点监测的576#、577#、578#三个桥墩墩底各设置4个监测点,左右对称布设,作为桥墩的竖向位移变形监测标志。在两侧相邻的575#及580#桥墩墩底各布设2个测点,作为该两桥墩的竖向位移变形监测标志。竖向位移测点采用L形钢钉。竖向位移采用精密水准仪进行测量。监测时竖向位移测点与高程基准点联测,组成闭合或附合水准路线,便于进行校核。

c. 监测频率。

沪杭铁路监测频率见表47-15。

表47-15 沪杭铁路监测频率

	阶段	监测频率
监测要求	隔离桩施工、加固、降水、拉槽、回填等施工阶段	4次/天(1次/6小时)
	盾构下穿施工期间	12次/天(1次/2小时),根据实际变形情况再进行调整,适当增加或减少监测频次。
	盾构穿越铁路后1月内	4次/天
	盾构穿越铁路1月后	2次/天根据监测数据收敛情况决定是否继续监测或降低监测频率

5. 施工效果分析

(1)施工进度。

左线盾构区间于2018年8月14日开始正式下穿施工,于2018年8月24日完成下穿,共计施工11天,掘进66环(90~155环),平均每日掘进6环,具体掘进进度如图47-32所示。

(2)推进施工步骤。

① 第一阶段为90~100环。

此阶段位于高铁30 m保护区范围内,但在盾构隔离保护加固区以外,埋深为6.0~6.2 m,主要穿越地层为淤泥质黏土。

② 第二阶段为100~143环。

该段为盾构穿越加固区段,埋深为6.2~6.4 m,主要穿越地层为淤泥质黏土、粉质黏土,前期进行了土体加固。

③ 第三阶段为143~155环。

此阶段位于高铁30 m保护区范围内,但在盾构隔离保护加固区以外,埋深为6.4~6.5 m,主要穿越地层为粉质黏土。

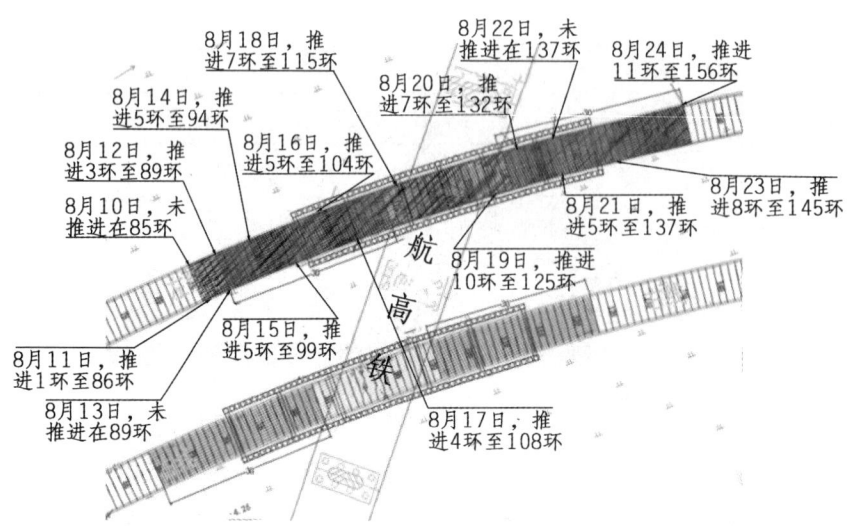

图 47-32 掘进进度示意

（3）监控量测。

① 轴线点地表监测情况。

地表沉降累计变量曲线如图 47-33 所示。

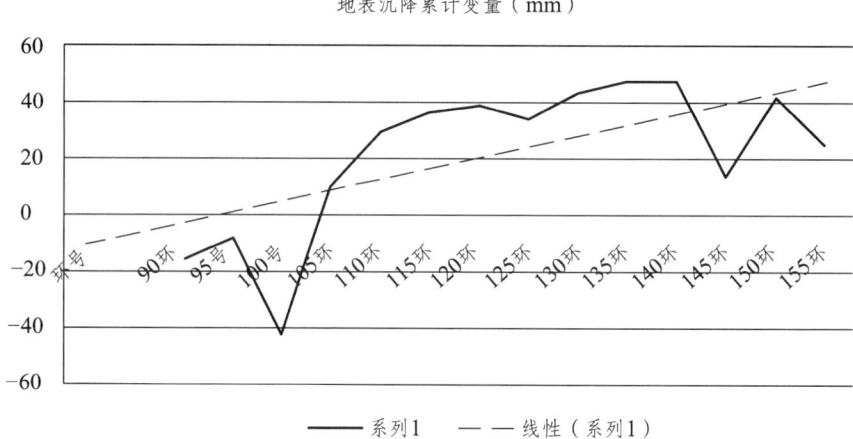

图 47-33 地表沉降累计变量曲线

② 桥墩监测情况。

a. 桥墩水平位移情况。

下穿高铁期间桥墩水平位移累计最大值为 0.5 mm，小于 0.8 mm，在允许范围内；

b. 桥墩垂直位移情况。

下穿高铁期间桥墩垂直位移累计最大值为 0.5 mm，小于 0.8 mm，在允许范围内。

6. 参数总结

根据盾构顺利下穿高铁情况，对施工过程中的各项数据进行总结，为以后类似工程施工提供可靠的技术依据，见表 47-16。

表 47-16 掘进参数值总结

序号	掘进参数	参数值
1	推力	5 000～8 000 kN
2	刀盘转速	0.8～1.2
3	扭矩	500～1 100 kN·m
4	推进速度	10～40 mm/min
5	土舱压力	60～80 kPa
6	注浆压力	200～300 kPa
7	螺旋机转速	5～10 r/min
8	注浆量	4～5 m³
9	每环出渣量	50±3 m³

（二）盾构下穿杭州地铁 1 号线施工

1. 下穿杭州地铁 1 号线概况

余杭高铁站—余许区间 U 形槽（含）分为盾构段和明挖段两部分。盾构段左线长链 0.303 m，长度为 3 126.220 m，右线长链 0.278 m，单线长度为 3 126.555 m，设置一座中间风井，5 座联络通道。此盾构区间左右线均由明挖段工作井始发，经中间风井过站，于余杭高铁站小里程端接收。

杭州至海宁城际铁路余杭高铁站—许村镇站区间隧道出余杭高铁站约 400 m 长段沿现状文正街布置，隧道在出余杭高铁站约 44 m 位置下穿地铁 1 号线余杭高铁站—南苑站区间隧道。杭海线盾构管片外径 6 700 mm，内径 6 000 mm，地铁 1 号线隧道内径 5 500 mm，外径 6 200 mm。隧道交叉点地铁轨面标高 -8.921～-8.678 m，杭海线轨面标高 -18.941～-18.549 m，隧道竖向净距 3.2 m～3.5 m。

余许盾构区间在左线第 2 030～2 049 环（30 m）、右线第 2 037～2 055 环（28.5 m）范围下穿杭州地铁 1 号线隧道（已运营）。该工程盾构区间与杭州地铁 1 号线垂直最小间距 3.2 m，隧道覆土埋深 18.5 m；盾构穿越地层主要为⑤₄粉砂层；地铁 1 号线距离接收端头左线、右线分别为 53.8 m、44.6 m。盾构下穿地铁 1 号线位置关系如图 47-34～图 47-36 所示。

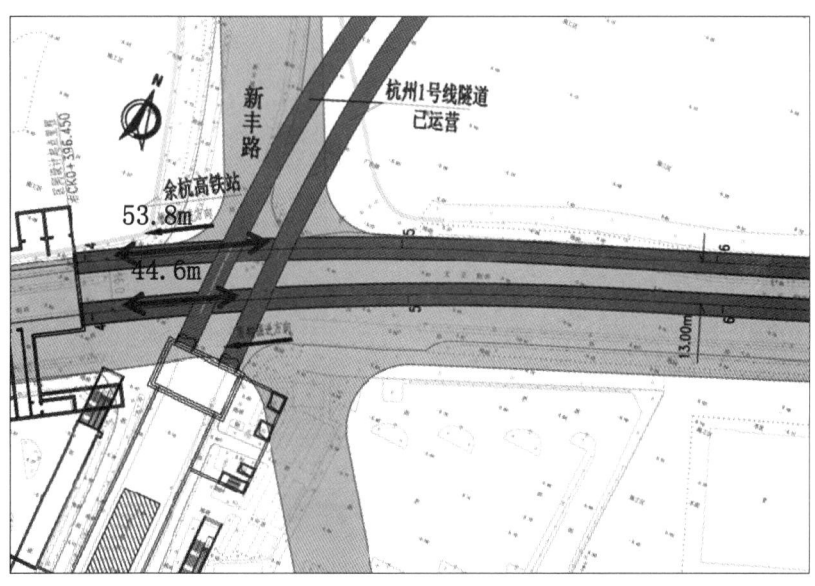

图 47-34 盾构下穿地铁 1 号线平面图

图 47-35　盾构下穿地铁 1 号线周边环境

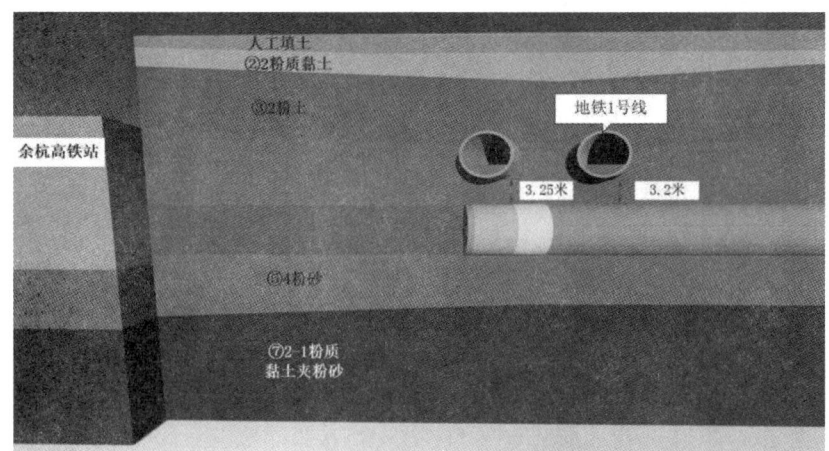

图 47-36　盾构下穿地铁 1 号线剖面图

周边管线余许区间下穿 1 号线区域地下管线较多，主要有电力、通信、燃气、给水、雨污水等，详见表 47-17、图 47-37。

表 47-17　穿越区域地下管线统计

序号	管线名称	管径/mm	材质	埋深	走向	与隧道垂直距离	左线下穿环号	右线下穿环号
1	路灯		铜	0.28	南北	17.7	2 034	2 037
2	交通	200×100	铜	0.34	南北	17.7	2 034	2 037
3	给水	600	钢	1.2	南北	16.5	2 038	2 042
4	路灯		铜	0.28	南北	17.6	2 040	2 043
5	交通	200×100	铜	0.34	南北	17.5	2 040	2 043
6	交通	200×100	铜	0.34	南北	17.1	2 053	2 057
7	路灯		铜	0.28	南北	17.1	2 053	2 057
8	燃气管	700	PE	1.5 m	南北	15.9	2 054	2 057
9	通信	200×400	光缆	1.23	南北	16.1	2 058	2 063
10	污水	400	混凝土	2.3	东西	15.4	2 038	
11	电力	200×400	铜	1.2	南北	15.9	2 063	2 066

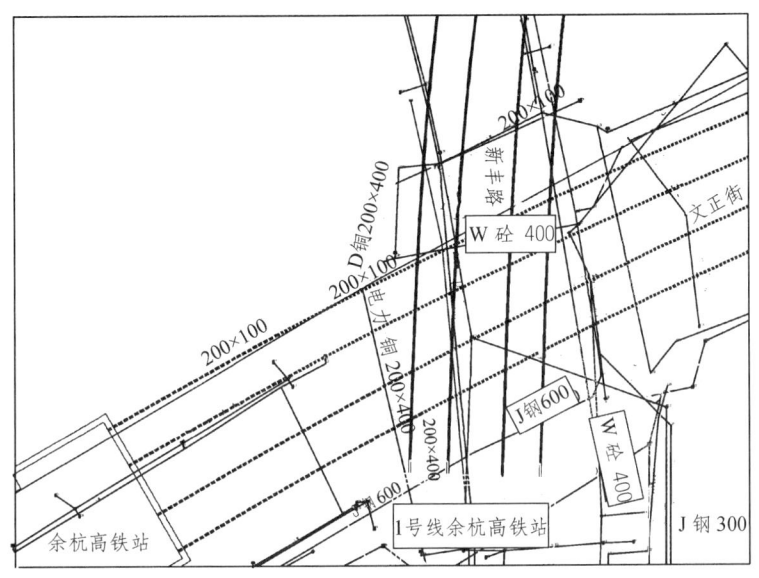

图 47-37 穿越区域地下管线分布图

2. 下穿前试验段

（1）试验段设置。

根据《余许区间盾构下穿杭州地铁 1 号线（安全）专项施工方案》要求，此次下穿地铁 1 号线试验段需选择地层、埋深与穿越段一致的区域，左线试验段设置在 1 890～1 949 环，试验段与穿越段均为全断面⑤$_4$粉砂层。

根据试验段任务，对试验段进行了二次划分，确定不同阶段的试验目的及试验结果，试验段共划分四个阶段，第一阶段：1 890～1 920 环，主要为开挖面稳定性控制试验，以土压值为控制变量，其他盾构掘进参数以前期推进经验及计算值设定。该阶段分三步实施：第一步为 1 890～1 900 环，设定土压力为 0.28 MPa；第二步为 1 901～1 910 环，设定土压力为 0.29 MPa；第三步为 1 911～1 920 环，设定土压力为 0.3 MPa。若试验过程中刀盘前方沉降数据变化量超过±2 mm 时，根据监测数据适当调整土压，同步注浆不变根据监测数据进行二次注浆，必要时进行深层注浆。

第二阶段：1 921～1 930 环，主要为盾体通过时填充试验，试验工艺为克泥效，通过对克泥效注入前后盾体上方的沉降分析，确定克泥效的注入参数以及后续控制措施。

第三阶段：1 931～1 940 环，主要对二次注浆进行试验，设定不同注入量，分析二次注浆前后地表沉降变化，确定二次注浆工艺的介入时机和注浆参数。

第四阶段：1 941～1 950 环，第四阶段根据前期最优参数进行掘进。

因试验段各阶段实施过程中受现场施工环境影响，根据现场实际情况对试验段阶段划分进行调整，具体阶段划分见表 47-18。

（2）试验段小结

截至 2019 年 8 月 3 日试验段掘进完成，试验段掘进完成后截至 8 月 9 日地表累计最大沉降量为 ZD319 监测点-4.88 mm。穿越地铁 1 号线预警值为±5 mm、报警值为±7 mm、控制值为±9 mm，目前沉降情况满足设计及规范要求。施工措施如下：

① 推进过程中土压力设定根据隧道埋深设定值应为理论土压力的 1.15～1.23 倍进行控制。

② 推进过程中渣土改良采用泡沫剂改良，泡沫剂原液比 3%、发泡率 15、注入率 30%、掺入比 10%，膨润土作为应急材料，膨水比为 1∶4、注入率 30%、掺入比 16%，当掘进过程中出现喷涌时采用膨润土改良。

表 47-18　试验段实施阶段划分表

试验阶段	对应环号	渣土改良	改良配比		主动土压力	土压	克泥效	同步注浆	注浆压力	二次注浆	分层点
第一阶段	1 890~1 920	泡沫剂	3%	15%	0.26	0.28	—	5.4	0.4	0.5	1 899
		泡沫剂	3%	15%	0.26	0.29	—	5.6	0.4	0.5	1 909
		泡沫剂	3%	15%	0.26	0.3	—	5.7	0.4	0.5	1 920
第二阶段	1 921~1 930	泡沫剂	3%	15%	0.26	0.3	—	5.7	0.4	0.5	1 930
第三阶段	1 931~1 940	泡沫剂	3%	15%	0.26	0.3	0.35	5.7	0.4	0.5	1 940
第四阶段	1 941~1 950	膨润土	1:4	30%	0.26	0.3	0.45	5.7	0.4	0.5	1 949

③推进过程中盾体克泥效注入量 0.45 m³/环，注入充盈系数为 280%。

④同步注浆注入量为 5.6~5.7 m³/环，注入充盈系数为 160%，注浆压力控制到 0.3~0.45 MPa。

⑤管片脱出盾尾 5 环后进行二次注浆，二次注浆每环注入 1 m³/环，二次注浆压力为不大于 0.9 MPa，二次注浆量需根据既有隧道沉降情况及时调整。

⑥当地面沉降累计超 4 mm 时，进行隧道内深孔注浆。

根据下穿地铁 1 号线方案理论参数及左线试验段施工参数及沉降统计分析，下穿地铁 1 号掘进参数设定见表 47-19。

表 47-19　左线下穿地铁 1 号线施工参数控制值汇总

序号	各项参数	单位	最终控制值
1	土压力	MPa	0.28~0.3
2	推进速度	mm/min	20~25
3	总推力	kN	24 000~33 000
4	刀盘扭矩	kN·m	2 000~3 300
5	刀盘转速	r/min	1.4
6	同步注浆压力	MPa	0.3~0.45
7	同步注浆量	m³	5.4~5.7
8	克泥效	m³	0.45
9	二次注浆压力	MPa	≤0.9
10	二次注浆量	m³	1
11	出土量	m³	60±3

3. 下穿前准备工作

（1）管片防水控制。

在加强管片防水材料粘贴的同时，采用高强度胶水进行粘贴，并增设海绵条粘贴。每日管片粘贴由技术员进行旁站，并联合监理进行验收，每环管片吊装下井过程中进行井上井下验收，进入隧道内值班技术员再次确认，洞内文明施工冲洗管片过程中严禁用水直接冲刷防水材料处，并在管片即将拼装前进行冲洗，严禁过早冲洗。洞内备用部分防水材料和胶水，发现管片防水材料脱落或失效时，及时进行更换粘贴，避免更换管片造成过久停机。

（2）管片修补。

为了顺利下穿杭州地铁 1 号线，在备足足够多的管片同时，对进场管片进行检查验收，管片验收遵循三道关基本原则。一是管片进场前联合监理对管片进行验收，二是管片卸车管片中进行旁站，防止管片卸车过程中产生破碎。三是管片吊装下井进入隧道内过程中进行监督，确保管片摆放整齐，同时在管片上放置水管、钢轨等材料时，须垫设角铁和吊带予以保护，确保管片边缘不被磨损。

对于已进场管片，安排人员对管片场内全部管片清点检查，并依次标号，确保每一块下井前都是质量合格。针对进场管片中出现少许小气泡、缺边少角、裂缝宽度超出等质量问题，无法及时进行返厂修补，在现场进行修补。经修补完成，由技术人员检验合格后，再运至隧道施工。

（3）盾尾刷更换。

① 更换前准备。

根据左线 2 005 环管理行程推进至 1 500 mm 时及 2 006 环管理行程推进至 980 mm，发生盾尾漏浆、漏砂情况，并判断盾尾密封已失效。

洞内盾尾钢丝刷更换流程如图 47-38 所示。

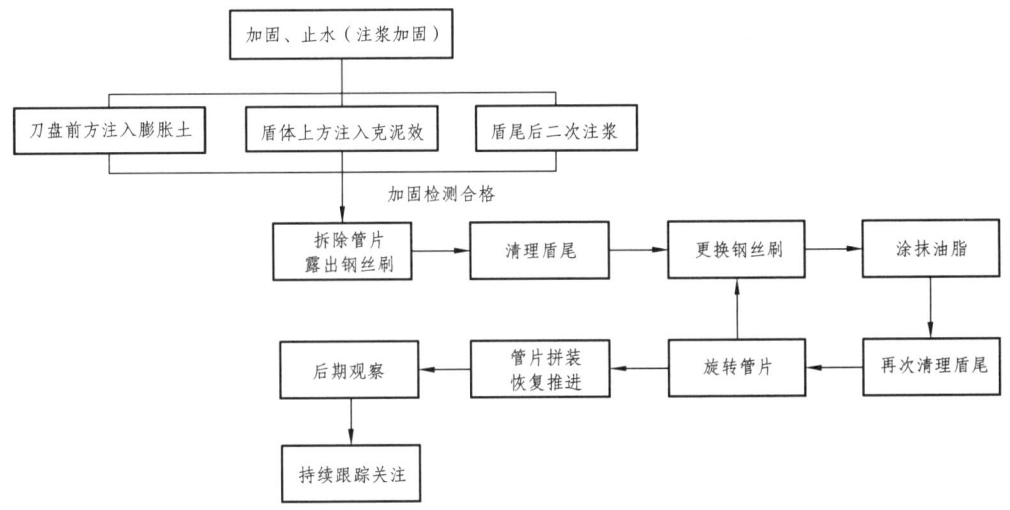

图 47-38　洞内尾刷更换施工工艺流程

② 盾尾刷更换施工。

③ 增加一道盾尾刷。

④ 盾尾刷更换流程。

盾尾刷更换流程如图 47-39 所示。

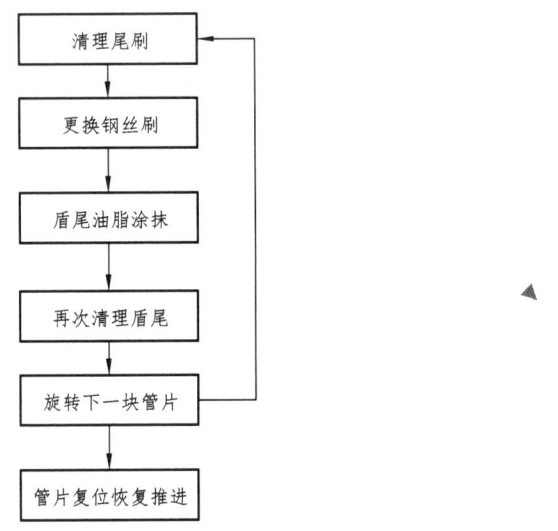

图 47-39　盾尾刷更换流程

（4）后期观察。

盾尾刷更换完成，联合会监理验收后，按照原定方案继续施工，在盾构掘进过程中，安排值班技术员及时观察盾尾渗漏情况，检查盾尾刷密封效果；保持正常油脂注入量及同步注浆浆量，防止盾尾被击穿形成渗漏。

4. 下穿期间具体措施

（1）推进参数控制。

根据理论计算及试验段规律总结，土压力控制在 2.90±10 kPa，推进速度控制在 20～25 mm/min，总推力控制在 24 000～33 000 kN，刀盘扭矩控制在 2 000～3 300 kN·m，刀盘转速控制在 1.4 r/min。具体压力根据地表监测情况进行适当调整。

（2）二次注浆控制。

管片脱出盾尾 5 环后进行二次注浆，每 2 环注一次，每环注入 1.5 m³。从而形成有一定范围的环箍，限制隧道的变形和沉降。注入压力为 0.9 MPa，使浆液能沿管片外壁较均匀地渗流，而不致劈裂土体，形成团状加固区，影响注浆效果。

（3）深孔注浆控制。

盾构穿越地铁 1 号线后，在既有线影响范围采用钢花管深孔注浆加固。

注浆钢管采用 ϕ38 钢管，内接丝接头，500 mm 一段，第一段钢管开花孔，孔径 6～8 mm，间距 150 mm，梅花形布置。

注浆浆液采用双液浆，水泥采用 42.5 级超细水泥，水灰比为 1∶1，注浆压力 0.5～1 MPa，主机水玻璃用水稀释 1∶3；水泥浆∶水玻璃=1∶1。

管片开口→钢花管打设→安装球阀→注浆→关闭球阀至浆液凝固→拆除球阀并封孔。

（4）管片选型与纠偏。

管片选型一是要控制好盾尾间隙，盾尾刷更换后，在盾尾前方增设盾尾油脂管路，这对管片拼装造成很大影响，盾尾间隙尤为重要，每环推进过程中安排值班技术员于盾尾处观察盾尾间隙变换情况，每环不低于 3 次盾尾间隙测量，同时每次测量管片背部到油脂管的距离，作为管片选型的依据。二是控制好盾构掘进的轴线，下穿段线路处于 R=800 m 左转曲线、15‰直线上坡段，为保证穿越段圆曲线盾构推进，先计算隧道每环最小纠偏量。余许区间管片环宽为 W=1 500 mm，隧道外径为 $2r$=6.7 m。

（5）渣土改良。

根据试验段渣土改良方案得出的最佳配比，在推进过程中渣土改良采用泡沫剂+膨润土改良，泡沫剂原液比 3%、发泡率 15、注入率 30%、掺入比 10%；膨润土溶液膨水比为 1∶4、注入率 30%、掺入比 16%，当掘进过程中出现喷涌时采用膨润土改良。

（6）油脂注入（盾尾刷更换后）。

盾构穿越过程中采用前后腔同时注入盾尾油脂的方法勤注盾尾油脂，盾构司机须积极和拼装手、值班技术员沟通，了解盾尾渗漏情况。穿越期间使用康达特品牌盾尾油脂，控制 4-5 环使用 1 桶盾尾油脂，每环注入盾尾油脂量为 50 kg，约 15 cm。

（7）克泥效施工。

穿越阶段采用盾体径向孔注入克泥效材料，利用克泥效浆液填充盾体与土层位置的间隙，防止地面沉降。克泥效工法采用 A、B 液，A 液为特殊膨润土液，配合比为：膨润土∶水=400∶825，B 液为水玻璃和水的混合液，比例为水玻璃∶水=1∶1（体积比）。A 液∶B 液=20∶1（体积比），注入系数为 280%，每米需注入量为 0.31 m³。根据盾体外周尺寸盾构机开挖直径 6 910 mm 盾体直径 6 900 mm 计算。

（8）出土量控制。

利用龙门吊渣土称重系统每环如实进行渣土称重，称重后每环数据及时上传，并进行渣土比重试验，每环实测渣土比重，通过龙门吊称重反算每环出土量，结合地表沉降数据进行适当土压调整。

（9）进场砂浆验收。

进场砂浆把控三道关验收，一是每日对搅拌站进行配合比检查，定期对原材进行取样检测，确保穿越1号线期间使用优质原材。二是砂浆进场验收，每车浆液拌制完成后取样进行砂浆坦落度和浆液比重试验，控制浆液坦落度在12～16 cm。三是在浆液运输过程中进行旁站验收，严格控制加水量，防止在浆液在运送至电瓶车浆罐过程中加水过多导致浆液离析，从而导致堵管风险。

5. 小结

（1）盾构施工过程中的土压，出土量，总推力，二次注浆压力及注入量，刀盘扭矩等施工参数进行汇总分析，结果表明均基本符合设定参数，按照设定值施工。

（2）综合横向断面点和轴线点地表沉降数据分析显示，正式下穿杭州地铁1号线段地表沉降量小于非正式下穿段沉降量，表明杭州地铁1号线自身存在的刚性结构对地表沉降起到支撑和抑制作用。

（3）盾构下穿地铁1号线期间，地铁隧道内布设的拱顶沉降、道床沉降、隧道水平位移、隧道水平收敛自动化监测点数据分析结果显示，余许区间左线、右线均有不同程度的各监测变量变化，且多体现为上行线数据值大于下行线数据值。

（4）由表47-20可知，双线下穿完成后，各项数据均在数值模拟结果范围内。监测数据显示，仅左线上方隧道水平收敛（4 mm）达到控制值，水平位移（2.8 mm）略微超过预警值，其他各项监测数据显示均在预警值之内，达到了对盾构施工控制预期要求。

表47-20 监测数据分析　　　　　　　　　　　　　　　　　　单位：mm

监测数据	模拟值	实际最大值	预警值	报警值	控制值
累计地表沉降	-8.9	-6.18			-30
累计道床沉降		-1.5	-5.5	-7	-9
累计水平收敛		4	±2.5	±3	±4
累计水平位移		2.8	±2.5	±3	±4
累计拱顶沉降	-6.5	-1.5	-5.5	-7	-9

（三）盾构下穿民房施工

1. 工程概况

（1）余杭高铁站—许村镇站区间概况。

盾构区间左线长3 126.22 m，起点里程：ZDK0+437.570，终点里程：ZDK3+563.487，长链0.303 m；盾构区间右线长3 126.555 m，起点里程：YDK0+437.570，终点里程：YDK3+563.847，长链0.278 m。

线路最小曲线半径800 m，最大曲线半径4 000 m，隧道埋深7.6～25 m，线间距10.8～16 m，最大纵坡为28‰。

区间线路自余杭高铁站—许村镇站区间明挖段端头井始发，依次穿越居民区、杜品桥（规划京杭大运河）、中间风井、西环河、居民区、东湖南路桥梁桩基、无名河、居民楼、沪昆高速公路、555电商创意产业园后沿文正街道路敷设，下穿既有地铁1号线后到达余杭高铁站。余杭高铁站—许村镇站总体如图47-40所示。

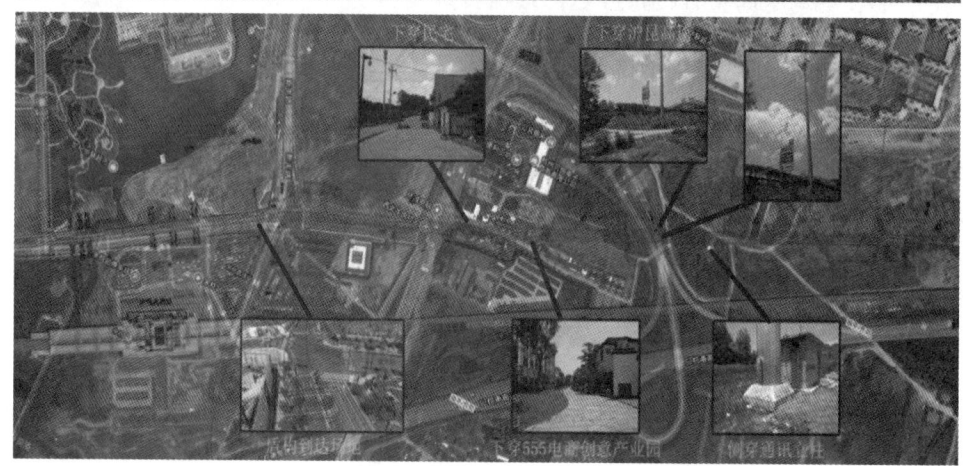

图 47-40　余杭高铁站—许村镇站总体线路

（2）下穿 555 电商创意产业园施工概况。

根据施工设计要求，余许区间左线在 1 679～1 783 环下穿民宅建筑，右线在 1 666～1 765 环下穿民宅建筑，穿越段隧道覆土埋深为 23 m 左右，下穿建筑物为二、三、四层砖混凝土结构房屋，基础形式为浅基础。余～许区间线路与创意产业园位置关系模拟如图 47-41 所示、位置关系平面如图 47-42 所示。

图 47-41　余—许区间线路与创意产业园位置关系模拟

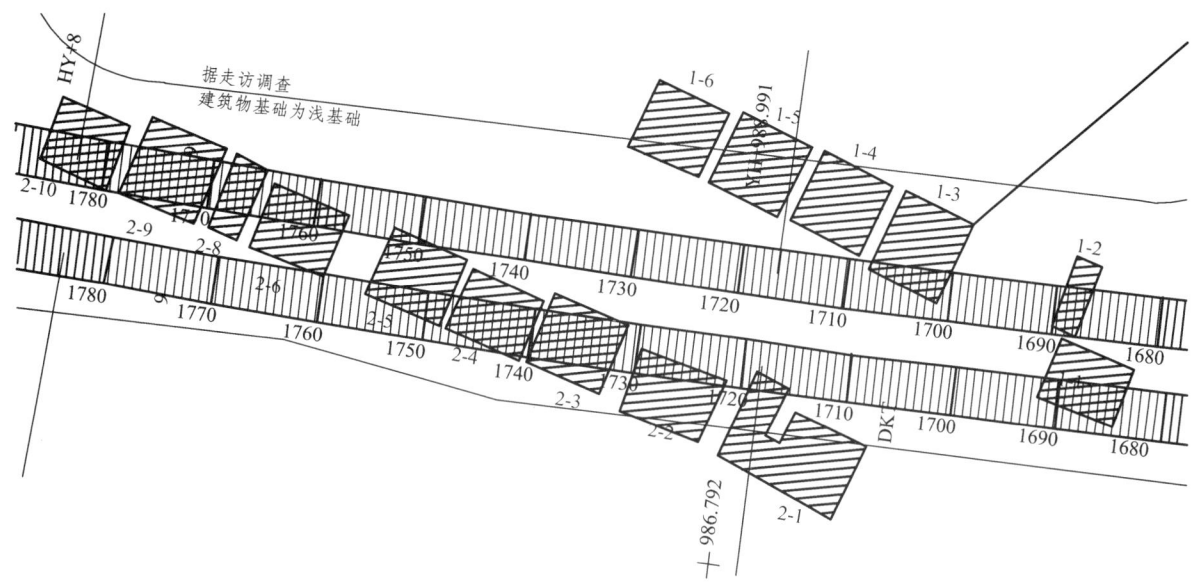

图 47-42　余～许区间线路与创意产业园位置关系平面图

盾构下穿 555 电商创意产业园具体环号对应表见表 47-21。

表 47-21　下穿 555 电商创意产业园具体环号对应

左右线	第一阶段	第二阶段	第三阶段	第四阶段	备注
左	1 687～1 690 下穿 1-2 民宅	1 700～1 709 下穿 1-3 民宅	1 710～1 747 侧穿 1-4、1-5、1-6、2-2、2-3、2-4 民宅	1 747～1 787 下穿 2-5、2-6、2-7、2-8、2-9、2-10 民宅	环号为管片所在位置，刀盘进入提前 4 环
右	1 684～1 692 下穿 1-1 民宅	1 707～1 715 侧穿 2-1 民宅	1 716～1 756 下穿 2-1、2-2、2-3、2-4、2-5 民宅	1 757～1 788 侧穿 2-6、2-7、2-8、2-9、2-10 民宅	

（3）下穿房屋段地质概况。

穿房屋段对应环号如图 47-43 所示。

穿越房屋地段盾构主要穿越⑤$_4$粉砂层、⑥$_{2-1}$粉质黏土、⑦$_{2-1}$粉质黏土夹粉土地层。

⑤$_4$层粉砂：中密，饱和，土质均匀性一般，力学性质较好，空间水平向空间分布连续性差，仅少部分勘探点有揭示，具有中等偏低压缩性，埋深一般相对较大，适宜作为一般建筑物的短桩持力层。

⑥$_{2-1}$层粉质黏土：软塑，性质一般，土质均匀性一般，但空间水平向分布连续差；顶板埋深与厚度变化较大。

⑦$_{2-1}$层粉质黏土夹粉土：即粉质黏土+粉土，可塑性，性质一般，土质均匀性一般，空间水平向分布连续较好，厚度较大，埋深相对较大，顶板埋深与厚度变化较大，全线均有分布。场地地基岩土划分及其特征见表 47-22。

2. 左线下穿情况分析

（1）下穿参数控制。

左线于 2019 年 6 月 17 日开始掘进 1 672 环，刀盘开始进入房屋段影响范围，于 2019 年 6 月 29 日夜班完成 1 787 环拼装，盾尾出房屋段影响范围。左线穿越段施工参数统计见表 47-23。

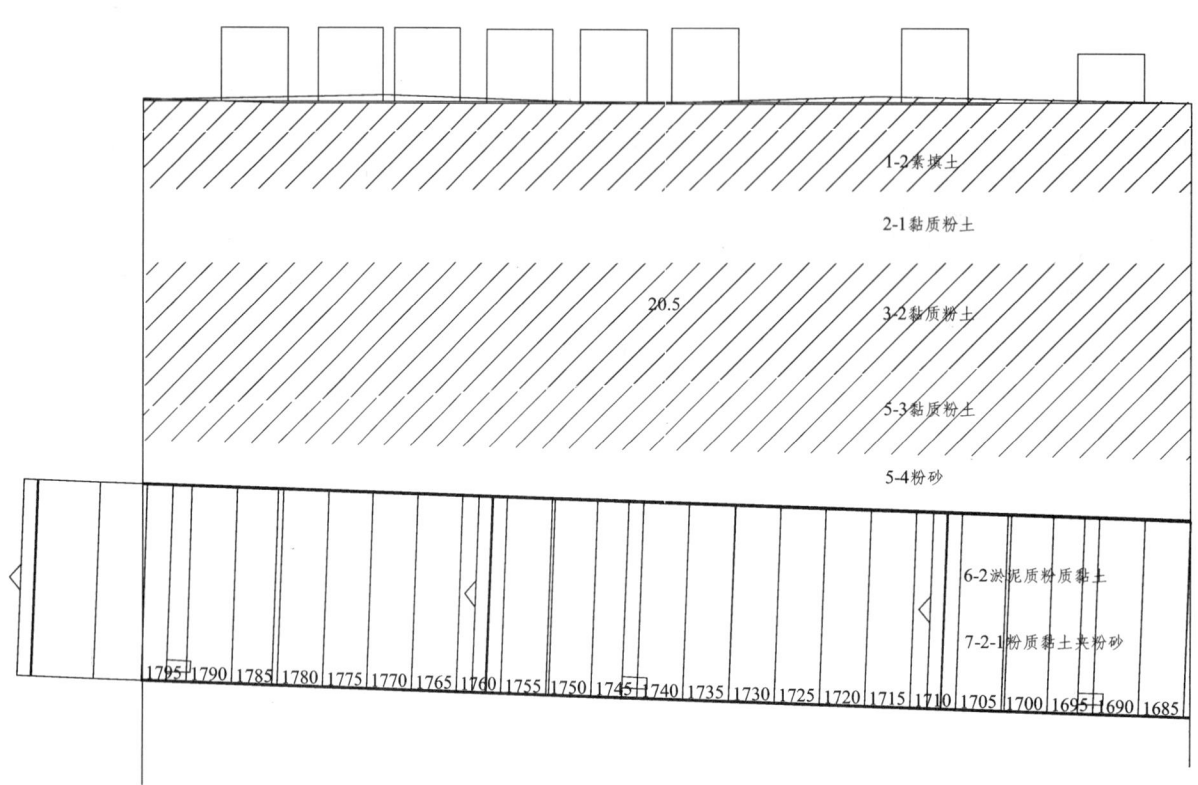

图 47-43 下穿房屋段对应环号

表 47-22 场地地基岩土划分及其特征

层序	成因时代	岩土名称	层顶板标高/m	厚度/m	岩土特征简述
⑤₄	Q_4^{1al+m}	粉砂	−16.19～1.86	1.7～14.5	粉砂：灰黄，中密，饱和，主要成分由长石、石英、云母等组成，磨圆度好、分选性好
⑥₂₋₁	Q_4^{1al+m}	粉质黏土	−28.71～−1.16	0.7～16.8	粉质黏土：灰色，软塑，干强度及韧性中等，无摇震反应，切面较光滑
⑦₂₋₁	Q_3^{2al+l}	粉质黏土夹粉土	−45.31～11.13	1.6～30.6	粉质黏土夹粉土：黄褐色，可塑，为粉土与粉质黏土互层，具层理，干强度及韧性中等，摇震反应缓慢

表 47-23 左线穿越段施工参数统计

序号	各项参数	单位	稳定值
1	土压力	kPa	280～310
2	推进速度	mm/min	35～40
3	总推力	kN	8 600～15 200
4	刀盘扭矩	kN·m	730～1 200
5	刀盘转速	r/min	1.2
6	注浆压力	kPa	300～450
7	注浆量	m³	4.8～5.2
8	出土量	m³	60±3

（2）沉降分析。

当房屋刀盘进入前面房屋时，刀盘位置存在不同程度沉降，此时土压控制为 280 kPa，证明此时土压控制偏低，5～7 d 之后沉降数据趋于稳定。此时进行二次注浆，刀盘进入后 1 d 后进行二次注浆，沉降数据未出现较大变化。沉降稳定周期较长。此时注浆量为 4.8 m³。

刀盘进入后面房屋时，土舱压力为 310 kPa，刀盘进入时和盾体通过后，存在不同程度沉降，此时注浆量为 5.2 m³，稳定周期较之前缩短，证明此时注浆量充足，拼装完成后 12 h 时进行二次注浆。3～5 d 后沉降数据区域稳定。证明此时二次注浆较为及时。

通过对具有代表性房屋点进行分析，盾构机刀盘进入监测点部位，监测点沉降控制较为正常，下穿 3～5 d 内存在一定量的波动，5 d 后沉降可基本趋于稳定，个别时间段监测数据存在较大沉降，梅雨季节天气多雨，监测数据不具备参考性。3～5 d 内沉降与浆液存在一定量的泌水率和收缩率相关，推进过程中对地层有扰动，地层需要一定量的时间来趋于稳定。沉降数据稳定与注浆量、二次注浆及时性有很大关系。

3. 右线下穿情况分析

（1）下穿参数控制。

左线于 2019 年 7 月 9 日开始掘进 1 670 环，刀盘开始进入房屋段影响范围，于 2019 年 7 月 19 日夜班完成 1 770 环拼装，盾尾出房屋段影响范围。右线穿越段施工参数统计见表 47-24。

表 47-24　右线穿越段施工参数统计

序号	各项参数	单位	稳定值
1	土压力	kPa	280～310
2	推进速度	mm/min	35～40
3	总推力	kN	8 600～15 200
4	刀盘扭矩	kN·m	730～1 200
5	刀盘转速	r/min	1.2
6	注浆压力	kPa	300～450
7	注浆量	m³	4.8～5.2
8	出土量	m³	60±3

（2）沉降分析。

刀盘进入之前时，房屋呈隆起状态，此时土压为 300 kPa，盾体通过后，地表沉降较为明显，注浆量为 5.0 m³，相比左线已有明显提升。但稳定周期较长。

刀盘进入之前时，房屋呈明显隆起状态，此时土压为 310 kPa，盾体通过后，地表沉降较为明显，注浆量为 5.1 m³，相比之前已有提升。此环进行二次注浆，注浆后基本可以稳定。

刀盘进入前，地表隆起，通过时存在明显沉降，此环进行二次注浆，注浆后基本可以稳定，证明二次注浆在稳定地层时起到明显作用。

此时注浆量为 5.3 m³，土压 320 kPa，刀盘到达前地表隆起，土压控制正常，盾体通过后，存在 3 d 左右沉降，但沉降量不大，基本可以稳定。个别点沉降数据较大，基本排出参数控制异常所导致。

4. 技术措施

（1）房屋布设监测点。

在 555 电商创意产业园建（构）筑物上布设监测点，沉降监测点埋设主要分为两种情况：一是混凝土或砖混结构的建（构）筑物，采用在建（构）筑物上粘贴 L 形不锈钢的形式；二是钢结构形式的建（构）筑物，无法在上面钻孔埋设，则采用粘贴的形式，使得测点和结构连成整体。建筑物沉降埋设形式如图47-44所示。

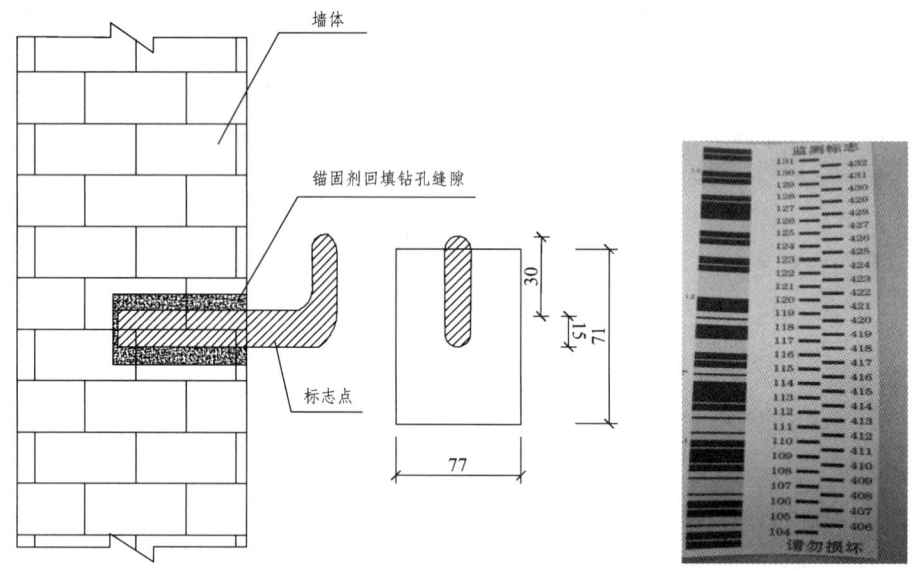

图47-44　建筑物沉降埋设形式（单位：mm）

（2）加强监测频率。

穿越房屋段期间，制定监测值班表，分白夜班对房屋进行加密监测，并第一时间将监测数据上传施工群，对沉降变化较大的点进行详细说明备注。并与施工监测专业队伍监测数据进行对比，进一步分析数据，并在每日碰头会上提出，相关人员相互讨论，制定相关对策，指导施工。

（3）克泥效施工。

下穿民宅时地层属于黏土层，初定克泥效使用浓度为450 kg/m³，地层中以粉土、粉质黏土为主，初定注入率为130%。具体使用数据更具现场情况决定。

每环开始掘进的同时开始注入A、B液，并且通过混凝器的检查阀来检查初凝时间和凝结效果，保证盾体与土体间的间隙得到及时有效的填充，其流程如图47-45所示。

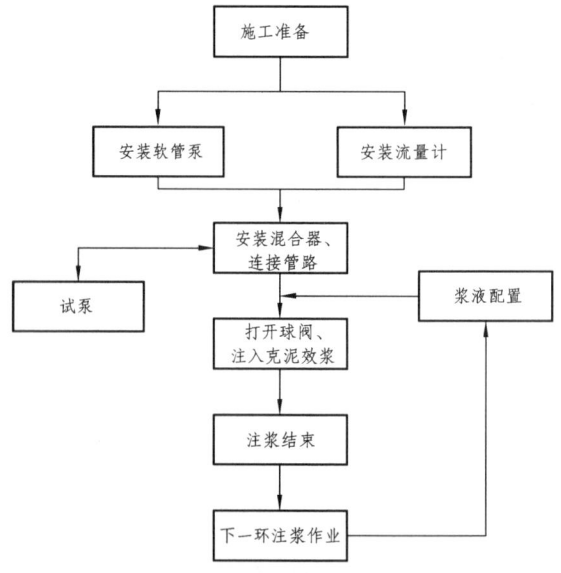

图47-45　克泥效注入流程

(4)跟进二次注浆。

在盾构穿越房屋时,根据地表监测及洞内管片监测数据,在管片脱出盾尾5环后,对管片的建筑空隙及时进行壁后补压浆,二次注浆采用双液浆,双液浆配比如下表所示,已对双液浆配比进行相关试验,15~25 s可基本凝固。双液浆浆液配比(质量比)见表47-25。

表47-25 双液浆浆液配比表(质量比)

材料	水	水泥	水玻璃
配比	0.5	1	1

壁后补压浆量根据地面监测情况随时调整,从而使地层变形量减至最小。

(5)结论。

① 左线在下穿开始时土压和注浆量设定较低,选用较长时间逐渐进行调整,导致前期沉降较为明显。

② 左线下穿过程中沉降稳定周期大致为5~7 d,在进行二次注浆后,稳定周期为3~5 d,证明二次注浆在一定程度上补充了建筑空隙,加速地层稳定。

③ 右线穿越前参数设定较高,证明在穿越建筑物过程中,土压和同步注浆量的设定是主导。

④ 对房屋监测点加密监测得到较多数据,利于对房屋沉降变化的观察,以便分析数据进行后期指导施工。

⑤ 克泥效的使用在一定程度上控制了盾体通过时的沉降。

⑥ 左线下穿试验段期间对监测数据总结认识不足,导致前期穿越时参数设置不合理。

⑦ 盾构机穿越过程后3~5 d内沉降暂时无法消除,后期施工过程中加强对克泥效配比、同步注浆浆液性能的研究。

⑧ 梅雨时节降水较多,沉降数据差异较大,在分析数据时部分沉降监测点不可取。

(四)盾构下穿运河二通道施工

1. 工程概况

(1)项目概况。

该工程盾构区间为余杭高铁站—许村镇站盾构区间左线长3 126.22 m,起点里程:ZDK0+437.570,终点里程:ZDK3+563.487,长链0.303 m;盾构区间右线长3 126.555 m,起点里程:YDK0+437.570,终点里程:YDK3+563.847,长链0.278 m。

余—许盾构区间包含1座中间风井,6座联络通道:其中1座与中间风井合建,1座与盾构工作井合建,1座与泵房合建。

线路最小曲线半径800 m,最大曲线半径4 000 m,隧道埋深为7.6~25 m,线间距10.8~16 m,最大纵坡为28‰。

区间线路自余—许区间明挖暗埋段端头井始发,依次穿越农田、池塘、居民区、厂房、杻品桥(规划京杭大运河)、居民区、农田、西环河、居民区、池塘、农田、东湖南路桥梁桩基后到达中间风井,盾构自中间风井二次始发依次穿越农田、无名河、农田、无名河、居民楼、荒地、通信立柱、京杭运河二通道、农田、555电商创意产业园后沿文正街道路敷设,下穿已运营的杭州地铁1号线后到达余杭高铁站。盾构区间线路示意图如图47-46所示。

(2)下穿京杭运河二通道施工概况。

杭海城际铁路余杭高铁站—许村镇站盾构区间左右线在里程DK3+181~DK3+252、DK3+176~DK3+243为下穿京杭大运河二通道区域,穿越宽度约为71 m,对应管片环号在左线207~256环、右线204~250环为下穿段,因考虑到盾构先行推进,河道后开挖,开挖土体卸载后易对成型隧道造成影响。故河道开挖至设计标高后盾构再行穿越,河道开挖后埋深6.74 m。左右线下穿京杭运河二通道对应见表47-26。

图47-46 盾构区间线路示意图

表47-26 左右线下穿京杭运河二通道对应

区间	里程	环号	备注
左线	DK3+181~DK3+252	207~256	埋深6.74 m
右线	DK3+176~DK3+243	204~250	埋深6.74 m

左右线穿越京杭运河二通道平面图如图47-47所示。

图47-47 左右线穿越京杭运河二通道平面图

京杭运河二通道现状如图47-48所示。

(3)地质概况。

余杭高铁站—许村镇站盾构区间下穿京杭运河二通道主要地层为:土层为4-1淤泥质黏土、5-2粉质黏土夹粉土和6-2淤泥质粉质黏土混合土层中,此地层透水性较差,渗透性微弱,抗剪强度较低、压缩性较高。下穿京杭运河地基岩土划分及其特征见表47-27。

图 47-48 京杭运河二通道现状

表 47-27 下穿京杭运河地基岩土划分及其特征

层序	成因时代	岩土名称	层顶板标高/m	厚度/m	岩土特征简述
④$_1$	Q_4^{2m}	淤泥质黏土	-12.54～4.38	1.3～25.3	淤泥质黏土：流塑，含有机质及腐殖质，夹粉土，干强度及韧性高，切面光滑
⑤$_2$	Q_4^{1al+l}	粉质黏土夹粉土		0.1～11.9	粉质黏土夹粉土：黄褐色，可塑，为粉土与粉质黏土互层，具层理，干强度及韧性中等，摇震反应缓慢
⑥$_2$	mQ_4^1	淤泥质粉质黏土		1.5～20.3	淤泥质粉质黏土：灰色，流塑，含少量云母片及贝壳碎屑，见腐殖质，干强度及韧性较高，无摇震反应，切面较光滑

下穿京杭运河二通道区域地质如图 47-49 所示。

2. 穿越技术控制措施

（1）盾构穿越京杭运河二通道的轴线控制。

盾构下穿京杭运河二通道前，已根据实际测量情况，判断京杭运河二通道与盾构间的相对位置，在推进过程中，控制好管片与盾构间的间隙，尽量将盾构轴线及管片预先调整到位，避免穿越过程中的大幅纠偏。纠偏时应缓慢多次，盾构纠偏每环不得超过 5 mm，管片纠偏每环不得超过 3 mm，严禁一次纠偏过大。同时，为减少盾构推进时的轴线蛇行和机体滚动，选型由经验丰富的技术员进行操作，确保盾构快速、稳定、均衡通过运河。

（2）严格控制盾构正面平衡压力。

盾构在穿越过程中严格控制土舱压力，防止过量超挖、欠挖情况，根据监测数据和出土量实时调整掘进参数。使得地层有微小的隆起量来平衡盾构背土时的地层沉降量。

（3）严格控制盾构的推进速度。

盾构穿越京杭运河二通道时推进速度不宜过快，尽量做到均衡施工，减少对周围土体的扰动，盾构推进通过时，我部严格控制掘进速度，保持在 3 cm/min 匀速掘进，顺利安全通过京杭运河二通道。

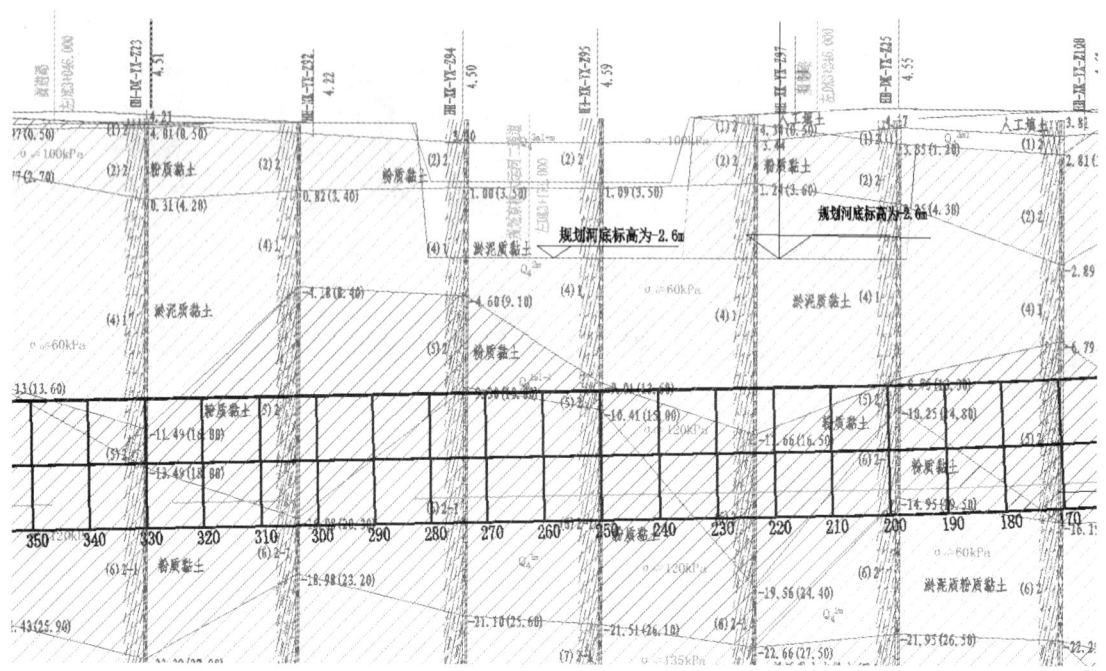

图 47-49 下穿京杭运河二通道区域地质

(4) 控制地层损失量。

为了及时准确地知道盾构机出土数量,有效地控制盾构机推进压力的平衡,严格控制土层损失量,在盾构掘进过程中根据地面深层监测点数据及时反映土层损失量,并利用门吊称重系统分析每环掘进出土量。同时在推进过程中保持地层有微小隆起以抵消后期沉降,盾构掘进后及时通过同步注浆及二次注浆填充盾尾间隙,严格控制土层损失量。盾构机前进的轨迹一般为蛇行,且在覆土比较薄的地层推进容易抬头,且过大的纠偏量会造成过多的超挖,影响周围土体的稳定。

(5) 严格控制同步注浆浆液质量。

盾构推进中的同步注浆是充填土体与管片圆环间的建筑间隙和减少后期变形的主要手段,也是盾构推进施工中的一道重要工序。盾构穿越京杭运河二通道期间同步注浆做到及时、均匀、足量,确保其建筑空隙得以及时和足量的充填,将、沉降和管片偏移控制到最小,并防止管片接缝渗漏水。盾构推进施工中采用4点注浆,同步注浆系统配备压力表和流量计,严格控制同步注浆量及同步注浆压力。

隧道内运输车以及地面上的拌浆系统定期进行清洗,清洗时间基本控制在每班一次,确保浆液管路畅通,禁止盾构不注浆推进。

(6) 二次注浆跟进。

待盾构穿越建筑物管片脱出盾尾4环后,根据地面监测数据及时通过管片预留注浆孔进行壁后二次注浆。通过管片对隧道进行注浆填充。保证管片与围岩间隙充分填充,减少地面沉降,有效地保护沿线影响范围内的建筑物及车辆的安全,注浆材料为双液浆。

3. 穿越过程中参数统计

(1) 左线穿越参数。

① 土压:穿越过程中土压控制在 130 kPa,未出现调整和波动,控制正常。

② 总推力:穿越过程中总推力在 1 000~1 300 t,其中最大值为 1 141 t,最小值为 1 135 t。控制正常。

③ 刀盘扭矩：穿越过程中刀盘扭矩在 2 500～3 000 kN·m，其中最大值为 2 660 kN·m，最小值为 2 648 kN·m。控制正常。

④ 掘进速度：穿越过程中掘进速度控制为 30 mm/min 掘进。保持匀速掘进，控制正常。

⑤ 刀盘转速：穿越过程中刀盘转速控制为 0.8 r/min 掘进。控制正常。

⑥ 同步注浆量：穿越过程中同步注浆量保持稳定，控制为 5.7 m³。控制正常。

⑦ 盾构姿态：穿越期间姿态控制正常，未出现超限情况，单环纠偏量均在 5 mm 范围内，水平前偏差最大为 23 mm；水平后偏差最大为 20 mm；垂直前偏差最大为-42 mm；垂直后偏差最大为-45 mm。

（2）右线穿越参数。

① 土压：穿越过程中土压控制在 130 kPa，未出现调整和波动。控制正常。

② 总推力：穿越过程中总推力在 900～1 200 t，其中最大值为 1 148 t，最小值为 1 442 t。控制正常。

③ 刀盘扭矩，穿越过程中刀盘扭矩在 2 500～2 900 kN·m，其中最大值为 2 660 kN·m，最小值为 2 653 kN·m。控制正常。

④ 掘进速度：穿越过程中掘进速度控制为 30 mm/min 掘进。保持匀速掘进，控制正常。

⑤ 刀盘转速：穿越过程中刀盘转速控制为 0.8 r/min 掘进。控制正常。

⑥ 同步注浆量：穿越过程中同步注浆量保持稳定，控制为 5.7 m³控制正常。

⑦ 盾构姿态：穿越期间姿态控制正常，未出现超限情况，单环纠偏量均在 5 mm 范围内，水平前偏差最大为 27 mm；水平后偏差最大为 21 mm；垂直前偏差最大为-42 mm；垂直后偏差最大为-45 mm。

4. 小结

（1）穿越京杭运河二通道进度顺利，参数控制正常，穿越过程中无异常情况发生。

（2）左、右线穿越过程中，成型隧道质量控制较好，管片无较大错台、破碎等情况。

（3）穿越京杭运河二通道阶段，组织、管理措施符合现场施工要求，安全红线卡控到位，未出现异常情况。

（4）此次顺利穿越京杭运河二通道，为公司盾构技术人员的培养和提高有极大的帮助，有助于积累丰富的盾构施工经验，有利于提高公司在盾构市场的竞争力。

（五）盾构遇 PE 管开仓施工

1. 工程概况

盾构遇 PE 管开仓施工工程位于斜皮区间 U 形槽（含）—皮革城站盾构区间，工程概况与盾构始发相同，此处不进行赘述。

2. 总体施工方案

目前右线盾构掘进至 135（约 30 cm）环，隧道平面处于半径 R =2 400 m 曲线，纵坡为 11.5%，隧道顶覆土约 10 m，隧道范围为④$_2$ 淤泥质黏土土层（该土层为软弱淤泥质黏土，呈流塑状、高含水量、饱和土、低强度、抗变形能力差、低渗透性、高压缩性、高灵敏性、有明显的触变、蠕变特性等特点）。地面位于海州西路北侧主干道下方，临近已完成拆复建的薛家浜桥（距离约 60 m）。右线盾构所处位置如图 47-50 所示。

鉴于当前盾构处于极软流塑地层，不能满足常压进仓清障条件，总体采用"三轴搅拌桩土体加固+洗仓法/钻孔排桩取土、盾构空推+降水辅助+常压进仓清障"的综合处置方案。总体施工流程如图 47-51 所示。

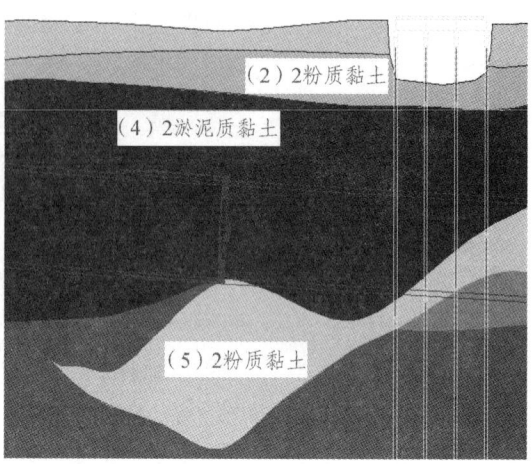

图 47-50　右线盾构所处位置示意

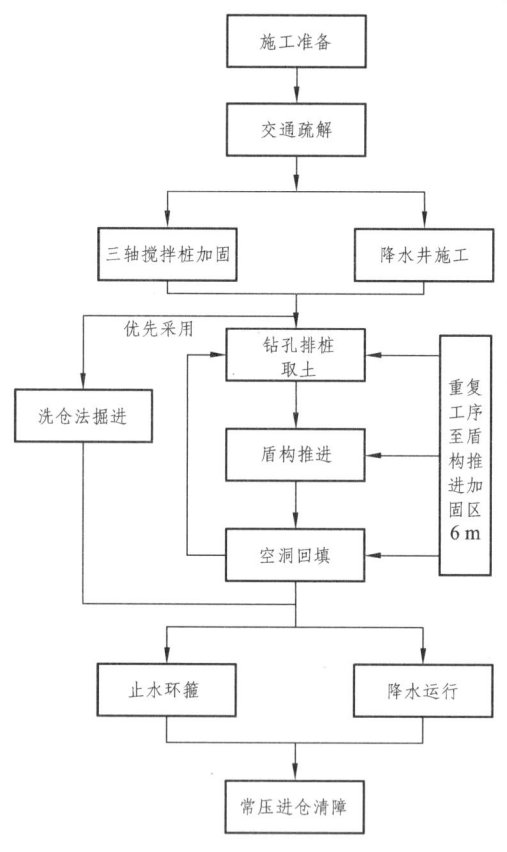

图 47-51　总体施工流程

3. 施工方法及工艺

（1）三轴搅拌桩施工方案、工艺。

① 三轴搅拌桩施工方案。

此次刀盘前加固采用 $\phi 850@600$ 三轴水泥土搅拌桩进行加固。加固深度为地面至刀盘底部 4 m，总深度 20.95 m；加固后土强度为 28 天无侧限抗压强度不小于 1.0 MPa；水泥掺量 20%。

考虑到盾构机地面测量定位及搅拌桩施工误差，盾构机前方加固定位距离刀尖 50 cm，两侧加固定位距离盾体 50 cm。

② 三轴搅拌桩施工工艺。

a. 施工工艺流程。

搅拌桩施工工艺流程如图 47-52 所示。

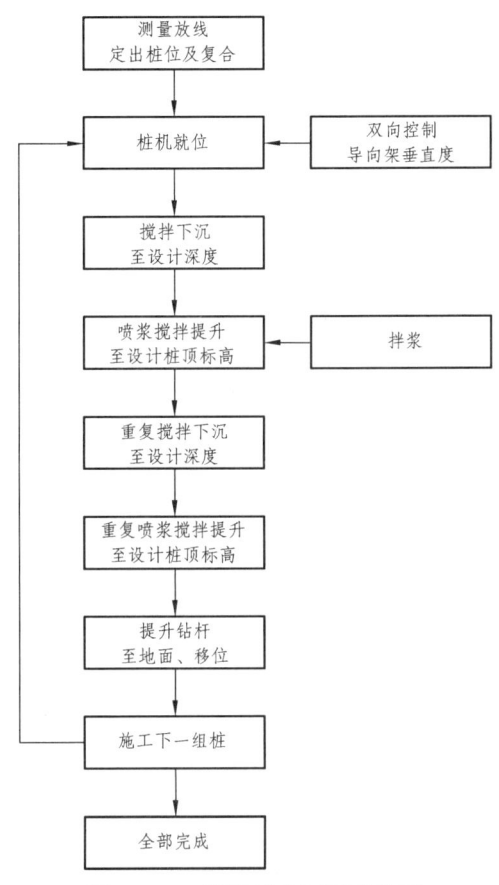

图 47-52　搅拌桩施工工艺流程

b. 施工方法。

搅拌桩施工示意图如图 47-53 所示。

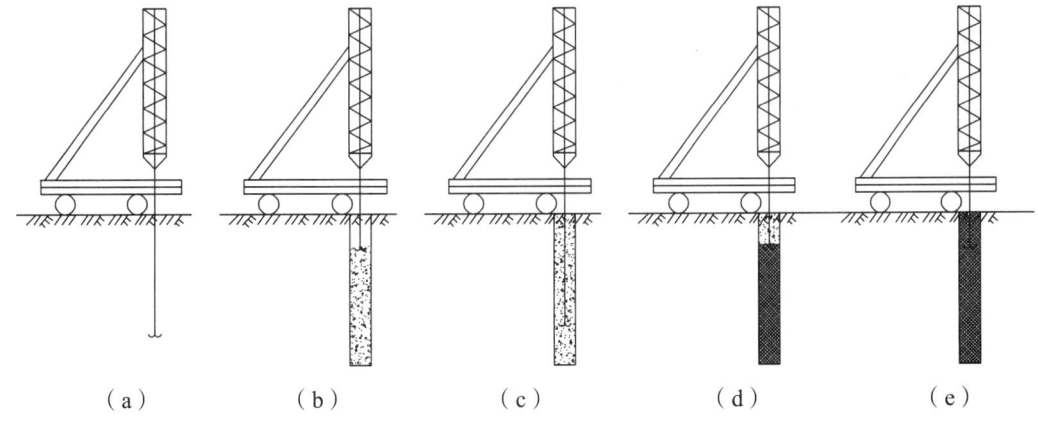

图 47-53　搅拌桩施工示意

施工步骤为：平整场地、压实→桩机就位、对中→调整导向架垂直度→拌制浆液→喷浆搅拌下沉→喷浆搅拌提升→桩机移位→弃土处理→施工记录。

（2）二降水施工方案、工艺。

① 降水施工方案。

总共施工 4 口降水井，具体井结构为：泥孔径 550 mm，井管为直径 273 mm、壁厚 3 mm 钢管，滤管为桥式滤水管、外包 80 目锦纶滤网；滤料为中粗砂，回填至滤管顶部以上 1 m，其上再回填钻渣或原场地土固井。

② 降水施工工艺。

施工工艺流程如图 47-54 所示。

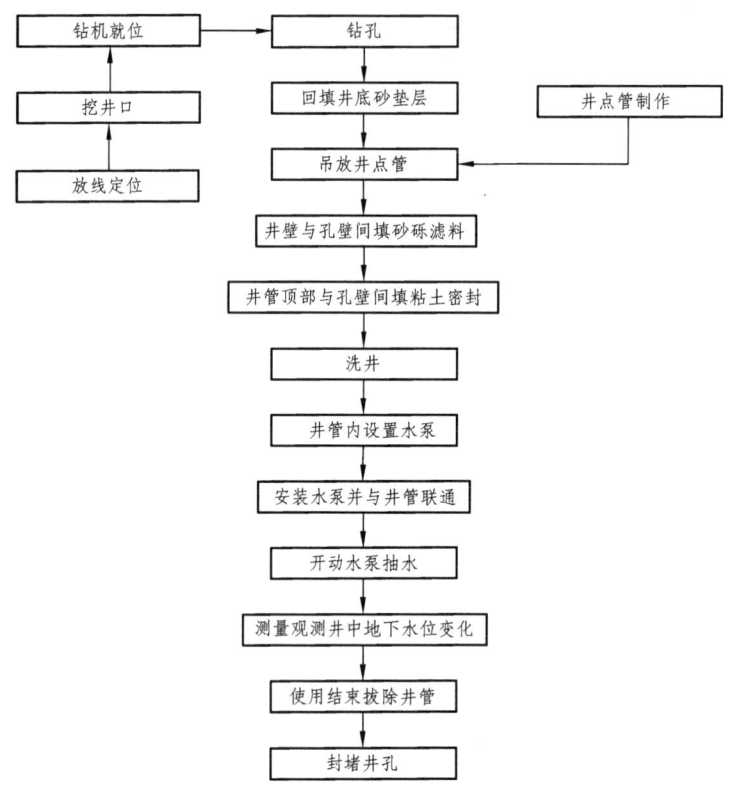

图 47-54　降水井施工工艺流程

（3）盾构推进至加固区施工方案、工艺。

为减少对加固体整体性的破坏，确保盾构机在开仓后的安全，尽快地使右线恢复正常掘进，优先采用洗仓法掘进至加固区。

① 洗仓法掘进施工方案

由于目前盾构机无法正常出土掘进，需用高压水枪通过土舱预留的观测孔往土舱内注入高压水，在土舱内的土体中冲开一个通道，然后把刀盘正反转，打开螺旋机口，观察螺旋机是否能出土，假如能出土，盾构机缓慢往前掘进至加固区。假如此方法无法出土，采用钻孔取土、盾构空推的方法推进至加固区。

② 钻孔取土、盾构空推施工方案。

由于目前盾构机无法正常出土掘进，需在刀盘前方进行钻孔取土以辅助盾构推进，钻孔孔径为 ϕ 1 200 mm，孔距 1 300 mm，采用旋挖钻机成孔。排桩成孔后盾构空推，然后将盾构上部孔洞进行 M10 砂浆回填，为避免砂浆回填填充至刀盘内造成堵塞，盾构上部 1 m 范围内先回填黏土形成隔离层，待砂浆强度达标后再进行下一循环取土及盾构推进，直至盾构推进至加固体 6 m，以达到常压开舱清障条件。为确保取土空推时管片姿态的稳定,刀盘两侧各预留20 cm土体,以避免管片拼装后发生"横鸭蛋"问题。钻孔排桩取土范围如图47-55所示。

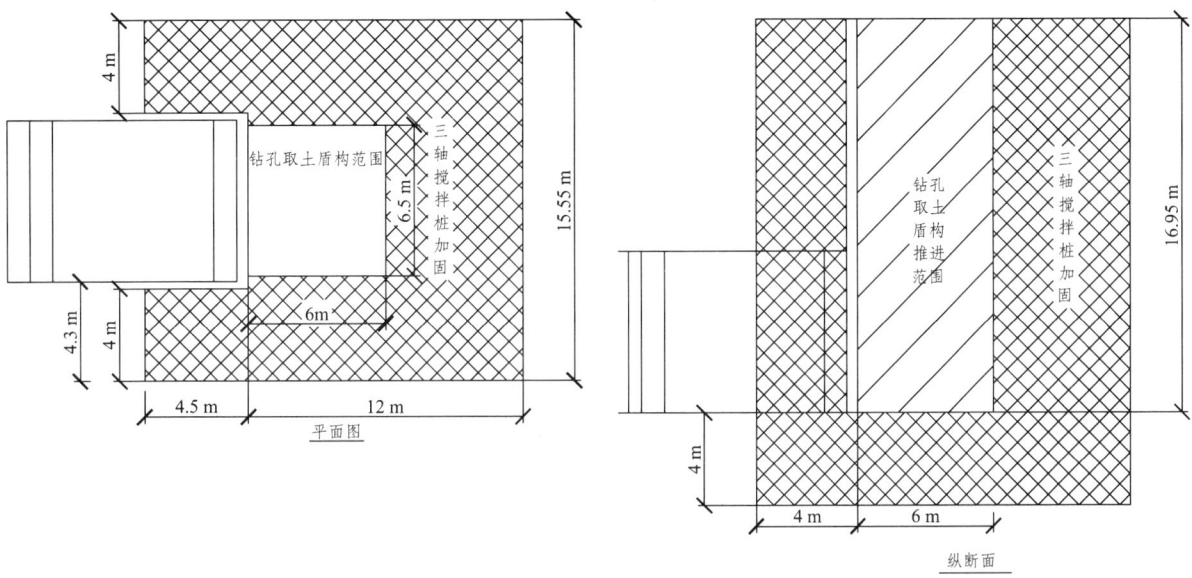

图47-55 钻孔取土范围示意

由于刀盘前方第一排取土桩与土体相接,为防止刀盘底部两侧土体侵入加固区,第一排取土桩施工时需预留部分土体,如图47-56所示。

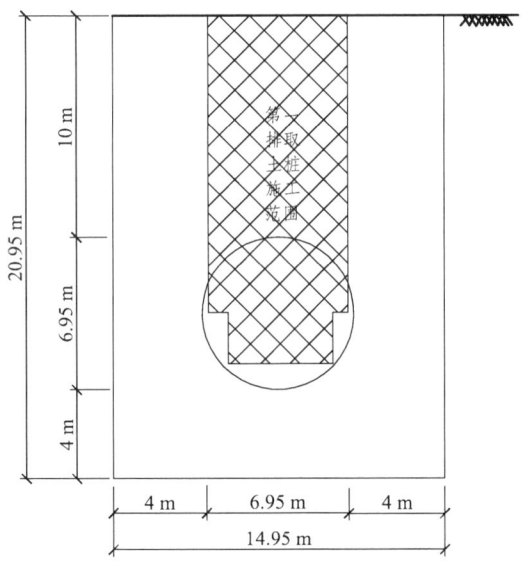

图47-56 第一排取土桩施工范围

③ 钻孔取土、盾构推进工艺。

a. 施工工艺流程如图47-57所示。

b. 施工步骤。

护筒埋设→钻机就→钻进成孔→成孔质量检查→盾构推进→孔洞回填。

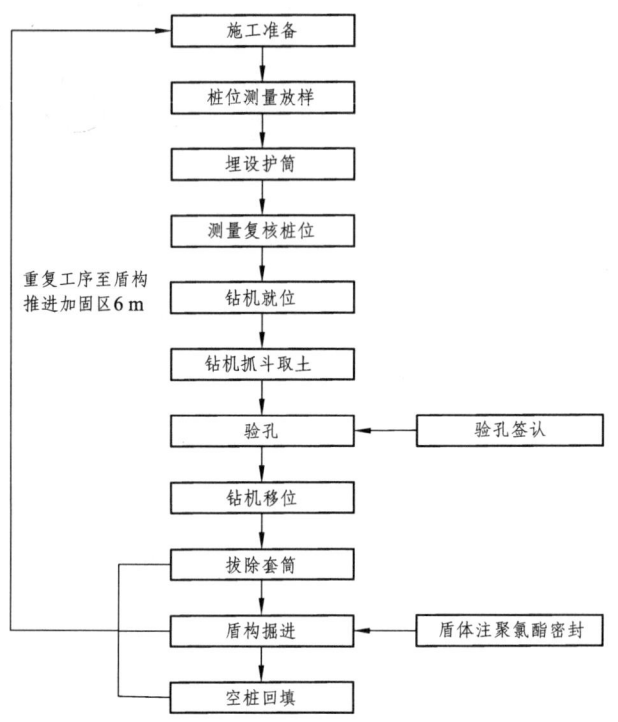

图47-57 钻孔取土、盾构推进施工工艺流程

（4）常压进舱清障施工方案、工艺。

① 开舱内容。

开舱内容包括：施工准备、通过隔板球阀检查土舱内舱位、开舱通风、进行气体检测、开舱对掌子面土体进行检查、清理土舱内渣土及异物、关闭舱门恢复推进。常压开舱作业工艺流程如图47-58所示。

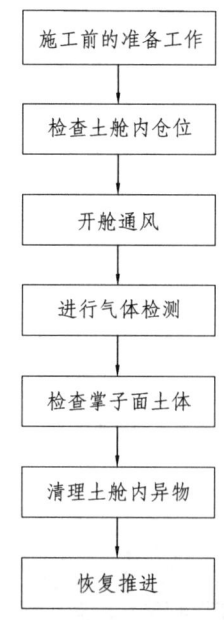

图47-58 常压开舱清渣工艺流程

② 常压条件下的清舱操作。

盾构机抵达计划清舱位置时，停止推进。在脱出盾尾 8～10 和 3～5 环的位置注双液浆，形成止水环箍。同时，在前盾和中盾的润滑孔注油性聚氨酯，封闭隧道开挖面和盾体的间隙。

（5）左、右线成洞保护施工方案、工艺。

目前右线盾构机盾尾位于 134 环，刀盘位于 139 环，根据目前施工计划安排，预计右线刀盘前土体加固于 2018 年 12 月 27 日正式开始，预估左线盾尾 2018 年 12 月 26 日推至 134 环，12 月 27 日平行通过右线刀盘前加固区，左右线隧道净间距 6.5 m 左右，左线距离右线刀盘前加固区最近 2.5 m。在开始处理右线盾构土舱异物时，左线隧道已基本成型，为防止右线盾构处理土舱异物时对左线已成型隧道产生影响，在左线推进 134 环到 145 环时加大同步注浆量，后期再继续二次注浆，减小右线开仓工序对左线成型隧道的影响。

为确保右线隧道停机与空推段管片的稳定，对第 130～140 环范围进行二次补充注浆，同时形成止水环箍，防止管片环缝松弛发生漏水。加强对左线已成型隧道的水平位移、收敛及沉降的监测，及时反馈隧道变形情况。

① 同步注浆施工工艺。

a. 同步注浆施工工艺流程图。

同步注浆工艺流程如图 47-59 所示。

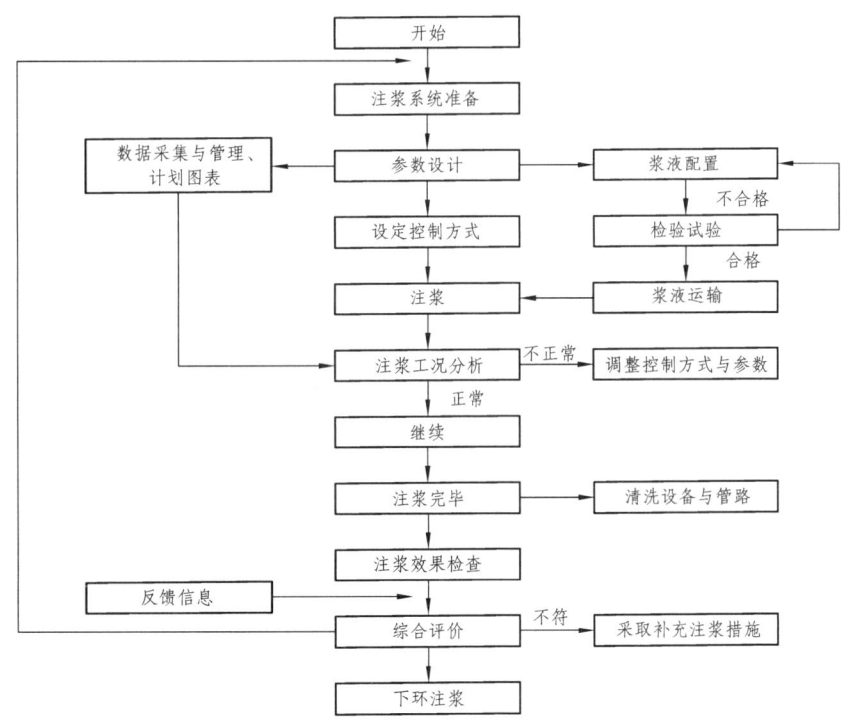

图 47-59 同步注浆工艺程序

b. 同步注浆质量保证措施。

在开工前制定详细的注浆作业指导书，并进行详细的浆材配比试验，选定合适的注浆材料及浆液配比。

制订详细的注浆施工设计和工艺流程及注浆质量控制程序，严格按要求实施注浆、检查、记录、分析，及时做出 P（注浆压力）-Q（注浆量）-t（时间）曲线，结合衬砌、地表及周围建筑物变形量测结果分析注浆速度与掘进速度的关系，评价注浆效果，回馈指导下次注浆。

根据洞内管片衬砌变形和地面及周围建筑物变形监测结果，及时进行信息回馈，修正注浆参数设计和施工方法。严格做到"推进即注浆，不注浆则不推进"。

做好注浆设备的维修保养，注浆材料供应，定时对注浆管路及设备进行清洗，保证注浆作业顺利连续不中断进行。

环形间隙充填不够、结构与地层变形不能得到有效控制或变形危及地面建（构）筑物安全时、或存在地下水渗漏区段，在必要时通过吊装孔对管片背后进行补充注浆，采用单液浆或双液浆。

② 二次注浆。

a. 二次注浆原则。

在盾构掘进期间，地面沉降存在超限趋势时进行二次注浆（管片拖出盾尾约 5 环后开始注浆），进一步填充空隙并形成密实的防水层。二次注浆量以现场压力控制，实际施工中应根据盾尾漏浆及地面沉降情况合理调整注浆压力。

b. 二次注浆配比。

注浆材料配比：采用水泥单液浆或水泥水玻璃双液浆，水泥采用 42.5 级普通硅酸盐水泥，水玻璃模数 2.4～2.8，波美度 30～42 Be，水泥浆水灰比为 1∶1，水泥浆与水玻璃体积比 1∶1～1∶0.5；注浆压力一般为 0.3～0.4 MPa。

c. 压浆施工。

③ 施工监测。

加强对左线成型隧道的拱顶沉降、隧底隆起、隧道收敛和水平位移，出现异常立即停止右线施工，分析查找原因并采取针对性措施，必要时需对左线管片进行加固，确保安全质量。

4. 关键技术及控制要点

（1）三轴搅拌桩控制要点。

① 深层搅拌桩使用的水泥品种、标号、水泥浆的水灰比，水泥加固土的掺入比和外加剂的品种掺量，必须符合设计要求；

② 在施工前要标定深层搅拌机械的灰浆泵输送量、灰浆经输浆管到达搅拌机喷口的时间和钻杆提升速度等施工参数，并根据设计要求通过成桩试验，确定搅拌桩的配比和施工工艺；

③ 在施工过程中要注意调整桩架底盘的平整度和导向架的垂直度，保证搅拌桩的垂直度偏差不得超过 1.0%桩长，桩位偏差不得大于 50 mm；

④ 水泥浆不能离析，水泥浆要严格按照设计的配合比配置，水泥浆要过筛。为防止水泥离析，可在灰浆机不断搅动，待压浆前才将水泥浆倒入料斗中；

⑤ 深层搅拌施工过程中，输浆应保持连续，同时控制好重复搅拌时的下沉和提升速度，以保证加固范围每一深度内，得到充分搅拌；

⑥ 施工过程要经常检查搅拌头拌叶直径，搅拌头直径应≥500 mm，发现磨损偏小时立即更换，保证成桩直径；

⑦ 在成桩过程中，由于电压过低或其他原因造成停机，使成桩工艺中断的，为防止断桩，在搅拌机重新启动后，将深层搅拌钻头下沉到停浆点以下 0.5 m，待恢复供浆后再喷浆提升；

⑧ 送浆压力应保持在 0.4～0.6 MPa，在灰浆泵上安装压力表，通过观察压力表可得知直观数据，发现压力表不灵敏时应及时更换；

⑨ 在施工过程中，若发现搅拌桩垂直度超过规范要求时，视该桩为废桩，需调整导向架的垂直度，符合设计要求后重新施工；

⑩ 搅拌机喷浆提升的速度和次数要符合施工工艺的要求，要有专人对每根桩的水泥用量、成桩过程（下沉、喷浆提升、复搅时间）进行详细记录，深度记录误差不得大于 50 mm，时间记录误差不

得大于 5 s，施工中发现的问题及处理情况要注明；

⑪ 为确保搅拌桩桩头质量，地面以下 3.0 m 范围应重点加固，反复来回喷浆搅拌；

⑫ 根据施工经验，在局部淤泥层中往往会遇到有机质含量较高的情况。试验表明，有机质含量低于 1.0%时，对加固效果影响不大，但当有机质含量高于此值时，有机质可使土壤具有较大的水溶性和可塑性，显著的膨胀性，过大的压缩性和低渗透性，并使土的酸性增加（当土样的 pH 值小于 5 时，水泥的水化反应将受到较大的限制），这些因素阻碍着水泥水化反应的进行。遇到这种情况，可掺入适量石膏粉（掺入量视现场情况定）或联系有关方面采取更有效的处理措施；

⑬ 盾构周边加固施工时应保持刀盘转动，避免水泥浆液进入刀盘及土舱内发生固结；

⑭ 三轴搅拌桩加固施工应采用"打三跳三"的方法进行，同时局部重复搅拌，保证加固质量及左线已成型隧道的稳定。

（2）降水井施工控制要点。

① 为保证在进舱前及时将地下水降至开挖面以下，尽可能提前投入降水运行，在降水井的成井施工阶段，完成一口投入降水运行一口；

② 降水的设备（主要是潜水泵）在施工前及时做好调试工作，确保降水设备在降水运行阶段运转正常；

③ 降水运行阶段应经常检查潜水泵的工作状态，配备一定数量的潜水泵以备用；

④ 降水工作应与开舱施工密切配合，根据开舱的进度等情况及时调整降水井的运行数量；

⑤ 电缆与管道系统在设置时应注意避免在抽水过程中不被碰撞损坏，因此，现场要在这些设备上进行标识；

⑥ 洗井及降水运行时应用管道将水排至场地四周的明沟（渠）内，通过排水沟（渠）将水排入场外预设的排水沟渠中，场地四周的排水管道应定时清理，确保排水系统的畅通；

⑦ 为检验降水效果，在正式开舱前，测量降水井里的净水位是否降到盾构机底部以下。

（3）盾构空推控制要点。

① 成孔结束后，采用测绳对孔底标高进行测量，钻孔深度严格控制在盾构刀盘中心底部以下 50～100 mm 以内，一是防止欠挖导致盾构推进时姿态难以控制，二是防止超挖造成盾构机发生"磕头"现象，超挖时应采用砂浆或水泥土进行回填，确保底部具有足够承载力；

② 在每一次空推结束时，应继续向前推进至刀盘嵌入加固体，确保盾构机保持足够推力以压紧后部管片；

③ 在取土后向孔内回填 50 cm 石灰粉，用于吸收土体内的残留水；

④ 施工前对后部 5 环管片进行拉紧处理，避免盾构空推时导致管片失稳。

（4）常压进舱控制要点。

① 将刀盘操作切换到人闸刀盘点动控制面板进行操作（确保土舱内人员安全）；

② 清舱工作现场负责人率先进入土舱，观察掌子面情况，在确定掌子面及周边土体稳定的情况下安排清舱作业；

③ 清舱作业利用扬镐、铁锹等工具，采用编织袋装土，人工送出，并装渣土车运出洞外。清舱顺序由上至下，注意刀盘开口处渣土。如刀盘开口处渣土稳定、无渗水可继续进行清仓工作。刀盘的开口部位采用背板进行封堵，防止掌子面土体坍塌；

④ 当清渣过程中清理到小块异物（PE 管）时，随渣土一起清出。遇到大块的异物（PE 管）时，用手工锯锯成小块清出；

⑤ 此次清理主要针对土舱内部及刀盘上的异物（PE 管）。异物务必清理干净；

⑥ 进一步细化完善进舱作业流程，做好安全交底、明确进舱作业人员工作时间、施工过程记录等；

⑦ 右线盾构进舱清障施工期间应清空左线所有人员，避免意外事故发生导致不必要的人员伤亡。

5. 重、难点分析及对策

在多次进行专家论证及多方案比选的基础上，根据类似工程经验，针对该方案实施中的特殊不利地质条件、特殊施工工艺及盾构常压进仓清障的特点，确定施工过程中重点和难点如下。

（1）确保三轴搅拌桩加固质量是该方案实施的重点之一。

① 分析：

由于目前盾构机处于极软流塑地层，不具备常压进仓清障的条件，需对盾构机周边土体进行三轴搅拌桩加固，一是保障盾构机前方土体的稳定，二是防止开仓时发生突涌，引发安全事故。因此，确保三轴搅拌桩加固的质量是该工程的重点。

② 对策：

a. 根据盾构机目前所处地层性质，采用 $\phi 850@600$ 三轴搅拌桩满堂加固，纵向加固长度为刀盘前方 12 m，后方 4 m，横向加固范围为盾构机外缘左、右各 4m，加固深度为地面至盾构机底部以下 4 m，如图 47-60 所示。

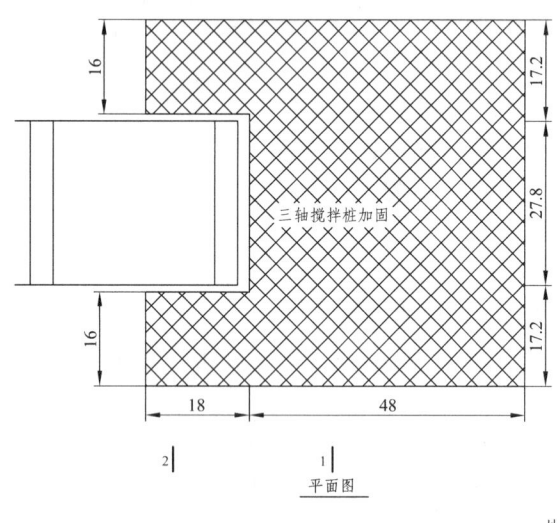
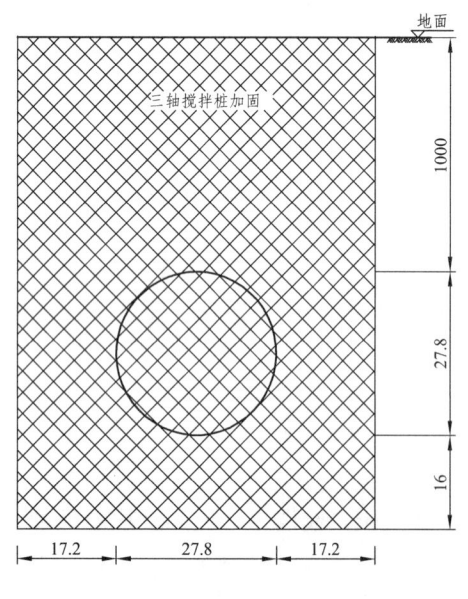
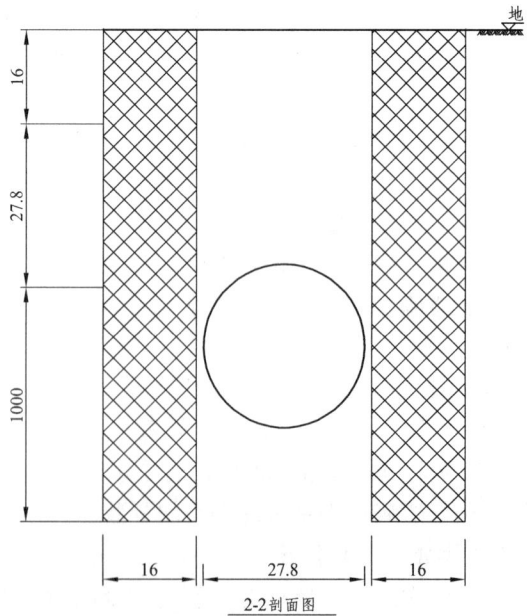

图 47-60　三轴搅拌桩加固范围示意

加固后的土体应具有良好的均匀性、自立性、止水性，且无侧限抗压强度（28 d）$q_u \geqslant 1.0$ MPa，渗透系数$\leqslant 1.0 \times 10^{-7}$ cm/s。加固施工过程中严格控制搅拌桩的下沉速度、提升速度、搅拌和旋转速度、注浆压力、注浆流量、垂直度、水灰比等施工参数，确保加固质量。

b. 为保证三轴搅拌桩止水效果及接头质量，加固体、盾体边缘及盾构机推进至加固体 6 m 后的外边缘均采用套打的工艺。

c. 在加固施工完毕之后，对加固区域进行垂直取芯，取芯位置应选择临近刀盘及盾体两侧，提前进行加固效果检测。如有问题及时进行补充加固，确保盾构开仓的安全。

（2）钻孔取土、盾构空推及姿态控制是该方案实施的重点之二。

① 分析：

针对盾构机目前无法正常出土掘进的现状，拟采取在刀盘前方施做钻孔排桩取土，然后盾构空推的工法将盾构推进至加固区内。该工法施工过程中应严格控制成孔质量，否则将导致盾构推进姿态偏差过大，同时由于空推时推力较小，会导致盾尾管片环与环之间连接不够紧密，影响密封防水效果。因此，钻孔取土、盾构推进是该方案实施的重点。

② 对策：

a. 根据常规钻孔桩施工工艺，应预先埋设钢护筒，护筒坑采用机械配合人工开挖，挖孔直径比护筒直径大 0.4 m 左右，坑底应平整；护筒埋设时，通过预先引放的纵、横方向的四个护桩点进行调整就位，护筒中心与桩位中心重合，其偏差不得大于 10 mm，并应严格控制护筒的垂直度，护筒调整到位并固定稳后，周边用最佳含水量的黏土均匀回填并分层夯实，以保证在钻孔过程中护筒稳定；

b. 成孔结束后，采用测绳对孔底标高进行测量，钻孔深度严格控制在盾构刀盘中心底部以下 50～100 mm 以内，一是防止欠挖导致盾构推进时姿态难以控制，二是防止超挖造成盾构机发生"磕头"现象，超挖时应采用砂浆或水泥土进行回填，确保底部具有足够承载力；

c. 盾构推进前应做好后部管片螺栓紧固和复紧工作，同时对后部 10 环管片进行拉紧处理，采用 14b 槽钢沿隧道纵向拉紧，每环 6 道，如图 47-61 所示；

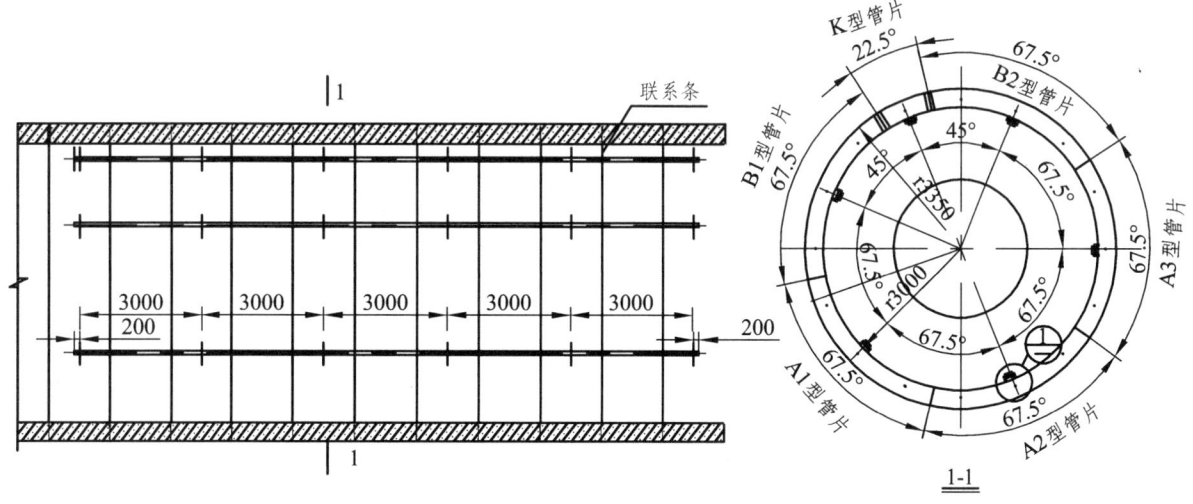

图 47-61 盾尾管片拉紧示意

d. 在每一次空推结束时，应继续向前推进至刀盘嵌入加固体，确保盾构机保持足够推力以压紧后部管片；

e. 为确保取土空推时管片姿态的稳定，刀盘两侧各预留 20 cm 土体，以避免管片拼装后发生"横鸭蛋"问题；

f. 盾构推进速度应控制在 3 cm/min 以内，空推时尽量避免转动刀盘或采用最低转速，防止姿态难以控制。

（3）常压进仓清障是该方案实施的重点之三。

① 分析：

一般盾构常压开舱，如换刀作业，土舱清理到中心刀以下位置即可更换全部刀具。该次清舱需要将土舱清空，导致掌子面的稳定性较差，更易引起坍塌。同时进舱清障为有限空间作业，存在有毒有害气体、作业过程坍塌等交叉作业风险。因此，常压进舱清障是该方案实施的重点。

② 对策：

a. 确保盾体周边土体加固质量，同时在前盾和中盾膨润土注入口分别压注油性聚氨酯，形成两道止水环箍，以达到止水效果；

b. 严格执行盾构开舱作业审批及验收程序。在土体加固质量、回填砂浆质量及降水效果等条件验收合格后，方可准备开舱；

c. 开舱前应做好充分的准备工作，如开舱作业工具、洞内水电、洞内外通风、气体检测仪器、压排风机具料具、进舱人员的技术交底、安全交底等。准备工作由专人负责，完成后由技术人员确认；

d. 进舱清障严格按照《中国中铁股份有限公司有限空间作业安全卡控红线》文件要求落实，做好"制度卡控、人员卡控、作业前卡控、作业中卡控、作业后卡控、防坍卡控、防爆卡控、应急卡控"；

e. 根据总体规划，成立常压进舱清障施工领导小组，负责总体工作部署安排，开舱前领导小组组织会议讨论开舱注意事项，确定开舱程序，明确各岗位职责和负责人；

f. 根据项目"险长制"实施方案，设立进舱清障风险源"险长"，并落实好相关管控措施；

g. 施工前制定详细应急预案，提前做好资源储备。

6. 总体评价及经验教训

（1）总结评价。

近年来，国内各大城市掀起了轨道交通建设的高潮，地铁隧道的里程也在不断递增，然而随着城市的发展建设，在盾构施工过程中无可避免地会遇到各种问题导致盾构机无法正常掘进，需开舱处理恢复掘进。该项目的实施，可为处于无法达到常压开舱条件地层，但是又需要原位开舱处理的盾构工程提供了一种合理方法，具有广阔的推广前景及应用价值，能够对类似工程的建设提供借鉴与指导。

（2）经验教训。

由于地下隧道工程穿越地层的地质条件复杂多变，遇到的意外情况比较多，工程的定位、设计和施工方法都必须随时作相应的调整。在隧道开工前应尽可能地弄清楚隧道范围内是否存在管线或特殊地质，必要时可用专业设备进行人工探挖和全断面勘探，尽量避免在推进过程中遇到不可预计的问题。

三、盾构接收

此处以斜皮区间 U 形槽（含）—皮革城站盾构区间为例进行盾构接收施工工艺介绍，工程概况及总体施工方案与盾构始发相同，故在此不进行赘述。

（一）盾构接收施工方法及工艺

1. 盾构接收施工流程

盾构推进至距接收井 100 m 时，开始作为盾构进洞施工阶段。盾构进洞施工流程如图 47-62 所示。

2. 施工方法

（1）准备工作。

盾构机到达接收车站以前，完成所有物资及人员的准备工作。

（2）贯通测量。

盾构贯通前的测量是复核盾构所处的方位、确认盾构姿态、评估盾构接收时的姿态和拟定盾构接收段的施工轴线、推进坡度的控制值和施工方案等的重要依据，以使盾构在此阶段的施工中始终按预定的方案实施，以良好的姿态接收，准确就位。

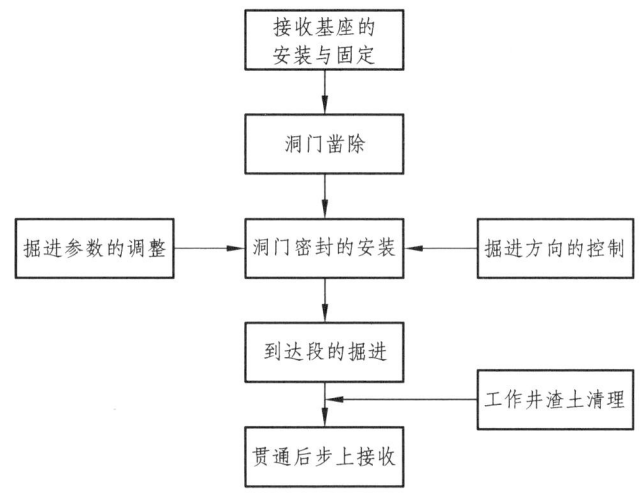

图 47-62　盾构机进洞工艺流程

（3）加固。

盾构接收洞门加固段工艺与始发段相同，盾构接收端地层加固长度为 12 m。

（4）接收基座安装。

安装盾构接收基座，调整接收基座的标高及左右位置，使得盾构机可一直推进车站内。为保证盾构接收，接收基座安置高程可略低于盾构接收时的实际高程，并将其与井壁可靠地固定。接收井内洞门混凝土凿除和洞门封堵材料等各项工作全部准备就绪。

（5）洞门凿除。

洞门凿除首先在洞圈内搭设钢管脚手架，同时在洞门中心及周边布置 9 个观察孔，以测定土体加固和渗水情况。

（6）盾构机二次进洞。

在盾构机刀盘抵到地连墙时，通过脱出盾尾的管片二次注浆形成止水环箍。清通中盾 8 个应急注浆孔，出现应急情况，压注聚氨酯。准备工作完成后，进行洞门凿除，盾构一次进洞。在加固区内，脱出盾尾的管片二次压注浆液形成环箍，并通过弧形板上预留的注浆孔进行注浆，将管片与围护结构之间的空隙充分填充。

待盾构一次进洞加固完成后，盾构快速推进，完成洞门处剩余 3 环管片推进及拼装，同时用联系条将靠近洞门 15 m 范围内管片纵向连接。及时完成 10 mm 弧形钢板与背覆钢板焊接，通过最后一环管片的预留注浆孔和弧形板上预留的注浆孔进行注浆，将管片与围护结构之间的空隙充分填充，完成盾构二次进洞。

（7）接收前盾构掘进控制。

① 接收前 5 环掘进参数：盾构机接收时，应慢速推进，刀盘转速及掘进推力均相应减小。

② 当盾构逐渐靠近洞门时，必须安排值班人员在接收车站值班，同时与操作室人员保持联系。

③ 洞门破除后，盾构应尽快连续推进和拼装管片，确保管片间推力并尽量缩短盾构接收时间，减少水和土体的流失。最后一环管片脱出盾尾后，必须采用二次注浆将管片和洞圈的间隙进行填充，

以防止水土流失造成危险。

④盾构接收前后，应将衬砌管片拉紧，多次拧紧管片纵向螺栓，防止洞口衬砌环缝松弛、张开并造成漏水。

⑤加强地表监测，反馈指导掘进。

（8）主要技术要点与措施。

①到达前100m、50m进行导线和高程测量多级复测，并报监理审核，同时应对到达洞门进行测量，以精确确定其位置，并固定接收基座；

②以50m为起点，结合洞门位置，参照设计线路，制定严格的掘进计划，落实到每一环；

③到达前10m掘进成为到达段施工，在该段施工中主要采取辅助措施加强管片环间连接，以防盾构掘进推力的减少引起环间松动而影响密封防水效果；

④针对到达前6环的掘进编制详细的技术交底，对掘进参数、施工技术措施、施工注意事项等进行明确，以确保到达端墙的稳定和防止地层坍塌；

⑤到达前6环的注浆材料配合比要进行调整，必要时可通过盾构壳体设置的孔向盾壳外注入特殊的止水材料，以防涌水、涌泥而引起地层坍塌。

（二）总体评价

伴随隧道及地下空间广阔发展的时代，面临轨道交通史无前例的高潮，盾构法因具有对周围环境影响小，自动化程度高，施工快捷，优质高效，安全环保等诸多特点。在地层条件差，地质情况复杂，地下水位多变等恶劣环境下，盾构法脱颖而出，显示出其强大的优势。

四、联络通道施工

杭州至海宁城际铁路工程共有5座地下区间，联络通道概况见表47-28，区间联络通道均采用"隧道内钻孔，冻结临时加固土体，矿山法暗挖构筑"的施工方案。

表47-28 联络通道概况

序号	区间名称	联络通道数量/个
1	余杭高铁站—许村镇站	5
2	海宁高铁站—长安镇站	1
3	斜桥镇站—皮革城站	1
4	皮革城站—海昌路站	3
5	海昌路站—浙大国际学院站	3

此处以余杭高铁站—许村镇站盾构区间为例，对联络通道机械法施工工艺进行总结，以海昌路站—浙大国际学院站盾构区间为例，对冷冻法施工工艺进行总结。

（一）机械法联络通道施工

1. 工程概况

（1）项目概况。

杭海城际铁路工程盾构区间为余杭高铁站—许村镇站盾构区间左线长3 126.22m，起点里程：ZDK0+437.570，终点里程：ZDK3+563.487，长链0.303 m；盾构区间右线长3 126.555 m，起点里程：YDK0+437.570，终点里程：YDK3+563.847，长链0.278 m。

余—许盾构区间包含1座中间风井，5座联络通道，其中3座采用机械法施工，2座采用矿山法施工。

线路最小曲线半径 800 m，最大曲线半径 4 000 m，隧道埋深为 7.6～25 m，线间距 10.8～16 m，最大纵坡为 28‰。

区间线路自余许区间明挖暗埋段端头井始发，依次穿越农田、池塘、居民区、厂房、柱品桥（规划京杭大运河）、居民区、农田、西环河、居民区、池塘、农田、东湖南路桥梁桩基后到达中间风井，盾构自中间风井二次始发依次穿越农田、无名河、农田、无名河、居民楼、荒地、通信立柱、沪昆高速公路、农田、555 电商创意产业园后沿文正街道路敷设，下穿已运营的杭州地铁 1 号线后到达余杭高铁站。盾构区间线路示意如图 47-63 所示。

图 47-63　盾构区间线路示意

（2）穿越概况。

盾构下穿沪昆高速公路里程范围：ZDK1+219.196～ZDK1+281.194（第 1 522～1 480 环、62 m）、YDK1+226.778～YDK1+282.049（第 1 516～1 480 环、55.2 m），隧道在穿越段覆土埋深约 27.41 m。盾构下穿沪昆高速公路如图 47-64 所示。

图 47-64　下穿沪昆高速公路

沪昆高速为上海至昆明的高速公路，即 G60 国道，车流量大，车辆高速行驶对路面平整度要求高，盾构施工需严格控制地面沉降。盾构穿越沪昆高速公路余杭区匝道口如图 47-65 和图 47-66 所示。

（3）地质概况。

该工程盾构穿越沪昆高速公路地层主要为⑦$_2$粉质黏土层，青灰色、褐黄色，硬塑，含铁锰质氧化斑点，干强度及韧性中等，切面较光滑。

（4）水文地质条件。

该工程沿线场地地表水属钱塘江水系，场地地貌单位为冲湖积平原，河网密布，互相连通。沿线跨越的地表水体主要以小型河流为主。

图 47-65 盾构穿越沪昆高速公路余杭区匝道口

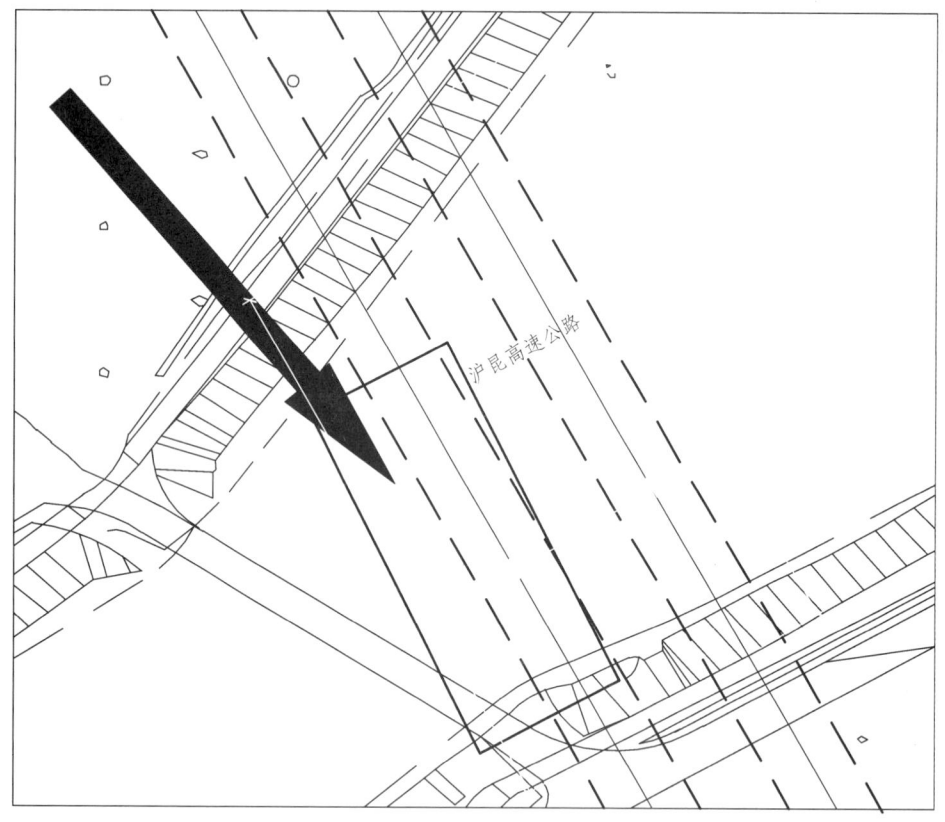

图 47-66 盾构穿越沪昆高速公路余杭区匝道口示意

场地潜水主要赋存于浅部填土层、黏质粉土、粉质黏土层中，其富水性和透水性具有各向异性，受沉积层理影响，一般透水性水平向大于垂直向。勘察期间实测地下水位埋深为 0.20～2.50 m，相应标高为 2.09～4.58m。

孔隙承压水主要赋存于下部的 $⑤_3$ 黏质粉土、$⑤_4$ 粉砂、$⑦_3$ 粉砂、$⑦_{3-1}$ 黏质粉土、$⑨_3$ 粉细砂、$⑨_4$ 圆砾（砾砂）层中，勘察调查可知，其上覆的 $②_2$ 粉质黏土、$④_1$ 层淤泥质黏土、$⑥_2$ 层淤泥质粉质黏土、$⑦_2$ 层粉质黏土、$⑦_{2-2}$ 粉质黏土、$⑧_3$ 粉质黏土夹粉土层构成相对隔水层。

根据勘察报告，在Ⅱ类环境类型影响下，勘察期间沿线场地地表水对混凝土结构具微腐蚀性，在干湿交替环境条件下对混凝土结构中的钢筋具微腐蚀性，在长期浸水环境条件下对混凝土结构中的钢筋具微腐蚀性；场地内浅部潜水对混凝土结构具弱腐蚀性；在干湿交替环境条件下对钢筋混凝土结构中的钢筋具微腐蚀性。

2. 机械法联络通道施工

（1）穿越技术控制措施。

① 盾构穿越沪昆高速公路的轴线控制。

盾构下穿沪昆高速公路前，已根据实际测量情况，判断沪昆高速公路与盾构间的相对位置，在推进过程中，控制好管片与盾构间的间隙，按照设计坡度及轴线进行盾构推进。

② 严格控制盾构正面平衡压力。

盾构在穿越过程中严格控制土舱压力，防止过量超挖、欠挖情况，根据监测数据和出土量实时调整掘进参数。使得地层有微小的隆起量来平衡盾构背土时的地层沉降量。

③ 严格控制盾构的推进速度。

盾构穿越高速时推进速度不宜过快，尽量做到均衡施工，减少对周围土体的扰动，盾构推进通过时，严格控制掘进速度，保持在 3 cm/min 匀速掘进，顺利安全通过沪昆高速公路。

④ 控制地层损失量。

为了快速准确得到盾构机出土数量，有效控制盾构机推进压力平衡，严格控制土层损失量，在盾构掘进过程中根据地面深层监测点数据及时反映土层损失量，并利用门吊称重系统分析每环掘进出土量。同时在推进过程中保持地层有微小隆起以抵消后期沉降，盾构掘进后及时通过同步注浆及二次注浆填充盾尾间隙，严格控制土层损失量。

⑤ 严格控制同步注浆浆液质量

盾构推进中的同步注浆是充填土体与管片圆环间的建筑间隙和减少后期变形的主要手段，也是盾构推进施工中的一道重要工序。盾构穿越沪昆高速公路期间同步注浆做到及时、均匀、足量，确保其建筑空隙得以及时和足量的充填，将沉降和管片偏移控制到最小，并防止管片接缝渗漏水。盾构推进施工中采用 4 点注浆，同步注浆系统配备压力表和流量计，严格控制同步注浆量及同步注浆压力。

隧道内运输车以及地面上的拌浆系统定期进行清洗，清洗时间基本控制在每班一次，确保浆液管路畅通，禁止盾构不注浆推进。实测砂浆坍落度及比重如图 47-67 所示。

图 47-67 实测砂浆坍落度及比重

⑥ 二次注浆跟进。

待盾构穿越建筑物管片脱出盾尾 4 环后，根据地面监测数据及时通过管片预留注浆孔进行壁后二次注浆。通过管片对隧道进行注浆填充。保证管片与围岩间隙充分填充，减少地面沉降，有效地保护沿线影响范围内的建筑物及车辆的安全，注浆材料为双液浆。二次注浆过程施工如图 47-68 所示。

(2) 穿越过程中参数统计。

① 左线穿越参数。

a. 土压，穿越过程中土压控制在 280 kPa，未出现调整和波动，控制正常。

b. 总推力，穿越过程中总推力在 14 000～22 000 kN，其中最大值为 21 340 kN，最小值为 14 600 kN。控制正常。

c. 刀盘扭矩，穿越过程中刀盘扭矩在 2 100～3 200 kN·m，其中最大值为 3 182 kN·m，最小值为 2 181 kN·m。控制正常。

图 47-68　二次注浆过程

d. 掘进速度，穿越过程中掘进速度控制为 30 mm/min 掘进。保持匀速掘进，控制正常。

e. 刀盘转速。穿越过程中刀盘转速控制为 1.3 r/min 掘进。控制正常。

f. 同步注浆量。穿越过程中同步注浆量保持稳定，控制为 5.7 m³。控制正常。

g. 姿态，穿越期间姿态控制正常，未出现超限情况，单环纠偏量均在 5 mm 范围内，水平前偏差最大为 48 mm；水平后偏差最大为 60 mm；垂直前偏差最大为-34 mm；垂直后偏差最大为 89 mm。

② 右线穿越参数

a. 土压，穿越过程中土压控制在 280 kPa，未出现调整和波动。控制正常。

b. 总推力，穿越过程中总推力在 1 450～1 850 t，其中最大值为 1 811 t，最小值为 1 450 t。控制正常。

c. 刀盘扭矩，穿越过程中刀盘扭矩在 1 160～2 400 kN·m，其中最大值为 2 362 kN·m，最小值为 1 160 kN·m。控制正常。

d. 掘进速度，穿越过程中掘进速度控制为 30 mm/min 掘进。保持匀速掘进，控制正常。

e. 刀盘转速，穿越过程中刀盘转速控制为 1.3 r/min 掘进。控制正常。

f. 同步注浆量，穿越过程中同步注浆量保持稳定，控制为 5.7 m³。控制正常。

g. 姿态，穿越期间姿态控制正常，未出现超限情况，单环纠偏量均在 5 mm 范围内，水平前偏差最大为 24 mm；水平后偏差最大为 37 mm；垂直前偏差最大为-29 mm；垂直后偏差最大为-40 mm。

③ 高速公路沉降监测统计。

盾构左线下穿沪昆高速余杭收费站匝道时间为 2019 年 5 月 12 日至 2019 年 5 月 30 日；右线下穿沪昆高速余杭收费站匝道时间为 2019 年 5 月 28 日至 2019 年 6 月 16 日，穿越期间对地表沉降数据进行分析。

a. 沉降监测汇总。

b. 监测结论。

监测结论：盾构下穿过程中，地表沉降监测点累计变化未超过控制值，变化速率未超过控制值；

盾构通过后,地表沉降监测点变化趋于稳定(日变量最大值小于 0.04 mm/d),符合停止监测要求。

表 47-29　左线监测数据累计变形最大值统计

监测项目	监测点号	本期变化最值/mm	累计变化最值/mm	变化速率/(mm/d)	控制值/mm 速率/(mm/d)	控制值/mm 累计变化/mm
地表沉降	ZD262-2	-0.45		0.02	±3	(-30～10)
	ZD250-7		-4.45			
轴线沉降	ZD250	-0.25		0.01	±3	(-30～10)
	ZD250		-2.87			

表 47-30　右线监测数据累计变形最大值统计

监测项目	监测点号	本期变化最值/mm	累计变化最值/mm	变化速率/(mm/d)	控制值/mm 速率/(mm/d)	控制值/mm 累计变化/mm
地表沉降	YD262-6	-0.48		0.02	±3	(-30～10)
	YD262-6		-9.62			
轴线沉降	YD262	-0.33		0.01	±3	(-30～10)
	YD262		-9.09			
	YD262		-8.15			

(3)结论。

盾构穿越沪昆高速公路进展顺利,参数控制正常,穿越过程中无异常情况发生。

左线盾构穿越沉降控制良好,右线盾构穿越属二次扰动,累计沉降变化较大,但控制在合理范围内。

目前左右线盾构分别于 2019 年 11 月 21 日至 2019 年 12 月 10 日顺利接收,准备拆除盾构机,盾构施工对沪昆高速公路影响已消除。

(二)冷冻法联络通道施工

1. 工程概述

(1)工程概况。

海浙区间共设置 3 座联络通道,联络通道处采用冻结法加固,矿山法施工。其中联络通道中心距为 12.4～13.4 m,冻结工程风险等级为二级。联络通道由与隧道钢管片相连的喇叭口、水平通道构成,联络通道所在位置的隧道管片为钢管片。

联络通道位于道路侧下方,为保证联络通道施工的安全,减少对区间隧道的影响,故该区间联络通道设计采用水平冻结法加固地层,矿山暗挖法施工以确保施工安全,施工过程中做好必要的保护措施,加强监测,以减轻对周围地面环境的影响。联络通道及泵站确定采用冻结法加固地层,地层达到加固效果后,采用二次衬砌方式;初期支护层和永久结构层之间设防水层。

(2)施工方案。

联络通道工程属于危险性较大的分部分项工程,需根据《危险性较大分部分项工程管理办法》(住房和城乡建设部令 2018 年第 37 号)、《危险性较大的分布分项工程安全管理规定》(建办质 2018 年 31 号文)编制专项施工方案,经专家论证意见修改再次报监理单位审批通过后执行。

根据上述联络通道施工条件并结合以往公司地铁联络通道施工的经验,确定采用"隧道内水平冻结加固土体、隧道内矿山法开挖构筑"的施工方案。即:在隧道内利用水平孔和部分倾斜孔冻结加固地层，使联络通道外围土体冻结，形成强度高，封闭性好的冻结帷幕。在冻土中采用矿山法进行联络通道的开挖构筑施工，地层冻结和开挖构筑施工均在区间隧道内进行。

（3）技术要点。

由于联络通道所处地层复杂，施工条件限制较多，因而工程施工风险较大。在施工中必须采取切实可靠的技术措施，以确保联络通道安全施工并保证施工工期，提出以下技术要点：

① 根据联络通道冻结孔施工的成功经验，用金刚石取芯钻开孔，跟管钻进法下冻结管。冻结孔开孔前，在布孔范围内打小孔径探孔，探测地层稳定情况。每个钻孔设有孔口管，并安装钻孔密封装置，以防钻进时大量水、砂涌出；

② 针对施工冻结孔时可生冒泥涌水现象，采用强力水平钻机，优先选用无泥浆钻进。如发现钻孔泥水流失，及时进行补浆充填；

③ 由于钢管片相对于土层散热快，会影响隧道管片附近土层的冻结速度，从而影响冻结帷幕的整体稳定性和封水性。除设计开挖预拆除的钢管片的格栅，其余要用混凝土充填密实，同时管片外面采用 PEF 板隔热保温，以减少冷量损失。在冻结帷幕与管片胶结处放置测温点，以加强对冻结帷幕与管片胶结状况的检测；

④ 加强冻结过程检测。在冻结帷幕内布置测温孔，以便正确判断冻结帷幕是否交圈和测定冻结帷幕厚度。对侧隧道管片附近土层的冻结情况将成为控制整个联络通道冻结帷幕安全的关键，为此，在对侧隧道管片上沿冻结帷幕四周布置测温孔，以全面监测冻结帷幕的形成过程；

⑤ 在联络通道两端布设卸压孔，以减小土层冻胀对隧道的影响。可利用管片上的注浆孔来卸压，该孔可作为冻结帷幕压力变化的观测孔；

⑥ 联络通道冻结壁交圈前在隧道内设预应力支架，以防打开预留钢管片时隧道变形和破坏。施工完联络通道初期支护层后再打开对侧隧道联络通道的预留钢管片。在联络通道衬砌中预埋压浆管，采用注浆方式以补偿土层融沉；

⑦ 开挖前安装通道安全应急门，并对安全应急门密封压力试验，组织应急演练；

⑧ 在开挖过程中及时进行冻结帷幕变形和温度观测，如遇冻结帷幕有明显变形，立即用格栅支架支撑及时喷射混凝土，调整开挖步距，并同时加强冻结；

⑨ 由于冻胀力和冻土融沉的作用，影响周围土层的力系平衡，使隧道产生水平位移和沉降，故在整个施工过程中，加强隧道变形的监测，确保隧道安全。在冻结帷幕薄弱部位，布置测温孔，监测冻结帷幕的形成过程和形成状况；

⑩ 停止冻结并完成冻结孔封孔后，进行衬砌后充填注浆和融沉补偿注浆。

2. 施工流程

冻结法施工可分为冻结孔施工、冻结施工和开挖构筑施工三个主要部分，主体结构完成后，还要及时地进行壁后充填注浆工作。具体的施工顺序安排如图 47-69 所示：

3. 冻结孔施工

（1）冻结孔施工顺序。

先施工透孔，根据穿透孔的偏差，进一步调整相关钻进参数，一般位于两侧冻结孔中心位置。而后根据联络通道施工的孔位，采用由下向上的顺序进行施工，以防止因下层冻结孔的施工引起上部地层扰动，减小钻孔施工时的事故发生率。

（2）冻结孔的定位。

依据施工基准点，按冻结孔施工图进行冻结孔孔位放线，孔位布置首先要依据管片配筋图和钢管片加强筋的位置，在避开管缝、螺栓及钢管片肋板的前提下可适当调整，不大于 100 mm。

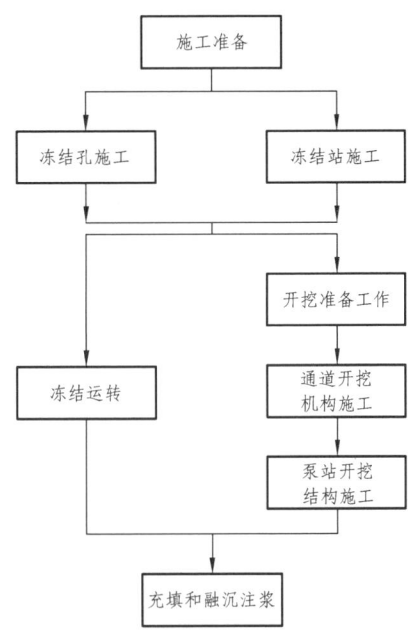

图 47-69　冻结法施工流程

钻孔轴线放样：先确定出隧道的 A 点和 B 点，测量 A 和 B 点的坐标后，以 AB 的连线作为方位线，做延长线至两侧隧道后管片上，再分别定位出 C 和 D 点，作为施工时定位线。联络通道放样点坐标和方位轴线放样如图 47-70、图 47-71 所示。

图 47-70　轴线角度确定，孔位放样

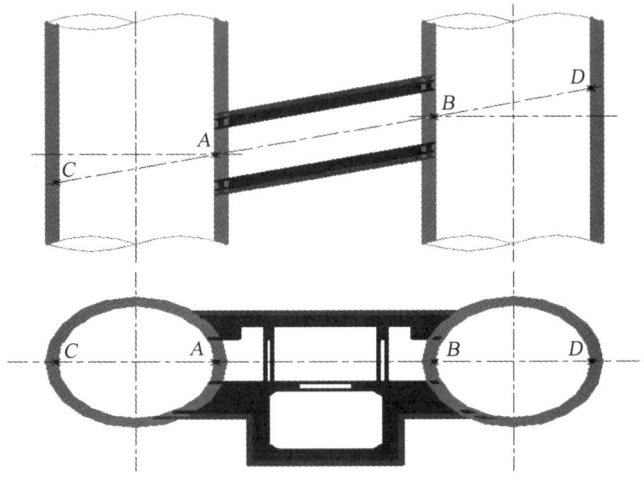

图 47-71　联络通道方位轴线放样示意

(3) 冻结孔开孔及孔口密封装置。

开孔选用 J-200 型金刚石钻机，配 $\phi 132$ mm 金刚石取芯钻头进行钻孔，深度约 280 mm，控制不得钻穿管片。用钢楔楔断岩心，取出后，打入加工好的孔口管，并用至少有 4 个点固定在管片上，然后安装孔口密封装置，密封装置内安装优质纯棉纱牛油盘根进行密封装置与冻结管缝隙处密封，如图 47-72 所示。

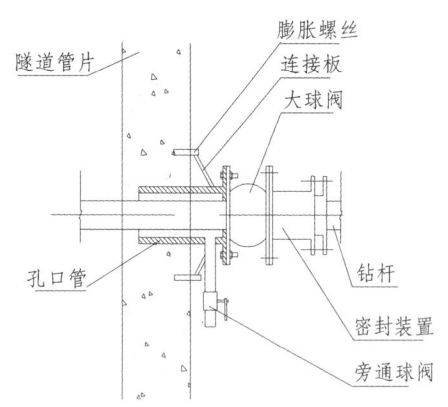 

图 47-72　冻结孔开孔及孔口密封装置

(4) 钻机定位。

钻机定位：钻机钻孔前进行找正，俯仰角度主要利用量角器紧贴钻机底盘，在量角器中心安装指针进行钻机找正，方位角度依据联络通道左右线放样基准点，钻机与基准点连线平行找正。

(5) 冻结孔钻进与冻结管设置。

① 钻孔设备为 MD-80A 钻机三台，配用三台 BW250 型泥浆泵，以 $\phi 89 \times 8$ mm 冻结管作钻杆；冻结管之间采用套管丝扣连接，接头螺纹紧固后再用手工电弧焊焊接，确保其同心度和焊接强度。

② 每个冻结孔钻进前，先根据各孔的具体参数调整钻机，调整好后，孔口密封装置是否完好，达到密封效果后再将冻结管慢慢挺进已安装好的密封装置内，拧紧密封装置的螺栓，再将孔口管上的大球阀打开。利用安装在孔结管上的取芯钻头将剩下的管片钻通，取芯后换上一般钻头再进行正常钻进。

③ 正常钻进时，采用现场加工的简易钻头，优先采用无水钻进，这样可以减少水土的流失，对控制地面和隧道的沉降十分有利。如钻进困难，在钻头部位安装一个特制单向阀门，采用带水钻进。冻结管到达设计深度后冲洗单向阀，并密封冻结管端部。

④ 在钻进过程中，如发生水土流失，可根据每日的监测情况，及时通过安装在孔口管部位的旁通阀对土体进行补压浆，以单液浆为主，以控制钻孔对周边环境的影响。

⑤ 钻进过程中严格监测孔斜情况，发现偏斜要及时纠偏，下好冻结管后，进行冻结管长度的复测，然后再用灯光测斜仪测斜并绘制钻孔偏斜图。

⑥ 在冻结管内下放供液管，并焊接冻结管端盖和去、回路羊角。

4. 冷冻站安装

(1) 冻结站布置与设备安装。

根据现场施工环境，海昌路站—浙大国际学院区间 1#、2#、3#联络通道合建一个冻结站，拟安装在海昌路站—浙大国际学院区间右线隧道内。站内设备主要包括冷冻机组、盐水箱、盐水泵、清水泵、冷却塔、变压器、配电控制柜等。设备安装按照设备使用说明书进行。其平面布置如图 47-73 所示。

(2) 管路连接、保温。

管路用法兰连接，隧道内的盐水管用管架敷设在隧道管片斜坡上，以免影响隧道通行。在盐水管路和冷却水循环管路上要设置、阀门和测温仪、压力表等测试组件。盐水管路经试漏、清洗后用保温板保温，保温厚度为 40 mm，保温层的外面用塑料薄膜包扎。集配液圈与冻结管的连接用高压胶管，每组冻结管的进出口各装阀门一个，以便控制流量。

图 47-73　冻结站实际布置

冷冻机组的蒸发器及低温管路用 PEF 保温，盐水箱和盐水干管用 30 mm 厚的保温板保温。

管片保温：由于混凝土和钢管片相对于土层要容易散热得多，为加强冻结帷幕与管片胶结，联络通道处管片保温范围为冻结孔外侧 2 m 及冻结区域内钢管片，保温厚度 30 mm，以减少冷量损失。

在冻结站对侧隧道的冻结管的端部区域范围内布置冷冻排管，同样采用 PEF 板保温板对冻结帷幕发展区域管片进行隔热保温，如图 47-74 所示。

图 47-74　冻结管连接

5. 积极冻结与维护冻结

（1）冻结系统试运转与积极冻结

设备安装完毕后进行调试和试运转。在试运转时，要随时调节压力、温度等各状态参数，使机组在有关工艺规程和设备要求的技术参数条件下运行。冻结系统运转正常后进入积极冻结。冷冻站正式运转前，要做好如下验收工作：① 冻结孔、卸压孔、测温孔是否满足设计要求；② 冷冻站机组调试是否完成；③ 冷冻站的风水电是否准备就绪；④ 消防器材是否完好齐全；⑤ 管路连接牢靠、试压是否合格；⑥ 备用机组是否已检修；⑦ 值班人员是否已交底；⑧ 电工工具和备用零部件是否齐全。

此阶段为冻结帷幕的形成阶段，积极冻结期盐水温度为-28 ℃～-30 ℃，海昌路站—浙大国际学院区间 1#联络通道设计积极冻结时间暂定 40 d，2#联络通道及泵站设计积极冻结时间暂定 45～50 d，3#联络通道设计积极冻结时间暂定 40 d，要求冻结孔单孔流量不小于 5 m³/h；积极冻结 7 天盐水温度降至-20 ℃ 以下，去回路温差不大于 2 ℃；开挖时盐水温度降至-28 ℃ 以下。如盐水温度和盐水流量达不到设计要求，应延长积极冻结时间。

（2）维护冻结。

在积极冻结过程中，要根据实测温度资料判断冻结帷幕是否交圈和达到设计厚度，同时要监测冻结帷幕与隧道的胶结情况，测温判断冻结帷幕交圈并达到设计厚度且与隧道完全胶结后，可进入维护冻结阶段。

维护冻结期温度应不高于-28 ℃,冻结时间贯穿联络通道开挖和主体结构施工始终。

(3) 冻结施工参数见表 47-31~表 47-33。

表 47-31　海昌路站—浙大国际学院区间 1#联络通道冻结施工主要技术参数

序号	参数名称	单位	数量	备注
1	冻结壁设计有效厚度	m	2.1	喇叭口处 1.8 m
2	冻结壁设计平均温度	℃	≤-10	冻结帷幕与管片交界面平均温度≤-5 ℃
3	冻结壁交圈时间	天	23~28	
4	积极冻结时间	天	40	具体时间视冻结效果而定
5	冻结孔个数	个	58	
6	冻结孔成孔控制间距	m	1.05	
7	冻结孔允许偏斜	mm	150	
8	设计最低盐水温度	℃	-28~-30	冻结 7 天盐水温度降至-18 ℃以下
9	维护冻结盐水温度	℃	≤-28	
10	单孔盐水流量	m³/h	≥5	
11	冻结管规格	mm	89×8	低碳钢无缝钢管
12	测温孔个数	个	8	浅孔 ϕ45×3、深孔 ϕ89×8
13	卸压孔个数	个	4	保持泄压孔畅通
14	冻结管总长度	m	364.963	
15	冷冻排管长度	m	145	管材同冻结管 ϕ45×3
16	冻结需冷量	kcal×10⁴	4.45	工况条件

表 47-32　海昌路站—浙大国际学院区间 2#联络通道及泵站冻结施工主要技术参数

序号	参数名称	单位	数量	备注
1	冻结壁设计有效厚度	m	2.3	喇叭口处 2 m
2	冻结壁设计平均温度	℃	≤-10	冻结帷幕与管片交界面平均温度≤-5 ℃
3	冻结壁交圈时间	天	23~28	
4	积极冻结时间	天	45	具体时间视冻结效果而定
5	冻结孔个数	个	77	
6	冻结孔成孔控制间距	m	1.3	
7	冻结孔允许偏斜	mm	150	
8	设计最低盐水温度	℃	-28~-30	冻结 7 天盐水温度降至-18 ℃以下
9	维护冻结盐水温度	℃	≤-28	
10	单孔盐水流量	m³/h	≥5	
11	冻结管规格	mm	89×8	低碳钢无缝钢管
12	测温孔个数	个	15	浅孔 ϕ45×3、深孔 ϕ89×8
13	卸压孔个数	个	4	保持泄压孔畅通
14	冻结管总长度	m	607.470	
15	冷冻排管长度	m	180	管材同冻结管 ϕ45×3
16	冻结需冷量	kcal×10⁴	7.09	工况条件

表 47-33 海昌路站—浙大国际学院区间 3#联络通道冻结施工主要技术参数

序号	参数名称	单位	数量	备注
1	冻结壁设计有效厚度	m	2.1	喇叭口处 1.8 m
2	冻结壁设计平均温度	°C	≤-10	冻结帷幕与管片交界面平均温度≤-5 °C
3	冻结壁交圈时间	天	23～28	
4	积极冻结时间	天	40	具体时间视冻结效果而定
5	冻结孔个数	个	58	
6	冻结孔成孔控制间距	m	1.05	
7	冻结孔允许偏斜	mm	150	
8	设计最低盐水温度	°C	-28～-30	冻结 7 天盐水温度降至-18 °C 以下
9	维护冻结盐水温度	°C	≤-28	
10	单孔盐水流量	m^3/h	≥5	
11	冻结管规格	mm	89×8	低碳钢无缝钢管
12	测温孔个数	个	8	浅孔 $\phi 45×3$、深孔 $\phi 89×8$
13	卸压孔个数	个	4	保持泄压孔畅通
14	冻结管总长度	m	386.421	
15	冷冻排管长度	m	145	管材同冻结管 $\phi 45×3$
16	冻结需冷量	$kcal×10^4$	4.67	工况条件

（4）冻结质量控制程序如图 47-75 所示。

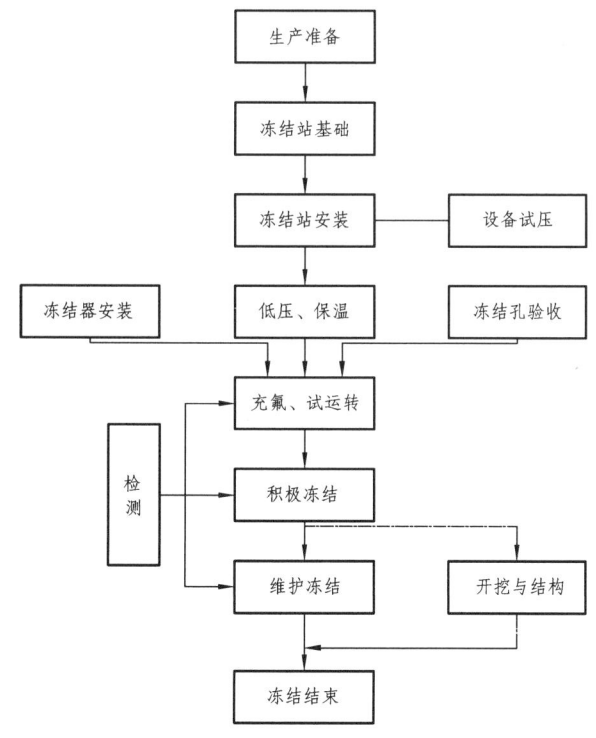

图 47-75 冻结质量控制程序

6. 开挖与构筑施工

（1）冻结技术指标。

确定打开管片进行开挖之前需结合盐水温度、测温孔资料、卸压孔压力、探孔情况等方面的数据综合考虑。联络通道及泵站开挖前施工单位做好冻结效果分析，由监理组织预验收，合格后由杭海城铁公司组织开挖条件验收。开挖前探孔检查判定尤其重要，探孔应设在两隧道钢管片上冻结壁内侧，在最薄弱环节开设，距离冻结孔≥1.0 m，无涌砂涌水现象，方可判定冻结帷幕良好。开挖技术指标见表47-34。

表47-34 开挖技术指标

项目		数值/现场情况	备注
安装隧道支撑及防护门			应急材料配备齐全
联络通道及隧道的通信设施齐备			
冻结帷幕平均温度		-10 ℃（冻结壁与管片交界面平均温度≤-5 ℃）	通过成冰公式计算
冻结帷幕厚度		1#、3#联络通道不小于通道处2.1 m，喇叭口处1.8 m，2#联络通道不小于通道处2.3 m、喇叭口处2 m	通过测温资料计算
盐水温度	积极期	-28 ℃~-30 ℃（盐水最低温度）	用测温仪监测
	维护期	≤-28 ℃	
盐水去、回路温差（包括各支路）	积极期	2 ℃以内	冻结至设计温度时
	维护期	2 ℃以内	
卸压孔	交圈前	静水压力	通过压力表观测
	交圈后	剧增0.15~0.3 MPa	
探孔	开挖前	距冻结孔≥1.0 m，深度0.5 m，不少于2个，探孔内无涌砂、涌水现象且结霜情况良好	

（2）施工准备。

准备工作是整个工程施工进展顺利的前提和保证，具体工作内容如下：

① 隧道内工作平台搭设。

按联络通道出口尺寸及施工需要，工作平台由平台和一斜坡道构成。

a. 在联络通道开口处的隧道支撑架底梁上表面搭设中间工作平台，主要作为通道材料运输车换向之用，面积约为 4 m×15 m=60 m²。平台梁用长 4 m，间距为 1 m 的 16#工字钢，直接搭在混凝土管片上，端头用焊管焊接成整体，以保证整体稳定性。台面用 50 mm 厚木板铺盖而成。

b. 在联络通道运输侧，搭设斜坡道与中间平台相连接，斜坡道高端宽约 3 m，坡长约 18 m，角度25°，坡度以方便运输为原则可以适当调整。

② 抢险物资的堆放。

为了预防冻结孔施工及开挖构筑过程中可能出现的突发情况，施工现场需堆放一定数量的抢险物资。注浆泵、水泥、双快水泥、麻丝、棉絮、聚氨酯等。应急抢险物资应堆放有序，设立醒目的标识牌，抢险物资还应专项专用，不得随便挪用，并设有专人看护、保管，定期检查。

③ 钢管片接缝焊接。

将联络通道开口部的钢管片之间（欲拉开的管片除外）环向及纵向接缝采用满焊的方式将每条拼装缝一一焊接好，提高其整体稳定性，以控制隧道管片变形。

④ 预应力支架、安全应急门。

冻结帷幕胶圈之前，在联络通道钢管片开口处设置预应力支架，每榀由 8 个支撑点，以减轻联络通道开挖构筑施工对隧道产生不利的影响。根据结构施工图要求，单个钢支架由 5 个预应力千斤顶、3 个固定支撑及支撑保护板等部分组成。

安装方法：在区间隧道左、右线联络通道预留洞口两侧的第二环隧道管片中间处各架两榀，共四榀，并在联络通道两端沿隧道方向对称布置，每榀支架有 8 个支点，由 5 个螺旋式千斤顶提供预应力，施加预应力时每个千斤顶要同时慢慢平稳加压，每个千斤顶以压实支撑点。

安全应急门是安装在开挖侧隧道预留洞口上。安全门在开管片前安装，安装后进行耐压密性试验，并配备风量不小于 6 m³/min 的空压机为防护门供气。海昌路站—浙大国际学院区间 1#、3#联络通道安全应急门耐压设计值分别为 0.363 MPa、0.360 MPa，打压试验在不停止空压机时，压力能保持在设计试验值 0.279 MPa、0.277 MPa 为合格。2#联络通道及泵站安全应急门耐压设计值为 0.418 MPa，打压试验在不停止空压机时，压力能保持在设计试验值 0.321 MPa 为合格。安全应急门是防止开挖过程中发生位移变形超值，或冒泥、涌水，其他措施抢救无效的情况下，为确保隧道安全而使用的。根据结构施工图要求，设计安全应急门。安全门需在喷射混凝土全部完成后方可拆除。预应力支架及安全门如图 47-76 和图 47-77 所示。

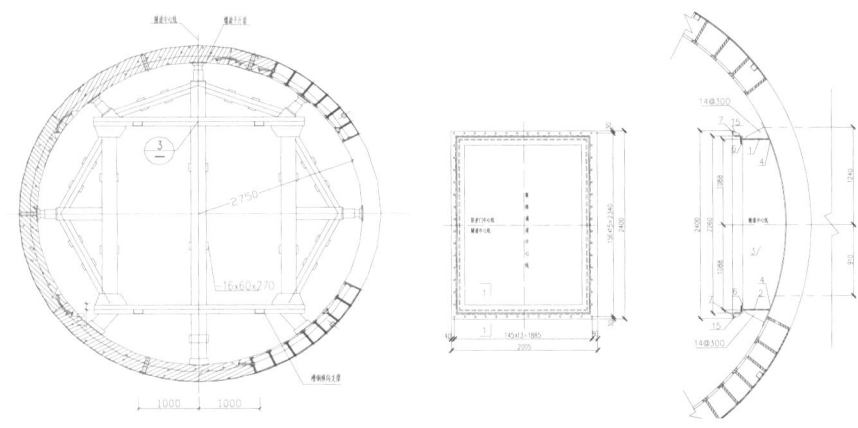

图 47-76　预应力支架及安全门示意

图 47-77　预应力支架及安全门

⑤ 开挖。

a. 拉管片。

加固土体强度达到设计要求及准备工作就绪后，开挖条件验收合格后，开挖构筑工作就可正式开始。拉管片前，首先准备 2 台 10 t 千斤顶，10 t 和 5 t 手拉葫芦各一个。

拉钢管片前，须复紧钢管片周边 3 环管片螺栓，联络通道预留钢管片拆除先用气割拆除第一块钢管片，施工时要认真观察管片受力及位移情况，消除局部受阻因素。10 t 葫芦作为辅助拉拔管片用，一端挂住欲拆管片，另一端利用锥丝固定在对面管片注浆孔，水平方向稍加力向外（隧道内）拉拔管片。5 t 葫芦悬吊在欲拆管片的上方，一端钩住欲拆管片，以防管片拉出时突然砸落在工作平台上。钢管片拆除后，及时对钢管片螺栓孔进行焊接封堵。施工图如图 47-78 所示。

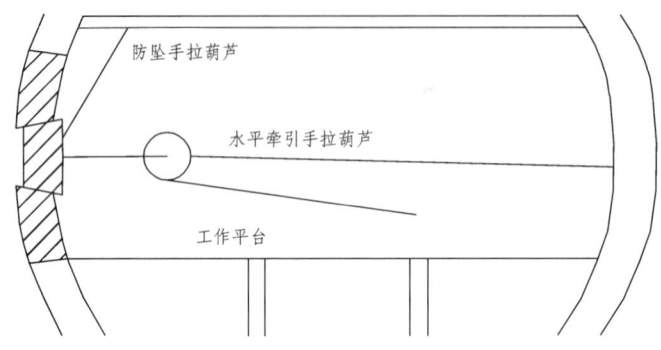

图 47-78 拉钢管片示意

b. 土方开挖。

经探孔确认可以进行正式开挖后，打开钢管片，开挖前按照"先探后挖"的原则。探孔主要布置在预挖区土体四周，探查土体稳定情况，探孔采用电锤钻进，深度为开挖步距，然后采用矿山法进行暗挖施工。根据工程结构特点，联络通道开挖掘进采取分区分层方式进行。开挖顺序如下：一、开挖侧喇叭口导洞及支护。二、进行通道正常段开挖，并按照设计要求步距及时支护。三、到对侧喇叭口部位，进行喇叭口开挖并进行支护。四、待喇叭口支护完毕后，再开挖冷冻站侧的喇叭口并进行支护。五、通道结构施工结束后开挖泵站（联络通道不设有泵站不包含此步骤），并按照设计要求的开挖步距进行支护。通道及泵站的施工顺序如图 47-79 所示。

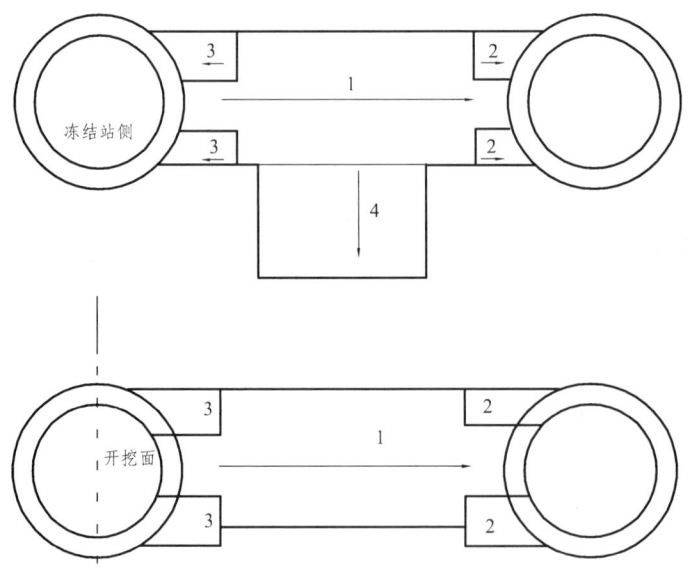

图 47-79 联络通道开挖顺序

土体采用冻结法加固，强度较高，冻结帷幕承载能力大，但严禁一次开挖成型，1#联络通道钢支架安装间距：喇叭口处为 330 mm，正常段处为 459 mm；2#联络通道钢支架安装间距：喇叭口处为 400 mm，正常段处为 467 mm，泵站 450 mm；3#联络通道钢支架安装间距：喇叭口处为 330 mm，正常段处为 434 mm。掘进段长与初期支护钢支架间距一致。开挖后应及时施工初期支护，初衬混凝土可在开挖完成 2~4 榀进行喷射混凝土施工，冻结壁暴露面收敛不大于 20 mm，开挖断面单侧超挖不大于 30 mm，开挖中心线偏差不大于 20 mm。

喇叭口开挖严格按照设计尺寸挖掘，尤其钢管片上土体清理干净，喇叭口开挖施工必须坚持报验制度，喇叭口部钢管片背面要设置遇水膨胀止水条，并埋设全断面注浆管，及时注浆。

另外，冻土强度高，韧性好，需采用风镐进行掘进。为了提高掘进效率，加快施工进度，缩短冻土暴露时间，风镐尖需做淬火处理。而且掘进环境温度在 0 ℃ 以下，输风管路及风镐中的冷凝水容易结冰，需进行除湿处理，一方面把风管悬吊起来，另外每隔 1～2 h 向风管内注入酒精，防止冰屑的出现。并要求每个掘进班配备 5～6 把风镐，以避免不能正常工作而影响施工进度。

在掘进施工中根据揭露土体的加固效果，以及监控监测信息，及时调整开挖步距和支护强度，确保安全施工。在开挖过程中，我们采取短挖短支方式，并且现场配备了套管等相关应急物资来应对断管及盐水泄露等状况的发生。还要及时对暴露的冻结帷幕进行保温。做好通道变形监测，增加盐水温度和土体温度监测频率。

开挖的土方用翻斗车运至隧道口，吊至地面临时堆土场地，再集中运出场地。

5. 收尾工作

（1）冻结孔封孔。

停冻后应尽快割除隧道管片上的孔口管和冻结管，防止孔口管和冻结管周围冻结壁解冻漏水，割除点与管片内壁的距离不应小于 60 mm，割孔后要及时进行封堵。

冻结孔封堵主要步骤如下：

① 清除管片厚度范围内的孔口管及隔仓内已充填材料；
② 割除冻结管（割除深度大于孔口管 10 mm）并充填冻结管；
③ 在隔仓底部焊接 10 mm 厚钢板，并将连接钢板的螺纹钢锚入充填材料中；
④ 预埋 2 根注胶管；
⑤ 隔舱内充填 C30 混凝土；
⑥ 待管片与冻结壁交界面解冻后无渗水现象后停止注胶。

冻结孔应用压缩空气吹干管内盐水，用强度不低于 M10 的水泥砂浆压实充填封孔，充填长度应不小于管口以内 1.5 m，封孔要做好相应的充填、封孔记录。

第三节　监控监测

以海宁高铁站—长安镇站盾构区间风险源监控监测为例，对杭海城际铁路地下区间施工监控监测实施情况进行详细说明。

一、工程概况

（一）区间线路概况

海宁高铁站至长安镇站区间从海宁西站高架段接出，沿客专线向东敷设，沿线下穿沪杭高铁桩基和沪昆高速桩基接入长安镇站高架段。设计起点里程为 CK12+265.000，终点里程为右 CK14+031.000。该区间隧道分为盾构段和明挖段两部分，盾构区间长 646 m，中间设置一座联络通道。区间平面如图 47-80 所示。

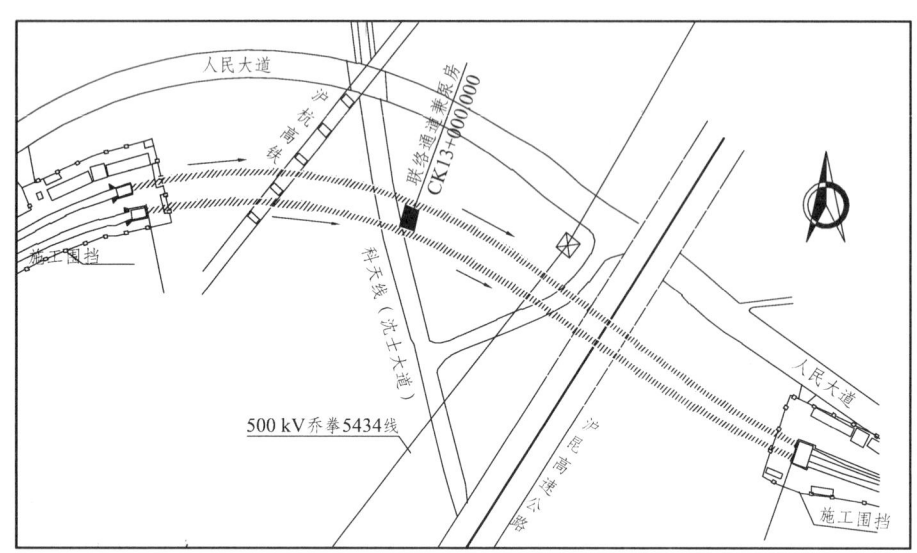

图 47-80 区间平面图

(二)重要风险源分析

1. 明挖段基坑重要风险源

明挖基坑主要风险源(风险工程)汇总见表 47-35。

表 47-35 明挖基坑主要风险源(风险工程)汇总

编号	风险源类别	风险源存在阶段	风险源描述	风险等级	监测措施
1	基坑自身	土方开挖阶段	基坑开挖引起支护桩的变形、支撑的轴力增加等	Ⅱ级	连续墙内布设测斜观测孔,测斜孔与连续墙等深;连续墙顶部布设竖向、水平位移监测点、并作为连续墙结构深层水平位移监测孔的孔顶基点;支撑轴力监测:在第一道钢筋混凝土支撑埋设钢筋计,钢支撑埋设反力计,进行支撑轴力监测。监测数据出现异常及时加密监测频率
2	周边地表	连续墙施工、土方开挖阶段	坑外土体沉降将直接反映基坑安全	Ⅱ级	基坑周边布设沉降监测点,加强日常巡视,监测数据异常及时加密监测频率
3	坑外地下水位	土方开挖阶段	场地上部不均匀分布有上层滞水,局部分布连续,水量较大,处理不当易引起支护结构变形过大甚至失稳。	Ⅱ级	沿基坑周边布设坑外水位观测孔,水位监测点布置在帷幕的施工搭接处、转角处等有代表性的部位,位置在止水帷幕的外侧约 2 m 处,以便于观测止水帷幕的止水效果。监测数据出现异常及时加密监测频率

2. 盾构区间重要风险源

盾构主要风险源(风险工程)汇总见表 47-36。

表 47-36 主要风险源（风险工程）汇总

编号	风险源名称	风险源描述	风险等级	监测措施
1	隧道拼装环变形上部土体沉降	盾构隧道变形一般呈拱顶下沉、两侧扩张的横鸭蛋形变形；变形过大影响成环质量和运营使用。盾构掘进控制不好，土体地层损失率过大、地层扰动过大会引起地面隆起或沉降变化，进而影响邻近建筑物、管线安全	Ⅱ级	按断面进行上、下部对应点的隆沉测量及左右侧对应点的净空收敛测量；一般区段按10环间距布置拱底下沉与净空收敛断面；地表沉降监测点沿隧道中线每5环布设一点形成纵剖面；每30 m布设1个监测横断面。此断面在轴线左右两侧各布设6点，每点间距分别为2.5 m、3.5 m、5 m、5 m、5 m、5 m，每排断面布设根据现场情况布设18个沉降测点，区间共布设27个监测断面，上行线布设109个轴线监测点，下行线布设108个轴线监测点
2	盾构进出洞	进出洞是盾构施工的重大风险源，要求及时提供准确的监测数据为优化盾构掘进各项参数，为出洞安全状况提供监测信息	Ⅱ级	1）盾构进出洞段沿轴线按5环间距设置地表沉降测点；在加固区与非加固区加密设置1个监测主断面；在进出洞100 m范围内，每20 m各布设一个地表断面；沿隧道中线的监测点要求穿破路面硬壳层，要求能直接反应原状土体的及时变形情况； 2）进出洞段50环范围按5环间距设置拱顶、拱底隆沉和净空收敛断面
3	沪杭高铁	左线隧道距离575号桥桩最小距离6.5 m，左线隧道距离576号桥桩最小距离为6.2 m。右线隧道距离576号桥桩最小距离为6.9 m，右线隧道距离577号桥桩最小距离为6.1 m	Ⅰ级	桥墩设置6个沉降监测点；结合桥墩倾斜监测。铁路部门委托相关单位进行监测
4	沪昆G60高速	下穿G60沪昆高速，隧道左线边距桥梁桩基净距约6.2 m，右线边距桥梁桩基净距约5.9 m	Ⅰ级	桥墩设置31个沉降监测点；结合沉降差异监测
5	民房	左线隧道上方	Ⅱ级	建筑物设置6个沉降监测点；结合差异沉降监测，并观察测量裂缝情况
6	高压铁塔	距离左线盾构边线约21.8 m	Ⅱ级	建筑物设置4个沉降监测点；结合差异沉降监测

（三）周边环境

1. 明挖段基坑周边环境

小里程明挖段基坑周边现状为农田及绿化带，无建（构）筑物及管线。大里程区间右DK13+661～右DK13+681里程范围内存在笕河港，将永久改迁至施工影响范围以外。右线路两侧零星分布若干无名鱼塘，距线路中心50～100 m。右DK13+613存在一根横穿基坑的燃气管，将永久改迁至施工影响范围以外。

2. 盾构区间周边环境

（1）周边建（构）筑物情况。

下穿沪杭高铁，隧道左线边距桥梁桩基净距约5.4 m，右线边距桥梁桩基净距约6.5 m；下穿G60沪昆高速，隧道左线边距桥梁桩基净距约6.2 m，右线边距桥梁桩基净距约5.9 m。区间隧道主要影响范围内的建构筑物统计见表47-37。

表47-37 区间隧道主要影响范围内的建构筑物统计

建构筑物编号	建（构）筑物名称	建（构）筑物描述	与隧道最小平距	备注
1	沪杭高铁	575号桥桩为8根φ1 000钻孔桩，桩长85 m；576号桥桩为8根φ1 000钻孔桩，桩长70 m；577号桥桩为8根φ1 000钻孔桩，桩长69 m	左线隧道距离575号桥桩最小距离为6.5 m，左线隧道距离576号桥桩最小距离为6.2 m。右线隧道距离576号桥桩最小距离为6.9 m，右线隧道距离577号桥桩最小距离为6.1 m	下穿
2	沪昆G60高速	钻孔桩灌注桩，桩径为120 cm，桩长52.0 m	下穿G60沪昆高速，隧道左线边距桥梁桩基净距约6.2 m，右线边距桥梁桩基净距约5.9 m	下穿
3	简易民房	基础不详	左线隧道上方	下穿
4	高压铁塔	基础不详	距离左线盾构边线约21.8 m	侧穿

（2）周边管线情况

盾构区间左线320环处有一根500 kV乔拳5434线为架空线。该段落内无地下管线。

二、主要技术依据

（1）《杭州至海宁城际铁路工程第三方监测01标段招标文件》；
（2）《浙江杭海城际铁路工程监测管理办法（试行）》；
（3）《城市轨道交通工程安全监测技术规范》（GB 50911—2013）；
（4）《城市轨道交通工程测量规范》（GB/T 50308—2017）；
（5）《建筑基坑工程监测技术规范》（GB 50497—2009）；
（6）《建筑基坑支护技术规程》（JGJ 120—2012）；
（7）《城市测量规范》（CJJ/T 8—2011）；
（8）《工程测量规范》（GB 50026—2007）；
（9）《建筑变形测量规程》（JGJ 8—2016）；
（10）《国家一、二等水准测量规范》（GB/T 12897—2006）；

相关设计文件，国家、住房和城乡建设部、浙江省和杭州市有关部门的安全生产和文明施工规定。

三、监测技术设计及执行情况

（一）监测项目及精度

明挖基坑监测项目精度见表47-38。

表47-38 明挖基坑监测项目精度

序号	监测项目	位置或监测对象	仪器	监测精度
1	围护结构桩（墙）顶水平位移和沉降	围护结构桩（墙）顶	全站仪	1.5 mm
			水准仪	0.3 mm/km
2	围护结构桩（墙）水平位移	围护结构	测斜仪	系统精度0.25 mm/m，分辨率0.02 mm/500 mm

续表

序号	监测项目	位置或监测对象	仪器	监测精度
3	支撑轴力	钢管支撑和混凝土支撑	频率读数仪	%0.5F·S
4	立柱竖向位移	围护结构	水准仪	±0.3 mm
5	道路、地表沉降（或隆陷）	基坑周边地表	水准仪	±0.3 mm/km
6	地下水位	基坑周边	水位计	10 mm

盾构区间监测项目精度见表47-39。

表47-39 盾构区间监测项目精度

序号	监测项目	监测对象	监测仪器	精度要求
1	构筑物沉降	道路及地表、建（构）筑物、桥梁	水准仪	往返中误差小于0.3 mm/km
2	隧道沉降、收敛	隧道拱顶、拱底、侧壁	水准仪	往返中误差小于0.3 mm/km
			激光测距仪	±1 mm

（二）巡视对象及巡查内容

明挖基坑巡视内容见表47-40。

表47-40 明挖基坑巡视内容

序号	分类	巡视检查内容
1	自然条件	气温
		天气
		风级
2	支护结构	支护结构成型质量
		冠梁、支撑、围檩裂缝
		支撑、立柱变形
		止水帷幕开裂、渗漏
		墙后土体沉陷、裂缝及滑移
		基坑涌土、流砂、管涌
3	施工工况	土质情况
		地表水、地下水状况
		基坑降水、回灌设施运转情况
		基坑周边地面堆载情况
4	周边环境	地下管道破损、泄漏情况
		周边建（构）筑物裂缝
		周边地面裂缝、沉陷
		邻近施工情况
5	监测设施	基准点、测点完好状况
		观测工作条件
		监测元件完好情况

盾构区间巡视内容见表47-41。

表 47-41　盾构区间巡视内容

序号	分类	巡查内容
1	施工工况	盾构始发端、接收端土体加固情况
		盾构掘进位置（环号）
		盾构停机、开仓等的时间和位置
		联络通道开洞口的情况
		其他
2	管片变形	管片破损、开裂、错台情况
		管片渗漏水情况
		其他
3	周边环境	建（构）筑物、桥梁墩台或梁体、既有轨道交通结构等的裂缝位置、数量和宽度，混凝土剥落位置、大小和数量，设施能否正常使用
		地下构筑物积水及渗水情况，地下管线渗水、漏气情况。
		周边路面或地表裂缝、沉陷、隆起、冒浆的位置、范围等情况。
		河流湖泊的水位变化情况，水面有无出现漩涡、气泡及其位置、范围，堤坡裂缝宽度、深度、数量及发展趋势等
		工程周边开挖、堆载、打桩等可能影响工程安全的其他生成活动
		其他
4	监测设施	基准点、监测点的完好状况、保护情况
		监测元器件的完好情况、保护情况
		其他

（三）监测频率

监测频率应以能系统反映监测对象所测项目的重要变化过程，而又不遗漏其变化时刻为原则。

1. 明挖基坑监测频率

监测项目的监测频率应考虑工程等级、不同施工阶段以及周边环境、自然条件的变化。当监测值相对稳定时，可适当降低监测频率。对于应测项目，在无数据异常和事故征兆的情况下，监测频率见表 47-42。

表 47-42　监测频率表

监测内容	围护施工	降水	$H \leq 5$ m	$5 < H \leq 20$ m	底板浇筑后	支撑拆除期间
围护墙顶部水平位移			1 次/3 天	1 次/2 天	$1d < T \leq 14d$，1 次/2d；$14d < T \leq 28d$，1 次/3d；$28d < T$，1 次/5d；数据稳定后，1 次/月	1 次/2 天
围护墙顶部竖向位移			1 次/3 天	1 次/2 天		1 次/2 天
围护结构桩（墙）水平位移			1 次/3 天	1 次/2 天		1 次/2 天
支撑轴力			1 次/3 天	1 次/2 天		1 次/2 天
立柱竖向位移			1 次/3 天	1 次/2 天		1 次/2 天
水位观测（潜水、承压水）		1 次/3 天	1 次/3 天	1 次/2 天		1 次/2 天
周边地表沉降	1 次/7 天	1 次/3 天	1 次/3 天	1 次/2 天		1 次/2 天

说明：

（1）对监测成果每天进行分析处理，若发现异常立即调整相应监测频率与范围。

（2）上述提出的监测频率为通常条件下的抽检频率，具体根据监测数据和现场实际情况定；如遇到雨雪等恶劣天气或数据出现异常变化则相应调整监测频率。

（3）现场安全巡视频率：每天巡视一次，特殊情况加密巡视频率，其中一次需要和监理方、施工方、施工监测方人员一起进行。

（4）原则上对支撑轴力、围护结构桩（墙）体变形、坑外水位，第三方监测单位只测定初始值，之后根据现场施工监测数据的变化情况决定是否继续进行监测。

2. 盾构区间监测频率

在无数据异常和事故征兆的情况下，监测频率见表47-43。

表47-43 盾构工程地表环境监测频率

监测内容	第三方抽检频率	
	$L<5D$	$L>5D$
地表沉降	1次/1d	1次/（3～5）d，监测数据稳定后频率为1次/30 d
拱顶沉降、净空收敛		
周围环境		

注：L——开挖面至监测点的水平距离（m）；D——盾构法隧道开挖直径（m）。

当出现下列情况之一时，应提高相应监测项目的监测频率：

（1）监测数据达到报警值；

（2）市政管道出现泄漏；

（3）周边地面、构筑物出现开裂；

（4）隧道内出现管涌、渗漏或流沙等现象；

（5）出现其他影响危及周边环境安全的异常情况；

（6）施工期间，对周边重要的构筑物等根据监测数据情况，随时增加监测频率。

（四）巡视频率及监测周期

1. 巡视频率

基坑土坑开挖、隧道正常掘进期间，应保证每天一次，其余阶段可根据现场情况适时调整，但不小于每3天一次。每次巡视过程中均做好文字、照片记录，并填写日常巡视记录表。

2. 监测周期

监测周期从围护结构施工开始，直到地下工程完成顶板覆土且监测对象变形趋于稳定为止。第三方监测单位向杭海城铁公司和监理提交停测申请，经批准后可停止相应的监测工作。（注：变形趋于稳定是指监测速率趋于平稳，即水平、垂直位移监测数据在连续100 d内速率小于0.04 mm/d，一月内水位变化量小于20 cm。）

（五）基准点及监测点布设

基准点和监测点均由施工方按照设计要求进行布设。施工监测单位在关键施工节点之前一周内完成监测点的布设工作，在监测点布设完成后由施工单位向监理单位提出验收申请，由监理单位通知第三方监测单位参加监测点验收，验收不合格时，直接将验收结果、不合格原因及要求经监理、第三方监测单位签字确认后以书面形式返回施工单位，由施工单位重新布设监测点，之后重复以上流程，直至验收合格；经监理、第三方监测单位验收合格的监测点，经各方签字盖章后方可实施监测。

（六）监测控制标准及报警值

根据《杭海城际铁路工程第四标段基坑勘察、设计相关文件》《建筑基坑工程监测技术规范》（GB 50497—2009）对于基坑监测项报警值的规定以及施工图设计文件中给定的报警值，杭海城际铁路工程结构基坑各监测项目的控制值见表47-44～表47-63。

表47-44 监测项目控制值及报警值

序号	监测内容	日报警值	累计报警值	控制值	备注
1	基坑周围地表沉降监测	±3 mm/d	±28 mm	±35 mm	
2	围护结构墙顶水平位移监测	±2 mm/d	±25 mm	±30 mm	
3	围护结构墙顶竖向位移监测	±2 mm/d	±12 mm	±15 mm	
4	地下水位监测	±500 mm/d	±800 mm	±1 000 mm	
5	围护结构桩（墙）水平位移	±2 mm/d	±32 mm	±40 mm	
6	立柱桩竖向位移	±2 mm/d	±16 mm	±20 mm	

表47-45 支撑轴力报警值（右DK12+790.415～DK12+808.588段）

工作井（连续墙围护段）				
名称		轴力值/kN	预加轴力/kN	报警值/kN
支撑	第1道支撑	1 337	0	1 070
	第2道支撑	1 477	360	1 181
	第3道支撑	1 959	450	1 568
	第4道支撑	2 681	750	2 145
换撑		1 500		

表47-46 支撑轴力报警值（右DK12+778.415～DK12+790.415段）

工作井（连续墙围护段）				
名称		轴力值/kN	预加轴力/kN	报警值/kN
支撑	第1道支撑	1 250	0	1 000
	第2道支撑	1 423	360	1 139
	第3道支撑	2 079	600	1 663
换撑		1 176		

表47-47 支撑轴力报警值（右DK12+724.000～DK12+778.415段）

工作井（连续墙围护段）				
名称		轴力值/kN	预加轴力/kN	报警值/kN
支撑	第1道支撑	1 250	0	1 000
	第2道支撑	1 423	360	1 139
	第3道支撑	2 079	600	1 663
换撑		1 176		

表47-48　支撑轴力报警值（右DK12+668.988～DK12+724.000段）

工作井（连续墙围护段）				
名称		轴力值/kN	预加轴力/kN	报警值/kN
支撑	第1道支撑	1 671	0	1 337
	第2道支撑	2 228	450	1 782

表47-49　支撑轴力报警值（雨水泵房）

工作井（连续墙围护段）				
名称		轴力值/kN	预加轴力/kN	报警值/kN
支撑	第1道支撑	1 800	0	1 440
	第2道支撑	2 495	500	2 000
换撑		1 400		

表47-50　支撑轴力报警值（右DK12+660.853～DK12+668.988段）

工作井（连续墙围护段）				
名称		轴力值/kN	预加轴力/kN	报警值/kN
支撑	第1道支撑	1 800	0	1 440
	第2道支撑	2 495	500	2 000
换撑		1 400		

表47-51　支撑轴力报警值（右DK12+620.688～DK12+660.853段）

工作井（连续墙围护段）				
名称		轴力值/kN	预加轴力/kN	报警值/kN
支撑	第1道支撑	1 671	0	1 337
	第2道支撑	2 228	450	1 782

表47-52　支撑轴力报警值（右DK12+595.688～DK12+620.688段）

工作井（连续墙围护段）				
名称		轴力值/kN	预加轴力/kN	报警值/kN
支撑	第1道支撑	1 300	0	1 040

表47-53　支撑轴力报警值（右DK13+453.853～DK13+467.862段）

工作井（连续墙围护段）				
名称		轴力值/kN	预加轴力/kN	报警值/kN
支撑	第1道支撑	820	0	660
	第2道支撑	1 056	300	850
	第3道支撑	1 610	450	1 288
	第4道支撑	2 990	750	2 393
换撑		1 365		

表47-54　支撑轴力报警值（右DK13+467.862～DK13+566.772段）

工作井（连续墙围护段）			
名称		轴力值/kN	预加轴力/kN	报警值/kN
支撑	第1道支撑	1 300	0	1 040
	第2道支撑	1 460	300	1 168
	第3道支撑	2 186	750	1 750

表47-55　支撑轴力报警值（右DK13+566.772～DK13+616.542段）

工法桩围护段			
名称		轴力值/kN	预加轴力/kN	报警值/kN
支撑	第1道支撑	1 102	0	882
	第2道支撑	1 242	450	993
	第3道支撑	2 116	600	1 693

表47-56　支撑轴力报警值（右DK13+616.542～DK13+687段）

工法桩围护段			
名称		轴力值/kN	预加轴力/kN	报警值/kN
支撑	第1道支撑	1 869	0	1 495
	第2道支撑	1 485	450	1 188
	第3道支撑	2 063	450	1 650

表47-57　支撑轴力报警值（右DK13+687～DK13+628.703段）

工法桩围护段			
名称		轴力值/kN	预加轴力/kN	报警值/kN
支撑	第1道支撑	1 263	0	1 010
	第2道支撑	1 807	450	1 445

表47-58　支撑轴力报警值（右DK13+628.703～DK13+709.671段）

工法桩围护段			
名称		轴力值/kN	预加轴力/kN	报警值/kN
支撑	第1道混凝土支撑	1 040		1 150
	第2道混凝土支撑	2 800		3 080
	第2道钢支撑	1 807	450	1 445

表47-59　支撑轴力报警值（雨水泵房1）

工法桩围护段			
名称		轴力值/kN	预加轴力/kN	报警值/kN
支撑	第1道支撑	1 040		1 150
	第2道支撑	2 800		3 080

表 47-60 支撑轴力报警值（雨水泵房2）

工法桩围护段				
名称		轴力值/kN	预加轴力/kN	报警值/kN
支撑	第1道支撑	1 263		1 010
	第2道支撑	1 807	450	1 445

表 47-61 支撑轴力报警值（右 DK13+709.671～DK13+754.921 段）

工法桩围护段				
名称		轴力值/kN	预加轴力/kN	报警值/kN
支撑	第1道支撑	1 375	0	1 100
	第2道支撑	1 361	300	1 089

表 47-62 支撑轴力报警值（右 DK13+754.921～DK13+879.402 段）

工法桩围护段				
名称		轴力值/kN	预加轴力/kN	报警值/kN
支撑	第1道支撑	1 200		965

表 47-63 隧道监测项目控制值标

序号	类别	监测项目	监测内容	控制值（绝对值）			变化速率 /（mm/d）
				累计值			
				预警值/mm	报警值/mm	控制值/mm	
一、周边环境							
1	地表	道路和地表沉降	标高绝对变化量	隆起：+6 沉降：-20	隆起：+8 沉降：-24	隆起：+10 沉降：-30	隆起：+3 沉降：-3
2	建（构）筑物	构筑物	沉降	隆起：+7 沉降：-7	隆起：+8 沉降：-8	隆起：+10 沉降：-10	隆沉：±2
			倾斜	—	1.0‰	2.0‰	—
		沪杭高铁	沉降	—	—	隆起：+1 沉降：-1	—
			倾斜	不允许			
		沪昆高速	沉降	隆起：+2 沉降：-2	隆起：+2.4 沉降：-2.4	隆起：+3 沉降：-3	隆沉：±1.5
			倾斜	不允许			
二、盾构隧道自身							
3	盾构隧道	拱底沉降	标高绝对变化量	隆沉：±8	隆沉：±10	隆沉：±12	隆沉：±2
4		净空收敛	隧道净空位移变化值	隆沉：±8	隆沉：±10	隆沉：±12	隆沉：±2

注：① 当各项累计变化量或变化速率（连续2天）达到报警指标的85%时，发预警信号，提请有关方注意。
② "+"为上升，"-"为向下降或"+"为扩，"-"为收。

根据设计单位提出的监控量测控制值,将施工过程中监测点的预警状态按严重程度由小到达分为三级:

(1)黄色监测预警:"双控"指标(变化量、变化速率)均超过监控量测控制值的70%,或双控指标之一超过监控量测控制值的85%;

(2)橙色监测预警:"双控"指标(变化量、变化速率)均超过监控量测控制值的85%,或双控指标之一超过监控量测控制值;

(3)红色监测预警:"双控"指标(变化量、变化速率)均超过监控量测控制值,或实测变化速率出现急剧增长。

(七)监测作业实施情况

1. 围护结构墙顶水平位移监测

监测点采用极坐标法观测,在选定的工作基点上安置全站仪,精确整平对中,瞄准另一个工作基点作为起始方向,并用其他工作基点作检核,测定各监测点坐标,将位移矢量投影至垂直于基坑的方向,根据各期与初始值比较,计算出监测点向基坑内侧的变形量。

2. 围护结构墙顶竖向位移监测

采用几何水准法。观测过程中的主要技术要求见表47-64。

表47-64 竖向位移监测网主要技术要求

序号	项目	限差
1	监测点与相邻基准点高差中误差	1.0 mm
2	每站高差中误差	0.30 mm
3	往返较差及环线闭合差	$\pm 0.6\sqrt{n}$ mm(n 为测站数)
4	检测已测高差较差	$\pm 0.8\sqrt{n}$ mm(n 为测站数)
5	视线长度	50 m
6	前后视的距离较差	2.0 m
7	任一测站前后视距差累计	3 m
8	视线离地面最低高度	0.3 m

3. 围护结构墙体水平位移监测

监测仪器采用 CX-08A 型测斜仪及配套 PVC 测斜管,系统精度为±3 mm/50 m,分辨率 0.02 mm/500 mm。

观测方法如下:

先用模拟测头检查测斜管导槽。然后使测斜仪测读器处于工作状态,将测头导轮插入测斜管导槽内,缓慢地下放至管底,然后由管底自下而上沿导槽全长每隔 0.5 m 读一次数据。测读完毕后,将测头旋转 180°插入同一对导槽内,以上述方法再测一次。

4. 支撑轴力监测

利用频率接收仪测量轴力计/钢筋计的频率。对于混凝土支撑,主要采用钢筋计测量钢筋的应力,然后通过钢筋与混凝土共同工作、变形协调条件反算支撑的轴力。

5. 立柱竖向位移监测

竖向位移监测采用水准测量方法,监测方法、数据处理及分析与围护结构墙墙顶竖向位移监测相同。

6. 地表沉降监测

该项目地表沉降变形监测基准网与墙顶竖向位移监测基准网共用,布设形式、布置原则与墙顶竖向位移监测相同。高程基准点、工作基点同监测点一起布设成独立的闭合环、或形成由附合路线构成的结点网。

在基坑 3 倍开挖范围内,无建构筑物,周边环境简单,按监测剖面成组布置,每个剖面上监测点数量为 4 个。测点布置距离地下基坑围护墙大致为 3 m、5 m、5 m、5 m,部分位置设置 2 个地表竖向监测点,监测方法、数据处理及分析与围护结构墙墙顶竖向位移监测相同。

7. 地下水位监测

地下水水位监测采用水位计,水位计的工作原理是在已埋设好的水管中缓慢向下放入水位计测头,当测头接触到水面时,启动讯响器,此时读取测量皮尺在管顶位置的读数,每次读取管顶读数对应的管顶位置应一致,并固定读数人员。根据管顶高程、管顶与地面的高差,即可计算地下水位的高程和埋深。

8. 建(构)筑物沉降监测

建(构)筑物竖向位移监测点布设在外墙或承重柱上,且位于主要影响区时,监测点沿外墙间距宜为 10~15 m,或每隔 2 根承重柱布设 1 个监测点;位于次要影响区时,监测点沿外墙间距宜为 15~30 m,或每隔 2~3 根承重柱布设 1 个监测点,监测方法、数据处理及分析与围护结构墙墙顶竖向位移监测相同。

9. 拱顶、拱底沉降监测

拱底测点预埋件的埋设主要为基点与测点的埋设,先在隧道拱底以上约 0.6 m 侧面布设监测点,用电钻钻 $\phi 40 \sim 50$ mm 深 60 mm 的孔,在孔内填塞满水泥砂浆后插入预埋件并固定牢靠。埋设时应使预埋件轴线垂直拱顶,待砂浆凝固后即可进行量测,监测方法、数据处理及分析与围护结构墙墙顶竖向位移监测相同。

10. 管片收敛监测

在侧墙或管片上钻孔,深度应不大于 50 mm,不小于 30 mm,外露不大于 20 mm,并在管片或侧墙做明显标识,埋设时点位应稳固,采用手持激光测距仪测量。

(八)监测信息反馈

该工程预警级别按工程风险由小到大分为:黄色预警、橙色预警、红色预警。由于建立了预防预警管理机制,及时预警及查找原因并采取应对处置措施,从根本上减少了重大事故的发生,通过参建各方的共同努力,施工全过程无人员伤亡事故发生。该标段施工期间共发生预警 2 次,其中红色预警 1 次,橙色预警 1 次。通过组织召开现场预警分析会,确定现场处置办法并跟踪措施落实情况的措施,工程总体结构安全基本得到了良好的控制。

四、监测成果分析与评述

(一)明挖基坑监测数据统计分析

明挖区间监测数据分析见表 47-65~表 47-68。

表 47-65 小里程基坑监测点累积变化统计

监测项目	监测点个数	累计变化最大监测点号	累计变化最大值
地表沉降	86	DBC6-1	−48.53 mm
墙顶水平位移	13	ZQS11	−5.50 mm
墙顶竖向位移	14	ZQC7	8.49 mm

续表

监测项目	监测点个数	累计变化最大监测点号	累计变化最大值
深层墙体水平位移	14	ZQT35	28.22 mm
混凝土支撑	15	ZCL17-1	3 657.00 kN
钢支撑	20	ZCL9-3	1 016.47 kN

表47-66 小里程基坑监测点变形趋势统计

监测项目				
地表沉降	累计变化区间/mm	<10	10～35	>35
	监测点个数/%	45	33	8
墙顶竖向位移	累计变化区间/mm	<4	4～7	>7
	监测点个数/%	5	4	4
墙顶水平位移	累计变化区间/mm	<3	3～5	>5
	监测点个数/%	4	3	1
深层墙体水平位移	累计变化区间/mm	<10	10～20	>20
	监测点个数/%	4	6	4
混凝土支撑	最大值区间/kN	<1 000	1 000～2 000	>2 000
	监测点个数/%	1	4	10
钢支撑	最大值区间/kN	<500	500～1 000	>1 000
	监测点个数/%	17	2	1

小里程基坑地表沉降最大变形值为-48.53 mm，墙顶水平位移最大变形值为-5.50 mm，墙顶竖向位移最大变形值为 8.49 mm，深层墙体水平位移最大变形值为 28.22 mm，混凝土支撑最大值3 657.00 kN，钢支撑最大值 1 016.47 kN；地表沉降累计变化值大于控制值占比9%，其他监测项目变形值均小于控制值。

表47-67 大里程基坑监测点累计变化统计

监测项目	监测点个数	累计变化最大监测点号	累计变化最大值
地表沉降	95	DBC4-2	-22.05 mm
墙顶水平位移	13	ZQS4	7.77 mm
墙顶竖向位移	21	ZQC01	9.91 mm
深层墙体水平位移	26	ZQT26	24.83 mm
混凝土支撑	20	ZCL5-1	3 002.00 kN
钢支撑	17	ZCL4-2	1 632.59 kN

表47-68 大里程基坑变化区间统计

地表沉降	累计变化区间/mm	<3	3～7	>7
	监测点个数/%	30	49	16
墙顶竖向位移	累计变化区间/mm	<3	3～6	>6
	监测点个数/%	6	11	4

续表

墙顶水平位移	累计变化区间/mm	<0.5	0.5～3	>3
	监测点个数/%	5	4	4
深层墙体水平位移	累计变化区间/mm	<10	10～20	>20
	监测点个数/%	14	8	4
混凝土支撑	最大值区间/kN	<1 000	1 000～2 000	>2 000
	监测点个数/%	10	6	5
钢支撑	最大值区间/kN	<500	500～1 000	>1 000
	监测点个数/%	5	7	5

大里程基坑地表沉降最大变形值为-22.05 mm，墙顶水平位移最大变形值为 7.77 mm，墙顶竖向位移最大变形值为 9.91 mm，深层墙体水平位移最大变形值为 24.83 mm，混凝土支撑最大值 3 002.00 kN，钢支撑最大值 1 632.59 kN，各监测项目变形值均小于控制值。

基坑施工过程中，对基坑围护结构及周边环境进行了持续监测，基坑底板施工完成后各监测项目变化趋于稳定，施工过程中受大型车辆碾压，导致个别地表沉降监测点累计变化超过控制值，其他各监测项目累计变化均未超过控制值。

（二）盾构区间监测数据统计分析

盾构区间监测数据统计分析见表 47-69～表 47-72。

表 47-69　盾构区间左线监测点累积变化统计

监测项目	监测点个数	累计变化最大监测点号	累计变化最大值/mm
地表沉降	376	DBCS165	87.22
高铁墩柱沉降	6	JGC1-3	-0.60
高速墩柱沉降	32	JGC04-30	-1.62
管线沉降	8	GXC-DL02	29.24
房屋沉降	6	JGC02-03	-19.48
拱底沉降	67	GGC-L25	2.95
拱顶沉降	57	GGD-L80	-4.03
隧道收敛	67	GGJ-L110	-7.00

表 47-70　盾构区间左线监测点变形趋势统计

地表沉降	累计变化区间/mm	<10	10～30	>30
	监测点个数/%	243	104	29
高铁墩柱沉降	累计变化区间/mm	<0.1	0.1～0.2	>0.2
	监测点个数/%	1	4	1
高速墩柱沉降	累计变化区间/mm	<0.5	0.5～1.5	>1.5
	监测点个数/%	20	10	2
管线沉降	累计变化区间/mm	<10	10～20	>20
	监测点个数/%	2	4	2

续表

	最大值区间/kN	<3	3～8	>10
房屋沉降	监测点个数/%	1	4	1
拱底沉降	最大值区间/kN	<0.5	0.5～2	>2
	监测点个数/%	18	37	12
拱顶沉降	最大值区间/kN	<0.5	0.5～2	>1
	监测点个数/%	11	32	14
隧道收敛	最大值区间/kN	<1	1～2	>2
	监测点个数/%	26	36	5

左线隧道施工过程中：地表沉降最大变形值为 87.22 mm，管线沉降最大变形值为 29.24 mm，房屋沉降最大变形值为 -19.48mm，拱底沉降最大变形值为 2.95 mm，拱顶沉降最大变形值为 -4.03 mm，隧道沉降最大变形值为 -7.00 mm，地表沉降累计变化值大于控制值占比 8%，其他监测项目变形值均小于控制值。

表 47-71　盾构区间右线监测数据统计

监测项目	监测点个数	累计变化最大监测点号	累计变化最大值/mm
地表沉降	382	DBCX20	-158.22
管线沉降	8	GXC-GS06	-70.56
房屋沉降	6	JGC02-01	0.93
拱底沉降	46	GGC-R60	1.74
拱顶沉降	31	GGD-R120	-2.18
隧道收敛	47	GGJ-R170	-4.00

表 47-72　盾构区间右线监测点变形趋势统计

地表沉降	累计变化区间/mm	<10	10～30	>30
	监测点个数/%	258	98	26
管线沉降	累计变化区间/mm	<10	10～30	>30
	监测点个数/%	2	3	3
房屋沉降	最大值区间/kN	<0.3	0.3～0.8	>08
	监测点个数/%	1	3	2
拱底沉降	最大值区间/kN	<0.5	0.5～1	>1
	监测点个数/%	27	12	7
拱顶沉降	最大值区间/kN	<0.5	0.5～1	>1
	监测点个数/%	15	7	9
隧道收敛	最大值区间/kN	<1	1～2	>2
	监测点个数/%	11	31	5

右线隧道施工过程中：地表沉降最大变形值为 -158.22 mm，管线沉降最大变形值为 -70.56 mm，房屋沉降最大变形值为 -0.93 mm，拱底沉降最大变形值为 1.74 mm，拱顶沉降最大变形值为 -2.18 mm，隧道沉降最大变形值为 -4.00 mm，地表沉降累计变化值大于控制值占比 7%，3 个管线沉降监测点累

计变化超过控制值，其他监测项目变形值均小于控制值。

沪杭高铁、高速桥墩监测数据统计见表 47-73。

表 47-73 沪杭高铁、高速桥墩监测数据统计

监测项目	监测点个数	累计变化最大监测点号	累计变化最大值/mm
高铁墩柱沉降	6	JGC1-4	-0.46
高速墩柱沉降	32	JGC04-30	-2.44

沪杭高铁、高速桥墩监测点变形趋势统计见表 47-74。

表 47-74 沪杭高铁、高速桥墩监测点变形趋势统计

高铁墩柱沉降	累计变化区间/mm	<0.2	0.2~0.4	>0.4
	监测点个数/%	3	2	1
高速墩柱沉降	累计变化区间/mm	<1.0	1.0~1.5	>1.5
	监测点个数/%	14	10	8

盾构施工过程中，沪杭高铁墩柱沉降最大变形值为-0.46 mm；沪杭高速墩柱沉降最大变形值为-2.44 mm。

联络通道监测点累积变化统计见表 47-75。

表 47-75 联络通道监测点累积变化统计

监测项目	监测点个数	累计变化最大监测点号	累计变化最大值/mm
地表沉降	65	DBC4-2	-12.56
拱底沉降	24	GGC21	2.79
拱顶沉降	24	GGC21	2.68
隧道收敛	24	GGJ06	-3.00

联络通道监测点变化区间统计见表 47-76。

表 47-76 联络通道监测点变化区间统计

地表沉降	累计变化区间/mm	<3	3~10	>10
	监测点个数/%	11	45	9
拱底沉降	最大值区间/kN	<0.5	0.5~1	>1
	监测点个数/%	3	11	10
拱顶沉降	最大值区间/kN	<0.5	0.5~1	>1
	监测点个数/%	5	9	10
隧道收敛	最大值区间/kN	<1	1~2	>2
	监测点个数/%	8	13	3

联络通道施工过程中：地表沉降最大变形值为-12.56 mm，拱底沉降最大变形值为 2.79 mm，拱顶沉降最大变形值为 2.68 mm，隧道沉降最大变形值为-3.00 mm，各监测项目变形值均小于控制值。

隧道施工过程中，对基坑围护结构及周边环境进行了持续监测，通过对监测数据的统计分析，隧道内各监测点变形值均小于控制值，隧道本体结构稳定；周边建筑物沉降变化值均小于控制值，隧道施工对周边建筑物影响较小。

五、总体评价及经验教训

（一）总结评价

1. 明挖基坑工程主要变形规律

（1）基坑开挖时围护结构变形较小，基坑安全受控；对周边环境影响随距离基坑距离的增大而减小。

（2）基坑围护结构监测点变形较小，开挖后土层压力释放，围护结构轻微上浮。

（3）深层墙体水平位移向基坑内侧变化，基坑底部上方 2～3 m 累计变化值最大，均未超过控制值。

2. 隧道工程主要变形规律

（1）隧道正上方地表沉降监测点累计变化量最大，且以隧道正上方为中心沿垂直隧道向两侧变化量逐渐减小。

（2）施工过程中，盾构机刀盘位置地表沉降监测点上浮，盾构机后方地表沉降监测点下沉，盾构机后方大于 50 m 范围内地表沉降监测点变化趋于稳定。

（3）隧道周边建筑物（高铁桥墩、高速桥墩、房屋）沉降平稳，且各监测点沉降趋势一致，未发生倾斜。

3. 监测管理

第三方监测项目部通过风险评估、动态监控、监测管理、监控图表、四级预警、巡检闭合、应急体系等方面工作有效开展全面的监测监控工作；监测数据及巡视情况以电子档形式上报杭海城铁公司安质部；监测数据报警，第三方监测单位以书面形式向施工单位下发报警通知单，同时以书面形式向杭海城铁公司及监理汇报，由监理组织杭海城铁公司、监理单位、监测单位、施工单位等参建单位组织召开报警分析会，分析报警原因并提出合理化建议，严格落实报警、消警制度，确保监测数据的时效性，促进安全施工。

（二）经验教训

经过两年来的监测和监测管理工作实施，发现以下几点问题还需改进或强化：

（1）施工现场异常信息反馈机制等工作还需制定明确的标准或流程。

（2）现场监测点损坏严重或布设不符要求时，测点的及时恢复及整改督察工作不到位，建议建设单位制定合理的奖罚措施。

（3）隧道内施工期的监测工作实施较为困难，在施工期均存在积水、积泥、测点覆盖等情况，给监测工作实施带来较大困难，因此恳请各施工单位做好文明施工，提供良好的监测环境，以配合监测单位及时完成隧道内监测工作。

（4）施工方的监测方案编制内容还需进一步细化和完善，监测方案的审查工作还需进一步加强。

第四十八章 高架车站

杭州至海宁城际铁路呈东西走向，线路西起于杭州余杭高铁站，与杭州地铁1号线（远期9号线）换乘，线路出站后经由站前路→联杭路→人民大道→海宁高铁站→下穿沪杭高铁、沪杭高速公路→青年路→学院路→长安路→周王庙镇→上跨南排河→跨观潮大道→硖许公路→海州西路进入海宁市主城区，经中国皮革城后沿海州东路至碧云路，设近期终点站浙大国际学院站。线路西端预留西延伸条件，远期与杭州南北快线衔接换乘，东端预留向东延伸条件，线路全长46.38 km，设站13座（含1座预留站），其中地下车站4座，高架车站9座（含2座越行站、1座预留站），全线于盐官镇郭店村附近设车辆基地1座，控制中心设于车辆基地内，共设置主变电所2座，分别位于长安镇站和斜桥镇站附近。

杭海城际铁路工程高架车站优先采用"桥、建"分离形式。站厅层、设备用房、管理用房可依据实际情况灵活布置。屋面结构根据各站的建筑造型要求，可采用轻型钢网架结构或轻型刚架结构，上铺彩色压型钢板。高架车站结构方案汇总见表48-1。

表48-1 高架车站结构方案汇总

序号	车站名称	车站类型	车站形式	推荐结构型式	柱距	基础型式
1	许村镇站	中间站	路中侧式站	框架结构，三层，开字形双柱双悬挑结构	柱纵距12 m，柱横距5.6 m	钻孔灌注桩
2	海宁高铁站	中间站/换乘站	路中侧式站	框架结构，三层，开字形双柱双悬挑结构	柱纵距12 m，柱横距5.6 m	钻孔灌注桩
3	长安镇站	中间站	路中侧式站	框架结构，三层，开字形双柱双悬挑结构	柱纵距12 m，柱横距5.6 m	钻孔灌注桩
4	桑亭路	中间站	路中侧式站	桥建合一		
5	周王庙镇站	中间站	路中侧式站	框架结构，三层，两跨三柱落地结构。	柱纵距12 m，柱横距16.1 m	钻孔灌注桩
6	盐官镇站	中间站	路侧侧式站	框架结构，二层，T形双柱双悬挑结构框架结构	柱纵距12 m，柱横距5.6 m、8 m	钻孔灌注桩
7	桐九公路站	中间站	路中侧式站	框架结构，三层，开字形双柱双悬挑结构	柱纵距12 m，柱横距5.6 m	钻孔灌注桩
8	斜桥镇站	中间站	路中侧式站	框架结构，三层，两跨三柱落地结构	柱纵距12 m，柱横距16.1 m	钻孔灌注桩

第一节 主体结构施工

车站主体采用钢筋混凝土框架结构，其中横梁采用混凝土梁，框架柱采用矩形立柱，基础采用桩基础。高架车站主体结构为钢筋混凝土框架，主要施工工序为：先施工桩基础、承台、墩柱，再施工站厅层（包括站厅层框架梁、站厅楼板及站台梁和轨道梁基础等），站厅层施工完毕施工站台层（包括轨道梁及站台梁、站台楼板等），最后进行钢结构雨棚等屋架的安装施工。

一、施工准备

（1）组织编制专项施工方案及作业指导书，根据要求对预留后浇带一次性浇筑施工工艺组织专家进行评审。

（2）技术人员和现场施工人员全面熟悉设计文件及参考资料，掌握后浇带的具体尺寸、配筋及预埋件的情况，并充分了解设计意图。

（3）技术人员对图纸进行详细审核，并完成后浇带的位置、高程、尺寸、工程量等详细复核。

（4）由项目部技术人员组织现场施工人员进行三级施工技术交底和安全作业交底。

（5）施工班组人员、机械、设备进场，完成人员岗前培训和安全教育、健康体检，机械设备资料报备等工作。

（6）检验后浇带施工原材料进场，现场检查碗扣支架、模板、钢管、扣件等和见证取样检测。

（7）完成平面控制网复测及导线控制点加密工作。

（8）报批后浇带施工所采用膨胀混凝土配合比。

二、场地布置

（1）道路主干道沿线施工的车站在施工前同交管部门沟通，根据车站施工周期，合理组织设计交改方案，必要时在车站施工路口组织安保人员进行交通疏导。

（2）钢筋加工棚、材料堆放场地、机械停靠区域及民工生活区布置以"有利生产、方便生活、节能环保"的原则进行合理分区布置，垃圾收集、污水排放需满足市政部门要求。

（3）车站施工范围道路沿线采取防护措施设置，如位于现有通行道路上的车站施工期间应在其范围设置围挡以及必要的标识标牌。

三、施工要求

（1）后浇带支架施工须严格遵守施工技术规范及质量检验评定标准的要求，施工放样时，需注意衔接部位坐标及高程准确无误，并用多种可能的方法校核，仔细阅读设计图纸等有关设计文件，熟悉场地工程地质状况。

（2）施工前应检查模板、支架等规格、型号等是否满足施工及规范的要求。

（3）支架搭设前需保证地基承载力满足要求，施工期间加强对支架的检查。

（4）后浇带与楼板整体一次性浇筑成型，混凝土浇筑前需组织准备好各项工作，浇筑时需保证混凝土振捣密实、到位。

（5）在混凝土施工前根据设计图纸准确地对后浇带位置进行定位，后浇带与楼板位置处采用钢丝网进行隔离，防止浇筑时楼板普通混凝土与后浇带膨胀混凝土窜位。

（6）混凝土浇筑后严格按照审批后的施工方案及规范进行养护及保温，使工程施工质量满足设计及规范要求。

四、工艺流程

准备工作→定位放线，确定立杆位置→放置通长方木→搭设支撑架→安装梁底次主龙骨→安装底模→底模预检、起拱控制→绑扎梁钢筋并经验收合格→安装侧模→侧模次主龙骨→对拉螺栓→安装板底模板→全面检查安装质量验收→浇筑混凝土。

五、施工方法

（一）模板支架形式

杭海城际铁路车站工程属于超高超重支模架，在支架施工期间必须严格按照专家论证后的专项施工方案进行支架搭设，确保施工安全。

立杆的碗扣结点应由上碗扣、下碗扣、横杆接头和上碗扣限位销等构成，节点如图 48-1 所示，立杆碗扣节点间距按 0.6 m 模数设置。

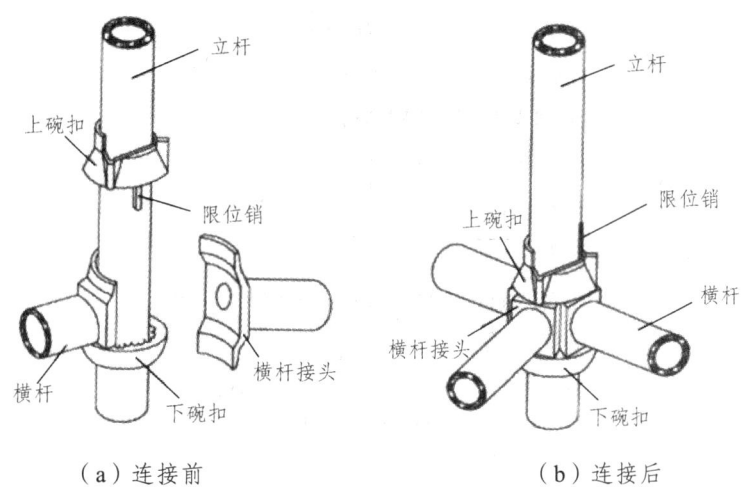

图 48-1　碗扣节点构成

（二）地基处理

标高 7.750 m 站厅层结构梁板支撑架立杆设置基础面上，承台地梁基础完成后，及时回填，需在夯实完毕后开始静力初探实验，地基承载力达到 250 kPa 后再进行下一道工序。用 C20 混凝土浇筑 200 mm 厚地坪，地坪四周设 300 mm×500 mm 的排水沟，以便雨水及时排除，确保地基的稳定。要等混凝土强度满足要求后方可进行支架搭设施工。立杆底部应设置可调底座或固定底座，满足支撑架搭设结构稳定要求。

其他楼层的支撑架立杆设置结构楼板时，应保证上下层支撑立杆在同一轴线上且相应二层楼板下的立杆支撑架不得拆除，待其上部楼板混凝土达到设计强度的 100%厚时下层立杆方可拆除。

支撑架搭设在斜面结构上时，应在浇筑斜面结构混凝土时按照支撑架立杆纵距预埋短钢筋，在搭设前使用圆盘锯对木方进行斜角切割，三角木方放在结构斜面上通过短钢筋限位不下滑以保证立杆底部平整。

（三）支架搭设

1. 碗扣架搭设

支架采用 WDJ 碗扣式钢管脚手架，采用 ϕ48 碗扣脚手架钢管壁厚 3.5 mm，钢管的端部切口平整，禁止使用有明显变形、裂纹和严重锈蚀的钢管。扣件按现行国家标准《钢管脚手架扣件》（GB 15831）的规定选用，且与钢管管径相配套的可锻铸铁扣件，严禁使用不合格的扣件。新扣件有出厂合格证、法定检测单位的测试报告和产品质量合格证，当对扣件质量有怀疑时，按现行国家标准《钢管脚手架扣件》（GB 15831）的规定抽样检测。旧扣件使用前进行质量检查，有裂缝、变形、锈蚀的严禁使用，出现滑丝的螺栓必须更换。

（1）测量定位。

支架体系搭设前应对支架体系进行预排，用全站仪根据方案中立杆纵向和横向间距进行现场定位，在地面上弹控制线或拉线进行控制，以保证架体搭设位置准确。

（2）安放可调底座。

按横向、纵向间距安放可调底座，以水准仪现场实际测设确定顶托、底座标高，调整好底座上可调螺帽位置，保证架体的统一平面。可调底座丝杆与螺母捏合长度不得少于 5 扣，可调螺杆插入立杆内的长度不得小于 150 mm，伸出长度不得大于 150 mm，螺杆应与立杆钢管上下同心，如图 48-2 所示。

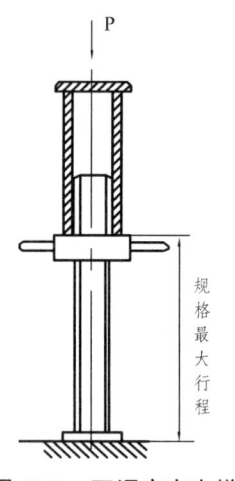

图 48-2　可调底座大样

（3）支架拼装。

① 安装前，检查脚手架有无弯曲、接头开焊、断裂等现象，无误后可实施支架体系的拼装。

② 起步立杆接长应采用不同型号杆件交错布置，相邻立杆接头应错开布置。

③ 搭设支架时要保证立杆的垂直偏差不大于架体高度的 1/600，待第一步架体拼装完成后，应调整所有立杆的垂直度和水平杆的平整度，待全部调整后方可拼装上一步支架。

④ 搭设支架时，立杆应根据实际情况采用不同的长度，以使立杆的接头得以错开。立杆接长必须采用立杆连接销。

⑤ 框体立杆底部距地面的高度应小于或等于 350 mm 处设置纵横扫地杆。在立杆顶端碗扣处应设置一道水平杆作为封顶杆；封顶杆应向板底立杆双向延长不少于 2 个跨距并与立杆固定；立杆上端包括可调托撑杆伸出顶层水平杆中心线至支撑点的长度不应超过 650 mm。

⑥ 根据立杆及横杆的设计组合，从底部向顶部依次安装立杆、横杆，杆件安装横平竖直。先全部装完一个作业面的底部立杆及部分横杆，再逐层往上安装，同时安装所有横杆。立杆和横杆安装完后，安装剪刀撑，以保证支架的稳定性，通过扣件与碗扣支架连接，安装时尽量布置在支架节点上，最顶上一个步距加密。

⑦ 模板支架立杆基础不在同一高度时，必须将高处的扫地杆与低处水平杆拉通，当地基高差较大时，可利用可调底座调整立杆，使相邻立杆上安装同一根水平杆的碗扣在同一水平面，模板支架及

脚手架地基基础验收合格方可使用。

⑧ 支架与桥墩连接：为确保支架在浇筑混凝土时纵向稳定性，方案采取将支架端头与墩柱联成一片的办法。支架搭好后，用碗扣架将支架端头与墩柱围成回字形的抱柱结构措施，如图 48-3 所示，增强支架纵向稳定性，层高和间距与支架相同。

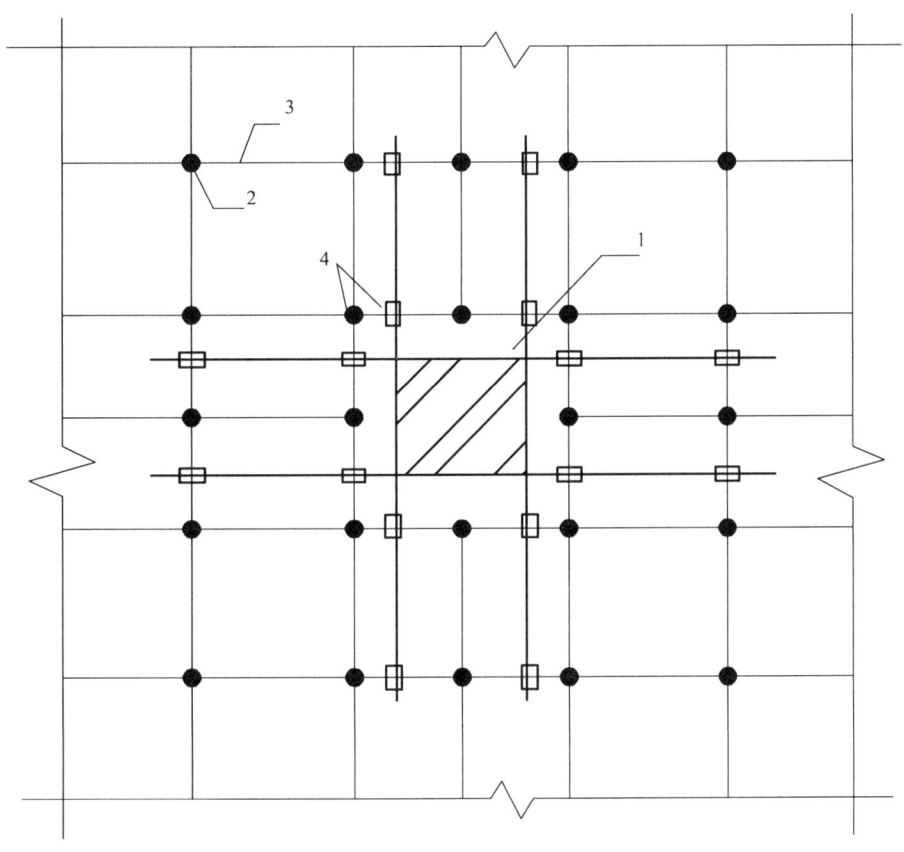

1—结构柱；2—立杆；3—水平杆；4—扣件。

图 48-3　抱柱措施

⑨ 抱柱结构采用每 2 步一抱箍的形式进行拉结。

（4）安装顶层可调顶托。

拼装到顶层立杆后，即可装上顶层可调顶托，并依据设计标高将各顶托顶面调至设计标高位置，可调顶托与底座规范要求一致，立杆插入钢管内长度不得小于 150 mm，伸出立杆长度不得大于 30 cm、也不得小于 10 cm。

（5）剪刀撑安装。

① 为保证支架的稳定性，在纵横向布设竖向钢管剪刀撑，剪刀撑用长度不小于 6 m，直径为 $\phi 48$ 普通钢管连续布置，与地面成 45°～60°倾角，上至底板，下至地面，每一处与碗扣架连接处用扣件紧固，加强架体的稳定性，竖向剪刀撑间距不大于 4.5 m。

② 脚手架在外侧立面各设置一道剪刀撑，并由底至顶连续设置。

③ 水平剪刀撑按照不大于 4.8 m 布设一道；顶端和底部必须设有水平剪刀撑。

④ 剪刀撑采用搭接接长，搭接长度应大于 100 cm，搭接处应等间距设置 3 个旋转扣件扣紧，扣件边缘至杆端距离应大于 10 cm。

（6）支架附属设施构造应符合下列规定：

支架顶面四周应采用密目式安全网进行封闭，平台面应满铺脚手板并在四周设置高度不小于18 cm的挡脚板。

① 脚手板的长度宜大于2 m，并应支承在三根以上水平杆上，且与水平杆连接固定。

② 脚手板铺设宜采用搭接方式，搭接接头应设置在水平杆上，搭接长度应大于20 cm，接头伸出水平杆的长度不应小于10 cm。

③ 挡脚板应设置在支架立杆的内侧并固定在立杆上。

④ 作业平台的临空面应设置高度不小于1.2 m的防护栏杆。栏杆的立柱与支架应连接牢固，立杆顶部和中部内侧应各设置一道水平杆。

2. 扣件式支架

安装步骤：在牢固的地基弹线、立杆定位→摆放扫地杆→竖立杆并与纵向扫地杆扣紧→装扫地横向杆，并与立杆和扫地杆扣紧→装第一步纵向杆并与各立杆扣紧→安第一步横向杆→安第二步纵向杆→安第二步横向杆→加设临时斜撑杆，上端与第二步纵向杆扣紧（装设与柱连接杆后拆除）→安第三、四步纵向杆和横向杆→安装二层与柱拉杆→接立杆→加设剪力撑→铺设脚手板，绑扎防护及挡脚板、立挂安全网。

（1）按施工设计放线、铺垫板、设置底座或标定立杆位置。

（2）周边脚手架应从一个角部开始并向两边延伸交圈搭设；一字形脚手架应从一端开始并向另一端延伸搭设。

（3）应按定位依次竖起立杆，将立杆与纵、横向扫地杆连接固定，然后装设第（1）步的纵向和横向平杆，随校正立杆垂直之后予以固定，并按此要求继续向上搭设；

（4）在设置第一排连墙件前，一字形脚手架应设置必要数量的抛撑；以确保构架稳定和架上工作人员的安全。边长≥20 m的周边脚手架，亦应适量设置抛撑；

（5）剪刀撑、斜杆等整体拉结杆件和连墙件应随搭升的架子一起及时设置。

（6）脚手架处于顶层连墙点之上的自由高度不得大于6 m。当作业层高出其下连墙件2步或4 m以上、且其上尚无连墙件时，应采取适当的临时撑拉措施。

（7）脚手板或其他作业层板铺板的铺设应符合以下规定：

① 脚手板或其他铺板应铺平铺稳，必要时应予绑扎固定。

② 脚手板采用对接平铺时，在对接处，与其下两侧支承横杆的距离应控制在100～200 mm之间；采用挂扣式定型脚手板时，其两端挂扣必须可靠地接触支承横杆并与其扣紧。

③ 脚手板采用搭设铺放时，其搭接长度不得小于200 mm，且在搭接段的中部应设有支承横杆。铺板严禁出现端头超出支承横杆250 mm以上未作固定的探头板。

④ 长脚手板采用纵向铺设时，其下支承横杆的间距不得大于：竹串片脚手板为0.75 m；木脚手板为1.0 m；冲压钢脚手板和钢框组合脚手板为1.5 m（挂扣式定型脚手板除外）。纵铺脚手板应按以下规定部位与其下支承横杆绑扎固定：脚手架的两端和拐角处；沿板长方向每隔15～20 mm；坡道的两端；其他可能发生滑动和翘起的部位。

⑤ 采用以下板材铺设架面时，其下支承杆件的间距：竹笆板不得大于400 mm、七夹板不得大于500 mm。

（8）装设连墙件或其他撑拉杆件时，应注意掌握撑拉的松紧程度，避免引起杆件和整架的显著变形。

（9）工人在架上进行搭设作业时，作业面上宜铺设必要数量的脚手板并予以临时固定。工人必须戴安全帽和佩挂安全带。不得单人进行装设较重杆配件和其他易发生失衡、脱手、碰撞、滑跌等不安全的作业。

（10）在搭设中不得随意改变构架设计、减少杆配件设置和对放大立杆纵距作≥100 mm的构架尺寸。

(四)模板施工

1. 技术准备

(1)投点放线:用经纬仪引测出柱轴线,并以该轴线为起点,引出其他各条轴线,然后根据施工图用墨线弹出模板的内边线和中心线,用于模板的安装和校正。

(2)标高测量:根据模板实际的要求用水准仪把水平标高直接引测到模板安装位置。在无法直接引测时,采取间接引测的方法,用水准仪将水平标高先引测到过渡引测点,作为上层结构构件模板的基准点,来测量和复核其标高位置。

(3)找平:模板承垫底部预先找平,以保证模板位置正确,防止模板根部漏浆。找平方法是沿模板内边线用 1:3 水泥砂浆抹找平层,另外,在侧墙、柱部位,继续往上安装模板前,要设置模板承垫条,并用仪器校正,使其平直。

2. 材料准备

钢模用扣件与钢筋龙骨相连,要求模板在浇筑混凝土一侧平直、无翘曲,每次使用前模板面涂刷脱模剂,拆模后清除表面附渣,保持清洁和堆码整齐,螺杆根据要求分类加工。

3. 底板、底梁模板的支设

(1)底板模板用 15 mm 厚木胶合板和 100 mm×100 mm 木方支设,采用木方进行顶撑加固。在底板钢筋上放出底纵梁的边线,测设板顶的标高,并做好标记。在底板钢筋上焊接 $\phi 25$ 钢筋支架,使支架钢筋的上表面标高与底板混凝土的上表面标高相同,确保吊模底部标高的准确和浇筑混凝土时模板的稳定。作为受力点的钢筋桩用 $\phi 25$ 钢筋的木方顶撑焊接而成,要求钢筋桩焊接牢固。

(2)底梁模板用木方进行顶撑。第一道水平螺杆离底板面 30 cm。底梁模板支设完成后要仔细检查模板的垂直度和截面尺寸以及其支架的稳定,合格后才能进入下一步工序的施工。

4. 底板上侧墙倒角模板的支设

根据施工步序,底板上侧墙倒角与底板同时施工。此部分模板支设方法和底梁模板支设方法基本相同,具体如下:

在底板钢筋上放出墙的边线,测设板面的标高,并做好标记,在底板钢筋上焊接 $\phi 25$ 钢筋支架,使支架钢筋的上表面标高与底板板面标高相同。确保吊模底部标高的准确和浇灌混凝土时模板的稳定。同时木方顶撑是 $\phi 25$ 钢筋焊接而成钢筋桩作为受力点,要求钢筋桩焊接牢固。

5. 侧墙和中板模板支设

(1)站台侧墙、站台中板、梁模板支架采用 $\phi 48$ 碗扣钢管脚手架,脚手架满堂搭设。立杆纵横距按 1 000 mm 布置,纵横水平杆步距 400 mm,立杆下部 350 mm 处设纵横扫地杆。纵横向每隔 4 排设剪刀撑。立杆上端铺设方木,在其上安装模板。横向水平杆两端顶在站台墙侧模横檩,端头通过可调螺杆进行调解。

(2)模板采用 $\delta=20$ 多层压制烤漆板。站台墙模板内加钢筋支撑,保证墙的厚度及模板的稳定。

6. 柱模板的支设

柱为方型现浇柱。方形混凝土柱子的模板采用厚 18 mm 木胶板,支撑采用井字架和定位斜撑。进行柱施工时,对柱脚边不平整处,应用人工凿除松动混凝土,柱模固定时,应对准下面控制线,上部拉线,进行水平垂直校正。对同排柱模板应先装两端柱模板校正固定,拉通长线,校正中间各柱模板。

7. 梁、板模板的支设

(1)梁模板。

复核梁底标高并校正轴线位置无误后,搭设并调平梁和板的模板支架(安装水平拉杆),在横向型钢上铺放梁底板并固定,然后绑扎钢筋,梁高大于 60 cm 时,安装并用可调侧面支撑固定两侧模板,插入对拉螺栓套上套管。对于跨度 $L \geqslant 4$ m 或悬挑长度 $L \geqslant 2$ m 的梁,支模时按施工规范的要求起拱

$1L/1\,000 \sim 3L/1\,000$。

（2）板模板。

平面模板的变形控制在 5 mm 以内。板模板安装顺序见《梁模板支设示意图》。

（3）梁、板模板支设时注意事项。

梁与柱头模板的连接特别重要，采用专用木条镶拼，形成拼装准确，加固牢靠的专用柱头模板，确保柱头模板与柱模板拼接严密。

（4）支架搭设时注意事项。

严格按照设计好的方案搭设支架，不得随意加大木方、横杆、立杆的间距。剪刀撑从底到顶设置，斜杆除两端用旋转扣件与支架扣紧外，在中部还须有四个扣接点。搭设支架时，最上排横杆按规范要求起拱。扣件应清洗上油，保证无滑丝，保证立杆扣件的拧紧程度，并使用 40 N·m 的扭力扳手抽查扣件的拧紧程度是否符合要求。

立杆间距误差不得超过±10 cm。水平横杆竖向间距误差不得超过±10 cm。在整个施工过程中，派专人检查钢管架的结构情况和螺栓的松紧程度，发现问题，及时处理。

（五）支架预压

1. 支架体系预压目的

（1）通过预压，取得数据，指导施工。

（2）根据设计要求和施工需要，支架体系搭设完成后，应进行支架体系的堆载预压。支架预压已越来越被证实是非常重要的，因为计算支架沉降量的计算公式均是近似的、精度有限，通过预压后可以消除非弹性变形，得出弹性变形的较准确的数值。为所施工的结构支架预拱度及架体沉降量提供参考数据，更接近于设计提供了有利条件，并保证施工期间的结构安全。

（3）预压期间测量人员按测设的观测点进行测量复核，待荷载卸下后，再对原测设的观测点进行复核，并将历次所测结果进行分析比较，计算出支架受压后的压缩变形，包括两部分的变形：非弹性变形和弹性变形。

（4）对于非弹性变形经过预压试验后可消除，不致使箱梁浇筑后造成箱梁裂缝。而对于弹性变形可根据测量结果在支设模板时适当抬高底模标高即可，保证在箱梁浇筑混凝土后，箱梁的底板标高能达到设计标高。

（5）根据实际施工情况，支架预压应选取提前施工的箱梁部位进行支架预压试验。

2. 支架预压方法

盖梁支架搭设完成后，须支架进行预压，支架预压重量按盖梁施工总荷载的1.1倍，采用碎石袋进行预压。支架预压以每个类型盖梁支架选取一个荷载最大的支架作为预压对象，消除支架的非弹性变形，并获取弹性变形参数，作为支架搭设及铺模的参考。

3. 加载及卸载顺序

参考其他工程的规范，对支架预压进行分级加载，拟采用三级加载，依次为单元内预压荷载值的60%、100%、110%进行加载及卸载，并测得各级荷载下的测点的变形值。

4. 观测布点要求

（1）观测点布设在主横梁上，纵梁、楼板支架的观测点设置于两端立柱处、跨中及 1/4 跨、3/4 跨处，盖梁支架监测点设置于立柱处、1/4 跨、3/4 跨及悬臂端。门洞处的支架检测点设置于门洞钢管处及门洞跨中处。

（2）支架沉降监测点分别在支架顶和底各设一个监测点。

5. 加载方法

（1）支架体系预压采用加载碎石袋。支架搭设完成后，铺设底模纵、横肋，安装模板，在模板上堆载预压。采用碎石袋加载时需要底部需要利用方木垫支，以免发生对模板的损坏。

（2）加载时要尽量符合浇筑混凝土的状态，按每级加载进行底模变形观测，并做详细记录。

（3）加载量要根据各断面实际荷载及混凝土实际浇筑速度（每小时不超过1 m）进行加载。

（4）开始加载前、每级加载完毕1 h后进行支架的变形观测，当支架监测点12 h的沉降量平均差小于2 mm时，可进行下一级加载，支架预压荷载全部加载完成后，每4 h测量一次每个测点变形值，最后3天沉落量观测平均值不大于3 mm时，方可卸除预压荷载。

（5）预压荷载卸除时，应按加载预压时的分次分级逐步卸载，并在卸载的过程中做好沉降量观测，分级卸载观测点应与加载时沉落量观测点相同。根据加、卸载实测数据，绘制各测量点位的加、卸载过程变形曲线，计算支架的弹性变形，以此作为预拱度设置的依据。

（6）在预压前计算纵向长度单位横断面上荷载分布情况，其中顶板混凝土重量直接传送到底板上。腹板和隔墙处荷载比较集中，碎石袋堆放时要按照单位横断面荷载分布情况进行堆放，以便能真正模拟混凝土荷载，达到预压的目的。

（六）钢筋施工

1. 钢筋绑扎

钢筋绑扎前，应熟悉施工图纸，核对钢筋配料表和料牌；核对成品钢筋的钢种、直径、形状、尺寸和数量，如有错漏，应纠正增补；清理结构内杂物；检查结构位置、高程和模板支立情况，测放钢筋位置后方可进行绑扎。

结构采用双排钢筋网时，上下两排钢筋网之间应设置钢筋撑脚或混凝土撑脚，每隔1 m放置一个，大型基础底板或设置基础，应用$\phi 22 \sim 28$mm钢筋或型钢焊成的支架来支持上层钢筋网，支架间距为$0.8 \sim 1.5$ m。

（1）底板、底梁钢筋绑扎。

① 底板、底梁钢筋在垫层做好后进行。底板先绑扎底层钢筋，后扎上层钢筋，上下两层之间用$\phi 25$钢筋作支架，其间距为1 000 mm×1 000 mm，以确保两层钢筋网片之间的间距符合图纸要求，下层钢筋的垫块按设计的混凝土等级制作。底梁与底板钢筋绑扎同步，绑扎过程中，必须保证梁与板钢筋相对位置准确。

② 在绑扎底板钢筋后，在底板上预留侧墙及柱插筋，侧墙钢筋超出底板面50 cm后留接头，钢筋接头形式按设计要求留设，并错开布置。侧墙及柱钢筋用拉筋支撑加固，避免歪斜。

（2）中板和顶板，中梁和顶梁钢筋绑扎。

① 中板和顶板、中梁和顶梁钢筋在模板安装并检查合格后进行安装，安装方法同底板、底梁钢筋绑扎。

② 板底钢筋：短跨方向的钢筋布置在下，长跨方向的钢筋布置在上。

③ 板面钢筋：短跨方向的钢筋布置在上，长跨方向的钢筋布置在下。

（3）中柱钢筋绑扎。

中柱钢筋有两次接头，第一次为站台层与底板处的连接，第二次为站厅层与站台层处的连接，接头形式采用机械连接。施工时，必须保证钢筋机械连接质量和钢筋绑扎尺寸正确。

2. 绑扎质量控制

钢筋的交叉点用铁丝全部绑扎牢固，不得少于90%。钢筋绑扎接头搭接长度及误差应符合规范和设计要求，且铁丝扎头进入墙内，以免侵入保护层。

(七) 混凝土施工

站厅层、站台板下层混凝土强度等级为C40，楼梯混凝土强度等级为C35，过梁、构造柱、圈梁等混凝土强度等级为C25；站台板层混凝土强度等级C35。由于梁体混凝土数量较大，为保证灌注质量，施工采用泵送混凝土连续灌注、一次成型。混凝土灌注采用插入式捣器振捣密实，浇筑完成后表面应进行第二次赶压抹平。

另车站主体结构设计总长85.6 m，设计设置后浇带2道，在主体结构浇筑完成60天后进行后浇带浇筑，后因工期需要，提出将后浇带变更为"膨胀加强带"，具体施工措施为：加强带以外框架梁及楼板混凝土膨胀剂掺量为8%（限制膨胀率为0.015%），膨胀加强带处膨胀剂掺量为12%（限制膨胀率为0.025%）作为膨胀加强带处理，膨胀加强带使用比涉及混凝土强度高一等级的补偿收缩混凝土进行浇筑，加强带可在其他框架梁及楼板混凝土浇筑完成后进行浇筑，也可同其他框架梁及楼板混凝土同时浇筑，以此缩短施工周期。

通过在混凝土中掺加专用膨胀纤维防水剂提高混凝土的限制膨胀率，减少结构裂缝，从而实现提高大体积混凝土的抗裂能力、防水性能以及耐久性能。专用膨胀剂主要组分为特制硫铝酸盐熟料，参与水化反应放出的水化热较低，因此能更好地控制大体积混凝土的综合温差；同时膨胀剂内掺入聚丙烯纤维，与混凝土拌和后均匀分布在混凝土内部，纤维在混凝土中形成网状体系，增强了混凝土的抗裂性能。

1. 混凝土浇筑前准备

（1）板面清理：在具备浇筑条件后，采用手持式风机及洗车用手持式水枪对模板面进行全面清理，形成的污水及杂物通过预留的清扫孔排出。

（2）由于楼板浇筑面及混凝土量较大，需做好夜间浇筑的照明准备，施工现场夜间浇筑采用每20 m架设2个2 000 W金属氯化物灯作为主要照明工具，保证整个施工场地均有较好的照明。

（3）夏季施工时必须做好覆盖保湿塑料薄膜及土工布的准备，根据浇筑混凝土凝固情况，及时进行覆盖洒水养护。

（4）冬季施工时严格按冬季施工方案要求，提前做好材料准备。冬季混凝土浇筑时在混凝土初凝后先采用塑料布覆盖，随后在上部覆盖一层保温棉毡布，其余保温措施严格按冬季施工方案执行。

（5）安排专人在整个混凝土浇筑过程中检查支架、模板，出现问题及时通知停止浇筑，并立即处理。

（6）计划浇筑前，至少提前一天通知拌和站做好准备，保证混凝土连续供应；同时在施工现场准备一台100 kW发电机，以防施工过程中出现停电。

2. 混凝土的拌和

梁体混凝土由主线K27+700以北郭盐公路以西项目部自建的搅和站统一供应，拌制前检测砂石料的含水率，并对混凝土配合比进行调整。接到混凝土开盘通知后立即进行混凝土的拌和，拌制时严格按照试验室提供的施工配合比进行拌制，新拌制的混凝土在运输至现场之前需进行坍落度试验，确保坍落度满足配合比设计要求。

3. 混凝土的运输

（1）混凝土运输采用混凝土罐车运输，在装运混凝土前，认真检查运输设备内是否存留有积水，内壁粘附的混凝土是否清除干净。

（2）混凝土搅拌运输车运送混凝土时，运输过程中以2~4 r/min的转速搅动；当搅拌运输车到达浇灌现场时，应高速旋转搅拌20~30 s后再将混凝土拌和物卸入混凝土料斗中。

4. 混凝土浇筑

（1）混凝土浇筑顺序为：承台基础→一层立柱层板→一层梁板→二层立柱→二层梁板。

（2）底板混凝土浇筑：应遵循由一端到另一端，由中间向两侧的顺序，即混凝土由中间往两侧对称浇筑。

5. 混凝土的养护

（1）编制混凝土养生作业指导书，并报监理批准后严格执行。

（2）混凝土浇筑完后，应在 12 h 内采用土工布加以覆盖浇水，洒水次数以保证混凝土面一直处于湿润状态为宜，其混凝土养护时间不少于 7 d。

（3）养护用水的质量与拌制混凝土相同。每天浇水的次数，以能保持混凝土表面经常处于湿润状态为宜。

（4）当露天气温在 5 ℃ 以上的条件下时，可进行自然养护。板混凝土养护方法：采用土工布加以覆盖浇水，使混凝土在潮湿条件下养护，强度正常发展。

（5）当平均气温低于 5 ℃ 时，不得浇水养护，以防止突然降温使结构构件受冻。

（6）混凝土养护过程中，如发现护盖不好，浇水不足，表面出现泛白细小干缩裂缝，应立即仔细遮盖，充分浇水，加强养护，并延长浇水时间，加以补救。

（八）加强带施工工艺

选用膨胀防水剂→确定混凝土配合比及膨胀防水剂掺量→加强带设计及设置→混凝土整体浇筑→养护

1. 操作要点

（1）膨胀纤维防水剂的选用。

经过对多家膨胀纤维防水剂厂家产品的筛选，最终采用 HEA（EA-A-Ⅰ）膨胀纤维防水剂（以下简称 HEA）配制成补偿收缩混凝土。

HEA 纤维膨胀抗裂防水剂是由多种有机和无机组分配制而成的刚性抗裂防水材料，内掺型材料，含有纤维膨胀抗裂组分以及纤维 HCSA 膨胀剂，膨胀纤维，有机化合物、配有塑性膨胀组分、防渗减缩组分，将塑性膨胀、硬化后的膨胀与减缩有机结合起来，达到防水抗裂的双重目的。

（2）膨胀纤维防水剂各部位掺量的确认。

① 补偿收缩混凝土应用于梁板及膨胀加强带混凝土。膨胀加强带外侧采用小膨胀量混凝土（一般掺 HEA 8%～10%），膨胀加强带采用大膨胀量混凝土（掺 HEA 10%～12%）。

② 由于工程各结构部位混凝土的强度等级、抗渗标号不一，混凝土的收缩情况也不一样，必须对 HEA 选用合适的掺量以对混凝土进行恰到好处的补偿，掺量原则是补偿收缩要求越高，抗渗等级越高的混凝土掺量越高。

③ 车站主体工程后浇带以外的梁板混凝土膨胀剂掺量为 8%，后浇带的膨胀剂掺量为 12%作为膨胀加强带处理。膨胀加强带采用比设计混凝土强度高一等级的补偿收缩混凝土进行浇筑。

（3）加强带的设置。

根据《补偿收缩混凝土应用技术规程》，结合混凝土的实际抗裂计算分析以及工程实际情况，提出以下加强带设置方案：

① 保留原设计图纸中所有的沉降后浇带不变。

② 膨胀加强带间距不得超过 60 m，由于原设计图纸中伸缩后浇带设置间距在规程范围内，因此将所有伸缩后浇带原位变更为膨胀加强带，即膨胀加强带的位置均在原设计中所有的伸缩后浇带上。

（4）加强带的加强措施。

膨胀加强带内钢筋应贯通，并设置加强钢筋如图 48-4 所示。

在加强带两侧使用快易收口网把加强带带内与带外分开，带内按设计要求布置一定比例的加强钢筋。快易收口网的固定方法及现场施工如图 48-5 所示。

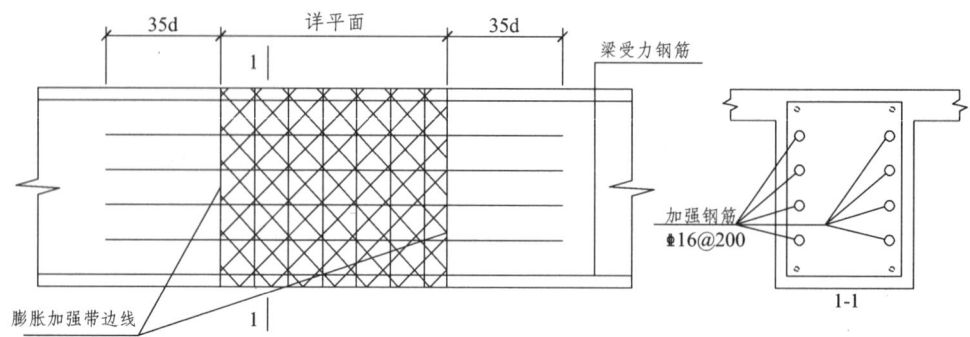

图 48-4　膨胀加强带加强钢筋示意

图 48-5　快易收口网的固定方法示意及现场施工

车站主体工程梁板及膨胀加强带混凝土进行整体连续浇筑,并按规范要求混凝土养护到位。车站主体采用 C40 高性能混凝土,后浇带采用比设计混凝土强度高一等级的补偿收缩混凝土进行浇筑。由于混凝土数量较大,为保证灌注质量,施工采用泵送混凝土连续灌注、一次成型,灌注时间不宜超过 10 h,混凝土灌注采用插入式振捣器振捣密实,浇筑完成后表面应进行第二次赶压抹平。混凝土整体连续浇筑及抹面施工现场如图 48-6 所示。

图 48-6　混凝土整体连续浇筑及抹面施工现场

(九) 预应力施工

1. 预应力筋绑扎定位

(1) 有黏结孔道在梁截面中水平方向应对称均匀布置,孔壁距梁侧不得小于 40 mm,且不宜小于孔道直径的一半,距梁底不得小于 50 mm,孔道竖向净距不应小于孔道外径,水平净距不应小于 1.5 倍孔外径,且不小于 80 mm。

(2) 杭海城际铁路工程梁中预应力筋为斜直线布筋,为保证斜直线形状较达到设计要求,应采用撑筋或马凳支架对预应力筋进行定位绑扎，特别是应在拐点设置支撑点。有黏结筋波纹管的支撑间距不宜大于 800 mm，支撑定位要求准确，允许垂直偏差±5 mm，允许水平偏差±10 mm，钢筋支撑应焊在箍筋上。

（3）当预应力筋铺设与普通钢筋的位置上有冲突时，应优先保证预应力筋的位置并及时与设计人研究处理。对于梁柱节点处，施工单位应事先绘制梁柱节点图，以免柱筋与顶应力筋波纹管及锚具相碰。

（4）有黏结筋的灌浆孔间距不宜大于 12 mm，曲线孔道的波峰部位应设置泌水管。张拉端应平滑过渡为直线段，且直线长度>300 mm，并与锚具面垂直，为了防止浇筑混凝土时水泥浆流入波纹管内，引起孔道塞和增加摩擦应力损失，必须确保波纹管的密封性能，在波纹管与灌浆孔的接头处应特别做好防水处理，并在浇筑混凝土前进行闭水检验。

（5）凡制作时需要预先起拱的构件，预留孔道应随构件同时起拱。

（6）预应力钢绞线穿束前应逐根理顺，预应力筋和波纹管应用机械方法切断，不得采用电弧切割。

（7）当预应力筋铺设，安装完成后，应进行隐蔽工程验收，当确认合格后方可浇筑混凝土。

2. 预应力筋张拉

（1）预应力梁的侧模及非预应力楼板底模（不含梁底模）应在张拉前全部拆除。施加预应力时，混凝土应达到设计强度的 100%。

（2）张拉控制应力均为 $0.70 f_{ptk}$，从应力为 0 开始张拉至 20%张拉吨位再张拉至 1 倍张拉控制应力。要求有黏结筋同一孔应整束同时张拉，不得采用单根张拉法。同一标高排列的预应力应从内至外选取的对称两根钢束同时张拉，避免梁在水平向受偏心荷载。张拉设备在使用前应进行标定，未经标定不得使用。在张拉前应对张拉端的混凝土质量进行检查，合格后方可进行张拉。引伸量的量测应测定钢绞线直接伸长值，不宜测千斤顶油缸的变位，为此应将钢绞线伸出千斤顶尾 10 cm，直接测定钢绞线在张拉前、初始张拉吨位、张拉吨位及锚固后四种情况的伸长值。如实际张拉引伸量与设计值相符，则不可进行张拉，直接在控制应力锚固。预应力孔道灌浆由下向上进行，确保砂浆饱满。

（3）在预应力工程全面施工前，应先进行实际张拉测试，实测数据正常后，方能进行全面施工。

（4）预应力筋的张拉管理采用应力控制、伸长值校核，实际伸长值与计算值的允许差为±6%，当超过该值时，应查明原因并采取措施后，方可继续张拉，预应力筋的张拉宜对称进行。预应力筋张拉时应逐根填写张拉记录。

（5）穿过后浇带的预应力筋应待后浇带封闭，且混凝土应达到设计强度的 100%后方可张拉预应力筋。

3. 预应力筋孔道灌浆及封锚

（1）灌浆应在穿入预应力筋后 48 h，或张拉后 24 h 内进行，以防止腐蚀。如果要超过上述时间才能灌浆，则要采取特殊的防侵蚀措施。灌浆孔道不得用水冲洗孔道，必要时可采用压缩空气清孔。

（2）预应力筋张拉完毕后灌浆时，为止孔道中的积水造成水泥浆的水灰比增大，应确保管道中不得积水。孔道灌浆要求密实。水泥浆进入灌浆机前，先用双层铁窗纱过滤，以免水泥浆中结块引起孔道堵塞。灌浆应缓慢均匀进行，不可中断。在灌浆时应注意灌浆压力为 0.5～0.6 MPa，如果超过此压力应停机，查明原因后方可继续灌浆。在预应力筋孔道灌满并封闭泌水孔后，再加压 0.5～0.6 MPa，并持压 3 min 左右封闭灌浆孔。过一段时间后打开泌水孔观察，如泌水较严重，可进行第二次补灌或从泌水孔用灌浆设备进行补灌。

（3）预应力筋张拉完毕后，用机械方法切断钢绞线的超长部分，预应力筋露出锚具夹片的长度不得小于 30 mm，并按要求封锚。对外凸式锚固端，应在浇筑混凝土前预留周边胡子筋。

（4）有黏结预应力梁底模及支撑拆除条件：孔道灌浆强度达到 20 MPa、支撑于该梁上的上部结构能够自承重且强度达到设计要求。

六、存在问题及整改措施

（一）成因分析

（1）不熟悉图纸，施工中部分预埋件数量、位置、标高未按图施工。

（2）施工中设计变更，项目部技术人员调动频繁，交接不清楚。

（二）预防措施

（1）加强对技术管理人员和班组施工人员技术交底，熟悉施工图纸，列出每个车站预埋件数量、位置、标高、规格。

（2）安排专人负责设计变更联系单，不定期对时间久的联系单进行宣贯，技术人员调动时，必须进行书面交接。

七、车站施工小结

通过对高架车站技术施工作业，全过程跟踪管理检测与质量控制，认真履行质量控制与安保措施，在高架车站施工中一事未出，一人未伤。经自检车站主体结构、附属用房结构、二次砌体、屋面防水质量一次性检验合格率达到 100%，做到混凝土强度达到 100%，保护层合格率达到 95% 以上，满足设计要求。任何几何尺寸均满足设计及规范要求，但个别梁、柱外观质量欠缺，表面存在气泡、收缩裂缝、色泽不一等现象，经外观修整，修整后检验都满足设计要求，质量合格。

第二节　附属结构施工

车站附属结构（如人行天桥设施、A、B、C 出入口、站房等）在主体结构施工过程中同步实施。

一、桩基施工

根据地质情况，钻孔灌注桩采用旋挖钻机和回旋钻机成孔、导管水下灌注混凝土的施工工艺。钢筋笼段在钢筋棚集中制作，现场焊接，25 t 汽车吊吊装。采用商用混凝土，混凝土由搅拌运输车直接灌入，导管起拔利用吊车。钻孔和混凝土浇灌中所排出的废泥浆输入泥浆贮存池由专用泥浆运输车外运。

二、承台施工

（1）桥梁钻孔桩施工完成后按设计要求进行桩基检测，合格后进行承台施工。

（2）基坑采用钢板桩支护，先支后挖。开挖采用长臂挖掘机开挖，人工配合清理、凿除桩头。开挖按照"先撑后挖、分层开挖、严禁超挖"的原则进行开挖。尽量缩短基坑的无支撑暴露时间，有效控制围护结构变形。采用小型挖掘机配合长臂挖掘机进行土方分层开挖。

（3）钢筋在钢筋棚集中加工，现场绑扎。模板采用特制大块钢模，吊车配合人工安装。混凝土采用商品混凝土，泵送入模，插入式振捣器捣固混凝土。

三、墩身施工

（1）承台完成后即可进行墩身施工，墩身钢筋在钢筋棚集中加工，现场绑扎。

（2）模板采用特制大块钢模，吊车配合人工安装，整个墩身一次浇筑成型。

（3）混凝土采用商混凝土，泵送入模，插入式振捣器捣固混凝土。

（4）桥梁墩身、桥台采用清水混凝土施工工艺，保证其表面平整、光滑、无缺陷、无接搓、色泽一致是墩身施工的一个重点。

四、框架柱主体施工

（一）支撑系统施工

（1）根据结构自重及施工荷载，对结构范围内地面进行承载力试验，达不到承载力要求时，对地基进行换填加固，地基面层必须硬化处理，浇筑15 cm厚C20混凝土并下垫方木。

（2）搭设支架前向监理工程师提交施工方案，方案包含工艺图、应力、稳定及预计挠度计算书等，经过监理工程师批准后才能进行搭设工作。

（3）支架具有必要的刚度及稳定性，使结构线形符合图纸要求，现场施工采用$\phi 48$ mm×3.5 mm钢管搭设满堂脚手架。

（4）车站采用支架法现浇施工，地面层支架既作为站厅层现浇支架，同时也作为轨道梁及站台梁的现浇支架，轨道梁及站厅梁施工未完成前不得拆除首层支架，地面层的施工支架严格控制竖向刚度，确保轨道梁及站台梁施工时，轨道梁及站台梁荷载能直接传递至地面支架，防止地面层支架变形引起站厅层梁板开裂。

（5）支架搭设后要按设计要求对支架进行预压，预压荷载应根据实际工法按站厅层梁板结构自重并计入轨道梁、站台梁结构自重控制。消除塑性变形，量测弹性变形，同时检验其刚度、强度、稳定性。

（二）模板工程

梁、板模板采用15 mm厚高强度竹胶板制作，墩柱采用大块钢框竹胶模板，钢制拉杆。

（三）钢筋工程

现场设置钢筋加工棚集中加工，按施工先后顺序加工、采用机械吊装人工配合，将已加工的钢筋按规格及编号分别运到指定位置及部位，现场绑扎。

（四）框架混凝土浇筑

（1）混凝土工程是控制整个主体结构质量的关键，是工程质量优劣的直接体现。梁板混凝土采用泵送连续浇筑。框架混凝土浇筑必须按结构层次和结构平面分层分段流水作业，先浇柱子、再浇梁板。浇筑过程中要保证混凝土保护层厚度及钢筋位置的正确性。

（2）框架柱的混凝土灌注：为防止混凝土离析，在柱模中央设不小于300 mm×600 mm的天窗，混凝土的直接落差要控制在2.0 m以内，待混凝土浇至洞口即封死。

（3）在模板安装和混凝土浇筑之前，预埋件安装位置和数量必须符合设计要求。

（4）混凝土的养护：框架结构混凝土浇筑完后，及时做好养护工作。梁板支撑系统拆除前混凝土强度必须符合设计要求。

五、轨道梁、站台梁施工

（1）车站结构形式为桥建分离结构，站台梁支撑在独柱墩顶外伸悬臂上，轨道梁支撑在墩顶牛腿上，通过支座支撑于墩顶横梁上。

（2）轨道梁和站台梁采用支架法现浇施工，地面层支架既作为站厅层现浇支架，同时也作为轨道梁及站台梁的现浇支架，轨道梁及站厅梁施工未完成前不得拆除首层支架，地面层的施工支架严格控制竖向刚度，确保轨道梁及站台梁施工时，轨道梁及站台梁荷载能直接传递至地面支架，防止地面层支架变形引起站厅层梁板开裂。施工前先制定方案并报监理审批，下部梁板不能满足轨道梁施工荷载要求时加设军用便梁支架，支架支撑在框架横梁上。

（3）钢筋在钢筋棚集中加工，现场绑扎。外模板采用竹胶板，内模板采用高密度多层板。底板铺设后按设计要求进行预压。

（4）混凝土采用商混凝土，泵送入模，插入式振捣器捣固混凝土。梁体采用清水混凝土施工工艺，保证表面平整、光滑、无缺陷、无接搓、色泽一致是施工的一个重点。

（5）轨道梁预应力采用单端张拉，结合区间施工合理安排施工顺序，同时部分轨道梁采用带牛腿的挂梁形式，原位无法张拉预应力，现浇支架需高于设计标高，以便施工张拉预应力，临时支座支架设于基础承台上支撑，确保落梁时荷载传递至承台上，临时落架后再用千斤顶顶住轨道梁落梁至永久支座。

六、防水施工

车站防水施工是控制地下工程质量的关键，防水施工方案遵循"以防为主、刚柔结合、多道设防、因地制宜、综合治理"的原则，采用以提高结构本身自防水性能为主，施工缝、变形缝、诱导缝等接缝防水为重点，附加防水层为辅的整体防水方案。

（一）桥面防水

（1）保护层表面应平整、流水畅通，在桥梁泄水孔低端设置2%反坡以免桥面积水。

（2）轨道梁桥面防水采用单组分聚氨酯防水涂料防水。在防水层与轨道道床、挡板根部、梁端挡水墙的连接部位用防水涂料进行封边处理。

（二）伸缩缝防水

（1）轨道梁浇筑时必须提前布置预埋件，混凝土浇筑时不得移动碰撞；橡胶条固定平整，铝合金压条密贴牢固。

（2）伸缩缝橡胶条应长于伸缩缝长度，并固定在侧面挡板上向上卷起，防止雨水从端部流出。

七、车站出入口通道天桥钢箱梁施工

天桥施工结合车站施工合理安排时间施工。下部结构基础、承台、立柱施工同前述相关内容，上部钢箱梁采用工厂化分段加工，运至现场后采用吊车架设。

1. 钢箱梁制作

钢箱梁在厂内制作，加工前，编制钢箱梁制作的详细方案，报监理工程师审批，并派技术人员配合监理工程师进驻厂家对整个施工过程进行检查、监督，保证钢箱梁质量。每孔钢箱梁在厂内加工成整体，经验收合格后，整孔运输至现场。钢箱梁防腐采用油漆涂装防腐。

2. 钢箱梁运输

杭海城际铁路工程钢箱梁构件采用公路运输，由于加工成形的钢梁尺寸超大，单件较重，选用100 t平板车及拖车运输。运输过程中梁应用专用型钢制作凹型固定支架，以防发生碰撞、失落、倾覆等运输事故。采用龙门吊卸货到拼装平台上，经检查合格后进行钢箱梁节段拼装。

3. 钢箱梁吊装就位

钢箱梁运至现场后采用2台50 t汽车吊双机抬吊，整孔安装就位。架设时与交通管理部门联系，办理有关封闭车道的有关手续，并做好各项安全保障措施，保证施工及交通安全。

第四十九章　地下车站

杭州至海宁城际铁路工程共设 4 座地下车站，地下车站均为箱形框架结构，采用明挖法施工，具体情况见表 49-1。

表 49-1　车站施工方法及结构形式汇总表

序号	站名	施工方法	车站结构形式	车站长度×宽度	维护结构形式
1	余杭高铁站	明挖法	三层三跨结构框架	467.3 m×22.3 m	地下连续墙
2	皮革城站	明挖法	双层三跨复合墙结构	258.8 m×21.3 m	地下连续墙
3	海昌路站	明挖法	双层三跨复合墙结构	191.6 m×22.7 m	地下连续墙
4	浙大国际学院站	明挖法	双层三跨复合墙结构	446.6 m×21.3 m	地下连续墙

余杭高铁站为杭海城际铁路工程终点站，且是唯一一座地下三层车站，基坑开挖深度深，结构施工难度大，本章仅以余杭高铁站为例展开明挖车站的施工方法。

第一节　基坑围护结构施工

基坑开挖工程以余杭高铁站为例展开讲述。

一、工程简介

余杭高铁站起点里程为 DK0+020.08，终点里程为 DK0+437.570 基坑总长 457.65 m，基坑采用明挖顺作法施工，自西向东分为 4 个小基坑组织施工。1#基坑长 70 m，设计乔司港河道改移后，通过 1#基坑顶部新建的框架涵斜穿 1#基坑；2#基坑长 92 m，现状乔司港河道斜穿 2#基坑；3#基坑长 237 m；4#基坑长 59 m，东侧为盾构接收井，邻近已运营的地铁 1 号线，余杭高铁站主体基坑概况平面如图 49-1 所示。

标准段基坑深度为 26.05 m，围护结构连续墙深度为 52～52.8 m；小里程盾构井基坑开挖最大深度为 30 m，连续墙深度为 55.9 m，大里程盾构井基坑开挖深度为 27.5 m，连续墙深度为 53.7 m。

基坑围护结构采用 1.0 m 厚地下连续墙，共计 190 幅，接头形式均采用 H 型钢接头，共分为一字形、T 形、L 形、Z 形四种样式。内部支撑设置为 7 道内支撑（端头井 8 道）+2 道钢换撑的围护方案，第一、五道为钢筋混凝土支撑，第二、三、四道为 $\phi 600$ mm×16 mm 钢管支撑，第六、七（八）道为 $\phi 800$ mm×20 mm 钢管支撑。其中 4#基坑东侧端头井第 3 道为钢筋混凝土支撑，结构尺寸同第五道支撑。

基坑冠梁尺寸为 1 200 mm×1 000 mm，第一道支撑尺寸为 800 mm×1 000 mm，第五道腰梁尺寸为 1 000 mm×1 000 mm，支撑尺寸为 1 000 mm×1 000 mm，均采用 C30 钢筋混凝土。

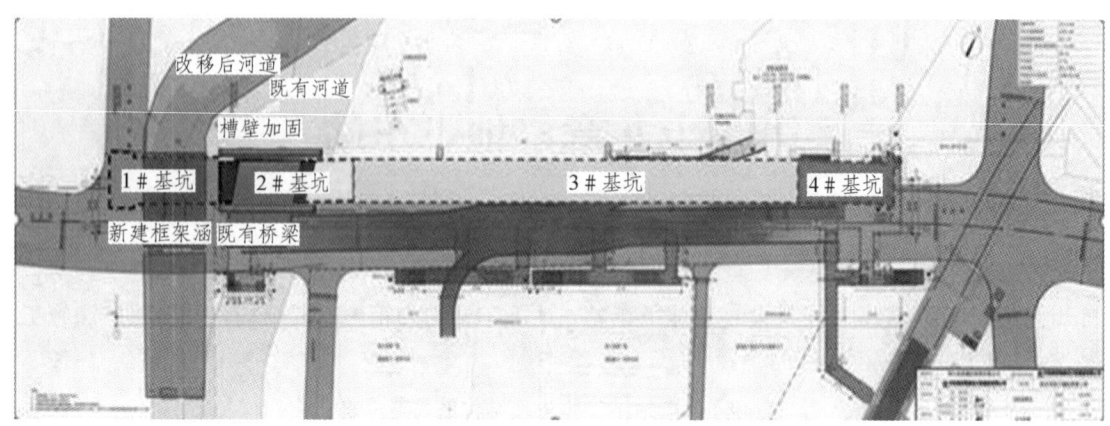

图 49-1 余杭高铁站主体基坑概况平面图

二、工程地质及水文条件

（一）工程地质

车站位于杭州市余杭区，地貌类型为杭嘉湖冲湖积平原，地势较低，地形平坦，现地面标高约 3.2~6.3m。局部场地受城镇建设、河道水塘开挖与回填等人类活动的影响，场地微地形上略有起伏。

场地范围内主要地层自上而下分别为①$_2$素填土、②$_2$粉质黏土、③$_2$黏质粉土、⑤$_4$粉砂、⑦$_2$粉质黏土、⑦$_{2-1}$粉质黏土夹粉土、⑧$_3$粉质黏土夹粉土、⑨$_3$粉细砂、⑨$_4$圆砾。主要涉及地层见表 49-2。

表 49-2 主要涉及的地层

序号	岩土名称	状态	特征描述
1	①$_2$人工填土	松散	灰黄~红褐色，成分上部以黏性土为主，下部以碎石为主，新近堆积物，沿线均有分布
2	②$_2$粉质黏土（Q_{43}^{al+m}）	软塑	褐黄~灰褐色，含铁锰质斑点，干强度及韧性中等，无摇震反应，切面较光滑
3	③$_2$黏质粉土（Q_{42}^{m}）		灰色，含较多云母片，摇震反应中等，干强度低，韧性低，零星分布
4	⑤$_4$粉砂（Q_{41}^{al+l}）	稍密 饱和	黄褐色，稍密，饱和，含云母片，局部夹薄层状黏性土，切面粗糙，多呈松散状
5	⑦$_2$粉质黏土（Q_{32}^{al+l}）	硬塑	青灰色、褐黄色，含铁锰质氧化斑点，干强度及韧性中等，切面较光滑
6	⑦$_{2-1}$粉质黏土夹粉土（Q_{32}^{al+l}）	可塑	粉质黏土夹粉土：黄褐色，为粉土与粉质黏土互层，具层理，干强度及韧性中等，摇震反应缓慢
7	⑧$_3$粉质黏土夹粉土（Q_{32}^{m}）	可塑局部软塑	灰褐~蓝灰色，切面粗糙，局部夹大量粉土，呈黏质粉土状，干强度及韧性中等，摇震反应无
8	⑨$_3$粉细砂（Q_{32}^{al}）	密实 饱和	灰黄色，砂质不纯，多夹粉土薄层，局部为互层状，分选性好，颗粒均匀；可见长石、石英、云母等矿物
9	⑨$_4$圆砾（砾砂）（Q_{32}^{al}）	饱和 密实	灰黄色，饱和，密实，颗粒不均，砾石成分以石英岩、花岗岩、砂岩为主，矿石成分未风化，可见石英、长石、云母等矿物，岩心呈散状

（二）水文地质

1. 地表水

余杭高铁站地表水属上塘河水系，场地地貌单元为冲湖积平原，场地内及周边范围内河网密布，互相连通。工点涉及地表水体主要以小型河流为主，主要为场地西侧的乔司港。沿线地势较平坦，场区内河流水力梯度较小，水流流速缓慢，加上各河流断面相对较小，因此，场区内河流的净流量较小，对河床基本上无冲刷作用，以淤积为主。勘察期间的河水水位标高在 5～6 m。

余许区间地表水属上塘河水系，场地地貌单元为冲湖积平原，场地内及周边范围内河网密布，互相连通。工点涉及地表水体主要以小型河流为主，主要为场地西侧的乔司港。沿线地势较平坦，场区内河流水力梯度较小，水流流速缓慢，加上各河流断面相对较小，因此，场区内河流的净流量较小，对河床基本上无冲刷作用，以淤积为主。

2. 地下水

地下水因含水介质、水动力特征及其赋存条件的不同，其补、径、排作用和水化学特征均各不同，根据钻探揭露：勘探深度范围内地下水类型主要可分为第四系松散土类孔隙潜水和孔隙微承压水。

（1）孔隙潜水。

第四系松散土类孔隙潜水，主要赋存于场区浅部人工填土及黏性土层内，此次勘察测得稳定水位埋深为地面下 1.2～3.5 m，表层填土含水层组其富水性和透水性具有各向异性，透水性良好，下部黏性土层含水层组其富水性和透水性具有各向同性，透水性弱。孔隙潜水受大气降水竖向入渗补给及地表水体下渗补给为主，径流缓慢，以蒸发方式排泄和向附近河塘侧向径流排泄为主，水位随季节气候动态变化明显，据区域资料，动态变幅一般在 1.0～1.5 m。

（2）孔隙微承压水。

孔隙微承压水主要赋存于下部的 ⑤$_4$ 粉砂、⑨$_3$ 粉砂、⑨$_{3-1}$ 细砂、⑨$_{3-2}$ 砾砂、⑨$_4$ 圆砾土层中，上覆黏性土层构成了相对隔水层，勘察调查可知，⑤$_4$ 粉砂与 ⑨$_3$ 粉砂、⑨$_{3-1}$ 细砂、⑨$_{3-2}$ 砾砂、⑨$_4$ 圆砾土之间分布有 ⑦层及 ⑧层黏土，为相对隔水层，其分布连续性差，大部分区域上述含水层之间的水力联系差，⑨$_3$ 粉砂、⑨$_{3-1}$ 细砂、⑨$_{3-2}$ 砾砂、⑨$_4$ 圆砾土含水层之间局部分布无相对隔水层，上下两层含水层之间或直接接触或存在越流补给，因此可将 ⑨$_3$ 粉砂、⑨$_{3-1}$ 细砂、⑨$_{3-2}$ 砾砂、⑨$_4$ 圆砾土视为同一承压含水层。

3. 环境水化学特征

（1）地表水物理指标为：无色、无味、无嗅或腐臭、浅黄、透明；水化学类型为 HCO_3^--Ca·Mg 型水，pH 值为 6.59～6.65，属弱碱性水，其矿化度为 180～290 mg/L，为淡水。

（2）地下水物理指标为：无色、无味、无嗅、透明、微浊；水化学类型为 HCO_3^--Ca·Mg 型水，pH 值 7.07～7.18，属弱碱性水，其矿化度为 249～449 mg/L，为淡水。

4. 地表水与地下水的腐蚀性评价

（1）在 Ⅱ 类环境类型影响下，勘察期间沿线场地地表水对混凝土结构具微腐蚀性，在干湿交替环境条件下对混凝土结构中的钢筋具微腐蚀性，在长期浸水环境条件下对混凝土结构中的钢筋具微腐蚀性。

（2）在 Ⅱ 类环境类型影响下，场地内浅部潜水对混凝土结构具微腐蚀性；在干湿交替环境条件下对钢筋混凝土结构中的钢筋具微腐蚀性。

（3）场地地下水位埋深浅，地基土基本位于地下水位以下或地下水位的变动范围，地基土对建筑材料的腐蚀性，与地下水的腐蚀性相近，即对混凝土结构具微腐蚀性，长期浸水条件下对钢筋混凝土结构中的钢筋具微腐蚀性，干湿交替条件下对钢筋混凝土结构中的钢筋具微腐蚀性。U 形槽敞口段等受干湿影响的地段结构按 Ⅰ-C 确定，明挖段环境类别及作用等级为 Ⅰ-B。

三、施工条件

基坑开挖工程位于杭州市余杭区文正街正下方，东侧端头接收井，临近既有杭州地铁1号线施工，对地铁的保护尤为重要。同时经施工现场调查，工程范围内管线繁多，错综复杂，涉及市政自来水管、高压、低压、广电、管道、交改、通信线、军用光缆等，对所有调查的管线均需迁改或保护，对地连墙施工过程质量控制至关重要。

四、地连墙施工工艺及方法

（一）地下连续墙施工工艺流程

地下连续墙施工工艺流程如图49-2所示。

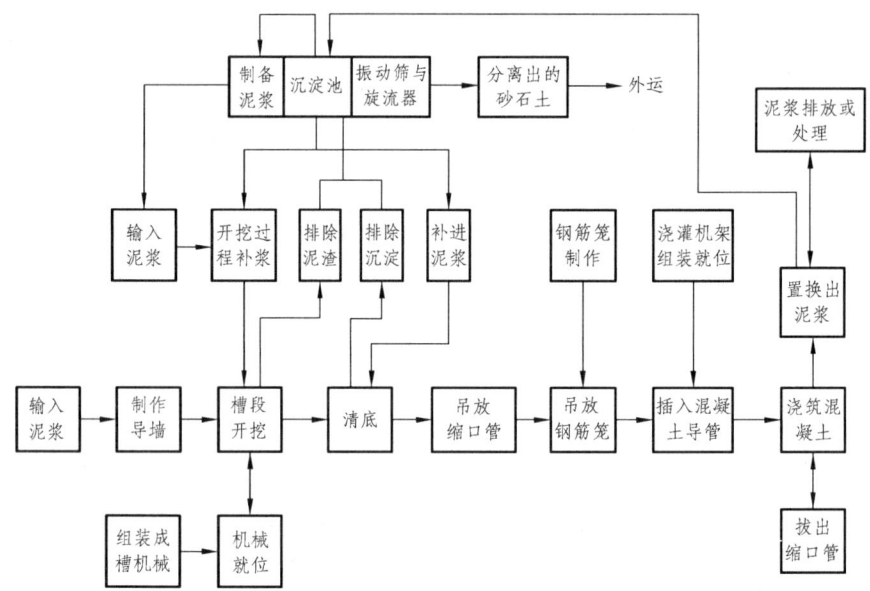

图49-2 地连墙施工流程

（二）测量放样

根据设计图纸测放地连墙轴线控制点，经复核确认后形成记录，然后再根据地连墙轴线控制点测放导墙施工控制线，并做好稳固标志。

（三）导墙施工

放线完成后，首先采用小型挖掘机沿连续墙轴线开始开挖沟槽，不足的地方采用人工进行修整，沟槽修好后，沟底需进行夯实，并浇筑混凝土垫层，然后再进行钢筋绑扎，立模时要控制好导墙净间距，混凝土浇筑完成48 h后可进行拆模，并每隔1 m用方木对撑防止导墙变形。

导墙施工控制要点：

（1）采用机械开挖导墙沟槽，严禁超挖。

（2）现浇导墙分段施工时，水平钢筋应预留连接钢筋与相邻段导墙的水平钢筋相连接。

（3）导墙的墙趾应插入未经扰动的原状土30 cm以上。

（4）导墙浇筑时要两侧对称均匀浇筑，并确保墙面净空尺寸及平整度。

导墙允许偏差及检查方式见表49-3。

表 49-3　导墙检查标准

检查项目	允许偏差或允许值/mm	检查方法
顶面高程	±10	水准仪
内墙面平整度	<5	用钢尺量
内墙面垂直度	1/300	铅锤、钢尺
导墙内墙面静距	W+（40～60）	用钢尺量
导墙轴线	±10	用钢尺量

（四）槽段开挖

1. 槽段划分

槽段开挖工程地连墙施工共分为四个阶段：为了确保乔司港河道基道路畅通，第一阶段先施工 1#基坑地下连续墙，第二阶段施工 3#、4#基坑地连墙，第三阶段施工 2#基坑（该基坑位于乔司港河道内）内地连墙，第四阶段施工车站附属出入口地连墙。

2. 成槽

槽段开挖工程槽段分为：一字形、T 形、L 形三种槽段，为了保证槽段的稳定，单元槽段成槽之间采取跳槽施工；T 形槽段采用一槽三抓挖槽法，施工顺序为先中间后两端，L 形槽段采用一槽两抓挖槽法，一字形槽段采用一槽三抓挖槽法，施工顺序为先两边后中间。

3. 刷壁、清底

刷壁前应在成槽机吊斗上安装刮刀，对接头进行清理，然后再用钢刷进行刷壁，直至钢刷无泥为止，最后用液压抓斗清底，使槽底沉渣厚度小于 10 cm。

4. 成槽检测

槽段开挖完成后，需对槽壁的垂直度、槽宽、槽深和槽位进行检查，检查采用全自动超声成槽检测仪，普通槽段超声波检测每幅不得少于 3 处；成槽允许偏差及检测方法见表 49-4。

表 49-4　成槽允许偏差及检测方法

项目	允许偏差	检查频率 范围	检查频率 点数	检查方法
成槽垂直度	1/300	每抓一点	每幅 3 点	超声波
表面平整度	50 mm	每幅一次	—	靠尺
轴线位置	0～30 mm，并不能影响内部限界	每幅一次	两点	钢尺
挖槽深度	清孔后不小于设计深度	每幅三线	—	测绳
沉渣厚度	小于 100 mm	每幅 3 线	—	重锤

成槽施工控制要点：

（1）成槽机定位时，应控制成槽机抓斗的半径，使履带吊平行于导墙并尽量远离导墙边，减少对槽壁影响。

（2）成槽施工过程中，抓斗掘进应遵循一定原则，即：慢提慢放，掘进速度控制在 15 m/h 左右。

（3）成槽机成槽施工，特别是异形槽施工时，履带下面应铺设钢板，减少对地面的压强，减少对槽壁的影响。

（4）对每幅槽段送浆时，应做到保持浆液面高度，成槽机抓斗提出槽内时，及时进行补浆，减少泥浆液面的落差。

(五)泥浆配制

(1)泥浆配合比见表49-5。

表49-5 泥浆配合比

泥浆材料	膨润土/%	纯碱/%	CMC/%	自来水/%
配合比（质量）	6~11	0.35	0.05	90~92

(2)泥浆配制时要严格控制好各材料用量。

(3)泥浆性能检测按表49-6和表49-7的要求执行。

表49-6 泥浆调整、再生及废弃标准

泥浆的试验项目	需要调整	调整后可使用	废弃泥浆
密度/(g/cm³)	>1.3	1.10~1.15	>1.3
含砂率/%	>10	<5	>10
黏度/s	>60	19~25	>60
失水量/(mL/30 min)	>30	<15	>30
泥皮厚度/mm	>3.0	<2.0	>3.0
pH值	>14	7~9	>14

表49-7 泥浆检验时间、位置及试验项目

序号	泥浆种类		取样时间和次数	取样位置	试验项目
1	新鲜泥浆		搅拌泥浆达100 m³时取样一次，分为搅拌时后和放24 h后各取一次	搅拌机内及新鲜泥浆池内	密度、黏度、含砂率、pH值
2	供给到槽内的泥浆		在向槽段内供浆前	优质泥浆池内泥浆送入泵吸入口	密度、黏度、含砂率、pH值、(含盐量)
3	槽段内泥浆		每挖一个槽段，挖至中间深度和接近挖槽完了时，各取样一次	在槽内泥浆的上部受供给泥浆影响之处	同上
			在成槽后，钢筋笼放入后，混凝土浇灌前取样	槽内泥浆的上、中、下三个位置	同上
4	混凝土置换出泥浆	判断置换泥浆能否使用	开始浇混凝土时和混凝土浇灌数米内	向槽内送浆泵吸入口	pH值、黏度、密度、含砂率
		再生处理	处理前、处理后	沉淀池、净浆池	同上
		再生调制的泥浆	调制前、调制后	新浆池	同上

(六)钢筋笼制作及吊装

1. 钢筋笼制作

(1)钢筋笼制作工程地连墙钢筋笼共分为一字形、T形、L形型三种样式，接头形式均采用工字钢接头。为了防止混凝土绕流进入后续槽段，在工字钢接头迎土面和基坑面全高度范围内焊接0.5 mm薄铁皮，混凝土灌注时，在混凝土压力作用下，将薄铁皮和槽壁土紧密接触，防止绕流。

（2）T形幅钢筋笼由于加工难度大，笼体重量大，为了确保吊装安全，经设计认可后拟采用分体加工、分体吊装的形式，钢筋笼衔接位置采用子母口形式进行加工。

2. 钢筋笼吊装

（1）由于该车站地下连续墙钢筋笼长度较大，采用分节吊装施工。钢筋笼先在钢筋笼加工平台上整体加工完成，钢筋笼吊装前切割型钢，拆卸直螺纹套筒，使钢筋笼分为两节。

（2）钢筋笼吊装工程设备采用350 t履带吊和180 t履带吊配合起吊，350 t履带吊作为主吊下放钢筋笼，180 t作为副吊，起吊吊梁采用I40工字钢。

（3）吊装时，主、副吊同时起吊，将钢筋笼水平起吊离开加工平台后，主吊逐步上升，副吊在上升的同时，向主吊运动，使钢筋笼由水平状态逐渐转成垂直状态。待主吊承受全部重量后，卸去副吊，最后下放入槽。

（七）水下混凝土浇灌

（1）灌注平台就位、调平，对正钢筋笼导管通道，下导管时要保证导管的密封性能，记录好下管深度，保证导管下口与槽底距离不大于500 mm。

（2）灌注前需对工字钢接头下一槽段内的空隙进行填充，填充物采用砂袋+碎石进行填充，要保证填充密实。在首开幅工字钢两侧填充时，填充要同时进行且效率一致，防止钢筋笼发生横向位移。

（3）灌注前要测定混凝土坍落度、槽内泥浆比重、含砂量及槽底沉渣厚度是否满足要求，检查合格后方可浇筑。

五、地连墙常见问题及处理方法

（1）槽壁在成孔、下钢筋笼和浇筑混凝土过程中出现局部塌方现象。产生原因主要有：泥浆质量不合格或已变质；槽壁漏浆或施工不慎造成槽内泥浆面降低；存在软弱的易塌方土层。其处理方法主要有：过程中加强泥浆管理，加大泥浆比重、黏度，补浆及时；踏孔严重的需进行回填，重新挖槽；浇筑时局部坍孔，可采用吸泥机将混凝土上的泥土吸出，继续浇筑。

（2）钢筋笼吊放入槽时被卡住，达不到设计要求标高。产生的主要原因有：槽壁面倾斜或凹凸不平；槽底有沉渣；钢筋笼刚度不够，吊放时产生变形。其处理方法主要有：下放钢筋笼前，加强槽壁垂直度检测，壁面倾斜不平应及时修正；严格控制沉渣厚度；加强钢筋笼加工质量，避免钢筋笼发生变形。

（3）开挖后相邻段地连墙出现错台。产生的主要原因有：导墙的垂直度不符合要求；成槽过程中速度过快，调整不及时；成槽机抓斗吊绳中心线偏离地连墙槽段中心线；地连墙一旦产生了错位，就没有办法纠正，只能适当调整护面混凝土的厚度来适应地连墙的变化。这个问题重点在于预防，要将问题在浇筑混凝土之前解决掉。

（4）开挖后发现部分地连墙接头处出现渗漏现象，这种现象产生的原因主要有：相邻段地连墙错位较大，地连墙垂直度存在较大误差；地连墙墙缝接头未处理干净，施工时接头刷壁处理不到位，局部有夹泥现象；在浇筑一期槽段时形成了绕流，在二期槽段成槽时绕流位置存在泥沙夹层。渗漏的产生会影响到下一步工程的施工，因此必须及时修补，轻微涓渗可采用注聚氨酯发泡胶进行止水，渗漏严重点需在地连墙墙缝位置引孔注双液浆止水。

（5）地连墙局部出现了漏筋现象。产生这种问题主要原因有：成槽垂直度偏差过大；钢筋笼下放时产生偏心，钢筋笼偏向一侧，引起保护层过小，出现漏筋现象；槽体土体不稳定造成局部坍塌，坍塌土方占据混凝土填充空间，致使地连墙漏筋。地连墙出现漏筋情况，必须认真进行处理。需将漏筋部分土体以及低强度混凝土凿除，凿除深度至坚实混凝土为止。然后进行冲洗，漏筋较严重部位需支模重新浇筑混凝土，轻微漏筋部位可采用水泥砂浆进行修补。

六、工程实施及效果检验

1. 工程实施情况

地下连续墙自 2018 年 1 月 9 日开始施工，2020 年 7 月 9 日全部施工完成（槽壁加固及导墙施工时间），共计 415 幅。工程施工进展顺利，未出现严重的坍槽、钢筋笼吊装变形等现象，整个施工过程严格按照标准规定执行，每道工序严格把控并形成过程记录，确保地连墙施工质量。

2. 效果检验

（1）地连墙墙身完整性检测。

通过采用超声波透射法对施工完成后的地连墙进行墙体完整性检测，其主要判断地下连续墙墙身缺陷程度并确定其缺陷位置，检测后结果表明墙身完整性好，混凝土密实、无空洞、夹泥。

（2）成槽垂直度检测。

通过地下连续墙超声波成槽检测方法对每一幅地下连续墙按 100%比例进行检测，其检测结果成槽垂直度均小于 1/300，地连墙垂直度均达到设计要求，成槽质量良好。

3. 开挖后地连墙效果

开挖完成后的地连墙效果良好，未出现大面积的鼓包、错台等现象，除个别墙缝出现小的洇渗以外，并无大的渗漏点，墙面平整度较好，未出现明显的漏筋现象。

七、结论

通过地下连续墙施工，我们可以详细地了解地连墙整个施工工艺，施工中应注意的地方及处理办法。地连墙既可作为施工阶段的围护结构，亦可做结构符合墙体的一部分，地连墙的质量好坏直接关系到工程的顺利进行，故应对其关键工序和薄弱环节设置质量控制点，对其施工质量进行重点管理和控制。

第二节　基坑降水

杭海城际铁路工程余杭高铁站基坑降水分为两部分，一是基坑内疏干井降水施工，二是基坑外减压井施工。本节以余杭高铁站为例，分别对两种降水情况展开讲述。

一、基坑降水目的及要求

根据基坑降水工程的基坑开挖和基础底板结构施工要求，工程降水的目的为：

（1）疏干开挖范围内土体中地下水，方便挖掘机和工人在坑内施工作业。

（2）降低坑内土体含水量，提高坑内土体强度，减少坑底隆起和围护结构的变形量，防止坑外地表过量沉降。

（3）提高开挖过程中土体稳定性，防止土层纵向滑坡。

降水要求：降低标准段基坑范围内地下水水位至开挖面以下 1 m。

二、降水井布置

1. 疏干降水井布置

余杭高铁站基坑根据施工安排分为 4 个基坑,自西向东依次为 1#、2#、3#、4#基坑。首先施工第 1#、3#、4#基坑,因此先对其进行基坑降水。对于基坑开挖范围内的潜水含水层,基坑地下连续墙已隔断其基坑内外水力联系,潜水降水不会对坑外环境造成影响,属封闭式疏干降水类型。结合围护设计图纸和勘察资料,基坑降水井在平面上避开坑内结构后基本均匀布置。基坑降水工程坑内疏干降水采用全包滤水管钢管管材,1#基坑面积约 1 636 m^2,共布置 5 口。另布置 10 口坑外和 4 口坑内水位观测井,也用作备用疏干井;3#基坑面积约 5 270 m^2,共布置 13 口。另布置 24 口坑外和 13 口坑内水位观测井,也用作备用疏干井;4#基坑面积约 1 405 m^2,共布置 4 口。另布置 8 口坑外和 4 口坑内水位观测井,也用作备用疏干井,观测井的管材都为钢管。基坑降水工程主体基坑周边环境较为复杂,可在开挖期间对坑外进行控制降水以减少坑外水土压力,减小围护变形。

基坑地下连续墙已隔断基坑内外需疏干含水层水力联系,在基坑开挖前预留约 20 天预抽水时间,利用止水帷幕的阻隔作用,在坑内抽水,尽可能地降低土方含水量,便于土方开挖。降水期间应通过坑内、外水位观测井及时掌握实际降水情况。除坑内井点降水措施外,地面及坑内应设明排水措施,及时排除雨水及地面流水。

2. 减压降水井布置

基坑开挖后,基坑底部距离承压含水层顶板距离减小,相应地承压含水层上部土压力也随之减小;当基坑开挖到一定深度后,承压含水层上部土压力可能小于其含水层中承压水顶托力,导致基坑底部失稳,发生突涌现象,严重危害基坑安全。基坑降水工程 1#、3#、4#基坑均不需要进行减压降水,为保证 1#和 4#基坑安全,考虑对 1#基坑设置 8 口减压井,4#基坑设置 4 口减压井。

三、成井施工工艺

1. 前期准备工作

(1) 测放井位。

根据降水井平面布置图测放井位,井位测放完毕后应做好井位标记,方便后期施工。如果布设的井点存在地面障碍物,应当设法清除障碍物,以利于打井的进行。若地面障碍物不易清除或受其他施工条件的影响,无法在原布设井位进行打井时,应与监理单位和设计单位及时沟通并采取其他措施,必要的时候可对井位作适当调整。

(2) 埋设护筒。

埋设护筒时,护筒底口应插入原状土层中,护筒外应用黏性土封严,防止施工时护筒外返浆,护筒上部应高出地面 0.10~0.30 m。

(3) 安装钻机。

安装钻机时,为了保证孔的垂直度,机台应安装稳固水平,大钩对准孔中心,大钩、转盘与孔的中心三点成一线,严把开孔关,钻头与钻杆连接处带两根钻铤,并且弯曲的钻杆不得下入孔内。

2. 成孔施工

降水井施工机械设备选用 GPS-10 型工程钻机及其配套设备。成孔时采用正循环回转钻进泥浆护壁的成孔工艺,工艺流程如图 49-3 所示。

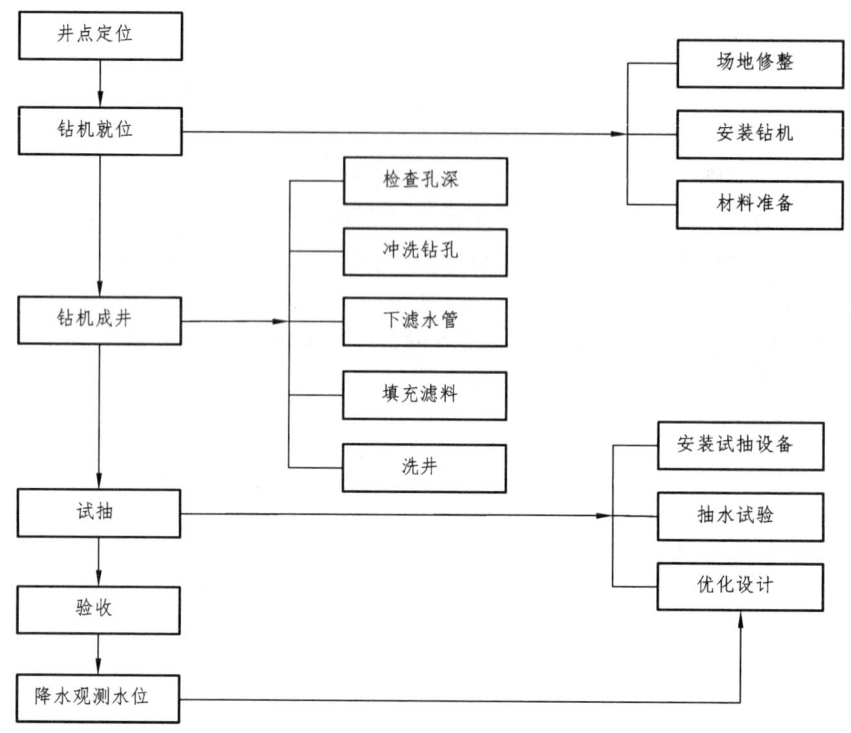

图 49-3 成井施工工艺流程

(1) 钻进成孔。

按设计孔径要求成孔，降水井成孔直径为 650 mm，成孔时均一径到底，钻进开孔时应吊紧大钩钢丝绳，轻压慢转，以保证开孔钻进的垂直度。

成孔施工采用孔内自然造浆，钻进过程中泥浆比重控制在 1.10~1.15，当提升钻具或停工时，孔内必须压满泥浆，以防止孔壁坍塌。

(2) 清孔换浆。

钻孔钻进至设计标高后，在提钻前将钻杆提至离孔底 0.50 m，进行冲孔清除孔内杂物，同时将孔内的泥浆比重逐步调至 1.08，孔底沉淤小于 30 cm，返出的泥浆内不含泥块为止。

(3) 下井管。

井管进场后，应检查过滤器的缝隙是否符合设计要求。

首先必须测量孔深，并对井管滤水管逐根丈量、记录。封堵沉淀管底部，为保证沉淀管底部封堵牢靠，下部封堵铁板不小于 6 mm。

其次要检查井管焊接，井管焊接接头处应采用套接型，套接接箍长 20 mm，套入上下井管各 10 mm；套管接箍与井管焊接焊牢、焊缝均匀，无砂眼，焊缝堆高不小于 6 mm。

检查完毕后开始下井管，下管时为保证滤水管居中，在滤水管上下两端各设一套直径小于孔径 5 cm 的扶正器（找正器），扶正器采用梯形铁环，上下部扶正器铁环应 1/2 错开，不在同一直线上。

(4) 埋填滤料。

填滤料前在井管内下入钻杆至离孔底 0.30~0.50 m，井管上口应加闷头密封后，从钻杆内泵送泥浆进行边冲孔边逐步调浆使孔内的泥浆从滤水管内向外由井管与孔壁的环状间隙内返浆，使孔内的泥浆比重逐步调到 1.05，然后开小泵量按井的构造设计要求填入滤料，并随填随测填滤料的高度。直至滤料下入预定位置为止。

填滤料时，根据孔口返水情况调整泵量。填滤料过程中要跟踪滤料上返高度，当滤料密实到设计高度后，向井管与孔壁间用黏土块填孔至井口并密实，防止泥浆及地表污水从管外流入井内。

3. 洗井

洗井为关键性工艺，在滤料充填完之后，要立即进行洗井，洗井采用井管外注清水循环法工艺，抽、停交替，直至水清砂净为止。洗井结束前测量井深，清理井底，使井底沉淀小于 0.3～0.5 m。洗井完毕后，可以下泵试抽，试抽成功，代表该井成孔完毕，可以投入使用。

4. 成井验收

（1）井壁管：基坑降水工程中所有降水井管材均采用壁厚 4 mm 钢管，其中疏干井及观测井井壁管直径为 $\phi 273$ mm，减压井井壁管直径为 $\phi 325$ mm。

（2）过滤器（滤水管）：滤水管的直径及壁厚与井壁管的直径及壁厚应相同，滤水管外包裹 3 层 60 目尼龙滤网。

（3）疏干降水井深入基坑底以下 5 m，底部搭接 1 m 沉淀管，减压井深入基坑底以下 6 m，底部搭接 2 m 沉淀管，防止井内沉砂堵塞而影响进水，沉淀管底口用铁板封死。

5. 成井技术要求

（1）井口高度：井口应高于地表以上 0.20～0.50 m，以防止地表污水渗入井内。

（2）围填滤料：地面 3 m 以下采用 3～7 mm 粒料填充，滤水管外包裹 3 层 60 目尼龙滤网。

（3）黏土封孔：在滤料围填面以上采用黏土填至地表并夯实，并做好井口管外的封闭工作。

（4）成孔偏差：井孔的平面误差≤0.5 m，井深（孔深）偏差≤+50 cm；井孔应圆正。

（5）井管偏差：井身应圆正，上口保持水平，井管的顶角及方位角不能突变，井管安装倾斜度不能超过 1°；井管截面尺寸偏差≤±2 mm，井管长度偏差≤±20 cm。

（6）出水含砂量：抽水稳定后，出水含砂量不得超过 2 万分之一（体积比）。

（7）井内水位：抽水稳定后，井内的水位应处于安全水位以下。

四、降水井封堵

针对坑内的降水井，采取以下封井方案：

（1）基坑挖至设计标高后，在基坑底开挖面以上结构底板中部，在井管外壁焊一道止水板，止水板外圈直径 $\phi 650$ mm；

（2）降水运行结束封井前，先预搅拌一定量的水泥浆，水灰比 0.8～1.0，水泥采用水下用水泥，标号与底板混凝土标号一致；

（3）井管内下入 1 寸注浆管，注浆管的底端进入滤管底部；

（4）井管内初次填入粒径 6～10 mm 的瓜子片，瓜子片的回填高度大于注浆管底端标高 9.00 m 以上；

（5）正式注浆前井管口处固定注浆管，然后开始注浆；每注浆约 0.50～1.00 m 浆量后将注浆管往上提 0.50～1.00 m 后继续注浆；注浆管上提 3.00 m 后拔除一节注浆管；

（6）二次填入瓜子片，瓜子片填入量仍保持瓜子片回填高度大于注浆管底端标高 9.00 m 以上；

（7）重复进行步骤（5）步骤（6）子片填至底板面以下 2.00～3.00 m；

（8）注浆至瓜子片顶面，拔除注浆管；

（9）注浆完毕，水泥浆达到初凝的时间后，抽出井管内残留水，并及时观测井管内的水位变化情况。一般观测 2～4 h 后，井管内的水位无明显的升高，说明注浆效果较好；

（10）当判定已达到注浆的效果后，向井管内灌入混凝土至底板顶面约 10 cm；混凝土灌注结束，及时观测井管内水位的变化情况，以判断封堵的实际效果；

（11）待井管内灌注的混凝土初凝能符合要求，并能确定封堵的实际效果满足要求后，即可割去所有外露的井管；

（12）井管割去后，在底板顶面以下10 cm处采用铁板焊封管口；

（13）管口焊封后，用水泥砂浆抹平井口，封井工作完毕；

（14）坑内疏干井待基坑底板施作完成后，进行封井作业。

五、结论

疏干井降水井施工完成后进行降水实验而后进行基坑开挖，基坑开挖过程中降水井运行良好，不影响土体开挖，在基坑下翻梁以及集水井开挖过程中，遇见不渗水性土体，土体开挖过程中呈现流塑状，造成下翻梁、集水井开挖尺寸加大，造成较多材料，人员，机械浪费。后期在下翻梁、集水井开挖前2天，采用真空井点降水，降水效果显著，下翻梁得以正常开挖。

由于减压井水头危害与设计评估相差较大，1#基坑在开挖过程中由于设计减压井数量较差，无法降低承压水水头，后期土方开挖过程中造成了承压水突涌，危害基坑安全。后面有专门的承压水处理章节，在此不过多叙述。

第三节　基坑开挖

一、冠梁及混凝土支撑施工

1. 设计概况

基坑围护结构地连墙桩头破除后施工冠梁，冠梁及混凝土支撑浇筑在一起形成整体。基坑第一道冠梁尺寸为1 200 mm×1 000 mm，支撑尺寸为800 mm×1 000 mm；第五道腰梁尺寸为1 000 mm×1 000 mm，支撑尺寸为1 000 mm×1 000 mm，均采用C30钢筋混凝土。

2. 主要施工方案

采用一台PC220挖机将混凝土支撑梁位置开挖至梁底底50 mm，为保证支撑底部平整度，设置50 mm厚C20混凝土垫层，然后铺设油毛毡隔离层。对于冠梁部位地墙超灌混凝土采用人工进行凿除。模板采用15 mm竹胶板，横带木采用80 mm×80 mm方木，竖肋为$\phi 48 \times 30$ mm双钢管，上下各设置两道，拉杆采用$\phi 14$钢筋，设置两道，混凝土支撑模板加固如图49-4所示。

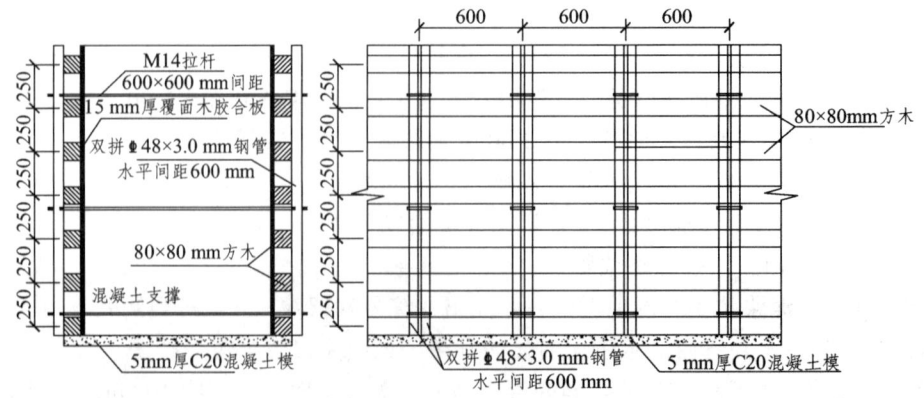

图49-4　混凝土支撑加固示意

3. 施工工艺流程

（1）桩头破除及清理。

采用人工风镐破除虚浮桩头，测量组施放桩顶标高，确保桩头破除到位。监测预埋孔注意保护，做好防护装置。

（2）测量放样及开挖。

根据设计施工图，正确测量放样，确定冠梁及混凝土支撑的位置及相应标高，并根据施工实际情况采用挖掘机及人工进行开挖、整理，开挖过程中及时检查开挖深度，从而确保无超挖。

（3）钢筋绑扎。

钢筋绑扎在桩头凿至设计标高后，混凝土表面清洁干净后即可进行，钢筋绑扎必须严格按照设计施工图进行，转角处需满足锚固构造。钢筋接头形式按设计及施工规范要求，采用机械连接或焊接，并按50%错开布置，冠梁及混凝土支撑的保护层厚度要符合设计要求。

（4）模板安装。

冠梁及混凝土支撑全部采用15 mm厚胶合板和50 mm×100 mm木方、ϕ48 mm钢管进行支设。冠梁模板采用单面模，采用钢管斜撑加固。混凝土支撑模板采用对拉螺杆加固。

（5）混凝土浇筑。

混凝土支撑采用商品混凝土，其强度等级为C30。混凝土浇筑前，应对模板、钢筋等进行检查，并清除模板内的垃圾、泥土和钢筋上的油污等杂物，经班组自检、技术主管检查、质检工程师检查合格后并报监理验收符合要求后方能浇筑。商品混凝土到施工现场后由试验工程师、质检工程师、监理工程师进行联合检查，并对到现场的每一车商品混凝土都要进行配合比、坍落度、和易性、出厂及运输时间等进行检查，确认质量合格后方能用于现场浇筑。

混凝土振捣采用插入式振捣器进行振捣，振捣中每一振点的振捣延续时间为应将混凝土捣实至表面呈现浮浆并不再沉落为止。操作中应尽量避免振捣器碰撞钢筋，更不得放在钢筋上，振捣器开始转动后方可插入混凝土内，振完后应徐徐提出，不能过快或停转后再拔出来。

（6）混凝土的养护。

混凝土浇筑完后，应及时进行覆盖保温、洒水养生等有效措施，确保混凝土质量。

4. 技术重难点及采取措施

混凝土冠梁支撑施工过程中，重点在于破除地墙混凝土时对地下连续墙预埋的声测管与测斜管的保护，避免对地下连续墙墙身检测与基坑监测工作造成影响。

采取措施：开挖地连墙顶部土方与地连墙破除前，根据施工记录，对预埋声测管及测斜管的幅段进行明显标示，施工过程中，技术人员进行监督，防止损坏管道，造成管道堵塞，对缺失保护盖的管道及时做好保护。

二、钢支撑施工

基坑围护结构第二、三、四道支撑采ϕ609mm，壁厚16 mm钢管支撑，第六、七、八道（端头井处）采用ϕ800 mm，壁厚20 mm钢管支撑，钢支撑支撑在地连墙预埋钢板上。

（一）施工工艺流程

钢支撑施工工艺流程见图49-5所示。

（二）钢支撑施工方法及要求

（1）支撑架设必须随挖随撑，安装符合规范要求。

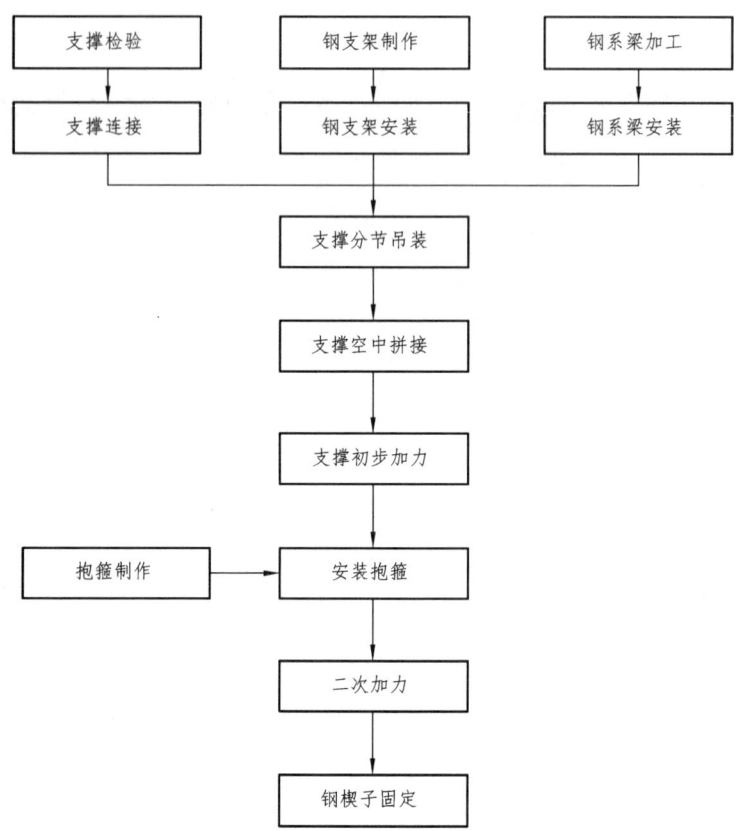

图 49-5 钢支撑施工工艺流程

（2）基坑开挖至每层钢支撑底下 0.5 m 时必须停止开挖，及时设置支撑，并按要求施加预加轴力。支撑安装必须保证为轴心受压。

（3）架设钢牛腿安装支撑前，预先标出支撑位置，在标出的支撑位置处，凿出预埋钢板并按设计位置设置钢牛腿，支架要牢固，严防支撑因围护结构变形或施工撞击而脱落。

（4）钢支撑安装：严格按照基坑开挖过程中"时空效应"的理论，先撑后挖，限时支撑。支撑位置挖出来之后，12 h 内迅速安装支撑并及时按预加轴力设计值施加预应力。每根钢支撑的配置按总长度的不同配用一端固定端一端活动端，中间段采用标准管节进行配置，在地面按长度分两节进行预拼装。具体安装步骤如下：

① 按照基坑宽度在地面分两节拼装好钢支撑。

② 先架设固定端钢支撑，钢支撑固定端加于地连墙牛腿支架上，另一端架于联系梁上。

③ 吊装活动端钢支撑，在基坑内连接活动端及固定端支撑管，形成整体，并将支撑管采用 U 形箍固定于联系梁上。

④ 所有钢支撑两端均应设置防脱落措施，牛腿支架下托，上挂 $\phi 10$ 钢丝绳并与地连墙主筋连接，确保钢支撑的绝对稳定与安全，如图 49-6 所示。

⑤ 支撑拼装到位后，对钢支撑按设计要求进行轴力预加。

（5）钢支撑轴力施加：支撑架设前准备好合格的施加支撑预应力的各项装置，如油泵、千斤顶及配套的仪表。

① 为使墙体和支撑结合紧密，并有效减少基坑外地层沉陷及减少围护结构的向内位移，支撑安设好后，必须施加预加轴力。

图 49-6 钢支撑防脱落措施（牛腿支架+钢丝绳）

② 支撑加力之前，按要求布置好支撑轴力监测点，取得初始读数后加力，加力后测试实际预加力，以此控制预加力施加准确。

③ 分级施加支撑轴力：依据规范要求第一次施加 10%预加轴力，观察情况，然后按 30%、70%、110%预加轴力设计值逐级增加支撑轴力。最终施加轴力值根据基坑围护结构变形、轴力监测等监测资料确定。

④ 预加预应力的设备应专人负责，且定期维护，如有异常应及时校验。

⑤ 施加预应力后，应再次检查并加固，支撑与围护墙之间间隙采用 C20 细石混凝土填实。

⑥ 在施加预应力时要密切注意支撑全长的弯曲和电焊异常情况，所加预应力值应满足设计要求。并及时压紧固定斜口钢楔。

⑦ 在每安装完下一道钢支撑，加预应力达设计值后，相应上道钢支撑复加预应力，复加预应力设备同上。要求后，即再压紧，固定斜口钢楔。

（三）钢支撑架设质量要求

钢支撑安装架设质量控制要求见表 49-8。

表 49-8 钢支撑安装架设质量验收控制

控制点	验收内容及标准	验收人员
1. 钢支撑进场验收	管段表面平整、无严重锈蚀、无弯曲现象	材料员、质检员、监理
	法兰平整、垂直，螺孔无损伤	材料员、质检员、监理
	管壁拼缝、焊缝饱满、完整	技术员、试验员、质检员、监理
	活络端完整、无损	材料员、质检员、监理
	钢支撑千斤顶油表是否标定	材料员、试验员、质检员、监理
	钢支撑检测资料是否齐全、有效	材料员、质检员、监理
	基坑开挖前是否进行钢支撑的试拼工作	技术员、质检员、监理
2. 支撑安装架设	支持端部与地墙接触面是否平整、拼接严密	技术员、质检员、监理
	支撑钢牛腿焊接焊缝饱满，焊缝高度不小于 8 mm，电焊渣及时敲除	技术员、质检员、监理
	支撑轴线竖向偏差：±30 mm	技术员、质检员、监理

续表

控制点	验收内容及标准	验收人员
2. 支撑安装架设	支撑轴线水平向偏差：±30 mm	技术员、质检员、监理
	支撑两端的标高差和水平面偏差：不大于 20 mm 和支撑长度的 1/600	技术员、质检员、监理
	支撑的挠曲度：不大于 1/1 000	技术员、质检员、监理
	支撑与立柱的偏差：±30 mm	技术员、质检员、监理
	钢管支撑接头采用法兰与螺栓连接，螺栓必须拧紧，并进行复拧，不得遗漏，对接螺丝无松动	技术员、质检员、监理
	应力施加满足设计要求	技术员、质检员、监理
3. 成品保护	支撑上杂物、弃土需清理干净，防止坠落伤人	技术员、质检员、监理
	下层钢支撑安装时，挂设人工牵引绳，防止碰撞上层支撑	技术员、质检员、监理

钢支撑就位后及时准确施加预应力，对于特级基坑按以下要求复加应力

（1）在第一次加预应力后 12 h 内观测预应力损失及围护结构水平位移，并复加预应力至设计要求值。

（2）当昼夜温差过大，导致支撑预应力损失时，应立即在当天低温时段复加预应力至设计要求值。

（3）围护结构水平位移速率超过警戒值时，可适量增加支撑轴力以控制变形，但复加后的支撑轴力和挡墙弯矩必须满足设计要求安全度的要求。

（4）钢管支撑安装位置符合设计要求，活络头宜两侧错开设置，支撑两端头应设置上挂下托措施，钢支撑与连续墙应连接紧密。钢支撑上禁止行人，斜撑焊缝质量要保证，必须进行验算，施工中必须保证焊缝尺寸。

（四）支撑拆除

1. 钢支撑拆除

（1）支撑体系拆除的过程其实就是支撑安装的"倒换"过程，把由钢支撑所承受的侧向土压力转至永久支护结构或其他临时支护结构。

（2）钢支撑拆除工序如下：

① 钢支撑的拆除时间一般按设计要求进行，否则应进行替代支承结构的强度及稳定安全核算后确定。

② 钢支撑拆除前，先对上一层钢支撑进行一次预加轴力，达到设计要求以保证基坑安全。

③ 逐级释放需拆除的钢管支撑轴力。拆除时应避免瞬间预加应力释放过大而导致结构局部变形、开裂。

④ 轴力释放完后，取出所有楔块，利用连系梁将支撑分为 2 段，采用 50 t 履带吊双吊点吊运至指定地点进行（吊点一般在离端部 0.2L，L 为支撑长度），再拆除下方支架和托板。

⑤ 钢支撑拆除后应进行整理，凡构件变形超过规定要求或局部残缺的需进行校正修补。

2. 混凝土支撑拆除

（1）混凝土支撑拆除必须在对应结构顶板混凝土强度达到 100%才能拆除，拆除时间以试验强度报告为依据，项目部下发书面通知。

（2）支撑拆除选择人工配合绳锯切割拆除，禁止大型机械直接拆除。

（3）支撑拆除不得损坏已施工完的顶板保护层，混凝土碎块集中外运。

具体施工方法：

① 依据设计图纸及现场实体的勘测，技术人员对将要切除的混凝土实体进行设计排版，将实体分层、分块切除，同时在基础上用墨线弹出准确的切割线。

② 根据混凝土支撑拆除方案，底部搭设承重支架，确保施工安全。

③ 采用绳锯切割，将绳锯对准切割线部位上不断重复切割该部位，直至切透。整个切割过程遵循着由外至内，由上至下的顺序而行。

④ 切割工程施工完毕后，选用满足起重要求的吊具、吊绳将每一块切割块吊运至指定地点。

⑤ 使用吊机吊到基坑边破碎或运到指定地点再进行破碎回收钢筋。

3. 格构柱拆除

格构柱采用氧气乙炔进行切除，主要流程为施工平台搭设并安设防护栏、防护网→临时格构柱逐节切除、施工平台拆除→修整拆除范围。

（1）每段施工平台围绕临时格构柱四周搭设，施工平台采用钢管脚手架，高度根据临时格构柱拆除高度依次递减，但需保证满足拆除施工要求。

（2）切除方式为自上而下分节拆除。临时格构柱由四个通过缀板相互连接的角钢组成，角钢规格为 L160×160×14，每延米的理论质量为 33.987 kg。缀板规格为 400×300×10，每个缀板的理论质量为 9.42 kg，所以每延米临时格构柱的质量约为 173.628 kg，按照一米一节进行整块切除重量过大，不利于现场施工人员拆除。因此把每节进行分块切割，把每延米的临时格构柱切割为四块角钢以及部分缀板（每块重量为 43.407 kg）。

（3）清除脚手架上杂物及地面障碍物。脚手架拆除作业必须由上而下逐层进行，严禁上下同时作业。架体拆除作业应设专人指挥，当有多人同时操作时，应明确分工、统一行动，且应具有足够的操作面。卸料时各构配件严禁抛掷至地面。运至地面的构配件应按本规范的规定及时检查、整修与保养，并应按品种、规格分别存放。

（五）钢换撑施工

（1）侧墙达到设计强度后，根据基坑开挖过程中的监测数据确定是否实施换撑。

（2）换撑施工时，遵循"先撑后换"的原则，先架设替换支撑（直接支撑在已施工完的结构墙上），基坑按照设计要求第四道和第六道钢支撑需进行换撑，架设方法与钢管支撑架设方法相同。按设计值施加预加轴力。

（3）换撑施工完成后，再按拆除方法拆除需拆除的钢支撑。施工相应的结构墙、板。待结构墙板达到设计强度后，才能拆除换撑。

（4）侧墙施工前，需在侧墙内设计换撑位置预埋连接钢板。

（六）钢支撑安装、拆除安全保证措施

（1）操作人员进行安全技术培训，严格执行有关安全操作规程。

（2）钢支撑在开挖到设计位置之后立即安装，并按设计要求及实施及预应力。钢支撑安装时，在连续墙上标出支撑点位置并凿除整平，使支撑点与连续墙垂直密贴，支撑与连续墙之间空隙用细石混凝土填塞，使之受力均匀，端部的牛腿要焊接牢固，防止受碰撞脱落。

（3）钢支撑连接要稳固，连接螺栓一定要全数连接，不能减少数量，以免影响拼装质量。

（4）在挖土或吊装下一道钢支撑时，严禁碰撞已安装好的支撑。

（5）对钢支撑的变形、受力变化等加强监测，以便于采取应对措施，确保结构和人员的安全。

（6）支撑拆除按设计工况进行，应经总工程师同意，下发书面通知，由专人组织拆除，并采取可靠措施。

（7）钢支撑安装、拆除及上道钢支撑复加预应力等有关施工时，按照高处作业做好安全防护措施：

① 凡是进行高处作业的施工的，应使用脚手架、平台、梯子、防护围栏、挡脚板、安全带和安全网等防护措施，作业前应认真检查所用的安全措施是否牢固、可靠。

② 凡从事高出作业人员应接受高处作业安全知识的教育；特殊高处作业人员应持证上岗，上岗前应依据有关规定进行专门的安全技术交底。采用新工艺、新技术、新材料和新设备的，要按规定对作业人员进行相关安全技术教育。

③ 高处作业人员应经过体检，合格后方可上岗。施工单位应为作业人员提供合格的安全帽、安全带等必备的个人安全防护用具，作业人员应按规定正确佩戴和使用。

④ 施工单位应按类别、有针对性地将各类安全警示标志悬挂于施工现场各相应部位，夜间应设红灯示警。

⑤ 高处作业所用工具、材料严禁投掷，上下主体交叉作业确有需要时，中间须设隔离设施。

⑥ 高处作业应设置可靠扶梯，作业人员应沿着扶梯上下，不得沿着立杆与栏杆攀登。

⑦ 在雨雪天应采取预防措施，当风速在六级以上和雷电、暴风、大雾等气候条件下不得进行露天高处作业。

⑧ 高处作业上下应设置联系信号或通信装置，并指定专人负责。

⑨ 高处作业前，项目部应组织有关部门对安全防护设施进行验收，经验收合格签字后方可作业。需要临时拆除或变动安全设施的，应经项目技术负责人审批签字，并组织有关部门验收，经验收合格签字后方可实施。

三、基坑开挖施工

1. 基坑周边围护、通道

基坑周边围护采用高 1.2 m，单节长 2.5 m 的黄色防护栏杆，底座采用膨胀螺栓固定，可灵活拆卸，在混凝土支撑梁及基坑上下通道处留出入口，如图 49-7 所示。

基坑内上下通道采用一个单层整体组合式施工楼梯，并在土方开挖放坡处或者主体结构施工处设置施工便梯，方便施工人员行走。上下基坑人员不得在组合楼梯上嬉戏、跳跃、奔跑等危及楼梯安全行为，上下通道要有序行进。施工楼梯如图 49-8 所示。

图 49-7 基坑防护示意图

图 49-8 施工楼梯

2. 总体开挖顺序

余杭高铁站基坑根据施工安排分为 3 个基坑共 19 个结构段进行土方开挖及结构施工，开挖工作面及开挖顺序见表 49-9。

表 49-9　基坑开挖顺序表

序号	基坑编号	工作面	开挖顺序
1	1#基坑	工作面 1	1-1 段→1-2 段→1-3 段
2	2#基坑	工作面 1	2-1 段→2-2 段→2-3 段
3		工作面 2	2-5 段→2-4 段→2-3 段
4	3#基坑	工作面 1	3-1 段→3-2 段→3-3 段→3-4 段→3-5 段
5		工作面 2	3-11 段→3-10 段→3-9 段→3-8 段→3-7 段→3-6 段→3-5 段

3. 基坑开挖施工方法

基本原则是："开槽支撑、先撑后挖、分层开挖、严禁超挖"。

为了尽可能缩短基坑的无支撑暴露时间，有效地控制围护结构变形与坑外地面沉降，针对杭州地区软土的流变特性，采用"时空效应"理论原理组织开挖基坑。掏槽支撑，先撑后挖。严格按设计位置及时可靠地设置支撑和稳定体系，并按设计要求及时施加支撑预应力，保证基坑的安全，待钢支撑架设完毕后，方可进行下一层原土方开挖。

分层：根据支撑设置情况分为 8～9 层开挖，每层开挖至钢支撑底以下 50 cm（或混凝土支撑以下 5 cm）；根据基坑开挖后的土质情况：若开挖的土质较差，每层开挖分为 2 个亚层或多层；若基坑土质较好，可不考虑分亚层，上道钢支撑架设完成后直接开挖至下道钢支撑底以下 50 cm。

分段：沿基坑纵向根据支撑平面位置分段，每段完成 2 根混凝土支撑范围内的土方开挖工作量，每个作业平台及纵向放坡均为 3 根支撑间距，约 4～6 m。

分块：每层每小段土方开挖采用分块作业，根据基坑开挖工程围护结构和基坑支护系统的特点以及现场实际情况依次进行分块的开挖。

纵向放坡：沿基坑开挖方向纵向进行放坡，单个边坡放坡系数为 1∶2，纵向综合放坡系数为 1∶3。

4. 基坑开挖步骤

根据支撑设置情况，标准段分 8 层开挖至底，端头井分 9 层开挖至底，每层开挖至钢支撑底标高以下 50 cm（或混凝土支撑以下 5 cm）。

基坑开挖根据基坑深度采取三种不同的机械配置，具体如下：

（1）浅层土方开挖。

先采用镐头机破除基坑表面沥青道路及水稳层，然后采用 PC220 挖掘机，挖至冠梁及第一道混凝土支撑底 5 cm 标高处，基坑两侧开挖宽 1.2 m、深 1 m 的沟槽以便于地连墙墙顶浮渣凿除时便于出渣，挖出的土方直接装车运至弃土场，表层土开挖完成后及时施工冠梁及混凝土支撑。

（2）第二至六层土方开挖。

基坑冠梁及第一道混凝土支撑施工完成后开挖下层土方，按照纵向分段、横向分块、竖向分层开挖土方，每层开挖至钢支撑底以下 0.5 m，12 小时内及时架设钢支撑或施工腰梁及混凝土支撑。每个开挖工作面配置 1 台 PC60 挖机+1 台 PC550 长臂挖掘机，根据采用的 PC550 长臂挖机性能，最大开挖深度约 20 m（对应第二至六层土方），坑内采用 PC60 小挖机短驳土方以及开挖基坑边及角落土方。

（3）基坑深层土方开挖。

基坑深层土方（20 m 以下，对应第六道钢支撑以下）采用小挖机配合码头吊抓头直接出土。基底预留 30 cm，用小型挖机配合人工清底至设计标高。每个开挖工作面配置 1 台 PC60 挖机+1 台 码头吊液压抓斗。

5. 开挖过程注意事项

（1）土方开挖至钢支撑底部下 50 cm 或混凝土支撑梁底 5 cm 标高处，开挖过程中安排技术员和施工员进行标高控制，防止超挖。

（2）基坑开挖自上而下分层、限时开挖。先挖中间，再挖两侧，留土护坡，开挖到位后及时安装钢支撑和施工混凝土支撑。

（3）为保证围护结构变形稳定和接缝是否漏水，在地连墙接缝处采用人工探挖，可以超前了解接缝是否漏水。

（4）土方开挖采用接力式开挖，基坑内挖机翻土、甩土，基坑上部的挖机在便道上装土。

（5）每一结构段开挖至基底时，应严格控制最后一次开挖标高，预留 30 cm 采用人工开挖，开挖到位，组织五方验槽，结束及时浇筑垫层和底板混凝土。

（6）开挖过程中应及时进行降水，基坑内挖排水沟，备足排水设备，做好预警工作，确保基坑安全。

（7）开挖过程中，按既定监测方案对基坑及周围环境进行监测，以反馈信息指导施工。

（8）基坑深层，采用抓斗不便取土的位置，以小型挖机配合（必要时辅以人工配合），分块向前推进，即将小型液压挖掘机吊到基坑之内，根据基坑分层开挖的标高挖掘土方，传递到基坑的支撑间隙处，由抓斗直接抓土装车。

（9）基坑开挖时需派专人指挥，注意对支撑、格构柱及井点的保护。

6. 开挖过程中对钢支撑及降水井的保护措施

由于基坑土方开挖过程中需设置大量钢支撑，再附加立柱桩及降水井，内部空间相当狭小，且土方开挖均采用大型机械设备，开挖过程中极有可能碰撞钢支撑及立柱桩、破坏降水井，给基坑开挖过程中带来很大的风险，为避免此类情况的发生，拟采取以下措施：

（1）加强安全教育及技术交底。

土方开挖前，对施工人员进行安全教育及安全、技术交底，强化施工人员安全意识。

（2）加强现场监督管理。

土方开挖过程中，全程安排管理人员进行旁站监督指导，防止机械操作人员麻痹大意，误撞到钢支撑及立柱桩。

（3）加强现场照明。

晚间施工过程中，应保证基坑内部设置足够的照明设备，确保基坑内部开挖面无视线死角。

（4）及时应对。

如施工过程中碰撞到钢支撑及立柱桩，应立即上报项目部管理人员，并查看钢支撑及立柱桩受损情况，检查钢支撑预应力。如将钢支撑碰撞掉落，应立即停止施工，马上重新架设钢支撑，必要时，进行基坑土方回填。

四、基坑监测

（1）根据地质条件和施工方法，对施工影响范围内的地表沉降等监测项目预先进行估算和研究，并对车站附近的建（构）筑物、地下管线等可能受到影响的程度做出评估和提出处理方案，确保它们在施工过程中处于安全的工作状态；

（2）施工过程中加强施工监测，建立监测网络，实现信息化施工。

（3）加强对周围建筑层、构筑物及周围地下管线的垂直沉降、水平位移及倾斜的监测，基坑外的地表沉降和基坑内坑底回弹的监测，钢支撑的轴力监测。

第四节 主体结构施工

主体结构施工工程以余杭高铁站车站为例展开讲述。

一、工程概况

1. 设计概况

余杭高铁站设计起点里程右 DK0+020.08，终点里程右 DK0+437.57，有效站台中心里程为右 DK0+363.57。为地下三层双柱三跨岛式车站，共设有两个公共区出入口，一个付费区换乘通道，一个非付费区换乘预留接口，六个物业开发区主要出入口，四组风亭以及一处泄压口。风亭及出入口均位于车站南北两侧，沿文正街布置。车站外包总长 457.65 m，标准段外包总宽 22.1 m，有效站台宽 13 m，车站共设 7 个出入口（含付费区换乘通道）、4 组风亭及一处泄压口。车站总建筑面积为 37 313.95 m^2，车站主体建筑面积为 30 375.72 m^2，附属建筑面积为 6 938.23 m^2，乔司港桥（拆复建）桥面面积 2 000 m^2。

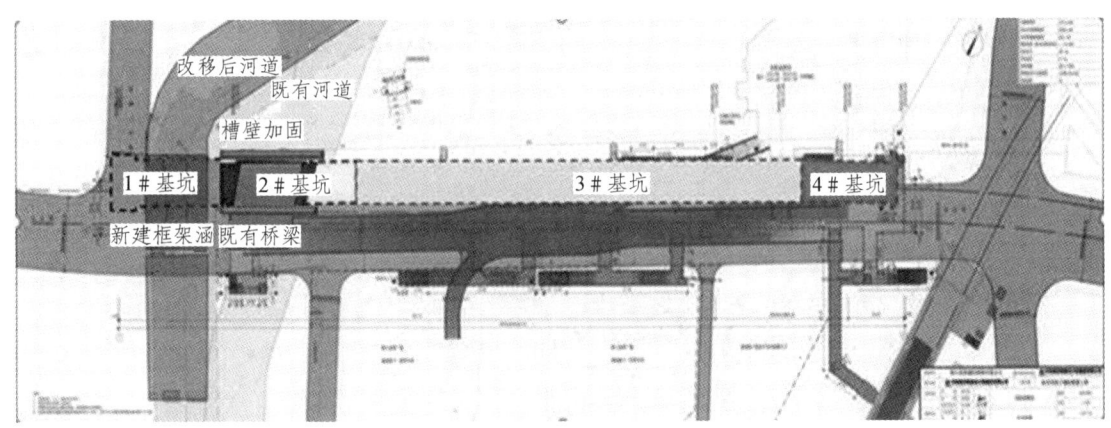

图 49-9　余杭高铁站主体基坑平面图

车站结构方案采用双柱三跨现浇混凝土箱形框架结构，车站标准段设双柱，框架柱距纵向一般为 9.75 m。为了有效利用车站的层内空间，降低结构高度，顶、底及中楼板均采用纵梁体系，不设横梁。出入口通道为单层单跨矩形框架，出入口敞开段为 U 形槽结构。

2. 主体基坑设计情况

基坑采用明挖顺做法施工，基坑总长 457.65 m，自西向东分为 4 个小基坑组织施工。1#基坑长 70 m，设计乔司港河道改移后，通过 1#基坑顶部新建的框架涵斜穿 1#基坑，2#基坑长 92 m，现状乔司港河道斜穿 2#基坑，3#基坑长 237 m，4#基坑长 59 m，东侧为盾构接收井，临近已运营的地铁 1 号线。标准段基坑深度为 26.05 m，围护结构连续墙深度为 52～52.8 m；小里程盾构井基坑开挖深度为 28.4 m，连续墙深度为 55.9 m，大里程盾构井基坑开挖深度为 27.5 m，连续墙深度为 53.7 m。基坑底位于④$_5$粉砂层，地连墙底位于③$_8$粉质黏土夹粉土。基坑采用 1 000 mm 厚地下连续墙+7 道内支撑（端头井 8 道）+2 道钢换撑的围护方案，第一、五道为钢筋混凝土支撑，第二、三、四道为 ϕ600 mm×16 mm 钢管支撑，第六、七（八）道为 ϕ800 mm×20 mm 钢管支撑。其中 4#基坑东侧端头井第 3 道为钢筋混凝土支撑，结构尺寸同第五道支撑。基坑冠梁尺寸为 1 200 mm×1 000 mm，第一道支撑尺寸为 800 mm×1 000 mm；第五道腰梁尺寸为 1 000 mm×1 000 mm，支撑尺寸为 1 000 mm×1 000 mm，均采用 C30 钢筋混凝土。

二、周边环境

余杭高铁站位于文正街与新丰路交叉口西侧，沿文正街呈东西向布置。车站基坑东侧距离杭州地铁 1 号线余杭高铁站最近距离约 31.32 m，距离杭州地铁 1 号线区间隧道结构外边线约 43.45 m，杭州地铁 1 号线余杭高铁站为地下两层站。车站小里程端有乔司港桥梁需拆复建，河道需向西侧改移，基坑范围内河床底与周边地面高差约 6 m，改移后河道位于车站 1#基坑顶部下穿车道范围外。文正街南侧为沪杭客运专线余杭高铁站站前广场，车站距离站房约 150 m。北侧为已施工的东湖地下停车场，地下室深度约 7 m，采用桩基础，距离车站主体结构约 12.5 m。

图 49-10　余杭高铁站主体基坑周边环境

三、总体施工方法

施工节段的划分主要考虑了以下因素：

（1）为便于施工组织，施工区段的划分充分考虑了车站施工组织的总体安排，均从两端向中间分段施工。

（2）车站结构的施工缝位置应留在结构剪力较小且便于施工的部位，并兼顾车站内部结构的完整性。其间距一般不宜过大，原则上纵向取 16~20 m。施工缝间应采取可靠防水措施。

（3）合理利用机械设备及劳动力，减少工序的重叠干扰。

余杭高铁站主体结构根据设计图纸施工缝和诱导缝的设置要求，各基坑每隔 20 m 施做施工缝。

主体内部结构，1 号坑首段开始从小里程端头井向大里程端依次按顺序施工，4 号坑首段开始从大里程端头井向小里程端依次按顺序施工，3 号坑自西向东顺序施工，2 号基坑首段开始从小里程端头井向大里程端依次按顺序施工。附属结构每个风亭和出入口为一独立施工段，一次性施工完成。

四、基底检查及处理

（1）基底素混凝土垫层施工前，人工清除基底 300 mm 厚保护土层。

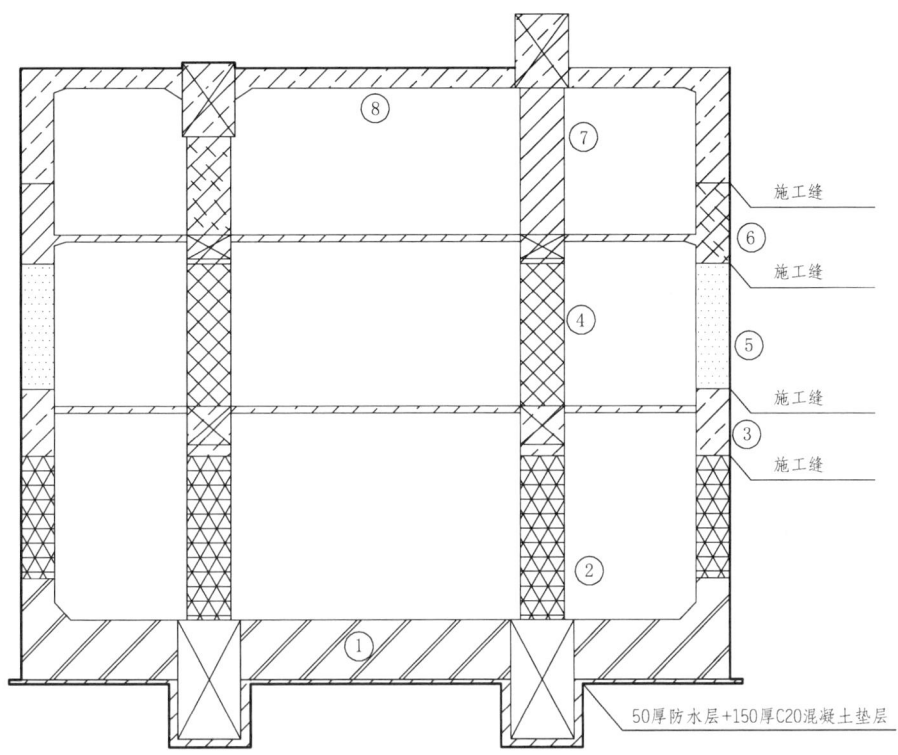

图 49-11 主体结构断面结构施工缝示意图

（2）检查基底地质情况、土质与承载力是否与设计相符，如承载力不足可采用基底换填等措施，请有关单位进行验槽，验槽合格后方可继续施工。

（3）基坑开挖接近基底设计标高以上 0.3 m 时应配合人工清底，不得超挖或扰动基底土。基底应平整压实，其允许偏差为：高程+10/-20 mm；平整度 20 mm，并在 1 m 范围内不得多于 1 处。

五、综合接地施工

1. 设计技术要求

（1）综合接地装置的设计在保证人身安全、设备安全及运营可靠性的基础上，尽可能减少投资。

（2）在综合接地系统设计时，应兼顾杂散电流防腐要求。当接地安全设计与杂散电流防腐设计发生矛盾时，优先考虑接地安全设计。

（3）综合接地系统设计应同时满足牵引供电设备、车站机电设备、通信、信号等弱电设备、给排水管及其他金属管接地的要求。

（4）车站设置一个综合接地网，接地网接地电阻不大于 0.5 Ω，并应进行接触电压和跨步电压的实测校核。

（5）强电设备、弱电设备等不同系统的接地，应采用相互独立的接地引线直接与接地体连接。弱电接地引出线与强电接地引出线，设备接地引出线的距离大于 20 m。

（6）车站设置接地引出线，接地引出线的引出点位置应便于电缆连接，且应避开轨底风道、结构墙体及轨道等；接地引出线应妥善保护，不得丢失、断裂。

（7）接地系统的设计及施工充分考虑了接地引出线穿越地下车站结构底板时的防水问题，做到不渗水、不漏水。

（8）车站及区间接地装置和电缆的固定设备和支架的预埋件、胀管应考虑与结构钢筋绝缘。

（9）水平接地体与水平接地体、水平接地体与垂直接地体之间的连接采用放热焊接。

（10）接地引出线应做出明确的标记，土建施工完成后移交机电设备安装单位。

2. 施工方法及工艺要求

基坑分段、分层开挖至坑底标高后，按设计位置人工配合小型挖机挖沟施作水平接地体。为尽快封底，防止基底遇水浸泡软化，先施工接地体沟槽范围外的底板垫层，待垫层达到强度后再施工水平、垂直接地体、接地引出线。水平、垂直接地体焊接完毕后包裹降阻剂，然后回填素土并夯实，最后施作沟槽部分底板垫层。每一部分做完后，应实测其接地电阻，记录每次测量的数据，以便及时预估整个接地网电阻，若有必要适当调整接地装置的设计规模。整个接地网敷设完毕后，按要求实测接地电阻，接触电位差及跨步电位差，在施工期间要注意保护接地引出线。

施工工艺流程如图 49-12 所示：

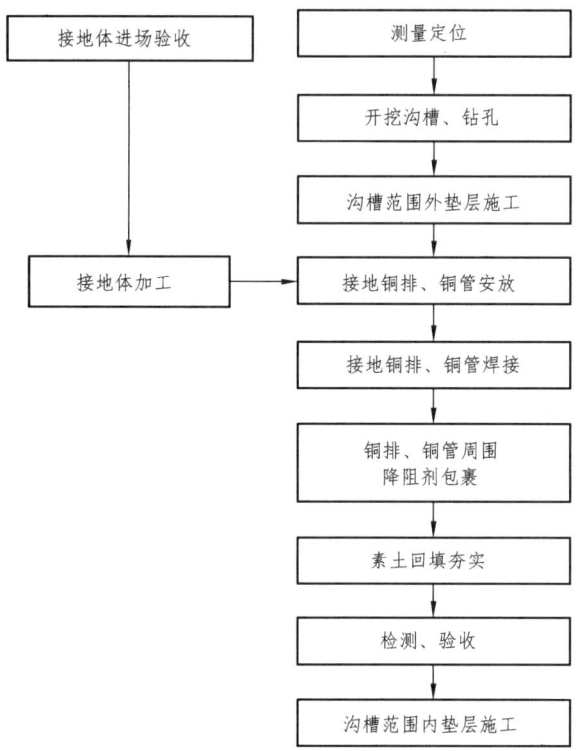

图 49-12 综合接地施工工艺流程

（1）接地网的连接方式。

外圈水平接地体，接地引出线以及连接两者的水平均压带，其本身及相互间的连接采用放热焊接，应切实做到连接牢固、无虚焊。

放热焊接是通过铝与氧化铜的化学反应（放热反应）产生液态高温铜液和氧化铝的残渣，并利用放热反应所产生的高温来实现高性能电气熔接的现代焊接工艺。放热焊接适用于铜、铜和铁及铁合金等同种或异种材料间的电气连接，放热焊接无需任何外加的能源或动力。

（2）垂直接地体。

用钻机钻出孔径为 120~150 mm 的孔，深 5 m。为防止浆料稀释，其施工水必须抽出（可用深井泵或底部带有活门的管筒人工抽出）。再放入金属接地体待灌注，将各接地体焊接，搭接处不得小于规程要求。用机械浆料泵时，将管下部约占管长 1/3 的管壁上，相隔 200 mm 相错不同方位钻直径 10~15 mm 的孔，浆料从管口压入直至井口为止，降阻剂用量每米约为 15.3 kg，并应保证垂直接地体位于降阻剂填充区中心位置。垂直接地体敷设孔洞断面示意如图 49-13 所示。

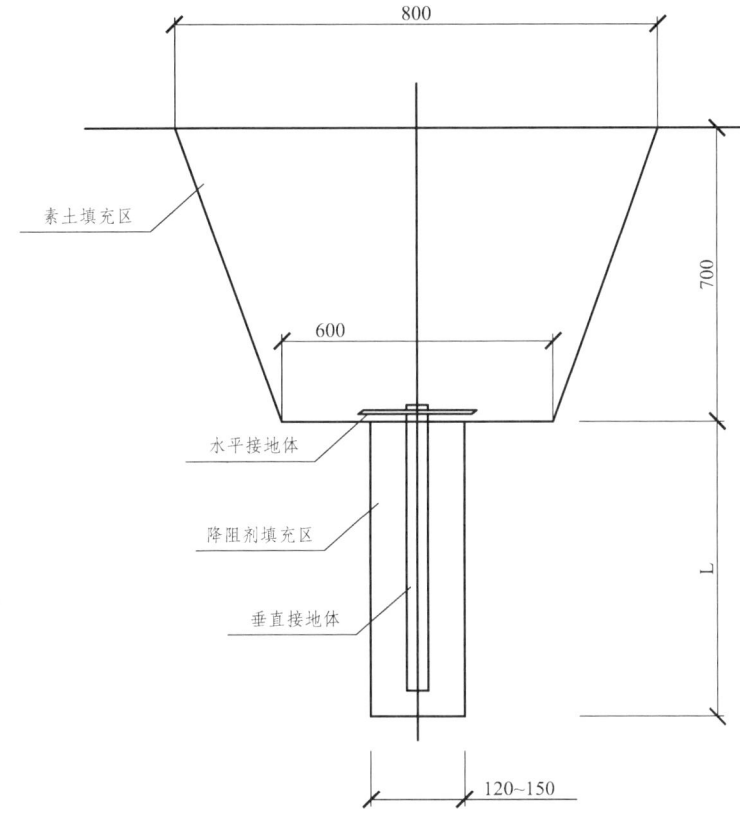

图 49-13　垂直接地体敷设孔洞断面示意

（3）水平接地体施工。

中间均压带开挖槽断面为梯形：上宽 600 mm，下宽 400 mm，深 600 mm 梯形。中间均压带水平接地体敷设在沟槽底部小槽中（120 mm×120 mm），沟槽开挖好后抽干沟内积水，将水平接地体铜排放入沟内，按设计要求焊接好；用小石块将水平接地体支撑起来，使其高过沟槽约 50 mm，以便降阻剂料浆包裹；降阻剂包裹水平接地体铜排的尺寸为 120 mm×120 mm，水平接地体敷设后应用电阻率满足要求的素土或黏土回填后夯实，不得以建筑垃圾回填。水平接地体敷设沟槽断面示意图如图 49-14 所示。

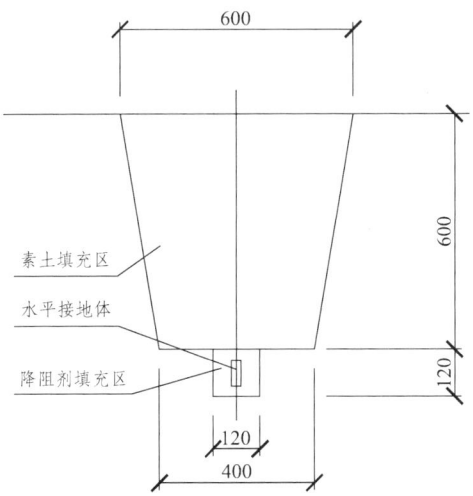

图 49-14　水平接地体敷设沟槽断面示意

(4) 接地电阻的测量。

接地网随车站底板分段施工,为使整体接地网的接地电阻值满足设计要求,在阶段性施工结束后,按设计要求对已完工部分接地网进行接地电阻测量,以此数据推算出整体接地网的接地电阻值。接地电阻的测量采用三极法原理进行。

六、杂散电流施工

1. 主要设计原则

(1) 杭海城际铁路工程余杭高铁站接地网设计兼顾杂散电流腐蚀防护的要求,接地网的设计同时满足强电设备、弱电设备及其他需接地的车站设备对工作接地、保护接地、防静电接地的要求。

(2) 全线用于排流的道床结构钢筋通过焊接连成一体,作为杂散电流主排流网,排流网钢筋与其他结构钢筋、金属管线不得有任何电气连接。

(3) 在靠近牵引变电所的站台侧设置排流端子,上下行各设一个。岛式车站排流端子设置在线路的内侧,侧式车站排流端子设置在线路的外侧。

(4) 在整体道床中伸缩缝两侧引出结构钢筋连接端子,上下行分别设置,作为杂散电流主要排流网,设置如图 49-15 和图 49-16 所示。在车站及非盾构区间隧道结构伸缩缝两侧的侧墙中引出结构钢筋连接端子,上下行分别设置,作为设置杂散电流辅助排流网的条件。

(5) 在地下车站两端与区间隧道伸缩缝处设杂散电流测量端子。当测量端子设在连接端子处,可利用连接端子兼做,不再另设。

车站结构防杂散电流的要求是:结构内纵横向钢筋电气连续;分节段施工时,对防杂散电流的钢筋进行标识,钢筋焊接时不得漏焊和误焊。

2. 技术措施

(1) 每隔 5 m 选择一根横向内层钢筋与所有纵向钢筋电气焊接,焊缝高度为 6 mm(四面焊),如图 49-17 所示。

(2) 在结构缝两侧各选两根内层横向钢筋专门用于焊接固定连接端子,两根横向钢筋与其所有跨接的纵向钢筋作电气焊接,如图 49-18 所示。

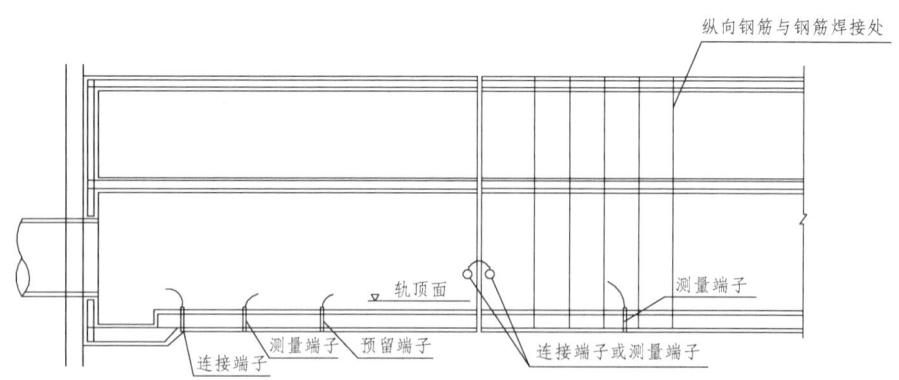

图 49-15 杂散电流设置平剖面示意

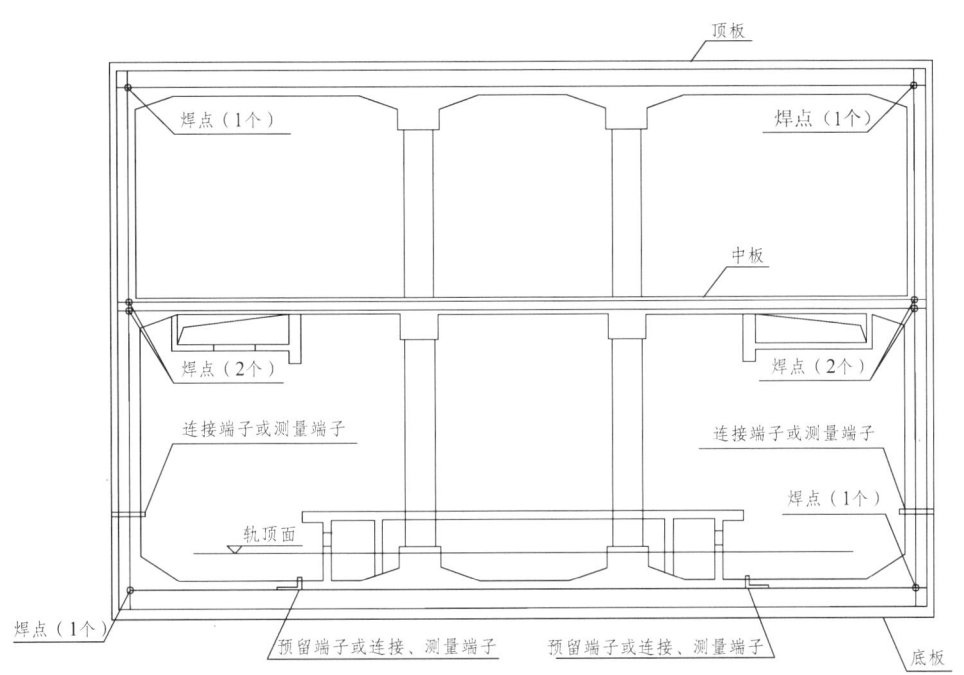

图 49-16 杂散电流设置横断面示意

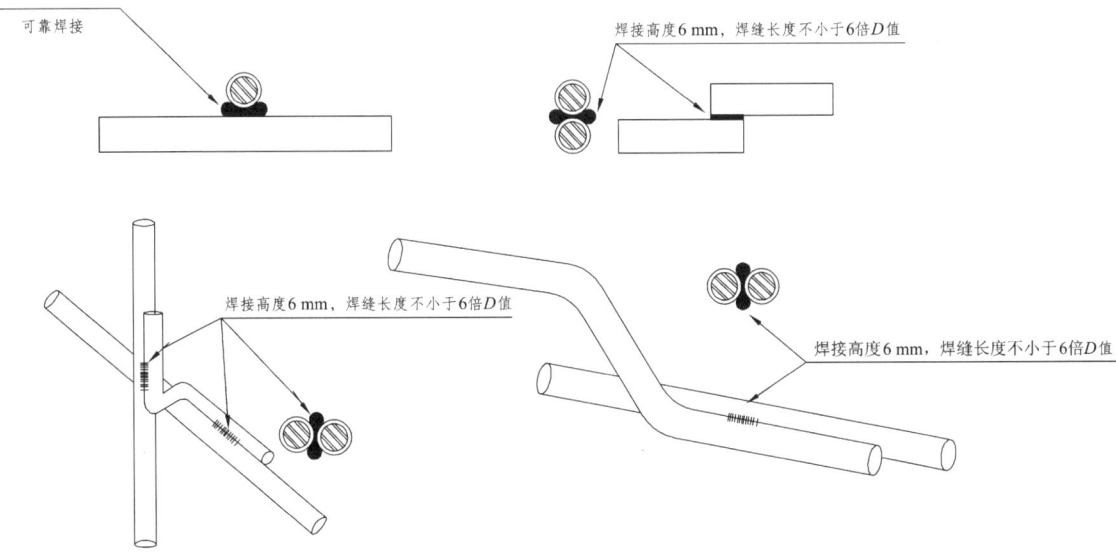

图 49-17 结构钢筋焊接示意

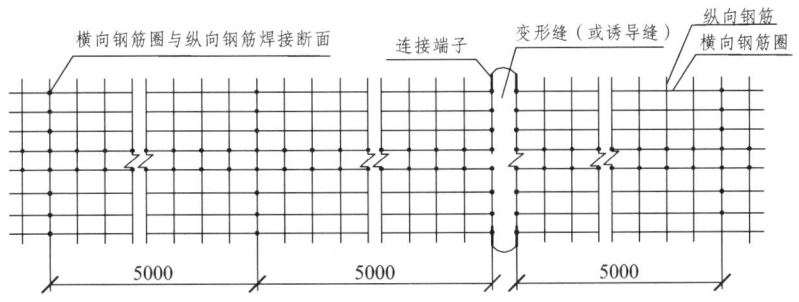

图 49-18 车站主体结构缝横向与横、纵向钢筋焊接示意

（3）连接端子与两根横向钢筋紧密焊接，焊缝要求长120 mm，高6 mm。连接端子在左右轨道线的侧墙上设置，每侧墙一对，即在一个横断面内要设置4对。连接端子高距轨道顶面300 mm。

（4）在左右轨道线下方分别选二根底板表层纵向钢筋与所有底板横向钢筋焊接，此纵向钢筋称为排流条。

（5）结构缝两侧连接端子用95 mm^{2}电缆连接。

（6）在施工时，用作杂散电流防护的钢筋要做标记，不得漏焊和误焊。

（7）施工注意事项：

① 结构缝连接端子采用50×8热浸镀锌扁钢与墙内结构钢筋焊接后引出长度120 mm，扁钢在墙外的部分打ϕ12孔，并将结构缝两侧连接端子用95 mm^{2}橡胶绝缘铜线连接。铜线长度为结构缝两侧接线端子的距离再加100 mm。

② 连接端子引出时，应避免与区间隧道墙壁上的设备位置发生冲突。

③ 钢筋如用接驳器连接，须在钢筋接驳器处，采用短钢筋跨接于接驳器后，再按照搭接焊处理，使其可靠电气连接。

七、混凝土垫层施工

基坑开挖完成后，在转入主体结构施工前，首先对基坑进行验收，检查基坑开挖基底标高是否达到设计规定及规范的要求，接地网是否安装到位。基坑底若受水浸泡形成软土时应清除干净，局部超挖部分禁止用虚土回填，超挖应会同设计共同研究处理方案。特别要注意基坑坑底是否有反弹现象，对基坑底部高程做间隔观测测量，基底标高根据基底实测回弹量进行适当调整。

垫层混凝土采用商品混凝土，采用泵车浇筑，人工配合整平，平板振捣器捣固。

八、钢筋工程

1. 钢筋原材料进场和材质检查

进场的钢筋原材料，必须具备出厂质量证明书，且外观质量应符合规范要求，经确认无误后，方可收货进场。

钢筋按批检查验收，每批由同牌号、同炉号、同加工方法、同交货状态的钢筋组成，每批重量不大于60 t。现场自检合格后，经监理见证取样做力学性能试验，见证取样单位在杭海城铁公司指定的名单中选择，经检验合格后方可用于施工。

钢筋堆放应下垫上盖。按规格分别码放，应设标识牌，标明钢筋规格、产地、使用部位、检验状态。

2. 施工准备工作

（1）钢筋由项目部技术员统一放样，编制钢筋下料单经复核无误后，下发给施工队。

（2）根据厂家提供的钢材试验报告单，试验合格后方可开始加工。

（3）对岗位操作人员证书的查验，无证焊接人员必须经培训考试合格后持证上岗，在规定的范围内进行焊接工作。

（4）做好各种规格钢筋焊接接头的试验工作。

（5）垫块选用：根据各部位保护层的设计厚度，预制同标号垫块。

3. 施工步骤

根据结构特点、设计要求并结合主体结构分布情况，主体结构（标准段）钢筋施工段进行安装以适应浇筑主体结构混凝土的要求。第一步底板筋安装；第二步安装下侧墙；第三步安装下地下二层板及侧墙；第四步安装地下一层板及上侧墙；第五步安装地下一层板及侧墙，第六步安装顶板。在第一步钢筋安装时侧墙甩筋遇支撑处切断并符合同一截面接头数要小于50%,其他钢筋直接甩到中板以上减少焊点及避免烧伤防水层。中板以上侧墙钢筋直接甩到顶板位置。

4. 钢筋安装要求

（1）箍筋、构造筋的混凝土保护层厚度迎水面不得小于45 mm，背水面不得小于35 mm。为达到保护层的要求，将预先制作的细石混凝土垫块（细石混凝土强度等级为C40，每平米不少于4块，铁丝不得伸入保护层内）垫在主筋之下。

（2）钢筋直径＜20 mm，可有采用绑扎搭接，20 mm≤钢筋直径＜25 mm 时宜采用机械连接或焊接，钢筋直径≥25 mm 时应采用机械连接。绑扎搭接时，位于同一连接区段内的受拉钢筋搭接接头面积百分率不大于25%，受压钢筋不大于50%，钢筋绑扎搭接接头连接区段的长度为1.3倍搭接长度。钢筋接长一般采用焊接或机械连接，焊接长度为10 d（单面焊），位于同一连接区段内（35 d 且不小于500 mm）的受拉钢筋焊接接头面积百分率不大于50%，受压钢筋不受限制。焊接连接或机械连接区段长度35 d，且不小于500 mm。当采用机械连接时，纵向受力钢筋接头宜相互错开，机械连接接头区段长度为35 d，凡接头中点位于该区段长度内的均属于同一连接区段。在受力较大处设置机械连接接头时，位于同一连接区段内的纵向受拉钢筋接头面积百分率不宜大于50%。纵向受压钢筋的接头面积百分率不受限制。

（3）纵向受力钢筋连接位置：顶、中、底板的支座受拉钢筋在板跨中1/3跨距范围内搭接，跨中受拉钢筋在靠近支座1/3跨距范围内搭接。侧墙的支座受拉钢筋在侧墙跨中1/3跨距范围内搭接；侧墙跨中受拉钢筋在靠近侧墙支座1/3跨距范围内搭接。

（4）在钢筋工序施工时要注意对底板及侧墙防水层的保护。特别是钢筋焊接时，在防水层与焊接点之间处设PE板进行保护，此板确保防水层的完好，避免在箍筋绑扎与电焊接头及钢筋安装时破坏防水层。

5. 钢筋加工

钢筋由工程技术人员根据设计施工图下料，注明钢筋型号、下料长度、加工形式、数量和使用部位、时间，在钢筋加区按下料单和施工图放大样加工钢筋，运至现场焊接及绑扎安装。项目质量员对每种加工成型后的钢筋进行验收，符合设计及规范要求后方可使用，对不符合设计及规范要求的钢筋要返工重新进行加工制作。

6. 钢筋现场绑扎

（1）所配置钢筋的级别、种类、根数、直径等必须符合设计要求。

（2）车站主体结构钢筋骨架，在绑扎双层钢筋网时，应设置足够强度的钢筋撑脚，以保证钢筋网的定位准确。

（3）绑扎或焊接接头与钢筋弯曲处相距不应小于10倍主筋直径，也不宜位于最大弯矩处。

（4）设计有特殊规定外，柱和梁中的箍筋应与主筋垂直。箍筋的末端应向内弯钩，箍筋转角与钢筋的交接点均应绑扎牢。在柱中应沿竖向交叉布置，在梁中应沿纵向线方向交叉布置。

（5）墙、柱中的竖向钢筋搭接时，转角处的钢筋弯钩应与模板成90°。如采用插入式振动器浇筑小截面柱时，弯钩与模板的角度最小不得小于15°，在浇筑过程中不得松动。

（6）钢筋的交叉点应用铁丝绑牢，绑扎用的铁丝要向里弯，不得伸向保护层内。必要时，亦可用点焊焊牢。

（7）不得在已绑扎好的钢筋骨架上放置重物。

（8）成型后的网片或骨架必须稳定牢固，在安装及浇筑混凝土时不得松动或变形。

（9）当设计有防电流要求时，应严格按设计要求采用焊接贯通。

7. 钢筋连接

钢筋连接采用套筒连接的工艺要求、标准。

（1）直螺纹接头的现场加工应符合下列规定：

① 钢筋端部应切平或镦平后加车螺纹；

② 墩粗头不得有与钢筋轴线相垂直的横向裂纹；

③ 钢筋丝头长度应满足企业标准中产品设计要求，公差应为 0～2.0p（p 为螺距）；

④ 钢筋丝头宜满足 6f 级精度要求，应用专用直螺纹量规检验，通规能顺利旋入并达到要求的拧入长度，止规旋入不得超过 3p。抽检数量 10%，检验合格率不应小于 95%。

（2）直螺纹钢筋接头的安装质量应符合下列要求：

① 安装接头时可用管钳扳手拧紧，应使钢筋丝头在套筒中央位置相互顶紧。标准型接头安装后的外露螺纹不宜超过 2p。

② 安装后应用扭力扳手校核拧紧扭矩，拧紧扭矩值应符合表 49-10 的规定：

表 49-10 直螺纹接头安装时的最小拧紧扭矩值

钢筋直径/m	≤16	18～20	22～25	28～32	36～40
拧紧扭矩/（N·m）	100	200	260	320	360

③ 校核用扭力扳手的准确度级别可选用 10 级。

（3）钢筋应具有出厂合格证和力学性能检验报告，所有检验结果，均应符合现行规范的规定和设计要求。钢筋连接套筒应有出厂合格证，一般为低合金钢或优质碳素结构钢，其抗拉承载力标准值应大于、等于被连接钢筋的受拉承载力标准值的 1.20 倍，钢筋连接套筒长为钢筋直径的二倍，钢筋连接套筒应有保护盖，保护盖上应注明套筒的规格。钢筋连接套筒在运输、储存过程中，要防止锈蚀和沾污。

（4）滚压直螺纹接头的混凝土保护层厚度应满足现行国家标准《混凝土结构设计规范》中受力钢筋保护层最小厚度的要求，且不得小于 15 mm。

（5）受力钢筋滚压直螺纹接头位置应相互错开。在任一接头中心至长度为钢筋直径的 35 倍的区段内，有接头的受力钢筋截面面积占钢筋总截面面积的百分率，应符合下列规定：

① 受拉区的受力钢筋接头百分率不宜超过 50%。

② 接头宜避开有抗震设防要求的框架的梁端和柱端的箍筋加密区；当无法避开时，接头的百分率不应超过 50%。

③ 受压区和装配式构件中钢筋受力较小部位，接头百分率可不受限制。

（6）根据待连接钢筋的实际情况，选择好钢筋连接套筒的型号、丝扣的方向，并及时调整因在下料、加工丝头、随机切断抽验检验而切短了的钢筋。

九、模板工程

1. 中板模板支架形式确定

模板采用 15 mm 厚的木胶合板，底模次楞采用 10 cm×10 cm 方木横向布置，纵向中心间距为 0.35 m，主楞采用 10#工字钢或 15 cm×15 cm 方木纵向布置，横向中心间距 1.2 m，支架采用盘扣式满堂支架，立杆截面为 $\phi60×3.2$ mm，材质为 Q345A；水平杆截面为 $\phi48×2.5$ mm，材质为 Q235B；竖向斜撑截面为 $\phi48×2.5$ mm，材质为 Q195；水平斜杆采用 $\phi48×2.5$ mm，材质为 Q235B；剪刀撑截面为$\phi 48\times 3.5$ mm，材质为Q235。每根立杆设置顶托及底托。见表49-11。

表49-11 标准段400 mm中板模板支架参数

主梁布置方向	平行立杆纵向方向	模板及支架计算依据	《建筑施工模板安全技术规范》（JGJ 162—2008）、《建筑施工承插型盘扣式钢管支架安全技术规程》（JGJ 231—2010）
立杆纵向间距/mm	1 200	立杆横向间距/mm	1 200
水平杆步距/mm	1 500	顶层水平杆步距/mm	1 000
可调托座内主梁根数	1	板底支撑主楞材料	10#工字钢或15 cm×15 cm方木
面板材质	15 mm厚木胶合板	板底支撑次楞材料	10 cm×10 cm方木
次楞方向	横向布置	次楞间距/mm	350
主楞方向	纵向布置	主楞间距/mm	1 200

2. 顶板模板支架形式确定

顶板为900 mm、1 000 mm、1 100 mm、1 200 mm四种厚度。900 mm、1 000 mm、1 100 mm、1 200 mm，顶板厚度采用1 200 mm厚顶板支架搭设方式搭设。

表49-12 顶板1200 mm模板支架参数

主梁布置方向	平行立杆纵向方向	模板及支架计算依据	《建筑施工模板安全技术规范》（JGJ 162—2008）、《建筑施工承插型盘扣式钢管支架
立杆纵向间距/mm	1 200	立杆横向间距/mm	1 200
水平杆步距/mm	1 500	顶层水平杆步距/mm	500
可调托座内主梁根数	1	板底支撑主楞材料	10#工字钢
面板材质	15 mm厚木胶合板	板底支撑次楞材料	10 cm×10 cm方木
次楞方向	横向布置	次楞间距/mm	250
主楞方向	纵向布置	主楞间距/mm	1 200

900 mm、1 000 mm、1 100 mm、1 200 mm板厚按照表49-12进行搭设，模板采用15 mm厚的木胶合板，底模次楞采用10 cm×10 cm方木横向布置，纵向中心间距为0.25 m，主楞采用10#工字钢纵向布置，横向中心间距1.2 m，支架采用盘扣式满堂支架，立杆截面为$\phi 60\times 3.2$ mm，材质为Q345A；水平杆截面为$\phi 48\times 2.5$ mm，材质为Q235B；竖向斜撑截面为$\phi 48\times 2.5$ mm，材质为Q195；水平斜杆采用$\phi 48\times 2.5$ mm，材质为Q235B；剪刀撑截面为$\phi 48\times 3.5$ mm，材质为Q235。每根立杆设置顶托及底托。

支架搭设高度最高为6.6 m<8 m，根据计算书，单肢立杆荷载设计值大于40 kN，底层的水平杆比标准步距缩小一个盘扣间距，且设置竖向斜杆。支架架体四周外立面向内的第一跨每层均应设置竖向斜杆，架体整体底层以及顶层均应设置竖向斜杆，并应在架体内部区域每隔5跨由底至顶纵、横向均设置竖向斜杆或采用扣件钢管搭设的剪刀撑。顶底托设置要求同中板支架设计要求。

3. 中板梁模板支架设计

根据中板数量表统计,每延米最重的梁为1 000×1 200,梁高宽比最重的梁为650×1 650,厚度与板相同的暗梁支架搭设形式与板相同,具体参数见表49-13。

则宽×高:900×1 000 mm、1 100×1 000 mm、1 000×1 200 mm、1 200×600 mm、600×1 600 mm梁使用同一种搭设方式;

则宽×高:550×1 650 mm、650×1 650 mm梁使用同一种搭设方式。

表49-13 中板1000 mm×1200 mm梁模板支架参数

计算依据	《建筑施工模板安全技术规范》（JGJ 162—2008）、《建筑施工承插型盘扣式钢管支架安全技术规程》（JGJ 231—2010）	模板支架高度 H/m	5.4
混凝土梁截面尺寸/mm	1 000×1 200	梁侧板厚度/mm	400
新浇混凝土梁支撑方式	梁两侧有板,梁底小梁垂直梁跨方向	支撑立柱钢管型号/mm	ϕ60×3.2 mm
梁跨度方向立杆间距/mm	600		
支撑架中间层水平杆最大竖向步距/mm	1 500	支撑架顶部水平杆步距/mm	1 000
可调托座伸出顶层水平杆的悬臂长度/mm	600	新浇混凝土板立杆纵、横向间距/mm	1 200,1 200
梁底支架纵向间距/mm	1 200	梁底横向立杆个数	3根
梁底支撑次楞材料	10 cm×10 cm方木	次楞方向	垂直梁方向
梁底次楞间距	200 mm	面板材质	15 mm厚木胶合板
主楞材料	10#工字钢	主楞方向	顺梁方向
主楞间距/mm	600	梁侧对拉螺杆数量	2根
梁侧对拉螺杆间距/mm	500	梁侧对拉螺杆型号	M14

中板梁900×1 000 mm、1 100×1 000 mm、1 000×1 200 mm、1 200×600 mm、600×1 600 mm尺寸梁模板支架搭设方式:模板采用15 mm厚的木胶合板,底模次楞采用10 cm×10 cm方木横向布置,纵向中心间距为0.2 m,主楞采用10#工字钢纵向布置,横向中心间距0.6 m,支架采用盘扣式满堂支架,立杆截面为ϕ60×3.2 mm,材质为Q345A;水平杆截面为ϕ48×2.5 mm,材质为Q235B;竖向斜撑截面为ϕ48×2.5 mm,材质为Q195;水平斜杆采用ϕ48×2.5 mm,材质为Q235B;剪刀撑截面为ϕ48×3.5 mm,材质为Q235。每根立杆设置顶托及底托。梁侧竖向根据外露梁高设置对拉螺杆,竖向设置两根对拉螺杆,梁侧加固采用M14对拉螺杆加固,顺梁方向间距为500 mm。

4. 顶板梁模板支架设计

根据顶板数量表统计,纵向最大的梁尺寸为1 300×2 600 mm,具体参数见表49-14;横向梁最大的梁尺寸为1 100×3 150 mm,顶板结构中高宽比最大的梁为:宽×高=900×3 450 mm(此梁为预留出入口暗梁,为单侧板梁);厚度与板相同的暗梁支架搭设形式与板相同。

则纵向梁高度不大于3 000 mm的梁采用1 300×2 600 mm梁搭设方式;

表 49-14　1 300×2 600 板梁模板支架参数

计算依据	《建筑施工模板安全技术规范》（JGJ 162—2008）、《建筑施工承插型盘扣式钢管支架安全技术规程》（JGJ 231—2010）	模板支架高度 H/m	4
混凝土梁截面尺寸/mm	1 300×2 600	梁侧板厚度/mm	1 100
新浇混凝土梁支撑方式	梁两侧有板，梁底小梁顺梁方向	支撑立柱钢管型号/mm	$\phi 60×3.2$ mm
梁跨度方向立杆间距/mm	600		
支撑架中间层水平杆最大竖向步距/mm	1 500	支撑架顶部水平杆步距/mm	500
可调托座伸出顶层水平杆的悬臂长度/mm	500	新浇混凝土板立杆纵、横向间距/mm	1 200，1 200
梁底支架纵向间距/mm	900	梁底横向立杆个数	3 根
梁底支撑次楞材料	10 cm×10 cm 方木	次楞方向	顺梁方向
梁底次楞根数	7 根	面板材质	15 mm 厚木胶合板
主楞材料	10#工字钢	主楞方向	垂直梁方向
主楞间距/mm	600	梁侧对拉螺杆数量	2 根
梁侧对拉螺杆间距/mm	500	梁侧对拉螺杆型号	M14

板纵向梁高度不大于 3 000 mm 的梁模板支架搭设方式：模板采用 15 mm 厚的木胶合板，底模次楞采用 10 cm×10 cm 方木垂直梁方向布置，梁下侧次楞 7 根；主楞采用 10#工字钢顺梁方向布置，主楞中心间距 0.6 m，支架采用盘扣式满堂支架，立杆截面为 $\phi 60×3.2$ mm，材质为 Q345A；水平杆截面为 $\phi 48×2.5$ mm，材质为 Q235B；竖向斜撑截面为 $\phi 48×2.5$ mm，材质为 Q195；水平斜杆采用 $\phi 48×2.5$ mm，材质为 Q235B；剪刀撑截面为 $\phi 48×3.5$ mm，材质为 Q235。每根立杆设置顶托及底托。梁侧竖向根据外露梁高设置对拉螺杆，竖向设置两根对拉螺杆，梁侧加固采用 M14 对拉螺杆加固，顺梁方向间距为 500 mm。

5. 框架柱模板支架设计

框架柱根据数量规格采用 15 mm 厚木胶合板。KZ1、KZ2、KZ3、KZ4、KZ5、KZ6 采用 15 mm 厚木胶合板，次楞采用 40×50 mm 方木，主楞采用方圆卡具 10#，不设置对拉螺杆，具体参数见表 46-15～表 49-17。

表 49-15　KZ1 框架柱模板支架参数

新浇混凝土柱名称	KZ1 框架柱	混凝土柱最大高度/mm	7 600
新浇混凝土柱长边边长/mm	1 100	新浇混凝土柱短边边长/mm	900
方圆卡具间距/mm	350	长边次楞根数	7
短边次楞根数	6	最低处柱箍离楼面距离/mm	200
面板材质	15 mm 厚木胶合板	次龙骨材料	40×50 mm 矩形方木
柱箍材料	方圆卡具 10#	侧压力计算依据规范	《建筑施工模板安全技术规范》（JGJ 162—2008）

表 49-16　KZ2 框架柱模板支架参数

新浇混凝土柱名称	KZ2 框架柱	混凝土柱最大高度/mm	5 400
新浇混凝土柱长边边长/mm	1300	新浇混凝土柱短边边长/mm	1 000
方圆卡具间距/mm	300	长边次楞根数	8
短边次楞根数	6	最低处柱箍离楼面距离/mm	200
面板材质	15 mm 厚木胶合板	次龙骨材料	40×50 mm 矩形方木
柱箍材料	方圆卡具 10#	侧压力计算依据规范	《建筑施工模板安全技术规范》（JGJ 162—2008）

表 49-17　KZ3 框架柱模板支架参数

新浇混凝土柱名称	KZ3 框架柱	混凝土柱最大高度/mm	5 400
新浇混凝土柱长边边长/mm	1 200	新浇混凝土柱短边边长/mm	1 000
方圆卡具间距/mm	300	长边次楞根数	8
短边次楞根数	6	最低处柱箍离楼面距离/mm	200
面板材质	15 mm 厚木胶合板	次龙骨材料	40×50 mm 矩形方木
柱箍材料	方圆卡具 10#	侧压力计算依据规范	《建筑施工模板安全技术规范》（JGJ 162—2008）

KZ4（1 300×900），采用 KZ2 的模板形式；KZ5（1 200×800）、KZ6（1 200×900）采用 KZ3 的模板形式。

6. 侧墙模板支架施工

（1）单侧支架的组成。

单侧支架由埋件系统部分和架体两部分组成，其中：埋件系统包括：地脚螺栓、连接螺母、外连杆、外螺母和压梁。

根据主体结构施工工程侧墙的高度，选择架体高度规格：H=4 500 mm 三角架为 14#槽钢双拼组成，如图 49-19 所示。

（2）埋件部分安装。

埋件材料选用螺纹三级钢，直径为 25 mm、L=750 mm 的螺杆，地脚螺栓出地面处与混凝土墙面距离：距混凝土面距离为 175 mm，出地面为 130 mm，各埋件杆相互之间的距离不大于 600 mm。在靠近一段墙体的起点与终点处宜各布置一个埋件，具体尺寸根据实际情况而定，如图 49-20 所示。

① 埋件系统及架体示意图见上图，埋件与地面成 45°，现场埋件预埋时要求拉通线，保证埋件在同一条直线上，同时，埋件角度必须按 45°预埋。

② 地脚螺栓在预埋前应对螺纹采取保护措施，用塑料布包裹并绑牢，以免施工时混凝土黏附在丝扣上影响上连接螺母。

③ 因地脚螺栓不能直接与结构主筋点焊，为保证混凝土浇筑时埋件不跑位或偏移，要求在相应部位增加附加钢筋，地脚螺栓点焊在附加钢筋上，点焊时，请注意不要损坏埋件的有效直径。

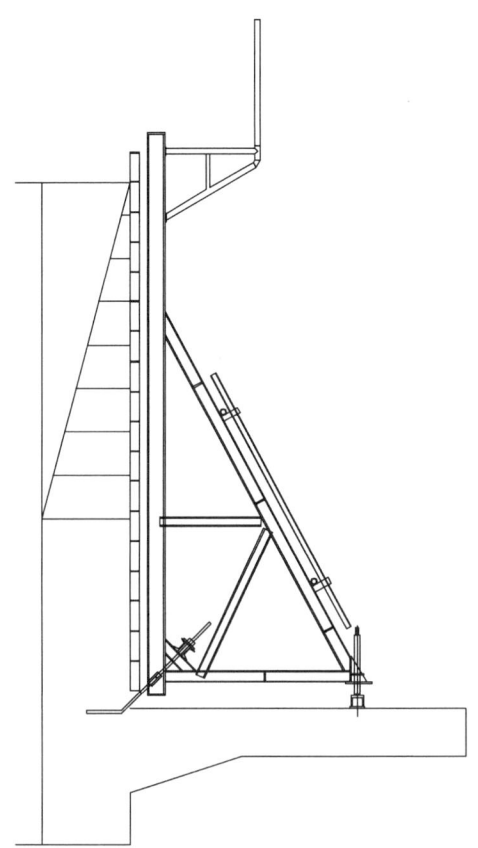

图 49-19　单侧模板支架大样图

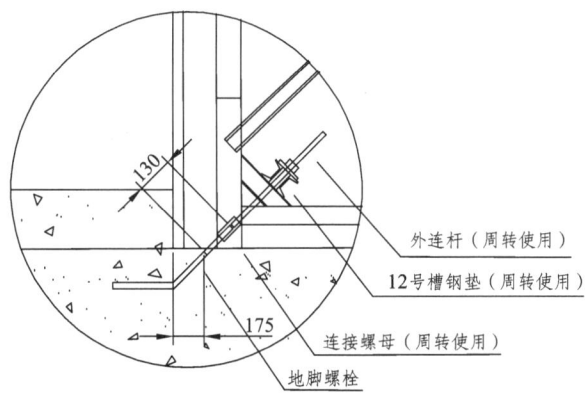

说明：1. 地脚螺栓平面间距按300 mm布置；
　　　2. 地脚螺栓预埋时，应保证螺纹全部裸露在砼外面；
　　　3. 地脚螺栓预埋时、应拉通线，保证预埋件在同一直线上；
　　　4. 地脚螺栓预埋前应对螺纹采取保护措施，用塑料布包裹并绑牢；
　　　5. 地脚螺栓应焊接在附加钢筋上，防止地脚螺栓跑位。

图 49-20　钢筋埋件示意

（3）模板及支架拆除。

外墙混凝土浇筑完 24 h 后，先松动支架后支座，后松动埋件部分。彻底拆除埋件部分，并分类码放保存好。

① 吊走单侧支架，模板继续贴靠在墙面上，临时用钢管撑上。

② 混凝土浇筑完 48 h 后，拆模板。
③ 混凝土拆模后应采取养护措施。

十、混凝土工程

混凝土工程主体结构混凝土均采用商品混凝土，由混凝土搅拌车运送至施工现场，混凝土泵车下料。我们从以下几个方面保证防水混凝土的强度、抗渗性能，外观及减少混凝土结构裂缝。

1. 混凝土浇筑前的准备

（1）在混凝土供应方面采用经质量监督站和杭海城铁公司考察后选定的商品混凝土厂商，并由杭海城铁公司、监理联合对搅拌站的资质与仪器设备、材料供应进行检验，检验合格后投入使用。试验人员对混凝土配合比进行检验，必要时委托检测单位检测混凝土性能，各项指标符合设计及规范要求后，才能使用。

（2）混凝土浇筑前对支架、模板、钢筋保护层和预埋件及隐蔽工程部位进行检查，并清理模板内杂物。混凝土到达现场后，核对质量出场证明书，并在现场作坍落度核对，允许误差±2 cm，并按规定留足抗压抗渗试件。混凝土自由倾落高度不得大于 1.5 m。

（3）检查混凝土施工中所涉及到的电源、闸箱、振捣器、振捣棒是否能正常工作，数量是否满足施工要求，施工人员的防护用品是否齐全。

2. 混凝土浇筑

（1）商品混凝土由拌和站制定运输路线，并根据使用情况编排好拌和运输线路，保证运输及时入场，连续使用。在条件允许的情况下，混凝土浇筑时间尽量错开场外交通高峰期，为混凝土连续供应提高保证。

（2）底板、顶板混凝土分两层浇筑至标高且在初凝前，用振捣器振一遍后压实、收浆、抹面。墙体混凝土浇筑采取左右对称水平分层灌注，每层浇筑厚度宜为 300～400 mm。顶板、中板混凝土连续水平、分台阶由边墙、中墙分别向中线方向进行灌注至标高。初凝前，采用振捣器振一遍后，压实，收浆、抹面。浇筑过程中随时观测模板、支架、钢筋预埋件和预留孔洞情况，发现问题及时处理。混凝土施工缝采用橡胶式钢边止水带、遇水膨胀橡胶止水条形式，已完成混凝土表面应凿毛处理。

（3）在浇筑混凝土期间设专人检查支架，模板、钢筋和预埋件等稳固情况，当发现有松动、变形，移位时及时处理。混凝土初凝后，模板不得再受震动，钢筋不得承受外力。

（4）混凝土输送泵开始工作后，中途停机时间不得超过 30 min，停机期间应每隔一定时间泵动几次，以防混凝土终结，堵塞管道。

（5）工程的每一部分混凝土按规范要求留取试件，并增加混凝土抗压、抗渗试件数量。每次混凝土的浇筑日期、时间及浇筑条件、过程都进行完整的记录，并留置同条件养护试件作为拆除支撑的依据。

（6）在夏季温度特别高时，混凝土入模温度应控制在 30 ℃ 以下，冬季应提高混凝土温度，入模温度不宜低于 5 ℃。

3. 混凝土的振捣

（1）混凝土工程混凝土采用插入式振捣器进行振捣，振捣时做到既不过振也不漏振，操作人员在施工中注意以下要点：

（2）插入式振捣器间距不得超过其有效振捣半径的 1.5 倍，表面振捣器移位间距，应使振捣器平板能覆盖已振实部分 100 mm 左右为宜。

（3）振捣器要竖直地插入混凝土内，在振捣分层面时应插进前一层 50～100 mm，以保证新浇混凝土与下一层结合良好。

（4）当使用插入式振捣器时，尽可能地避免与钢筋和预埋件等构件相接触，特别是在底板与侧墙振捣的过程中，应避免碰及底板和侧墙，以免损伤外防水材料。

（5）不能在模板内利用振捣器使混凝土长距离流动或运输混凝土，引起混凝土离析。

（6）振捣时要避开止水条、止水板和各种止水材料，且要对以上部位周围的混凝土加强振捣同时保证新旧混凝土结合紧密。

4. 施工注意事项

（1）由于侧墙防水层的连接形式为搭接，故在每步混凝土浇筑截面位置处需预留不小于 15cm 的宽度，为防止在进行各项施工中损坏防水材料，施工时对防水材料的搭接边口采用粘胶带同墙面粘贴上，施工中必须特别注意对侧墙防水层的保护工作，电焊作业在防水层与焊接点之间设防火板，并在进行混凝土浇筑前设专人对防水层进行全面的检查，确认无任何破损后再进行混凝土的浇筑施工。

（2）施工缝界面的处理工作是确保施工缝防水效果的关键部位，对此部位必须认真操作，施工前检查并安装固定好止水带、止水条，并对混凝土界面凿毛处理，清除混凝土浆皮且无任何松动的土块。对于沉降缝处混凝土的浇筑时注意橡胶止水带位置不能移动，先振捣止水带下部的混凝土再将其铺好。

（3）在端头井与区间相接位置处设计有预埋铁环"盾构钢环"，这将给混凝土的浇筑形成很大的困难，为确保钢环下混凝土浇筑后的密实性，在进行此部位施工时，可在其下部开孔直径为 80 mm 间距为 500 mm，以此作为混凝土下料并兼做混凝土捣实工作孔。

5. 混凝土养护

混凝土中心温度与表面温度的差值不应大于 20 ℃，宜控制在 15 ℃。混凝土拆模时，混凝土表面温度与周围气温温差不得超过 15 ℃。在炎热的夏季浇水养护的水温应低于混凝土表面温度的差值不大于 15 ℃。结构混凝土终凝后，用草袋覆盖，及时洒水养生，结构混凝土养护期不少于 14 d。现场留置试件，与主体结构同条件养护，作为拆模和拆除支撑的依据。

6. 不同标号混凝土搭接处的施工方法

余杭高铁站的柱、梁、墙、板等采用不同标号的混凝土，为了保证各部位的施工质量，根据使用商品混凝土泵送浇捣的情况，节点处的混凝土实行"先高后低"的浇捣原则，即先浇高强度等级混凝土，后浇低强度等级混凝土，严格控制在先浇混凝土初凝前继续浇捣梁板的混凝土，事先作好技术交底和准备工作，如图 49-21 所示。梁、柱、墙节点核心区的混凝土浇捣方法为，不管柱顶留或不留施工缝，均应先用吊斗或混凝土泵输送等级高的等级的混凝土就位，分层振捣，在楼面梁板处浇出 45°斜面。在混凝土初凝前，随之泵送浇筑等级低的混凝土。因站内柱及中隔墙标号与内侧墙混凝土标号不同，而且板厚、梁高较大，为保证在梁、板、墙处梁板处留出 45°斜面，可以在柱及中隔墙或内侧墙处用竹板或木板或收口网把柱及中隔墙或内侧墙的混凝土与梁、板分成几个区域浇筑混凝土。同时对梁柱节点钢筋密集的核心区用小型插入振捣器加强振捣，杜绝漏振死角，对于钢筋确实过分密集的情况，应事先和设计单位联系采取适当的技术措施，确保节点核心区混凝土的密实性和设计强度。

梁板的混凝土采用二次振捣法，即在混凝土初凝前再振捣一次，增强高低强度等级混凝土交接面的密实性，减少收缩。

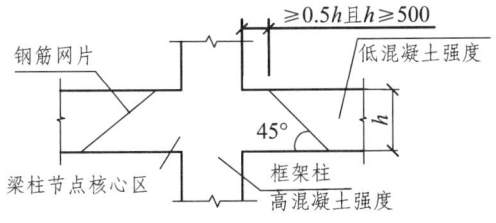

图 49-21 梁柱不同标号混凝土搭接构造

十一、结构变形缝、施工缝、后浇带施工

(1)变形缝仅考虑在主体结构与附属结构接口处设置。变形缝宽度一般采用20~30 mm。

(2)车站建筑物在结构、地基基础或荷载发生显著变化处、因抗震要求必须设置变形缝时,应采取可靠的工程技术措施,确保变形缝两边的结构不产生影响行车安全的差异沉降,并应采取可靠的防水措施。

(3)车站结构的施工缝位置留在结构剪力较小且便于施工的部位,并兼顾车站内部结构的完整性,余杭高铁站施工纵向间距按设计图纸要求设置施工缝,底板倒角上300 mm、中板上、下300 mm以及顶板倒角下300 mm各设一处施工缝,施工缝间应采取可靠防水措施。

(4)地下结构应设置温度变形缝或后浇带。缝的间距可根据施工工艺、使用要求、围岩条件及运营期间地铁内部温度相对于结构施工时的变化等确定。只有在采取必要的工程措施,如设置后浇带、间隔跳开施工、超长结构中使用膨胀加强带、采用补偿收缩混凝土等,有效地减少混凝土的温度应力和收缩应力,确保避免发生有害裂缝后,可以少设或者不设温度变形缝,同时车站结构各部位的纵向分布钢筋的配筋率不小于0.5%(双面)。

十二、盾构钢环施工

(1)车站端头设盾构进出洞钢环,为方便加工、制作、运输,在加工厂拟按90°等分为4块进行加工制作,在现场分块安装就位。

(2)盾构钢环安装时先拼下半圆,再拼上半圆。

(3)盾构钢环的定位要求特别高,对今后盾构施工有相当影响。钢环安装时要先在围护结构的相应位置上弹出十字控制线和具体位置线,钢环要与内衬墙钢筋和加固型材固定,确保其位置的准确和牢固。确保盾构钢环中心偏差小于10 mm。

(4)钢环安装前要请监理、第三方测量单位对中心坐标线进行复核、认可,试拼装、安装、自检、报验等按照相关管理办法执行。

(5)若钢环与支撑相碰时,可调整支撑位置,也可将钢环切除少许,待支撑拆除后再将其补焊成整体,这样以利于预留钢圈的安装,满足盾构推进精度的要求。

十三、换撑施工

带负三层底板浇筑完成达到设计强度后,钢模施工侧墙至4.5 m高度,4 m处预埋换撑钢板,拆除第六道钢支撑,施工侧墙混凝土浇筑,待侧墙达到设计强度后,对钢支撑进行重新配节(减掉侧墙厚度),重新配节后的钢支撑吊装至已施工完成的侧墙上,按设计要求完成预加轴力。

换撑后的钢支撑在顶板施做完成后进行拆除,使用手拉葫芦进行拆除,再利用自制移动车架运至预留吊装孔吊出。

十四、封堵墙凿除施工

主体基坑分4个基坑进行施工,3道封堵墙,先行施工的基坑预留3 m后浇带,待相邻基坑开挖时,对封堵墙进行分层、分段、分块凿除施工。

封堵墙处基坑开挖至第一层底支撑架设完成后,开始凿除封堵墙。第一层地墙凿除后再继续开挖

第二层土方，依次直至基坑开挖完毕，地墙凿除至基底。

根据基坑开挖分层高度分层凿除地墙，施工时，先凿除封堵墙顶冠梁，然后在开挖侧利用炮头机将封堵墙凿孔破碎混凝土，及时将混凝土块向开挖侧剥落。

土方上的混凝土块在基坑开挖时用长臂挖机直接清除外运。

十五、结构防水施工

地下明挖结构顶板迎水面采用 2.0 mm 厚非固化橡胶沥青防水涂料（诱导缝与施工缝处为 3.0 mm 厚非固化橡胶沥青防水涂料），然后再铺设 1.5 mm 厚三元乙丙橡胶防水材料。

侧墙和底板迎水面设置预铺施工的 1.5 mm 厚高分子自粘胶膜防水卷材（非沥青基）。

1. 基面处理要求

（1）底板和侧墙附加防水层施工要求混凝土垫层和围护结构表面不得有明水，否则应进行堵漏处理，待基层表面无明水时，侧墙表面在施做找平层。

（2）顶板结构混凝土浇筑完毕后，应采用木模子反复收水压光。当基层上出现大于 0.3 mm 的裂缝时，应在裂缝部位采用渗透结晶水泥砂浆修补。

（3）基面应洁净、平整、坚实、不得有疏松、起沙、起皮现象。

（4）所有阴阳角部位均采用 1∶2.5 水泥砂浆倒角，阴角可做成 50 mm×50 mm 的倒角。阳角可采用水泥砂浆圆顺数量，$R \geqslant 20$ mm。

2. 防水层施工工艺

（1）防水卷材的自粘面必须面向现浇混凝土结构。

（2）侧墙防水层采用机械固定法固定于围护墙上，固定点距卷材边缘 20 mm 处，钉间距不大于 500 mm，钉长不得小于 30 mm。垫片直径不小于 20 mm，厚度不小于 0.8 mm；底板水平设置的防水层可直接铺设，不需固定，水平部位以外的其他部位需在接缝处机械固定；顶板为外防外贴工艺，采用专用底涂粘贴，不得出现空鼓。

（3）相邻两幅卷材搭接有效宽度 100 mm。将订孔覆盖住。要求上幅压下幅搭接。

（4）底板防水层施做完毕，在绑扎钢筋前，去掉卷材的隔离膜，即时做 50 mm 厚细石混凝土保护层。侧墙防水层应采取临时措施保护防水层不受破坏。

（5）防水层破损部位应采用双面粘同材质材料进行修补，补丁满粘在破损部位。补丁四周距破损边缘的最小距离不小于 100 mm。

十六、人防工程

（1）车站以及与其相连的地下区间为一个人防防护单元。防护单元内的人防孔口防护设施，战时防空，平时防灾。本防护单元的人防防护设备以及内部设备配套成独立系统，自成体系。

（2）防护设备必须由人防办批准的定点生产厂进行加工和安装，由土建单位配合防护段预埋门框的安装。门框安装后必须经各相关单位进行隐检，确保门框的安装精度达到设计安装要求，否则不得进行混凝土浇筑。

（3）门框墙施工前必须重新核对各专业图纸，检查通过防护段的管线、预埋件有无遗漏，安装吊钩是否到位。施工隐蔽部位应做好施工记录并存档，或按设计要求进行隐检。

（4）车站端头井内衬墙施工时必须按照隔断门处防护段结构图的要求预埋钢筋接驳器及拉结筋，不得遗漏。在端头井预留设备吊装孔封闭前必须选择适当的时机进行隔断门处门框墙的浇筑和设备安装。

（5）区间防护密闭隔断门门框墙预埋穿墙管多、间距小、应采取可靠措施保证门框墙混凝土浇筑振捣密实，以保证门框墙的防护密闭性，不得有蜂窝，空洞等质量问题。

（6）防护密闭隔断门门框墙施工方法同主体结构支架搭设、钢筋制作安装，混凝土浇筑施工方法。

第五节 附属结构施工

杭海城际铁路工程附属结构均采用明挖法施工，附属围护结构采用钻孔灌注桩+止水帷幕。

一、附属结构土方开挖及支撑

土方开挖采用小挖机配合长臂挖掘机开挖，开挖作业时，应注意小心操纵机械，勿使挖掘机碰到已完成的腰梁及支撑。在挖掘机作业困难和不能保证质量开挖的地方，采用人工开挖。人工开挖主要保证每层的基坑边壁表面平整齐直，避免大的超欠挖。

基坑土方开挖至支撑底标高时，及时架设腰梁及支撑。使围护结构提前接受支撑反力作用，减少围护结构的变形。钢支撑的架设采用人工配合25t汽车吊一起安装，应保证钢支撑与墙面垂直并按设计要求对桩体施加预加力。具体施工方法参见车站主体部分钢支撑架设施作方法。

二、附属结构防水与钢筋混凝土结构施工

出入口、风道结构钢筋混凝土施工方法，主要概括为：平面分段，立面分层。

平面分段即根据出入口的实际长度和具体条件的不同，沿出入口通道的长度方向分成几段来浇筑，每段长度12～20 m左右。

立面分层即根据矩形断面的特点，单层框架结构沿高度方向分成二步来浇筑，即底板、侧墙及顶板。结构防水与钢筋混凝土结构施工方法参见防水工程施工。

三、附属结构上部结构施工

出入口、风道及地面亭的施工，必须满足钢筋混凝土工程相关规范要求。在挖好基槽并验槽合格后，开始基础混凝土的立模、钢筋绑扎和浇筑。设计要求的洞口、管道、沟槽和预埋件于浇筑时正确留出，预埋件作防腐处理。最后搭设模板支架，浇筑并完成地面亭的边墙、立柱及顶板钢筋混凝土。在完成混凝土结构工程后，完成出入口地面亭工程，并进行出入口恢复及收尾工作。

四、附属结构坑底加固

余杭站附属结构集水井采用三轴搅拌桩加固。加固范围为坑底到坑底以下3 m，坑底以上为空搅，坑底以下实搅，实搅水泥掺量20%，空搅水泥掺量7%。

三轴搅拌桩在基坑围护结构施工完成后，立即开展施工，保证在围护结构混凝土等强期间，完成附属结构坑底加固施工，从而不影响工期。

(一) 三轴搅拌桩试桩

施工前应依据规范要求进行工艺性试桩，三轴搅拌桩、试桩为 3 组，以确定适合工程的最佳搅拌次数，搅拌机下钻速度、提升速度、最佳水泥掺量、水泥浆水灰比及复搅深度，以指导下一步三轴水泥搅拌桩的大规模施工。

(二) 三轴搅拌桩工艺及施工方法

施工前，先进行场地平整，清除施工区域的表层硬物，破除滇池路路面，并用素土回填夯实，夯填度不大于 0.9，路基承重荷载以能行走 JB180 三轴搅拌桩机为准。

工程中三轴搅拌成桩采用跳槽非套打（咬合）施工，施工示意图如图 49-22 所示。

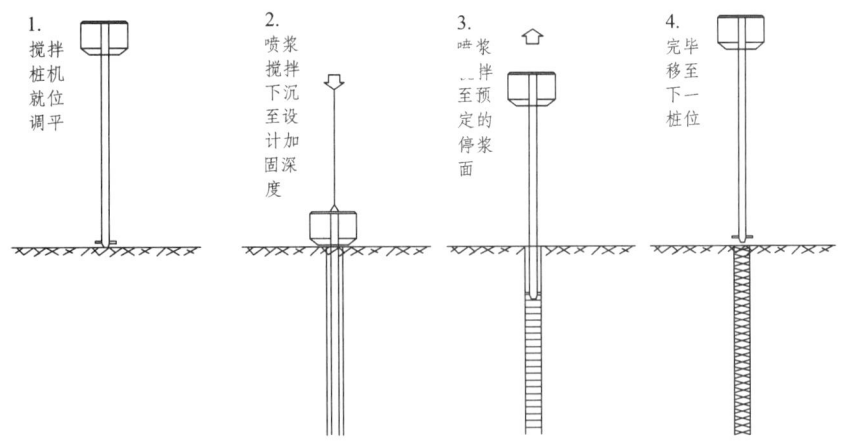

图 49-22　三轴搅拌桩两搅一喷施工方法示意

1. 测量放线

根据设计提供的坐标基准点，按照设计图进行放样定位及高程引测工作，并做好永久及临时标志。为防止搅拌桩向内倾斜，造成内衬墙厚度不足，影响结构安全使用，按设计和实际施工要求每边外放 10 cm，放样定线后做好测量技术复核单，提请监理进行复核验收签证。确认无误后进行搅拌施工。

2. 开挖沟槽

根据围护结构内外边控制线，采用 PC200 挖机开挖沟槽，钻机定位前使用挖机开挖 1200 mm（宽）×1500 mm（深）（宽、深可根据现场实际情况适当调整）沟槽作为导沟，确保为桩位提供导向装置，并清除地下障碍物，开挖沟槽余土应及时处理，以保证搅拌桩正常施工，并达到文明工地要求。

3. 定位型钢放置

根据图纸上对加固范围的编号及施工顺序在，沿开挖好的导沟放置型钢导轨，垂直沟槽方向放置两根定位型钢，规格为 200 mm×200 mm，长约 2.5 m，再在平行沟槽方向放置两根定位型钢规格 300 mm×320 mm，长约 8～20 m。根据设计要求间距在轨面设定施工分档刻度标记准确定位出每一根搅拌桩的位置并编号。

4. 三轴搅拌桩桩位定位

$\phi 850@600$ mm 三轴搅拌桩三轴中心间距 1 200 mm，根据这个尺寸在平行 H 型钢表面用红漆划线定位。

5. 三轴搅拌桩成桩施工

（1）桩机就位。

① 由当班班长统一指挥，桩机就位过程中，值班班长应移动前看清上、下、左、右各方面的情况，发现障碍物及时清除，桩机移动结束后认真检查定位情况并及时纠正。

② 桩机应平稳、平正，并用经纬仪对龙门立柱垂直定位观测以确保桩机的垂直度。

③ 三轴水泥搅拌桩桩位定位后再进行定位复核，偏差值应小于 2 cm。

（2）搅拌成桩施工。

① 搅拌轴成桩搅拌施工采用两搅一喷工艺，但对于桩底深度以上 2～3 m 范围需提升 1～2 次。

② 钻进施工时为边注浆边充气搅拌，提升时为不充气只注浆搅拌。充气采用压缩空气。

（3）搅拌速度及注浆控制。

① 三轴水泥搅拌桩在钻进和提升过程中均需注入水泥浆液，同时严格控制提升和下沉速度。根据设计要求和有关技术资料规定，下沉速度宜控制在 0.5～1 m/min，提升速度宜控制在 1～2 m/min，避免因提升过快，产生真空负压，孔壁坍方。在桩底部分适当持续搅拌注浆，做好每次成桩的原始记录。

② 制备水泥浆液及浆液注入：三轴搅拌桩水泥采用罐装水泥（2 个 80 t 水泥罐），拌浆采用电脑控制的自动拌浆系统，水泥浆液的水灰比为 1.5，拌浆及注浆量以每钻的加固土体方量换算，注浆压力为 1.0～2.5 MPa，以浆液输送能力控制。

6. 弃土处理

三轴搅拌机搅拌轴设有螺旋式搅拌翼，钻进时有一定排土量，占 30%左右，一般沉积在导沟内（为泥浆），由于水泥掺量较大，排浆（土）经短时间即可固结，在施工时应及时用挖机将导沟内的余浆挖出，集中堆放，固结后干土及时外运。

7. 施工记录

施工过程中由专人负责记录，详细记录每根桩的下沉时间、提升时间、注浆量记录要求详细、真实、准确。及时填写当天施工的报表记录，隔天送交监理。

8. 施工技术要求

（1）施工技术要求。

三轴搅拌桩施工技术要求及参数见表 49-18。

表 49-18 三轴水泥土搅拌桩施工技术参数

序号	项目名称	设计参数	施工参考参数
1	下沉速度	0.5～1 m/min	0.5～1 m/min
2	提升速度	1～2 m/min	1～2 m/min
3	水灰比	1.5	1.5
4	水泥掺入量	实桩≥20%、空桩≥7%	实桩 20%、空桩 7%
5	加固后土体强度	28 d 无侧限抗压强度 q_u≥1.2 MPa	28 d 无侧限抗压强度 q_u≥1.2 MPa

（2）质量控制标准。

三轴搅拌桩主要质量控制标准见表 49-19、表 49-20。

表 49-19 三轴搅拌桩成桩主要项目质量控制标

序号	项目	技术标准	检查办法
1	桩的垂直度允许偏差	0.5%	用经纬仪测量
2	桩位偏差	±20 mm	用钢尺测量
3	桩径	≤34 mm	用钢尺测量
4	水泥强度及抗渗性	达到设计要求	试验检查
5	成桩深度	+50 mm、-0 mm	侧钻杆测量

表 49-20　三轴搅拌桩施工主要项目质量控制标准

序号	项目名称	技术标准	检查方法
1	钻孔垂直度允许偏差	≤0.5%	实测或经纬仪测钻杆
2	钻孔位置允许偏差	±20 mm	尺量
3	钻孔深度允许偏差	+50 mm、−0 mm	吊线测量
4	桩体直径允许偏差	≤34 mm	开挖后尺量
5	桩身中心允许偏差	≤0.2D	开挖桩顶下 500 mm 处用尺，D 为设计桩径
6	水泥浆液初凝时间	不超过 20 h	
7	水泥土强度	q_u（28）≥1.2 MPa	试验检验
8	水灰比	1∶5	试验检验

（三）三轴搅拌桩施工技术措施

（1）孔位放样误差小于 2 cm，钻孔深度误差小于+50 mm、−0 mm，桩身垂直度按设计要求，误差不大于 0.5%桩长。

（2）严格控制浆液配比，做到挂牌施工，并配有专职人员负责管理浆液配置。严格控制钻进提升及下沉速度，下沉速度宜控制在 0.5～1 m/min，提升速度宜控制在 1～2 m/min。

（3）施工前对搅拌桩机进行维护保养，尽量减少施工过程中由于设备故障而造成的质量问题。设备由专人负责操作，上岗前必须检查设备的性能，确保设备运转正常。

（4）桩架垂直度指示针调整桩架垂直度，并用线锤进行校核，必要时采用经纬仪校核。

（5）工程实施过程中，严禁发生定位型钢移位，一旦发现挖机在清除沟槽时碰撞定位型钢使其跑位，立即重新放线，严格按照设计图纸进行施工。

（6）场地布置综合考虑各方面因素，避免设备多次搬迁、移位，尽量保证施工的连续性。

（7）严禁使用过期水泥、受潮水泥，对每批水泥进行复试合格后方可使用。

（8）在施工前应在钻杆上做好标记，控制桩长不得小于设计桩长。

（9）施工中出现意外中断浆或提升过快现象时，应立即暂停施工，重新下钻至停浆面或少浆桩段以下 1 m 的位置，重新喷浆 10～20 s 后恢复提升，保证桩身完整，防止形成断桩。如停机超过 3 h，宜先拆卸输浆管路，并妥加清洗。

（10）桩与桩搭接不大于 24 h；如超过 24 h，致使第二个桩无法搭接时，则在设计认可下采取局部三轴搅拌桩补桩、注浆或高压旋喷桩补桩等措施，确保桩身的连续性。

（11）搅拌桩施工时，停浆面应高于桩顶设计标高 500 mm。在开挖基坑时，应将桩顶以上土层及桩顶施工质量较差的桩段，采用人工挖除。

（四）施工结论及评价

（1）集水井上部弱加固区域水泥掺量不容易控制，基坑开挖时，土体开挖困难，且造成加固水泥浪费。

（2）附属结构集水井分布区域较为零散，搅拌桩桩机移动频繁，造成功效降低。建议坑底加固施工更改为小型旋喷桩加固施工。

（3）集水井桩顶区域标高控制较为困难，集水井开挖过程中存在标高过高的情况，需要用炮头机凿除多余的水泥加固体，影响主体施工工期。且部分集水井加固标高小于设计标高，集水井施工过程中需要开挖至实际桩顶标高，不足部分需要用混凝土填充，造成了部分混凝土浪费。

第六节　余杭高铁站基坑涌水处理

一、工程概况

1. 项目概况

杭海城际铁路工程余杭高铁站为地下三层站,主体车站外包总长 457.65 m,标准段外包总宽 22.1 m,基坑最大开挖深度 30 m,采用明挖法施工。基坑自西向东设计三道封堵墙,分为 4 个基坑组织施工,总建筑面积约为 3 460 m²,共设 7 个出入口、4 组风亭,还涉及桥梁拆复建、河道改移、下穿短隧等。余杭高铁站平面概况如图 49-23 所示。

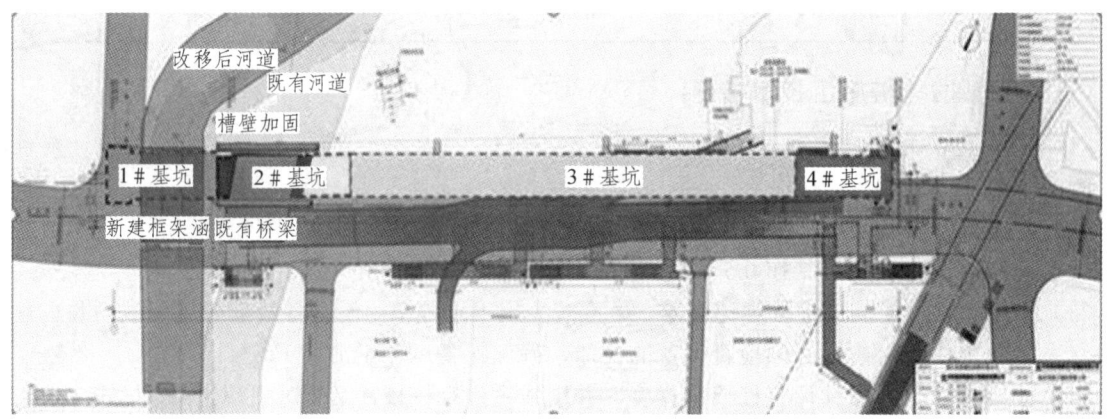

图 49-23　余杭高铁站平面概况

2. 施工环境

主体车站基坑东侧邻近已运营的杭州地铁 1 号线,距离 1 号线的车站最近 31 m,距离 1 号线区间最近 43.5 m;北侧大里程临近已建成的地下停车场,距离 2.5 m;北侧小里程为人工湖;南侧为沪杭高铁,距离站房约 140 m,余杭高铁站周边环境如图 49-24 所示。

图 49-24　余杭高铁站周边环境

3. 水文地质

基坑地质情况自上而下依次是素填土，③$_2$黏质粉土，⑤$_4$粉砂土，⑦$_{2-1}$粉质黏土夹粉土，⑧$_3$粉质黏土，⑨$_{3-1}$细砂，⑨$_4$圆砾土层。

地下孔隙承压水主要赋存于下部的⑨$_3$粉砂、⑨$_4$圆砾（砾砂）层中，根据勘察报告，其上覆的⑦层粉质黏土（夹粉土）、⑧$_3$粉质黏土构成相对隔水层。潜水位地面以下0.5m，承压水地面以下6m。地质剖面如图49-25所示。

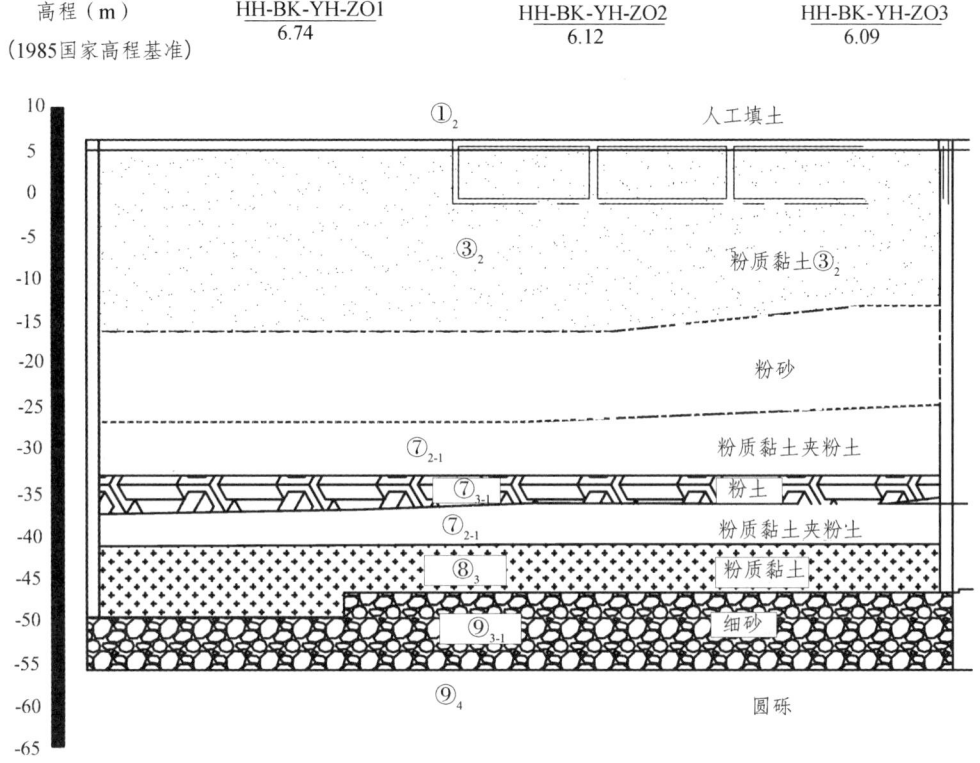

图49-25　地质剖面图

4. 设计概况

基坑采用1.0m厚地下连续墙+7道内支撑（端头井8道）的围护方案。坑底位于5（4）粉砂层；地连墙深52～56m不等，墙趾位于8（3）粉质黏土层（不透水层底部），未隔断下部承压水。抗突涌系数为1.06～1.13，在西侧1#基坑外设置了8口减压井，待基坑开挖至距坑底2m时启动。

5. 基坑开挖面涌水涌砂概况

2018年12月15日下午约3:05左右，余杭高铁站1#基坑进行土方开挖作业，开挖至22.5m时（冠梁顶起计算，距设计坑底4m），开挖面突发涌水并伴有粉细砂颗粒，孔径约10cm，现场及时采取棉絮堵孔和砂袋反压，但效果不明显。当晚18:50左右，发现第2处涌水孔道，同时伴有大量砾石，水头约开挖面以上20cm，孔径约20cm，现场采用1根直径273mm、长4m钢管插入，但涌水情况越来越大，19:04时水头已上升至1.5m高，紧接着采用了棉絮塞堵，砂袋反压，但基本无效果，1#基坑涌水部位平面如图49-26所示，1#基坑涌水部位开挖断面如图49-27所示。

6. 应急处置情况

在发现基坑涌水后，启动应急预案进行应急处置：

（1）防止承压水顶托力的作用加剧对地层的破坏，而影响围护结构安全，及时采取泵送混凝土对涌水点进行反压；

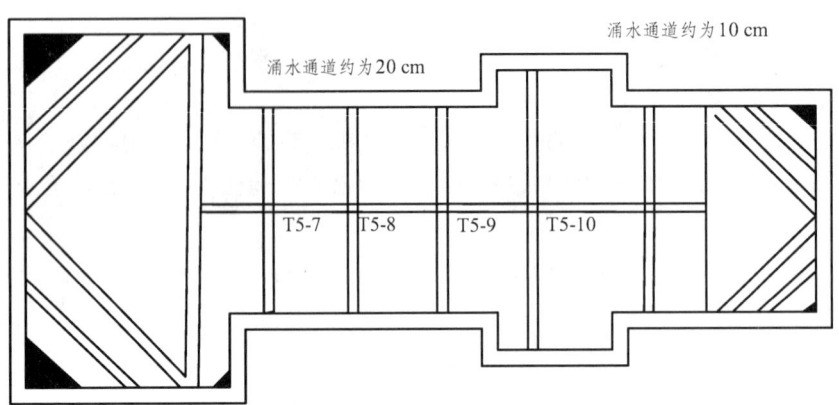

图 49-26　1#基坑涌水部位平面示意

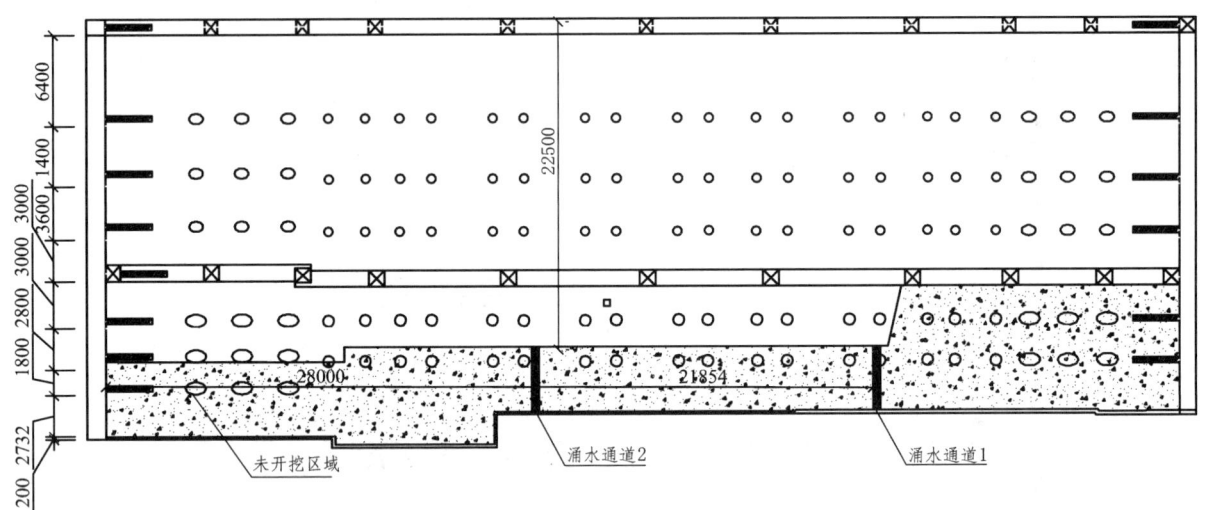

图 49-27　1#基坑涌水部位开挖断面示意

（2）平衡基坑内外压力，回灌水反压，确保支护体系的稳定；

（3）密切关注监控量测结果并增加监测频次。

7. 涌水原因分析

根据第 2 处孔道涌水涌砂并伴有砂砾石的现象，结合地勘资料，可以判断涌水来源于地表下 62 m 处⑨$_4$圆砾土层中的承压水。根据开挖深度，结合管涌处的地层资料计算抗突涌系数约 1.26，大于规范要求的 1.1，理论上不应该出现此现象，因此，承压水层上部的隔水层分布不连续，存在局部薄弱点被主动击穿。

二、处置过程

1. 涌水孔注浆封堵

（1）注浆封堵。

当承压水水压平衡后，采取双液浆对涌水孔道处⑧$_3$承压水隔水层穿孔区进行注浆加固，封堵出水点。封堵范围为 1 号涌水通道和 2 号涌水通道周边 5 m 范围，注浆深度为进入⑧$_3$粉质黏土层 2 m，总下钻深度自基坑第五道支撑梁顶起算约 32 m，每个涌水孔处计划布置 5 个注浆孔。隔水层封孔达到强度期间，坑内承压水水位尽量保持平稳，防止浆液流失。

① 注浆要求。

此次封孔注浆作业要求仅在 7 层土和 8 层土中注浆，在下钻过程中，每下钻 1 m，开始注浆，待注浆压力达到 0.5 MPa 以上，稳压注浆 30 s，然后继续下钻、稳压注浆；待钻杆下放到设计深度后，每提钻 1 m，开始注浆，待注浆压力达到 0.5 MPa 以上，稳压注浆 30 s，再静置 1 min，然后继续提钻、稳压注浆、静置，直至注浆完成。

② 注意事项。

不要在坑内疏干井深度范围内注浆，以免造成疏干井阻塞、失效。

（2）效果检查：封孔注浆 24 h 后，逐步抽排基坑明水，观察并分析水位变化情况。

（3）结论：涌水孔封堵效果良好，且无其他涌水孔道。

2. 降水方案设计与施工

（1）降水试验及正式降水

降水井布置：1#基坑外设置 20 口减压井，在距 J1 和 J20 平行于基坑处 80 m、150 m 及基坑南侧沪杭高铁站附近共布置 4 口观测井，降水平面布置如图 49-28 所示。

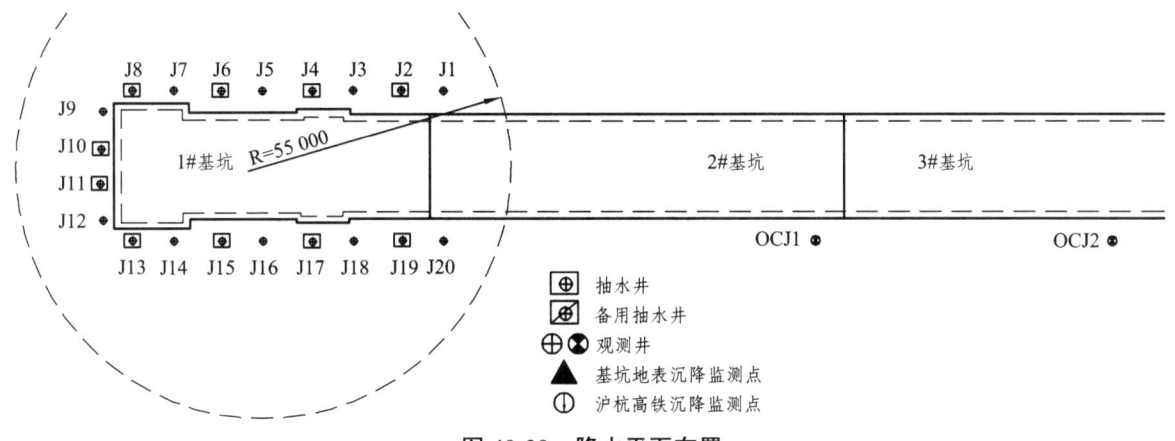

图 49-28　降水平面布置

（2）正式降水

（3）效果检查：此次降水在开启 1#基坑北侧 2 口、西侧 1 口及南侧 1 口降水井后，即可将承压水位降至 28 m，满足施工要求。

（4）结论：降承压水目标完成。

3. 南侧沪杭高铁施工影响控制

（1）设置回灌井。

基坑降水期间为保证运营高铁车站及线路的安全，必须确保基坑降承压水期间高铁线路沿线承压水位保持稳定，通过优化降水设计，在高铁周边布设 4 口回灌井和 2 口观测井，形成软帷幕，使高铁站房和桥墩处的地层沉降控制在 2 mm。1#基坑降水针对⑨$_{3-1}$细砂、⑨$_4$圆砾土中的承压水，因此回灌遵循同层回灌的原则。回灌井结构与降水井结构保持一致。

（2）高铁监测。

降水期间除基坑本身的监测外，应加强高铁桥墩、站房立柱监测。高铁监测邀请公司测绘中心进行指导，降水期间每日对监测数据进行分析。在整个承压水危害处置期间，高铁桥墩及站房结构日变量均未超出报警值，高铁桥墩累计最大沉降量 1.5 mm，未超报警值。

（3）效果检查：降承压水期间，南侧沪杭高铁桥墩沉降积站房立柱沉降控制在允许范围内。

（4）结论：降承压水对周边环境影响可控。

三、施工效果

完成涌水孔封堵、降水、疏干等工作后，自2019年1月5日开始重启土方开挖，各工序节点能按照既定目标完成，1月27日，余杭高铁站1#基坑底板全部完成，承压水安全隐患已消除，提前完成节点目标。

第七节　皮革城站天桥保护施工

一、工程概况

（一）工程位置、车站设计概况

1. 工程地理位置

杭海城际铁路工程皮革城站为地下两层岛式站台车站，布置于海州西路与广顺路交叉路口，沿海州西路南北两侧东西向布置。车站下穿既有皮革城天桥，车站西端为斜~皮盾构区间接收工作井。

皮革城站为地下二层岛式站台车站，车站起点里程为右 DK40+819.890，终点里程为右 DK41+078.690，车站外包总长 258.8 m，标准段外包总宽 21.3 m、深 16.45~16.95 m，端头井外包总宽 26 m、深度 17.97~19.47 m，有效站台宽 12.6 m，车站共设 5 个出入口、2 组风亭。皮革城站总建筑面积 15 957 m²，其中车站主体建筑面积约 10 304 m²，附属面积约 4 653 m²。车站共设 5 个出入口、2 组风亭。皮革城站总体平面如图49-29所示。

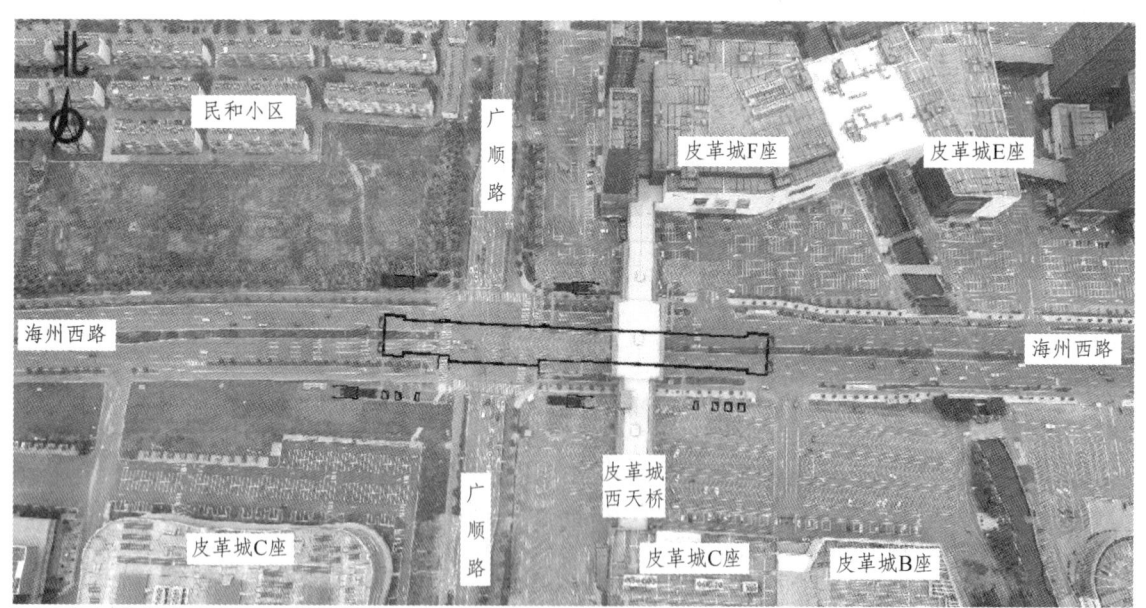

图 49-29　皮革城站总体平面图

2. 皮革城站围护结构设计概况

皮革城车站采用明挖顺作法施工，车站主体基坑安全等级及变形控制保护等级均为一级。车站主体围护结构采用 800 mm 厚地下连续墙，其中端头井连续墙深 38~40 m，标准段深 36 m（天桥下采用低净空地连墙成槽技术）；车站支撑体系采 4 道内支撑（端头井5道）+1 道换撑，天桥部位增设一道钢支撑。

车站主体基坑除天桥范围外采用ϕ850@600 三轴搅拌桩基底加固施工,其中端头井采用满堂加固,标准段采用裙边+抽条方式加固,裙边加固宽度为 3 m,基坑强加固深度为基坑底下 3 m,水泥掺量为 20%,基底面以上为弱加固,水泥掺量为 7%。天桥下车站基底加固采用ϕ800@600 双重管旋喷桩满堂加固(低净空设备),加固深度为坑底至坑底下 3 m,水泥掺量为 25%。

车站附属结构采用ϕ800@600 SMW 工法桩围护结构,采用明挖顺作法施工。皮革城站设计概况表见表 49-21。

表 49-21　皮革城站设计概况

项目		设计概况
车站主体	基坑长度	257.2 m
	基坑宽度	21.3 m(标准段)、26 m(端头井)
	基坑深度	标准段:16.45~16.95 m;端头井:17.97~19.47 m
	围护结构	800 mm 厚地下连续墙,墙深 36~40 m
	支撑　道数	标准段 1 道钢筋混凝土支撑+3 道钢支撑+1 道钢管换撑(天桥下增加 1 道) 端头井:1 道钢筋混凝土支撑+4 道钢支撑+1 道钢管换撑
	支撑　材料	第一支撑:C30 钢筋混凝土支撑 第二道及以下支撑:ϕ609 mm,t=16 mm 钢管支撑
	支撑　断面	第一道为 1 000×1 000 mm 混凝土支撑 第二道及以下为ϕ609 mm 钢支撑
	支撑　水平间距	混凝土支撑间距约 7.8~9 m,钢支撑间距约 2~4 m
	主体结构　结构形式	双柱三跨钢筋混凝土框架结构
	主体结构　层高	负二层 6.25 m,负一层 4.85 m
	主体结构　板厚	底板:900 mm;中板:400 mm;顶板:800 mm
	主体结构　侧墙	端头井 800 mm,标准段 700 mm
防水设计	结构混凝土	C35、P8 混凝土
	变形缝	中埋式钢边橡胶止水带+外贴式止水带
	施工缝	镀锌钢板止水带
	外防水　顶板顶面	2.5 mm 厚单组分聚氨酯防水涂料
	外防水　侧墙和底板	1.2 mm 厚高分子(P 类)预铺式冷自粘防水卷材

(二)皮革城西天桥与车站位置关系

1. 皮革城西天桥与车站总体位置关系

皮革城车站东段基坑(约 31.2 m 长度范围)位于海宁皮革城西天桥下方,天桥下净空约 8.68 m(天桥底部至地面),车站基坑边距天桥主墩桩基水平距离约为 7.7~8 m,天桥下车站主体连续墙深度为 37 m,基坑开挖深度约 16.8 m,皮革城西天桥与主体基坑位置关系如图 49-30~图 49-33 所示。

皮革城西天桥上部结构为钢结构,西天桥内两侧均为商铺。

图 49-30　皮革城西天桥与车站主体基坑位置关系

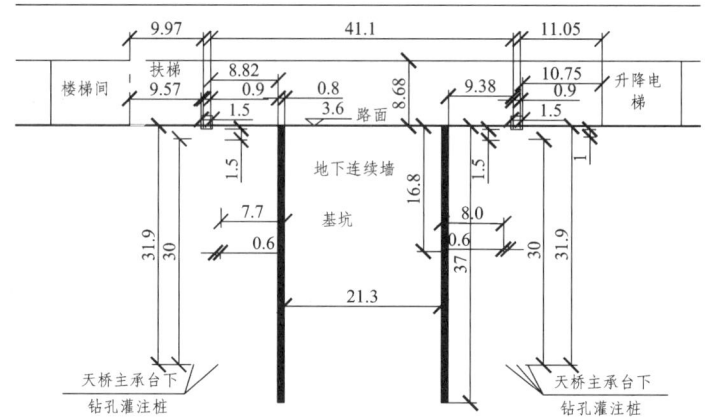

图 49-31　皮革城西天桥与主体基坑位置关系剖面示意

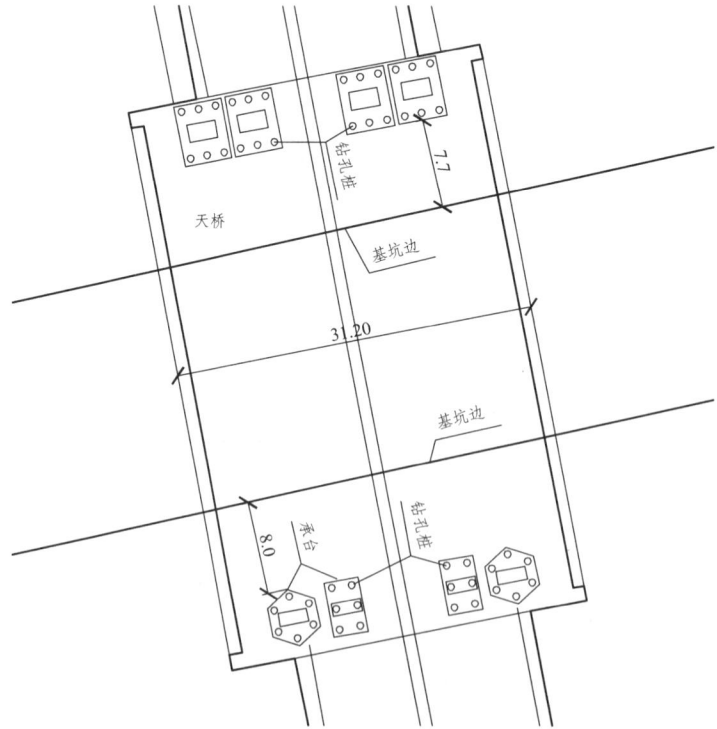

图 49-32　皮革城西天桥与主体基坑位置关系平面示意

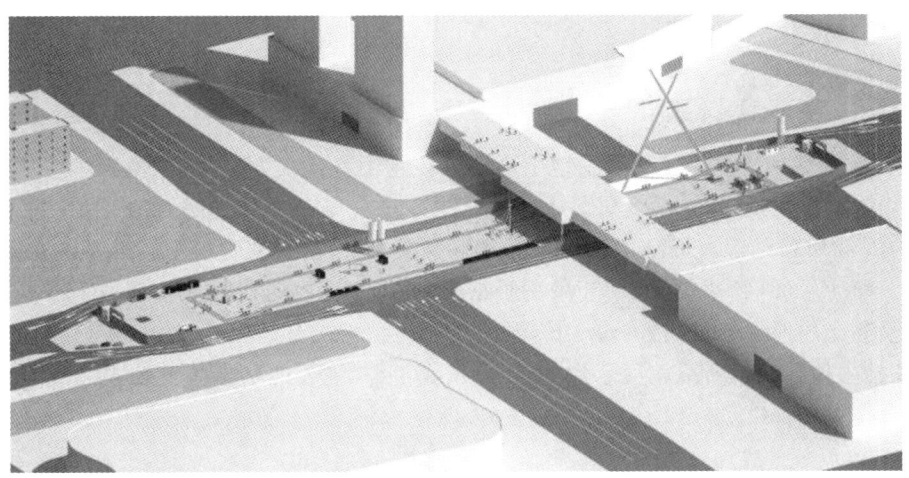

图 49-33 车站施工阶段与皮革城西天桥关系 BIM 示意

2. 皮革城站与西天桥主承台位置关系

根据前期调查，车站主体南北两侧天桥主承台下部桩基采用钢筋混凝土钻孔灌注桩，桩径 600 mm，桩长 30 m，北侧 4 个主承台基数量共 26 个，南侧 4 个主承台基数量共 24 个，南北两侧承台桩基距车站围护结构外边缘最近距离分别为 7.7～8.0 m。天桥主墩靠近车站基坑处的承台高 1 m，采用 C30 标号混凝土，承台顶部覆土厚度为 0.5 m，南北两侧主承台距离车站围护结构外边缘分别为 7.1～7.4 m，车站主体南北两侧天桥主承台如图 49-34、图 49-35 所示。

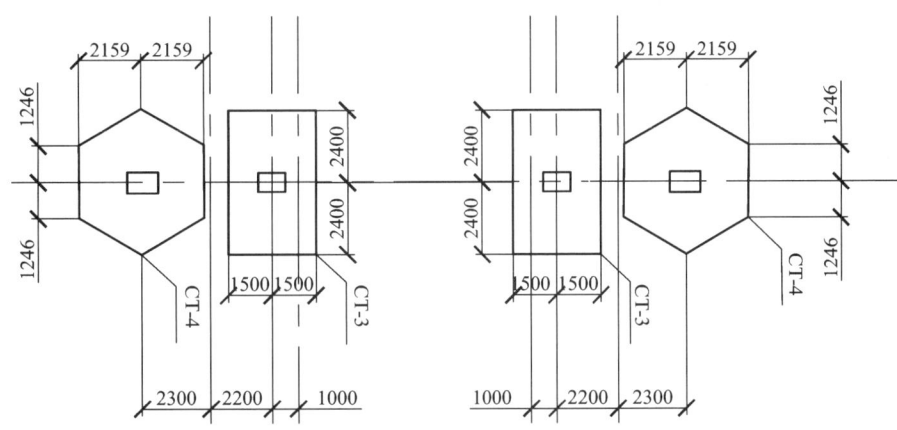

图 49-34 天桥南侧主承台示意

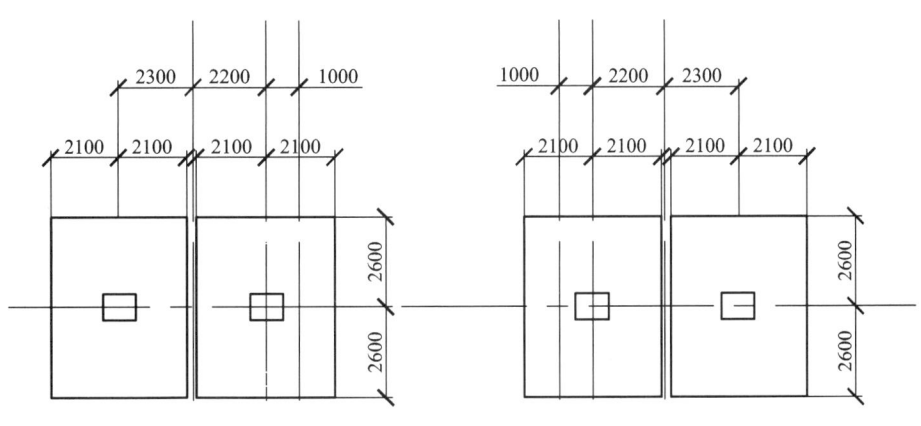

图 49-35 天桥北侧主承台示意

（三）工程、水文地质情况

1. 工程地质情况

皮革城站主要土层分布较稳定，除局部由于人类活动导致部分地层缺失外，其余各土层空间分布较连续，厚度、层面起伏不大。皮革城站地下连续墙穿越土层依次为①$_2$人工填土、②$_2$粉质黏土、④$_1$淤泥质黏土、⑤$_2$粉质黏土、⑥$_2$淤泥质黏土、⑦$_{3-0}$粗砂（密实）、⑦$_{3-1}$黏质粉土、⑦$_2$粉质黏土、⑦$_{2-2}$粉质黏土、⑦$_{2-4}$黏质粉土等，墙趾主要位于⑦$_{2-2}$粉质黏土、⑦$_{2-4}$黏质粉土层；基坑开挖范围内土层主要为①$_2$人工填土、②$_2$粉质黏土、④$_1$淤泥质黏土、⑤$_2$粉质黏土，基底主要位于⑤$_2$粉质黏土层。其中④$_1$淤泥质黏土层厚约 5.2～12.7 m，⑥$_2$淤泥质粉质黏土层厚约 3.6～6.4 m。

天桥下车站主体结构地质纵剖面示意如图 49-36 所示，主要地层参数见表 49-22。

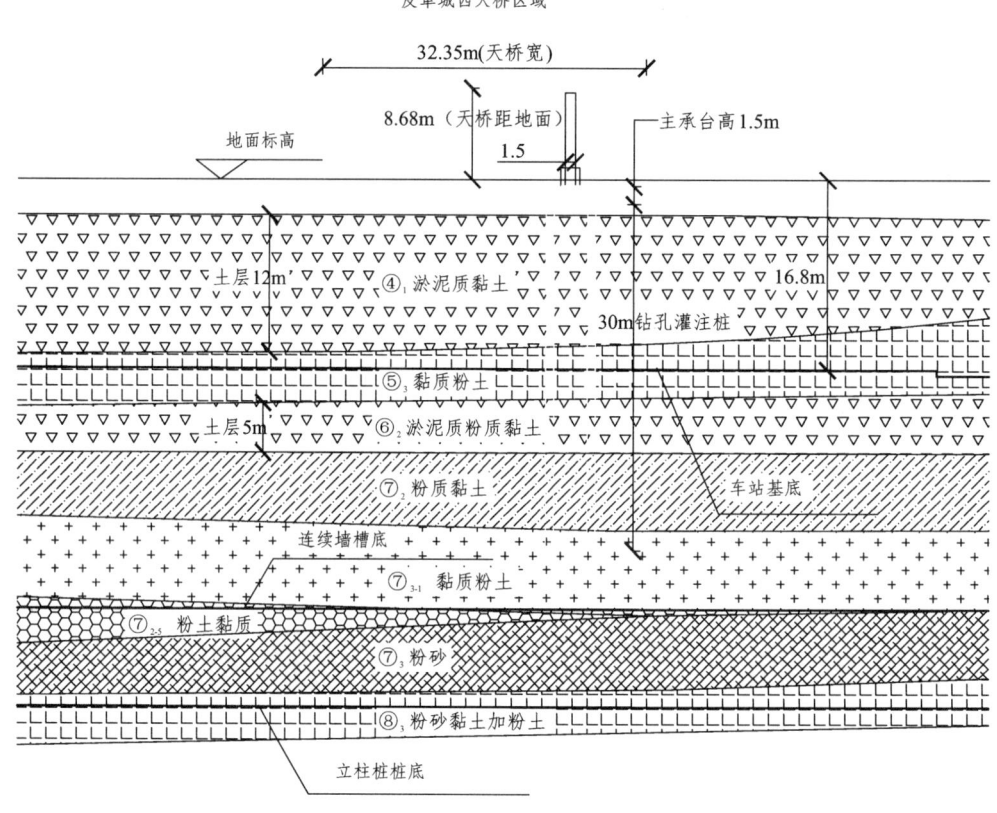

图 49-36　皮革城站天桥下地质纵剖面示意

2. 水文地质情况

杭海城际铁路工程沿线场地地表水属上塘河水系，场地地貌单位为冲积湖平原，河网密布，互相连通。沿线跨越的地表水体主要以小型河流为主。受沿线地势较平坦，测区各河流水力梯度较小，水流流速缓慢，加上各河流断面相对较小，因此，测区的河流径流量较小，对河床基本上无冲击作用，以淤积为主，河水水位主要受降水影响，雨季河水水位较高，旱季河水水位较低。与皮革城密切相关的河道主要为 DK41+142～DK41+172 范围内的景观河，该河道宽度约为 30 m，水深 2 m，两侧岸坡均基本稳定。

沿线地表水体与地下水有一定的水力联系，丰水季节地表水补给地下水，枯水季节地下水补给河水，根据钻探揭露：勘探深度范围内地下水类型主要可分为第四系松散土类孔隙潜水（以下简称潜水）、孔隙微承压水，杭海城际铁路工程主要受潜水、地表水影响，无承压水影响，见表 49-23。

表 49-22 土层主要物理力学性质指标平均值汇总

地层代号	定名	天然含水量 ω /%	天然密度 ρ /(g/cm³)	孔隙比 e	液限 ω_L/%	塑限 ω_p/%	塑性指数 I_p	液性指数 IL	标贯实测击数 N/击	水平渗透系数 K_h /10^{-6}cm/s
①₂	素填土（松散）									
②₂	粉质黏土（可塑）	31.09	1.90	0.88	35.07	20.82	14.12	0.72	6	5.8
④₂	淤泥质黏土（流塑）	46	1.74	1.29	42.60	23.70	18.90	1.18	1.3	0.3
⑤₁	粉质黏土（可塑）	27.83	1.96	0.79	37.57	21.97	15.63	0.37	14	5.2
⑤₂	粉质黏土（软塑）	31.73	1.89	0.90	34.00	20.46	13.10	0.79	8	6.1
⑥₂	淤泥质黏土（流塑）	43.40	1.76	1.23	42.9	24.10	18.8	1.03	4.8	6.2
⑦₂	粉质黏土（可塑）	26.59	1.96	0.76	36.28	21.21	14.87	0.34	15	8.9
⑦₂-₁	粉质黏土夹粉土（可塑）	30.94	1.89	0.88	33.78	20.08	14.11	0.63	9	71.9
⑦₂-₂	粉质黏土（软塑）	31.21	1.91	0.88	36.09	21.22	14.65	0.71	10	6.6
⑦₃	粉砂（中密）	22.37	1.98	0.67	33.75	19.95	13.80	0.54	26	750

表 49-23 地下水水文情况

名称	水文地质情况
潜水	空隙潜水主要赋存于场区浅部人工填土及黏性土层内，勘察测得稳定水位埋深为地面下 0.7～1.7 m，表层填土含水层组其富水性和透水性具有各向异性，透水性良好，下部黏土层含水层其富水性具有各向同性，透水性弱。孔隙潜水受大气降水竖向深入补给及地表水下渗补给为主，径流缓慢，以政法方式排泄和向附近荷塘径流排泄为主，水位随季节气候动态变化明显，据区域资料显示，动态变幅一般在 0.7～1.7 m
承压水	孔隙承压水主要赋存于下部两层承压水：⑦₃-₁粉土、⑨₃粉砂、⑨₃-₁细沙层中，上覆黏性土层构成了相对隔水层，⑦₃-₁粉土、⑨₃粉砂、⑨₃-₁细沙之间分布有⑦₂-₂粉质黏土、⑧₃粉质黏土夹粉土，为相对隔水层，其分布连续性差，大部分区域上述含水层之间的水力联系差，⑨₃粉砂、⑨₃-₁细沙之间局部分布无相对隔水层，上下两层含水层之间或直接接触或存在越流补给，因此可将⑨₃粉砂、⑨₃-₁细沙视为同一承压含水层

二、风险源及技术难度分析

1. 风险等级标准划分

按照《城市轨道交通地下工程建设风险管理规范》风险等级标准划分，对天桥下施工风险进行分析。

2. 施工中主要存在的风险及技术难度

（1）天桥下低净空地下连续墙施工。

天桥下 14 幅地下连续墙施工，在软弱底层条件下，会造成一定的地层沉降和位移，对天桥基础造成一定的影响。

皮革城西天桥下车站主体围护连续墙深度约为 37 m，幅宽为 6 m，受天桥下低净空影响（天桥至地面净空为 8.68 m），共有 14 幅地下连续墙需采用低净空成槽机进行成槽施工，常规连续墙循环作业时间约为 1 天，而采用低净空设备施工时，每幅连续墙作业循环时间约为 2 天。低净空成槽施工存在成槽效率低、成槽时间长等缺点，加上连续墙所处地层较大范围为对地连墙施工不利的淤泥质黏土层，成槽阶段对土体扰动影响较大，连续墙槽壁暴露时间过长，槽壁极易坍塌，因此易造成周边地层沉降和位移，从而对天桥的安全性及稳定性造成一定影响。

（2）天桥下低净空下土方开挖施工。

天桥下低净空下土方开挖，钢支撑架设工效降低，作业时间长，基坑暴露时间长，地下连续墙围护结构、基坑将产生变形，对邻近的天桥基础造成影响，进而影响天桥的结构稳定性，存在较大的安全风险。

皮革城天桥下主体基坑宽度为 21.3 m，开挖深度为 16.8 m，天桥桩基与车站基坑边最小处为 7.7 m；由于天桥与路面的净空只有 8.68 m 左右，土方开挖无法直接采用长臂挖机施工（常规长臂挖机最小工作高度约 10 m），需采用小挖机进行开挖并将渣土倒运至天桥影响范围外后再采用长臂挖机装土外运。因此，天桥下基坑开挖及钢支撑架设效率将大大降低、作业时间大大增加，产生土方开挖时间长、基坑支撑架设不及时等问题，从而造成基坑暴露时间过长、基坑变形大、地面沉降大等安全风险。

（3）天桥下设备低净空作业施工

受天桥高度限制，大型机械设备在天桥下或附近施工时碰撞天桥，将对天桥稳定产生一定的影响。

3. 危险源辨识及风险分析

根据风险等级划分标准，结合施工中可能发生的风险，对危险源辨识及风险等级分析见表 49-24。

表 49-24　皮革城站天桥下施工危险源辨识及风险等级

序号	危险源	可能发生的危害事件	风险评估			风险等级	备注
			发生可能性	损失	社会影响		
1	天桥下、天桥附近大型机械施工	碰撞天桥顶部	偶尔的	需考虑的	可忽略的	IV	
2	天桥下、天桥附近起重吊装	设备倾覆，设备或吊装物碰撞天桥	偶尔的	需考虑的	可忽略的	IV	
3	天桥主墩附近工程车辆行驶	碰撞天桥主墩	罕见的	需考虑的	可忽略的	IV	
4	坑边堆载	天桥变形加剧	罕见的	需考虑的	可忽略的	IV	
5	天桥下地下连续墙	天桥变形	可能的	需考虑的	可忽略的	III	
6	基坑开挖	天桥变形加剧，倾覆	频繁的	严重的	较严重的	II	设计采取了天桥保护措施，降低了风险
7	基坑围护结构缺陷	天桥变形加剧	可能的	需考虑的	可忽略的	III	
8	天桥自身缺陷	在基坑开挖过程中，受基坑开挖对基础的影响，加剧天桥变形，倾覆	频繁的	严重的	较严重的	II	设计采取了天桥保护措施，降低了风险

三、技术保护措施

天桥下净空约 8.68 m（天桥底部至地面），受其净空影响，常规地下连续墙施工方法不能满足现场施工需要，故杭海城际铁路工程天桥下地下连续墙施工采用低净空连续墙施工技术。

1. 总体施工方案

皮革城车站东段基坑（约 31.2 m 长度范围）位于海宁皮革城西天桥下方，天桥下低净空连续墙共计 12 幅，钢筋笼幅宽 5.2、6.0 m，长 35.43 m，采用低净空液压抓斗型成槽机和折臂式起重机分别进行连续墙成槽及钢筋笼吊装施工，同时根据天桥下净空条件及低净空吊装设备性能，天桥下连续墙钢筋笼共拆分为 7 节进行吊装作业，每节钢筋笼长度约为 5.1 m，单节钢筋笼重约 4.5 t。

2. 施工方法及工艺流程

（1）低净空连续墙导墙施工。

在低净空地下连续墙成槽前，应浇筑导墙。导墙质量的好坏直接影响低净空地下连续墙的边线和标高，是成槽设备进行导向、存储泥浆稳定液位、维持上部土体稳定、防止土体坍落的重要措施。

根据工程特点导墙采用"冖"形整体式钢筋混凝土结构，净宽比连续墙厚度大 5 cm，导墙顶口高出地面 10 cm，肋厚 200 mm，顶宽 800 mm，控制深度为 1.5 m，混凝土标号 C25，不得漏浆。为防止由于地下连续墙施工误差造成地下连续墙侵入主体结构净空，低净空地下连续墙位置导墙中心线整条外放 7 cm。

钢筋在加工场加工，现场进行绑扎。混凝土采用商品混凝土，混凝土浇筑采用挖掘机+人工浇筑，分层捣固密实。模板采用组合钢模。导墙钢筋混凝土分段施工，每段长度约 30 m，分段施工缝与连续墙的分段接头错开 0.5 m 以上。导墙在施工期间，应能承受施工载荷。

（2）低净空连续墙泥浆施工。

由于低净空下连续墙施工效率相对较低，连续墙成槽及钢筋笼吊装所需时间较长，泥浆性能是保障连续墙槽壁稳定性的关键要素。在成槽施工过程中需一直保证泥浆液面高出地下水位 1 m 以上（导墙顶面下 0.5 m），在泥浆护壁措施上，为提高泥浆的黏度、屈服值及泥皮的形成能力，维护槽壁的稳定性防止槽壁加固水泥（含碱性）或盐类污染泥浆，选用膨润土作为制备泥浆的材料并加入一定比例的掺和物，掺和物主要有羧甲基纤维素（CMC）和分散剂碳酸钠（Na_2CO_3），分别起增大泥浆黏度和增多膨润土颗粒表面吸附的负电荷的作用。经过试验分析，地下连续墙施工泥浆质量配合比为水：膨润土：CMC：纯碱＝3：80：0.3：3。同时，混凝土浇筑前需保证连续墙沉渣满足设计要求，泥浆性能指标见表 49-25。

表 49-25　泥浆性能指标

项次	项目	性能指标	检验方法
1	比重	黏性土 1.04～1.06	泥浆比重秤
2	黏度	20～25 s	500 ml/700 ml 漏斗法
3	胶体率	>90%	量筒法
4	含砂率	黏性土不大于 3%	洗砂瓶
5	失水量	<30 mL/30 min	失水量仪
6	泥皮厚度	<1 mm	失水量仪
7	pH 值	8～9	pH 试纸

（3）低净空连续墙成槽施工。

低净空地下连续墙成槽质量控制与常规地连墙基本一致，不同点在于由于低净空下连续墙钢筋笼采分节吊装、拼接入槽的施工工艺，对槽段的垂直度要求及槽壁的稳定性要求极其严格，成槽阶段如连续墙垂直度偏差较大或槽壁稳定性较差，势必造成钢筋笼下放困难、拼接质量及拼接效率较低。因此，在进行低净空连续墙成槽施工阶段，需加强对连续墙槽段垂直及槽壁稳定性的检测，做到"勤检测、早纠偏"。

（4）低净空连续墙接头处理。

低净空地下连续墙接头部位需要进行防混凝土扰流处理及接头处刷壁处理。

① 防扰流处理主要施工要点。

在地下连续墙钢筋笼拼接入槽过程中，需要同步在每节钢筋笼工字钢接头部位通长设置1 m×1 mm防扰流铁皮，在钢筋笼下放完毕后，需在工字钢接头非施工槽段侧充填沙袋，为避免沙袋填筑时出现"架桥"现象，沙袋装填时需采用细沙，且沙袋大小不宜过大。

② 接头处刷壁处理施工要点。

成槽至设计标高后，连接幅采用在重型抓斗侧安装接头刷进行接头清刷，清刷过程中对刷头采用清水清洗，确保接头基本无夹泥，接头处刷壁以刷壁完成后钢毛刷上泥巴为宜，一般次数不少于5次。

（5）低净空连续墙钢筋笼制作。

低净空段连续墙钢筋笼必须在同一平台上整体制作和分拆，分节起吊，拼接入槽。根据皮革城西天桥与导墙面的净空、起吊设备的起吊情况和主体结构板的位置，天桥下低净空钢筋笼总长35.43 m，共分为7节进行吊装，每节钢筋笼分段长度约为5 m。根据地连墙分节方案，对地连墙主筋进行准确下料，必须在钢筋加工平台上整体制作成型、分节拆分、编号，钢筋笼接头附近500 mm处分布筋空置，在分节吊装拼接完成后补焊分布筋。

（6）低净空连续墙混凝土灌注施工。

低净空地下连续墙混凝土施工与常规地下连续墙技术要点基本一致。

3. 基坑开挖技术要点

（1）基坑开挖必须在地下连续墙、冠梁、支撑梁达到设计强度后方可进行。

（2）基坑开挖时，基坑两侧、坡顶地面超载不得大于20 kPa，以防地面荷载对基坑侧压过大，引起基坑侧墙变形及基坑底隆起。如需在坡顶堆载或行驶车辆，必须进行稳定核算。当基坑开挖前的准备工作已经就绪，围护结构已经达到设计强度，基坑降水效果符合要求后，方可开始基坑开挖。

（3）基坑开挖必须分段、分区、分层、对称进行，不得超挖。

（4）纵向放坡开挖时，应在坡顶外设置截水沟或挡水土堤，防止地表水冲刷坡面和基坑外排水再回流渗入坑内，对暴露时间较长或可能受暴雨冲刷的纵坡采用钢丝网水泥喷浆等坡面保护措施，严防纵向滑坡。

（5）基坑开挖后，应及时设置坑内排水沟和集水井，防止坑底积水。开挖到基底后及时施工C20混凝土垫层。

（6）土方开挖的顺序、方法必须遵循"开槽支撑、先撑后挖、分层开挖、严禁超挖"的原则。

（7）每一工况挖土及钢支撑的安装时间不得超过16 h，钢支撑架设完毕后及时施工防坠落装置。

（8）机械挖土时，坑底应保留30 cm厚土层用人工挖除整平，防止坑底土扰动，并合理确定土体回弹超挖量。

（9）采用机械挖土时，挖土机械和车辆不得直接在支撑上行走操作，严禁挖土机械碰撞支撑、立柱、井点管、围护墙，支撑顶面不应作用施工荷载，并严禁堆放杂物。

（10）在施工过程中，特别是在接近管线的范围和管线埋深的可能深度范围内，应人工小心挖掘，以免破损、损坏管线，确保在施工期间所有地下管线的安全和正常使用。

（11）土方开挖过程中及时封堵地下墙接缝或墙体上的渗漏点，并注意保护坑内降水井，确保降水、排水系统的正常运转。雨季施工时，应准备一定量的抽排水设备，以便大雨时及雨后及时抽排基坑积水，避免基坑被雨水浸泡。

（12）基坑开挖过程中严禁超挖。

（13）加强基坑稳定的观察和监控量测工作，以便发现施工安全隐患，并通过监测反馈及时调整开挖程序。特别应加强对钢支撑轴力及变形的监测，确保支撑的稳定性，必要时采取钢构件对支撑及纵梁进行加强处理。

（14）基坑部分基坑属深基坑，施工风险相对较大，基坑开挖时，应准备一定数量的钢支撑，根据施工监测情况，必要时增设钢支撑，以控制连续墙变形确保基坑安全。

（15）基坑开挖期间安排一个保驾护航班组，如遇突泥涌水情况及时进行注浆封堵；同时应准备一定量基坑回填料，以备基底出现管涌和隆起时，进行回填堆堵。

（16）基坑开挖时，应加强监测，特别在基坑开挖急剧阶段，更应密切监测，发现监测数据有异常或急剧变化时，应停止开挖，并采取措施防止不利情况的进一步发生，同时告知建设相关各方，及时进行会诊，找出解决问题的办法，坚决杜绝施工人员擅自冒险抢急施工。加强施工场地周围建筑物和地下管线、基坑的观察和监控量测工作，通过监测反馈及时调整开挖程序，若发现安全隐患，及时采取防护措施。

（17）基坑开挖前 20 d 进行基坑内降水，以提高土体的抗剪强度，基坑开挖时，确保地下水位在开挖面以下 1 m；降水开始后，定期对基坑外的水位观测孔水位进行观测，若发现基坑外水位异常变化，立即组织人员查找渗漏点并进行封堵。土方开挖过程中，若发现地下连续墙有渗漏现象，需及时封堵。注意保护降水井特别是降压井不受损坏，派专人对开挖过程中的降水井进行看守，井位提前交底，确保降水、排水系统正常运转。

（18）基坑开挖过程中严禁超挖，对暴露时间较长或可能受暴雨冲刷的纵坡采用彩条布覆盖的保护措施，防止纵向滑坡。

（19）在基坑开挖过程中，需做好基坑内外的排水工作。在基坑周边设置排水沟，在坡顶外设置截水沟或挡水堤，排除地面明水，防止地面明水流入基坑内。在基坑内及时设置排水沟和集水井，防止基坑内积水。

（20）机械开挖的同时辅以人工配合，特别是基底以上 30 cm 的土层采用人工开挖，以减少超挖、保持坑底土体的原状结构。局部超挖部分采用砂砾回填，并及时施工混凝土垫层，封闭坑底。

（21）土方开挖期间监测：

① 土方开挖前监测小组进行初始数据采集，开挖过程中对监测项目所得到的监测数据进行分析，整理分析后向项目部有关人员汇报，指导现场施工。

② 在基坑开挖过程中，由于土体应力场的变化，围护墙深部将向坑内位移，势必引起周边地表、地下管线的沉降，尤其是当基坑开挖至坑底垫层浇筑前这一时间段内，整个围护体处于最不利受力状态，变形速率也会增大。特殊情况如监测数据有异常或突变，变化速率偏大等，适当加密监测频率，跟踪监测。并向监理工程师汇报。

四、监测结论

（1）根据对地铁基坑施工过程中西天桥的观测结果，截至 2019 年 6 月 26 日，海宁中国皮革城跨海州路西天桥各沉降监测点沉降速率已稳定，主体结构变形未见异常；皮革城站施工对西天桥的影响安全可控。

（2）结合现场实测结果，对西天桥结构的计算复核结果表明：皮革城站工后皮革城西天桥目前状况主要技术指标均满足要求（包括承载力、位移角、位移比、剪重比、刚度比等）。

第五十章　装饰装修施工

第一节　工程概况

一、工程简介

线路起于杭州余杭高铁站,与杭州地铁1号线(远期9号线)换乘,线路出站后经由站前路→联杭路→人民大道→海宁高铁站→下穿沪杭高铁、沪杭高速公路→青年路→学院路→长安路→周王庙镇→上跨南排河→跨观潮大道→硖许公路→海州西路进入海宁市主城区,经中国皮革城后沿海州东路至碧云路,设终点站浙大国际学院站。线路总长约46.38 km,其中地下线11.535 km,高架线33.448 km,过渡段1.397 km(含U形槽),全线装修工程涉及公共区域装修工程及设备区装修工程施工。

二、主要工程数量

装修工程具体施工范围及工程数量见表50-1：

表50-1　施工范围及工程数量

序号	车站或区间名称	总长度/m	主体建筑规模/m²	主体结构型式	附属工程	备注
1	余杭高铁站	467.3	8 564.99	地下三层三跨岛式	7个出入口、4组风亭	与运营的杭州1号线余杭高铁站换乘
2	许村镇站	85.85	1 948.8	路侧高架三层侧式	2个出入口、1个紧急疏散口	
3	海宁高铁站	85.8	2 788	路侧高架三层侧式	2个出入口、1个紧急疏散口	
4	桑亭路站	85.6	3 226	路侧高架三层侧式	2个出入口、1个紧急疏散口	
5	长安镇站	82.85	1 864.8	路中高架三层侧式	3个出入口	
6	周王庙镇站	135.6	2 706	路侧高架两层侧式	2个出入口、2个紧急疏散口	越行车站
7	盐官镇站	85.7	1 864.8	路中高架三层侧式	2个出入口、1个紧急疏散口	接车辆基地
8	桐九公路站	85.39	1 864.8	路中高架三层侧式	2个出入口	

续表

序号	车站或区间名称	总长度/m	主体建筑规模/m²	主体结构型式	附属工程	备注
9	斜桥镇站	85.6	2 771.6	路中高架三层侧式	3个出入口	带停车线越行车站
10	皮革城站	393.1	8 240.92	地下两层两跨岛式	10个出入口、5组风亭	
11	海昌路站	160	3152	地下两层两跨岛式	4个出入口、2组风亭	
12	浙大国际学院站	430.27	9 164.75	地下两层两跨岛式	4个出入口、2组风亭	
12	余杭高铁站—许村镇站区间	3 725.55（双延米）	—	盾构区间+明挖区间+高架区间	6座联络通道、1座中间风井,其中1座联络通道与废水泵房合建,中间风井兼做联络通道	其中盾构区间3 116.55 m；明挖区间609 m；高架区2 636.62 m
13	许村镇站—海宁高铁站区间	4 632.900（双延米）	—	高架区间		
14	海宁高铁站—长安镇站区间	5 337.789（双延米）	—	高架区间+明挖区间+盾构区间		其中高架区间3 748.084 m；明挖区间1 121 m；盾构区间646 m
15	长安镇站—周王庙镇站区间	6 697.75（双延米）	—	高架区间		
16	周王庙镇站—盐官镇站区间	3 784.650（双延米）	—	高架区间		
17	盐官镇站—桐九公路站区间	5 075.460（双延米）	—	高架区间		
18	桐九公路站—斜桥镇站区间	2 806.100（双延米）	—	高架区间		
19	斜桥镇站—皮革城站区间	4 972.910（双延米）	—	高架区间+明挖区间+盾构区间		其中高架区间3 447.4 m；明挖区间558.61 m；盾构区间996.9 m
20	皮革城站—海昌路站区间	2 156.500（双延米）	—	盾构区间	3座联络通道、1座中间风井,其中1座联络通道与泵房合建,中间风井兼做联络通道	
21	海昌路站—浙大国际学院站区间	2 228.960（双延米）	—	盾构区间	3座联络通道、1座中间风井,其中中间风井兼做联络通道与泵房	
22	车辆段与综合基地	用地37.4亩	91 781	框架结构	站场道路、围墙、排水沟、绿化	含轨道,四电、工艺设备、机电安装及装饰装修

第二节 施工组织

一、施工流程图

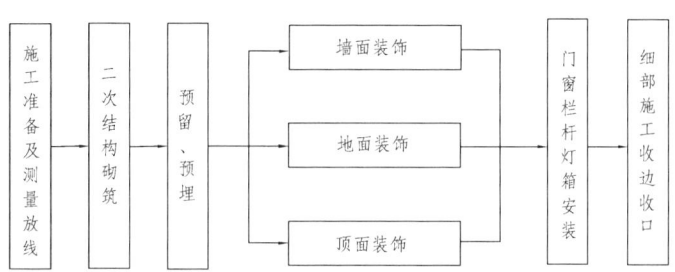

图 50-1 装饰装修施工流程

二、施工筹划

每个车站装饰装修分为设备区装修和公共区装修两个班组进行，设备区装修班组 40 人，负责设备区墙体砌筑、抹灰、刮白、垫层浇筑及地砖铺贴等工作；公共区装修班组 35 人，负责公共区垫层浇筑、地面铺贴、墙面干挂、天面吊顶及出入口、地面四小件的施工。

设备区的砌筑施工是装修专业进场后开展的首道作业，依据"先供电用房，再弱电用房，后其他用房"的原则安排施工，砌筑完成后，优先进行天花板以上的管线安装施工及墙、地面管线预埋施工。墙、地面管线预埋施工完成后，浇筑保护层混凝土，然后完成地面绝缘漆涂刷，再进行设备基座、地槽安装及大型机柜就位工作；待以上工作完成后，装修专业再进行天地墙面层施工，安装专业灯具，面板、箱盒安装紧随其后进行；最后集中进行大型机柜的细部安装和配线工作及依附于其上的系统终端安装。

三、主要设备配置

主要设备配置见表 50-2。

表 50-2 主要设备配置

序号	名称	规格	单位	数量	用途
1	电焊机	直流 165～300 A	台	4	焊接
2	电工工具		套	12	安装龙骨
3	水平尺	500 mm	把	12	龙骨水平调整
4	电钻		台	5	打孔
5	开孔器		台	3	墙面开孔
6	钢卷尺	50 m	把	12	测量
7	水准仪		套	4	测量
8	红外放线器		个	6	测量
9	靠尺		把	10	测量

第三节　主要施工工艺及控制要点

一、公共区装修工程施工

（一）天面工程施工

1. 工艺流程

天面工程施工工艺流程如图 50-2 所示。

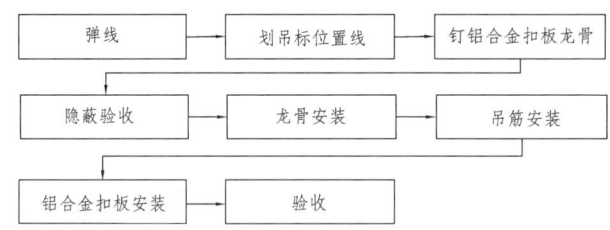

图 50-2　天面工程施工工艺流程

2. 控制要点

（1）弹线要根据设计图纸进行，由于龙骨都是与成品装饰板配合使用的，所以在设计时应先确定龙骨的标准尺寸，然后再根据吊顶面积，对分格位置进行布置。

（2）由于龙骨与轻质饰面板配套使用，吊顶本身材料的重力荷载较小，吊杆布置的要点是考虑吊顶平整度的需要。吊杆的间距不宜过大，应控制在 0.9～1.2 m。吊杆的上部都不固定在设备管道上，以免管道变形或局部维修使棚面变形，影响吊顶的平整美观。

（3）要据墙上吊顶的安装水平标高线，用钢钉将铝边龙骨钉固定于墙体上。钉距以 30～40 cm 为宜，边龙骨应钉平直，牢固。

（4）安装主龙骨时，必须拉十字调平通线。相邻主龙骨的腹部孔槽必须调在一直线上并应拉通线控制孔位。

（5）隐蔽在吊顶内的管线和其他设施、水、暖、电工应在吊顶安装时校正其位置。

（6）安装次龙骨时，当采用腹部带孔槽的主龙骨，次龙骨则控制主龙骨的间距。第一根次龙骨应两端带钩，将钩插入主龙骨出槽内。第二根次龙骨可用两端不带钩的交错安装。当采用腹部不带孔槽的主龙骨，则用稳定支撑控制主龙骨间距，稳定支撑间距 1.8 m 为宜。安装时，应将次龙骨两端搁置在主龙骨翼缘上，其搁置方向必须与主龙骨垂直。

（7）铝合金扣板安装的方法一般为：先从房间中线部分开始往两边安装，大面积整块安装完毕后，再安装墙边、灯孔、检修口等特殊部位。先将铝合金扣板侧面凹槽对准龙骨的翼缘轻轻插入，然后再插片和另一块铝合金扣板。在相邻次龙骨铝合金扣板安装完后，方能安装第二根次龙骨，并依次进行。

3. 工程实例照片

图 50-3　天面吊顶施工

（二）地面工程施工

1. 地面石材铺贴工程工艺流程

地面石材铺贴工程工艺流程如图 50-4 所示。

图 50-4　地面石材铺贴工程工艺流程

2. 控制要点

（1）对色编号：石材地面铺设前，应对材料进行试拼，指对色、拼花、编号，以便对号入座，试拼后，要保证地面石材前后左右的花纹，颜色基本一致，纹理通顺，接缝严密吻合，角度垂直，线条顺直。

（2）基层修补：检查基层平整情况，偏差较大的应事先凿平和修补，并将基层清扫干净。

（3）找水平、弹线，在素混凝土找平层上贴水平灰饼，弹线找中找方，并找出拼花板的位置，施工前一天洒水、湿润基层。

（4）铺设顺序：弹线后应先铺若干条干线作为基准，起标筋作用，一般先由厅中线往两侧采取退步法铺贴。

（5）铺贴：按照弹线位置位通线将板块线平稳放下，用木锤或橡皮锤垫木轻击，使砂浆振实。缝隙宽度、平整度满足要求后，再正式铺贴，轻轻敲击、找直找平。

（6）铺设中，随时用水平尺检查铺好的地面，使其表面平整度符合要求。同时，用直尺和楔形塞尺检查板块间的接缝高低差，发现问题及时处理，以满足质量要求。

（7）将石材地面及缝隙清理干净，用美纹纸带将每一条缝粘贴起来，以防止缝隙污染发黑。

（8）养护：板材铺设 24 h 后，应洒水养护 1~2 d，以补充砂浆在硬化过程中所需要的水分，保证板材与砂浆结实牢固，养护期 3 d 之内禁止踩踏。

（9）补缝：地面养护期过后，撕掉美纹纸将板缝清理干净，然后用同种颜色的材料进行补缝，要求缝隙饱满、基本无色差。

（10）打蜡：采用进口蜡水由专业保洁公司进行地面打蜡保护。

3. 工程实例照片

图 50-5　地砖铺贴

（三）墙面工程施工

1. 墙面砖粘贴工程

墙面贴砖工艺流程如图 50-6 所示。

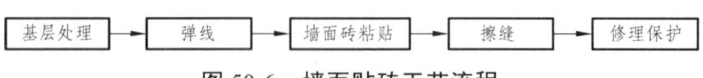

图 50-6 墙面贴砖工艺流程

2. 墙面干挂石材工程施工工艺

墙面干挂石材工程工艺流程图如 4-6-7 所示。

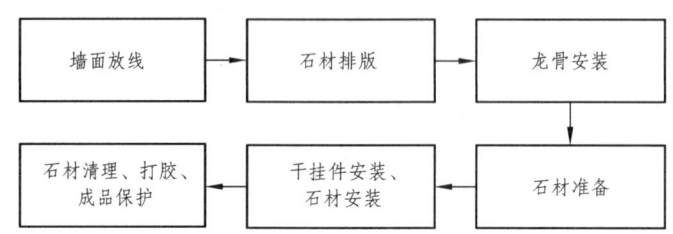

图 50-7 墙面干挂石材工程工艺流程

3. 墙面花岗石晶面处理

墙面花岗石晶面处理工艺流程如图 50-8 所示。

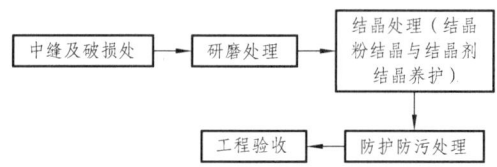

图 50-8 墙面花岗石晶面处理工艺流程

4. 搪瓷钢板安装工艺

搪瓷钢板安装工艺流程如图 50-9 所示。

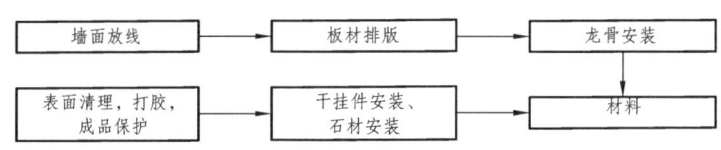

图 50-9 搪瓷钢板安装工艺

5. 控制要点

（1）抹底层砂浆。

先将墙面浇水湿润，刷一道掺水的胶水泥素浆，随刷随打底，底灰采用水泥砂浆，分两遍操作，压实刮平，使表面平整，并将表面拉毛；外墙镶贴瓷砖时，应在抹灰完成后进行外墙防水保温施工，然后才能进行底层砂浆施工。

（2）瓷砖铺贴。

镶贴应自上而下进行，从最下一层砖下皮的位置线先稳好靠尺，以此托住第一皮面；在面砖外皮上口拉水平通线，作为镶贴的标准；在面砖背面宜采用水泥砂浆镶贴，贴上后用灰铲柄轻轻敲打，使之附线，再用钢片开刀调整竖缝，并用小杠通过标准点调整平面和垂直度。

（3）勾缝、擦缝。

面砖铺贴拉缝时，用水泥砂浆勾缝，先勾水平缝再勾竖缝，勾好后要求凹进面砖外表面 2～3 mm；若横竖缝为干挤缝，或小于 3 mm，用白水泥配颜料（或专用填缝剂）进行擦缝处理；面砖缝子勾完后，用布或棉丝蘸稀盐酸擦洗干净。

6. 工程实例

工程实例如图 50-10 所示。

图 50-10 墙面装饰

(四) 不锈钢玻璃栏杆施工

1. 控制要点

(1) 测量放线。

① 复查移交的基准线。

② 放标准线：在每一层将室内标高线移至施工面，并进行检查；在埋件安装前，应首先对建筑物阳台外形尺寸进行偏差测量，根据测量结果，确定出栏杆安装的基准面。

③ 以标准线为基准，按照图纸将分格线放在阳台梁上，并做好标记。

(2) 钻孔、化学锚栓安装。

① 按照栏杆的设计分格尺寸定位分格好后。

② 检查定位无误后，按图纸要求对安装后置钢板处进行钻孔及化学锚栓安装。

(3) 后置钢板安装就位，紧固。

① 安装后置钢板时要采取措施控制好其表面水平或垂直，严禁歪、斜等。

② 检查钢板安装是否牢固、位置是否准确。钢板安装的位置误差应按设计要求进行复查。当设计无明确要求时，钢板安装的标高偏差不应大于 10 mm。

(4) 钢架下料、钻孔、打磨等加工。

① 钢架下料时裁割要按照设计要求进行，允许偏差在 5 mm 左右。

② 钢板钻孔前，要按设计要求进行分割好，做好标记，再进行钻孔。

③ 钢架打磨光滑度必须符合设计及规范的要求，周边应做到光滑圆润。

(5) 喷丸除锈处理，刷防锈漆。

对钢架表面进行除锈处理，刷防锈漆遍数必须符合设计要求。

(6) 现场就位安装，点焊预固定，尺寸复核、调整。

此步骤操作时，钢架与原先预埋好的钢板进行点焊安装，应有两人操作，一人扶住钢架，另一人在底下进行尺寸的校对，在确保无误时，方可点焊固定。

(7) 满焊，焊渣清除，焊缝打磨平整。

① 焊接时，过渡件的位置一定要与墨线对准。

② 应先将同水平位置两侧的过渡件点焊，并进行检查。

③ 再将中间的各个过渡件点焊上，检查合格后，进行满焊。

(8) 玻璃安装。

① 玻璃安装前，应先行把转接件及角码按设计的要求进行预安装，尺寸允许偏差在 1 mm 之内。

② 玻璃安装时，应先就位，临时固定，然后拉线调整固定。

（9）密封。

密封部位的清扫和干燥，采用甲苯对密封面进行清扫，清扫时应特别注意不要让溶液散发到接缝以外的场所，清扫用纱布脏污后应常更换，以保证清扫效果，最后用干燥清洁的纱布将溶剂蒸发后的痕迹拭去，保持密封面干燥。

（10）贴防护纸胶带：为防止密封材料使用时污染装饰面，同时为使密封胶缝与面材交界线平直，应贴好纸胶带，要注意纸胶带本身的平直。

（11）注胶：注胶应均匀、密实、饱满，同时要注意施胶方法，避免浪费。

① 胶缝修整：注胶后，应将胶缝用小铲沿注胶方向用力施压，将多余的胶刮掉，并将胶缝刮成设计形状，使胶缝光滑、流畅。

② 清除纸胶带：胶缝修整好后，应及时去掉保护胶带，并注意撕下的胶带不要污染玻璃面，及时清理粘在施工表面的胶痕。

（12）清扫。

① 清扫时先用浸泡过中性溶剂（5%水溶液）的湿纱布将污染物等擦去，然后再用干纱布擦干净。

② 清扫灰浆、胶带残留物时，可使用竹铲、合成树脂铲等仔细刮去。

③ 禁止使用金属清扫工具，更不得使用粘有砂子、金属屑的工具。

④ 禁止使用酸性或碱性洗剂。

2. 工程实例

工程实例如图50-11所示。

图50-11　不锈钢栏杆

二、设备区装修工程施工

（一）砌体工程施工

1. 工艺流程

工艺流程如图50-12所示。

2. 控制要点

（1）施工测量放线。

① 地铁设备区墙体测量放线应依次保证走廊、安全出口、设备房间、管理房间使用距离，墙体定位过程中，需预留抹灰层厚度、门框安装尺寸厚度。

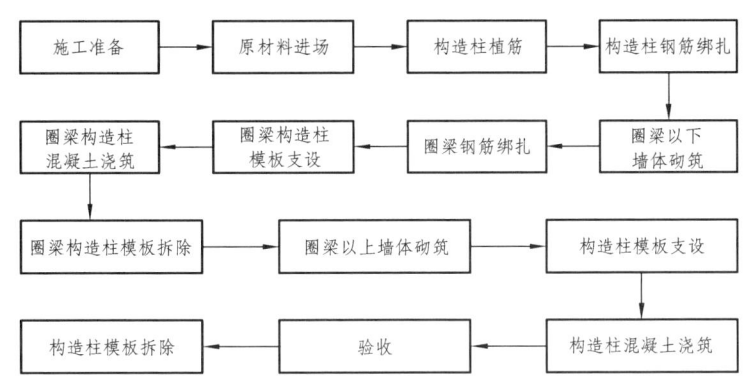

图 50-12 砌体工程工艺流程

② 墙体砌筑施工前按照杭海城铁公司测量队移交的车站高程控制点，复测控制点高程，无误后引测墙体 1 m 线（经过杭海城铁公司测量队复核），并将 1 m 线引至每一个设备区结构柱上，弹线做标记。

③ 钢筋加工、安装：

a. 钢筋原材料进场，厂家随车带材料证明文件、合格证并经第三方检测单位检测（检测合格），钢筋表面无锈蚀和油污。

b. 核对钢筋品种、级别、品种、形状、尺寸、数量、位置是否与施工图纸及加工配料单相符，弹好标高水平线及构造柱的外皮线。

c. 钢筋植筋：钢筋植筋采用建筑植筋胶植入结构板（或结构柱、结构墙），钢筋植入深度站厅层为植入钢筋直径的 $15d$（砌体工程构造柱、圈梁用主筋为 HRB400 12，植入深度为 180 mm），台层植入深度为植入钢筋直径的 $10d$，但 $\geqslant 150$ mm；构造柱钢筋搭接长度为 $35d$，构造柱上下两端需加密（加密区长度为 1/6 柱净长，但 $\geqslant 600$ mm），自板面 5cm 开始第一道箍筋，加密区箍筋间距 100 mm，非加密区箍筋间距 200 mm。

d. 工艺流程：

构造柱钢筋绑扎：构造柱钢筋加工→施工层表面混凝土凿毛、修整底层伸出的构造柱搭接筋→安装构造柱钢筋骨架→绑扎搭接部位钢筋→安装箍筋。

圈梁钢筋绑扎：画钢筋位置线→放置箍筋→穿圈梁受力筋→绑扎钢筋。

（2）墙体砌筑。

车站墙体主要采用 Mu10 的混凝土普通砖，砂浆采用 M7.5 成品干混砂浆，采用梅花丁组砌方法，构造柱处留置马牙槎，对称砌筑，马牙槎凹凸尺寸为 60 mm，高度不应超过 500 mm，灰缝控制在 8～12 mm，宜为 10 mm；墙体拉结筋为 2 根 $\phi 6$ 钢筋，深入墙体长度 $\geqslant 1$m，末端做 90°弯钩，弯钩长度不小于 40 mm。

墙体砌筑留马牙槎时，马牙槎上部临构造柱砖切 45°斜角，以便混凝土浇筑道马牙槎部位时不空鼓，增大砖砌体与混凝土构造柱的接触面；顶部预制 45°混凝土压顶砖，使砖砌体压顶砖角度一致，外观整洁，美观。

（3）模板安装、拆除。

① 模板安装前，应通知监理工程师对钢筋进行隐蔽验收（验收合格后，方可合模）；模板及其支撑选用材料具有足够的强度和稳定性，表面清洁，模板安装时其支撑部分应保证足够的支撑面积，对拉螺栓紧固可靠。

② 模板拆除时，先拆对拉螺栓，再拆除斜撑和横竖钢管背棱，最后拆除模板。

（4）混凝土浇筑。

车站构造柱、圈梁采用C20商品混凝土（厂家随车带材料证明文件），在混凝土浇筑前，清理柱脚砂浆和钢筋表面砂浆并洒水湿润。混凝土应振捣密实，不得有蜂窝、麻面、漏筋等质量缺陷，现场留取试块。混凝土浇筑完成后应洒水养护，养护时间不少于7 d。

3. 工程实例

工程实例如图50-13和图50-14所示。

图50-13　墙体砌筑

图50-14　模板安装

（二）抹灰工程施工

1. 控制要点

（1）抹灰前检查墙面，剔除松动砂浆，对于砌体松动、灰浆不饱满的拼缝及梁、板下的顶头缝，用掺水重10%的108胶水溶液砂浆填塞密实；将露出墙面的舌头灰刮净，凸出墙面不平整的部位剔凿平整；坑凹不平、砌块缺棱掉角、设备管线槽、洞剔凿以后用水泅透，再用108胶（用水重量的10%）水液砂浆整修密实、平顺；用靠尺、塞尺检查墙体的垂直偏差及平整度，将抹灰基层处理完好。

（2）砖砌墙和构造柱、圈梁或结构墙交接部位需挂玻纤耐强网格布，且网格布压边尺寸不得小于100 mm。

（3）洒水湿润：墙面浮土扫净，抹灰前分三遍进行洒水湿润，洒水量以水分深入砌块1 cm为宜，浇水在抹灰前一天进行，如果抹灰时墙面仍干燥不湿，就再喷一遍水，但必须保证墙面在抹灰时不显浮水。

（4）吊垂直、套方、抹灰饼、冲筋。

① 吊垂直、套方找规矩：先用托线板全面检查墙体表面垂直、平整度，确定抹灰厚度，按墙面上已弹好的基准线，分别在门口角、垛、墙面等处吊垂直，套方找规矩。

② 贴灰饼、冲标筋：吊垂直、套方找规矩之后，以墙面面积和实际平整度来决定贴灰饼和冲筋的数量，一般间距为 1.2 m，用 1∶3 水泥砂浆做成 5 cm 见方的灰饼，灰饼厚度同抹灰厚度，上下灰饼用吊线板找垂直，水平方向用靠尺板找平，先上后下；依照已贴好的灰饼，从水平方向各灰饼之间用水泥砂浆冲筋，反复搓平，上下吊垂直。

（5）抹底层砂浆：在墙面湿润的情况下，刷一遍掺 108 胶（用水重量的 20%）的素水泥浆拉毛，随刷随打底，底灰采用干混水泥砂浆，厚度 5～7 mm，抹灰时不得将标筋碰坏，后用大杠刮平，并用木抹子搓平、搓毛。

（6）修补墙面上箱、槽、孔洞：底层砂浆抹完后，将墙面上预留孔洞、箱、槽、开关盒等周边 5 cm 宽的砂浆清除干净，周边用毛刷蘸水湿润，再用干混砂浆修补平整、方正，压实赶光，厚度比底层砂浆高处一个罩面灰的高度。

2. 工程实例

工程实例如图 50-15 所示。

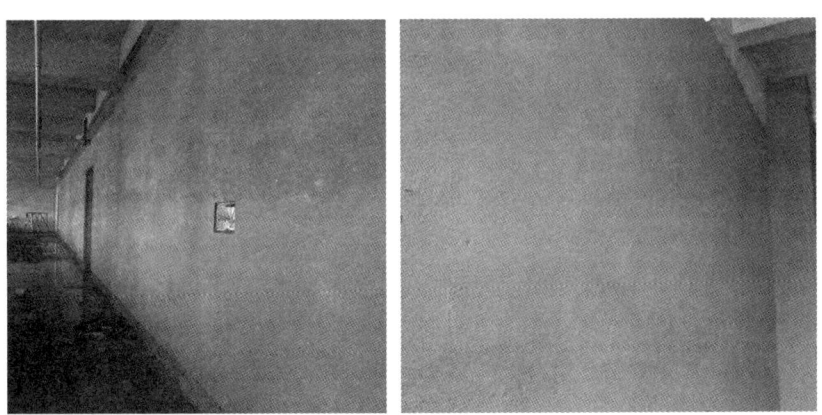

图 50-15　墙面抹灰

（三）天面工程施工

1. 金属天花吊顶（含转换层）

金属天花吊顶工艺流程如图 50-16 所示。

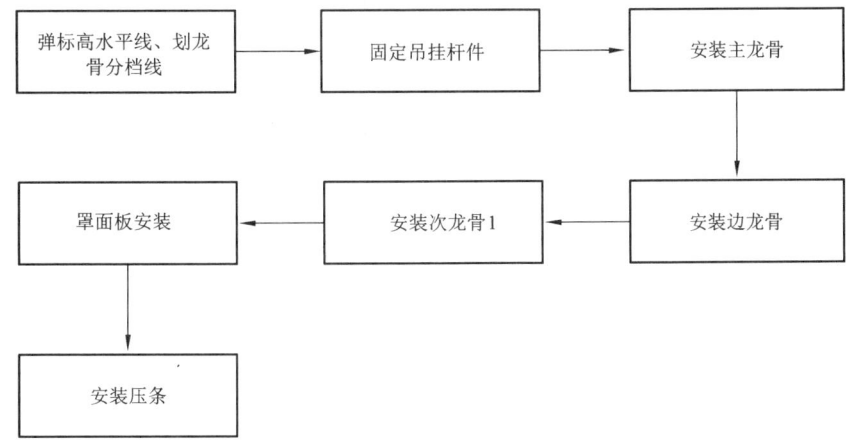

图 50-16　金属天花吊顶工艺流程

2. 天面喷顶

天面喷顶工艺流程如图 50-17 所示。

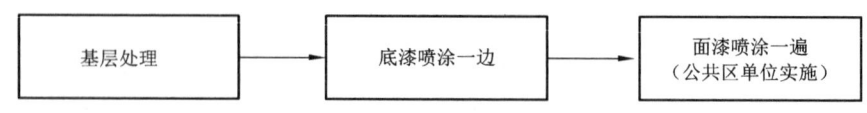

图 50-17 天面喷顶施工工艺流程

3. 控制要点

（1）油漆涂料的等级和产品的品种符合设计要求和现行有关产品国家标准的规定。

① 墙体含水率不得大于 8%，涂料的工作黏度和稠度，必须加以控制，使其在涂喷涂时不流坠，喷涂过程中不得任意稀释。

② 涂料和半成品（包括施工现场配制的），均有品名、种类、颜色、制作时间、贮存有效期、使用说明和产品合格证。

（2）水性涂料。

① 水性涂料涂刷工程所用涂料的品种、型号和性能符合设计要求。

② 民用建筑工程室内用水性涂料，测定总挥发性有机化合物和游离甲醛的含量，其限量符合规定。

③ 水性涂料涂饰工程的施工环境温度在 5～35 ℃ 之间。

④ 基层表明必须干净、平整。表明麻面等缺陷用腻子填平并用砂纸打磨平磨光。

⑤ 室外涂饰，同一墙面用相同的材料和配合比。涂料在施工时，经常搅拌，每遍涂层不过厚，涂刷均匀。若分段施工时，其施工缝留在分格缝、墙的阴阳角处或水落管后。

⑥ 室内涂饰，一面墙每遍必须一次完成，涂饰上部时，溅到下部的浆点，要用铲刀及时铲除掉，以免妨碍平整美观。

⑦ 涂层与其他装饰材料和设备衔接处吻合，界面清晰。

（3）溶剂涂料。

① 溶剂型涂料涂饰工程所选涂料的品种、型号和性能符合设计要求。

② 民用建筑工程室内用溶剂型胶粘剂，测定总挥发性有机化合物和苯的含量，其限量符合规定。

③ 混凝土或抹灰基层涂刷溶剂型涂料时，含水率不得大于 8%；木材基层的含水率不得大于 12%。

④ 基层腻子平整、坚实、牢固、无粉化，起皮和裂缝；内墙腻子的黏结强度符合《建筑室内用腻子》（JC/T 3049）的规定。

⑤ 一般溶剂型涂料涂饰工程施工时的环境温度不宜低于 10 ℃，相对湿度不宜大于 60%。

⑥ 采用机械喷涂油漆时，将不涂漆部位遮盖，以防污染。

（4）吊顶。

① 轻钢龙骨分 U 形和 T 形龙骨两种。吊顶龙骨以镀锌钢板（带）为原料，采用冷弯工艺生产，龙骨配件以镀锌钢板（带）为原料，经冲压成型后，用于组合到顶轻钢龙骨骨架配件。

② 罩面板表面平整、边缘整齐，不有污垢、裂缝、缺角、翘曲、起皮、色差和图案不完整等缺陷，罩面板具有出厂合格证。

③ 安装吊顶罩面板所使用的紧固件、螺钉、钉子宜为镀锌，吊杆、龙骨的材质、规格、安装间距及连接方式符合设计要求。金属吊杆、龙骨经过表面防腐处理。其他如胶粘剂等，其材料的品种、规格、断面尺寸、颜色、物理及化学性质符合设计要求。

④ 施工前按设计要求对房间的净高、洞口标高和吊顶内的管道、设备及其支架的标高进行交接检验。

⑤ 吊顶龙骨必须牢固、平整。

⑥ 吊顶面层必须平整，饰面材料表面洁净、色泽一致，不得有翘曲、裂缝及缺损。压条平直、宽窄一致。

⑦ 饰面板上的灯具、烟感器、喷淋头、风口等设备的位置合理、美观，与饰面板的交接吻合、严密。

⑧ 吊顶内填充吸声材料的品种和铺设厚度符合设计要求，并有防散落措施。

⑨ 吊顶工程在施工中做好各项施工记录，收集好各种有关文件。

4. 工程实例

工程实例如图 50-18 和图 50-19 所示。

图 50-18　墙面腻子

图 50-19　天面吊顶

第五十一章 车辆基地施工

第一节 工程概况

一、工程简介

杭州至海宁城际铁路盐官车辆基地设在浙江省嘉兴市海宁市盐官镇，用地位于盐官镇和斜桥镇；盐官车辆基地为杭州至海宁城际铁路的定修段，设有定修1列位、大架修1列位、双周三月检4列位、停车检39列位（其中预留15列位），工程一次建成，计划2019年建成，2021年6月底通车。

杭州至海宁城际铁路盐官车辆基地位于海宁市盐官镇境内硖许公路以南，郭西路以北，郭盐公路以东，万西线以西。车辆段围墙内功能用地约23.58公顷，红线用地约28.03公顷。车辆基地里程为CK0+000.00～JCK1+688.73，对应全线里程为CK28+494.53～CK30+183.26（东西出入线桥梁里程不含在内）。东西长约1 689 m，南北宽约385 m。

本工程包括：房屋建筑、装修（含二次精装修）、站场软基加固处理、土石方、场区道路、场内桥涵、通风、空调系统、综合管线、室内外给排水及消防、景观绿化、低压配电与照明、车辆基地红线范围内道路等工程。车辆基地设计±0.000为5.280 m（设计轨顶标高）。原始地面苗圃区域标高约为1.8～2.7 m，原始地面村民楼标高约为2.8～4.3 m，本车辆基地为填方场区。

二、主要工程数量

（一）工程范围

（1）车辆基地范围内铺轨；

（2）段内站场路基、桥涵、沥青道路、绿化工程；

（3）室外工程，含室外构筑物、室外综合管廊、室外给排水与消防工程、室外动力照明工程、室外通信、信号等弱电系统管线工程；

（4）房屋建筑共计18栋，分别为：综合楼、控制中心、公安派出所、检修库、运用库、调机工程车库、洗车旋轮库、蓄电池间、危险品库、动调试验间、在线检修棚、物资总库、材料棚、污水处理站、牵引降压变电所及三个门卫，总建筑面积92 115 m²；运用库、检修库、物资总库为现浇钢筋混凝土排架大跨度钢架屋盖结构体系，其余房屋为小跨度钢结构和普通钢筋混凝土框架结构；此18座单体建筑的建筑、结构、通风空调、动力照明、给排水及消防工程（含设备采购及安装等）。

（二）工程数量

房屋建筑工程概况见表51-1。

表 51-1 房屋建筑工程概况表

序号	单体名称	建筑面积/m²	层数	结构形式
1	综合楼	32 384.67	11（8、4）层	框架结构
2	控制中心	5 944.3	4	框架结构
3	公安派出所	3 614.84	3	框架结构
4	检修库	18 881.36	1（局部三层）	实腹式钢梁混凝土柱
5	运用库	20 030.95	1（局部三层）	实腹式钢梁混凝土柱
6	调机工程车库	2 274.1	1（局部两层）	实腹式钢梁混凝土柱
7	洗车镟轮库	1 338.74	1	框架结构
8	蓄电池检修间	713.14	1	框架结构
9	危险品库	84.28	1	框架结构
10	动调试验间	257.02	1	框架结构
11	在线检测棚	123.08	1	框架结构
12	物资总库	4 169.96	1（局部两层）	实腹式钢梁混凝土柱
13	材料棚	950.63	1	框架结构
14	污水处理站	112.18	1	框架结构
15	牵引变电所	985.6	1（电缆夹层）	框架结构
16	门卫×3	70.24×3	1	框架结构
	合　计	92 114.93		

第二节　路基施工

一、工程概况

杭州至海宁城际铁路工程盐官车辆段设计范围：JDK0+024.2～JDK1+711.5，工点长 1 687.3 m，工点前接西 2 出入段线桥 JDK0+024.2，后接东出入段线桥 JDK1+711.5。

地基处理加固采用桩径为 0.5 m 水泥搅拌桩+插塑板地基加固处理，间距为 1.4 m 正方形布置。铺设 30 cm 砂垫层+土工格栅+10 cm 砂垫层+20 cm 碎石垫层，垫层中铺设一层土工格栅（土工格室）。基床底层采用 ABC 组料填筑，当使用 B 组填料中砂黏土及 C 组填料中细粒土含量大于 30%时，其塑性指数不得大于 12，液限不得大于 32%。基床以下厚度采用 ABC 组料填筑，基床表层采用 AB 组料填筑，路肩设置 C15 混凝土预制块加固。

二、控制目标

路基填筑过程按照"三阶段、四区段、八流程"控制施工，变无序作业为有序化、标准化作业，能充分发挥大型机械设备的效率，合理地利用空间和时间。分层填筑压实，分层质量控制管理，有效地跟踪设计指标，可保证整体填筑压实土石方的高密度和高强度。

机械化、短区段、快速、流水作业施工，并且集中力量尽快整段成型，为紧后工序提供条件。

"平"：分层明确、厚度可控，每层填料平整度满足规范要求，需要高的施工标准，高的质量要求。

"实"：压实质量满足相关要求，对原材料严格检查，施工过程严格检验，成品路基严格验收。

"精"：人员设备精良，管理组织精细，成品工程精致，细部做法精美，细节把控严格。

三、施工方案

1. 填筑前的准备

（1）路基填筑前，已对砂垫层顶面进行清理、整平并压实，并经监理工程师检验合格。

（2）选择合格的填料采用挖机、装载机装土，自卸车运输至现场。在试验段路基填筑横断面范围内，全宽纵向分层填筑。

（3）填料土源选择浙江德清料场土，检测内容为颗粒分析、土粒比重、土的界限含水率、最大干密度、最优含水率。土样定名为B组中角砾土。

2. 施工顺序

路基填筑严格按照"三阶段、四区段、八流程"控制施工，具体施工顺序为：测量放样→卸填料土→推土机摊铺→平地机整平→压路机碾压合格，如图51-1所示。

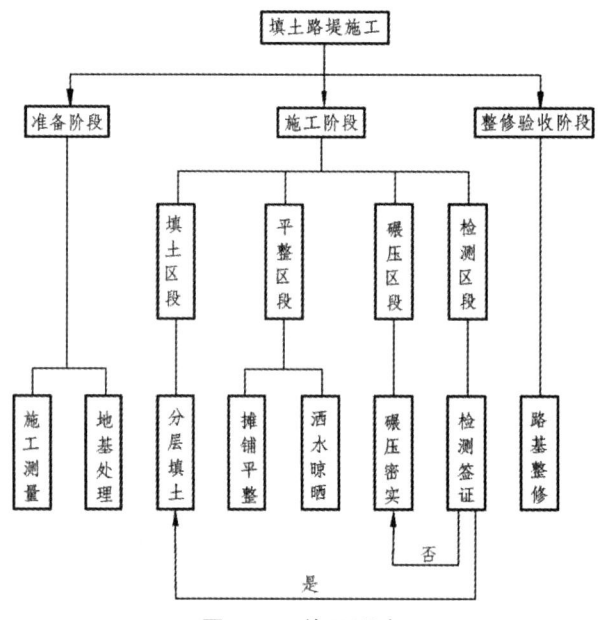

图 51-1 施工顺序

3. 测量放样

用全站仪准确测设路基每 20 m 的边桩位置；为保证路基边缘压实度，路基两侧至少各加宽填筑 30 cm。并在中桩及边桩上用水准仪测出该层虚铺厚度位置，用红油漆标示清楚。

4. 卸填料土

按自卸汽车每车装土 20 m³，松铺厚度 30 cm 计算，则每车卸料面积为 66 m²。在填土范围内按 8 m×8 m 撒出白灰线方格网，施工现场由专人指挥车辆按方格网卸土。

5. 摊铺整平

试验段每隔 20 m 在边坡上竖立一个标杆，上面用红笔标出室内试验确定的松铺系数计算出来的虚铺厚度位置。并在边桩上挂线，定出摊铺顶面。填料摊铺使用推土机进行初平，压路机快速静压一遍，人工配合机械进行找平和补料。再用平地机进行终平。填料表面大面保证平整，并做成向线路两侧的横向排水坡,防止路基面因下雨或碾压过程中洒水时出现局部积水。

含水率控制根据室内试验适宜调整控制,填料含水率控制在最优含水率-3～+2%范围内时及时碾压。含水率不适宜的填料应进行相应处理后碾压,含水率过小要适当采用洒水车洒水,然后用挖机翻开闷湿并且拌和均匀;含水率过大,进行翻晒,经过现场试验监理工程师或专业监理工程师现场见证,填料的含水率试验符合碾压要求后方可进行碾压。

6. 碾压

(1) 机械组合。

路基填料施工中,采用推土机、振动压路机(不小于 20T)、平地机相互组合进行施工。结合各施工机械的性能,在能充分发挥机械能效的情况下,选择按"低速静压一遍(速度 1.2 km/h)→弱振1 遍(速度 2.0～2.5 km/h)→强振 1 遍(速度 2.0～2.5 km/h)→低速静压一遍(速度 1.2 km/h)"共四遍的碾压方式进行碾压施工。压路机碾压路度控制在 4 km/h 内,压实顺序先两侧后中间,线路纵向行与行之间压实重叠不小于 40 cm。压路机碾压速度控制在 4.0 km/h 以内,在路基填料接头处相互重叠压实,纵向压实搭接长度不小于 2 m,上下两层填筑接头错开不小于 3 m。

(2) 碾压方法。

摊铺后,用柳工 20T 压路机初压,平地机整平,碾压顺序"先两侧,后中间"进行碾压。压路机碾压速度控制在 4.0 km/h 以内,沿线路方向行与行之间相互重叠一般≥40 cm。

在路基填料接头处相互重叠压实,纵向压实搭接长度不小于 2 m,上下两层填筑接头错开不小于 3 m。

压路机碾压走行线路如图 51-2 所示。

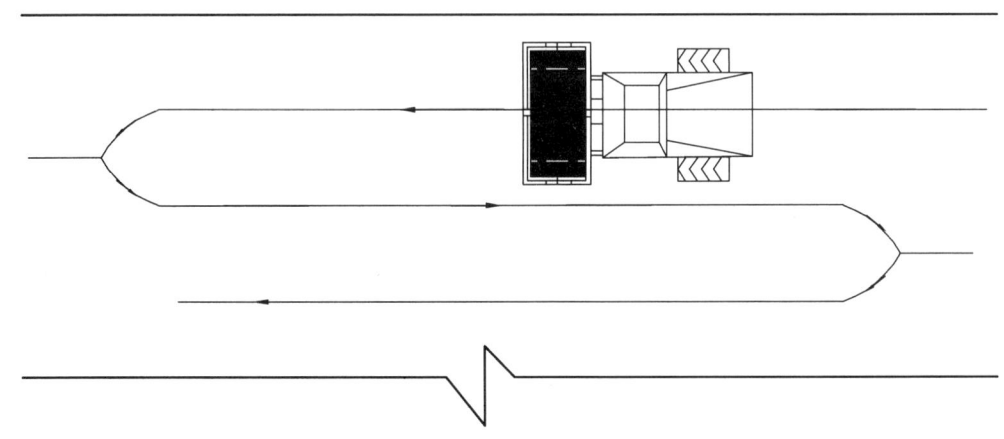

图 51-2 压路机碾压走行线路

试验段碾压开始后,试验工程师在碾压第二遍过后,每碾压一遍检测一次压实度,并将检测结果及时通知路基负责人并做好记录。

7. 土工格栅铺设

(1) 土工格栅用于路基基床底层砂垫层内,按水平铺设每副宽 3.0 m,基床底层满铺。土工格栅为双向经编格栅,纵横向最大抗拉强度不小于 110 kN/m,最大抗拉力时伸长率小于等于 10%。

(2) 土工格栅成品除应具有产品合格证和符合设计要求。材料为幅宽符合设计宽度要求的成品,以方便现场铺设,提高工效。

(3) 格栅铺设时必须展平、应尽量拉紧,不容许有褶皱,并保证与路基面密贴,必要时用 U 钉固定。

(4) 铺设土工格栅时,土层表面应平整,不得有坚硬凸出物。在铺好的土工格栅上填筑上层填料时，施工机械从已覆土层上向前排铺、排压，严禁机械直接置于土工格栅上作业。土方填筑碾压时应注意避免对格栅造成的损伤。倾卸填筑土方不得对格栅形成冲击。

（5）土工格栅材料摊铺后应及时填筑填料，防止暴露过久、日晒老化。

（6）土工格栅沿线路方向铺设，两幅间搭接长度≥0.3 m。

（7）土工格栅边缘与外侧边坡间保持0.8 m的间距，以便于刷坡和骨架边坡施工时露出土工格栅。

（8）土工格栅施工工序为：

底层土面整平→铺设土工格栅→整平固定→填筑上层土方→压实→检测。

8. 断面控制

为了保证路基边坡的压实质量，路基边坡两侧超填宽度为30～50 cm。为保证断面几何尺寸准确无误，直线段边桩设置间距20 m，曲线段边桩设置间距10 m，施工期间严格检查路基断面的标高、宽度和坡度。

根据现场具体施工情况，对路基两侧边坡统一超填30 cm，以保证边坡的压实质量。

9. 标高、坡度以及平整度的控制

路堤顶面高程、中线至边缘距离、宽度、横坡、平整度允许偏差及检验标准见表51-2：

表51-2 路堤施工允许偏差及检验标准

序号	检验项目	允许偏差	施工单位检验数量	检验方法
1	顶面高程	±50 mm	每100 m等间距检查3断面，左、中、右各1点	水准仪测
2	中线至边缘距离	±50 mm	每100 m等间距检查3断面，左、中、右各1点	尺量
3	宽度	不小于设计值	每100 m等间距检查3断面	尺量
4	横坡	±0.5%	每100 m等间距检查3个断面	尺量
5	平整度	填土30 mm，	每100 m等间距检查6点	2.5 m直尺量测

四、控制重点

（1）路基填筑必须由低处向高处分层填筑，确保碾压均匀，松铺厚度不超过38 cm。路基纵向搭接部位注意填层厚度、搭接长度及压实质量，必要采用人工修整夯实。

（2）填料选用试验合格并报经监理部门批准的土料，不得使用耕植土、淤泥质填料，土料粒径控制在20 cm以下。土料含水率要控制在最优含水率的-3～+2%范围内，才能取得良好的压实效果，否则进行晾晒或洒水。

（3）路基填筑施工期间，首先保证排水沟畅通，以免影响路基的填筑质量。避免雨天路基填筑施工，下雨前进行路堤顶面碾压封面，小范围区域进行覆盖防雨布，将路基面的积水集中排入路基坡脚外的水沟中。

（4）路基顶面做成路拱，横坡度控制在4%，以利排水；填筑宽度比设计宽50 cm，以保证路基边缘的压实质量，并考虑修整边坡，确保路基宽度符合设计要求。

（5）路基碾压速度控制在4 km/h以内，压实顺序先两侧后中间，线路纵向行与行之间压实重叠不小于40 cm。防止由于碾压速度过快而拉裂土料面层或损坏已经压实的土体的力学结构。

（6）路堤施工要修建临时防排水设施，并按"永临结合"进行合理组织。

在路堤两侧护坡脚外设计的永久性排水沟处挖置施工期间的纵向排水沟渠，对施工的路基面做好纵横向排水坡度，排除雨期积水。路基边坡用专用的滚筒式碾压机械进行碾压密实。

第三节　桥涵施工

一、工程概况

杭海城际铁路盐官车辆基地位于海宁市盐官镇境内硖许公路以南，郭西路以北，郭盐公路以东，万西线以西。车辆段围墙内功能用地约23.58公顷，红线用地约28.03公顷。车辆基地里程为CK0+000.00～JCK1+688.73，对应全线里程为CK28+494.53～CK30+183.26（东西出入线桥梁里程不含在内）。东西长约1 689 m，南北宽约385 m。

框架箱涵位于车辆段JDK1+162和JDK0+819里程段，许白户小桥位于海宁市盐官镇内，为盐官车辆基地西出入线跨越许白户河流所设。框架箱涵与许百户小桥结构形式基本相同，管桩地基加固、涵底板、侧墙顶板、翼墙等。

二、控制目标

桥涵施工由于开挖深度较深，必须把安全作为重点把控，坚持"预防为主，安全第一"的指导思想，结合该工程特点，制定积极有效的安全管理、技术、组织措施，确保人身安全和工程安全。合理规划施工用地，施工临时设施在满足工程需要的前提下不占或少占农田，各种临时房屋采取因地制宜、简易方便的原则就近设置，充分利用线路附近的既有道路和房屋场地。施工场地需"三通一平"、用电、用水等均满足施工要求。

三、施工方案

（一）工艺流程

施工准备→测量放线→地基加固→基坑开挖→铺设厚砂垫层→混凝土垫层→涵底板钢筋混凝土→涵墙体、涵顶板→防水层→附属工程→场地清理

（二）施工方案

1. 土方开挖施工方案

根据现场实际情况，箱涵土方开挖自北向南开挖。运用库北侧道路以南，考虑放坡开挖，坡度1∶1.35，开挖过程中应随挖随倒运，不得在箱涵附近堆土。原地面实测标高为4.5 m，放坡下挖至3 m位置进行平整打设拉森钢板桩，如图51-3、图51-4所示。

开挖前要作好基坑的截排水工作，在箱涵两侧挖好临时排水沟和集水井，采用水泵将水抽至场地四周排水沟，由场地排水沟排至场地外，以防水再次流入基坑槽，造成坑壁受水浸泡造成塌方。

开挖后要做好坑底的排水工作，在基坑底两侧做好临时排水沟，排水沟30 m一个集水井，采用水泵抽至场地四周排水沟排出，以防止基坑坑壁塌方。

2. 钢筋工程施工方案

碎石垫层铺设完成后，开始测量定位箱涵边线、安装、绑扎钢筋。上下部垂直钢筋应绑扎牢，并注意钢筋弯钩朝向；侧壁下端要用90°弯钩与底板基础钢筋绑扎牢固，按侧壁边线位置将插筋固定在底板基础上，防止插筋跑位；底板钢筋网片应用与50 mm厚的水泥砂浆垫块垫塞。

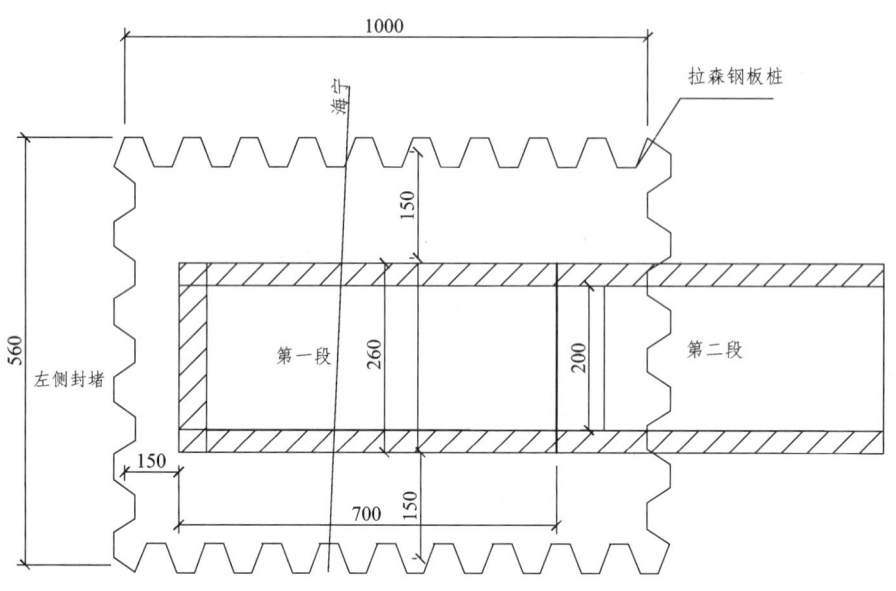

图 51-3 箱涵基坑钢板桩位置平面示意

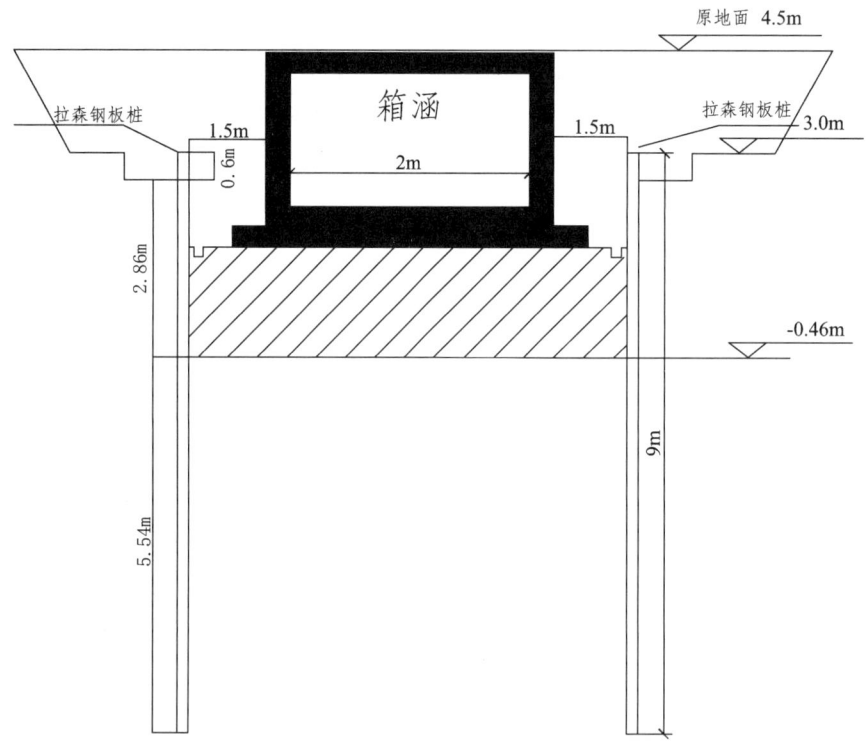

图 51-4 箱涵基坑钢板桩位置立面示意

(1) 材料要求。

① 所有进场钢筋应有出厂质量证明书，钢筋表面每捆（盘）均应有炉（批）号标志，检查钢筋外观质量。

② 钢筋进场后分规格、直径、炉罐（批）号会同现场监理一起取样送检，作力学性能试验，合格后方可使用。

③ 钢筋的种类、级别和直径均应符合设计要求。当需要代换时，应征得设计单位的同意。

④ 钢筋由该区段内指定的钢筋加工场集中加工制作。为保证现场安全文明施工，半成品分类码

放整齐，标识清楚，用垫木垫至地面 20 cm 以上。

（2）钢筋制作。

严格按施工图中的钢筋规格、尺寸、数量，考虑钢筋的有效利用，进行准确下料，保证每一种类型的钢筋尺寸、规格、形状正确无误。根据现场需要运至现场进行绑扎，并进行严格自检，并做好钢筋跟踪，记好台账。

钢筋加工的形状、尺寸必须符合设计要求，表面应洁净、无油污、损伤。钢筋加工前，专业技术人员根据设计图纸对钢筋进行翻样。做到在准确理解设计意图，执行施工规范和标准的前提下进行施工作业。

制作完成的钢筋构件按钢筋配料表分部位、规格、长度归类保护、保持洁净，并尽快使用。

（3）钢筋绑扎、安装。

钢筋绑扎顺序由下向上，层层推进。绑扎前，先根据施工图的钢筋间距划好线，然后再进行绑扎。绑扎的钢筋要求横平竖直，规格、数量、位置、间距正确，不得有缺扣、松扣现象。钢筋网片相邻扣要互相交错，不能全在一个方向，这样防止顺偏。绑扎接头搭接长度的末端距钢筋弯曲处不小于 10d，接头不得位于构件的最大弯矩处。受拉区域内，Ⅰ级钢筋绑扎接头的末端做弯钩，Ⅱ级钢筋可不做弯钩。直径不大于 12 mm 的受压Ⅰ级钢筋的末端，以及轴心受压构件中任意直径的受力钢筋的末端，可不做弯钩，但搭接长度不小于钢筋直径的 35 倍，并满足设计要求。

2. 模板工程施工方案

混凝土底板、侧壁均采用 15 mm 厚木胶板与 50 mm×70 mm 方木组合拼装模板，钢管架支撑体系。为保证模板位置准确，基础模板采用 ϕ14 mm 圆钢穿墙螺栓加固，对拉螺栓纵横间距 550 mm×440 mm，模板外侧采用 ϕ48 mm×3.5 mm 钢管与扣件支撑加固。

（1）模板技术要求。

保证工程结构和构件各部分形状尺寸和相应位置的正确；并应有足够的承载能力、刚度和稳定性。能可靠地支撑新浇筑混凝土的自重力和侧压力，以及在施工中所产生的施工荷载。

构造应简单，安拆方便，并便于钢筋的绑扎安装和混凝土的浇筑；接缝应严密，不应漏浆。模板与混凝土接触面涂隔离剂，以免影响装饰工程的施工。

模板表面应平整、光洁，模板组合尺寸准确、拼缝严密。支模时，模板下部应留设清扫孔。

（2）模板安装。

底板、侧壁模板配制用 15 mm 厚的木胶板配合 50 mm×70 mm 的方木组成，方木竖向使用，方木间距为 220 mm，模板和方木的连接用铁钉连接。

底板、侧壁模板的宽度要求配制的要比底板、侧壁截面尺寸边大 15 mm，以便安装时能够相互咬口，海绵胶条封闭严实，确保浇筑混凝土时不漏浆，保证墙角的光滑、顺直。

安装底板、侧壁模板：按标高做好定位。

（3）模板拆除。

模板拆除时要根据混凝土的强度而决定，模板应在混凝土强度能保证其表面及棱角不因拆模而损坏时，方可拆除。

3. 满堂架施工方案

涵顶板采用扣件式满堂支架，立杆间距为 600 mm×900 mm，横杆步距为 1 200 mm×1 200 mm，距地 300 mm 处设置横向扫地杆一层。立杆底部安装底托放置在原混凝土板面上，顶部安装 U 形顶托，顶托上部铺设 100 mm×100 mm 的方木间距为 800 mm，再上层铺设 50 mm×100 mm 的方木间距为 300 mm，最后再铺设复合防水胶合板。架子与结构外皮间不得有 20 cm 以上的空隙。

4. 混凝土施工方案

(1) 材料选择。

混凝土采用商品混凝土。

(2) 混凝土配合比。

混凝土采用由搅拌站供应的商品混凝土，因此要求混凝土搅拌站根据现场提出的技术要求，做好以下两点要求：

混凝土配合比应提前试配确定。按照国家现行《混凝土结构工程施工及验收规范》《普通混凝土配合比设计规程》及《粉煤灰混凝土应用技术规范》中的有关技术要求进行设计。粉煤灰采用外掺法时仅在砂料中扣除同体积的砂量。另外应考虑到水泥的供应情况，以满足施工的要求。

(3) 混凝土浇筑。

混凝土的整体性要求高，要求混凝土连续浇筑，不能停顿。针对该工程的特点要求如下：

① 承台、底板混凝土浇筑时应采用一次浇筑工艺，侧壁和顶板一次性浇筑工艺。

② 混凝土运输、浇筑及间歇的全部时间不应超过混凝土的初凝时间。同一施工段的混凝土应连续浇筑，并应在底层混凝土初凝之前将上一层混凝土浇筑完毕。如遇特殊情况，混凝土初凝前不能连续浇筑时，需采取应急措施。确保混凝土浇筑的连续性，不产生施工冷缝。

(4) 混凝土养护。

混凝土终凝至浇筑完成 12 h 内，用塑料薄膜覆盖表面，为防止表面失水干缩，提高表面温度，对其表面在保温的同时进行保湿，一次性灌水至面湿饱和状，养护 7 d。

5. 土方回填方案。

箱涵混凝土工程施工结束，满足龄期要求后，及时组织验收，隐蔽验收合格后方可回填两侧土方。为了确保几个节点工期目标能顺利实现，满足杭海城铁公司的工期要求，箱涵工程应按混凝土浇筑时间，分片、分区域组织验收。

(1) 该工程箱涵土方采用素土回填，土方中不得含树根、草皮、塑料、垃圾等有机杂物，回填土方要求含水量适中，根据现场土质情况，含水量应根据试验结果控制，如含水量较大时，进行翻松、晾晒来降低含水量，含水量较小时，应适当洒水润湿。

(2) 回填时应在箱涵两侧均匀回填，或对箱涵内侧用方木或钢管加设内支撑后再回填，避免回填过程中造成侧壁裂缝。

(3) 根据现场实际情况，土方回填采取机械压实和人工夯实相结合的方法。

(4) 土方回填时应特别注意，保护好箱涵侧壁等已施工好的结构构件，避免碰撞混凝土结构表面，对构件造成一定的损伤。

四、控制重点

（一）钢筋工程控制

(1) 钢筋下料长度不准箍筋歪斜扭曲，绑扎间距不均，钢筋贴模板，顶筋下塌等。

(2) 指派熟练工人操作钢筋机械，定期校核调直机的计量部件。

(3) 加工箍筋时一次性加工个数不宜过多。

(4) 底板及侧壁钢筋绑扎时，先划线，后绑扎，严格按线绑扎。

(5) 严格用按规定厚度的具有足够强度的混凝土垫块将侧壁钢筋垫起，将保护层垫块绑扎牢固。

(6) 底板钢筋要用固定马凳垫起，数量要足够，绑扎要牢固，避免踩踏。

（二）混凝土工程控制

1. 蜂窝

蜂窝产生原因：振捣不实或漏振；模板缝隙过大导致水泥浆流失，钢筋较密或石子相应过大。

预防措施：按规定使用振动器。停歇后再浇捣时，新旧接缝范围要小心振捣。模板安装前应清理模板表面及模板拼缝处的浆，才能使接缝严密。若接缝宽度超过 2.5 mm，应予填封，底板钢筋过密时应选择相应的石子粒径。

2. 露筋

露筋产生原因：主筋保护层垫块不足，导致钢筋紧贴模板；振捣不实。

预防措施：钢筋垫块厚度要符合设计规定的保护层厚度；垫块放置间距适当，钢筋直径较小时垫块间距宜密些，使钢筋下重挠度减少；使用振动器必须待混凝土中气泡完全排除后才移动。

3. 麻面

麻面产生原因：模板表面不光滑；模板湿润不够；漏涂隔离剂。

预防措施：模板应平整光滑，安装前把黏浆清除干净，并满涂隔离剂，浇捣前对模板要浇水湿润。

4. 孔洞

孔洞产生原因：在钢筋较密的部位，混凝土被卡住或漏振。

预防措施：对钢筋较密的部位应分次下料，缩小分层振捣的厚度；按照规程使用振动器，特殊部位采用 ϕ35 小直径振动棒仔细振捣。

5. 混凝土表面不规则裂缝

混凝土表面不规则裂缝产生原因：一般是淋水保养不及时，湿润不足，水分蒸发过快或大构件温差收缩，没有执行有关规定。

预防措施：混凝土终凝后立即进行淋水保养；高温或干燥天气要加塑料布、麻袋等覆盖，保持构件有较久的湿润时间。

6. 缺棱掉角

（1）缺棱掉角产生原因：投料不准确，搅拌不均匀，出现局部强度低；或拆模板过早，拆模板方法不当。预防措施：指定专人监控投料，投料计量准确；搅拌时间要足够；拆除模板时对构件棱角应予以保护。

（2）钢筋保护层垫块脆裂产生原因：垫块强度低于构件强度；放置钢筋时冲力过大。

（3）预防措施：垫块的强度不得低于构件强度，并能抵御钢筋放置时的冲击力；当承托较大的钢筋时，垫块中应加钢筋或铁丝增强；垫块制作完毕应浇水养护。

第四节 主体结构施工

一、工程概况

杭海城际铁路盐官车辆基地，工程位于海宁市盐官镇境内硖许公路以南，郭西路以北，郭盐公路以东，万西线以西。车辆段围墙内功能用地约 23.58 公顷，红线用地约 28.03 公顷。车辆基地里程为 CK0+000.00～JCK1+688.73，对应全线里程为 CK28+494.53～CK30+183.26（东西出入线桥梁里程不含在内）。东西长约 1 689 m，南北宽约 385 m。房屋建筑 18 座，分别为：综合楼、控制中心、公安派出所、检修库、运用库、调机工程车库、洗车镟轮库、蓄电池间、危险品库、动调试验间、在线检修棚、物资总库、材料棚、污水处理站、牵引降压变电所及三个门卫，总建筑面积 92 115 m^2。

二、主要功能

杭海城际铁路盐官车辆基地为杭州至海宁城际铁路的定修段,设有定修1列位、大架修1列位、双周三月检4列位、停车检39列位(其中预留15列位),工程一次建成。

(1)承担全线配属列车的乘务、停放、列检、车内清扫、外部洗刷及定期消毒等日常维修和保养任务;

(2)承担全线配属列车的双周、三月检任务;

(3)承担配属车辆的大、架修任务;

(4)承担全线全部列车的定修和临修任务;

(5)承担折返站乘务司机换班及派出列检任务;

(6)承担全线列车运行中出现事故时的救援工作;

(7)负责段内设备、机具的维修和调机、工程车等的整备及维修任务;

(8)负责行政管理、技术管理、材料供应和后勤管理任务;

(9)负责本线培训任务。

三、主要施工方法

杭海城际铁路盐官车辆基地共计房屋建筑单体18个,总建筑面积90700 m²,以检修库为例,介绍主要施工工序,主要从钢筋工程、模板工程、混凝土工程、砌体工程、钢结构工程、屋面板工程、屋面工程、外墙保温及外墙真石漆9个施工工序进行施工方法总结。

(一)钢筋工程

1. 施工工艺

钢筋工程施工工艺流程如图51-5所示:

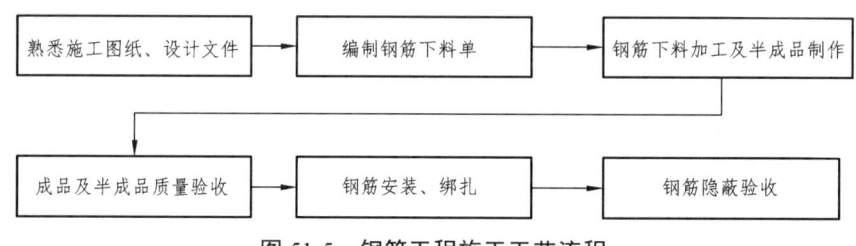

图51-5 钢筋工程施工工艺流程

2. 技术要求

(1)熟读设计要求及图集规范确定钢筋型号、规格、连接方式、连接位置、保护层厚度、细部节点钢筋构造。

(2)按楼层分构件进行钢筋下料并做好标签方便使用,在模板上详细标注构件名称配筋情况方便工人安装绑扎。

(3)根据设计和图集规范要求保证钢筋锚入长度、弯钩长度、负弯矩筋伸出长度符合要求。

(4)当直锚长度不够时应做15 d弯钩且水平长度应符合图集规范要求或采取其他有效措施进行锚固。

(5)柱、梁、板应采取有效措施保证各个面的保护层厚度符合设计要。

(6)双层钢筋绑扎应确定哪层在上哪层在下后再绑扎以免出错。

（7）钢筋连接：

① 不同构件受力情况不同连接位置不同，主梁、次梁、基础主梁、基础次梁连接位置如图51-6所示。

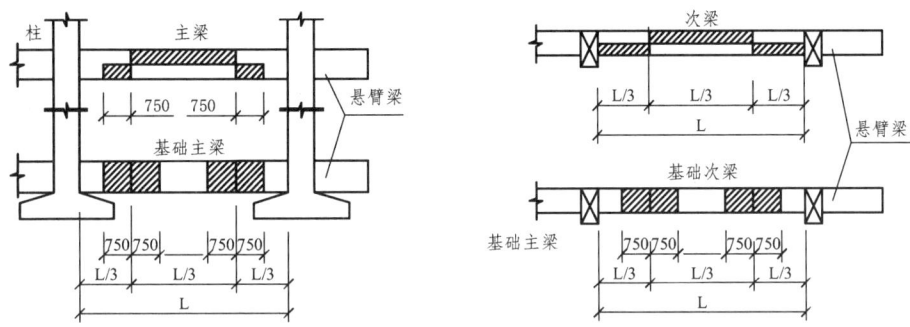

图51-6　主梁、次梁、基础主梁、基础次梁连接位置

② 柱连接点不应设置在箍筋加密区，剪力墙连接点当采用套筒连接、焊接式时不应在板面以上500 mm内设置连接点，当采用绑扎连接时绑扎长度应符合设计和规范要求。

③ 连接方式、连接质量、相邻连接点距离应符合设计要求。

（二）模板工程

1. 模板施工工艺流程

以施工现场采用的木胶合板施工为例。

（1）墙柱、梁板模板施工工艺流程如图51-7所示。

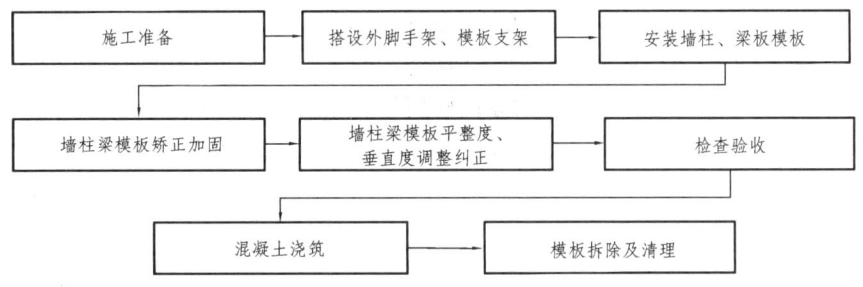

图51-7　墙柱、梁板模板工程施工工艺流程

（2）楼梯模板支设施工工艺流程。

支立杆→校正标高→安装纵横背棱→铺木模板→预检。

（3）楼板、梁模板拆除施工工艺流程。

拆除支架部分水平拉杆和剪刀撑→拆除梁连接件及侧模板→下调楼板模板支柱顶丝，使模板稍稍下降→分段分片拆除楼板模板、龙骨及支柱→拆除梁底模板及支撑系统。

2. 模板工程施工技术要求

（1）施工流水段划分的原则。

流水段的划分，要根据建筑物的平面、工程量、工期要求和机具设备条件综合考虑。一般应注意以下几点：

① 尽量使各流水段的工程量大致相等，模板的型号、数量基本一致，劳动力配备相对稳定，以利于组织均衡施工。

② 要使各流水段的吊装次数大致相等，以便充分发挥垂直起重设备的能力。

③ 采取有效的技术组织措施，做到每天完成一个流水段的支、拆模工序，使大模板得到充分的

利用。即配备一套大模板，按日夜两班制施工，每 24 h 完成一个施工流水段，其流水段的范围是几条轴线（指内横轴线）；另外，根据流水段的范围，计算全部工程量和所需的吊装次数，以确定起重设备（一般采用塔式起重机）的台数。

（2）墙模板安装和拆除。

① 模板进场后检查模板外观质量、尺寸。

② 依据施工方案确定的对拉螺杆间距将模板打孔待用。

③ 根据弹好的墙身线打定位钢筋。

④ 从最下方一块模板开始拼装模板，先将模板对称放置穿入对拉螺杆。

⑤ 将方木垂直交错贴于木板上，收紧夹扣通过水平方式的钢管使方木紧紧与模板相贴，逐层进行模板安装与加固。

⑥ 整面墙体模板安装加固完成后进行平整度、垂直度调整和侧向加固，使用钢管、顶托扣件等在两侧对模板进行调整加固。

（3）外墙大模板安装和拆除。

① 施工时要弹好模板的安装位置线，保证模板就位准确。安装外墙大模板时，要注意上下楼层和相邻模板的平整度和垂直度。要利用外墙大模板的硬塑料条压紧下层外墙，防止漏浆。并用倒链和钢丝绳将外墙大模板与内墙拉接固定，严防振捣混凝土时模板发生位移。

② 待墙体混凝土达到一定强度后先拆除墙体侧向支撑，在松动螺杆螺母取下钢管方木，最后再将墙体上的取下。

（4）柱模。

① 保证柱模的长度符合模数，不符合部分放到节点部位处理；或以梁底标高为准，由上往下配模，不符合模数部分放到柱根部位处理；高度在 4 m 和 4 m 以上时，一般应四面支撑。当柱高超过 6 m 时，不宜单根柱支撑，宜几根柱同时支撑连成构架。

② 柱模根部要用水泥砂浆堵严，防止跑浆；柱模的浇筑口和清扫口，在配模时应一并考虑留出。

③ 梁、柱模板分两次支设时，在柱子混凝土达到拆模强度时，最上一段柱模先保留不拆，以便于与梁模板连接。

④ 柱模的清渣口应留置在柱角一侧，如果柱子断面较大，为了便于清理，亦可两面留设。清理完毕，立即封闭。

⑤ 柱模安装就位后，立即用四根支撑或有张紧器花篮螺栓的缆风绳与柱顶四角拉结，并校正其中心线和偏斜，全面检查合格后，再群体固定。

（5）梁模。

① 安装梁模支架之前，首层为土壤地面时应平整夯实，地基承载力满足设计要求。立杆间距、横杆间距应经计算确定，以满足支撑系统的刚度、强度和稳定性的要求。

② 在支撑上调整梁底短钢管，预留梁底模板的厚度，拉线安装梁底模板并找直。梁底板应起拱，当梁跨度等于或大于 4 m 时，梁底板按设计或规范要求起拱。

③ 在底模上绑扎钢筋，安装梁侧模板，安装外竖楞、斜撑，其间距一般为 750 mm。当梁高超过 600 mm 时，需加腰楞，并穿对拉螺栓拉结；侧梁模上口要拉线找直，安装牢固，以防跑模。

④ 复核检查梁模尺寸，与相邻梁柱模板连接固定。

（6）楼板模板。

① 安装板模支撑系统前的要求同梁模。

② 支架搭设完毕后，要认真检查板下龙骨与支撑的连接及支架安装的牢固与稳定；根据给定的水平标高线，认真调节顶托的高度，将龙骨找平，注意起拱高度参考梁模，并留出楼板模板的厚度。

③铺设竹胶板：应先铺设整块的木模板，对于不够整数的模板，再用小块模板补齐，但拼缝要严密；将木模板与下面的方木龙骨钉牢。

④铺设完毕后，用靠尺、塞尺和水平仪检查模板的平整度与底标高，并进行必要的校正。

（7）楼板、梁模板拆除。

①侧模拆除在混凝土强度能保证其表面及棱角不因拆除模板而受损，方可拆除。

②底模及冬季施工模板的拆除，必须待同条件养护试块抗压强度达到规范允许的拆模强度。

③已拆除模板及支架的结构，在混凝土达到设计强度等级后方可承受全部使用荷载；当施工荷载所产生的效应比使用荷载的效应更不利时，必须经核算，加设临时支撑。

④拆除时，应遵循先支后拆，后支先拆，先拆不承重的模板，后拆承重部分的模板；自上而下进行的顺序。

⑤拆除跨度较大的梁支架及其模板时，应从跨中开始向两端进行。

（三）混凝土工程

1. 施工工艺

（1）混凝土施工工艺流程如图 51-8 所示。

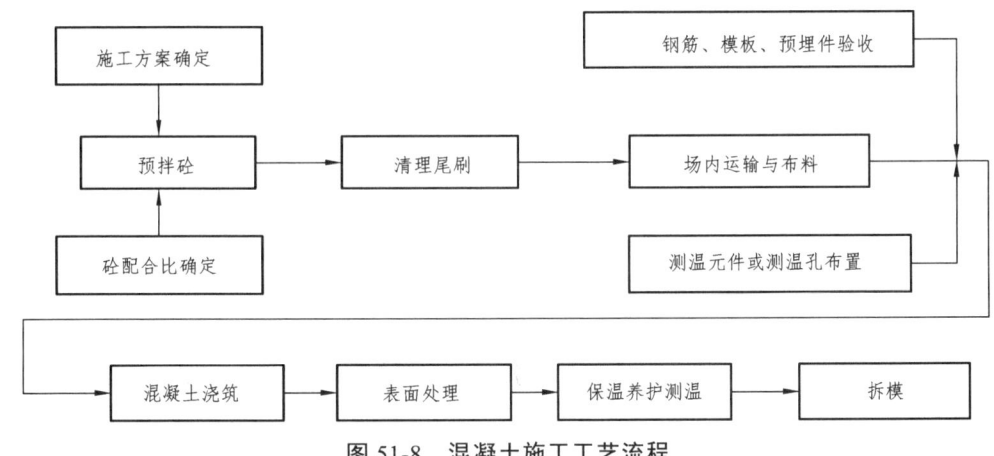

图 51-8　混凝土施工工艺流程

2. 施工要求

（1）混凝土配合比设计的基本要求。

①混凝土配合比按设计抗渗水压加 0.2 MPa 控制，储备不可过高。

②在保证混凝土强度和抗渗性能的前提下应尽可能添加掺和料，粉煤灰应不低于二级，其掺量不宜大于 20%，硅粉掺量不应大于 3%，当有充分根据时掺和料的掺量可适当调高。

③送达现场混凝土的坍落度：泵送宜为 80～140 mm，其他方式输送宜为 60～120 mm，坍落度允许偏差±15 mm，到达现场前坍落度损失不应大于 30 mm/h，总损失不应大于 60 mm。

④混凝土最小水泥量不低于 300 kg/m³，掺活性粉料或用于补偿收缩混凝土的水泥用量不少于 280 kg/m³。

⑤水灰比宜控制在 0.45～0.5，最高不超过 0.55；用水量宜在 170 kg/m³ 左右；用于补偿收缩混凝土用水量在 180 kg/m³ 左右。

⑥粗骨料适宜含量：

强度≤C30 时：1150～1 200 kg/m³；当强度＞C35 时：1050～1 150 kg/m³。

⑦砂率宜控制在 35%～45%，灰砂比宜为 1∶2～1∶2.5

⑧ 混凝土中总含碱量，当使用碱性活性骨料时限制在 3 kg/m³ 以下，混凝土中氯离子总含量不得大于水泥用量的 0.3%，当结构使用年限为 100 年时为 0.06%。

⑨ 混凝土的初凝应控制在 6~8 h，混凝土终凝时间应在初凝后 2~3 h。

⑩ 根据水泥品种，施工条件和结构使用条件选择化学外加剂，缓凝剂用量不可过高，尤其是在补偿收缩混凝土中应严格限量以防减少膨胀率，膨胀剂取代水泥量应按结构设计和施工设计要求的限制膨胀率及产品说明书并经试验确定；其取代水泥量必须充足以满足膨胀率的要求。

（2）混凝土搅拌。

① 根据施工方案的规定对原材料进行温度调节。

② 搅拌采用二次投料工艺，加料顺序为，先将水和水泥、掺合料、外加剂搅拌约 1 min 成水泥浆，然后投入粗、细骨料拌匀。

③ 计量精度每班至少检查二次，计量控制在：外加剂±0.5%，水泥、掺合料、膨胀剂、水±1%，砂石±2% 以内。其中加水量应扣除骨料含水量及冰屑重量。

④ 搅拌应符合所用机械说明中所规定的时间，一般不少于 90 s，加膨胀剂的混凝土搅拌时间延长 30 s，以搅拌均匀为准，时间不宜过长。

⑤ 出罐混凝土应随时测定坍落度。

（3）混凝土运输。

① 混凝土运输宜采用搅拌运输车运送。

当混凝土泵连续作业时，每台混凝土泵所需配备的混凝土搅拌运输车台数应满足要求。

② 混凝土搅拌运输车的现场行驶道路，应符合下列规定：

a. 宜设置循环行车道，并应满足重车行驶要求；

b. 车辆出入口处，宜设置交通安全指挥人员；

c. 夜间施工时，在交通出入口和运输道路上，应有良好照明；

d. 危险区域，应设警戒标志。

③ 混凝土搅拌运输车装料前，必须将筒内积水倒净。严禁随意往筒内加水，拌筒应保持（3~6）r/min 的慢速运转。

④ 泵送混凝土运送延续时间：未掺外加剂的混凝土，见表 51-3 的规定执行；采用其他外加剂时，按实际配合比和气温条件测定混凝土的初凝时间，其运输延续时间，不宜超过所测得的混凝土初凝时间的 1/2，亦可按国家现行标准《预拌混凝土》的有关规定执行。

表 51-3　泵送混凝土运输延续时间

混凝土出机温度/°C	运输延续时间/min
25~35	50~60
5~25	60~90

⑤ 在运输过程中，要防止混凝土离析、水泥浆流失、坍落度变化以及产生初凝等现象。

⑥ 混凝土搅拌运输车喂料完毕后，应及时清洗拌筒并排尽积水。

（4）混凝土的浇筑。

① 大体积混凝土的浇筑方法：全面分层法、斜面分层法、分段分层法。

a. 全面分层法：整体分层连续浇筑或推移式连续浇筑，应缩短间歇时间，并在前层混凝土初凝之前将次层混凝土浇筑完毕。层间最长的间歇时间不应大于混凝土的初凝时间。混凝土的初凝时间应通过试验确定。当层间间隔时间超过混凝土的初凝时间时，层面应按施工缝处理。混凝土浇筑宜从低处开始，沿长边方向自一端向另一端进行。当混凝土供应量有保证时，亦可多点同时浇筑。

b. 分段分层法：混凝土浇筑时采用分层分段进行时，每段浇筑高度应根据结构特点、钢筋疏密程度决定，一般分层高度为振捣器作用半径的 1.25 倍，最大不得超过 500 mm。混凝土浇筑时，严格掌握控制下灰厚度、混凝土振捣时间，浇筑分为若干单元，每个浇筑单元间隔时间不超过 3 h。

c. 斜面分层法：混凝土浇筑采用"分段定点，循序推进、一个坡度、一次到顶"的方法——自然流淌形成斜坡混凝土的浇筑方法，能较好地适应泵送工艺，提高泵送效率，简化混凝土的泌水处理，保证了上下层混凝土不超过初凝时间，一次连续完成。当混凝土大坡面的坡角接近端部模板时，改变混凝土的浇筑方向，即从顶端往回浇筑。

② 大体积混凝土振捣。

a. 每浇筑一层混凝土都应及时均匀振捣，保证混凝土的密实性。混凝土振捣采用赶浆法，以保证上下层混凝土接茬部位结合良好，防止漏振，确保混凝土密实。振捣上一层时应插入下层约 50 mm，以消除两层之间的接槎。平板振动器移动的间距，应能保证振动器的平板覆盖范围，以振实振动部位的周边。

b. 在混凝土初凝之前，适当的时间内给与两次振捣，可以排除混凝土因泌水在粗骨料、水平钢筋下部生成的水分和空隙，提高混凝土与钢筋握裹力。两次振捣时间间隔宜控制在 2 h 左右。

c. 混凝土应连续浇筑，特殊情况下如需间歇，其间歇时间应尽量缩短，并应在前一层混凝土凝固以前将下一层混凝土浇筑完毕。间歇的最长时间，按水泥的品种及混凝土的凝固条件而定，一般超过 2 h 就应按"施工缝"处理。

③ 大体积混凝土泌水处理。

斜面分层法浇筑混凝土采用泵送时，在浇筑、振捣过程中，上涌的泌水和浮浆将顺坡向集中在坡面下，应在侧模适宜部位留设排水孔，使大量泌水顺利排出。采取全面分层法时，每层浇筑，都须将泌水逐渐往前赶，在模板处开设排水孔使泌水排出或将泌水排至施工缝处，设水泵将水抽走，至整个层次浇筑完。

④ 大体积混凝土施工缝处理。

混凝土的强度不小于 1.2 MPa，才能浇筑下层混凝土；在继续浇混凝土之前，应将界面处的混凝土表面凿毛，剔除浮动石子，并用清水冲洗干净后，再浇一遍高标号水泥砂浆，然后继续浇筑混凝土且振捣密实，使新老混凝土紧密结合。

⑤ 大体积混凝土养护和温控。

a. 混凝土侧面钢木模板在任何季节施工均应设保温层，使用砖侧模在混凝土浇筑前宜回填完毕。

b. 蓄水养护混凝土：混凝土表面在初凝后覆盖塑料薄膜，终凝后注水，蓄水深度不少于 8 mm。

c. 当混凝土表面温度与养护水的温差超过 20 ℃ 时即应注入热水令温差降到 10 ℃ 左右。非高温雨季施工事先采取防暴雨降低养护水温的挡雨措施。

d. 蓄热法养护混凝土：盛夏采用降温搅拌混凝土施工时，混凝土终凝后立即覆盖塑料膜和保温层。常温施工时混凝土终凝后立即覆盖塑料膜和浇水养护，当混凝土实测内部温差或内外温差超过 20 ℃ 再覆盖保温层。当气温低于混凝土成型温度时，混凝土终凝后应立即覆盖塑料膜和保温层，在有可能降雨雪时为保持保温层的干燥状态，保温层上表面应覆有不透水的遮盖。

e. 混凝土养护期间需进行其他作业时，应掀开保温层尽快完成随即恢复保温层。

f. 混凝土的养护期限：除满足上条规定外，混凝土的养护时间自混凝土浇筑开始计算，使用普通硅酸盐水泥不少于 14 d，使用其他水泥不少于 21 d，炎热天气适当延长。

g. 养护期内（含拆除保温层后）混凝土表面应始终保持温热潮湿状态（塑料膜内应有凝结水），对有膨胀剂的混凝土尤应富水养护；但气温低于 5 ℃ 时，不得浇水养护。

⑥ 大体积混凝土冬期施工。

a. 冬期浇筑的混凝土掺负温复合外加剂时，应根据温度情况的不同，使用不同的负温外加剂。且在使用前必须经专门试验及有关单位技术鉴定。冬期施工前应制定冬期施工方案，对原材料的加热、搅拌、运输、浇筑和养护等进行热工计算，并应据此施工。

b. 混凝土在浇筑前，应清除模板和钢筋上的冰雪、污垢。运输和浇筑混凝土用的容器应有保温措施。运输浇筑过程中，温度应符合热工计算所确定的数据，如不符时，应采取措施进行调整。整体式结构加热养护时，浇筑程序和施工缝位置，应能防止发生较大的温度应力，如加热温度超过 40 ℃ 时，应征求设计单位意见后确定。混凝土升、降温度速率不得超过规范规定。

c. 混凝土试块除正常规定组数制作外，还应增设二组与结构同条件养护，一组用以检验混凝土受冻前的强度，另一组用以检验转入常温养护 28 d 的强度。

（四）砌体工程

1. 砌筑施工工艺

放线→验线→立皮数杆→墙拉筋植筋→基层清理、湿润→排列砌块→拉线→砌筑→预留洞施工→质量验收。

2. 砌体结构混凝土构件施工工艺

钢筋加工→钢筋安装→隐蔽验收→模板支设→基层清理、湿润→混凝土浇筑→质量验收。

3. 施工要点

（1）制作皮数杆。

用 30 mm×40 mm 木料制作，皮数杆上标明门窗洞口、拉结筋、圈梁、过梁的尺寸标高。按标高立好皮数杆，皮数杆的间距 15 m，转角处距墙皮或墙角 50 mm 设置皮数杆。皮数杆应垂直、牢固、标高一致，经复核，办理预检手续。

（2）弹线。

施工前应弹好建筑物的主要轴线及砌体的砌筑控制边线，并报技术人员进行技术复验，检查合格，方可施工（包括轴线和边线、水平标高、门洞口平面位置线）。

（3）抄平。

根据皮数杆最下面一层砌体的标高，拉线进行抄平检查，如砌筑第一层砌体的水平灰缝厚度超过 20 mm 时，应先用细石混凝土找平，不超过 20 mm 时，用砌筑砂浆找平。

（4）墙拉筋植筋。

采用直径 $\phi 6$ 冲击钻钻眼成孔，孔深不小于 100 mm，除去孔内碎屑，用吹风机将孔内灰尘吹干净，再用水将孔内冲洗干净，等待 24 h 干燥以后，再将钢筋上植筋胶后，慢慢塞进孔内，静置 24 h 后，经检拉拔试验合格后开始砌筑。

（5）排砖。

按砌块排列图在砌体线范围内分块定尺、划线，排列砌块的方法和要求如下：

① 砌块砌体在砌筑前，应根据工程设计施工图，结合砌块的品种、规格、绘制砌体砌块的排列图，按图排列砌块，尽量使用主规格砌块。

② 砌块排列上、下皮应错缝搭砌，搭砌长度为砌块的 1/2，不得小于砌块高度的 1/3，也不应小于 150 mm。

③ 纵横墙交接处，应将砌块分皮咬槎，交错搭砌。蒸压加气混凝土砌块墙的转角处，应使纵横墙的砌块相互搭接，隔皮砌块露端面。蒸压加气混凝土砌块墙的 T 字交接处，应使横墙砌块隔皮露端面，并坐中于纵墙砌块，如图 51-9 所示。

④ 砌块就位与校正：砌筑前清除砌块表面的杂物后方可吊运就位。砌筑就位应先远后近、先下后上、先外后内；每层开始时，应从转角处或定位砌块处开始；应吊砌一皮、校正一皮，皮皮拉线控制砌体标高和墙面平整度。

⑤ 砌块砌至接近梁、板底时，应留一定空隙（约 30～50 mm 高），待填充墙砌筑完并应间隔 7 d 后，再采用 C20 细石混凝土塞紧即可，混凝土应饱满密实。

⑥ 填充墙砌体砌筑前蒸压加气混凝土砌块应提前 2 d 浇水湿润。蒸压加气混凝土砌块砌筑时，砌筑当天再浇一次，以含水率不超过 30%，水浸入加气砌块面内深度 8 mm 左右为宜。

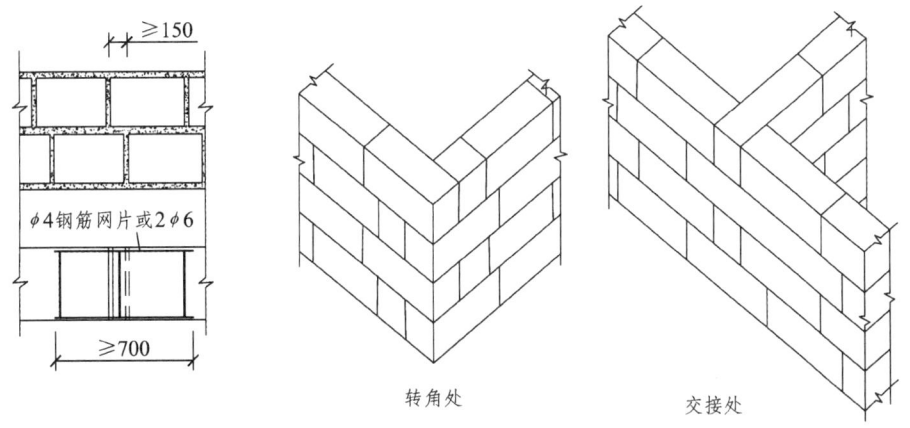

图 51-9　加气混凝土砌块的转角处、交接处砌法

（6）拉线。

在皮数杆上相对砌块上边线之间拉准线，砌块以准线砌筑。

（7）砂浆拌制。

砂浆应采用机械拌和，投料顺序应先投预拌砂浆后加水。水泥砂浆拌和时间自投料完毕算起，搅拌时间不少于 2 min。砂浆应随拌随用。

（8）混凝土拌制。

由搅拌站送至施工现场。

（9）混凝土施工。

除结构图纸设计注明外，所有构造柱、连梁、圈梁、返台等部位混凝土标号为 C25。

① 混凝土浇筑前，模板要牢固、稳定，标高尺寸要符合要求，钢筋要经过隐蔽检查。构造柱、圈梁等构件支设模板内的杂物应清理干净。

② 混凝土运输：由罐车卸出后，及时用手推车运至浇筑地点，运送时，应防止水泥浆流失。

③ 混凝土浇筑、振捣：浇筑前，必须查实一次浇筑完毕或浇筑某施工缝前的工程材料，以免停工待料。施工时，要保证振捣密实，防止出现蜂窝、麻面。浇筑圈梁等水平构件后，表面要用抹子压实、抹平，表面不得有松散混凝土。现浇混凝土不许污染砖墙面。在浇筑混凝土时，不许踏钢筋，散落下来的混凝土及时清理。

④ 构造柱混凝土可以采用分段进行，若采用分段施工时，每段高度不可大于 2.0 m。

⑤ 在混凝土施工过程中，要注意文明施工，严禁随地倾倒和遍地洒落，同时要防止混凝土浇筑时对墙体的污染。

（10）模板施工。

构造柱、门跺、窗台梁、圈梁等模板支设采用 15 mm 厚竹胶板、50×70 mm 木方、$\phi 48 \times 3.0$ mm 钢管，要求拼接严密，支撑刚度、强度满足要求。

（11）钢筋施工。

① 构造柱、圈梁、过梁、窗台梁纵向受力钢筋及拉结筋与混凝土结构采用预埋筋及植筋方式进行连接，首先构件纵向受力钢筋与植入钢筋外甩部位进行绑扎搭接，搭接部位确保绑扎丝扣不少于三道。然后在纵筋上画出箍筋间距，按要求绑扎箍筋。在柱顶、柱脚与圈梁钢筋交接部位、纵向受力钢筋搭接部位按设计要求箍筋进行加密。为固定构造柱的位置，在砌砖墙时留置马牙槎，沿墙高度每500 mm按设计要求设置拉结筋。砌完墙后，应对构造柱钢筋进行修整，以保证钢筋位置及间距的准确。

② 按设计要求对圈梁进行绑扎。圈梁和构造柱钢筋交叉处，圈梁钢筋宜放在构造柱受力钢筋内侧。圈梁钢筋绑扎时应互相交圈，在内外墙交接处，转角处的锚固长度及搭接长度均应符合施工规范及设计要求。部分圈梁及拉结筋铁件预埋不当时，采用植筋方式与混凝土结构连接。

③ 钢筋施工过程中每道工序完成后均应经监理单位进行验收，验收合格后方可浇筑混凝土；同时要做好隐蔽工程验收记录。

④ 混凝土保护层厚度：构造柱、圈梁、过梁钢筋保护层为25 mm。

4. 砌筑工程质量通病防治

砌筑工程质量通病防治措施见表51-4。

表51-4　砌筑工程质量通病防治

序号	通病项目	原因分析	具体防治措施
1	墙身轴线位移	在砌筑操作过程中，没有检查校核砌体的轴线与边线的关系，以及挂准线过长而未能达到平直通光一致的要求。	在砌筑操作过程中，严格检查校核砌体的轴线与边线的关系，按一定距离挂准线。
2	水平灰缝厚薄不均	在立皮数杆（或框架柱上面水平线）标高不一致，砌砖盘角的时候每道灰缝控制不均匀，砌筑准线没拉紧。	在立皮数杆标高必须保持一致，严格控制砌砖盘角的每道灰缝均匀，砌筑准线要拉紧。
3	同一砌筑层的标高相差较大	砌筑前由于基础顶面或楼板面标高偏差大而没有找平理顺，皮数杆不能与砖层吻合；在砌筑时，没有按皮数杆控制砖的皮数。	砌筑前将基础顶面或楼板面标高偏差大的部位用砂浆找平理顺，使皮数杆与砖层吻合；在砌筑时，严格按皮数杆控制砖的皮数。
4	构造柱未按规范砌筑	构造柱两侧墙没砌成马牙槎，没设置好拉结筋及从柱脚开始先退后进，落入构造柱内的地灰、砖渣杂物没清理干净。	构造柱两侧墙严格按设计规范和图纸砌成马牙槎，并且设置好拉结筋及从柱脚开始先退后进，落入构造柱内的地灰、砖渣杂物要清理干净。
5	砂浆黏结不牢	砌筑砂浆没有按照配合比拌制，强度达不到设计要求，或砌块过于干燥，砌筑前没有洒水湿润。	砌筑砂浆按照配合比拌制，保证强度达到设计要求，砌筑前必须浇洒水湿润。
6	砌体不稳定	拉结钢筋规格、长度没按设计规定位置埋设，墙顶与梁、底板连接不好。	拉结钢筋规格、长度严格按设计规定位置埋设。

（五）钢结构工程

1. 施工程序

（1）钢结构制作程序。

原材料矫直→放样、号料→下料（剪切、气割）→零件加工（钻孔、零件煨弯、小装配件焊接等）→

焊定位架（档）→总装配（装屋架杆件、檩托、支撑连接板、下弦有关零件以及柱和底座、柱头等）→定位点焊→焊接→成品检验。

（2）钢结构安装程序。

柱→柱间墙梁、拉结条→屋架（或组合屋面梁）→屋架间水平支撑、垂直支撑→檩条、拉结条。

（3）钢结构涂装程序。

钢结构制作→防腐底漆一道→钢结构安装→清理构件表面→防腐中间漆一道→防腐面漆两道→防火涂料两道。

2. 施工工艺

（1）钢结构制作操作要点。

① 原材料矫直。

型钢构件和圆钢，在运输、堆放过程中易产生弯曲或翘曲变形，下料前应予矫直、整平，一般多用杠杆压力机或顶床等，并加模垫，进行冷矫正平直、整平，使达到合格的要求。

② 放样、号料。

a. 放样应在平整的平台或水泥地面上进行，以1∶1的尺寸放出构件详图。屋架应使杆件重心线在节点处交汇一点，避免偏心；上下弦应同时起拱（15 m跨以内屋架起拱值10 mm左右），并使竖腹杆尺寸不变。

b. 根据放样实际外形尺寸，用0.5～0.75 mm厚铁皮（或油毡纸）制作样板，用铁皮（或扁铁）制作样杆，作为下料加工的依据。

c. 号料要根据材料长度留出1～4 mm的切割余量。号料允许偏差为：长度1 mm，孔距0.5 mm。

③ 下料成型。

a. 切割一般用冲剪机、无齿锯或砂轮锯切割；特殊形状可用氧乙炔焰切割，用小口径割嘴，端头用砂轮或风铲整修，清除毛刺、熔渣等，打磨平整，并打坡口（或刨边），每根杆件先下一根料，经试装配检查无误，方可成批下料。

b. 杆件钻孔应用钻模制孔，用电钻或在钻床上进行，不得用氧乙炔焰气割成孔，以免损伤母材。

c. 圆钢煨弯多用加热弯曲法，即用氧气乙炔焰焊炬加热弯曲半径处，边加热边弯曲，小直径钢筋可用冷弯加工。蛇形腹杆通常以两节以上为一个加工单元，以保证平整和减少节点焊缝。

④ 构件装配。

a. 屋架（桁架，下同）组装方法。有平装和立装两种。跨度15 m以内的轻型屋架宜用平装法，在平整坚实的拼装台上进行。

b. 在平台上先弹出整榀屋架几何轴线及节点位置，校对无误后，用钢冲做好标记，然后划线，在屋架外形尺寸的两侧焊定位钢板或型钢，使弦杆与檩条、支撑连接板处的位置正确，但每一固定点应避开节点位置。焊接时，再用卡具将屋架和定位钢板卡紧，以防止焊接变形。

c. 装配宜用装配胎膜，按胎膜形状装配，以保证几何尺寸的准确。屋架组装顺序是：先将上、下弦杆摆放就位，再放连接板（点焊），再后由跨中向两侧左右对称装上下弦连接腹杆，最后组装两端支座。组装时，构件的中心线应力要求在同一水平面上，其误差不得大于3 mm，连接孔中心的误差不得大于2 mm。整个屋架组装完毕，要通盘检查几何尺寸、跨度、起拱及杆件焊缝长度是否满足设计要求。

d. 简单双角钢桁架多采用复制法，先按放样将一面组装定位焊好，然后翻身组装并定位焊另一面。翻身时须用杉木杆或其他材料横向进行加固，使屋架各点受力均匀，防止侧向变形。

e. 杆件截面由三根杆件组成的"▽"形空间结构，如棱形桁架，可先装成单片平面桁架，然后再点焊另一角零件，组合成三角形截面，装配腹杆间距要均匀，无论弦杆或腹杆均应先单肢拼配焊接矫正后，然后再进行拼装。

f. 工字柱组装前，腹板应修边，须将柱中心线标注在腹板、翼板上（标三个面，两个小面，一个大面）。组装时要垫平，中心线对齐，用拉通线法进行检查。腹板与翼板之间要顶紧，以减小缝隙，上下翼板的错位要求不大于 1 mm，接头缝隙宽度的偏差不大于 1 mm，缝隙处的坡口角偏差不得大于 ±5°，然后将拼装板装上，用夹具与母材夹紧后进行点焊。

⑤ 焊接。

a. 焊接宜用小直径（2.5～3.2 mm）焊条，采用较小的电流焊接，防止发生咬肉、烧穿、夹渣等缺陷。当有多种焊缝时，相同电流强度焊接的焊缝宜同时焊完，然后调整电流强度焊另一种焊缝，焊条使用前要烘干。

b. 焊接顺序：由中间向两端对称施焊，相同高度焊缝尽量一地焊完，避免多次调电流，影响焊接质量。焊接斜梁的圆钢腹杆与弦杆连接焊缝时，应尽量采取围焊，以增加焊缝长度，避免或减少节点偏心。

c. 圆钢与圆钢、圆钢与钢板之间的贴角焊缝的有效厚度不小于 $0.2d$（d 为圆钢直径）或 3 mm，且不大于 1.2 倍钢板厚度，焊缝计算长度不小于 20 mm。

d. 工字形柱的腹板对接头，要求坡口等强焊接，焊透全截面，并且引弧板施焊，腹板及翼缘板接头应错开 200 mm。焊口必须平直，工字形柱的四条焊缝应按工艺顺序一次焊完，焊缝高度一次焊满成型，避免焊缝超高。单个对接口处的焊接顺序为：先焊横缝，后焊纵缝，要严格控制焊接电流，尽可能避免仰焊，可用自制船形翻转焊胎进行，以保证焊接质量。

e. 对于檩条等小型构件，可使用一种辅助固定夹具，或辅助定位板，以保证结构的几何尺寸正确。

⑥ 钢结构构件的进场验收。

a. 钢材的质量合格证明文件、中文标识及复试报告齐全有效。

b. 钢材的厚度及尺寸与设计要求符合。

c. 钢材表面刷漆符合要求。

d. 焊接无裂纹、焊瘤等缺陷。

（2）钢结构吊装操作要点。

① 构件吊装就位，应根据场地和构件重量选择吊装设备。为防止构件变形，应根据情况采用辅助吊架、多点绑扎等措施。

② 柱、屋架构件应随安装随吊线坠校正。校正后，构件间隙用螺栓固定。檩条和墙梁间的拉杆应先预张紧，以增加屋面和墙面刚度，并传递屋面、墙面荷载，但避免过紧，而使檩条、墙梁侧向变形。屋架上弦水平支撑，应在屋架与檩条安装完后拉紧，以增加屋盖的刚度。

③ 钢桁架必须采用四点起吊，钢丝绳为 2 根，左右对称布置，桁架吊装要有防构件变形措施。当起重机的起重高度和起重量能满足要求时，亦可采用组合安装法，可每两榀屋架一组预组装，将檩条、支承系统、屋面压型板安上，螺栓拧紧，作为吊装单元；用起重机吊起，采取一节间隔一节整体吊装到柱头就位，以减少高空作业，发挥起重设备的效率，加快安装进度。两组整体屋盖间，另组装半榀屋盖，在跨外两侧吊装。每安完两组柱子，将其间上下两根钢梁用滑车挂在柱头吊起安上，以保证两组柱间纵向的稳定。

（六）屋面板工程

1. 工艺流程

工艺流程如图 51-10 所示。

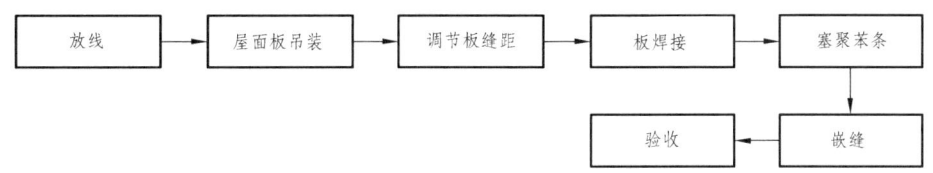

图 51-10 工艺流程

2. 施工程序

（1）安装方法。

① 放线：待与上道工序的交接完成后，根据布板图，放出板边位置，同时校核布板图与现场结构是否一致。

② 吊装弹好构件的中心线、定位线，作为安装时校正的标志。

③ 吊装时的人员组织：为确保施工工期，合理配备吊装人员，进场指挥人员 2 名，起重工 1 名，电焊工 4 名，主管安全员 1 名，信号工 1 名。

④ 安装：用起重设备将屋面板就近轻放至钢梁上。

⑤ 吊装时，依据《钢骨架轻型板》09CJ20/09CG12 要求，屋面板按照安装线一次放好部位，把板缝调整至允许偏差范围内，板搁置在钢梁上的长度不得小于 60 mm，就位后，屋面板主肋应与钢梁焊接牢固，使两端搭接长度和空隙均匀，支撑处如有空隙，用铁片垫塞后，再用焊接来固定。

（2）屋面板连接。

钢骨架采用焊接连接，采用焊接时焊缝质量等级为三级。每块板与钢梁至少有三点焊接（端头部分焊接不少于 2 点），焊缝长度不小于 60 mm，焊缝厚度为 4 mm 以保证屋面板的稳定。焊接完毕后，对焊缝位置做防锈处理。

（3）嵌缝。

在板缝处填充大于板缝宽度的聚苯乙烯棒，如：板缝宽为 20 mm，可选用直径为 24 mm 的聚乙烯棒，用钢筋将聚乙烯棒压至两块板主肋结合处。再将配好的水泥珍珠岩砂浆浇筑在板缝中，浇筑时用钢筋将砂浆插实。夹具就位前将螺栓定位夹具按实际尺寸绘制到各基础平面位置。在已搭设的可调独立支架，且基础底板钢筋绑扎已经完毕后，可以进行螺栓定位夹具的初步就位工作。

（七）屋面工程

1. 天沟、檐沟

（1）天沟、檐沟位置的防水应增设附加层，当采用沥青防水卷材时，应增设一层卷材；当采用高聚物改性沥青防水卷材或高分子防水卷材时，应采用防水涂膜增强层。

（2）天沟、檐沟与屋面交接处的附加层宜空铺，空铺宽度不小于 200 mm；天沟、檐沟卷材收头处应，密封固定。

2. 女儿墙泛水、压顶

（1）女儿墙为砖墙时卷材收头可直接铺压在女儿墙的混凝土压顶下，如女儿墙较高时，可在砖墙留凹槽，卷材收头应压入槽内并用压条钉压固定后，嵌填密封材料封闭，凹槽距屋面找平层的高度不小于 250 mm。

（2）女儿墙为混凝土时，卷材的收头采用镀锌钢板压条或不锈钢压条钉压固定，并用密封材料封闭严密；泛水宜采用隔热防晒措施，在泛水卷材面用细石混凝土保护或粘贴铝箔保护层。

3. 排气道

（1）施工过程中要注意排气道设置原则：排气道设置在保温层内，排气道应纵横贯通，并与大气连通的排气管相通，排气管可设置在檐口下或屋面排气道的交叉处。排气道纵横间距 6 m，屋面每

36 m² 设一个排气管。

（2）排气管应固定牢靠，并做好防水处理。

（3）排气管最后要注意安装的感观质量，做到整齐划一，美观大方。

4. 细石混凝土保护层

（1）细石混凝土保护层配置 A6@150 双向钢筋，钢筋网片应设置分隔缝。

（2）细石混凝土厚度不低于 40 mm，有利于找坡找平。

（八）外墙保温工程

1. 施工准备

（1）基层墙面必须坚实平整，空鼓处应铲除并用 1∶3 水泥砂浆补平，保温工程的施工应在基层粉刷水泥砂浆找平层，且施工质量验收合格后进行；当基层为混凝土墙体，表面平整度不大于 5 mm，可不用整体找平，否则应涂刷专用界面剂，用 1∶3 水泥或聚合物砂浆找平；

（2）保温工程施工前，外门窗洞口应通过验收，洞口尺寸、位置应符合设计要求并验收合格，门窗框或辅框应安装完毕，并需做防水处理。伸出墙面的消防梯、水落管、各种进户管线和空调器等的预埋件、连接件应安装完毕，并预留出外保温层的厚度；

（3）基层墙体及找平层应干燥；基层的垂直度和平整度不大于 4 mm，阴阳角垂直度不大于 4 mm；

（4）施工中环境温度不应高于 37 ℃，不应低于 5 ℃，且 24 h 内不应低于 0 ℃，风力应不大于 5 级。雨天施工时应有防雨措施，防止雨水冲刷墙面，夏季施工时作业面应避免阳光曝晒；

（5）按抹灰墙面的高度，搭好抹灰用脚手架，脚手架要稳固、可靠；

（6）进场材料应贮存在干燥阴凉的场所，贮存期及条件应按材料供应商产品说明要求进行；

（7）保温工程应制定专项施工方案。

（8）发泡陶瓷保温板属于 A 级Ⅱ型的防火建材，应避免日光暴晒和其他机械损伤。

2. 施工要点

（1）挂基准线，在外墙各大角（阳角、阴角）及其他必要处挂垂直基准线，在每个楼层的适当位置挂水平线，以控制发泡陶瓷板的垂直度和水平度。

（2）材料配制。

黏结砂浆和抹面砂浆均为单组份材料，水灰比应按材料供应商产品说明书配制，用砂浆搅拌机搅拌均匀，搅拌时间自投料完毕后不小于 5 min，一次配制用量以 4 h 内用完为宜（夏季施工时间宜控制在 2 h 内）。

（3）发泡陶瓷板在基层墙体上的粘贴应采用满粘法，并符合下列要求：

① 发泡陶瓷板铺贴之前应清除表面浮尘。

② 发泡陶瓷板施工应从首层开始，并距勒脚地面 300 mm 处弹出水平线，用 1∶3 水泥砂浆并按照要求添加一定的防水剂，粉刷和发泡陶瓷板相同厚度的防水层做托架，干固后自下而上沿水平方向横向铺贴发泡陶瓷板，上下排之间发泡陶瓷板的粘贴应错缝 1/2 板长。

③ 发泡陶瓷板与基层墙体粘贴采用满贴法粘贴，粘贴时用铁抹子在每块发泡陶瓷板上均匀批刮一层厚不小于 3 mm 的黏结砂浆，有效粘贴面积不小于 40%，及时粘贴并挤压到基层上，板与板之间的接缝缝隙不得大于 1 mm。

④ 发泡陶瓷板在墙面转角处，应先排好尺寸，裁切发泡陶瓷板，使其垂直交错连接，并保证墙角垂直度。

⑤ 在粘贴窗框四周的阳角和外墙角时，应先弹出垂直基准线，作为控制阳角上下竖直的依据，门窗洞口四角部位的发泡陶瓷板应采用整块发泡陶瓷板裁成"L"型进行铺贴，不得拼接。接缝距洞

口四周距离应不小于 100 mm。

（4）抹面砂浆施工：发泡陶瓷板大面积铺贴结束后，视气候条件 24～48 h 后，进行抹面砂浆的施工。施工前用 2 m 靠尺在发泡陶瓷板平面上检查平整度，对凸出的部位应刮平并清理发泡陶瓷板表面碎屑后，方可进行抹面砂浆的施工。抹面砂浆施工时，同时在檐口、窗台、窗楣、雨篷、阳台、压顶以及凸出墙面的顶面做出坡度，下面应做出滴水槽或滴水线。

（5）网布施工：用铁抹子将抹面砂浆粉刷到发泡陶瓷板上，厚度应控制在 3～5 mm，先用大杠刮平，再用塑料抹子搓平，随即用铁抹子将事先剪好的网布（钢丝网、玻纤网）压入抹面砂浆表面，网布平面之间的搭接宽度不应小于 50 mm，阴阳角处的搭接不应小于 200 mm，铺设要平整无褶皱，在洞口处应沿 45°方向增贴一道 300 mm×400 mm 网布。首层墙面宜采用三道抹灰法施工，第一道抹面砂浆施工后压入网布，待其稍干硬，进行第二道抹灰施工后压入加强型网布（加强型网布对接即可，不宜搭接），第三道抹灰将网布完全覆盖。

（6）锚固件施工。

① 锚固件锚固应在第一遍抹面砂浆（并压入网布）初凝时进行，使用电钻在发泡陶瓷板的角缝处打孔，将锚固件插入孔中并将塑料圆盘的平面拧压到抹面砂浆中，有效锚固深度：混凝土墙体不小于 30 mm；加气混凝土等轻质墙体不小于 50 mm。墙面高度 24～40 m 每平方米设置不少于 10 个锚栓。

② 锚栓固定后抹第二遍抹面砂浆，第二遍抹面砂浆厚度应控制在 2～3 mm。

（7）分格缝施工按照设计要求进行。

（九）外墙真石漆工程

1. 施工流程

施工工序墙面检查修补清理→喷涂封闭底漆→弹墨线分格→贴交道分各条→喷真石漆→撕揭胶带→灰缝处理→喷涂罩面漆→清理场地。

2. 施工工序墙面检查修补清理

（1）基层处理方法。

① 首先对基层进行查看，对表面浮粒，残渣进行铲除，确保表面清洁，无疏松物，无潮湿；

② 对表面细微裂缝，砂眼，阳角碰坏细小处进行全方位修复处理；

③ 对于修复处，确保修补后纹理和大面积一致，并清理浮灰，以确保饰面层与基层的结合牢固；

④ 工序验收标准：表面无砂浆疙瘩和明显的凹凸部分。

（2）封闭底漆。

① 封闭底漆的颜色可根据装饰效果对灰缝颜色的要求选用。

② 不能在高温直射的阳光下或雨天，高湿度，5 ℃ 以下，大风等天气条件下施工。

③ 不可与其他涂料相混，避免破坏其特性。

④ 基层含水率应小于 10%，PH 值不大于 10，经检查符合要求后，方可施涂底漆。

⑤ 可采用滚涂，刷涂，喷涂施工，施涂要均匀，厚薄要一致。

⑥ 待底漆完全干固后，方可进行下步工序的施工。

（3）胶带分格条。

由于基层面难以达到足够的平整度，很难做到分格条与基层完全吻合，喷涂真石漆时将难以保证灰缝的顺直，导致灰缝整修困难和整修工作量大；再则，木分格条与塑料分格条固定困难。鉴于上述情况，经过实践，采用纸胶带取代木分格条和塑料分格条，可以取得比较理想的效果。

3. 喷涂真石漆

（1）在分格设计符合要求后方可进行仿石漆喷涂施工。

（2）仿石漆应严格按产品规定的稀释比例进行稀释，注意：稀释时应对仿石漆充分搅拌，保证均匀；

（3）喷涂时从上面到下面按顺序施工；

（4）施工中涂料应接在分格线或窗套等处，避免结合处出现色差；

（5）施工后应达到色泽一致，无流挂，漏底，阴角处无积料；

（6）不同仿石漆施工时，应先待一种仿石漆施工完成并表干后方可进行另一种颜色仿石漆施工，施工时需将另一种颜色仿石漆进行保护防止污染；（仿石漆颜色以最终送样后的封样品为准）。

（7）点状均匀，大小符合要求，无露底漏滚现象。

（8）无流坠现象。

（9）门窗等无污染。

（10）采用喷涂法施工，施工前必须进行试喷，以确定所用喷嘴、工作压力、喷枪移动速度等施工因素；要求喷涂均匀、厚薄一致，确保施涂质量和效果。

4. 撕揭分格胶带

胶带撕揭前，需用裁纸刀将胶带在纵横交接处，沿平行于水平胶带的方向，将竖向胶带切断，以避免撕揭胶带时真石漆脱落。

5. 灰缝处理

胶带撕揭后，对灰缝进行整理和整修，以保证灰缝顺直且宽窄一致。

6. 罩面漆

（1）在仿石面漆施工完毕后，涂层表面硬干（晴天干燥 24 h 以上，阴雨天应延长干燥时间）才能进行罩面漆喷涂施工；

（2）罩面漆应严格按照产品规定的稀释比例进行稀释，注意：稀释时应对底漆充分搅拌，保证均匀；

（3）涂饰施工应从上面到下面按顺序施工；

（4）施工中涂料应接在分格线或窗套等处，避免结合处出现色差；

（5）施工后应达到色泽一致，无流挂，漏底，阴角处无积料；

（6）可采用喷涂、滚涂法施工，要求涂装必须均匀，不得漏涂。

第五十二章 轨道工程

第一节 工程概况

一、工程概况

杭海城际铁路轨道工程正线起点—终点：左、右线 DK0+000.0～右 DK46+319.28，长链 61.181 m，正线 46.38 km。

出入段线：西出入段线 RDK0+000.0～RDK0+558.14，长度 545.57 m，CDK0+000.0～CDK0+438.10，长度 425.53 m，东出入线 1RDK0+000.0～1RDK0+317.09，长度 304.52 m，东、西出入段线单线高架长共 1 275.62 m。

正线轨道主要形式为长枕式整体道床（主要采用双侧水沟）、高架线 WJ-2A 型扣件、地下线 ZX-2 型扣件，中等减振分别采用与 WJ-2A 型扣件、ZX-2 型扣件配套的双层弹性垫板扣件，特殊减振钢弹簧浮置板、道岔整体道床等。

二、主要工程数量

杭海城际铁路施工范围：左、右线 DK0+000.0～右 DK46+319.28，正线铺轨 46.38 km，主要包含的工程数量有：

正线铺轨 94.999 km，其中高架段普通减振道床 51.806 km；高架线压缩型减振扣件 15.983 km；地下段普通减振道床 16.458 km；地下段压缩型减振扣件 7.619 km；地下段钢弹簧浮置板道床 1.92 km。

道岔：铺设 60 kg/m 轨 9 号单开道岔 30 组；铺设 60 kg/m 轨 9 号 4.2m 单渡线 9 组；铺设 60 kg/m 轨 9 号 4.5 m 单渡线 2 组；铺设 60 kg/m 轨 9 号 5 m 交叉渡线 2 组；铺设 60 kg/m 钢轨单向伸缩调节器 44 组。

线路附属施工：安装液压缓冲式车挡 17 台；安装线路标志 94.999 km，安装涂油器 8 台，安装高架防脱护轨 6.45 km 等。

第二节 施工组织

一、现场组织管理机构

全线正线轨道工程施工共分 3 个铺轨标段，各铺轨标段成立了以项目经理为组长，以项目副经理、总工程师及各作业队长为副组长，项目经理部及各作业队部门负责人为组员的劳动力组织管理机构。

各项目部成员结构合理，专业技能突出，施工经验丰富。为优质高效地完成杭海城际铁路工程的施工任务，根据工程专业特点以及工程数量，合理配置劳动力资源，加强现场组织管理与质量监督，高效地完成杭海城铁公司要求的轨道施工任务。同时建立岗位责任制，落实岗位职责，推行全面质量管理，从而为工程创优提供了条件，提高了工程质量。现场组织管理机构如图52-1所示。

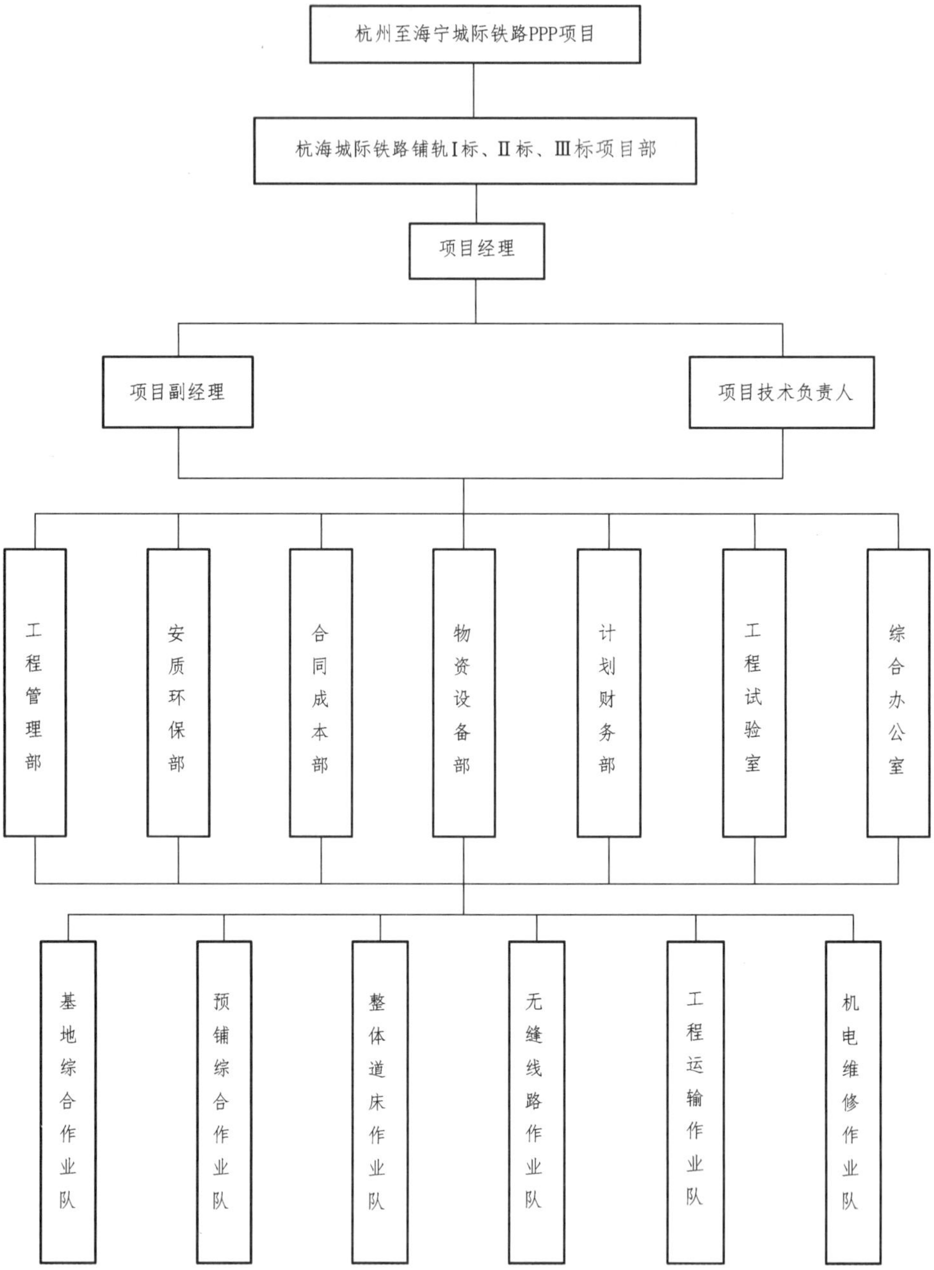

图 52-1 现场组织管理机构

二、劳动力组织

为确保安全、优质、按期完成合同段工程，各个项目根据施工需求，调集具有地铁轨道工程施工业绩、经验丰富的专业施工队伍。各施工作业队按专业划分施工生产任务和管辖范围，相互之间团结协作，密切配合，共同完成合同段全部工程的施工和缺陷修复工作。

合理安排劳动力计划，在保证工期的前提下，正确协调施工高峰期与农忙、春节等季节的关系。制定农忙季节及节假日劳动力保障措施，配备相应的服务设施，保障特殊季节及节假日劳动力稳定且满足需要。

在铺轨工程施工前，对员工进行岗前培训，提高员工的质量意识、精品意识、工期意识，认清工程重要性、艰巨性，肩负的责任和使命。

三、总体轨道施工工艺

（1）高架线和地下线一般整体道床采用"轨排架轨法"和"散铺法"相结合的施工方法，以"轨排铺架法"为主。

（2）整体道床道岔、交叉渡线采用"整体道床浇筑法"的方法铺设，在正线整体道床到达前完成道岔的施工。

（3）无缝线路采用接触焊接法。

轨道工程涉及铺轨地段有：高架线、U形槽、地下线。在施工过程中如果出现土建工程进度滞后，隧道不能贯通等意外情况，给轨道施工进度造成影响时，选择运输条件较好的车站盾构井或其他通道口作为散铺基地下料点，一旦后段土建工程达到铺轨条件后，立即开展散铺施工，增加工作面和日进度计划，确保竣工工期的实现。

第三节　主要施工工艺及控制要点

一、CPⅢ轨道控制网测设

（一）施工流程

铺轨测量施工工艺流程如图 52-2 所示。

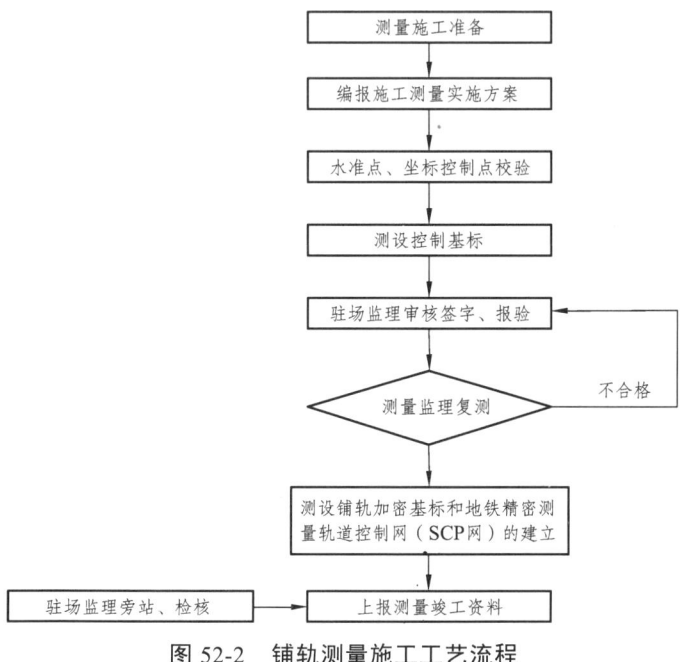

图 52-2　铺轨测量施工工艺流程

（二）控制要点

1. 加密基桩的布设

（1）加密基桩的布设位置要求。

① 加密基桩：在直线、曲线上每隔 10 m 设置一个；在变坡点或根据需要在其他特征点加设。

② 加密基桩的设置位置：加密基桩设在线路左侧墙的侧面处，具体位置根据现场情况。

③ 道岔区应在岔心、岔前、岔后位置及道岔前后 100～200 m 范围内增设控制基桩，其位置一般设置在直股和曲股的两侧，可按坐标直接测设，也可按岔心和直股与曲股线路方向测设，并应埋置永久性桩位。

（2）加密基桩的埋设方法。

加密基桩的设置及埋设加密基桩主要考虑施工方便，可在轨排初步调整时采用，并为轨排架设时使用的一些辅助线提供依据。加密基桩应避开道床及模板支架位置，且不受走行轨遮挡，现场设置线路左侧，纵向间距 5 m，测量仪器采用徕卡 TCRP1201+型全站仪，埋设基桩采用中心刻画 0.2 mm 以下的十字丝长 5 cm 的直径 14 mm 不锈钢。加密基桩考虑与水平加密基桩统一设置，不锈钢端头应高于顶面 0.5 cm，低于 1 cm。水准加密基桩与线路左侧方向加密基桩统一设置。测量仪器采用精密水准仪。

（3）基桩的设置精度要求。

施工时根据加密基桩并配合测量仪器对无砟轨道的高低、方向、水平进行粗调控制。加密基桩偏差应在两相邻 CPⅢ 控制点内调整。点位设置精度如下：

① 加密基桩垂直于线路中线方向的限差为±1 mm；

② 每相邻加密基桩间距离的限差为±2 mm；

③ 每相邻加密基桩间高差的限差为±1 mm；

④ 相邻加密基桩相对精度应满足：平面位置±0.2 mm，高差±0.1 mm。

（4）加密基桩的测设方法。

依据相邻 CPⅢ 控制点加密，采用光学准直法、极坐标法和精密水准测量方法，逐一测定加密基桩的位置和高程，并标定点位；当采用多个作业面施工时应做好各施工作业面衔接测量。

3. 利用 CPⅢ 控制网进行铺轨轨道状态调整施工

（1）轨排粗调。

依据测量技术人员交底的加密基桩为基桩，利用直角道尺量取一股钢轨与基标桩高程、方向偏差，旋转轨排支撑架螺杆调整器支腿处竖向丝杆进行轨道高程调整，旋转侧向顶撑螺杆使轨排横向移动。

达到控制误差范围后，然后利用轨距尺通过对轨距调整控制另一股钢轨方向，在调整轨排方向时，随时用轨距尺检查轨距，用方尺检查端头方正，以防止轨排扭转和枕木错位。轨排高程、方向粗调要求偏差不超过 10 mm 为标准。

施工现场操作如下：一人通过直角道尺量取一股钢轨高程、方向，一个人利用轨距尺对另外一股进行控制，两人配合指挥调整螺杆调整器支腿处竖向丝杆，迫使轨排上、下、左、右移动，轨排调整应协调一致，一人指挥，多人配合，避免在钢轨中出现硬弯。

在整个调轨作业中，由于钢轨支撑架的位置与线路基桩不在同一断面上，钢轨与支撑架立柱又不在同一位置，以及某一支撑架调整时钢轨的刚性连动，调轨工作往往需要重复多次，反复调整，才能达到要求，调整方法同上。两次初调工作是以满足道床钢筋绑扎和模板支架为目的，同时考虑精调的方便快捷，轨排初调精度不需要太高，以提高工效。现场初调轨排高程和中线偏差在 10 mm。粗调作业由作业班组完成，通过现场观察，作业班组利用简单的测量工具即可实现。

（2）轨排精调。

① 将所有测量控制点数据文件调入备用。

② 输入线路设计中心线的参数，确定线路设计中心线的理论位置。

③ 确定全站仪自由设站点的坐标、方位和全站仪横轴中心的高程。全站仪与精调小车的距离要保持在 10～70 m，通过前后各 4 个连续 CPⅢ基标上的棱镜，自动平差、计算确定位置。改变测站位置，必须至少交叉观测后方利用过的 4 个控制点。为加快进度，宜配备 2 台同型号的全站仪。

④ 观测精调小车上棱镜的绝对位置（x、y 和 z），经过计算并与设计中心线进行比较，得到该点离设计中心线的水平和高程偏差，确定该点钢轨的精确调整量，进行该点精细调整。

⑤ 精调小车移动到下一个精调位置，全站仪自动照准、测量和记录，确定该点钢轨的精确调整量，进行该点精细调整。

先检测各螺杆调节器对应位置的轨道状态，测完一个测站的所有测点后，返回起点，逐根轨枕检测，直至测完所有测点。然后精调小车后退 10 m，改变全站仪测站位置，进行复核，复核合格后，方可向下一段轨排推进。

（三）工程实例照片

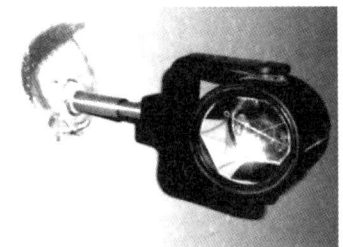

图 52-3　测量组件

二、长轨枕（短轨枕）整体道床施工

（一）施工流程

组装轨排施工工艺流程如图 52-4 所示。

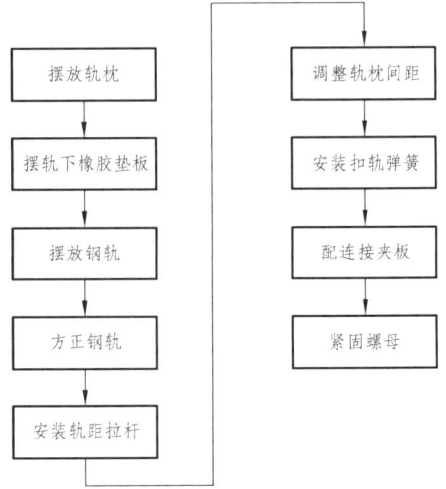

图 52-4　组装轨排施工工艺流程

走行轨安装工序流程如图 52-5 所示。

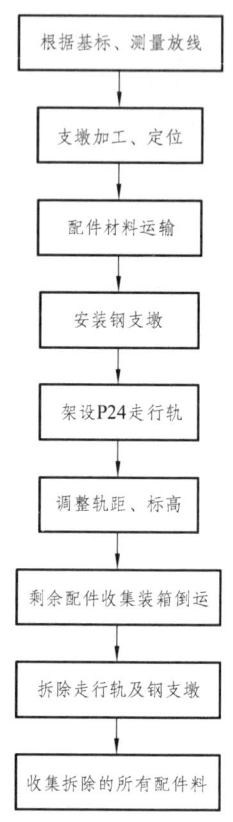

图 52-5 走行轨安装工序流程

钢筋绑扎工序流程如图 52-6 所示。

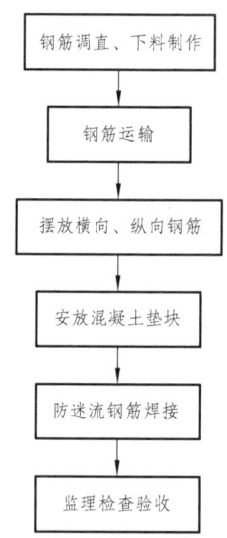

图 52-6 钢筋绑扎工序流程

长轨枕（或短轨枕）整体道床施工工艺流程如图 52-7 所示。

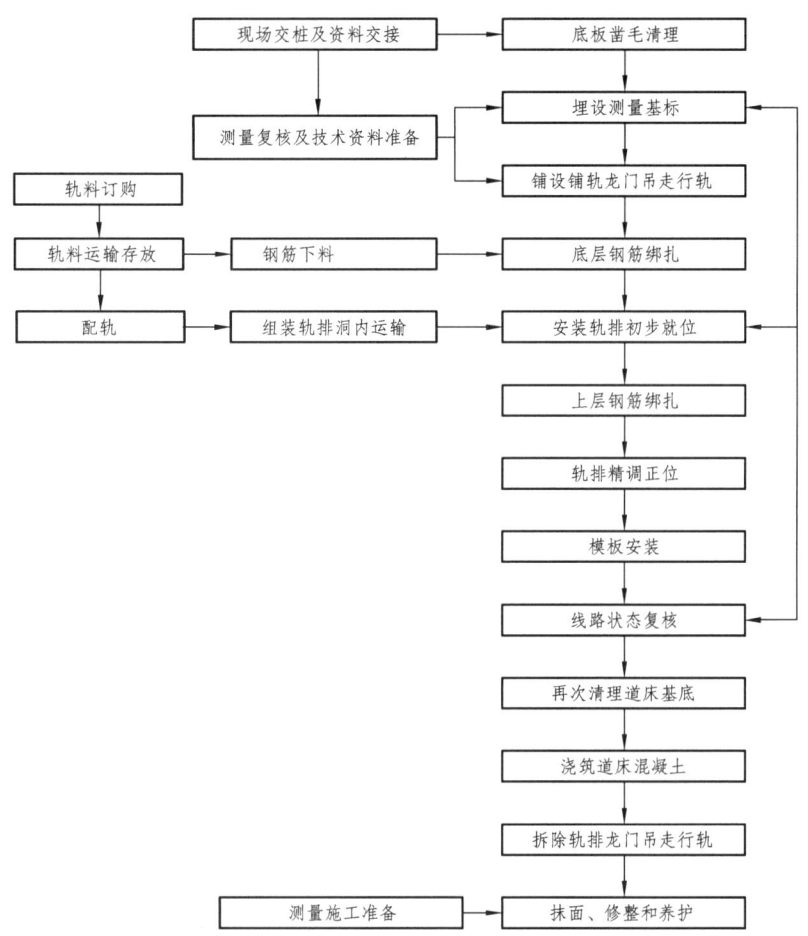

图 52-7　长轨枕（或短轨枕）整体道床施工工艺流程

（二）控制要点

1. 施工准备

道床施工前，应按相关规范规定设置线路控制CPⅢ和加密基桩。

2. 轨道架设安装

整体道床施工采用钢轨支撑架架设钢轨。其架设应符合下列要求：

（1）钢轨架设前必须调直，扣件的飞边、毛刺应打磨干净并涂油。

（2）钢轨支撑架间距：直线段宜 2.5 m 设置一个，曲线段宜 2 m 设置一个，且直线段支撑架应垂直线路方向，曲线段支撑架应垂直线路的切线方向。

（3）架设于支撑架上的钢轨应初步调整其水平、位置、轨距、轨底坡和高程，并测放出轨枕位置。其调整精度应符合轨道施工验收规范的有关规定。

（4）轨枕安装时，轨枕中心线与线路中心线垂直，轨枕安装距离允许偏差为±10 mm。

（5）轨枕的垫板安装完毕，其扣件宜先安装钢轨的一侧，再安装钢轨的另一侧。钢轨的普通接头和绝缘接头应按设计轨缝宽度安装夹板后拧紧螺栓。

3. 轨道位置调整

（1）轨道应按设计图纸并依照 CPⅢ控制网进行调整，道尺使用前应校正，其精度允许偏差为+0.5～0 mm。

（2）轨道调整精度应符合施工规范要求。

（3）轨道精调后必须固定牢固，并应检查防杂散电流网的布设、焊接，整体隐检合格后，应及时浇筑道床混凝土。

4. 浇筑道床混凝土

（1）浇筑道床混凝土前区间隧底填充混凝土表面要凿毛，并清洗干净，排干场地水。绑扎钢筋、立伸缩缝和水沟模板，经自检合格后，报监理检查、签证。

（2）混凝土应分层、水平、分台阶浇筑，并振捣密实，严禁振捣器触及支撑架和钢轨；混凝土施工的接缝面应与道床中心线垂直，施工缝应设置在伸缩缝处；浇筑过程中应随时检查轨距、水平，发现问题及时处理。

（3）混凝土浇筑必须满足《钢筋混凝土施工及验收规范》及《混凝土结构施工及验收规范》要求，并经监理工程师认可。

（4）道床混凝土初凝前应及时进行面层及水沟的抹面，并将钢轨、轨枕、扣件、支撑架等表面清理干净。混凝土终凝后，及时养护，其强度达到设计要求时方可拆除钢轨支撑架。

（三）工程实例照片

图 52-8　铺轨基地固定台位-轨排拼装施工

图 52-9　铺轨龙门吊走行系统安装、施工现场铺轨龙门吊组装

三、道床散铺施工

（一）施工流程

散铺架轨法施工工艺流程如图 52-10 所示。

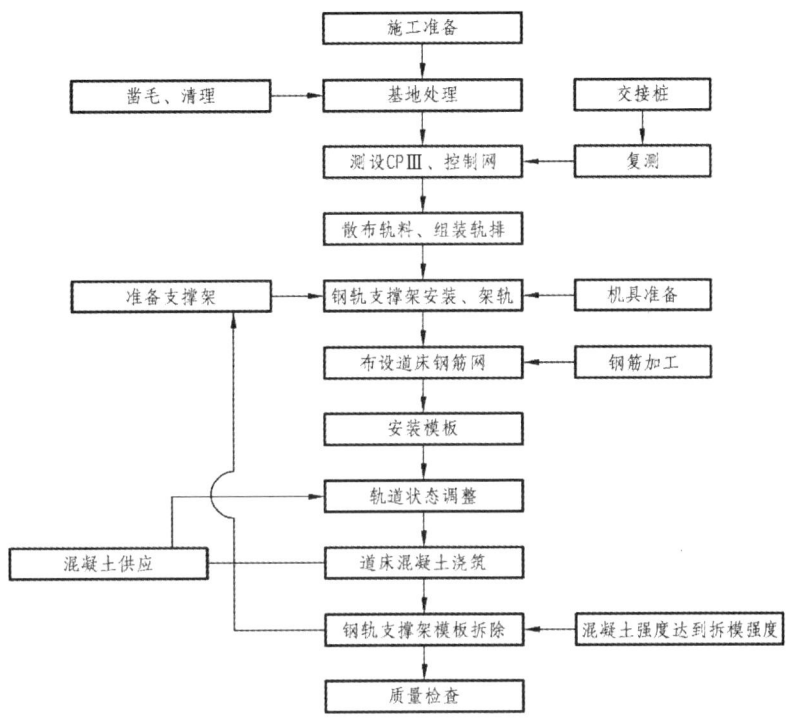

图 52-10　散铺架轨法施工工艺流程

钢筋网绑扎工艺流程如图 52-11 所示。

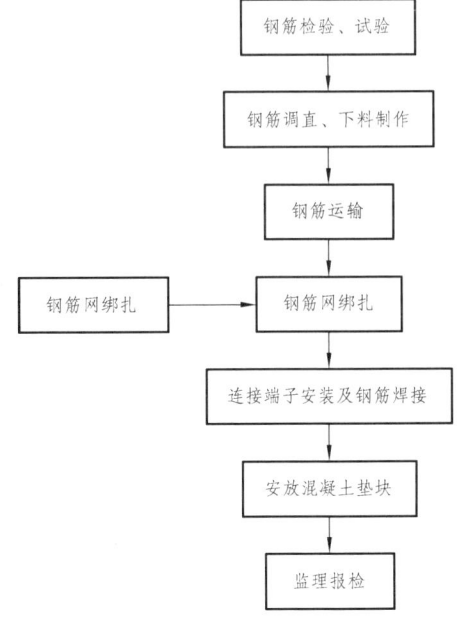

图 52-11　钢筋网绑扎工序流程

（二）控制要点

1. 基底处理

整体道床混凝土与混凝土衔接的质量，直接影响到整体道床的工程质量，在整体道床施工前要特别重视基础的处理，主要是对基底进行清理，要彻底清除杂物，对基础面进行充分凿毛处理。并用高压水清除浮渣及碎片，以保证道床与混凝土可靠衔接。

2. 道床钢筋网倒运、铺设与防迷流施工

（1）整体道床钢筋采取基地加工，然后运至作业面绑扎焊接成型的作业方式，纵向钢筋按两相邻伸缩缝长度配料。

（2）底层钢筋及上层钢筋间距均应按照设计要求设置，纵向和横向钢筋按防杂散电流要求焊接。钢筋加工注意事项：钢筋的存放地点干净、无污水；钢筋下料视进尺而定量，避免露天起锈；各种加工零件分类存放，避免混淆。操作时要戴好各种防护面具。

3. 轨料吊装、运输

将钢轨、轨枕、扣件等用汽车运至投料口，用汽车吊运至隧道内，人工配合轨道平板车运至施工地点。

4. 架轨挂轨枕

架轨前，按照设计文件和技术资料进行配轨计算，编制轨节表。配轨时，同一轨节选用长度公差相同的钢轨配对。

根据轨节表，将钢轨和轨枕运至施工现场。首先在整体道床混凝土垫层上按轨节表布枕，在轨枕上安装铁垫板，然后放上钢轨，在轨腰内侧用白油漆标出轨枕间隔，以此作为标准，进行人工挂枕，形成轨排。完成后，采用下承式支撑架将轨排架起，形成轨排轨道结构。

5. 轨道状态调整

（1）线路调整时，以施工标桩为依据，借助于直角道尺和万能道尺初调，并通过轨检小车精调，通过调节钢轨支撑架丝杆、轨卡螺栓等调整钢轨的方向、水平、超高等。

（2）调整必须按技术交底及基标进行，先用专用工具定好一股钢轨（左线左股、右线右股）的方向、高程，然后再定另一股。

（3）经调整就位的轨排要经质量检查组对线路中线、钢轨高程、轨距、曲线正矢和超高等用直角道尺、万能道尺和 10 m 长弦线量测。

6. 立模

模板采用钢模板，个别位置可使用现场加工木模板，模板与道床钢筋网间要设混凝土垫块，保证所有钢筋的保护层大于 30 mm，困难时不得小于 15 mm。模板支撑间距不大于 80 cm，并用木楔子背紧。模板必须牢固，其允许偏差：位置±5 mm，垂直度 2 mm。模板的接缝不应漏浆，在浇筑混凝土前，木模板应洒水润湿，但模板内不应有积水，模板与混凝土的接触面应清理干净并涂刷隔离剂，但不得采用影响结构性能或妨碍装饰工程施工的隔离剂。浇筑混凝土前，模板内杂物清理干净。

7. 浇筑道床混凝土

道床混凝土采用商品混凝土，立模后再次对线路状态进行测定。浇筑前，钢轨结构件和支撑架等加罩进行防护，同时标出道床混凝土顶面线及控制线。浇筑混凝土时采用插入式振捣棒振捣密实，特别是轨枕四周及底部加强捣固，道床横向坡度平顺。

道床混凝土浇筑过程中，每罐车混凝土均测坍落度，实测坍落度与要求坍落度允许偏差为±30 mm，取 2 组试件，一组在标准条件下养护，另一组在与道床同条件下养护。混凝土强度应符合设计规定，并应无蜂窝、麻面和漏振。表面清洁，平整度允许偏差为 3 mm，变形缝直顺，在全长范围内允许偏差为 10 mm，高程允许偏差为-5～0 mm，混凝土浇筑终凝后（混凝土浇筑完毕 12 h 后）

开始浇水养护，其强度达到 5 MPa 时方可拆除钢轨支撑架。达到设计强度的 75%后，轨道上方可载重行车。

（三）工程实例照片

图 52-12　走行轨架设

图 52-13　基底凿毛清理

图 52-14　轨排运输

四、道岔、交叉渡线整体道床施工

（一）施工流程

单开道岔施工工艺流程如图 52-15 所示。

（二）控制要点

1. 单开道岔施工

（1）道岔就位。

① 岔料利用汽车吊及人工配合小型机械搬运至待铺地点后，并抬摆至设计位置，安装钢轨支撑架，挂上混凝土岔枕，将各部件钢轨配件连接好，安装轨距拉杆，完成初步拼装就位工作。

② 辙叉护轨部分，由于钢轨两侧混凝土短岔枕伸出长度不同，在自重作用下，道岔混凝土岔枕悬臂较长一侧产生下坠，扣件微小的活动空间使岔枕与垫板产生不密贴，为此施工中采用特制岔枕水平调节器调节混凝土长岔枕水平。

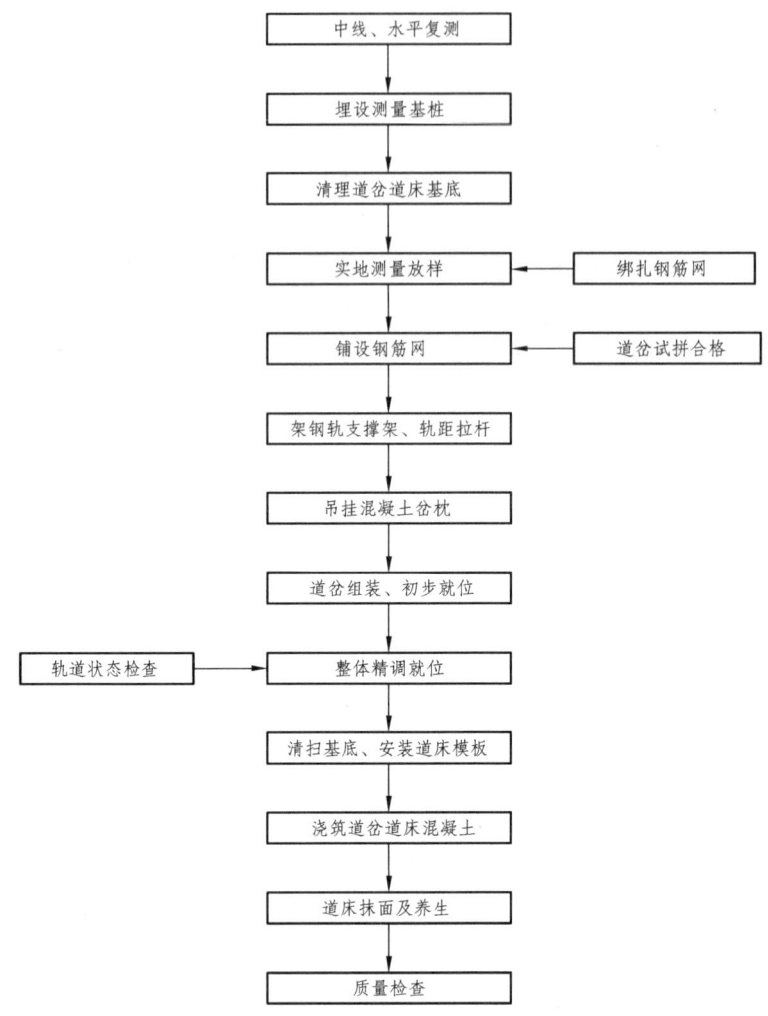

图 52-15 单开道岔施工工艺流程

③ 每组钢轨架设调整后,两侧设钢管支撑加固,以防止调整后的钢轨因联动或意外碰撞发生变形。

④ 根据道岔基标用直角道尺和万能道尺调整水平。首先把直角道尺架在基本轨上,通过支撑架调整,使直角道尺水准气泡居中。钢轨位置根据隧道内基标调整,并根据中线用轨距校核,之后用万能道尺将另一股直轨位置定出并调整水平。用支距控制曲线基本轨位置,调整就位然后用道尺控制水平及中线,定出侧股的准确位置。为固定轨距和加强道岔的整体性,钢轨组装完成时在适当位置加装特制轨距拉杆。

(2) 道岔组装与调整。

在岔位上安装好特制道岔支撑架和轨距拉杆,连接各部分钢轨连接。先调整直线基本轨,再调整曲线基本轨,逐渐向内调整好其他各部分,使道岔几何状态达到设计要求,经自检并报监理工程师检查合格后,浇筑混凝土。

(3) 道岔整体道床混凝土浇筑。

① 模板安装。整体道床混凝土侧模采用组合钢模,安装模板前对道床标高及轨道中心线位置进行复查,以确保模板安装正确,模板安装允许误差为±10 mm。

② 浇筑道床混凝土。在浇筑道床混凝土前,再次对道岔各部位状态尺寸全面检查符合要求后,进行道床混凝土浇筑。道床混凝土采用商品混凝土,利用汽车泵直接对作业面浇筑,用插入式振捣器

振捣，人工抹面。浇筑时应设防护罩，防止道岔扣件、滑床板等被污染；抹面时及时清理掉钢轨、岔枕、扣件和滑床板上的混凝土残渣。混凝土浇筑过程中随时检查轨道状态，发现问题及时处理。振捣时岔枕四周加强捣固，混凝土浇筑后对道床表面多次进行压平抹光，确保道床表面平整，横坡符合要求。

2. 交叉渡线铺设施工

整体道床交叉渡线施工难度较大、施工周期较长，道岔部件多，部件间的联结薄弱，有的间断，有的活动，浇筑混凝土前难以固定，但其相互间的几何关系要求极严。

交叉渡线道岔整体道床与单开道岔整体道床施工方法基本相同。不同点主要是交叉渡线定位、铺设比单开道岔难度大，下面针对交叉渡线定位、铺设方法进行如下介绍：

（1）交叉渡线定位。

由于交叉渡线由 4 组单开道岔、两条内平行线和菱形交叉七部分组成，其施工定位测量可按图 52-16 进行，定位主要是在各部分道岔及交叉渡线中心位置。整个交叉渡线的铺设方法与单开道岔铺设基本相同。

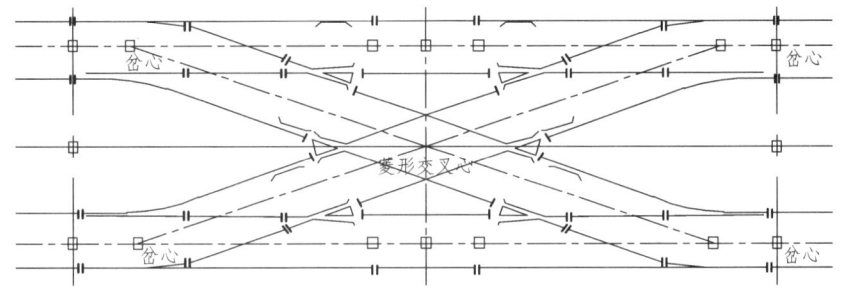

图 52-16　交叉渡线施工定位

（2）交叉渡线铺设。

交叉渡线铺设时分三段进行，交叉渡线是由 4 组单开道岔"三"和菱形交叉"一"和渡线"二"共 3 大部分组成。即先铺设菱形交叉"一"和渡线"二"部分，再向其前后扩展铺设两端 4 组单开道岔"三"部分。交叉渡线铺设时先定出菱形中心，再向两端铺设。交叉渡线施工顺序如图 52-17 并按一→二→三顺序进行组装。这样在施工时既可边施工边调整，对辙叉的定位比较准确，又有利于对渡线关键部分作精调和检查，工程质量易于保证，施工过程便于操作和控制。

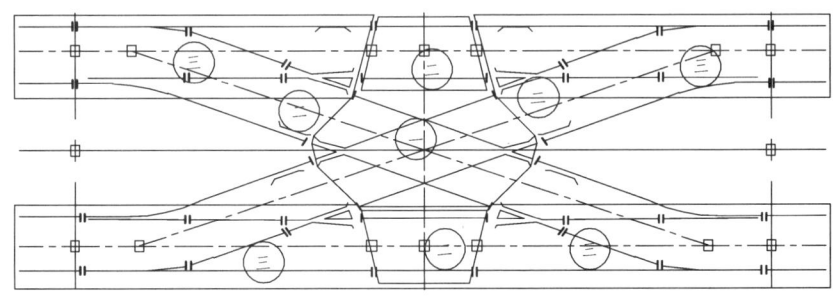

图 52-17　交叉渡线施工顺序

3. 保证道岔几何形位的措施

（1）在进行基标测设时，在岔区适当增设加密基标，为施工提供依据；施工过程中加强测量，提高施工精度，并派专业技术人员现场指导。

（2）针对渡线转辙部分扣件多、空间小、支撑架对尖轨与基本轨的分解拨移、轨距测量干扰大的实际情况，采用小型螺旋千斤顶进行转辙器短岔枕的调整，既能保证渡线的技术状态，又能提高施工效率。

（3）交叉渡线整体道床铺设时分三段进行，即先铺设中部的8个辙叉部分，再向其前后扩展铺设两端4组单开渡线的连接部分及转辙部分。这样在施工时即可施工边调整，对辙叉的定位比较准确，又有利于对渡线关键部分作精调和检查，工程质量易于保证，施工过程便于操作和控制。

（三）工程实例照片

图 52-18　布置道床轨枕

图 52-19　铺设道岔钢轨

图 52-20　道岔精调

五、钢轨焊接施工

（一）施工流程

现场接触焊接工艺流程如图 52-21 所示。

（二）控制要点

1. 钢轨焊前检查

对钢轨的外观尺寸、外观质量逐根进行检查，检查时应翻轨进行，不能只检查钢轨头部。对弯曲的应进行调直处理，使钢轨全长范围内，轨头和侧面平面直顺，不得有硬弯、弯曲和扭转。钢轨两端1米范围内垂直面及平面不直度不大于 0.5 mm。对钢轨端面在垂直或水平面方向上垂直度大于 0.5 mm 的，应用锯轨机重新锯轨，待冷却后重新测量。

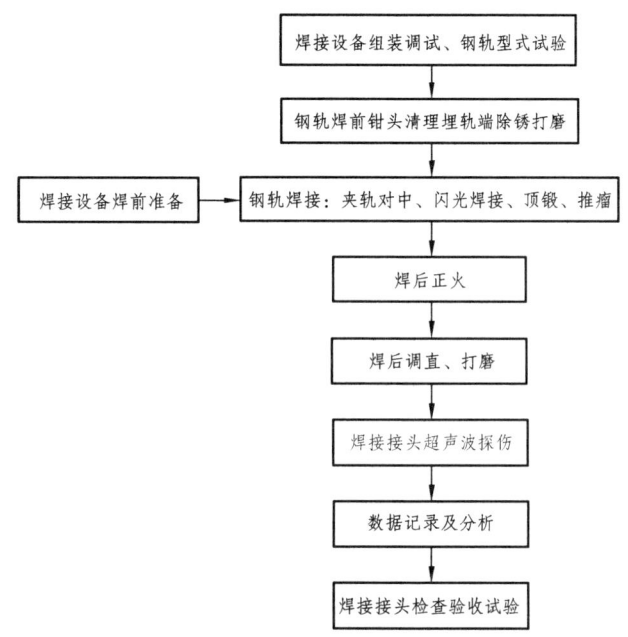

图 52-21 现场接触焊接工艺流程

锯轨长度误差不得大于±10 mm；锯轨断面处的不垂直度在垂直度与水平两个方向均不得大于 0.5 mm。对达到标准的钢轨进行全面探伤，严重扭曲、有裂纹、重皮、夹渣、结疤等有缺陷者剔除不用，对合格的钢轨进行打磨除锈。除锈打磨对母材的打磨量不得超过 0.2 mm；待焊轨待焊时间超过 24 h 或油水沾污，必须重新打磨处理；发现不合格者要剔除。

2. 焊机焊前检查

焊机的保养和维修必须符合焊机及附属设备保养维修规则，并制订相应的安全操作规程，报监理工程师、杭海城铁公司批准后，严格执行。焊轨前必须对焊机进行模拟焊接过程，遇有不正常情况及时调整与修理，得到监理认可后方能开机焊接。焊机的各项参数经工艺试验确定，并经项目领导批准、监理认可后确定，一经确定不得随意改动。操作者在开机前，应对焊机主机、辅机、水冷却系统、液压系统、制冷系统、供电室等作最后检查，再由工长复查确认，一切正常方可开始进行焊轨工作。

3. 轨端及钳口部位打磨

将钢轨扣件松开，放置滚筒和垫木，对待焊钢轨端面及钢轨与接触焊机导电钳口部位的接触处进行除锈和打磨。打磨要在焊轨前 24 h 之内进行，超过此时间或被油水沾污时，必须重新打磨处理。要求打磨后的钢轨表面呈金属光泽并不得有锈斑，除锈打磨对母材的打磨量不得超过 0.2 mm。

4. 钢轨焊接

（1）准备工作完成后，用轨道车推送移动式焊轨车运行到焊接接头处，特制集装箱将二位端前墙向上旋转到与顶棚平齐并锁定。将焊机降下接近钢轨，利用转盘转动，使焊机进入焊接工作位置；将焊机落下置于钢轨上，确保两钢轨间隙位于导轴上标记的正下方，降低焊机直到压在钢轨上。两对钳口将两钢轨轨头夹紧，自动对准系统接头两侧各 500 mm 范围内在水平和纵向两个方向上自动非常精确地对准。启动焊接，激活自动焊接工序；分别进入预闪阶段、稳定的高压闪光阶段、低压闪光，加速闪光以及顶锻阶段。顶锻完成以后整个焊接过程结束。在完成一组焊接接头后，每间隔三根轨枕上紧扣件，焊机前行到下一个焊接接头处。钢轨焊接施工流水工位如图 52-22。

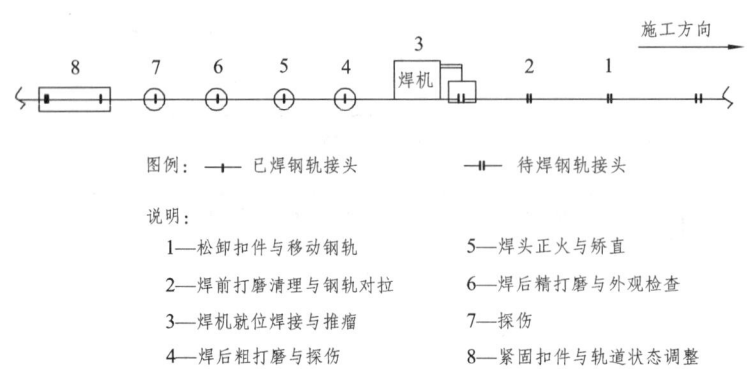

图 52-22 钢轨焊接施工流水工位示意

5. 焊后粗打磨

轨道车移位进入下一个焊接循环后即可开始进行粗打磨,粗打磨利用角磨机对焊缝及附近轨头侧面、轨脚和轨底进行打磨。粗打磨要求使焊缝表面无突然起伏进行超声波探伤。

6. 焊后接头正火

接头正火主要目的是使焊接过程中产生的较大的珠光体和铁素体的晶粒细化,使焊缝达到与母材相接近的晶相组织,增加其韧性。

正火时,焊头温度应降至 500 ℃ 以下,然后用氧气和乙炔加热器将焊缝加热,轨头加热至表面温度不高于 950 ℃,轨底脚加热至表面温度不高于 830 ℃,再自然冷却。正火时应严格控制温度,如果正火时局部温度过高,钢轨可能会产生局部过烧现象,从而影响钢轨的机械性能,特别是冲击韧性。正火温度太低将起不到细化晶粒的作用,正火温度采用红外测温仪控制,同时作好正火记录。

7. 钢轨调直、精细打磨

待焊缝正火完毕后,温度降低到 300 ℃ 以下时,对钢轨进行调直处理,用专用工具进行检查(焊缝居中):水平方向工作边的不平直度不大于 0.5 mm,垂直方向的不平直度不大于 0.5 mm,拱量限制在 0.5~1.0 mm。

焊接接头冷却至常温后进行精细打磨,精细打磨采用仿形钢轨打磨机进行,局部不平整用扁平锉或细砂皮纸进行纵向打磨,直至符合规定。打磨时应注意控制节奏,不得因打磨过快使局部析出马氏铁而发黑、发蓝。打磨应纵向进行,不得出现横向打磨痕迹,打磨面应平整有光泽。

8. 焊接接头超声波探伤

每个钢轨焊头均进行超声波探伤。在焊缝处温度降低至 50 ℃ 以下后方可进行探伤,冷却可以用浇水法进行,但浇水前钢轨温度不得高于 250 ℃。在经打磨过的钢轨轨底、轨腰、轨头上均匀涂抹探伤专用油作为耦合剂,然后用探头进行探伤,并做好记录。探伤结果不得大于 $\phi 3$ 当量人工平底孔伤,否则将该焊头切除重焊。探伤结果不得有未焊透、过烧、裂纹、气孔、夹渣等有害缺陷。如有此类问题的接头,必须剔除处理,并做好记录。

9. 数据的记录及分析

每完成一个接头的焊接、除瘤、打磨等工作后,将相关数据、信息等资料收集、整理,同时加以分析、存档。

10. 焊接接头的检验

超声波探伤:每个钢轨焊头均进行超声波探伤检查。

外观检查:每个焊接接头均进行外观检查。钢轨焊头纵向打磨平顺,不得有低接头,用一米直尺测量钢轨焊头的不直度符合表 52-1 规定。

表 52-1　钢轨焊头不直度允许误差

焊头部位	接触焊/mm
轨顶面	+0.3，0
轨头内侧工作面	0.3
轨底	+0.5，0

钢轨焊头轨顶面及侧面应预打磨，轨头及轨底上圆角在 1.0 m 范围内应圆顺，不允许横向打磨，母材打磨深度不超过 0.5 mm。接触焊焊头在轨底上表面焊缝两侧各 150 mm 范围内及距两侧轨底角边缘各为 35 mm 的范围内应打磨平整。表面粗糙度 Ra 的最大允许值为 12.5 μm。

在焊缝两侧各 100 mm 范围内表面无明显的压痕、碰痕、划伤缺陷。焊头不得有电击伤。

11. 生产检验

出现下列情况之一时进行生产检验：连续焊接 200 个接头；焊机工况变化，对某个焊接参数进行修正之后；焊机出现故障、记录曲线异常，故障排除之后；焊机停焊钢轨 1 个月以上，开始焊接生产前。生产过程中每焊接 200 个钢轨焊头，随机加焊 7 根试件进行抽样检查。经落锤、硬度等检验合格后方可继续生产。若有 1 根及以上试件不合格时应予复验。

第一次复验：对不合格试件加倍取样复验，经检验合格表示生产检验结果合格；若试件中有 1 个及以上不合格，应再复验。

第二次复验：对不合格试件加倍取样复验，经检验合格表示生产检验结果合格；若试件中有 1 个及以上不合格，判定生产检验结果不合格。

生产检验的项目及试件数量见下表 52-2。

表 52-2　生产检验的项目及试件数量　　　　　　　　　　　　　　　　　　单位：个

外观	超声波探伤	落锤	硬度	断口
7	7	5	2	5（利用落锤试件）

注 1. 硬度试件 2 个，包括测试轨顶面硬度 1 个和测试纵断面硬度 1 个。
　　2. 外观和超声波探伤检验合格后的试件作为落锤和硬度试件。

（三）工程实例照片

图 52-23　钢轨

图 52-24　钢轨焊接　　　　　　　　　图 52-25　钢轨正火

六、无缝线路施工

（一）施工流程图

拉伸器滚筒法工艺流程如图 52-26 所示。

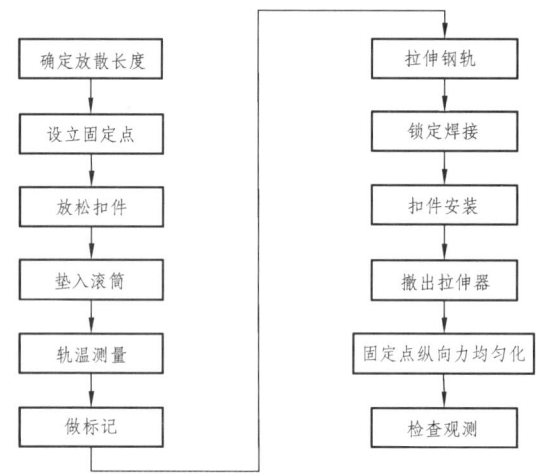

图 52-26　拉伸器滚筒法工艺流程

（二）控制要点

1. 无缝线路锁定施工

铺设无缝线路的施工方法有两种，即"连入法"和"插入法"。"连入法"是先将第一段单元轨节应力放散，并在设计锁定轨温范围内予以锁定，再将第二段单元轨与上一段单元轨节经过锁定焊接，然后应力放散依次锁定成为无缝线路的施工方法。"插入法"是在两段相邻的单元轨中间插入一对经过计算确定的单元轨，对单元轨节放散应力进行锁定焊接的作业方法。

2. 应力放散施工操作要点

无缝线路有下列情况之一者应再次进行应力放散重新锁定，使其符合设计要求：

（1）实际锁定轨温超出设计锁定轨温范围。

（2）不符合无缝线路锁定应遵循的原则。

（3）无缝线路锁定后钢轨产生不正常的过量伸缩。

（4）无缝线路锁定后固定区钢轨出现严重的不均匀位移。

3. 轨道整理

单元轨节锁定成无缝线路后应进行轨道整理作业。轨道整理作杭海城铁公司要抓好以下各项工作：

（1）修打磨不平顺焊缝，提高轨面的平顺性。

（2）调整轨距及水平。

（3）取钢轨的爬行量，复核锁定轨温。

（4）根据设计要求继续做好未完成的工作，使之达到交验标准。

4. 无缝线路质量要求

无缝线路质量要求见表52-3。

表52-3 无缝线路质量要求

序号	项目	要求
1	锁定轨温	锁定轨温及长轨节始端、终端落槽时的轨温均在设计锁定轨温范围以内，高架线±22 °C，地下线±25 °C，相邻单元轨节锁定轨温差不超过5 °C，左右两股长轨节的锁定轨温差不超过3 °C
2	长轨节轨端相错量	长轨节轨端相错量不超过40 mm
3	联合接头距轨枕边缘距离	工地焊接联合接头，右焊瘤情况，距轨枕边缘距离不小于40 mm
4	位移观测桩	埋设齐全牢固、观测标志清晰
5	无缝线路位移量	铺设后，五天观测无缝线路纵向位移，伸缩区两端位移量不大于20 mm，中桩处位移量不大于5 mm
6	钢轨硬弯	钢轨硬弯经过矫直，矫直后用1 m直尺测量矢度不超过0.5 mm
7	缓冲区钢轨接头	缓冲区钢轨接头轨面及内侧要求平齐，误差不超过1 mm
8	缓冲区轨缝	在中和温度范围内测量，缓冲区轨缝在2～9 mm内
9	缓冲区钢轨接头螺栓	缓冲区钢轨接头螺栓使用ϕ24-49级螺栓和平垫圈，数量6个齐全，螺栓涂油，螺母扭矩达到900 N·m
10	扣件	扣件的轨距垫块顶严密靠压紧，要求弹条3点接触（相应螺母扭矩达到100～150 N·m），不良的不超过8%，橡胶垫无缺陷，歪斜量大于5 mm的不超过8%，螺母涂油
11	轨枕位置	轨枕方正、均匀，误差不超过40 mm
12	道床	道床断面符合规定尺寸，且整洁、均匀、密实
13	焊接接头	符合TB/T 1632.（1～4）—2014《钢轨焊接》的规定
14	线路几何状态	符合验收标准

（三）工程实例照片

图52-27 钢轨放散——撞轨

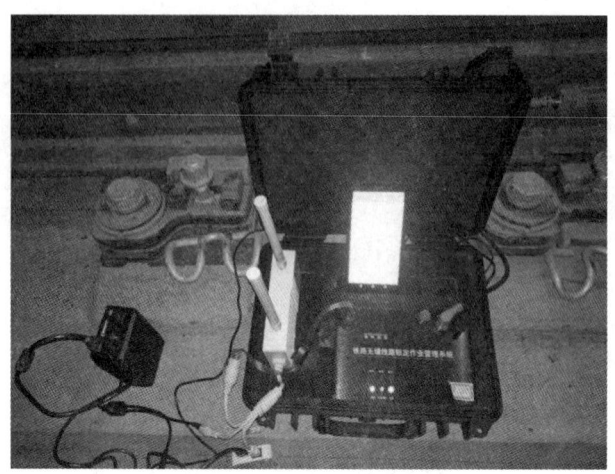

图 52-28　放散数据采集器

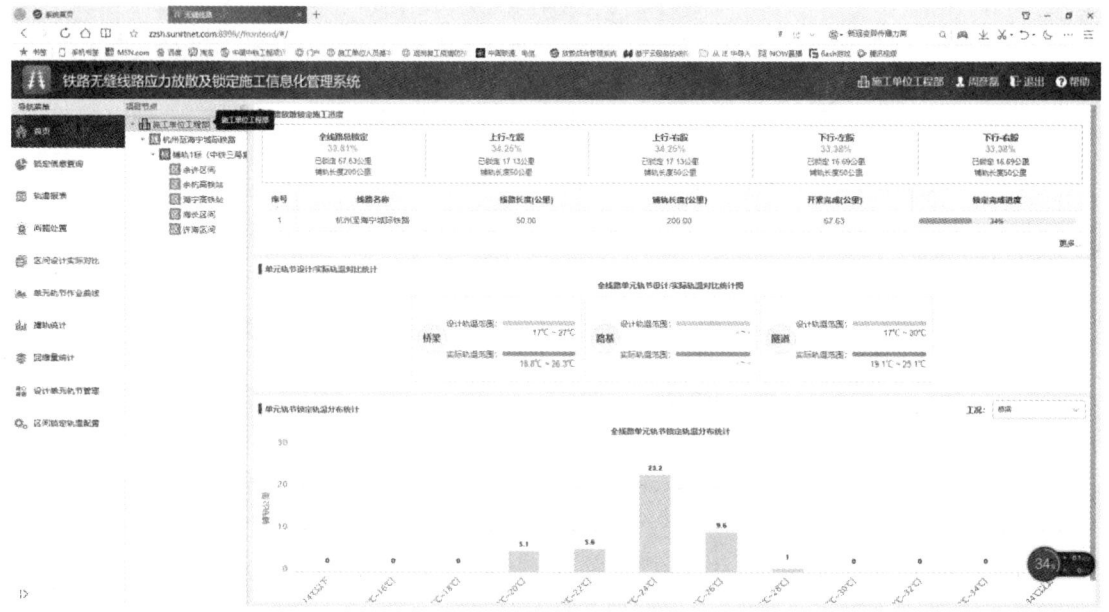

图 52-29　电脑端同步查看放散数据

七、车挡、线路信号标志等施工

（一）控制要点

1. 车挡

正线采用液压缓冲滑动式车挡。

（1）车挡安装。

① 正线车挡安装于线路的基本轨上。车挡由主体架、阻尼器、导向缓冲器及表示器组成，利用阻尼器制动轨与基本轨产生摩擦力阻止车辆滑动的原理，形成对车辆的三级制动。

② 安装车挡要求车挡滑移方向无轨缝，车挡安装处及滑移方向轨道的水平及前后高低误差不得大于 4 mm，车挡安装位距线路终端应留有一定的滑移距离，根据设计要求参照说明书确定。

③ 安装车挡时应注意尺寸要求，采用专用扭力扳手将所有螺栓锁紧。安装完成后应在线路基本轨轨腰处用油漆注明安装位置标记，以便日后检查。严禁在制动摩擦块与线路基本轨轨面间，以及车

挡滑移范围内的线路基本轨轨头部位上涂抹防锈油脂。

（2）车挡安装质量标准。

车挡各部结构联结应符合设计规定，主要技术指标应调试到设计要求，地下线占用轨道长度为15 m，高架线占用轨道长度为25 m。车挡的撞击部位需与本工程车辆的车钩相关参数统一。

2. 线路及信号标志

（1）线路及信号标志安装。

① 线路标志有百米标、坡度标、曲线要素标、圆曲线及缓和曲线起终点标、水准基点标、竖曲线始终点标、警冲标等。除警冲标外，线路标志分别设于每线列车运行方向的右侧。

② 与工务有关的信号标志有限速标、停车位置标、进站预告标、警冲标等。信号标志（警冲标除外）设于列车运行方向的线路右侧，警冲标设在两设备限界交汇处。

（2）线路及信号标志安装质量标准。

线路及信号标志安装位置按设计图纸要求铺设。各种标志应鲜明醒目，字迹清晰，埋设牢固，外观应端正，无俯仰歪斜和损坏，位置正确。

（二）工程实例照片

图 52-30　安装线路标志

第五十三章　供电系统施工

第一节　工程概况

一、工程简介

杭州至海宁城际铁路工程供电系统由主变电所、35 kV 供电环网、牵引降压混合变电所及降压变电所、接触网系统、电力监控系统、杂散电流腐蚀防护系统及供电车间组成。新建长城主变电所、斜城主变电所，新建 14 座牵引降压混合变电所、5 座跟随式降压变电所。架空接触网供电电压采用 DC 1 500 V。根据城市电网外部电源的分布情况，杭州至海宁城际铁路工程全线设置 2 座 110/35 kV 主变电所、14+1 座牵引变电所及 AC 35 kV 中压供电网络分区。采用 DC 1 500 V 电压，通过架空接触网给车辆供电。全线速度目标值为 120 km/h，采用 B 型车 4 辆编组，远期高峰小时最大行车密度 22 对/小时。

二、主要工程数量

新建 35 kV 牵引混合变电所 14 座，新建 35 kV 跟随式变电所 5 座，主要工程数量见表 53-1。

表 53-1　主要工程数量表

序号	工程项目名称	单位	数量	备注
环网专业				
1	电缆支架	套	124 758	
2	接地扁钢	米	116 486	
3	35 kV 环网电缆	米	317 424	
4	电缆附件	套	536	
5	差动光缆	米	151 934	
6	直通托盘	米	69 764	
7	遮阳板	米	34 151	
8	侧面遮阳板	米	34 173	
杂散电流专业				
1	参比电极	个	200	
2	传感器	台	200	
3	单导光电传感器（对射式）	对	5	车辆段

续表

		杂散电流专业			
4		单导光电传感器（反射式）	个	6	车辆段
5		智能检测装置	套	13	与排流柜配套
6		测量电缆	米	2 070	
7		4 芯通信电缆	米	21 735	
8		电力电缆	米	7 320	
9		排流柜	台	13	
10		均流电缆	米	22 544	1×150 mm²
11		连接电缆	米	41 916	1×95 mm²
12		连接电缆接线端子	套	83 668	
13		电缆保护管	米	16 213	
14		系统调试	所	13	
15		室内光缆	米	5 900	
16		杂散电流监控主站	套	1	
17		单向导通装置	台	8	
18		镀锌接地扁钢	米	320	
		接触网专业			
1		柔性接触网			
	1.1	支柱	根	2 073	
	1.2	硬横梁	组	33	
	1.3	高架段吊柱	根	54	
	1.4	腕臂	组	2 429	
	1.5	拉线	处	614	
	1.6	棘轮补偿装置	处	310	
	1.7	承力索	米	177 419	
	1.8	接触线（高架段）	米	171 551	
	1.9	架空地线（高架段）	米	61 862	
	1.1	避雷器	台	50	
	1.11	小型设备	台	1 972	
	1.12	接地及安装	处	16	
	1.13	分段绝缘器	台	13	
	1.14	隔离开关	处	54	
	1.15	均回流箱	台	16	
	1.16	电缆敷设	米	12 270	
	1.17	标志牌	块	4 341	

续表

2	刚性接触网			
2.1	隧道吊柱	根	677	
2.2	汇流排	米	24 304	
2.3	隧道悬挂底座	处	7 128	
2.4	接触线（地下段）	米	24 955	
2.5	架空地线（地下段）	米	24 074	
2.6	隧道中锚	处	125	
2.7	刚柔过渡	处	8	
2.8	接地及安装	处	10	
2.9	分段绝缘器	台	5	
2.1	隔离开关	处	34	
2.11	均回流箱	台	10	
2.12	电缆敷设	米	10 690	
2.13	标志牌	块	3 644	含刚柔过渡
疏散平台专业				
1	高架段疏散平台工程量清单			
1.1	T型钢梁	根	31 047	
1.2	水泥基步板	块	31 047	
1.3	钢步梯	套	18	
1.4	接地扁钢	米	31 977	
2	盾构段疏散平台工程量清单			
2.1	盾构段钢梁	套	12 667	
2.2	复合材料板	米	18 683	
2.3	扶手	米	18 683	
2.4	盾构段钢梯	套	80	
3	明挖隧道段疏散平台工程量清单			
3.1	现浇疏散平台	米	3 114	
3.2	疏散平台栏杆	米	1 874	
3.3	现浇楼梯	处	2	
3.4	钢梯	套	8	

第二节　施工组织

一、组织机构

机电3标段项目经理部的组织形式根据施工项目的规模、结构复杂程度、专业特点、人员素质和地域范围确定，本项目工程规模较大，包括变电所施工、环网电缆、接触网、杂散电流、声屏障、疏散平台、可视化接地装置监控系统等专业工程，专业性非常强，工程将分布于全线，范围较广，根据其特点按项目管理组织设置两个项目经理部（机电3标及机电4标）。由项目管理层和作业层有机结合，项目管理机构根据工程的要求，配备最强的施工技术人员和管理人员。

管理机构人员及素质要求：

（1）各标分别设设：项目经理一名，全权代表项目部，并与杭海城铁公司建立联系，全面主持供电系统项目的实施；设项目常务副经理一名，负责现场施工、成本管理、质量、安全等控制要素；设总工程师一名，全面负责项目的技术协调、设计联络、施工技术方案制定等工作；设安全总监一名，全面负责施工现场质量、安全把控、监督、检查及整改回复工作。

（2）项目经理部设置五部一室：工程部、物资部、安质部、工程经济部、财务部、综合办公室。

（3）根据现场施工需求项目经理部下设架子队，分别按要求配置管控层和作业层，管控层包括专职队长、技术负责人、技术员、质检员、安全员、试验员、材料员、领工员和工班长等。

二、总体筹划目标

（1）斜城主变至车辆段送电时间：2020年6月15日。
（2）余许区间高架段—浙大国际学院站完成时间：2020年3月7日—2020年8月15日。
（3）许村站—浙大国际学院站环网具备受电条件：2020年9月5日。
（4）余许区间高架段—浙大国际学院站接触网具备受电条件：2020年9月20日。
（5）联调联试时间：2020年11月28日—2021年2月28日。
（6）专项工程验收时间：2020年11月28日—2021年2月28日。
（7）试运行时间：2021年3月1日—2021年5月27日。
（8）试运营评估时间：2021年5月28日—2021年6月29日。
（9）开通试运营时间：2021年6月30日。

三、资源配置

根据杭州至海宁城际铁路供电系统工程施工规模和施工环境条件配置工程机械设备类型和数量。结合现场调查情况和杭海城铁公司要求，配置合理的施工机械类型结构，以满足不同施工阶段对各类施工机械的使用要求。

对所有大型施工机械设备实行各项目经理部统一调配管理，根据现场施工进度及场地作业面情况进行动态调整和计划使用，保证各个节点工期的按计划实现。表53-2、表53-3为主要机械配备情况。

表53-2 主要机械配备（一）

序号	设备名称	规格型号	数量	国别产地	生产能力	备注
1	25T汽车吊	25T徐工吊	2		25吨	
2	8T大型货车	7.6 m东风天锦	4		8吨	
3	自制立杆吊		2		8吨	
4	轨道车		1			
5	路用平板车	13 m 60T	1			

续表

序号	设备名称	规格型号	数量	国别产地	生产能力	备注
6	发电机	三相380 V	15			
7	交流弧焊机	BX1-250A	2			
8	对讲机		20			
9	游标卡尺		2			
10	母线煨弯机	液压	2			
11	手搬葫芦	3T	20			
12	倒链	1.5T	8			
13	液压千斤顶	QYLJ5	6			
14	手动液压叉车	YCH-3	4			
15	冲击钻	HILIT TE-75	20	喜力德		

表53-3 主要机械配备（二）

序号	设备名称	数量	规格型号	主要工作性能指标
1	水准仪	2台	S3	02级
2	接地电阻测试仪	2台	ZC-2PB	0.5级
3	经纬仪	2台		
4	兆欧表	4块	ZC-8	1 000 V 1 000 MΩ
5	兆欧表	4块	ZC-11	2 500 V 2 500 MΩ
6	直流验电器	2台		1 500 V
7	电气检测车（高压）	1辆	YM-1	220 kV
8	电气检测车（低压）	1辆	ECJ-1	
9	兆欧表	1台	BM11D	500～5 000 V
10	红外线激光测量仪	6台	DJJ-8	
11	万用表	10台		

第三节　主要施工工艺及控制要点

一、变电所施工

（一）施工流程

施工流程如图53-1所示。

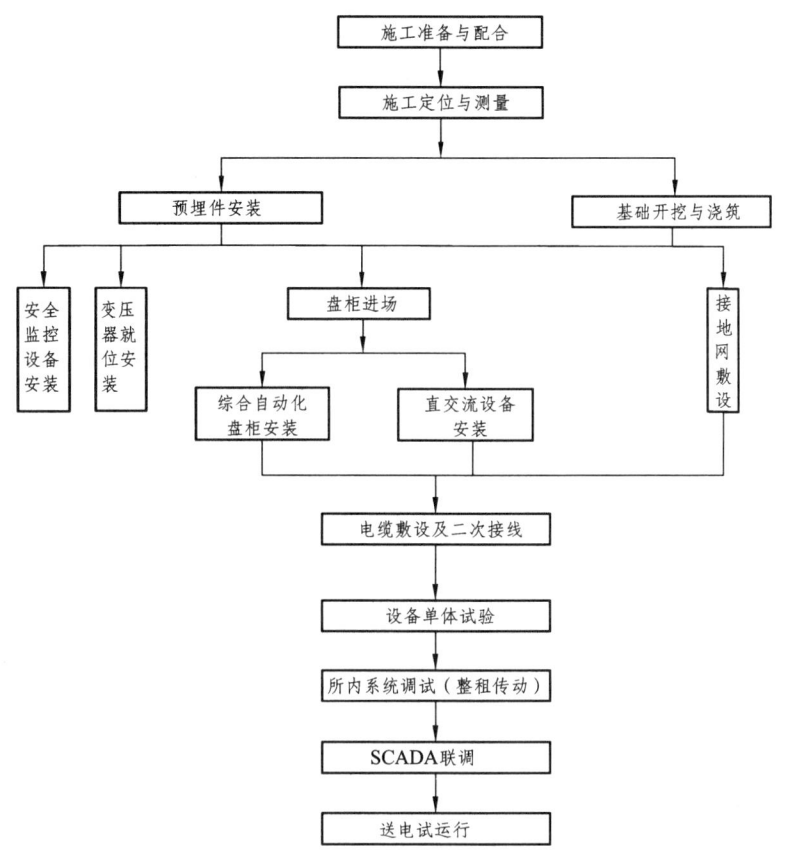

图 53-1 变电所施工流程

（二）控制要点

1. 变电所设备基础预埋

施工流程如图 53-2 所示。

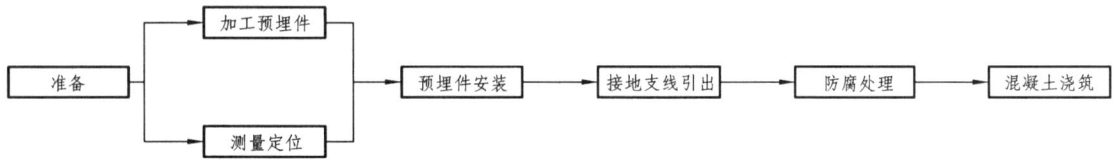

图 53-2 变电所设备基础预埋施工流程

2. 施工步骤

（1）定位、测量。

① 依据各变电所平面布置图、预埋件布置图和现场预留孔洞情况在结构地板上放样出基础槽钢安装基准线。

② 根据安装基准线，正确摆放好槽钢，用钢卷尺测量基础槽钢是否符合设计图纸中的距离要求。

（2）基础预埋件固定。

① 依据弹出的基础槽钢安装基准线，正确摆放好槽钢，用钢卷尺测量基础槽钢是否符合设计图纸中的距离要求。

② 在设备房的每组预埋件顶面选取不少于 3 个点，测量其标高并记录测量值，原则上将已测量出的最高点为基点调整预埋件至于最终地坪面标高线，当变电所地坪面高于站厅层时，以变电所地面最高点为基准安装基础预埋件。

③ 预埋件调正并核对无误后，用点焊固定，点焊时应保持槽钢水平、平直，点焊时应时刻观察水平尺中的气泡是否在中心、水准仪数据是否偏移，若气泡移位应立即停止点焊，进行调整后继续开始点焊。

④ 全面复测各基础预埋件标高，数据无误后再将所有固定点逐点全断面焊接。

（3）接地支线安装。

在每组设备基础槽钢的两段焊接接地支线镀锌扁钢后煨弯引至接地干线。

（4）防腐处理。

① 基础槽钢全部焊接后，敲掉焊缝焊渣并打磨，清除锈蚀。

② 基础槽钢先刷一遍防锈漆后刷两遍富锌漆。

二、变压器安装

（一）施工流程

施工流程如图 53-3 所示。

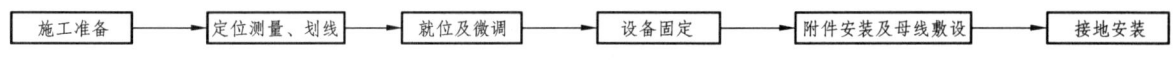

图 53-3　变电所变压器安装施工流程

（二）施工步骤

1. 定位测量、划线

根据图纸要求在变压器柜底板上画出变压器就位轮廓线，并在变压器本体槽钢上做出位置参照标记。

在变压器四面各找一个点，并做出标记，然后根据图纸要求的固定位置，在变压器底板上做出变压器四面各点的对齐点，以便微调时目测。

2. 就位

变压器使用移运器运至现场，对准位置后，使用起道器将变压器顶起，移开移运器，将变压器放在木方上，然后使用撬棒将变压器撬起，拿开木方，最后将变压器缓慢放下。

3. 设备固定

在变压器底板上钻 $\phi 14$ 的孔，用 M12 的螺栓与变压器基础型钢攻丝固定或螺母固定。

4. 附件安装及母线敷设

变压器固定后安装网栅，网栅与变压器母排及电缆头等带电体应保持足够的绝缘距离。温控仪安装在变压器网栅上，显示面板位置与人眼基本平齐，便于读数。

温控仪电缆敷设于变压器网栅内壁上，用扎带绑扎牢靠。

站用变的高压母排一般采用垂直式或水平式，电缆包箍或支撑件均应可靠接地。

低压电缆连接采用双螺帽固定，三相弧度一致，到端子箱采用电缆桥架内敷设。对于较粗的电缆应考虑端子箱安装位置及接线位置。隔离刀的安装采用加长连杆方式，为防止拉弧或意外，隔离刀操作处隔离一般采用 4 mm 厚钢板。

5. 接地安装

按设计要求，做好中心点接地、基础底座及外壳接地。

站用变和接地变一样在网门外侧加装接地端子，作为检修挂接电线专用接地点。

三、高压柜安装

(一)施工流程

施工流程如图 53-4 所示。

图 53-4 高压柜安装施工流程

(二)施工步骤

1. 设备运输及进场

盘柜随变电所其他设备一起进场。

设备运到施工现场后,及时进行开箱检查,检查开关柜外壳是否有碰撞痕迹,各部位螺栓应紧固,油漆完整无锈蚀现象。

检查开关柜铭牌是否与设计相符,产品说明书、合格证、备品备件等技术资料应齐全,并做好收集工作。

2. 盘柜组立及拼接

根据开关柜的安装孔尺寸,定出第一面开关柜安装孔位置,然后用钢卷尺定出所有开关柜的安装孔位置,复核安装孔的对角线应相等。

安装孔位置无误后用手电钻在槽钢上打孔,用攻丝器攻丝。

用液压叉车将开关柜运至基础槽钢附近后,按设计图纸要求利用线坠或水平仪校整开关柜的垂直度,调整完毕后应及时将其固定,第一面开关柜安装到位。

用同样方法将第二面开关柜运至第一面柜附近约 1 m 远(以能容一人进出的宽度为限)的位置,调整两柜盘面保持在同一水平面上。

用吸尘器将开关柜外表面清扫干净,拿掉母线套筒防护罩并拆除套筒外侧法兰挡板。

检查套筒内母排固定螺栓是否缺失,松开母线双层铜排间的联接螺栓并取出套筒内的干燥剂。用洁净的无纺布和脱脂棉蘸无水酒精(或丙酮)将套筒内表面、法兰连接面及母线铜排清理干净。

将硅脂(或中性凡士林)均匀涂抹至法兰连接面及法兰密封圈上,将密封圈压到法兰连接面处。

平行移动第二面柜缓慢接近第一面柜,柜移动过程中,在柜顶母线套筒操作法兰孔处和两柜联接处观察母线的搭接情况,当出现母线联接错位及相邻盘柜不在同一水平面等情况时,应及时调整。

两柜母线及套筒法兰完全接触后,检查接触面吻合情况,如有错位应及时调整。

在柜顶母线套筒操作法兰孔处用力矩扳手将两面柜的母线铜排连接螺栓拧紧,对操作孔再次清洁后,安装套筒操作法兰盘。

3. 安装固定

将剩余的开关柜连接完毕后,即可进行下一道工序:安装固定。

4. 接地线安装

将柜间的接地铜排连接完成后,用万用表测量,确定所有接地铜排已贯通,用 50 mm^2 铜编织线将柜接地铜排与接地扁钢连接起来,接地线数量应不少于两处。

四、电缆敷设

(一)施工流程

施工流程如图 53-5 所示。

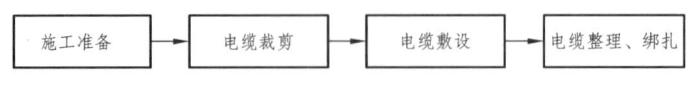

图 53-5 施工流程

(二) 施工步骤

1. 电缆裁剪

(1) 电缆检查。

检查电缆型号、电压、规格应符合设计要求,电缆外观应无损伤,绝缘良好。

(2) 电缆裁剪。

按电缆清册裁剪电缆,并在电缆两端标上回路编号标签。

2. 电缆敷设

(1) 一般原则:在变电所电缆夹层电缆敷设时,电力电缆和控制电缆不应敷设在同一层桥架上;但 1 kV 以下的电力电缆和控制电缆可并列敷设在同一层桥架上。高低压电力电缆、强电、弱电控制电缆应按顺序由下而上敷设,控制电缆在支架上敷设不宜超过一层,桥架上不宜超过三层。

(2) 电缆排列具体方法:按照设计图纸要求;尽量避免电缆在桥架上相互交叉。

(3) 根据设计提供的施工图纸定出电缆在电缆托架上的排列顺序,依次为高压电缆、控制电缆、电力电缆、通信电缆,使其符合规范的要求;

(4) 将牵引绞磨、电缆支架、地滑轮、锹把及相关辅助工具、材料运至施工现场;根据牵引绳长度,固定绞磨位置,在电缆走行区段内每 10 m 放置一地滑轮,在两地滑轮之间放一锹把,以防电缆拖地,划伤电缆表皮;

(5) 按电缆盘上的箭头指向架设好电缆盘;

(6) 用电缆牵引头稳固电缆并与绞磨牵引绳连接牢固后进行电缆拖放,在电缆盘处设专人控制电缆的滚动或制动;

(7) 在拖动电缆前应做好临时电缆编号,标明电缆起迄点及规格型号;

(8) 拖放完一条电缆后,由辅助人员将电缆放置在电缆托架上,每 2 m 固定一次,在垂直方向、电缆井出口、拐弯、偏斜角度大于 45°的地方每 1 m 固定一次。

(三) 工程实例照片

图 53-6 设备基础预埋件

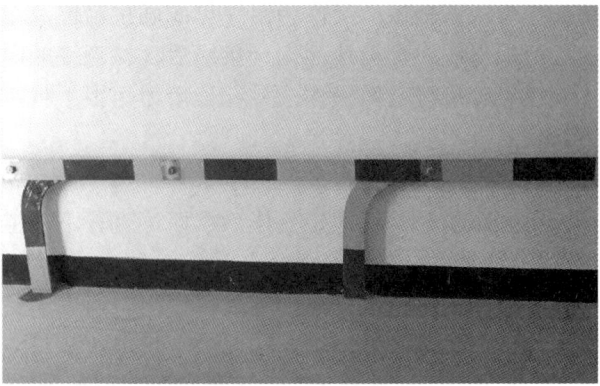

图 53-7 环形接地

图 53-8　电缆夹层电缆支架

图 53-9　高压开关柜

图 53-10　直流设备

图 53-11　二次设备及其控制室

图 53-12　电缆敷设整齐

图 53-13　二次电缆整齐美观

五、环网电缆施工

（一）施工流程图

环网电缆施工工序流程如图 53-14 所示。

（二）控制要点

1. 系统电缆敷设方式

地下区间电缆敷设方式：地下区间供电系统上下行系统电缆敷设在隧道侧墙的电缆支架上，当电缆过线路渡线时，电缆以隧道顶部电缆吊架敷设的方式过轨。

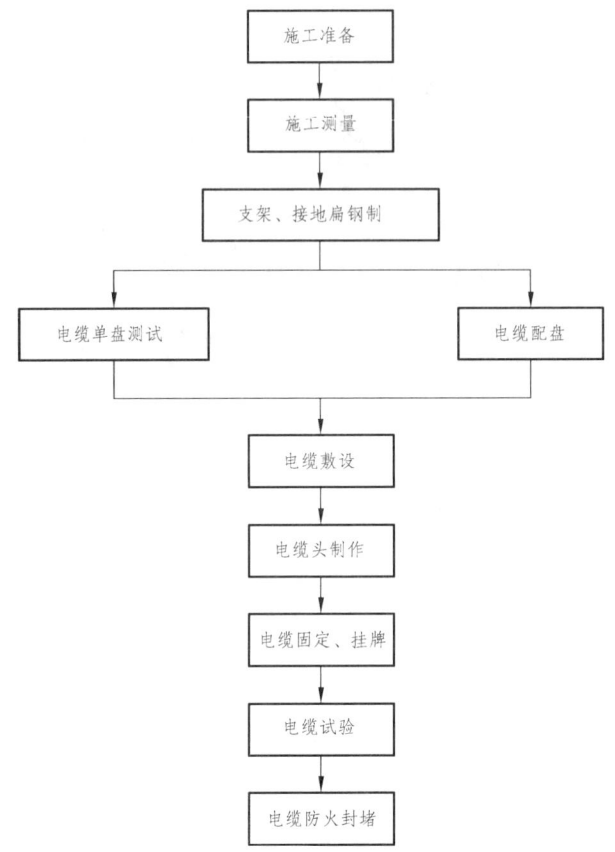

图 53-14 电缆工程施工工序流程

地面区间电缆敷设方式：地面区间供电系统上下行系统电缆敷设在线路一侧的电缆支架上，上下行两回路电缆敷设在不同的电缆支架上。

车站电缆敷设方式：系统电缆敷设在站台板下的电缆通道内，电缆采用桥架的方式敷设。车站内电缆过轨设置专门的电缆通道或在车站端部设置电缆梯架。

2. 轨道车敷设电缆

采用轨道车牵引电缆平板车，在平板车上制作电缆放线架，并安装导向装置，以轨道车为牵引力进行电缆敷设。施工过程中根据电缆规格型号的不同分别校核电缆牵引力及侧压力，牵引车速度均匀且不大于 20 m/min。

3. 人机结合敷设电缆

在站台夹层敷设电缆时，宜采用该种敷设方法。电缆夹层内地形狭窄、能见度低、转弯较多、障碍物多，机械化作业难以展开。因此为保证电缆在敷设过程中不受损伤，应采用以人力牵引为主、机械绞磨牵引为辅的敷设方式。

先将电缆盘架在放线架上，架盘时放线架要摆放牢固，底座应平整、坚实，放线杠保持水平，电缆盘距地面不宜超过 100 mm。直线区段每隔 3～5 m 摆放一个托滚，在转弯处设置转角滑轮，将电缆置于托滚之上。牵引电缆时不使其与地面发生摩擦，以机械（卷扬机、绞磨）和人工两者兼用的方法牵引电缆。

4. 电缆固定

系统电缆在电缆接头及水平敷设每隔 3.2 m 处、转弯处采用电缆卡子与电缆支架进行刚性固定，电缆用电缆扎带在每个支架处进行绑扎固定，直流联跳电缆按图纸要求进行绑扎固定。在电缆终端头、电缆接头、拐弯处、夹层内、电缆竖井的上下两端,及时挂设电缆牌。电缆整理时,应排列整齐避免交叉。

5. 35 kV 电缆头制作安装

电缆头是电缆运行过程中的薄弱环节,因此电缆接头制作工艺在电缆施工环节尤为重要。35 kV 单芯冷缩电缆中间头制作流程如图 53-15 所示。

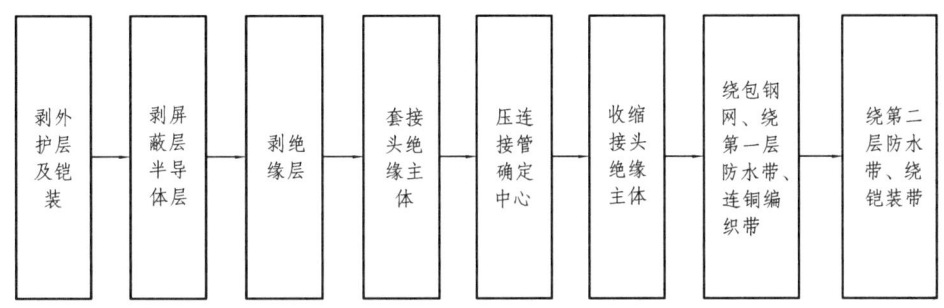

图 53-15　35 kV 单芯冷缩电缆中间头制作流程

(1) 剥外护层及电缆铠装层。

将测试合格的,准备连接的两根电缆末端搁平、调直、对接聚齐;然后将一根电缆剥除 850 mm 长护套,另一根电缆剥除 350 mm 长外套。

(2) 剥屏蔽层和半导体电层。

用扎线在离电缆外护套断口 30 mm 处将铠装扎紧,其余铠装层割除;从铠装断口起保留 20 mm 内护层;再从待连接的两根电缆由末端向两端各量取 270 mm,剥除这部分的铜屏蔽层,用半导电带将铜屏蔽切断处扎紧,保留 50 mm 半导电层,其末端 220 mm 长剥除半导电层。

(3) 剥绝缘层。

量取电缆连接管长度 L,以 $L/2$ 长度将电缆端部绝缘及内屏蔽层剥去,并将绝缘端部尖角、毛刺去掉;用细砂纸或纱布,将绝缘层平面砂平、打光、绝缘层与半导电层相连接处平滑过渡,不允许成齿状。

(4) 套接头绝缘主体。

将铜屏蔽保留较长的一根电缆的绝缘层、半导电层和铜屏蔽层用清洁巾清理干净待清洁剂挥发后,套入扩张后接头绝缘主体,衬管条伸出的一端要先套入电缆。将接头绝缘主体和电缆绝缘临时保护好。

(5) 压接连接管,确定中心。

用砂布去线芯表面氧化层,然后用清洁巾将连接管内外表面及线芯清洗干净,待清洁剂挥发后将连接管分别套入待连接两根电缆的线芯,挤紧后先压连接管两端,再在连接管中间压接两道(共压接 4 道);将连接管表面的毛刺、尖角等砂平,用清洁巾将连接管表面清洗干净。(注意:不得在线芯及连接管上绕包任何材料、不能在接头位置留有金属渣或其他导电物。) 确定已连接好的两根电缆绝缘端部的中心,去掉临时保护,由中心位置向电缆一端量取 245 mm,做好记号。

(6) 收缩接头绝缘主体。

用清洁巾将电缆的绝缘层、半导电层和铜屏蔽层、线芯表面、连接管表面再清洗一次,待清洁剂挥发后,在电缆绝缘层上均匀抹一层硅脂;将扩张后接头绝缘主体移至连接中心位置,沿逆时针方向均匀抽掉衬管条,抹尽挤出的硅脂。在绝缘主体两端,从电缆铜屏蔽层上开始,搭接约 5 mm 绕 2~3 层防水带至绝缘主体上并搭接约 50 mm 并在其上绕包两层半导电带。

(7) 绕包铜网、绕第一层防水带、连铜编织带。

将铜网以半重叠方式绕抱到中间接头,铜网两端分别与电缆铜屏蔽层搭接,用镀锡铜扎线扎紧,在两端扎线处用锡焊牢；或用弹簧抱箍抱紧。从一端内护层上开始将防水带拉长到约1.5倍以半重叠方式绕至另一端内护层上，注意：胶粘层应紧贴内护层，绕完第一层防水带。接着连铜编织带，将铜编织带两端分别通过镀锡铜扎线扎紧在两电缆铠装上，并在扎线处用锡焊牢，或用弹簧抱箍抱紧，将铠装层连通。

（8）绕第二层防水带、绕铠装带。

连接铜编织带后，从一端护套层上搭接100~120 mm照上述方法将防水带绕至另一端外护层上100~120 mm，完成第二层防水带缠绕。

按照铠装带说明书在第二层防水带上以半重叠方式绕包铠装带。电缆中间接头制作完毕。

（三）工程实例照片

图 53-16　隧道内电缆支架桥梁电缆支架

图 53-17　电缆敷设

图 53-18 高压电缆头电缆中间接头

图 53-19 高压电缆终端头

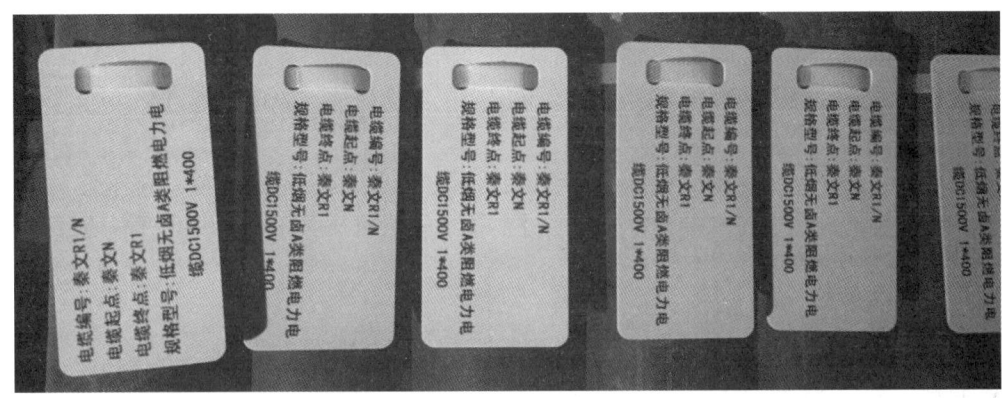

图 53-20 电缆标识

六、杂散电流施工

（一）施工流程
杂散电流施工工序流程如图 53-21 所示。

（二）控制要点
1. 电缆测量及预埋螺栓安装

提前调查施工现场，确保预埋螺栓满足设备安装。

根据设备实际的位置，测量排流端子至排流柜的连接电缆，排流柜至负极柜的连接电缆的长度

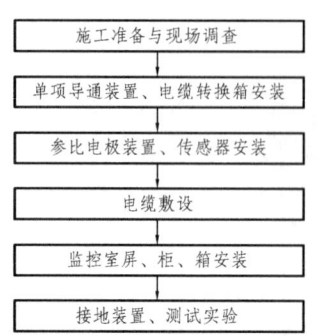

图 53-21 杂散电流施工工序流程

注意事项：依据设计图纸确定符合每个监测室屏、柜、箱位置，基础外形尺寸符合设计要求，允许偏差+20～0 mm，螺栓间距允许偏差为1 mm/m，全长允许偏差为2 mm。

2. 单项导通装置安装

主要技术及参数要求：

（1）单向导通装置并联在钢轨绝缘节处，除保证列车正常轨道回流电流通过外，还能保证短路电流通过。

（2）单向导通装置正向反向均可视供电系统运行情况导通，同一时刻仅单方向导通。当有列车通过绝缘节时，单向导通装置应可靠导通，列车通过后该装置应可靠关断。当没有列车通过时，装置可设定单向导通方向或者不导通。

3. 检测室屏、柜、箱安装方案

监测室屏、柜、箱到货后先进行设备检查及报验，再进行安装。盘、柜安装的允许偏差见表53-4，交流耐压试验标准见表53-5。

表 53-4 盘、柜安装的允许偏差

项目		允许偏差/mm
每米垂直度		<1.5
水平偏差	相邻两盘顶部	<2
	成列盘顶部	<5
盘面偏差	相邻两盘边	<1
	成列盘面	<5
盘、柜间接缝		<2

表 53-5 交流耐压实验标准

标称电压/kV	额定电压/kV	额定绝缘电压/kV	OV	工频耐受电压	
				A/kV	B/kV
0.75	0.9	1.2	3	3.6	4.3
			4	5.5	6.6
0.75	0.9	1.8	3	4.6	5.5
			4	6.9	8.3
1.5	1.8	2.3	3	5.5	6.6
			4	8.3	10
1.5	1.8	3	3	6.9	8.3

（三）工程实例照片

图 53-22　单向导通装置外部、内部

图 53-23　单向导通装置

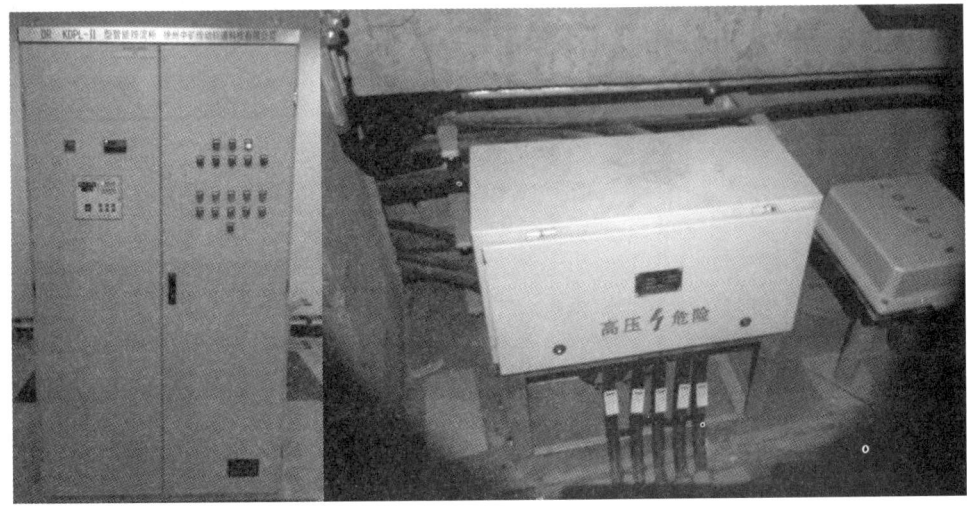

图 53-24　排流柜电缆转换箱

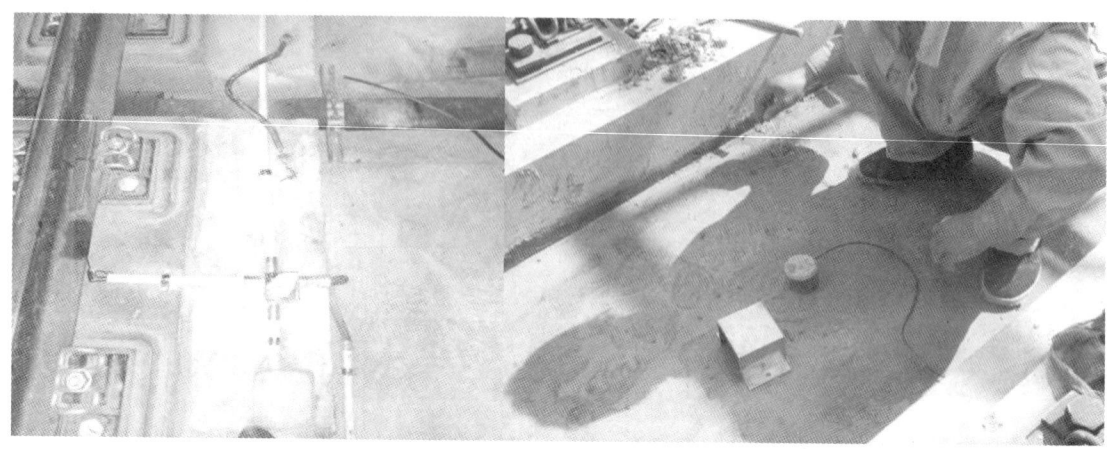

图 53-25　参比电极

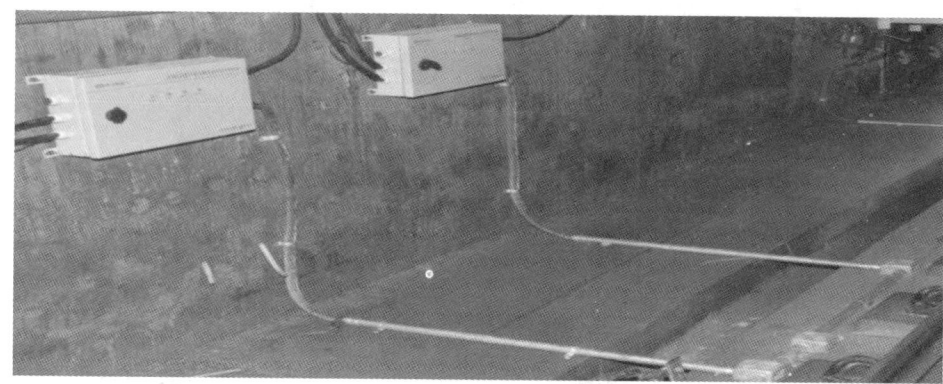

图 53-26　传感器

七、接触网施工

(一) 施工流程

接触网施工流程如图 53-27 所示。

(二) 控制要点

1. 支柱安装

（1）在支柱安装前要检查支柱型号是否与设计型号一致；

（2）钢柱承载后应直立或向受力反侧略有倾斜，允许偏差符合规范要求；

（3）钢柱表面应平整光洁，镀锌层完整，支柱本身无弯曲变形、碰伤等质量缺陷；

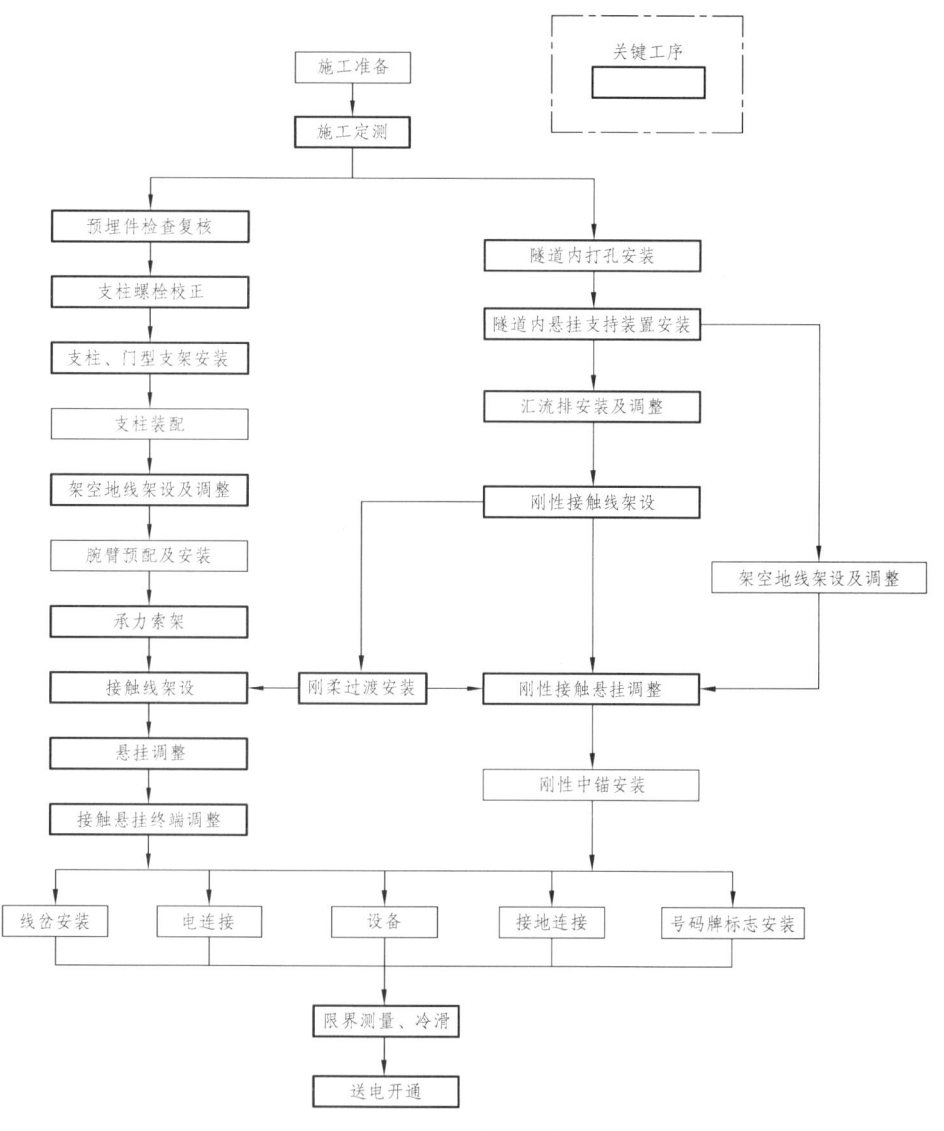

图 53-27 施工流程

注：加粗表示关键流程。

（4）支柱挠度（f）不应大于 $L/1\,000$；

（5）装卸车过程中要使用尼龙吊带吊装，运输过程中，要特别注意保护钢柱的镀锌层，防止碰撞；

（6）在工地存放时，每层之间要有垫木，并在边缘安放防止滚动的三角形垫木，现场堆码层次不得超过 3 层。

2. 支柱整正

（1）钢柱侧面限界符合设计要求，在任何情况下，不得侵入基本建筑限界；

（2）支柱顺线路方向应直立，允许偏差 0.5%；锚柱端部向拉线侧倾斜，允许偏差 0%～1%；支柱横线路方向向受力反侧倾斜，允许偏差 0%～0.5%；门型架支柱顺、横线路方向均应直立，允许偏差 0.3%；

（3）螺母垫片应齐全，受力均匀，紧固力矩应达到设计要求，紧固时应对角循环紧固。

（4）垫铁数量和厚度应符合整正标准的要求：单块面积不小于 50 mm×100 mm，每处垫片总厚度不大于 30 mm，且不多于 3 片。

3. 门型架安装

（1）两支柱连线应垂直线路正线，两支柱及门型架位于同一垂面内；

（2）同一组门型架的基础面应等高，门型架挠度符合设计要求，门型架出厂时已经预起拱 0.3%L（长度的 0.3%），在门型架安装前要复核拱度；

（3）对运抵现场的门型架质量进行自检，并向监理报验；现场有技术人员指导，首次安装由厂家培训指导；

（4）吊装作业及存放时使应有保护镀锌层的措施。

4. 定位索安装

（1）一组门形架上、下部定位索安装高度以此组股道中最高轨面为基准。定位索抱箍安装高度：下部定位索高度=接触线至轨面连线高度+300 mm；上部定位索高度=接触线至轨面连线高度+1 215 mm，允许误差±20 mm，定位索安装水平。

（2）定位索均应在张力较小的一侧安装弹簧补偿器，弹簧补偿器初始安装张力应根据现场温度调节。弹簧补偿器（1～3 kN）安装曲线如图 53-28 所示。

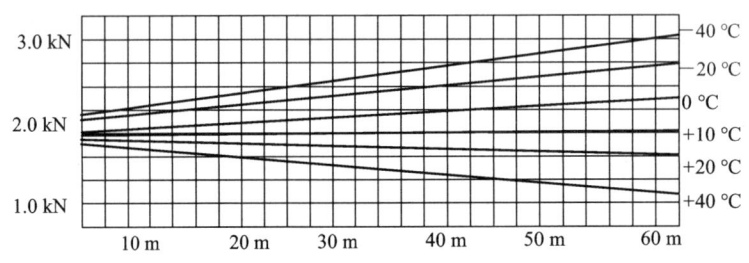

图 53-28　弹簧补偿器（1～3 kN）安装曲线

（3）定位索上的定位环线夹缺口有方向性：其缺口应朝向受力的反侧，即缺口薄弱部分不能受力。

（4）楔形线夹有主受力面，铜绞线在线夹内回头主线应位于其主受力面一侧。楔形线夹回头外露 250 mm，回头采用 1.5 mm 单股铜线进行绑扎 100 mm，绑扎时应密贴而不重叠，具体绑扎方法和尺寸如图 53-29 所示。

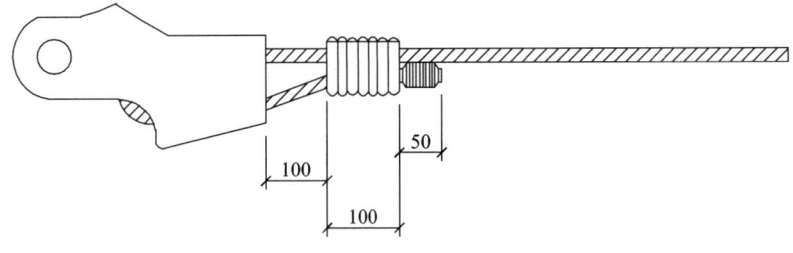

图 53-29　尺寸示意图

（5）定位索斜拉线（含软定位拉线）均为 35 mm² 青铜软绞线通过 35 型钳压管与 35 型心形环做永久固定，固定方式为压接型，回头外露长度≥5 mm。

（6）节点 9 中两线间的绝缘子应安装在两线路的中心位置，上下部定位索绝缘子应对齐。

5. 支柱装配

（1）腕臂上、下底座安装高度应符合设计要求；安装应水平、牢固，垫片齐全，螺栓紧固力矩符合规范及产品要求，底座与支柱密贴。双底座槽钢两侧安装水平。

（2）腕臂棒式绝缘子排水孔朝下；垂直穿向销钉，应由上向下穿，水平穿向的销钉，应由田野侧穿向线路侧。

（3）腕臂上各部零件安装方向应使腕臂整体位于同一平面上。

(4) 承力索、接触线在补偿器处的额定张力应符合设计要求，补偿器重量的偏差为额定重量的±2%，限制架安装应符合设计要求，补偿传动灵活，砼串无卡滞现象。

(5) 张力补偿的调整应符合设计安装曲线，坠砣距地面偏差不大于±200 mm，在任何情况下距地面不得小于 200 mm。坠砣完整、码放整齐、表面光洁，连接螺栓紧固螺栓外露部分涂防腐油。

(6) 补偿棘轮轮体必须垂直。

(7) 检查所有开口销的掰开角度要达到 120°。

(8) 坠砣限制架方向应与下锚方向一致。

6. 承导架设

(1) 承力索、接触线及终端锚固的规格、型号应符合设计要求。

(2) 承力索、接触线应按设计锚段长度对号架设（符合线盘的标示是否与将架设的锚段是否相符）。承力索、接触线不得有接头。

(3) 棘轮装置应符合设计要求，补偿绳应无磨支柱和拉线现象，坠砣必须整串进行配重，保证重量误差 1%以内（根据料库标示的重量符合，禁止使用厂家的重量标示）。

(4) 接触线的规格、型号应符合设计要求。

(5) 正线接触悬挂工作支改变方向时，该线与原方向的水平夹角不宜大于 4°，困难情况下不宜大于 6°。

(6) 承力索架设区段的腕臂应做临时固定。直线和曲外地段每隔 3～4 跨固定一次，曲内区段应全部固定。复线区段上、下行两相对的支柱腕臂头可用双根 ϕ4.0 铁线相互拉紧，铁线不宜过紧，能承受紧线时腕臂偏移力即可。单线区段支柱腕臂可以安装临时固定角钢加固。

(7) 棘轮装置转动灵活，坠砣完整无损，排列整齐，缺口方向错开 180°并保证坠砣不被支柱或其他物件卡滞。

(8) 架线车架线时运行速度要求 5 km/h。

(9) 挂线的放线滑轮应和承力索配套，采用铝滑轮（即专用放线滑轮）。

(10) 双承双导的锚段两端的调整螺丝分别安装在两条承力索上。

(11) 锥套式承力索应避免二次使用，因此施工时应特别注意，安装说明如下：

① 检查零件型号与被夹持的承力索型号是否一致。

② 承力索截断处的两端应用 ϕ1.6 铁线绑扎，再用断线钳截断。

③ 锥筒螺栓螺纹向外，六方在里套入线索，用时推动捆扎铁线向里移动，使线索露出螺纹端面约 30 mm。

④ 将露出线索外层向外分开。

⑤ 将锥子套入在里层线索上，使锥子大端与线索端面平齐。

⑥ 将线索外层均匀地分布在锥子外面，并且外层线不得落入锥子的槽内，同时推动锥筒螺栓夹紧线索和锥子，将终端双耳旋在锥筒螺栓上，用扳手夹持锥筒螺栓进行固定，再用扭矩扳手紧固终端双耳至 80 mm。

⑦ 卸下螺栓销、螺母、开口销，将耳环零件穿入终端双耳的双耳中间，同时穿上螺栓销，再上螺母，穿上开口销并分开大于 30°。

⑧ 零件受负荷后，再次紧固，并使终端双耳的双耳垂直于水平面。

接触线终端安装如图 53-30 所示。

7. 设备安装

(1) 隔离开关。

① 隔离开关底座上面要确保水平，并且底座上两安装槽钢要平行；开关拐臂的角度要调至 45°；

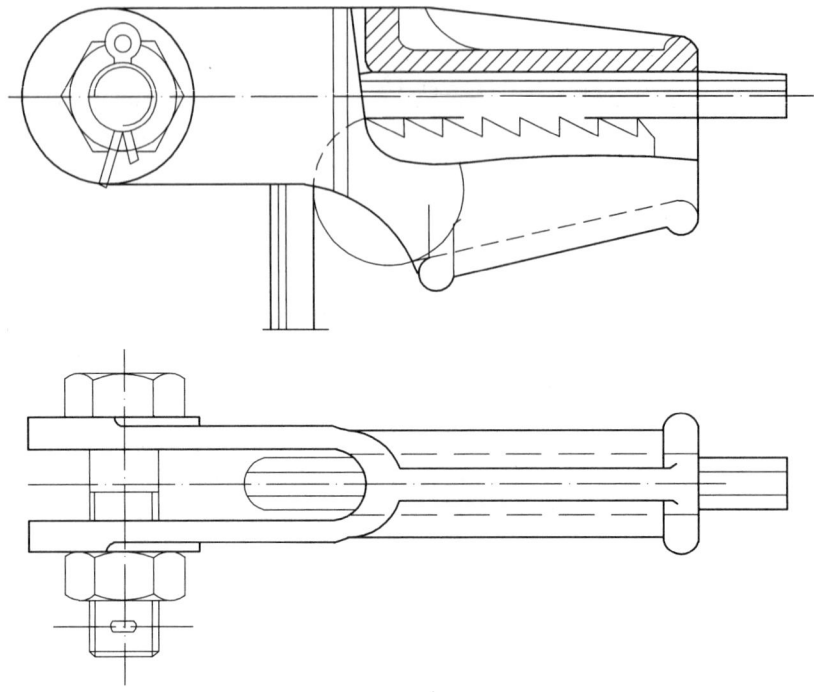

图 53-30　接触线终端安装示意

② 隔离开关刀闸在任何状态下都要与其他接地体保证 200 mm 的安全距离；当开关打开时刀闸部分与接线铜排之间最小绝缘间隙不得小于 250 mm。

③ 开关主刀闸与接地刀之间联锁要准确、灵活，不得有卡滞，当主刀闸完全闭合时，接地刀要保证与开关绝缘子保持 90°。

④ 开关主轴与拐臂连接时，应使花键块在固定块开口的反方向

⑤ 连接开关的 400 mm² 电缆的转弯半径应≥20D（D 为 400 mm² 电缆的外径），连接开关的 150 mm² 电缆在转弯半径应≥6d（d 为电缆的外径），且过度美观，电缆爬越绝缘子时应与绝缘子裙边有一定的间隙。

⑥ 接线端子、电连接线夹等有电气连接的部件安装时必须在接触面上涂抹电力脂，并且要涂抹均匀；

⑦ 电缆在与腕臂绑扎时需留出足够余量，防止腕臂随温度变化移动时电缆扯得太紧。

（2）分段绝缘器。

① 分段绝缘器的安装位置（无论是在直线或是曲线上），接触线的拉出值应为零，最大允许拉出值误差范围为±50 mm。

② 分段绝缘器必须位于承力索或吊索绝缘子的正下方；接触线和导流板之间的过渡必须尽可能地平缓。

③ 分段绝缘器及导流板与受电弓的接触面必须平行于轨平面。

④ 调整完毕后，要将各部位螺栓、螺母拧紧，达到设计扭矩值；接触线连接线夹螺杆的紧固力矩为 50 N·m，副帽的紧固力矩为 20 N·m，接触线定位线夹和导流板固定螺母，紧固力矩为 50 N·m。

⑤ 当分段绝缘器位于交叉渡线时，应保证受电弓从其他线路通过时不能碰触分段绝缘器的导流板，并保证受电弓最外沿与分段绝缘器瞬间距离＞100 mm。

（3）避雷器。

① 带串联间隙避雷器保证其放电间隙为 60±3 mm。

② 避雷器接地工频电阻不大于 10 Ω。

③ 避雷器电连接电缆在与腕臂绑扎前需留出足够余量，防止腕臂随温度变化移动时电缆扯得太紧。

④ 与开关配套安装时，应保证开关支架水平，操作动作灵活。

8. 接地连接安装

（1）全线所有不带电金属部分均应与架空地线连接。

（2）电缆接线端子与设备连接触处需均匀涂抹电力脂。

（3）汇流排接地挂环安装位置应符合要求，安装稳固，连接处的接触面应清洁，并均匀涂抹电力脂。

（4）电缆均需预留由于温度变化产生的伸缩量。

（5）接地极接地电阻不大于 10 Ω。

（6）接地跳线在隧道壁上应固定牢靠，两端连接牢固、导通良好，布置顺直美观，固定卡布置均匀合理。

（7）接地线固定螺栓及卡子等对带电体要保证安全距离，静态不小于 150 mm，动态不小于 100 mm；

（8）接地极埋入地下深度不小于 600 mm，开挖时需注意地下直埋电缆和管道。遇到通信电缆时，接地极需保证与通信电缆 3 m 的距离，如地形受限需加绝缘防护，但保证最小 1m 的距离。

9. 隧道内锚栓钻孔安装

（1）在打孔过程中应始终保持钻头与钻孔所在的面垂直。

（2）钻孔孔深：根据各种锚栓的使用说明和技术要求进行施工，不允许有负误差。

（3）钻孔时，碰到钢筋，可顺线路位移 4~5 cm 重新定位，移位时同组钻孔都要进行移动保证孔间距符合要求。

（4）钻孔时应避开隧道伸缩缝、漏水等部位，保证 500 mm 以上的距离。

（5）化学锚栓安装前清孔要彻底，保证最少 2 吹，2 刷再 2 吹。

10. 隧道内悬挂支持装置安装

（1）悬吊安装底座应水平安装；坡道上的悬吊安装底座顺线路方向水平度偏差应以汇流排安装在汇流排定位线夹内能自由伸缩为原则。

（2）悬吊槽钢应与安装地点的轨平面平行。

（3）悬垂吊柱及 T 形头螺栓应铅垂安装，倾斜度误差应不大于 1°；坡道上的悬垂吊柱及 T 形头螺栓顺线路方向铅垂度偏差应以汇流排安装在汇流排定位线夹内能自由伸缩为原则。

（4）汇流排定位线夹与绝缘子安装稳固，汇流排在汇流排定位线夹内应能自由伸缩、不卡滞。

（5）连接螺栓紧固力矩应符合设计和产品技术要求，安装牢可靠，紧固件齐全。

（6）T 形头螺栓最下端距离受电弓（运行时）最小距离 150 mm；T 形螺栓的 T 形头应与悬吊安装底座垂直，以达到最好的受力效果。

（7）悬吊安装底座、悬吊槽钢、绝缘横撑、悬垂吊柱、T 形头螺栓等构件无变形，镀锌层完整，螺栓在满足绝缘距离要求的情况下应有不少于 $0.25D$ 的调节余量（困难地段除外），螺纹部分应涂油防腐。

（8）在曲线区段固定悬吊槽钢处的垫片为斜垫片，按倾斜角度分为 I 型和 II 型，安装时要按要求进行安装。

11. 汇流排安装及调整

（1）汇流排终端安装完成后，与汇流排或汇流排终端之间的底部钳口应对齐，同时间隙≤1 mm，底面应平顺利用 1 m 长水平尺靠近检测最大缝隙不能>1 mm。

（2）连接螺栓紧固力矩为 50~55 N·m；汇流排终端端头夹紧螺栓的紧固力矩为 25~32 N·m。

（3）紧固连接螺栓过程中应注意汇流排终端与汇流排或汇流排终端的相对位置。

（4）汇流排对接接头尽可能靠近悬挂定位点，避免处于或靠近跨中，对接接头也应避开处于悬挂定位线夹位置，安装时中间接头上大筋，应靠近汇流排钳口。

（5）预制的汇流排长度不能小于设计规定值。短汇流排切割面应与汇流排中心线呈直角，且保证整个Ⅱ形截面平整。

（6）根据现场测量的实际跨距值，合理编排汇流排安装表，按安装表进行施工。

（7）汇流排断面对称中轴线应垂直于所在处的轨顶连线平面，偏斜不应大于1°；汇流排终端到相邻悬挂点的距离为1 800 mm，允许误差：+200 mm，−100 mm；汇流排连接缝与定位线夹边缘距离不小于200 mm。

（8）刚柔过渡切槽元件中接触线接头线夹安装在相应位置。螺栓紧固力矩为44～56 N·m，垫板固定螺栓紧固力矩为25～32 N·m。

（9）钻孔时钻头方向与钻套轴心线方向尽量一致，以保证ϕ12孔的中心线与汇流排侧腰平面垂直。

12. 隧内接触线架设

（1）放线前要确保汇流排线槽内电力脂涂抹均匀，中心锚节线夹固定牢靠。

（2）每个锚段端头处接触线要预留，一般预留100～150 mm，沿汇流排终端方向顺延并上翘，一般情况下对接地体的距离要求，静态不小于150 mm，动态不应小于100 mm。

（3）放线小车前后四个导轮应保证同时卡在汇流排导道上。

（4）放线小车中间顶丝装置对接触线施加的压力应适中。

（5）放线小车后定位轮在放线过程中应避免对沟槽产生侧向作用力。

（6）一个刚性锚段的接触导线，中间不得接头。

（7）汇流排终端端头夹紧螺栓的紧固力矩为25～32 N·m。

13. 隧内中锚安装

（1）在直线区段，锚固底座中心线位于汇流排中心线的正上方；曲线区段锚固底座中心线位于中锚在汇流排上锚固线夹处汇流排中心线的延伸线的正上方。误差为±30 mm。

（2）中锚两端底座距中心锚固点的距离相等，其安装误差为±50 mm。

（3）中心锚结拉线拉力应适度，两端拉力应一致，且不能使中锚点出现负弛度；与汇流排的夹角应保持在30°～45°。

（4）中心锚结绝缘子表面无损伤，接地端至带电体应不小于150 mm。

（5）采用下锚吊柱落锚时，注意下锚吊柱下端距汇流排不得小于150 mm。

14. 设备安装

（1）隔离开关。

① 隔离开关底座上面要确保水平，并且底座上两安装槽钢要平行；开关拐臂的角度要调至45°。

② 隔离开关刀闸在任何状态下都要与其他接地体保证200 mm的安全距离；当开关打开时刀闸部分与接线铜排之间最小绝缘间隙不得小于250 mm。

③ 开关主轴与拐臂连接时，应使花键块在固定块开口的反方向。

④ 连接开关的400 mm² 电缆的转弯半径应≥20D（D为400 mm²电缆的外径），连接开关的150 mm² 电缆在转弯半径应≥6d（d为电缆的外径），且过度美观，电缆爬越绝缘子时应与绝缘子裙边有一定的间隙。

⑤ 接线端子、电连接线夹等有电气连接的部件安装时必须在接触面上涂抹电力脂，并且要涂抹均匀；⑧ 隔离开关底座接地良好，接地电阻不大于10 Ω；DC 1 500 V电力电缆用1 000 V摇表绝缘测试结果须为∞。

⑥ 隔离开关要能平稳准确地分合闸。

（2）分段绝缘器。

① 分段绝缘器的安装位置（无论是在直线或是曲线上），接触线的拉出值应为零，最大允许拉出值误差范围为±50 mm。

② 接触线和导流板之间的过渡必须尽可能地平缓；分段绝缘器及导流板与受电弓的接触面必须平行于轨平面。

③ 当分段绝缘器位于交叉渡线时，应保证受电弓从其他线路通过时不能碰触分段绝缘器的导流板，并保证受电弓最外沿与分段绝缘器瞬间距离＞100 mm。

④ 汇流排与分段绝缘器连接接头，螺母扭矩达到规定力矩 55 N·m。

⑤ 将要安装分段绝缘器的汇流排，必须与轨面保持平行，必须处于同一直线上。

15．各类杆号牌安装

（1）号码牌的字应位于中间位置，均布排列，字体采用 120 字高的宋体字，号码牌边缘距字体边缘不小于 50 mm。

（2）隧道内号码牌安装高度：区间为距轨面 1 800 mm，车站距轨面 4 150 mm，特殊地段安装高度调整至易查看的位置。

（3）隧道内号码标示为白底红字。

（4）支柱上和简单悬挂上号码牌为蓝底白字，反光材料，安装在距轨顶面以上 4 500 mm 的高度，安装在田野侧。

（5）号码牌和标志牌要安装牢固，不易脱落，距带电体保证安全距离，静态不小于 150 mm，动态不小于 100 mm。

（三）工程实例照片

图 53-31　支柱

图 53-32　腕臂装置

图 53-33　门形框架及定位索

图 53-34　补偿装置

图 53-35　拉线　　　　　　　　　　图 53-36　附加线架设

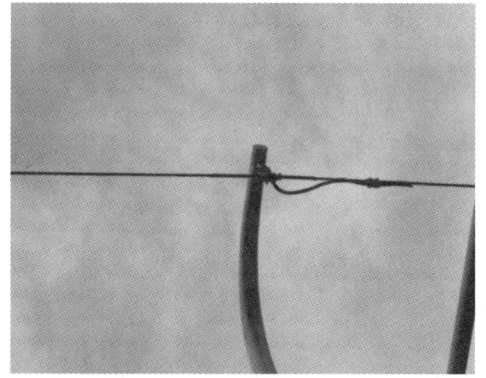

图 53-37　附加线降低肩架　　　　　图 53-38　附加线接地跳线

图 53-39 定位装置

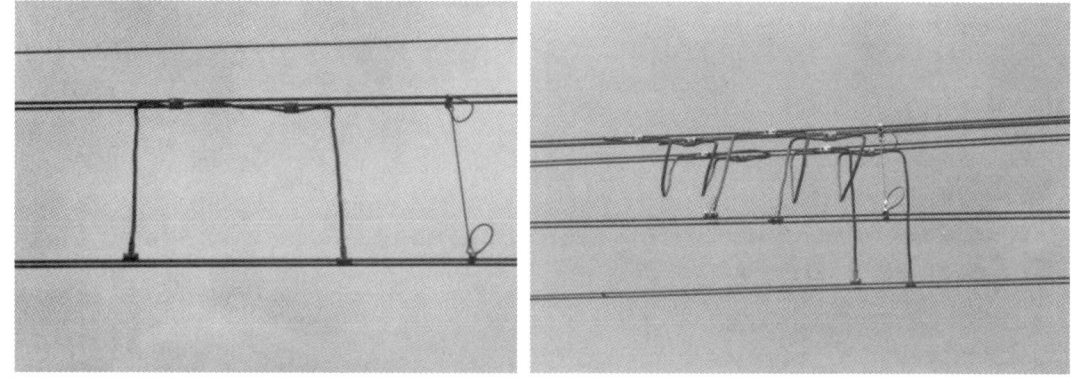

图 53-40 电连接

图 53-41 分段绝缘器安装

图 53-42 隔离开关安装

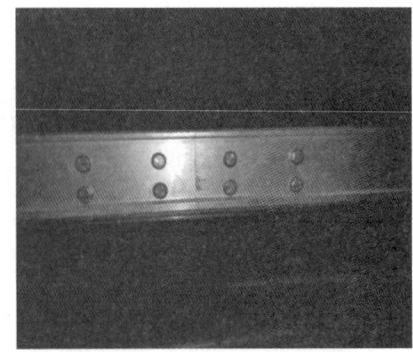

图 53-43　汇流排及中间接头

图 53-44　中心锚结　　　　　　　图 53-45　接触线终端

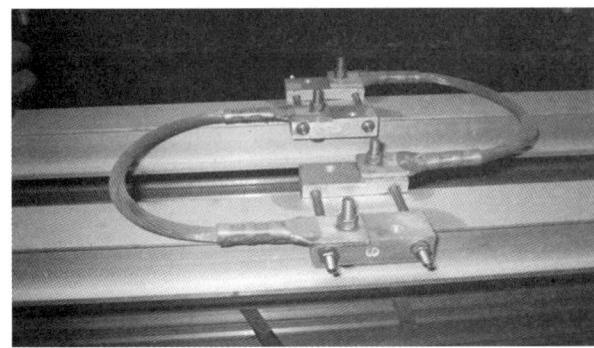

图 53-46　电连接　　　　　　　　图 53-47　分段绝缘器

第五十四章 通信系统施工

第一节 工程概况

一、工程简介

杭海城际铁路项目通信系统包括专用通信、公安通信。专用通信系统由传输系统、专用无线系统、公务电话系统、专用电话系统、广播系统、时钟系统、乘客信息系统、集中录音系统、数字广告系统、集中告警系统、通信电源及接地等子系统组成,包含各子系统线缆敷设、设备安装、配线、调测等施工内容。

公安通信系统主要有公安通信线路、公安电源系统、公安数据网络、公安无线系统、公安视频监视等子系统组成,包含各子系统的缆线敷设、设备安装、配线、调测等施工内容。

自动售检票系统主要包括中央计算机系统、车站计算机系统及车站终端设备、车辆段维修系统、培训系统等子系统组成。包含各子系统的线缆敷设、设备安装、配线、调测等。

二、主要工程数量

通信系统主要工程数量见表54-1。

表54-1 主要工程数量

序号	工程项目名称	单位	数量	备注
专用通信工程主要工程数量				
1	主干光缆敷设	米	104 500	
2	接地扁钢制作	米	28 000	
3	电缆托架安装	米	28 000	
4	桥架敷设	米	21 800	
5	漏缆敷设	米	99 875	
6	子系统线缆敷设	站	13	
7	区间设备安装	区间	12	
8	传输设备安装	站	13	
9	专用无线设备安装	站	13	
10	专用电话设备安装	站	13	
11	公务电话设备安装	站	13	
12	广播系统设备安装	站	13	
13	时钟设备安装	站	13	

续表

序号	工程项目名称	单位	数量	备注
专用通信工程主要工程数量				
14	乘客信息系统设备安装	站	13	
15	集中录音系统设备安装	站	13	
16	集中告警系统设备安装	站	1	
17	专用电源及接地设备安装	站	13	
18	数字广告设备安装	站	5	
公安通信系统主要工程数量				
1	计算机网络系统安装	站	13	
2	公安无线系统安装	站	13	
3	公安电源系统安装	站	13	
4	公安视频监视系统安装	站	13	
5	区间线缆敷设	米	117 000	
6	区间设备安装	区间	2	
自动售检票系统主要工程数量				
1	中央计算机系统安装	站	1	
2	车站计算机系统安装	站	12	
3	维修系统安装	站	1	
4	培训系统安装	站	1	
5	进站检票机	通道	55	
6	出站检票机	通道	56	
7	双向检票机	通道	34	
8	宽通道检票机	通道	26	
9	综合服务终端	台	26	
10	自动售票机	台	73	
11	半自动售票机	套	27	

第二节 施工组织

一、施工组织流程图

通信系统施工组织流程如图 54-1 所示。

二、项目筹划

根据通信系统施工工程的特点分为五个阶段进行施工：

第一阶段：施工准备：主要工作内容为施工现场、人员、技术准备；组织初步设计联络；设备、材料订货、采购；施工现场调查、测量；与政府有关部门办理相关工程施工许可证；与土建承包商确定施工接口关系、接口内容、提供时间等事项。

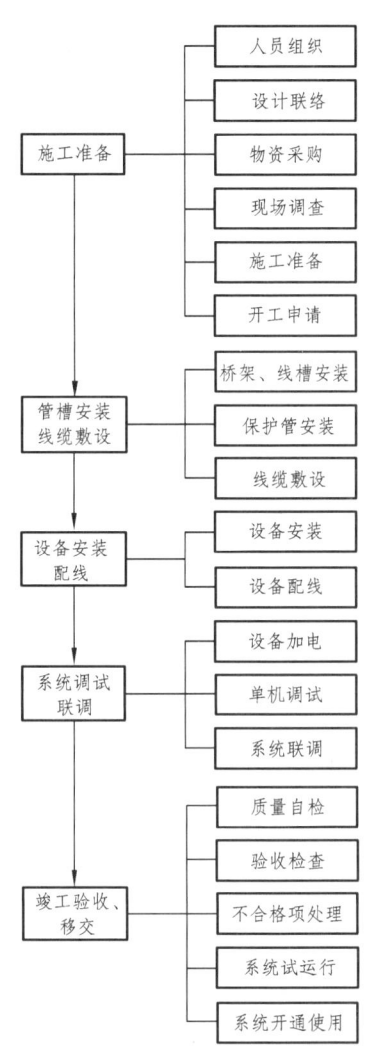

图 54-1 施工组织流程

第二阶段：主要工作是钢管、线槽的预埋，托架、支架的安装，光缆、电缆、漏泄同轴电缆敷设，属于劳动力密集型施工项目，需要与土建相关施工项目同步进行。

第三阶段：主要为设备安装，包括各车站、停车场、控制中心各子系统设备安装，安排经过专门培训的技术工人负责该项目的施工，并配备足够的劳力，确保施工质量和工期。

第四阶段：系统调试及联调，首先进行电源系统、传输系统调试，为其他各子系统调试提供通道，然后再分别进行各子系统分别调试及系统联调；系统调试工作由各子系统负责人及在安装过程中积累了经验的人员配合设备厂家完成。

第五阶段：竣工验收、移交；进行工程质量自检、配合验收单位检查、不合格项处理、系统试运行、系统开通使用。

三、主要施工设备情况

主要施工设备情况如表 54-2 所示。

表 54-2 主要设备情况表

序号	机械名称	规格型号	数量	产地	额定功率/kW
一	机械设备				
1	工程指挥车	小型	3	中国	
2	载重汽车	解放	2	中国	
3	随车吊	东风	1	中国	
4	面包车	中型	10	中国	
二	常用工具				
1	冲击电钻	博士	6	中国	0.54
2	手枪钻	博士	6	中国	0.35
3	飞机钻	东城	2	中国	3.2
4	套丝机	安捷顺	4	中国	0.85
5	切割机	东城	3	中国	1.6
6	电焊机	ZX7	3	中国	
7	砂轮机	DCA	6	中国	1
8	吸尘器	杰诺	2	中国	4.8
9	抽湿机	多乐信	4	中国	2
10	发电机	DE	5	中国	5.5
11	混凝土切割机	CW6121	3	中国	4.8
12	手动搬运车		3		
13	液压弯管器		3		
14	红外墨线仪	莱赛	3		
15	漏缆电缆接续专用工具		3	中国	
三	常用仪表				
1	光时域反射仪	NK6000	1	美国	
2	光功率计	JW3208	3	中国	
3	光源	JW3109	3	中国	
4	2M 误码仪	CT321A-2M	1	中国	
5	工程宝	WSD3500	3	中国	
6	水准仪	LM530	3	中国	
7	接地电阻测试仪	AR4105	1	中国	
8	数字万用表	UT33B	3	中国	
9	兆欧表	祥瑞德	2	中国	
10	直流电桥	QJ44	1	中国	
11	光纤熔接机	FSM-40S	1	日本	
12	电缆标牌打印机	JC-80	1	中国	
13	对讲机	摩托罗拉	10	中国	
14	手持网络分析仪	KEYSIGHT	1	中国	
15	网线对号器	NS468AL	5	中国	
16	FAS 设备编码器		2	中国	

第三节 主要施工工艺及控制要点

一、专用通信系统施工

(一)施工流程

(1)线缆敷设施工工序流程如图 54-2 所示。

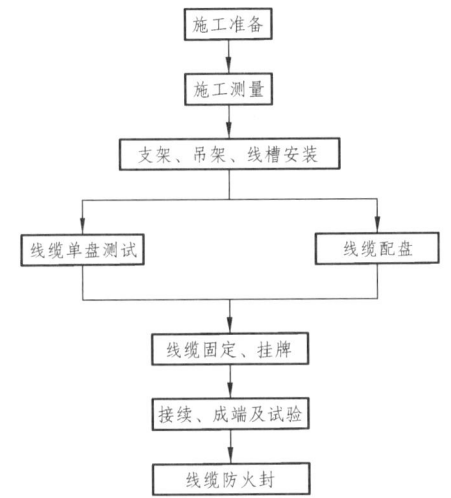

图 54-2 线缆敷设施工工序流程

(2)设备安装施工工序流程如图 54-3 所示。

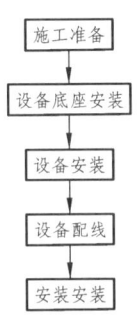

图 54-3 设备安装施工工序流程

(二)控制要点

1. 支架、吊架、线槽的安装

(1)支架吊架水平安装时支架吊架的水平跨距为 1.5～2 m；垂直安装时固定点间距不大于 2 m，同时所有支吊架需在同一直线上并分布均匀。

非直线段支架吊架的安装位置，线槽弯通弯曲半径不大于 300 mm 时，应在距弯曲段与直线段接合处 500 mm（300～600 mm）的直线段侧设置一个支架，当弯曲半径大于 300 mm，还应在弯通中部增设一个支架。

(2)金属线槽的线槽之间、线槽与弯通之间应采用连接板连接，用平垫、弹垫、半圆头螺栓固定，注意半圆头螺栓螺母朝线槽外，工程中使用的线槽连接片应安装在线槽内外两侧，线槽接缝处间隙应严密平整。线槽进行分歧、转弯等应采用专用弯头。连接完成后连接螺栓必须固定牢固。同时，线槽和吊架之间也需要固定。

在线槽上需引出钢管配线时,首先应采用液压开孔器进行开孔,开孔切口整齐、与管径相符合,严禁使用气、点焊割孔,使用盒接头连接钢管与桥架。

(3) 线槽接地:由于通信工程一般采用热浸镀锌金属线槽,表面喷漆,所以线槽之间连接板的两端需设置跨接地线,采用 4 mm² 的铜编织带或多芯铜线;但连接板两端应有不少于 2 个有防松螺帽或防松垫圈的连接固定螺栓。线槽伸缩处应采用编织铜线连接,线槽末端应采用 16 mm² 接地线连接至接地排。

(4) 封堵:线槽穿过隔墙时应使用防火泥对线槽端头进行防火封堵。

制作标准:支架、吊架本体应焊接牢固,无显著变形,钢材应平直,无明显扭曲。支架、吊架、线槽采用热镀锌的防腐方式,镀锌厚度、镀锌重量、镀锌均匀性满足国标要求。

2. 隧道电缆支架安装

(1) 托架布置间距以设计图纸为准,相邻电缆托架的间距应为 1 m(托架孔中至空中间距为 1 m)。

(2) 一组托架孔的垂线铅垂,不得歪斜,钻孔方向垂直于锚固面。

(3) 眼孔间距允许误差为±2 mm。

(4) 托架的孔位应避开墙体裂缝、管片接缝,及有明显渗、漏水部位。要求离开接缝距离不少于 20 cm。

(5) 锚栓的有效锚固深度应为 80 mm。

(6) 托架安装位置正确,连接可靠,同一层托臂要安装在同一水平面。

(7) 在打孔过程中若出现废弃孔洞时(与管片钢筋冲突时),应及时进行封堵。

3. 线缆敷设

(1) 光电缆敷设要求。

① 光、电缆应按芯线领示色排列确定 A、B 端,敷设时端别朝向应一致,A 端朝铁路小里程方向,B 端朝铁路大里程方向。

② 施工中宜按配盘整盘敷设,不得任意切断光、电缆。

③ 施工中应保证光、电缆外护(层)套不得有破损,缆两端头密封性能良好。

④ 敷设过程中最小弯曲半径光缆不应小于护套外径的 20 倍,电缆不应小于护套外径的 15 倍。

⑤ 非屏蔽 4 对对绞电缆的弯曲半径不小于电缆外径的 4 倍。

⑥ 屏蔽 4 对对绞电缆的弯曲半径不小于电缆外径的 6～10 倍。

⑦ 同轴电缆 SYV-75-5 的弯曲半径应大于 10 cm。

⑧ 多芯信号线的弯曲半径应大于其外径的 6 倍。

⑨ 光、电缆敷设时的张力、扭转力、侧压力应符合工厂规定;牵引力不应大于光缆允许张力的 80%,主要牵引力应加在光缆的加强构件上。

⑩ 施工过程中,应避免光、电缆受冲击力和重物碾压。不得使光缆变形;当发现变形时,应进行护套密封性检查及光缆衰减性能和电缆绝缘性能的检查测试。

(2) 漏缆敷设要求。

① 隧道内漏泄同轴电缆宜采用机械施工,施工时运载轨道车不得猛起动或急刹车。敷设漏缆采用人工抬放、展放时,人员间隔不超过 5～7 m,或中间加滑轮,以免漏泄同轴电缆拖地。漏泄同轴电缆在敷设施工过程中,严禁急剧弯曲。漏泄同轴电缆最小弯曲半径应符合相关产品的规定。

② 漏泄同轴电缆敷设时,尽可能不与其他线缆交叉。如无法避免时,应注意将漏泄同轴电缆布设在外侧,避免其他线缆阻挡漏泄同轴电缆的信号覆盖。

③ 漏泄同轴电缆吊挂应在隧道侧壁,定位筋应向着墙体(即安放于卡具凹槽内),槽口朝向线路侧。

(3) 线缆固定。

① 区间线缆在每个托架处进行绑扎固定,漏缆在卡具内卡接牢固。

② 爬架处线缆须在每一横挡处用扎带绑扎固定。

③ 在电缆终端头、电缆接头、拐弯处、夹层内、电缆竖井的上下两端，及时挂设电缆牌。电缆整理时，应排列整齐避免交叉。

4. 设备安装

（1）设备底座安装。

① 根据设计施工图纸，确定机柜摆放位置，进行划线打孔固定机柜底座。

② 相邻底座要排列整齐，同一列内底座的机柜正面一侧应平直成一条直线，每米偏差不大于3 mm。当地面铺有防静电地板时，底座采用膨胀螺栓直接固定在地面上，并与机房防静电地板等高。

③ 底座焊接处的焊渣必须清除并打磨光滑，底座刷漆或镀锌防腐处理。

④ 安装位置符合设计要求，一般采用M12的膨胀螺栓固定底座，安装时先把底座排列整齐，用记号笔对着底座的四个安装孔在地上画上打眼标记，画好后搬开底座，用直钢尺和记号笔在画好的圆圈中心画十字线，打眼时电锤应垂直对准十字线中心，打孔深度为膨胀螺栓套管长度和锥头之和，孔眼垂直，不得成喇叭状。

⑤ 孔内粉尘清除干净，用橡皮锤将膨胀螺栓轻敲入孔内，套管应全部没入孔内。取下螺母，将设备底座对地安装孔套入膨胀螺栓，在膨胀螺栓上依次套上平垫片、弹簧垫片、螺母，随后锁紧螺母。

⑥ 相邻底座要排列整齐，同一列内底座的正面一侧应平直成一条直线，使用金属垫铁调平，水平尺测量。

（2）设备安装。

① 设备与底座通过连接螺栓固定，机柜安装后要平衡、整齐、牢固，前面板在一条直线上，设备间空隙、垂直度符合规范和设计要求。

② 对有防静电要求的设备，安装人员佩戴防静电手腕，同时保证机架地线连接良好。

③ 各系统设备插入单元电路板时，通过操作手柄或电路板的边沿对插入单元进行操作，避免接触内部器件。

（3）设备配线。

① 电源线和地线。

a. 根据电源线和地线的实际走线路径量长度裁剪所用电源线和地线。

b. 用裁纸刀剥开电源线和地线的绝缘外皮，其长度与铜压接端子的"耳柄"等长。

c. 用压线钳将铜压接端子压紧，用热缩套管将铜压接端子的"耳柄"和裸露的铜导线热封，不得将裸线漏出；截面积小的电源线压接铜压接端子时需要焊接时，必须充分加热，焊锡饱满，禁止出现虚焊、假焊等现象，焊接完成后，用热缩管将铜压接端子的"耳柄"和裸露的铜导线热封。

d. 电源线一端与设备相连，沿走线架整齐布放，并用扎带绑扎，另一端和电源柜的接线排连接，连接前必须确认电源极性方可进行操作。

e. 将保护地线的一端和设备相连，地线沿走线架整齐布放，并用扎带绑扎，另一端和室内保护地排相连。

f. 对于敷设交流电源线时，应尽量与直流电源线、信号线、控制线分开布放，间距应不小于50 mm，如无法避免，电源线应使用交流线套屏蔽管进行屏蔽处理。

g. 电源线及地线布放时应按顺序出线，布放应顺直、整齐，无交叉、扭绞，线缆弯曲时应均匀、圆滑一致，走线架布放时在每根横铁上均应绑扎，并在线缆两端有明确的标识。

h. 在电源线和地线的敷设过程中应事先精确测量并预留足够长度的电缆，以防实际敷设时长度不够，如在敷设过程中发现预留长度不够，应停止敷设，重新更换电缆，不得在电缆中做接头或焊点。多机柜并柜时，每个机柜连接一根接地线到机房的室内接地排，如同列有多个配线架连接保护地线时可采取串联式连接方式。

② 信号线。

a. 各种线缆应按顺序出线，布放应顺直、整齐，无交叉、扭绞及溢出线槽，机房内各种配线中间不应有接头。线缆弯曲应均匀、圆滑。

b. 敷设线缆时应尽量短而整齐，当线缆接入设备或光纤配线架（ODF）、数据配线架（DDF）等应留有一定的余量，且预留长度应统一。敷设好的线缆两端应粘贴标签，标明缆线编号、对端等必要信息，标签应选用不易损害或脱落的标签纸打印。

c. 设备或配线架端子收发排列要一致，每排端子应编扎线把，分线清晰并留有一定余量。焊接后的芯线绝缘应无烫伤、开裂及后缩现象，绝缘层离开端子边缘露铜不得大于 1 mm，内外导体应接在对应的同轴端子上，配线后应进行对号测试，确保无错线、断弦、混线现象。

d. 高频电缆和高频隔离线应与其他电源线、音频线分开绑扎；高频电缆、电线在走线架上下线转弯处，其弯曲半径不应小于电缆直径的 12 倍；高频隔离线转弯半径不应小于直径的 5 倍。

③ 室内馈线接头的连接。

a. 馈线接头的制作应参照配套的接头制作说明书（接头制作说明书可在接头的包装盒中找到）进行操作。

b. 接头的制作应使用专用的接头制作工具。注意：为保证馈线断面的平整，切割馈线时馈线前端一定要保持平直。在用馈线刀切割馈线时不要用力过大或过猛。

c. 根据无线系统要求及设计文件正确连接避雷器、功分器、耦合器、电桥等相关设备配件，连接避雷器时应注意避雷器地线必须接至地线排，采用上走线架连接方式时避雷器应与走线架做好绝缘处理交叉。

（三）工程实例图片

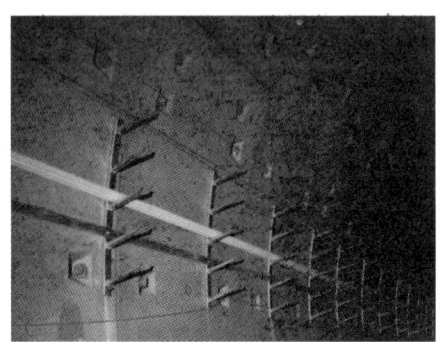

图 54-4　隧道内电缆支架安装图

图 54-5　光电缆预留

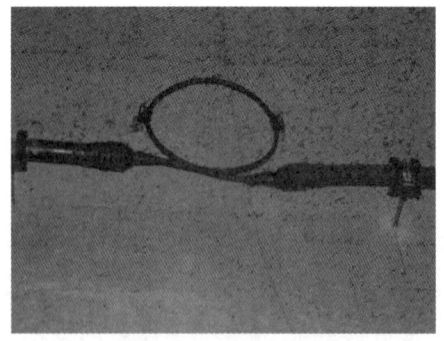

图 54-6　区间漏缆接续

图 54-7　区间漏缆敷设

图 54-8 机房设备安装

图 54-9 机房设备配线

图 54-10 子钟终端设备安装

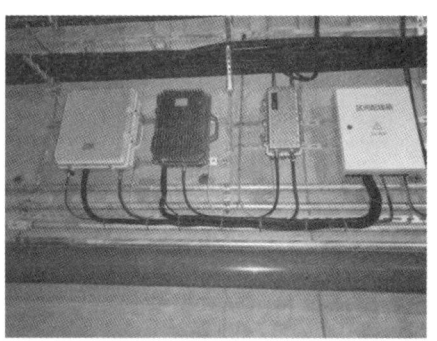

图 54-11 区间设备安装

图 54-12 吸顶扬声器安装

图 54-13 壁挂扬声器安装

图 54-14 紧急电话安装

图 54-15 站台 PIS 屏安装

二、公安通信系统施工

（一）施工流程

公安通信系统设备安装施工工序流程如图 54-16 所示。

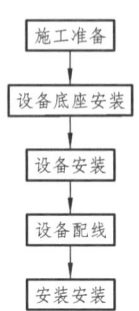

图 54-16 公安通信系统设备安装施工工序流程

（二）控制要点

1. 光电缆敷设要求

（1）光、电缆应按芯线领示色排列确定 A、B 端，敷设时端别朝向应一致，A 端朝铁路小里程方向，B 端朝铁路大里程方向。

（2）施工中宜按配盘整盘敷设，不得任意切断光、电缆。

（3）施工中应保证光、电缆外护（层）套不得有破损，缆两端头密封性能良好。

（4）敷设过程中最小弯曲半径光缆不应小于护套外径的 20 倍，电缆不应小于护套外径的 15 倍。

（5）非屏蔽 4 对对绞电缆的弯曲半径不小于电缆外径的 4 倍。

（6）屏蔽 4 对对绞电缆的弯曲半径不小于电缆外径的 6～10 倍。

（7）同轴电缆 SYV-75-5 的弯曲半径应大于 10 cm。

（8）多芯信号线的弯曲半径应大于其外径的 6 倍。

（9）光、电缆敷设时的张力、扭转力、侧压力应符合工厂规定；牵引力不应大于光缆允许张力的 80%，主要牵引力应加在光缆的加强构件上。

（10）施工过程中，应避免光、电缆受冲击力和重物碾压。不得使光缆变形；当发现变形时，应进行护套密封性检查及光缆衰减性能和电缆绝缘性能的检查测试。

2. 设备安装

同专用通信系统设备安装施工。

（三）工程实例

图 54-17 公安通信设备安装

图 54-18 公安无线设备安装

图 54-19　公安球形摄像机安装

图 54-20　公安枪式摄像机安装

图 54-21　公安半球摄像机安装

图 54-22　司机监视器设备安装

三、自动售检票系统施工

（一）施工流程

自动售检票系统施工流程如图 54-23 所示。

（二）控制要点

1. 线槽的安装

（1）预埋线槽、线盒安装位置以设计图纸为准，以轴线和装修地面标高线为参照定测、划线，以确保安装精度。

（2）预埋线槽间连接用专用连接器确保防水，连接器固定螺丝和接地螺丝必需紧固牢固，确保接地电气连接性能良好。

（3）预埋线槽用卡子及膨胀螺栓固定，每根线槽两端各固定一个。

（4）预埋线槽出线盒、分向盒、接线盒处采用出线口、防水盖板、防水堵头防水、防尘措施。

（5）线槽经过建筑物伸缩缝、沉降缝时，工艺上应采取保护措施。

（6）明装线槽使用支架与地面固定，线槽间采用螺栓连接或固定时，应用平滑的半圆头螺栓，螺母应在线槽的外侧，固定牢固；线槽连接处用跨接地线电气连通。

（7）线槽安装应横平竖直，排列整齐。

（8）线槽连接前要确保线槽口光滑无毛刺无棱角，线槽内清洁干净，以防伤缆。

（9）每站线槽敷设完毕后须进行全站线槽气压防水测试，测试时间大于或等于 48 h，测试通过后应出具测试报告。只有确定防水测试通过后，才允许装修层进行垫层填充。

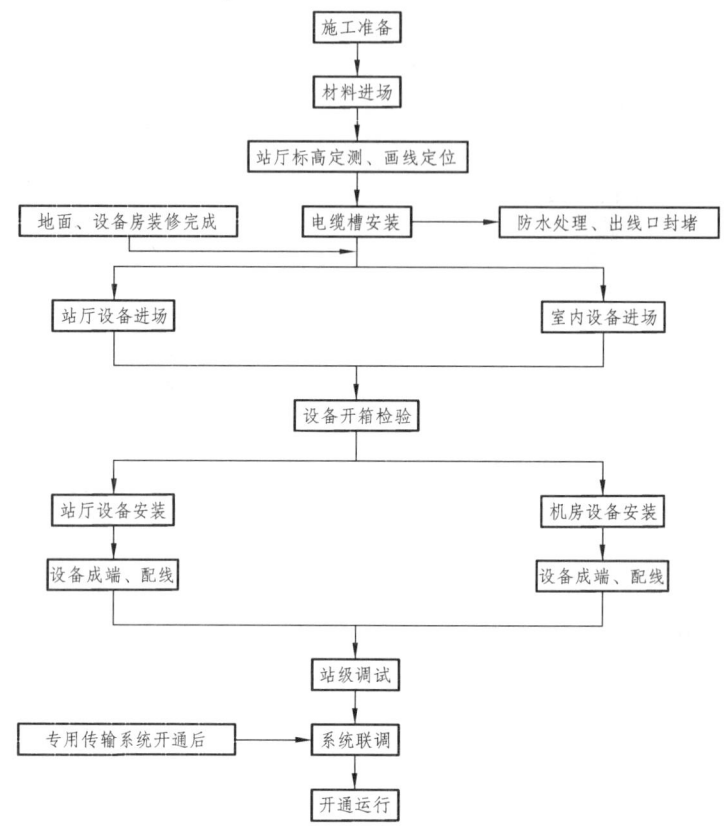

图 54-23 施工流程

2. 管槽接头

（1）钢管（线槽）之间、钢管（线槽）与分向盒的连接用专用接头，连接应紧密牢固。

（2）暗埋钢管（线槽）之间、暗埋钢管（线槽）与分向盒的连接处应做防水处理。

（3）钢管、接线盒、分向盒须使用跨接地线电气连接，且必须可靠接地。

3. 管槽封口

（1）预埋钢管的头部应使用堵头进行封堵，防止杂物进入。

（2）预埋线槽的端头应设有堵头进行封口，并应使用专用连接器确保防水、防尘。

（3）当预埋钢管引出地面时，管口应光滑，管口高出基础面 50～80 mm。

（4）当预埋线槽引出地面时，槽口应光滑，槽口高出基础面 50～80 mm。

4. 线缆敷设

（1）线缆敷设前，须对线缆进行性能指标测试，合格后方能敷设。

（2）管槽内的线缆敷设应平直，无扭绞、打圈等现象；线缆在管槽内不得有接头。

（3）线缆敷设时线缆的弯曲半径满足规范要求。

（4）数据线缆、控制线缆与电源电缆、地线应分管分槽敷设。

（5）线缆敷设时应留有一定余量，在设备出线处根据实际情况预留。

（6）线槽敷设截面积利用率不宜大于 50%，保护管敷设截面积利用率不宜大于 40%。

（7）明敷水平线槽内的线缆，每隔 3～5 m 宜绑扎固定；明敷垂直线槽内的线缆每隔 2 m 宜绑扎固定。

（8）线缆两端及经过分线盒应挂有标牌，标明线缆的起始和终端位置，标签应清晰、准确、牢固。

（9）暗埋式金属线槽线缆敷设时，在线槽的进线口处和出线口处采取防护措施。

5. 线缆引入

（1）线缆引入时，线缆布放圆滑、排列整齐无交叉，无硬弯或背扣现象，并符合线缆弯曲半径的要求，电源线缆与数据线缆分开绑扎。

（2）线缆在配电箱、机柜、终端设备引入口处用防火材料封堵；线缆引入终端设备后排列整齐、互不交叉；线缆挂有标明型号、长度、起点、终点的标识标牌。

6. 设备安装

（1）设备底座安装。

① 机柜底座一般采用角钢制作，根据设备用房地板承重能力设置应力扩散架。

② 底座加工应根据机柜底面实际测量，不得采用柜体标称尺寸，底座高度与机柜连接面宜比实测尺寸小 5 mm，底座安装后应与机房防静电地板平齐。

③ 底座焊接处的焊渣必须清除并打磨光滑，底座刷漆或镀锌防腐处理。

④ 安装位置符合设计要求，用膨胀螺栓固定底座，安装时用记号笔对着底座的四个安装孔在地上画上打眼标记，打眼时电锤应垂直对准十字线中心，打孔深度为膨胀螺栓套管长度和锥头之和，孔眼垂直，不得成喇叭状，孔内粉尘清除干净。

⑤ 用橡皮锤将膨胀螺栓轻敲入孔内，套管应全部没入孔内。在膨胀螺栓上依次套上平垫片、弹簧垫片、螺母，随后锁紧螺母。

⑥ 相邻底座要排列整齐，同一列内底座的正面一侧应平直成一条直线，使用金属垫铁调平，水平尺测量。

⑦ 用 M10 的螺栓将机柜固定在底座上，机架必须安装牢固、垂直、水平，允许偏差为 2 mm。

⑧ 同列机柜正面位于同一平面，允许偏差为 5 mm。

⑨ 服务器、交换机、工作站、打印机等安装稳定、牢固，位置准确。

（2）设备安装。

① 设备与底座通过连接螺栓固定，机柜安装后要平衡、整齐、牢固，前面板在一条直线上，设备间空隙、垂直度符合规范和设计要求。

② 对有防静电要求的设备，安装人员佩戴防静电手腕，同时保证机架地线连接良好。

③ 各系统设备插入单元电路板时，通过操作手柄或电路板的边沿对插入单元进行操作，避免接触内部器件。

（3）设备配线。

① 设备配线前须核对配线线缆的规格、型号、数量符合设计要求，并进行电气性能测试。

② 线缆弯曲时应均匀、圆滑一致，配线线缆中间不允许有接头。

③ 引入柜内的电源线缆和数据线缆应分开布放，绑扎整齐、美观。

④ 光缆：

a. 光缆引入设备后用光时域反射仪（OTDR）进行测试，确保光缆无损伤，备用量（够熔接三次的长度）盘于设备下方绑扎整齐；

b. 光缆与尾纤熔接在终端盒内整齐、牢固，多余跳纤绑扎整齐，光纤弯曲半径不小于 40 mm；

c. 光缆熔接后均要进行损耗测试，单模光纤接续平均损耗不大于 0.1 dB，多模光纤接续平均损耗不大于 0.2 dB。

⑤ 数据电缆：

a. 线缆在终接前，核对线缆标识内容的准确性；

b. 线缆终接处牢固，接触良好；

c. 屏蔽网线终接时，每对对绞线应保持扭绞状态，扭绞松开长度不宜大于 13 mm；对绞线与 8

位模块式通用插座相连时，必须按色标和线对顺序进行卡接。屏蔽对绞电缆的屏蔽层与连接器件终接处屏蔽罩应通过紧固器件可靠接触，缆线屏蔽层应与连接器件屏蔽罩 360°圆周接触，接触长度不宜小于 10 mm。屏蔽层不应用于受力的场合；

　　d. 网线套入标志套管后按照标准压好水晶头，经测试合格后插入工控机（交换机）网口。

　　⑥ 电源电缆：

电源电缆芯线与设备连接须符合以下规定：

　　a. 电源电缆的芯线截面面积在 10 mm^2 及以下的单股铜芯线直接与设备的端子连接；

　　b. 电源电缆的芯线截面面积在 2.5 mm^2 及以下的多股铜芯线拧紧搪锡或接续端子后与设备端子连接；

　　c. 电源电缆的芯线截面面积大于 2.5 mm^2 的多股铜芯芯线，除设备自带插接端子外，焊接或压接端子后再与设备端子连接。

　　d. 每个设备的配线端子接线不应多于 2 根电线；

　　e. 电源电缆的芯线连接管和端子规格与芯线的规格适配，并且不能采用开口端子；

　　f. 设备配线前需要套入印有始点、终点、型号、长度的标识标牌，交流电源线缆剥开约 50 mm 长度，套上热缩管，三芯线缆端头护套分别剥掉约 7 mm，插入压针内，用压线钳子压紧。正、负端子严禁接错、短路。使用专用工具进行插接，无裸露导电部分，插接完成后要对配线连接牢固进行校验。

（三）工程实例

图 54-24　AFC 防水线槽安装

图 54-25　AFC 闸机安装

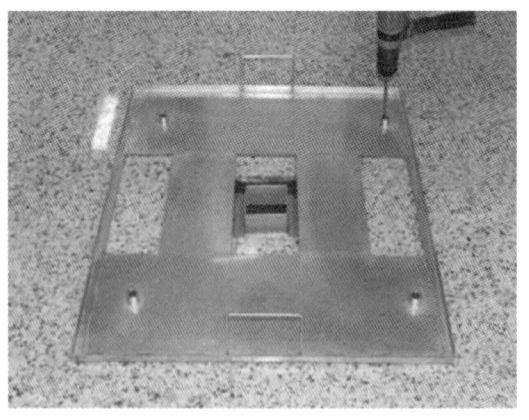

图 54-26　自动售票机定位安装

图 54-27　自动售票机设备安装

第五十五章 信号系统施工

第一节 工程概况

一、工程简介

杭海城际铁路工程正线信号系统采用基于LTE无线通信的移动闭塞（CBTC）制式的ATC系统。正线ATC系统由列车自动防护（ATP）系统，列车自动运行（ATO）系统、列车自动监控（ATS）系统和联锁子系统组成。信号系统按所在地域可划分为控制中心设备、车站及轨旁设备、车载设备、车辆段设备、维修中心设备、培训中心设备。正线信号系统施工范围为：正线沿线11座车站、正线区间、设备安装、调试。

二、主要工程数量

表 55-1 信号系统工程主要工程数量

序号	工程项目名称	单位	数量	备注
1	信号机安装	套	218	
2	转辙机安装	组	110	
3	计轴设备安装	套	318	
4	应答器安装	套	456	
5	RRU设备安装	套	128	
6	紧急停车按钮安装	套	49	
7	发车指示器安装	套	28	
8	GPS设备安装	套	44	
9	光电缆敷设	km	1268	
10	漏缆敷设	km	110	
11	机房设备安装	站	15	

第二节 施工组织

1. 施工方法及装备

以人工为主，准备吊车、汽车等施工设备，有条件情况下利用地铁轨道车组。同时配备信号系统调试相关仪器仪表。

2. 施工顺序和作业组织方式

首先进行轨行区信号电缆敷设、设备安装工程，车站具备施工条件后立即进行车站站台、信号机房信号电缆敷设、设备安装施工，并及时跟进完成模拟实验和联锁试验，最后进行车站区间结合试验，在综合调试开始前完成信号系统内所有调试和试验工作，达到综合调试条件。

3. 施工难点和应注意的事项

充分考虑因轨道不成形或者设备房拖后交付的因素，充分优化施工组织，保证工程按期完工。

第三节 主要施工工艺及控制要点

一、电缆工程施工

（一）电缆测试

施工流程如图 55-1 所示。

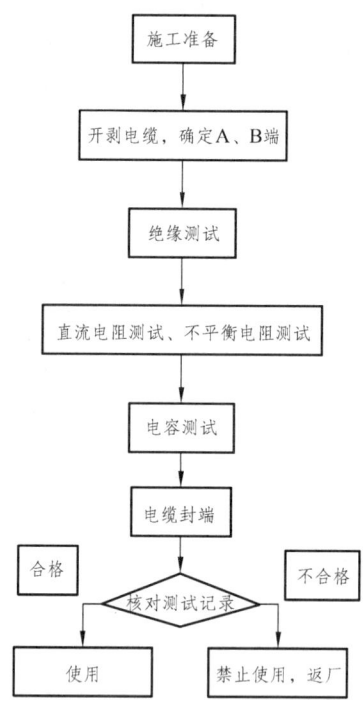

图 55-1 电缆测试工艺流程

（二）电缆敷设

1. 流程

施工流程如图 55-2 所示。

2. 要点

（1）径路复测。

① 径路复测的内容：实地测量区间的总长度（包括各种余留）、调查线路信号槽道贯通情况、调查各站机房土建情况。

② 径路复测完毕，应及时形成施工调查报告和径路复测台账。

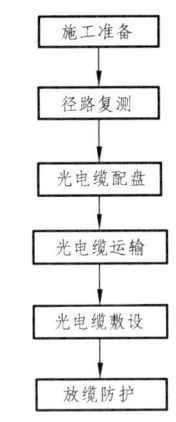

图 55-2 电缆测试工艺流程

（2）光电缆配盘。

① 光缆配盘。

a. 干线光缆配盘应根据信号机房位置和径路长度，选择合适的光缆盘长，确保光缆分歧接头落在上述设备机房附近。

b. 尽量按出厂盘号顺序排列，以减少光线参数差别所产生的接头本征损耗。非出厂盘号顺序排列时，相邻两盘光缆的光纤模长直径之差应小于 1 μm。

c. 应尽量避免短段光缆；短段光缆长度一般不小于 200 m。

② 电缆配盘。

为降低近端串音，应将电容耦合 K1 和对地电容不平衡值最小的低频四芯电缆单盘配在近端。将 K1 和对地电容不平衡值较大的低频四芯电缆单盘配在线路中间。

（3）光、电、漏缆敷设。

① 管道光、电缆的敷设。

a. 管道光电缆敷设应按设计要求核对光电缆占用的管孔位置；对人井位置、人井间距、转弯角度、管孔分布和水平高差等情况做充分调查，确定敷设方法。

b. 钢管管道在敷设光电缆前应在管孔中布放塑料（PVC）子管防护，且塑料子管在管道中不得有接头，长度不宜超过 300 m。

c. 光电缆在管孔内不得有接头，在人孔中穿过时盘留和弯曲半径应符合设计要求，光电缆和接关应放在人井铁架上予以固定保护。

d. 敷设完成后，管孔应封堵密封，人井内光电缆应有识别标志。

e. 漏缆过轨时应换接阻抗相同的射频电缆。

② 区间光电漏缆敷设。

a. 敷设前应准确测量区间引入口至机房的长度。

b. 布放光电缆时可先将光电缆拉出后放置于轨道线路电缆托架一侧，待一端固定后，采用自制操作车人工将光电缆绑扎到托架上。

c. 放缆时，以每小时不大于 5 km 的速度前行。

d. 缆盘两侧各站 2 人，负责控制缆盘在钢轴上的左右移动和帮助缆盘转动（放缆过程中因线路弯道、缆盘转动时会向一侧偏移，而发生卡盘）。

e. 光电缆敷设后，应在终端、接头、车站、隧道出入口处、拐弯处、光电缆夹层有竖井的两端、光电缆入井等设标志牌。

f. 光电缆敷设完毕，需用测量光电缆的绝缘特性，然后将光电缆端口处进行密封。

g. 漏缆一端固定，采用自制操作车人工将漏缆放到吊夹内；漏缆平直后，扣住吊夹，固定漏缆。

③ 桥架内光电缆敷设。

a. 光电漏缆沿桥架敷设时，应排列整齐，不得有交叉，拐弯处应以最大截面电缆允许弯曲半径为准。

b. 电缆沿桥架敷设时，信号线缆与电源线缆要分开，不能交叉敷设。

c. 光电缆穿过楼板时，应装套管，敷设完后应将套管用防火材料封堵严密。

d. 光缆引入室内时，应做绝缘接头，室内外金属护层及金属加强芯应断开，并彼此绝缘。电缆引入室内时，其金属护套与相连接的室内金属构件间应绝缘。

④ 光电缆余留。

a. 接头处两条光缆重叠 5～7 m，两条电缆重叠 3 m。

b. 接头处接续后余留光缆 2～3 m、电缆 2～3 m。

c. 中继站引入口处两侧各余留光、电缆 2～3 m。

d. 信号站引入口处余留光缆 3～5 m 电缆 2～3 m。

e. 穿越 30 m 以上的河流（本缆）两岸各余留 1～5 m。

f. 200 m 以上的大桥两端光、电缆各余留 1～3 m；钢结构桥梁每个伸缩缝光、电缆余留不少于 0.5 m。

g. 穿越 250～500 m 隧道两端各余留 1～3 m、500 m 及以上隧道应在一侧大避车洞内适当预留光、电缆。

（4）漏缆连接。

① 连接准备。

根据漏缆敷设记录找到接续点，将需要成端的漏缆从卡具上卸下 3～5 m，垂下的漏缆弯曲半径应符合要求。进行场地平整，并设工作台。

② 漏缆端头制作。

a. 将需要装接头的漏缆理直 500 mm，在工作台上。

b. 用锯把破损、污染及封头粘连部分的漏缆锯断，锯时应保持抛弃的那段在下方，并保证切面平整。

③ 分体式接头安装。

a. 装入接头后体，将后体推到底部并装入压紧环，旋入顶针并用扳手将其紧固。

b. 接头前体与顶针旋紧后，将后体旋入前体。

c. 用扳手固定前体同时旋转后体。

3. 工程实例

图 55-3　光电缆敷设

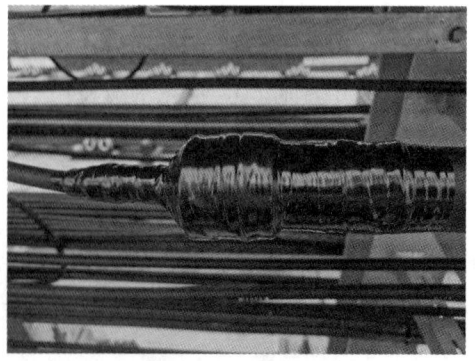

图 55-4　漏缆接头

（三）电缆接续

1. 流程图

电缆接续流程如图 55-5 所示。

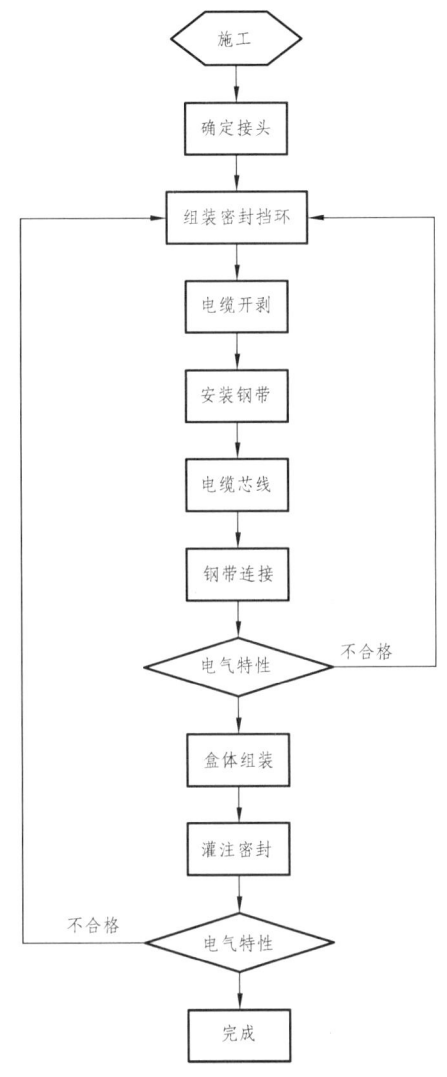

图 55-5 电缆接续流程

2. 要点

（1）确定接头位置。

从相邻信号设备里程测量到需要接续的电缆头位置，计算出该处的里程坐标并标记在电缆接续标牌上。

（2）组装接续套管。

根据电缆外径的尺寸大小，选择适合于电缆外径的变径环。将变径环间的密封胶圈，用专用切割刀沿变径环内壁切割成孔状，切割后的密封胶圈的直径要略小于电缆外径。用钢锯锯断电缆端头，确认电缆 A、B 端正确。按顺序依次将辅助套管→密封挡环组（紧固螺母面向辅助套管侧）→钢带固定环套在电缆护套上（两侧电缆相同）。将主套管套在一侧的电缆上，密封挡环和钢带固定环在电缆中的位置，要严格按图所示组装顺序和零件位置的方向安装。

(3)电缆开剥。

距电缆端头 300 mm 处用工具刀环切电缆外护套一周,并向端头纵向切割将外护套除去。

距外护套切口 30 mm 处将铠装层钢带和内层综合护套切口一周除去多余部分,在距外护套切口 15 mm 处用克丝钳将铠装层钢带(双层)折弯 90°,轻轻剥下环切的内层综合护套露出芯线。

(4)安装钢带固定环。

将双层钢带的正反面打磨处理。

松开钢带固定环上的螺栓,将钢带夹在固定环中间,用螺栓紧固牢固;保留钢带固定环外侧的钢带 5 mm,将多余部分剪去,再将固定环外的钢带折弯后整平。

(5)芯线接续。

芯线压接:将芯线绝缘层剥除 6~8 mm 露出裸铜线。先将一个方向的全部电缆芯线用接线端子压接:将裸铜线穿入压接端子筒,通过检查孔观察裸铜线端头筒的根部,然后用"芯线压线钳"压接,压接后用手将电缆芯线轻轻带一下确认芯线压接牢固,芯线一端压接完成后,再用同样方法将对应的另一侧电缆芯线压接。穿线压接前核对线组线对保证电缆芯线一一对应,全部芯线压接完成后,再次检查核对压接的线组线对,确保芯线接续正确。

(6)钢带连接。

全部芯线接续完毕后,将接续后的电缆芯线恢复直线状态。

用干燥的棉纱,将护套与电缆缆芯之间的缝隙填塞,防止灌胶时胶液沿护套与电缆芯之间的缝隙渗漏。将内层综合护套屏蔽网沿电缆芯线拉至另一侧电缆的内层综合护套处,用喉箍将屏蔽网与综合护套固定连接。

将固定拉杆安装在固定环凹槽内(固定拉杆探出两侧钢带固定环凹槽的长度应相等)。

(7)接地。

按现行有关标准,一般在电缆接续处不做接地。

(8)盒体组装。

将两侧外护套切口 150 mm 范围的电缆外护套用砂布打毛。

将主套管移至电缆接续的中间部位。

将两端的密封挡环推入主套管,外挡环与主套管端面在同一平面上,调整主套管注胶孔的位置,使接头盒落地后注胶孔与地面垂直向上。

用扳手按对角、轮换的顺序,紧固密封挡环的螺丝,要求均匀拧紧,不可盲目用力,避免用力过大损坏密封部件。

将辅助管与主套管对接,用专用扳手拧紧,辅助套管注胶孔应与主套管上的注胶孔在同一条直线上,其角度差不大于±15°。

在辅助套管小口径端与电缆之间用密封胶带缠包做临时封堵,防止灌膨胀胶时胶液渗漏。

(9)灌注密封胶和膨胀胶。

将接头盒水平放好,保持主套管注胶孔与地面垂直;两端电缆储备量呈∽状盘放整齐。

① 灌注密封胶:

调胶:密封胶为双组,密封胶 A 组(大桶)开盖后,先将盒底沉淀物与胶液充分搅拌均匀,再将 B 组(小桶)全部倒入 A 组中充分搅拌均匀。密封胶操作温度应大于 0 ℃,当环境温度较低时可对混合后的密封胶适当加温。

灌胶:打开主套管上的两个注胶孔盖,将密封胶用漏斗从主套管上的一个注胶孔向盒体内灌注,待胶液溢出注胶孔后,等待 10 min,补齐胶面;再用专用扳手将两个注胶孔盖(有 O 形密封圈)拧紧。

② 灌注膨胀胶：

调胶：将胶袋的中间卡条取出后，使 A、B 胶液混合，然后用手反复揉搓胶袋使 A、B 胶液充分混合均匀。

灌胶：将两侧辅助套管注胶孔盖打开，将膨胀胶平均分成两份，分别灌注到两侧辅助套管内，待胶面溢出注胶孔后，立即用专用六角扳手将注胶孔盖（有 O 形密封圈）拧紧至密封圈压平即可。

（10）接续盒、备用量固定。

用加工的两个大 U 形卡分别在接续盒的两端头处将接续盒固定在电缆支架下方 600 mm 左右隧道壁上，使接续盒与轨面保持平行位置；电缆接续备用量在电缆支架上绕行，接续盒两端电缆用 U 形卡固定在隧道壁上。

（11）安装接续标。

将标有电缆型号、长度、用途、起止点、里程坐标的接续标牌，用膨胀螺栓固定在接续盒的上方正中位置，距离接续盒 150～200 mm 即可。

（12）记录接续坐标。

安装好接续标牌后，再次核实接头位置的里程坐标是否与标牌上一致，并记录在施工资料上，作为竣工图上标记接头位置的依据。

（13）清理现场。

施工完成后，将接续工具收齐整理好，现场施工垃圾装袋带回驻地处理。

3．工程实例

图 55-6　电缆接头盒灌胶

二、计轴设备安装施工

（一）技术要求

（1）计轴磁头定测可在短轨焊接前进行，但计轴磁头安装须在长轨焊接后进行，以保证安装精度。

（2）由于计轴设备安装在钢轨上并且稳定性能要求高，因此计轴磁头可根据工程需要在系统调试前进行安装。

（3）安装前须下发"轨形区禁止非标车辆通行"工作联系单给轨形区各施工单位，以免非标轮对对计轴磁头形成破坏。

（4）车轮传感器至室内的最大传输距离受环阻的限制，最大环路电阻不超过 250 Ω；关于使用不同线径时电缆的长度见表 55-2。

表 55-2 最大传输距离对应

线径	环阻/km	最大线缆长度
0.9 mm	56.6 Ω	4.4 km
1.0 mm	47.0 Ω	5.3 km
1.4 mm	23.4 Ω	10.6 km

(5) RSR180 传感器安装环境要求，如图 55-7 所示。

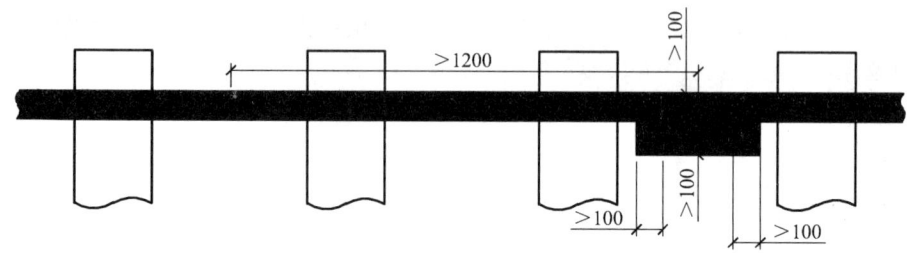

图 55-7 RSR180 传感器安装环境要求

① 传感器周围 100 mm 范围内，不能有除钢轨以外的其他金属物体。
② 两个相邻传感器之间的最小距离为 1 200 mm。
③ 传感器安装时距离钢轨接头的距离必须大于 600 mm。

（二）施工流程

施工流程如图 55-8 所示。

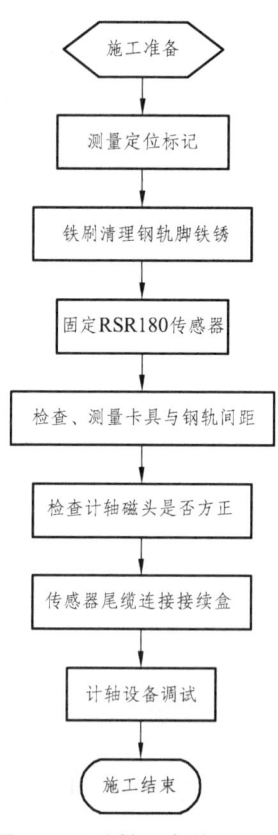

图 55-8 计轴设备施工工艺

（三）要点

1. 车轮传感器 RSR180 安装

（1）车轮传感器的安装需在钢轨轨腰上钻孔安装：孔径 ϕ13 mm，孔距 145 mm，钻孔数量 2 个。

（2）在选取车轮传感器安装位置时，须考虑以下安全限制条件：

① 磁头在曲线线路应安装在内侧钢轨上（计轴厂家定测时确定）。

② 两个磁头纵向（同向）安装最小距离不小于 400 mm。

③ 两个磁头横向（相对）安装最小距离不小于 500 mm。

④ 在护轨，凸出轮缘导轨等上安装时，距金属物的间距不小于 110 mm。

⑤ 在岔尖（在移动部件外侧）安装时，轨顶内侧间距不小于 110 mm。

⑥ 在岔尖滑板座上安装时，最小间距 145 mm，如图 55-9 所示。

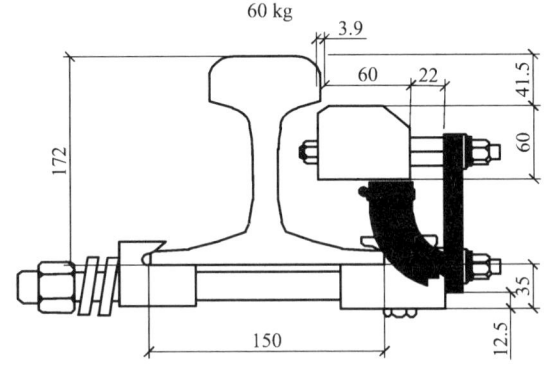

图 55-9　以 60 轨为例 RSR180 卡式安装尺寸

（3）RSR180 与室外电缆的接续。

RSR180 车轮传感器与室外的星绞电缆在轨旁接线盒处进行接续。车轮传感器至电缆接线盒的引线距离不大于 5 m（车轮传感器自带电缆长度为 5 m），如图 55-10 所示。

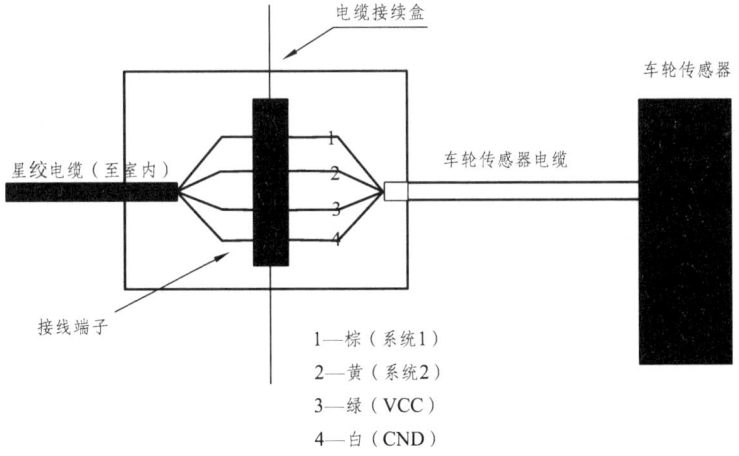

图 55-10　车轮传感器电缆的接续

2. 电缆终端盒安装

电缆终端盒具有以下特性：

（1）采用高强度复合材料，盒体重量轻，绝缘性能好，阻燃、耐老化、防潮、防盗。

（2）外形尺寸为 220 mm×199 mm×130 mm（长×宽×高）。

（3）内部配有 6 位万可接线端子，用以连接车轮传感器尾缆和计轴电缆。

（4）端子接线规格：0.08～0.25 mm^2。

（四）工程实例图片

图 55-11　计轴磁头安装

图 55-12　计轴磁头夹具紧固

图 55-13　计轴箱盒安装示意图

三、应答器设备安装施工

（一）施工流程

施工流程如图 55-14 所示。

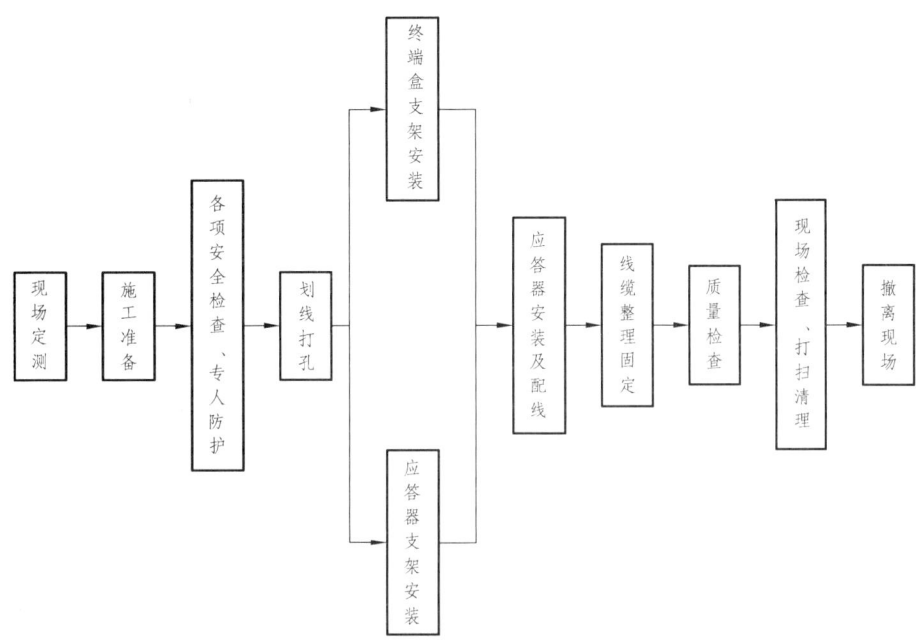

图 55-14 应答器安装施工工艺流程

（二）要点

1. 位置定测

应答器定测可在短轨焊接前进行，出于成品保护考虑应答器安装适合在长轨焊接后进行。根据轨道专业提供的线路里程标桩放出车站中心里程基标，采用激光测距仪沿线路测量，确定应答器安装位置，应答器安装精度须控制在 2 cm 范围内。

2. 划线打孔

根据设计图纸上应答器里程及相关文件，复核应答器安装位置并画线标记。

3. 应答器终端盒安装

（1）应答器终端盒在线路侧，与钢轨平行安装，站台应答器箱盒一种方式采用 U 形支架固定在墙壁上，避免与通信专业 15 托交叉。

（2）另一种方式采用 L 形支架固定在地面，安装满足限界要求，施工前将终端盒除锈，涂调和漆，厚薄均匀、完整，施工完毕用白漆喷写应答器编号。

（3）碎石道床须砖砌水泥维修平台，预埋基础安装应答器终端盒。

4. 应答器支架安装

按照定测位置安装应答器，安装应答器支架，按定测位置钻孔，将支架安装在两轨枕之间，支架下有黑色橡胶弹垫，用锚栓将支架和胶垫固定牢靠。

5. 应答器安装及配线

（1）可根据工程进展情况适时安装，以免不同专业交叉施工造成破坏。

（2）固定应答器等无源应答器安装方式与可变应答器相同。

（3）应答器通过螺栓与支架连接，高度可通过增加酚醛玻璃插板调整。

（4）电缆支架（槽）至设备电缆需用胶管防护，过水沟需在胶管外套钢管防护。

（5）应答器安装部件。

6. 应答器安装要求

在安装前首先要确认应答器标签上标明的公里标位置，根据设计部门的工程图纸安装的位置进行核对，确认无误后方可安装。安装时应答器距轨面的高度应以应答器侧面的电气中心十字标记为准。距两钢轨的中心以应答器上表面的电气中心十字标记为准，应答器安装误差应在规定范围内。

（三）工程实例

图 55-15　应答器安装

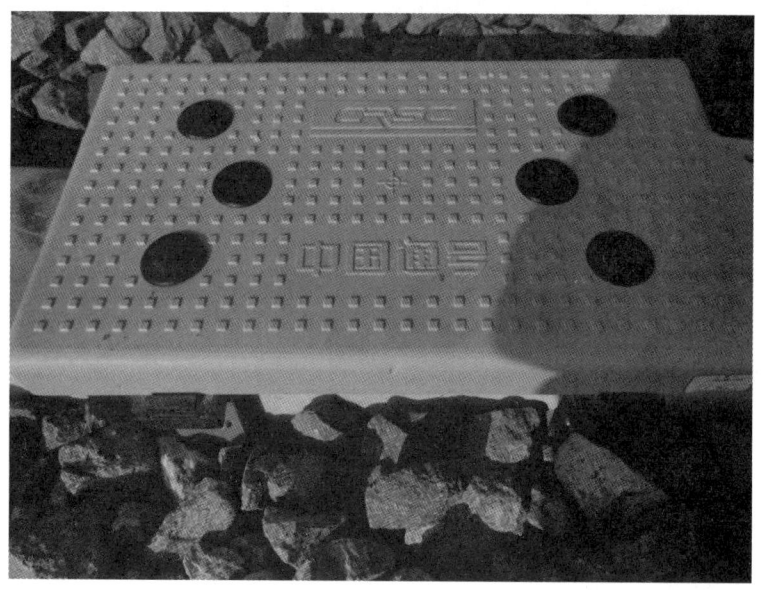

图 55-16　应答器安装

四、转辙装置施工

（一）技术要求

（1）与道岔及轨道专业配合预留好转辙机的安装基础（机坑、道床预留槽）。完成转辙机安装后，配合轨道施工单位进行道岔调整。

（2）在轨道施工单位拆除道岔连杆（如果有）并确保尖轨与基本轨密贴时，才能安装转辙设备。

（3）安装装置的安装应符合《城市轨道交通信号工程施工质量验收标准》相关条款的规定；实际安装应符合设计安装图。

（4）转辙机的电缆接线盒的安装位置应在其对应的转辙机同侧附近的区域。

（5）转辙装置应确保道岔的正常转换，尖轨（或心轨）的一侧应与基本轨（或翼轨）密贴，当尖轨与基本轨间有 4 mm 及以上间隙时（牵纵拐肘除外），道岔不能锁闭和接通道岔表示。

（6）严格执行首件定标制度，每道流程必须在结合建指和接管单位到场共同确认过后，方可进行下个地点的施工。

（二）施工流程

杭海城际铁路工程采用 ZDJ9 系列转辙机，为单机牵引或双机牵引，支持内锁闭和外锁闭两种方式。施工流程如图 55-17 所示。

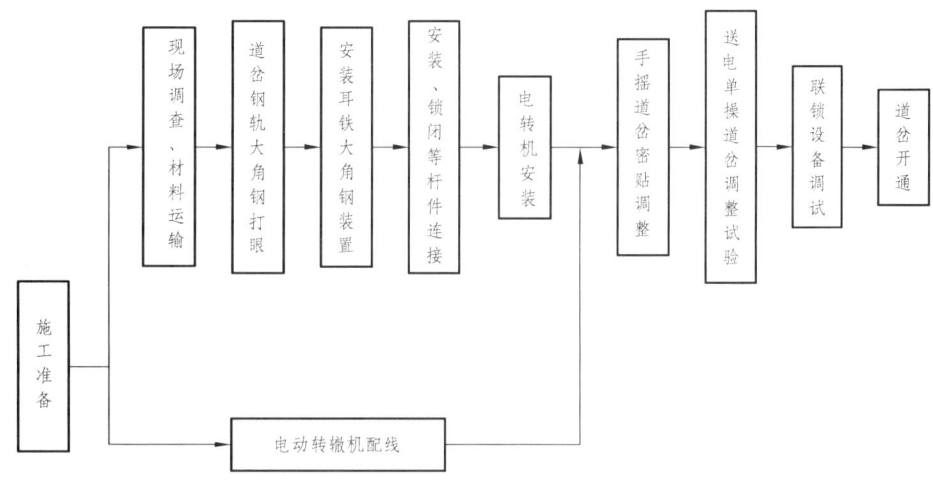

图 55-17　转辙机安装施工流程

（三）要点

1. 现场调查、材料运输

（1）施工前对施工点进行复核。

（2）转辙机设备、配套设备及安装的工机具通过货车运输至指定地点。

2. 道岔钢轨、大角钢打眼

根据安装图纸尺寸，用标准方尺、钢卷尺、石笔在钢轨上划线定位，之后用专用钢轨打孔机在标定位置上打孔。

3. 安装耳铁、大角钢装置

用扭力扳手等工具安装耳铁。

4. 安装、锁闭等杆件连接

用扭力扳手等工具安装第一、二牵引点锁闭框、尖端连接铁、锁钩、安装锁闭杆，动作杆等组件。还有绝缘管、鉴别销、螺栓保护帽等小配件，各种连接杆的调整丝扣的余量，不得小于 10 mm，各种曲线连接杆、接杆类的曲折量最大不大于 100 mm，曲折角不应大于 30°。

5. 电转机安装

（1）根据钢轨上耳铁的距离尺寸，确定大角钢上连接耳铁的开孔位置，用台钻钻孔后，将大角钢放在钢轨下方的道床预留槽内，与耳铁连接后安装电动转辙机。

（2）当混凝土岔枕按照要求预留安装孔时，ZD9/ZDJ9 系列转辙机可以通过托板安装在混凝土岔枕上，然后通过连接杆件与道岔相连。

（3）当岔枕上不能安装时，可以通过角钢安装转辙机，这种安装方式需要在基本轨上打孔以固定角钢。

（4）如果要在道岔右侧安装时，需要将转辙机的动作杆和锁闭杆的保护管、锁闭杆等更换方向，由于动作杆左右侧均有连接孔，因此动作杆不需要更换方向。在改装时，在底壳外的连接面为了防止进水，需要涂密封胶。

（5）ZD9/ZDJ9系列转辙机可以左装也可以右装。通常情况下，右伸转辙机在道岔左侧安装，左伸转辙机在道岔右侧安装，转辙机的伸向可以在现场进行调整。

6. 手摇道岔密贴调整

用两个摇把同方向摇动前、后转辙机，调整定、反位尖轨与基本轨密贴。检查并调整，使道岔动作平顺、无别卡现象。各牵引点同时同步手摇道岔进行机械调整。

7. 送电单操道岔调整试验

送电后，调整定、反位尖轨与基础轨是否密贴。检查并调整，使道岔动作平顺、无别卡现象。

8. 电气试验

（1）正常转换道岔时，挤切销应保证不发生挤切或挤脱，表示正确。

（2）道岔在定位和反位时，尖轨与基本轨第一连接杆处有4 mm及其以上间隙时，道岔不能锁闭。

（3）道岔实际开向应与操纵意图、继电器动作、定反位表示一致。

（4）断开任意一组表示接点时，必须切断表示电路。

（四）工程实例图片

图 55-18　安装锁闭框

图 55-19　安装动作杆件

图 55-20　手摇转辙机密贴调试

五、信号机安装施工

（一）技术要求

（1）信号机及标志牌的设置应符合设计要求，设在列车运行方向的左侧或其所属线路的中心线上空。

（2）信号机或标志牌的设置位置和显示方向应确保从列车上不至于误认为是邻线的信号机或标志牌。

（3）信号机构及信号变压器进场应对其质量进行检查，符合以下相关要求：

① 信号机构光源焦距检测调整准确。

② 变压器输出电压合格，绝缘测试良好。

（4）混凝土信号机构进场应对其质量进行检查，其质量应满足以下规定：

① 横向裂缝宽度小于 0.2 mm，长度小于 1/2 周长；裂缝条数不超过 5 条，间距在 200 mm 以上。

② 纵向裂缝不超过 1 条，钢筋不得外露，宽度在 0.2 mm 以内，长度不小于 1 000 mm，混凝土面无剥落现象。

③ 机柱的弯曲度不大于 $L/200$（L 为机柱长度）。

（5）安装位置符合建筑接近限界要求见表 55-3。

表 55-3　信号机建筑接近限界　　　　　　单位：mm

序号	使用名称	型式	机构间距	基础埋深	基础顶面距轨面	基础中心距所属线路中心	机构中心距所属线路中心
1	出站或进站	四显示	340	400	200～300	2 199	2 029
2	出站或进站	四显示带表示器	340	400	100～200	2 199	2 029
3	出站或进站	三显示		500	200～300		2 029
4	出站或进站	三显示带表示器		500	80～120		2 163
5	出站或进站	二显示		500	200～300		2 029
6	复示	一显示		500	200～300		2 095

（二）施工流程

杭海城际铁路工程采用壁挂式和钢支柱两种安装方式。

施工流程如图 55-21 所示。

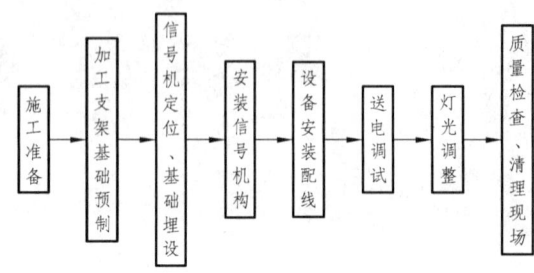

图 55-21　信号机安装施工流程

（三）要点

1. 加工支架基础预制

根据信号机的规格型号绘制信号机支架加工图。

2. 信号机定位、基础埋设

（1）根据信号专业施工图提供的信号机里程，对信号机安装里程进行定测。

（2）定测完成后，进行支架基础埋设。

3. 安装信号机构

（1）核实信号机构的型号、规格列符合设计规定。

（2）安装机构后，检查信号机显示方向正确，各部件齐全，不得有破损、裂纹现象，机构门开关灵活且在机构门中间用白漆喷写编号，机构前方固定反光标牌，清晰、明了。

（3）维修平台：为便于运营人员维修，安装位置较高的信号机需加装镀锌角钢架制作的维修平台，平台高度根据现场实际情况测量加工，信号机处设备较多，应合理布置。

（4）信号机箱盒

① 根据场地情况可采用墙壁 U 形安装和地面 L 形支架式安装两种方法。

② 根据信号机的安装位置，用膨胀螺栓将支架在墙壁或地面上固定牢靠，然后将箱盒（HZ-12、HZ-24）通过连接螺栓固定支架上，施工前将箱盒除锈涂防锈漆，再涂灰色调和漆。

③ 电缆支架（槽）至设备电缆需用胶管防护，过水沟需在胶管外套钢管防护。

4. 设备安装配线

（1）安装机构内的设备、配线、设备型号符合设计文件要求，经检测合格。

（2）配线布放平、直、顺、美观，电缆芯线可直接插入万科端子，软线须压接线帽再插入万科端子。

（3）线把在机构内固定好，防止开关门时挤伤线条。

（4）信号机集中统一打号，检查现场，打扫并收集清理施工垃圾。

（5）信号机电缆采用室内单端接地。

5. 送电调试

检查灯座与灯头接触是否良好，灯光显示是否正确、良好，报警电流正常。

6. 质量检查、打扫清理

（1）检查信号机安装方式是否符合设计要求。

（2）检查信号机配线工艺是否符合验收要求。

（3）施工结束后，清理现场，做到"工完料净场地清"。

（四）工程实例

图 55-22　矮柱信号机安装

图 55-23　信号机电压调试

六、RRU 设备安装施工

（一）技术要求

（1）施工人员熟悉设计文件、RRU 设备的安装位置及标准；材料、机具准备。

（2）根据施工定测记录和安装限界确定 RRU 设备确切设置位置，并作明显标记，确保施工后不返工重新设置。

（3）安装时，所需零部件及材料由：抱杆/挂墙固定夹、紧固螺栓、并联安装件、一抱一安转件、挂墙安装件及 M10×100 膨胀螺栓等，所需具体数量根据现场实际情况而定。

（4）RRU 设备安装，应按设计施工图中的要求进行安装，RRU 设备的安装装置形式分为壁挂式安装和抱杆固定式安装两种，所有安装装置均需镀锌处理。

（5）RUU 设备的各部件应齐全，不得有破损、裂纹现象，紧固件应平衡上紧。

（6）根据确定的RUU设备的位置和安装限界，在混凝土道床或隧道壁上钻孔，RUU设备固定在RUU设备安装抱杆（龙门架）或安装支架上，RUU设备的安装装置形式分为隧道壁安装和抱杆（龙门架）安装。

（二）施工流程

施工流程如图55-24所示。

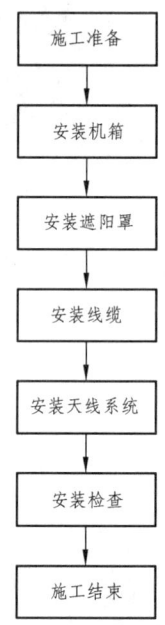

图55-24 RRU无线设备安装施工工艺流程

（三）要点

1. 安装机箱

（1）安装方式。

① 隧道壁安装分为两种，如图55-25所示。

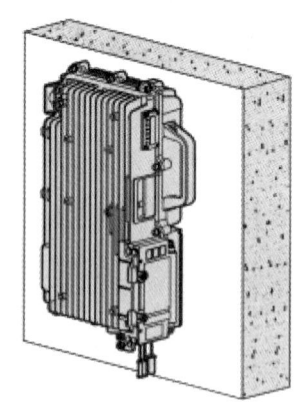 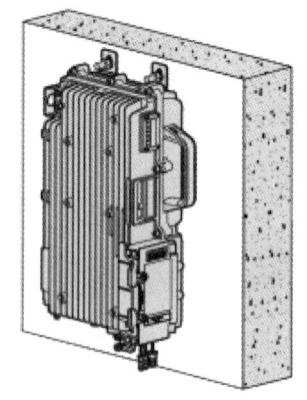

（a）单个RRU-固定夹挂墙安装　　　　（b）单个RRU-可调挂墙安装

图55-25 RRU设备墙装方式

② 抱杆安装分为三种，如图55-26所示。

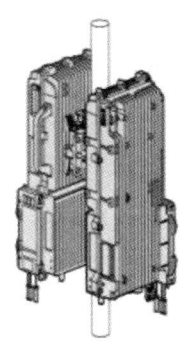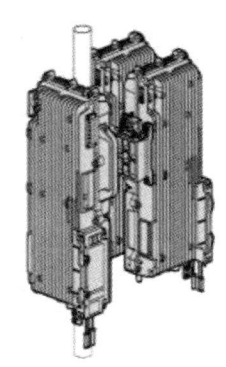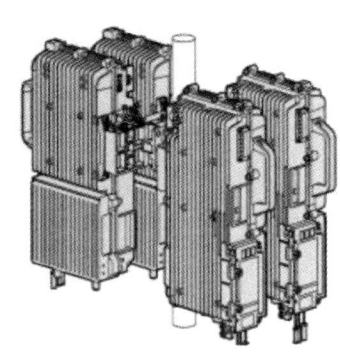

（a）两个 RRU-抱杆安装　　（b）三个 RRU-抱杆安装　　（c）四个 RRU-抱杆安装

图 55-26　RRU 设备包柱安装方式

（2）安装主扣件。

① 安装主扣件时，要使主扣件的箭头标识指向上方向。

② 安装主扣件时，请先检查主扣件的弹片是否紧固好。

③ 为了便于后期维护，建议主扣件距离地面 1 200～1 600 mm。

（3）将辅扣件卡在主扣件的双头螺母之间。

（4）用活动扳手拧紧螺母，紧固力距为 35～40 N·m，使主辅扣件牢牢地卡在杆体上。

（5）将 RRU 安装在主扣件上。

2．安装遮阳罩

（1）设备安装应牢固、稳定，抗风、防雨、防震、防结露及散热功能应符合设计要求。

（2）根据集成商提供的室外 RRU 设备安装手册要求安装 RRU 设备遮阳罩。

3．安装线缆

根据集成商提供的安装手册进行线缆安装。

4．安装检查

（1）检查线缆安装是否正确。

（2）检查 RRU 设备铭牌、标识是否张贴齐全。

（3）检查 RRU 设备安装方式、安装位置是否满足设计要求。

（4）检查布线走向是否合理、绑扎牢固。

（5）检查电源线、馈线、光缆接地是否良好。

（四）工程实例

图 55-27　高架段 RRU 设备安装　　　　图 55-28　碎石道床 RRU 设备安装

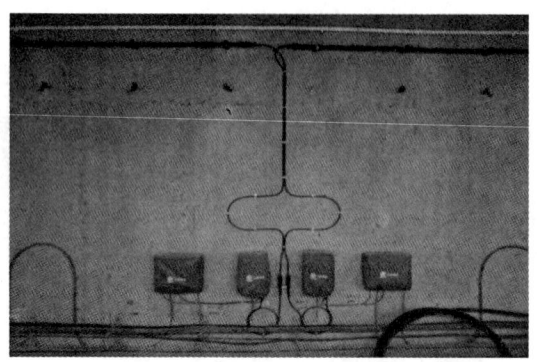

图 55-29　隧道地下段 RRU 设备安装方式

七、箱盒安装施工

（一）技术要求

（1）方向盒、终端盒、变压器箱应采用复合防盗型变压器箱（墨绿色 SMC 材质）。箱盒配线应安装紧固，电气性能可靠；整体美观、标识清晰、内部清洁、密封良好；芯线余留量满足维护需要。

（2）方向盒不得安装在电缆槽道内；室外箱盒采取平行于电缆径路或电缆槽的方式进行安装，不采取骑跨电缆径路或电缆槽的方式；区间轨道电路方向盒就近安装在所属发送、接收双体防护盒处。

（二）施工流程

施工流程如图 55-30 所示。

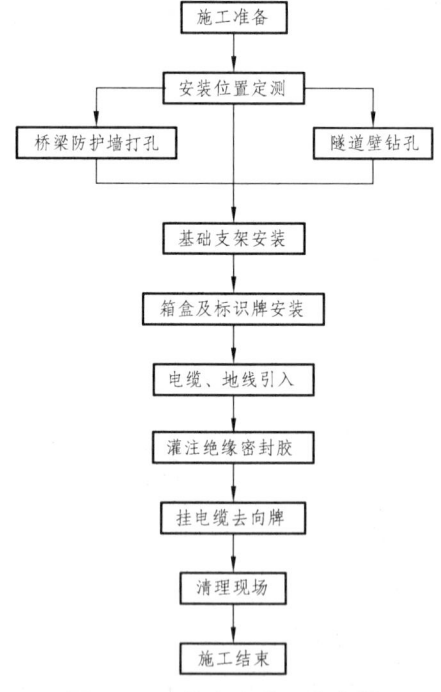

图 55-30　箱盒安装工艺流程

（三）要点

1. 桥梁地段箱盒安装工艺要求

（1）方向电缆盒安装在专用金属支架上，采用 M16 通透螺栓和补强板将支架固定在防护墙上，方向电缆盒基础顶面与防护墙顶面平齐。

（2）基础支架严禁跨桥梁伸缩缝安装。防护墙引线孔宜高于轨道板面 5～10 mm；终端电缆盒基础顶面与防护墙顶面平齐。防护墙宜从线路侧向线路外侧钻孔，孔口应平滑美观。

（3）引入方向盒电缆应采用压缩空气用织物增强橡胶软管（黑色）进行防护。箱盒安装在防护墙外侧壁时，如图 55-31 所示。

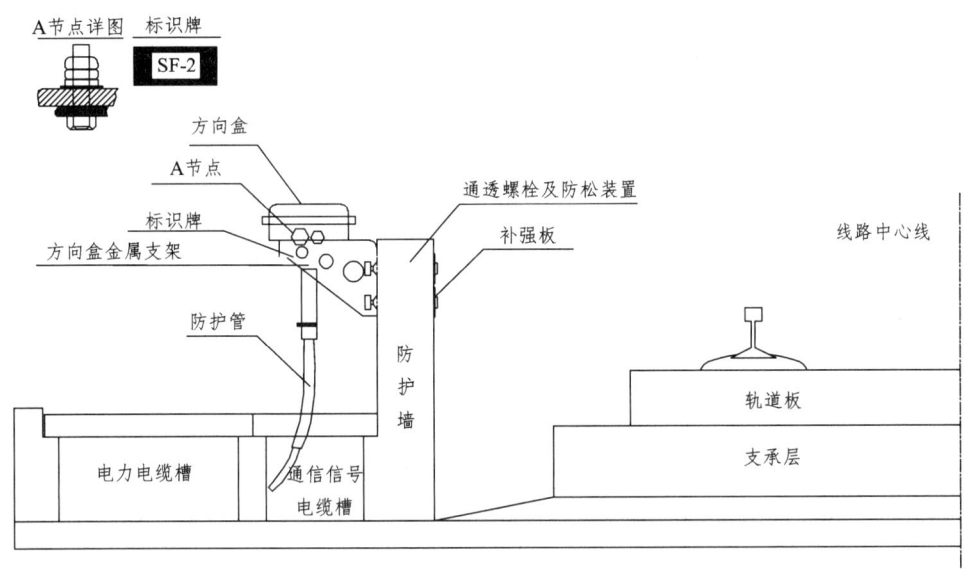

图 55-31　桥梁地段方向电缆盒安装示意

2. 隧道地段电缆盒安装工艺要求

（1）方向盒安装在靠近线路的电缆槽外侧壁上时，方向盒可采用壁挂式电缆侧面引入方式。电缆盒应采用 M16 通透式防松螺栓固定在电缆槽侧壁上，电缆槽侧壁的电缆引入孔应符合电缆弯曲半径的要求；电缆槽侧壁到方向盒间的电缆裸露部分应设防护管防护，在电缆槽侧壁上钻孔时，必须避开内部贯通接地钢筋。在直线地段电缆槽顶面高于钢轨顶面 300 mm 时，方向盒靠线路侧的最凸出边缘距线路中心不应小于 1 866 mm。

（2）信号机用箱盒，应安装在信号机后方；箱盒底面高于电缆槽盖板上平面（300±50）mm，箱盒安装位置应保证电缆防护管伸入电缆槽内。

（3）轨道电路变压器箱应安装在电缆槽外壁上，受限界影响可切除踏步台降低安装高度，或切除电缆槽壁。

（4）道岔用终端盒应安装在转辙机旁的电缆槽壁上，其最凸出边缘距钢轨内沿 1 700～2 000 mm，基础顶面距地面（300±50）mm。

（5）应答器用终端电缆盒，应安装在应答器旁的电缆槽壁上，基础顶面高于电缆槽盖板顶面大于 350 mm。

3. 电缆成端工艺要求

（1）电缆做头。

① 电缆穿入保护管和密封套后，用棉纱清洁电缆做头部分外护套。

② 使用电缆刀开剥电缆外护套，长度满足箱盒配线要求，见表 55-4。

③ 用钢锯割切钢带、铝护套及内屏蔽层，切割口距电缆外护套端口的长度分别为 10 mm、20 mm 和 60 mm。

表 55-4 电缆做头长度表

名称	XB-1	XB-2	HZ-12	HZ-24	HF-4	HF-7
L	800	1 000	350	主 400	主 500	主 500
				副 500	副 900	副 1 100
A	60	70	100/70	主 80	主 80	主 90
				副 80	副 60	副 70

④ 安装防水胶圈、固定片、电缆固定卡箍并锁紧。
⑤ 用砂纸将铝护套和钢带打毛。
⑥ 去除 25～30 mm 内屏蔽层上绝缘层,将屏蔽压接管内衬管置于电缆。
⑦ 芯线与屏蔽层间,再将外部压接管置于屏蔽层外。

(2) 钢带和铝护套屏蔽连接。

钢带和铝护套分别用 U 形屏蔽连接夹固定牢固,按环接方式引出两根截面积为 1.5 mm² 的扁平铜网或 7×0.52 mm 多股芯线做为屏蔽引出线。

(3) 屏蔽四线组的屏蔽连接。

将截面积 1.5 mm² 的扁平铜网和屏蔽四线组内的排流线置于屏蔽压接管和屏蔽四线组的屏蔽层之间,用专用压接钳压后引出,再将引出线与其他屏蔽四线组环连压接,最后引出两根屏蔽引出线,如图 55-32 所示。屏蔽引出线长度根据接地端子排的位置确定。

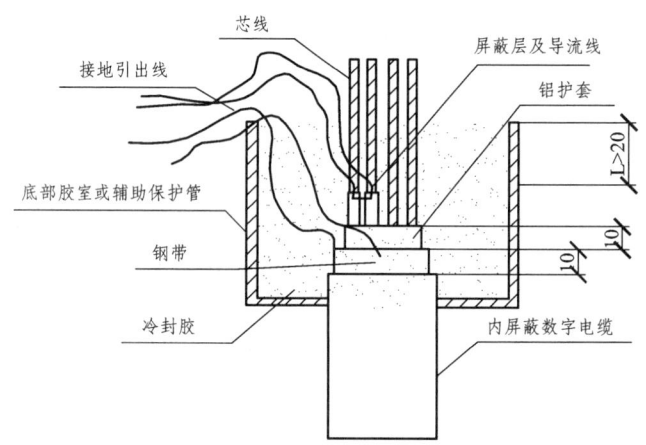

图 55-32 箱盒成端、接地示意

(4) 电缆及地线固定密封套推回到灌胶位置,将电缆及地线引入箱盒并将保护管与箱盒连接牢固。
(5) 成端密封:
① 检查冷封胶包装袋及分隔离条是否完好,严禁使用过保质期产品。
② 开袋前应将 A、B 两种胶液充分混合。
③ 灌胶前将电缆四线组内芯线分开,芯线间用冷封胶灌注。
④ 七方向盒:胶室总高度为 4 cm,灌胶超出内胶室沿顶部 0.5 cm,胶面距外胶室顶面约 2 cm。
⑤ 四方向盒:胶室总高度为 4 cm,灌胶超出内胶室沿顶部 0.5 cm,胶面距外胶室顶面约 2 cm。
⑥ 信号机 HZ24:胶室总高度为 6 cm,胶面距外胶室顶面约 3.5 cm。
⑦ 道岔 HZ12:胶室总高度为 6 cm,胶面距外胶室顶面约 3.5 cm。
⑧ 灌注后应检查无漏胶现象。

⑨ 灌胶后 12 h 内电缆不应受外力挤压。

（6）屏蔽引出线的接地连接：

① 钢带及铝护套的屏蔽引出线、屏蔽四线组的屏蔽引出线端头分别压接 $\phi 6$ mm 冷压线环后，接至箱盒内地线汇流铜排。

② 地线引接线在箱盒内一侧压接 $\phi 8\text{-}50$ mm^2 冷压线环后接至箱盒内地线汇流铜排，另一侧与综合接地系统连接。灌胶后的箱盒成端、接地如图 55-32 所示。

4. 挂电缆去向牌

（1）在电缆两端要挂去向牌，使用打号机打印相关电缆信息。

（2）去向牌中注明：电缆型号、规格、电缆始终端、长度。

5. 填写质量跟踪卡和限界检查表

（1）施工人员根据工作项目自检合格后，在质量跟踪卡上签名，将质量跟踪卡妥善置于箱盒中。

（2）根据设备安装的实际尺寸，填写信号设备限界检查表。

6. 标识

方向盒、终端盒、信号用变压器箱的名称标注采用反光标识牌，安装在基础上。

（四）工程实例

图 55-33　道岔箱盒安装

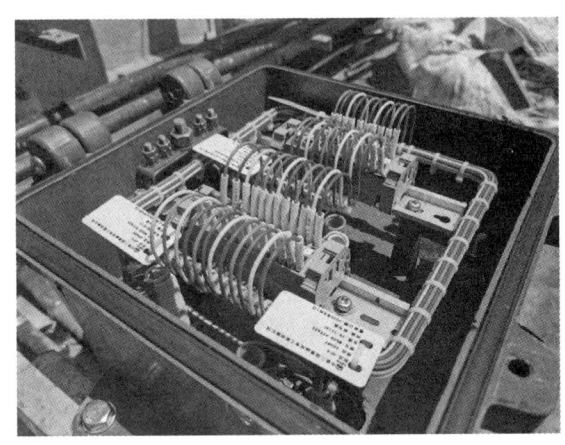

图 55-34　方向盒配线

图 55-35　电缆终端盒配线

第五十六章 综合监控系统施工

第一节 工程概况

一、工程简介

杭海城际铁路综合监控系统在满足具体运营需求功能的基础上,进一步优化系统构成及功能,提高国产化率。综合监控系统采用两级管理三级控制,实现各集成互联子系统相关接口功能。

杭州至海宁城际铁路工程综合监控系统集成系统有:电力监控系统(SCADA)、环境与设备监控系统(BAS)、火灾自动报警系统(FAS)、门禁系统(ACS)、防淹门系统(FG)、站台门系统(PSD)、隧道感温光纤系统(TFDS)。互联的系统:电气火灾监测系统、消防电源监视系统、防火门监控系统、智能照明监控系统、区间智能疏散系统、广播系统、视频监视系统、乘客信息系统、自动售检票系统、信号系统、时钟系统、线网指挥系统、能源管理系统、办公自动化系统、车辆基地安防系统。

综合监控系统采用统一的硬件平台和软件平台,将各子系统的信息综合在全局数据库中。控制中心和车控室里的操作员工作站通过对数据库的实时访问、对各种应用程序和各子系统的调用,使各子系统信息互通,达到全线系统间的资源共享。

(一)综合监控系统工程简介

杭州至海宁城际铁路综合监控系统分两级管理,三级控制,两级管理分别是中央级和车站级,三级控制分别是中央级、车站级和现场级。

中央级综合监控系统包括云平台服务群组、各种工作站、综合显示屏、打印机、交换机、UPS电源、通信前置机等,这些设备组成中央级 ISCS 局域网。

车站级综合监控系统包括各车站、车辆段等。车站级综合监控系统由车站级交换机、工作站、通信前置机等组成车站级局域网,实现所辖范围的监控。车站在车控室设置综合后备盘(IBP),主要实现信号系统、BAS、ACS、AFC、PSD、FAS、扶梯等重要被控设备的后备紧急控制或状态指示。

综合监控系统通过通信专业提供的光纤,独立组建主干网。综合监控主干网络将全线各车站级综合监控系统、中央级综合监控系统及辅助系统(综合维修管理系统、网络管理系统、培训仿真测试系统)连接构成完整综合监控系统;现场级由被集成或互联子系统现场设备组成。

中央级互联的系统有:PA、CCTV、PIS、AFC、SIG、通信集中告警系统、通信电源网管等系统。

车站集成系统有:SCADA(含主变)、FAS、BAS、ACS、PSD、隧道感温探测系统(TFDS),互联系统有:PA、CCTV、PIS、消防电源监控、电气火灾监测、能源管理、杂散电流等。

车辆段集成和互联的系统有:SCADA、FAS、BAS、ACS、杂散电流等。

杭海城际铁路综合监控系统施工内容主要为控制中心中央级综合监控设备、网管设备、OCC 大屏设备,车辆段车站级综合监控设备、DCC 大屏设备、综合维修系统设备、培训系统设备,各车站级综合监控设备、车控室 IBP 盘等设备安装、配线、调试。

（二）门禁系统工程简介

杭州至海宁城际铁路工程 ACS 系统由设置在控制中心中央级 ACS，设置在杭海线 12 个车站和盐官车辆基地的车站级 ACS 等组成。其中门禁系统在车站级纳入综合监控系统，车站级及中央级监控管理功能均由综合监控系统完成，门禁系统负责就地数据的采集及上传，协助综合监控系统完成功能要求。中央级 ACS 对各个车站及车辆段进行监控。

车站门禁系统包括三层结构：

1. 就地级设备：磁力锁、机电一体化锁、电动逃生锁、读卡器、开门按钮、紧急破玻按钮、门磁、就地控制器；

2. 车站级设备：门禁网络控制器、车站管理工作站等；

3. 中央级设备：中央服务器、授权的管理工作站。车站门禁系统由门禁网络控制器、就地控制器、读卡器、磁力锁、机电一体化锁、电动逃生锁、紧急破玻按钮、开门按钮及通信设备组成，通过以太网方式直接与综合监控提供网络相连。门禁系统在车站级和中央级均集成于综合监控系统。

门禁系统施工内容主要为 12 个车站范围内的车站级设备安装（网络控制器、就地控制器、读卡器、开门按钮、紧急破玻按钮）、线缆敷设、配线、调试。

（三）环境与设备监控施工程简介

BAS 系统在车站设置一套冗余的系统主控制器。主控制器通过 2 个 10M/100M 以太网口接入车站综合监控系统局域网。BAS 通过 RS485 总线与 FAS 相连。主控制器通过交换机构建的光纤环网连接远程 I/O。在车控室的 IBP 盘内设置非冗余 PLC，主控制器与 IBP 盘内 PLC 采用交换机构建的光纤环网连接。

在车站及车站所辖区间的通风空调机房、照明配电室设置远程 I/O 设备与现场电气控制箱硬线连接，实现对相关设备的监控；在设备房、公共区、风管等地方设置温湿度、温度、流量、二氧化碳等传感器设备，采集环境、风水管等相关参数。主控制器通过交换机构建的光纤环网和通信接口与多联空调系统、智能照明系统公共区的电扶梯及照明配电室的 EPS 应急照明电源等连接，实现对相关设备的监控。

BAS 系统施工内容主要为 12 个车站、2 个区间跟随所、1 个区间风井范围内的 PLC 控制柜安装、远程控制柜/箱安装、温湿度传感器、二氧化碳传感器安装、线缆敷设、配线、调试。

（四）火灾自动报警系统简介

FAS 在车控室对防救灾设备进行自动控制和灾情监视报警；运用火灾自动报警，联动控制，消防通信等设备，接受 FAS 指挥中心命令或独立组织指挥管辖范围内防救灾工作；自动打印，记录灾害事件（供值班参考），并报送火灾自动报警指挥中心；车站 FAS 确保车站管辖范围内的灾害能及时发现，使值班人员及时了解灾情，采取有效措施，保障地铁运行安全。FAS 系统施工内容主要为 12 个车站、2 个区间跟随所、1 个区间风井范围内的 FAS 主机安装、模块箱安装、终端设备安装、线缆敷设、配线、调试。

（五）气体灭火系统简介

杭州至海宁城际铁路工程气体灭火系统由管网子系统和报警控制子系统两部分组成。管网子系统由灭火剂储瓶（90L），启动氮气瓶及其相应组件，机械启动装置，自动启动装置，高压软管，集流管，安全阀，单向阀，减压装置，选择阀，压力开关及管道和喷头等部分组成。系统采用气体（氮气）驱动，作为启动动力源开启灭火剂储瓶，气动启动管路为紫铜管，工作压力为 6.6 MPa。系统具有火灾报警和自动灭火的功能。在正常运营时，由报警控制子系统监视保护。气体灭火系统同时具有自动操作、人工现场操作、紧急机械操作三种操作方式。

气体灭火系统施工内容主要为正线 4 个地下车站及控制中心、车辆段综合楼、两个跟随所气体灭火系统的管道安装及设备安装。

二、主要工程数量

1. 综合监控系统工程数量

综合监控主要工程数量表见表 56-1。

表 56-1 综合监控系统主要工程数量

序号	工程项目名称	单位	数量	备注
1	机柜安装	面	42	
2	配电柜安装	面	17	
3	大屏安装	套	3	
4	IBP 盘安装	套	12	
5	交换机安装	套	38	
6	工作站安装	套	62	
7	线缆敷设	站	13	

2. 门禁系统工程数量

门禁系统主要工程数量表见表 56-2。

表 56-2 门禁系统主要工程数量

序号	工程项目名称	单位	数量	备注
1	机柜安装	面	12	
2	就地控制箱安装	套	128	
3	出门按钮安装	个	334	
4	读卡器安装	套	448	
5	紧急破玻按钮安装	个	346	
6	线缆敷设	站	12	

3. 环境与设备监控施工程数量

BAS 系统主要工程数量表见表 56-3。

表 56-3 BAS 系统主要工程数量

序号	工程项目名称	单位	数量	备注
1	PLC 控制柜安装	面	32	
2	远端 I/O 控制柜安装	面	71	
3	远端 I/O 控制箱安装	套	57	
4	二氧化碳传感器安装	个	32	
5	风管温湿度传感器安装	个	52	
6	室内温湿度传感器安装	个	166	
7	室外温湿度传感器安装	个	56	
8	线缆敷设	站	15	

4. 火灾自动报警系统工程数量

FAS 系统主要工程数量见表 56-4。

表 56-4　FAS 系统主要工程数量

序号	工程项目名称	单位	数量	备注
1	FACP 主机安装	套	15	
2	TFDS 主机安装	套	15	
3	消防电话主机安装	个	15	
4	三十位模块箱安装	个	154	
5	感温探测器安装	个	341	
6	感烟探测器安装	个	1 719	
7	警铃安装	个	152	
8	声光报警安装	个	427	
9	手动报警按钮安装	个	1 010	
10	消防壁挂电话安装	个	271	
11	消防电话插孔安装	个	560	
12	消火栓按钮安装	个	1 010	
13	吸气式烟雾探测器安装	个	28	
14	单区气灭控制器安装	个	72	
15	线缆敷设	站	15	

5. 气体灭火系统工程数量

气体灭火系统主要工程数量表见表 56-5。

表 56-5　气体灭火系统主要工程数量

序号	工程项目名称	单位	数量	备注
1	气瓶及组件	套	8	
2	抗震支架安装	米	2 600	
3	镀锌无缝钢管	米	4 607	

第二节　施工组织

1. 施工方法及装备

以人工为主，准备手推车、汽车等施工设备，配备相关联络工具，并配备综合监控系统调试相关仪器仪表。

2. 施工顺序和作业组织方式

综合监控系统涉及到所有的子系统调试，其调试遍及所有车站、区间，做好与子系统调试间的协调管理，同步完成相关子系统的调试。在试验开始前，邀请监理进行监督，整个调试过程由驻地监理进行旁站。

综合监控调试进度必须要满足送电开通的时间节点，确保按期或提前投入综合监控系统，为送电开通做好准备。

3. 施工难点和应注意的事项

综合监控系统关键硬件设备采用国际知名品牌的主流产品，其他在国内采购，满足系统国产化率要求。

第三节　主要施工工艺及控制要点

一、综合监控系统施工

（一）工艺流程

设备安装施工工序流程如图 56-1 所示。

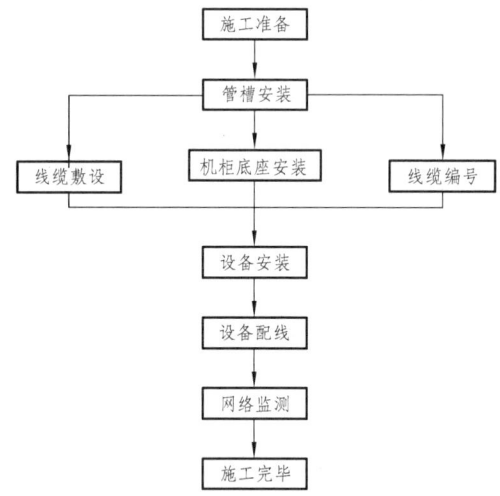

图 56-1　设备安装施工工序流程

（二）控制要点

1. 设备底座安装

（1）根据设计施工图纸，确定机柜摆放位置，进行划线打孔固定机柜底座。

（2）相邻底座要排列整齐，同一列内底座的机柜正面一侧应平直成一条直线，每米偏差不大于 3 mm。当地面铺有防静电地板时，底座采用膨胀螺栓直接固定在地面上，并与机房防静电地板等高。

（3）底座焊接处的焊渣必须清除并打磨光滑，底座刷漆或镀锌防腐处理。

（4）安装位置符合设计要求，一般采用 M12 的膨胀螺栓固定底座，安装时先把底座排列整齐，用记号笔对着底座的四个安装孔在地上画上打眼标记，画好后搬开底座，用直钢尺和记号笔在画好的圆圈中心画十字线，打眼时电锤应垂直对准十字线中心，打孔深度为膨胀螺栓套管长度和锥头之和，孔眼垂直，不得成喇叭状。

（5）孔内粉尘清除干净，用橡皮锤将膨胀螺栓轻敲入孔内，套管应全部没入孔内。取下螺母，将设备底座对地安装孔套入膨胀螺栓，在膨胀螺栓上依次套上平垫片、弹簧垫片、螺母，随后锁紧螺母。

（6）相邻底座要排列整齐，同一列内底座的正面一侧应平直成一条直线，使用金属垫铁调平，水平尺测量。

2. 设备安装

（1）设备与底座通过连接螺栓固定，机柜安装后要平衡、整齐、牢固，前面板在一条直线上，设备间空隙、垂直度符合规范和设计要求。

（2）对有防静电要求的设备，安装人员佩戴防静电手腕，同时保证机架地线连接良好。

（3）各系统设备插入单元电路板时，通过操作手柄或电路板的边沿对插入单元进行操作，避免接触内部器件。

3．设备配线

（1）电源线和地线。

① 根据电源线和地线的实际走线路径量长度裁剪所用电源线和地线。

② 用裁纸刀剥开电源线和地线的绝缘外皮，其长度与铜压接端子的"耳柄"等长。

③ 用压线钳将铜压接端子压紧，用热缩套管将铜压接端子的"耳柄"和裸露的铜导线热封，不得将裸线漏出；截面积小的电源线压接铜压接端子时需要焊接时，必须充分加热，焊锡饱满，禁止出现虚焊、假焊等现象，焊接完成后，用热缩管将铜压接端子的"耳柄"和裸露的铜导线热封。

④ 电源线一端与设备相连，沿走线架整齐布放，并用扎带绑扎，另一端和电源柜的接线排连接，连接前必须确认电源极性方可进行操作。

⑤ 将保护地线的一端和设备相连，地线沿走线架整齐布放，并用扎带绑扎，另一端和室内保护地排相连。

⑥ 对于敷设交流电源线时，应尽量与直流电源线、信号线、控制线分开布放，间距应不小于50 mm，如无法避免，电源线应使用交流线套屏蔽管进行屏蔽处理。

⑦ 电源线及地线布放时应按顺序出线，布放应顺直、整齐，无交叉、扭绞，线缆弯曲时应均匀、圆滑一致，走线架布放时在每根横铁上均应绑扎，并在线缆两端有明确的标识。

⑧ 在电源线和地线的敷设过程中应事先精确测量并预留足够长度的电缆，以防实际敷设时长度不够，如在敷设过程中发现预留长度不够，应停止敷设，重新更换电缆，不得在电缆中做接头或焊点。多机柜并柜时，每个机柜连接一根接地线到机房的室内接地排，如同列有多个配线架连接保护地线时可采取串联式连接方式。

（2）信号线。

① 各种线缆应按顺序出线，布放应顺直、整齐，无交叉、扭绞及溢出线槽，机房内各种配线中间不应有接头。线缆弯曲应均匀、圆滑。

② 敷设线缆时应尽量短而整齐，当线缆接入设备应留有一定的余量，且预留长度应统一。敷设好的线缆两端应粘贴标签，标明缆线编号、对端等必要信息，标签应选用不易损害或脱落的标签纸打印。

③ 设备或配线架端子收发排列要一致，每排端子应编扎线把，分线清晰并留有一定余量。焊接后的芯线绝缘应无烫伤、开裂及后缩现象，绝缘层离开端子边缘露铜不得大于 1mm，内外导体应接在对应的同轴端子上，配线后应进行对号测试，确保无错线、断弦、混线现象。

二、门禁系统施工

（一）工艺流程

门禁系统施工工序流程如图 56-2 所示。

（二）控制要点

1．支架、吊架、线槽的安装

（1）支架吊架水平安装时支架吊架的水平跨距为 1.5～2 m；垂直安装时固定点间距不大于 2 m，同时所有支吊架需在同一直线上并分布均匀。

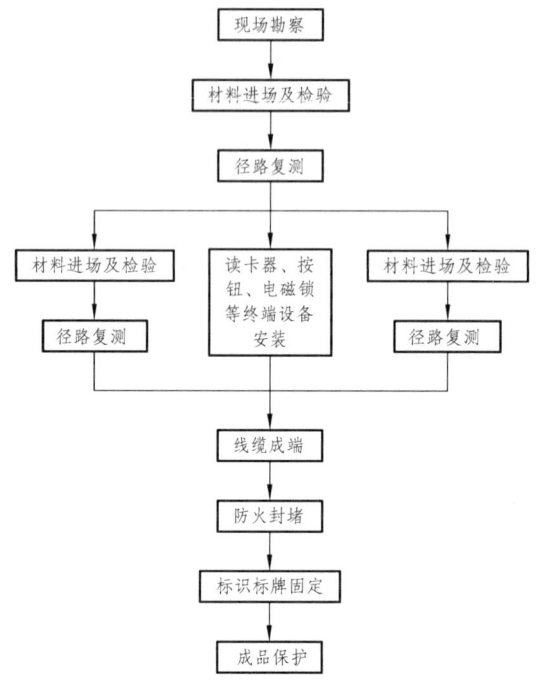

图 56-2 门禁系统施工工序流程

非直线段支架吊架的安装位置，线槽弯通弯曲半径不大于 300 mm 时，应在距弯曲段与直线段接合处 500 mm（300～600 mm）的直线段侧设置一个支架，当弯曲半径大于 300 mm，还应在弯通中部增设一个支架。

（2）金属线槽的线槽之间、线槽与弯通之间应采用连接板连接，用平垫、弹垫、半圆头螺栓固定，注意半圆头螺栓螺母朝线槽外，工程中使用的线槽连接片应安装在线槽内外两侧，线槽接缝处间隙应严密平整。线槽进行分歧、转弯等应采用专用弯头。连接完成后连接螺栓必须固定牢固。同时，线槽和吊架之间也需要固定。

在线槽上需引出钢管配线时，首先应采用液压开孔器进行开孔，开孔切口整齐、与管径相符合，严禁使用气、点焊割孔，使用盒接头连接钢管与桥架。

（3）线槽接地：线槽之间连接板的两端需设置跨接地线，采用 4 mm² 的铜编织带或多芯铜线；但连接板两端应有不少于 2 个有防松螺帽或防松垫圈的连接固定螺栓。线槽伸缩处应采用编织铜线连接，线槽末端应采用 16 mm² 接地线连接至接地排。

（4）封堵：线槽穿过隔墙时应使用防火泥对线槽端头进行防火封堵。

制作标准：支架、吊架本体应焊接牢固，无显著变形，钢材应平直，无明显扭曲。支架、吊架、线槽采用热镀锌的防腐方式，镀锌厚度、镀锌重量、镀锌均匀性满足国标要求。

2. 线缆敷设

（1）门禁系统相关线缆在有吊顶的地方可穿管或走桥架明敷，无吊顶时，均采用暗敷设，墙面管线均采用暗敷。

（2）电源线、通信线必须分别穿钢管，并有支架防护，与高低压的电缆分别布置在通道的两侧。

（3）控制电缆和通信电缆采用穿钢管沿墙敷设，钢管外涂防火漆。管线、电缆及光缆穿越墙洞时要求加钢管护套，同时孔洞必须采用防火密封材料封堵。金属管线应可靠固定，同时要求避开高低压的电缆敷设，在公共区不允许裸露在装修层外。

（4）柜体内接线应保证横平竖直，长度应适当，不可因过长在线槽内堆积或过短造成导线受力。

活动门上转动部分的导线束应有外套塑料管，同时在可动部分两端用卡子固定。

（5）施工过程中，应避免电缆受冲击力和重物碾压。不得使电缆变形；当发现变形时，应进行护套密封性检查和电缆绝缘性能的检查测试。

3. 设备安装

同综合监控系统设备安装施工方案。

三、环境与设备监控施工

（一）工艺流程

1. BAS 系统施工工序流程如图 56-3 所示。

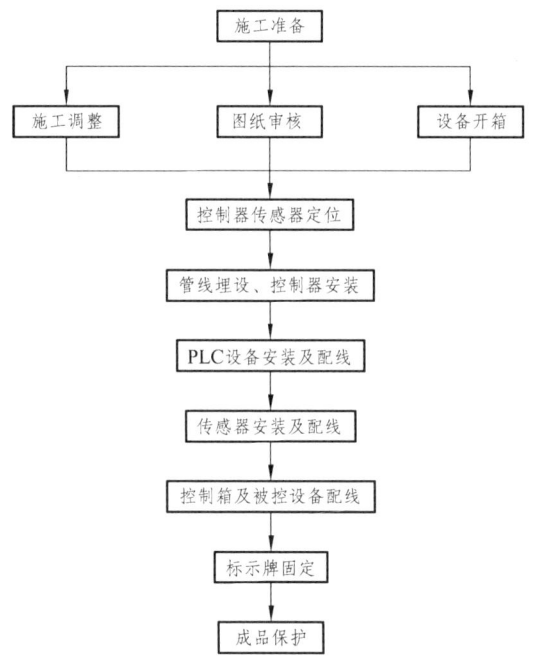

图 56-3　BAS 系统施工工序流程

（二）控制要点

1. 支架、吊架、线槽的安装

同门禁系统施工方案。

2. 管线敷设

（1）埋入墙或混凝土内的线管，离表面的净距不小于 15 mm。

（2）进入落地式控制柜的电线管路，排列应整齐，管口应高出基础面不小于 5 mm。

（3）电线管路弯曲半径：明、暗配时均不小于管外径的 6 倍，当埋设于地下或混凝土楼板内时，不小于管外径 10 倍。

（4）电线管路中间加装接线盒，应符合国标《电气装置安装工程施工及验收规范》（GB 50258）的规定。在 TN-S 系统中，金属电线管和金属盒（箱）必须与保护地线（PE 线）有可靠的电气连接。

（5）明配钢管排列整齐，固定点的距离应均匀，间距符合规定要求。

（6）钢管进入接线盒及配电箱时，管口露出盒（箱）小于 5 mm。明配管应锁螺母或护圈帽固定，露出锁紧螺母的丝口为 2～4 扣。

（7）钢管敷设需要外涂防火涂料，在钢管穿越墙体或楼板时需要进行防火封堵。

（8）钢管与设备连接时，应在钢管出口处加保护软管引入设备，金属软管长度不宜大于 2 m，管口包扎严密。

（9）在建物的顶棚内敷设时，必须采用金属管、金属线槽布线，吊顶内金属软管长度不应大于 0.8 m。

3. 线缆敷设

同门禁系统施工方案。

4. 设备安装

同综合监控系统设备安装施工方案。

四、火灾自动报警系统施工

（一）工艺流程

FAS 系统施工工序流程如图 56-4 所示。

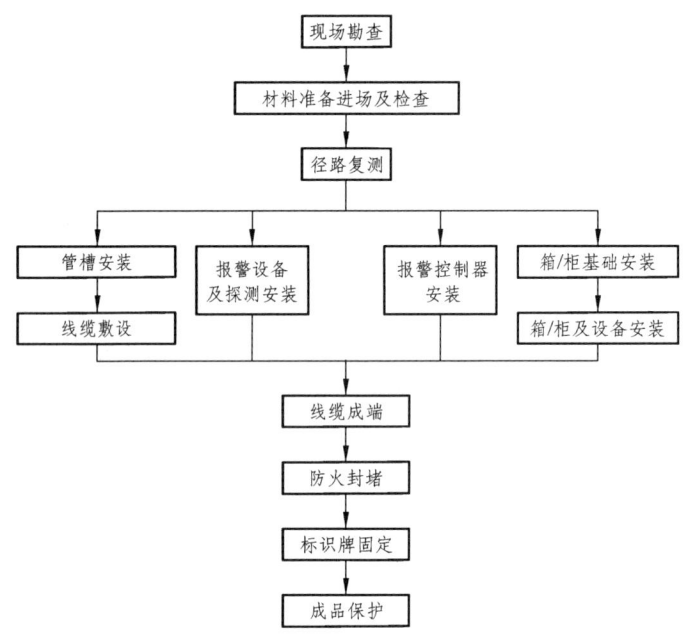

图 56-4 FAS 系统施工工序流程

（二）控制要点

1. 电气配管工艺要求

（1）管线安装。

① 管路连接紧密，管口光滑无毛刺，护口齐全，排列整齐，管子弯曲处无明显折皱，暗配管保护层大于 15 mm。

② 盒、箱设置正确，固定可靠，线管进入盒、箱处顺直，在盒、箱内露出的长度小于 5 mm；用锁紧螺母固定的管口、线管露出锁紧螺母的螺纹为 2~3 扣。线路进入电气设备和器具的管口位置正确。

③ 穿过变形缝处有补偿装置，补偿装置能活动自如；配电线路穿过建筑物和设备基础处加保护套管。补偿装置平整、管口光滑、护口牢固、与线管连接可靠；加保护套管位置在隐蔽工程中标示正确。

④ 电线保护管接地（接零）应符合以下规定：连接紧密牢固，接地（接零）线截面选用正确、

需防腐的部分涂漆均匀无遗漏，线路走向合理，色标准确，涂刷后不污染设备和建筑物。

（2）暗配导管。

① 镀锌钢导管、可弯曲金属导管和金属柔性软管连接处两端采用专用接地卡固定接地线，接地线应为截面积≥4 mm²铜芯软导线。

② 导管表面埋设深度与建筑物、构筑物表面的距离≥15 mm。

③ 暗埋导管、明配导管安装时接线盒配套使用，严禁混用。

④ 钢导管或刚性塑料导管跨越建筑物变形缝处断开，用金属软管连接，两端设置跨接地线。

⑤ 线管开槽严禁破坏、切割圈梁主筋。通道搪瓷钢板处门磁及控制器配管可采用明配敷设，门框处暗埋敷设。

（3）明配导管。

① 镀锌钢导管、可弯曲金属导管和金属柔性软管连接处两端采用专用接地卡固定接地线，接地线应为截面积≥4 mm²铜芯软导线。

② 导管的弯曲半径≥管外径的6倍，当两个接线盒间只有一个弯曲时，其弯曲半径≥管外径的4倍；暗埋导管弯曲半径≥管外径的6倍，当直埋于地下时，其弯曲半径≥管外径的10倍。

③ 暗埋导管、明配导管安装时接线盒配套使用，严禁混用。

④ 导管应排列整齐，固定点间距均匀、安装牢固。在距终端、弯头中点或箱柜边缘150～500 mm设固定管卡，导管直线段固定管卡间的最大间距符合表56-6管卡间距最大距离对照表相关要求。

表56-6 管卡间距最大距离对照

导管直径	mm	15～20	25～32	40～50	≥65
刚性钢导管	m	1.5	2.0	2.5	3.5
刚性塑料导管	m	1.0	1.5	2.0	2.0

⑤ 金属软管长度≤1.4 m。金属软管与刚性导管或设备连接时采用专用接头，金属软管固定点间距均匀且≤1 m，管卡与设备或管端等边缘间距＜0.3 m。

⑥ 导管跨域建筑物变形缝处断开，用金属软管连接，两端设置跨接地线。

⑦ 线管敷设时跨接地线涮锡处理，固定牢固，隐蔽前逐一排查。线管敷设前检查确保线管防火涂料涂刷均匀，煨管时防火涂料破坏处及时进行补刷。

⑧ 线管管口用锉刀打磨，线管隐蔽前逐一排查。

⑨ 贴墙贴顶敷设线管时，钢导管与金属软管连接处钢导管末端煨弯30°～45°，方便固定卡安装，防止金属软管脱落。

⑩ 手/消报、消防电话插孔配管安装前与机电专业核对消火栓箱安装位置，仔细核对图纸后进行线管敷设。

2. 桥架安装工艺要求

① 直线段桥架长度≥30 m时设置伸缩节和防晃支架，跨越建筑物变形缝时设置补偿装置。

② 桥架与支架间及与连接板的固定螺丝安装紧固无遗漏，螺母位于桥架外侧。桥架水平安装支吊架间距为1.5～3.0 m，垂直安装间距≤2.0 m。采用金属吊架固定时，圆钢直径≥8 mm，在桥架分支处、端部、转角处0.3～0.5 m设置固定支架。支吊架安装牢固，无明显扭曲。

③ 桥架与水管平行安装时，安装于水管上方。桥架穿越中板和防火分区时桥架内用防火包封堵，桥架与套管之间用防火泥封堵。

④ 桥架安装前逐一检查支架安装质量，桥架安装后对支架横担调直调正、防晃支架设置情况并

对不合格处逐一整改。

⑤桥架地线安装时严格控制面漆打磨面积，确保接地线安装固定牢固，排查接地线遗漏情况。

⑥桥架安装前逐一排查桥架穿墙套管，套管尺寸≥桥架型号100 mm。

⑦桥架异形件必须现场测量定制，严禁现场加工。

3. 线缆敷设工艺要求

（1）线缆敷设。

①电缆敷设不得存在绞拧、保护层断裂和表面严重划伤等缺陷。

②电缆敷设排列顺直、整齐，并减少交叉。桥架内>45°倾斜敷设的电缆每隔2 m固定，水平敷设的电缆首尾两端、转弯两侧及每隔5～10 m设固定点。

③电缆进入箱/柜及桥架、穿越隔墙时防火封堵密实。管线、电缆及光缆穿越墙洞时要加钢管护套，同时孔洞必须采用防火密封材料进行封堵。

④电缆首末两端、电缆井设电缆永久标牌。

⑤线缆敷设时桥架异型件处预留电缆，确保桥架盖板安装，箱/柜内配线预留桥架内，根据接线端子位置合理布局线缆走向，线缆剥线后屏蔽层统一引出，线缆成束热缩前逐一排查。

⑥导线的规格型号必须符合设计要求和国家标准的规定。

⑦管内穿箱内清洁无杂物，护口、护线套管齐全无脱落，导线排列整齐，并留有适当余量。导线在管子内无接头，不进入盒、箱的垂直管子上口穿线后密封处理良好，导线牢固，包扎严密，绝缘良好，不伤芯。

⑧保护接地线，中性线截面选用正确，线色符合规定，连接牢固紧密。

⑨线缆在多专业合用线槽走线置中，线缆捆扎后应隔段做标识。如果走向与其他系统的管线冲突，可以根据现场的实际情况适当调整走向，但不能违背电缆和光缆的布置要求和原则。

（2）感温光纤敷设。

①隧道直线区段，每隔15 m安装一个支撑架，15 m中间安装2个辅助支撑架，转弯区段，每隔10 m安装一个支撑架，10 m中间安装1个辅助支撑架。

②光纤沿钢丝自然平行敷设，固定间距1 m。光纤在每个辅助支架处留光纤；光纤尾端应至少保留20 m，妥善盘留在适当位置，注意光纤尾端的处理。

③测试段：测试段是一条大约15 m长的探测光纤绕成的圆盘，用于系统调试时和使用中对设备进行定标和检查。在区间隧道的开头与结尾处各设置一个，测试段应安于合适位置。

④光纤用熔接机进行熔接，熔接光纤时要加带钢丝的热缩管，对接头采用光纤熔接盒保护，探测光纤禁止乱摔、大力折拧、重力冲击、过力拉伸等，避免探测光纤纤芯断裂。

（3）线缆接线。

①电缆线芯剥线应使用专用的剥线钳，不得使用尖嘴钳和斜口钳，防止由于力度掌握不好造成的线芯损坏。

②剥出的线头以完全压入端子为宜，防止线头裸露部分过短压在绝缘皮上或线头裸露部分过长容易短路和人员触电。

③多股软导线端部处理应采用专用的压线钳套针形线鼻子（大小根据线径尺寸确定）压接，不得采用尖嘴钳等其他工具，硬线直接接入端子。根据端子类型确定采用合适的线鼻子（U型或O型）。

④每个端子原则上压一根导线，确需压接两个线时，两个导线线径应相同，线径不同时可使用专用线鼻压接，不得压接三根以上导线。

⑤备用芯预留长度至最远端处，满足接引最远端端子接线需要，一根电缆的所有备用芯集中捆绑，并套好有本根电缆编号的套管。

⑥ 在压线前必须套号码管，号码管长短一致，大小合适。
⑦ 压线完成后必须从两端端子排进行对线复核，核实接线正确与否，便于及时调整。
⑧ 线缆敷设临时标签两端按回路编写标识，严禁私自简写编制。

4. 设备安装工艺要求

（1）箱/柜安装。

① 箱/柜安装位置、高度符合设计要求。

② 机柜、模块箱安装前结合机电及其他专业统一排布箱柜位置，合理布局，预留运营维护空间，画出机柜、模块箱安装位置并与设计确认后安装。

③ 箱/柜安装位置提前与机电专业核对图纸，箱/柜上方严禁有水管、送风口、多联机等设备。

④ 机柜间或与基础型钢间用镀锌螺栓连接，固定牢固，避开通风口，水管等，现场不具备条件时设置防水保护措施，箱/柜垂直度允许偏差≤5‰，相互间间隙≤2 mm，成排安装偏差≤5 mm。箱/柜采用下进线方式时进出口防火封堵严密。

⑤ 箱/柜金属框架与基础型钢与保护导体可靠连接。

（2）终端设备安装。

① 火灾报警控制器、可燃气体报警控制器、区域显示器、消防联动控制器等控制器类设备（以下称控制器）在墙上安装时，其底边距地（楼）面高度宜为1.3～1.5 m，其靠近门轴的侧面距墙不应小于0.5 m，正面操作距离不应小于1.2 m；落地安装时，其底边宜高出地（楼）面0.1～0.2 m。

② 控制器的主电源应有明显的永久性标志，并应直接与消防电源连接，严禁使用电源插头。控制器与其外接备用电源之间应直接连接。

③ 保护接地的接地电阻不应大于1 Ω。

④ 终端设备安装应牢固可靠。

⑤ 箱内线缆应排列整齐，分类绑扎成束，并留有适当余量。

⑥ 箱、盒内应清洁无杂物，且设备表面无划痕及损伤。

五、气体灭火系统施工

（一）工艺流程

气体灭火系统施工工序流程如图56-5所示。

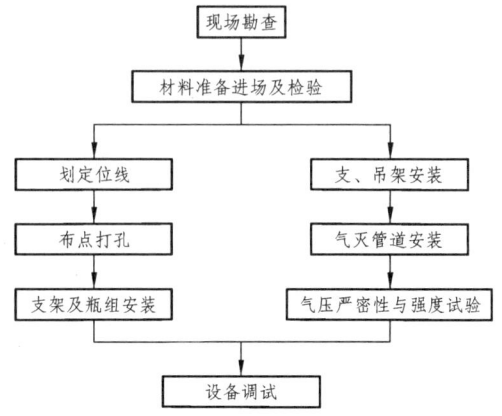

图56-5 气体灭火系统施工工序流程

（二）控制要点

1. 支架制作及安装

（1）管道每隔 20 m 加设一处防晃支架，当管道穿过中板时，每层应设一个防晃支架。

（2）当水平管道改变方向时，应设防晃支架。管道支、吊架的间距为 2 m，在管与管、弯头、三通、阀部件等连接处两侧 300 mm 处加固定支架，管道末端及喷头处应采用支架固定，支架距喷头的管道长度为 300 mm。

（3）管道固定牢固，管道支吊架最大距离符合表 56-7 支吊架间最大间距对照表要求。

表 56-7 支吊架间最大间距对照

DN/mm	15	20	25	32	40	50	65	80	100	150
最大间距/m	1.5	1.8	2.1	2.4	2.7	3.0	3.4	3.7	4.3	5.2

2. 气灭管道安装

（1）灭火剂输送管道连接方式符合设计要求。采用螺纹连接时，管材采用机械切割，螺纹不得有缺纹、断纹等现象，螺纹连接处采用厌氧胶或聚四氟乙烯胶带作密封，厌氧胶必须涂抹均匀，拧紧螺纹式，不得将密封填料挤入管道内，螺纹套丝 8~10 扣，安装完成外漏 2~3 扣；采用法兰连接时，双面焊接，衬垫不得凸入管道内，其边缘宜接近螺栓，连接法兰的螺栓，其直径和长度符合标准要求，拧紧后凸出螺母的长度不应大于螺杆直径的 1/2 且保证有不少于 2 扣外露螺纹。

（2）管道穿越隔墙、中板处安装套管，套管公称直径为管道公称直径 2 倍，穿墙套管长度与墙厚相等，穿中板套管长度高出地面 50 mm，管道与套管间空隙防火封堵填塞密实。管道穿越结构变形缝时设置柔性管段。

（3）公称直径≥50 mm 的主干管道，垂直方向和竖直方向至少各安装一个防晃支架，当穿越中板时，每层设置一个防晃支架，当水平管道改变方向时增设防晃支架，管道末端采用防晃支架固定，支架与末端喷嘴间的距离≤500 mm。

（4）灭火剂输送管道安装完毕后，应按规范及设计要求进行强度、气压严密性试验，并试验合格。

3. 气瓶间设备安装

（1）气瓶间内配电箱/模块箱、钢瓶支架、集流管道应根据气瓶间测量尺寸、运营检修维护要求、结合施工图纸进行优化组织安装。

（2）连接储存容器与集流管的单向阀的流向指示箭头指向介质流动方向。集流管应固定在支、框架上。支、框架固定牢固，防腐到位。

（3）选择阀操作手柄安装在操作面一侧，安装高度超过 1.7 m 时应采取便于操作措施。

（4）驱动气瓶上标明驱动介质的名称、对应保护区的永久标识，并便于观察。气动驱动管道终、始端设防晃支架或管卡固定，水平管道采用管卡固定，管卡的间距不应大于 0.6 m，转弯处增设 1 个管卡。气动驱动管道安装完成后应按设计及规范要求做气压严密性试验。

（5）灭火剂储存装置安装后，泄压装置的泄压方向不应朝向操作面；集流管道上的泄压装置的泄压方向不应朝向操作面。

第五十七章　低压动照施工

第一节　工程概况

一、工程简介

杭海城际铁路全线低压动照施工按照低压配电与照明用电负荷按其不同的用途和重要性分为一、二、三级负荷。一级负荷供电由变电所两段母线各引一路电源，在设备末端处自动切换后供电。相邻的一级负荷可以共用切换箱；二级负荷从降压变电所的一、二级负荷母线馈出单回电源线路至设备末端配电箱；三级负荷从降压变电所的三级负荷母线引出单回路电源线至设备，当供电系统为非正常运行方式时，允许将其切除。

低压配电与照明系统采用三相四线制配电方式，并采用 TN-S 接地保护系统，系统容量按远期最大负荷设计，并考虑一定的余量。

二、主要工程数量

主要工程数量如表 57-1 所示。

表 57-1　低压动照主要工程数量

序号	站点	施工内容	单位	工程数量
1	桐九公路站	配管	米	12 850
2	桐九公路站	电缆桥架（含支架）	米	470
3	桐九公路站	40×4 接地扁铁	米	2 000
4	桐九公路站	EPS 柜基础	套	2
5	桐九公路站	EPS 柜安装	套	2
6	桐九公路站	配电箱	面	55
7	桐九公路站	风机风阀控制箱	面	9
8	桐九公路站	导线敷设	米	46 160
9	桐九公路站	电缆敷设	米	17 364
10	桐九公路站	灯具安装	套	1 307
11	桐九公路站	开关、插座安装	套	350
12	桐九公路站	防火封堵	站	1
13	桐九公路站	区间检修箱	面	76

续表

序号	站点	施工内容	单位	工程数量
14	桐九公路站	区间电缆敷设	米	19 033
15	桐九公路站	区间灯具安装	套	242
16	桐九公路站	支架安装	站	1
17	桐九公路站	防火封堵	站	1
20	斜桥镇站	配管	米	12 850
21	斜桥镇站	40×4接地扁铁	米	2 000
22	斜桥镇站	电缆桥架（含支架）	米	440
23	斜桥镇站	EPS柜基础	套	2
24	斜桥镇站	EPS柜安装	套	2
25	斜桥镇站	配电箱	面	55
26	斜桥镇站	风机风阀控制箱	面	9
27	斜桥镇站	导线敷设	米	46 260
28	斜桥镇站	电缆敷设	米	18 359
29	斜桥镇站	灯具安装	套	1 100
30	斜桥镇站	开关、插座安装	套	290
31	斜桥镇站	防火封堵	站	1
32	斜桥镇站	区间检修箱	面	76
33	斜桥镇站	区间电缆敷设	米	17 354
34	斜桥镇站	区间灯具安装	套	222
37	皮革城站	配管	米	26 550
38	皮革城站	40×4接地扁铁	米	3 000
39	皮革城站	电缆桥架（含支架）	米	1 850
40	皮革城站	EPS柜、通风空调电控柜基础	套	4
41	皮革城站	EPS柜、通风空调电控柜安装	套	4
42	皮革城站	配电箱	面	113
43	皮革城站	风机风阀控制箱	面	49
44	皮革城站	导线敷设	米	69 400
45	皮革城站	电缆敷设	米	35 000
46	皮革城站	灯具安装	套	1 940
47	皮革城站	开关插座安装	套	550
48	皮革城站	防火封堵	站	1
49	皮革城站	区间检修箱、照明配电箱	面	130
50	皮革城站	区间电缆敷设	米	52 256
51	皮革城站	区间配管	米	19 000
52	皮革城站	区间导线敷设	米	75 120
53	皮革城站	区间灯具安装	套	952

第二节 施工组织

一、施工流程

低压动照施工流程如图 57-1 所示。

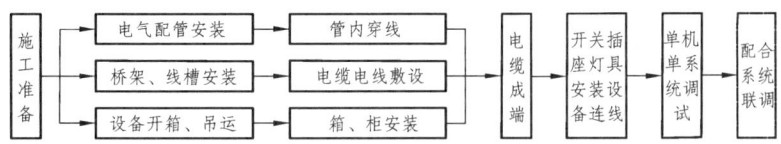

图 57-1 低压动照施工流程

二、施工筹划

低压配电与照明系统由各作业队所属动照工班负责施工，每个工班设工班长 1 人，技工 16 人，普工 28 人，负责本管段动力及照明设备及其配电管线的安装、调试。

动照工班下设 2 个管线组、1 个设备安装组。

管线组（技工 4 人，普工 12 人）：负责低压配电与照明系统桥架、线槽安装及电缆敷设、接测。

设备安装组（技工 8 人，普工 4 人）：负责低压配电与照明系统低压抽屉式开关柜、配电箱、灯具、插座、开关等设备的安装及调试。

各站分别设立一个动力照明专业班组，负责管线敷设和配电柜（箱、盘、屏）、灯具安装。

施工人员配合土建、装修进行孔洞预留、暗装箱（盒）和暗配管预埋、设备基础制作等准备工作。随装修工程、通风与空调、给排水设备安装的进度，进行站内的管线、电缆、电线的敷设以及各种配电箱、柜的安装及接线、灯具安装等。完成安装并对系统进行全面细致的检查后，进行系统的单体调试、无负荷试运行调试、带负荷试运行调试。区间具备施工条件后，立即组织管线施工班组进行区间动力照明安装施工。

三、主要设备配置

施工机械、工具配备见表 57-2。

表 57-2 施工机械、工具配备

序号	名称	规格	单位	数量	用途
1	电焊机	直流 165～300 A	台	4	焊接
2	电工工具		套	12	安装配电箱
3	水平尺	500 mm	把	12	配电箱水平调整
4	电钻		台	5	安装配电箱
5	开孔器		台	3	箱顶或底开孔
6	电缆盘支架		副	2	放电缆
7	压接钳	202 L	把	12	

续表

序号	名称	规格	单位	数量	用途
8	摇表	1 000 V	台	2	测绝缘
9	钢卷尺	50 m	把	12	测量
10	手工钢锯		把	4	截切电缆

第三节　主要施工工艺及控制要点

一、配电柜、配电箱安装

（一）工艺流程

配电柜、配电箱安装工艺流程如图 57-2 所示。

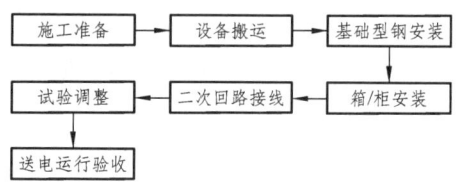

图 57-2　工艺流程

（二）控制要点

（1）按照设备清单、施工图纸及设备技术资料，详细核对本体及附件、备件的规格型号。

（2）本体外观检查无损伤及变形，油漆完整无损。

（3）内部电器装置及元件、绝缘瓷件齐全、无损伤、裂纹等缺陷。

（4）柜顶有吊环的，吊索应穿在吊环内，无吊环的应将吊索挂在四角主要承力结构。

（5）采用液压平板车搬运。

（6）按照图纸要求预制加工基础型钢架，并刷好防锈漆。

（7）钢架、预埋件、垫片焊牢，基础型钢顶部宜高出抹平面 100 mm。

（8）基础型钢与接地扁钢焊接，焊接面为扁钢宽度的二倍。

（9）按照顺序将柜放在基础型钢上，先找正两端的柜，再从柜下至上三分之二高的位置挂线逐台找正，以柜面为准，每处垫片最多不超过三片，固定采用镀锌螺丝连接。按柜底固定螺孔尺寸在基础型钢上定位钻孔，无特殊要求时，低压柜用 M12 的螺栓固定。安装箱面要求平整。周边间隙均匀对称，箱面平正，不歪斜，螺丝垂直受力均匀。

（10）配电箱安装高度要一致，用冲击钻钻孔，膨胀螺栓固定。

（11）照明配电箱在非承重墙（加气块）上安装时，采用对穿螺栓固定配电箱，用 $\phi 10$ 丝杆穿墙安装，墙外侧采用 40×4 扁铁固定。丝杆长度不得超出抹灰面。

（12）箱、柜、盘内配线应排列整齐，并绑扎成束，活动部位应两端固定，门开关灵活；每台柜体单独与接地母线连接。柜本体应有可靠、明显的接地装置，装有电器的可开启柜门应用裸铜软导线与接地金属构件做可靠连接。

（13）暗装配电箱，应先将箱内元件全部拆除，将箱体放入预留洞内安装固定，待装修工程基本结束，再将元件装入箱内，进行接线调试。

（14）每面配电柜单独与基础型钢连接，用 6 mm² 铜线与接地端子连接。

（15）用 500 V 摇表在端子处测试每条回路的电阻，必须大于 0.5 MΩ；二次回路如有集成电路、电子元件、晶体管，应用万用表测试回路是否接通。按原理图逐台检查柜体上的全部电器元件是否相符，其额定电压和控制操作电源电压必须一致。按图敷设柜与柜之间的控制电缆连接线。电缆敷设要求按电缆敷设工艺要求进行。控制线校线后，将每根芯线煨成圆圈，用镀锌螺丝、平垫圈、弹簧垫圈连接在每个端子板上。端子板每侧一般一个端子压一根线，最多不能超过两根，并且两根线间加平垫圈。多股线应涮锡，不准有断股，不留毛刺。

（16）桥架选用钢制密闭（有盖无孔）槽型桥架，其敷设要求、材质、板材厚度应满足 JB/T 10216—2000、JGJT 16—2008 及招标文件要求。

（17）一级负荷两个回路的电缆，应从两个不同路径（穿桥架）至设备就地配电箱，若不具备条件，则应设置中隔板将其分开敷设。

（18）桥架中电缆的填充率不得大于 40%。

（19）密集母线槽外壳及支架应可靠接地，全长应不少于 2 处与接地干线（PE）相连。

（20）区间照明（含疏散）采用穿管沿电缆支架敷设，电缆支架需用扁钢做等电位连接，并在车站端部通过电缆与车站设备接地端子排相连；区间给排水、区间环网电缆支架、弱电电缆支架均需在车站与区间连接位置，通过电缆分别连至强、弱电接地端子排。

（21）桥架安装要横平竖直，接头处有跨接线；在出 400 V 房间（特别是下出线房间），电缆集中拐弯可以不用桥架，用梯架，电缆分层敷设，要整齐美观。

（22）在长走廊等区域，桥架安装按规范要求增加防晃支架。

（23）桥架三通、四通，拐弯等应是厂里成品不允许现场加工，400 V、环控柜上的漏斗也应是成品，不允许现场加工。

（24）桥架在穿越变形缝时设补偿装置；垂直桥架按规范要求设置固定支架固定电缆。

（三）工程实例

图 57-3　配电箱安装

图 57-4　配电柜安装

二、电缆桥架安装

（一）工艺流程

电缆桥架安装工艺流程如图 57-5 所示。

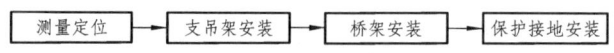

图 57-5　电缆桥架安装工艺流程

（二）控制要点

（1）根据车站综合管线布置图，用钢卷尺、水平尺、线锤、墨斗测定安装位置及标高。

（2）支架间距不应大于 2 m，在进出接线箱、柜、转弯和变形缝两端及丁字接头的三端应设固定支架；支架与吊架的规格一般不应小于扁铁 30 mm×3 mm；角钢 25 mm×25 mm×3 mm。

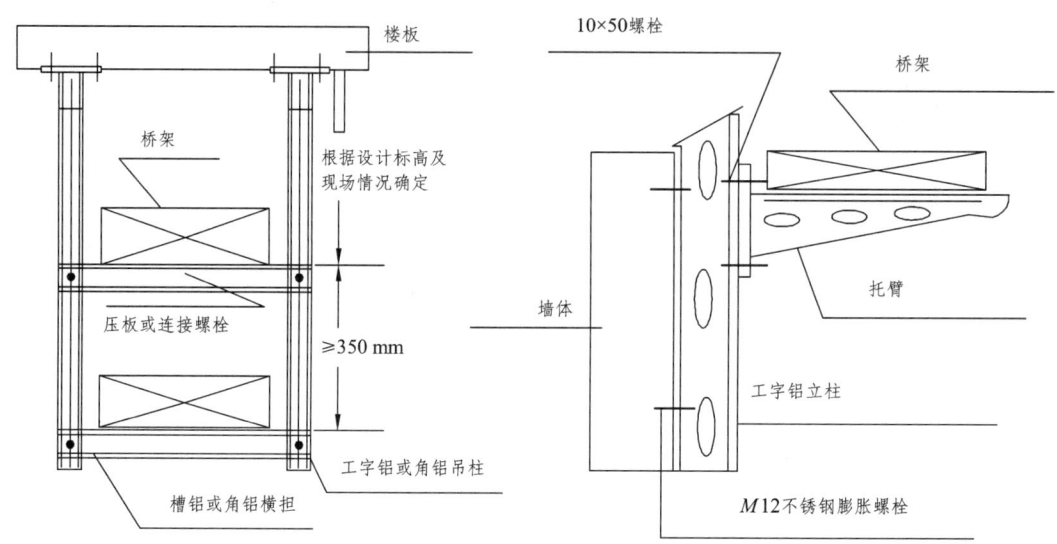

图 57-6　垂直吊架桥架安装示意

（3）桥架接头处应设固定支架。

（4）支架须固定在墙体或顶板处，不得吊在其他支架或设备上；支架与吊架距离结构顶面不应小于 200 mm；距地面高度不应低于 150 mm。

（5）支架与预埋件焊接固定，焊缝饱满；膨胀螺栓固定，选用合适螺栓，连接紧固。

（6）镀锌电缆桥架间连接板的两端不跨接地线，但连接板两端不少于 2 个有防松螺帽垫圈的连接固定螺栓。

（7）过人防门时，端部宜距人防内侧保证在 200 mm，且桥架内电缆必须裸缆穿过。

（8）电缆桥架跨建筑物变形缝处应设补偿装置；桥架本身应断开，桥架内用连接板搭接，不许固定。保护地线和桥架内导线均应留有补偿余量。

（9）桥架与支架间螺栓、桥架连接板螺栓固定紧固无遗漏，螺母位于桥架外侧。

（10）压接跨接地线的螺栓须有爪型垫片或刮掉防火涂层。

（11）金属电缆桥架及其支架全长应不少于 2 处与接地（PE）或接零（PEN）干线相连接。

（12）铝合金桥架与钢支架固定，有相互间绝缘的防电化腐蚀措施。

（13）非镀锌电缆桥架间连接板的两端跨接铜芯接地线，最小允许截面积不小于 4mm^2。

（14）桥架选用钢制密闭（有盖无孔）槽型桥架，其敷设要求、材质、板材厚度应满足 JB/T 10216—2000、JGJT 16—2008 及招标文件要求。

（15）一级负荷两个回路的电缆，应从两个不同路径（穿桥架）至设备就地配电箱，若不具备条件，则应设置中隔板将其分开敷设。

（16）桥架中电缆的填充率不得大于 40%。

（17）密集母线槽外壳及支架应可靠接地，全长应不少于 2 处与接地干线（PE）相连。

（18）区间照明（含疏散）采用穿管沿电缆支架敷设，电缆支架需用扁钢做等电位连接，并在车站端部通过电缆与车站设备接地端子排相连；区间给排水、区间环网电缆支架、弱电电缆支架均需在车站与区间连接位置，通过电缆分别连至强、弱电接地端子排。

（19）桥架安装要横平竖直，接头处有跨接线；在出 400 V 房间（特别是下出线房间），电缆集中拐弯可以不用桥架，用梯架，电缆分层敷设，要整齐美观。

（20）在长走廊等区域，桥架安装按规范要求增加防晃支架。

（21）桥架三通、四通，拐弯等应是厂里成品不允许现场加工，400 V、环控柜上的漏斗也应是成品，不允许现场加工。

（22）桥架在穿越变形缝时设补偿装置；垂直桥架按规范要求设置固定支架固定电缆。

三、钢管安装

（一）工艺流程

钢管安装流程如图 57-7 所示。

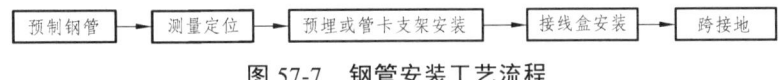

图 57-7 钢管安装工艺流程

（二）控制要点

（1）钢管切断应使用切管刀、钢锯弓或砂轮切割机，管口打磨光滑、无毛刺。

（2）钢管套丝根据管径大小采用套丝机或手动套丝板牙，采用套丝机应注意及时浇水冷却，丝扣匀称；一般情况下，SC20 的镀锌钢管套 2 次；管径 SC25～SC50 的镀锌钢管套 3 次。

（3）钢管管径在 25 mm 及以下时，用手扳弯管器煨弯。

（4）管径 25 mm 以上，用液压弯管机煨弯，最小弯曲半径、弯曲处的弯扁度符合规范要求；暗敷的镀锌钢管其弯曲半径不应小于管外径的 6 倍。埋入混凝土内平面敷设时，其弯曲半径不应小于管外径的 10 倍。管材煨弯后弯曲处的弧度应均匀。不应有折皱、凹陷、裂纹、死弯等缺陷。管材弯扁程度不应大于管外径的 10%。

（5）钢管暗敷要与土建工程同步，做好预埋或孔洞预留，避免在墙体上开槽。

（6）钢管进入箱、盒应采用锁紧螺母固定，露出丝扣宜为 2～4 扣。

（7）线路遇有建筑物伸缩缝和超过下列长度应加装接线盒：无弯时，1 个/45 m；有 1 个弯，1 个/30 m；有 2 个弯，1 个/20 m；有 3 个弯时，1 个/12 m。

（8）为便于穿线，钢管内应预先穿入钢丝。

（9）支吊架一般使用角钢制作，管卡和支吊架固定采用抱箍固定，间距均匀，与线路终端、转弯中点、电器或接线盒边缘的距离为 150～500 mm。

（10）线路遇有建筑物伸缩缝时应采用金属软管做补偿处理。

（11）明敷钢管采用 4 mm² 的黄绿双色铜芯绝缘软线做跨接地线，端头做搪锡处理。

（12）钢管敷设完毕，对管口进行保护。

（13）线缆过轨时，避开轨顶风道，在轨顶风道端部靠区间侧接触网与中板间敷设，尽可能增加与接触网间的间距，线缆过轨应安装牢固可靠。

（14）公共区共性区管线应固定在综合支吊架上，个别支管应有单独的支吊架，个性区应贴顶安装，管线应横平竖直。

（15）金属软管动力线不超过 0.8 m，照明不超过 1.2 m。

（16）钢管连接采用丝接，接头处应有跨接线。

（17）地面疏散指示灯线管接头处应打胶密封处理，接线盒处应打胶密封处理。

（18）管线穿变形缝和人防门时，设置软管。

（19）地面三菱灯柱、站厅至站台楼梯处的眉头灯箱要预留足够长度的线缆，梯眉灯箱的电源引自广告照明回路。

（20）管口应打磨没有毛刺，电线敷设时管口应有橡胶套保护电线；软线在进入插座、灯具等设备时应搪锡处理。

（21）过人防门的照明（含风亭、车站出入口、区间）回路在防护区内设置熔断器保护措施。

镀锌管路应做整体接地连接。金属钢管严禁对口熔焊连接，应以专用接地线卡跨接，跨接线采用截面不小于 4 mm² 黄绿双色铜芯软导线，接地线两端外露部分需做搪锡处理，防止铜芯氧化。钢管与接线盒也需做跨接地线进行等电位连接。

（三）工程实例

图 57-8　暗敷线管

图 57-9　明装线管

四、电缆敷设、接线安装

（一）工艺流程

电缆敷设、接线安装工艺流程如图 57-10 所示。

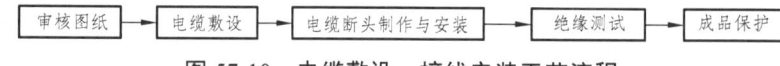

图 57-10　电缆敷设、接线安装工艺流程

（二）控制要点

（1）在桥架上敷设多根电缆时，预先在电脑上排布，按图敷设，以防交叉和混乱。

（2）将电缆盘架于放线架，线路上均匀安放定滑轮。

（3）穿管敷设的电缆，敷设前应检查钢管两端口护口，如弯管多或管路长，应向管内吹滑石粉；敷设电缆的电缆管，在穿越防火分区处按设计要求的位置，有防火阻隔措施。穿管敷设时先用安装有电缆牵引头并涂有电缆润滑油的钢丝绳与电缆的一端连接，钢丝绳的另一端穿过电缆钢管，拖拉电缆力量要均匀，检查电缆牵引过程中有无卡阻现象，如张力过大，应查明原因，问题解决后，继续牵引电缆。

（4）电缆敷设应顺直，敷设完毕及时在两端挂牌，注明起止点、电缆编号及规格型号；电缆沿桥架敷设时，应将电缆单层敷设，排列整齐。不得有交叉，拐弯处应以最大截面电缆允许弯曲半径为准。

（5）同等级电压的电缆沿桥架敷设时，电缆水平净距≥35 mm。

（6）电缆敷设排列整齐，水平敷设的电缆，首尾两端、转弯两侧及每隔 5～10 m 处设固定点。

（7）垂直敷设，应自上而下，倾斜角＞45°敷设的电缆每隔 2 m 处设固定点，垂直桥架内的电缆，每敷设一根应固定一根，全塑型、控制电缆固定点间距为 1 m，其他电缆固定点间距为 1.5 m；敷设在竖井及穿越不同防火区的桥架，需用防火泥和阻火包作好防火封堵。

（8）敷设在竖井及穿越不同防火区的桥架，按设计要求，做好防火封堵。

（9）电缆敷设路径与其他一般工艺管道的表面距离应＞150 mm，与绝热工艺管道，电缆表面与管道绝热层表面的距离＞200 mm。

（10）进入环控柜、低压柜电缆剥皮后要对电线分相热缩，相色分开。

（11）区间维修箱电缆下进下出，进出配电箱电缆应预留足够长度满足电缆弯曲半径，区间电缆应与支架上或者挂钩绑扎牢固。

（12）区间维修箱电源设计采用挂钩敷设，挂钩采用不锈钢产品，电缆支架应采用热浸锌角钢支架，镀锌层厚度不低于 80 μm。

（13）线缆过轨时，避开轨顶风道，在轨顶风道端部靠区间侧接触网与中板间敷设，尽可能增加与接触网间的间距，线缆过轨应安装牢固可靠。

（三）工程实例

图 57-11　电缆敷设

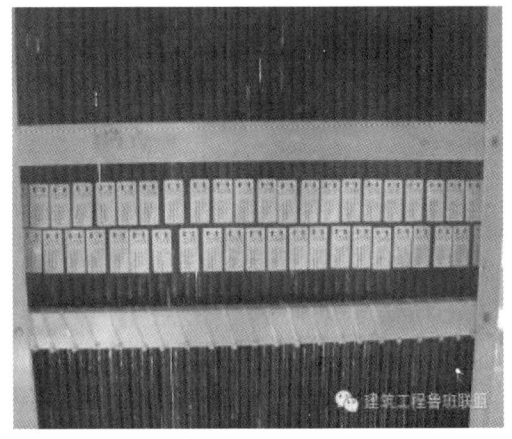

图 57-12　电缆挂牌

五、灯具安装

（一）工艺流程

灯具安装工艺流程如图 57-13 所示。

图 57-13　灯具安装工艺流程

（二）控制要点

(1) 审查电气安装图纸，编制材料计划，审定灯具型号、规格、数量。

（2）各种灯具的型号、规格和外观质量必须符合设计要求和国家标准，技术文件应有灯具组装、安装说明、检测报告和合格证。

（3）灯具的配线应齐全，无机械损伤、变形、油漆剥落、灯罩破裂、灯箱歪斜等现象。

（4）灯内配线应符合设计要求及有关规定，导线绝缘良好，无漏电现象。

（5）标志灯的指示方向正确。

（6）事故照明灯具应有特殊标志。

（7）应急灯必须灵敏可靠。

（8）安装电气照明装置一般采用预埋接线盒、吊钩、螺钉、膨胀螺栓等固定方法。

（9）电气照明装置的接线应牢固，电气接触应良好，需接地或接零的灯具非带电金属部分应有明显标志的专用接地螺丝。

（10）额定电压220 V金属灯具的保护接地要求：

① 安装距地面高度低于2.4 m的灯具其金属外壳必须连接保护地线，并有专用接地螺栓，且有标识；

② 凡能进人的吊顶上安装一般及特殊用途的灯具，由于使用及维修不便，为了安全其灯具金属外壳应连接保护地线；

③ 灯具的保护接地线应与灯具的专用接地螺丝可靠连接，其保护接地线截面应根据灯具的相线截面选择，当灯具相线截面<1.5 mm^{2}时其保护线截面不小于1.5 mm^{2}铜芯绝缘线。

（11）灯具固定应牢固可靠，每个灯具固定用的螺丝或螺栓不少于2个。

（12）采用钢管做灯具的吊杆时，钢管内径一般≥10 mm，壁厚≥1.5 mm。

（13）大型灯具的固定及悬吊装置应按灯具重量的2倍做过载试验。

（14）组合式吊链荧光灯安装：灯具组装完毕，进行通电试验后再安装；先安装台座，安装时将灯具导线与吊线盒内的电源线连接、绝缘；将灯具的反光板用螺丝固定在灯箱上，调整灯角，再安装灯管。

（15）荧光吸顶灯安装：将荧光灯贴紧安装面，灯箱应完全遮住灯头盒，在灯箱底板用电钻钻孔，并在灯箱对着灯位盒的位置同时钻进线孔；在进线孔处套上软塑料管保护导线，将电源线引入灯箱内，固定灯箱，将电源线压入灯箱端子板，将灯具的反光板固定在灯箱，再安装荧光灯管。

（16）矩形灯具的边框边缝应与吊顶的装修直线平行，对称安装时，纵横中心轴线应在一条直线上，偏差≤5 mm。

（17）成排灯具确定位置时，必须用十字线法，偏差不得超过1.5 mm。

（18）区间疏散指示灯的安装高度统一为500 mm（以疏散平台为基准），区间安全出口的安装高度在人防门上100 mm；区间照明灯具距离疏散平台面为2 000 mm。

（19）出口标志灯在门上方安装时，底边距离门框200 mm；管吊安装时，底边距地面不低于2 m，设备房走道疏散指示灯底面距装修地面0.5 m暗装。无障碍厕位旁边设求助按钮，按钮底边距装修地面0.45 m，门外设求助警铃，警铃底边距装修地面2.2 m安装；无障碍卫生间照明面板开关安装高度：底边距装修地面1 m。

（20）吊装灯具应采用管吊安装，设备房吊灯，安装高度2.5 m，如层高太高不便于安装应设置转换支架，灯具不能安装在设备正上方，设备房灯具安装前与装修排版图核对，施工时注意核对灯具数量（明显偏少的找设计核对），施工完成后测试照度。

（21）区间照明灯具、地面疏散指示灯采用防水接线盒；区间疏散指示灯具，可以协调厂家多预留灯具的外出线，直接接到主管的接线盒处。

（22）设备房（气灭保护的强弱电设备用房、会议室、气瓶室、大的环控机房）设置安全出口标志，内侧安装；区间联络通道和水泵房安全出口标志装在内外各安装一套；应急通道、楼梯拐角、走廊拐角处都应有疏散指示灯具。

（三）工程实例

图 57-14 公共区灯具安装

图 57-15 设备区灯具安装

六、开关、插座安装

（一）工艺流程

开关、插座安装工艺流程如图 57-16 所示。

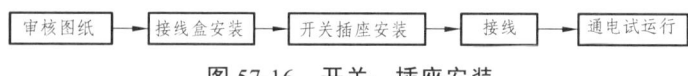

图 57-16 开关、插座安装

（二）控制要点

（1）暗装开关、插座的接线盒应预埋入墙体内，盒口与墙体完成面平齐，盒内无杂物。

（2）与盒连接的钢管口应加装护口。

（3）电器、灯具的相线应经开关控制，导线盘成圆圈，放置于开关盒内。

（4）单相三孔及三相四孔的接地或接零线均应在上方，同一工程翘板开关的开、关方向应一致。

（5）开关安装位置应便于操作，边缘距门 20～30 mm；开关下底距地面高度 1.3 m，门旁开关安装顺序为：应急照明开关、正常照明开关、VRV 控制器、门禁；淋浴间插座安装高度：底边距装修地面 2.2 m（同时根据《工业与民用配电手册》特殊场所电气安全要求，插座需安装在淋浴间 2 区以外）；变电所设备房插座安装高度：底边距装修地面 0.6 m。

（6）暗装插座距地面不应低于 0.3 m，特殊场所暗装插座不应小于 0.15 m。

（7）在潮湿场所应采用密封良好的防水防溅插座，在易燃、易爆气体及粉尘场所应装设专用插座。

（8）交、直流或不同电压的插座安装在同一场所，应有明显标识，插头、插套不能代用。

（9）同一室内安装的插座、开关高低差不应＞5 mm，成排安装高低差不应＞2 mm。

（10）车站站厅每处安检机各设一个配电回路，每处设 3 各插座，电源引自车控室切换箱，安检插座在条件允许情况下，尽可能设置在墙、柱上。

（11）设备管理用房区域插座统一安装高度为 300 mm，设备房内插座如与环形接地扁钢冲突插座安装高度调整为 500 mm；公共区插座应带有防水盖板，地插采用三防插座；自动售卖机、查询机、媒体屏等插座要标注名称；广告灯箱插座的预留（与广告灯箱厂家核实，暂定站内广告灯箱插座布置在灯箱左上角，轨行区广告灯箱插座布置在灯箱左下角），安装时要与广告灯箱核对并预留检修空间；

轨行区广告灯箱插座应有防护盖。

（12）排气扇配电回路安装一个翘板开关用于控制排气扇的开启/关闭，翘板开关的安装高度离地面1.3 m。

（13）照明开关、空调控制器、门禁开关按序安装，高度平齐，间距相等、合理。

（三）工程实例

图 57-17　防水插座安装

图 57-18　开关安装

七、接地装置、等电位联结安装

（一）工艺流程

接地装置、等电位联结安装工艺流程如图57-19所示。

图 57-19　接地装置、等电位联结安装工艺流程图

（二）控制要点

（1）LEB端子板材料宜用≥4 mm厚的紫铜板，其长度L：单行排列时，$L=50$ mm×（支路数+1）+2×25 mm×2，其中50 mm表示各支路压接孔之间的间距以及靠近安装孔的支路压接孔与安装孔之间的间距，25 mm表示端子板安装孔的纵向开孔孔径及安装孔距端子板板端的距离。

（2）固定支路接线鼻子采用M6×35的螺栓及配套螺母和垫圈。

（3）等电位联结线与建筑物防雷接地的金属体连接应采用搭接焊，均采用40 mm×4 mm的镀锌扁钢，接地线表面沿长度方向，每段为15～100 mm，分别涂以黄色和绿色相间的条纹。

（4）变压器室、高低压开关柜室内的接地干线应有不少于2处与接地装置引出干线连接。

（5）明敷接地引下线及室内接地干线的支持件间距应均匀，水平直线部分0.5～1.5 m，垂直直线部分1.5～3 m，弯曲部分0.3～0.5 m；采用热镀锌S形卡固定。

（6）当接地线跨越建筑物变形缝时，设Ω形补偿装置。

（7）变压器室、高压配电室的接地干线上应设置不少于2个供临时接地用的接线柱或接地螺栓。

（8）接地干线安装：应设断接卡子，用暗盒装，并做标记；应与接地体连接的扁钢连接；除断接卡子、接地端子外，其余均应刷黑色油漆。

（9）区间照明（含疏散）采用穿管沿电缆支架敷设，电缆支架需用扁钢做等电位连接，并在车站端部通过电缆与车站设备接地端子排相连；区间给排水、区间环网电缆支架、弱电电缆支架均需在车站与区间连接位置,通过电缆分别连至强、弱电接地端子排。

(10)设备房内接地扁钢沿侧墙敷设与主体预埋铁焊接在一起,变电所 400 V 开关柜接地扁钢通过电缆与接地网连接,其余设备房接地扁钢与主体预埋铁焊接在一起并将该设备房配电箱 PE 线与之相连;走道和公共区接地扁钢在吊顶上敷设、设备房内的接地扁钢安装高度统一为 300 mm。

(11)接地端子箱采用明装,但尽量布置在房间角落,不得影响设备检修空间及人员通行;静电地板下设有接地端子排的位置,应在静电地板上墙面设置明显标识。

(三)工程实例

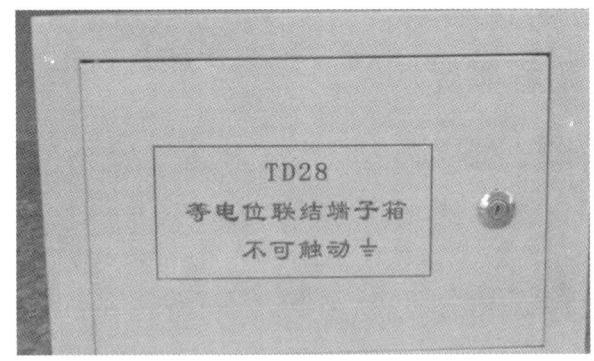

图 57-20　等电位端子箱

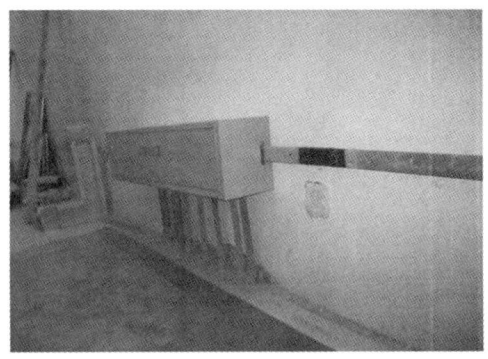

图 57-21　接地端子箱安装

第五十八章 给排水与消防施工

第一节 工程概况

一、工程简介

杭海城际铁路给排水及消防系统主要包括生产、生活、消防给水（含自动灭火）系统，污水、废水、雨水排水系统。生产、生活、消防给水均来自市政给水管网，污水、废水、雨水就近排入市政管网。

二、主要工程数量

给排水与消防主要工程数量见表 58-1。

表 58-1　给排水与消防主要工程数量

序号	站点	施工内容	单位	工程数量
1	桐九公路站	内外热浸镀锌钢管	米	928
2	桐九公路站	水泵	台	18
3	桐九公路站	阀门	个	143
4	桐九公路站	HD-PE 双壁缠绕排水管	米	558
5	桐九公路站	PE 管	米	130
6	桐九公路站	UPVC 排水管	米	414
7	桐九公路站	薄壁不锈钢管	米	525
8	桐九公路站	聚乙烯给水管	米	1.5
9	桐九公路站	球墨铸铁给水管	米	410
10	桐九公路站	保温棉管壳	立方米	12.35
11	桐九公路站	铝皮	平方米	311.83
12	桐九公路站	消火栓箱柜	台	30
13	桐九公路站	室外消火栓	个	5
14	桐九公路站	流量计压力表	个	34
15	桐九公路站	卫生洁具	个	46
16	桐九公路站	阀门井、雨水井	座	51
17	桐九公路站	灭火器箱	个	22
18	桐九公路站	其他费		1
19	桐九公路站	设备费		1

续表

序号	站点	施工内容	单位	工程数量
20	斜桥镇站	UPVC排水管	米	468
21	斜桥镇站	薄壁不锈钢管	米	489
22	斜桥镇站	内外热浸镀锌钢管	米	1 032
23	斜桥镇站	水泵安装	台	18
24	斜桥镇站	阀门	个	143
25	斜桥镇站	HD-PE双壁缠绕排水管	米	468
26	斜桥镇站	PE管	米	45
27	斜桥镇站	聚乙烯给水管	米	1.5
28	斜桥镇站	球墨铸铁给水管	米	454
29	斜桥镇站	保温棉管壳	立方米	12.69
30	斜桥镇站	铝皮	平方米	266.48
31	斜桥镇站	消火栓箱柜	台	32
32	斜桥镇站	室外消火栓	个	5
33	斜桥镇站	流量计压力表	个	34
34	斜桥镇站	卫生洁具	个	46
35	斜桥镇站	阀门井、雨水井	座	57
36	斜桥镇站	灭火器箱	个	18
37	斜桥镇站	其他费	项	1
38	斜桥镇站	设备费	项	1
39	皮革城站	内外热浸镀锌钢管	米	3 034
40	皮革城站	UPVC排水管	米	487
41	皮革城站	薄壁不锈钢管	米	810
42	皮革城站	区间水管安装	米	7 415
43	皮革城站	车站水泵	台	35
44	皮革城站	污水提升装置	套	1
45	皮革城站	阀门	个	249
46	皮革城站	消火栓箱柜	台	65
47	皮革城站	流量计压力表	个	28
48	皮革城站	卫生洁具	个	47
49	皮革城站	室外消火栓	个	3
50	皮革城站	设备费	项	1
51	皮革城站	其他费	项	1
52	皮革城站	阀门井、雨水井	座	10
53	皮革城站	球墨铸铁给水管	米	445
54	皮革城站	聚乙烯给水管	米	1.5
55	皮革城站	雨水井	座	13
56	皮革城站	HD-PE双壁缠绕排水管	米	135

续表

序号	站点	施工内容	单位	工程数量
57	皮革城站	PE 管	米	106
58	皮革城站	区间水泵	台	5
59	皮革城站	消火栓头	个	96
60	皮革城站	阀门管件	个	76
61	皮革城站	玻璃棉管壳	立方米	20.25
62	皮革城站	铝皮	平方米	499.26
63	皮革城站	压力检查井	座	1
64	皮革城站	排水检查井	座	1
65	皮革城站	PE100 管	米	10
66	皮革城站	HD-PE 双壁缠绕排水管	米	15
67	皮革城站	球墨铸铁给水管	米	15

第二节 施工组织

一、施工流程

给排水与消防系统施工流程如图 58-1 所示。

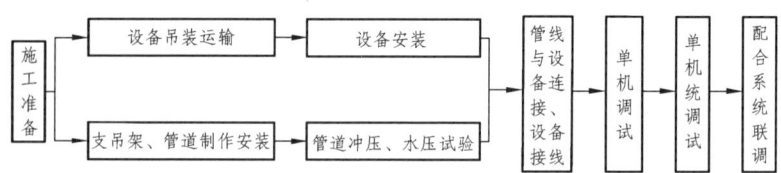

图 58-1 给排水与消防系统施工流程

二、施工筹划

给排水及消防系统施工由综合作业队给排水工班负责施工，工班下设给排水作业组和消防作业组。给排水作业组（组长 2 人，技工 10 人，普工 15 人）负责所有车站和对区间给排水施工。消防作业组（组长 2 人，技工 10 人，普工 15 人）负责所有车站和对区间消防施工。

在实际施工过程中，管道专业的施工采取分系统，分层段铺开施工，根据先大管，后小管；先干管，后支管的原则，先完成各管道系统的干管，大管，如给水系统的干管，消防系统的环状管网，排水系统的立管等，后再进行水管支管的施工，最后才进行设备部分的安装，如消防箱的安装，排水泵的安装等。为了确保关键工期，尽可能把施工面铺开，抢在时间的前面，遇到与其他承包商在施工面上的重叠时，尽量安排先做其他施工地点的工作，使施工面相互错开，以免相互影响工程的进度和安装质量。

施工安排及配合：首先进行室外的给排水及消防管道的施工，其次进行车站两端的给排水及消防管道先施工，区间消防管道在车站消防管道施工完成后进行；天花吊顶内的管道必须在吊顶前完成管道试压及冲洗工作。

为配合装修专业按期完成变电所、跟随所、牵引所、通信信号设备房及其他设备房的装修工程，该区域的管道及设备优先配合安装。

车站有些出入口通道，部分消防管道需隐蔽于装修面时，密切配合装修施工，及时做好该区域的隐蔽工程工作。

车站风亭、风井及风道是材料运输的重要通道，该地段的管道设备可延至后期合适的时间施工。

进入区间施工，必须服从、配合杭海城铁公司工程车的调度安排，决定每天进入轨行区的施工时间，确保施工安全和施工质量。

三、主要设备配置

表 58-2　主要设备配置

序号	名称	规格	单位	数量	用途
1	水准仪		套	5	水平测量
2	水平尺	500 mm	把	5	水平调整
3	钢卷尺	50 m	把	5	测量
4	钢卷尺	5 m	把	5	测量
5	切割机		台	5	管道切割
6	手工刮刀		把	10	刮除氧化层
7	旋转刮刀		把	10	刮除氧化层
8	爬壁刮刀		把	5	刮除氧化层
9	固定夹具		把	10	固定管道
10	旋转切刀		把	5	切割管道
11	锹稿		套	10	开挖管沟
12	电焊机	直流 165-300 A	台	5	钢管焊接
13	电锤		把	5	打眼
14	液压煨管器	100	台	5	弯管
15	套管机		台	5	管材刻丝
16	鱼尾钳		把	10	紧固管
17	手电钻		把	5	钻孔
18	自动金属切锯机	QG1118	台	5	管材切断
19	台钻		台	5	钻孔

第三节　主要施工工艺及控制要点

一、水泵安装

（一）工艺流程

水泵安装工艺流程如图 58-2 所示。

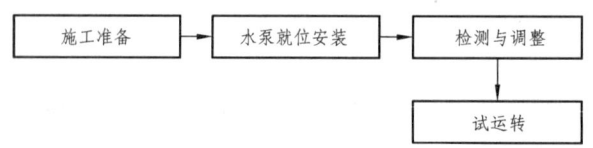

图 58-2 水泵安装流程

(二)控制要点

(1)水泵基础平面尺寸,无隔振安装时应较水泵机组底座四周各宽出 100~150 mm;有隔振安装时应较水泵隔振机座四周各宽出 150 mm;基础顶部标高,无隔振安装时应高出泵房地面完成面 100 mm 以上,有隔振安装时高出泵房地面完成面 50 mm 以上,不得形成积水;基础外周围设有排水设施。

(2)立式水泵机组的隔振措施是在水泵机组底座或钢垫板下安装橡胶减震器,水泵机组底座和减震基座或钢垫板之间采用刚性联接;橡胶减震垫要超出水泵底座四周 10 mm;螺栓杆超出螺母长度应为螺栓杆直径的 1/2;螺母下有平垫、弹簧垫。

(3)用水平仪和线坠对水泵进出口法兰和底座加工面进行测量,卧式泵体水平度不得>0.1/1 000,立式泵体垂直度不得>0.1/1 000;水泵与电机采用联轴器连接时,用百分表、塞尺等在联轴器的轴向和径向进行测量,联轴器轴向倾斜不应>0.8/1 000,径向位移不应>0.1 mm。

(4)水泵进出口接管前做好封闭,防止杂物进入;管道与水泵连接采用无应力连接,进出管单独设支架;水泵进出口的橡胶接头不得扭曲;水泵和橡胶软接头间不得加固定,橡胶软接头设置在水泵进出口立管段时,应采用固定支架支撑,防止橡胶软接头承压;上出水式消防泵应采用同心大小头连接,侧出水式消防泵就采用偏心大小于连接。

(5)消防泵的出水管上应安装静音止回阀(消声)和压力表,并安装试水用的放水阀门,消防水泵泵组的总出水管上还应安装压力表和泄压阀。压力表应安装于消防管的水平段上;应在局部区域内消防管的最低点位置设置泄压阀,最高点位置设置排气阀。安装压力表时,应加缓冲装置。压力表和缓冲装置之间应安装旋塞,压力表量程应为工作压力的 2~2.5 倍。

(6)试运转时,打开进水阀门、水泵排气阀,使水泵灌满水,将水泵出水管阀门关闭,先点动水泵,检查有无异响、电机转向是否正确,然后启动水泵,慢慢打开出水管阀门,检查水泵运转情况、电机及轴承温升、压力表和真空表的指针数值、管道连接等。

(7)水泵接合器安装:

① 消防水泵接合器的安装,应按接口、本体、连接管、止回阀、安全阀、放空管、控制阀的顺序进行,止回阀的安装方向应使消防用水能从消防水泵接合器进入系统,整体式消防水泵接合器的安装,应按其使用安装说明书进行。

② 消防水泵接合器的设置位置应符合设计要求。

③ 消防水泵接合器永久性固定标志应能识别其所对应的消防给水系统或水灭火系统,当有分区时应有分区标识。

④ 地下消防水泵接合器应采用铸有"消防水泵接合器"标志的铸铁井盖,并应在其附近设置指示其位置的永久性固定标志。

⑤ 墙壁消防水泵接合器的安装应符合设计要求。设计无要求时,其安装高度距地面宜为 0.7 m;与墙面上的门、窗、孔、洞的净距离不应小于 2.0 m,且不应安装在玻璃幕墙下方。

⑥ 地下消防水泵接合器的安装,应使进水口与井盖底面的距离不大于 0.4m,且不应小于井盖的半径。

⑦ 消火栓水泵接合器与消防通道之间不应设有妨碍消防车加压供水的障碍物。

⑧ 地下消防水泵接合器井的砌筑应有防水和排水措施。

(三) 工程实例

图 58-3 水泵安装

图 58-4 水泵安装

二、一体化污水提升装置安装

(一) 工艺流程

一体化污水提升装置安装工艺流程如图 58-5 所示。

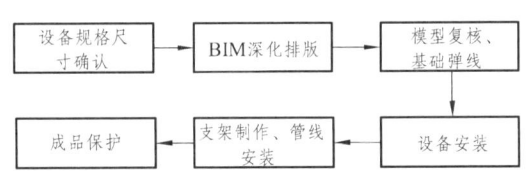

图 58-5 一体化污水提升装置安装工艺流程

(二) 控制要点

1. BIM 模型及确定设备类型、规格

根据施工蓝图及设备安装的具体要求确定出所需设备的规格型号,再把这些信息反馈到 BIM 模型当中,调整 BIM 模型,使得与现场施工需求一致。

2. 依据 BIM 模型复核基础、弹线、校核

核对设备实际安装尺寸与安装图是否相符,对基础外观进行检查,基础不得有裂纹、蜂窝、空洞、露筋等缺陷,基础应平整光滑。如果发现基础存在问题,及时与项目部沟,根据 BIM 模型中设备的测量数据(具体位置)和车站测得的 1 m 线为准,进行现场测量,通过墨线在基础表面弹出设备安装中心线及设备基座边缘线,核准设备安装标高,确定螺栓孔及减震垫位置。若现场与模型有细微的出入,可根据现场调节螺栓等进行校核微调。

3. 设备安装

用 $\phi 18$ 钻头在螺栓孔中心线位置打孔,孔深 100 mm,然后将孔内灰尘清理干净将膨胀螺栓敲入清理干净的孔内,将设备底座对正放入,用扳手适当拧紧膨胀螺栓。

设备底座四周设置减震垫,减震垫及膨胀螺栓适当固定后,需进行细部调整,包括水泵垂直度及水平度调整,调整完成后将膨胀螺栓拧紧,保证水泵固定牢固。

(三) 工程实例

图 58-6 污水一体化提升装置

三、金属管道安装

(一) 工艺流程

金属管道安装工艺流程如图 58-7 所示。

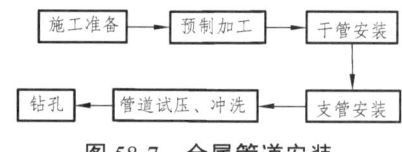

图 58-7 金属管道安装

(二) 控制要点

(1) 管道开沟槽和开孔应用专用机具,完成后应做防腐。

(2) 螺纹连接时,填料采用白厚漆麻丝或生料带、一次拧紧,外露丝宜为 2～3 扣。

(3) 应采用无应力配管,法兰与管道组装前,应检查法兰表面和管道端面平整度,法兰与管道的同轴度,连接处两法兰表面平行度和同轴度。

(4) 垂直安装的主干管,其下端应设置承重固定支架,上部末端设置防晃支架;管道的干管三通与管道弯头处应加设支架固定;管道安装时应在阀门部件两端设相应固定或滑动支架,支架位置距阀门部件间距应在 150～300 mm;滑动支架应灵活,滑托与滑槽两侧间应留有 3～5 mm 的间隙,并留有一定的偏移值。

(5) 管道直径≥100 mm 应采用沟槽连接,管道的沟槽压制加工后,应严格检查沟槽深度、宽度、端面平整度,管道组对、夹箍的衬垫不应伸出管端,且不得伸入沟槽。

(6) 吊架托架与管道连接处净距宜为 150～300 mm;立管管卡安装高度宜距地面 1.2～1.6 m。

(7) 横管吊架、托架每一直线段必须设置 1 个,直线段 2 个支架间的最大间距应符合表 58-3 及表 58-4 要求。

表 58-3 钢管管道支架的最大间距

公称直径/mm		25	50	70	80	100	125	150	200
支架的最大间距/m	保温管	2	2.5	4	4	4.5	6	7	7
	不保温管	2.5	5	6	6	6.5	7	8	9.5

表 58-4　给水中铜管支架的最大间距

公称直径/mm		25	50	65	80	100	125	150	200
支架的最大间距/m	垂直管	1.8	3.0	3.5	3.5	3.5	3.5	4.0	4.0
	水平管	1.8	2.4	3.0	3.0	3.0	3.0	3.5	3.5

（8）支架与墙体之间、U形卡与管道之间必须加 5 mm 的橡胶垫，防止杂散电流的腐蚀。

（9）卡箍接头必须有螺帽，均匀紧固，达到每一块外壳扇形片偏移相同，螺栓垫金属对金属啮合。为达到允许最大的膨胀/压缩量，安装时必须有适当的管段间隙。

（10）配水管（含干管、支管）的长度超过 15 m 时，须设不少于 1 个防晃支架；管径>50 mm 的管道拐弯处（包括三通及四通的位置），须设置 1 个防晃支架；竖直安装的配水干管应在其始端和终端设防晃支架或采用管卡固定，距地在或楼面的距离为 1.5～1.8 m。

（11）管道穿过墙壁和楼板，应设置金属套管，安装在楼板内的套管，其顶部应高出装饰地面 20 mm；安装在卫生间的套管应高出装饰地面 50 mm；安装在墙壁内的套管其两端与装饰面相平；管道的接缝不得位于套管内。穿过楼板的套管与管道之间缝隙用阻燃密实材料和防水油膏填实，端面光滑。

（12）管道嵌墙暗管墙槽尺寸的宽度可为管道外径加 50～100 mm，深度可为管道外径加 30 mm。

（13）金属管道穿越结构墙时，先预埋非金属绝缘套管或防水套管，再敷金属管道。

（14）金属给水管道出室外之前，应设置绝缘接头，出室外之后设置 1 m 非金属管段。

（15）波纹伸缩节安装和管道安装同步进行，安装波纹伸缩节应根据补偿零点温度定位，补偿零点温度就是管道设计考虑达到最高温度和最低温度的中点；波纹补偿器两侧应设固定支架，两个固定之间应设导向支架，补偿器两侧的第一个支架应为活动支架。补偿器在管道试压时，禁止拆除防变形螺杆，防止打压试验时变形。

（16）给水管道水压试验必须符合设计要求，设计未注明时，各种材质的给水管道系统试验压力为工作压力的 1.5 倍，但不得小于 0.6 MPa，缓慢升压至试验压力，稳压 10 min，压力降不大于 0.02 MPa，然后降至工作压力，应不渗不漏。

（17）UPVC 管采用托吊管安装时应按设计坐标、标高、坡向做好托、吊架，立管的托、吊架间距为 2 m，水平干管为 1.1～1.6 mm，安装立管需装伸缩节，伸缩节上沿距地坪或蹲便台 70～100 mm。

（18）排泄屋面雨水管道应作灌水试验，注水高度应满至上部雨水斗，满水后 15 min，液面不降，不渗不漏为合格；通水试验后进行，用相当被检验管段的起端管径三分之二的空心胶皮球从排水立管顶端投入，同时注入一定量的水，以求顺利从户外检查井排出为合格。

（19）所有压力管外壁应外涂色环并喷涂相应的文字，其中色环宽度应为 200 mm，直线管段色环间距为 5 m，在管道弯头及管道穿墙处需补加色环，各类管道涂色及喷字选用见表 58-5。

表 58-5　各类管道涂色及喷字

管道类别	识别色	识别符号
消火栓管	红色	XH
消防引入管	红色	X
生活给水管	绿色	J
压力污水管	黄色	YW
压力废水管	蓝色	YF

（20）波纹伸缩节安装如图 58-8 所示。

① 波纹伸缩节安装和管道安装同步进行。

② 安装波纹伸缩节应根据补偿零点温度定位，补偿零部温度就是管道设计考虑达到最高温度和最低温度的中点。

③ 现场测量安装时的环境温度。在环境温度等于补偿零点温度时，松开波纹伸缩节两端调整螺母，使波纹伸缩节处于自由状态，若环境温度高于补偿零点温度，向内拧拉杆调整螺母，预压波纹伸缩节。环境温度低于补偿零点温度时，预拉波纹伸缩节，拉伸或压缩量根据安装时环境温度与补偿零点温度之差以及波纹伸缩节供应厂家提供的技术参数计算。

④ 波纹伸缩节的预拉或预压，应在平地上进行，作用力应分 2～3 次逐次增加，尽量保证各波节的圆周面受力均匀，拉伸或压缩量偏差应小于 5 mm，拉伸或压缩量达到要求时，拧紧拉杆两端调整螺母，立即安装，并安装波纹伸缩节一侧的固定支架，拧紧固定螺栓。

⑤ 松开波纹伸缩节拉杆调整螺母，使波纹伸缩节处于工作状态。

⑥ 波纹伸缩节应与管道保持同心，不得偏斜。

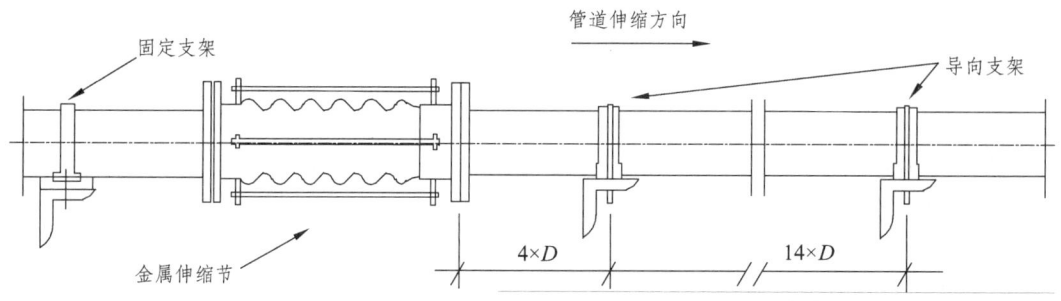

图 58-8　波纹伸缩节安装

（三）工程实例

图 58-9　消防管道安装

四、室内消火栓安装

（一）工艺流程

室内消火栓安装工艺流程如图 58-10 所示。

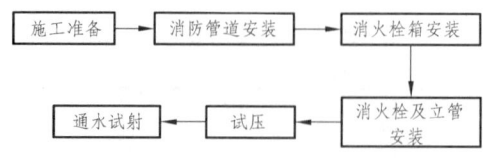

图 58-10　室内消火栓安装

（二）控制要点

（1）消火栓出水方向与设置消火栓的墙面相垂直，栓口朝外，并不能安装在门轴侧，栓口中心距地面高度 1.1 m，允许偏差 ±20 mm。

（2）消火栓支管要以栓阀的坐标、标高定位甩口，核定后再稳固消火栓。

（3）栓阀侧装在箱内时应在箱门开启的一侧，栓口中心距完成地面为 1.1 m，消火栓头应能灵活转动。

（4）消防水枪要竖放在箱体内，自救式水枪和软管应放在挂卡或箱体底部；水龙带与水枪快速接头的连接，一般用 14# 铅丝绑扎两道，每道不少于两圈，使用卡箍时，在里侧加一道铅丝；水龙带的盘卷方向要正确；自救卷盘连接管不能有死折。

（5）室内消火栓系统安装完成后应选取最不利点做试射。

（三）工程实例

图 58-11　消防泵房安装

图 58-12　消火栓箱安装

五、阀门及附件安装

（一）工艺流程

阀门及附件安装工艺流程如图 58-13 所示。

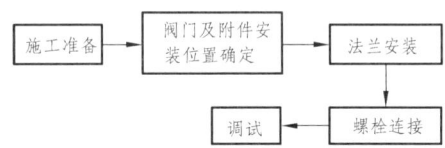

图 58-13　阀门及附件安装工艺流程

（二）控制要点

（1）消防水泵接合器的组装按接口、本体、联接管、止回阀、安全阀、放空管、控制阀的顺序进行。止回阀的安装方向应使消防用水能从消防水泵接合器进入系统。

（2）水泵接合器应设置标明防护区高区、低区的金属标志牌，水泵接合器距人防工程出入口的距离不小于 5 m，距室外消火栓或消防水池的距离为 15～40 m。

（3）所有穿人防的防护闸阀均为铜芯闸阀，人防内侧面距离阀门近端面不宜大于 200 mm。

（4）闸阀不宜倒装，截止阀、止回阀、倒流防止器、过滤器等阀门部件要注意安装方向，阀门两侧 500 mm 内需设固定支架。

（5）阀门安装前，应做强度和严密性试验，每批（同型号、规格、品牌）抽查 10%，且不少于 1 个。

（6）安装在主干管起切断作用的阀门，应逐个检验。

（7）消防管道过伸缩缝的金属软接两侧 500 mm 内需设固定支架；消防管道的波纹补偿器一侧需设固定支架，水流方向一侧设置滑动支架。

（三）工程实例

图 58-14　阀门安装

图 58-15　水泵接合器安装

六、排水塑料管道安装

（一）工艺流程

排水塑料管道安装工艺流程如图 58-16 所示。

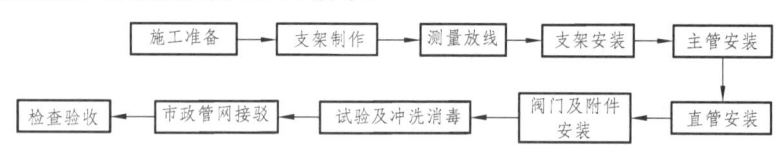

图 58-16　排水塑料管道安装工艺流程图

（二）控制要点

（1）塑料管必须按设计要求及位置装设伸缩节，如涉及无要求，伸缩节间距不得大于 4 m。

（2）水平管道与立管的连接，应采用 45°弯头。

（3）轨行区的排水管应采用型钢支架固定，保证管道固定牢固。

（4）室内排水的水平管道与水平管道、水平管道与立管的连接，应采用 45°三通和 90°斜三通。

（5）立管与排出管端部连接应采用两个 45°弯头或曲率半径不小于 4 倍管径的 90°弯头。

（6）管道安装完成后，必须按规定进行闭水实验，排水主立管及水平干管均应做通球试验。

（三）工程实例

图 58-17　卫生间管道安装

七、卫生器具及给水配件安装

(一)工艺流程

卫生器具及给水配件安装工艺流程如图 58-18 所示。

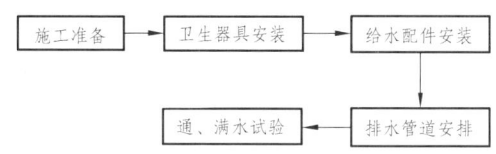

图 58-18 卫生器具及给水配件安装工艺流程

(二)控制要点

(1)台下盆安装要垫橡胶垫,托架必须可拆卸,洗脸盆安装高度为 800 mm,设计无要求,花洒最高处距标准地面 2.1 m,水龙头距拖布池的距离不应>300 mm,安装应平稳牢固,器具符合节水型与支架接触紧密、平稳,位置、标高、坡度、管径符合要求;

(2)成排器具排列整齐一致,排水口与排水管连接牢靠、封闭严密、无渗漏,表面光滑洁净,实用美观,嵌缝胶均匀顺直,黏结牢固,无堵塞、不渗水、不滴漏。无污染、无裂纹、无破损。

(三)工程实例图片

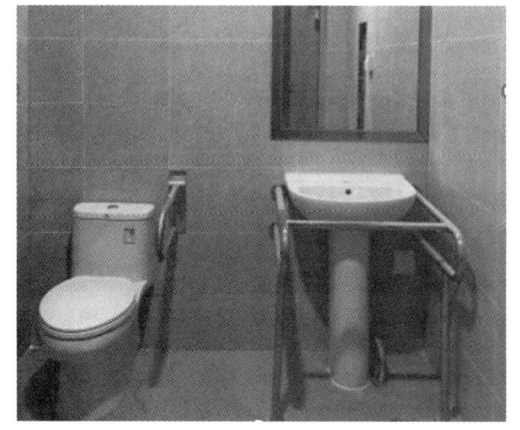

图 58-19 无障碍卫生间安装

图 58-20 洗手台安装

八、区间消防管道安装

(一)工艺流程

区间消防管道安装工艺流程如图 58-21 所示。

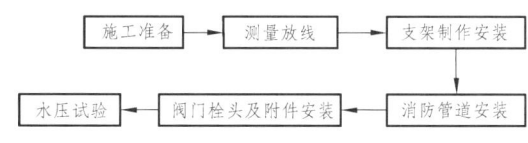

图 58-21 区间消防管道安装工艺流程

(二)控制要点

(1)区间管道系统跨度大,应做好施工组织与资源配置。

(2)隧道管片为弧形,制作焊接支架应先做试件,确保支架安装在盾构管片上的水平度;区间支架膨胀螺栓打孔深度为 130 mm，而且必须用专用钻头扩孔，双螺母加平垫。

（3）区间消防给水管道采用内外涂塑镀锌钢管，柔性卡箍连接。

（4）在弯曲段利用管道的接口接转角安装时，应先将管子沿直线安装，然后再转至要求的角度。

（5）消防给水管穿越区间端头、人防防护密闭隔断门时，应在门框墙的两侧设置柔性接头，公称压力≥1.6 MPa 的明杆闸阀，阀门应有明显的启闭标志，阀门近端面与门框内侧墙体不宜大于 200 mm；每隔一定距离设 1 个快拆防胀限位器，且最大距离不得超过 50 m。

（6）区间消火栓的检修闸阀应倾斜安装，使手轮靠近盾构贴面，以防闸阀安装完毕后侵界。

（7）进入区间的消防管道，应安装手、电两用电动闸阀。

（8）区间消火栓采用球墨铸铁管三通接 DN65 的丝扣法兰，然后用外牙消火栓头直接和丝扣法兰连接；曲度较大的区间球墨铸铁管承插接口应用加强支架固定。

（9）区间盾构与车站主体结构连接处的消防水管应设置不锈钢金属软管；直线段上加设不锈钢金属伸缩波纹器。

（三）工程实例

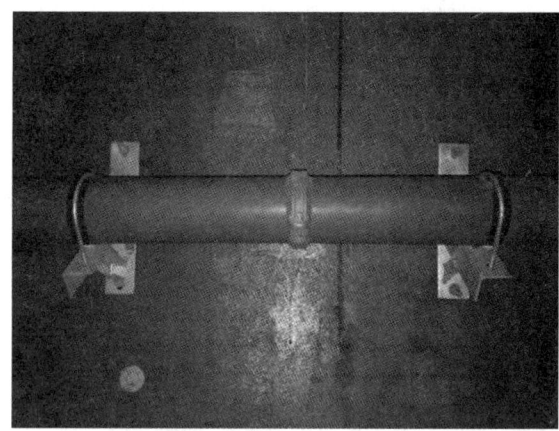

图 58-22　区间消防管道安装

九、室外管道系统安装

（一）工艺流程

1. 给水系统

工艺流程如图 58-23 所示。

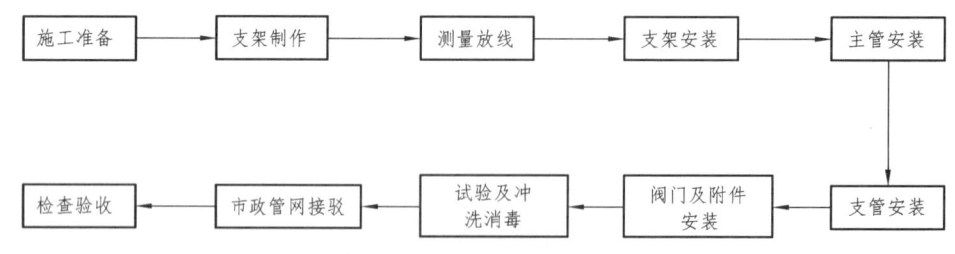

图 58-23　给水系统工艺流程

2. 排水系统

工艺流程如图 58-24 所示。

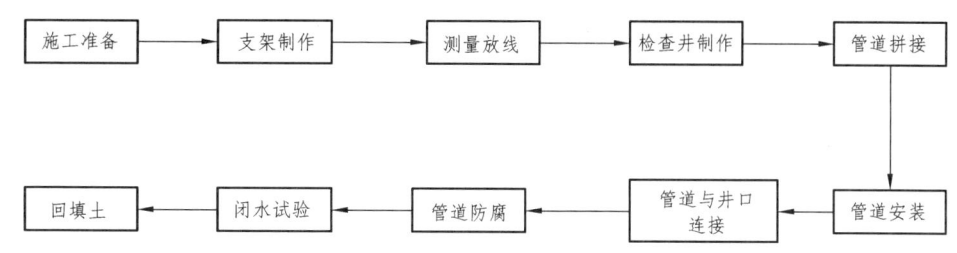

图 58-24　排水系统工艺流程

（二）控制要点

1. 给水系统

（1）聚乙烯埋地给水管管顶最小覆土深度，在人行道下不宜小于 0.6 m，在轻型车行道下不宜小于 1.0 m。

（2）管道沟槽应按设计的平面位置和高程开挖，人工开挖且地下无水时，沟底预留值宜为 0.05～0.10 m；机械开挖或有地下水时，沟底预留值不应小于 0.15 m。预留部分在管道敷设前应人工清底至设计标高。

（3）管道穿越重要道路、铁路等需设备金属或混凝土套管时，套管应伸出路边或路基 1.00～1.50 m。

（4）回填时应先填实管底，再同时回填管道两侧，然后回填至管顶 0.5 m 处。沟内有积水时，必须全部排尽后，再行回填。

（5）水压试验：在室外温度≤20 ℃时，水压试压静水压力不小于管道工作压力的 1.5 倍，且试验压力不应低于 0.60 MPa，不得将气压试验代替水压试验。管道水压试验长度不宜大于 1 000 m。对中间设有附件的管段，应设伸缩装置，水压试验分段长度不宜大于 500 m，系统中有不同材质的管道应分别进行试压。

（6）给水管道在水压试验后，应进行冲洗和消毒。冲洗时应用流速不小于 1.0 m/s 的水流连续冲洗，直至出水口处浊度、色度与入口处冲洗水浊度、色度相同为止。

2. 排水系统

（1）室外重力排水管采用高密度聚乙烯 HDPE 双壁波纹管。室外排水管道的铺设不得出现无坡、倒坡现象，各种不同直径的污、雨水管道在检查井内的连接，应采用管顶平接，并按国标做流槽。位于道路、硬化地面上的井盖其实际井盖面与完成路面平，位于绿化带的井盖其实际井盖面应高出地面 100 mm，并在井口周围以 2% 的坡度向外做护坡。

（2）沟槽内管道连接注意有地下水时要及时排除，在接口时要严禁泥、水进入接口部位。水位应保持在管底 300 mm 以下。槽底部经平整后铺 200 mm 厚的中砂或粗砂，用震动夯实。管顶 800 mm 以上用压路机分层碾压。

（3）管道施工各工序中，先做好检查井，预留出管道的安装位置。管道就位后，找正中心线及标高，用半干石棉绒水泥及油麻沿管道周围包裹宽 100 mm 的长度，用凿子锤打密实，其余管段用 C30 水泥砂浆抹实。

（4）沟槽开挖沟底最小宽度见表 58-6。

表 58-6　沟槽开挖沟底最小宽度

管材类别	公称直径 DN/mm	沟底最小宽度/mm
钢管	>100	DN+300 但≥500
铸铁管	>100	DN+300 但≥500
塑料管	≤400	DN+（400～600）

(5) 室外埋地管道基础

天然地基：土壤耐压强度较高，地下水位较低，（如干燥黏土、砂质黏土等）。将天然地基整平，管道敷设在未经扰动的原土上；

砂垫层基础：在岩石地基中，须在岩石面铺不小于100 mm厚中粗砂垫层，浇水振实。

(6) 埋地管道支墩。

管道管径 $DN \leqslant 300$ mm 的管道，且埋设在原土层中，可不设支墩。

管道管径 $DN > 300$ mm 的管道，在管道的弯头、三通及管道端部应设置支墩，支墩一般用100号混凝土浇筑，并且保证支墩与土体紧密接触。

(7) 沟槽的回填土。

回填土时应先回细土，防止石块碎砖损伤管道，回填土时应分层夯实，当土层含水率较低时应洒水，确保土层夯实。

(8) 管沟及井室的回填。

井室砌筑完成后进行回填土工作，回填前先夯实需要回填的管沟及井室，塑料管道需要用碎石粉等逐步回填夯实，至管道全掩埋后一次回填夯实。

隐蔽或埋地的排水管道在隐蔽前必须做灌水试验，其灌水高度应不低于地面高度。满水15 min水面下降后，再灌满观察5 min，液面不降，管道及接口无渗漏为合格。

(9) 管道变形。

管道两侧回填，必须对称分层回填、夯实达到规定的密实度标准。

管道施工变形检测中，当管道径向变形率局部大于或等于5%时，可挖除管区填土，校正后重新填筑；当管道径向变形率大于5%时，应更换管道。

(10) 室外消火栓。

室外消火栓要沿着道路布置。当道路的宽度大于60.0 m时，要在道路的两边设置消火栓，并要靠近十字路口布置，室外消火栓的间距不应大于120.0 m。

室外消火栓的数量应按其保护半径和室外消防用水量等综合计算确定，每个室外消火栓的用水量应按10～15 L/s计算；与保护对象的距离在5～40 m范围内的市政消火栓，可计入室外消火栓的数量内。

室外消火栓宜采用地上式消火栓。地上式消火栓应有1个DN150或DN100和2个DN65的栓口。采用室外地下式消火栓时，应有DN100和DN65的栓口各1个。

消火栓距路边不应大于2.0 m，距房屋外墙不宜小于5.0 m。

建筑的室外消火栓、阀门、消防水泵接合器等设置地点应设置相应的永久性固定标识。

(三) 工程实例

图58-25 双壁波纹管安装

图58-26 球墨铸铁管安装

第五十九章 通风空调系统施工

第一节 工程概况

一、工程简介

通风与空调系统主要包括隧道通风系统和车站通风空调系统。通风空调系统包括隧道通风系统和车站通风空调系统。隧道通风系统，根据隧道通风系统的要求，在车站两端及分管的区间布置相应的隧道通风设备。车站公共区通风空调和防排烟系统（简称为大系统），根据地铁运营环境要求，在车站站厅、站台公共区设置通风空调和防排烟系统，正常运行时为乘客提供过渡性舒适环境，事故状态时迅速组织排除烟气。车站管理及设备用房的通风空调和防排烟系统（简称为小系统），根据地铁设备管理用房的工艺要求和运营管理要求设置通风空调和防排烟系统，正常运行时为运营管理人员提供舒适的工作环境和为设备正常工作提供必需的运行环境，事故状态时迅速组织排除烟气。车站空调水系统（简称为水系统），根据车站需要设置车站空调水系统，在正常运营时间内为大、小系统提供冷源。多联机空调系统，管理用房采用冷暖型多联机空调系统，以满足制冷及冬季制热需要；对于夜间冷水机组停止运行后仍有较大发热量的设备用房，设置冗余多联空调系统。

二、主要工程数量

通风空调系统主要工程数量见表 59-1。

表 59-1 通风空调系统主要工程数量表

序号	站点	施工内容	单位	工程数量
1	桐九公路站	小风机	台	4
2	桐九公路站	多联机室内机	台	74
3	桐九公路站	管道式消声器	台	8
4	桐九公路站	单体风阀	台	32
5	桐九公路站	风管	平方米	488
6	桐九公路站	冷媒管桥架	米	300
7	桐九公路站	多联机室外机	台	10
8	桐九公路站	分体空调	台	6
9	桐九公路站	贯流式空气幕	台	8
10	桐九公路站	风口	个	51
11	桐九公路站	排气扇	台	21

续表

序号	站点	施工内容	单位	工程数量
12	桐九公路站	冷媒管	米	1830
13	桐九公路站	冷凝水管	米	620
14	桐九公路站	支吊架	站	1
15	桐九公路站	调试	站	1
16	桐九公路站	其他费	站	1
17	桐九公路站	设备费	站	1
18	斜桥镇站	小风机	台	4
19	斜桥镇站	多联机室内机	台	78
20	斜桥镇站	管道式消声器	台	8
21	斜桥镇站	风管	平方米	488
22	斜桥镇站	多联机室外机	台	11
23	斜桥镇站	分体空调	台	6
24	斜桥镇站	贯流式空气幕	台	8
25	斜桥镇站	管道式消声器	台	8
26	斜桥镇站	单体风阀	台	33
27	斜桥镇站	风口	个	58
28	斜桥镇站	排气扇	台	23
29	斜桥镇站	冷媒管桥架	米	300
30	斜桥镇站	冷媒管	米	1 920
31	斜桥镇站	冷凝水管	米	620
32	斜桥镇站	保温	米	2 540
33	斜桥镇站	支吊架	项	1
34	斜桥镇站	调试	项	1
35	斜桥镇站	其他费	项	1
36	斜桥镇站	设备费	项	1
37	皮革城站	风管	平方米	7 704
38	皮革城站	单体风阀	台	270
39	皮革城站	空调水管	米	994
40	皮革城站	风机	台	21
41	皮革城站	组合空调器	台	2
42	皮革城站	管道式消声器	台	15
43	皮革城站	静压箱	个	5
44	皮革城站	空调水阀门管件	个	236
45	皮革城站	管道保温	米	994
46	皮革城站	风机盘管	台	14

续表

序号	站点	施工内容	单位	工程数量
47	皮革城站	空调器	台	4
48	皮革城站	排气扇	台	10
49	皮革城站	风口	台	358
50	皮革城站	多联机室外机	台	3
51	皮革城站	多联机室内机	台	29
52	皮革城站	防火板	平方米	1 255
53	皮革城站	防火封堵	站	1
54	皮革城站	冷媒管桥架	米	140
55	皮革城站	冷媒管	米	455
56	皮革城站	冷凝水管	米	230
57	皮革城站	支吊架安装	项	1
58	皮革城站	设备费	项	1
59	皮革城站	其他费	项	1
60	皮革城站	大风机	台	9
61	皮革城站	结构片式消声器	台	13
62	皮革城站	电动组合风阀	台	13
63	皮革城站	单体风阀	台	4
64	皮革城站	风机在线监测装置	套	9
65	皮革城站	风机防火软接头	个	9
66	皮革城站	变径管（天圆地方）	个	9
67	皮革城站	碳素钢板风管	平方米	100
68	皮革城站	插板排风口	个	78

第二节 施工组织

一、施工流程图

通风与空调施工流程如图 59-1 所示。

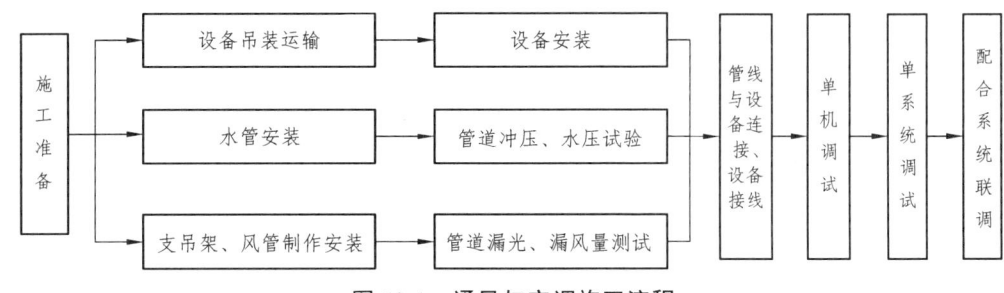

图 59-1 通风与空调施工流程

二、施工筹划

通风空调系统由各作业队下设的通风空调工班负责管段内风系统、水系统、设备安装、保温及本系统的防火封堵施工。工班下设工班长1人,作业组4个:风管制作加工组(技工4人、普工6人):负责管段内风管制作。风管安装组(技工8人、普工12人):负责管段内风管安装。水管安装组(技工6人、普工10人):负责管段内水系统管道安装。设备组:(技工4人、普工12人):负责管段内所有通风空调设备安装调试。

通风与空调系统包括空调风系统、空调水系统。风管、水管、设备安装三个工作面同步进行。优先施工设备区供电、通信、信号、监控等设备房的管线。设备到货后先进行冷水机房、环控机房、风道等大型设备较集中区域的设备就位安装,为弱电系统调试前开通提供条件。风阀安装前必须先进行测试,确认工况正常后方可进行安装,并留出检修空间。

根据通风与空调安装工程特点及各相关专业的关系,在建筑主体施工阶段分段进行:

(1)预留预埋阶段:土建结构施工阶段按设计施工图纸做好风管、水管穿墙套管、洞口及相关本专业预埋件的预留、预埋。

(2)主干管道施工阶段:土建结构验收后具备安装工作施工作业面以后,进行主干管道的安装,包括空调水管道、通风管道和管道的保温工作,期间与土建施工作业面交叉施工,穿插配合。

(3)设备安装阶段:土建结构粗装修工程完成后,进行各种设备安装和支管的连接,必须制定详细的设备进场计划,各种设备按时进场,以保证工程进度。

(4)精装配合阶段:土建结构精装修阶段,进行通风空调安装工程的末端安装、风口安装、面板安装、明装管道面漆、保温工程收尾等后期的配合安装。此阶段工作量分散,各方应配合密切,相互协调,方能有条不紊地进行。

(5)系统调试阶段:根据电气系统所具备的条件进行设备单机试运转,然后分系统进行调试,包括:通风系统风量调试、防排烟系统调试、冷冻水系统水量平衡调试、消防联动调试。调试过程中做好各种资料的整理工作,同时整理竣工资料并归档,为竣工验收做好准备。

(6)竣工验收阶段:在此阶段主要进行竣工清理工作,按照工程总体的验收安排,配合进行消防验收和四方验收。

三、主要设备配置

通风与空调施工主要设备配置见表59-2。

表59-2 主要设备配置

序号	设备名称	规格型号	单位	数量	用途
1	风管加工生产线	DM510	套	1	加工厂设备
2	折方机	SHF-9	台	3	加工厂设备
3	单平咬口机	XFP-12	台	1	加工厂设备
4	联合角咬口机	XFL-12	台	2	加工厂设备
5	卷圆机	ϕ 0-500	台	2	加工厂设备
6	交流电焊机	BX3-500	台	5	安装焊接
7	逆变电焊机	ZX7-400	台	2	安装焊接

续表

序号	设备名称	规格型号	单位	数量	用途
8	交流电焊机	300 A	台	2	主机房施工
9	砂轮切割机	φ400	把	5	班组常备
10	卷扬机	3 t	台	5	大设备吊装
11	手拉葫芦		台	5	起重班常备
12	冲击电锤	喜利得	把	8	钻眼
13	手枪电钻	JIZ-SD03	把	20	钻眼
14	水平仪	NAL128	把	5	水平校验
15	组合工具		套	4	安装
16	人字铝合金梯		把	3	安装
17	移动升降平台		个	3	安装
18	汽车	5T	辆	3	运输
19	卷扬机	7～5 t	台	10	起重
20	通风检漏灯	36 V，100 W	个	4	风管检漏

第三节　主要施工工艺及控制要点

一、镀锌风管施工

（一）工艺流程

镀锌风管施工工艺流程如图59-2所示。

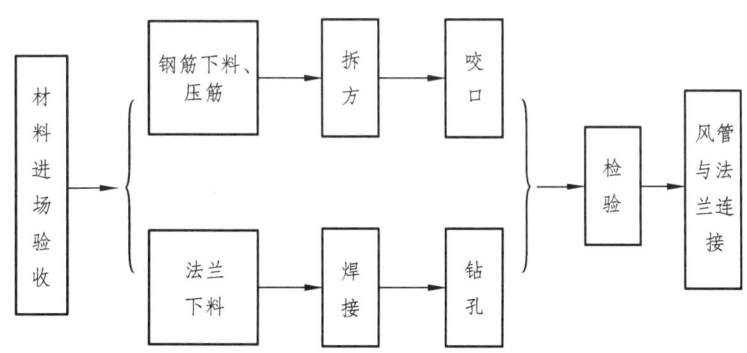

图 59-2　镀锌风管施工工艺流程

（二）控制要点

（1）风管法兰制作应表面平整，制作尺寸允许偏差为 1～3 mm，平面度允许偏差 2 mm，矩形法兰对角线偏差为 3 mm，圆形法兰任意正交两直径偏差不应大于 2 mm；

（2）成品风管咬口缝宽度均匀，纵向接缝应相互错开。法兰翻边宽度应一致，翻边宽度不得小于 6 mm；

（3）风管强度应满足在 1.5 倍工作压力下接缝无开裂；

（4）矩形风管弯管的制作，一般应采用曲率半径为一个平面边长的内外同心弧形弯管。当采用其他形式，平面边长大于 500 mm，必须设置弯管导流片。矩形风管漏风量要求见表 59-3，角钢法兰连接螺栓和铆钉的规格及间距见表 59-4。

表 59-3　矩形风管漏风量要求

系统类别	漏风量
低压系统	$\leq 0.1056P^{0.65}$
中压系统	$\leq 0.0352P^{0.65}$
高压系统	$\leq 0.0117P^{0.65}$

表 59-4　角钢法兰连接螺栓和铆钉的规格及间距　　单位：mm

风管长边长 b	角钢规格	螺栓规格	铆钉规格	铆钉间距	
				低、中压系统	高压系统
$B \leq 630$	L25×3	M6	Φ4	≤ 150	≤ 100
$630 < b \leq 1\,500$	L30×3	M8			
$1\,500 < b \leq 2\,500$	L40×4	M8			
$2\,500 < b \leq 4\,000$	L50×5	M10			

当矩形风管边长大于 630 mm 和保温风管边长大于 800 mm，且其管段长度大于 1 250 mm 时，或低压风管单边面积大于 1.2 m²、中高压风管大于 1.0 m²，均应采取加固措施。加固方式可采用楞筋加固、角钢加固、扁钢内支撑及螺杆内支撑方式，中高压风管管长大于 1 250 mm 采用角钢框加固。

（5）板材纵向连接可采用咬口和焊接，钢板厚度≤1.2 mm，宜用咬口连接，钢板厚度>1.2 mm，宜用焊接连接。板材拼接咬口缝应错开，不得有十字型拼接缝；

（6）板材焊接时，焊缝应平整，焊接后板材的变形应矫正，并将焊渣及飞溅物清除干净；

（7）法兰套在风管上，管段留出 6~9 mm 左右的翻边量，管中心线与法兰平面垂直，翻边应平整、紧贴法兰，其宽度应一致，且≤6 mm，风管翻边后风管四个角应打密封胶；

（8）成品、半成品加工成型后，按照系统、规格和编号堆码在干燥隔潮的木头垫上，避免相互碰撞，保持表面光洁。

（三）工程实例

图 59-3　风管半成品

图 59-4　成品风管

二、酚醛复合风管施工

(一) 工艺流程

酚醛复合风管施工艺流程工如图 59-5 所示。

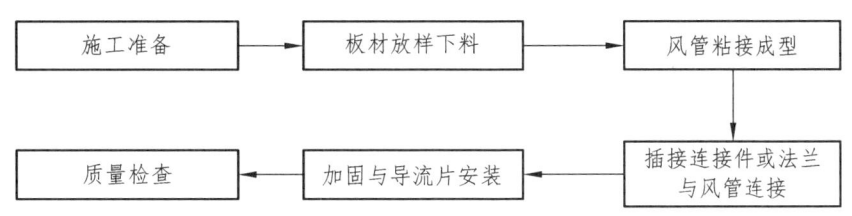

图 59-5　酚醛复合风管工艺流程

(二) 控制要点

双面彩钢复合风管板材总厚度不小于 25 mm，内外层彩钢板厚度均为 0.3 mm。芯材采用酚醛，其密度≥60 kg/m³，弯曲强度≥1.05 MPa，导热系数≤0.025 W/(m·k)。法兰、加固条、支撑件采用金属材料制作。法兰采用金属法兰，并有防冷桥隔热技术工艺，内层彩钢钢板具有抗菌防霉处理，彩钢钢板内壁采用纳米二氧化钛和银离子涂层，具有抗菌防霉、分解有机污染物，净化空寂及自清洁作用。

施工前准备一整套专用施工工具，制作工作平台。对施工人员进行现场技术交底、安全交底。分解风管施工图，确定空调设备及风管各部件的安装位置，将风管系统拆解为直风管、弯头、变径、三通、四通等等；确定各直风管及异型管的合理长度和数量；确定风管与空调设备及风管各部件的连接方式及相应的连接辅件；确定风管的加固式；核算板材的用量；根据风管的拆分情况并结合主辅材配比表核算各种辅材的用量。由于酚醛复合板板材尺寸为固定尺寸，而设计风管的规格尺寸各式各样，所以在划线过程中应精确计算、合理地划线、切割下料是降低材料损耗的关键。

板材放样下料规定：

(1) 放样与下料应在平整、洁净的工作台上进行，并不应破坏覆盖层。

(2) 风管长边尺寸小于或等于 1 160 mm 时，风管宜按板材长度做成每节 4 m。

(3) 矩形风管的板材放样下料展开宜采用一片法、U 形法、L 形法、四片法。

(4) 矩形弯头采用内外同心弧形。先在板材上放出侧样板，弯头的曲率半径不应小于一个平面边长，圆弧应均匀。按侧样板弯曲边测量长度，放内外弧板长方形样。弯头的圆弧面宜采用机械压弯成型制作，其内弧半径小于 150 mm 时，轧制间距宜为 20～35 mm；内弧半径为 150～300 mm 时，轧制间距宜为 35～50 mm；其内弧半径大于 300 mm 时，轧制间距宜为 50～70 mm。轧制深度不宜超过 5 mm。

(5) 制作矩形变径管时，先在板材上放出侧样板，再测量侧样板变径长度，按测量长度对上下板放样。

(6) 板材切割应平直，板材切断成单块风管板后，进行编号。

(7) 风管场边尺寸小于或等于 1 600 mm 时，风管板材拼接可切 45°角直接黏接，黏接后在接缝处两侧粘贴铝箔胶带；风管长边尺寸大于 1 600 mm 时，板材需采用 H 形铝合金加固条拼接。

(8) 对于弯曲面的板材，将切割下料后的板材用压弯机在压弯区内压弯。扎压风管曲面时，扎压间距一般在 30～70 cm。内弧半径小于 150 mm 时，扎压间距为 30 mm；内弧半径在 150～300 mm 时，扎压间距为 35～50 mm；内弧半径大于 300 mm 时，扎压间距为 50～70 mm。扎压深度不宜超过 5 mm。板材压弯利用折弯机在所需的压弯处扎压，使板材出现 V 形凹槽。板材弯曲成形后，它与主板的接缝要尽可能紧密，这样便于风管的黏接成形，且黏接牢固。

(三) 工程实例

图 59-6 复合风管半成品

图 59-7 复合风管成品

三、冷轧钢板风管施工

(一) 工艺流程

冷轧钢板风管施工工艺流程如图 59-8 所示。

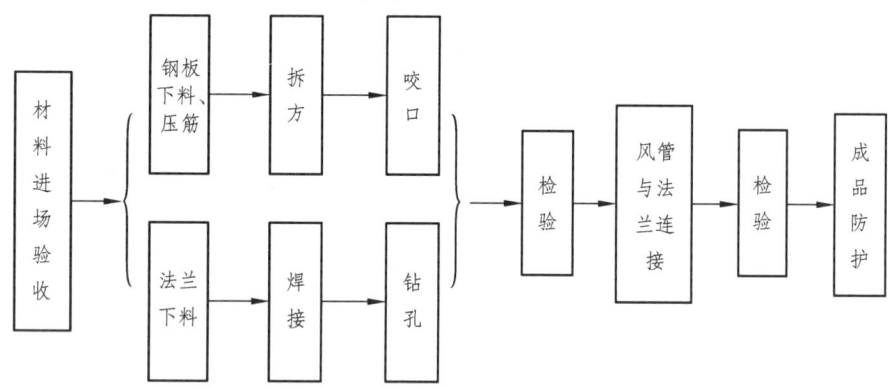

图 59-8 冷轧钢板风管施工工艺流程

(二) 控制要点

(1) 焊接风管的焊缝应平整，不应有裂缝、凸瘤、穿透的夹渣、气孔及其他缺陷等，焊接后板材的变形应矫正，并将焊渣及飞溅物清除干净；风管焊接严禁烧穿、漏焊和裂纹等缺陷，纵向焊缝必须错开，不得有十字型拼接缝。

(2) 风管与法兰采用焊接连接时，风管端面不得高于法兰接口平面；采用点焊固定连接时，焊点应融合良好，间距不应大于 100 mm；法兰与风管应紧贴，不应有穿透的缝隙或孔洞。

(三) 工程实例

图 59-9 冷轧钢板风管

四、风管系统安装

(一) 工艺流程

风管安装施工流程如图 59-10 所示。

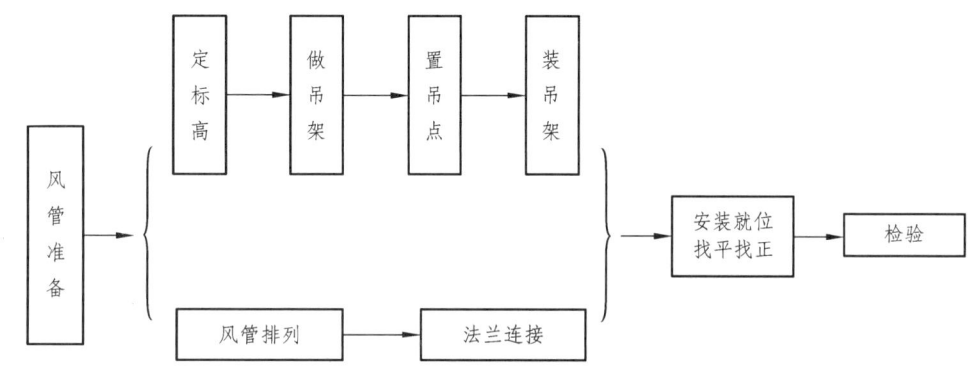

图 59-10 风管安装施工流程

(二) 控制要点

1. 支架放样选材要求

(1) 风管的吊架制作执行图集 03K132《风管支吊架》，对于直径大于 2 000 mm 或边长大于 2 500 mm 风管的支吊架应按设计规定制作。

(2) 风管、部件和设备的支吊托架、基础的钢制构件，在焊接后涂环氧富锌漆两道。

2. 风管安装工艺要点

(1) 矩形风管长边小于等于 400 mm，支架间距不大于 4 m；大于 400 mm，支架间距不大于 3 m。风管垂直安装时，长边≤400 mm 时，支架间距不应大于 4 m；长边＞400 mm 时，支架间距不应大于 3 m；风管末端（不大于 400 mm）必须设置支吊架，单根直风管至少应设置 2 个固定点。

(2) 水平悬吊的风管长度超过 20 m 的系统，应设置不少于 2 个防止风管摆动的防晃支架。

(3) 角钢法兰的连接螺栓应均匀拧紧，螺母应在同一侧（逆气流方向）；法兰密封垫片厚度不小于 3 mm，接头采用阶梯形或企口形。

(4) 在风管穿过需要封闭的防火墙或楼板时，应预埋厚度不小于 1.6 mm 的套管，风管与套管之间，应用不燃且对人体无危害的柔性防火材料封堵。

(5) 在条件允许的情况下，尽量在地面上进行连接，一般接至 10～12 m 长左右，整体吊装。明装管水平吊装时，水平度允计偏差 3‰，整体总偏差不大于 20 mm；垂直安装时，垂直度允计偏差 2‰，整体总偏差不大于 20 mm。

3. 部件安装工艺要点

(1) 阀件安装。

① 风阀安装应注意风阀的气流方向，应按风阀外壳标注的气流方向安装；手动密闭阀安装，阀门上标志的箭头方向必须与受冲击波方向一致。

② 长边大于 630 mm 的防火阀单独设立支吊架，且防火阀离防火隔墙距离不大于 200 mm。

③ 电动组合风阀在安装过程中必须保证风阀安装的平整度，执行器的位置与连接杆应在同一轴线上，不能让连杆在无驱动的情况下受力。

④ 在风阀构造柱、设备基础浇筑完成后对构造柱、设备基础表面进行清理，保证风阀安装面平整。风阀安装完成后与结构存在缝隙时，若缝隙＜5 cm，可采用角钢在风阀周围固定收口处理；若缝隙＞5 cm 时，采用型钢支架固定，外封钢板焊接或锚栓连接固定。

(2) 风口安装。

① 空调送风口不得安装在电气设备正上方,空调回风口不宜布置在电气设备正上方;设置在整流变压器室内的风口与设备的水平距离应不小于 800 mm,防止结露滴水导致设备损坏。

② 风口与风管连接应严密、牢固,与装饰面贴紧;风口表面应平整、不变形;风口调节应灵活。

③ 站台板下风口应固定牢固,采用角钢框架固定,可避免孔洞规格不一造成风口固定不牢固。

(三)工程实例

图 59-11　风管安装

五、风管保温工艺

(一)工艺流程

风管保温工艺流程如图 59-12 所示。

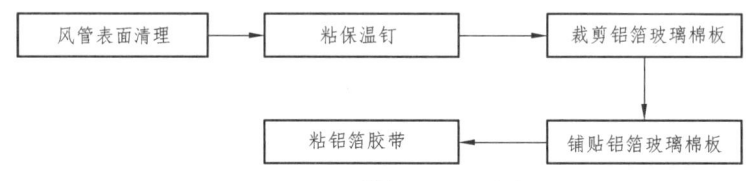

图 59-12　风管保温工艺流程

(二)控制要点

(1)主风管顶部和顶板距离较小的,吊装前先将单节风管保温完成,然后再进行吊装固定;风管安装后有足够操作空间的按照先吊装后保温顺序进行。

(2)保温钉用阻燃胶粘贴于风管外壁。粘贴保温钉前要将风管壁上的尘土、油污擦净,将黏接剂分别涂抹在管壁和保温钉的黏接面上,稍后再将其粘上。

(3)空调风管所有穿墙或穿楼板处保温层应连续不间断。

(4)保温钉施工前应先弹线,保证保温钉粘贴后横平竖直,矩形风管保温钉数量底面每平米不少于 16 个,侧面每平米不少于 10 个,顶面每平米不少于 8 个。首行保温钉至风管或保温材料边沿的距离应小于 120 mm。当风管单边长度超过保温板材尺寸时,应合理布置保温拼缝位置,确保每块保温板材都有保温钉固定。

(5)保温层应平整密实,厚度均匀,不得有裂缝空隙,横向及纵向拼缝应错开,风管与保温棉接触面不可有空隙。

（6）风管法兰部位应采取加强保温措施，宽度不小于100 mm，厚度不低于风管保温厚度的0.8倍。

（7）保温风管的支吊架应装在保温层外部，保温风管不得与支吊架直接接触，应垫上坚固的防腐隔热材料，其厚度与保温层厚度相同，防止产生"冷桥"。

（三）工程实例

图 59-13　风管保温

六、通风空调水系统安装

（一）工艺流程

通风空调水系统安装工艺流程如图 59-14 所示。

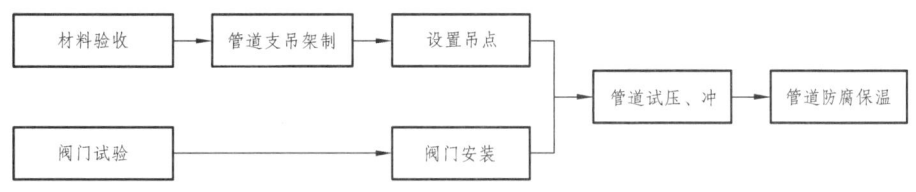

图 59-14　通风空调水系统安装工艺流程

（二）控制要点

1. 管道及部件安装

（1）设有补偿器的管道应设置固定支架和导向支架，其形式和位置应符合设计要求。

（2）空调冷冻水管、冷凝水管和集分水器与支架之间应设置绝热木托，绝热木托厚度与保温厚度一致。

（3）管道穿楼板和墙体处应设置套管，管道应设置在套管中心，套管不应作为管道支撑，管道接口不应设置在套管内，管道与套管之间应用不燃绝热材料填塞密实。

（4）镀锌钢管及带有涂层的钢管严禁采用焊接方式，管径大于 DN100 时，采用卡箍或法兰连接，管径小于 DN100 时，采用螺纹连接。

（5）阀门安装进、出口方向应正确。水平管道上安装阀门时，不应将阀门手轮朝下安装。阀门前后应有直管段，严禁阀门直接与弯头等管件相连。

（6）电动二通阀、电磁阀的执行机构安装前由厂家进行安装指导，确保安装后执行器与阀体动作正确。

（7）压力表、温度计与流量计等仪表的型号、规格及安装位置应符合设计与验收规范的要求，并便于观察检修。

2. 管道保温

（1）水管采用离心玻璃棉管壳保温，外贴专用防火防潮铝箔保护层。空调冷水供回水管与其支架之间采用与保温层厚度相同的经过防腐处理的木垫块。

（2）立管防潮层应由管道的低端向顶端敷设，环向搭接的缝口应朝向低端，纵向的搭接缝应位于管道的侧面，并顺水。

（3）冷冻水系统管道保温棉管壳拼接缝隙或保温棉管壳与绝热木托之间的缝隙均不应大于2 mm，纵缝应错开。管壳应用专用胶带粘贴，每节管壳不少于2道，其间距宜为300～350 mm。

（4）保温层表面平整，搭接合理，封口严密，无空鼓及松动。

（5）冷冻水管道的阀门、过滤器、补偿器及法兰等部位应单独设置保温，保温内部的空隙应采用玻璃棉块填充密实，保温应能单独拆卸，且不应影响其操作功能。

（三）工程实例

图59-15　冷水机房模型

图59-16　机房安装

七、主要设备安装

（一）工艺流程

主要设备安装工艺流程如图59-17所示。

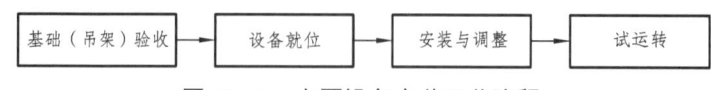

图59-17　主要设备安装工艺流程

（二）控制要点

1. 冷水机组

（1）冷水机组安装前，应对设备型号、规格和质量文件进行检查，确认无误后方可进行安装。

（2）冷水机组安装前，应对其基础进行验收，基础标高、位置、尺寸满足设计要求，基础表面无蜂窝、麻面、裂纹、漏筋，验收合格后方能安装。当设计无要求时，基础顶面距地坪装修完成面不应小于150 mm。

（3）冷水机组与混凝土基础之间应设减振垫，设备应采用螺栓与混凝土基础进行固定。

(4)冷水机组安装前应根据厂家的设备安装技术要求预留充足的抽管、通炮清洗空间。

(5)冷水机组安装完成后,其机身纵、横向水平度允许偏差为1/1 000。

(6)地面垫层和基础施工前应先敷设接地扁钢,设备安装完成后应进行可靠接地。

2. 水泵

(1)水泵安装前,应对设备型号、规格和质量文件进行检查,确认无误后方可进行安装。

(2)水泵安装前,应对其基础进行验收,基础标高、位置、尺寸满足设计要求,基础表面无蜂窝、麻面、裂纹、漏筋,验收合格后方能安装。当设计无要求时,基础顶面距地坪装修完成面不应小于150 mm。

(3)水泵与混凝土基础之间应设减振垫,减振垫的厚度宜采用20 mm,减振垫应成对放置,设备应采用螺栓与混凝土基础进行固定。

(4)水泵就位时,纵向中心轴线应与基础中心线重合对齐,并找平找正。

(5)水泵吸入口处应有不小于2倍管径的直管段,吸入口不应直接安装弯头。

(6)吸入口水平段上严禁因避让其他管道安装向上或向下的弯管。

(7)入水管段安装顺序依次应为:阀门、Y形过滤器、橡胶软接头、偏心变径。水泵吸入管变径采用偏心变径管,顶平。

(8)出水管段安装顺序依次应为:同心变径管、橡胶软接头、止回阀、阀门。

(9)进出水管均应设置独立的管道支吊架,防止设备受力。

(10)地面垫层和基础施工前应先敷设接地扁钢,设备安装完成后应进行可靠接地。

3. 冷却塔

(1)冷却塔安装前,应对设备型号、规格和质量文件进行检查,确认无误后方可进行安装。

(2)冷却塔安装前,应对其基础进行验收,基础标高、位置、尺寸满足设计或厂家产品技术要求,基础表面无蜂窝、麻面、裂纹、漏筋,验收合格后方能安装。

(3)冷却塔与混凝土基础之间应设减振垫,减振垫的厚度宜采用20 mm,减振垫应成对放置。冷却塔与基础之间应采用不锈钢螺栓或热浸锌螺栓固定牢固。

(4)同一冷却水系统的多台冷却塔安装时,各台冷却塔的水面高度应一致,高差不应大于30 mm。

(5)同一冷却水系统的多台冷却塔应安装连通管,连通管管径与冷却水供回水主管管径一致。

(6)地面垫层和基础施工前应先敷设接地扁钢,设备安装完成后应进行可靠接。

4. 风机

(1)风机安装前,应对设备型号、规格和质量文件进行检查,确认无误后方可进行安装。

(2)安装前,应对其基础进行验收,基础表面有无蜂窝、空洞;基础标高和平面位置是否符合设计要求;基础形状和各部主要尺寸、预留孔的位置和深度是否符合要求,验收合格后方能安装。

(3)清理现场,设备基础打扫干净,根据设计和设备底座地脚螺栓孔,在基础上准确地放出设备纵横中心线,并放出减震器定位线,按厂家技术要求安装减震器。

(4)风机就位时,用千斤顶将设备顶起略高出减震器上表面50 mm,通过轨道或型钢缓慢将风机移至基础上,对准减震器和设备底座螺栓孔,将风机放至减震器上,拧定位螺栓。

(5)风机就位工作完成后,应检查各承载减整器是否受力均匀,各压缩量是否一致,是否有歪斜变形,如有不一致,应重新进行调整,直到设备技术文件的规定。

(6)吊装式风机原则上采用门型槽钢吊架卧式安装,吊架立杆与横担成45°角焊接,并采取三角钢板满焊加固。

(7)隧道风机、排热风机及推力风机前后天圆地方须设置检修孔,检修孔尺寸可统一为600×600 mm,检修门与天圆地方之间采用螺栓固定。

（8）地面垫层和基础施工前应先敷设接地扁钢，设备安装完成后应进行可靠接地。

5. 空调机组

（1）空调机组安装前，应对设备型号、规格和质量文件进行检查，确认无误后方可进行安装。

（2）落地安装空调机组应设置混凝土基础，基础高度按照设计要求，若无要求一般应高出地面100~150 mm。空调机组如需安装减震装置，应严格按照设计或厂家要求的型号、数量和位置进行安装、找正找平。

（3）机组下部的冷凝水排放管，应有水封，水封高度应符合设计要求，与外管路连接应正确。

（4）机组接管最低点应安装泄水阀，最高点安装放气阀。与机组的接管不能遮挡检修门，影响设备检修，并保证机组过滤抽取空间。

（5）空调机组出风口与风管的连接应采用柔性连接。

（6）地面垫层和基础施工前应先敷设接地扁钢，设备安装完成后应。

6. 风机盘管

（1）风机盘管应由独立支、吊架固定，并使其便于拆卸和维修。

（2）水管与风机盘管连接应采用软管，接管应平直，严禁渗漏，或者设紫铜管接头，以免接管时损坏盘管，同时便于维修。

（3）风机盘管与风管、回风室及风口的连接处应严密。

（4）冷凝水排水坡度应正确，凝结水应畅顺地流到指定位置。

（5）风机盘管同水管道应在管道清洗排污后连接，以免堵塞热交换器。

7. 水处理仪

（1）分集水器设置混凝土基础，基础顶面距地坪装修完成面为150 mm，分集水器支架统一采用10#镀锌槽钢制作，支架高度为600 mm。

（2）分集水器与支架之间应设置绝热木托，绝热木托厚度与保温厚度一致，宽度与支架宽度一致。

（3）成排阀门的排列应整齐美观。

8. 组合式消声器

（1）组合式消声器安装应设置钢筋混凝土基础；风道内安装的消声器处如设有排水沟，应保证排水沟连续，且排水畅通。

（2）组合式消声器上部距离结构大于500 mm，或有管道穿越时须按设计要求进行封堵。

（三）工程实例

图 59-18　冷水机组

图 59-19　组合式空调器

八、VRV 系统安装

（一）工艺流程

VRV 系统安装工艺流程如图 59-20 所示。

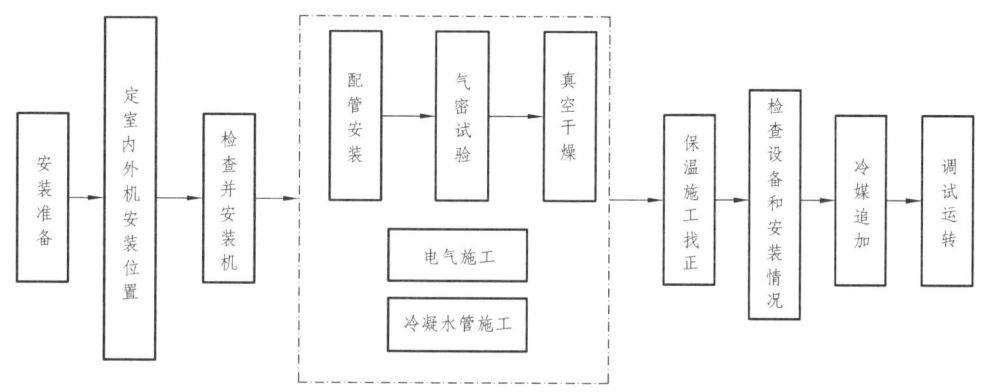

图 59-20　VRV 系统安装工艺流程

（二）控制要点

（1）多联机组的安装操作按照《多联机空调系统工程技术规程》。

（2）室内机不能安装在电控柜、变频柜等设备的上方。

（3）室内机悬挂吊耳的上下两侧都要用螺母固定，上册加平垫、弹垫、橡胶垫，用单螺母；下侧加平垫，用双螺母。

（4）冷木管敷设要平整顺直，支吊架要符合设计和规范要求（管道外径 $\phi 4.6 \sim 9.5$ mm，支吊架的间距在 1.2 m 以内，管道外径大于等于 $\phi 12.7$ mm，支吊架的间距在 1.5 m 以内）。

（5）冷凝水管的泄水管末端必须设有效空气隔断装置（存水弯）。

（三）工程实例

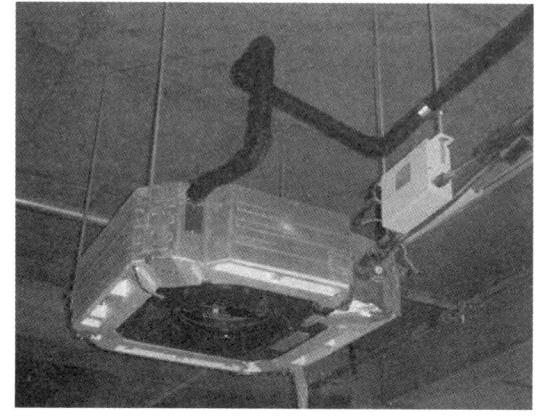

图 59-21　多联室内机

图 59-22　多联室外机

第六十章 电梯、自动扶梯施工

第一节 工程概况

一、工程简介

杭州至海宁城际铁路工程自杭州地铁 9 号线余杭高铁站起,自西向东沿规划的文正街进入海宁境内,主要经由规划联杭路—人民大道—海宁高铁站—下穿沪杭高铁—长安镇—周王庙镇—盐官郭店村—硖许公路—海洲路进入海宁市主城区,在经过中国皮革城后终于 08 省道处的碧云站,全长约 47 千米,共设余杭高铁站—许村站—海宁西高铁站—长安(东方学院)站—长安东站—周王庙站—盐官站—桐九公路站—斜桥站—皮革城站—海昌路站—浙大国际校区站共 12 座站点(不含碧云站)以及盐官车辆基地,其间共配备了 124 台 Schindler9000 自动扶梯、40 台 Schindler5500 乘客电梯以及 1 台 Schindler 杂物电梯为全线提供便捷式的交通出行。

二、主要工程数量

主要工程数量见表 60-1。

表 60-1 电梯、自动扶梯主要工程数量

站点	类型	数量	站点	类型	数量
余杭高铁站	自动扶梯	12 台	桐九公路站	自动扶梯	10 台
	乘客电梯	2 台		乘客电梯	3 台
许村站	自动扶梯	10 台	斜桥站	自动扶梯	10 台
	乘客电梯	3 台		乘客电梯	3 台
海宁西高铁站	自动扶梯	10 台	皮革城站	自动扶梯	12 台
	乘客电梯	3 台		乘客电梯	2 台
长安(东方学院)站	自动扶梯	12 台	海昌路站	自动扶梯	11 台
	乘客电梯	3 台		乘客电梯	2 台
长安东站	自动扶梯	10 台	浙大国际校区站	自动扶梯	13 台
	乘客电梯	3 台		乘客电梯	2 台
周王庙站	自动扶梯	8 台	盐官车辆基地	乘客电梯	9 台
	乘客电梯	3 台		杂物电梯	1 台
盐官站	自动扶梯	6 台			
	乘客电梯	2 台			

第二节 施工组织

1. 施工方法及装备

电梯安装完毕后需要相关人员到现场调试慢车和快车,由电梯公司提供有效的资料到当地质量技术监督部门进行报装报检验,等政府部门验收完毕后,电梯才可以正常使用,并配备相关专用设备。

2. 施工顺序和作业组织方式

自动扶梯、电梯施工顺序主要为:施工准备→放线、调整桁架水平度→安装梯级链及部分梯级→控制箱安装、接线、调试→安装护壁板支承件及护壁板→安装扶手系统→安装裙板及内盖板→调整安全装置→安装梯级,调整梯级与裙板之间的间隙→检验调试(含空载、满载等试验)→验收。

第三节 主要施工工艺及控制要点

一、乘客电梯的施工

(一)施工流程

乘客电梯的施工工艺流程如图 60-1 所示。

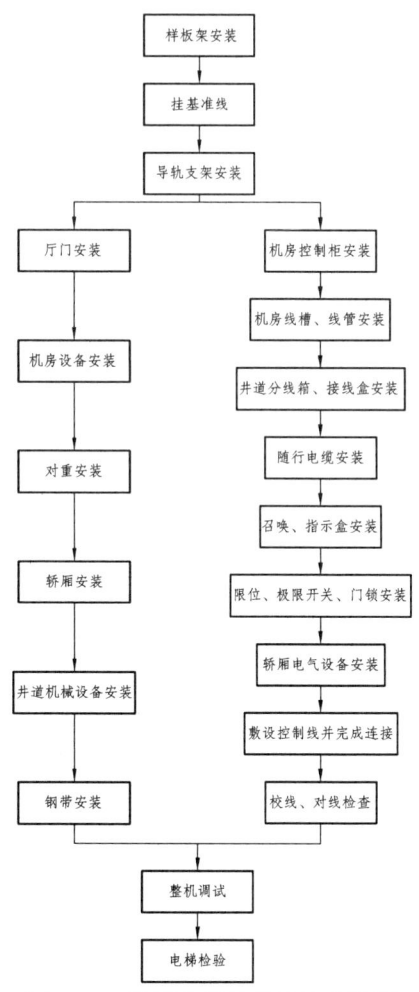

图 60-1 乘客电梯的施工工艺流程

（二）控制要点

1. 样板架安装

取 L45（L50）等边角钢两根，长度约为井道深度尺寸，在井道顶板下 200～1 000 mm 处用 M16 膨胀螺栓将角钢水平固定于井道壁上。再将样板架固定于角钢上。若井道壁为非凝土而是砖墙结构，则角钢适当加长，在砖墙凿洞，将角钢埋入固定。

控制要点：样板架固定应水平垫实、不翘动，水平度≤3/1 000。

2. 挂基准线

根据井道尺寸、机房尺寸情况，从样板架上挂基准垂线：

（1）轿厢导轨基准线 4 根；

（2）对重导轨基准线 4 根；

（3）厅门地坎基准线 2 根；

当垂线晃动不易静止时，可在底坑内放一水桶，桶内装入适量的水或机油，将线坠置于桶内，增加阻尼使线坠尽快静止。

3. 导轨支架、导轨的安装

导轨支架、导轨安装时对电梯运行的振动、噪声、乘坐舒适感都有很大的影响，施工时应特别引起重视。

安装流程：安装导轨支架→安装导轨→调整导轨。

4. 层门安装

安装流程：安装地坎→厅门立柱→层门导轨→门套安装→层门安装→门锁安装。

5. 机房设备安装

安装流程：承重梁安装→曳引机安装→限速器安装。

6. 对重安装

安装流程：吊装前准备工作→吊装对重框架→安装导靴→放置对重块。

7. 轿厢安装

安装流程：准备工作→安装底梁→安装立柱→安装上梁→安装底盘→安装导靴→安装轿壁→安装轿顶/门机→安装限位开关→安装超载、满载开关。

8. 井道机械设备安装

安装流程：安装缓冲器底座→安装缓冲器→安装限速器涨紧装置、限速绳→安装补偿链或补偿绳装置。

9. 钢丝绳安装

安装流程：测量钢丝绳长度→取断钢丝绳→做绳头→挂钢丝绳→调整钢丝绳。

10. 电气部分安装

电气部分安装顺序见前电梯安装施工流程图。

11. 消防梯

如电梯作为消防梯选装功能中有消防开关，具有消防迫降功能；另有紧急消防员服务 EFS 功能，可根据不同使用环境进行选装开通功能。

12. 整机调试

调试流程：准备工作→电气线路检查实验→静态测试调整→曳引机试运转→慢车试运转→快车试运转→安全装置检查试验→载荷试验→功能试验。

二、自动扶梯的施工

（一）流程图

自动扶梯的施工工艺流程如图 60-2 所示。

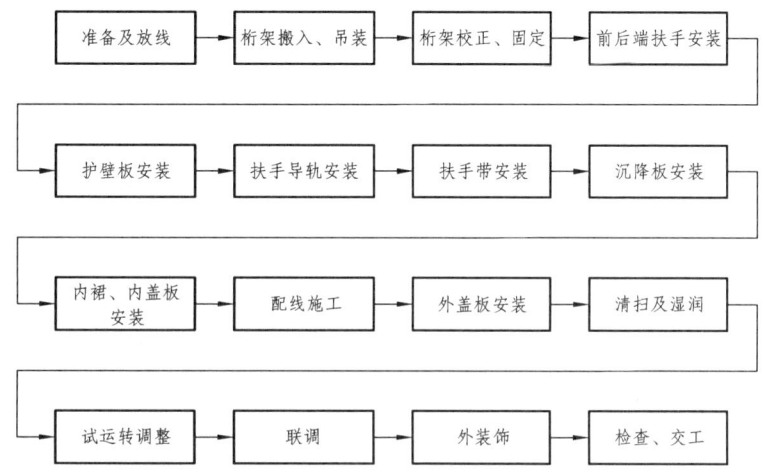

图 60-2　乘客电梯的施工工艺流程

自动扶梯在工厂已完成整机的装配调试，现场只需将分段的扶梯吊装到位即可。

（二）控制要点

1. 地下站吊装

（1）运输路线。

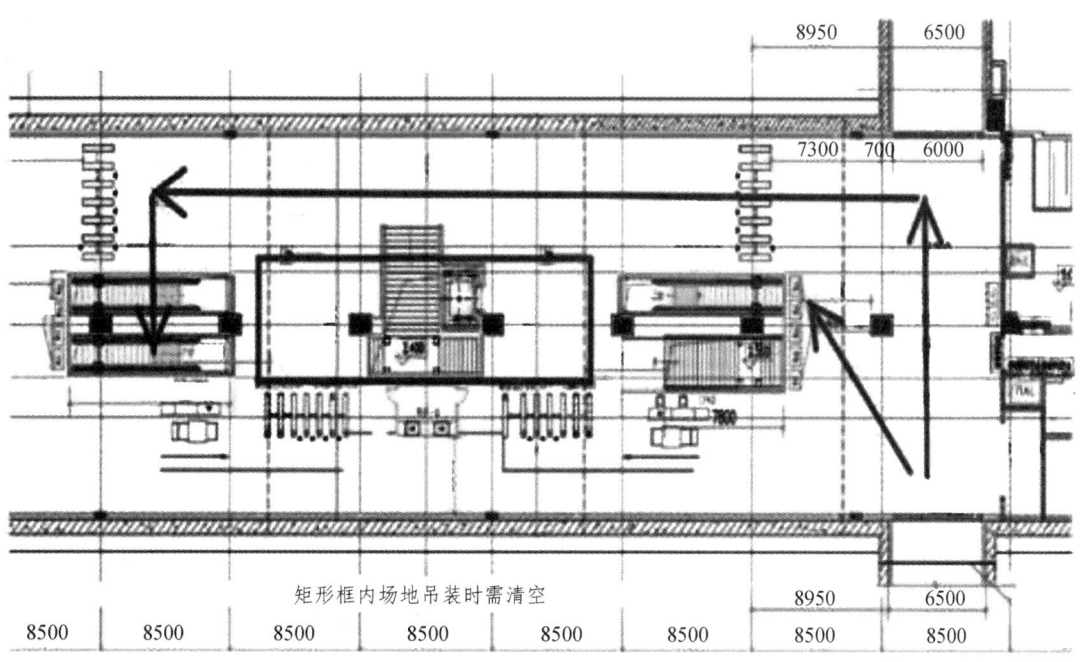

图 60-3　运输路线

（2）下端部吊装前。

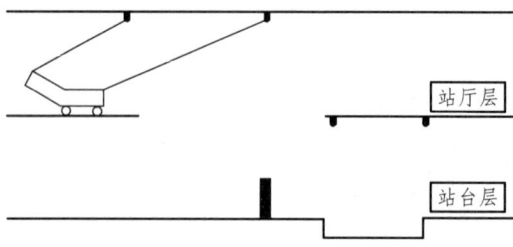

（3）下端部吊装后。

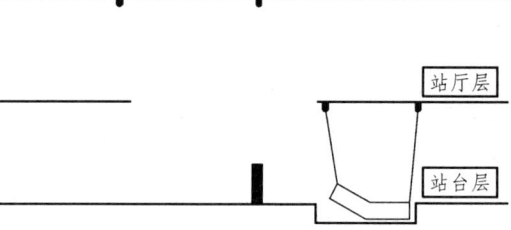

（4）中间段吊装前。

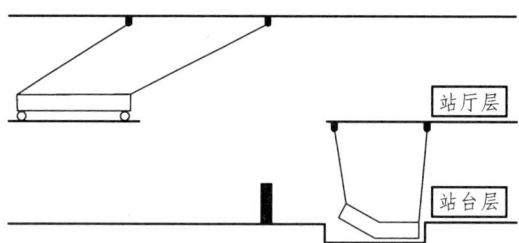

（5）中间段吊装后。

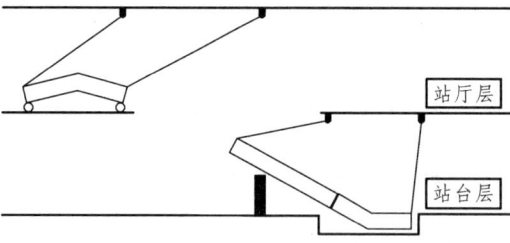

（6）上端部吊装前。

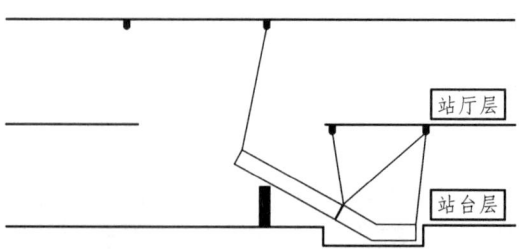

（7）上端部吊装后。

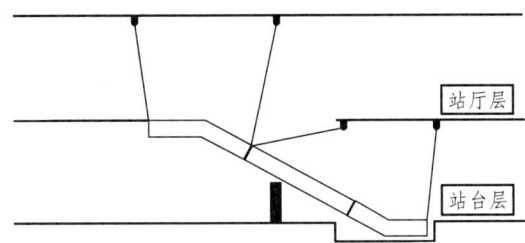

2. 高架站吊装

（1）高架站内扶梯单台汽车吊。

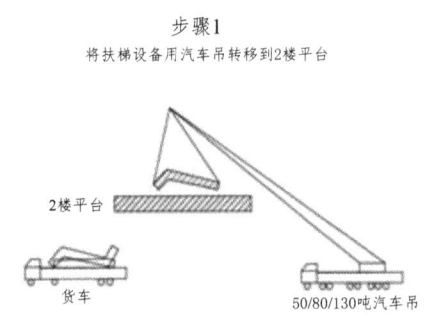
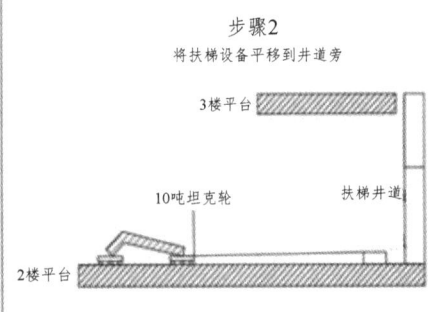

（2）高架站内扶梯人工吊装。

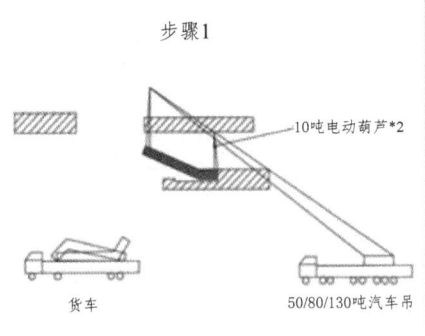
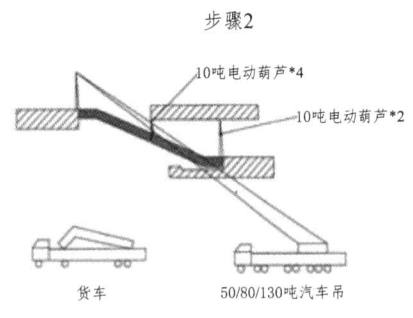

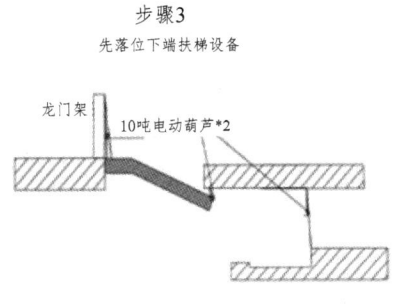
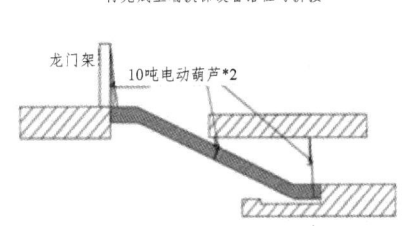

第六十一章 站台门施工

第一节 工程概况

全线共设站 12 座,分别为余杭高铁站、许村镇站、海宁高铁站、长安镇站、桑亭路站、周王庙镇站、盐官镇站、桐九公路站、斜桥镇站、皮革城站、海昌路站、浙大国际学院站,平均站间距约 4.15 km,其中地下车站 4 座(余杭高铁站、皮革城站、海昌路站、浙大国际学院站),高架车站 8 座。每座车站站内及出入口均设置屏蔽门 10 侧,安全门 14 侧。在余杭高铁站靠近运河侧设置防淹门系统 1 套。全线共 12 座车站,合计屏蔽门数量 120 侧,安全门数量 168 侧,防淹门系统一套。

第二节 施工组织

一、施工方法及装备

站台门设备安装严格按站台门供货商提供并经监理和杭海城铁公司批准的指导书进行安装,每项检验批或重要安装工序的安装完成后必须经监理和站台门供货商安装督导队复检合格后,才能够进行下一步工序的安装。

二、施工顺序和作业组织方式

站台门施工顺序主要为:施工准备→测量放线→底部支撑安装→顶部连接机构安装→立柱、门梁机安装→伸缩装置安装→电缆及线槽安装→后盖板安装→门楣安装→门槛安装→立柱包板安装→前盖板安装→固定门安装→应急、端门安装→滑动门安装→灯带安装→固定门间隙打胶→调试→验收。

第三节 主要施工工艺及控制要点

一、半高站台门安装

(一)施工流程

乘客电梯的施工工艺流程如图 61-1 所示。

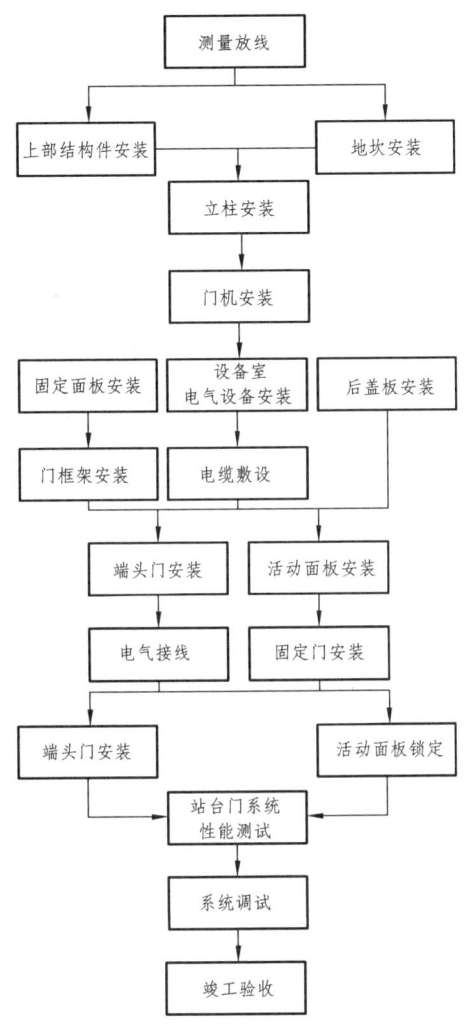

图 61-1 半高站台门施工工艺流程

（二）控制要点

1. 底部结构的安装

根据半高站台门底部打孔图，放线确定各打孔位置，并用油漆标定。根据标定位置，利用水钻打孔，直径符合图纸要求。打孔遇钢筋时，记录打孔位置，待现场工程师批准后，可进行打穿钢筋，用对穿螺栓将底部结构安装在站台板上，通过增减垫板调整 Z 方向，通过底座下部的腰形孔调整 X 方向，通过底座上部的腰形孔调整 Y 方向。如图 61-2 所示。

图 61-2 底部安装

2. 侧盒滑动门的安装

将绝缘板放置在底座上，然后将侧盒滑动门放在绝缘板上，每个侧盒滑动门装上四套绝缘套、螺栓、垫片和螺母并预紧。如图 61-3 所示。

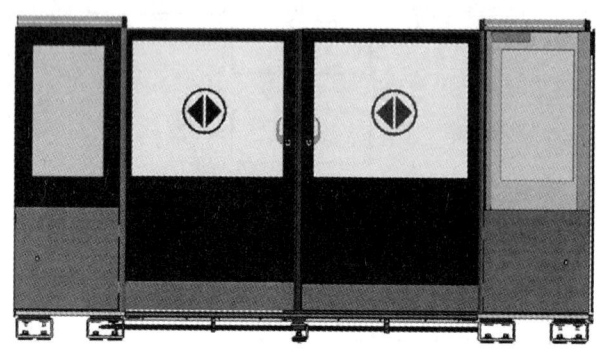

图 61-3　侧盒门安装示意

3. 立柱的安装

将立柱组件配上绝缘板、绝缘套、垫板、对穿螺栓、垫片和螺母安装在站台板上。如图 61-4 所示。

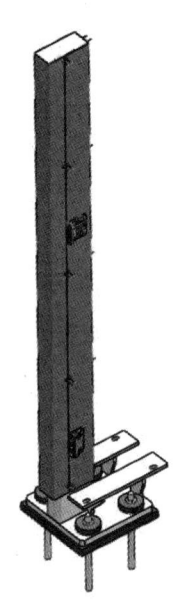

图 61-4　立柱组件

4. 门槛的安装

门槛分为滑动门门槛、固定门门槛和应急门门槛，将滑动门门槛/应急门门槛的左右支撑板安装在侧盒底板上，再将滑动门门槛/应急门门槛安装在支撑板上；固定门门槛通过螺栓连接在侧盒底板上。

5. 固定门的安装

将固定门下部插入固定门门槛的安装枢轴上，上部通过左右安装板安装在侧盒上。如图 61-5 所示。

6. 应急门的安装

将应急门下部插入应急门门槛的安装枢轴上，上部通过应急门安装支架安装在侧盒上，保证门体能打开 90°。

图 61-5　固定门

7. 端门单元的安装

端门单元包括立柱、端门活动门门槛、端门固定门门槛、端门活动门和端门固定门。根据化学锚栓的安装图纸在端门处进行放样打孔，安装好化学锚栓。

（1）柱：将立柱组件配上绝缘板、绝缘套、垫板、垫片和螺母，拧紧螺栓；端门活动门门槛：将端门活动门门槛的中间支撑安装好，再安装端门活动门门槛。

（2）门固定门门槛：将端门固定门门槛安装在立柱底座上，拧紧螺栓。

（3）门活动门将端门活动门下部插入端门活动门门槛的闭门器支座上，上部安装端门活动门的安装支架，保证端门活动门开启小于 90 度时可以自动复位。

（4）门固定门将端门固定门下部插入端门固定门门槛的枢轴上，上部一端安装固定门安装支架，另一端安装绝缘组件，将螺丝拧紧。

二、绝缘层铺设

（一）施工流程

绝缘层铺设施工工艺流程如图 61-6 所示。

（二）控制要点

1. 乘客区域

下图表述了危险触摸电压，危险触摸电压存在于 PSD 与车站结构之间。为了将危险减小到最低程度，在 PSD 前建立大约 0.9 m 的绝缘区域。在 PSD 端部，在端门内（站台侧）2 m，端门外侧 0.9 m 也建立一个绝缘区域，如图 61-7 所示。该区域内需安装绝缘地板，由安全门供货商供货。在绝缘区域内不得有金属或导体材料，包括混凝土与车站地或轨道地相连。

2. 其他区域

一定要特别注意，确保车站地的导体或金属部件不能接触到 PSD 结构，这会影响 PSD 的绝缘并导致较大的故障电流通过门体结构。如气管，线槽，导体，电缆屏蔽等在 PSD 非绝缘部件与其他导体部件/金属部件之间间隙，包括混凝土，必须不小于 50 mm。

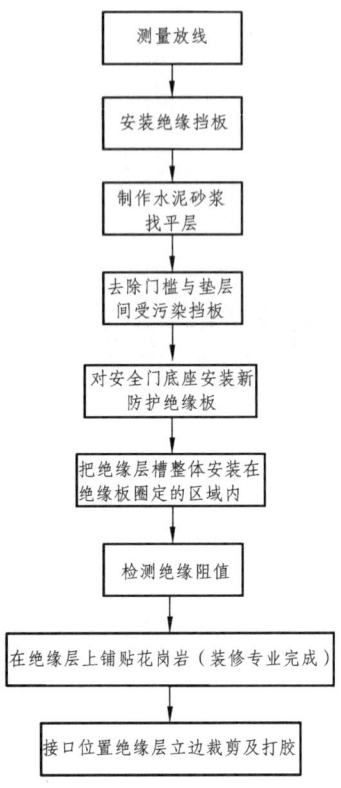

图 61-6 绝缘层工艺流程

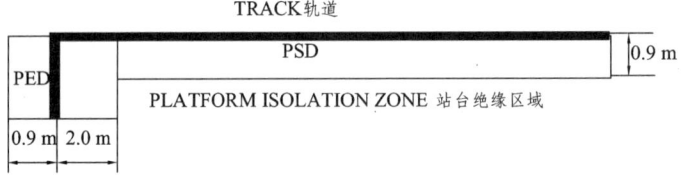

图 61-7 PSD 位于 PSD 前面的绝缘带

第六十二章 联调联试施工与试运行

第一节 工程概况

一、工程简介

杭州至海宁城际铁路工程系统联调管理及服务项目涵盖杭州至海宁城际铁路工程余杭高铁站—浙大国际学院站12座正线车站及区间、1座车辆段、1处控制中心、2座主变电站所有区域及系统，主要含综合联调、动车调试、应急演练三大块管理及服务工作。

经杭海城铁公司招标，确立广州中咨城轨工程咨询有限公司为杭海城际铁路项目服务单位，2020年8月进场开展相关工作。

二、综合联调

综合联调方面，10月10日召开第一阶段计划会并于斜桥站进行综合联调前置条件检查，10月15日完成系统联调大纲的专家评审（2020年11月16日正式发布，杭海城铁〔2020〕191号），10月22日以盐官站位样板站开始车站机电设备联调，11月7日以周王庙站位样板站开始车站供电设备联调，11月13日以斜桥站位样板站开展站台门等行车相关设备联调，12月25日，按交付标准对盐官站开展全系统联动调试，12月29日召开杭州至海宁城际铁路全线系统联调暨"决战六个月誓保建成通车"启动仪式，至2021年2月底，全线综合联调工作基本完成，试运行后，继续开展了模拟运营环境下的系统能力类强化测试，确保系统参数优化至最优水平。

三、动车调试

动车调试方面，2021年9月28日杭海城际铁路有限公司发布"杭州至海宁城际铁路盐官车辆基地调试管理办法（试行）"，9月29日组织试车线热滑，随即临时接管试车线及静调库，组织列车及信号系统的动态、静调调试工作。10月份会同土建13标、机电4标、通号城轨、中车浦镇等单位牵头编制杭州至海宁城际铁路工程正线及车辆段热滑方案（2020年11月20日发布，杭海城铁〔2020〕188号）。11月17、18日分别组织车辆基地及正线第一阶段（周王庙站—斜桥站）热滑，随即接管相关区域开展动车调试工作，11月23日组织正线第二阶段（浙大国际校区站—桐九公路站；周王庙站—余杭高铁站）热滑，随即完成了对全线的接管，开展全线动车调试工作。2021年2月5日，信号系统取得试运行安全认证。2021年3月5日，调度指挥权移交运营单位。

四、应急演练

应急演练方面,2021年1月杭海城际铁路有限公司与运营单位对接,了解运营单位的组织架构、生产运作、应急管理,全面整理分析了运营单位行车组织、乘客服务、设备维保等方面的规章制度,为应急演练方案的编制做好准备。1月29日与运营单位召开应急演练第一次工作会议。2月份完成了演练总体方案及21项演练的实施方案,落实了各项演练的牵头部门、演练深度、实施场景、考核要点等方面的工作,对实施计划结合试运行方案进行了初步策划。3月5日试运行开始后,陆续开展各项演练工作,3月份完成11项、4月份完成10项,5月份对部分演练科目进行了强化演训。经过多次桌面推演及现场预演,5月27日完成市一级综合性演练,完成了试运行阶段的应急演练工作。

五、相关验收

2021年3月3日,完成杭海城际铁路工程项目工程验收,查验了系统联调的联调大纲、实施细则、过程记录、周/月工作总结、工作报告等方面资料,针对系统联调的验收结论为"至2021年2月28日,系统联调工作完成,未整改完成的问题不影响试运行和行车安全及系统功能"。

2021年6月5日,完成杭海城际铁路工程竣工验收,查验了《杭州至海宁城际铁路工程综合联调质量评估报告》及30余项专项报告、25项联调过程记录,并对系统功能进行了现场检查,针对系统联调的验收结论为"杭海城际铁路工程于2020年12月底启动全线综合联调,2021年4月结束。经过为期4个月的综合联调,共发现联调问题540项,截至联调结束时已全部整改完毕,各系统设备功能均已满足设计要求"。

2021年6月11日,完成海城际铁路工程初期运营前安全评估,查验了《杭州至海宁城际铁路工程综合联调质量评估报告》《杭州至海宁城际铁路工程试运行演练总结评估报告》、30余项专项报告、25项联调过程记录、24项演练实施记录,并现场进行了包括信号系统最大运行能力在内的34项测试,针对系统联调的验收结论为"截至2021年4月,综合联调工作已基本完成,各系统设备功能满足设计要求。海城际铁路工程综合联调工作验证了联调系统设备功能符合设计要求,满足初期运营前安全评估条件"。

第二节　项目准备

一、工程准备

(一)工程进度摸底

广州中咨进场后,对全线开展了多轮次的现场巡查工作,并与各机电安装单位、主要设备系统供货单位逐一对接,一方面掌握机电设备安装及系统调试的实际进度,为综合联调总体策划及阶段性进度计划的编制做好准备;另一方面与施工单位、供货单位等主要参调单位初步对接,结合海城际铁路工程建管模式初步落实后续联调的具体组织和实施方式。

(二)工程现场排查

杭海城铁公司通过多轮次的现场排查,一方面,从综合联调的前置条件角度,对机电、弱电等接口专业的施工安排提出了优化建议,确保综合联调相关科目能够尽快启动;一方面,对轨行区封闭措施方面提出了落实方案,确保下阶段动车调试工作的行车安全。

二、组织准备

(一) 工作思路宣贯

2020年9月21日杭海城际铁路有限公司组织中层以上干部召开了系统联调工作汇报交流会,结合工程实例,对系统联调的建设时序、组织架构、各方职责、工作流程、管理措施等方面从管理角度进行了说明,介绍了与国铁联调联试的差别,对系统联调各项工作的前置条件、技术线路、管理要点、实施策划等方面,结合海城际铁路工程的实际情况进行了深入的分析。

(二) 成立组织机构

杭州至海宁城铁铁路工程系统联调组织机构由指挥组(指挥层)、工作组(管理层)及业务与保障组(执行层)组成,由杭海城铁公司、海宁分公司、高速物流、中铁总包部、联调服务单位、设计单位、监理单位、供货集成管理单位、施工单位和设备供货单位等参建单位共同组建。联调现场实施时,联调服务单位专业负责人牵头组织,各参建单位共同参与。

指挥组指挥长由杭海城铁公司董事长担任,常务副总指挥由杭海城铁公司总经理担任,副总指挥由杭海城铁公司副总经理、海宁分公司负责人担任。

工作组组长由杭海城铁公司机电设备部经理担任。副组长由杭海城铁公司相关部门经理;海宁分公司副总经理;中铁总包部、高速物流、系统联调项目负责人担任。组员由杭海城铁公司相关部门分管人员;海宁分公司各生产部门负责人;中铁总包部、高速物流、系统联调现场负责人组成。

业务与保障组设综合联调、动车调试、运营演练3个业务组及1个综合保障组。综合联调业务组下设通号(含AFC)、供电、综合监控、车站机电、车辆等5个专业小组。综合保障组下设安全督导组、保障事务组。系统联调组织架构如图62-1所示。

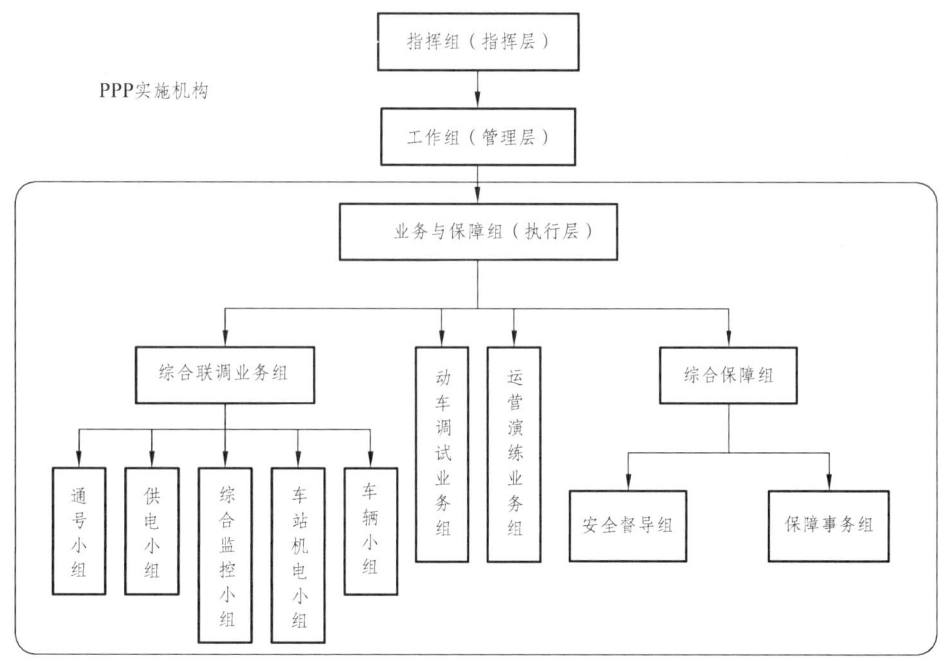

图62-1 系统联调组织架构

(三) 建立工作机制

1. 工作会议制度

系统联调工作组定期召开月例会、周例会/双周例会,也可根据工作需要召开专项会议,协商、讨论、决策调试中涉及的各类问题。

各专业小组负责组织召开所牵头各项目的启动会、总结会。专业组层面无法解决的问题可提请工作组召开专项会议。

各级会议应以问题为导向，针对各项问题提出解决方案。所有会议均应形成会议纪要，以纪要作为调试工作的抓手，后续工作严格依照纪要要求进行。

2. 进度控制措施

系统联调工作组制定联调总体进度目标，各专业小组制定各项目分项目标。计划制定充分考虑各系统间关联及调试资源（如供电、轨行区等）配置、占用情况。

系统联调计划一旦制定要维护其严肃性，不可随意变动。每日调试后由各参调单位会签调试记录，确保调试进度统计准确。

对于严重滞后的科目，将提前预警，从设备到货、安装等源头进行进度把控。

3. 问题整改闭环管理

每日调试结束后，联调服务单位记录调试所发现的问题，并由参调各方在小结会上会签确认，明确责任划分和整改时限，杭海城铁公司及监理单位督促整改，责任单位整改完成并填报整改回复单，由监理单位签字后交联调服务单位，联调服务单位根据具体情况销项或组织复验后销项。

4. 现场管理制度

每日调试开始前，联调服务单位专业负责人对本日调试的内容和安全注意事项进行交底，确定调试步骤、做好分工。该项测试的所有参与人员需参会（根据调试需要在其他车站或站点工作的不需到场，但需安排人员交办）。

调试过程中，各单位、人员严格依照方案及现场指挥进行相关操作，观察并反馈设备动作情况，做好调试记录。根据约定的调试口令严格执行呼唤应答制度。

每日调试结束后，召开小结会，总结当日调试情况，参调各方会签调试记录表、问题汇总表及综合联调科目评估表，安排次日工作。

对调试中出现的迟到、早退、缺席、不服从管理等行为，专业组长依照相关联调管控制度进行处理并报送工作组备案。

（四）完善考核奖惩

编制《杭州至海宁城际铁路工程系统联调考核管理办法》（杭海城铁〔2020〕196号），定期对各参调单位在调试工作中的综合表现进行综合评比，对表现突出的单位给予表彰奖励、对表现较差的单位给予通报扣款。

三、技术准备

（一）接口关系梳理

与设计单位及通信、信号、车辆、综合监控、站台门、风机风阀、自动售检票等供货单位充分对接，搜集整理设计说明文件、主要系统图纸、各专业技术规格书、设计联络文件、接口谈判文件等，梳理海城际铁路工程接口关系，确保综合联调调试科目设置合理、覆盖全面、验证标准正确，接口关系如图62-2所示。

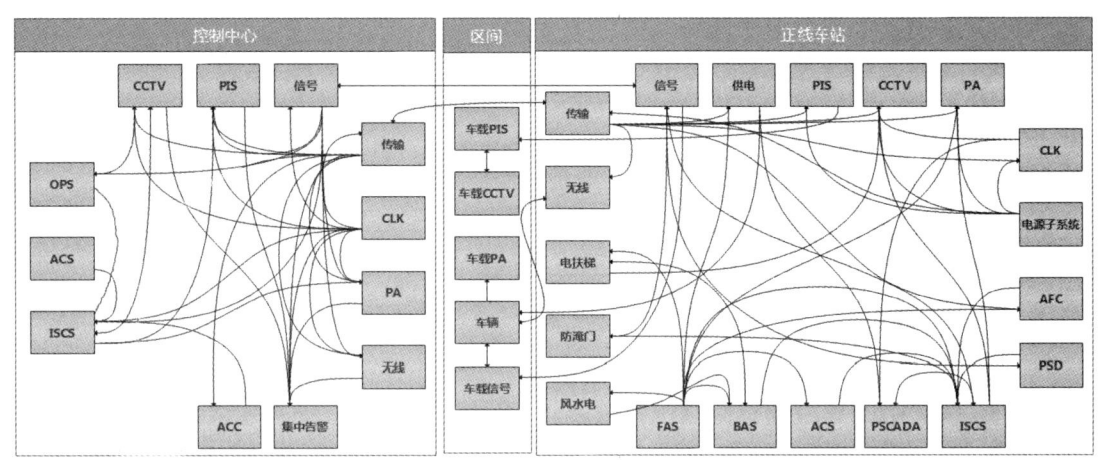

图 62-2 接口关系示意

（二）调试科目确定

1. 实施专业

杭海城际铁路工程综合联调涵盖行车专业、控制中心、车站服务设备、消防/安全等核心设备，主要实施范围如下：

（1）行车主要专业：供电、车辆、信号、站台门、通信（传输、无线、PIS、PA、时钟、CCTV）。

（2）控制中心：信号、综合监控、通信（传输、无线、PIS、PA、时钟、CCTV）、AFC、OPS（大屏显示系统）、FAS。

（3）车站服务设备：综合监控、AFC、通信（无线、PIS、PA、时钟、CCTV）、站台门、BAS、垂直电梯、扶梯、通风空调、给排水、动力照明、EPS。

（4）消防/安全设备：FAS、气体灭火、400 V 切非、应急照明、门禁、消防水泵、专用排烟风机、应急广播。

2. 实施场景

根据海城际铁路工程各设备系统参数和运营出现的常见场景，系统联调验证正常运行模式、降级模式、故障模式、紧急模式。

3. 实施科目

综合联调共设 25 个大项，每项设若干个细项，共 130 余细项（待与余杭高铁站换乘功能设计稳定后，补充换乘站换乘相关功能综合联调），涵盖供电、机电、通信、信号等各大专业及相互间连接的系统。具体设置项目如表 62-1 所示。

表 62-1 综合联调项目

序号	编号	调试项目	场景	调试科目/内容	需动车	牵头专业	配合专业
1	T01	信号系统与关联系统联调	正常	信号与综合监控接口功能	√	信号	车辆、通信、综合监控、站台门
			正常	信号与通信无线接口功能	√		
			正常	信号与车辆接口功能	√		
			正常	信号与广播接口功能	√		
			正常	信号与 PIS 接口功能	√		
			正常	信号与站台门接口功能	√		
			正常	信号与时钟系统接口功能			

续表

序号	编号	调试项目	场景	调试科目/内容	需动车	牵头专业	配合专业
2	T02	正常工况下多系统联动测试	正常	进站停车	√	信号	站台门、车辆
			正常	站台发车	√		
			紧急	扣车	√		
			紧急	跳停	√		
			紧急	站台紧急关闭功能	√		
			紧急	列车运行安全防护	√		
3	T03	全线列车最大运行能力测试	正常	电客车出入段能力	√	信号	站台门、车辆
			正常	电客车正线追踪能力	√		
			正常	电客车折返能力	√		
4	T04	通信传输系统与关联系统联调	降级	光纤断裂引起传输环网中断			AFC、办公自动化、可视化接地等
			故障	车站传输节点故障引起传输环网中断			
			故障	控制中心传输节点故障引起传输环网中断			
5	T05	通信时钟系统与关联系统联调	正常	检验时钟系统标准时间校对功能（追时功能）			信号、综合监控、AFC、PSCADA
			正常	检验中心母钟晶振运行情况			
			故障	模拟中心母钟主备切换功能			
			故障	中心一级母钟失效测试			
6	T06	通信无线集群与信号、车辆联调	正常	无线系统与信号ATS接口功能	√	通信	信号、车辆
			正常	控制中心调度员与列车驾驶员通话	√		
			正常	车辆基地信号楼和运转室调度员与基地内列车通话	√		
			正常	车站值班员经控制中心同意与正线列车通话	√		
			正常	无线系统与车辆广播功能	√		
7	T07	PIS与车辆联调	正常	直播功能：列车实时媒体信息接收和播放	√	车辆	
			降级	直播转录播功能：模拟车地通信故障，列车车载PIS自动切换，播放本地录播信息	√		
			正常	车载视频上传	√		
			正常	紧急文本信息下发与撤销	√		
			正常	延时测试（结合直播文本下发）	√		
8	T08	列车到站广播和到发时间显示联调	正常	列车到站自动广播测试与列车到发时间显示	√		信号、车辆
9	T09	防淹门与综合监控联调	正常	防淹门状态信息显示		车站机电	综合监控
			故障	防淹门故障信息显示			
			紧急	IBP监控防淹门			
10	T10	综合监控与PSCADA、供电系统联调	正常	遥控功能测试		综合监控	供电
			正常	程控功能测试			
			正常	遥信功能测试			
			正常	遥测功能测试			

续表

序号	编号	调试项目	场景	调试科目/内容	需动车	牵头专业	配合专业
11	T11	综合监控与PIS联调	正常	正常文本显示功能		综合监控	PIS
			紧急	应急信息显示			
			正常	优先级功能			
			降级	接口通信通道冗余功能			
12	T12	综合监控与CCTV联调	正常	人工选择监视功能		综合监控	CCTV
			正常	球机控制功能			
			正常	自动循环监视功能			
			降级	接口通信通道冗余功能			
			正常	OPS显示功能			
13	T13	综合监控与PA联调	正常	编组广播功能		综合监控	PA
			正常	音源选择功能			
			正常	音频编辑功能			
			正常	监听功能			
			正常	广播状态显示功能			
			紧急	火灾广播自动播放功能			
			降级	接口通信通道冗余功能			
			正常	优先级验证			
14	T14	综合监控与通信集中告警联调	正常	通信告警显示功能		综合监控	集中告警
15	T15	综合监控与门禁联调	正常	主控制器、IBP盘测试		综合监控	门禁
			正常	冗余功能			
			正常	从控制器测试			
			正常	就地门禁测试			
16	T16	综合监控与AFC联调	正常	车站客流统计数据		综合监控	AFC
			正常	TVM、BOM、AGM状态、模式和故障监视			
			降级	AFC车站级紧急/降级状态			
			降级	AFC设备投入、退出服务			
			故障	接口冗余链路切换			
			紧急	IBP盘释放功能			
17	T17	综合监控与站台门联调	正常紧急	站台门系统功能		站台门	综合监控
			正常紧急	滑动门系统功能			
			紧急	应急门、端门功能			
18	T18	综合监控与BAS、环控模式联调	正常紧急	大系统模式测试		车站机电	综合监控
			正常紧急	小系统模式测试			
			正常紧急	隧道模式测试			

续表

序号	编号	调试项目	场景	调试科目/内容	需动车	牵头专业	配合专业
18	T18	综合监控与BAS、环控模式联调	正常	集成高效空调制冷系统测试		车站机电	综合监控
			正常	给排水测试			
			正常	消防电动蝶阀测试			
			正常	照明系统测试			
			正常	电扶梯测试			
			正常	区间人防门测试			
			正常	不间断电源（UPS）测试			
			正常	应急电源（EPS）测试			
			正常	防火阀测试			
			正常	消防电动蝶阀测试			
			正常	时间表测试			
19	T19	综合监控与FAS联调	紧急	FAS设备报警信息监视		车站机电	综合监控
			紧急	FAS故障信息监视			
			正常	气体灭火系统设备装调监视			
			正常	接口设备控制测试			
20	T20	IBP盘与关联系统联调	紧急	小系统火灾模式测试		综合监控	AFC、信号、车站机电
			紧急	大系统火灾模式测试			
			紧急	隧道阻塞模式测试			
			紧急	隧道火灾模式测试			
			紧急	消火栓泵测试			
			紧急	自动扶梯及电梯测试			
			紧急	站台门测试			
			紧急	防淹门测试			
			紧急	闸机测试			
			紧急	门禁测试			
			紧急	消防专用风机测试			
			紧急	信号按钮测试			
			正常	数字广告测试	√		
21	T21	车站火灾工况联动测试	紧急	车站公共区火灾工况联动		车站机电	FAS、BAS、AFC、ACS、通信、供电
			紧急	非气灭设备区域火灾联动			
			紧急	气灭设备区域火灾联动			
22	T22	列车区间事故工况联动测试	紧急	供电牵引分区带电状态显示		综合监控	供电、车辆、信号、机电
			紧急	列车信息显示、时刻表	√		
			紧急	阻塞信息	√		
			紧急	列车区间火灾工况联动	√		
			紧急	列车区间火灾下疏散指示方向验证	√		
			紧急	列车区间阻塞工况	√		

续表

序号	编号	调试项目	场景	调试科目/内容	需动车	牵头专业	配合专业
23	T23	大屏幕与关联系统联调	正常	CCTV 显示功能		综合监控	信号、通信、供电
			正常	信号显示功能			
			正常	综合监控信息显示功能			
			正常	OPS 控制功能			
			正常	多路切换功能			
24	T24	供电系统各种运行模式联调	正常	大双边供电能力	√	供电	车辆、信号、机电
			紧急	单边供电能力	√		
			紧急	单台牵引整流机组供电	√		
			紧急	变电所 0.4 kV 备自投	√		
			紧急	主变电所单台主变压器供电	√		
			紧急	主变电所支援供电	√		
25	T25	车辆系统场景测试	紧急	车辆超速保护	√	车辆	
			紧急	列车紧急制动距离	√		
			正常	车门安全联锁	√		
			故障	车门故障隔离	√		
			正常	车门障碍物探测	√		
			故障	列车联挂救援	√		
			紧急	车门紧急解锁	√		

第三节 综合联调

一、总体策划

为确保 2021 年 6 月底前具备初期运营开通条件，综合联调工作计划分下列四个阶段开展，同期开展动车调试，于 2021 年 2 月底前完成大部分项目。剩余部分联调项目及运营演练工作在试运行期间实施。

1. 试点验证

第一阶段验证性试验，2020 年 10 月份正式电送达终端设备后，开展机电、供电系统关键性能和功能复测与验证工作，选取样板站典型接口验证性测试；与本阶段同期开展的是 2020 年 10 月份线路检测、冷滑、热滑完成后，开展动车调试；综合监控与 PSCADA、站台门调试等需要分段停电或影响行车的调试，尽量能在动车调试前先行实施若干站点。

2. 全面推进

第二阶全面铺开，2020 年 11 月份分别以 1 座地下车站（拟选取浙大国际校区站或皮革城站）、1 座高架车站（拟选取盐官站）作为样板站先导，跟进各标段设样板站（海宁高铁站、盐官站、皮革城站、浙大国际校区站），全面开展以 ISCS 与 BAS 系统环控模式、综合监控与 FAS 系统火灾联动为主线，串联各站常规机电的综合联调，并通过 IBP 盘联调验证各模块功能；本阶段根据动车调试的进展，适时开展信号、车辆等行车系统关键性能和功能复测与验证工作。

3. 持续完善

第三阶段持续完善，2020年12份车站机电系统进入模式联动与火灾系统全功能联动（通风空调、消防水、切非、声光报警、气灭、门禁与 AFC 紧急释放、电梯归首、PIS 及 CCTV 联动等）阶段，适时开展综合监控与通信终端（PIS、PA、CCTV）、AFC 等系统的联调。结合动车调试进度，实施行车相关系统（信号、车辆、站台门、车地无线）联调。

4. 能力验证

第四阶段能力验证，2021年1月份准备，2月初（拟试运行节点前1个月）全面开展：信号系统、供电系统能力测试；各科目消缺测试、各专项验收配合。

二、实施概况

杭州至海宁城际铁路工程综合联调于2020年8月正式开始，杭海城际铁路有限公司统筹协调（以下简称"杭海城铁公司"）总体领导，浙江省轨道交通运营管理集团有限公司海宁分公司（以下简称"海宁分公司"）、浙江高速物流有限公司（以下简称"高速物流"）、中国中铁杭海项目经理部（以下简称"中铁总包部"）等协同开展，广州中咨城轨工程咨询有限公司（以下简称"联调服务单位"）承担系统联调管理及服务工作，设计、监理、集成、施工、供货等参建单位参与。

杭州至海宁城际铁路工程综合联调工作根据规范要求，共设置25项综合联调项目，以车辆、信号、供电、通信、机电为核心专业进行全部相关专业接口验证测试。涉及车辆、信号、通信、供电、综合监控、自动售检票、通风空调、低压配电、给排水及消防、电扶梯、屏蔽门、门禁、广播等多个专业，接口测试与综合联调测试的界面清晰，测试内容全面。

截至2021年2月底，杭州至海宁城际铁路工程系统联调涉及试运行行车安全、系统功能的联调项目已完成，满足试运行行车组织及设备系统运行的要求。

2021年3月试运行开始后，结合试运行阶段开展情况，对系统的稳定性和负荷能力进行了持续验证，同时，在卫生验收、消防检测、评定工作中积极配合，保证相关检测和验收过程中设备系统正常运转、模式正常启动。

2021年6月，杭州至海宁城际铁路工程顺利通过各项政府专项验收和专项验收，通过了交通运输部科学研究院组织的初期运营前安全评估，具备开通条件，6月28日，杭海城际铁路工程顺利开通初期运营。

三、各专业调试情况

（一）供电

海城际铁路工程供电专业的联调项目计划2个，分别为 T10-综合监控与 PSCADA、供电系统综合联调，T24-供电各种模式联调，其中 T24-供电各种模式联调主要由变电所 0.4 kV 低压备自投测试、牵引接触网越区供电测试、相邻主变电所支援供电测试等3部分组成，是17号文中明确规定技术标准的调试项目。

城轨交通建设过程中供电专业与其他机电专业在施工时序、前提条件等方面有所不同，且正式电送电是大部分系统专业进行全面系统调试的基础（临电稳定性不能保证），因此"电通"是城轨交通建设的一项重要节点。海城际铁路工程"电通"节点按计划完成，现场供电设备系统联调条件良好，整体工作进展较为顺利。在杭海城铁公司、运营、集成、监理、施工方、供电商等多方的共同努力下，于2020年11月7日在周王庙站开展，在2021年2月27日完成 T10-综合监控与 PSCADA、供电系统综合联调全部内容。

T24-供电各种模式联调涉及运营人员操作熟练度、影响范围较大等因素，在实际推进过程中存在一些困难，基于预评审专家提供的建议，在前期完成操作性联调测试的基础上，将 T24-供电各种模式联调与运营实际生产相结合，在试运行跑图期间，利用程控卡片进行设备倒闸操作，完成牵引接触网越区供电测试及相邻主所供电测试。对全线牵引变电所（含跟随所）400 V 进行了测试，测试结果严格对照设计要求延时时间，符合设计功能性要求，于 2021 年 5 月 22 日完成 T24-供电各种模式联调全部调试内容。

（二）机电

杭海城际铁路工程机电专业（含自动化）联调项目共 12 项，见表 62-2。

表 62-2 机电类联调项目

项目编号	项目名称
T09	T09-防淹门与综合监控联调
T11	T11-综合监控与 PIS 联调
T12	T12-综合监控与 CCTV 联调
T13	T13-综合监控与 PA 联调
T15	T15-综合监控与门禁联调 ACS
T16	T16-综合监控与 AFC 联调
T17	T17-综合监控与站台门联调
T18	T18-综合监控与 BAS、环控模式联调
T19	T19-综合监控与 FAS 联调
T20	T20-IBP 盘与关联系统联调
T21	T21-车站火灾模式测试
T22	T22-列车区间事故工况联动测试

其中，T18-综合监控与 BAS、环控模式联调和 T19-综合监控与 FAS 联调两个科目作为其他机电系统级调试的基础，贯穿了整个调试过程；T09-防淹门与综合监控联调、T15-综合监控与门禁联调 ACS、T16-综合监控与 AFC 联调、T17-综合监控与站台门联调、T20-IBP 盘与关联系统联调 5 个科目作为相对比较独立的科目进行了专项集成中调试，在整个调试过程中穿插进行；T11-综合监控与 PIS 联调；T12-综合监控与 CCTV 联调、T13-综合监控与 PA 联调 3 个科目作为辅助接口测试，随 T18、T19 主科目进行后期依次开展；T21-车站火灾模式测试、T22-列车区间事故工况联动测试两个科目则作为最终主要功能验证对上述各科目进行验证，形成了以基础科目为主轴，单独科目贯穿进行，辅助科目关联进行，以验证科目进行最终目的验证的主干分支型的调试思路。

自 2020 年 10 月 22 日盐官站试点调试开始累计对 12 座车站（其中 4 座地下站，8 座高架站，且地下站之一为换乘站）、1 座车辆基地、2 座主变电所、2 座区间跟随所、1 座区间风井（余许区间风井）、5 段地下区间（海浙区间、皮海区间、皮斜区间、海长区间、余许区间）进行多轮调试。

常规机电及系统包含了大量设备点位和接口，其中主线车站机电类点位 2 235 个，车辆基地机电类点位 25 个，机电类点位合计 2 360 个；主线车站 FAS 消防相关点位 5 146 个，主所 FAS 消防相关点位 200 个，车辆基地机电类点位 3 054 个，FAS 消防相关点位合计 8 400 个，总计点位 10 760 个（详见表 62-3）。而每个设备点又包含多项测试点，覆盖了约十万次级的信息测试，调试过程中进行多轮次反复测试，系统而又繁琐，工作量巨大，工作任务艰巨。

表 62-3　机电类联调常规机电设备点位统计

调试点位信息统计			
车站/位置	机电相关点位	FAS 消防相关点位	汇总
车站主线	2 235	5 146	7 381
主变电所	0	200	200
车辆基地	125	3 054	3 179
合计	2 360	8 400	10 760

针对测试科目多，测试点位数量巨大且繁琐，对调试内容进行了分解，分阶段制定了调试进度控制措施和建立了完善的进度调试计划系统。在调试开始阶段，制定了各施工标段的样板站调试计划，并在后续调试完成情况进行汇总，从开始阶段的初步月时间段计划，逐步完善细化，制定了以月度、周、日计划为基础，专项科目及重点车站调试为辅助，多科目同步开展，以时间线为脉络，以车站、专项科目为节点的网状调试计划。

（三）通信

杭海城际铁路工程通信专业的联调项目原计划 5 个，分别为 T04-通信传输系统与关联系统联调，T05-通信时钟系统与关联系统联调，T06-通信无线与信号 ATS 及车辆间联调，T07-乘客信息系统（PIS）系统与车辆间联调，T08-列车到站广播与到发时间显示联调。后期因安全评估专家要求，增加了换乘站基本通信测试联调项目，因此，通信专业共 6 个联调项目。

其中，T04 传输、T05 时钟，作为其他专业系统级调试的基础，各方积极推进，除后续因应安全评估专家要求对部分参数进行调整，整体情况比较顺利。T06 无线列调联调，在 17 号文要求的基础上根据运营实际需求增加了调试科目，并做到区域、列车全覆盖，整体上有序推进。T07PIS 与车辆间联调，因涉及了通信、车辆、综合监控等多家供货单位的二级、三级供应商，技术线路链条比较长，推进过程中遇到一些困难，在前期验证基本功能的基础上，最终于 2021 年 5 月底完成了该项联调的全部科目。T08 列列车到站广播与到发时间显示联调，在前期验证接口工程正常的基础上，结合试运行时刻表跑图，对全线 12 座站点进行了全面覆盖的测试。

（四）信号

杭海城际铁路工程信号专业联调方案编制主要分为信号专业与其他相关专业接口调试、列车运行安全防护测试、列车最大运行能力测试三个主要模块，并在联调中根据运营需要穿插进行设备故障场景测试。

联调方案编制完成后，为确保联调方案正确、过程顺利，广州中咨组织相关单位进行整体方案对接，明确调试内容及相关功能设计原理。并在每个联调项目开始前组织相关单位对接，重新细化梳理调试步骤，明确需要配合的工作内容。从 1 月 23 日开始信号与 IBP 盘接口调试到 4 月 22 日完成列车最大运行能力测试，历时 3 个月完成全部信号相关联调项目。针对调试过程中发现的接口配线错误、设计内容不明确、动车点不足等问题，积极与相关方对接，制定解决方案，确保各调试项目按照节点保质保量地完成。

（五）车辆

1. 调试准备

杭海城际铁路工程车辆专业场景测试方案严格按照 17 号文要求进行。主要分为：车门安全联锁测试、车门故障隔离测试、车门障碍物探测测试、列车超速保护测试、列车紧急制动距离测试以及列车联挂救援测试等6大测试项目。

场景测试方案编制完成，后为确保测试方案正确、过程顺利，广州中咨城轨工程咨询有限公司先后与车辆主机厂南京浦镇、车辆监理单位中铁四院以及杭海铁公司、运营单位等各相关单位进行对测试方案进行对接，明确测试内容，并提早制定测试计划。细化每项测试的具体步骤，明确需要配合的工作内容。T25联调科目见表62-4。

表62-4 T25联调科目

序号	测试科目	各科目测试内容
1	车辆超速防护测试	在具备以车辆设计最高运行速度安全行车条件的区段，切除列车自动防护（ATP）以人工驾驶模式下行车，牵引手柄保持最大牵引位，使列车持续加速至车辆设计最高运行速度，记录列车速度、超速保护的程序和措施。 （1）选取具备128 km/h安全行车条件的区间，切除列车自动防护（ATP），以人工驾驶模式下行车，牵引手柄保持牵引位，使列车加速至123 km/h，保持手柄牵引位；观察是否触发牵引封锁； （2）牵引手柄回零位，待列车速度降至119 km/h（也可任取一低于120 km/h的值），尝试继续牵引，列车能继续牵引； （3）选取具备128 km/h安全行车条件的区间，切除列车自动防护（ATP），以人工驾驶模式下行车，牵引手柄保持牵引位，使列车加速至125 km/h，保持手柄牵引位；观察车辆DDU是否有超速报警； （4）牵引手柄回零位，待列车速度降至119 km/h（也可任取一低于120 km/h的值），尝试继续牵引，列车能继续牵引； （5）选取具备128 km/h安全行车条件的区间，切除列车自动防护（ATP），以人工驾驶模式下行车，牵引手柄保持牵引位，使列车加速至128 km/h，保持手柄牵引位；观察车辆是否激活紧急制动
2	列车紧急制动距离测试	列车运行至120 km/h施加紧急制动，紧急制动距离应满足设计要求。 列车以人工驾驶模式在平直线路区段运行至设计最高运行速度时，列车驾驶员松开警惕按钮3秒，列车产生紧急制动，至列车速度为0时，测量列车制动距离并记录产生制动时列车减速度
3	车门安全联锁测试	测试车门与列车牵引控制联锁功能符合设计要求。 （1）车门未关闭时，列车主控制器手柄推至牵引位，列车应无牵引力、不能启动； （2）列车在区间保持零速以上运行，按开门按钮，客室车门应保持关闭
4	车门故障隔离测试	测试车门故障隔离功能是否符合设计要求。 列车停靠站台，通过隔离装置专用钥匙对测试车门进行隔离后，按司机室开门按钮，被隔离车门应不能打开，其他车门打开；被测车门处于隔离状态，操作紧急解锁装置后，仍无法手动打开被测车门
5	车门障碍物探测测试	测试车门防夹和再关门功能是否符合设计要求。 将测试块作为障碍物置于车门两扇门叶之间，列车发出关门指令后，用压力测试仪记录关门压力，被测车门按照设计要求自动循环打开和关闭3次后，车门保持打开状态、关门压力应满足设计要求
6	列车联挂救援测试	测试列车联挂救援功能是否符合设计要求。 （1）将模拟故障列车施加停放制动，停放在线路上，另一列救援列车低速靠近模拟故障列车进行列车联挂； （2）完成联挂后，释放模拟故障列车停放制动，推救援列车牵引手柄，牵引模拟故障列车至一定距离，记录列车联挂救援情况列车联挂救援功能应符合设计要求

2. 联调计划与实施

2021年1—3月，结合杭州至海宁城际铁路工程综合联调整体工作安排，组织并开展T25-车辆系统场景测试功能验证调试项目的协调工作，根据车辆各场景测试功能验证进度情况及施工点安排，于2021年1月27日在正线开展本项联调。并于2021年3月3日完成T25-车辆系统场景测试功能验证六大测试，测试结果均能符合设计要求。

四、结论

杭州至海宁城际铁路工程综合联调2020年8月起筹备，10月完成联调大纲的评审、实施系统的编制与发布。10月22日开始车站试点联调，11月结合动车调试开始行车相关系统联调，12月召开工程系统联调全面启动会，至2021年2月底，涉及试运行行车安全、系统功能的联调项目已完成，满足试运行行车组织及设备系统运行的要求。2021年3月5日试运行开始后，在试运行所模拟的运营环境下，对供电、信号等系统的负荷能力进行了强化验证，结合消防检测与评定，对全线各个站点（含车辆基地、主变电所、区间所）全系统联动功能进行了全面的检验。

杭州至海宁城际铁路工程综合联调各项目的测试，全面检验了杭海城际铁路工程（南段）行车、控制中心、车站服务、消防/安全设备（供电、车辆、信号系统、站台门、通信系统、AFC、OPS、综合监控、BAS、垂直电梯、扶梯、通风空调、给排水、EPS、FAS、气体灭火等）的基本功能，在调试过程中以联调功能涉及的接口功能实现为基本前置条件，调试前及调试过程中对所有涉及的接口功能全部核查确认，经过系统的、全面的综合联调后，杭州至海宁城际铁路工程各系统设备功能已达到设计要求，满足初期运营需求。

第四节 动车调试

一、磨合工作机制

1. 试车线热滑与临管

2020年9月，为尽快开展已到段电客车的调试工作，广州中咨编制了《杭州至海宁城际铁路工程盐官车辆基地调试管理办法（试行）》，对车辆基地试车线内电客车、工程车调试作业和其他施工作业的计划申请、作业令批复、登记销记等方面做了初步规定，明确了各单位的分工及各项作业的工作流程。

9月29日组织实施了车辆基地试车线热滑，上午联合审查土建13标编制的车辆段试车线热滑方案，提出了修订建议，配合编制了任务分工及流程表。下午召开了准备会，开展了现场安全检查、工程车轧道、电客车调车（工程车牵引）等热滑准备工作，顺利完成了试车线中高速（至80 km/h）热滑，为后续车辆及信号试车线调试提供了工作面。

2. 参与各方协调

组织动车调试参与各方，包括信号专业施工机电2标、通信专业施工单位机电1标、接触网专业施工单位机电3标、信号系统集成单位通号城轨、电客车主机厂中车铺镇、运营单位车场、车辆、调度、乘务等业务部门，开展了多轮次沟通，对工程现状与进度计划、进路准备与确认、电客车驾驶等动调试组织的各个要素的组织方式进行了讨论，初步落实了相关事项，为下阶段管理办法的编制、车辆段及正线分阶段热滑及动车调试的筹划做好了准备。

二、制订管理办法

2020年10月编制动车调试管理办法的初稿，经过多轮次的专业对接，11月19日组织动车调试方案协调会，宣贯动车调试管理办法，对动车调试的组织、管理、各方职责等进行宣贯，初步征集了各方意见，对各方达成一致意见的部分进行了修订。11月26日正式提交报批稿，杭海城铁公司已走发文流程，12月10日组织各参建单位（含土建、机电）对管理办法进行了再次宣贯。

该办法适用于杭州至海宁铁路工程动车调试期间对轨行区的行车与施工管理，是对动车调试各项工作实施而制定的纲领性文件，是杭海城际铁路工程动车调试过程中停送电、施工请销点等流程标准化、程序化作业的指导性文件，确保动车调试安全有序高效开展，达到落实安全管理责任，完成列车调试任务、推进工程进度的目标。

（一）组织机构

为确保杭州至海宁城际铁路工程动车调试的顺利开展、实施，特成立动车调试组织机构，负责指挥、管理、协调动车调试过程中的各项工作。组织机构由杭海城铁公司、海宁分公司、联调单位、设计单位、监理单位、施工单位及供应商等相关单位人员组成。各方须密切配合，确保按计划完成动车调试及施工任务。动照调试组织机构如图62-3所示。

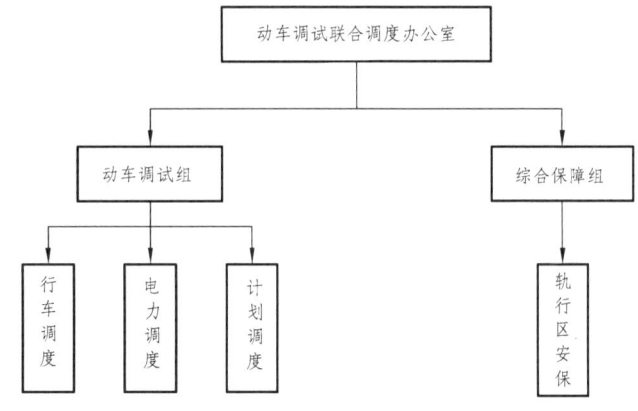

图 62-3　动照调试组织机构

（二）各方职责

1. 浙江杭海城际铁路有限公司

（1）对动车调试工作进行统一指挥和管理，负责相关协调及跟进工作，组织召开调试准备会及总结会等。

（2）根据工期节点，管控施工单位、供货单位按计划完成安装调试等工作。

2. 浙江省轨道交通运营管理集团有限公司海宁分公司

（1）负责提供电客车、工程车司机配合行车作业。

（2）属地接管后全面负责属地管理等工作。

（3）安排调度人员，协助动车调试行车调度、电力调度、计划调度工作。

（4）跟进调试、施工问题整改情况。

3. 广州中咨城轨工程咨询有限公司（系统联调单位）

（1）编制动车调试方案、行车调度管理方案、轨行区施工管理方案、电力调度管理方案等。

（2）牵头组织各参建单位开展动车调试工作，对动车调试全程进行管控。

（3）对动车调试工作进行安全风险分析并提出安全保障措施及建议。

(4) 督促动车调试进度，收集、汇总动车调试问题，跟踪问题整改并组织整改验证。

4. 监理单位

(1) 协助组织线路安全大检查，确保相关区间及车站满足动车调试前置条件。

(2) 监督施工单位履行各自职责。

(3) 跟踪动车调试期间问题的整改进度和质量，定期向动车调试联合调度办公室汇报问题整改进度和整改情况。

5. 施工单位

(1) 制定本单位的具体调试、施工周（日）计划，按时报计划调度。

(2) 在动车调试联合调度办公室的统一指挥下，按照批复计划，组织本单位进入轨行区调试、施工。

(3) 对调试、施工作业的安全负有监督、管理的责任。

(4) 确保站台、联络通道内各项临时设施、机具、材料的堆放不侵入轨行区限界，调试、施工完毕后，人员、材料、工机具应全部安全撤离，不得影响行车。

(5) 对施工、调试相关问题进行跟踪、整改。

6. 配合单位

(1) 机电1标。

负责动车调试专用通信网络功能调试完成，专用手持台正常通信。

(2) 机电2标。

负责调试区段转辙机、信号机安装调试完成，道岔调整密贴；

负责调试区域未实现电操功能道岔的手摇及钩锁工作；

负责车辆基地接触网冷、热滑调试并整改完成；

负责站台门安装确保其可靠锁闭工作；

负责配合车辆基地接触网拆挂接地封线工作。

(3) 机电3标。

负责正线接触网冷、热滑调试并整改完成；

负责配合正线区段接触网拆挂接地封线工作；

负责轨行区属地管理，轨行区（除车站外）封闭工作；

负责送电前线路清场、巡道工作，确认轨行区满足送电、行车条件并汇报动车调试组；

负责临时隔断门固定、维护工作。

(4) 机电4标。

负责复核、执行电力调度下发的倒闸操作作业票；

负责变电所属地管理工作，保障行车直流供电设备正常运行。

(5) 机电5~8标。

负责车站封闭工作，安排车站出入口24 h安保人员值守；

负责施工、调试作业票登销记及情况汇总工作。

(6) 铺轨单位。

正线轨道、道岔精调及养护工作，确保线路行车条件满足设计要求。

(7) 通号城轨。

负责配合行车指挥人员办理行车进路排列、道岔单操工作（已联锁授权区域）；

负责信号系统专业设备稳定运行及行车保障工作。

(8) 中车浦镇。

负责电客车整备工作；

负责电客车运行保障工作。

（9）宝鸡中车。

负责工程车整备工作，配合完成应急救援工作。

（10）土建单位。

负责所建设施日常维护及应急抢修工作，保证线路满足行车条件。

（三）工作流程

动车调试期间轨行区施工计划实行周计划与临时计划审批制度。动车调试组负责审批动车调试计划。动车调试计划按照连续多天 24 h 调试的原则进行申请，在动车调试开始前，信号供应商和车辆供应商共同商定动车调试总体计划，原则上按照该计划执行，申报施工计划时根据实际情况进行微调。

动车调试申请计划按照调试区域范围内上下行线同时申请封锁的原则，动车调试与其他施工在正线上不同区域同时进行时，调试区段与施工区段之间至少预留一站一区间的防护范围。申请计划中须注明动车调试区域（须将防护范围纳入动车调试要点区域，且清楚标明车站及车站端部名称）、上下行线、里程、当日登乘列车的车站、当日结束动车调试停放列车的车站等详细信息。

（四）调试范围

（1）车辆相关调试项目见表 62-5。

表 62-5　车辆相关调试项目

序号	试验地点	试验项点	实验条件	备注
1	正线/试车线	牵引、制动性能试验	AW0	
2	正线	电力中断试验	AW0	
3	正线	电磁兼容试验	AW0	
4	正线及试车线	动应力试验	AW3	
5	正线	技术速度/旅行速度试验	AW3/AW0	
6	正线	热容量试验	AW3	
7	正线	故障运行能力试验	AW3	
8	正线最大坡道	救援坡道启动试验	AW3	
9	试验线路	动力学试验	AW3/AW0	
10	车辆基地	复轨试验	AW0	
11	车辆基地	曲线通过试验	AW0	

（2）信号相关调试项目如表 62-6 所示。

表 62-6　信号相关调试项目

序号	试验地点	试验项点	实验条件	备注
1	试车线	动态调试		
2	正线	点式 ATP 系统测试	站台紧急关闭按钮投入使用	
3	正线	CBTC ATP 系统测试		
4	正线	ATO 系统测试	PIS、站台门配合	

续表

序号	试验地点	试验项点	实验条件	备注
5	正线	缺陷修复验证测试		
6	正线	综合能力测试		
7	正线	站台门相关测试		
8	正线	反向运行功能测试	站台门、站台紧急关闭按钮配合	
9	正线	临时限速功能测试	PIS 配合	
10	正线	与车辆接口列车性能测试		
11	正线	ATO 停车精度		
12	正线	缺陷修复验证测试		
13	正线	ATS 测试		
14	正线	ATS 跑图测试		
15	正线	ATS 对外部接口测试		
16	正线	与车辆、站台门等联动测试		

三、热滑组织实施

1. 编制热滑方案

组织接触网、供电、信号、通信等施工单位和信号、车辆系统供货单位对热滑方案进行了多轮次的讨论，编制完成《杭州至海宁城际铁路工程正线及车辆段热滑方案》（杭海城铁〔2020〕188 号），并于 2020 年 11 月 20 日正式发布。

车辆段热滑与正线第一阶段热滑同期开展，正线与车辆段接触网分界点为西出入段线处（CDK0+710.55、RDK0+712.85）分段绝缘器及东入段线处（RDK0+461.01）分段绝缘器。

正线热滑分两阶段进行，第一阶段为周王庙站（左线 DK23+509.42、右线 DK23+509.42）至斜桥站（左线 DK36+443.23、右线 DK35+695.45）以及盐官车辆段东西出入段线。第二阶段为余杭站（含）至周王庙站（左线 DK23+509.42、右线 DK23+509.42）以及斜桥站（左线 DK36+443.23、右线 DK35+695.45）至浙大国际校区站。

2. 车辆基地热滑

2020 年 11 月 17 日，完成车辆基地热滑（除试车线已于 2020 年 9 月 29 日完成热滑），累计组织行车约 46 km（10 km/h、15～25 km/h 各 1 次），包含 18 处分段绝缘器、48 组道岔。累计布置进路 56 条，其中电子排列进路 15 条、单操道岔 95 次、人工准备进度 41 条。

3. 正线第一阶段热滑

2020 年 11 月 18 日，完成正线第一阶段（周王庙站至斜桥站）热滑，累计组织行车约 120 km（其中电客车 10～25 km/h、45～60 km/h、80～115 km/h 各 1 次，工程车压道 2 次），包含 5 处分段绝缘器、21 组道岔。累计布置进路 35 条，其中电子排列进路 6 条、单操道岔 79 次、人工准备进度 29 条。

4. 正线第二阶段热滑

2020 年 11 月 23 日，完成正线第二阶段（浙大—桐九公路；周王庙—余杭高铁站）低速热滑，累计组织行车约 95 km，包含 6 处分段绝缘器、26 组道岔，布置进路 74 条，其中排列进路 62 次，单操道岔 16 次，人工准备并确认进路 12 条。

202 年 11 月 25 日，完成正线第二阶段（浙大—桐九公路；周王庙—余杭高铁站）中、高速热滑，累计组织行车约 185 km，包含 24 组道岔，布置进路 46 条，其中排列进路 32 次，单操道岔 6 次，人工确认进路 14 条。

通过车辆基地及正线两个阶段的热滑，杭海城际铁路盐官车辆基地及正线在规定速度的热滑过程中接触网无拉弧现象，牵引供电系统运行正常，弓网关系正常，满足电客车行车需求。

四、施工调试管理

（一）行车与施工组织

1. 电客车调试作业

自正线分阶段热滑后接管调度指挥权开始，电客车开始正线调试作业。为充分利用有限条件提高调试效率，与各调试单位和运营单位（派驻司机）充分沟通，在保证安全的前提下，采取提前整备、交叉出段、分区作业（上下行、大小里程侧）、专业融合（信号、车辆）、逐步提高轧道速度等多种措施，在轨行区作业资源有限，且受临时抢修、接待专列开行等多种因素影响的情况下，确保了各项调试按计划实施，总计组织电客车调试作业 302 次，其中信号专业调试 221 次，车辆专业调试 81 次。2021 年 2 月 5 日取得了空载试运行安全认证报告，提前完成任务；电客车专业完成了正线全线动态限界试验、速度防护试验及整车气密性试验。所有到段列车（16 列）完成了静调、试车线动调与正线高速动调。

2. 工程车调试作业

工程车调试工作从 2020 年 12 月 23 日起陆续开展，先后组织过试车线调试 12 次（包含运营学习），正线调试 8 次。工程车调试阶段充分利用电客车调试间隙进行，合理规划轨行区行车安排。以较短的时间完成所有正线调试任务，其余工作均在段内（试车线）完成，各型工程车顺利完成型式试验。

3. 轨行区施工作业

轨行区调度指挥权接管后，为有效管理轨行区，对所有轨行区实行"24 小时封闭"管理，合理规划施工与调试之间的关系，使得全线在保证调试进度的情况下，如期完成施工节点。期间累计审批并组织实施各类施工计划 1 769 次，有力地保证了轨行区各专业的施工进度，确保了工程后期轨行区范围内的收边收口和缺陷整治工作。同期，运营单位的各类工程介入、线路巡查等作业也以施工作业的形式实施，运营筹备工作有序推进。

（二）专列与接待组织

动车调试期间，组织专列及接待活动共计 7 次。在组织专列过程中，充分做到提前准备、有效预防预想、合理规划，圆满完成接待工作的行车组织任务。

（三）隧道冲洗

2020 年 10 月起，持续开展隧道区间（含 U 形槽区域）的对到冲洗、垃圾清理、淤泥清理与清运工作，在前期给水条件不完毕的情况下，取采取施工临水、罐车灌水等方式，积极推进隧道冲洗工作，并在试运行期间定期观察隧道情况，持续完善。2021 年 2 月，在试运行前，利用每天的施工点和集中天窗点，再次对隧道区间进行了集中冲洗，对 5 个区间、2 个站后折返区开展了多轮次冲洗及和淤积物清运工作。累计清理淤积物 5 000 余袋，组织 5 列次共平板车清运，事后妥善处理了淤积垃圾，并对工程车（机车、平板车）进行了全面清洁，圆满完成杭海城际铁路工程隧道冲洗工作。

第五节　应急演练

一、演练策划准备

（一）方案编制

1. 总体实施大纲

2021年1月，广州中咨与运营单位充分对接，组织安技、调度、客运、乘务、车辆、维修等部门沟通讨论，在充分了解运营单位的组织架构、生产运作、应急管理，全面整理分析运营单位行车组织、乘客服务、设备维保等方面规章制度的基础上，依据国家相关规范，编制了应急演练的总体工作大纲。

工作大纲强调了演练目的，在对国家相关规范解读的基础上，对各项演练的必要性、针对性、适用性进行了分析，明确了演练计划编排原则，结合试运行方案对演练实施计划进行了初步编制，对演练的准备、实施、评估等工作流程做了规范规定，梳理了安全注意事项和保障措施，编制了演练记录表、评估表、问题追踪表等各项记录表格。

（1）演练项目确定。

根据《城市轨道交通初期运营前安全评估技术规范　第1部分：地铁和轻轨》（交运规〔2019〕17号文）第119条及120条规定，初期运营前安全评估前，必须完成的演练项目见表62-7。

表62-7　演练项目与规范条文对照表

序号	规范原文	对应演练项目
1	应至少开展一次相关应急处置部门和单位参加的综合性应急演练	市级综合演练（列车区间火灾）
2	临时扣车和加车、越站行车、各种交路列车折返等行车组织应急演练	信号系统故障降级模式下的运营演练
3	列车故障救援应急演练	列车故障救援演练
4	供电、通信、信号（含道岔故障处理，手动操作道岔办理进路）、轨道、站台门等设备故障应急演练	车站大面积停电演练 通信传输中断故障演练 道岔故障演练 区间钢轨断轨演练 站台门故障演练
5	突发停电（含区间应急照明和列车应急照明）应急演练	车站大面积停电演练 接触网大面积停电演练
6	车站站台火灾、站厅火灾、区间火灾、主要设备房火灾等应急演练	站台、站厅火灾演练 列车区间火灾演练 车站设备房火灾演练
7	突发大客流应急演练	车站突发大客流演练
8	道床拱起、隧道拱顶漏水、隧道结构意外打穿等工务系统应急演练	道床拱起演练 隧道拱顶漏水演练 隧道结构意外打穿演练
9	乘客滞留、乘客意外伤害应急演练	车站突发大客流演练
10	列车相撞和脱轨应急演练	列车冲突、脱轨演练

结合其他城市轨道交通线路开通后易发生的设备故障与突发情况,为全面检验和锻炼运营各岗位的协作处理能力,初期运营评审前应完成的演练项目还有:试运行时刻表演练、列车车门故障演练、接触网异物演练、电话闭塞法演练,据此,确定了报告市一级综合性演练在内的 22 项演练项目。

(2) 演练针对性分析。

各项演练的针对性见表 62-8。

表 62-8 演练目的分析

序号	演练类别	演练项目	演练目的
Y01		车站突发大客流演练	检验调度、司机、站务人员在非正常情况下(突发性大客流)的组织和处理能力,加强员工对突发事件的应急、应变能力; 积累车站大客流组织工作的经验,检验车站客运、服务设施能力和处理预案; 测试、检验车站各相关设备工作的稳定性与可靠性; 检验行调客运组织的指挥、调度能力
Y02	运营能力	试运行时刻表演练	测试线路通过能力及客车追踪间隔时间; 测试客车运行、停载、折返和停留、进出出入厂线时间; 测试全日分时行车及营业开始和结束时间; 测试电调牵引送、停电时间; 测试行调按正常运营及行车调度能力; 测试乘务中心提供客车的准备能力; 测试乘务工作制度的出乘及退乘能力; 客车司机上线,掌握客车运行时间; 分析和掌握营运时刻表的各个要点,便于行车、车辆和维修等部门正确掌握时刻表特点,正确操作、熟练应用; 检验线路正常运营组织情况下,调度、司机、车站、维修人员的组织、协作、应急处理能力
Y03		车站大面积停电演练	检验和锻炼各调度、车站人员、维修等岗位人员对车站大面积停电的应急指挥能力; 检验各部门、车间抢险响应速度、抢险组织、应急处置能力和设备设施的功能情况,提高各岗位的故障应急处理能力以及应急处理程序熟悉程度; 检查应急抢修各个环节存在的不足和设施设备的缺陷; 检验车站乘客疏导能力及行车组织能力; 检验规章预案的合理性及可行性
Y04	降级运营	列车故障救援演练	检验相关的运营人员在此类情况下救援操作程序的熟悉程度和处理此类突发事件的应变能力、协调能力; 检验客车救援程序的效率及客车故障对正线运营的影响; 检验在救援时,故障车与救援车上的无线和有线电话能否顺利接通
Y05		通信传输中断故障演练	检验各类通信设备(包括传输设备、专用电话、无线系统等)系统功能是否符合设计要求; 检验通信相关专业人员的故障响应速度及处理能力、总体协调能力; 检验各调度车站工作在通信传输中断情况下的应变反应能力; 检验规章预案的合理性及可行性

续表

序号	演练类别	演练项目	演练目的
Y06	降级运营	道岔故障演练	检验道岔故障时，行车调度、车站、司机、工务中心、信号中心之间协调及效率，并复核有关设备系统的运行稳定性； 检验行调、车站及电客车司机在道岔故障情况下的组织协调及行车调度能力； 检验工务中心、信号中心在道岔故障情况下协调处理能力； 检验有关规章、预案的有效性； 检验道岔故障时对信号系统联锁的影响
Y07	降级运营	列车车门故障演练	检验列车车门故障情况下司机的应急处理能力； 检验列车车门故障情况下OCC调度的应急指挥能力； 通过演练，及时发现应急抢修各个环节存在的不足和设施设备的缺陷，并采取相应的整改措施，优化抢险组织、流程，提高应急能力与技术水平； 检验相关运营规章的合理性及可行性
Y08	降级运营	站台门故障演练	检验车站、司机、维修人员对规章掌握、设备故障处理水平以及应急应变能力； 检验车站站台门等设备设施功能； 检验和提高OCC各调度、车站人员、列车司机、维修等岗位人员对车站站台门故障的应急处理及沟通能力； 检验司机对车门故障的现场处置能力； 检验相关规章制度的合理性及可行性
Y09	降级运营	接触网异物演练	检验和锻炼接触网专业人员对故障的应急处理能力； 检验和提高OCC各调度、车站人员、维修等岗位人员对接触网异物的应急处理能力； 检验规章预案的合理性及可行性
Y10	降级运营	电话闭塞法演练	检验行调找车、摆车、命令发布等应急处置能力； 检验OCC各调度的应急指挥能力； 检验车站人员人工排列进路、办理电话闭塞法手续及降级模式下行车组织能力； 检验司机在降级情况下的应急处理及行车驾驶能力； 检验规章的合理性及可行性
Y11	降级运营	接触网大面积停电演练	检验和锻炼接触网专业人员对故障的应急处理能力； 检验和提高OCC各调度、车站人员、维修等岗位人员对接触网大面积停电的应急处理能力； 检验规章预案的合理性及可行性
Y12	降级运营	信号系统故障降级模式下的运营演练	检验各调度在信号设备发生故障时的行车组织和协调能力； 检验车站、司机在信号设备故障时客运组织及行车设备监控能力； 检验信号设备抢修人员的响应及处理能力； 检验相关运营规章制度的合理性及可行性
Y13	灾害（事故）处理	站台、站厅火灾演练	检验车站员工灭火、疏散的应急处理能力； 检验环控系统的功能情况，车站和隧道消防系统、应急疏散设备设施的功能完好情况； 检验各调度、车站人员、设备等岗位对火灾事件的处理协调能力； 检验OCC调度的应急指挥能力； 检验规章预案的合理性及可行性

续表

序号	演练类别	演练项目	演练目的
Y14	灾害（事故）处理	列车冲突、脱轨演练	检验相应规章预案的合理性； 检验各调度、救援队伍的应急响应能力和列车起复操作技能； 检验各调度对事故现场的掌控能力，在突发事件情况下各调度的应急应变能力； 检验和锻炼乘务中心、控制中心及其他各部门人员之间应急状态下的联动、协作能力
Y15		列车区间火灾演练	检验调度、司机、车站人员在列车区间火灾紧急状态下的应急应变能力； 检验规章在列车火灾紧急情况时的合理性； 检验各调度指挥能力和司机对列车火灾事故的处理能力，检验消防设施设备系统和操作人员的应急能力； 检验车辆的紧急疏散门、区间照明，列车紧急照明、环控模式的调整及其他设备设施的状态及效率； 检验车站员工的区间乘客疏散的应急处理能力
Y16		车站设备房火灾演练	检验车站员工灭火、疏散的应急处理能力； 检验环控系统的功能情况，车站和隧道消防系统、应急疏散设备设施的功能完好情况； 检验各调度、车站人员、设备等岗位对火灾事件的处理协调能力； 检验OCC调度的应急指挥能力； 检验规章预案的合理性及可行性
Y17		隧道结构意外打穿演练	1.检验运营人员出现隧道被打穿时的应急预案的合理性及调度、车站应急处置能力； 2.检验运营公司人员对突发隧道被打穿时的现场确认能力，及线路资料是否齐全，及应急流程合理性 3.检验控制中心各调度对现场的掌控能力，在突发事件情况下的行车组织和应急应变能力； 4.检验和锻炼调度、站务以及各设备部门人员之间应急状态下的联动、协作能力
Y18		隧道拱顶漏水演练	检验工务中心当涉及隧道拱顶漏水时相关应急预案的合理性及调度、车站应急处置能力； 检验控制中心各调度对现场的掌控能力，在突发事件情况下的行车组织和应急应变能力； 检验和锻炼调度、站务以及各设备部门人员之间应急状态下的联动、协作能力
Y19		区间钢轨断轨演练	检验工务中心当涉及区间轨道断轨时相关应急预案的合理性及调度、车站应急处置能力； 检验控制中心各调度对现场的掌控能力，在突发事件情况下的行车组织和应急应变能力； 检验和锻炼调度、站务以及各设备部门人员之间应急状态下的联动、协作能力
Y20		道床拱起演练	检验工务中心当涉及道床拱起时相关应急预案的合理性及调度、车站应急处置能力； 检验控制中心各调度对现场的掌控能力，在突发事件情况下的行车组织和应急应变能力； 检验和锻炼调度、站务以及各设备部门人员之间应急状态下的联动、协作能力

续表

序号	演练类别	演练项目	演练目的
Y21	灾害（事故）处理	人员擅入轨行区演练	检验司机对不明人员闯入轨行区的应急处理能力； 检验车站员工对人员擅入轨行区时的应急处理能力，增强各部门在突发事件时的协同能力； 检验控制中心各调度的应急处理和协调能力； 检验应急处理预案等规章的合理性及可行性
Y22	市级综合	列车区间火灾演练	检验公司各部门及与外部单位的协同配合能力； 检验公交接驳方案及公交运行线路可行性； 检验轨道交通突发应急事件时，与各抢险单位的联动处置效率

2. 各项实施方案

2021年2月，演练工作大纲及22项演练科目确定后，2021年3月编制完成各项演练的实施方案。各演练实施方案明确了演练编制依据（相关规章制度），落实了组织架构机各岗位职责，强调了演练实施前提条件、工器具准备、安全注意事项和外部资源需求，对演练的准备工作、场景模拟、预案触发、处置流程、故障恢复等实施流程做了详细的说明，并编制了岗位演练评估要点。

二、演练组织实施

根据项目工期进度，杭海城际于2021年3月5日开始试运行，按前期总体筹划，结合试运行实际开展情况及各阶段的运行指标，依次开展各项演练工作，演练实施情况见表62-9。

表62-9 杭州至海宁城际铁路工程试运行应急演练实施情况汇总

代号	演练项目	演练地点	计划实施时间	备注
Y01	车站突发大客流演练	海宁高铁西站	4月14日	
Y02	试运行时刻表演练	全线	5月2日—5月21日	
Y03	车站大面积停电演练	皮革城站	3月9日	
Y04	列车故障救援演练	长安东站—周王庙站上行	3月17日	
Y05	通信传输中断故障演练	周王庙站	3月10日	
Y06	道岔故障演练	浙大国际校区站	3月22日	
Y07	列车车门故障演练	盐官站	3月17日	
Y08	站台门故障演练	斜桥站	3月16日	
Y09	接触网异物演练	桐九公路站—斜桥站上行	3月18日	
Y10	电话闭塞法演练	皮革城站—浙大国际校区站	3月23日	
Y11	接触网大面积停电演练	周王庙站—盐官站上行	3月25日	
Y12	信号系统故障降级模式下的运营演练	全线	3月30日	
Y13	站台、站厅火灾演练	海昌路站	3月24日	
Y14	列车冲突、脱轨演练	盐官车辆基地	3月11日	
Y15	列车区间火灾演练	海昌路站—皮革城站下行	3月10日	
Y16	车站设备房火灾演练	浙大国际校区站	3月31日	

续表

代号	演练项目	演练地点	计划实施时间	备注
Y17	隧道结构意外打穿演练	皮革城站—海昌路站上行	4月1日	
Y18	隧道拱顶漏水演练	浙大国际校区—海昌路站下行	4月8日	
Y19	区间钢轨断轨演练	周王庙站—长安东站下行	4月13日	
Y20	道床拱起演练	海昌路站—浙大国际校区站上行	4月15日	
Y21	人员擅入轨行区	桐九公路站—斜桥站上行	4月7日	
Y22	市级综合演练（列车区间火灾应急演练）	盐官—桐九公路上行	5月28日	

三、演练问题分析与质量评估

（一）整体评估情况

按照运营演练计划推进，2021年3月9日启动第1个演练项目，历时近三个月，截至5月28日，顺利完成22项演练项目。

运营演练共发现问题118项，为确保全面、深入分析演练问题原因，为后续有针对性地有效落实整改措施，广州中咨编制了《杭州至海宁城际铁路试运行演练总结评估报告》，根据演练项目得分、演练问题的特点、责任部门和专业、问题类别、影响程度等多个维度进行归类总结，结合杭海城际运营演练问题汇总表作分析统计，通过不同角度、不同的方式发现问题，总结经验，为地铁运营演练项目的开展积累宝贵的经验，并对杭海城际开通初期运营筹备工作提供示范意义。

（二）现阶段评估建议

针对运营演练发现的118项问题，海宁分公司已按问题分类（影响程度、所属专业、责任部门等）完成相应的整改工作，根据演练开展情况、评估总结情况、问题整改情况，对下阶段的建议有：

1. 落实演练成果整改情况

（1）整合规章、优化作业流程。

针对演练过程中发现的问题，对各项规章的要求进行细化，对各类作业流程进行优化，以会议纪要、通知的形式发布确定的控制流程与管理办法，要求尽快落实到相应的规章文本中。

（2）学习推广，"演""练"结合。

海宁分公司各部门对演练发现的问题进行确认和分析后，有重点有计划地推进各中心、各班组的学习，避免重复性问题出现。

分级制定演练管理办法，单部门演练与综合性演练结合，小故障演练与大型故障演练结合，大型的或涉及多个部门的演练，例如列车脱轨起复演练、人工排列进路演练列入年度计划实施，单系统的或小型演练如车门/站台门故障演练、列车故障救援演练常态化例行开展。

（3）规范作业流程与标准。

设备中心应不断吸取演练经验，优化故障判断、处理恢复的步骤。设备使用部门应优化信息沟通、传递、确认环节，提高应急处置能力。各部门应细化各种情况的应急处置措施，制定操作步骤及各环节的参考时间，以供各岗位参考。

2. 优化人员配置、加强员工培训

建议运营单位合理优化配置人员，加强员工培训。相关建议如下：

（1）加强规章培训，对各类规章、规程、预案、流程等规章文本开展全面、全员的学习。

（2）要积极开展各类业务技能培训，尤其是针对系统设备操作，加强员工实操力度，提升员工在正常情况下的操作能力、故障情况下的处置能力类。

3. 工器具、物料配置合理

检查各项设备备品、行车备品、客运备品的采购计划及配置计划，确保开通初期运营前到位并合理配置。

4. 安全检查与风险识别

（1）安全检查。

对各班组、车站、OCC、正线、车辆基地等重点区域进行生产运作及安全相关检查，对发现的问题及时进行整改。

（2）风险识别。

完成风险源识别及风险评价，避免、转移、减少相应的风险，重点解决影响行车安全、客运安全、消防安全的问题，对未能在开通初期运营前整改的应制定相应的防范措施。

5. 开通策划

在开通初期运营前完成开通策划方案的落实及检查，建议如下：

（1）检查各岗位人员到岗情况，各管理人员值班安排的落实。

（2）志愿者的安排，安检、保洁、保安到位情况的确认。

（3）委外单位人员、施工单位临管人员、设备厂家保障人员的到位情况及相应的管理制度。

（4）备品备件、工器具、物资的到位情况及配置。

（5）各项宣传工作的开展，乘客手册的印制等。

6. 合理化建议

（1）建议客运中心、调度中心针对每一个车站发生突发大客流情况时，考虑执行线控的可行性，从相邻车站开始执行客流控制，减低列车满载率，使列车到达大客流车站后能有充足空间疏导大客流车站积聚的乘客上车。

（2）列车冲突、脱轨演练选取的地点为车辆基地，地形较为空旷，救援起复工作比较容易，建议车辆中心今后的日常演练要充分考虑在区间地形比较小的环境，起复工作难度较大的情况下进行，使救援抢险队员业务技能进一步提高。

（3）强化演练的应急指挥体系，建议以后运营时间内发生应急事件，车站值班站长到达现场后担任事件负责人，待相关负责人到达现场后，进行指挥权移交，所有抢险、行车事项均由现场总指挥落实。

（4）演练过程中问题最明显的地方为各部门之间的配合、抢修时的请销点流程、进入故障区时车站与OCC及抢修人员之间反复进行沟通，出现作业效率不高的情况，建议海宁分公司加大培训力度，梳理相关规章预案关键步骤，切实提高现场应急处置能力。

四、结论

2021年3月5日杭海城际开始试运行。试运行期间，结合时刻表演练进行运营组织、行车组织、客运组织、重要设备故障、事故（灾害）等共22项演练。

在杭海城铁公司的组织下，海宁分公司各部门人员积极参与，运营演练整体组织安全有序，人员配合到位，达到相应的既定目标。通过完成上述22个演练，以正式运营的高标准来要求各岗位人员，在模拟设备故障的应急情况下组织开展各项演练评估工作，检验了行车、客运、票务、信号、车辆等各关键岗位的运作情况及相关设备设施的运行状态，全方位、多角度进行现场的跟踪评估，确保了演练的质量，从中充分锻炼了各岗位的协调性和人员应急处理能力等。整个演练过程运作顺畅，有效地锻炼了运营人员的业务能力，提升了演练人员的业务技能及管理技巧，夯实安全管理理念、提升运营管理水平、为开通初期运营提前奠定了安全、牢固的运营基础。演练促进了调度、客运、维修等部门之间的应急联动，检验了各部门、岗位应急处理能力和设备抢险能力，从中增强了各部门之间的沟通和磨合，参演人员能较好地执行相关规章所规定的职责，并达到演练评估标准。为达到更高质量、高水平、高素质地开通初期运营，海宁分公司需进一步强化内部培训，大力组织开展分公司级、部门级、中心级和班组级等各级演练，全面提高员工的业务技能，增强调度、客运、设备设施、车辆及乘务等部门之间的信息沟通、完善应急响应机制。

演练中检验了相关规章预案的合理性和可操作性，包括行车事故管理、调度应急处理、供电应急处理、信号应急处理、车辆起复应急处理、火灾应急处理等规章和预案。但在发布的规章中，部分作业程序处理、操作方面仍需进一步优化与修订。建议海宁分公司进一步针对各级演练问题，对已发布的规章和程序梳理排查，并修订、完善。

在设备运维方面，建议海宁分公司结合初期运营条件评审相关规定，在开通初期运营前，进一步完善设备的功能调试，对于已满足投入运行条件的设备应尽早按正常运营情景开启运行，加大设备运转的磨合，加强对设备设施的维护保养，使之处于良好的工作状态。同时，尽快跟踪落实各类物资、备品备件的配置情况，对各类备品进行有效的管理，防止出现因备品不全，影响行车的情况发生。另外，为确保开通初期运营前后的应急处理保持高水平，建议海宁分公司明确周期性演练计划，同时深入开展各类安全应急检查，以促使运营各专业安全应急业务得到持续锻炼、巩固和提升。

通过各项试运行专项演练，运营各岗位的人员均能按照有关规章进行，并得到充分的锻炼，实施情况良好，达到演练预期目的，满足开通运营要求。

第五篇

科技创新

第六十三章 科研项目的立项与组织实施

第一节 科技创新工作开展情况

一、总体介绍

为推动杭海城际铁路有限公司（以下简称"杭海城铁公司"）科技创新发展和技术进步，完善技术创新体系建设，促进科技成果的转化应用，推进节能降耗、资源综合利用，全面提升公司科技创新能力和核心竞争力，根据《浙江省交通投资集团有限公司科技工作管理办法》（浙交投〔2019〕7号）文件精神，结合公司情况，特成立了工程科技创新领导小组，并制定了系列组织制度。

杭海城铁公司科研项目共9项，其中省交通厅3项，省交通集团6项，到目前为止，发表论文56篇，授权专利4项，专利受理17项，软件著作权8项。取得的专利、软著、在国内高水平期刊上发表的论文展现了杭海城铁公司科技创新水平和科研管理能力。

二、科研管理

（一）科研目的

充分发挥杭海城铁公司工程管理及科技创新优势，积极为杭海城铁工程项目管理、施工、运维服务；调动专兼职科研人员的积极性，提高课题研究水平和创新能力；增强科研成果对项目实施工作的促进作用，推动工程项目建设快速安全高效推进。

（二）科研管理方法

组织领导：科研项目实行"统一领导、分级管理、责任到人"的管理原则，建立公司、部门和项目负责人（项目团队）三级责任制。项目负责人是科研项目的直接责任人，全面负责其承担项目的申报、实施、经费使用和项目结题验收等具体工作，并对科研成果的真实性承担相应责任，自觉接受各级监督和管理。

强强联合、优势互补：为提高杭海城铁公司科研项目的质量与技术水平，优选国内外行业知名院校、科研院所、企事业单位共同合作，强强联合、优势互补、合作共赢。同时，加强公司内外部科研项目立项、验收等工作经验交流，成立专家库，邀请专家就科研工作开展过程中出现的问题进行交流、专题研讨，实现信息交流、经验共享，不断总结经验，促进科研项目工作的深入开展，了解同行业中最新的科学技术动态和发展趋势，提高公司的科研技术管理水平。

三、组织制度

1. 成立工程科技创新领导小组

杭海城铁公司成立科技创新领导小组。领导小组成员由公司领导及各部门负责人组成，负责审定科技创新制度和体系建设、年度科技创新计划、科技发展规划等重大事项。

科技创新领导小组下设办公室，办公室设在工程管理部，负责科技创新工作的总体协调工作，其他各部门按各自职责做好相关工作。

2. 确定工程科技创新分级包保管理的范围

（1）工程管理部，其主要职责是：

① 贯彻执行国家、省、厅、集团有关部门科技创新工作的方针、政策、各种技术法规、标准、规程，结合公司的实际情况贯彻落实；

② 负责协助制定公司中长期规划中的科技发展篇章；

③ 组织开展产学研合作、科技交流及科技创新平台的建设与管理；

④ 负责组织公司的科技课题开发、科学研究、科技成果管理和新技术的推广工作，组织或参与新技术方案和重大科研攻关课题的研究；

⑤ 负责组织新技术、新工艺、新材料、新产品的技术引进、研发和推广应用；

⑥ 负责组织科研项目的立项、监督实施、成果受理、组织鉴定、申报评奖、资料归档及其他相关的日常工作；

⑦ 负责专利、专有技术、标准等知识产权的管理和保护；

⑧ 负责工程项目概算编制时科研项目的审核；

⑨ 负责科技工作绩效评价、考核、奖惩。

（2）综合部，其主要职责是：负责科技创新成果的宣传工作。

（3）纪检监察审计室，其主要职责是：负责做好科技创新过程资金监督。

（4）财务部，其主要职责是：负责科技创新课题资金及科技奖励工作的支列、拨付工作。

（5）计划合约部，其主要职责是：配合工程管理部做好科技创新类合同管理。

（6）经营发展部，其主要职责是：配合综合部的宣传工作，负责做好科技创新成果的推广工作。

（7）运营管理部，其主要职责是：负责做好涉运营类课题的协调沟通工作。

3. 科研项目管理办法

（1）科研项目管理主要包括：项目申请与立项、项目的实施、科研奖励、验收管理、成果管理等；

（2）科研项目的类型主要分为2类，第1类项目为集团外部立项项目（包括省厅、学会、协会等），第2类项目为集团内部立项项目。

4. 科研项目申请与立项管理办法

（1）立项原则：项目前期调研准备工作应充分，针对集团当前面临的管理、技术问题，为推动技术进步、产业结构调整和优化，提高工程和产品质量，提升运营管理的安全和效率，研究目标明确且具有一定的理论或技术创新性，预期经济、社会效益良好，具有较高的推广应用价值和产业化前景的科研课题。

（2）立项条件：

① 杭海城铁公司作为项目承担单位的，在立项前应通过"招标"、"挂榜"等方式明确合作单位，并与合作单位明确合作方式与成果归属等问题；

② 其他公司利用杭海城际铁路基础设施、设备、资源、运营数据牵头进行科技创新立项的，杭海城铁公司需作为合作单位参与其中；

③ 项目负责人一般应具有高级技术职称，对研究项目涉及领域的国内外技术发展情况有较全面的了解和较强的研究与开发能力，且项目负责人的在研项目不得超过2个；

④ 项目组成员结构合理且相对稳定。

（3）立项申请资料：对于第1类项目，按项目立项所属管理部门的管理办法办理与执行；对于第2类项目，按《浙江省交通投资集团有限公司科技工作管理办法》要求，填写《浙江省交通投资集团有限公司科研项目申请表》及《浙江省交通投资集团项目可行性研究报告》报集团科信部。

（4）项目审查：项目正式申报前，应报公司的科技创新领导小组对项目进行审核，主要内容为：

① 重点论证项目的必要性、先进性、可行性、预期效益；

② 项目实施技术路线的科学性、合理性、先进性、实用性；

③ 项目负责人及成员的专业知识、科研能力和技术水平是否与拟申报项目相适应；

④ 科研条件及项目完成时间应能保证申报项目的完成；

⑤ 明确项目资金分摊方式、公司投入资金额度及科研成果所属。

5. 科研项目实施管理办法

（1）项目实施过程中，项目负责人进行课题大纲、中期评审及结题时的汇报介绍；

（2）科研项目实行检查制度，杭海城铁公司接受集团及外部立项单位定期和不定期的科研项目检查；对合作单位科研项目实施完成情况、经费使用情况、阶段成果及存在的问题进行检查和评估，并定期进行总结；

（3）过程管理包括但不限于项目中期报告、年度执行情况、进度总结等，并需要接受项目立项地定期或不定期的检查；

（4）对于过程管理中需要提交的情况报告、执行情况等要求，对于第1类项目，按项目立项所属管理部门的管理办法要求执行；对于第2类项目，按《浙江省交通投资集团有限公司科技工作管理办法》的要求执行，于每年12月10日前完成《浙江省交通投资集团有限公司科研项目执行情况报告表》并提交至集团科信部；

（5）项目申请及执行过程中应注重诚信，遵守科研道德规范，严禁弄虚作假、剽窃他人科研成果；

（6）项目实施过程中，原则上不允许进行变更，有下列情况之一，应及时办理变更手续：

① 名称变更；

② 主要研究内容变更；

③ 项目承担单位变更；

④ 项目负责人变更；

⑤ 依托工程变更；

⑥ 项目研究进度变更；

⑦ 其他特殊情况。

6. 科研经费管理办法

（1）科研项目经费来源主要有：国家及省市地方有关部门科研专项补助、集团公司及杭海城铁公司自筹经费；

（2）杭海城铁公司所有科技创新项目的自筹经费投入均应纳入年度预算；

（3）项目经费的使用应严格执行有关财务规章制度，做到合理安排，专账核算，专款专用；科研资金纳入公司财务部统一管理，并接受纪检审计部监督；

（4）项目完成后，杭海城铁公司应编制项目经费决算报告或项目经费审计报告作为项目结题的必备文件：

① 总经费50万元以下或获得政府部门科研补助经费20万元以下的项目应编制项目经费决算报告并经公司财务部审核盖章；

② 总经费50万元（含）以上或获得政府部门科研补助经费20万元及以上的项目，需提交审计报告。

7. 科研项目验收管理办法

（1）科研项目达到立项预期目标时，应及时进行总结验收；

（2）对于第1类项目，按项目立项所属管理部门的管理办法办理与执行；对于第2类项目，按《浙江省交通投资集团有限公司科技工作管理办法》的第三十八条要求及集团主管部门的要求执行；

（3）科研项目的验收结论以最终评审（鉴定）报告为准。

8. 科研成果和保密管理办法

（1）科技成果指科研项目在实施过程中取得的成果，包括新技术、新工艺、新产品、新材料、新设计、计算机软件、专利、论文等；

（2）注重知识产权保护和保密管理，杭海城铁公司与合作单位签订合作研究和委托开展合同，并在合同中约定知识产权归属和保密协议；

（3）涉及核心技术研究和决策过程等事项，合作单位未经杭海城铁公司许可，不得参与对外科技交流、技术合作，经同意后进行的，不得擅自变更研究内容和扩大交流与合作的范围；涉及行业的特殊材料、技术、专用设备、专项图文等软件和资料，任何组织和人员、项目承担单位未经公司批准，不得对外提供和向任何媒体公开发布；

（4）辞职、调离、退休或临时聘用人员离职前，必须将其从事职务工作有关的科技资料、实验材料、实验设备、产品、计算机软件等交所属公司签收，并应遵守知识产权相关保护规定；

（5）杭海城铁公司在项目结题后及时将科研成果资料按科技档案管理有关规定建档、归档；

（6）杭海城铁公司根据《浙江省科学技术奖励办法》等规定，积极组织成果报奖工作。

第二节　科研项目

杭海城际铁路建设过程中，共立项九大科研课题，分别为：深厚软黏土地区城际铁路建造关键技术研究及其工程应用、全自动运行系统在市域（郊）铁路中的研究及应用、城际轨道交通运营能耗在线监测及节能管控技术研究及应用、城际列车牵引系统故障诊断与健康管理技术研究及应用、城际列车走行部在线监测及故障诊断系统研发及应用、非接触式障碍物检测系统在城际轨道交通中的研究与应用、临近接收端富水粉砂层中盾构小净距下穿地铁运营线安全控制技术研究、城际铁路机械法联络通道关键技术研究、铁路无缝线路锁定作业信息系统应用研究。

一、深厚软黏土地区城际铁路建造关键技术研究及其工程应用

（一）立项背景

根据工程相关资料，杭州至海宁城际铁路沿线为深厚软黏土地基，地质条件较差。与此同时，整个工程范围内，线路存在由地下结构向高架桥结构的转变，需要解决不同装配结构之间的相互变形协调问题。项目与既有沪杭高速铁路、沪杭高速公路、沈士大道、500 kV 高压走廊、农科院杨渡基地等公共基础设施以及民用建筑存在立体交叉关系，工程环境非常复杂，进行深厚软黏土地区城际铁路建造关键技术研究十分必要。

（二）研究内容

1. 深厚软黏土中盾构隧道掘进引起邻近轨道交通设施变形及控制措施研究

建立软黏土中盾构隧道掘进引起土体变形的理论分析体系，得到软黏土中盾构隧道掘进速度及掌子面压力对既有地铁隧道、高铁桩基等建构筑物变形的影响规律，并对相关施工方法及控制方案进行优化。

2. 循环及不平衡荷载条件下城际铁路车站深基坑围护结构受力变形机理研究

建立复杂周边荷载作用下深厚软黏土地区深基坑围护结构的理论及数值分析模型，明确交通荷载、不平衡堆载、非对称开挖等复杂工况下基坑围护结构的荷载分布及受力变形规律，最终建立一套可以考虑复杂周边荷载作用的软黏土地区深基坑设计方案与施工工法。

3. 隧道-高架桥过渡段变形协调与差异沉降施工控制研究

建立城际铁路隧道-高架桥过渡段的动力分析模型，得到动荷载作用下过渡段路基差异沉降的发展规律，并提出适用于不同工况下的过渡段差异沉降施工控制措施。

4. 深厚软黏土地区城际铁路工后沉降的施工控制措施研究

建立考虑残余应力的城际铁路无砟轨道系统动力分析模型，得到残余应力及列车动荷载对城际铁路路基长期沉降的耦合效应，并对城际铁路盾构段的路基注浆加固施工方案进行优化，最终得到完整的深厚软黏土地区城际铁路工后沉降的施工控制方案。

（三）主要研究成果

"深厚软黏土地区城际铁路建造关键技术研究及其工程应用"课题共发表论文 42 篇，具体篇目如下：

[1] 盾构隧道下穿管道施工引起的管-土相互作用研究. 可文海，管凌霄，刘东海，邓建林，李科，徐长节. 岩土力学（EI）.

[2] 盾构隧道开挖引起的邻近群桩竖向位移研究. 可文海，管凌霄，薛齐，徐长节，耿大新，中南大学学报. 中南大学学报（EI）.

[3] 基于 Pasternak 地基模型的基坑降水引起邻近地下管线的变形受力分析. 徐长节，曾怡婷，田威，陈明. 上海交通大学学报（EI）.

[4] 考虑侧向土体影响下盾构隧道引起上覆管线的变形响应研究. 冯国辉，徐长节，郑茗旺，薛齐，杨开放，管凌霄. 浙江大学学报（EI）.

[5] RB 模式下刚性挡墙有限土体主动土压力的离散元模拟与理论研究. 张恒志，徐长节，梁禄钜，侯世磊，范润东，冯国辉. 岩土力学（EI）.

[6] 基于离散元方法的不同挡墙变位模式下有限土体主动土压力研究. 张恒志，徐长节，何寨兵，黄展军，何小辉. 岩土力学（EI）.

[7] 盾构掘进引起的邻近群桩水平位移解析研究. 冯国辉，郑明旺，窦炳珺，杨天鸿，葛佳佳，

徐长节，黄益盘. 中南大学学报（EI）.

[8] 基于 Kerr 地基模型的基坑开挖引起下卧既有隧道的受力变形分析. 冯国辉，徐兴，侯世磊，范润东，杨开放，管凌霄，徐长节. 上海交通大学学报（EI）.

[9] 无黏性有限土体主动破坏及土压力离散元分析. 万励，张兴周，王宇峰，徐立明，徐长节. 土木建筑与环境工程学报（CSCD）.

[10] 基坑底部土体裙边加固模型试验与数值模拟研究. 熊伟，邓建林，钟庆华，徐立明，徐长节. 土木建筑与环境工程学报（CSCD）.

[11] 隔离桩对盾构掘进引起临近高铁桩基水平位移影响分析. 冯国辉，周逊泉，何庆亮，徐长节. 土木与环境工程学报（CSCD）.

[12] 隧道开挖引起水平向位移被动桩的简化计算方法. 冯国辉，窦炳珺，张高锋，丁士龙，徐长节. 土木与环境工程学报（CSCD）.

[13] 基坑底部土体满堂加固模型试验与数值模拟研究. 谈亦帆，言建标，熊伟，蒋亚龙，徐长节. 土木与环境工程学报（CSCD）.

[14] 交通荷载及其对紧邻基坑支护结构影响的现场实测分析. 万励，陈江，张兴周，罗文俊，徐长节. 地震工程学报（CSCD）.

[15] 任意荷载下连续排水边界分数阶黏弹性地基一维固结. 王珏，童立红，金立，徐长节. 土木与环境工程学报（CSCD）.

[16] 盾构隧道开挖引起邻近管道水平位移研究. 管凌霄，徐长节，丁海滨，张高锋，可文海. 土木与环境工程学报（CSCD）.

[17] 土体硬化模型参数的试验研究及其在基坑工程的应用. 刘伟煌，朱怀龙，贺斯进，言建标，徐长节. 土木与环境工程学报（CSCD）.

[18] 隧道下穿引起既有管道竖向位移的简化计算方法. 管凌霄，徐长节，可文海，马锡海，徐立明，虞巍巍. 土木与环境工程学报（CSCD）.

[19] 坑外偏压荷载作用下深基坑支护结构性状分析. 朱怀龙，王兴陈，阮呈尚，徐长节. 科学技术与工程（中文核心）.

[20] 软土地区深大基坑支护方案优化三维数值模拟分析. 陈江，孙志浩，徐长节. 科学技术与工程（中文核心）.

[21] 基坑底部抗拔桩对下卧隧道群竖向变形影响分析. 熊伟，邓建林，钟庆华，葛佳佳，徐长节. 科学技术与工程（中文核心）.

[22] 非对称荷载下内撑式基坑受力变形分析. 孙志浩，雷菲菲，薛文静，侯世磊，梁禄钜，徐长节. 科学技术与工程（中文核心）.

[23] Numerical and theoretical research on stress distribution in the loosening zone of the trapdoor problem. Luju Liang, Changjie Xu. International Journal for Numerical and Analytical Method in Geomechanics (SCI).

[24] Experimental and theoretical research on evolution of soil arching effect in 2D trapdoor problem. Luju Liang, Changjie Xu, Qizhi Chen, Qingsheng Chen. International Journal of Geomechanics. (SCI).

[25] Experimental study of soil arching effect under seepage condition. Changjie Xu, Luju Liang, Qizhi Chen, et al. Acta Geotechnica. (SCI).

[26] Experimental and numerical study on performance of long-short combined retaining piles. Changjie Xu, Haibing Ding, Wenjun Luo, Lihong Tong, Qingsheng Chen, Jianlin Deng. Geomechanics and Engineering. (SCI)

[27] Analytical method to Evaluate the Stress State Within Vertical Backfill. Qizhi Chen, Changjie Xu, Luju Liang, Xiaozhen Fan. (SCI).

[28] Analytical Solution for Estimating the Stress State in Backfill Considering Patterns of Stress Distribution. Changjie Xu, Qizhi Cheng, Wenjun Luo, Luju Liang. (SCI).

[29] Aseismic Performance Analysis of Composite Lining Embedded in Saturated Poroelastic Half Space. Haibing Ding, Lihong Tong, Changjie Xu, Wentao Hu. (SCI).

[30] Dynamic responses of shallow buried composite cylindrical lining embedded in saturated soil under incident p wave based on nonlocal-biot theory. Haibing Ding, Lihong Tong, Changjie Xu, Xiushao Zhao. (SCI).

[31] On vertical dynamic stability and cross-section optimization of closed-ended hollow pile by considering soil compaction effects. Wentao Hu, Ning Wang, Changjie Xu, Feng Yuan, Zijie Jin. (SCI).

[32] Scattering of a plane wave by shallow buried cylindrical lining in a poroelastic half-space. Changjie Xu, Haibing Ding, Lihong Tong, Wenjun Luo, Ning Wang. (SCI).

[33] Theoretical method for an elastic infinite beam resting on a deformable foundation with a local subsidence. Luju Liang, Changjie Xu, Bitang Zhu, Jianlin Deng. Computers and Geotechnics. (SCI).

[34] Strain Gradient Nonlocal Biot Poromechanics. L.H.Tong, H.B.Ding, J.W.Yan, C.J.Xu, Z.X.Lei. International Journal of Engineering Science. (SCI).

[35] New Technique for Ground Vibration Mitigation by Horizontally Buried Hollow Pipes. Qingsheng Chen, Yang Li, Wenhai Ke, Changjie Xu. International Journal of Geomechanics. (SCI).

[36] On wave transmission in saturated soil system separated by a nonlinear isolated layer, Song Xu, L.H. Tong, Changjie Xu, Haibin Ding. Computers and Geotechnics (SCI).

[37] Closed-form solution for excavation-induced ground settlement profile in clay. Xiaozhen Fan, Kok Kwang Phoon, Changjie Xu and Chong Tang. Computers and Geotechnics (SCI).

[38] Numerical Investigation on Instability of Buildings Caused by Adjacent Deep Excavation. Changjie Xu, Kaifang Yang, Xiaozhen Fan, Jiajia Ge, and Li Jin. Journal of Performance of Constructed Facilities (SCI).

[39] Analytical solution for displacementdependent passive earth pressure on rigid walls with various wall movements in cohesion-less soil. Xiaozhen Fan, Changjie Xu, Luju Liang, Jianlin Deng. Computers and Geotechnics (SCI).

[40] 考虑剪切变形下基坑开挖引起下卧既有隧道的纵向变形研究. 冯国辉，徐长节，郑茗旺，薛文静，杨开放，管凌霄. 铁道学报（EI）.

[41] 基于变形控制的悬臂式支护结构计算方法. 范晓真，刘东海，徐立明，陈其志，徐长节，方焘. 应用基础与工程科学学报（EI）.

[42] 非对称荷载下内撑式基坑支护结构参数分析及设计优化探讨. 孙志浩，徐长节，陈光仔，黄展军，黄福明，范润东. 应用力学学报（CSCD）.

二、全自动运行系统在市域（郊）铁路中的研究及应用

（一）立项背景

项目选取杭海城际铁路中盐官镇站联锁区与盐官车辆基地作为试验样板站，选取3辆列车作为样板车，形成从车辆段至正线完整交路运行的工程运行场景，进行全自动运行技术研究、全电子联锁技

术研究、智能化 ATO 方案研究 3 个子课题在市域（郊）铁路中的应用研究。

（二）研究内容

通过对"全自动运行系统在市域（郊）铁路中的研究及应用"课题的研究，实现了全自动运行技术和自主化全电子联锁设备在市域（郊）铁路中的应用实践，打破了国际上对该领域的技术垄断和技术封锁，完成了设备室面积缩减（约 30%）、节能降耗（约 10%）、维护工作量降低（约 10%）的量化，为以后同类项目提供指导意义，为降低运营成本提供参考依据，并促进城市轨道交通的可持续发展。

（三）主要研究成果

"全自动运行系统在市域（郊）铁路中的研究及应用"课题共发表论文 5 篇，具体篇目如下：

[1] 刘彧，乔高锋，耿鹏，谢培新，宿秀元，刘佳，宋惠. 一种列车移交方法及装置[P].

[2] 刘彧，乔高锋. 盐官自动化车辆段 CBTC 列车跨站移交方案研究[J].

[3] 刘彧，乔高锋. 基于坡道的城际铁路节能操纵策略[J].

[4] 刘彧，彭朝阳. 列车自动驾驶系统制动控制策略的研究及应用[J].

[5] 刘彧，BIM 技术在信号智能运维中的应用研究[J].

三、城际轨道交通运营能耗在线监测及节能管控技术研究与应用

（一）立项背景

项目依托杭海城际铁路，以综合监控系统为基础，通过接口实现与车辆、牵引、供电、风水电、信号、通信、自动售检票系统（AFC）等进行数据通信，获取各专业系统及设备能耗相关信息，同时研发一个基本覆盖全专业、全生命周期的基于云平台的综合能源管理系统。在项目建设和运营过程中不断收集和分析数据，计算分析、总结并掌握城际轨道交通的用能规律，并选取其中具有代表性、较为合理、信息量大的重要指标，建立城际轨道交通运营能耗指标模型和评价方法。

（二）研究内容

通过对"城际轨道交通运营能耗在线监测及节能管控技术研究与应用"课题的研究，实现了综合能源管理系统的开发和应用，初步建立了适用于城际轨道的运营能耗评价体系，形成了以风水联动为主要节能控制措施的节能管理策略，为城际轨道交通同类项目的建设期的选型决策和系统设计，运营期的定向节能降耗、指标考核和提升管理水平提供有力体系依据，为实现碳达峰、碳中和的阶段性目标技术支撑。

（三）主要研究成果

"城际轨道交通运营能耗在线监测及节能管控技术研究与应用"课题共发表论文 2 篇，具体篇目如下：

[1] 杨石平，汪成立，张东海. 城际轨道交通能耗分析研究[J].

[2] 张东海，杨松，杨石平. 城际轨道交通运营能耗体系建立与研究[J].

四、城际列车牵引系统故障诊断与健康管理技术研究及应用

（一）立项背景

以提高车辆运行安全性、提升车辆故障诊断水平和维护效率为目标，全面覆盖列车牵引机械、电气系统，开展部件状态感知、故障预警报警、状态评估及预测，为维保决策及维修支撑等工作提供了

有效手段，为城际列车智能运维系统的研发创造了技术实现条件，提升了轨道交通车辆车载运维系统的智能化水平。

（二）研究内容

1. 车载云平台

车载系统以车载云平台为核心，通过MVB/维护以太网，获取列车实时数据和记录文件，实现对列车各系统数据的采集、处理、存储，故障的实时诊断与预警，基于设计参数的部件实时寿命计算与评估，实时数据传输与记录文件的下载等功能。

2. 牵引系统预警软件的研制

（1）研究构建列车感知以太网，实现对牵引系统的实时状态监测和智能诊断；

（2）研究基于电信号的牵引电机在线故障诊断技术，实现基于变流器已有信号的非侵入式牵引电机轴承全生命周期状态评估与故障预警，实现牵引电机匝间短路故障的在线故障预警；

（3）研究基于电信号的联轴节脱落、轮轴固死等的故障诊断技术，实现最大化利用牵引变流器已有控制信号的城际车辆传动链故障的在线诊断；

（4）研究基于温度数据驱动的电机、变流器等的滤网堵塞状态预测技术，实现对于列车滤网清洗的状态修；

（5）研究列车牵引系统传感器、电容器、接触器、电抗器等关键部件的故障预警技术，实现对温度/速度/电压/电流传感器、电容器、电抗器和接触器的性能参数的在线辨识与故障预警。

五、城际列车走行部在线监测及故障诊断系统研发及应用

（一）立项背景

走行部作为轨道交通车辆最重要的部件之一，它的运行状态直接关系到车辆的运行安全。传统检修模式很难适应车辆安全运行新要求，一旦走行部部件存在故障隐患，轨道交通系统的安全运行将会受到严重威胁。采用监测设备对走行部的重要部件进行实时监测，避免存在人工无法检查到的死角，并对监测到的部件故障隐患进行提前消除，可保障车辆运行的安全性和可靠性；同时在线监测可以将原有的计划修推进到均衡修、状态修，大幅减少人力成本及运维压力，从而提高经济效益。

（二）研究内容

1. 走行部旋转件耦合振动的故障行为研究

基于城际列车旋转件耦合振动，研究城际列车典型旋转件（轮对、轴承、齿轮箱、电机）典型故障的故障行为，建立城际列车旋转件的故障行为模型，形成旋转件耦合振动的故障行为特征数据库。利用台架试验模拟旋转件耦合振动的单一故障模式和复合故障模式，提取旋转件耦合振动的故障行为特征，分析其演变规律，建立故障特征数据库。通过线路和台架试验对旋转件耦合振动的故障行为特征及规律进行验证分析，根据这些特征和规律，提出防止旋转件共振的预防措施，避免旋转件由振动产生的共振。

2. 开发车载在线监测系统

围绕建立全面的轨道交通安全保障体系的迫切需求，对轨道交通车辆走行部进行实时监测，首先需要满足实时监测所需的硬件系统；车载在线监测系统通过复合传感器获取运行车辆走行部实时振动数据，通过自组网络利用实时以太网通信，将其上传至车载诊断仪中，车载诊断仪经由以太网口及列车TCMS网络连接到车载PIS系统的车地无线通道实现数据传输，将报警结果及特征数据传输到地面DCC。

3. 开发地面故障分析诊断系统

地面故障分析诊断系统可以将车载在线监测系统获取的运行数据，与故障数据库中的频谱特征进行匹配，实现故障的识别。拥有自学习功能，针对于不断扩充轨道交通车辆的故障类型及其对应的频谱特征进行记录、存储。

该系统支持多列车辆的同时监测，通过网络架构进行搭建，现场运维人员或相关工作人员可以直接通过该平台对多列车辆的实时动态进行查看，提高维护的效率；与此同时，可以通过趋势数据对走行部关键部件的健康情况进行预测，提前进行备品备件的配置，并安排维护计划，经济、高效地进行车辆运维。

（三）主要研究成果

"城际列车走行部在线监测及故障诊断系统研发及应用"课题共发表论文2篇，具体如下：

[1] 包学海. 杭州湾多制式轨道交通系统研究分析[J]. 工程技术，2022，03期：166-169.

[2] 包学海，孔繁鹏，谢烨，水沛，尹旭晔. 自适应阶次分析在走行部齿轮箱故障诊断中的应用（已录用）.

六、非接触式障碍物检测系统在城际轨道交通中的研究与应用

（一）立项背景

轨道交通运行的安全性是城市轨道交通发展的重中之重，传统依靠驾驶人员观察路况的方式很难适应越来越长的运行线路和越来越快的运行速度，存在较大的安全隐患。采用非接触式障碍物检测系统对轨道前方进行实时检测，辅助驾驶人员进行判断，减轻驾驶人员的负担，提高轨道交通的安全性和运行效率，保障城市轨道交通的可持续安全发展。

（二）研究内容

1. 多传感器融合技术与模块化集成分析

城际轨道交通道路环境复杂多变，单个传感器无法满足非接触式障碍物检测系统在各类环境下的检测需求，只有对各类传感器在不同光照条件及不同天气情况下的障碍物探测效果进行深入分析和研究，融合多个传感器检测，才能不受光强干扰和雨、雪、雾等恶劣天气环境影响下保障系统成像质量，为城际轨道交通障碍物检测识别算法研究提供支撑。非接触式障碍物检测系统搭载在列车上，全天候实时对城际轨道交通道路运行进行监测，只有将传感器模块化，才能便于使用和维护，降低成本。

2. 非接触式障碍物检测系统硬件开发研究

非接触式障碍物检测系统包含多个传感器，通过开发硬件，将多个传感器融合至整个系统的检测网络。研究硬件与城际列车的接口，包括但不限于与TCMS的通信接口，PIS的数据传输接口，列车紧急制动网络接口等，实现各类信号的传输与交互。

3. 非接触式障碍物检测系统算法研究

开展轨道识别和限界生成的算法研究、障碍物检测的算法研究、白名单的技术研究和预警策略的研究。

4. 非接触式障碍物检测系统软件研究

软件开发及研究是连接整个系统功能的纽带，通过合适的软件语言，体系的软件方法学，工程化的软件开发方法，形成一个完善的软件运行系统。利用仿真分析和试验验证，全面测试软件导向的决策的实时性、正确性、精确度及列车行驶安全性。

（三）主要研究成果

"非接触式障碍物检测系统在城际轨道交通中的研究与应用"课题共发表论文 1 篇，具体如下：

[1] 李文杰，包学海，谢烨，石晶，宋璟波. 障碍物检测系 统在城轨运营中的应用研究[J]. 中国科技信息，2022，7 期.

七、临近接收端富水粉砂层中盾构小净距下穿地铁运营线安全控制技术研究

（一）立项背景

作为城市地铁建设的主流工法，盾构技术面临的地质条件和工况也越来越复杂，不可避免地出现临近接收端盾构近距离下穿运营地铁隧道的工况。盾构近距离下穿既有运营线时极易因土体扰动造成既有运营隧道不均匀沉降，从而导致隧道结构开裂渗水、轨道变形及移位等风险，进而影响运营列车的行车安全；临近隧道接收端，且地层为富水粉砂层，盾构在进洞过程中可能出现掌子面失稳、盾尾漏水、洞门涌水涌砂、接收井涌水等风险。故临近接收端盾构近距离下穿运营地铁隧道的风险叠加，工程难度较大。

杭州至海宁城际铁路是浙江省都市圈城际铁路网中的一条放射型线路，它从杭州城市轨道交通线网中已运营的 1 号线临平支线（远期 9 号线）衔接换乘后串联了嘉兴海宁市的临杭经济区及海宁主城区。

杭州至海宁城际铁路余杭高铁站—许村镇站区间隧道在距离余杭高铁站接收端约 44m 位置下穿地铁 1 号线余杭高铁站—南苑站区间隧道。杭海线盾构管片外径 6 700 mm，内径 6 000 mm，新建隧道穿越地铁 1 号线处隧道覆土埋深 18.5 m，接收端头覆土深约 18 m。

杭州地铁 1 号线于 2012 年 11 月 24 日建成投入运营，杭州地铁 1 号线余杭高铁站—南苑路站区间为地下盾构区间，区间呈南北走向，区间隧道埋深为 7.7～11.4 m。地铁 1 号线隧道内径 5 500 mm，外径 6 200 mm。

新建隧道与地铁 1 号线竖向净距 3.2～3.5 m。地铁 1 号线距离新建隧道接收端头左线、右线分别为 53.8 m、44.6 m。新建隧道与地铁 1 号线净距较小，同时新建隧道接收端距离地铁 1 号线的左线及右线距离也较近。

对临近接收端富水粉砂层中盾构小净距下穿地铁运营线安全控制技术研究进行研究，不仅是项目施工的需要，也对今后类似盾构近距离下穿既有运营隧道工程极具推广价值。

（二）主要研究成果

"临近接收端富水粉砂层中盾构小净距下穿地铁运营线安全控制技术研究"课题共发表论文 4 篇，具体篇目如下：

[1] 范润东，赵星星，刘晓波，徐汪豪，马祥. 杭海城际铁路盾构穿越沼气地层施工措施研究[J].

[2] 刘阳，王凡，赵星星. 小净距下穿地铁运营线盾构接收施工技术研究[J].

[3] 言建标，何寨兵，范润东，周长永，赵星星，李海波，郝建雷，宋东旺，刘晓波. 一种高密封深孔注浆套管装置[P].

[4] 李海波，刘阳，邓建林，赵星星，马祥，朱洪健，刘晓波，岑峰，郝建雷，张杰，葛佳佳，范润东，徐汪豪，孙天赦. 一种盾构下穿既有地铁隧道模拟沉降控制装置[P].

（三）研究内容

1. 富水粉砂层小净距下穿地铁线路无预加固盾构掘进安全控制技术

盾构小近距下穿地铁运营线注浆防沉降控制技术：在调研类似工程壁后注浆材料配比及指标要求的基础上，结合杭海城际铁路工程具体地质情况，设计浆液配比正交试验，测定流动度、抗压强度、

初凝时间等相关性质，得到优化浆液材料配合比；针对杭海城际铁路工程粉砂地层进行壁后注浆固结试验，得到浆液的固结规律及弹性模量等相关力学参数；采用数值模拟软件，建立与工程匹配的工况模型，针对不同的注浆量及注浆参数进行下穿地铁运营线工况的沉降计算；结合现场试验段施工，开展现场验证实验，最终形成较好的注浆材料配比及沉降控制技术。

2. 临近地铁运营线富水粉砂层盾构接收施工技术

针对杭海城际铁路工程的施工特点及地层水文特性，通过数值模拟、现场试验等方法研究接收端降水对邻近地铁运营线路影响，研究合理的降水范围，并分析不同降水范围对周边环境影响。

通过三维有限元分析，相关试验与类似工程调查类比确定具体的洞门加固参数，制定防止出口段涌水、涌砂（泥）的具体措施，研究优化接收端端头井加固形式，分析研究在复杂环境下"微扰动、强制水"的解决方案，通过不同形式的加固组合工法来达到盾构安全接收的目的。

3. 富水粉砂地层中长距离盾构掘进盾尾刷主动改造及更换技术研究

针对杭海城际铁路工程区间线路长，盾构穿越地质断面多，长距离掘进后对盾尾刷密封能力影响较大等工程特点。通过数值模拟和室内试验，开展盾构长距离掘进后盾尾刷性能检测研究，分析该地层中盾尾刷耐久性研究。研究并提出富水粉砂层中临近地铁运营线盾尾刷主动改造及更换具体安全技术措施，解决在高水压环境下盾尾刷更换技术难题。

4. 临近接收端富水粉砂层中盾构小净距下穿地铁运营线风险管理与应用研究

针对杭海城际铁路工程盾构施工的特点和难点，就建设期内的主要风险进行辨识、分析和估计，开展风险评估理论研究，研究主要风险的评估方法；建立城际铁路下穿地铁运营线路工程建设的风险安全预警标准，根据工程的实时进展状况，给出各阶段的风险等级、风险排序、风险规避措施及控制建议等，建立实时动态风险预警预案系统；针对下穿地铁运营线盾构施工，研究合理的风险管理模式、风险控制流程及风险控制模式等，最终形成适合于城际铁路盾构施工的风险管理与控制指南。

（四）主要研究成果

"临近接收端富水粉砂层中盾构小净距下穿地铁运营线安全控制技术研究"课题共发表论文3篇，具体篇目如下：

[1] 范润东，赵星星，刘晓波，徐汪豪，马祥. 杭海城际铁路盾构穿越沼气地层施工措施研究[J]. 建筑机械化.

[2] 刘阳，王凡，赵星星. 小净距下穿地铁运营线盾构接收施工技术研究[J]. 中国水能及电气化.

[3] 葛佳佳，董卫国，江书洋，李海波，张会坚. 盾构小近距下穿既有运营地铁隧道沉降控制技术[J]. 城市轨道交通研究（中文核心）.

八、城际铁路机械法联络通道修建关键技术研究

（一）立项背景

联络通道一般设置在城市轨道交通上下行隧道中间，连通两条独立隧道，并设置隔离墙、防火门的结构或构造，若联络通道处于隧道区间最低处，可降低联络通道标高，同时在联络通道底部向下开挖集水坑，连通区间隧道散水导流系统，同时安装水泵等排水设施。该类型联络通道主要为连通地铁上下行隧道，可在紧急情况疏散人员，也为紧急救援的生命通道，并兼顾隧道集水、排水。

目前该类型联络通道大多采用矿山法开挖等隧道施工技术，同时辅以注浆或冻结加固保证隧道开挖时围岩稳定，但该工法在加固施工或开挖施工等方面存在天然缺陷，常规冷冻法存在"工期长、造价高、质量隐患"等问题，在含水量较低地层无法应用，若改用液氮冻结，造价将更为高昂。常规注

浆加固存在"占用地面空间、安全隐患、工期长、质量隐患"等问题，城市轨道交通施工多在主干路下方，车流量较大，缺乏空间条件。矿山法施工主要利用天然或加固处理后的土体自稳性保证开挖安全，工艺要求较高，施工过程管理要求更高，且应急保障措施繁琐，容易出现坍塌等事故，如上海地铁4号线渗水流砂事故等。

采用机械法开挖联络通道，将极大程度上提高联络通道施工的安全性，提高施工效率，减小因施工对环境造成的不良影响，尤其是在极软、破碎等不良地层内施工时，其优越性更加得到充分的体现。同时，机械设备使用寿命长，可周转使用，施工过程投入相对较低，所以联络通道越多，施工成本越低，经济效益愈加明显。安全、经济、环保效益显著。

国内城市轨道交通隧道主流设计为圆形隧道断面，单层预制钢筋混凝土结构衬砌，内径 5.5～8.8 m，常规设计为 5.5 m 内径，6.2 m 外径，管片厚 350 mm，错缝拼装，管片间隙采用橡胶制品防水。机械法联络通道建造施工技术主要解决国内联络通道建造难题，须保证最小隧道断面环境内能够开展联络通道施工，所以该技术研发阶段主要以 5.5 m 地铁主隧道内开挖联络通道为例，以保证可在国内推广应用。

为了适应地下空间开发要求，减小联络通道施工影响，降低施工成本，缩短施工工期，进一步弥补现有施工工艺不足，提出了以微加固、可切削、严密封、强支护为基本特点的联络通道微加固机械法 T 接施工技术理念。

以杭海城际铁路项目为依托，开展机械法联络通道施工关键技术研究。该项目位于杭州市余杭区以及海宁市许村镇，盾构区间为余杭高铁站—许村镇站（简称：余—许盾构区间）。余—许盾构区间左线长 3 126.22 m，起点里程：ZDK0+437.570，终点里程：ZDK3+563.487，长链 0.303 m；余～许盾构区间右线长 3 126.555 m，起点里程：YDK0+437.570，终点里程：YDK3+563.847，长链 0.278 m。线路最小曲线半径 800 m，最大曲线半径 4 000 m，隧道埋深为 7.6～25 m，线间距 10.8～16 m，最大纵坡为 28‰。盾构区间包含 1 座中间风井，5 座联络通道；其中 1 座与中间风井合建，1 座与泵房合建，其中 3 座联络通道采用机械法施工。

（二）研究内容

1. 隧道机械法联络通道结构设计试验研究

通过调研、分析工作，研究满足杭海城际铁路施工及运营的联络通道特殊管片结构形式，理论计算各种工况下的结构受力情况；提供满足工程需求的可切削管片结构设计方案及图纸。采用理论分析和有限元模拟，开展内覆钢板玻璃纤维筋管片结构的受力性能分析；研究管片结构在施工工况、长期运营工况以及极端工况下的结构受力和变形规律。管片结构受力试验研究。进行管片接头试验及整环结构受力特性试验，根据试验验证设计，对管片分块、接头形式、配筋等提出优化建议。

2. 机械法联络通道设备适应性及优化研究

机械法联络通道装备主机（包含刀盘、推进渣土改良系统、螺旋出土系统、拼装系统等）的优化。后配套及台车（包含管片水平运设备、注浆系统、油脂系统、进出洞套筒装置、管片支撑系统等）的优化。

3. 城际铁路隧道机械法联络通道施工综合技术研究

切削技术研究：通过试验评价各类主流土体改良添加剂材料对于杭海线地层的改良效果；理论研究切削土舱和刀盘面板改良添加剂注入点的数量、分布；研究不同工况对于土体改良的要求，针对性地确定改良施工参数；形成一整套泥岩地层机械法联络通道土体改良施工工艺。

注浆技术研究：针对杭海城际铁路工程地层特点开展 T 接头注浆止水工艺研究，通过模拟计算确定注浆浆液配比及注浆参数；开展止水注浆配比实验及注浆扩散试验。通过不同浆液强度、初凝时间、渗透性等参数的对比，确定最优浆液配比；根据浆液扩散效果确定最优注浆参数。

工程地层特点开展 T 接头注浆止水工艺研究，通过模拟计算确定注浆浆液配比及注浆参数；开展止水注浆配比实验及注浆扩散试验。通过不同浆液强度、初凝时间、渗透性等参数的对比，确定最优浆液配比；根据浆液扩散效果确定最优注浆参数。

防水技术研究：针对杭海城际铁路工程地层特点开展 T 型接头防水密封研究，防水密封技术集中体现了多层次物理密封理念，是传统盾构防水工程的延续与深化。通过不同的结构接缝从 5 个方面来研究：一是区间隧道管片在联络通道位置处钢混复合管片的防水设计；二是联络通道管片衬砌结构防水设计；三是套筒始发接收密封防水设计；四是施工过程中的工序防水；五是洞门防水；根据实践的应用，确定最佳的防水密封结构，同时也是针对于粉砂地层中重要的先决条件。

正线隧道力学分析：通过对盾构施工过程力学分析，得出盾构施工对周围土体主要产生挤压-剪切-卸荷的作用，且在隧道周围产生相应的扰动区域，施工中，后行隧道对先行隧道影响主要表现在管片周围受力不均，沿管片周长方向环向应力呈现波动状，容易造成管片的损坏；另外，近接位置处管片变形明显大于远离近接区域，管片变形差值大，在施工过程中应控制条件保证施工的安全进行，后行隧道施工时，使得先行隧道拱顶处出现沉降，拱底处出现隆起，在竖向变形作用下，管片向两侧加压土体，使得土体产生向隧道外部移动的趋势。后行隧道工作面远离监测断面时，监测断面环向应力较径向应力和轴向应力大，先洞管片拱顶与左拱腰处管片径向应力随着工作面的远离有较小趋势，管片底部径向应力随着工作面的远离有增大的趋势，而管片右拱腰处的径向应力几乎不随着隧道的掘进产生变化。随着后行隧道盾构的掘进，先行隧道管片±45°处管片环向应力基本保持不变，轴向应力整体上呈增大的趋势。根据正线的隧道力学分析，采用机械法联络通道技术成型隧道较为稳定，安全系数高。

总体提炼形成盾构法联络通道施工控制标准，形成施工工法，施工控制及验收标准；为后续工程的施工提供理论依据。

联络通道结构及周边环境影响规律研究，研究内容包括：测量分析联络通道隧道及通道结构的水土压力分布、盾构机推力、同步注浆压力、注浆位置对管片所受荷载的影响；总结类成型联络通道及隧道的变形规律；提出联络通道结构变形标准及控制措施。

（三）主要研究成果

"城际铁路机械法联络通道修建关键技术研究"课题共发表论文 3 篇，具体篇目如下：

[1] 葛佳佳，言建标，杨吉. 富水粉砂地层机械法联络通道始发与接收施工技术研究[J]. 现代城市轨道交通.

[2] 言建标，范润东，李科，王勤峰，郝建雷，李海波，赵星星，张想陈，马祥，刘晓波. 一种顶管法联络通道用防喷涌装置[P].

[3] 邓建林，何寨兵. 机械法联络通道管片受力特征实测与计算分析.

九、铁路无缝线路锁定作业信息系统应用研究

（一）立项背景

无缝线路由于消灭了大量钢轨接头，因而具有行车平衡，机车车辆及轨道维修费用低，使用寿命长等优点，是铁路轨道现代化的主要内容之一，经济效益显著。据有关部门方面统计，与普通线路相比，无缝线路至少能节省 15% 的经常维修费用，延长 25% 的钢轨使用寿命。此外，无缝线路还具有减少行车阻力、降低行车振动及噪声等优点。

随着中国轨道交通高速的发展，无缝线路已经广泛覆盖，无缝线路铺设、养护、维修是一项重要基础工作，而无缝线路的稳定性是保证列车畅通无阻、安全正点的前提。我国大都采用温度应力式无缝线路，无缝线路应力放散和调整，可以使无缝线路内部应力均匀，高温不涨轨、低温不断轨，是确保线路稳定的一项重要工作。

无缝线路锁定可采用拉伸器滚筒法或自然滚筒法。当施工作业时的轨温在设计锁定轨温范围内时，应采用自然滚筒法施工；当施工作业时的轨温低于设计锁定轨温时，应采用拉伸器滚筒法施工。

现有人工施工作业具有以下缺点：

（1）每个观测点需要配置一名观察员，按 1.5 km 线路，每 100 m 设置一个观测桩，至少需要 15 人，人力成本较大；

（2）每名观察员需要手动记录相关位移数据，需要实时通过通信工具将数据上传到指挥员，指挥员需要手动记录各个操作员的数据并做出判断，消耗的时间较长；

（3）由于全程人工量取数据上报，数据的真实性难以保障；

（4）由于全程人工干预，人工记录数据，测量误差，数据准确性难以保证，测量连续性差；

（5）所有的流程皆为人工手动操作，后续难以追踪原始施工信息；

（6）相邻两个观测桩的距离由人工测量，需要使用长距离的测量尺，复杂度大，操作繁琐；

（7）管理人员无法准确地掌控项目进度，只能被动等待现场人员上报。

综上所述，现有人工测量方式具有较多不可靠性因素。因此"铁路无缝线路锁定作业信息系统应用研究"课题基于以上背景，提出一种基于位移传感器、无线传输技术和信息化技术的实时自动化数据采集分析系统，在传统的无缝线路锁定施工方法的基础上，使用信息化的技术手段，实现自动化测量，提高测量精度，减少人工操作和施工误差，达到提高施工锁定质量和线路锁定历史追溯的目的。

系统主要由测量模块、采集模块、无线传输模块、电源模块和手持机终端系统模块共计五大模块组成。通过高精度测量设备，解决人工测量位移的问题，同时提高测量精度；通过无线传输，降低人工参与，提高施工效率；电源模块为所有硬件设备进行供电管理；通过手持机终端系统，自动判定单元轨锁定情况引导施工，解决手动计算和人为判定锁定结果；通过存储实时采集数据，实现施工锁定过程的历史回溯，实现质量追踪机制，提高锁定质量管理。

"铁路无缝线路锁定作业信息系统应用研究"课题依托工程为杭州至海宁城际铁路工程，工程正线轨道主要形式为长枕式整体道床（主要采用双侧水沟）、高架线采用 WJ-2A 型扣件、地下线采用 ZX-2 型扣件，中等减振分别采用与 WJ-2A 型扣件、ZX-2 型扣件配套的双层弹性垫板。采用 60 kg/m 钢轨，钢轨定尺长度 25 m，材质 U75V。无缝线路钢轨接头采用焊接接头，杭海城际铁路工程采用移动式接触焊法进行长钢轨焊接。

（二）研究内容

（1）不同铺轨温度下撞轨曲线变化趋势研究；

（2）小功率长距离多终端无线通信自组网技术研究；

（3）基于高精度传感器的自动监测技术的研究。

（三）主要研究成果

[1] 周强，王立川，汪占龙，刘存牛，王晶. 无缝线路应力放散及锁定施工信息化管理系统的应用[J]. 电子技术.

[2] 范润东，孟煜航，杨敏龙，周长永，张会坚，蔡文举. 位移传感器在铁路无缝线路锁定系统中的应用[J]. 电子技术.

[3] 范润东，蔡文举，杨敏龙，周长永，张会坚，惠兴虎. 作业信息系统在铁路无缝工程的优化应用[J]. 电子技术.

[4] 周强，王凡，张会坚，宓凡强，周彦磊，薛吉利. 无缝线路放散锁定信息化系统应用与研究[J]. 中国科技投资.

第六十四章 科研项目对工程的指导作用和成果的工程化应用

第一节 BIM 技术应用

一、杭海 BIM 平台

杭海城际铁路作为全国首个城际铁路 PPP 项目，为创新技术管理水平，实现降本增效目的，打造数字化杭海，在项目设计、建设阶段全线引入 BIM 技术应用，并结合移动互联与大数据分析，搭建了全国首个轨道交通一体化智慧建造信息平台。将 BIM 模型、施工图纸、规范文档、现场数据等工程信息进行融合，以 BIM 模型为载体进行进度驱动，安全、质量、文明施工地采集与闭环；结合监测与监控，在三维场景中标识预警信息，并自动推送至相应管理人员。

2018 年 3 月开始研发搭建"杭海 BIM 智慧建造管理平台"，该平台是杭海城铁公司精细化管理的抓手，其核心是工程数据的采集、共享、协同。平台以 BIM 信息为载体，结合轻量化、移动互联、云计算等技术，将 BIM 与管理业务相结合，打通项目参与方在设计、建设阶段的信息孤岛，为各方共享信息，协同工作提供便利。由建设单位统筹管控工程进度、投资、质量、安全、文明施工、监测等信息数据，做到"五控一管"，使得项目建设可控制、可预知、可溯源。结合阳光工程系统和物联网技术，对施工现场进行监测监控，有效提高工程质量、降低成本和安全风险，最大范围内实现资源合理利用，提升项目的效益和效率，从而推动项目集约化、精益化、标准化管理的真正落地；同时，对建设期的过程管理、风险控制等数据集成链接，为运营阶段提供一套可视化的项目模型和动态技术档案，实现项目全生命周期管理。逐步形成《杭海城际项目 BIM 总体实施方案》《杭海城际项目智慧建造管理平台管理办法》《杭海城际项目 BIM 工作规章制度》《杭州至海宁城际铁路 BIM 建模与交付标准》和《杭海 BIM 标准和应用指南》等标准文件，明确各参建单位职责，确保 BIM 技术应用有章可循、有据可依。

目前杭海城际铁路全线共完成围护模型 11 个，区间模型 17 个，车站模型 142 个；利用 BIM 模型进行管综发现 1 900 个碰撞点，形成碰撞报告 12 本；完成工艺模拟视频 9 个；装修漫游视频 4 个；三维技术交底 49 次。

在设计阶段，设计单位采用 BIM 参数化进行设计，提高设计效率 30%；发现各类碰撞问题约 1 900 个，并及时优化组织设计，通过 BIM 平台模拟提前解决碰撞问题。

在施工阶段，利用模型分析实现三维技术交底，提前预制，减少现场加工浪费，实现高架车站节约材料 10%，地下车站节约材料 30%，节约人工 32%。

2018 年 4 月 19 日，BIM 管理系统上线运行，在项目建设期间，各参建单位均上线使用。根据平台数据统计，质量管理事件开累 448 个，安全管理事件开累 668 个，文明施工事件开累 188 个，物料追踪事件开累 2 294 个，工作汇报开累数据 25 000 余条。

后期将开展智能化运维课题研究，基于 BIM 的智慧运维系统开发，使用建设阶段 BIM 模型信息，实现资产管理和运营移交的数字化和可视化、实现"BIM 智能运维"管理。

二、BIM 标准与管理体系建设

根据打造城际铁路 BIM 示范项目的目标，项目伊始就制定了 BIM 工作组织架构、BIM 实施应用点、BIM 实施流程及计划、BIM 技术应用管理办法、BIM 标准和应用指南、BIM 建模标准等管理标准文件，并在项目前期对保证整个项目 BIM 实施的软硬件环境进行搭建。

1. 管理体系建设

项目初期成立 BIM 领导小组，BIM 团队架构包含建设单位、设计单位、施工单位、监理单位及设备厂商等第三方单位，保证所有参建单位全员参与，如图 64-1 所示。明确了各参建单位职责，并制定下发了《浙江杭海城际铁路有限公司 BIM 技术应用管理办法》，建设了整套管理体系，以保障 BIM 应用顺利推进。

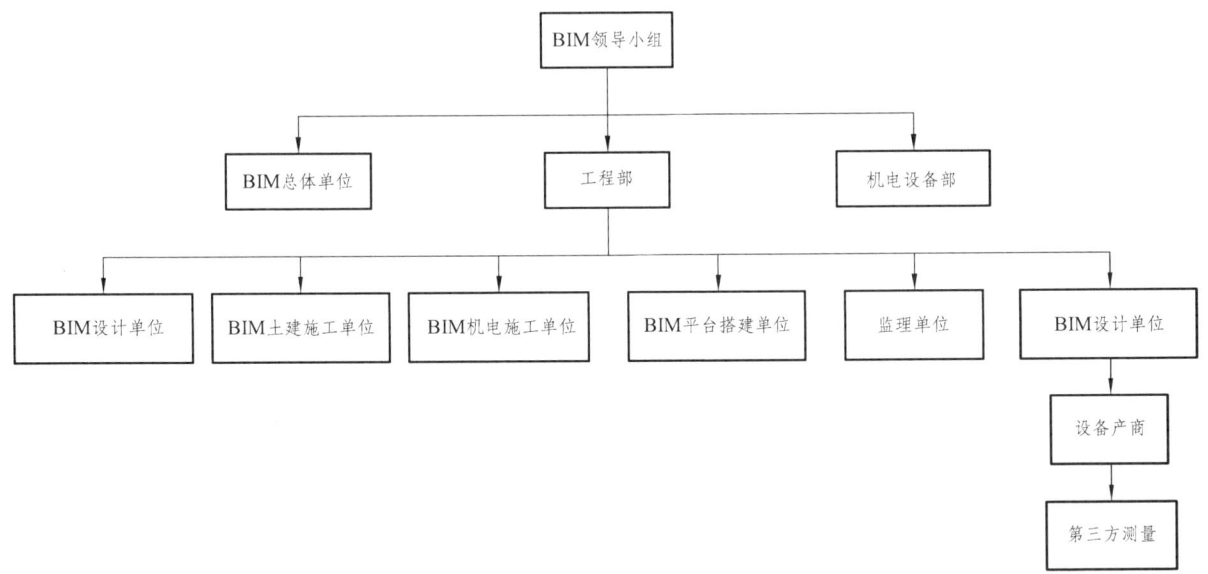

图 64-1　BIM 团队架构

2. BIM 标准体系建设

以满足目前施工为目的，同时保证运维应用的可能性，在各参建单位共同讨论下，制定了 BIM 建模标准与应用指南，明确了建模深度及精度，保证了模型的传递性，从设计端延续到施工、运维的全过程。

3. 软硬件环境搭建

为保障项目 BIM 应用的顺利开展，配置相应的软硬件环境，如图 64-2 所示。主要建模软件采用 Autodesk Revit 2016，表现及检查软件采用 Autodesk Navisworks 2016。硬件配置了服务器、台式机及防火墙。2 台服务器放置在嘉兴移动机房，采用双线 100M 专线与现场进行连接，以保证网速。

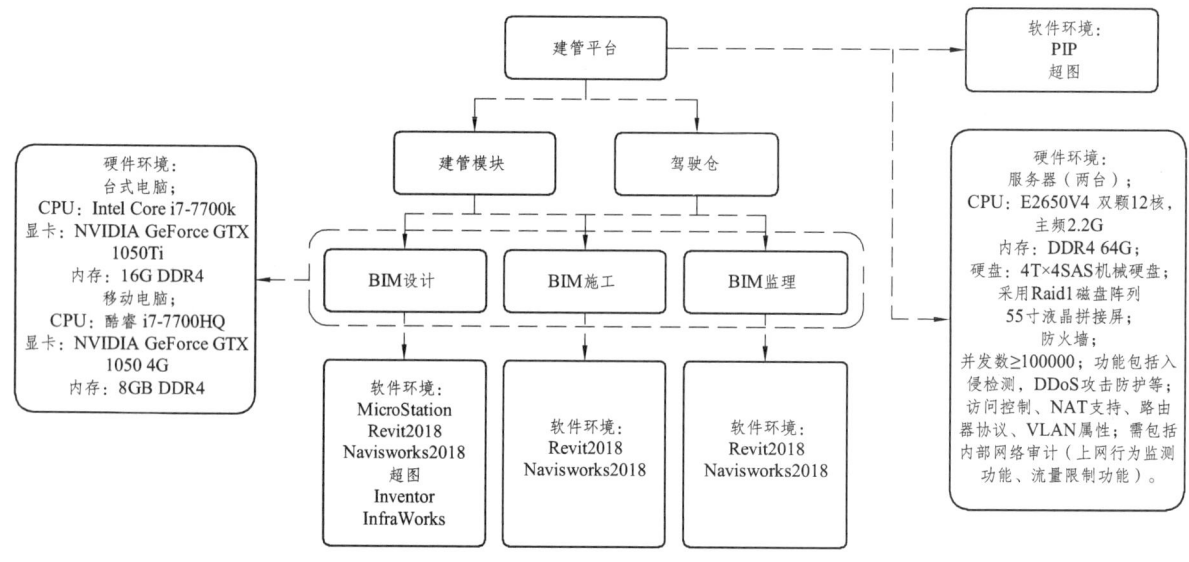

图 64-2　BIM 软硬件环境搭建

三、全过程 BIM 技术应用

项目启动前对 BIM 技术应用点进行统一策划，主要包括：BIM 选线设计、场地分析、参数化设计、效果可视化、BIM 协同设计、碰撞检查、深化设计、四维模拟、施工模拟及运维移交等 10 个应用点，应用点也是涵盖从设计到施工，再延续到运维阶段的全过程 BIM 技术应用。

1. BIM 选线

BIM 选线前期采用倾斜摄影技术构建全线 GIS 模型，基于 Infraworks 软件进行三维选线设计，能够直观有效地考虑和避让项目沿线的规划学校、道路、互通匝道等控制性因素，快速稳定线站位方案，如图 64-3 所示。

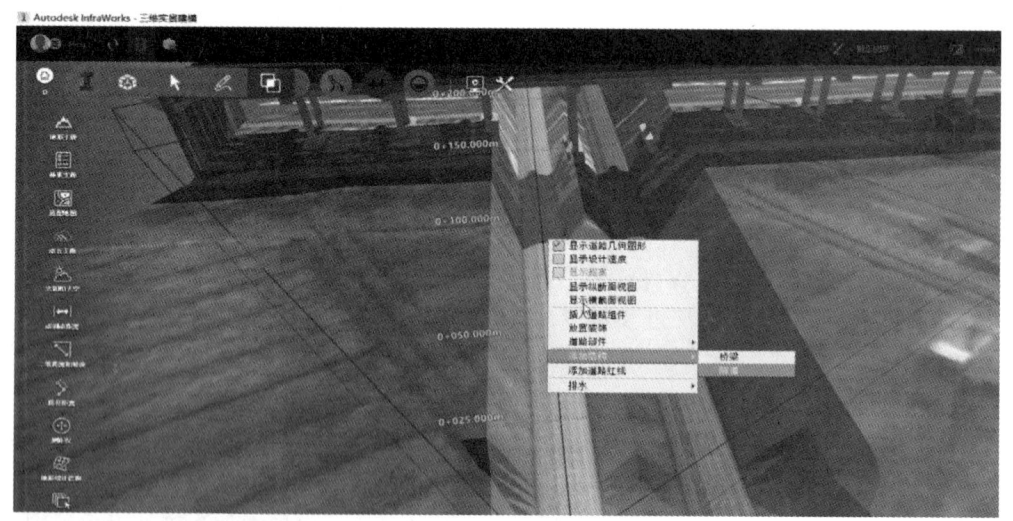

图 64-3　BIM 选线

2. 场地分析

基于 GIS 模型，将设计模型与之进行合成，可得到精确的车站布置信息，基于三维模型对车站周围场地、规划、防火间距等情况进行分析，能够快速稳定车站方案设计，如图 64-4 所示。

图 64-4　场地分析

3. 参数化设计

杭海城铁公司对 BIM 模型进行整合,得到全线的 BIM 模型,并实现出图。通过自主研发插件,在 Inventor 中对区间隧道、桥梁进行参数化设计,结合以后的模型库在方案阶段快速调动、生成方案,在施工图阶段对模型库进行细化,可直接生成施工模型,并直接出图,提高了设计效率。

4. 效果可视化

建立 BIM 模型后,利用 BIM 可视化特点,可实时对方案设计进行优化调整,并借助 VR 技术对效果进行展示,提前预知设计效果。

BIM 设计协同项目初始,确定了 BIM 坐标为海宁 80 坐标系,高程采用国家 1985 高程。建模时即采用该坐标,保证了各专业的一致性。不同专业间采用"链接"形式进行协同,单专业间采用"工作集"形式进行协同,如图 64-5 所示。单专业模型通过内部复核检查,保证模型的准确性。

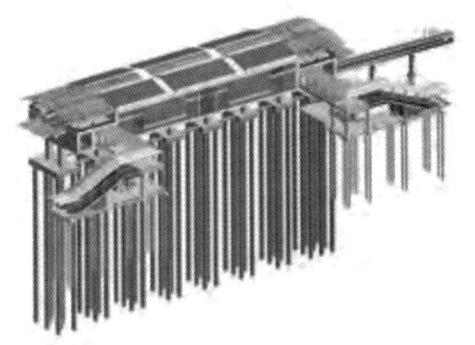 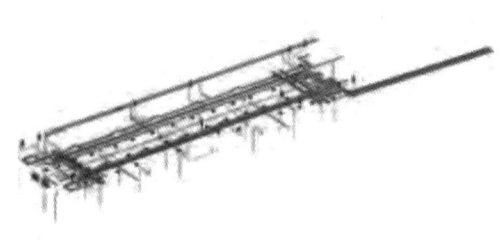

（a）土建模型　　　　　　　　　（b）机电模型

图 64-5　BIM 设计协同

5. 碰撞检查

搭建全专业模型后,利用 Navisworks 进行碰撞检查,碰撞检查的重点是管线与土建、管线之间的碰撞。通过碰撞检查优化设计,从每站约 100 余处碰撞点优化到 10 余处,节省了成本,节约了工期。

6. 深化设计

该项目是全国为数不多的针对全线弱电机房进行深化设计的项目,在设计阶段即完成设备定位、线缆算量、线缆排布的优化工作,如图 64-6 所示。BIM 技术对线缆的精准定位,为设备定位、线缆排布、线缆算量等一系列 BIM 应用提供数据,缩短了现场工期,减少了材料浪费,降低了工程造价。

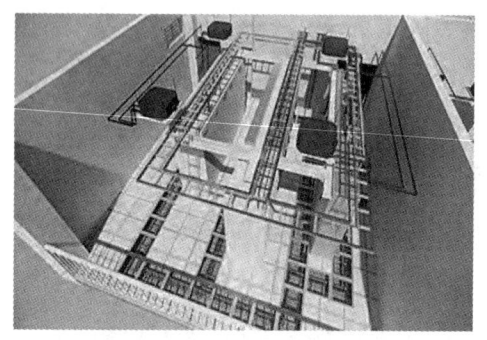 

（a）通信机房深化模型　　　　　　（b）电源室深化模型

图 64-6　弱电机房深化设计

7. 四维模拟与施工模拟

施工阶段根据工艺工法、分部分项工程对设计模型进行拆解，并与工程时间进行关联，对工程施工进行四维模拟、施工方案模拟，以优化施工方案。

8. 运维移交

将建设期形成的数据，根据运维需求，最终形成数字化档案，移交运维方。

四、GIS+BIM+物联网技术应用

利用倾斜摄影技术构建全线的 GIS 模型，以超图软件为底图加载 BIM 模型，并与建设管理平台进行关联，形成 GIS+BIM+物联网的平台应用，实现进度、质量、安全、文明施工、工作汇报等施工现场的把控以及人、机、料的实时跟踪，可满足建设期数据使用和运维期数据调用的需求，如图 64-7 所示。

图 64-7　GIS+BIM+物联网平台展示

五、BIM 技术应用成果

BIM 技术在杭海城际铁路项目中的成功应用，为参建各方节省了投资，提高了工期，成为浙江省可复制、可推广的 BIM 示范项目。

1. 管理效益

BIM 技术在杭海城际铁路项目各参建单位中真正落地应用,大大提高了工作效率和项目品质,获得项目各方一致好评,见表 64-1。

表 64-1 管理效益

全国首个桥隧 BIM 插件设计	较二维设计效率提高约 28.3%
全国首个弱电机房 BIM 件设计	弱电机房节省工期 323 天
检修立柱 BIM 设计施工制造一体化	预演优化节省工期 48.9%
修柱创新性地做成空心	相比实心降低成本约 35%
桥梁全建设周期 BIM 模拟优化	梁片的堆放与运输效率提高约 20%

2. 经济效益

杭海城际铁路已成为 BIM 技术落地的标杆,作为示范工程在浙江全省进行 BIM 推广,见表 64-2。

表 64-2 经济效益

建设单位	整体工程提高效率 30%,节省成 7 840 余万元
设计单位	优化各专业设计、孔洞、管线,较传统二维提高设计效率 29.6%
施工单位	总体节省工期约 31.6%,节省总体成本 6 840 万余元
监理单位	节省人工 27.3%,节省成本 114 万余元

3. 建管运养一体化平台

(1) 平台搭建流程如图 64-8 所示。

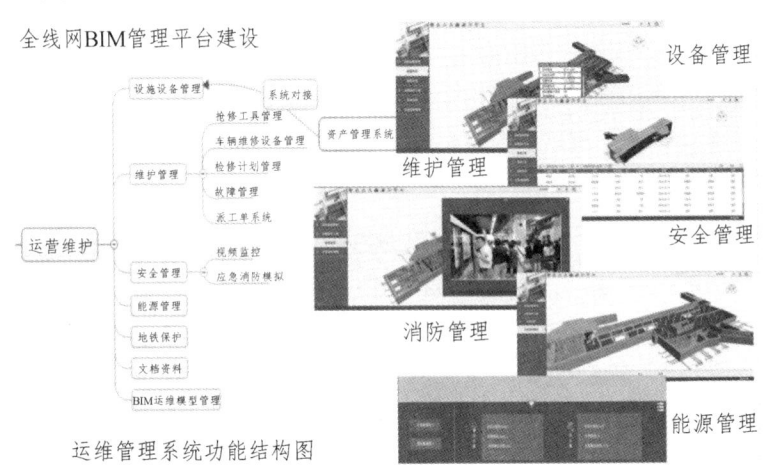

图 64-8 全线 BIM 管理平台搭建

(2) 平台功能见表 64-3。

表 64-3 平台功能

系统功能模块	子模块	功能描述
运营维护	设备设施管理	将所有设备设施,包括备品备料及车辆,分类编号,录入维护信息,与 BIM 模型关联。对设施设备贴码,通过移动端可以扫码获取设备维护信息。将设备管理、采购计划纳入平台。通过维护数据分析,制定合理检修计划

续表

系统功能模块	子模块	功能描述
运营维护	维护管理	将运营检修、维修流程植入BIM平台，形成派工单系统，通过移动信息技术、设备故障信息反馈与BIM模型结合，实现病害信息准确定位。通过平台信息记录、实现文字、语音、图片等病害信息的实时传输、检修人员签到、信息网络化发布、高效应急指挥等功能
	能源管理	通过物联网技术的应用及安装具有传感功能的电表、水表等，在管理系统中实时收集所有能源信息，对能源消耗情况进行自动统计分析
	安全管理	安全管理流程及实施设备植入BIM平台，通过BIM定位和查询功能，结合视频监控实时掌握安全状态。可利用BIM模型导入客流等模拟软件分析，完善应急预案
	地铁保护	将保护区内的工程建设监管流程植入BIM平台，利用移动信息技术与BIM模型结合，对保护区的在建工程进行巡查，收集病害信息，防止发生事故
	文档资料	与运营维护相关的文件报表、会议纪要、验收证照等分类存档，并与具体工程关联，方便查询
	BIM运维模型管理	管理验收交付后的运维BIM模型，模型关联建设、运营过程中的相关数据，可以三维展示工程内外空间、设施设备运行状态及生命周期等，可以对设备进行控制

4. BIM大赛成果

2019年8月，"杭海城际铁路全线BIM工程应用"参赛作品在中国勘察设计协会举办的第十届"创新杯"建筑信息模型（BIM）应用大赛中，以"全专业、全覆盖、高精度（LOD450）"的独特优势，从1228个参赛项目中脱颖而出，荣获铁路与轨道交通BIM应用类"二等奖"。此外，参加国内BIM比赛累计获奖9次，包括中国铁建"青创杯一等奖"、中国图学会"龙图杯三等奖"等。获奖证明如图64-9所示，并完成了BIM成果专著，如图64-10所示。

图64-9 获奖证明

图 64-10　BIM 成果专著

第二节　皮革城智慧车站

一、智慧车站

车站是城轨运营管理体系中的最基本单元，智慧车站是智慧城轨整体解决方案的最小组成部分。"智慧车站"相比常规车站，将视频、语音、大数据分析等技术在"设备运管"、"客运组织"、"乘客服务"、"人员管理"等方面落地为具体应用。

智慧车站以实现或者接近实现全自动车站为建设的总体目标及功能设置的根本出发点，以"安全运营"、"高效管理"、"舒适节能"、"便捷出行"为总体设计原则。

智慧车站实施方案的总体思路是，紧密结合车站及各运营班组的工作流程和实际需求，通过数据支撑与技术支撑，适当增设各类软硬件设备，对各类数据进行梳理和综合再利用，建立起具备场景化、智能化、人性化的智慧车站运营管理平台，向中心调度、车站运营、客运服务、设备维保等各级工班人员提供符合其岗位特点和要求的、简洁高效的可视化车站运营场景，提供更加全面、智能的管家式一体化应用功能，实现车站设备管理自动化、检修智能化、乘客服务自助化，提高车站运营、客服和设备维保的效率，从而提升线路的安全性和高效性。

通过对供电、车辆、通信、信号、机电等各大专业的数据进行深度整合，结合本地管理模式，实现客运组织、调度指挥、运营维护的高度智能化管理。

从车站级建设覆盖基础设施及人、车、物、环等各方面的全面感知网络，使得城轨运营活动可测、可控、可视，为智慧城轨的实现奠定物联基础。

二、工程概述

杭海城际铁路工程起于杭州余杭高铁站，与杭州地铁 9 号线换乘，线路全长 48.18 km。先期建设余杭高铁站至浙大国际学院站（含）段线路长约 46.38 km，此段高架线长 33.37 km，设站 12 座，其中地下车站 4 座（余杭高铁站、皮革城站、海昌路站、浙大国际学院站），高架车站 8 座（许村镇站、海宁高铁站、长安镇站、桑亭路站、周王庙站、盐官镇站、桐九公路站、斜桥镇站）。平均站间距约 4.15 km；全线于盐官镇郭店村境内设车辆综合基地 1 座，控制中心设于车辆综合基地内。

在"交通强国，城轨担当"以及"1811"智慧城轨发展蓝图的指引下，在浙江省交通集团的指导下，杭海城际铁路打造了省内第一个智慧车站示范项目。工程选取皮革城站，开展"智慧车站"的建设。

皮革城智慧车站基于物联网、互联网、三维可视化、大数据、人工智能等新兴信息技术，实现车站设备设施的全息感知、车站一键自动运行、设备智能巡检、移动运维和智慧乘客服务等相关功能，提升车站的运营管理水平和服务能力。

皮革城智慧车站1期建设基于"1233"，即1套系统、2个方向、3个乘客模块、3个运营模块的设计思路与目标，实现了全站式乘客信息出行服务，根据乘客在站内的行走路径，在不同的位置为乘客发布不同的出行信息（包括列车到站信息可视化、列车拥挤度、天气数据可视化、客流信息可视化、卫生间信息可视化、站外公交信息、车站三维全景可视化等），节省乘客出行时间，提高乘客出行体验。同时在运营管理模块，智慧车站结合BIM三维可视化模型，真实地理空间方式展现各个设施相关位置信息和属性信息，进而快速、准确地对设施进行查询和定位，实现了工作人员车站移动巡检、三维巡检、一键开关站、能耗分析、设施设备故障报警和维护提醒等功能，进一步提升了服务质量、管理水平以及旅客满意度，赋能运营全面发展。并着力在"交通强国，城轨担当"上争当表率，在新发展格局上争做示范。

第三节　科研成果工程应用

一、越行站

设置越行站，组织开行大站快车与站站停两种模式列车，大站快车列车定员444人/列（站立密度3人/m²），站站停列车定员610人/列（站立密度5人/m²），大站快车从皮革城站到余杭高铁站单程运行时间30 min，如图64-11所示。

图64-11　越行站

二、机械法联络通道

采用机械法联络通道，研发了透水粉砂地层泥狭窄空间顶管机高效掘进的装备性能提升技术，实现了城际铁路工程联络通建造关键技术的突破。联络通道如图64-12所示。

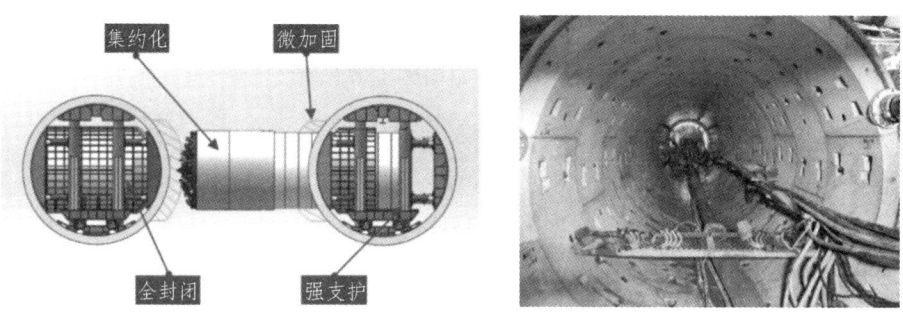

图 64-12　机械法联络通道示意

三、35 m 预制简支梁

采用 35 m 简支梁预制架设施工，在深厚软基、河网密集，道路众多的江浙一带，充分发挥跨越能力大、施工占地少、质量外观好、施工速度快、环境影响小等优势，节约投资约 0.5 亿。已推广应用于滁宁城际、宁马城际等多个城际轨道交通项目中。简支梁预制如图 64-13 所示。

图 64-13　35 m 预制简支梁

四、装配式电缆支架遮阳罩

采用装配式电缆支架遮阳罩，结合工程特点，高架区间采用了全封闭遮阳罩，遮阳效果好，可以有效保护电缆避免受到阳光的照射；遮阳罩与电缆支架采用 T 型连接件连接，便于拆卸与安装；连接螺栓标有紧固标记，便于运营人员检查是否松动；区间整体美观，整洁。遮阳罩如图 64-14 所示。

五、车辆基地预留光伏发电总体布置

车辆基地预留光伏发电条件，物资总库、综合楼等屋面以及车辆基地的围墙设计时，预留了光伏发电的安装条件，在土建施工时已经把预埋件埋好，便于光伏发电的实施。其总体布置如图 64-15 所示。

六、新型装配式检修立柱

车辆基地采用新型装配式检修立柱，为了加快工程进度，提高检修地沟轨道立柱的施工质量，检修库采用了新型装配式检修立柱。采用工厂化生产，可快速批量生产，成本低，施工速度快，可缩短项目工期，且混凝土浇筑质量高，安装误差小，如图64-16所示。

图64-14　装配式电缆支架遮阳罩

图64-15　车辆基地预留光伏发电总体布置

图64-16　新型装配式检修立柱

七、装配式集成冷站

采用装配式集成冷站，全线4个地下车站，全部采用装配式集成冷站。冷水机组、冷冻水泵、冷却水泵、冷却塔、定压补水系统、水处理系统、管道阀门及控制系统等设备系统化、智能化、集成化。全部在工厂预制调试完成，现场直接拼装，如图64-17所示。

图64-17 装配式集成冷站

八、送风系统布置

大系统采用单端送风，浙大国际学院站大里程段配线长，设备用房多，大里程端环控机房距离公共区较远，因此将大系统空调设备集中在车站小里程端设置，但排烟风机仍在车站两端布置。该布置方式一是解决了空调系统输送管道过长，输送能耗大的问题，更加节能；二是解决了设备区大端管线密集问题，可以提高大端设备区房间和走道净高，如图64-18所示。

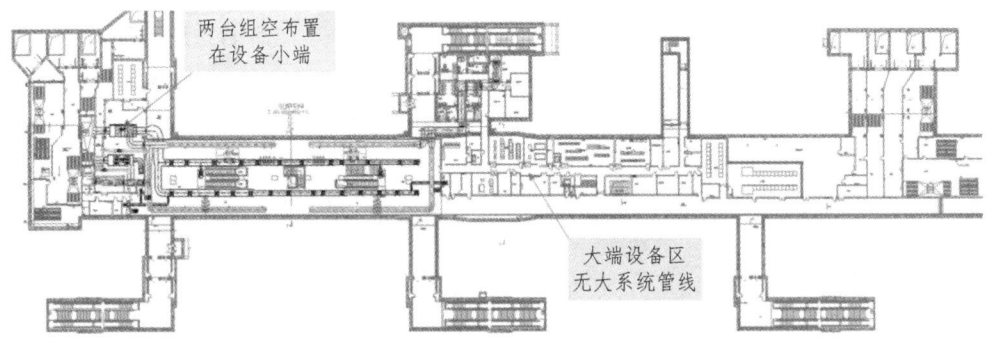

图64-18 送风系统布置

九、综合监控+能源管理系统

搭建基于云平台架构的综合监控+能源管理系统，综合监控采用了云平台架构，所有设备及软件均为自主化国产；节能管理系统建设方案从系统全生命周期考虑，在综合监控云平台上部署能源管理软件，对采集的能源数据进行全线的在线监测、统计、分析、监管和诊断，并将相关信息在综合监控工作站上显示，实现系统总体节能，相比传统方案，工程额外增加投资小，收效较好。

十、云集成式节能空调末端

采用集成式节能空调末端，将组合式空调机组、回排风机、全新风阀、小新风阀、排风阀、回风阀及水阀，以及末端控制系统，均集成化设计，在工厂预制成模块进行调试，现场拼装。将原本零散的末端打造为机电一体化的空调系统装置，可以较好地解决回排风变频、组空变频、风阀水阀调节的协调性问题，有利于末端能效的提升，如图64-19所示。

图64-19 云集成式节能空调末端

十一、国产化互联互通信号系统

采用国产化互联互通信号系统，遵循中国城市轨道交通互联互通相关规范要求，实现了各子系统之间的解耦，规避了投运后备品备件被单一厂家绑架的风险，降低杭海城铁公司的采购、维护培训成本。系统技术及主要设备先进、成熟、稳定，具有良好的工程业绩和运用经验，系统结构合理、功能完善，易于实现分期、甩站开通，具有充足的系统容量便于线路延伸后的系统扩展要求，如图64-20所示。

图64-20 国产化互联互通信号系统

十二、多级集中站系统

采用多级集中站形式，结合最新的计算机联锁规范，将杭海城际铁路工程车站划分为一级集中站（设置区域控制器和联锁主机），二级集中站（设置联锁远程执行单元）和普通站，实现了控制范围的均衡，同时保证了系统的可靠性和科学的设计冗余度，如图64-21所示。

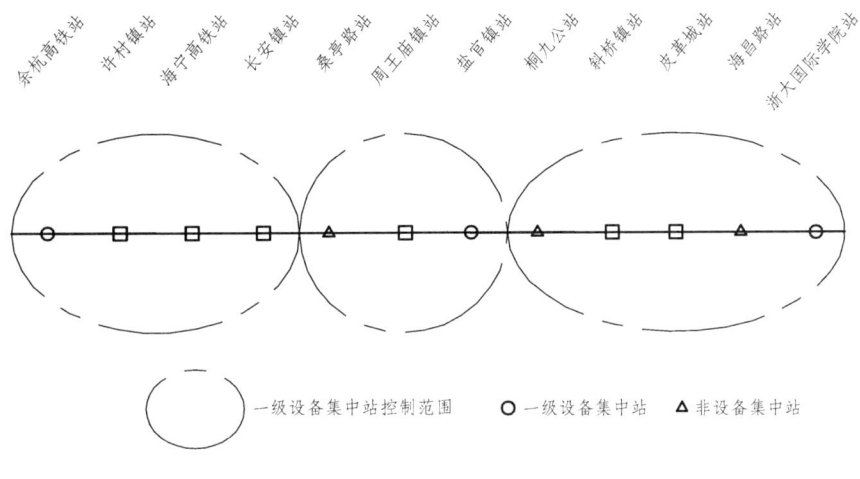

图 64-21　多级集中站系统示意

第六十五章 取得的科技成果

一、专利

1. 发明专利项目

发明专利项目见表 65-1。

表 65-1 发明专利项目

序号	专利名称	专利权人
第一专利权人专利		
1	一种利用顶管技术的机械法联络通道施工方法	浙江杭海城际铁路有限公司；中铁四局集团第二工程有限公司；中铁四局集团有限公司
2	富水粉砂地层中临近既有地铁运营线的盾构接收施工方法	中铁四局集团有限公司；中铁四局集团第二工程有限公司；浙江杭海城际铁路有限公司
3	一种联络通道顶管机施工粉砂土层中全断面渣土改良方法	浙江杭海城际铁路有限公司；中铁四局集团有限公司；中铁四局集团第二工程有限公司
4	轨道交通地面一体化仿真测试系统	杭海城际铁路有限公司；通号城市轨道交通技术有限公司
5	三开道岔的控制电路和控制方法	杭海城际铁路有限公司；通号城市轨道交通技术有限公司
6	一种用于列车走行部监测的广域阶次跟踪方法及系统	浙江省交通投资集团有限公司；智慧交通研究分公司
7	轨道交通车辆的障碍物检测方法及系统	浙江省交通投资集团有限公司智慧交通研究分公司；中数智科（杭州）科技有限公司（原杭州中车数字科技有限公司）
8	一种桥梁施工支撑托架	浙江杭海城际铁路有限公司；中铁十局集团有限公司；中铁十局集团第五工程有限公司
9	一种可调式倒刺形土工格栅土层锚固器及方法	中铁一局集团有限公司；中铁一局集团建筑安装工程有限公司
非第一专利权人专利		
1	一种盾构下穿既有地铁隧道模拟沉降控制装置及方法	中铁四局集团有限公司；中铁四局集团第二工程有限公司；浙江杭海城际铁路有限公司
2	一种盾构法隧道盾构机盾尾刷增加、更换方法	中铁四局集团第二工程有限公司；浙江杭海城际铁路有限公司；中铁四局集团有限公司
3	一种粉砂土地层刚性围护结构非平衡设计方法	华东交通大学
4	一种渗流条件下海底盾构隧道开挖试验装置及方法	华东交通大学
5	一种列车移交方法及装置	通号城市轨道交通技术有限公司

2. 实用新型项目

实用新型项目见表65-2。

表65-2 实用新型项目

序号	专利名称	专利权人
第一专利权人专利		
1	一种高密封深孔注浆套管装置	中铁四局集团第二工程有限公司；浙江杭海城际铁路有限公司
2	一种顶管法联络通道用防喷涌装置	浙江杭海城际铁路有限公司；中铁四局集团第二工程有限公司
3	地下车站BIM技术施工应用	天津城建集团有限公司
4	一种地铁车站基坑护栏装置	浙江交工集团股份有限公司
5	一种隧道盾构管片现场监测系统	浙江交工集团股份有限公司
6	一种地下连续墙渗漏水的非开挖检测系统	浙江交工集团股份有限公司
7	一种用于安装轨道的预制混凝土柱	中铁第四勘察设计院集团有限公司
8	一种用于电缆支架的遮阳罩	中铁第四勘察设计院集团有限公司
9	一种集成风阀的组合式空调机组	中铁第四勘察设计院集团有限公司
10	一种装配式地基处理装置	中铁一局集团有限公司；中铁一局集团建筑安装工程有限公司
11	一种城市轨道交通车辆基地自动巡检车	中铁一局集团有限公司；中铁一局集团建筑安装工程有限公司
12	一种铁路施工安全防护装置	中铁一局集团建筑安装工程有限公司
13	一种列车轨道无损检测装置	中铁一局集团建筑安装工程有限公司
14	一种房屋工程用的雨水再利用循环系统	中铁一局集团建筑安装工程有限公司
15	一种用于房建工程建筑的智能通风装置	中铁一局集团建筑安装工程有限公司
16	用于房屋工程的绿色建筑结构	中铁一局集团建筑安装工程有限公司
17	适用性强的房建工程用护栏	中铁一局集团建筑安装工程有限公司
18	一种铁路施工螺旋钻注机	中铁一局集团建筑安装工程有限公司
19	一种用于房建高空施工的安全悬挂装置	中铁一局集团有限公司；中铁一局集团建筑安装工程有限公司
20	一种地铁车辆基地消能减震装置	中铁一局集团有限公司；中铁一局集团建筑安装工程有限公司
21	一种胶轮低地板智能轨道车辆基地建筑结构	中铁一局集团有限公司；中铁一局集团建筑安装工程有限公司
非第一专利权人专利		
1	一种盾构下穿既有地铁隧道模拟沉降控制装置	浙江杭海城际铁路有限公司；中铁四局集团有限公司；中铁四局集团第二工程有限公司

二、软件著作

计算机软件著作权见表65-3。

表 65-3 计算机软件著作权

序号	软件分类	软件名称
1	应用软件	基坑开挖对下卧管线位移及内力影响分析软件
2	应用软件	基坑开挖引起临近地下管线轴向及横向响应分析软件
3	应用软件	局部地基沉陷影响下盾构隧道结构内力分析软件
4	应用软件	考虑隧道剪切效应的基坑开挖对临近隧道的纵向变形响应分析软件
5	应用软件	基于 BIM 技术的城际铁路现场质量安全管理系统软件 V1.0
6	应用软件	基于 BIM 技术的城际铁路进度管理系统软件 V1.0
7	应用软件	基于 BIM 技术的杭海城际铁路工程检测管理系统软件 V1.0
8	应用软件	Andrid 端轨道交通工程 BIM 建设信息管理系统
9	应用软件	iOS 端轨道交通工程 BIM 建设信息管理系统
10	应用软件	web 端轨道交通工程 BIM 建设信息管理系统
11	应用软件	道路桥梁施工技术质量竣工验收管理系统

三、论文

论文成果见表 65-4。

表 65-4 论文成果

序号	论文名称	作者	单位
1	体外预应力法在连续梁刚构桥加固中的应用	胡竹炉	中铁十局集团有限公司
2	桥梁工程后张法预应力施工技术分析	唐丽颖	中铁十局集团有限公司
3	软土地区基坑开挖对邻近地铁隧道影响数值研究	李曦宇	浙江交工集团股份有限公司
4	基于 ABAQUS 的地下连续墙变形特性模拟与影响因素分析	陈建军	浙江交工集团股份有限公司
5	车辆段预制轨道柱生产及受力分析	江胜学、王恺、余传波、宋技、张航	中铁第四勘察设计院集团有限公司；中铁一局集团有限公司
6	杭州—海宁城际铁路 BIM 技术应用	夏东	中铁第四勘察设计院集团有限公司
7	预制轨道小立柱施工技术总结	张治国	中铁一局集团建筑安装工程有限公司
8	交通荷载对基坑围护结构变形特性的有限元分析	张航、余传波、宋技、安保健、朱忠宁	中铁一局集团建筑安装工程有限公司
9	交通荷载对基坑围护结构变形特性的监测分析	宋技、余传波、张航、安保健、朱忠宁	中铁一局集团建筑安装工程有限公司
10	深厚软土地区桩—网复合地基承载性能的有限元分析	余传波、宋技、张航、安保健、朱忠宁	中铁一局集团建筑安装工程有限公司
11	深厚软土地区城际铁路桩—网复合地基沉降监测分析	安保健、余传波、张航、宋技、朱忠宁	中铁一局集团建筑安装工程有限公司

续表

序号	论文名称	作者	单位
12	大体积混凝土施工及降温措施	建筑工程设计与应用管理研究	王长春
13	论城际铁路高架车站屋面排水系统施工	城镇建设	王长春

四、QC

QC 成果见表 65-5。

表 65-5 QC 成果

序号	成果名称	单位
1	提高紫薇叶型桥墩墩身混凝土外观质量	中铁十局集团有限公司
2	降低基坑围护地连墙混凝土超耗率	浙江交工集团股份有限公司
3	减少地铁车站主体结构侧墙渗漏裂缝比例	浙江交工集团股份有限公司
4	提高高架车站钢结构金属屋面防水质量合格率	浙江交工集团股份有限公司
5	提高紫薇叶形墩身钢筋笼整体吊装优良率	浙江交工集团股份有限公司

五、工程建设工法

工程建设工法见表 65-6。

表 65-6 工程建设工法

序号	工法名称	级别	编写单位
1	城际铁路区间盾构与既有桥梁桩基冲突掘进施工工法	国家级	浙江交工集团股份有限公司
2	墩身智能养生施工工法	企业级	浙江交工集团股份有限公司
3	托盘式重锤检测法钻孔灌注摩擦桩桩底沉渣厚度检测施工工法	企业级	浙江交工集团股份有限公司
4	低高度曲线箱梁预制施工工法	企业级	中铁大桥局集团有限公司

六、专著

专著出版情况见表 65-7。

表 65-7 专著

序号	专著名称	出版社
1	《浙江杭海城际铁路项目建设论文集》	人民交通出版社
2	《区域城际轨道交通工程施工技术指南》	人民交通出版社
3	《区域城际轨道交通工程作业指导书》	中国铁道出版社
4	《区域城际轨道交通工程标准化施工图册》	中国铁道出版社

七、课题

工程建设课题见表65-8。

表65-8 工程建设课题

序号	工法名称	发布单位	立项编号	编写单位
1	多道内支撑地铁车站围护体系安全控制及连续墙裂缝控制研究	浙江省建筑业技术创新协会	2017B29	浙江交工集团股份有限公司
2	城际轨道盾构掘进姿态对土体变形和管片结构受力影响及控制技术研究	浙江省交通投资集团有限公司	浙交投科验〔2020〕02号	浙江交工集团股份有限公司
3	沿海淤泥地区城际铁路车辆基地桩—网复合地基加固技术及应用研究	中铁一局集团建筑安装工程有限公司	中铁一科技评〔2019〕第25号	中铁一局集团建筑安装工程有限公司

附 录

附录一 大事记

2012—2015 年

2012 年 6 月，海宁市发改局以专报的形式向市四套班子主要领导提出建设杭州至海宁城际轨道（铁路）的建议；

2012 年 11 月，杭州至海宁城际铁路项目前期工作领导小组成立；

2012 年 12 月，海宁市政府与杭州市余杭区政府签订接驳协议；

2013 年 2 月，省发改委上报国家发改委，请示审批《浙江省都市圈城际铁路近期建设规划》；杭州至海宁城际铁路列入其中；

2014 年 12 月 16 日，省发改委上报规划获国家发改委批复；作为其中 11 条城际铁路之一，杭州至海宁城际铁路正式获批；

2014 年 12 月 25 日，杭海城际铁路纳入第一批政府与社会资本示范项目名单。

2015 年，相关部门组织开展项目工程可行性研究及相关重要专题研究编制，启动项目投融资工作。

2016 年

2016 年 5 月，海宁市启动重大项目集体决策程序，就杭州至海宁城际铁路项目规划建设征求各界意见；

2016 年 6 月 27 日，浙江省省长批复"杭海城铁项目 2016 年底开工"；

2016 年 8 月 30 日，海宁市第十四届人民代表大会第六次会议召开，会议以举手表决的方式，通过了关于同意建设杭州至海宁城际铁路的决定；

2016 年 9 月 29 日，杭海城际铁路投融资"两评一方案"通过专家论证；

2016 年 12 月 31 日，海宁市政府与省交通集团及其联合体签订采购协议。

2017 年

2017 年 1 月 3 日，杭海城际铁路项目举行开工仪式；

2017 年 1 月 24 日，杭海城铁公司（筹）召开第一次股东会、第一届第一次董事会、监事会；

2017 年 2 月 21 日，杭海城铁公司正式挂牌；

2017 年 3 月 12 日，杭海城际铁路项目部驻地建设顺利开工；

2017 年 3 月 13 日，集团公司党委批复杭海城铁公司党委、纪委及工会成立；

2017 年 4 月 6 日，杭海城际铁路项目 PPP 协议正式签订；

2017 年 6 月 7 日，杭海城际铁路首幅地下连续墙正式开工；

2017 年 8 月 1 日，省发改批复海宁市交通投资集团变更为浙江杭海城际铁路有限公司

2017 年 9 月 5 日，杭海城际铁路先行段首跨现浇箱梁完成浇筑施工作业；

2017 年 9 月 26 日，杭海城际铁路项目全面开工，掀起百日攻坚建设高潮；

2017年9月27日，杭海城际铁路PPP项目工作经验专报获高兴夫副省长批示；

2017年10月18日，杭海城际铁路全线第一片预制箱梁成功浇筑；

2017年10月26日，杭海城际铁路工程土建施工监理集中签约仪式举行；

2017年11月2日，杭海城际铁路首榀箱梁完成浇筑；

2017年12月28日，杭海城际铁路工程项目银企合作会议召开。

2018年

2018年1月15日，杭海城际铁路完成首个基坑土方开挖；

2018年2月5日，杭海城际铁路海宁制梁场一次性通过国家许可认证；

2018年2月26日，杭海城铁公司提出打造"十个一"工程主题活动；

2018年3月25日，杭海城际铁路盐官制梁场顺利通过国家生产许可认证；

2018年4月4日，杭海城铁公司"品质工程"创建实施方案通过专家评审；

2018年4月4日，杭海城际铁路全线"农转用"土地获国务院批复；

2018年4月19日，杭海城际铁路BIM系统应用正式上线；

2018年5月3日上午，杭海城铁PPP项目党建联盟正式成立；

2018年5月8日上午，杭海城铁1号盾构始发暨PPP项目党建联盟授牌仪式举办；

2018年5月17日至18日，全省城际轨道工程质量安全管理现场交流会在杭海城际铁路项目成功举办，杭海城铁公司《探索实践"一三六一"工作法纵深推进质量安全标准化管理》获好评；

2018年5月23日，杭海城铁涉杭州地铁1号线安全评估方案通过专家评审；6月28日，杭海城际铁路项目市民监督团成立；

2018年7月10日，杭海城际铁路工程获建设工程用地规划许可证；

2018年8月2日，杭海城际铁路机电工程施工推进会暨合同签约仪式举办，标志着杭海城际铁路建设从土建施工阶段迈向了机电施工阶段；

2018年8月7日，杭海城铁公司与省轨道运营集团正式签订委托运营框架协议，标志着杭海城际铁路运营筹备工作正式全面启动；

2018年8月16日，杭海城际铁路工程装修概念设计方案通过专家评审；

2018年8月24日，杭海城际铁路工程盾构施工顺利下穿沪杭高铁桐海特大桥，完成杭海城际铁路建设又一重大工程节点；

2018年9月15日，杭海城铁项目盐官车辆基地运用库主体结构顺利封顶；

2018年9月20日，2018年度"百日大会战"动员部署会召开，杭海城铁项目吹响"百日大会战"号角；

2018年9月25日，杭海城际铁路项目皮革城站-海昌路站区间左线"杭海六号"盾构机顺利始发；

2018年10月16日，杭海城际铁路首条盾构区间隧道顺利实现单线贯通；

2018年10月16日，杭海城铁公司承办省交通集团安全生产标准化现场会；

2018年11月15日，杭海城际铁路工程皮革城站—海昌路站区间右线盾构顺利始发；

2018年11月20日，杭海城铁项目下穿沪昆高铁段区间隧道右线盾构始发；

2018年12月3日，杭海城际铁路浙大国际学院站主体结构顺利封顶；

2018年12月4日，杭海城际铁路皮海区间右线盾构机顺利始发，全线9台盾构已全部开始地下掘进施工；

2018年12月10日，杭海城际铁路许村镇站主体结构施工完成；

2018年12月14日，全线最大跨度120米跨盐官下河连续梁主跨合龙；

2018年12月24日，盐官制梁场首架方向箱梁在全国高架与隧道的最大坡度上（28‰）成功架设，盐官制梁场至海宁方向的箱梁至此全部架设完成。

2019年

2019年1月16日，杭海城际铁路首条盾构区间双线贯通；

2019年1月18日，全线第一根接触网成功组立，标志机电工程建设全面开启；

2019年3月11日，杭海城际铁路工程市区段首个盾构区间双线贯通；

2019年3月19日，杭海城铁盐官梁场架桥机安全通过500 kV秦由高压线；

2019年3月29日，杭海城际铁路正线接触网第一杆成功组立；

2019年3月30日，杭海城际铁路周王庙镇站承轨层成功完成浇筑，标志着全线架梁再无障碍；

2019年3月30日，管片厂完成全线盾构管片生产；

2019年4月9日，杭海城铁公司第六次股东会、第一届第八次董事会、第三次监事会召开；

2019年4月11日，斜-皮盾构区间左线顺利贯通；

2019年4月16日，杭海城际铁路项目全线用地获批不动产证；

2019年4月16日，杭海城际铁路纪录片开机仪式暨战略合作签订仪式举办；

2019年4月17日，全线最后一座连续梁（跨世纪大道）合龙；

2019年4月26日，全线临近沪杭高铁营业线架梁全部完成；

2019年5月7日，余杭高铁站最高风险深基坑4#基坑底板顺利浇筑完成；

2019年5月16日，杭海城际铁路工程铺轨施工正式启动；

2019年5月20日，杭海城铁市区段第一座车站出入口封顶；

2019年5月22日，杭海城际铁路架桥机顺利穿越110 kV民沈高压线；

2019年5月24日，杭海城际铁路海宁制梁场箱梁预制任务圆满完成；

2019年5月30日，嘉兴市暨海宁市防汛应急综合演练在杭海城铁项目举行；

2019年6月5日，杭海城铁"5G"超大体量BIM模型通过验收；

2019年6月6日，杭海城铁工程斜—皮区间盾构实现双线贯通；

2019年6月10日，杭海城际铁路盐官车辆基地综合楼顺利封顶；

2019年6月15日，杭海城际铁路3标完成全部箱梁架设，杭海城际铁路工程高架区间和地下区间顺利连接；

2019年6月18日，杭海城际铁路盐官制梁场最后一片箱梁浇筑完成（预制梁工作全部完成）；

2019年6月19日，杭海城际铁路皮-海盾构区间左线贯通；

2019年6月21日，杭海城际铁路首座车站土建主体结构完工并顺利验交；

2019年6月25日，杭海城铁公司党委组织开展第一期"初心大讲堂"；

2019年6月，杭海城际铁路全线开展2019年安全生产月系列活动；

2019年7月11日上午，杭海城铁公司举行"不忘初心见行动 牢记使命做奉献"无偿献血活动暨"杭海青心"联盟成立仪式；

2019年7月12日，杭海城际铁路首辆列车试制生产正式启动；

2019年7月16日，杭海城铁项目"红色工地"启动会暨"不忘初心、牢记使命"主题教育党日活动举办；

2019年7月17-19日，省交通工程管理中心对杭海项目开展质量安全专项督导；

2019年8月6日，杭海城际铁路余杭高铁站4#基坑盾构接收井顶板浇筑，标志着余杭高铁站4#基坑风险源已全部消除；

2019年8月8日，杭海城际铁路全线809孔预制梁箱梁架设完成，圆满实现"桥通"；

2019年8月10-12日，杭海城际铁路全线联动防抗台风"利奇马"；

2019年8月20日，杭海城铁公司"不忘初心、牢记使命"主题教育之"杭海技术大讲坛"系列讲座开讲；

2019年8月30日，杭海城铁公司党委召开了"不忘初心、牢记使命"专题民主生活会；

2019年8月，"杭海城际铁路全线BIM工程应用"荣获第十届"创新杯"建筑信息模型（BIM）应用大赛铁路与轨道交通BIM应用类二等奖；"杭海城际铁路盐官车辆基地全专业BIM设计及工程运用"在中国铁建举办的"青创杯"BIM技术成果大赛中荣获一等奖；

2019年9月15日，杭海城铁公司报送的《杭海城际铁路全线高架箱梁架设贯通》省政府专报获副省长高兴夫批示；

2019年9月17日，杭海城际铁路斜皮区间高架段轨道铺设完成，实现短轨通目标；

2019年9月18日，杭海城际铁路桐斜区间顺利完成短轨通；

2019年9月18日，杭海城铁余-许盾构区间左线成功穿越杭州地铁1号线既有隧道；

2019年9月18日，杭海城际铁路项目党风廉政交流会举办；

2019年9月27日，杭海城际铁路项目庆祝新中国成立70周年暨杭海城铁全面开工两周年主题活动；

2019年12月3日，杭海城铁项目"党建联盟"单位赴浙江省法纪教育基地开展警示教育活动；

2019年12月5日，余杭高铁站北广场地下空间工程开工；

2019年12月12日，杭海城际铁路全线地下隧道贯通，实现"洞通"；

2019年12月18日，杭海城铁项目"党建联盟"获评浙江省2019年度"国企党建品牌创新奖"；

2019年12月31日，杭海城际铁路运营筹备协议签约。

2020年

2020年1月9日，杭海城铁公司班子调整宣布会召开，董卫国同志任杭海城铁公司董事长、党委书记，杨晓法因退休离任不再担任杭海城铁公司董事长、党委书记；

2020年1月25日，杭海城铁公司下发《关于认真做好新型冠状病毒感染肺炎防控工作的通知》，在全线打响疫情防控阻击战；

2020年2月11日，杭海城铁公司召开疫情防控、复工"两手抓"工作部署视频会，在全线吹响复工"集结号"；

2020年2月21日，杭海城际铁路宣布正式复工；

2020年3月15日，全线土建、机电各参建单位管理人员、施工人员近3000人返岗到位，杭海城际铁路全面复工；

2020年4月17日，杭海城际铁路首列电客车到达盐官车辆基地；

2020年4月24日，杭海城际铁路项目在全线吹响"项目建设决胜年"冲锋号角；

2020年4月28日，余杭高铁站北广场代建项目南北站房出入口转换完成；

2020年5月14日，杭海城际铁路全线车站主体结构工程完工；

2020年5月21日，杭海城铁公司第七次股东会、第二届第一次董事会和第二届第一次监事会召开；

2020年5月31日，杭海城际铁路高架段实现"轨通"；

2020年6月30日，杭海城铁项目委托运营协议签订；

2020年7月3日，杭海城际铁路项目进入通车倒计时一周年；

2020年8月12日，全线轨道铺设完成，实现"轨通"；

2020年9月11日，国家铁路局工程质量监督中心质量安全监督处调研杭海城铁工程建设情况；

2020年9月20日，杭海城铁公司启动包括重大成果展示、作品文创、科创研讨、品质工程、"迎通车"等在内的"礼赞杭海"系列活动；

2020年10月30日，杭海城际铁路项目全线"电通"；
2020年11月20日，杭州都市圈第十一次市长联席会议走进杭海城铁项目；
2020年12月25日，杭海城际铁路全线接触网"热滑"试验顺利完成；
2020年12月31日，杭海城际铁路启动全线系统联调。

2021年

2021年1月28日，省发改委对杭海城际铁路工程进行现场调研服务及安全生产检查；
2021年3月5日，杭海城际铁路项目开展项目工程验收并启动为期三个月的"试运行"；
2021年3月19日，杭海城铁公司召开"学党史、当先锋，奋战百天、誓保通车"活动部署会暨立功竞赛总结会；
2021年3月23日，杭海城铁公司召开党史学习教育动员部署会；
2021年4月1日，集团公司党建第四片区2021年第一次工作交流活动在杭海城铁项目举办；
2021年4月15日，杭海城铁公司第八次股东会、第一届第十次董事会和第一届第五次监事会召开；
2021年5月19-21日，杭海城铁工程公共安全防范系统获"2020年度中国智慧轨道交通优秀应用案例奖"；
2021年6月5日，杭海城际铁路竣工验收会议召开，杭州至海宁城际铁路通过竣工验收；
2021年6月16日，杭海城际铁路突发事件应急演练举办；
2021年6月28日，杭海城铁公司报送的《省交通集团践行"红船精神"打造"五个示范"高质量建成杭州至海宁城际铁路》获副省长高兴夫批示；
2021年6月28日，杭海城际铁路项目建成通车；
2021年7月28日，杭海城铁项目"赓续红色 血脉总结杭海经验 奋进我省轨道交通建设发展新征程"建成通车总结大会举办。

附录二 参建单位

杭海城际铁路工程各参建单位见附表。

附表 杭海城际铁路工程各参建单位

序号	单位类别	单位名称
1	建设	浙江杭海城际铁路有限公司
2	造价咨询	建经投资咨询有限公司
3	勘察设计	中铁第四勘察设计院集团有限公司
		浙江省交通规划设计研究院
4	工程咨询	中铁二院工程集团有限责任公司
5	工程强审	北京城建勘测设计研究院有限责任公司
6	施工	中铁（上海）投资集团有限公司
		浙江省交工集团有限公司
		中铁一局集团有限公司
		中铁三局集团有限公司
		中铁四局集团有限公司
		中铁八局集团有限公司
		中铁十局集团有限公司
		中铁大桥局集团有限公司
		中铁隧道局集团有限公司
		中铁电气化局集团有限公司
		中铁武汉电气化局集团有限公司
		中铁上海工程局集团有限公司
		中铁北京工程局集团有限公司
		天津城建集团有限公司
7	工程监理	上海华铁工程咨询有限公司
		上海地铁咨询监理科技有限公司
		浙江江南工程管理股份有限公司
		铁四院（湖北）工程监理咨询有限公司
		广东铁路建设监理有限公司
		西安铁一院工程咨询监理有限责任公司
		杭州三方建设集团有限公司
		北京现代通号工程咨询有限公司
		浙江求是工程咨询监理有限公司

续附表

序号	单位类别	单位名称
8	环境监理	浙江省工业环保设计院
9	水保监测	浙江中冶勘测设计有限公司
10	运营筹备	浙江省轨道交通运营集团有限公司
11	第三方监测	中国铁路设计集团有限公司
11	第三方监测	中铁第五勘察设计院集团有限公司
12	系统联调	广州中咨城轨工程咨询有限公司
13	第三方测量	中铁第四勘察设计院集团有限公司